毛泽东

MaoZeDong
congshaoshandaozhongnanhai

从韶山到中南海

上册

贾章旺◎著

中国文史出版社

图书在版编目（CIP）数据

毛泽东从韶山到中南海：全2册/贾章旺著. —— 北京：中国文史出版社，2013. 12

ISBN 978-7-5034-4467-8

Ⅰ. ①毛…　Ⅱ. ①贾…　Ⅲ. ①毛泽东（1893～1976）—生平事迹　Ⅳ. A752

中国版本图书馆CIP数据核字（2013）第279173号

责任编辑：蔡晓欧
封面设计：宋晓亮

出版发行：**中国文史出版社**
网　　址：www.wenshipress.com
社　　址：北京市西城区太平桥大街23号　　邮编：100811
电　　话：010-66173572　66168268　66192736（发行部）
传　　真：010-66192703
印　　装：廊坊市海涛印刷有限公司
经　　销：全国新华书店
开　　本：1/16
印　　张：55.25　　　字数：960千字
版　　次：2014年2月北京第4版
印　　次：2021年7月第3次印刷
定　　价：198.00元（上、下册）（精）

题　记

要造就一大批人，这些人是革命的先锋队。这些人具有政治远见。这些人充满着斗争精神和牺牲精神。这些人是胸怀坦白的，忠诚的，积极的与正直的。这些人不谋私利，唯一的为着民族与社会的解放。这些人不怕困难，在困难面前总是坚定的，勇敢向前的。这些人不是狂妄分子，也不是风头主义者，而是脚踏实地地富于实际精神的人们。中国要有一大群这样的先锋分子，中国革命的任务就能够顺利的解决。

——毛泽东

1937 年 10 月 23 日

为陕北公学成立题词

引 言

一

人类经过了漫长的原始社会。

世界上最早进入奴隶制的一批国家是：中国、印度、埃及和巴比伦。中国的封建社会始于秦王朝，止于清末，共计2133年。在中国的数千年文明史中，曾经有过汉、唐帝国，产生过像秦皇、汉武、唐宗、宋祖、成吉思汗这样的封建帝王，还产生了灿若星辰的思想家、科学家、军事家、政治家、经济学家、文学家、诗人、艺术家等，也产生过无数造反的英雄们。他们都是历史前进的动力。

中国为世界发明了造纸术、活字印刷、火药和指南针，英国哲学家弗兰西斯·培根赞扬说："它们改变了世界上事物的全部面貌和状态，又从而产生了无数的变化。"

二

继亚非四大文明古国之后，欧洲的希腊和罗马被称为欧洲文明的发祥地。公元410年，罗马帝国境外的日耳曼人攻开了罗马城。日耳曼人建立了许多封建王国，其中最主要的是法兰克王国。公元829年，日耳曼中的盎格鲁、撒克逊人进入不列颠岛，统一的英吉利王国开始形成。11世纪，城市遍布欧洲各地。

从13世纪起，欧洲同东方的贸易日益发展，中国、印度的丝绸、瓷器、珠饰、香料等名贵物品为欧洲人所珍视。当时中国的货物分水陆两线运往欧洲：水陆自泉州或广州启运，经马来半岛至斯里兰卡，沿印度西海岸到达波斯湾，再由小亚细亚或红海到埃及转欧洲；陆路越葱岭，过中亚沙漠，至里海或小亚细亚转欧洲。

14世纪，由于市场的扩大，商品需求量的增加，出现了包买商和工场手工业，这些工场主同城市的富翁、银行家等一起开始形成了一个新的阶级——资产阶级。西欧商人为了满足对贵金属的追求，不断对外冒险和掠夺。西班牙和葡萄牙成了探险新航道的先锋。中国人发明的指南针在航海中的应用，西方制图学的成就及造船技术的改进，埃及托勒密地圆学说在欧洲的流行，为海上航行提供了必要的条件。1492年意大利人哥伦布在西班牙国王的资助下，横渡大西洋向西航行，发现美洲大陆；1498年葡萄牙人达·伽马经过印度洋，到达印度；1519年住在西班牙的葡萄牙人麦哲伦和同伴横渡大西洋，后到太平洋（麦哲伦战死在菲律宾群岛），再经印度洋，1522年回到西班牙，绕地球一周。新航道开辟后，欧洲殖民者对东方的掠夺和扩张开始了。殖民者血腥的掠夺，为欧洲积累了资本，加速了封建制度的瓦解，促进了资本主义的飞速发展。16世纪的英国，毛纺织业成了主要的工业部门，贵族地主以暴力圈占农民的耕地，用以经营资本主义的牧场和农场。

1607年，三艘英国船航行到了北美洲，建立了第一个殖民地——弗吉尼亚的基础；1620年一群英国人为躲避政治迫害，乘“五月花”号船到达北美，以波士顿为中心建立了另外一个殖民地——马萨诸塞。到1733年，英国在北美建立了13个殖民地。英国统治者力图压制北美经济的发展，使北美永远成为它的原料产地和商品市场。英国的压迫和剥削导致了北美的独立战争。1776年7月4日，乔治·华盛顿领导的大陆军在赶走了英国殖民军之后，建立了独立的美利坚合众国。

17~18世纪，俄国还是一个农奴盛行的封建国家。1682年，年幼的彼得继位，他进行了加强统治、扩大军事力量和发展经济的改革。16世纪俄国侵占了伏尔加河下游地区，17世纪俄国兼并了乌克兰。彼得和他的后继者为了占有波罗的海和黑海方面的出海口，同土耳其和瑞典进行了长期的战争，至1721年俄国已夺取了芬兰湾的一些地方和爱沙尼亚、拉托维亚的波罗的海地区。到18世纪中期已打通了通往黑海的门户。在亚洲，从16世纪下半期沙皇军队越过乌拉尔向东推进，占据了西伯利亚。从1643年起，沙俄连续派军队越过外兴安岭，窜入中国的黑龙江流域，强占雅克萨等地，又派军队越过贝加尔湖强占中国的尼布楚等地。经过两个世纪的扩张，到18世纪晚期，俄国已经成为了地跨欧亚两洲的大帝国了。

公元3世纪，在日本中部兴起了一个比较强大的奴隶制国家——“大和”，大和的最高统治者称为“天皇”，到了5世纪，大和统一了日本。日本皇室和一些留学中国的人想仿效中国的唐朝，建立中央集权制度。公元

645 年，新兴的封建主阶级发动宫廷政变，次年实行“大化革新”，全面移植中国唐朝的政治、经济制度。日本古代没有文字，曾采用汉字作为记述工具，后来留学中国唐朝的学生吉备真备采取汉字偏旁笔画创造了“平假名”，留唐僧人空海仿照中国的草书创造了“片假名”。日本在历史上是一个屡遭列强欺辱的民族，1853、1854 两年美国舰队两次驶入江户湾，强迫日本签订《日美亲善条约》，开放了两个港口，允许美国设立领事馆和享有最惠国待遇，不久英、俄、荷兰等国援例美国迫使日本签订类似的条约。1858 年美国又强迫日本签订《日美友好通商条约》，日本向美国又开放了 5 个港口，实行对美国有利的低关税率，美国还取得了领事裁判权和租界，行使治外法权，荷、俄、法又援例美国同日本签订类似和约。1868～1873 年，日本明治天皇政府适应地主资产阶级的需要，发展资本主义，巩固地主资产阶级专政，特别狂热地用对外征服、掠夺和杀戮等血腥手段，来补充本国财政资本的不足，后来形成了一个军事封建帝国主义国家。

三

16～18 世纪，是西方资本主义原始积累时期，到 18 世纪后半叶，资本原始积累基本结束。经过工业革命的洗礼，英国最先形成资本主义国家，其次是法国，再次是美国。欧美资本主义的确立和发展，必须要扩大市场。中国是一个地大物博、人口众多的古老国家，必然是资本主义国家夺取的一个主要对象。但是中国是一个拥有完整主权的封建大国，她有力量抵御西方殖民主义者的侵略。明朝政府施行严格的海禁政策，只准许和朝廷有朝贡关系的国家来华贸易，并屡次颁布禁止私人出海贸易的法令。

1644 年，清军入关，取代明王朝建立了清王朝，清朝政府继续施行闭关政策。清政府实行闭关政策的三个理由是：①东南沿海是汉人反清的根据地，统治者害怕海上汉人武装和外国人以及抗清组织相联结；②西方海盗商人侵入东南沿海掠夺财富、贩卖人口和私运鸦片，威胁清朝统治的稳定；③为了保持皇室至高无上的威严，使中国人民只知道天下有一个大清朝和大清皇帝，以便维持其永久的统治和尊严。当然，作为这一闭关政策的经济基础是：地大物博、自给自足。

但是，殖民主义者从来就不甘心放弃对中国的侵略和经济渗透。最早侵入中国的是 1514 年葡萄牙海盗商船来到广州海州县掠夺船只和人口，

1517 年占据广东东莞县的屯门，以后去福建、浙江沿海劫掠、骚扰长达 20 年。1553 年，葡萄牙采用欺诈和贿赂手段窃取了中国的澳门。西班牙人 1626 ~ 1641 年，曾强占中国台湾西部的基隆和淡水（台北）。荷兰人 1604 ~ 1622 年两度侵占中国的澎湖列岛，1624 年占领中国领土台湾，盘踞达 38 年之久，1661 年中国明末清初的民族英雄郑成功率军驱逐了荷兰侵略者，使台湾回到了祖国的怀抱。法国的商船于 1660 年来到广东，劫掠与杀戮中国沿海的居民。美国的第一支商船 1784 年抵达广州。

1600 年英国在印度设立东印度公司，以此作为对东方进行侵略和扩张的据点。1637 年英国武装商船来到澳门，驶向广州，曾炮击虎门，妄图强迫中国的明朝政府打开大门。中国清朝政府的初期，葡萄牙和西班牙、荷兰对中国的侵略和贸易走向衰落，代之而起的是英国向中国的势力扩张。1699 年，东印度公司在广州设立商馆，成为英国对华贸易的垄断机构。

明、清两代政府施行的海禁和闭关政策，对于西方海盗商人在沿海的骚扰破坏，在一定程度上起了防范作用，但是笼统地限制一切外商来华贸易，妨碍了正常的经济、文化交流，致使中国失去了对外贸易的主动权，压制了中国社会内部已经起来的手工业和商业，束缚了中国商品经济的发展，阻碍了中国社会的前进。

中国对外贸易输出商品为生丝、丝织品、茶叶、大黄、瓷器和土布，输入商品为毛织品、金属品、棉织品、钟表及印度的棉花等。英国的毛织品一直是亏本，金属品也销路不畅，获利不多，甚至亏本，唯一能保证获利的是印度的棉花，但也抵不住毛织品的亏损。因此中国在对英国的贸易中总是处于出超地位，每年出超白银由 50 万余两增到 260 万两，最高年份达到 330 万余两，直到 19 世纪二、三十年代中国每年仍出超二三百万两以上。英国不得不用白银来支付逆差，东印度来华的船只白银装载量占 90% 以上，商货不足 10%。英国资产阶级对于中英的此种贸易情况感到十分焦急，他们认为清朝的闭关政策是一个重要的因素，英国政府曾先后采用外交的、军事的手段企图迫使清朝政府改变其政策。

中国的最高统治者满足于中国的自给自足经济和当着这骄奢淫逸的天下第一人，坐失对外开展正常贸易的良机，为今后中国的命运埋下了隐患。这里最典型的当数坐享天下 60 余年、所谓“十全老人”的清朝政府的第 4 个皇帝乾隆。1792 年，时值这位皇帝 80 岁生日，英国政府英王乔治三世派出马格尔尼率使团来到中国给中国皇帝祝寿，实则试用外交手段要求通商，提出除已经开放的广州外，还要求开放天津、舟山、宁波为通商海岸，租借舟山和广州附近的岛屿，要求从广州到澳门的航行权，要求撤销公行、减低关税等。英国使团带来的礼品有天体运行仪、地球仪、望远镜、最新发明的棉纺机、织布机，还有当时最先进的野战炮、榴弹炮、连发手枪和战舰模型。然而，乾隆对展示他面前的这个新世界的文明不屑一顾。

当然，英国政府的有些要求是无理的，是应当予以拒绝的，但是，清朝政府关闭了协商贸易的大门是不明智的。乾隆问客人怎么来到中国的？客人说从海上乘船来的。乾隆告诉客人回去时从陆路走，可以看到中国疆土有多么辽阔，物产有多么丰富。乾隆在给英皇的照会中说："天朝物产丰盈，无所不有，原不籍外夷货物以通有无。"英国政府不甘心自己的外交手段的失败，19 世纪初，曾几次用武力打算从葡萄牙手中夺取澳门，未能如愿。英国政府不时派军舰停泊广州沿岸示威，屡次派武装军队登陆，炮击居民。1816 年，英政府再次派以阿美斯德为首的新使臣来到北京，但被驱逐出京，并限期回国。

四

英国为了改变中英贸易状况，一方面对中国进行外交和武力威胁，同时发现了鸦片这种特殊商品。鸦片，俗称"大烟"，由罂粟汁提炼而成，原产于小亚细亚、印度一带。17、18 世纪时，葡萄牙和荷兰人从土耳其把鸦片运到中国。开始数量不大，因为它有镇痛、止泻、止咳作用，主要用做药用。但是鸦片毒性极大，一旦吸食成瘾就不易戒除，人体日衰，意志减退，以致丧命。鸦片虽有毒，却正中中国清朝政府那些腐朽贵族、官僚、地主、大商人的心意，他们穷奢极欲而精神空虚，正用得上这样的麻醉品。后来依附于地主阶级的太监、兵士、衙役、娼妓也跟着吸起来了，甚至一部分劳动人民也受到了影响。据 1839 年统计，全国吸鸦片的人已经达到 200 万人以上。清朝政府先后于 1796 年、1800 年、1813 年、1815 年多次下令查禁鸦片。英国采取贿赂官吏、勾结奸商和武装走私等手段，继续大量向中国输出鸦片。鸦片贸易给以英国为首的贩卖者带来了巨额利润，却给中国造成了严重的灾难。至 19 世纪初，鸦片贸易打破了中国在外贸方面的长期优势地位，中国由出超国变为入超国，英国则由入超国变成了出超国。从 1821 ~1842 年，中国的白银外流有 1 亿元以上。英国人蒙哥马利·马丁承认："同鸦片贸易比较起来，奴隶贸易是仁慈的，我们没有摧残非洲人的肉体，因为我们的直接利益要求保持他们的生命；我们没有败坏他们的品格，没有腐蚀他们的思想，没有扼杀他们的灵魂。可是鸦片贩子在腐蚀、败坏和毁灭了不幸的罪人的精神世界以后，还折磨他们的肉体。”

1838 年（清道光十八年）12 月，清政府派林则徐（1785 ~ 1850）为钦差大臣前往广州查禁鸦片。次年 3 月林则徐到达广州后，强迫烟贩子交出 2 万多箱，重达 237.6 万斤，合白银 600 万两，于 1839 年 6 月 3 日起，连续 23 天在虎门全数销毁。1840 年 4 月，英国政府组成了一支侵略军（称“东方远征军”），6 月英军舰队到达广州海面，封锁珠江口进行挑衅，正式挑起第一次鸦片战争。英国侵略军见广州军民有所防备，就转攻厦门，被邓廷桢率领的爱国官兵打退，英军转攻浙江，侵占定海，北犯天津海口。清政府妥协，把林则徐撤职查办。1841 年 1 月，琦善和英国签订了包括割让香港，开放广州和赔烟款 600 万两白银等内容的《穿鼻条约》。道光皇帝认为割地赔款有损清朝政府的尊严，下令对英国宣战，派皇侄奕山主持广州军事。英军再次进攻虎门，爱国将领、广东水师提督关天培英勇抵抗，壮烈牺牲。5 月英军进逼广州，奕山投降，与英军签订了《广州和约》。广大人民坚决反对，广州三元里等 103 乡的数万民众奋起抗英，严惩侵略者。10 月英军攻陷定海，总兵葛云飞英勇牺牲，镇海、宁波亦相继失陷。1842 年 6 月英军进犯长江门户吴淞，老将陈化成血战牺牲，英军掠劫上海后占领镇江，7 月 21 日，镇江中国守军全部战死。恩格斯赞扬他们说：“驻防旗兵虽然不通兵法，可是决不缺乏勇敢和锐气。这些驻防的旗兵总共只有 1500 人，但却殊死奋战，直到最后一人。……如果这些侵略者到处遭到同样抵抗，他们绝对到不了南京。”1842 年 8 月，英舰到达南京江面，清朝政府投降。1842 年 8 月 29 日，中国的清朝政府和英国签订了中国现代史上第一个丧权辱国的条约——《中英江宁条约》，即《南京条约》。1843 年 7 月 22 日，英国政府又强迫清政府签订了《五口通商章程》；同年 10 月 3 日在虎门签订了《五口通商附粘善后条款》（虎门条约），作为《中英江宁条约》的补充。这三个不平等条约的主要内容是：开放广州、福州、厦门、宁波、上海 5 处为通商口岸；赔款白银 2100 万两（其中 600 万两是赔偿林则徐在广州没收的鸦片，在战争中英国人已经向奕山勒索过 600 万两，现在又付一次；300 万两是偿还广州商人过去的欠款；1200 万两是赔偿英国出兵的费用）；割让香港；协定关税；废除中国在广州的行商制度，规定英商以后赴各口贸易，均听其便；英国人可以携带家眷到通商的五港口居住；“将来大皇帝有新恩施及各国亦准英人一体均沾”等。

美国在对中国的鸦片贸易中的地位仅次于英国，战争期间，美国派出舰队到中国为英军声援。清政府在美国侵略者的恫吓下于1844年7月3日在澳门附近的望厦村签订了不平等的《五口贸易章程》（即《中美望厦条约》）。法国也来讹诈，1844年10月24日，在广州附近黄埔的法国军舰“阿吉默特”号上签订了不平等的（《中法五口通商章程》（即《中法黄埔条约》）。葡萄牙、西班牙、比利时、荷兰、瑞典、挪威等国也纷纷要求订约，清政府概不拒绝，根据“利益均沾“的原则，这些国家同英、美、法享有同样的特权。沙俄亦乘机对中国的东北、西北地区进行猖狂的侵略活动。

但是，外国侵略者的胃口还在增加，他们要求：中国进一步全境开放，增辟更多的通商口岸，允许外国船只在中国内河航行，废除进口货物的内地税，使鸦片贸易合法化和准许华工出国等。这些无理要求，遭到清政府的拒绝。1856年10月，英国以一艘悬挂英国国旗的香港“亚罗号”走私船上的水手被中国广东地方当局逮捕的机会，在法国、美国和沙俄的策动与支持下，再次对中国发动侵略战争。1857年12月英法联军攻陷广州，掳走了两广总督叶名琛，1858年4月英法联军攻陷大沽，俄、美公使假装调停，随英法联军北上，5月占领天津。6月，俄、美、英、法分别强迫清政府签订了《天津条约》。1860年英法借口来中国换约受阻，再次发动侵略战争。10月初，英法联军攻到北京，烧毁了占地5200亩的中华第一名园——圆明园。1861年咸丰皇帝逃到热河避暑山庄，死在那里，慈禧发动“辛酉政变”，上台执政。英法联军强迫清政府签订了不平等的《续增条约》（即《北京条约》）。

中俄、中英、中法、中美《天津条约》的主要内容有：外国公使以征服者的姿态进驻北京；沿海增开天津、牛庄（营口）、登州（烟台）、台南、淡水（台北）、潮州（汕头）、琼州（海口）等7处，长江沿线开放镇江、南京、九江、汉口等4处为通商口岸；外国传教士可以到内地自由传教；外国人可以在内地游历、经商；外国商船和军舰可以在长江口岸自由航行；赔偿英法军费白银各200万两，赔偿英商损失白银200万两。

中英、中法《北京条约》的主要内容是：承认《天津条约》继续有效；增开天津为商埠；割让九龙尖沙嘴给英国；赔偿英法军费增到800万两，赔偿英国抚恤金30万两、法国20万两。

1858年3月，清政府与沙俄签订了《中俄瑷珲条约》，同年11月14日两国签订了《中俄北京条约》，使俄国攫取了中国黑龙江以北、乌苏里江以东的100多万平方公里的领土；开放新疆的喀什噶尔为商埠。1864年沙俄强迫清政府在塔城签订了《中俄勘分西北界约记》，将我国巴尔喀什湖以东以南和斋桑淖尔南北和伊塞克湖周围共44万平方公里的领土割让给了俄国，把西段边界划定为自沙宾达巴哈山口至浩罕边界。1871年沙俄出兵侵占伊犁九城和附近地区，1881年2月强迫清政府签订《中俄伊犁条约》，以后又签订了几个勘署议定书，吞并了中国7万平方公里的领土。1892年又出兵强占了中国帕米尔地区萨雷阔勒岭以西2万平方公里的领土。

1883年12月法国军队向进驻中越边境的中国军队发动进攻，清政府惊慌失措，派北洋大臣李鸿章在天津与法国谈判，1884年5月11日签订了《中法会议简明条款》，主要内容是：清政府承认法国对越南的所谓"保护权"；中国撤回驻越军队；中越边界开放通商，日后协定有关商约税则时应有益于法国商务。签约后，法国又提出要中国提前撤兵的条约，遭清政府拒绝。8月法国舰队进犯台湾，被中国守军击退。接着法军对中国福建水师发起突袭，中国舰船毫无戒备，清政府被迫正式宣战。1885年法军再次向中国的镇南关（友谊关）守军发起进攻，中国爱国将领、年近70岁的冯子材（1818～1903）率部在关隘前修筑长墙扼守，奋起反击，致使法军前线统帅尼格里受重伤，法军全线溃败，中国军队转守为攻，连克文渊、凉山等地，歼灭法军1000多人，威震中外，法国茹费理内阁为此而倒台。但此刻，清政府却下令停战，向战败的法国求和。1885年6月9日清朝政府授权北洋大臣李鸿章和法国公使巴特纳在天津签订了丧权辱国的《中法新约》（又称"越南条约"、"李巴条约"）。主要内容是：清政府确认法国对越南的殖民统治；法国军队退出台湾、澎湖；允许法国商人在中越边界居住并设领事；降低税率；日后中国修筑铁路应向法国商办。中国不败而败，法国不胜而胜。自此，法国势力侵入中国的云南、广西，加深了西南边疆的危机。

1874年日本曾武力侵犯中国的台湾，1879年日本吞并了琉球岛。1880年，日本参谋部长山具有朋写呈天皇的一篇《邻邦兵备略》中说明，为了准备对中国的战争，扩充军备是当务之急。从1885年起，日本进行了10年的扩军计划，这个计划提前两年于1892年完成。1893年，日本成立了战时大本营，作为武力吞并朝鲜进而同中国作战的准备。日本的对外扩张活动得到了美国和英国的支持。1894年6月日本和英国在伦敦订立了新的条约，这次条约使日本第一次被认为是和西方列强具有平等地位的一员。

1894 年春天，朝鲜南部爆发了大规模的农民起义，日本政府认为这是发动侵略战争的时机，它先诱使中国清朝政府出兵朝鲜。清政府得到日本的保证，又应朝鲜的请求，于6 月3 日派兵1500 人进驻朝鲜京城汉城以南的牙山。日本军队以“保护”使馆和侨民为名在仁川登陆，大量进入朝鲜，6 月 11 日占领汉城。朝鲜农民起义被镇压后，中国清朝政府提出两国同时撤兵，被日本拒绝。7 月 25 日，日本对中国不宣而战。8 月 1 日，中国清朝政府下诏宣战，日军进攻平壤，中国将领左宝贵率军奋战，中炮牺牲。清军统帅叶志超弃城逃回中国，把积储在平壤的大小炮40 尊、枪支万余支和一应粮饷都留给了敌人。溃退的清军除被日军堵截死外，一口气退到了鸭绿江以北，成了把敌军引入国境的向导。9 月下旬，日军在几天以内轻易地占领了安东（丹东）、九连城等地，并进据凤凰城（凤城）。与此同时，9 月 17 日中国海军北洋舰队在黄海大东沟附近遭到日本海军舰队的袭击，“致远”舰管带邓世昌率领全舰官兵英勇奋战，最后被鱼雷击中壮烈牺牲。10 月下旬日军攻陷中国的辽东半岛，清军守将不战而逃，大连、旅顺失陷。1895 年 1 月日军包围威海卫，港内的北洋舰队根据李鸿章的“保船”命令，束手待毙，全部被歼。中国清朝政府的北洋海军尚存的 11 艘兵船和刘公岛的炮台及一切军资器械全部完好的成了日军的战利品。

1895 年 4 月 17 日，清朝政府完全按照日方提出的条件签订了《马关条约》（“马关新约”），主要内容是：承认朝鲜完全独立；中国把辽东半岛和台湾岛全岛及所属岛屿（包括澎湖列岛）割让给日本；赔偿日本军费 2 亿两；添设湖北沙市、四川重庆、江苏苏州、浙江杭州为通商口岸。条约还规定，日本人在中国通商口岸任便从事各项工艺制造，并将各项机器任便装运日本，日本在中国制造的货物享受与进口货物一样的优待权利；中国政府不得逮捕为日军服务的汉奸分子；根据“利益均沾”的原则，其他国家也一体享受。

《马关条约》中割让辽东半岛给日本这一条款使得俄国受到极大震动。条约签订6 天后，俄国联合德国和法国要求日本放弃辽东半岛。日本估计自己在军事上无力抗衡以俄国为首的三国，只好接受了三国的要求，但是要中国必须再付出3000 万两白银的赔款。由于以俄国为首的三国干涉日本还辽，清朝政府视俄国为“救星”，1896 年李鸿章作为祝贺沙皇尼古拉第二加冕典礼的专使身份被派往俄国。俄国人利用这一机会与李鸿章签订了一个密约。中心内容是，同意俄国修筑经过中国黑龙江、吉林到海参威的铁路。中俄密约订立1年，沙皇政府出兵占领了大连、旅顺。1898年3月27日，俄国强制清朝政府签订了《旅大租地条约》。为促成这个条约的成立，俄国一方面发出最后通牒进行威胁，同时对于负责谈判的李鸿章和张荫桓各送上了巨额贿赂。李鸿章当即收下了50万两的银子。

德国在参加了三国干涉日本还辽之后，就向清朝政府索得在天津和汉口的两块租地作为“报酬”。并于1897年11月武装占领了山东省的胶州湾。

法国则向中国清朝政府提出了4项要求：①中国不得把云南、广西、广东等省让与他国；②中国邮政局总管由法国人充任；③法国修筑越南至云南昆明间的铁路；④把中国南部海岸的广州湾（湛江湾）租借给法国。清朝政府原则上均予以承认。1899年10月，在法国兵舰的威胁下，缔结了租借广州湾的条约。

1897年初，英国以同法国势力相平衡为理由，迫使中国开放云南省的腾越、思茅，广西的梧州，广东的三水为通商口岸。英国在这些地方设立领事馆，并规定英国在缅甸修筑的铁路与中国云南的铁路相连接。在清朝政府原则上同意将广州湾租借给法国的时候，英国立即提出了“租借”香港对岸九龙半岛的要求。1898年6月9日，由李鸿章经受，完全按照英国的条件成立了关于租借九龙半岛为期99年的租借条约。

五

面对清朝政府这个封建地主统治集团的没落、腐败，帝国主义的侵略，中国人民奋起反抗，在中国的近代史上谱写了一曲曲壮丽的篇章。这里最具有代表性的就是太平天国农民起义和义和团运动。

洪秀全，原名洪仁坤，1814年出生，是广东省花县一个农民的儿子，干过庄稼活，后来做私塾教师。对农民的疾苦和要求比较了解。在鸦片战争中，面对清朝政府的无能及广州人民的英勇斗争，使他对封建统治者的虚弱和人民的力量有了进一步的认识。他几次投考秀才未中，更使他对清朝统治满腔义愤。他下定决心，推翻大清帝国，实现救国救民理想。1843年，洪秀全和冯云山（1822年生）等人创立了拜上帝会。为了动员贫苦农民起来推翻清朝统治，洪秀全写了《原道救世歌》、《原道醒世训》、《原道觉世训》等著作，把他借来的新权威——上帝介绍给中国农民。接着他就组织群众起来捣毁神庙、破坏偶像，用实际行动打破人们对原来敬奉的各种鬼神的迷信。经过洪秀全、冯云山、杨秀清等人多年的艰苦努力，终于使拜上帝会在广西桂平县紫荆山地区扎下了根。到了1850年，已经形成了以紫荆山为中心，包括广西东南各县的一大片根据地，会员达到1万人，组成了一支革命大军。1851年1月11日，农民起义在桂平县的金田村爆发。洪秀全庄严宣布太平天国建立，部队称作太平军，所有战士不盘辫子，留长发，扎红巾。起义后，洪秀全被称为天王，是最高领袖。9月太平军攻下永安（广西蒙山），制定政治、军事制度，封东王杨秀清、西王肖朝贵、南王冯云山、北王韦昌辉、翼王石达开，西王以下受东王节制。1852年4月太平军从永安突围，向桂林进军，接着北上攻打全州、长沙。经过连续两年的艰苦战斗（在战斗中，肖朝贵、冯云山相继牺牲），从广西打到湖南，穿越湖南全境，于1853年1月攻占武汉三镇。然后全军沿长江东下，于1853年3月19日占领了南京城，并把这座古城宣布为太平天国的首都——天京。

太平军在进军途中，始终保持着旺盛的斗志，保持着在统一指挥下严密的组织性和纪律性，对一般老百姓秋毫无犯，因而受到广大人民的拥戴。所到之处许多贫穷的和已经失掉土地的农民、开矿采煤的工人、江河上的纤夫、船户、码头挑脚、城镇中的铁匠、木匠、小贩、轿夫，像潮水一样涌进太平军的队伍。从广西出发时太平军约有2万人，在湖南、湖北有了十几倍的扩充，从武昌东下时已经号称50万大军了。太平军的领导者、各级指挥员和战士，绝大多数是从来没有打过仗的，他们从战争中学习战争。清朝政府调动了几倍于太平军的军队予以围剿追击。但是，这些统率军队的钦差大臣、总督、巡抚、将军，遇到了这些不久前除本村人外没有人知道他们姓名的贫贱农民，均一一败下阵来。

1853年洪秀全制定了《天朝天亩制度》，提出了平均土地的办法：凡天下田，天下同耕，规定把土地分成9等，不论男女满16岁就可以分到一份土地，15岁以下减半；规定每25家设一个“圣库”，农民全年收成，除每人食用及留种外，全部上缴“圣库”，群众的婚丧嫁娶费用，老幼无依者的抚养费用，都由“圣库”开支。

1853年5月，洪秀全和杨秀清派林风祥、李开芳举行北伐。北伐军从扬州出发，经过安徽、河南、山西进入直隶，不到半年就打到了天津西郊的杨柳青，给清朝政府造成极大的威胁。但是由于北伐军孤军深入，缺乏后援，经过了两年的战斗，全军覆没。为了巩固天京，太平军在北伐的同时，又派胡以晃、赖汉英进行西征，攻克九江，占领汉口、汉阳，逼近武昌，又攻克安徽庐州。1854 年西征军在湖南大败曾国藩。经过 3 年的反复斗争，西征军取得了很大的胜利。1856 年上半年，太平军在天京外围先后打破了江南大营和江北大营，达到全盛。定都天京后，洪秀全等太平天国的领导们在胜利面前没有保持清醒的头脑，滋长了骄傲自满的情绪，封建地主阶级的腐朽思想侵蚀到了革命队伍的内部。东王杨秀清对太平天国建立了不朽的功勋，但是他居功自傲，竟然于 1856 年 8 月要求洪秀全封他为“万岁”，洪秀全表面上被迫答应，同时命令在江西的韦昌辉和湖北的石达开回京商讨对策。韦昌辉立即赶回天京，冲进东王府，杀死杨秀清及其部下 2 万多人。后来在洪秀全的领导下，天京军民又同心协力处死了韦昌辉。石达开回到天京，因洪秀全任人唯亲，使石达开受到牵制，于 1857 年 10 月带领太平军将士几万人出走。

1860 年以后，外国的侵略者公开和清朝统治者勾结起来，共同镇压太平天国。英、法、美、俄各国用洋枪、洋炮装备清军。1860 年美国人华尔勾结清军发动官僚组成了“洋枪队”，阻止太平军进攻上海。1862 年太平军在上海打死法军总头目，活捉洋枪队副领队，在浙江打死洋枪队头目华尔。

1862 年春，曾国藩的湘军包围天京，洪秀全同天京的军民一起战斗。1864 年 6 月，洪秀全病逝，7 月天京陷落。

义和团原名“义和拳”，是山东、直隶一带民间反清秘密组织。鸦片战争之后，民族矛盾上升，义和拳的矛头日益强烈的指向帝国主义。19 世纪末，义和拳改称义和团，由秘密转为公开组织。1899 年朱红灯率领一支义和团在山东西部和西北部举行武装起义，他们焚烧教堂，驱逐洋教士，严惩官吏、恶霸，多次打败前来镇压的清军，力量发展迅速。1900 年初主力转移到直隶，5 月向北京发展，攻克涿州，袭击丰台车站，6 月陆续进入北京，队伍不断扩大，整个北京城几乎被义和团控制了。同时另一支队伍进入天津城，也几乎控制了天津。在山西、内蒙、东北、河南等地也爆发了义和团运动，各地的反帝斗争互相呼应，形成了中国近代史上继太平天国之后的第二次革命高潮。

为了镇压中国人民的革命，俄、英、德、法、美、日、意、奥组织了八国联军，对中国发动了侵略战争。1900 年 6 月 10 日，侵略军由天津向北京进犯，义和团在廊坊与侵略者展开血战，打得敌人逃回了天津。6 月中旬由曹福田率领的数千名义和团团民在天津老龙头车站痛击沙俄侵略军。同时在北京的义和团攻打东交民巷使馆区，进攻西什库教堂。6 月 23

日，八国联军进攻天津，义和团坚决抵抗。部分清军将领执行清朝政府的反动密令，从背后向义和团射击。7月14日天津失陷。8月，八国联军侵占了北京，慈禧太后等逃往西安。八国联军在北京挨户抢掠，杀人放火。慈禧太后在逃亡途中，一面命令李鸿章向侵略者屈膝求和，一面下令“剿办”义和团。于是，义和团在帝国主义侵略者和清朝反动军队的联合进攻下失败了。

在八国联军进攻京津地区的同时，沙俄出兵侵占中国的东三省，英国企图独占我国的长江流域，美国提出“以华治华”政策。1901年（中国农历辛丑年）9月7日，清政府派奕劻、李鸿章同俄、英、德、法、美、日、意、奥、西、荷、比等国签订了丧权辱国的《辛丑条约》（即《辛丑议定书》或《辛丑各国和约》）。主要内容是：清朝政府赔款白银4.5亿两，分39年还清，年息4厘，本息共计9.8亿两，以海关税、常关税和盐税作抵押（庚子赔款）；清政府保证严格禁止中国人民反对外国侵略者的行动，违者处死；拆毁大沽炮台及有碍京海通道；允许帝国主义国家派兵驻扎北京、天津、山海关铁路沿线的等12处重要地区；划分北京东交民巷为“使馆区”，允许各国驻兵保护，不准中国人居住；清政府须承认纵信义和团的错误，并向各国道歉；惩罚敢于得罪外国人的100多名官员；把“总理各国事务衙门”改为“外务部”，排在六部之首；清政府分派王大臣赴德、日两国谢罪，在德国公使克林德被杀地点建立牌坊，对被杀之日本使馆书记生杉山彬须用优荣之典。这个条约是中国近代史上丧权辱国最为严重的不平等条约。此举表明清政府完全变成了帝国主义统治中国的工具，成了洋人的朝廷。

中国陷入了半殖民地、半封建社会的深渊。

毛泽东 从韶山到中南海

目录 Contents

CONTENTS

·上册·

目录

CONTENTS

目录

CONTENTS

目录

·下　册·

CONTENTS

目录 Contents

目录

CONTENTS

第一章

·从韶山到长沙

MAOZEDONG

第一章　从韶山到长沙

一　韶山冲

毛泽东，字润之，[①] 1893 年 12 月 26 日（农历清光绪十九年癸巳十一月十九日）太阳升起时分出生于湖南省湘潭县韶山冲上屋场。

湖南省素有"芙蓉国"之美称，自古是鱼米之乡，且历史悠久，文化发达，人才辈出。

湘潭县因靠近湘江而闻名。

韶山，音乐之山，位于湘潭县、湘乡县、宁乡县的交界处，方圆 10 来里，是个山清水秀的村子。"冲"则是湖南老百姓对山间小块平原的称呼。[②] 相传 4000 多年前舜帝南巡时曾在此休息，并在其中的一座山峰上演奏过韶乐，故而得名。在这个南国风光的山冲里，住着毛、李、钟、周、邹、彭、庞等多姓人家，内中姓毛的居多。

早在公元 14 世纪中叶的元朝末年，天下大乱，农民起义风起云涌之际，江西省吉州府龙城县（今江西省吉水县），有一个叫毛太华的青年农民，扔掉手中的锄头，拿起长矛，投奔朱元璋的队伍。朱元璋建立明朝政权后，毛太华以百夫长的下级军官身份，随同大将傅友德、蓝玉远征云南澜沧卫，并被留下治镇。他也像许多战友一样，娶了一位当地"蛮"女为妻，并先后生了 8 个儿子。后来，毛太华老了，请求告老还乡。1380 年（明洪武十三年），他偕妻子和长子毛清一、四子毛清四内迁。由于他戍边多年，立有军功，被朝廷分配到湖南省湘乡县城北门外的绯紫桥居住，分得田产几十亩。数年后毛清一和毛清四举家迁移到了湘潭县的七都七甲，开种韶山的铁陂、乌塘、东塘等处，计田 400 亩。500 年过去了，至毛泽

①他还分别用过咏芝、子任、杨子任、二十八画生、石山、李得胜等名、字、号。

②《刘少奇传》，中央文献出版社，1998 年 10 月第 1 版，第 1 页。

东已是第20代了。①

毛泽东的父亲毛贻昌，字顺生，号良弼，生于1870年10月15日（清同治九年九月二十一日），是独生子。他上过两年学，认识一些汉字，懂些算术。17岁，他开始理家。因为负债被迫外出在湘军里当了几年兵，长了不少见识，也积累了一些银钱。毛顺生精明能干，肯劳动，会节俭，又善于经营，他把家中节余下来的稻谷加工成白米，挑到附近的银田寺赶集出卖，再用碾碎的米糠喂猪出售。这样，他逐渐积攒了一笔钱，赎回了父亲毛翼臣典当出去的田产。

毛泽东的母亲文七妹，1867年2月12日（清同治六年正月初八）出生于距韶山冲20余里的湘乡县四都唐家坨（后改为棠佳阁）的一个小康农民家庭。文家祖坟在韶山，每年清明节要到韶山扫墓，为了有个落脚的地方，文七妹的父亲文芝仪就将自己的女儿许给韶山毛家。文七妹13岁时同毛顺生订婚，18岁成亲。婚后一段时间，嫌毛家冷清，多住在娘家。先生下两个儿子，均夭亡，生下第三个儿子毛泽东后，格外疼爱，惟恐再夭折，就多方烧香拜佛，并开始吃“观音斋”。

唐家坨的后山，有个龙潭坳，坳内有清泉水流出，四季不竭。坳口处矗立一块大石头，高2.8丈，宽2丈，石上建有小庙，人称观音庙，远近闻名。毛泽东出生不久，外婆和母亲就把他抱到石观音庙叩拜神灵，并寄名为石头。因毛泽东排行第三，人家就叫他“石三”。文七妹又让毛泽东认七舅母为干娘，认为七舅母儿女多，意在托福，容易成活。

后来，文七妹又生了四子毛泽民（又名毛泽铭，字咏莲、润莲，1896年4月3日出生）、五子毛泽覃（又名毛泽琳，字咏菊、润菊，1905年9月25日出生）。文七妹还生了两个女儿，但都早殇，就收养了一个女儿毛泽建（乳名菊妹子，1905年10月出生，5岁时过继给毛顺生）。

文七妹是文盲，但自小勤奋、聪慧、性情温厚。她操持家务，抚养儿辈，养鸡喂猪，锄园种菜样样都干，她是家中最忙碌、最辛苦的人，事事都安排得有条有理。毛顺生家业发展的成功，在一定程度上，亦得益于这位贤内助。

毛泽东，有他父亲那样健壮的身体，但那圆圆的脸庞、宽宽的前额、

---

①《中国人民大学图书馆馆藏家谱目录》中《韶山毛氏族谱》（1941年活字印本，毛泽钧主修，毛泽启总纂）。另据2002年《党的文献》第6期发表的《韶山毛氏祖根在河南原阳》一文中说：韶山毛氏的始祖为周文王之子伯郑，封地在河南省原阳境内。毛国被灭后，伯郑的后代以国为姓，即为毛姓。毛氏后裔的一支几经迁徙，后定居在湖南韶山。自西周毛氏封国，毛氏家族传到毛泽东，历时3000余年，传108代。

和善而充满智慧的眼睛都像母亲。有一年的新春佳节，刚满4岁的毛泽东穿上一身新衣服，戴着一顶红色的棉风帽到外婆家去做客。村里有一位白胡子阿公，喜欢和小孩子逗乐。这天，他看见许多小孩在禾坪上玩耍，老阿公装着很严厉的样子，板着脸，翘起胡子，对这群小孩子说："你们为什么要在这里玩耍？不准乱跑，要不我就割你们的耳朵。"小朋友们吓跑了，只有毛泽东未动。老阿公奇怪了，忙问他："你为什么不跑？割耳朵很疼的呀！"毛泽东反问道："老阿公，你为什么要割我的耳朵呢？"老阿公还是不笑："我喜欢呀！"毛泽东学着妈妈的口气说："一个人要讲道理。老阿公你有道理，我的耳朵就让你割，你要没有道理，我就要割掉你的胡子。"说着，他笑眯眯地望着老阿公，并且主动解开风帽的扣子，把耳朵露在外面。老阿公亲热地把这个逗人喜欢的孩子搂在怀里，连声称赞。

毛顺生成了一个富农后，就用大部分时间做生意。家中雇了一个长工，并让妻子和孩子都下地。毛泽东从6岁起就开始学习田间劳动：插秧时，他提着小畚箕送秧苗；中耕时，他学习拔掉田里的杂草；割禾时，他跟在后面拾稻穗。还有一件主要的劳动，就是放牛。

在韶山冲，留传着毛泽东童年时代的几则故事。

上屋场附近有十几个小伙伴，每人放一条牛，有时大家一贪玩，不是让牛跑到田里吃了禾苗和蔬菜，就是把牛拴起来让牛饿肚子。7岁的放牛娃毛泽东就将小朋友分成三组：一组放牛；一组到近边坡上割草（带回去让牛夜里吃）；一组到稍远的山里采野果。完后，毛泽东把大家采回来的野果和割的茅草公平地分给每一个小朋友。这样，大家玩得既快活，又放好了牛。

一年秋天，晒谷时，天突然下起了大雨。毛顺生一家也在晒谷坪上抢收稻谷，花了很大的工夫，才把稻谷收了起来，但有一些稻谷被水冲走了。雨停了，毛泽东水淋淋地从别处跑来，父亲问他哪里去了，毛泽东回答说，帮邻居收谷去了。父亲听后十分生气："自己的谷子流到沟里去了，你倒好，帮人家去收！"说着扬手就要打他。毛泽东站住不动，理直气壮地说："人家是佃了别人的田，冲走一点也了不得。我们是自己的，比人家的又多，冲走一点也不要紧。"父亲冒火了："你说不要紧，你还吃饭不吃饭？"毛泽东说："好，我一顿少吃一口，总可以了吧！"父亲还在生气，母亲出来劝解，父亲才不做声了。

一天，父亲让毛泽东和弟弟去地里拾豆。弟弟调皮，选豆子长得稀的地方拾，豆稀拾起来容易些，面积也宽些。毛泽东却选了一块豆子长得很密实的地方，老老实实地一颗一颗地拾。这样，时间用得多些，而拾的面积却较小。父亲来了，随便一看，竟称赞弟弟而责备哥哥。毛泽东拿篮子里的豆子数量给父亲看，父亲不说话了。

从 1902 年春天起，毛泽东开始在韶山南岸私塾读书，塾师是邹春培。毛泽东先读《三字经》，继读《幼学琼林》、《论语》、《孟子》、《诗经》等。1904 年秋天，毛泽东到韶山关公桥私塾读书，塾师是毛咏生（1871 年生，1937 年卒）。自 1905 年春天，他又到韶山桥头湾、钟家湾读书，塾师是周少希。读私塾时，由于离家较远，毛泽东和许多同学一样常带午饭。一天，细心的毛泽东发现一位同学在大家吃午饭时独自跑到外面去拾柴，好像是有意避开同学们。原来这位同学因家里穷，无饭可带，饿着肚子上学。毛泽东就把自己带来的饭菜分给这位同学，放学后，他放下书包就到厨房里弄饭再填饱肚子。母亲以为午饭带的太少，第二天就换个大碗给他带饭，可是儿子放学后，还是到厨房狼吞虎咽地弄饭吃。母亲很奇怪，就问他："怎么你去读书了，反倒吃下这么多饭？"毛泽东就把真实情况告诉了母亲。母亲不仅没有责怪他，还很高兴地说："孩子，你这样做是对的。"从此，母亲让毛泽东每天带两碗米饭。

1906 年秋天，毛泽东转到韶山井湾里私塾读书，塾师是毛泽东的族兄毛泽启（毛宇居，1881 年生，1964 年卒）。阅读了《春秋公羊传》、《左传》等经史书籍。开始研习书法，初习唐朝书法家欧阳询。毛泽东不满私塾的陈规陋习和死板的教学方法。一次，先生要外出，临行前规定学生要在屋里背书，不准出去。老师刚走，毛泽东就背着书包爬到屋后山上去了。他一边背书，一边摘毛栗子，书背熟了，毛栗子也摘了一书包。回到私塾，给每个同学一份，同时也孝敬先生一份。先生回来，不领情，责道："谁叫你到处乱跑？"毛泽东说："闷在屋里头昏脑胀，死背硬读也是空的。""放肆！"先生脸涨得通红。毛泽东说："那你叫我背书好了。"先生知道背书是难不倒这个学生的，便心生一计，来到院子中央，指着天井说："我要你赞井。"毛泽东围着天井转了两圈，便赞了出来："天井四四方，周围是高墙。清清见卵石，小鱼囿中央。只喝井里水，永远养不长。"同学们听了都拍手叫好。先生很尴尬，但学生的才思敏捷，也使他钦佩。

先生态度粗暴，常打学生。因此，毛泽东在 10 岁时曾逃过学，但又不敢回家，于是就朝县城方向跑，以为县城就在一个山谷里。这样，乱跑了 3 天，只是兜了几个圈子，离家才 8 里路，后来被家里人找到。回来后，先生的态度温和了一些。他的抗议收到了效果，给了他深刻的印象。

毛泽东虽熟读经书，但不喜欢它们。他最爱看的是中国的旧小说，尤其是关于造反的故事。尽管老师严加防范，毛泽东还是看了《精忠传》、

《水浒传》、《隋唐演义》、《三国演义》和《西游记》。他常在课堂上读这些书，先生走过来时就用一本经书遮住，他的大多数同学也是这样做的。许多故事，他们都几乎背得出，而且反复讨论多次。他们喜欢这些故事，常常互相讲述，关于这些故事，他们甚至比村里的老人知道的还要多些。这些书是在容易接受的年龄里读的，因而，对少年毛泽东的影响是很大的。

毛泽东刚识几个字，父亲就让他记账。毛顺生就像一个严格的监工，不让孩子们闲着，且性情暴躁，常打他们。在生活上对他们也很吝啬，不让吃蛋和肉。

用毛泽东的话说，他们家分为两“党”：一党是他父亲，是执政党；反对党由毛泽东、母亲和弟弟组成，有时雇工也包括在内。不过，母亲主张用间接打击的政策，凡明显的感情流露或公开反抗执政党的企图，她都反对，说这不是中国人的做法。

13 岁时，毛泽东发现了一个同他父亲辩论的有效办法——引经据典反驳他。父亲爱责备毛泽东不孝和懒惰，毛泽东就用经书上的长者必须仁慈的话来回敬，说年纪大的应该比年纪小的多干活，并宣称：“等我到你那样的年纪，会比你勤快得多。”

毛顺生继续聚财，资本增加到两三千元，在韶山已算富户了，他典进了许多人的土地。毛泽东有一位堂叔，叫毛菊生，家境十分贫穷，文氏夫人和少年毛泽东都非常同情他，娘儿俩每到年关就背着毛顺生给这贫苦的叔叔送米、送腊肉。可是，毛顺生却趁着堂弟生活困苦时，不顾文氏和毛泽东的反对，买下了他赖以活命的 7 亩水田，这件事，在少年毛泽东脑海里留下极深的印象：旧社会这种私有制，连兄弟间的情义也不顾了。

毛泽东的不满增加了。也是在他 13 岁时，有一次，父亲请了许多客人到家里，他和父亲当着客人争论起来。父亲骂他懒而无用，激怒了他，他骂了父亲，离开了家，母亲追来，竭力劝他回去，父亲也赶了来，一边骂一边命令他回去。毛泽东跑到池塘边，恫吓说，如果父亲再走近一步，他就要跳下去。这样，双方都提出了条件，父亲坚持让毛泽东磕头认错，毛泽东表示父亲如答应不打他可以跪下一条腿。事情就这样结束了。从此，毛泽东认识到：温顺驯服，父亲反而打骂得厉害；如公开反抗，保卫自己的权利，父亲就会软下来。

1906 年秋天，毛泽东结束了 5 年的私塾生活。到 1909 年夏天，他在家停学三年。开始整天在地里帮长工干活。他白天做一个全劳力的活，晚上替父亲记账。尽管这样，他还是继续读书，如饥似渴地阅读能够找到的一切书籍（经书除外）。有一次，因为读书入了迷，放的牛跑进了邻居家的菜园子还不知道。韶山地区的书读完了，他就到外地去借。包括和尚的经书他也借来读。深夜里读书时，为不使父亲看见灯光（父亲不要他浪费灯油），毛泽东就将窗户遮住。

毛泽东继续读中国的旧小说和故事，有一天，他忽然想到，这些小说里怎么没有种田的农民，所有的人物都是武将、文官、书生，从来没有一个农民做主人公。他纳闷了两年，直到15岁那年才弄清楚：小说里的主要人物都是土地的占有者，而那些写书的文人，也多半没有搞过田间工夫的，对做田的人也不喜欢。他希望，将来有一天能够出现专门写工人和农民的书，把做工和做田的人写成英雄豪杰。

本地小学来了一个“激进派”教师李漱清，曾在外地游学几年，他反对神佛，他劝人们把庙宇改成学堂。大家对他议论纷纷，但毛泽东很钦佩他，赞成他的主张。李漱清家住毛泽东家以北四五里处，毛泽东经常趋前请教。从他那里第一次听到维新救国的道理，读了不少维新变法的书刊。

毛泽东的父亲早年和中年都不信神，可母亲文氏信佛却很虔诚。文氏也向自己的孩子灌输宗教信仰，因而，毛泽东也因父亲不信佛而感到伤心。他9岁时，还同母亲认真地讨论过父亲不信神的问题，他们好几次想把毛顺生转变过来，但没有成功。父亲只是骂他们，他们只好退让，另想办法。可是，毛泽东看的书逐渐产生了影响，他自己对神佛却越来越怀疑了。母亲开始为他担忧，责备他不热心拜佛。但是，父亲却转变了。一天，毛顺生去要账，路上碰到一只老虎，老虎猝然见到人，慌忙逃跑了。对于这次脱险的奇迹，父亲想了很多，从此他比较敬佛，有时也烧些香。然而，对于毛泽东越来越不信佛，毛顺生却并不干涉，他自己也只是在处境不顺当时才拜佛求神。

1909年春夏，毛泽东读了一本叫《盛世危言》（1893年出版）的书，他非常喜欢。作者郑观应，① 是一个办理中外贸易的官商。作者以为中国之所以弱，在于缺乏西洋的器械——铁路、电话、电报、轮船；同时还提倡从政治上进行改良，主张设议会，制宪法，实行“君民共主”，办报纸，开学堂，提高民众文化。

---

①郑观应，1842年7月出生于广东省香山县（今中山县）。其家乡离澳门只有几十里路。澳门昔日为香山县辖，不少乡人来往两地，或到澳门定居。郑观应称自己“世居香山，迁居镜湖”（镜湖即澳门），或称“世居澳门”。1893年，《盛世危言》的初版本在澳门完成，1907年在澳门编辑《盛世危言后编》。1922年5月病逝于上海。

读《盛世危言》激起了毛泽东要恢复学业的愿望。1909年下半年，他征得父亲同意，到一个失业的法科学生（乌龟井塾师毛岱钟）家里读了半年书。读了《汉书》、《通鉴纲目》等古籍。

1910年初，又到东茅塘面山楼毛麓钟老先生那里读书。毛麓钟，是毛泽东的堂叔，名毛贻训，学名绍芳，字麓钟，号云阁，又号韶山小隐人，生于清同治五年（1866年）十月二十四日，家住韶山冲东茅塘屋场，是韶山毛家的饱学之士，年轻时到过外地（先游幕江南，继走武岭）。他的道德文章，名噪一时，但因家道贫寒，又没有靠山，做不了官，就从外面回到家乡。1909年，毛麓钟受维新思想影响，在东茅塘面山楼开办中西合璧式的私塾，接收韶山冲一些文化程度较高的青年入学。毛泽东听说过毛先生的人品学问，知道他不仅熟悉经史，而且喜爱诗词，经请示父亲后，就到他门下进修。毛先生只收十几个学生。他虽然崇拜孔夫子，因在长沙住了几年，接受了一些自由思想，因此他和别的老先生不同，在给学生讲书时，总是轻言轻语，从不疾言厉色，大声呵斥。毛泽东除跟老先生学习先秦诸子、骈文、散文外，还在唐诗宋词上狠下工夫，并且继续阅读那些议论时务的新书，早起晚睡，手不释卷。在学生当中，毛麓钟对毛泽东十分赞赏，认定这个学生极有发展前途。一有闲暇，毛先生便把自己在外的经历和见闻告诉毛泽东，要他热爱名山大川，胸怀广阔，读万卷书，行万里路，毛先生还悉心给毛泽东点读《史记》、《纲鉴类纂》（明王世贞著）和《日知录》（清顾炎武著）等，并常给毛泽东开"小灶"。①毛泽东在此翻阅了许多时论和新书，包括族人毛兰芳（1826～1892，"韶山八景诗"的作者，毛麓钟的爷爷）、毛麓钟的诗词作品。

1910年4月，湖南发生了一件事情，深深地影响了毛泽东。一天，在他读书的学堂外面，学生们看到许多贩卖豆子的人从长沙回来，学生们问他们为什么要离开长沙，他们说长沙城里闹了大乱了。原来1909年夏秋之间，长江发了大水，洞庭湖周围遭了重灾，有些地方颗粒无收，灾民达100万人，涌进长沙的就有4万多人，不久连长沙城里的30万平民也被一步步拖到可怕的饥饿线上。而这时，一些外国商船却把一袋袋白米运到汉口和上海去卖高价，湖南巡抚岑春煊和一些文武官员也在里面搭上了股份。长沙的一些学者兼劣绅也囤积了好几万担稻谷，等着米价上涨。元宵节后，一升白米只要26文钱，而到了农历二月末，就陡涨到80文。一个

①辛亥革命后，毛麓钟（1866～1921）与毛泽启、毛泽钧（毛国翘）一道参加蔡锷领导的云南讨袁护国军，在蔡锷所属将领何海清部下担任文书。后因疾而归。

月时间，长沙城饿死了好几百人。

农历三月初，南门外有一家靠挑水为生的姓黄的穷人，卖了几天水，积了80文铜钱，叫妻子去买一升米，想让一家老小饱饱地喝一顿稀粥。妻子到了米店，老板数数铜钱，发现里面有几个不通用的，就拒绝量米。她只好去向邻居借了几文凑足80文再到米店。谁知这一眨眼的工夫，米价涨到85文，老板说少一文也不行，只买半升也不给。黄家女人向老板哀求，老板很不耐烦，把写着米价的木牌子翻了过来——“米已售完”，接着就喊伙计关门板。黄家女人气急了，带着满腔悲愤跳进了湘江。丈夫听到这个消息，拉着两个孩子也跳进了湘江。

这个悲剧，飞快地震动了长沙城，激起了几十万民众的同情和悲愤。年轻人们要替屈死的穷兄弟伸冤，就想砸开米店的大门，抓住那个老板。巡警赶来，要把人群驱散，人们不肯走开。清兵见赶不开，轰不散，就把人群包围起来，开枪射击，当场打死十几个逃荒的灾民，还抓走了5个泥瓦匠。

逃荒的灾民和城里的工匠，派出代表找巡抚请愿，要求释放泥瓦匠，开仓平粜，救济灾民。岑春煊在酒楼门口，打着饱嗝儿，一条也不答应，反把代表臭骂一顿。

灾民们气愤到了极点，包围了抚台衙门。岑春煊下令调来一营清兵，对准饥民射击，又有几十个无辜的灾民和工匠倒在血泊之中。官逼民反。人民举行了群众大会，并且组织了一次游行示威，他们攻打抚台衙门，砍断了旗杆，赶走了抚台。以后，一个叫庄赓良的布政使骑马出来，对百姓们说，官府要采取措施帮助他们。这个姓庄的说话显然是有诚意的，可是皇上不喜欢他，责他同“暴民”勾结，结果把他革职。来了一个新抚台，马上下令逮捕闹事的领袖，其中许多人被斩首示众，他们的头被挂在旗杆上，作为对今后“叛逆”的警告。

这件事在学堂里讨论了许多天，大多数同学都同情“造反”的，但他们仅仅是从旁观者的立场出发，他们还不懂这同他们的生活有什么关系。毛泽东忘不掉这件事，他觉得那些造反的人都是些同自己家里人一样的老百姓，对于他们受到的冤屈，他深感不平。

不久，在韶山，秘密会社哥老会的人同本地的一个地主发生了冲突，这个地主到衙门里去控告他们。地主有钱有势，哥老会败诉了。哥老会没有屈服，他们起来反抗地主和政府。他们撤到本地一个叫浏山的山里，占了一个山寨。起义的领袖是一个叫庞铁匠的人。官府派兵去攻打他们，最后他们被镇压，庞铁匠被斩首。但是，在学生们眼里，庞铁匠是一个英雄，大家都同情这次起义。

毛泽东的乡里也发生了粮荒。穷人要求接济，他们发起一个“吃大户”运动。尽管本乡缺粮，毛顺生仍然运出大批粮食到城里去，其中有一批被穷苦的村民扣留，毛顺生怒不可遏。毛泽东不同情父亲，但他觉得村民们的方法也不对。

这些事情的接连发生，在已有反抗意识的少年毛泽东心灵上，留下了磨灭不掉的印象。此时，他已经有了一定的政治觉悟，尤其在读了一本关于瓜分中国的小册子《列强瓜分之危险》后。这本小册子开头的第一句是：“呜呼！中国覆亡有日矣！”书中谈到日本占领朝鲜、中国台湾的经过，谈到了越南、缅甸等地宗主权的丧失。读书后，他对国家的前途感到沮丧。他开始意识到：国家兴亡，匹夫有责。

1907年（光绪三十三年），家里逼迫毛泽东和一个姓罗（罗秀）的女子结婚。罗氏是湘乡县人，生于1889年10月20日（清光绪十五年九月二十六日），比毛泽东大4岁。罗氏于1910年2月11日（清宣统二年正月初二）患痢疾病逝，享年21岁，葬于韶山南岸土地冲。①

1910年农历三月，毛泽东因为抖搂了族长毛鸿宾倒卖稻谷事件，闹了毛家祠堂。毛顺生生怕惹出事来，就想让毛泽东停止读书，送他去湘潭一家米店当学徒。起初，毛泽东并不反对，认为这是一件有意思的事儿。可是，就在同时他听说了一个非常新式的学堂——湘乡县东山学堂。他的一个表兄在那里上学，说那里不注重经书，西方“新学”教的比较多，教学方法也很“激进”。母亲文氏同情和支持毛泽东的求知欲，她和毛泽东一起劝说毛顺生，并请来毛麓钟、李漱清和毛泽东的表兄王季范、② 文运昌③到家劝说，说这种先进的教育可增加赚钱的本领。毛顺生终于同意了儿子的要求。

---

①据彭明道先生考证，毛泽东的《虞美人·枕上》是在罗秀去世后不久而作的。全文是：堆来枕上愁何状，江海翻波浪。夜长天色总难明，寂寞披衣起坐数寒星。晓来百念都灰烬，剩有离人影。一钩残月向西流，对此不抛眼泪也无由。（载2003年2月《人物研究》）

②王季范：毛泽东的姨表兄，因在同辈兄弟中排行第九，毛泽东一直叫他“九哥”。本世纪初考入长沙优质师范（湖南大学前身），毕业后在湖南第一师范学校任教。

③文运昌是毛泽东的舅表兄。

二　湘乡和长沙

1910年农历七月，毛泽东将近17岁，他第一次要离开家乡，到50里以外的地方去。临行前，他写了一首诗夹在父亲每天必看的账簿里：

孩儿立志出乡关，学不成名誓不还。①
埋骨何须桑梓地，人生无处不青山。

毛泽东启程这天，毛顺生带着一家人：文氏和泽民、泽覃、菊妹子，把毛泽东送到塘岸上。

湘乡县城的东门叫望春门，望春门外有一溜很长的石阶梯，沿着阶梯下去，就是涟水河的渡口，河那边就是东岸坪，著名的东山学堂就在那里。这所学堂的前身是1895年（光绪二十一年十二月）设立的东山精舍，它是仿湖北自强学堂，分设算学、格致、方言、商务四斋。1906年（光绪三十二年）改精舍为学堂。这是湘乡县也是湖南省最早设立的一座洋学堂。毛泽东自挑着行李来到学堂门口。只见黑漆的大门顶上悬着一块红漆金字匾牌："东山书院"。大门旁边挂着一块新制的黑底红字直牌子："湘乡县公立高等小学堂。"看门的见毛泽东一副土包子模样，又听说是湘潭县人，不准毛泽东进校门。毛泽东就闯了进去，看门的又把他拖了出来。正吵得不可开交，堂长（校长）李元甫先生走了出来，他查明缘由后说："好吧，我们的考期已过。不过，你确有真才实学，也可考虑录取。"随即出了《言志》的题目，要毛泽东作文。毛泽东立即动手，奋笔疾书，约一顿饭的工夫就交了答卷。李元甫先生看完卷，忙把学堂各位先生都请来，高兴地对大家说："我们东山学堂今天发现了一个人才。"说着就大声念起毛泽东的作文。先生们听了，都赞不绝口，多数主张马上录取，怎奈他不是湘乡县人，于是又引起争论。原来是县上对东山学堂有可观的补贴，不愿让外县人沾光。先生们争论了半夜，堂长李元甫气愤地直敲桌子："中国学生可以到外国留学，湘潭人反而不能到湘乡来读书，真是海内奇闻。"最后，决定破格录取他，把他编在戊班。毛泽东缴纳了1400个铜元，作为5个月的膳食费和学杂费。

---

①这首诗是根据日本明治维新时期著名的政治活动家、军人西乡隆盛（1827～1877）青年时的诗修改而成。原诗是："男儿立志出乡关，学不成名死不还。埋骨何须桑梓地，人生无处不青山。"

在这所新学堂里，毛泽东学到了自然科学和西方的新学科。

毛泽东过去从来没见过这么多孩子在一起，他们大多数是地主子弟，穿着很讲究。毛泽东的穿着比别人都寒酸，他只有一套像样的短衫裤，平时总是穿着一身破旧的衫裤，许多阔学生因此而看不起他。但他也有要好的朋友，其中一个就是萧三（又名萧子升、萧庆方、萧祖诚、萧植蕃）。

在这所学堂里，是不是湘乡县人是很重要的，而湘乡县又分上、中、下三里。上、下两里出于地域观念，彼此殴斗不休，势不两立。毛泽东在这场斗争中采取中立态度。因为他不是本地人，三派都看不起他，使他精神上感到压抑。

在这个学堂里有不少进步教员都喜欢毛泽东，尤其是那些教古文的教员，因为他写得一手好古文。但他无心读古文。同校的表兄文运昌送给他康有为的书和梁启超主编的《新民丛报》（合订本）。这两本书，他读了又读，直到可以背出来，他这时很崇拜康有为①和梁启超。② 毛泽东对《新民丛报》上连载的梁启超的《新民说》一文看得非常用心，并写有批语：一为"立宪之国家，宪法为人民所制定，君主为人民所推戴"；一为"专制之国家，法令为君主所制定，君主非人民所心悦诚服者"；"前者如现今之英、日诸国，后者如中国数千年来盗窃得国之列朝也"。毛泽东此时并不反对君主制度，只是反对君主专制，而赞成君主立宪制，希望由康有为、梁启超那样的维新派进行改革。③

他们的教员当中有一个曾留学日本的姓萧的老师，他戴着很容易被看出来的假辫子，大家都笑他，称他为"假洋鬼子"。许多学生因为他的假辫子而不喜欢他，毛泽东却喜欢听他讲日本的事情。他教音乐和英文。他教的歌中有一首叫《黄海之战》的日本歌曲，里面有一些动人的歌词：麻雀歌唱/夜莺跳舞/春天里绿色的田野多可爱/石榴花红/杨柳叶绿/展现一幅新图画。这首歌是歌颂日本战胜俄国的，毛泽东从这首歌里了解到，并

---

①康有为（1858～1927），广东省南海县人，光绪进士。曾著有《大同书》。在1888～1898年间，先后7次上书光绪皇帝，强烈要求变法。1895年4月，清政府在中日战争中失败，与日本签订了丧权辱国的《马关条约》，康有为联合在北京会试的18省举人1300余人联名发起"公车上书"，提出拒签和约、迁都西安、练兵抗战、变法图强四项主张。

②梁启超（1873～1929），字任公，号饮冰室主人，广东省新会县人，举人出身，是康有为的学生，曾助其老师编撰变法理论著作，并一起从事维新变法的宣传。1897年受聘为长沙时务学堂总教习。1898年"百日维新"中，奉命以六品衔办京师大学堂、译书局事务。戊戌政变后，逃亡日本，坚持改良道路，创办《清议报》和《新民丛报》，鼓吹立宪保皇，反对资产阶级革命，但他介绍的西方资产阶级社会政治学说在知识界有较大影响。

③《毛泽东年谱（1893—1949）》上卷，人民出版社、中央文献出版社，1993年12月第1版，第9页。

且感觉到日本的美，也感受到日本的骄傲和强大。

在这个学堂里，毛泽东才第一次听说两年前发生的事：光绪皇帝和慈禧太后已相继去世，新皇帝为宣统（溥仪）。他认为皇帝像大多数官吏那样诚实、善良和聪明，不过需要康有为帮助他变法罢了。

中国古代的帝王尧、舜、禹、秦皇、汉武的事迹使他向往，他读了许多关于他们的书。国文教员贺岚岗见毛泽东对历史有兴趣，买了一部《了凡纲鉴》送给他。

在这个期间，他也学了一些外国的历史和地理。在一篇讲述美国革命的文章里，他第一次听到美国这个国家。里面的一句话："华盛顿经过八年苦战，始获胜利，遂建国家"，留给他很深的印象。在一部叫做《世界豪杰传》的书里，他读到了拿破仑、叶卡捷琳娜女皇、彼得大帝、惠灵顿、格莱斯顿、卢梭、孟德斯鸠和林肯。读过这些书后，他曾对他的同学说："中国也要有这样的人物，我们应该讲求富国强兵之道，才不致蹈越南、朝鲜、印度的覆辙；每个国民都要努力，明末清初的爱国主义者顾炎武说得好，天下兴亡，匹夫有责。"为此，他特地为自己取了一个"子任"的别名。

毛泽东在这里曾读过《大同书》、《饮冰室文集》、《日知录》、《史记》、八股文和唐诗。这个学校每个星期日的上午都要由教员出题目，由学生写一篇文章，毛泽东写的《救国图存论》、《宋襄公论》等文章被老师赞扬为"似黄河之水，一泻千里"，批阅给全校同学传观。

毛泽东在东山小学只读了半年书，他开始想到长沙去。

长沙是湖南省省会，离韶山冲120里，自1904年辟为通商口岸。毛泽东听说这个城市很大，有不少学堂，非常向往。东山小学堂长李元甫、国文教员谭咏春、贺岚岗看到毛泽东成绩优良，而且胸有大志，严于律己，年龄也不小了，就商量介绍毛泽东到长沙去读"驻省湘乡中学"。

1911年春天，毛泽东征得家中的同意，由韶山步行到湘潭县城，然后挤乘湘江的小火轮到长沙。毛泽东是第一次来到大城市，这里的景象使他极其兴奋。但他担心不让他入学。湘乡县自从出了曾国藩①这个大官僚后，

①曾国藩（1811～1872），字涤生，湖南省湘乡县人，1838年中进士，在朝廷做官。1852年母死回原籍守丧。1851年1月洪秀全领导的农民群众在广西桂平县金田村发动反清起义，建号太平天国，太平军经广西、湖南、湖北、江西、安徽，清八旗军队一败涂地，1853年3月太平军在南京（改称天京）正式建立政权。1853年初，清廷命曾国藩在湖南办理团练（后扩编为湘军），1854年出省对太平军作战，屡败，曾国藩投水寻死，被随从救起，逃回长沙。1855年初，在湖口作战失败，又几乎丧命，逃至南昌。1856年秋后，太平军内发生内讧。曾国藩派李鸿章、左宗棠赴上海和浙江勾结外国侵略军联合进攻太平军。1864年，天京被湘军攻陷。曾国藩受封一等侯爵，又任直隶总督、两江总督。

带出了一批文官武将、富商豪绅，不少人家在长沙置了小公馆，就在湘乡会馆里办了一所中学，来教育他们的子弟，同时也从湘乡县的东山学堂推荐一些毕业生到这里来，只要他们的家长是湘乡县的士绅就收，成绩好坏在其次，不过对外县人是不收的。毛泽东带来了东山学堂几位先生的亲笔信，又填了湘乡籍贯，就十分顺利地被录取了。

在驻省湘乡中学，毛泽东第一次看到报纸——《民立报》,① 他从报上看到了一个叫黄兴②的湖南人1911 年4 月27 日领导的广州反清起义和黄花岗72 烈士殉难的消息，使他深受感动。同时，他还听说了孙中山③和同盟会。④

激动之下，毛泽东写了一篇文章贴在学堂的“揭示栏”内，这是他第一次发表政见，他还没有放弃对康有为、梁启超的钦佩。他对孙中山怀有期望。他在文章里提出，把孙中山从日本请回来当新政府的总统，康有为当国务总理，梁启超当外交部长。

---

①《民立报》：清末资产阶级革命派的报纸，1910 年10 月11 日在上海创刊，于右任、宋教仁等主编。该报激烈抨击清政府，报道各地资产阶级民主革命运动。1913 年9 月4 日停刊。

②黄兴（1874 ~1916），湖南长沙人，1902 年赴日留学，1904 年2 月和陈天华、宋教仁在长沙组织华兴会，任会长，策划长沙起义未成。1905 年在日本与孙中山等人建立同盟会。1907 年后，先后参与或指挥钦廉防城（均在今广西）起义（1907 年4 ~9 月）、镇南关（今友谊关）起义（1907 年12 月）、钦廉上思起义（1908 年3 ~4 月）、云南河口起义（1908 年4 月 ~5 月）、广州新军起义（1910 年2 月）、黄花岗起义（辛亥广州起义）。其中的黄花岗起义，孙中山原打算由赵声、黄兴为正副司令率10 路“先锋队”（敢死队）进攻广州，1911 年4 月27 日，因起事消息泄露，在队伍尚未集中的情况下，黄兴率120 人攻入两广总督衙门，经过一夜巷战，不少“先锋”牺牲，黄兴、朱执信等受伤后化装脱逃。事后收殓烈士遗骸72 具，合葬于黄花岗。同年武昌起义后，黄兴被推为革命军总司令。1912 年任南京临时政府陆军总长。1913 年参与领导讨伐袁世凯，失败后流亡日本，1914 年夏赴美养病，1916 年在袁世凯死后回国，同年10 月在上海病逝。

③孙中山，1866 年生于广东省香山县（今中山市），名文，字逸仙。青少年时期先后在檀香山、广州、香港等地受资产阶级教育（学医），1894 年6 月北上经上海至天津，投书直隶总督兼北洋大臣李鸿章，历陈富强之策，提出革新主张，被拒绝。1894 年11 月赴檀香山联合华侨组织中国最早的资产阶级革命团体——兴中会，1895 年设总会于香港，策划广州起义未成，流亡国外。1900 年派人发动惠州（今广东惠阳县）起义，失败后继续在国外开展革命活动。1905 年在日本组成同盟会，被推举为总理，确定“驱除鞑虏，恢复中华，建立民国，平均地权”的资产阶级革命纲领，提出民族、民权、民生三民主义，并同改良派论战。此后，在国内外发展革命组织，联络华侨、会党和新军，多次发动武装起义。

④同盟会：全称为“中国革命同盟会”，简称“同盟会”，在孙中山的倡导下，以兴中会和华兴会为基础，联络光复会（1904 年冬在上海成立，蔡元培为会长）于1905 年8 月20 日在日本东京成立。自1906 年起先后发动萍浏醴起义（1906 年12 月）、潮州黄冈起义（1907 年5 月）、惠州七女湖起义（1907 年6 月）……至武昌起义（1911 年10 月）共10 次起义（另6 次见“黄兴”注），直至推翻清王朝。1911 年11 月同盟会总部由日本东京迁至上海，南京临时政府成立后，迁至南京，旋又迁回上海。1912 年8 月改组为国民党。

由于修筑川汉铁路而兴起了反对外国投资运动，[①] 立宪成为广大人民的要求，皇帝的答复只是设立一个咨政院。同学们为了发泄排满情绪，他们反对留辫子，毛泽东和他的一个朋友率先剪去了辫子。但是，其他一些相约剪辫子的人后来不守信用，于是，毛泽东和他的朋友就出其不意地强行剪下他们的辫子。这时，毛泽东已从讥笑假洋鬼子发展到主张全部剪掉辫子了。

1911 年（农历辛亥年）9 月中旬，同盟会帮助下的革命团体文学社和共进会在湖北武昌召开联席会议，组成统一的武装起义机构。推举文学社社长蒋翊武为总指挥，同盟会会员、共进会军务部长孙武为参谋长，并制定了起义的具体计划。10 月 9 日，孙武在汉口俄租界赶制炸弹，不慎被炸伤，秘密机关遭破坏。蒋翊武等决定当天夜里 12 时起义，计划未实现。当晚，起义指挥部遭破坏，蒋翊武出逃，一些领导人被杀。10 日，湖广总督瑞澂下令按名册大肆搜捕革命党人。当天夜里，武昌城内各标、营新军中革命党人被迫自动起事，起义士兵占领了军械库，合力攻占了总督署。11 日早晨，武昌已被起义士兵掌握，建立了湖北军政府，强推新军协统黎元洪为都督，两天内起义军又攻占了汉口和汉阳。接着，湖北其他地区和湖南、江西、陕西、山西、云南、贵州、江苏、浙江、广西、安徽、广东、福建、山东、四川先后宣布独立，一个多月内，革命军占领了十六七个省。

辛亥革命爆发后，湖南宣布了戒严令，政局迅速改观。有一天，一个革命党得到校长的允许，到湘乡中学做了一次激动人心的讲演，当场有七八个同学站了起来，支持他的主张，强烈抨击清廷，号召大家行动起来，建立民国，会上人人都聚精会神地听着，会场里鸦雀无声。

---

①为反对帝国主义攫取中国铁路和矿山，在有关省份中展开了收回利权运动。清朝覆灭前的最后几年间，争路权的运动在有的省份发展到了高潮，成为促进清政府崩溃的一个重要因素。宣统元年（1909 年），军机大臣、粤汉铁路督办兼粤境川汉路铁路大臣张之洞认为这些铁路的修筑非靠外国力量不可。虽有湖南、湖北两省绅商的反对，清政府仍在宣统三年 4 月按照美、英、法、德四国银行团的意愿签订了关于借款筑路的合同，并宣布铁路国有。广东、湖南、湖北、四川绅商学界中立即有人表示反对，特别在四川形成了巨大风潮。

听了这次讲演的四五天后，毛泽东准备参加黎元洪①的革命军。他决定同其他几位朋友到汉口去，他们已经从同学们那里筹到一些钱。听说汉口的街道很湿，必须要穿雨鞋，毛泽东就到驻扎在城外军队里的一个朋友那里去借鞋。

辛亥革命的起义军沿着粤汉路前进，10月22日逼近长沙。革命军攻打的两座城门，其中一座未遇抵抗；由起义军将领焦达峰率部攻打的一座稍遇反抗，经晓以民族大义后，守军即投向革命。同时，城里面也发生起义，各个城门都被工人攻占了。毛泽东站在一个高地上观战，最后，他终于看到衙门上升起了一面白色的旗帜，上面写着一个“汉”字。当毛泽东回到学校时，发现学校已由起义军队守卫了。

第二天，湖南成立了“中华民国军政府湖南都督府”，起义军的两名首领焦达峰和陈作新被推举为都督和副都督。革命党人所发现的清廷文件中，有几份请求召开国会的请愿书，其中有中学教师徐特立②用血书写的一篇，文章开头写道：“为呼吁召开国会，予断指以送。”

焦达峰、陈作新的政权只维持了10天，咨议局议长谭延闿勾结新军中的一个营长在11月1日发动兵变，杀死了焦达峰和陈作新，谭自任湖南都督。此时，有许多学生投军，一支学生军已经组织起来，在这些学生里面有唐生智。毛泽东不喜欢这支学生军，他认为它的成分复杂。毛泽东决定参加正规军，为完成革命而努力（清帝还未退位）。既然革命军已经到了长沙，他就不必去武汉了，于是就在湖南参了军，他所在的部队是湖南新军第二十五混成协第五十标第一营左队。

毛泽东参军后，每月军饷是7元钱，每月用去伙食费2元，还得花钱

---

①黎元洪（1864～1928），湖北黄陂人，天津北洋水师学堂毕业，后在北洋海军供职。中日甲午战争后，投靠张之洞，参与训练湖北新军。1906年升任第二十一混成协统领。保路运动兴起，他曾以军界代表资格参加“湖北铁路协会”，共谋筹款，赢得军界好感。但他仇视革命，武昌起义刚开始时，他企图镇压，并亲手杀死一个进行联络的革命士兵。当起义士兵占领楚望台军药库时，他躲了起来。起义成功以后，起义士兵发现了他。由于习惯的势力，多数兵士认为新成立的政府要有黎元洪这样地位高的人来带头才像个样子，黎元洪在士兵们的枪口威胁下来到了会场，被推举为湖北军政府都督。1912年当选为南京临时政府副总统。袁世凯窃权后继任副总统，1913年查封武汉革命报刊《大江报》，残杀同盟会会员张振武、方维，参与镇压“二次革命”。1914年被袁世凯任命为参政院院长。1915年被袁世凯任命为武义亲王，未受。1916年袁世凯死后继任总统，1917年张勋入京，黎被逐。1922年直系军阀控制北京政府后复职，次年，又被直系军阀所逐。1928年6月病死在天津。

②徐特立（1877～1968），原名徐懋恂，又名徐立华，湖南长沙人，1905年考入长沙宁乡速成师范班，毕业后到长沙周南女校任教。1910年曾到日本考察教育。武昌起义后，被推选为湖南临时议会的议员和副议长，又任湖南教育司科长。后辞职创办长沙师范学校，任校长，又在湖南省立第一师范兼任教员。

买水（士兵用水必须到城外去挑，作为一名学长的他尚放不下“架子”自己去挑水），剩下的钱，他都用在订报纸上，贪读不厌。当时鼓吹革命的报刊中有《湘江日报》，里面讨论到社会主义。他是第一次听说这个名词，于是，他就同其他同学和士兵讨论社会主义。后来，他读了江亢虎（1911年辛亥革命后，江亢虎标榜社会主义，在上海组建中国社会党）写的一些关于社会主义及其原理的小册子，他就热情地写信给几个同班同学。

在毛泽东当兵的这个班里，有一个湖南矿工和一个铁匠，他非常喜欢他们。他认为除他们俩外，其他人都是庸碌之辈。毛泽东和排长及大多数士兵交上了朋友，因为他能写，有些书本知识，能帮助他们写信或诸类事情，因而很受士兵们敬佩。

孙中山在美国中部的科罗拉多州从报纸上看到“武昌为革命军占领”的消息。同年12月25日由国外到达上海。29日，南京的17省代表依照《中华民国临时政府组织大纲》进行临时总统选举，每一省投一票，孙中山以16票（浙江省代表未投他）当选为临时政府总统。31日，孙中山率一些随员到南京。1912年1月1日就职，宣告中华民国成立。临时政府成立后虽然颁布了一系列有利于民主政治和资本主义发展的政策法令，但承认清政府与帝国主义各国签订的不平等条约和帝国主义攫取的种种特权。

1912年2月10日，由清内阁总理袁世凯①代表与南方革命军代表举行南北议和会议，就清帝退位条件达成协议，对清皇室规定了一系列优厚条件。1912年2月12日，清朝颁发了宣统退位诏书，袁世凯在帝国主义的支持下，迫使革命派让步。南方革命派在清帝退位和袁世凯“赞成”共和

---

①袁世凯（1859～1916），河南省项城县人。1885年经李鸿章保荐任“驻扎朝鲜总理交涉通商事宜”全权代表，中日甲午海战前夕，请调回国，1895年以道员衔驻天津小站编练新建陆军，1897年升为直隶按察使，乃专管练兵事宜。维新运动兴起，他参加强学会。1898年9月18日（清光绪二十四年农历八月初三）深夜，谭嗣同拿着光绪皇帝的密谕，到袁世凯的住处法华寺，要他举兵，包围慈禧的住处颐和园，杀死掌握军权的荣禄，袁世凯一口答应。但他一从北京回到天津，立即向荣禄告密，全盘交代了谭嗣同夜访的情况。9月21日，慈禧太后发动政变，百日维新因而失败。从此，袁世凯得到慈禧太后的宠信。1899年他署理山东巡抚，镇压义和团，1901年署理直隶总督（次年实授）兼北洋大臣，1903年兼任练兵处会办大臣，1905年扩编北洋军成6镇，1907年调任军机大臣、外务部尚书，1909年被免职。1911年在帝国主义的支持下，任内阁总理大臣，统兵南下镇压革命。此时，他一面以武力胁迫南方革命派让权，一面挟制清帝退位。1912年3月在北京就任中华民国临时大总统。1913年3月派人在上海暗杀国民党代理理事长、他专权的最大政敌宋教仁。向帝国主义乞取“善后”借款，镇压“二次革命”，又强行解散国会，废除《中华民国临时约法》。为取得日本帝国主义的支持，使他当皇帝，1915年，接受日本企图灭亡中国的“二十一条”要求。1915年12月12日，袁世凯正式宣布实行帝制，宣布次年改元“洪宪”，元旦登基，遭举国上下反对。1916年3月，被迫取消帝制，同年6月6日死去。

的条件下把政权交给了袁世凯。2 月 13 日，孙中山向临时参议院提出辞职咨文。2 月 15 日，临时参议院选举袁世凯为中华民国临时政府临时大总统。

1912 年 4 月 5 日，中华民国临时政府迁往北京。南北统一了，南京政府解散了。毛泽东以为革命已经结束，便退出了军队，决定仍回到学校继续学业。他一共当了半年列兵。

毛泽东开始注意报纸上的广告（那时候，办了许多学校，通过报纸招生），但他并没有一定的标准来判断学校的优劣，对自己究竟想做什么也没有明确主见。一则警察学堂的广告，引起他的注意，于是去报名投考。在考试以前，他看到一所制造肥皂的学校的广告，不收学费，供给膳宿，还答应给些津贴，这则广告很吸引人，鼓舞人说制造肥皂对社会大有好处，可富国利民。于是，他又改变了投考警校的念头，决定去做一个肥皂制造家，他在这里又交了一元钱的报名费。这时，他有一个朋友成了法政学校的学生，他劝毛泽东进法政学堂，毛泽东也读了这所学堂的娓娓动听的广告：答应在 3 年内教完全部法律课程，并且保证期满之后可以做官。毛泽东写信给家里，把广告上的诺言记述了一遍，把将来当法官的光明图景描述了一番，要求寄学费来，在这里也交了一元钱的报名费，等候父母的回音。他又看到一则商业学堂的广告，一位朋友告诉他，国家现在正处于经济战争之中，当前最需要的人才是能够建设国家的经济学家，这个议论又打动了他，他又向这所商业学堂付了一元钱的报名费，并参加考试被录取了。但他还继续注意广告，有一天，他读到一则把一所公立高级商业学校说得天花乱坠的广告，这是政府办的，设有很多课程，而且又听说教员都是非常有才能的人，毛泽东又决定最好在那里学成，做一个商业专家，又付了一元钱的报名费，并把他的决定告诉父亲。老人家听了很高兴，因为他理解经商的好处。毛泽东进了这所学校，可只待了一个月。因为他发现这所学校大多数课程都用英语讲授，他和其他学生一样，不懂英语，学校也没有专教英语的老师，这种情况使他感到讨厌，月底就退学了，继续留心报纸上的广告。

下一个尝试上学的地方是湖南高等中学校（省立第一中学），他花了一元钱报了名，参加了入学考试，发榜时名列第一。入学后，他发现这个学校很大，有许多学生，这里有一个叫符定一的国文教员对他帮助很大（因为毛泽东有文学爱好，很愿接近他）。符定一借给他一部《御批通鉴辑览》（其中有乾隆的御批），毛泽东对北宋文学家司马光历时 19 年编撰的这部《资治通鉴》爱不释手，这部史书上至东周，下迄五代十国，叙时1362年，蕴涵着15个朝代的兴衰过程及成败原因。1912年6月，在这所中学里，毛泽东写了《商鞅徙木立信论》的作文。文中联系现实提出，要取信于民，开发民智，必须以法治国。文中说："法令者，代谋幸福之具也……其法惩奸尻以保人民之权利，务耕织以增进国民之富力，尚军功以树国威，孥贫怠以绝消耗。此诚我国从来未有之大政策"；商鞅是首屈一指的"伟大政治家"。国文教员批道："实切社会立论，目光如炬，落墨大方……有法律知识，具哲理思想，借题发挥，纯之唱叹之笔出之……历观生作，练成一色文字，自是伟大之器，再加功候，吾不如其所至。"① 后来，毛泽东还是不喜欢第一中学：课程有限，且校规也使人反感。自读了《御批通鉴辑览》以后，他得出结论，不如自学更好。在校6个月就退学了。

1912年秋，他订了一个自学计划，每天到定王台湖南省立图书馆去读书。对自学计划，他非常认真地执行，持之以恒。他寄居在新安巷湘乡会馆，每天早晨图书馆一开门他就进去，中午饭只买两块米糕，天天等图书馆关门时才出来，在这里他度过了半年时间，他认为很有价值。他读了许多书：学习了世界地理和世界历史（他在那里第一次看到一幅世界地图，怀着很大的兴趣研究它）；他读亚当·斯密的《原富》、达尔文的《物种起源》和约翰·穆勒的一部关于伦理学的书《名学》；他读了卢梭的著作、斯宾塞的《逻辑》和孟德斯鸠写的一本关于法律的书。他在认真研读俄、美、英、法等国历史地理的同时，也阅读诗歌、小说和古希腊的故事。凡是从外文译成中文的名著，他几乎读遍了。毛泽东后来回忆说："我学习生活中最有收获的时期是在湖南图书馆自学的半年……我贪婪地读，拼命地读，正像牛闯进了人家的菜园，尝到了菜的味道，就拼命地吃个不停一样。"

这段时间，毛泽东住在湘乡会馆里，许多士兵也住在那里，都是些"退伍"或被遣散的湘乡人。他们没有工作，也没有什么钱，住在会馆里的学生和士兵总是吵架。一天晚上，他们之间爆发成武斗，士兵袭击了学生，要杀死他们。毛泽东躲到厕所里，直到殴斗结束后才出来。

一段时间后，毛泽东已没有了钱，家里也不肯供养他——除非他进学校读书才寄钱给他。同时，他在会馆里也住不下去了。他认真地考虑自己

---

①《毛泽东年谱（1893—1949）》上卷，人民出版社、中央文献出版社，1993年12月第1版，第12页。

的"前途"后得出结论：最适宜教书。他又开始留意广告了。湖南师范学校一则动听的广告引起了他的注意，他津津有味地读着它的优点：不收学费，膳宿费低廉，同时有两位朋友也鼓励他投考。毛泽东征得家人同意决定报考，他甚至还分别为自己和两位朋友写了3篇作文，结果3个人都被录取了。

这样，他抵住了后来一切广告的诱惑，在1913年3月，以第一名的成绩成了湖南省立第四师范学校（在长沙城里水风井）的学生。1914年2月，第四师范学校和第一师范学校合并，毛泽东和300多名同学，还有杨昌济、黎锦熙（历史教员）、袁仲谦（国文教员）等几位先生，转到长沙南门外书院坪的湖南省立第一师范学校，成为第8班的学生（1年级共有第6、7、8、9、10五个班级）。当时的师范教育是5年制，但第四师范是春季始业，第一师范是秋季始业。因此，毛泽东自1913年春天考进第四师范，到1918年暑假从第一师范毕业，一共读了5年半书。

三 湖南省立第一师范

湖南省立第一师范，原属城南书院（南宋张南轩讲学的地方）的旧址，是一所公费培养小学教师的著名学校。学校坐东朝西，前面是奔流的湘江，背后是树木葱郁的妙高峰，旁（左）边是沟通南北的粤汉铁路，对岸是巍峨雄伟的岳麓山（内有岳麓书院，南宋时朱熹曾在此讲学）。每逢集会，湖南省立第一师范的同学们高唱校歌："衡山西，岳麓东，城南讲学峙其中。人可铸，金可熔，丽泽绍高风。多材自昔夸熊封。男儿努力，蔚为万夫雄。"①

1913年10~12月，毛泽东听课时记了万余言的《讲堂录》，主要是国文课和修身课的笔记，内容涉及哲学、史地、古诗文、教理等，对古今名人治学和有关伦理道德的言行，记录较多。凡典故、词义、要旨和警句，都分条列出。

湖南省立第一师范学校里有一位老师给他的印象最深，他就是杨昌济（杨昌济只教高年级，毛泽东直到1915年才成为他的学生）。杨昌济，生于1871年4月21日，世居在长沙县清泰乡的板仓（由长沙市小吴门出城，过浏阳河，东行120里）。1898年进入岳麓书院读书，积极参加谭嗣同等

①《毛泽东传（1893—1949）》，中央文献出版社，1996年8月第1版，第20页。

在湖南组织的维新改良活动。1903 年留学日本，先后入东京弘文学院、东京高等师范学校学习。1909 年进入苏格兰，主攻哲学、伦理学和心理学，获文学学士学位，随后又在德国考察了 9 个月。在国外花了 9 年时间，悉心研究教育和哲学，形成了一种进步的伦理思想和讲究实践的人生观，并有志将所学运用于中国的社会改造。武昌起义的枪声，使身居国外的杨先生深受鼓舞，十分怀念自己的祖国，遂改名为杨怀中。1912 年回国时，南京临时政府已让位于袁世凯控制的北京临时政府。杨先生面对满目疮痍的祖国，毅然决定回到故乡湖南。友人劝他，湖南已为立宪派头子谭延闿所控制，不如留在大城市工作好。杨先生坚定地回答："我不入地狱，谁入地狱？"到了长沙，已经登上都督宝座的谭延闿想罗致他当教育司长，被他严词拒绝。相反，他却接受了湖南省立第四师范学校的聘请，甘当一名教员，家居长沙落星田。一些贪图名利的人看不起他，甚至讽刺他。为了表达他的志向，回答社会上这些人的攻击，他写了一副对联自勉："强避桃源作太古，欲栽大木拄长天"，决心用毕生的精力培养一批改造社会的中坚。

杨昌济先生在一师讲修身课时，要求学生"高尚其理想（立一理想，此后一言一动皆期合此理想）"。鼓励他们要"奋斗"，"有朝气"，"有独立心"，能"立定脚跟"，而办事又要"精细"，"小不谨，大事败矣"。对学问，他认为要"贯通今古，融合中西"，而自己要有分析的批判的精神。他总是努力鼓励学生立志做有益于社会的正大光明的人。[①]

杨先生虽然是一个惟心主义者，但却是一个道德高尚的人，他对自己教授的伦理学有着强烈的信仰，鼓励学生立志做有益于社会的正大光明的人。在杨昌济先生的影响下，毛泽东读了由德国哲学家、伦理学家费里德里奇·泡尔生编著、蔡元培翻译的《伦理学原理》。在这部 10 余万字的书里，毛泽东在书眉等空白处写了 12100 字的读书笔记。并写了一篇题为《心之力》的文章。毛泽东亦自称是一位惟心主义者，杨昌济亦以他惟心主义观点，高度评价了他这篇文章，给了毛泽东 100 分。

自接触始，杨昌济对毛泽东即有深刻印象。1915 年 4 月 5 日，他在"达化斋日记"中写道："毛生泽东，言其所居之地，为湘潭与湘乡连界之地，仅隔一山，而两地之语言各异。其地在高山之中，聚族而居，人多务农，易于致富，富则往湘乡买田。风俗淳朴，烟赌甚稀。渠之父先亦务农，现业转贩，其弟亦务农，其外家[②]为湘乡人，亦农家也。而资质俊秀

①《毛泽东传（1893—1949）》，中央文献出版社，1996 年 8 月第 1 版，第 17 页。

②外家：外婆家。

若此，殊为难得。余因以农家多出异材，引曾涤生、梁任公之例以勉之。毛生曾务农两年，民国反正时又曾当兵半年，亦有趣味之履历也。”①

经杨昌济介绍，毛泽东利用假期曾两次入岳麓书院寄读。明清之际的著名学者王夫之就是湖南衡阳人，早年就学于岳麓书院，晚年因隐居在石船山，世称船山先生。他著述宏富，在学术上能独树一帜，富于批判精神。他崇尚实学，主张“理依于气”，强调“行”在认识过程的作用，开一代风气之先。在这种风气熏陶下，湖南学人大多关心世事，热衷于投身政治活动，涌现了一大批有影响的政治家、军事家、思想家和革命家。鸦片战争前后，湖南有贺长龄、陶澍、魏源一批人，在学术上和政治上都倡导变革。在维新运动中，出现了谭嗣同、唐才常、熊希龄等变法志士。辛亥革命时期，黄兴、蔡锷、陈天华、宋教仁、禹之谟等更走在前列。这一批又一批的人物，绝大多数曾就读于岳麓书院。以曾国藩为代表的清末“中兴将相”集团，包括胡林翼、左宗棠、罗泽南、曾国荃等，他们也都曾受教于岳麓或城南书院。曾国藩镇压太平天国时打着“保卫名教”的旗号，同时又严格地整军治政，曾国藩还是早期洋务运动的代表人物，影响很大。1916 年，在岳麓书院办学的一位校长，把出自班固的《汉书 · 河间王传》的“实事求是”4 个字写成硕大的横匾挂在讲堂正门。这块匾额给毛泽东留下了很深的印象。

毛泽东还经常到杨昌济先生的好友刘人熙创办的船山学社听课。同时，毛泽东还细读了《曾文正公家书》、《曾文正公日记》。《讲堂录》里抄写了好些曾国藩的话，如：“涤生日记，言士要转移世风，当重两义：曰厚曰实。厚者勿忌人；实则不说大话，不好虚名，不行架空之事，不谈过高之理。”②

1916 年暑假，毛泽东步行到长沙县东乡板仓杨昌济家访问。同杨昌济讨论学术问题和社会问题，浏览杨昌济的藏书，特别是新书和报刊。

毛泽东从与杨昌济的谈话中得知，离板仓40 多里的高桥塘冲，有一位留学日本的体育运动的爱好者和倡导者柳午亭（柳直荀的父亲）。毛泽东便专程前去访问。毛泽东称赞柳午亭在体育研究和实践上有较高的造诣，许多地方值得效法。③

徐特立教授教育学、各科教授法和修身等课程，治学严谨，对学生影

①杨昌济，《达化斋日记》，湖南人民出版社，1981 年第 1 版。

②《毛泽东传（1893—1949）》，中央文献出版社，1996 年 8 月第 1 版，第 20 ~ 21 页。

③《毛泽东年谱（1893—1949）》上卷，人民出版社、中央文献出版社，1993 年 12 月第 1 版，第 24 ~ 25 页。

响很大。教员袁仲谦、黎锦熙、王季范、方维夏等，对毛泽东的学业和思想有很大的影响和帮助。

毛泽东很推崇徐特立老师“不动笔墨不读书”的学习方法。所谓“动笔墨”，就是不只是读前人的书，而且要经过认真思考和消化，把自己的心得和看法写下来，其中包括对书中同意或不同意的地方。他当时有许多种笔记本，包括听课的，自学的，摘抄的，随感的和日记等。①

国文教员袁仲谦（袁吉六），湖南保靖县人，清末进士，学生送他绰号“袁大胡子”。袁仲谦写一手好字，做一手好古文。开始他嘲笑毛泽东的作文，说他是新闻记者的手笔，他看不起毛泽东视为楷模的梁启超，认为他半通不通。于是，毛泽东只得改变文风。他买了一部《昌黎先生文集》，钻研韩愈的文章。学会了古文文体。

毛泽东与黎锦熙建立了深厚的师生关系。1915 年 9 月 6 日，毛泽东写信给萧子升，介绍近期同黎锦熙交谈治学情况，介绍自己的学习方法：即读一篇而及于全书，并加以详细研究，使国学常识罗于胸中。信中并推崇曾国藩的读书方法：演绎法，察其曲以知其全，执其微以会其通；中心统辖法，守其中而得大，施于内而遍于外。② 1915 年 9 月，黎锦熙应聘到北京教育部的教科书编纂处任特约编纂员。11 月 9 日，毛泽东致信黎锦熙，劝他不要在袁世凯政府里做官，切望黎锦熙“急归无恋”。信中还说自己：“性不好束缚。终见此非读书之地，意志不自由，程度太低，俦侣太恶，有用之身，宝贵之时日，逐渐催落，以衰以逝，心中实大悲伤”，很想离去，“就良图，立远志”。③

1916 年 12 月 9 日，毛泽东致信黎锦熙，说去年 11 月 9 日信中劝黎锦熙不要在袁世凯政府做官的意见不当，黎的任职不过是编书，仍是书生事业，并不是做官。信中强调体育的重要性。说古称智、仁、勇为三达德，现今的教育学者进而提出德、智、体三言。认识到“心身可以并完”。毛泽东说自己的身体不强，近因运动之故，受益颇多，“至弱之人可以进于至强”。④

---

①《毛泽东传（1893—1949）》，中央文献出版社，1996 年 8 月第 1 版，第 19 页。

②《毛泽东年谱（1893—1949）》上卷，人民出版社、中央文献出版社，1993 年 12 月第 1 版，第 20 页 。

③《毛泽东年谱（1893—1949）》上卷，人民出版社、中央文献出版社，1993 年 12 月第 1 版，第 21 页。

④《毛泽东年谱（1893—1949）》上卷，人民出版社、中央文献出版社，1993 年 12 月第 1 版，第 25 页。

1917年8月23日，毛泽东致黎锦熙长信：今日变法，俱从枝节入手，如议会、宪法、总统、内阁、军事、实业、教育，一切皆枝节也；当今之世，宜有大气量人，从哲学、伦理学入手，改造哲学，改造伦理学，根本上变换全国之思想；此如大纛一张，万夫走集，雷电一震，阴曀皆开，则沛乎不可御矣！彼时天下皆为圣贤，而无凡愚，可尽毁一切世法，呼太和之气而吸清海之波；思想道德必真必实，东方思想虽然有之许多不切于实际生活，但西方思想亦未必尽是，几多之部分，亦应与东方思想同时改造；毕业之后，自思读书为上，教书、办事为下，很久以来就想办私塾，取古代讲学与现今学校二者的长处，暂只以三年为期，课程则以略通国学大要为准，达此即须出洋求学，乃求西学大要，归仍返于私塾生活，继续深造。①

湖南第一师范学校有很多校规，毛泽东赞成的极少。例如，他反对把自然科学列为必修课，因为他想专修社会科学。他的自然科学的分数很差，尤其是讨厌一门静物写生课。有一次上图画课，他画了一条直线，上面加了一个半圆，题名曰："半壁见海日"（李白诗）。又一次，图画课考试，他画了一个椭圆形就算了事，说这是个蛋，结果只得了40分。幸亏他的社会科学各科得到的分数都很高，才扯平了其他课程的低分数。

在学校的课程中，毛泽东把重点放在修身、哲学、国文、历史和地理等几门上。在这所学校里，毛泽东刻苦读书，认真思索，他曾在"讲堂录"中写道：

> 闭门求学，其学无用。欲从天下国家万事万物而学之，则汗漫九垓，遍游四宇尚已。

1915年6月25日，毛泽东致信湘生："从前拿错主意，为学无头绪，而于学堂科学，尤厌其繁碎。今闻于师友，且齿已长，而识稍进。于是决定为学之道，先博尔后约，先中尔后西，先普通尔后专门"；康有为"四十岁以前，学遍中国学问；四十年以后，又吸收西国学问之精华"；梁启超"先业词章，后治各科"；"盖文学为百学之原，吾前言诗赋无用，实失言也。……来日之中国，艰难百倍于昔，非有奇杰不足言救济……屠沽贾炫之中，必有非常之人……人非圣贤，不能孑然有所成就，亲师而外，取

①《毛泽东年谱（1893—1949）》上卷，人民出版社、中央文献出版社，1993年12月第1版，第28～29页。

友为急。”①

1915 年 8 月，毛泽东致信萧子升，信中抄录了自己近来写的一篇日记，题为《自讼》：有的人像牡丹“一枝粗伸，即欲献于人也；一善未达，即欲号于众也，招朋引类，耸袂轩眉，无静澹之容，有浮嚣之气，姝姝自悦，曾不知耻，虽强其外，实干其中，名利不毁，耆欲日深，道听途说，搅神丧日，而自以为欣。日学牡丹之所为，将无实之可望。……牡丹先盛尔后衰，匏瓜先衰尔后盛，一者无终，一者有卒，有卒是取，其匏瓜乎？”②

毛泽东每天总是在天色微明时就起身，晚上熄灯后还借外面一点微弱的灯光苦读，从不肯浪费半点时间，而且持之以恒。从先秦诸子到明清时代思想家的著作，从二十四史到司马光的《资治通鉴》，从《昭明文选》到《韩昌黎全集》，从顾祖禹的《读史方舆纪要》到本省的县志，他都认真地研读。他在给好友萧子升的信中开列了七十七种古代经、史、子、集的著作，说“苟有志于学问，此实为必读而不可缺”（1916 年 2 月 29 日致萧子升信）。中国传统文化中的优秀部分，包括人格修养和智慧，对青年毛泽东都留下深刻的影响。③

毛泽东生活简朴在全校是出了名的，他的衣服穿得褪了色，破了洞，也舍不得扔掉，经过缝缝补补还继续穿。他盖的土布套被，棉絮又旧又硬。“身无半文，心忧天下”，这是第一师范同学对毛泽东的赞誉。毛泽东在一师的 5 年多时间的求学生涯中，总共只用了 160 元钱，这笔钱中大约有三分之一用在订报纸上，并常常在报摊买书、买杂志。第一师范订了上海和长沙的两份报纸，人数多，报纸少，毛泽东就自己订了一份。当时正值国内连年军阀混战，日本帝国主义对中国的侵略一天天加紧，国际上正是第一次帝国主义世界大战打的很激烈的年代。毛泽东认真地读报纸后，就给同学们讲解这些时事：奥国的太子怎样在塞尔维亚被杀死，德国威廉二世怎样出兵，德俄、德法、德英如何宣战，凡尔登如何难攻，英法如何联盟，美国如何参战发财，日本如何趁火打劫等。读完报后，他把从报上所见到的地理名称用英文一个个都写到白纸条上，然后对着地图看。他这样，一则学了英文，再则把世界各国所有的城市、港口、海洋 、江河、山

---

①《毛泽东年谱（1893—1949）》上卷，人民出版社、中央文献出版社，1993 年 12 月第 1 版，第 18 页。

②《毛泽东年谱（1893—1949）》上卷，人民出版社、中央文献出版社，1993 年 12 月第 1 版，第 19 页。

③《毛泽东传（1893—1949）》，中央文献出版社，1996 年 8 月第 1 版，第 18 ~ 19 页。

岳的名称都能记熟。他说，报纸是活的历史，读它可以增长许多知识。

这时陈独秀主编的《新青年》[①] 给毛泽东以很大影响。他非常钦佩胡适及陈独秀的文章，他已经把梁启超和康有为丢掉了。后来他回忆说，这个时期他是自由主义、民主改良主义、空想社会主义思想的大杂烩，但是反对军阀和帝国主义是明确无疑的。通过这个杂志，毛泽东很快接触到知识界的主流。

1915 年，湖南省议会颁布了一项新规定：从下学期始，学生每人需缴 10 元钱的学杂费。这是根据第一师范学校校长张干为讨好当局提出的建议而施行的。张干原是数学教师，为人精明能干，言辞练达，很有社会活动能力，且善于与上司结交，不到 30 岁就当上了校长。规定一出，首先遭到那些家境贫寒的大多数学生的反对，于是，同学们纷纷罢课，掀起“驱张运动”。他们首先在校园内大量散发传单，无情揭发校长张干的“劣绩”，诸如“不忠、不孝、不仁、不悌”等，企图通过舆论把张干搞垮。毛泽东认为这样并没有打中要害，认为讲张干私德如何不好不切要旨，要赶走他，就要批评他办学校如何不好。毛泽东起草了一份新的《驱张宣言》，尖锐地抨击了张干如何对上逢迎、对下专横、办学无方、贻误青年的弊政，组织同学连夜赶印上千份，清晨广为散发，还贴到学校最显眼的地方，轰动了全校。有一位学监向校长告密说这份传单是 2 年级 8 班学生毛泽东写的，张干决定，要挂牌开除毛泽东在内的 17 名带头“闹事”的学生。消息传出后，杨昌济、王季范等教员愤愤不平，先后联络了徐特立、方维夏、袁吉六、符定一等先生，仗义执言，据理力争，向校长施加压力，迫使张干收回成命。可是，学生们并不罢休，他们继续罢课，在强大的压力下，张干被迫离开学校。

1914 年 7 月，爆发了第一次世界大战，欧洲成了炮火纷飞的战场。帝国主义列强分成了两大阵营——以德奥为首的同盟国集团和以英法俄等国为首的协约国集团互相厮杀，暂时无暇东顾。日本帝国主义认为这是推行

---

①1915 年 9 月陈独秀在上海创办《青年杂志》（月刊，共出 6 号），从第 2 卷改为《新青年》，1917 年初迁到北京，陈独秀任主编。俄国十月革命后，开始宣传马克思主义。1920 年初又迁回上海，1920 年 9 月成为中国共产党上海发起组的机关刊物（陈望道负责编辑部工作）。1922 年 7 月休刊。1923 年 6 月改为季刊，瞿秋白任主编，成为中共中央理论刊物，在广州出版 4 期后又休刊。1925 年 4 月出不定期刊，1926 年 7 月停刊。

其“大陆政策”的绝好时期，遂宣布加入协约国集团，以对德、奥宣战为借口，突然出兵攻占中国青岛及胶济铁路沿线一带城市，攫取了德国在山东所侵占的全部权益。1915 年 1 月 18 日，日本首相大限得寸进尺，由驻华公使日置益向中国袁世凯政府提出 21 条要求。这 21 条分成 5 号，前 4 号包括：把德国在我国山东掠夺的权利全部转让给日本，还要增加新的权利；日本要求在中国东北的南部、内蒙古东部拥有土地租借权 、所有权、工商业经营权、建筑铁路和开采矿山的独占权；汉冶萍公司改为中日合办；中国沿海港湾和岛屿概不让与第三国等。第 5 号要求聘请日本人为中国政府各方面的顾问，攫取统治中国的政治、财政、警察、军事的大权，并夺取湖北、江西和广东之间的铁路建筑权等。5 月 7 日，又向中国发出最后通牒，限 48 小时答复。袁世凯要做皇帝，想取得日本的支持，5 月 9 日，除对第 5 号“容日后协商”外，对于前 4 号竟全部承认了。

消息在报纸上披露以后，全国人民无比愤怒，各大中城市纷纷举行抗议，湖南第一师范的师生，将国内外知名人士反对卖国条约的言论，编成一本小册子，取名为《明耻篇》，由石润山先生编著，并为之作序，自己凑钱印了出来。毛泽东读了以后，在封面上写下了：

五月七日，民国奇耻。
何以报仇，在我学子。

1915 年 3 月，与毛泽东过从甚密的易咏畦同学不幸病逝。易咏畦，又名易昌陶，湖南衡阳人，与毛泽东同属第 8 班，品学兼优，是毛泽东的挚友。学友会为易君举行了追悼会。毛泽东为之写了挽联和挽诗，挽联是：

胡虏多反复 ，千里度龙山，腥秽待湔，独令我来何济世；
生死安足论，百年会有役，奇花初茁，特因君去尚非时！

挽诗全文是：

去去思君深，思君君不来。愁杀芳年友，悲叹有余哀。
衡阳雁声彻，湘滨春溜回。感物念所欢，踯躅南城隈。
城隈草萋萋，涔泪侵双题。采采余孤景，日落衡云西。
方期沆漭游，零落匪所思。永诀从今始，午夜惊鸣鸡 。

鸣鸡一声唱，汗漫东皋上。冉冉望君来，握手珠眶涨。
关山蹇骥足，飞飙拂灵帐。我怀郁如焚，放歌倚列嶂，
列嶂青且茜，愿言试长剑。东海有岛夷，北山尽仇怨。
涤荡谁氏子？安得辞浮贱！子期竟早亡，牙琴从此绝。
琴绝最伤情，朱华春不荣。后来有千日，谁与共平生？
望灵荐杯酒，惨淡看铭旌。惆怅中何寄，江天水一泓。

易咏畦病逝后，由校长张干、学监王季范、教员杨昌济发起，于1915年5月23日召开全校追悼会。随后将师生致送的挽诗、挽联256副编印成册，题名《易君咏畦追悼录》，其中收录了毛泽东这副挽联和这首挽诗。1915年6月25日，毛泽东将此首挽诗抄录在致湘生的信中（其中有4个字与原诗不同）。1990年7月，这首挽诗随信发表于湖南出版社出版的《毛泽东早期文稿》。

这首五言长诗，通过对挚友早凋的悲悼，联想到国家民族的深重灾难：隔海相望的日本帝国主义妄图独吞中国，北山塞外的沙皇俄国也对我虎视眈眈，它们是我们最危险的敌人。当此强邻环伺，黑云翻滚之时，谁来降服这些虎狼之国，扫清漫天的妖氛呢？大漠以北的外蒙古地区，历史上本属我国疆土。1911年，辛亥革命爆发时，外蒙古的少数封建王公与活佛，在沙皇俄国的策动下趁机叛离，宣布“独立”。1913年袁世凯掌握中央政权以后，承认了沙俄与外蒙古傀儡集团所签订的《俄蒙协约》，1915年又在恰克图与沙俄签订了《中俄蒙协定》，使外蒙古完全落入沙俄怀抱。在侵略外蒙古的同时，沙俄还出兵我国西北边疆，霸占了唐努乌梁海地区达17万平方公里的土地，同时又把侵略魔爪伸向我国黑龙江省呼伦贝尔地区和新疆的阿尔泰地区。1916年，由于袁世凯急于称帝，对沙俄的强盗行径听之任之。日本帝国主义更与沙俄狼狈为奸，协同瓜分满蒙。同年7月25日，毛泽东在给友人萧子升的信中对此进行了猛烈的抨击。他指出：“此约业已成立。两国各尊重在满蒙之权利外，俄让长春滨江间铁路及松花江航权，而且助俄以枪械弹药战争之物。今所明布者犹轻，其重且要者，密之不令见人也。”与此同时，报端又披露了日本内阁行将改组的消息，大限重信为炮制《二十一条》的罪魁，国人或冀其下野以后，日本对华政策可望转趋缓和。毛泽东不以为然，他给萧子升的信中写道：“大限阁有动摇之说，然无论何人执政，其对我政策不易。思之思之，日人诚我国劲敌！感以纵横万里而屈于三岛，民数号四万万，而对此三千万者为之奴，满蒙去而北边动，胡马骎骎入中原。况山东已失，开济之路已为攫去，则入河南矣。二十年内，无一战不足以图存，而国人犹沉酣未觉，注

意东事少。愚意吾侪无他事可做，欲完自身以保子孙，只有磨砺以待日本。”①

毛泽东在校学习期间，非常热衷于体育锻炼，他和一些志同道合的同学提出：“文明其精神，野蛮其体魄”的口号。春风吹来时，就高声叫嚷，叫做“风浴”；遇见下雨，就脱掉衬衣让雨淋，称之为“雨浴”；烈日当空，脱掉衬衣，谓之为“日光浴”；在已经下霜的日子，还露天睡觉；甚至到了11月份，还去寒冷的江水里游泳；寒假中，他们徒步穿野越林，爬山绕城，渡江过河。1917年4月1日，毛泽东第一篇公开发表的文章《体育之研究》在《新青年》第3卷第2号上出现（署名“二十八画生”），他写道：体者，为知识之载而为道德之寓也；体育于吾人实占第一之位置，体强壮尔后学问道德之进修勇而收效远；近人有言曰，文明其精神，野蛮其体魄，此言是也；意志也者，因人生事业之先驱也；运动而有恒，第一能生兴味，第二能生快乐。他在日记中写道：“与天奋斗，其乐无穷！与地奋斗，其乐无穷！与人奋斗，其乐无穷！”

第一师范曾经有过“技能会”、“自进会”等组织，1915年改为“学友会”，宗旨是：砥砺道德，增进学识，养成职业，锻炼身体，联络感情。学校开行政或教育会议时，必定有学友会的代表参加。学校行政管理机关的一切措施、决定，都要得到学友会的同意。学生有要求时，通过学友会向校方提出。从1915年起毛泽东被推选为在学友会内做文牍工作，负责起草报告、造具表册和会议速记。自1915年11月开始，至1917年10月，毛泽东连任4届。1917年下学期到1918年上学期毛泽东在学友会中做总务（总干事）兼教育研究部部长（共15个部）。他在同学们中提倡学术研究和体格锻炼。他们举办成绩展览会、自由演讲辩论会、各种专门问题学术研究以及聘请名人讲演，还购置、分发各种进步杂志，举办全校运动会，组织游泳活动，还组织学生常备队，夜晚巡逻学校等。

长沙南门外第一师范附近，有造币厂、黑铅炼厂、电灯公司等工厂和铁路工人聚居的地方。为了帮助工人学习文化知识，同时在工人中传播革命思想。毛泽东于1917年11月，以第一师范学校学友会教育研究部的名义在校内办了一所工人夜校。毛泽东注意体贴工人的具体困难，注意改进教学的研究，他还利用课余时间，在夜校给工人讲历史课，他的讲解语言生动，深入浅出，深受工人欢迎。

---

①《毛泽东年谱（1893—1949）》上卷，人民出版社、中央文献出版社，1993年12月第1版，第24页。

第一师范设立了一种检查学生学业和操行的办法，叫做“人物互选”。选举内容包括三项：德育——敦品（如敦廉耻、尚气节、慎交游、摒外诱）、自治（如守秩序、重礼节、慎言笑）、克己、服务；智育——才具（如应变有方、办事精细）、言语（长于演讲、论辩应对）、文学（长于国文词章）、科学、美学；体育——胆识（如冒险进取、警备非常）、卫生、体操、竞技。据第一师范校志载，1917 年 6 月全校 11 个班、400 多名学生参加了“人物互选”，结果有 34 名同学当选，其中得票最多的是毛泽东，特别在言语和胆识两个方面，惟独毛泽东一人当选。在第一师范的最后一年，同学们在人品、胆识和文学方面把毛泽东作为学校的楷模。有的同学称毛泽东为“奇才”，还有人称他为“智囊”。

袁世凯死后，黎元洪当了大总统，冯国璋为副总统。1917 年 7 月 1 日，张勋拥宣统皇帝复辟，黎元洪逃入日本使馆。11 天后，张勋复辟失败，黎元洪发通电，推冯国璋为大总统，段祺瑞得到日本的帮助，做了国务总理。1917 年 7 月孙中山从上海到广州，海军总司令程璧光表示愿意追随孙中山，8 月 25 日在广东成立军政府，孙中山为大元帅，唐继尧（云南）、陆荣廷（广西）为元帅。在西南 6 省，树起“护法”（1912 年 3 月 11 日孙中山在南京以临时大总统名义公布的《中华民国临时约法》）的旗帜。段祺瑞为夺取湖南，1917 年 9 月派陆军次长傅良佐到湖南做督军。孙中山亦派程潜自广东进入湖南零陵地区，桂军谭浩明（护法军）也率部入湘。

在这种你来我去、兵戈不休的环境中，长沙城自然是不安全的，学校的校舍常有军队来占，学校好几次只得“提前放假”，事实上是暂时停办，大多数学生各自回家。

1917 年 11 月，北洋军队王汝贤、范国章部被孙中山的南军打败，由南向长沙撤退，省城及四乡秩序大乱。第一师范因在南门外铁路边，退军经过这里，免不了占房屋，行抢劫。这时，一部北军已退到离第一师范只有 20 里路的猴子石地方，正在徘徊不定。毛泽东已经了解到溃军不敢直进长沙城是因为不清楚城里的虚实，于是他挺身而出，以学友会总务的名义把“学生志愿军”① 和同学中的体育运动员组织起来，并联络附近的警察

---

①学校当时奉行“军国民教育”，1916 年秋，学校当局“以激发爱国思想，提倡尚武精神，研究军事学术，实施军国民教育，在全校组织了学生课外志愿军”。“学生志愿军”是教育学生接受简单军事训练的组织，没有武器，只有一些木枪。全校学生编为 1 个营，由兵式体操教员任营长、营附，下属 2 个连。毛泽东被任为第一连直属连部上士。按《一师课外志愿军章程》规定，上士的职责是：递承上级命令，担任本连一切书牍事务。

分所，利用他们的二十几支真枪带头。他将同学们分成三队，毛泽东自带一支南路军由妙高峰下去，穿过铁路，迂回到北洋军的正面，准备阻击敌人。沿途一些被同学们发动起来的农民和工人夜校的学员拿着木棒、铜锣、大鼓也陆续加入队伍。其他两队同学迅速包抄了敌人的后路和东路。

黄昏时分，离溃军距离不远时，毛泽东命令警察放一排子枪，学生们就鸣放鞭炮，霎时间，写有“桂”、“湘”、“粤”字的灯笼一下点燃，满山遍野，一片灯火。并且找两个零陵的同学装扮成广西军队的口气，用桂林话向溃军大喊：“傅良佐逃走了，桂军已进了城，你们快缴枪吧！”“投降不杀，缴枪发钱，放你们回家！”

这支溃军只有百把条枪，是前天早晨被南兵从株洲赶出来的，想和他们的师部会合，一路上走走停停，又饥饿，又疲劳，又惊慌。他们打出白旗（用刺刀挑起一件白衬衣）投降，毛泽东派人同他们交涉，喝令他们放下武器，全体后退几十步。同学们过来收拾枪支搬进校舍去。当晚溃军就在学校前坪露宿，第二天早上，学校向商会借得现银，给溃军每人分发4元，予以遣散。这样，不仅保住了校舍，使长沙城也免受骚扰。事后，学校师生们都说：“毛泽东浑身是胆！”

日本人宫崎寅藏，又名白浪滔天，曾经帮助和支持过中国的辛亥革命。黄兴病逝后，1917年3月，白浪滔天前来长沙参加黄兴的葬礼。毛泽东同萧三联名给他写信：“先生之于黄公，生以精神助之，死以涕泪吊之，今将葬矣，波涛万里，又复临穴送棺。高谊贯于日月，精诚动乎鬼神。……植蕃、泽东，湘之学生，尝读诗书，颇立志气，今者愿一望见丰采，聆取宏教。”①

有一天，毛泽东从报纸上读到两个中学生旅行全国的故事。这件事给毛泽东以很大的鼓舞，他想效法他们，可没有钱，于是他想先在湖南试一试。1917年暑假（7月中旬~8月16日），毛泽东邀同伴萧瑜②从长沙动身，身上不带一个钱，采取送对联、“打秋风”的谋生方法，徒步游历了长沙县、宁乡县、安化县、益阳县、沅江县的不少乡镇，行程900余里。

---

①《毛泽东年谱（1893—1949）》上卷，人民出版社、中央文献出版社，1993年12月第1版，第26页。

②萧瑜，又名萧二、萧子升、萧旭东。1894年8月出生于湖南省湘乡县，是毛泽东在第一师范的同校同学（年级比毛泽东高）。毕业后，先后在修业学校和楚怡中学任教。曾任“新民学会”第一任总干事。1918年与毛泽东同赴北京，次年赴法国，1921年回国，1924年接受北洋军阀政府的聘任，出任教育部第一秘书，后又出任蒋介石政府的农矿部政务次长，后又任国立自然历史博物馆馆长。1933年前往法国，1953年6月到达蒙得维的亚，1976年在乌拉圭去世。

所到之处，受到友善的欢迎和款待，结交了农民、船工、财主、县长、老翰林、劝学所所长、寺庙方丈各色人等，写了许多笔记。获得许多风土人情的新鲜知识。

毛泽东想结交一些亲密的同伴。1915 年 9 月，他以“二十八画生”的化名（繁体字“毛泽东”是 28 画）在长沙一家报纸上登了一个广告，邀请有志于爱国工作的青年，同他联系，指明要结交能刻苦耐劳、意志坚定、随时为国捐躯的青年。从这则广告中得到回答的一共有 3 个半人：其中一个叫罗章龙（又名罗璈阶，化名纵宇一郎，湖南浏阳人，1896 年生，当时在长沙第一联合中学读书），毛泽东的广告登出后，罗章龙回信响应，两人约定了见面的时间和地点。见面后“二十八画生”与“纵宇一郎”方知对方的真实姓名。他们俩从国内说到国外，从政治说到经济，从史学说到曲韵，从宇宙谈到人生，相见恨晚。第二天罗章龙向一名来访的同学彭道良打听毛泽东的为人，彭道良说，二十八画生品学兼优，性格独特。毛泽东常说，大丈夫要为天下奇：读奇书，交奇友，著奇文，创奇迹，做个奇男子；毛泽东曾说：力拔山兮气盖世，猛烈而已！不斩楼兰誓不还，不畏而已！八年于外，三过其门而不入，忍耐久而已！语出惊人，非同一般。每至周末罗章龙便与毛泽东相约，无话不谈，友情日深。① 半个是李立三（原名李隆郅，湖南醴陵人，1899 年生。当时是长沙市长郡中学的学生。毛泽东说，和他谈了半天，李立三点点头就走了，没有再来往）。经过长期访求和多方通信联系，以第一师范学校进步学生为基础，他逐渐团结了一批同学在他的周围。这是一批态度严肃的人，他们不屑于身边的琐事。他们没有时间谈情说爱，因为他们认为时局危机，求知的需要迫切，不允许他们去谈论女人和私人问题 。有一次，毛泽东在一个青年家里，见到那人同佣人谈买肉的事，于是，毛泽东再也不同那人来往了。他和他的同学只谈大事——人的天性、人类社会、中国、世界、宇宙。②

1915 年 9 月 27 日，毛泽东致信萧子升：“近以友不博则见不广，少年学问寡成，壮岁事功难立，乃发内宣，所以效嘤鸣而求友声，至今数日，

---

①1918 年春，新民学会在长沙北门外的平浪宫聚餐，为欲将去日本留学的罗章龙饯行（后因故而未成行）。毛泽东写诗送他，题为《七古 · 送纵宇一郎东行》：云开衡岳积阴止，天马凤凰春树里。少年峥嵘屈贾才，山川奇气曾钟此。君行吾为发浩歌，鲲鹏击浪从兹始。洞庭湘水涨连天，艟艨巨舰直东指。无端散出一天愁，幸被东风吹万里。丈夫何事足萦怀，要将宇宙看稊米。沧海横流安足虑，世事纷纭从君理。管却自家身与心，胸中日月常新美。名世于今五百年，诸公碌碌皆余子。平浪宫前友谊多，崇明对马衣带水。东瀛濯剑有书还，我返自崖君去矣。

②1925 年毛泽东追忆道：“忆往昔峥嵘岁月稠，恰同学少年，风华正茂，书生意气，挥斥方遒。指点江山，激扬文字，粪土当年万户侯。”（《沁园春 · 长沙》）

应者尚寡，兹附上一纸，贵校有贤者，可为介绍。”①

1917年9月16日，毛泽东与同学张昆弟等到湘潭昭山游览，夜宿昭山寺。交谈中，毛泽东认为：人生不能单以解决衣食住为满足；吾辈必想一最容易之方法，以解决经济问题，尔后求遂吾人之理想之世界主义；人之心力与体力合行一事，事未有难成者。②

1918年春天，毛泽东同蔡和森沿洞庭湖南岸和东岸，经湘阴、岳阳、平江、浏阳几县，游历了半个月，了解社会情况，路上详细商谈组织新民学会问题。

1918年4月14日，是星期日，经过两年多的酝酿后，在岳麓山下刘家台子（后叫周家台子）的蔡和森③家里，成立了“新民学会”，此名取自四书（《大学》、《中庸》、《论语》、《孟子》）之一《大学》中“大学之道……在于亲（新）民”，意为鼓励人们革除自己身上的旧习，提高品德修养。到会人员有13人：④ 毛泽东、蔡和森、何叔衡、萧子升、陈绍休、萧子暲、邹彝鼎、张昆弟、陈书农、邹蕴真、周明谛、叶兆桢、罗章龙，这些人除罗章龙外，其他人都是第一师范的先后同学。会上讨论通过了会章，选举了干事。会章规定，入会条件是：诚恳、纯洁、奋斗、服从真理；学会的宗旨是：革新学术、砥砺品行、改良人心风俗；⑤ 还规定会员必须遵守以下纪律：①不虚伪；②不懒惰；③不浪费；④不赌博；⑤不狎妓。会议选举总干事为萧子升，⑥ 毛泽东、陈书农为干事。

---

①《毛泽东年谱（1893—1949）》上卷，人民出版社、中央文献出版社，1993年12月第1版，第20页。

②《毛泽东年谱（1893—1949）》上卷，人民出版社、中央文献出版社，1993年12月第1版，第31页。

③蔡和森（1895～1931），又名蔡林彬，湘乡县（今属双峰县）永丰镇人。父亲在上海江南机器制造总局（今江南造船厂）当小官员，后来断了音讯。母亲葛健豪，有文化，且性格刚强，靠自己当小学教员的微薄收入维持一家人的生活，并肩负儿子蔡和森和女儿蔡畅（1900年5月14日生）的学习。蔡和森幼时做过牧童、在辣酱店当过学徒，1913年考入第一师范（第6班学生），一年后又考进高等师范文史专修科2班，专修自己感兴趣的文史。

④新民学会初成立时共有21名成员，另外8名为：陈昌、李维汉、周世钊、罗学瓒、熊光楚、曾以鲁、傅昌珏、彭道良。至1921年中国共产党成立时，新民学会发展到66名成员（包括在法国勤工俭学中发展的人数）。

⑤新民学会宗旨后来发展为联络感情、砥砺品行、革新学术、改造社会；最后发展为改造中国与世界。中国共产党成立后，新民学会即停止了活动。

⑥萧子升出国后，会务由毛泽东主持。

第一章主要参考书目

《求索》，邵凡著，人民文学出版社，1979 年 12 月版。

《毛泽东同志的青少年时代和初期革命活动》，萧三著，中国青年出版社，1980 年 7 月版。

《从鸦片战争到五四运动》，胡绳著，人民出版社，1981 年 6 月版。

《中共党史事件人物录》，上海人民出版社，1983 年 8 月版。

《斯诺文集》（Ⅱ），新华出版社，1984 年 8 月版。

《简明中国近现代史词典》，中国青年出版社，1985 年 12 月版。

《毛泽东轶事》，董志英编，昆仑出版社，1989 年 3 月版。

《我和毛泽东一段曲折经历》（《毛泽东和我是“乞丐”》），萧瑜著，陈重等编译，昆仑出版社，1989 年 6 月版。

《毛泽东家世》，李湘文编著，中国城市经济社会出版社，1989 年 7 月版。

《毛泽东传（1893—1949）》，中央文献出版社，1996 年 8 月第 1 版。

《刘少奇传》，中央文献出版社，1998 年 10 月版。

《毛泽东年谱（1893—1949）》上卷，人民出版社、中央文献出版社，1993 年 12 月版。

《回忆新民学会》，李维汉，载《历史研究》1979 年第 3 期。

《五四时期毛泽东的政治思想与活动》，汪澍白，载《厦门大学学报》（哲社版）1985 年第 3 期。

《毛泽东的早期文化政治观初探》，梁化奎，载《青海民族学院学报》（社科版）1988 年第 3 期。

《试论新民学会的分化》，胡长明，载《毛泽东思想研究》（成都）1988 年第 4 期。

《毛泽东中西文化观的演变》，汪澍白，载《厦门大学学报》（哲社版）1988 年第 4 期。

《新民学会研究综述》，莫志斌，载《湖南师范大学社会科学学报》1988 年第 5 期。

《对国情的探讨推动青年毛泽东成长》，沈郑荣，载《南京政治学院学报》1988 年第 6 期。

《江亢虎和中国社会党》，周海东，载《江西社会科学》1989 年第 1 期。

《五四文化运动中毛泽东的文化观》，黎永泰，载《社会科学研究》（成都）1989 年第 6 期。

《喜看今日“芙蓉国”》，载《人民日报》1989 年 9 月 3 日第 4 版。

《毛泽东的云南少数民族血统》，载《采风报》1989 年 10 月 25 日。

《毛泽东和他的老师毛麓钟》，赵志超，载《党史月刊》（湖南）1989 年第 12 期。

《新发现的〈韶山毛氏族谱〉叙略及毛泽东家族史事考订》，宋平生，载《中国人民大学学报》1990 年第 2 期。

《试论青年毛泽东的学术渊源》，杨金鑫。

《韶山毛氏祖籍在河南原阳》，毛国杰，载《党的文献》2002 年第 2 期。

第二章

•北京•上海•广州•武汉

MAOZEDONG

第二章 北京·上海·广州·武汉

一　初到北京

1918 年 6 月，毛泽东从湖南第一师范毕业（因北洋兵强占校舍，学校提前放假）。从此，毛泽东结束了他的“6 年孔夫子，7 年洋学堂”的学生时代。

1918 年 5 月，杨昌济接受北京大学的聘请，离开长沙赴北京大学执教，出任哲学（伦理学）教授。住在北京地安门鼓楼东大街豆腐池 9 号。

杨昌济给毛泽东、蔡和森写信谈起到法国“勤于做工，俭以求学”（简称“勤工俭学”）[①] 的问题，希望他们在长沙把勤工俭学运动搞起来，送青年到法国去。信中特别提到：希望润之立即到北京去，帮助推动这项运动。新民学会讨论了这封信，决定派代表到京进行筹备工作。6 月 23 日，蔡和森受命赴京与各方面联系。毛泽东决定不去法国，他想和何叔衡、陈昌留在长沙，把注意力放在国内，发展新民学会组织。

---

①留法勤工俭学运动，最初是在第一次世界大战前夕，由一些受西方文明影响的教育界人士发起的——1912 年初，蔡元培、吴玉章、李石曾、吴稚晖等人曾在北京组织过“留法俭学会”，鼓励人们以低廉的费用赴法国留学，从而输世界文明于国内，以改良中国社会。这个运动经历了留法俭学会、勤工俭学会、留法勤工俭学会等阶段。1919 年前后这一运动达到高潮（全国计有 1600 多人赴法，其中湖南一省有 400 多人）。蔡和森、蔡畅、李立三、向警予、李维汉、陈毅、聂荣臻、赵世炎、周恩来、朱德、李富春、王若飞、陈延年、邓小平等人都先后到达法国。他们当中有初步共产主义思想的知识分子，也有五四爱国运动的杰出领导和积极分子。他们到达法国后，有的去工厂，有的进学校。做工的分布在巴黎、克鲁邹等地的 70 多家工厂企业。读书的则分布在巴黎和其他地区的 26 所学校中，其中主要有蒙达尼公学、杜鲁中学等。

留法勤工俭学者一边从事艰苦的劳动，一边勤奋读书，学习西方新思潮，探索革命真理。他们当中的先进分子在法国组织了一些革命社团，在勤工俭学的学生和华工中开展革命活动。其中最著名的是以蔡和森为首的旅法新民学会，以李维汉、李富春、张昆弟为首的工学世界社，以李立三、赵世炎、王若飞为首的劳动学会。这些社团的成立，不仅对领导留法勤工俭学学生和旅法华工开展革命斗争起了重要作用，而且为后来中共旅欧党团组织的建立从思想上和干部上准备了条件。

8月间，蔡和森从北京来了好几封信，希望毛泽东速来北京，并强调这是杨先生的意思。蔡和森希望毛泽东帮助他处理去法国的准备工作，杨昌济也牵挂着毛泽东的前程，希望他早日来京，下半年就可以进北京大学深造。

8月中旬，毛泽东致信七舅父、八舅父：从湘乡唐家坨到长沙已数日，决定13日动身去北京；感谢他们对患病母亲的照料；乡中良医少，特请人开来一药方为母亲治病，如不能愈，到秋收之后，拟接到省城治病。

8月15日，毛泽东向朋友借了钱，同罗学瓒、萧子升、张昆弟、罗章龙、李维汉、陈赞周等一行25人北上。他们先是步行——沿着洞庭湖环行，再坐船到武汉，后乘火车。火车行至河南境内，因黄河涨水，大水冲断了铁路，火车在漯河站停下来，旅客们步行到大石桥。毛泽东利用这个机会同伙伴们一起到偃师县农村进行考察、访问。

19日，毛泽东等来到北京。到北京后，湖南青年分别暂住在湖南会馆和长沙、湘潭、浏阳的会馆（位于虎坊桥和珠市口附近的胡同）里，毛泽东住在位于烂缦胡同35号的湘乡会馆。

毛泽东很快见到了杨昌济先生。杨昌济向毛泽东谈起湖南在皖系军阀张敬尧的野蛮统治下，青年学生一不能读书，二不能做事；他谈道，北京还总算好一点，段祺瑞中央政府虽说十分昏庸，但还有些顾忌，因此学者们还可以做些事情，像蔡元培、李大钊、吴玉章、陈独秀、胡适这些知名人士还在讲学，像《新青年》这样的进步杂志还可以出版；他希望毛泽东要么到法国去，要么就留在北京大学读几年书。

毛泽东委婉地对杨先生说：目前赴法勤工俭学的青年以湖南、四川两省为最多，湖南已经到京50多人，正要来的还不是少数，连43岁的教育家徐特立、年过半百的女教师葛健豪也都报了名。如何将这些人安排好，使他们学成归国是一项很繁重的工作。因此，毛泽东表示：目前不能上大学，也不能去法国。

1918年10月，在毛泽东、蔡和森的努力下，湖南青年进留法预备班（先在北京大学、保定育德中学、蠡县布里村①办了3个留法预备班，后来在长辛店铁路工厂又增加了1个）的事情已安排妥当。预备班要办一年。主要学习法语，也学些机械制图。罗学瓒、萧子升在北京，张昆弟去了保定，蔡和森去了布里村。

这时，根据毛泽东的要求，需在北京找个职业，一方面继续协助勤工

①布里村是清廷军机大臣李鸿藻的儿子，即李石曾的家乡，当时这个村去法国的华工很多。

俭学事宜，一方面继续在职求学。于是，杨昌济就把毛泽东介绍给北京大学图书馆主任李大钊教授，让毛泽东做一名图书馆的助理管理员。

李大钊，字守常，河北省乐亭县人，1889年10月29日（清光绪十五年十月初六）出生。1907年，他没等中学毕业，就离开了家乡，考入天津北洋法政专门学校。靠妻子赵纫兰在家中典当挪借，在那里读了6年书。1913年，李大钊以优异的成绩毕业，由校方挑选保送日本留学——入东京早稻田大学政治本科。在日本，李大钊曾组织“神州”学社等团体，进行反对袁世凯的斗争。1916年4月回国，曾任北京《晨钟》报总编辑、主编《甲寅月刊》等，发表大量文章，抨击北洋军阀的统治和封建文化思想。1918年5月，他出任北京大学经济系教授兼任图书馆主任。同陈独秀一起编辑《新青年》杂志，发表了《庶民的胜利》、《布尔什维克的胜利》等论文，传播马克思主义。1918年北大图书馆购置的2万多册外文书籍中，有相当一部分是介绍各种社会主义思潮和俄国十月革命的。

李大钊让毛泽东作图书馆助理员的工作，每月薪水8块钱。其工作是管理“日报阅览室”（第三阅览室），及时将订阅的全国各地的报纸夹上去，月底送去装订。有时还要做些杂务，如为图书馆主任李大钊的办公室整理书刊报纸等。毛泽东的工作中有一项是登记来图书馆读报人的姓名。在那些来阅览的人当中有一些新文化运动的头面人物，如傅斯年、罗家伦等，这些人使他很感兴趣。毛泽东很想和他们攀谈政治和文化问题，但是，一方面是毛泽东的职位低，人家看不起；另一方面是这些大人物们都很忙。

毛泽东不灰心，他参加了哲学会和新闻学会，为的是能够在北大旁听。在新闻学会里，他遇到一些人，如陈公博、[①] 谭平山、邵飘萍。[②] 这些

---

①陈公博（1890～1946），广东省南海县人。1917年入北京大学读书，1921年初加入广州共产主义小组，同年7月出席中国共产党第一次代表大会。1922年因支持陈炯明反对孙中山，受党的留党察看处分，后被开除出党。1923年去美国哥伦比亚大学读书，1925年加入中国国民党。1926年任国民党中央执行委员会委员、北伐军总司令政治训练部部长，1927年任国民党中央执行委员会常务委员兼工人部部长。抗日战争开始后，随汪精卫叛国投敌，1940年任伪国民政府主席、军事委员会委员长、行政院院长。抗日战争胜利后逃往日本，后被解送回国，1946年被枪决。

②邵飘萍（1884～1926），名振青，笔名飘萍，浙江金华人，清末民初的新闻记者。1905年毕业于浙江高等学堂，1912年办《汉民日报》，因抨击时政，1914年被袁世凯政府封闭。他东走日本，组织东京通讯社。1916年回国，任《申报》、《时事新报》、《日报》等报主笔。1918年在京创办新闻编译社和《京报》，因揭露段祺瑞卖国行径遭通缉，逃亡上海。后赴日，担任《朝日新闻》特约记者。1920年回国，重办《京报》，曾出12种周刊，又在北京平民大学、政治大学等校讲授新闻学。他同情国民军，反对北洋政府。1926年被奉系军阀杀害。著有《实际应用新闻学》、《新闻学总论》、《新俄国之研究》等书。

人，特别是邵飘萍对他影响很大。

在这里，他还遇到了张国焘、[1] 康白情、[2] 段锡朋。

由于校长蔡元培主张“循自由思想原则，取兼容并包主义”，这时，北京大学的思想是十分活跃的，也可以说是十分混乱的：有着各式各样的主义，也就有各式各样的代表人物。

毛泽东对政治的兴趣继续增长，思想也越来越激进，但是，还有些混乱，正在找寻出路。

在此期间，毛泽东开始与杨教授家看门的老头住在一起（旧鼓楼大街豆腐池胡同9号），后来搬到景山东街三眼井吉安东夹道7号。这是一处破旧的小院，毛泽东和罗学瓒等8人就挤在这里一间长不到一丈、宽不到8尺的东配房里。大家睡到炕上的时候，挤得几乎透不过气来，每逢要翻身，得先同两旁的人打招呼。虽然生活条件艰苦，但是，古都的美对于他还是有一种丰富多彩、生动有趣的补偿。

在北京，还有一件事对毛泽东的一生产生了影响——他开始恋爱了，而他的恋人就是他恩师杨昌济的女儿——杨开慧。杨先生有一儿一女，儿子为长，叫杨开智，女儿叫杨开慧。

杨开慧，1901年11月6日生，号霞，字云锦。父亲期望她在阳光的照耀下，生命如灿烂的云霞，美丽而火红。在故乡板仓，她度过了童年时代。7岁时，父亲从国外来信，让她读书。山冲里过去从来不让女孩读书，在争取下，杨开慧等入杨公庙长沙县第40初级小学读书，学校破例为杨开慧等7个女孩单开一个班。后入隐储学校、衡粹女校、县立第一女子高小等处继续求学。1913年她随父亲搬到长沙城，先后随父亲住在落星田、仰天湖、黄泥段和天鹅塘等处。在父亲的指导下，在家自修英文，并阅看了许多东西方新文化的书籍。

早在长沙的时候，一天，杨昌济讲完课回到家里，高兴地对家人说：“我在第一师范看到了两个最好的学生，一个是毛泽东，一个是蔡和森。他们将来定能成为国家的栋梁！”那是一个星期天，杨开慧帮着妈妈收拾完家务，只见几个青年学生走进门来。走在前面的青年身材魁伟，雄姿英

①张国焘（1897～1979），字恺荫，又名特立，江西萍乡人。此时在北京大学理学院读书。后来，由于《新青年》和陈独秀、李大钊的影响，开始系统地对马克思主义进行研究。他将时间大部分花在图书馆里，贪婪地阅读社会主义的中英文书籍。后来在“五四”运动中，被推选为北京大学学生会干事。

②康白情（1895～1959），四川省安岳县人，1917年就读于北京大学哲学系。1918年与李大钊、田汉、许德珩发起组织“少年中国学会”，并在《少年中国》、《新潮》等刊物上发表了大量的新诗。其间，以文会友认识了毛泽东。毛泽东对康白情的新诗很感兴趣。

发，穿着洗旧了的蓝布长衫，亲切地望着杨开慧说："你是小霞?"杨开慧点了点头。杨昌济听到毛泽东等同学的声音，忙出来迎接。杨开慧知道，一定是毛泽东他们来了，她忙转身去泡茶。毛泽东和蔡和森、陈昌、张昆弟、罗学瓒等几位好友常于假日里去杨昌济家。他们或谈治学、做人之道，或纵论天下事、探求救国救民的真理。常常一谈就是一整天。

少年时代的杨开慧，娴静端庄，聪明好学。她深深地被毛泽东和大家欢快热烈的谈话所吸引，往往放下手中的功课，成了一名宁静而热心的"旁听生"。她常常帮助母亲为大家准备中饭，跟在父亲后目送大家远去。

日子长了，杨开慧便同毛泽东等一道讨论：青年为什么要求学？怎样求学？立什么样的志，怎样立志？国家这样贫弱，民众这样贫困，青年应当怎么办？在讨论中，毛泽东的胆略使杨开慧深受感染，他的抱负使杨开慧深深地倾慕和向往，毛泽东常和学友到湘江江心橘子洲头、西岸的岳麓山，或登山竞走，或江边漫步，或日夜泛舟，或在墓地寺院餐风露宿，以练身励志，杨开慧经常与之同往。毛泽东常年坚持冷水浴，她也效法。父亲非常赞赏她这种毅力。她在作文中表达了自己的抱负："要救国，就要锻炼强健的身体。"

1917年的一天，毛泽东带着《伦理学原理》一书来到杨昌济家。杨开慧接过毛泽东手中的书，翻开一看，只见字里行间，天地空白，圈圈点点，硃墨纷呈。杨开慧一边高兴地翻阅，一边喜形于色地说："难怪我爸爸总夸奖你，你真是'不动笔墨不看书'呀!"她一页一页地看下去，几乎每一页都写着批论："切论"、"此语甚合吾意"、"荒谬"、"陋儒之谈也"……杨开慧不禁问道："为什么你对同一个人写的文章，有的那么称赞，有的却那么批评呢?"毛泽东热情地解释道："写书的人总是带着自己伦理的偏见，说的话不可能都是对的，况且古今不同时，事物多变化，我们不应该一味迷信古人和洋人，也不应该全盘否定前人成果。因此，我们读书要好好想一想，对的，才相信它，不对的就应该摒弃它，而且毫不可惜!"

杨昌济接收到了北京大学的聘请，携家北上。17岁的杨开慧也随家去了北京，在家里自修，跟爸爸学习国文和英文。在北京，毛泽东和邓中夏①等同学常去杨教授家，毛泽东又见到了杨开慧，他们相爱了。这引起了杨昌济教授和他的一些朋友们的注意。杨教授对于女儿的婚事，还没有最后下决心。杨昌济的好友，北大教授章士钊到他家来做客。杨开慧来沏

---

①邓中夏（1890~1933），又名邓康，湖南宜章人，在湖南高级师范读过书，和蔡和森是同班同学。1917年考入北京大学文学系。

茶。章士钊随口问道："令爱是否已经许配人家?"杨教授回答："有位叫毛泽东的青年与开慧现在有些往来。他原来是我的学生，就学识来说是很不错的。就人品来说，也很不错。可有位先生曾对我说，毛泽东行动举止与众不同，劝我不要把女儿许配给他。"

毛泽东这个名字，章士钊也听一些同乡们和朋友介绍过，就没有机会见到其人。章士钊对杨教授说："有机会，您是不是让我见见毛泽东?"之后，在章士钊举行的一次讲座会上，有人告诉章士钊，毛泽东就坐在几排几号，章士钊讲课时眼老盯着毛泽东。只见他坐在人群中，比一般的学生高出半个头，长长的头发朝脑后梳去，露出宽宽的额头。听课时，他全神贯注，很少记笔记。偶尔记上几笔，写字的动作十分潇洒、利索，举止落落大方。讲座后，章士钊顾不得回宿舍，匆匆来到杨教授家，来不及坐下，就冲着杨教授说："杨先生，您不要犹豫了，赶紧把小姐许配给毛泽东吧。"

杨开慧把这些告诉给毛泽东，毛泽东热血沸腾了。

1919 年 3 月 12 日，毛泽东闻悉母亲生病。于是，他从北京动身回湖南。他先送留法勤工俭学的同学去上海，但他只有到天津的车票，幸亏一位同学借给他 10 元钱，他才能购买到浦口的车票。在前往南京的途中，他下车登临了泰山，又去了曲阜。到达浦口时毛泽东又不名一文了。尤其糟糕的是，他仅有的一双鞋被贼偷去了。但他又碰上了好运气：在火车站外，他遇见了从湖南来的一个老朋友——李中。[1] 李中是毛泽东在长沙一师的同学，毕业后去上海，在一家古董玩器商店帮工。这期间，他经常为店主到浦口、南京去收购古董玩器。他碰上毛泽东，慷慨解囊，借钱给毛泽东买了一双鞋，还足够买一张到上海的车票。就这样，毛泽东顺利地到了上海。毛泽东了解到留法的朋友已经募集到了大批款项，他协助把同学们送到法国去，但他自己决定不去法国。他说："我觉得我们要有人到国外去，看些新东西，学些新道理，研究些有用的学问，拿回来改造我们的国家。同时也要有人留在本国，研究本国问题。我觉得关于自己的国家，我所知道的还太少，假使我把时间花在本国，则对本国更为有利。"[2] 他送朋友们上轮船后，得到一些钱做路费，就启程回长沙。

---

①李中，原名李声澥，字印霞。李中是他在上海期间使用的名字。湖南省双峰县人。1913 年秋考入湖南第一师范，认识了毛泽东。因在浦口解了毛泽东的燃眉之急，在毛泽东心目中留下了深刻的印象。1951 年毛泽东曾三次写信邀李中去北京，但他不幸于 1951 年 7 月 9 日病逝于赴北京途中，时年 54 岁。

②当时，毛泽东的母亲正患病，1919 年 4 月到长沙治疗，同时留法的旅费也要几百元。这些因素对毛泽东决定是否出国留学也有影响。

二　再到北京

1919 年 4 月 6 日，毛泽东由上海回到长沙。为母亲亲侍汤药。为解决生活问题和便于工作，毛泽东住到长沙修业小学，教历史课。

1919 年北京爆发五四爱国运动。同日，消息即传到湖南。毛泽东即同新民学会、各校学生骨干、新闻界、教育界的代表人物进行联系，交换看法，提出在湖南开展爱国运动的具体意见。5 月 7 日，长沙各校的学生举行国耻纪念游行，游行队伍被湖南军阀张敬尧①派军警强行解散。5 月中旬，北京学生联合会派邓中夏回到湖南联络，介绍北京学生运动情况，商讨恢复和改组原湖南学生联合会的问题。5 月 23 日，毛泽东约蒋竹如、陈书农、张国基等到第一师范后山草坪，商谈与北京学生采取一致行动问题。连日来，毛泽东到商业专门学校、明德中学等校进行活动，向学生骨干提出：一、反帝爱国方向要明确，力争山东主权完整，反对政府卖国政策；二、要有统一组织，使力量集中；三、要准备对付张敬尧的压迫。5 月 28 日，新的湖南学生联合会成立，彭璜任会长。6 月 3 日，长沙的第一师范、湘雅医学院、商业专门学校等 20 个学校的学生举行总罢课。随之罢课风潮遍及全省。

7 月初，徐特立等 18 人自长沙赴武汉，经上海赴法国勤工俭学。毛泽东、何叔衡、熊楚雄等人为他们送行。

湖南学生联合会创办了一个刊物——《湘江评论》，这是一个小型的 4 开 4 版的报纸，毛泽东任主笔。这份刊物对于推动全国革命形势的发展和广大青年的进步，特别是对华南的学生运动产生了很大的影响。任弼时就是在此时受影响而开始革命活动的。《湘江评论》由于文风新颖、笔锋尖锐犀利，文章通俗易懂，内容远见卓识，因而获得了广大读者的热烈欢迎。1919 年 7 月 14 日，它的创刊号印刷 2000 份，当天即销售一空，又加印 2000 份，不到 3 天又一抢而光。以后各期均印 5000 份，这在当时刊物的发行量中是相当可观的。胡适在《每周评论》第三十六期上，曾专门撰

①张敬尧（1880～1933），字勋臣，安徽霍丘人。保定军官学校毕业。北洋皖系军阀。历任北洋军第七师师长，苏、鲁、豫、皖四省边境剿匪督办等职，1918 年任湖南督军兼省长，对人民实行残暴统治。兄弟四人张敬尧、张敬舜、张敬禹、张敬汤在湖南无恶不作，人民恨之入骨，称之为“堂堂乎张，尧舜禹汤，一二三四，虎豹豺狼”，“张毒不除，湖南无望”成了一致的呼声。湖南人民奋起开展“驱张”运动。在人民运动和湘军的逼迫下，张敬尧于 1920 年 6 月退出湖南。后在吴佩孚、张宗昌、张作霖部下担任司令、军长等职。1933 年在北平（北京）被刺死。

写介绍文章说："《湘江评论》的长处是在议论的一方面，《湘江评论》第二、三、四期的《民众大联合》① 一篇文章，眼光远大，议论也很痛快，确是现今的一篇重要文字。还有'湘江大事述评'一栏，记载湖南的新运动，使我们发生无限乐观。武人统治之下，能产生出我们这样一个好兄弟，真是我们意外的喜欢。"许多人指出，《湘江评论》的"魄力充足"、"议论精湛"、"内容完备"，是全国"最有分量、见解最深刻"的刊物。成都的《星期日》周刊、北京的《又新日报》、上海的《时事新报》以及《新青年》、《晨报副刊》等报刊分别转载、摘载、推荐《民众大联合》一文。② 湖南军阀张敬尧查封了《湘江评论》。

尔后，毛泽东和学联的工作人员搬到岳麓山湖南大学筹备处住下。在毛泽东的影响和帮助下，湘雅医学专门学校的《新湖南》、周南女校的《女界钟》和修业小学的《小学生》等刊物继续出版。周刊《新湖南》从第七号开始由毛泽东主持编辑，此刊的宗旨是：批评社会，改造思想，介绍学术，讨论问题。此刊的大部分文章是毛泽东写的。

1919 年 9 月中旬，湖南原学生联合会的骨干在商业专门学校酝酿驱逐张敬尧的问题。毛泽东指出：北洋军阀内讧是驱张的大好时机，湖南要做主力。会议安排：一、尽可能策动教员和新闻界人士支援学生驱张；二、指派彭璜和商专代表李凤池等去上海，联络省外驱张力量；三、积极恢复学联。

1919 年 10 月，毛泽东接到二弟毛泽民③从韶山寄来母亲病危的特急家信，就带上小弟毛泽覃④星夜上路，直奔韶山。可他们到家时，母亲已经入棺两天了（10 月 5 日——民国八年八月十二日病故）。泽民说：母亲在临终时还呼唤着他们的名字。毛泽东心似刀绞，泪如泉涌，不想一场小

①由毛泽东撰写。

②《湘江评论》存在的历史极为短暂，自 1919 年 7 月 14 日创刊号问世起，共出 5 期（还有 7 月 21 日与第二期同时出版的《临时增刊》第一号）。第五期印完后未来得及发行，1919 年 8 月中旬被湖南军阀张敬尧查封了。

③毛泽民（1896～1943），原名泽铭，字润（咏）莲。由于毛泽东很早离家外出求学，毛泽民只读了几年私塾就辍学在家务农，帮助父亲持家理财。在精明能干的父亲身边，他十几岁就学会了多种农活，而且能写会算、勤俭持家。

④毛泽覃（1905～1935），字润（咏）菊。童年时代在家乡韶山度过。曾在清溪寺、瓦子坪等处读书，从小学习用功，并时常随大人到田间做一些农活。他活泼、勇敢、爱打抱不平。1918 年，泽覃 13 岁时，毛泽东把他带到长沙，安排到第一师范附属小学读书。同年 4 月，毛泽东的母亲患了淋巴结核病，1919 年由二弟泽民带着从韶山到长沙求医，毛泽东弟兄三人曾同老母到照相馆合影留念。

病，竟夺走了她的生命。他守在母亲灵前，对着暗淡的油灯，回想起童年的件件往事，慈母的形象时时浮于脑际。

1919 年 10 月 8 日，在悲痛中，他席地而坐写出了《祭母文》：

鸣呼吾母　遽然而死　寿五十三　生有七子　七子余三
即东民覃　其他不育　二女二男　育吾兄弟　艰辛备历
摧折作磨　因此遘疾　中间万万　皆伤心史　不忍卒书
待徐温吐　今则欲言　只有两端　一则盛德　一则恨偏
吾母高风　首推博爱　远近亲疏　一皆覆载　恺恻慈祥
感动庶汇　爱力所及　原本真诚　不作诳言　不存欺心
整饬成性　一丝不诡　手泽所经　皆有条理　头脑精细
擘理分清　事无遗算　物无遁形　洁净之风　传遍戚里
不染一尘　身心表里　五德荦荦　乃其大端　合其人格
如在上焉　恨偏所在　三纲之末　有志未伸　有求不获
精神痛苦　以此为卓　天乎人欤　倾地一角　次则儿辈
育之成行　如果未熟　介在青黄　病时揽手　酸心结肠
但呼儿辈　各务为良　又次所怀　好亲至爱　或属素恩
或多劳瘁　大小亲疏　均待报赉　总兹所述　盛德所辉
必秉悃忱　则效不违　致于所恨　必补遗缺　念兹在兹
此心不越　养育深恩　春晖朝霭　报之何时　精禽大海
鸣呼吾母　母终未死　躯壳虽隳　灵则万古　有生一日
皆报恩时　有生一日　皆伴亲时　今也言长　时则苦短
惟挈大端　置其粗浅　此时家奠　尽此一觞　后有言陈
与日俱长　尚飨

毛泽东还作泣母灵联两副：

疾革尚呼儿　无限关怀　万端遗恨皆须补
长生新学佛　不能住世　一掬慈容何处寻

春风南岸留晖远
秋雨韶山洒泪多①

---

①毛泽东将《祭母文》和灵联交于他的老师（族兄）毛宇居。解放后毛宇居交给了人民政府。1978 年在给毛泽东父母修合葬墓时刻于碑上。

过了“头七”，毛泽东才忍着悲哀，咽着泪水，与二弟泽民分别，带着小弟泽覃回到长沙。不久毛泽东给他的同学、好友邹蕴真写信说，世界上共有三种人：损人利己的人；利己而不损人的人；可以损己而利人的人。他说他母亲正是最后一种人。母亲病逝后，仅100天，父亲毛顺生也因患伤寒于1920年1月23日（民国八年十二月初三）去世，享年49岁。毛泽东因在北京积极参加“驱张”活动，未回家奔丧。

1919年10月22日，毛泽东同湖南教育界1272人联名发出公启，揭露张敬尧派其私党操纵改选并控制省教育会的内幕，反对张敬尧摧残教育事业。

11月8日~10日，长沙《大公报》连续刊登特别启事：“本报忝约毛润之先生为馆外撰述员。”

11月中旬，新民学会在长沙周南女校召开修改会章和改选大会。会议选举何叔衡、李思安任正副执行委员长，陶毅、周世钊、毛泽东、周敦祥、魏壁、陈书农、唐耀章、蒋竹如为评议员。

不久，《新湖南》也被张敬尧封闭了。毛泽东就在长沙《大公报》等报纸上发表文章。长沙一个叫赵五贞的女学生因不满父母逼嫁一家有钱人在花轿中自杀。1919年11月18日~28日，毛泽东在《大公报》、《女界钟》上连写了9篇文章，评论此事，抨击封建婚姻制度，引起各报讨论。

新村主义是一种小资产阶级的社会主义学说，它最早产生于日本。这种学说主张另辟一块天地，在那里建立一个财产公有，没有剥削和压迫，人人平等自由，一起劳动，一起生活的“世外桃源”。这种学说介绍到中国后，引起了毛泽东的极大兴趣，并产生了仿效这种学说在中国进行试验的念头。1918年他从湖南第一师范毕业后，曾和蔡和森等人一道试图在岳麓山找个地方试验这种理想的社会新生活——新村主义的半工半读生活，由于种种原因没搞成。1919年，当毛泽东接触马克思的科学社会主义以后，并没有立即抛弃这种学说，他草拟了一个在岳麓山一带创建半工半读新村的计划书，1919年12月1日，毛泽东将计划书的《学生之工作》一章，公开发表在《湖南教育月刊》第一卷第二号上。毛泽东把新社会描述为：“合若干之新家庭，即可创造一种社会。新社会之种类不可尽举，举其著者：公共育儿院、公共蒙养院、公共学校、公共图书馆、公共银行、公共农场、公共工作厂、公共消费社、公共剧院、公共病院、公园、博物馆、自治会。合此等之新学校、新社会，而为‘新村’。”毛泽东认为，这种半工半读新村是财产公有、共同劳动、平均分配、人人平等、互助互爱、安居乐业的共产主义细胞。

1919 年 12 月 6 日，毛泽东代表新民学会，率领驱逐张敬尧的请愿团离长沙再赴北京。请愿团在汉口停留了 10 天左右，分头动员旅鄂湖南学生一道驱张，联络湖北学生支持驱张运动。12 月中旬，毛泽东从武汉绕道上海为赴法勤工俭学的蔡和森、向警予、蔡畅、葛健豪等人送行。12 月 18 日，毛泽东从上海到达北京。邓中夏等 10 余人到车站迎接湖南驱张请愿团。毛泽东住在北长街 99 号（今 20 号）福佑寺的后配殿。在这里，毛泽东与张百龄、罗宗翰等人创办了专为驱逐张敬尧作宣传的“平民通讯社”，毛泽东任社长。每天向京、津、沪、汉等地的报纸发布新闻稿件。许多报纸争相转载。其中由毛泽东搜集资料而撰写的署名文章《湘人力争矿厂抵押呈总统府、国务院及外、财、农商三部文》，稿件发出的第二天，北京的《晨报》便全文转载。

1920 年 1 月 18 日，毛泽东、邓中夏等进步青年在陶然亭聚会，并在慈悲庵前的大槐树下合影留念。同月，毛泽东经李大钊、王光祈介绍，参加少年中国学会（该学会 1919 年 7 月 1 日正式成立）。

1919 年反帝反封建的伟大爱国运动在北京爆发。杨开慧积极投身到“五四”运动的洪流。她剪着一头短发，显得更加英姿飒爽。在运动中，她钻研俄国十月革命的经验，阅读传播马克思主义的进步读物，初步接受了共产主义思想。这时她已不再满足于在家跟着父亲学习国文和英文，而是积极去北大旁听。她认真地阅读着《新青年》、《每周评论》、《新潮》、《新俄罗斯研究》和父亲订阅的英文版《布尔什维克》、《奥德维克》等传播马列主义的进步书刊。她深深地被俄国十月革命的胜利所鼓舞，被陈独秀、李大钊、鲁迅为代表的“打倒孔家店”的新文化运动所激励。人们称赞她：开慧志向远大，举止温婉，英文亦好，殊属难得。这年 7 月，杨开慧接连读到毛泽东主办的《湘江评论》，她深深地为毛泽东的气质和精神而振奋。她反复吟读着：世上什么问题最大？吃饭问题最大；什么力量最强？民众联合的力量最强；什么不要怕？天不要怕，鬼不要怕，死人不要怕，官僚不要怕，军阀不要怕，资本家不要怕。一天，杨老夫人接到一封乡下亲戚的来信，不禁感叹地说：“一些亲戚的家境不如过去了，穷了。”正在看书的杨开慧答道：“穷了就好，要是成了无产者，更能坚决地参加革命。”“潮流总是要随时势而变换的，共产主义来了，门板也挡不住。”正在病中的杨昌济也禁不住接过话头。杨开慧望着父亲，阐述着自己的见解：今天的世界，有两个对立的阶级，就是无产阶级和资产阶级，随着资本主义的发展，资产阶级为自己准备了掘墓人；在俄国，列宁领导的俄国无产者，打倒了资产阶级，建立了劳农专政的苏维埃国家，过去作奴隶的工农掌了权，做了主人；我们中国也要走俄国革命道路，这就是我们苦难中国的光辉灿烂的前程。杨开慧用初学的马克思主义分析问题的一席话，父亲听了频频点头，母亲也高兴地笑了。

1920年1月17日凌晨5时，杨昌济先生因病不幸去世。[①] 临终前，杨先生写信给友人、时任广州军政府秘书长的章士钊说：吾郑重语君，毛泽东、蔡和森乃“海内人才，前程远大，君不言救国则已，救国必先重二子”。李肖聃在《北京大学日刊》上发表的文章中说：杨昌济在长沙5年，弟子著录以千百计，尤欣赏毛泽东、蔡林彬。

毛泽东与杨开慧、杨开智一起守灵。悲哀笼罩在他的心头，短短两个多月，人世间他两个最敬爱的亲人——母亲和杨先生先后离开了人世。

1920年1月22日，毛泽东与蔡元培、范源濂、章士钊、杨度、黎锦熙、朱剑凡等联名在《北京大学日刊》发出《启事》称：杨先生操行纯洁，笃志嗜学，无意于富贵利达，以薪资维持生计，为抚恤遗孤，请诸知己慨加赙助。

1920年1月下旬，在毛泽东等人妥善安排下，杨开慧一家扶柩南下。回到故乡板仓，杨开慧经父亲生前好友李肖聃先生的推荐，入长沙福湘女中进修班，自修国文、算术、英文三门课程。坐落在长沙市城北兴汉门外留芳岭下的福湘女中，是美国人创办的一所教会学校。在此校读书期间，杨开慧和国文教员李肖聃先生的女儿李淑一一起剪短发，不讲梳洗打扮，不参加“礼拜”，阅读进步书刊。在李肖聃主编的校刊上，她发表《呈某世伯父》等文章，揭露旧社会制度的不合理，抨击封建军阀政府的腐朽与反动。她还投入“开放女禁”的妇女解放运动，提倡“男女同校”。她动员和串联了福湘、周南女中的徐乾等6名女同学，毅然离开女校，上了岳云男子中学学习。

1920年1月28日，湖南公民、教职员、学生3个代表团数十人，自上午12时开始，分3路向国务院驻地出发，后来，又转赴国务院总理靳云鹏的棉花胡同私宅。为要求撤销张敬尧向北京政府最后一次请愿。毛泽东

---

①据萧子升回忆：早在长沙时，杨昌济就用一只特制的大盆，里面装满凉水，天天早晨都要泡在里面洗冷水浴。到北平后，他仍继续坚持，杨昌济说：“人必须每天做一件艰苦的事来磨炼自己的意志。冷水不仅磨炼意志，还能增强体质。”萧子升断定在滴水成冰的北平，冬天洗冷水浴是杨先生早逝的原因之一。杨昌济即使躺在病床上，也根本没有想到死，他曾对前来看望的友人说，自信可以活100岁，并且准备5年之后，全家移居巴黎，准备学习和研究法、德两国的文字。临终前他还在与友人谈话，说：“吾意正畅”，说罢便溘然长逝，时年49岁。

以湖南公民代表团团长的身份参加。毛泽东等6人被推举为交涉代表。靳云鹏派副官长接见，承诺明日国务会议将湖南问题提出。2月5日，旅京湖南学会成立，毛泽东被选为编纂干事，每星期日上午开学术研究会，下午请中外名人讲演。

1920年3月14日，毛泽东给周世钊写长信：我觉得求学实在没有必要在什么地方的理，中国出过洋的总不下几万乃至几十万，好的实在很少；因此我想暂不出国去，暂时在国内研究各种学问的纲要；吾人如果要在现今的世界里稍为尽一点力，当然脱不开中国这个地盘，关于这地盘内的情形，不可不加以实地的调查及研究；老实说，现在我于种种主义，种种学说，都还没有一个比较明了的概念，想从译本所作的报章杂志，将中外古今的学说得其精华，使它们各构成一个明了的概念；我不是绝对反对留学的人，而且是一个主张大留学政策的人；俄国是世界第一个文明国，我想两三年后，我们组织一个游俄队；要在长沙办自修大学，在这个大学里实行共产的生活。①

1920年3月25日，由毛泽东领衔，湖南3个代表团共45人，向全国发出快邮通电，声讨“旅京湘事维持会”，是被张敬尧收买的政客组织，重申湖南人民以驱张除奸为职的志向。快邮通电于4月1日发表在上海的《民国日报》。

此时，直皖两系的军阀利害冲突日趋激烈，吴佩孚通电全国控告张敬尧，湘军湘人联合驱张，张敬尧已经陷入四面楚歌之中。1920年4月1日，“湖南改造促成会”在上海成立，这是一个寻求如何改造和建设湖南的群众性政治团体。由新民学会会员发起，旅沪的一些新闻界、教育界人士组成。4月上旬，毛泽东邀集湖南代表在景山东街中老胡同商讨结束在京驱张问题。会议决定，除留少数人在京外，其他代表分赴武汉、上海、广东及回湘继续驱张。

三　上海小住

1920年4月11日，毛泽东离开北京去上海。目的是同彭璜率领的驱张代表团会合，商讨下一步的行动计划；同时第二批赴法勤工俭学的会员

①《毛泽东年谱（1893—1949）》上卷，人民出版社、中央文献出版社，1993年12月第1版，第54页。

也将要从上海启程，可以乘便送行。[①]途中，毛泽东在天津、济南、泰山、曲阜、南京等处参观游览。5月5日来到上海，住在哈同里民厚南里29号(今安义路63号)。5月8日，同新民学会会员萧三、彭璜、李思安等为欢送即将赴法的陈赞周等6名会员，在上海半淞园开欢送会。会上讨论了新民学会的会务问题。确定“潜在切实，不务虚荣，不出风头”为学会态度，介绍新会员务宜谨慎。新会员的条件是：纯洁、诚恳、奋斗、服从真理。

1920年5月，毛泽东应彭璜之约，与湖南一师的同学张文亮等一起试验工读生活。在附近租了几间房子，共同做工，共同读书，有饭同吃，有衣同穿。一个月后，彭璜写信给湖南说：觉得这种工读生活，却也不容易办到，上海工读互助团不能说不失败。

1920年6月7日，毛泽东致信黎锦熙：“我一生恨极了学校，所以我决定不再进学校，自由研究，只要有规律，有方法，未必全不可能。外国语真是一张门户，不可不将它打通，现在每天读一点英语，要是能够有恒，总可稍有所得。我对于学问……想用辐射线的办法，门门涉猎一下。颇觉常识不具，难语专攻，集拢常识，加以条贯，便容易到达深湛。”对于文字学、言语学和佛学，我都想研究，我近来功课，英文、哲学、报，只这3科；旅京湖南学会，是一种混合的团体，很不容易共事；我觉得具体、鲜明、热烈，在人类社会中无论是一种运动，或是一宗学说，都要有这3个条件，无之便是附庸、因袭、改良派，不是大国、创造、革命派；我太富感情，中了慷慨的弊病，脑子不能入静，工夫难得持久，我易被感情驱使，总难厉行规则的生活。[②]

北洋军阀内部直系、皖系、奉系之间争斗十分激烈，皖系段祺瑞政府摇摇欲坠，直系曹锟有取而代之的架势，奉系张作霖愿意站在直系一边。曹锟为了攫取北京政权，就将心腹大将吴佩孚从湖南撤回北京。吴佩孚和湘军将领早有默契，吴佩孚自1920年5月5日起开始自衡阳撤退，他退一步，湘军就进一步。皖系督军张敬尧的军队，既不敢和吴佩孚战长沙，也抵挡不住湘军快速北上。1920年6月11日，这位作恶多端的张大帅，放了一把火，烧毁了自己住了两年的镇湘楼和荷花池的军火库，夹带着30万元银洋，匆匆忙忙地逃出了长沙。6月12日，湘军前锋进入长沙。6月14日，湘军第一师师长赵恒惕到长沙。6月17日，湘军总司令谭延闿到长

---

①《毛泽东传（1893—1949）》，中央文献出版社，1996年8月第1版，第58页。

②《毛泽东年谱（1893—1949）》上卷，人民出版社、中央文献出版社，1993年12月第1版，第58～59页。

沙，自封为湖南督军兼省长。为笼络人心，他们打起了“湘人治湘”和“施行民治”的旗帜。

1920年6月9日、11日、18日，毛泽东连续在上海《时事新报》上发表文章——《湘人为人格而战》、《湖南人再进一步》、《湖南人民的自决》。文章说：湖南驱张运动将要完结，湖南人应该更进一步，努力为废督运动。文章提出中国民治的总建设，要先由一省一省的人民各自解决，合起来便可得到全国的总解决。文章说：社会的腐朽，民族的颓败，非有绝大努力，给他个连根拔起，不足以言摧陷廓清，这样的责任，乃全国人民的责任，不是少数官僚政客武人的责任；湖南的事，应由全体湖南人民自决之，赞助自决之，湖南人之友；障碍此自决者，湖南人之仇。①

6月23日，毛泽东以湖南改造促成会的名义复信湘籍老同盟会会员、上海报人曾毅。毛泽东在信中说：中国20年内没有实现“自治之总建设”的希望，在此期间，湖南应实行自决自治，自办教育，自兴产业，自筑铁路、汽车站，充分发挥湖南人之精神，造一种湖南文明于湖南领域以内。信中并向打着“湘事湘人自治”旗号的新政府，提出了要求：洗脱其丘八气、官僚气、绅士气，废督裁兵，钱不浪用，教育力图普及，3000万人都有言论、出版、集会、结社之自由。6月28日，此信以《湖南改造促成会复曾毅书》为题全文发表于上海《申报》。②

在上海，毛泽东第二次见到了陈独秀（第一次是在北京大学里）。陈独秀，原名陈乾生，字重甫（后改为仲甫），安徽怀宁（安庆）人，生于1879年。他早年受康有为、梁启超维新思想的影响。1900年，他在杭州求是书院读书时，即因有反清言论被当地警察所追捕。1901年10月留学日本，同孙中山以及同盟会中许多领导人有过接触。1902年，他加入由留日学生组织的“励志会”，同年冬又退出。再和冯自由、蒋百里等人另组“中国青年会”。1904年7月，应章士钊之邀，回到上海，参加了由杨笃生、何海樵等人的暗杀团，后参加由暗杀团改组的光复会。1905年，和柏文蔚等人在安徽建立秘密的反清团体“岳王会”，任会长。辛亥革命后，两次出任安徽都督府的秘书长，并积极参加了由孙中山领

---

①《毛泽东年谱（1893—1949）》上卷，人民出版社、中央文献出版社，1993年12月第1版，第59页。

②《毛泽东年谱（1893—1949）》上卷，人民出版社、中央文献出版社，1993年12月第1版，第60页。

导的，以反袁世凯为主要目标的“二次革命”。1913 年他又参加了反袁斗争，并为此在芜湖被捕。但他对孙中山领导的同盟会及其所走的道路存在着分歧，他始终未加入同盟会。1915 年 9 月起，陈独秀创办并主编《青年》（后改名为《新青年》）杂志。他曾十分自信地对人说：“让我办十年杂志，全国思想都全改观。”《青年》一出，果然影响全国。陈独秀一跃成为进步知识界的领袖。在蔡元培的盛情邀请下，1916 年末任北京大学教授、文学科学长。1918 年和李大钊创办《每周评论》，倡导新文化，是“五四”运动的领导人之一。“五四”运动后，他接受和宣传马克思主义。1919 年 6 月 11 日，他和高一涵等去北京前门外新世界游艺场散发由他起草的《北京市民宣言》时，被京师警察厅逮捕。他的被捕，在学生界、思想界引起了很大的震动，全国各大报刊纷纷发表消息、刊登评论及社会团体、学者名流和学生们的营救通电。在孙中山和社会各界的营救下，于 1919 年 9 月 16 日被释放。1920 年初，陈独秀回到上海，5 月建立了上海共产党小组。毛泽东说：陈独秀对他的影响也许超过任何人。毛泽东去上海拜访陈独秀，想争取他支持湖南学生的斗争。他们还讨论了组织“改造湖南联盟”的计划。

6 月，毛泽东为组织革命活动以及一部分同志去欧洲勤工俭学，急需一笔数额较大的款项，毛泽东在上海找章士钊帮忙。章士钊当即发动社会各界名流捐款，热情相助，共筹集了两万银圆全部交给了毛泽东。

7 月初，从上海返湘途中，毛泽东在武昌停留了一个星期，在利群书社和正在翻译考茨基《阶级斗争》一书的恽代英接触交谈。并与恽代英商谈在长沙开办“文化书社”的问题。

毛泽东第二次往来北京期间，读了许多关于俄国情况的书。他热心地搜寻能找到的为数不多的用中文写的共产主义书籍。其中有三本书特别深刻地铭刻在他的心里，建立起了他对马克思主义的信仰。这三本书是：《共产党宣言》，由陈望道翻译，这是用中文出版的第一本马克思主义的书；《阶级斗争》，考茨基著；《社会主义史》，柯卡普著。毛泽东说：“我一旦接受了马克思主义是对历史的正确解释以后，我对马克思主义的信仰就没有动摇过。……到了一九二〇年夏天，在理论上，而且在某种程度的行动上，我已成为一个马克思主义者了，而且从此我也认为自己是一个马克思主义者了。”①

①《斯诺文集》（Ⅱ），新华出版社，1984 年 8 月第 1 版，第 136 页。

1920年7月7日，毛泽东回到长沙。先住楚怡小学校。9月，毛泽东应湖南省教育会长兼第一师范学校校长易培基的聘请，任第一师范附属小学的主事，同时兼作第一师范校友会的会长。不久又破例被聘请为第一师范22班的级任兼国语教员。毛泽东一面当教员，一面继续在新民学会的活动。反动军阀张敬尧被驱逐后，黑暗的军阀统治依然是换汤不换药，人民仍旧处于水深火热之中。新民学会这时的纲领是要争取湖南“独立”，实行自治。他们对北京的北洋政府深恶痛绝，认为只要湖南和北京脱离关系，就可以迅速地现代化。1920年11月23日，接替张敬尧的谭延闿又被军阀赵恒惕赶出湖南，25日，赵恒惕任湘军总司令，后又兼任湖南省长。

在新民学会的领导下，举行了一次对省议会的冲击。因大多数议员都是军阀指派的地主豪绅，冲击省议会吓坏了统治者。赵恒惕背叛了他的主张，凶暴地压制这一民主要求。因此新民学会又把斗争矛头指向赵恒惕。1920年11月7日是俄国十月革命胜利3周年，新民学会组织了示威游行。

1920年10月，毛泽东在湖南建立中国社会主义青年团，并兼任团书记。新民学会的许多会员都加入了青年团，同时还吸收了许多工人参加(到中共“一大”以前，发展到38人)。

杨开慧成为第一批青年团员之一。1920年冬天，毛泽东和杨开慧结婚。杨师母向振熙从板仓乡下给开慧写信，说她完全赞成这一门婚事，而且告诉她：父亲生前也是早已同意了的。结婚那天，杨开慧不坐花轿，没备嫁妆，也没有媒妁之言，她带着一个书包，来到湖南第一师范教员宿舍——妙高峰下的青山祠，仅同陈昌的爱人毛秉琴等，办了一席6块银圆的晚餐，招待了何叔衡、陈昌、方维夏、谢觉哉、彭璜、王季范等几位挚友。

1921年春，毛泽东回到韶山，把送到别人家做童养媳的菊妹子接回家中。菊妹子，1905年出生于韶山冲东茅塘，因出生时正值满山遍野菊花盛开的季节，父母给她取乳名为“菊妹子”。菊妹子的父亲毛尉生，是一个贫穷的佃农，由于过度劳累，39岁就去世了。母亲陈氏，带着菊妹子和3个弟弟，过着饥寒交迫的生活。菊妹子从小除了上山捡柴，下地挖野菜外，在寒冬季节，还经常跟着母亲沿户乞讨，养活弟妹。在她5岁时，韶山发生了大灾荒，她家的生活更加困难。毛泽东的父母就把菊妹子接到了上屋场，作为过继女儿收养。毛泽东的父母相继去世后，

14 岁的菊妹子从上屋场回到了自己的家中。不久被送到杨林乡萧家作童养媳。毛泽东把菊妹子接回家中后，一家人围在火塘边，毛泽东对弟弟妹妹们说，要舍小家为大家，为改造旧中国而奋斗！菊妹子听得入了神，恳求大哥："我不愿当童养媳，我也要跟你干革命！"毛泽东高兴地答应了她的要求，决定先送她去读书。毛泽东知道她还没有正式的名字，随手在一张纸盒上写了"毛泽建"三个字，从此，她就有了新的名字。毛泽东帮助毛泽建解除了封建婚约，把她带到长沙，送她进崇实女子中学读书，在文化书社里借宿。由于她刻苦攻读，进步很快。她还为文化书社推销书刊，替秘密开会的同志站岗放哨。1921 年，她加入了中国社会主义青年团。

四　在湖南建立共产党

20 世纪初，是日本早期社会主义思潮澎湃的年代。1903 年，湖南武陵（今常德）人赵必振把日本福井准造的《近世社会主义》译成了中文。以 2 万字的篇幅介绍了马克思的生平和学说。1904 年，日本早期社会主义者幸德秋水宣传马克思主义的名著《社会主义神髓》问世，并很快被翻译成几种汉文译本，在中国留日学生中广泛流传。1906 年，孙中山在东京出版的同盟会机关刊物《民报》登载了朱执信介绍马克思生平和学说的文章《德意志社会革命家小传》。湖南桃源人宋教仁也在《民报》上发表了《万国社会党大会略史》，记述了第一国际、第二国际创立和发展的经过（但这些译著因不是马克思主义原著，多有差误）。

1919 年 3 月，列宁在莫斯科创建第三国际——共产国际，改变了第二国际在民族问题上的机会主义立场。把各被压迫民族的解放斗争当做世界无产阶级革命的重要组成部分而加以援助。

1919 年 7 月 25 日，苏俄政府第一次发表对华宣言："……宣言废止一切中俄及其昔日之联盟国所秘密条约……将俄皇政府自行掠取或与日本及联盟国共同侵夺者，概行交还中国人民……愿将中国中东铁路及租让之一切矿产、森林、金产及其他各种产业，由俄皇政府……等侵占得来一概无条件归还中国，毫不索偿……放弃庚子赔款之俄国部分……废弃一切特别权利，及在中国境内之俄国贸易区。""如中国人民愿取得自由，一若俄国人民之有今日，并愿免蹈使中国成为第二朝鲜或印度之……命运，则愿其了解，足以作为其在为国家自由而奋斗中之联盟与兄弟者，舍俄国工人农民及其赤军而莫属”。①

共产国际成立后不久，就陆续派员来中国联系。起初，以苏俄政府外交工作人员和华俄通讯社的代表身份来华，由于中国反动政府的阻挠，他们的活动没有取得显著的成效。1920年春，共产国际成立了远东局，负责联络中国、日本、朝鲜等国。

1920年远东局获悉中国爆发了“五四”运动的消息，引起了列宁和共产国际对东方革命的关注。共产国际派远东局负责人魏金斯基（中文名字吴庭康或伍庭康）来华联系。列宁给魏金斯基的任务主要有三项：①同中国社会主义团体联系，组织正式的中国共产党和青年团；②指导中国的工人运动，成立各种工会；③物色一些进步分子到莫斯科东方大学学习。魏金斯基是个年仅27岁的青年，1918年才开始从事革命活动。对中国的情况也基本上不了解。但他为人谦虚、作风民主，对中国党关怀备至，大家都很尊敬他。同他一起来的还有他的夫人库兹涅佐娃，秘书马迈也夫，马迈也娃，翻译杨明斋（俄籍华人、俄共产党员）。1920年3月，魏金斯基来到北京后，经北京大学俄籍教授柏烈伟介绍，会见了北京大学图书馆馆长李大钊。李大钊热情接待魏金斯基（公开身份是记者）一行，邀请进步人士和他们多次座谈。举行欢迎会、演讲会，深入交谈了解十月革命后的苏俄及列宁领导下的布尔什维克党的情况。最后请魏金斯基在北大红楼图书馆里再次会谈了建党问题。魏金斯基根据苏俄的革命经验和他来到中国的见闻，认为组织中国共产党，加入共产国际，是中国革命的当务之急；并认为中国已经具备建立共产党的条件。4月，李大钊介绍苏联客人去上海会见陈独秀，商谈建党问题。

1920年5月，陈独秀等人在共产国际代表的帮助下，在上海建立了“马克思主义研究会”。8月左右，由陈独秀、李达、李汉俊、俞秀松、陈望道、沈玄庐、杨明斋、施存统（时在日本）等人发起建立党组织。关于党的名称，是叫“社会党”，还是叫“共产党”？陈独秀拿不定主意，他写信向李大钊征求意见。李大钊根据马克思、恩格斯最初建立无产阶级政党的名称，明确答复：就叫共产党！后来加入的成员有：邵力子、沈雁冰、李启汉、沈泽民、林伯渠、李中、袁振英等。陈独秀为书记。魏金斯基和杨明斋还在上海帮助建立社会主义青年团，书记为俞秀松。在上海团组织的带动下，北京、广州、长沙、武汉、济南等地也建立了社会主义青年

①《苏俄致中国人民及南北政府宣言》，参见中国青年出版社，1980年7月第1版《毛泽东同志的青年时代和初期革命活动》（萧三著），第85页。

团。杨明斋还负责管理培养干部的“外国语学社”，创办“华俄通讯社”。“外国语学社”送刘少奇、[1]任弼时、[2]罗亦农、[3]萧劲光[4]去苏联，进入共产国际创办的东方劳动者共产主义大学学习。

1920年10月，继上海共产党小组成立后，李大钊、张申府、张国焘在北京大学李大钊办公室正式成立北京共产主义小组。11月7日，创办了《劳动者》周刊。1921年1月，北京共产主义小组举行会议，正式定名为“中国共产党北京支部”，一致推选李大钊为书记，张国焘负责组织，罗章龙负责宣传（1920年11月，张申府去法国教书）。至1921年7月，北京小组有成员：李大钊、张国焘、邓中夏、罗章龙、刘仁静、高君宇、何孟雄、缪伯英（女）、范鸿劼、朱务善、李骏、张太雷12人。1921年5月1日，北京小组帮助成立长辛店工会——工人俱乐部。北京小组还举办劳动补习学校，组织工会，组织社会主义青年团和帮助各地建立党团组织。李大钊亲赴郑州，派人到天津、唐山、济南等地指导工人运动和帮助建立革命组织。

蔡和森于1920年1月去法国勤工俭学后，收集了近百种小册子，夜以继日地猛看猛译，在短短半年时间里，就将各派社会主义和俄国革命的情况基本弄清楚了。他主张走俄国人的道路，在中国建立共产党。从1920年下半年起，他和毛泽东写信探讨关于建党的理论原则问题，毛泽东表示深切的赞同。毛泽东和蔡和森分别组织新民学会会员以开学年会、写信等方

---

①刘少奇（1898～1969），湖南宁乡人。1919年在北京、保定参加五四运动。1920年10月在长沙加入中国社会主义青年团。1921年到苏联学习，同年转入中国共产党。1922年夏回国，参加中国劳动组合书记部工作，同年秋任中共湘区区委委员。1923年任安源路矿工人俱乐部主任。1925年当选为中华全国总工会执行委员会副委员长，参加领导了“五卅”运动。1926年2月下旬，代理中华全国总工会委员长，领导省港大罢工运动。

②任弼时（1904～1950），湖南湘阴人。1920年秋加入中国社会主义青年团。1921年到苏联学习，1922年1月转入中国共产党。1924年回国，1925年任共青团中央组织部部长（1927年任共青团中央总书记）。

③罗亦农（1902～1928），又名罗觉，湖南湘潭人。1920年赴苏联学习。1921年加入中国共产党。1925年回国后到广州工作。1926年1月任中共江浙区委书记，参加领导上海工人三次武装起义。1927年先后任中共江西、湖北省委书记。“八七”会议（见第三章）后任中共中央长江局书记，同年11月在中共中央扩大会议上被选为中共中央政治局常委和中央组织局主任。1928年4月因叛徒出卖，在上海英租界被帝国主义当局逮捕，21日被国民党反动派杀害于上海龙华。

④萧劲光（1903～1989），湖南长沙人。1920年加入中国社会主义青年团。1921年赴苏联学习。1922年转入中国共产党。1924年回国，任国民革命军第二军六师党代表，参加北伐。1927年再赴苏联入列宁格勒军政学院学习，1930年回国。

式，继续探讨建党问题。

1920 年 7 月 6 日 ~10 日，新民学会留法会员等 13 人，在蒙达尼召开会议，讨论新民学会方针问题。经过 5 天讨论，决定学会的方针为“改造中国与世界”。在讨论改造的方法时，出现了革命与改良两种不同意见。蔡和森主张：组织共产党，实行无产阶级专政，其主旨与方法多倾向于苏俄。萧子升则主张温和的革命，倾向于无政府。争论双方都写了较详细的信给国内的毛泽东，请他发表意见。

1920 年 8 月 13 日，蔡和森给毛泽东写信：“我以为先要组织党——共产党。因为他是革命运动的发动者、宣传者、先锋队、作战部。以中国现在的情形看来，须先组织他，然后工团，合作社，才能发生有力的组织。革命运动、劳动运动，才有神经中枢。我愿你准备做俄国的“十月革命”。这种预言，我自信有九分对。因此你在国内不可不早有所准备。……”

“木斯哥万国共产党[①]是去年 3 月成立的，今年 7 月 15 日召开第二次大会，到会代表 30 多国。中国、[②] 高丽亦各到代表 2 人，土耳其、印度各有代表 5 人。据昨日报土耳其共产党业已成立。英国于本月初一亦成立一大共产党。法社会党拟改名共产党。现在第二国际党已解体。脱离出来者都加入新国际党，就是木斯哥万国共产党。我意中国于 2 年内须成立一主义明确、方法得当和俄一致的党，这事关系不小，望你注意。”

“现在内地组织此事须秘密。乌合之众不行，离开工业界不行。……”[③]

9 月 16 日，蔡和森又给毛泽东写了一封长信：

> 我认为党的组织是很重要的。组织的步骤：一、结合极有此种了解及主张的人组织一个研究宣传的团体及出版物。二、普遍联络各处做一个要求集会、结社、出版、自由的运动，取消治安警察法及报纸条例。三、严格的物色确实党员，分布各职业机关、工厂、农场、议会等处。四、显然公

①即莫斯科共产国际。

②1919 年 3 月 2 ~6 日，列宁在莫斯科召开共产国际第一次代表大会时，中国有 2 名代表列席：刘绍周（1892 年出生于中国广东省高要县，5 岁时随父到达俄国，曾就读于彼得堡大学物理系、彼得堡工业大学建筑系，1917 年 4 月当选为“中华旅俄联合会”会长，1918 年 12 月当选为“旅俄华工联合会”会长）、张永奎（“旅俄华工联合会”莫斯科分会主席）。1920 年 7 月 19 日 ~8 月 7 日，列宁主持召开共产国际“二大”时，出席大会的中国代表是安恩学（“俄国共产党华员局”主席）、刘绍周（“俄国共产党华员局”成员）及江亢虎。

③《新民学会会员通信集》第三集，第 7 ~8 页。

布一种有力的出版物，然后明目张胆正式成立一个中国共产党……

我以（为）世界革命运动自俄国革命成功以来已经转了一个大方向，这方向就是“无产阶级获得政权来改造社会”。……①

这封长信，由萧子升带回中国，直至1920年底毛泽东才收到。

1920年9月9日，由社会各界捐资协助，毛泽东等人出面创办的文化书社（谭延闿为“文化书社”亲笔题字）在长沙市潮宗街56号正式开业。毛泽东任文化书社的特别交涉员。书社经理易礼容。书社特聘李大钊、陈独秀、恽代英等为“信用介绍”。书架上的书刊有：《共产党宣言》、《马克思资本论入门》、《社会主义史》、《新俄罗斯之研究》、《劳动政府与中国》、《向导》、《新青年》、《少年中国》、《语丝》、《劳动界》、《新教育》、《时事新报》副刊、《晨报小说》等。文化书社在长沙第一师范，楚怡、修业学校等7处设立了小卖部。1920年冬天，先后在浏阳、平江、宝庆（邵阳）、衡阳、宁乡、武冈、溆浦等地设立了分社。半年多时间，先后与全国60家书报社和文化团体建立了密切的联系。销售书籍达160多种，杂志40余种，日报繁多。据《文化书社社务报告》第二期统计，其中售出200册以上的书有《马克思资本论入门》等，售出1000本以上的刊物有《劳动界》、《新青年》等。根据毛泽东提议，书社规定凡来书社贩运小册子卖给劳动界的，一律照进价转售，不赚分文。书社成为毛泽东参加建党活动的一个重要联络点，许多革命同志经常在这里开会；毛泽东与北京、上海等革命同志及留法勤工俭学的新民学会会员来往信件也都由文化书社收转。

在创办文化书社的同时，毛泽东发起建立湖南俄罗斯研究会，成员来自教育、新闻界的进步人士。1920年8月22日在长沙县知事公署召开发起会。何叔衡在会上宣读了简章，指出：“本会以研究俄罗斯一切事情为主旨……本会会务，一、研究所得后，发行俄罗斯丛刊；二、派人赴俄实地调查；三、提倡留俄勤工俭学。”研究会于1920年9月16日正式成立，成员有何叔衡、彭璜、陈昌、夏曦、郭亮、萧述凡等人，其中以第一师范的校友和学生为多，毛泽东被选为书记干事。② 研究会成

①《中国现代史资料丛刊》《新民学会资料》，人民出版社，1980年版。

②1920年9月23日，上海《民国日报》报道：“湖（湘）人组织俄罗斯研究会于本月16日开会，推举正式干事，姜咏洪为总干事，毛泽东为书记干事，彭璜为会计干事，并推彭君驻会接洽一切。……”

立后，组织会员学习《共产党宣言》、《国家与革命》等书，研究俄国革命，还发表文章，介绍俄国情况，使湖南许多青年向往俄国。于是，研究会又积极开展留俄勤工俭学运动。当时，有一批青年，经毛泽东介绍到上海外国语学校，学习俄文，然后克服重重困难到达俄国（任弼时、萧劲光就是其中的两个）。

毛泽东、何叔衡、彭璜等人还发起“湖南改造促成会”，接办《通俗报》。1920 年 9 月 ~ 10 月，毛泽东在湖南《大公报》上发表文章 11 篇，彭璜发表 2 篇。

毛泽东得到陈独秀的委托，以新民学会的骨干为核心，于 1920 年 11 月，在湖南正式成立共产主义小组（9 月酝酿），成员有毛泽东、何叔衡、肖铮、彭璜、[1] 陈子博、贺民范[2] 6 人。主要活动是：宣传马克思主义，开办民众夜校和失学青年补习班，筹备自修大学，促进工人运动和组织社会主义青年团等。

毛泽东注重从思想上建党。1920 年 11 月 25 日，他在致罗章龙的信中说：“不可徒然做人的聚集，感情的结合，要变为主义的结合才好。”1921 年 1 月 28 日，毛泽东在写给彭璜的信中说：“我觉得吾人惟有主义之争，而无私人之争，主义之争，出于不得不争，所争者主义，非私人也。私人之争，世亦多有，则大概是可以相让的。”[3]

长沙共产主义小组还注重组织与活动的严密，不张扬，不暴露，不轻易地以小组名义散发宣言、传单、主办的刊物。小组内没有无政府主义者和变节者。

毛泽东经过深思熟虑，于 1920 年 12 月给萧子升、蔡和森及在法诸友写了一封长信。次年 1 月 21 日又写信给蔡和森。两封信都明确表示赞同“俄式的方法”，反对“温和革命”，尖锐指出：“共产党人非取政权……安能握得教育权?”毛泽东对蔡和森的见解“见地极当，我没有一个字不赞成。党一层陈仲甫先生等已在进行组织。出版物一层上海出的‘共产党’，你处谅可得到，颇不愧‘旗帜鲜明’四字……惟物史观是吾党哲学的根据。”

1921 年元旦，长沙新民学会学员在文化书社举行年会。毛泽东介绍了

---

①彭璜（1896 ~ 1921），又名殷柏，湘乡人，“五四”时任湖南学生联合会会长，全国各界联合会干事。

②贺民范（1866 ~ 1950），又名贺寿乾，宝庆（邵阳）人，时年已近 6 旬。1907 年曾留学日本，肄业于日本东京吉田大学，辛亥革命前任邵阳驻长沙中学校长，“五四”前后任船山中学校长。曾资助毛泽东创办文化书社，介绍刘少奇加入社会主义青年团。

③《毛泽东书信选集》，人民出版社，1993 年 12 月第 1 版，第 19 页。

巴黎会友的讨论概况。经过讨论，绝大多数同志赞成学会的目的为“改造中国与世界”。会议在讨论如何达到目的途径时，毛泽东报告了巴黎方面蔡和森的提议，并说明世界上解决问题的方法大致有5种：①社会政策；②社会民主主义；③激烈方法的共产主义（列宁的主义）；④温和方法的共产主义（罗素的主义）；⑤无政府主义。会议经过认真讨论，最后表决：赞成采用布尔什维主义的为毛泽东、何叔衡等12人，赞成民主主义的2人，赞成温和方法的共产主义的1人，未表态者3人。

毛泽东在会上发言说：“社会政策，是补苴罅漏的政策，不成办法。社会民主主义，借议会为改造工具，但事实上议会的立法总是保护有产阶级的。无政府主义否认权力，这种主义恐怕永世都做不到。温和方法的共产主义，如罗素[①]所主张的极端的自由，放任资本家，亦是永世做不到的；激进方法的共产主义，即所谓劳农主义，用阶级专政的方法，是可以预计效果的，故最宜采用。”[②]

毛泽东重办湖南第一师范工人夜校，向工人进行马克思主义基本知识的教育，并在一师附小创办一所补习学校，招收失学工人子弟入学。毛泽东和共产主义小组的其他成员还深入到工人中去，先后在纺织、铁路、造币、印刷、泥木、搬运等行业了解工人劳动、生活的情况，向工人宣传马克思主义，促进马克思主义与工人运动的结合。1921年“五一”节，长沙织造、铁业、泥土等行业工人和学生数万人，举行游行示威大会。通过宣传教育，长沙的产业工人和手工业工人逐渐组织起来。

1921年3月14日，毛泽东、何叔衡、贺民范等28人发起组织“中韩互助社”，支持朝鲜人民争取民族独立的斗争。毛、何、贺分任该社通信、宣传、经济部的中方主任，朝鲜黄永熙、李基彰、李愚氓分任朝方各部主任。社址设在船山学舍。

1920年秋，武汉共产主义小组（武汉共产主义研究小组）成立。参加

①柏特兰·罗素（1872～1970），英国著名哲学家，他主张搞“温和的共产主义”。他表示相信共产党是一种好学说，主张用循序渐进的方法来实行，不赞成阶级斗争和平民专制，他认为中国首要的事情是兴办教育和发展实业。1920年10月，他曾到长沙市内湖南省公署大礼堂进行讲演。

②《毛泽东文集》第一卷，人民出版社，1993年12月第1版，第2页。

成员有董必武、[1] 陈潭秋、[2] 包惠僧、郑凯卿、张国恩。大家推举包惠僧为书记，陈潭秋负责组织工作。一个多月后，小组又增加了赵子健、赵子骏两名成员。1921 年春，又有刘子通、黄负生两名成员加入。张国恩在小组成立了 3 个月后申明退出。

陈独秀在上海组织了共产主义小组后，致函山东的新文化运动主将、“五四”运动中的活跃人物王乐平，约他在山东组织共产党。王乐平虽说是进步的开明人士，却不愿加入共产党，更不愿出面组织山东共产党。他把此事转交给了他的远亲、同乡王尽美（王尽美于1920 年9 月在济南创建山东马克思学说研究会，成员有山东省高等第一中学的学生邓恩铭和育英中学的国文教师王翔千等人）。同时，李大钊从北京派人找王尽美、邓恩铭、王翔千等商议如何在山东建立共产党。1921 年初，济南共产主义小组秘密成立。主要成员有王尽美、邓恩铭、王翔千、庄龙甲等，王尽美任书记。主要活动是：宣传马克思主义，组织先进青年，成立工会。

1920 年 12 月，陈独秀抵达广州，在他的主持下成立了共产党组织，主要成员有陈独秀、谭平山、陈公博、谭植棠等。书记先由陈独秀担任，后来改由谭平山担任。陈公博负责组织工作，谭植棠负责宣传工作。

留学日本的施存统、周佛海（两人均是上海共产主义小组的成员）于1920 年成立了旅日共产主义小组。

北京共产主义小组成员、北京大学讲师张申府（1893 ~ 1986，中共“四大”时脱党）随北京大学校长蔡元培到法国，被吴稚晖聘为里昂大学中国学院逻辑学教授。在此期间，他发展刘清扬加入中共（后结为夫妇）。他们两人于1921 年 2 月发展旅法的周恩来加入中共，接着由上海共产主义小组又去了两名成员：赵世炎、陈公培。他们五人成立了一个小组。

---

①董必武（1886 ~ 1975），原名贤琮，又名用威，字洁畲，号壁伍，湖北省黄安（今红安）县人，1886 年生，1903 年考中秀才，1914 年东渡日本，在东京私立日本大学攻读法律。在日本，他见到孙中山，并加入中华革命党。1918 年 3 月，担任鄂西靖国军总司令蔡济民的秘书，参与护法战争。1919 年到上海主持湖北善后公会会务时，结织了李汉俊，接触到了马克思学说，后回武汉创办了私立武汉中学。

②陈潭秋（1896 ~ 1943），原名陈澄，湖北省黄冈县人，1896 年出生，1912 年考入湖北省高等第一中学，1916 年考人国立武昌高等师范学校英语部，1919 年参加“五四”运动，后和董必武共创武汉中学，并担任英语教员。

1921年5月，中国党派张太雷参加共产国际远东局书记处工作。同年6月，张太雷参加共产国际第三次代表大会。这与欧洲各国相比，中国党是受特别重视的。像英国、法国、意大利等国的社会党中的左翼，都有数万名党员，但他们必须按照共产国际的规定，驱逐社会党中的修正主义者出党、更换党名“共产党”才能加入共产国际。中国共产党还未成立，也不是共产国际的成员，却参加了共产国际大会。

五　中国共产党成立大会

1921年春，魏金斯基回国向共产国际报告中国建党情况，尔后留在共产国际远东书记处任秘书工作。

1921年6月3日，共产国际派马林①到达上海。马林，原名亨德立克斯·斯内夫利特，他在中国的笔名为孙铎，他曾在印尼从事工人运动多年，对建党工作有丰富的经验，但对中国的情况缺乏了解。与马林同月抵沪的有赤色职工国际代表尼柯尔斯基。此外，在广州筹建俄国通讯社的米诺尔和别斯林也参加了建党活动。

1921年6月，马林从上海到北京会见李大钊，商谈召开党的代表大会，正式成立中国共产党的问题，并研究中国同志与苏俄驻北京代表建立联系事宜。李大钊欣然赞同共产国际的意见，委派邓中夏陪同马林去上海，与上海共产党小组李汉俊、李达②等商谈，决定召开中国共产党第一次全国代表大会。

上海共产党小组代理书记李达和李汉俊写信给广州的陈独秀，请他回上海主持大会，并通知广州、北京、济南、长沙、武汉和日本的中共党组织，要求各派两名代表到上海出席大会。旅欧小组离国内较远，没通知他们回国。

6月29日，毛泽东与何叔衡作为湖南共产主义组织的代表离开长沙参加中国共产党第一次全国代表大会。7月初，到达上海，住博文女校。

---

①马林（1883～1942），当年38岁，已有20年从事工人运动和革命工作的经历。他原籍荷兰，1900年即在荷兰铁路上工作，1902年参加荷兰社会民主党。1913年到荷属东印度（印度尼西亚）搞工人运动和建党工作，1919年被当局驱逐出境。1920年7月，代表东印度社会民主联盟和泛回教联盟出席共产国际第二次代表大会，担任民族和殖民地委员会秘书（列宁担任主席），并被选为共产国际执行委员会会员。1920年8月，被委任为共产国际驻中国代表。

②1920年12月，孙中山通过广东省省长陈炯明邀请陈独秀去广州工作。12月16日，陈独秀由上海去广州，出任广东省政府教育委员会委员长，李达、李汉俊主持上海的建党工作。

出席会议的有12名代表：长沙（湖南）：毛泽东（28岁）、何叔衡（42岁）；武汉（湖北）：董必武（35岁）、陈潭秋（25岁）；济南（山东）：王尽美（23岁）、[①] 邓恩铭（20岁）；上海：李达（29岁）、李汉俊（31岁）；北京：张国焘（24岁）、刘仁静（19岁）；广州（广东）：陈公博（31岁）；留日代表：周佛海（24岁）（原邀两名代表，施存统未回国）。12名代表，代表全国53名党员，党员成分除武汉、山东等地有个别党员是工人之外，其余都是知识分子。

除12名正式代表外，还有一名包惠僧。包惠僧原为武汉支部委员，1921年1月，在准备去苏联留学路经上海时，被临时中央留在上海，住在法租界新渔阳里6号临时中央工作部，参加党的宣传教育工作。1921年5月，包受临时中央李汉俊的委派，作为"信使"前往广州同陈独秀联系工作。6月从广州回到上海。不久，临时中央工作部的"一大"代表，为便于商量开会事务，搬到博文女校。作为在临时中央工作的惟一没有社会职业的包惠僧，也随代表搬到这里。因此，包惠僧也参加了会议。

中国共产党的两个创始人陈独秀和李大钊都没有出席"一大"——陈独秀因在广东政府任职，正在筹措广东大学预科校舍经费不能离开；北京支部书记李大钊因为正值北大学年终结期间，校务纷繁，不能抽身前往。

北京的张国焘是到达上海最早的一个外地代表（大约是在5月中旬）；济南的两个代表到的也较早（张国焘路过济南时，王尽美和邓恩铭曾约集济南几个共产党员在大明湖上和张国焘谈了一天）；北京的另一个代表刘仁静于7月2日~4日参加了南京的"少年中国学会"大会后到达上海；长沙代表毛泽东、何叔衡于6月29日下午乘船（经武汉）约于7月4日以后到达上海；广州代表陈公博于7月14日起程，乘船经香港，7月20日前到上海；武汉代表董必武、陈潭秋于7月23日前到达上海；旅日小组代表周佛海于7月23日前到上海。

由李达爱人王会悟（《妇女声》杂志编辑、社会主义青年团团员）用"北京大学暑期旅行团"的名义，租了法国租界蒲柏路私立博文女子学校（今太仓路127号）楼上三间房，作为各地代表住所（只有陈公博带了夫人住在公共租界豪华的大东旅馆）。因为放暑假，博文女校的学生和教员都回家了，只有厨役一人，做饭兼看门。毛泽东睡在用两条长凳架起来的一个单人木床上，这房间很暗，只能住一个人。其他代表没有床，由王会

①王尽美（1989~1925），原名叫王瑞俊，山东莒县（今属诸城县）人。出席中共"一大"后改用此名，并做诗自勉："贫富阶级见疆场，尽善尽美为解放。潍水泥沙流入海，乔有麓下看沧桑。"

悟买了苇席子，一人一张睡在楼板上。

各代表盼望陈独秀回上海主持大会，并确定他为大会的主席。陈公博带来陈独秀致各代表的信，说明他辞职尚未获准，不能抽身出席，同时向大会提出有关组织方面与政策方面的四点意见："一曰培植党人，二曰民权主义之指导，三曰纪纲，四曰慎重进行征服群众政权问题。"

"一大"的筹备工作，最初由李达、李汉俊与共产国际代表马林商量进行。张国焘到上海后，参与了筹备工作。

大会正式开会前，代表们先开预备会，交换意见，拟定了主要议事日程：①讨论和通过《中国共产党宣言》（中国共产党第一次代表大会宣言）；②讨论和通过党纲（党章）；③讨论和通过今后工作方针；④选举。

1921 年 7 月 23 日晚上 8 点，在上海法租界贝勒路树德里 3 号（国民党时期改称望志路 106 号，解放后改称兴业路 76 号）李汉俊寓所（李汉俊和其兄李书城住在一起，李书城夫妇去外地避暑去了）的客堂里，中国共产党第一次代表大会正式开幕。共产国际代表马林和尼柯尔斯基（后者为共产国际远东书记处代表）也参加会议。临时推选张国焘为大会主席，毛泽东和周佛海作记录。当晚，主要是共产国际两位代表讲话。马林身材高大、连鬓胡子，他用流利的英语作报告，口若悬河，纵论时事。刘仁静作翻译。马林的发言要点是：中国共产党成立了，他代表第三国际祝贺，他讲了国际形势、第三国际的工作状况及使命、中国共产党的任务，并介绍了自己在印尼从事革命活动的经验。他建议：中国共产党要特别注意建立工人的组织，选出一个起草纲领和工作计划委员会。尼柯尔斯基的报告很简短，他介绍了共产国际成立远东局的情况和俄国的情况。

第二天晚上，大会仍在原址举行，13 名代表全部到会。张国焘作《北京共产主义组织的报告》、陈公博作《广东共产党的报告》、湖北的报告是包惠僧作的，他曾任湖北支部书记。其他各地代表也作了报告。报告的共同点是：①党员很缺少；②组织工人的方法和进行宣传工作的方法。根据马林的建议，选出了一个起草纲领和工作计划委员会，委员包括董必武、张国焘、李汉俊、刘仁静、周佛海等，张国焘被推荐为两个文件的起草人。大会决定给予委员会两天的时间起草计划和纲领，在这个期间没有开会。

张国焘根据汇集陈独秀和各代表的意见起草了《中国共产党成立宣言》（《宣言》）、《中国共产党纲领》（《党纲》）两个文件（草案），油印后发给大家。接着召开第三、第四、第五次会议，讨论这两个文件。

《党纲》草案第三条规定："本党采用苏维埃形式，组织工人、农民及士兵，宣扬共产主义，决定社会革命为本党的主要政策。”李汉俊认为：“共产主义革命在中国还未成熟，目前共产党人应着重（搞）研究和宣传方面的工作。……中国无产阶级太幼稚，不懂马克思主义……目前要集中做学生运动与文化宣传工作，首先把知识分子组织好，施以马克思主义的理论教育，等候马克思主义在中国知识分子中有了普遍的影响，然后由这些知识分子去组织工人、教育工人。”李达与陈公博拥护李汉俊的观点。

与李汉俊针锋相对的是刘仁静。他认为：中国共产党不应该是马克思主义的研究团体；中国共产党应信仰革命的马克思主义，以武装暴动夺取政权，建立无产阶级专政，实现共产主义为最高原则。刘仁静在北大英文系学习，读过马克思的《哥达纲领批判》和列宁的《国家与革命》等英译本。包惠僧赞成刘仁静的意见。张国焘也发言批评李汉俊的意见。

《党纲》草案第四条规定，党员“必须接受本党的纲领和政策，并保证忠于本党……在入党前必须与反对本党纲领的任何政党或团体断绝关系”。

第五条规定：介绍申请人入党，“应将申请人提请地方支部审查……经过多数党员同意……如该地区已成立党委员会，则其党员资格应由委员会批准”。李汉俊提出修正意见，认为：“对于征求党员也不可限制太严……只要信仰马克思主义就够了……主要多吸收知识分子参加。”李汉俊的修正意见，遭到多数代表的反对，批评他那种自由联合的想法，支持原有的草案。

《党纲》草案第十二条规定：“任何地区支部的财务、出版及政策，应受中央执行委员会监督与指导。”李汉俊认为：“中共未来的中央不过是一个联络机关，不可任意发号施令，一切应征求各地方组织同意，须有共同讨论、遇事公开的精神。”这个问题，李汉俊与陈独秀也有过争论。

《党纲》草案第十四条规定，共产党员“不得担任资产阶级政府官员或议会议员”，并进一步口头解释，各大专学校校长及普通学校校长，如系政府任命的话，及视为做了政府的官吏。这条规定引起极大的辩论。李汉俊主张：必须把分开的和秘密的工作结合起来……起义的机会不会常有……公开宣传我们的理论，是取得成就的绝对必要条件；而利用同其他被压迫党派在国会中的共同行动，也可以部分的取得成就……我们的做官没有任何危险；并且建议挑选党员加入国会，以使他们在党的领导下进行工作。

张国焘、刘仁静则坚持不同意共产党员担任资产阶级政府官吏和议会议员。认为：“采取国会制会把我们的党变成黄色的党，人们加入国会就会逐渐放弃自己的原则，成为资产阶级的一部分，变成叛徒。”

中间，李汉俊提出修正意见：“共产党员不得做资产阶级的政务官……不应做部长、省长，不应担任重要职务，但一般职务不受此限。”大家也不同意。陈公博与李汉俊的意见相同：“为什么连校长都不可干?”

后来提出表决，多数主张基本维持原案。本条的文字表决为：“党员除为现行法律所压迫或已取得本党同意者外，不得担任任何政府官吏或议会议员。但士兵、警察和机关雇员不在此限。”

可第二天晚上开会，张国焘提出取消昨夜的决议。陈公博问：“为什么大会通过的草案可以取消?”张国焘说是俄国代表的意见。

在讨论《宣言》时，也有争论。《宣言》草案中，对于广东非常国会选出的孙中山先生与北洋军阀左右下的徐世昌的国会相提并论。张国焘说：“南北是一丘之貉，对于南北政府应一律攻击。”包惠僧认为：“我们与孙中山是代表两个敌对的阶级，没有妥协的可能。”董必武不同意上述意见，认为：“孙中山是革命的领袖。”李汉俊主张：“应支持孙中山的革命运动，在孙中山先生的革命成功以后，共产党可以参加议会。”周佛海主张：“应与孙中山领导的广东政府合作。”陈公博也表示反对《宣言》草案和包惠僧的说法。对这个问题辩论很久，最后，张国焘的主张获得通过。

李汉俊在讨论中坚持他的意见，但会后不与人争吵。当他的主张被否决时，总是坦率地表示服从多数人的决定。

毛泽东在“一大”上采取谨慎谦虚的态度，不轻易发表意见，也没有坚持什么特殊的主张。但他十分注意听取别人的发言。①

大会只在第一天开幕时，邀请共产国际的代表出席，第二、三、四、五次讨论（都是晚上）没有邀请他们。但会下张国焘和他们保持接触。

7 月 30 日晚上 7 时，第六次会议仍在李汉俊家召开。原来决议每日开会均更换地点，以免被坏人识破。但张国焘认为李汉俊的观点不是列宁的理论，而是考茨基的主张，故意一连在他家开会。

共产国际代表马林对大会的争论甚感兴趣，要求准许他出席大会，他的要求为大会所接受。李达夫人王会悟护送马林和尼柯尔斯基到会场后，就在楼下照看门户。突然她看到一个陌生人从厢房里上楼去。王会悟立即叫住他问他是谁，李家的厨师答到“他是侄少爷的同学”，说是找社联组

---

①毛泽东在回忆本人历史和党的历史时曾说过：“从 1921 年组织党到 1927 年北伐，只晓得要革命，但怎么革命，方法、路线、政策，啥也不懂。后来初步懂得，还是在斗争中学会的”，“如果说我什么都懂也不正确”，“错误教育了我，别人的错误也教育了我”。

织的主席王某。相距李汉俊房子有三幢房远的地方，确有一个社联组织，但这一组织并没有主席，更没有姓王的人。王会悟觉得有些蹊跷，就到会场上汇报了这件事。马林有地下工作经验，警惕性很高，听说后，从座位上一跃而起，以手击桌说："我建议会议立即停止，所有的人分途离开。"说完后，就同尼柯尔斯基先走了。各位代表也随之散去。

会议人员散去不到几分钟，突然来了9个人：1个法国巡总、2个法国侦探、2个中国侦探、1个法国兵、3个翻译。他们问："为什么开会？"李汉俊和陈公博答（他俩未走）：不是开会，只是寻常的叙谈。巡总问："那两个教授是哪国人？""英国人。"巡总很狐疑，即下命令，他们翻箱搜箧，骚扰了足有半个钟头。他们什么都看过，惟有摆在抽屉里的一张中国共产党党纲草案，却始终没有注意。最后他们走了。

代表们从李汉俊家里出来后，不约而同地来到法租界老渔阳2号（今南昌路100弄2号）陈独秀家。陈独秀的夫人高君曼和女儿陈子美、小儿子陈鹤年在家。晚上10时以后，张国焘让包惠僧去李家探视，知道受到法国警探的搜查，显然明天的会不能在那里开了。于是会议只好停止几天。

大家便商谈开会的地址。李达爱人王会悟热心地表示，如果上海找不到合适的地点，可以到她的家乡嘉兴南湖去开。她说："南湖风景优美，我可以雇一只大画艇，一面游湖，一面开会。"大家都同意这个意见，李达让王会悟当晚去上海北站了解到嘉兴的火车班次。

8月5日，计11名代表由上海乘火车去嘉兴。陈公博借口与他到上海度蜜月的夫人李励庄很害怕，他俩乘火车去杭州游西湖、逛灵隐寺去了；李汉俊、共产国际两位代表也未去嘉兴。

8月5日早上，王会悟为安排会务与董必武、何叔衡先行出发。其他代表乘第二班车，上午8点到达嘉兴，在张家弄鸳湖旅馆落脚。因没有大船，便雇了一个中号船，9点多钟代表们离开旅馆去南湖。根据王会悟的建议，船上还备了一副麻将牌，代表们以打牌为掩护，继续开会。

代表们继续讨论和通过在上海未完结的议案。与前几次会议一样，代表们对几个问题有争论。同时，代表们都集中研讨急需解决的具体问题。会议讨论和通过了《中国共产党关于（奋斗）目标的决议案》。

会议讨论了对孙中山的态度问题：包惠僧认为共产党与孙中山是代表两个不同的阶级，不应有任何的妥协，因此对孙中山应和对北洋军阀一样的看待，甚至要把他看得更坏一些，因为孙中山的宣传，容易使群众彷徨。这一主张受到大会代表的反对。大会对这一问题通过了以下方针：一般地说，对孙文学说应有批评地、有区别地对待，但他的个别的，实际上是进步的行动应予以拥护，可采取党外形式和他合作。

会议第四项是选举，讨论结果，一致认为，现在的党员人数很少，因些决定不组织正式的中央，并暂不必根据党纲规定设立人数较多的中央执行委员会，只选出三个委员，分担书记、组织、宣传等工作。选举采取无记名投票方式，顺利选出陈独秀、李达、张国焘3人组成临时中央局，决定：陈独秀为中央局书记，李达为中央局宣传部主任，张国焘为中央局组织部主任。候补委员为周佛海、李汉俊、刘仁静。①

通过5天的会议，通过了中国共产党第一个章程，全文如下：

一、我们的党定名为“中国共产党”。

二、我们党的纲领如下：

(1) 革命军队必须与无产阶级一起推翻资本家阶级的政权，必须援助工人阶级，直到社会阶级区分消除的时候。

(2) 直到阶级斗争结束为止，即直到社会的阶级区分消灭时为止，承认无产阶级专政。

(3) 消灭资本家私有制，没收机器、土地、厂房和半成品等生产资料。

(4) 联合第三国际。

三、我们党承认苏维埃管理制度，要把工人、农民和士兵组织起来，并以社会革命为自己政策的主要目的。中国共产党彻底断绝与资产阶级的黄色知识分子及其类似的其他党派的任何联系。

四、凡承认本党党纲和政策，并愿成为忠实的党员者，经党员一人介绍，不分性别，不分国籍，都可以接收为党员，成为我们的同志。但是在加入我们的队伍以前，必须与那些与我们的纲领背道而驰的党派和集团断绝一切联系。

五、接受新党员的手续如下：被介绍人必须接受其所在的地方委员会的考察，考察期限至少为两个月。考察期满后，经大多数党员同意，始得成为党员。如果该地区有执行委员会，必须经执行委员会批准。

六、在党处于地下状态时，党的重要主张和党员身份应

①陈潭秋《回忆党的“一大”》，1936年6月7日发表于《共产国际》（莫斯科出版）杂志中文版，《百科知识》1979年第2期重新刊载。

保守秘密。

七、每个地方，凡是有党员五人以上的，必须成立委员会。

八、委员会的党员经以前所在地的书记介绍，可以转到另一个地方委员会。

九、凡是党员不超过十人的地方委员会，应设书记一人；超过十人的应设财务委员、组织委员和宣传委员各一人；超过三十人的，应由委员会的成员中选出一个执行委员会。关于执行委员会的规定，下面将要说到。

十、工人、农民、士兵和学生等地方组织的人数很多时，可以派他们到其他地区去工作，但是一定要受当地执行委员会最严格的监督。

十一、（遗漏）。

十二、地方执行委员会的财政、活动和政策，必须受中央执行委员会的监督。

十三、委员会所管辖的党员超过五百人或同一地区有五个委员会时，必须成立执行委员会。全国代表会议应委派十人参加该执行委员会，如果这些要求不能实现，必须成立临时中央执行委员会。关于执行委员会的工作和组织，下面将要更加详细地阐述。

十四、党员如果不是由于法律的迫使和没有得到党的特别允许，不得担任政府的委员或国会议员。士兵、警察和职员不在此列。

十五、这个纲领经三分之二全国代表大会代表同意，始得修改。①

下午6时，全部议程完毕，中国共产党第一次代表大会宣告闭幕。代表们当天赶晚车回到上海，不久即回到各自的工作岗位，领导全国各地的斗争。

1921年8月，陈独秀以治胃病为名，辞去广东省政府职务，回到上海，专做党的工作。

---

①陈公博1924年所著《共产主义运动在中国》，中国社会科学出版社，1982年版。

六 受命之初

1921年8月初，中共“一大”闭幕后，毛泽东从上海到杭州、南京一带游历。8月中旬回到长沙。8月11日，中国劳动组合书记部在上海成立。不久在北京、武汉、长沙、广州、济南设立分部，毛泽东任湖南部主任。

8月中旬，毛泽东与何叔衡在船山学社董事会总理仇鳌和社长贺民范的支持下，利用船山学社社址和经费，创办了湖南自修大学。[①] 贺民范为校长，毛泽东为指导主任。毛泽东起草了《湖南自修大学创立宣言》，宣言说：自修大学为一种平民主义的大学，校外学生凡有志者均可入学，打破学术秘密；自修大学的学生可以到学校里研究，也可以在自己家里研究，也可以在各种店铺里、团体里和公事的机关里研究；自修大学的学习内容和方法，主要是自己看书，自己思索，共同讨论，共同研究，辅之以教师指导；学生不但修学，还要有向上的意思，养成健全的人格，湔涤不良的习惯，为革新社会的准备。夏明翰[②]就是经何叔衡介绍参加了自修大学，并经何叔衡、毛泽东介绍入了党。

湖南自修大学的创办，在社会上引起了强烈的反响。《新教育》、《教育新刊》、《新时代》等杂志发表了评论。蔡元培不仅为自修大学题了词，还撰写了《湖南自修大学介绍与说明》一文，他说：“吾实觉得他们自修大学的组织，可以为各省的模范。内部的组织法，当然可以随地变通；他们的主义，实在是颠扑不破的。”

---

①1920年年初，毛泽东在北京就酝酿筹备湖南的“工读互助团”。当时，他曾把办学的目的与初步计划向北大教授胡适作了透露，并征求了胡适的意见。胡适提议将“工读互助团”改名为“自修大学”，目的是要改变瞧不起做工的人的思想，打破一点轻视工人的心理。但在办学的宗旨上，毛泽东同胡适的意见不一致，毛泽东是要创办一种新的生活——实行共产的生活。胡适则说：“提倡工读主义的人，与其先替团员规定共产互助的章程，不如早点替他们计划怎样才可以做自修的学问的方法。”尽管他们的意见不一致，在拟定章程时，毛泽东还是采纳了胡适提出的一些具体条件和办法。

②夏明翰（1900～1928），字桂根，曾随母姓，取名陈日习，湖南衡阳人。“五四”运动时，在衡阳积极参加学生的爱国运动，为湘南学联第三任总干事，主编和发行《湘南学生联合周刊》。1921年入湖南自修大学学习，不久加入中国共产党。1925年后任中共湖南省委委员兼组织部长、农民部长和长沙地委书记。他重视培养农运干部，极力主张武装农民。1927年起，他历任武昌中央农民运动讲习所秘书，中共湖南省委常委，平江、浏阳特委书记和湖北省委委员。1928年2月8日，在汉口被国民党反动派逮捕，3月20日，英勇就义。临刑前写下了“砍头不要紧，只要主义真。杀了夏明翰，还有后来人”的著名壮烈诗篇。

同年夏秋间，毛泽东被聘任为湖南第一师范第22班的国文教员。毛泽东推荐何叔衡接任第一师范附小的主事。毛泽东主张第一师范的教育方针是民主的和切合实际的，教育方法要注意启发。在一次校务会议上，毛泽东提出学生自治会的代表可以参加校务会议，学校的经济要公开，不开除学生等意见。毛泽东的意见获得校务会议通过。

1921年10月10日，中国共产党湖南支部在长沙城郊协操坪旁的一个小树丛里成立。参加人员有毛泽东、何叔衡、彭平之、陈子博、易礼容。毛泽东任支部书记。在小吴门外的清水塘①租赁了一所房子，作为支部的秘密机关，毛泽东与杨开慧搬到这里居住。1921年冬天，毛泽东辞去第一师范22班的国文教员这一公职，集中精力从事革命活动。

中共湖南支部建立后，慎重地吸收学生和工人中的先进分子入党，先在湖南自修大学、湖南第一师范学校、岳云中学、甲种工业学校等发展了一批党员。在长沙第一纱厂、电灯公司、长沙的粤汉铁路工人中以及泥木、缝纫、印刷等行业的工人中也发展了党员。

1921年10月中旬，毛泽东与夏明翰溯湘江而上，到衡阳湖南第三师范学校研究发展党员、成立党的组织问题。随后，吸收心社（1921年3月建立）负责人蒋先云等人入党。

10月22日，毛泽东同何叔衡、陈昌等出席湖南第一师范同学会常年大会，并欢送夏曦代表中共湖南支部赴俄参加共产国际在莫斯科召开的远东各国共产党及民族革命团体第一次代表大会。毛泽东在会上发表演说：学校是要有主义的，要为主义而进行。同月，毛泽东还出席了湖南第一师范马克思主义学术研究会，作关于剩余价值的讲演。

1921年11月，中共中央局发出关于建立与发展党、团、工会组织及宣传工作决议的通告，要求：上海、北京、广州、武汉、长沙区，在本年内至迟在明年7月之前，都能发展党员到30人，成立区执行委员会；在劳动运动方面，须以全力组织全国铁道工会，上海、北京、武汉、长沙、广州等地的同志，都要尽力执行这一计划。

12月中旬，共产国际代表马林由上海前往桂林与孙中山会谈，路过长沙，会见中共党员毛泽东、易礼容及湖南劳工领导人黄爱、庞人铨等人。

---

①清水塘，位于长沙小吴门外，是一个离城很近而又比较幽静的地方，塘水粼粼，清澈见底。靠近塘边有一栋木板平房，平房围墙外有几处菜农居住的茅屋，下边小山丘上有几竿经年常绿的斑竹和几棵水杉树。1921年冬，毛泽东以一师附小主事的身份，租了这栋房子——清水塘22号，作为党的秘密机关。杨开慧初期担任机关的机要和交通联络工作。

马林介绍了俄国革命的情况。12 月 25 日，中共湖南支部根据中共中央关于太平洋会议①宣传文件精神，通过湖南劳工会和湖南省学生联合会，发动长沙工人及各界群众近万人，举行游行大会，反对美、英、法、日等帝国主义国家召开损害中国主权的太平洋会议。大会主席黄爱，总指挥庞人铨。

12 月月中，安源路矿一部分工人致信中国劳动组合书记部，请求派人到安源帮助并指导一切。中国劳动组合书记部当即派毛泽东、李立三、宋友生、张理全 4 人到安源。毛泽东深入矿井工棚了解工人的痛苦和受压迫的情形，以交朋友的方式与工人谈心。毛泽东派李立三在安源创办工人补习学校，建立社会主义青年团的支部。12 月底，毛泽东邀劳动领导人黄爱、庞人铨到清水塘交谈。

1922 年 1 月 17 日，湖南省长赵恒惕下令处决两个湖南工人——黄爱、庞人铨，引起了广泛反对赵恒惕的运动。黄爱、庞人铨是最早为中国劳工运动而献身的人。1917 年，两人同时毕业于湖南甲种工业学校。黄爱后到天津直隶高等工业学校读书，“五四”运动时在天津学联执行部工作，担任过由周恩来主编的《天津学生联合会报》的编辑，两次参加天津各界人士进京请愿团。此后，他曾在工人补习学校授课，组织过营救周恩来、郭隆真等请愿代表的活动，参加过北京工读互助团，并成为觉悟社的第一批社友。1920 年春，经李大钊介绍赴上海，在《新青年》杂志社作缮写、校对工作。在上海期间，他开始注意研究十月革命的经验，决意从事劳工运动，想通过实际斗争摸索出一条改造社会的道路来。1920 年他离沪返湘，与庞人铨不期而遇。庞人铨自甲种学校毕业后，当过工人，组织过家庭织造社，过着“日间织布，夜间读书”的工读生活。在帝国主义和封建军阀的重重压榨下，织造社很快破产了。他不得不弃工从戎，在湘军陈嘉佑部作副官，在驱逐张敬尧的斗争中出力颇多，1920 年庞人铨退伍还乡。两人经过筹备，于 1920 年 11 月 21 日在长沙成立了湖南劳工会。在他们的主持下，主办工人夜校和工人读书会，设立图书室和阅报处，成立工人新剧组，组织工人学习文化和政治。先后在长沙组织各业劳工会 20 余个，会员达 7000 余人。劳工会成立后即向赵恒惕的省自治根本法筹备处提交了意见书，其中“经济纲领”部分，就是根据《共产党宣言》第十条纲领提出

①太平洋会议，又称华盛顿会议。1921 年 11 月 ~ 1922 年 2 月在华盛顿召开，美、英、法、日、意、比、荷、葡和中国 9 个国家参加（实际由美、英、法、日、意 5 国操纵）。这是帝国主义大国为争夺海上霸权和重新分割东亚、太平洋地区的会议。其中与会各国签订的《九国公约》，使中国实际成了帝国主义共同宰割的对象。

来的。

劳工会还在长沙创办了女子职业学校，宣传妇女解放、男女平等、男女互助，并为工厂招收女工、维护女工的权益进行斗争。毛泽东领导的湖南党、团组织给黄爱、庞人铨以及时的帮助，毛泽东专门找黄爱谈话。不久，工人都加入了中国社会主义青年团。劳工会成立一周年时，毛泽东在《所希望于劳工会》一文中，充分肯定了劳工会一年来的成绩，同时也提出了希望和意见。黄、庞在湖南率先领导长沙工人团体集会游行，反对帝国主义的太平洋会议。陈独秀在给共产国际的报告中写道：在全国反对太平洋会议运动中，除上海外，长沙工人最猛烈。1922 年年初，在全省不少人被军阀赵恒惕的“自治运动”和《湖南省宪法》所蒙骗时，庞人铨发表文章，尖锐揭露赵恒惕玩弄的是“官治诡言民治，被治诡言自治”的鬼把戏，是“假联省自治之名，行军阀割据之实”。

1922 年 1 月，湖南第一纱厂爆发年终索薪斗争。工人罢工后，赵恒惕派武装包围纱厂，在黄爱、庞人铨的主持下，劳工会向赵恒惕提出抗议，要求将军队撤走。16 日，赵恒惕命令省会警察厅长张辉瓒派兵将黄、庞两人逮捕，17 日残杀于长沙浏阳门外。

毛泽东得知两位工人领袖被害的消息，立即从板仓的杨开慧家中返回长沙，在一师校长易培基的家中召开会议，决定开展一个悼念烈士活动及控诉与反对赵恒惕的运动。在毛泽东的主持下，长沙各界在船山学社召开追悼会，印发纪念特刊，通电全国，并分发了“黄、庞精神不死”的纪念文章。省外的陈独秀、李大钊、周恩来（写下了《生别死离》的诗篇）、李达等先后发表讲演，撰写文章、挽联和挽诗，称黄、庞是“劳动阶级的先驱”。毛泽东还派正在安源的李立三到常德动员黄爱的父亲同去上海，向社会各界控诉赵恒惕的暴行。

1922 年 1 月，毛泽东派蒋先云去安源协助李立三组织与发动工人运动。2 月，中共安源支部成立，李立三任书记。随后，中共湖南第一师范学校支部、湖南自修大学支部、衡阳湖南第三师范学校支部等相继成立，统归中共湖南支部领导。

1922 年 2 月，为黄爱、庞人铨被害事，毛泽东被派到上海去组织反对军阀赵恒惕的运动。途经武昌，在黄土坡 26 号中共武汉区委机关，毛泽东停留了一周多，同包惠僧、陈潭秋谈及黄、庞事件，毛泽东提出，劳动运动要采取产业组合的方式，京汉铁路与粤汉铁路必须密切联合。3 月，毛泽东到达上海，出席追悼黄爱、庞人铨大会。4 月中旬，毛泽东回到长沙。

1922 年 4 月底，毛泽东同夏曦及负责全省工运工作的彭平之由长沙到常宁水口山，了解铅锌矿工人情况。随后，毛泽东又到衡阳省立第三师范了解建党建团情况，并在三师作关于社会主义的学术讲演，指出：要改造社会必须有一种正确的远大理想，并且为这种理想而奋斗，这个理想就是社会主义。毛泽东还在三师召开的骨干和党团员会上作报告，要求湘南学联担负起对水口山的宣传工作，不要放松深入各界的宣传。5 月 1 日，毛泽东参加衡阳湘南学联举办的纪念会，并作讲演。随后成立了中国社会主义青年团衡阳地方执行委员会。毛泽东撰写的文章《更宜注意的问题》，在“五一”劳动节发表在长沙《大公报》上，文章揭露赵恒惕公布的省宪法“全民政治”的欺骗性。文章强调要注意劳工的 3 件事：生存权、劳动权和劳动全收权。毛泽东说：工人做的东西应该完全归工人自己，这就是劳动全收权，劳动全收权自然是共产主义实行以后的事，但也不要太忽略了，因为世界上已经有了一个大潮流；劳工的三权问题自然会引起大家的注意，俄罗斯的资产阶级、贵族阶级就是个榜样，他们现在是已经悔之不及了！5 月 3 日，毛泽东自衡阳回长沙。

1922 年 5 月，毛泽东同李立三、杨开慧到安源检查工作，发展组织。途经醴陵，毛泽东参观醴陵师范讲习所，向全体师生发表关于阶级斗争的 3 个小时的演讲。毛泽东参加安源工人俱乐部干部会，同夜校工人谈话，访问工人家庭，强调工人要加强团结，壮大组织。毛泽东还告诫党员要注意防止暴露党的组织。毛泽东在安源小住后返回长沙。

1922 年 5 月，中共湘区执行委员会成立。毛泽东任书记，何叔衡、易礼容、李立三等为委员。区委机关仍设在长沙清水塘 22 号。这时湘区党员已经发展到 30 多人。

1922 年夏初，毛泽东同长沙新河车站铁路工人程地广去岳州，了解铁路工人的情况。6 月 17 日，毛泽东在长沙主持召开中国社会主义青年团长沙执行委员会改组大会。大会选出长沙执行委员会委员 3 人，毛泽东被选举为书记。

1922 年 7 月 16 日～23 日，中国共产党第二次代表大会在上海召开，出席大会的代表有陈独秀、张国焘、李达、蔡和森（1921 年回国）、向警予、谭平山、李震瀛、杨明斋、王尽美、施存统、许白昊、罗章龙 12 人。大会选举了新的中央执行委员会，陈独秀为委员长。会议正确地分析了国际形势的特点和中国社会的情况，指出了帝国主义和封建军阀是我国民族民主革命时期的主要敌人。

毛泽东说，他本想参加会议，可是他忘记了开会的地点，又找不到任何同志，结果没有出席。

中国共产党第二次全国代表大会后，中共中央执行委员会委员长陈独秀接见了刚从苏联归国的刘少奇。陈独秀派刘少奇回湖南工作。7月，在清水塘中共湘区执行委员会驻地，刘少奇向毛泽东报到。①

在清水塘，刘少奇认识了何宝珍。此时，青年学生何宝珍因学潮被学校开除，正与杨开慧住在一起。1923年4月，何宝珍和刘少奇结婚。何宝珍于1934年牺牲于南京雨花台。

1922年8月23日，在中共湘区执行委员会的组织领导下，长沙织造工人为要求资方按照1919年工价折合银洋发放工资，遭到资方拒绝。于是1500余名织造工人举行罢工，罢工得到长沙土木等各业工人的支持。罢工历经1个多月，最后取得了胜利。

安源路矿当局勾结地方政府，下令封闭工人俱乐部，激起工人的义愤；同时工人又要求增加工资，改善待遇。工人因此提出罢工问题。9月初，毛泽东再次到安源，同蒋先云、朱少连研究当前情况，认为罢工时机已经成熟。毛泽东要求做好各种具体准备，迅速将大多数的工人组织起来，争取各方面的同情与支持，并写信给正在醴陵的李立三立即赶回安源。毛泽东由安源回到长沙。9月5日，长沙土木工会召开成立大会，大会通过了由毛泽东起草的《长沙土木工会章程》。

9月9日，毛泽东同岳州工人俱乐部秘书郭亮、徐家棚站工人俱乐部林育南领导粤汉铁路武汉、长沙段3000多名工人罢工，要求当局撤换虐待工人的工头和提高工资。其中，毛泽东直接领导长沙、新河两车站的罢工斗争。罢工坚持近20天，在京汉铁路和其他各地工人团体的支援下，9月25日，吴佩孚等被迫接受工人提出的条件，罢工胜利结束。

9月9日，李立三赶到安源。根据中国劳动组合书记部的命令，经湘区委研究确定，再派刘少奇去安源参加领导安源路矿的工人运动。9月11日，刘少奇到达安源。罢工前夕，毛泽东从长沙致信李立三等：罢工胜利的条件，首先要靠工人群众有坚固的团结和坚强的斗志，同时必须取得社会舆论的同情和支持；因此，必须要知道"哀兵必胜"的道理，提出哀而动人的口号。安源党组织提出"从前是牛马，现在要做人"的口号。会议决定成立罢工指挥部，李立三为罢工总指挥，刘少奇为工人俱乐部全权代表。9月14日凌晨，安源路矿17000人举行罢工，发表罢工宣言，宣言提

---

①《刘少奇年谱》上，中央文献出版社，1996年9月第1版，第21页。

出改良待遇、增加工资、组织工会等17项条件。罢工期间，中国劳动组合书记部湖南分部致电萍乡安源路矿的工友表示竭力援助。9月18日，工人俱乐部的代表、路矿两局代表会同地方商会和绅士调停人，对工人提出的条件磋商，同意工人提出的条件，三方签订协议。罢工取得胜利，工人游行庆祝。安源工人俱乐部会员由700人迅速发展到17000多人，俱乐部改组，选举李立三为总主任，朱少连为路局主任，刘少奇为窿外主任。

9月29日，中共湘区委领导长沙缝纫工人600余人，为增加工资、改善工作条件举行罢工。10月4日，在长沙泥木工会等工团的支援下，罢工取得胜利。

10月初，毛泽东在清水塘同泥木工会主任任树德等研究泥木工人罢工问题，认为罢工的时机已经成熟。10月5日，泥木工会委员会召集会议，赞同毛泽东的意见。10月6日，长沙泥木工人全体罢工。《大公报》全文发表由毛泽东起草的泥木工人罢工宣言。10月22日，长沙县署贴出布告，禁止请愿。有人担心再次发生黄、庞事件。毛泽东连夜找任树德等工人代表谈话，说明现在形势已大不相同，工人有了组织，有社会各界的支持；这次与赵恒惕关系也不大。10月23日，长沙2000多名泥木工人在任树德、易礼容的带领下，举行游行示威请愿大会。毛泽东参加并指挥游行。毛泽东穿一件对襟衣服，走在工人中间，领着工人喊口号。24日，泥木工人代表同湖南省政务厅厅长吴景鸿谈判3小时，厅长答应泥、木两行各写一呈文，说明要求增加工资、营业自由的理由。毛泽东记录下谈话内容，写成呈文交省长赵恒惕。25日，毛泽东与任树德等12名代表到政务厅催批呈文，获得批准。

10月8日，在湖南省教育会坪，毛泽东主持长沙人力车工会成立大会，到会800余人，毛泽东发表演说。会后参加者手持“劳工神圣”、“打破资本主义”等标语口号举行游行示威。工会成立之前，毛泽东曾到工人夜校讲课，并派罗学瓒去做工作。10月8日，中共湘区委领导长沙500余名理发工人为争取营业自由、增加工资等举行罢工游行。10月10日，湖南学生联合会组织长沙市“双十节”游行请愿大会。有40多个学校和团体25000人参加，向省议会和省政府要求实现言论、出版、集会、结社自由。

11月1日，毛泽东在长沙新河主持召开粤汉铁路总工会成立大会，被选举为主席并代表中国劳动组合部书记部湖南分部发表演说。11月5日，湖南全省各工团召开第二次代表会议，正式成立全省工团联合会，下辖15个工会。会议通过会章，选举毛泽东任工团联合会总干事。11月21日，毛泽东出席湖南劳工会成立二周年纪念大会。毛泽东在大会上讲话说：经济问题不解决，则社会上一切问题俱不能解决。

11月，水口山铅锌工人到安源俱乐部见李立三、刘少奇，要求派人到水口山领导成立工人俱乐部。经毛泽东同意，安源党组织派蒋先云、谢怀德等4人帮助工作。11月27日，水口山3000多名工人召开俱乐部成立大会。11月30日，工人俱乐部向矿局提出增加工资等要求。12月5日，工人俱乐部发出罢工宣言，水口山3000多名工人全体罢工。中国劳动组合书记部湖南分部通电全国，请各工会团体支援。12月27日，矿局答应工人提出增加工资、实行8小时工作制、承认工人俱乐部的地位等项要求。罢工胜利，毛泽东从长沙派校长和教员来这里创办工人俱乐部学校。

由于近来劳资纠纷增多，政府破坏罢工事件不断发生，工人的愤慨和恐慌日益增加。毛泽东认为，有与各级行政官厅交涉的必要。为此，毛泽东以湖南省工团联合会总干事的身份，率领粤汉铁路、泥木、理发、铅印活版等11个工会的代表郭亮、任树德、罗学瓒等20余人于1922年12月11日会见长沙知事周瀛干、省警察厅长石成金，12日会见省政务厅长，13日会见省长赵恒惕。就10个问题与他们进行交涉，并基本得到解决。

1923年2月1日，京汉铁路总工会在郑州召开成立大会，被军警强行解散。2月4日，京汉铁路全路工人举行总同盟罢工。2月7日，吴佩孚调集军警对汉口江岸、郑州、长辛店等罢工工人进行血腥镇压，造成震惊中外的“二七”惨案。惨案发生后，湖南全省工团联合会的领导小组，号召粤汉铁路全体工人举行罢工，援助京汉铁路委员会，发动募捐援助，通电全国，声讨吴佩孚。同时，“二七”惨案后，毛泽东对安源工人的指导意见是：要以弯弓待发的姿态等待，看形势发展再决定是否罢工。安源只举行了游行示威，在斗争条件方面也只提出不高的经济要求，并很快被矿局所接受。安源的工人运动没有受到损失，反而有所发展。

1923年1月，中共中央决定派李维汉担任中共湘区执行委员会书记，将毛泽东调中央工作。2月上半月，毛泽东要李维汉先回家过春节，尔后再接任工作。4月10日，毛泽东与李达创办的湖南自修大学校刊《新时代》创刊号出版。毛泽东在《新时代》创刊号发表《外力、军阀与革命》的文章：国内目前存在三种势力——革命的民主派、非革命的民主派、反动派。革命的民主派主体是国民党，新兴的共产派是和国民党合作的；非革命的民主派，包括研究系、新兴的知识阶级派和新兴的商人派；反动派的范围最广，包括直奉皖三派。今后中国政治的形势将成为以下情况：一方是最激进的共产派和缓进的研究系知识派、商人派都为了反对共同敌人和国民党合作，成为一个大的民主派；一方就是反动的军阀派。中国政治的结局是民主派战胜军阀派，但目前及最近之将来一个时期内，中国必仍然是军阀的天下。一是由于国际资本帝国主义对中国的侵略，而反动政治完全霸占中国对帝国主义最为有利；二是由于中国的社会经济最有利于军阀的统治；这个时期内是外力和军阀勾结为恶，是一种极反动极混乱的政治的；但是政治越反动越混乱的结果，必然要激起全国国民的革命观念，国民组织能力也会一天进步一天；这是和平统一的来源，是革命的生母，是民主独立的圣药，大家不可不知道。同月，毛泽东同蒋先云再到安源，在工人俱乐部开干部会，朱少连、任弼时、陆沉、袁达时、刘少奇、李立三等人参加。毛泽东在会上讲了苏联的情况和国内军阀的情况，毛泽东还到工人夜校讲演。随后返回长沙。4 月，中共中央决定调李立三到武汉工作，中共湘区委决定由刘少奇接任李立三的工作。

4 月，毛泽东离长沙到上海中共中央工作。行前向李维汉移交工作。毛泽东把领导工人运动、农民运动和社会主义青年团的具体工作分别交给郭亮、夏曦等。在清水塘湘区委召开的两次会议上，毛泽东向李维汉介绍全区的工作情况和组织情况。在介绍经验时，他强调两点：1. 利用赵恒惕政府省宪法的民主条文进行斗争；2. 用接近群众的方法，如在工人中办夜校、读书班，在学生中办刊物或组织社团，从中发现和培养积极分子，并逐步扩大成为建立工会、学生会的核心。毛泽东还陪同李维汉到从事上层统战工作的李六如家里，一起交谈湖南上层人物的情况。①

毛泽东的父母相继去世后，毛泽民便挑起了家庭重担，学会了勤俭持家的本领。1921 年春，毛泽东回到故乡，对毛泽民说："我和你嫂子都投入了革命事业，泽覃和泽建也决定跟我去。古话说：一人犯法满门抄斩。你们留在家里也是不可能的了，只有革命这条路可走；当然，你还可以走另一条路，或宣布与我脱离兄弟关系，或躲避他乡，但我相信你不会走那条路的。"毛泽东说：我们出去之后，房子可以让给人家住，田地可以给人家种，我们欠人家的钱一次还清，人家欠我们的一笔勾销。在哥哥的开导下，毛泽民懂得了"国乱民不安生"的道理，他决心舍去家庭，跟着哥哥出来干革命。毛泽民到长沙后，首先在毛泽东任主事的第一师范附小搞校务，负责管理全校师生的伙食。他的理财特长在这里初露锋芒。他为改善师生伙食，不辞劳苦，经常到外地采购廉价的肉食、蔬菜，还发动大家

①《毛泽东年谱（1893—1949）》上卷，人民出版社、中央文献出版社，1993 年 12 月第 1 版，第 113 页。

种菜、养猪，以增加收入，减少开支。学生的膳杂费，学校原来规定每学期一次交清，许多穷学生往往因此而辍学。毛泽民和主事商量后，改为分期交纳，减轻了学生的负担，受到欢迎。1922 年秋天，毛泽民转到湖南自修大学任庶务，同时还兼任省学联的庶务，办自修大学的经费每月只有 400 元，毛泽民处处精打细算，把为数不多的经费使用得很得当。1922 年 10 月，长沙笔业工会成立，毛泽民担任工会秘书。10 月中旬，笔业工人要求增加工资，改善待遇，遭到省、县当局和资方蛮横无理的拒绝，工会决定罢工。在罢工期间，毛泽民根据中共湘区区委的指示，发动工人互助互济，妥善地解决了工人的生活，使罢工得到了胜利。1922 年冬天，毛泽民加入了中国共产党。同年年底，受中共湘区委员会的指派，到江西安源路矿从事工人运动。为方便工人的生活，防止中间盘剥，安源路矿工人俱乐部于 1923 年 3 月创办工人消费合作社，毛泽民是该社的负责人之一，他常到工人群众中进行调查，根据群众的需要，派人或亲自去长沙、汉口等地购货。合作社出售的物品比私商便宜 1/3 ~ 1/2，工人们深感合作社是为工人谋利益的，纷纷要求加入，并主动向合作社捐款，踊跃到合作社购货。后成立合作总社，毛泽民出任总经理。合作社不仅打击了投机商人和封建把头，维护工人利益，还为党筹集了一笔活动经费，积累开发工运和开办工人消费合作社的经验。

七　加入国民党

1921 年前后，共产国际远东书记处和苏俄外交人民委员会，为了帮助中国的革命，在中国寻找支持的对象，他们主张联合吴佩孚。马林来中国后，经过一段时间调查，认为孙中山的国民党较吴佩孚进步，是一个可以联合的革命党。他积极促进国共合作。

在中国共产党的第一次代表大会上，就曾讨论过共产党和国民党的关系问题。当时虽然有人主张同孙中山的国民党合作，但由于中国共产党这时统一战线的策略思想还未形成，因此，大会决议中规定："不得同其他政党或团体有任何关系。"

"一大"后，马林在上海会见了国民党人张继。马林后来又在张太雷的陪同下，于 1921 年 12 月 23 日到达广西桂林，同孙中山讨论了同国民党结成联盟的可能性。会谈中，马林向孙中山提出了 3 条具体建议：①建立一个能够联系各阶层，尤其是联合工农群众的党；②建立革命的武装核心，应先办军官学校，以培养革命骨干；③与共产党合作。孙中山对马林的建议很欣赏，但提出与共产党合作只能是共产党加入国民党。马林回到上海后，向中共中央建议：放弃对“国民党的排斥态度，到国民党中去进行政治活动”。当时中央不接受马林的意见。

1922 年 1 月下旬，共产国际在莫斯科召开了远东各国共产党及民族革命团体第一次代表大会。大会邀请中国共产党和国民党及其他革命团体的代表 39 人参加会议。中国共产党指派张国焘、瞿秋白、高君宇、王尽美、邓恩铭等人出席了大会，张秋白、王乐平等代表中国国民党出席了会议。会议指出：中国和远东各被压迫民族的任务，是进行反帝反封建的民族革命。会议通过了关于共产党与民主革命派合作问题。会议期间，列宁带病接见了中国代表张国焘、王尽美、邓恩铭、张秋白和邓培（中国工人代表）等人。列宁询问了中国的政治、经济和工人运动的情况，向中国代表提出“国共两党是否可以合作”的问题。[①] 张国焘回国后，向中共中央汇报了这次会议情况和列宁的意见，中共中央仍反对与国民党合作。

从 1922 年 3 月起，共产国际代表马林根据共产国际促成国共两党合作的精神，安排了一系列与中国共产党和国民党领导人的会见。马林与国民党执行中央委员会要员谈话的内容是——要国民党允许中国共产党人在国民党内进行共产主义宣传；他和共产党人谈话的内容是——要中国共产党放弃排斥国民党的立场，并加入国民党，在国民党内部开展政治活动。马林还建议中国共产党的中央执行委员会迁到广州，在那里进行公开的工作。

马林的建议最初没有被中共中央所接受，尤以张国焘的反对最激烈，陈独秀原则上同意建立国共合作，但对共产党员加入国民党持不同见解。

辛亥革命后，陈独秀虽然两次出任安徽都督府的秘书长，并积极参加了由孙中山领导的反对袁世凯的“二次革命”，但他始终未加入同盟会，原因是他对同盟会的纲领和活动方式有着不同意见。他认为同盟会只讲“排满”，不讲反帝，纲领不彻底；专力军事行动，轻视民众宣传；领导也太软弱——他很钦佩孙中山、廖仲恺、朱执信，但认为除这些人外，其他人都是一些平庸之才，是一堆全躯保妻子之徒，绝对干不了革命，不足与谋，也不足与信；[②] 他反对同盟会采取的利用军阀的策略，认为军阀是不可信的；同盟会还轻视党的训练。

1922 年 4 月 6 日，陈独秀代表中共中央写信给魏金斯基，提出反对的

①闵戈，《孙中山“三大政策”是怎样提出的》，载《瞭望》，1984 年第 11 期。
②濮清泉，《我所知道的陈独秀》，载《文史资料选辑》第 71 辑，第 27 页。

五条理由：①共产党同国民党宗旨不同；②国民党在国际上联合美国，在国内联合奉张皖段的政策与共产主义不相容；③国民党未发表政纲，广东以外各省人民视之为一争权夺利的政党，共产党加入将在社会上全失信仰；④广东实力派陈炯明反对孙中山甚烈，我党加入国民党将受陈敌视，在广东将无法活动；⑤我党加入国民党也得不到孙中山的重视。

马林则坚持共产党员以个人身份加入国民党，其理由是：①孙中山坚持共产党员以个人身份加入国民党；②认为中国无产阶级及其政党还比较幼稚，无力单独进行民族民主革命；③认为国民党不只是代表资产阶级利益的政党，而是一个包括小资产阶级以至工人的松散联盟，共产党加入后有可能将其改造成领导国民革命的大党。

1922 年 4 月 24 日，马林离开上海。经新加坡、马赛、柏林，7 月回到莫斯科，向共产国际汇报工作，提出了“中国共产党加入国民党”的建议，得到了共产国际的批准。7 月 18 日，共产国际指示中共尽快地进行这一工作，并要中共中央由上海搬迁到广州。同时又指示中共中央“所有工作都必须在菲力浦同志（即马林）紧密领导下进行”。马林把共产国际的指示打印在他的衬衣上，于同年 8 月回到中国。在马林的提议下，中共中央于 8 月 29 ~ 30 日在杭州西湖举行特别会议，出席会议的有中央执行委员陈独秀、李大钊、蔡和森、张国焘、高君宇，还有马林、张太雷（翻译）共 7 人。出席会议的 5 名中共中央执行委员一致反对马林关于中共党员加入国民党的提议，主要理由是：“党内联合乃混合了阶级组织和牵制了我们的独立政策。”最后，马林提出中国共产党是否要服从共产国际决议的问题。于是中共中央为尊重共产国际纪律，接受共产国际以中共党员个人身份加入国民党，实行国共合作的指示。会议指出：国民党必须按照民主的原则进行改组，接受中国共产党反帝反封建的纲领和扶助农工的政策；同时取消要求加入国民党时打手模和向孙中山本人宣誓等封建主义的形式；共产党可先有少数负责人以个人身份加入国民党，再劝说全体党员加入国民党。

1922 年 4 月 26 日，少共国际代表达林到广州出席中国社会主义青年团第一次代表大会。达林在广州会见了孙中山。他们共同讨论了中俄关系和在中国实行何种社会制度等问题。达林向孙中山阐明共产国际关于现阶段中国革命的基本方针，以及建立民族民主革命统一战线的必要性，及其可行的办法等问题。但是孙中山仍只同意共产党员加入国民党。

1922年6月16日清晨2点，广东军阀陈炯明①公开叛变革命，率叛军4000人围攻孙中山的广东政府总统府，并用大炮轰炸孙中山在观音山的住所粤秀楼。8月9日，孙中山在军舰上领导海军反击叛军近两个月后，得知无望夺回广州，怀着沉重的心情乘英舰“摩轩号”经香港于8月14日抵达上海。吴佩孚和西南各省，都在明里暗里支持陈炯明，国民党内的李石曾、吴稚晖等49人也联名通电要孙中山下野，英、美等国坐观其变，孙中山孤立无援。两次护法斗争的失败，尤其是陈炯明的叛变，给孙中山以异常沉重的打击。因为过去历次失败，毕竟是失败于敌人，完全没有想到相从10余年的下属、辛亥革命的同党竟要置自己于死地。孙中山陷入了苦闷彷徨之中。他在上海发表《致国民党员书》沉痛写道：“文率同志为民国而奋斗，垂三十年。中间出生入死，失败之数，不可偻指。顾失败之惨酷，未有甚于此役者！”② 痛定思痛，他深刻地感到他领导的国民党堕落了，混入了许多卑鄙的人，同时又缺乏坚实的群众基础。要振兴这个党，必须对党进行彻底的改造，也必须改变过去那种依靠一个军阀打另一个军阀的办法。他在寻找新的道路。

就在这个时候，共产国际和中国共产党分别向孙中山伸出友谊的手。列宁和共产国际多次派使者向孙中山介绍俄国革命的经验，对中国革命问题提出建议。8月12日，苏俄副外长越飞以全权大使身份抵达北京，专门派代表携函到上海与孙中山接洽。孙中山也很早就向往十月革命，希望学习俄国的革命经验。

陈炯明叛变后，中国共产党立即声讨陈炯明的叛逆行为。早在6月15日，中共就发表了《中国共产党对于时局主张》，提出“打倒帝国主义”、“打倒军阀”的革命口号，对孙中山领导的中国国民党作了公正的评价，指出“中国现有的各政党，只有国民党比较是真正的民主派”，并表明中国共产党愿与孙中山联合，向帝国主义和封建军阀作坚决斗争的具体主张。

陈独秀、李大钊等中共领导人分别拜见了孙中山。尤其是李大钊和孙中山进行过多次交谈，讨论了“振兴国民党以便进而振兴中国”的种种问题，说明共产党关于施行国共合作的主张。处于绝望中的孙中山不顾国民

①陈炯明（1875～1933），字竞存，广东海丰县人。清末秀才，1911年参加辛亥革命，被推为广东副都督，后任都督，1917年任援闽粤军总司令。1920年驱逐桂系军阀莫荣新，任广东省长兼粤军总司令。1922年6月勾结英帝国主义和直系军阀背叛孙中山。1923年被粤军许崇智击败，率部退守东江。1925年所部被广东革命军消灭。1933年9月病死香港。

②《孙中山选集》上卷，第448页，转引自《人民日报》，1991年3月12日第五版，《革命先行者的珍贵文献》。

党内顽固分子的反对，欣然表示同意，并赞同依照民主的原则改组国民党。孙中山邀请并亲自主盟让李大钊保留共产党员党籍的情况下，以个人的身份加入国民党。接着陈独秀、蔡和森、张太雷、张国焘等一批共产党员也以个人身份陆续加入国民党。孙中山在中国共产党人的帮助下，开始改组国民党。9 月 14 日，孙中山在上海召开研究改进国民党计划的首次会议，孙中山邀请了共产国际代表马林参加并讲了话，还指定陈独秀为中国国民党改进案起草委员会的 9 名委员之一。

1923 年元旦，孙中山发布《中国国民党宣言》，旋又公布了党纲和党章，并于 1 月下旬，宣布了有共产党人任职的国民党党部干部名单。

1923 年 1 月 12 日，共产国际执行委员会作出《关于中国共产党与国民党的关系问题的决议》，指出“中国惟一重大的民族革命团体是国民党”，“由于国内独立的工人运动尚不强大，由于中国的中心任务是反对帝国主义者及其在中国的封建代理人的民族革命，而且由于这个民族革命问题的解决直接关系到工人阶级的利益”，所以“国民党与年轻的中国共产党合作是必要的”。不过，中国共产党“必须保持自己原有的组织和严格集中的领导机构”。①

1923 年 2 月 7 日，中国爆发了震动全国的京汉铁路大罢工，使孙中山领导的国民党进一步认识了工人阶级力量的强大；大罢工因军阀吴佩孚的大屠杀而失败，也使中共对国共合作的必要性的认识有了很大的提高，从而加速了国共合作的步伐。

1923 年 4 月，毛泽东到上海。6 月上旬，毛泽东离开上海到广州，参加中共“三大”预备会议。会议由陈独秀主持。李大钊、张国焘、谭平山、蔡和森、罗章龙和共产国际代表马林等出席。马林传达共产国际关于国共合作问题的意见，报告国际形势。会议讨论中央委员人选和起草“三大”的各个决议案问题。1923 年 6 月 12 日 ~20 日，中国共产党在广东东山恤孤院后街 31 号（现今恤孤院路 3 号）一所两层小楼里举行了第三次全国代表大会。出席会议的代表有陈独秀、蔡和森、李大钊、张国焘、毛泽东、瞿秋白、张太雷、项英、孙云鹏、何孟雄、谭平山、王荷波、罗章龙、邓培、向警予 、林育南、王仲一、于树德、金佛庄、刘仁静、阮啸仙、刘尔崧、陈为人、王用章、王俊、陈潭秋、徐梅坤、朱少连、冯菊坡等 30 余人，代表党员 423 人。共产国际代表马林也参加了会议。毛泽东同朱少连作为湘区党组织的代表出席中共第三次全国代表大会。

---

①共产国际第四次代表大会决议，参见《共产国际有关中国革命的文献资料》第 1 辑。

陈独秀主持了大会，并代表上届中央委员会作工作报告。

陈独秀在中共三大上总结二大以来中央和各地区工作时说："就地区来说，我们可以说，上海的同志为党做的工作太少了。北京的同志由于不了解党组织，造成了很多困难。湖北的同志没有及时防止冲突，因而工人的力量未能增加。只有湖南的同志可以说工作得很好。"①

大会的主要议程是研讨关于同孙中山领导的国民党合作、建立统一战线问题。1922 年 8 月杭州西湖会议后，中共党内公开反对加入国民党的主张不复多见了。但在怎样同国民党合作和应该如何在国民党内为国民革命运动而工作的问题上，仍然存在严重分歧。一种意见是以共产国际代表马林及陈独秀为代表，主要支持者有瞿秋白、张太雷等；另一种意见是以张国焘为代表，主要支持者有蔡和森、刘仁静等。

马林主张"一切工作归国民党"，他说："只要孙中山能接受反帝国主义的口号，什么东西都可以归给国民党"；他坚持全体共产党没有例外地都要加入国民党，并在国民党内积极工作；他指责："一切低估国民党和夸大工人阶级力量的说法，都是左倾的空谈。"陈独秀等赞成马林的主张，同意全体中共党员加入国民党，集中势力于国民党，从事国民革命的工作。

陈独秀这种思想的发展有一个过程。如前所述，最初他对国共合作是持反对态度的。1922 年西湖会议前，他曾两次写信给共产国际远东局负责人魏金斯基提出 6 条反对的理由。西湖会议上经过激烈的争论，陈独秀才接受了国共合作的决定。当时，中国共产党的马列主义理论水平不高，在特定的历史条件下，共产国际的理论指导，对中国共产党的路线、方针、政策的确立，有时会起决定作用。共产国际通过了《关于国共合作关系的决议》，参加会议的陈独秀就是带着这个文件回国，并用以指导党的"三大"工作的。同年，陈独秀先后发表了《资产阶级革命与支持革命的资产阶级》和《中国国民革命与社会各阶级》的文章。他认为，现阶段的中国革命既然是资产阶级民主主义，就应该由资产阶级来领导，国民党的前途只能是建立资产阶级专政的国家，无产阶级只不过得到一些自由和权利，无产阶级要等待资本主义发展起来后，再来进行社会主义革命。

张国焘则强调劳工运动的独立性，坚决反对全体中共党员加入国民党；主张"担任中共各级领导工作的中共党员，担任与国民党无关的工作如职工运动等的中共党员，则不必加入国民党或加入而不必在国民党内担

①《毛泽东传（1893—1949）》，中央文献出版社，1996 年 8 月第 1 版，第 89 ~ 90 页。

任实际工作，否则，共产国际训令中所谓‘保留组织独立’的话，就毫无意义了。”蔡和森、刘仁静等认为：产业工人是共产党的基础，产业工人不应加入国民党内去，工人应该在自己的政党的旗帜下参加民族革命，若加入国民党，便不免有混乱无产阶级思想的危险。

会上，大多数代表拥护共产国际的决议，赞成共产党员以个人身份参加国民党，把国民党改造成为工人、农民、小资产阶级和民族资产阶级的革命联盟，同时保持共产党的独立性。大会讨论了共产党员加入国民党的3个目的：①改组国民党为左盟的政党；②在中国共产党不能公开活动的地方，扩大国民党；③把优秀的国民党员吸收到我们党内来。大会最后通过了《关于国民运动及国民党问题的决议案》，既否定了张国焘强调独立的劳工运动观点，也没有赞同马林和陈独秀的“一切工作归国民党”的主张。会议决定全体共产党员以个人名义加入国民党。

在中共“三大”上，毛泽东有过多次发言，主要内容是：①阐述中共在坚持独立自主原则下建立统一战线的重要性（他还利用大会休息期间，找到廖仲恺、谭延闿等国民党上层人士商讨国共合作问题）；②他在会上作了《湖南工农运动报告》，指出湖南工人数量很少，国民党员和共产党员更少，可是满山遍野都是农民，中国国民党在广东有基础，无非是有些农民组织的军队，如中共也注重农民运动，把农民发动起来，也不难形成类似广东的局面。参加这次大会的张国焘回忆说：毛泽东在会上提出农民问题这个新问题，是他“对于中共极大的贡献”。①

大会推举毛泽东任《农民问题议决案》的起草工作。但是陈独秀认为解决土地问题会影响国民革命，删去了草案中关于解决土地问题的意见。

共产国际对中国农民问题的认识是不正确的。早在1922年7月，马林在《给共产国际执委的报告》中说：“中国人口中广大群众是农民，他们虽然贫穷，但差不多都有少量土地”，“像过去俄国农民中和现在印度农民中所发生的阶级斗争，在中国农民中是不存在的，也没有听说过像印度和朝鲜农民必须交付的那种高额租税。所以，农民群众对革命完全漠不关心，并且尚未表现出政治上的重要性”，因此至今也无法为中国农民制定出任何一个总的土地纲领。他主张中国革命要以国民党为中心，共产党员应参加国民党，而抛弃农民。然而共产国际认为马林的报告是“通过透彻的研究……对这个大国的复杂政治和经济状况有了一个很深的了解”。

---

①《毛泽东传（1893—1949）》，中央文献出版社，1996年8月第1版，第108页。同时参见《毛泽东年谱（1893—1949）》上卷，人民出版社、中央文献出版社，1993年12月第1版，第114页。

大会选出了党的领导机构——第三届中央执行委员会，委员9人：陈独秀、李大钊、蔡和森、毛泽东、王荷波、罗章龙、项英、谭平山、瞿秋白，候补委员5人：李汉俊、徐梅坤、邓中夏、邓培、张连光。

"三大"以后，毛泽东同陈独秀、李大钊、蔡和森、向警予等人留在广州。6月25日，毛泽东同陈独秀、李大钊、蔡和森、谭平山以国民党的身份致信孙中山，建议国民党在上海或广州建立强有力的执行委员会。信中希望孙中山不要轻信南方诸省的军阀，希望孙中山离开广州到上海，建立一支解决问题的国民革命的军队。

7月1日，毛泽东在广州的中共中央理论刊物《前锋》月刊创刊号发表《省宪下之湖南》一文。文章详细分析了湖南政界及教育界各种势力斗争和消长变化情况；"工人的运动，大引起社会之注目"，有组织的新式工人团体23个，约3万人；罢工10次，胜利及半胜利9次；罢工时间均在去年8～12月。

7月下旬，毛泽东离广州去上海。8月5日，代表中共中央出席上海地委兼区委第六次会议，进行指导。参加会议的有徐梅坤、王振一、沈雁冰、邓中夏、毛泽东5人。8月15日，毛泽东在《向导》周报第36期发表《省宪经与赵恒惕》一文，历数湖南省长赵恒惕两年来戴省宪假面具与人民为敌的罪行。8月29日，毛泽东在《向导》周报第38期发表《英国人与梁如浩》与《纸烟税》的短文。前篇文章揭露北京政府督办梁如浩丧权辱国同英国人签订"续租"、"水租"威海卫草约行径。后文就北京政府屈从英、美两国的压力取消浙江等省的纸烟税一事，文章说："洋大人打一个屁都是香气，洋大人要拿棉花去，阁议就把禁棉出口令取消；洋大人要送纸烟来，阁议就电令各该省停止征收纸烟税；再请四万万同胞想一想，中国政府是洋大人的账房先生这句话到底对不对？"

9月上旬，中共中央机关由广州迁往上海，中央局设在闸北区三曾里。毛泽东同蔡和森、向警予、罗章龙等住中央局机关。

1923年9月16日，毛泽东遵照中共中央决定并受国民党本部总务部副部长林伯渠的委托，回到长沙，在湖南筹建国民党。10月初，国民党长沙支部成立。

11月20日，湘江中学成立，毛泽东、何叔衡等人为校董。这所学校的前身就是湖南自修大学。赵恒惕以所倡学说不正，有关治安为由，下令封闭了自修大学及附设学校、初中部。中共湘区委遂筹备了这所公开、正规的湘江中学。湘江中学继承了自修大学的优良传统。

1923年11月24~25日，中共中央在上海召开三届一中全会，中央局作报告。会议强调，在国民党内的共产党员，一切政治的言论行动，须受本党之指挥，须努力站在国民党的中心地位。会议决定：①扩大国民党组织，凡有国民党组织的地方，如广东、上海、四川、山东，我党团员一并加入，无国民党组织的地方为之创设；②矫正国民党的政治观点，促其做反帝国主义的宣传和行动；③党团员在国民党内要努力站在中心地位，受我党指挥；④用国民党名义组织和参加各种人民团体；⑤在农村中建立和扩大国民党的组织。

在三届一中全会上，讨论了委员分工，选举出5人中央局——陈独秀、毛泽东、罗章龙、蔡和森、谭平山（会后不久，王荷波代替谭平山任中央局委员，主管工人运动），陈独秀为委员长，主持中央局和中央执行委员会的会议；毛泽东为秘书，负责党内外通信及开会记录，并管理党内文件，党的一切函件须有委员长和秘书签字；罗章龙为会计，职责是在中央督察下管理党的财政、行政，并对各区、各地及党的一切机关之财政、行政负责；蔡和森负责党的机关刊物《向导》。

1923年12月25日，中国共产党中央委员会发出第13号通告：国民党明年正月在广州召集全国大会，我党在此次国民党全国大会代表中，希望每省至少当选1人，此同志必须政治头脑清晰且有口才者，方能在大会中纠正国民党的错误观念；各省代表过沪时，我们的同志再集合议决一致的主张。①

12月下旬，毛泽东奉中央通知，由长沙去上海转广州，参加国民党第一次代表大会。杨开慧和毛泽东结婚后，对毛泽东一往情深，毛泽东经常感受到杨开慧那温存的目光。毛泽东要把全部心血投入革命、投向事业，就需要克制自己对杨开慧的过分依恋。为此，他写了元稹的《菟丝》相赠：

人生莫依倚，依倚事不成。
君看菟丝蔓，依倚榛与藤。
下有狐兔穴，奔走亦纵横。
樵童砍将去，柔蔓与之并。

①《毛泽东年谱（1893—1949）》上卷，人民出版社、中央文献出版社，1993年12月第1版，第119页。

未料，这首诗使杨开慧产生了误解，自尊心受到了伤害，以致毛泽东数次写信解释还没有消除。毛泽东要离湘远行，这时他们的儿子毛岸英[①]刚满周岁。毛泽东离家时，杨开慧没有去送行。毛泽东独自踏着长沙门外的铺地寒霜，披着半边残月，站在清水塘边。火车进站了，毛泽东还未看见杨开慧的身影，他有感而发，于是一首《贺新郎·别友》破题而出。

1924 年 1 月中旬，毛泽东同部分国民党代表乘轮船离开上海赴广州，作为湖南国民党地方组织的代表，参加国民党第一次全国代表大会。

国民党第一次全国代表大会召开前，孙中山在广州召开特别会议。指派廖仲恺和共产党人谭平山等组成中国国民党临时中央执行委员会，办理改组国民党的事宜。

1924 年 1 月 20 ~ 30 日（其中 25 日下午至 27 日下午为悼念列宁逝世而休会）中国国民党第一次全国代表大会在广州国立高等师范学校（今广东省博物馆大院内礼堂）召开。出席开幕式的代表 165 人。孙中山以国民党总理的身份担任大会主席。他在开幕词中指出这次改组的重大意义和内容，这次大会要做两件事：第一件是改组国民党；第二件是用政党的力量去改造国家。

参加会议的共产党代表除孙中山指定的陈独秀（未出席）、于树德、李守常（李大钊）、谭平山外，还有各地推选的代表沈定一、詹大悲、谢普、林祖涵（林伯渠）、罗迈（李维汉，未出席）、夏曦、袁达时、于方舟（于兰渚）、张国焘、瞿秋白、赵干、毛泽东、胡公冕、宣中华、廖乾五、朱季恂、韩麟符、王尽美、刘芬（刘伯垂）、李能至（李立三）、陈镜湖、李永声（李锡九）等 20 余名共产党人。

孙中山致开幕词毕，廖仲恺提议，组织主席团并定人数 5 人，由孙中山指派。得到众人附议。孙中山指定林森、汪兆铭（汪精卫）、谢持、胡汉民、李守常（李大钊）5 人组成大会主席团。主席团的任务是：以备孙中山有事不能出席主持会议时由主席团推举 1 人，代表孙中山出席。

大会通过了《中国国民党第一次全国代表大会宣言》。“宣言”是孙中山委托苏联顾问鲍罗廷起草，由廖仲恺翻译成中文，经孙中山审定，提请大会讨论通过。会议还通过了《中国国民党章程》等重要议案。经过这次大会，孙中山确定了“联俄、联共、扶助农工”的三大政策，把三民主义重新解释为反帝反军阀的新三民主义纲领，使这次会议具有了重大的历史

①毛泽东与杨开慧的长子，1922 年 10 月 24 日生。又名毛远仁、杨永福、谢廖沙（苏联名字）。

意义，也使孙中山开始了他一生中最伟大的转变。但，孙中山推行“联俄、联共、扶助农工”的三大政策，并不是一帆风顺的，国民党内积极拥护和赞助孙中山的干部，只有廖仲恺、宋庆龄、邓演达、何香凝等极少数人，而反对这一主张者却为数甚多。国民党右派分子胡汉民、胡毅生、邹鲁、居正、冯自由等人公开破坏或暗中阻挠，诬蔑共产党员加入国民党是一种“阴谋”。孙中山严厉指出“你们不赞成改组，可以退出国民党！”并曾把阻挠改组、在会议上无理取闹的张继驱逐出会场，软禁了一夜。

当孙中山在广州长堤亚洲酒店招待全国大会代表时，茅祖权持异议，反对容纳共产党分子。孙中山起立作长篇之演说：20年以来，党员总是阻挠我革命，总是丢掉民生主义，跟随我的人很多，但总是想打他自己的主意，真正跟我来革命的，不足20个，今日还要阻挠我容纳革命的青年！①

据程潜回忆：孙中山在国民党“一大”期间，对于与共产党的合作②曾有过3次演说，每次达2个小时之久。择其要者言之，总理说：“你们老党员已经堕落了，不革命了，你们反对共产党员加入，是含有想做党阀意味，想要包办革命，老实不客气说，都只想发财做官，数十年革命尚未成功，就是受了你们的累。民族主义，你们只晓得打倒满清；民权主义，你们只晓得议会政治，其余便不知道；至于民主主义，更是全然不懂得。我们的民生主义，就是共产主义，不过与马克思的观察稍有不同罢了。”

广东省出席国民党“一大”代表冯自由，长期追随孙中山左右，是国民党内资格很老的人物。但冯自由因反对国共合作受到孙中山的严厉批驳。1924年2月16日，冯自由等奉召赴大本营时，孙中山声言：反对中国共产党即是反对共产主义，反对共产主义即是反对本党之民生主义，即是破坏纪律，照党章应当革除党籍及枪毙。最后终将顽固不化的冯自由开除出党。

共产党人李大钊也驳斥了国民党右派的谬论，指出：“……我们加入本党，是几经研究再四慎而始加入的，不是糊里糊涂混进来的，是想为国民革命运动而有所贡献于本党，不是为个人的私利，与夫团体的取巧而有所攘窃于本党的。土尔（耳）其的共产党人加入土尔其的国民党，于土尔其国民党不但无损而有益。美国共产党人加入美国劳动党，于美之劳动党不但无损而有益。英国共产党人加入英国劳动党，于英之劳动党亦是不但无损而有益。那么我们加入本党，虽不敢说必能有多大的贡献，其为无损

①1926年1月，毛泽东（署名子任），在《政治周报》第四期发表《国民党右派分离的原因及其对于革命前途的影响》一文，文中提及此事。

②1926年5月31日，国民革命军第六军军长程潜在一次讲演中提及此事。

而有益，亦宜与土美英的先例一样……本党总理孙先生亦曾允许我们仍跨第三国际在中国的组织，所以我们来参加本党而兼跨固有的党籍，是光明正大的行为，不是阴谋鬼祟的举动……”

在会上，毛泽东被选为国民党章程审查委员。大会在讨论“比例选举制①为本党政纲之一”案时，提案人黄季陆说：“比例选举制可以打破现在选举的流弊。”毛泽东发言反对这种选举制，他说：“现时比例选举制系少数党所运动出来的结果，本党为革命党，凡利于革命的可采用，有害于革命的即应摒弃，比例制有害于革命党，因少数人当选即有力量可以破坏革命事业，是予少数派以机会也，本席根本反对本案，以为不能讨论，不能表决。”黄季陆进行辩解，毛泽东进一步指出：“比例选举制虽为社会党所赞成，但当其未成功时固是如此，若成功后即不尽然，此制很有害于革命之本身，盖以自由给以反对党，革命事业便十分危险。”大会在讨论国民党章程、组织国民政府、设立研究会等问题时，毛泽东也发表了重要意见。

毛泽东在大会上的表现，受到孙中山和一些国民党人士的赏识和注意。1月30日上午，选举中央执行委员和候补委员时，孙中山亲自拟了一个候选人名单，交付大会表决，其中就有毛泽东。②

1月30日大会闭幕，选出新的领导机构。孙中山继续被推举为党的总理，选出中央执行委员25人：孙中山、胡汉民、汪精卫、张人杰、廖仲恺、李烈钧、居正、戴季陶、林森、柏文蔚、丁惟汾、石瑛、邹鲁、谭延闿、覃振、谭平山（中共党员）、石青阳、熊克武、李大钊（中共党员）、恩克巴图、王法勤、于右任、杨希闵、叶楚伧、于树德（中共党员）。候补委员共17人，其中有共产党员林伯渠、沈定一、毛泽东、张国焘、瞿秋白、于方舟、韩麟符7人。

1月31日~2月6日，孙中山主持召开了国民党一届一中全会，根据《中国国民党章程》的规定，推举廖仲恺、戴季陶、谭平山为中央执行委员会常务委员处理日常事务。并设立1处（秘书），8部（组织、宣传、青年、妇女、工人农民、军事、调查），组成中央党部。其中，工人部长廖仲恺、妇女部长曾醒是国民党左派，组织部长谭平山、组织部秘书杨匏安、农民部长林祖涵、农民部秘书彭湃、工人部秘书冯菊坡是共产党人。

为便于就近指挥各地的党务，国民党一届一中全会决定在上海、北

---

①比例选举制是资本主义国家选举制度之一：根据各政党在全国所得选票，按总票数中的比例来分配各政党议员席位的选举制度。

②《毛泽东（1893—1949）》，中央文献出版社，1996年8月第1版，第95页。

京、汉口、哈尔滨、四川5地建立中央执行委员会执行部，作为党的派出机构，由中央执行委员分别前往组织。

上海执行部管辖长江下游各省，设立秘书处和组织、宣传、工人、农民、青年、妇女、调查等部，各部部长都不是共产党员。但组织、宣传、工人农民三部的秘书分别是共产党员毛泽东、恽代英、邵力子，干事分别是共产党员罗章龙、施存统、沈泽民、邓中夏、王荷波、向警予等，他们在执行部中起着重要的作用。

国民党北京执行部成立于1924年4月20日，管辖黄河流域各省，设立秘书处和组织、宣传、妇女、工人、农民、调查等部。其中，组织部长李大钊、青年部长于树德、妇女部长褚松雪是共产党人；调查部长王法勤是社会主义青年团员；宣传部长马叙伦与李大钊接近。5个执行部中，北京的共产党力量最大，存在时间最长，成绩最为显著。

国民党汉口执行部成立于1924年4月，管辖湖北、湖南、贵州等省，设立秘书处和组织、宣传、调查、工人、农民、青年、妇女等部。其中秘书处秘书于若愚，组织部长林祖涵、干事李立三、许白昊，工人农民部长刘伯垂、干事项德隆，青年部干事林育南，妇女部干事夏之栩均是共产党人。国民党右派宣传部长张知本、青年部长兼妇女部长覃振未到任，工作由秘书和干事充任。因而，汉口国民党执行部的工作，实际上是由共产党人主持的。

国民党哈尔滨、四川两个执行部虽已内定名单，但始终未能成立。

在中央党部和各地执行部的指导下，各地的省党部也先后建立起来。各省党部多有共产党人帮助建立和主持工作。在地方组织的党员中，左派力量占优势。中央党部组织部长谭平山说："根据1926年5月国民党全会所发表的材料，党员数目为31.6万人，而按党组织部的精确统计，只有25万人。如果不算7万名国民党的士兵，那么左翼和共产主义派就有15万人，而中间派、右翼和极右翼总共不超过3万人。9/10的地方组织处于共产主义派和左翼的领导之下。国民党的阶级成分也起了很大的变化，例如当时广东的党员中，最多的是农民，约占40%，其次是工人和学生，各占25%，商人不足10%，其余为军、警、法、政、报、自由职业和其他人员共占百分之几。"

1924年2月中旬，毛泽东从广州到上海。与蔡和森、罗章龙3人同住在闸北香山路（今象山路）的三曾里中共中央机关内。中共中央决定毛泽东、罗章龙、王荷波、恽代英（代表青年团中央）4人参加国民党上海执行部的工作，遇有特别重大问题，则由国民党总理孙中山与中共中央局委员长陈独秀协商决定。决定由沈泽民、邵力子、瞿秋白、施存统、邓中夏、向警予、张秋人等共产党人参加执行部各部门的实际工作。

2 月 25 日，国民党上海执行部召开第一次执行委员会会议，毛泽东出席会议，并作记录。会议宣布，正式成立国民党上海执行部，管辖江苏、浙江、安徽、江西和上海。会议通过胡汉民、叶楚伧、汪精卫为执行部常务委员；邵元冲任文书科主任（邵元冲未到任前，由毛泽东代理）；胡汉民任组织部长，毛泽东任组织部秘书；汪精卫任宣传部长，恽代英任秘书；于右任任工人农民部长，邵力子任秘书；叶楚伧任青年妇女部长，何世桢任秘书；茅祖权任调查部长，孙镜任秘书。

3 月 11 日，毛泽东出席国民党上海执行委员会会议，因到会人数不多，改为谈话会。毛泽东作上海执行部自 3 月 1 日开始办公以来的工作报告。报告中提到，中央党部组织部曾发出第一号通告，要求旧党员重新登记。每人必须填一张表，经审查同意，方为改组后的国民党员，发给党证。国民党元老谢持辛亥革命时当过四川省省长，冲到执行部，胡汉民、汪精卫都起来打招呼。谢持说：我革命几十年还要填表？可不可以免填？大家都说，党员人人都要填。谢持一怒而去。毛泽东说，派人送张表去，要秘书好好解释一下，可以放宽点。后来谢持还是填了表。①

此间，毛泽东参加追悼列宁活动，参加黄埔军校第一期的上海部的招生工作（考生在上海参加报名、复试，尔后到广州参加总复试），5 月 5 日在莫利哀路 29 号孙中山寓所出席孙中山就任非常大总统 3 周年庆祝集会（会上上海执行部成员邓中夏、张继、胡汉民、汪精卫、向警予、毛泽东、沈泽民、邵力子、戴季陶等一起合影留念）。

1924 年 5 月 10～15 日，中国共产党在上海召开中共中央执行委员会会议。会议作出《共产党在国民党内的工作问题决议案》、《工会问题决议案》、《党内组织和宣传教育问题决议案》等。会议总结了国共合作 5 个月以来的经验，提出国民党有左派和右派两派力量。会议指出，要以种种方法于思想和组织上巩固孙中山一派的左翼，强调在国民党中的工作以宣传为主，会议提出党的组织工作的重要性，说明产业工人是我们党的基础。会议决定设立中央机关报编辑委员会，在工农部内设立工会运动委员会。会议决定，毛泽东兼任中央组织部部长，罗章龙兼任中央宣传部部长，王荷波任中央工农部部长，向警予任中央妇女部部长。

1924 年 6 月初，杨开慧和母亲向振熙带着两个孩子（1923 年 11 月 23

①《毛泽东年谱（1893—1949）》上卷，人民出版社、中央文献出版社，1993 年 12 月第 1 版，第 124 页。

日，杨开慧生下次子毛岸青，又名毛远义、杨永寿）从长沙到上海。毛泽东把家安在英租界慕尔鸣路（今茂名北路）与威海卫路交叉的甲秀里（今威海卫路583弄）。杨开慧除担负家务外，还帮助毛泽东整理材料、誊写文稿等，并经常到小沙渡工人夜校去讲课。

1924年6月18日，国民党中央监察委员邓泽如、张继、谢持写信给孙中山和国民党中央执行委员会，弹劾共产党：共产党员及社会主义青年团员加入国民党，于国民党生存发展有重大妨害，主张绝对不宜党中有党。7月21日，中共中央局委员长陈独秀、秘书毛泽东联名发出中共中央第15号通告，分析了国民党右派反共排共的严重形势，指出：他们以和缓列强及军阀对于国民党的压迫，此时国民党只极少数领袖如孙中山、廖仲恺等尚未和我们分离之决心，然亦决不愿得罪于右派分子；我们为图革命势力联合计，决不愿分离的言论与事实出于我方，须尽我们的力量忍耐与之合作；但是对于反革命的右倾政策，不可隐忍不加以纠正。为此通告提出反对国民党右派的5项具体措施。特别提出：努力获得或维持指挥工人农民学生市民各团体的实权在我们手里，以巩固我们在国民党左翼的力量。7月，毛泽东由于同国民党上海执行部负责人经常发生分歧，辞去组织部秘书的职务，只领导文书科工作，推荐中共党员张廷灏任组织部秘书。①

1924年11月13日，孙中山应冯玉祥、段祺瑞、张作霖共商国是之邀请，偕夫人宋庆龄离开广州北上和谈。途经上海时，毛泽东以国民党上海执行部秘书处文书科主任的名义领衔同组织部秘书张廷灏、干事罗章龙、宣传部秘书恽代英等14人，联名致信孙中山，反映上海执行部的经费自8月起即未能照发，近来内部更无负责之人，一切事务几乎停滞，要求派员解决。

毛泽东积极从事国民党的改组工作，是基于对国共合作必要性和必然性的正确认识。1925年11月21日，毛泽东在填写《少年中国学会改组委员会调查表》时写道："本人信仰共产主义，主张无产阶级的社会革命。惟目前的内外压迫非一阶级之力所能推翻，主张用无产阶级、小资产阶级及中产阶级左翼合作的国民革命，实行中国国民党之三民主义，以打倒帝国主义，打倒军阀，打倒买办、地主阶级（即与帝国主义、军阀有密切关系之中国大资产阶级及中产阶级右翼），实现无产阶级、小资产阶级及中产阶级左翼的联合统治，即革命民众的统治。"

---

①《毛泽东年谱（1893—1949）》上卷，人民出版社、中央文献出版社，1993年12月第1版，第127～128页。

后来，毛泽东在《国民党右派分离的原因及其对于革命前途的影响》一文中又说：中华革命党改成中国国民党时，又加入一批中产阶级的非革命派，此时而且有一部分代表买办阶级的分子混了进来，他们站在党的支配地位，孙先生及少数革命领袖仍不能革命，乃于去年1月毅然召集第一次党的全国大会，明白决定拥护工农阶级的利益，从工农阶级中扩张国民党的组织，并且容纳共产派分子入党。

八　黄埔军校

在国民党"一大"开会期间的1924年1月24日，孙中山委派蒋介石为陆军军官学校筹备委员会委员长，邓演达、王柏龄等7人为筹备委员，同月28日指定位于广州黄埔岛上的广东陆军学校与广东海军学校原址作为校舍（因在黄埔岛，后来一般称为黄埔军校）。

蒋介石，又名蒋周泰、蒋瑞元、蒋志清、蒋中正，1887年10月30日（清光绪十三年九月十五日）出生于浙江省奉化县溪口镇一个盐商家庭（一说河南许昌河街人，原姓郑，幼时其母嫁于浙江奉化蒋氏①）。5岁~15岁开始受封建旧式教育，1903年入奉化县城的凤麓学堂受新式教育，1906年赴日本东京清华学校，在此结识了浙江同乡、上海青帮（哥老会）大头目陈其美②（陈于1906年冬加入孙中山领导的"中国同盟会"）。1906年冬回国考入清政府陆军部在保定创立的"通国陆军速成学堂"。1908年春天，考入日本"振武学校"继续学习军事。同年，经陈其美介绍加入同盟会。1910年冬，蒋介石从振武学校毕业，同年12月5日，以士官候补生被分配到驻扎在日本北海道新泻县高田镇的野炮兵第13联队实习。1910年10月30日回国，参加杭州光复活动。1912年1月，曾参与刺杀同盟会及光复会著名领袖陶成章。"二次革命"失败后，蒋介石伙同张静江、陈果夫、戴季陶等人，集合资本经营上海证券物品交易所的经纪人事业（牌号"恒泰"、"利源"），代客买卖各种证券及棉纱。此时，由虞洽卿介绍投拜黄金荣（黄自称青帮首领）门下为门生。后经陈其美介绍，接近孙中山，1922年6月，陈炯明叛变时，蒋介石从宁波赴广州，29日登上永丰舰，见到孙中山，孙中山授蒋海上指挥全权。孙中山在军舰上与叛军苦战

①李耕五，《蒋介石是不是河南许昌人？——蒋介石家世传闻调查记》，载《许昌师专学报》，1986年第3期。

②陈其美（1878~1916），字英士，浙江省吴兴人，曾任沪军都督。

55 天，蒋介石守在孙中山身边，参与筹划作战，最后护送孙中山安然回到上海。经历这次事变，蒋介石深得孙中山信任。9 月，蒋介石写了《孙大总统广州蒙难记》，孙中山为之作序，曰："陈逆之变，介石赴难来粤入舰，日侍予侧，而筹策多中，乐与余及海军将士共生死，兹纪殆为实录"，抬高了蒋的身价。1923 年 8 月 16 日，孙中山派以蒋介石为团长的"孙逸仙博士代表团"到苏联考察学习，蒋介石回国后高喊"民族斗争"、"阶级斗争"等革命口号。随后被孙中山任命为国民党军事委员会委员。

黄埔军校是按照苏联红军的建军原则和作战经验来训练干部的新型军事学校。它是国共合作的产物，也是苏联援助中国革命的第一个重要标志。1921 年 12 月经李大钊介绍，孙中山在广西桂林和共产国际代表马林会谈（由张太雷陪同）的时候，马林即向孙中山提出关于创办军官学校、建立革命军队的建议。① 同时，中国共产党通过党刊《向导周报》对孙中山幻想利用军阀力量、企图从军事投机中取得胜利的错误提出了善意的批评，指出只有仿效苏联，建立革命军队，革命才能成功。如 1922 年 11 月《向导周报》第九期在《国民运动、革命和革命宣传》一文中："只是时常依靠别的有力分子对它的感情为转移，那些有力分子昨天还是他的朋友，今天能够翻脸，明天或成仇敌。"苏联"坚强的红军能够组织成功，便因为有真正革命精神。……红军是一个真正革命的军队"。在广东的粤、滇、桂等系军阀，表面上接受孙中山的指挥，实则他们各据防区、把持财政，对于军校的筹建不仅不予支持，反而进行阻挠破坏。因此关于创办军校所需的人力、财力和物力，孙中山一筹莫展。苏联为支持中国革命的事业，在黄埔建军的计划确定后，一面派数十名优秀军事干部到军校担任教育工作，一面又无条件地拨 2000 万元现款给军校作为开办费，各种军械也由苏联无代价地从海参崴分批运来。同时，中国共产党调派了许多优秀党员担任军校的教育工作和军事工作。孙中山依靠苏联和中国共产党的支持、帮助，军校的筹建工作得以顺利发展。

军校的招生工作除在广州能公开进行外，全国各省因都在军阀的控制下，只能秘密地考试或动员青年学生来广州报考。各地的共产党和共青团组织在这一工作上起了很大的作用。应考的学生大部分是中国共产党在北京、上海（毛泽东负责上海地区考生考试工作）、武汉、长沙、济南等地区党委所遴选介绍的党团员以及革命青年学生和工人，在广州直接招收的学生并不多。第一期新生由于掌握的标准比较严，只录取了 470 名。9 月，

①龚师曾，《追随孙中山北伐回忆录》，载《文史资料选辑》第 24 辑。

又收录了从远道赶来投考的四川籍学生20余名。后来，军政部讲武堂的150名学生也归并到黄埔军校来训练，都被编入第一期。学生的文化程度参差不齐，有从国外回来的留学生，有大学生，有的仅具有中学文化程度，还有的连小学也没有上过。但是从学生的政治条件来看，他们的家庭成分以工人、农民和城市小资产阶级为主，剥削阶级出身的很少。

1924年6月16日，黄埔军校举行开学典礼，孙中山亲临主持。500名学生一律穿着苏联式黄卡其布军服，整齐严肃，精神焕发。孙中山讲话说："中国革命所以迟迟不能成功的原因，就是没有真正革命武装队伍，没有广大人民的基础。现在无论哪一个部队，都假革命之名，行割据之实，克扣军饷，剥削人民，贪图私利，贻害苍生，使我的革命主张不能实现。我做了骄兵悍将的傀儡，成为人民的罪人。过去如此，现在还是如此。为了完成我们的使命，所以我下决心改组国民党，建立党军，实行工农政策。第一步使革命的武力与民众相结合，第二步使革命的武力成为人民的武力。这就是创办黄埔陆军军官学校的主旨，也就是黄埔陆军军官学校的使命。……我们现在开办这个学校，就是仿效俄国。……从今天起，立一个志愿，一生一世，都不存在升官发财的心理，只知道救国救民的事业。"①

孙中山还发表了对黄埔军校的训词：

三民主义，吾党吾宗，以建民国，以进大同。
咨尔多士，为民前锋，夙夜匪懈，主义是从。
矢智矢勇，必信必忠，一心一德，贯彻始终。②

黄埔军校还制定了国民革命军军歌，歌词是：

打倒列强，打倒列强，除军阀，除军阀，国民革命成功，国民革命成功，齐欢唱，齐欢唱。

孙中山夫人宋庆龄，党代表廖仲恺，中央执行委员胡汉民、汪精卫、林森、张继，外交总长伍朝枢，大元帅府军政部长程潜，粤军总司令许崇智，湘军总司令谭延闿，滇军总司令杨希闵，西路讨贼军总司令刘震寰，广州市党部执行委员孙科、吴铁城等党政要员出席了开学典礼。

①《孙中山选集》（1966年版）下卷，《陆军军官学校开学演说》。
②这个训词在1927年被定为中华民国国歌。

开学典礼后，举行了阅兵式。

孙中山亲自兼任军校总理。关于校长的人选，最初决定为程潜，以蒋介石、李济深为副校长。因为蒋介石当时无论在党、在军都是后辈，孙中山派他为副校长已经是越级提拔了。但是，蒋介石不愿在程潜之下，对这个任命很不满意，就离开广州跑回上海。张静江、戴季陶等出来为他撑腰，张静江亲自跑到广州找孙中山说情。孙中山于是改派蒋介石为粤军总司令部参谋长兼黄埔军校校长。

孙中山仿照苏联红军的政治委员制度，在军校中实行党代表制度，委派廖仲恺为党代表。规定：军校的一切命令都必须由党代表副署，交校长执行，未经党代表副署的命令完全无效。

黄埔军校于校长和党代表以下，分设政治、教练、教授3个部和军需、管理、军医3个处。政治部主任最初是戴季陶，戴后来离开广州，由副主任邵元冲代理，邵元冲是一个封建思想很浓厚的官僚，他把政治部主任当做一个官来做，学校员生一致提出撤换他。经廖仲恺、蒋介石和苏联顾问会商后，决定请中共推荐一位适当人选来作政治部主任。于是中共中央决定派周恩来①担任这一工作。

军校其他各主要部门负责人有教练部主任李济深、副主任邓演达，教授部主任王柏龄、副主任叶剑英，军事总教官为何应钦，军事教官有刘峙、张元祜、顾祝同、钱大钧、陈继承、胡树森、沈应时、陆福廷等，政

①周恩来（1898～1976），字翔宇，别名飞飞、伍豪，1898年3月5日出生于江苏淮安一个没落官僚家庭（祖籍浙江绍兴），由于其父辈时家道中衰，债台高筑，他10岁便当家主事。1910年春，随其伯父去东北铁岭，后来入沈阳东关模范小学读书。毕业后于1913年考入天津南开中学，在校中常参加演出话剧，1914年初，和朋友们创建了课外学习组织——敬业乐群会，出版了刊物《敬业》（每半年一期，共出6期），并擅长演讲艺术（曾任辩论队长），1917年6月26日毕业。1917年9月东渡日本，入东京神田区“东亚高等预备学校”，学习日语并准备师范学院的入学考试，后来去京都，成为河上肇（京都帝国大学经济学教授、马克思主义先驱）编辑的《社会问题研究》半月刊的热心读者。1919年3月回国，参加天津学联，主编《天津学生联合会报》，组织参加了进步青年团体“觉悟社”。1920年为抵制日货找省长支持，被关进警察厅达6个月。1920年11月7日，周恩来乘法国邮船去法国勤工俭学，12月13日到达马赛（后去巴黎）。由于他同国内一家报纸订好合同，作它的特约通信员，所以他在法国并未做工，而是一面读书，一面写文章。1921年3月，巴黎的共产主义小组负责人张申府、刘清扬吸收周恩来为该组成员（张申府曾写信报告给国内的陈独秀）。1922年6月，“旅欧中国少年共产党”成立，赵世炎、周恩来、李维汉等当选为中央执行委员，周恩来分工负责宣传工作。根据陈独秀的指示，“少年共产党”于1923年2月17日～20日在巴黎郊外召开临时代表大会，改组为“旅欧中国共产主义青年团”，并议定章程，选出了新的执行委员会，周恩来被推举为书记。1922年春至1923年2月，周恩来在德国柏林做党的工作。1924年2月，先行从欧洲回到广州任黄埔军校政治部副部长的张申府向廖仲恺推荐周恩来。于是周恩来在1924年8月到达广州，先任中共两广区委委员长兼军事部部长，后接任黄埔军校政治部主任。【参见1984年第2期《瞭望》，《周恩来同李勃曼谈个人经历（1946年9月）》】

治部秘书为聂荣臻、[①] 鲁易，教育副官为季方、陈诚、徐坚，学生总队长由邓演达兼任、副总队长严重，队长茅延桢、吕梦熊、金佛庄，区队长蒋鼎文、严凤仪、倪弼、惠东升、郜子举、郭俊、曾石泉等24人。军事干部多半是从李济深的粤军第一师抽调的，学生队的队长大部分也是从李济深所办的西江讲武堂调过来的。

苏联方面除了担任国民党总顾问的鲍罗廷和国民党军事总顾问加伦将军[②]经常帮助军校外，专派到军校工作的有：顾问契列班诺夫、步兵顾问白礼别列夫、炮兵顾问嘉列里、工兵顾问互林、政治顾问喀拉觉夫等。

按照传统的军事教育，培养一个下级军官需三年时间。为了适应革命形势的需要，必须在较短的时间内尽快训练一批军事干部。苏联红军根据红军建军经验，提供了最新的资料，重新编订了典、范、令以及战术、兵器、筑城、地形和交通通信5大教程。制定7个月为一期的教育期限（1个月的入伍教育，6个月的正式教育。从第四期起，入伍教育期限延长为半年）。同时很重视政治课程，内容有：三民主义浅说、中国国民革命运动、中国政治经济状况、帝国主义侵略中国史、世界革命运动简史等。政治班除上述课程外，还有：帝国主义是资本主义的最高阶段、国际政治经济状况、苏联概况、社会主义史、社会主义原理、政治经济学、中国社会结构、中国农民运动、中国职工运动、中国青年运动、宣传鼓动工作的意义和作用、军队政治工作等。课程最多的讲16次，每次两小时，最少的讲4次。教员按照各门课程的授课次数编写讲授提纲，在规定的时间内讲完。学生上课时当堂作笔记。

除了各门政治课程之外，还经常举行讲演会，集合全体学生听讲。讲演的人除孙中山外，国民党方面有廖仲恺、胡汉民、汪精卫、邵元冲等，共产党方面有周恩来、恽代英、萧楚女、张太雷等。周恩来和其他几个共产党员的讲演很受同学们的欢迎，他们每次讲演时，大花厅（大讲堂）里都挤得满满的。军校的工作人员也自动去旁听，国民党右派分子邵元冲的讲话最不受欢迎，人们把他叫“催眠术教官”。

蒋介石为使学生和官兵养成对他个人的偶像崇拜，经常集合学生、官兵进行所谓“精神讲话”。他当时还兼任长洲要塞司令，并住在要塞司令

---

①聂荣臻（1899～1992），四川江津人。1919年底赴法国勤工俭学。1922年夏就读于比利时沙洛瓦大学工程系，同年8月参加中国社会主义青年团，1923年春加入中国共产党。1924年10月到苏联，1925年8月回国，任黄埔军校政治部秘书兼政治教官，并为中共两广区委军委成员。

②最早担任国民政府首席军事顾问的是巴甫罗夫，他不幸牺牲于广东东江。加伦（布留赫尔）继任军事总顾问，后在加伦患病回国期间，季山嘉（古比雪夫）代理军事总顾问之职。

部里，要塞炮台前面竖着一面大红旗，旗上有个斗大的“蒋”字。要塞司令部和军校相距不到一里路，可蒋介石每天上下班总是警卫森严。他披着一件拿破仑式的斗篷，前面有一个副官开道，4个服装整齐的武装士兵跟在他后面，威风凛凛，好似戏台上大将出征的神气。如果学生、官兵在路上遇见他，没有向他敬礼，他一定要追究，给予处分。

九　在国民党内工作

国民党上海执行部的右翼国民党人叶楚伧、戴季陶等人视国民党内的共产党人为异己。他们最恨的是毛泽东，因为毛泽东遇事不肯迁就，极力反对他们的右派活动，成为他们推行反动政策的最大障碍。叶楚伧想尽办法，要把毛泽东赶走。毛泽东既在国民党内任职，又是中共中央局委员和秘书，公务繁重，终因身体不支，1924年12月，毛泽东因工作过于劳累患病。经中共中央同意，年底，毛泽东偕杨开慧等回湖南养病。毛泽东走后，叶楚伧十分高兴，特宴请上海执行部的成员，以志庆祝。①

1925年1月中旬，毛泽东同杨开慧携毛岸英、毛岸青到长沙板仓岳母家过春节。2月6日，毛泽东同杨开慧携毛岸英、毛岸青到韶山。回韶山后，毛泽东一边养病一边作些社会调查。到朋友、同学、亲戚和左邻右舍农家走访，或邀请亲友到韶山南岸家中谈家常。期间，来往较多的有从安源煤矿回来的共产党员毛福轩，贫苦知识分子毛新枚，汤家湾的小学同学钟志申，李氏族校和庞氏族校的李耿侯、庞叔侃及湘乡外婆家的人。毛泽东还访问了韶山一带的知名人士，如毛简臣、李漱清，开明士绅庞坦直等。3月，毛泽东以毛福轩、毛新枚、钟志申、庞叔侃、李耿侯等为骨干组织秘密农民协会，并通过他们发展会员。

4月，毛泽东通过杨开慧、李耿侯等发动进步教师，利用原来的公立学校、族校、祠堂等，在韶山一带创办农民夜校。夜校除教农民识字、学珠算，还讲三民主义、国内外大事。毛泽东经常去夜校察看。夜校学员大都成为秘密农民协会的骨干力量。到7月间，农民夜校发展到20多所。

5月，毛泽东到安化县，会晤安化县青年团特支书记姚炳南、安化县第一高小教员共产党员陈昌，并与共产党员、青年团员卢天放、刘肇经、张文毅座谈。毛泽东在安化停留了一星期左右。

---

①《毛泽东传（1893—1949）》，中央文献出版社，1996年8月第1版，第98页。

上海“五卅”惨案①爆发后，长沙2万多工人、学生集会，并成立雪耻会，随后湘潭、衡阳、衡山等40余个县和矿区成立了雪耻会。毛泽东同毛福轩、钟志申等以“打倒列强，洗雪国耻”为口号，以秘密农民协会为核心，在韶山一带成立了20多个乡雪耻会，作为公开的群众性革命组织，开展反帝斗争。

经过几个月的培养和了解，6月中旬，毛泽东同毛福轩介绍毛新枚、李耿侯、钟志申、庞叔侃等加入中国共产党。在毛泽东的家中举行秘密的入党仪式，并成立中共韶山支部，委派毛福轩为支部书记。以“庞德甫”作为党支部的代号，还在银田寺开办了一家书店，作为韶山党支部的秘密联络机关。到年底，韶山、银田一带发展党员近百人，毛泽东还在韶山秘密发展共产主义青年团，建立团的组织。

1925年7月初，毛泽东在韶山成立国民党第7区党部，他担任常委委员，郭运泉、周啸泉、李耿侯、钟志申分别担任组织和宣传工作。7月5日，毛泽东在李氏祠堂主持召开国民党区党部会议，湘区青年团委派韶山工作的贺尔康参加了会议。会议讨论了3项问题：党务、反对帝国主义、乡村教育。7月10日，湘潭西二区上七都在郭氏祠堂召开雪耻会成立大会，到会代表六七十人，自动前来观看的有三四百人。毛泽东在会上讲话，他讲述了帝国主义侵略中国的历史，“五卅”惨案和长沙、湘潭等地的反帝爱国运动情况，号召大家团结起来，反对英、日帝国主义。讲话后，毛泽东同许多围拢来的农民、教师交谈。自此韶山成立讲演队，散发传单，还派出纠察队设卡检查，禁售洋货。7月12日、13日，毛泽东同贺尔康、钟志申在汤氏祠、汤家湾召开国民党第4区分部成立会。

7月30日，韶山西二区在公私学校和郭氏祠堂召开教育会员大会，改组掌管行政的教委会及掌管经济的学委会，到会40人。会前，毛泽东曾多次召集共产党员、部分国民党员、农协和雪耻会骨干秘密开会，研讨夺取

---

①1925年2月，上海日商纱厂工人在中共领导下举行罢工斗争，迫使日本资本家签订了不得任意开除工人等4项协议。工人按协议复工后，日本资本家竟违约开除工人并克扣工人工资。1925年5月14日，日商纱厂工人再次罢工，15日日本资本家不仅不答应工人提出的要求，竟开枪打死第七工厂工人、共产党员顾正红，打伤工人十余人。5月28日中共中央做出了把工人的经济斗争发展成为反帝政治斗争的决定，5月30日上海学生2000余人到公共租界宣传声援工人斗争，英国巡捕竟逮捕学生百余人。当即有近万名群众聚集在巡捕门前，要求释放学生，英国巡捕向群众开枪，当场死伤数十人。惨案发生后，中共中央号召全市举行罢工、罢课、罢市，5月31日上海总工会宣告成立，次日全市25万工人、5万学生和大部分商人参加了“三罢”。6月7日工商学联合会成立，提出惩凶、赔偿、取消领事裁判权、撤退上海的外国驻军等17项交涉条件。随后，北京、上海、天津、南京、青岛和广州、香港等全国各大城市纷纷举行示威游行和“三罢”斗争，形成了全国规模的反帝怒潮。

区教育权问题。会员大会根据会前掌握的材料，揭露了上七都团防局长成胥生的亲信阻挠教师进行爱国宣传、不准办夜校及贪污学款、克扣教师薪水的行为，利用赵恒惕的教育法，改组了两会。庞叔侃、李耿侯等被选为两会执行委员。10多个公立和私立学校校长都由进步教师担任。

本年韶山一带遭受大旱，正值青黄不接时节，地主乘机囤积居奇，高抬谷价。8月，毛泽东召集党支部和农协骨干开会，决定发动农民，迫使地主开仓平粜谷米。毛泽东派钟志申、庞叔侃同成胥生交涉。成胥生不肯，且把谷子偷运到银田镇，准备运往湘潭等地高价出售。毛泽东要毛福轩、毛新枚等率领数百农民携带锄头、扁担、箩筐，夜奔银田镇，阻止谷米出境。成胥生见人多势众，被迫将谷子平价卖给农民。这个期间，韶山永义亭、瓦子坪、如意亭等地都出现了平粜斗争，均取得胜利。

8月28日，湖南省长赵恒惕得到成胥生关于毛泽东组织农民进行粮食平粜运动的密报，电令湘潭团防局派兵逮捕毛泽东。在湘潭县城里工作的银田镇人郭麓宾看到了赵恒惕的电令，即派当炊事员的侄子郭士奎连夜赶了90里路到韶山给毛泽东去送信。当日，毛泽东在韶山党组织和群众的帮助下，离开韶山去长沙。8月底，毛泽东在长沙向中共湘区委员会的同志交换意见，建议湘区委多派同志前往广州学习，多派优秀同志到各县农民秘密组织农民协会和发展国民党组织。在长沙期间，毛泽东还先后到省工团联合会、文化书社会见共产党员郭亮等。此间，作《沁园春·长沙》。9月上旬，毛泽东同准备到广州农民运动讲习所第5期学习的庞叔侃、周振岳由长沙动身赴广州，同去的还有毛泽东的小弟毛泽覃。路经衡阳、资兴、耒阳、郴州、宜章等地，到广东韶关转乘火车到广州。9月中旬，毛泽东到广州后，身体极度虚弱，住东山医院进行短期疗养。[①] 这是毛泽东第三次去广州，这次待的时间最长，前后一年多。在这段时间内，他曾担任国民党中央宣传部代理部长、国民党中央通讯社负责人和《政治周报》社社长等职。

毛泽东经长沙去广州后，杨开慧为了做完毛泽东在韶山未完成的工作，也为掩护毛泽东，她决定暂时留在韶山。当晚团防局长成胥生探听到杨开慧还留在韶山，发誓要把她抓到手，向赵恒惕请功。杨开慧为了躲避敌人的追捕，带着两个孩子东奔西走。当她得知毛泽东安全抵达广州后，才和母亲、两个孩子于1925年12月经长沙到了广州。毛泽东把家安在广州市东山庙前西街38号，这是一座简陋的两层小楼，大门对着街道，萧楚

---

①《毛泽东年谱（1893—1949）》上卷，人民出版社、中央文献出版社，1993年12月第1版，第135～136页。

女住楼下，毛泽东家住楼上，《政治周报》的通讯社就设在这里。

1925 年 10 月，毛泽东出席了国民党广东省第一次代表大会，被选为大会宣言起草委员会委员，起草了《中国国民党广东第一次全省代表大会宣言》，并为大会《会场月刊》撰写了《发刊辞》。

首次国共合作使国民革命运动在广东得到迅速的发展，带动了全国革命运动的高涨，同时促进了军阀内部发生了重大变化。当时北方正在进行第二次直奉战争，1924 年 10 月 23 日，直系将领冯玉祥在革命形势高涨的推动下，突然竖起反直系旗帜，发动北京政变，导致直系军阀迅速溃败。通过贿选当上北京政府大总统的曹锟被软禁，吴佩孚带领残兵败将逃亡到河北，段祺瑞被推为北京政府的临时执政。此后，北方出现了段祺瑞、冯玉祥、张作霖三派联合而又猜忌、争夺的局面。冯玉祥此前曾接到孙中山多次寄给他的信件和三民主义书籍，受到革命的影响，于是冯玉祥邀请孙中山北上，商讨、主持解决时局问题。段祺瑞、张作霖迫于形势也假意表示欢迎。

为了迅速实现全国的和平统一，同时也为了“拿革命主义去宣传”，孙中山接受了冯玉祥等人的邀请，决定去北京“共筹统一建设之方略”。1924 年 10 月 30 日，孙中山从韶关回到广州，命谭延闿为北伐联军总司令，驻守韶关；命胡汉民留守广州，代行孙中山的大元帅职务。11 月 3 日，孙中山特意到黄埔军校向全体师生辞别，并讲述了北京政变的事实经过及此次北上的目的。11 月 10 日，孙中山发表《北上宣言》，重申反对帝国主义、打倒军阀的政治主张“莫能动摇”，并提出废除一切不平等条约，要求“召集国民会议，以谋中国之统一和建设”。

孙中山行前给国民党要人留下手谕：“鲍罗廷的主张，就是我的主张，凡是政治上的事，总要听他的主张，你们听他的主张，要像听我的主张一样。”①

1924 年 11 月 13 日，孙中山偕宋庆龄等乘永丰舰离广州北上，船经过黄埔港时，孙中山又特地到黄埔军校巡视，观看了学生的战术表演，表扬学生们的“忍苦耐劳，努力奋斗”的精神，并参加了校内为他准备的送别宴会。傍晚，才离开黄埔，登舰经香港北上。17 日到达上海，帝国主义分子公然反对孙中山登岸。孙中山凛然宣告：“上海是我们中国的领土，我是这个领土的主人，他们是客人。主人行使职权在这个领土之内，想要怎

①向青，《共产国际与中国革命关系论文集》，第 285 页。

么样便可以怎么样。……我这次到北京去，讲到对外问题，一定要主张废除一切不平等条约，收回海关、租界和领事裁判权。”

经日本、天津，1924 年 12 月 31 日，孙中山带病到达北京。由于积劳成疾，他已患有肝癌。1925 年 1 月 26 日在北京协和医院动了手术，不幸于 1925 年 3 月 12 日 9 时 25 分在北京东城铁狮子胡同 5 号住处溘然长逝，终年 59 岁。遗嘱是由汪精卫起草，孙中山在临终前签名同意的，全文是：

> 余致力国民革命，凡四十年，其目的在求中国之自由平等。积四十年之经验，深知欲达到此目的，必须唤起民众及联合世界上以平等待我之民族共同奋斗。现在革命尚未成功。凡我同志，务须依照余所著《建国方略》、《建国大纲》、《三民主义》及《第一次全国代表大会宣言》，继续努力，以求贯彻。最近主张开国民会议及废除不平等条约，尤须于最短期间，促其实现。是所至嘱！

早在孙中山酝酿改组国民党的时候起，国民党右派冯自由、马素就竭力反对。1923 年 11 月 29 日，国民党临时中央执行委员、广东支部长邓泽如纠合林植勉等 11 人，向孙中山递交了《检举共产党文》，反对改组国民党，大肆攻击共产党。国民党“一中”全会后的 1924 年 6 月中旬，邓泽如又与中央监察委员张继、谢持向孙中山及中央执行委员会提出《弹劾共产党案》，反对共产党员和共青团员在国民党内的党团组织，说：“绝对不宜党中有党。”

1925 年 7、8 月间，国民党新派“理论家”戴季陶抛出《国民革命与中国国民党》、《孙文主义的哲学基础》等小册子，宣传以资产阶级为中心的思想，反对孙中山的三大政策。

1925 年 8 月 20 日上午，国民党左派廖仲恺在中央党部大门前遇刺身亡。刺杀廖仲恺，是帝国主义和国民党右派联合广东的反革命势力，向左派进攻的信号。

廖仲恺去世后，国民党召开军事委员会特别会议，选举汪精卫、许崇智、蒋介石组成三人领导小组。

1925 年 11 月 23 日，国民党中央执行委员林森、居正、覃振、石青阳、石瑛、叶楚伧、邹鲁等人，中央监察委员张继、谢持等 2 人及候补中执委员茅祖权、傅汝霖、沈定一在北京西山碧云寺召开所谓“国民党中央一届四中全会”。公然反对孙中山的三大政策，他们议决：广州中央执行委员会应即日停止职权；取消共产党员在国民党中之党籍；解雇苏联顾问；开除国民党中央委员中的共产党员等。会后，他们在北京等地设立“国民党地方分部”，在上海成立“国民党中央党部”。

在1925年10月5日，国民党召开第111次中央执行委员会议，会上，国民党中央常务委员、国民政府主席汪精卫以政府事繁，难于兼顾宣传部长职务为由，向会议提出请毛泽东代理宣传部长，会上没有出现不同意见。会议要求毛泽东立刻到宣传部主持一切。10月6日，《广州民国日报》公布了这一消息。

11月下旬，毛泽东出席了国民党中央执行委员、监察委员及各部部长联席会议，报告了《中国国民党之反奉战争宣传大纲》，会议通过了他的报告。

12月3日，在广州出版的《国民新闻》上毛泽东发表了《中央宣传部对反奉宣传之通告》。

12月5日，毛泽东（以子任为笔名）主编的《政治周报》第1期出版，毛泽东写了《政治周报》发刊理由一文：“向反革命派宣传反攻，以打破反革命派宣传”，便是政治周报的责任。……政治周报对外不公开，所以通信地址就设在毛泽东的寓所。……政治周报由中央宣传部主持，每期4万份……

1926年1月，毛泽东出席了在广州召开的国民党第二次全国代表大会。会上，毛泽东作了《宣传报告》,[①] 全面总结了两年来宣传工作的成绩和缺点；强调宣传工作的重要意义；并积极起草宣传问题的议案。经过毛泽东的努力，大会通过了《宣传问题决议案》、《党报决议案》和《宣传报告决议案》。这次大会对其他工作一般都是一个决议案，惟宣传工作通过了3个决议案，这是国民党“二大”的成就之一。这些决议案详细具体地规定了今后的宣传方针、政策和任务，使各地党部宣传部做到有章可循，并要求各地有一定文字水平的党员都要参与宣传工作，要将宣传普及于全国各地。会上，毛泽东再次当选为候补中央执行委员。

2月5日，国民党中央执行委员会常务委员会第二次会议，正式批准毛泽东为国民党中央宣传部代理部长。

毛泽东从2月5日~6月7日在代理宣传部长期间，出席了18次国民党中央执行委员会常务委员会会议，对宣传工作提出许多重要提案。

---

①听了他的报告，中共四川地委书记杨闇公在日记中写道：这个报告较其他“有系统些……能把具体的事实指得出来，并对每个时期所施的宣传口号，也恰中客观的需要”。

毛泽东上任不久，西山会议派就此攻击汪精卫“赤化”。他们无视毛泽东在家乡搞农民运动这一工作，说毛泽东长期请假不工作，反对这一任命，借此反对共产党人在国民党内担任重要工作。

毛泽东在接任宣传部时，宣传部所管辖的范围仅有广东一省，与其他省市党部的宣传部间均无联系。为扩大宣传范围，扩大国民党的影响，他采取了两条措施：一是通过报纸刊物、交通工具向各省市宣传部部署工作；二是坚决要求他们定期向宣传部报告工作，并接受领导。到1926年5月，全国向中央宣传部报告工作的达到12个，中宣部收发文件千余份。

毛泽东从调查研究入手，重新制订宣传计划，有总计划，还有分门别类的专门计划，如图书宣传计划、民众宣传计划、党内发书计划、编纂计划。这些计划制订得很具体，方针也很明确，反对笼统的无针对的宣传。注意党内宣传与党外宣传有别，工人、农民、学生、商人、士兵有别，民众文化的高低层次有别，广东根据地与军阀统治的地方有别。为了实现这些计划，毛泽东领导宣传部人员开展大量的调查研究，如在调查中发现宣传部不供给下级党部宣传品的问题，明令要求将所有的宣传物品及时发到每一位党员手中。他们事先详细调查海内外各级党部及团体数目，在这个基础上拟定切实可行的发放宣传品计划。为使宣传工作做到心中有数，他们调查国内外中文日报及各种中外文定期刊物，就连儿童歌曲也属调查范围。有的工作人员不了解，毛泽东作了很耐心的解释，他说：“无论哪一种报纸或书籍，只要它有销路，我们就应该注意。为什么这一种书有人看？看这一种书的是些什么人？这些书在社会上将产生什么影响？只有这样才能对全国的宣传动向了如指掌，才能了解读者的心理，宣传工作才能掌握主动权。”毛泽东自己注意看报，不用几个星期，他就把全国的报纸摸得烂熟，哪一种是革命的，哪一种是中间派，哪一种是反动的，掌握得清清楚楚。他睡前醒后看报，吃饭时看报，上厕所看报，坐车看报，他说，我每天要看几十种报。毛泽东通过报纸了解信息和各种情况，这也是他调查研究的一个重要方法。

当时国民党中央所管辖的范围，只有广东一省，其他省份均在各大小军阀手中，国民党的宣传品也只能在广东一省散发。全国国民不能及时了解国民革命的意义及广东革命根据地的真相。与此同时京津沪等地的反革命宣传十分猖獗，千方百计地对广东进行造谣、污蔑和中伤，说广东“共产共妻”，是“赤色帝国主义”等等。为改变这一情况，毛泽东于1925年11月向国民党提出在上海设立交通局的设想，他认为上海交通方便，如果搞得好，国民党的宣传品就可通过上海发往北方及长江一带各省国民党部，军阀孙传芳虽然派人把持了上海邮政总局，专门扣压从广州寄出的书报杂志，但可以通过往来于广州与上海、香港的轮船由海员工会会员秘密带到上海，转交上海交通局，然后再由交通局加工翻印转发各地。国民党中央认为这个意见可行，就批准了毛泽东在上海建立交通局的计划。随后，毛泽东便积极活动，很快在上海办起了交通局，由共产党人恽代英管理（后是沈雁冰），办事人员几乎全是共产党人。宣传工作的局面立刻得到改善，大批宣传品源源不断地被送往长江及北方各省。仅1926年2～5月，3个半月内就发送宣传品41种、22万多件。

毛泽东接手宣传部时，偌大一个宣传部连一个图书室也没有，他上任后，宣传部广泛搜集报纸、书刊，书店买不到，就到旧书摊上去买。到1926年5月，图书室已初具规模：有国内日报124种、国外中文报21种、外文报5种，周报及小刊物12种、中文书289种、英文书3种，此外还搜集了画报、壁报、中文杂志和外文杂志。在军阀割据，交通不便，文化不发达，环境又极其恶劣的情况下，在短短的时间内，能搜集到这么多东西是很难能可贵的。

毛泽东在任职的7个月内，写文章近30篇，发表了一些重要的理论和政治评论文章：《中国社会各阶级的分析》、《上海民国时报反动的原因及国民党中央对该报的处置》、《北京右派会议与帝国主义》、《右派的最大本领》、《中国农民中各阶级的分析及其对于革命的态度》、《国民党右派分离的原因及其对于革命的影响》等。他以很大的精力考察研究农民问题，提出了十分精辟的见解，如，中国革命就是农民革命的思想，地主阶级是中国一切反动的源泉等重要思想，这些当时很少有人论及。

《中国社会各阶级的分析》最早发表于1925年12月11日出版的《革命》半月刊（国民革命军第二军主办）第4期上。第二次发表于1926年2月1日出版的《中国农民》第二期。第三次发表于1926年3月13日出版的《中国青年》第五集第116、117期。[①] 毛泽东在此文中提出，中国有两个问题，一个是贫乏，一个是失业。他把大资产阶级分成四种人：第一种是“买办阶级”——与外资有密切关系之银行家（如陆宗舆、陈廉伯等）、商业家（如唐绍仪、何东等）、工业家（如张謇、盛恩颐等）；第二种是“大地主”——如陈恭受等；第三种是“官僚”——如孙宝琪、颜惠庆等；第四种是“军阀”——如张作霖、曹锟等。毛泽东还把中国各阶级的人数

①1927年4月1日，中共汕头地方党和共青团组织主持创办的汕头市书店，再版了此文的单行本。

作了详细统计：大资产阶级100万人、中产阶级400万人、小资产阶级1.5亿人、半无产阶级2亿人、无产阶级四五百万人。但是，本书把知识分子当成各阶级的“附属物”，他写道：反动派知识分子——买办性质的银行、工商业高等员司，军阀政府之高等事务员，政客，一部分东西洋留学生，一部分大学校、专门学校的教授、学生，大体上是大资产阶级的附属物；中产阶级——包括华商银行、工商业从业员，大部分东西洋留学生，大部分大学校、专门学校的教授、学生，小律师等；小资产阶级——包括小员司、小事务员、中学学生及中小学教员、小律师等。这种以知识的多少，从学校的大小，从事职业的高低来给知识分子划分阶级显然欠妥。

毛泽东还注意发挥地方的积极性，力争地方多办报。毛泽东想，多一份国民党的报纸，就多一块国民党的宣传阵地；多一份中立的报纸，就少一个攻击国民党的言论机关。他向国民党中央建议：凡有国民党组织的省份，就应有自己的言论机关，有条件的省份，如党员人数多，又有人力和财力，可争取办一份报纸作为党的喉舌；没有条件的省份，可用津贴办当地报纸的办法。他说，这种方法，所费不多，但收效甚大。国民党中央认为这一建议切实可行，予以批准。于是毛泽东促使有条件的湖北省党部办起《楚光日报》、湖南办起《湖南民报》、上海方面接管了国民党通讯社，九江的《江声日报》领取了津贴，杭州《晨报》也提出了申请。

编书也是毛泽东十分重视的工作之一。对于国共两党联合起来进行国民革命，究竟为什么要革命？怎么革命？一些中下层党员不太明确，即使上层一些人物也急需一些书刊资料进行参考。过去的宣传部虽然编纂了一些刊物，但涉及的面很窄，数量也少，远远不能满足需要。毛泽东向国民党中央建议，由宣传部领导编纂一套国民革命丛书，先编印民众最需要、最急迫的书，然后再编印其他。这套丛书计划出5辑60册，每月出版12册，5个月出齐。主要向人们介绍中国及国际的政治经济、历史和民众运动的情况。中国方面的有中国近百年史略、帝国主义侵略中国史、中国国民党史、“二七”惨案、“五卅”运动、中国农民问题等。国际方面的有巴黎公社、德国大革命的意义、世界的农民运动等；还有苏俄研究，如俄罗斯社会革命小史、苏维埃制度、红军、苏俄的外交等；也有孙文研究、马克思主义的历史方法、马克思论东方革命的理论著作；还有论及妇女、犹太人、黑人等问题的。丛书涉及的面很广，内容也很丰富。为实现这一规模宏大的宣传计划，毛泽东提出了一套改革过去宣传部的编纂办法——“本部两年来编纂宣传刊物成绩不甚多，原因在于设置固定人员编纂”，提出由宣传部审定题目，实行征稿法。同时，根据上海为知识界聚集之地的特点。在上海设立征稿处，委托沈雁冰为驻沪编纂干事。毛泽东提出：党内无价发行，党外以最低廉的价格推行全国。他还说，特此辑60册所拟题目有人撰写后，再接编辑6～10辑。遗憾的是，毛泽东在被迫辞去代理宣传部长职务后，未能实现这一计划。

西山会议派破坏国共合作，公开打出分裂的旗帜，人民群众迷惑不解，帝国主义拍手称快。对这一严重危害国民革命前途的重大事件，毛泽东在《政治周报》、《广州民国日报》、《中国青年》等报刊上连续发表文章，揭露右派行径是违背历史发展的，是背叛孙中山亲手制定的三大政策，同帝国主义的立场是一致的。毛泽东还将广东、上海、北京等地党部及个人反对西山会议的文电汇总起来，在《政治周报》上连载，冠以标题，加写按语，表明各行、各业、各界人士的政治态度，从而将反对右派的声势推向高潮，增强民众革命的信心。①

在国共合作的基础上，为适应革命形势的发展需要，培养农民运动干部，从1924年7月～1926年9月，由共产党人主持、以国民党的名义在广州举办了6期农民运动讲习所——全称为“中国国民党农民运动讲习所”。彭湃等共产党人在这里起决定性作用。

国民党“一大”后，共产党员林祖涵担任国民党中央农民部第一任部长，彭湃为秘书。1924年4月，林祖涵因赴武汉办理党务，辞去部长职务。尔后，农民部长一职相继更换（彭素民、廖仲恺），但彭湃一直担任秘书，部务基本由彭湃主持。彭湃有在海丰从事农民运动的经验，毛泽东曾高度评价和赞扬彭湃领导海丰农民运动，他说：陈炯明的故乡——历来土豪劣绅、贪官污吏猬集的海丰县，自从有了5万户、25万户的县农民协会，便比广东任何县都清明——县知事不敢为恶，征收官吏也不敢额外刮钱，全县没有土匪，土豪劣绅鱼肉人民的事几乎绝迹。

彭湃积极主动地向国民党中央党部提议，在革命的策源地中心——广州举办一间农民运动讲习所。1924年6月30日，国民党中央执行委员会第39次会议通过决议：“组织农民运动讲习所，以一个月为讲习期间，讲习完毕后，选充为农民运动特派员。”会后，彭湃就肩负着培养农民运动干部的重任。

第一届农讲所于1924年7月3日开学，8月21日毕业，主任为共产党

---

①张素华，《毛泽东在国民党中央代理宣传部长任内的史迹》，载《毛泽东思想研究》1988年第4期。

员彭湃。在这期间，廖仲恺作了《农民运动应当注意之点》的讲演，孙中山参加毕业典礼，并作了《耕者有其田》的重要报告；

第二届于1924年8月21日开学，11月1日毕业，主任罗绮园（共产党员）；

第三届于1925年1月1日开学，4月3日毕业，主任阮啸仙（共产党员）；

第四届于1925年5月1日开学，9月1日毕业，主任谭植棠（共产党员）；

第五届于1925年9月14日开学，12月8日毕业，主任为彭湃；

第六届于1926年5月3日正式开学，至9月11日毕业，毛泽东担任所长，并亲自讲授《中国农民问题》、《农村教育》、《地理》三门课程和《中国社会各阶级的分析》这篇著作。这届招收全国20个省（区）的学生共327名，毕业318名。把前五届的主任制改为所长制，所址亦由广州市东皋大道1号迁到广州番禺学宫（最早在广州越秀南路53号）。

农讲所历时2年零2个月，培养干部近800名。韦拔群、王首道就是这里的学生。

十　广州农民运动讲习所

1926年1月18日，毛泽东代表宣传报告审查委员会向大会作审查报告。大会通过《宣传报告决议案》，同时指出：两年来尚未能将本党革命目标及方法，深入占全国人口最大多数之工农小商群众中，是宣传工作的缺点；欲求革命之成功，则国内国外之革命的联合战线，必须扩大而巩固之。

同日，在大会讨论中国国民党党务报告关于容纳共产党员加入国民党的问题时，黄埔军校代表袁同畴发言说："本席考虑，以为几件事是要望共产党党员同志做到的：（一）共产党员加入中国国民党时，声明自己是共产党。（二）共产党员，要将在国民党内的活动公开。（三）中国国民党党员加入共产党时，要得该地党部之许可。"毛泽东发言说：共产党员决不怕声明自己是共产主义者，但是共产党在未取得法律地位的条件下，是不能不秘密的，如果公开，就马上要被人解散消灭，对于国民革命前途是不利的；关于国民党党员加入共产党要得到该地党部许可的问题，无论何党，党员出党入党应有绝对自由，实不必有任何限制。经过共产党人张国焘、毛泽东、高语罕、范鸿劼等的坚决斗争，袁同畴收回了自己的意见。①

1926年1月22～25日，国民党第二届中央执行委员会第一次会议召开。会议选举中央执行委员会常务委员、监察委员会常务委员，核定政治委员会政治委员、中央各部部长名单。会议决定，在广州的中央执行委员及候补委员得出席国民党中央常务委员会会议，但无表决权。会议还决定，派驻各地的执委和候补执委，有出席该地各级党部会议、指导和执行党务之权，必要时有召集该地最高执行委员会联席会议及直接决定临时紧急事宜之权。何香凝、戴季陶、毛泽东、邓演达、邓颖超等23人被派为驻广东的中央执委和候补执委。

2月1日，国民党中央常务委员会召开第一次会议。毛泽东列席会议。会议讨论浙江、上海、新疆、山西、广西、四川、湖南等地党务问题；会议任命周恩来、李富春、朱可靖分别为国民革命军第一军、第二军、第三军副党代表，并决定其他任免事项。2月5日，国民党召开第二次中央常委会议，会议根据汪精卫的提议，批准毛泽东为中央宣传部代理部长。会议决定继续开办农民运动讲习所，设立农民运动委员会。同日，国民党中央农民部发出第一号通告，宣布农民运动委员会成立。委员有：林伯渠（主席）、陈公博、毛泽东、甘乃光、宋子文、谭植棠、萧楚女、阮啸仙、罗绮园。3月19日，国民党召开第十三次中央常委会，会议讨论了农民运动讲习所问题，批准毛泽东继任农民运动讲习所所长。4月10日，国民党中央农民部指派毛泽东、林伯渠、高语罕、罗绮园、阮啸仙、谭植棠组成第六届农民运动讲习所考试委员会，对20个省区选送的学生进行复试。在口试时，毛泽东还向学生询问各地乡村情况及农民生活状况等。

1926年5月3日，第六届农民运动讲习所举行开学典礼，由国民党中央农民部长林伯渠主持，所长毛泽东报告农民运动讲习所筹备经过和招生情形。参加开学典礼的有国民党中央政治委员会主席谭延闿，青年部长甘乃光，妇女部长何香凝，广东大学校长褚民谊、文科学长郭沫若，国民大学校长陈其瑗，广东全省农民代表大会代表彭湃，共产党员彭述之等。这一届农讲所的学生327人（毕业318人），来自20个省区，萧楚女为教务主任，高语罕为政治训练主任。5月15日正式开课。毛泽东主持拟定租率、田赋、地主来源、主佃关系、抗租减租、农村组织状况、农民观念、民歌等36个项目引导学生调查，并要学生把家乡的情况，按调查项目填

①《毛泽东年谱（1893—1949）》上卷，人民出版社、中央文献出版社，1993年12月第1版，第154页。

写，仅收集民歌就几千首。[①]

6月初，毛泽东为农讲所讲授中国农民问题，共授课23小时。6月3日、8日、25日，毛泽东为农讲所讲授农村教育问题，指出，农村教育是现社会很大的问题，今后的教育要适合于农民的需要，适合于农民经济的发展，并使农民得到解放。毛泽东还在农民运动讲习所讲授地理课，讲述学习地理与革命工作的关系，要求学生除对全国性的地理概况有所了解，主要对本省的山川形势、人情风俗习惯，以及地理上给予政治的影响等，都要了解。6月23日，毛泽东同农讲所的全体学生一起参加广州沙基惨案一周年纪念大会。全市各界群众游行时，忽然狂风大作，暴雨骤降，毛泽东率领全体学生走在最前列，高呼口号，冒雨行进。7月，毛泽东带领农讲所50名学生到韶关地区实习一个星期，参观并考察农民运动情况。8月中旬，毛泽东又组织农讲所全体学生到海丰实习两个星期。8月14日，毛泽东以农讲所所长的身份应邀参加在广州中山大礼堂举行的中华农学会第9届年会开幕大会并致词：顶要紧的不要忘记80%以上的农民，农民是农业的根本，也就是中国的根本，诸位参观最好到乡下去，到民间去，直接去指导农民，根本救治农业；现在农村经济非常枯涩，农民非常困难，广东农民问题，是诸位开会的一个问题。8月17日，毛泽东应邀参加国民党广东省农民协会执行委员会扩大会议开幕典礼，并发表演说。8月20日～9月中旬，毛泽东应邀为国民党广东省农委办的调查员训练班讲课，讲授共产国际、苏俄、土地问题。

1926年9月1日，毛泽东为《农民问题丛刊》撰写了序言——《国民革命与农民运动》[②]，指出：

> 农民问题乃国民革命的中心问题，农民不起来参加并拥护国民革命，国民革命不会成功；农民运动不赶速地做起来，农民问题不会解决；农民问题不在现在的革命运动中得到相当的解决，农民不会拥护这个革命。

还指出：

> 要有大批的同志，立刻下了决心，去做那组织农民的浩

①《毛泽东年谱（1893—1949）》上卷，人民出版社、中央文献出版社，1993年12月第1版，第162～163页 。

②载《向导》第179期。

大的工作。要立刻下了决心，把农民问题开始研究起来。要立刻下了决心，向党里要到命令，跑到你熟悉的或不熟悉的乡村中间去，夏天晒着酷热的太阳，冬天冒着严寒的风雪，挽着农民的手，问他们痛苦些什么，问他们要些什么。从他们的痛苦与需要中，引导他们组织起来，引导他们向土豪劣绅争斗，引导他们与城市的工人、学生、中小商人合作建立起联合战线，引导他们参与反帝国主义反军阀的国民革命运动。①

9月3日，毛泽东到黄埔军校讲演。9月11日，毛泽东在第六届农民运动讲习所毕业典礼上作总结报告。

9月，《农民问题丛刊》开始陆续出版。毛泽东主持了这套丛刊的编印工作。原计划出52种，因条件所限出了26种。主要介绍中国农村的政治、经济和各阶级的情况，各地的特别是广东农民运动的经验，中国国民党的农民政策，以及苏俄和其他国家的农民运动。

10月25日，国民党中央各省区联席会议讨论国民党最近的政纲草案。在讨论农民问题时，会议否决了湖南等代表提出的"解散摧残农会之民团或团防局"一案。毛泽东支持湖南代表，要求将其作一议案另行提出讨论。10月28日，联席会议讨论由甘乃光、毛泽东等30余人提出的《关于民团问题决议草案》：旧有之民团、团防局或保卫局等组织，事实上多属土豪劣绅及不法地主之武力，此等武力常为帝国主义军阀及反动派所利用，破坏农民运动，摇动本党及国民政府之基础，于党及政府之前途危险实甚；凡摧残农民之民团、团防局或保卫团，政府须解散并惩治之。该草案被会议通过。

毛泽东通过间接的调查，了解到"太平富庶之区"的崇明、江阴、丹阳、无锡、青浦、泰县、徐州、慈溪等县的农村阶级矛盾和斗争情况，于1926年10月25日在《向导》周报上发表了《江浙农民痛苦及其反抗运动》一文。文章指出：江浙两省是工商业发达地区，工人、商人的地位容易被人忽视，而对农民便少有人重视其地位。文章批评了"以为两省乃太平富庶之区，农民并无多大痛苦"的说法，列举近几年来江浙农民自发地反对残酷的封建压榨的一系列事件。②

---

①《毛泽东文集》第一卷，人民出版社，1993年12月第1版，第37页、第39页。

②《毛泽东年谱（1893—1949）》上卷，人民出版社、中央文献出版社，1993年12月第1版，第171页。

11 月上旬，毛泽东离开广州到上海。

此时，杨开慧和母亲携毛岸英、毛岸青由广州回到湖南。住在长沙望麓园。

十一　蒋介石

1924 年 10 月 15 日，孙中山粉碎陈廉伯的商团叛乱。

1925 年 2 月 1 日，黄埔军校中的共产党员、共青团员和进步学生正式成立“中国青年军人联合会”。

1925 年 3 月，蒋介石领导东征取得胜利。

1925 年 4 月 24 日，黄埔军校中成立“孙文主义学会”。这是国民党的右派组织。

1925 年 6 月 12 日，国民党党军①将叛军杨希闵、刘震寰赶出广州。

1925 年 6 月 19 日，香港 10 万工人为声援上海“五卅”运动举行大罢工。6 月 23 日，广州也举行 10 万群众大游行，游行队伍经过沙基路时，英帝国主义军队开枪扫射、军舰炮击，游行者当场死亡 50 余人、重伤 170 余人、轻伤不计其数，死者当中还有儿童和女学生。惨案发生后，香港罢工人数增加到 25 万。罢工从 1925 年 6 月起至 1926 年 10 月，达 16 个月之久。

1925 年 6、7 月间，国民党理论家戴季陶先后发表了《孙文主义之哲学的基础》、《国民革命和中国国民党》等几本小册子，反对国共合作，反对共产党人加入国民党，企图把共产党赶出统一战线，使国民党成为单一的资产阶级政党。

为回击戴季陶等人的进攻，中共中央于 1925 年 11 月在北京召开第一次扩大会议。会上，陈独秀认为戴季陶的文章不是个别人的偶然之作，文章表明资产阶级企图加强自己的力量，以便控制无产阶级，是其转向反动的标志。陈独秀提出退出国民党，共产党应该独立，保持自己的政治面目，不受国民党的牵制，放手发动群众。共产国际代表和党内多数同志不同意他的建议，陈独秀只好放弃了自己的意见。

在 1925 年 1 月，当黄埔军校第一期学生毕业后，根据孙中山要以黄埔为骨干从广东之农团、工团并各省之坚心革命同志招募的意愿，陆续从浙

①1925 年 4 月 6 日，廖仲恺秉承孙中山遗愿，在他主持召开的国民党中央执行委员第 73 次会议上，通过了建立党军案。随即以军校两个教导团为基础，建立了国民党党军，廖仲恺为党代表。

江、江苏、湖南等地招募一批青年工人、青年农民，先后组织了两个教导团。教导团学习苏俄红军建制，采取三三制：每团三个营，每营三个连，每连三个排，每排26～30名战斗兵。团部直属部队有特务营、侦察队、机关枪连、辎重队、通信队、卫生队等，教导团实行党代表制，从连队到团设有党代表。这是由于孙中山"鉴于苏俄革命之成功，实赖于采取党代表制之红军，特于教导团成立之始，委派各级党代表，施以切要之政治工作"。4月23日，教导团第三团成立。7月，教导团与黄埔军校分立，此时，教导团扩大为一个旅，下设3个团。

根据孙中山的遗愿，1925年7月，平定杨希闵、刘震寰叛乱及广州国民政府成立后，国民党中央执行委员会提出了整饬军队的任务，并通过和发布《整饬军队决议案》。这个决议案要求：①军令统一，严禁军队各自为政；②民政统一，严禁军队干涉行政；③财政统一及军需独立，严禁军队分割及霸占财政；④所有军队需经政治训练，使之成为有组织有纪律的革命军队。7月3日，为实现军令统一，成立了军事委员会。军事委员会受中国国民党之指导及监督，管理、统帅境内海陆军航空队及一切军事机关。军事委员会决定统一军队由统一名称始，彻底取消以省为别的军队名称，统称之为国民革命军。8月初，粤军许崇智通电声明：根据国民党的新政策，将军队交与国民政府军事委员会控制。接着，谭延闿、朱培德、程潜等也发表通电，宣布辞去湘军、滇军、鄂军总司令职，以示拥护国民政府统一军队之令。

1925年8月26日，在黄埔党军一旅和建国各军的基础上组成了国民革命军。国民革命军成立之初，分6个军。第一军由原党军第一旅和收编的粤军组成，蒋介石任军长（后何应钦继任），第二军由谭延闿的湘军组成，谭延闿任军长；第三军由朱培德的直辖滇军组成，朱培德任军长；第四军由西江粤军组成，李济深任军长；第五军由李福林的福军扩编组成，李福林任军长；第六军军长为程潜。这时，国民革命军总数达12万人左右，分别驻扎在汕头、粤东、西江、粤南、广州及珠江三角洲一带。

1925年7月1日，汪精卫被推选为国民政府主席，随后又担任军事委员会主席。鲍罗廷被聘为国民政府顾问。9月，蒋介石取代涉嫌廖仲恺被刺案的许崇智成为东路军总指挥、广州卫戍司令。10月，国民革命军举行第二次东征，彻底消灭了陈炯明的实力。

1926年1月1日～19日，国民党中央召开第二次全国代表大会。到会代表256人，共产党员吴玉章任大会秘书长。会议通过的宣言进一步阐明了联俄、联共、扶助农工的三大政策。会议选出中央执行委员36名（有共产党员谭平山、林伯渠、李大钊、于树德、吴玉章、杨匏安、恽代英7名)，候补委员24名（有共产党员毛泽东、许甦魂、夏曦、韩麟符、董必武、邓颖超6名)，中央监察委员12名（有共产党员高语罕1名)，候补委员8名。在随后建立的国民党中央秘书处、组织部、宣传部、农民部中，都由共产党员担任领导工作。

其中秘书处的成员全部是共产党员，他们是：谭平山、林祖涵、杨匏安、刘芬。另外，组织部长谭平山、秘书杨匏安，代理宣传部长毛泽东、秘书沈雁冰，青年部秘书黄日葵，工人部秘书冯菊坡，农民部长林祖涵、秘书彭湃、罗绮园，外事部秘书许甦魂，商人部秘书黄牙裕，妇女部秘书邓颖超均系共产党人。在中央党部的21个职务中，共产党人16人约占76%。外事部部长彭泽民、妇女部部长何香凝是国民党左派。

由于共产党人联合国民党左派的共同努力，大会重申了“三大政策”，谴责了右派活动，批判了戴季陶主义，通过了《弹劾西山会议派的决议案》，开除了西山会议派主要分子邹鲁、谢持的党籍。

如前所述，毛泽东出席了这次会议，并担任“宣传报告审查委员”，1月8日向大会作了《宣传报告》，再次被选为国民党中央执行委员会候补委员。

国民党“二大”推举汪精卫为中央执行委员会主席。

与此同时，国民革命军中大约已有1000余名共产党员，一、二、三、四、六军的政治部主任均由共产党人担任。第一军的3个师的党代表，有两个是共产党员；9个团的党代表，有7个是共产党员。汪精卫表现为前所未有的左倾，1926年2月1日，他在中央执委会常委会上，提议任命周恩来为第一军副党代表，李富春为第二军副党代表，朱克靖为第三军副党代表（根据国民党《军事委员会政治训练部组织大纲》规定：军事委员会主席为总党代表，各军均设副职)。

此外，中国共产党在广东的群众基础也大为加强，有组织的工人队伍约10余万人，农会会员约60余万人，其中工人武装纠察队2000余人，农民自卫军3万余人。

国民党“二大”前，蒋介石担任军事委员会委员、国民革命军第一军军长、广州卫戍司令等职，“二大”后，蒋介石又当上国民党的中央执行委员会常委、中央军事政治学校（国民党“二大”上形成决议将各军所办的军校合并）校长。1926年2月1日，蒋介石又被任命为国民革命军总监。

广西的新桂系李宗仁、黄绍竑、白崇禧于1925年秋消灭了陆荣廷、沈鸿英的旧桂系军，打退了滇系军阀唐继尧，统一了广西。1926 年 2 月 24 日，广西、广东统一，广西军被编为国民革命军第七军。

自 1926 年 1 月起，蒋介石和苏俄代理军事顾问团团长季山嘉（鲍罗廷因事暂回国）、汪精卫产生了尖锐的矛盾。加上右派的煽动，蒋介石于 1926 年 3 月 20 日制造了“中山舰（原永丰舰）事件”，事情经过是：

“孙文主义学会”骨干分子，海军学校副校长欧阳格，想充任海军局长及中山舰长，1926 年 3 月初赶跑了他的堂兄海军局长兼中山舰长欧阳琳。但国民政府任命李之龙为海军政治部主任兼代海军局长、参谋厅长和中山舰长。欧阳格不甘心，企图劫夺中山舰开往北方。3 月 14 日，李之龙向国民政府报告，并请国民政府任命章臣桐为中山舰代理舰长，还请第二师调派二班士兵驻舰防范。3 月 18 日，从上海开往黄埔的定安商轮遭抢劫请求保护，黄埔军校交通股股长兼驻省办事处主任，欧阳格的侄子欧阳钟矫“奉蒋校长面谕”，要李之龙派得力军舰开赴黄埔“受蒋校长调遣”。李之龙外出回来后见到作战科长留在他家的函件，连夜派中山舰升火前往。3 月 19 日上午 9 时，中山舰开赴黄埔后，代理舰长章臣桐赴军校请示任务，黄埔军校教育长邓演达和校长办公厅均未闻知有调舰之事。当中山舰奉令开回广州时，阴谋分子散布谣言：中山舰无故升火游弋，往来黄埔、广州间，显然是共产党要倒蒋，推翻国民政府。蒋介石说：“有人说季山嘉阴谋，是日待我由省城乘船回黄埔途中，想劫我到中山舰上，逼迫我去海参崴。”于是蒋介石和陈肇英（虎门要塞司令）、陈立夫、王柏龄、欧阳格等人立刻移驻造币厂，召集秘密会议至 3 月 20 日凌晨 4 时。随即，蒋介石到第一军经理处下达命令：①宣布广州戒严；②任命欧阳格为海军舰队司令，命其派兵逮捕李之龙，占领中山舰；③派刘峙部 600 余人，由黄埔乘舰至东堤于拂晓登陆，包围省港罢工委员会，收缴工人纠察队枪支，包围并搜查苏联顾问团住所及海军局、航空局、参谋团、制弹厂等机关单位，解除苏联顾问团卫队武装。欧阳格奉令后，即调派第二十师王柏龄的军队驰至文德楼李之龙住宅，将李之龙“自床上拥起”，逮至二十师留守处，旋将李之龙蒙眼塞口秘密解至第一军经理处“审问”。后又由陈肇英将李之龙捆绑押到造币厂交第六团特务连监押。当日 6 时欧阳格占领中山舰后，又发令通请各舰长及各舰党代表至中山舰集会。10 时许，欧阳格宣布奉政府令，扣留各舰长及党代表，间有加上锁铐者。蒋介石闻欧阳格已占领了中山舰，即往造币厂北校场“训诫”第二师将士，并由缪斌当场将第二师各级党代表和政治工作人员多人扣留。周恩来闻讯，赶到造币厂质问蒋介石，其随从卫队也被缴了械。海军顾问嘉烈闻讯，赶到中山舰，欲上船，被欧阳格拒绝，并遭监视。与此同时，蒋介石还派兵赴黄埔监视邓演达及军校进步师生。欧阳格也“派飞鹰、自由、江北三舰，舶长江口外，缉拿安北、平南，并检查其他中国兵舰”。张静江对蒋介石的“临机应变之状”，称之为“天才”。3 月 28 日，“西山会议派”在上海召开所谓“第二次全国代表大会”发表致蒋介石电，夸奖蒋介石“以迅速手段，勘定叛乱，忠勇明敏，功在党国”。

“中山舰事件”是蒋介石勾结右派，向共产党进攻，向革命示威的信号。同时也是为了打击汪精卫。国民革命军的第二军军长谭延闿、第四军军长李济深、第六军军长程潜都对蒋介石不满，第三军军长朱培德，第五军军长李福林也不满，大家都想和蒋介石干一下。

蒋介石自知羽翼未丰，除第一军外，其余各军并不完全支持他，此时他还不敢公开和中国共产党决裂，也不敢公开反苏。3 月 22 日，蒋介石在对黄埔军校官佐学生的讲话中说：李之龙“即使他真正有罪，也只是他一人的问题，不能牵涉到团体的身上”。他一面要求共产党员撤出黄埔军校和军队，要求驱逐苏联顾问，一面又向苏联使馆参议表示这是对个别人的问题，不是对苏问题。

3 月 22 日，国民党中央召开政治委员会，在蒋介石的压力下做出令苏联顾问季山嘉等回国，撤出第二师各级党代表，查办不轨军官的决议。汪精卫对此表示完全尊重，但第二天又以迁地就医为名请长假避匿不出。3 月 23 日，蒋介石向军事委员会自请处分，并释放了被扣押的政治工作人员。

事件发生后，毛泽东主张给蒋介石以坚决回击，他说，我们对蒋介石要强硬，我们示弱，他就得寸进尺；我们强硬，他就缩回去。毛泽东向中共两广区委书记陈延年和代理苏联军事顾问团长季山嘉建议说：我们应当动员所有在广州的国民党中央执监委员秘密到肇庆集中，驻防肇庆的是叶挺独立团，中央执监委员到了肇庆之后，就开会通电讨蒋，指责他违犯党纪国法，必须严办，削其兵权，开除其党籍。毛泽东分析说，就广州一隅而言，蒋介石的武力占优势，然而就两广而言，蒋介石这点兵力就居于劣势。毛泽东的建议遭到季山嘉的反对，他们从纯粹的军事观点看问题，认为真要打仗，独立团不能坚持一个星期。陈延年先是站在毛泽东一边，季山嘉一反对，陈延年也犹豫起来。毛泽东再三跟他们辩论，没有效果，最后决定请示党中央，毛泽东的意见被陈独秀为首的党中央所否决。

陈独秀派张国焘和蒋介石谈判，完全依照蒋介石的意图，中国共产党撤出第一军中的全部共产党员，并于4月15日宣布取消“中国青年军人联合会”（同时亦宣布取消“孙文主义学会”）。毛泽东、周恩来建议从黄埔军校和第一军中退出的250多名共产党员派到其他军中去，建立叶挺独立团式的革命军队。陈独秀拒绝了这一主张，这个计划未能完全实行。

1926年3月25日，汪精卫去职（后赴法国养病）。

蒋介石乘汪精卫避匿之际，和张静江、谭延闿、朱培德密谋，于4月16日召开“国民党中央党部、国民政府联席会议”，改选了国民党中央政治委员会主席和军事委员会主席，由谭延闿、蒋介石分别取代汪精卫而接任。

在迫使共产党人退出黄埔军校和第一军之后，蒋介石在4月下旬，逮捕了广州公安局长吴铁城，驱逐近粤的右派代表人物胡汉民以及伍朝枢、傅秉常。为赢得苏联在军械、资金、军事顾问方面的支援和中共在北伐中出力，蒋介石与4月29日返粤的苏联总政治部顾问鲍罗廷过从密切。

中共中央的退让政策和共产国际的指导有着很大关系：

1927年4月初，斯大林认为：中共不宜退出国民党，宜采取妥协政策。“中山舰”事件发生时，苏联派出的布勃诺夫使团正在广州，这个使团在中国负有重要的使命。在事件中，该使团的卫队被解除武装，但他们没有抗议蒋介石的反苏行为，相反却接受了蒋介石的要求：同意撤回苏联顾问团代理团长季山嘉等人。布勃使团在离开中国之前，还对中共中央机关刊物《向导》发表谈话，竭力为蒋介石辩护。

鲍罗廷自苏联回到广州后，陈独秀向鲍罗廷提出，是否将苏联政府送给国民党军队的部分武器拿来武装由共产党人领导的工人纠察队，以便抵抗蒋介石可能发动新的袭击，这个建议当即遭到鲍罗廷的拒绝。鲍罗廷对陈独秀说：“在目前阶段，共产党人必须当国民党的苦力。”苏联顾问鲍罗廷到广州会晤蒋介石，蒋介石说，胡汉民曾建议逮捕鲍，给鲍罗廷来个下马威（其实，蒋、胡合作的可能性并不大）。蒋的这一招颇起作用，加快了鲍罗廷的妥协步伐，他从门庭若市的鲍公馆移樽到半身不遂的张静江行馆，向蒋介石、张静江请示。在一系列谈判中，鲍罗廷只是考虑如何维持苏联与国民党的联系，保证苏联顾问不被赶走，而不顾中国革命和中国共产党的利益，背着中国共产党全盘接受蒋介石提出的赤裸裸的反共计划——《整理党务案》①。鲍罗廷反过来充当说客，压中共同意这一方案，并支持张静江任中央执行委员会主席。

1926年5月15日~25日，蒋介石主持召开国民党二届二中全会，会

①蒋介石在他的《苏俄在中国》（1957年7月台北中央文物供应社出版）中回忆说：“当鲍罗廷与我会商这个办法时，对我态度极为缓和，凡我所提主张，都作合理的解决。”

议上蒋介石提出了“整理党务案”，其中规定：共产党员在各级党部任执行委员的人数不得超过全体委员的1/3；共产党员不得担任国民党中央各部部长；加入国民党的共产党员名单须全部交出；共产国际对中国共产党的指示和中国共产党对加入国民党的共产党员指示，切需先交国共两党联席会议讨论通过才能发出等等。陈独秀当即向共产国际东方委员会建议：中国共产党脱离国民党，在新的基础上重新谈判联合问题。但这一立场遭到苏联《真理报》的严厉批评。中共中央派张国焘、彭述之指导出席这次全会的中共党团。在出席会议中共党团的大多数人反对的情况下，张国焘、彭述之在共产国际及其代表的决断下全盘接受了这一反动提案。会议选举蒋介石盟兄张静江（张人杰）为国民党中央执行委员会主席，蒋介石为组织部长并兼任新设的军人部长。共产党员的位置让了出来：刘伯垂辞去中央党部秘书长职、谭平山辞去组织部长职、毛泽东辞去代理宣传部长职、林祖涵辞去农民部长职。这样，国民党右派在组织上占了极大的优势，共产党在党务方面已毫无地位了。随后，陈果夫被蒋介石任命为组织部秘书。陈果夫、陈立夫（陈其美的两个侄子）利用他们取得的地位，在各省发展右派。在北方，则以丁惟汾、王法勤为基础，收买西山会议派。原属西山会议派的叶楚伧、邵元冲出任中央党部秘书长和青年部长。从此，各地方党部的左派和右派的斗争便激烈起来。

对于蒋介石的叛变行动，很多共产党员不买他的账。中共党员蒋先云就第一个挺身而出与蒋介石展开面对面的斗争。蒋先云，湖南新田人，1902年生，1919年任湖南学生联合会总干事，1921年加入社会主义青年团，1922年加入中国共产党，1924年由中共选派入黄埔军校第一期，毕业后任军校政治部秘书，是“中国青年军人联合会”发起人之一。一天，蒋介石召开第一军军官会议，宣布：“秉党务整理案之精神，军队中不能有跨党党员，退出共产党便可以保留在军队里。”说到这里，他盯住蒋先云问道：有谁退出共产党？有谁跟着共产党？蒋先云不等蒋介石问话落地，唰地站起来：“我是共产党员，永做共产党员。谁脱离共产党，就是背叛革命！头可断，共产党员党籍不能丢！”说罢，拂袖而去。后来，蒋介石多次诱以官职，蒋先云坚定地说：“官，可以不做，而命不可不革。”

1926年5月下旬，广东革命政府决定派第四军第十师（师长陈铭枢）、第十二师（师长张发奎）和叶挺率领的独立团及第七军李宗仁部进入湘南。5月20日，中国共产党直接指挥下的国民革命军第四军叶挺独立团进入湖南，揭开了北伐战争的序幕。叶挺独立团，前身是“大元帅府铁甲车队”，连以上干部大多数是中共党员，团有支部，连有小组，直属中共两广区委军事部领导，在建制上属第四军。叶挺独立团在湖南农民群众的支援下，迅速击溃进攻唐生智的敌军，稳定了湖南的战局。5月21日，国民政府任命唐生智（3月25日赶走赵恒惕，接任湖南代理省长）为第八军军长兼北伐军中路前敌总指挥。6月2日，唐生智在衡阳就职。7月10日，北伐军占领长沙，唐生智取消湖南自治，湖南归属广东国民政府管辖，唐生智被任命为湖南省长。

1926年6月7日，蒋介石在黄埔军校演讲中声称：“中国革命必须承认共产国际的领导”，共产国际“是世界革命的总参谋部”，按这些话去做“会走上正确的光明的道路”。

1926年7月4～6日，国民党第二届中央执行委员会临时全体会议在广州召开，会议专门研究了北伐事宜。1926年7月4～6日，国民党中央执行委员会举行临时会议，通过迅速出师北伐、任命蒋介石为国民革命军总司令的议案。

7月6日，国民党中央委员会举行全体会议，因张静江患足疾辞职，会议推选蒋介石为国民党中央执行委员主席。同时，蒋介石还兼任了特设的中央军人部部长（有任命军队党代表权）。陈果夫接替蒋介石出任中央组织部长。

按照国民革命总司令部组织大纲规定，出征动员令下达后，凡国民政府所属军、政、民、财各机关，均须受总司令指挥。这样，蒋介石就垄断了国民党、国民政府、北伐军的所有大权，成了第一号人物。

1926年7月12～18日，中国共产党在上海召开中央执行委员会扩大会议，讨论北伐战争中党的组织路线、国共合作的策略和民众运动的政策等问题。会议明确把蒋介石划为新右派的代表，提出无产阶级要同资产阶级争夺领导权，要反对“左”、“右”两种倾向。会议强调扩大左派与左派密切的联合。会议害怕与资产阶级的斗争，害怕斗争会吓跑资产阶级；会议对农民运动限制较多，指出农民武装不能超出自卫的范围。

十二　北伐战争

1926年7月9日，在广州召开北伐誓师大会，气壮山河，发表“北伐誓师宣言”，号召全国人民支持国民革命，进军北伐。以第一军（原军长蒋介石，由何应钦任代军长）从东江潮汕北攻福建、浙江，为右路军；第二军（军长谭延闿）、第三军（军长朱培德）、第四军（原军长李济深，后改为张发奎）、第六军（军长程潜）、第七军（军长李宗仁）从北江出韶关、大庾岭，进攻湖南、江西，为左路军。大军出韶关，浩浩荡荡，沿途农民支援运送，是辛亥革命以来所未有的盛况。

这时北洋军阀最大的有三系：一是直系吴佩孚，占据湖南、湖北、河南、河北等省；二是皖系孙传芳，占据江西、安徽、江苏、浙江、福建5省；三是奉系张作霖，占据东三省和京津一带。

7月10日，国民革命军军事总顾问加伦将军建议作战方针是：首攻湖南、湖北消灭直系吴佩孚，再进攻江西对皖系孙传芳作战，然后不失时机地全力夺取武汉三镇，最后选择适当时机，讨伐奉系张作霖。后来，蒋介石基本上是以这一作战计划进行指挥，实践证明是正确的。

7月27日，蒋介石从广州动身，前往湖南前线指挥作战。随行的有：以加伦将军为首的苏联顾问团，北伐军参谋长白崇禧，政治部主任邓演达、副主任郭沫若等。

8月25日，蒋介石在长沙作政治党务报告，强调：党的发展必须要有团结，团结国内外一切阶级的革命力量，革命同志在国内是中国共产党，在国外是苏联，革命要取得成功，必须联合中国共产党和苏联共同奋斗。

北伐军左路军从广东向湖南、湖北进军，以消灭吴佩孚势力为目标，这是北伐的主攻方向和主要战场。北伐军左路军第四、七、八军约有5万人，其中有相当数量的共产党员、共青团员，战斗力很强。敌人方面有直系军阀吴佩孚所部主力10万人，以武汉为指挥中心。

8月27日，两军在汀泗桥展开激战，吴佩孚布置大刀队在阵前督战，但他从未遇见过像北伐军这样具有惊人英勇气概的军队，大刀队虽然在阵前砍下己方退却的9颗团营长的人头，还是无法保住阵地。当天上午10时，北伐军占领汀泗桥，敌2万余人全军覆灭，桥下积尸累累，几使河水断流。

8月30日，北伐军攻占贺胜桥。

9月19日，程潜率国民革命军第六军攻入江西省会南昌。

10月10日，武昌城被北伐军第四军的叶挺独立团攻克。两湖人民称叶挺独立团为“铁军”，以独立团为先锋的第四军也获得“铁军”称号。

11月9日，蒋介石的总司令部移驻南昌。

早在10月22日，蒋介石提议将国民党中央执委会移至武汉，11月19日，蒋介石再次提议将国民政府和中央党部迁到武汉。11月26日，国民党中央召开政治会议，决定采纳蒋介石的意见，迁都武汉。会后在广州的国民党中央委员和国民政府委员分两批北迁。国民政府的财政部、外交部、交通部等所属机关也陆续离开广州。12 月 7 日，广州国民党中央和国民政府宣布停止办公。12 月 10 日，国民党政府司法部长徐谦、外交部长陈友仁、财政部长宋子文、交通部长孙科，以及宋庆龄、何香凝等人和鲍罗廷到达武汉。13 日，到达武汉的委员成立“中央执行委员暨国民政府委员临时联席会议”，暂时执行最高职权，徐谦任主席。

12 月 18 日，何应钦率北伐军第一军不战而进入福州。

1926 年 12 月中旬，中共中央在汉口召开特别会议。会议中心是讨论国民党的问题。出席会议的有陈独秀、瞿秋白、毛泽东、李维汉等人，共产国际代表鲍罗廷、魏金斯基参加了会议。

陈独秀于 12 月 13 日在会上作了《政治报告》，是这次会议的主要内容。另外还通过了 7 个议决案：《关于政治报告议决案》、《关于国民党右派问题议决案》、《关于湘鄂赣三省农民运动议决案》、《关于湘鄂赣三省党务议决案》、《关于湘鄂赣三省国民党工作议决案》、《政治问题议决案》、《关于职工运动议决案》。

陈独秀在报告中提出，自北伐军攻下南昌、九江之后国共关系发生了许多新的变化，出现了破裂危机。因此他要求会议着重讨论一下国共关系问题。他分析国共关系面临破裂的危机，认为原因有四：“一、江西战胜后，军事势力有离民众而往右走之倾向；二、工农运动之发展，使资产阶级恐惧；三、帝国主义改用新的分裂政策；四、我们的失策。”他说：“以上四个危险倾向汇合起来，随时随地都会使联合战线破裂。”其中“国民党之右倾和我们党中之左稚病是主要的”。他还列举了所谓党内“左稚病”的六种现象。

陈独秀在报告中，提出了 7 条解决危机的办法。第一条，也是主要的一条是：“防止党外的右倾，同时反对党内的左倾，以巩固赤的联合战线”，另外 6 条分别是：督促国民党及国民政府实行“武力和民众结合”的口号；维持国民党军事首领势力之均衡；扩大民主主义宣传；一切群众组织和运动尽可能地和国民党合作……使左派领袖获得群众，竭力援助左派达到第三次全国代表大会的胜利；扶助左派建立以汪精卫为领袖的文人派政府；确定我们对于中小商人的政策。

陈独秀在会议上一再批评“农民运动过火”，一再强调农民运动要由国民党出面领导。

毛泽东在会上讲了话，赞成要土改。但由于陈独秀的反对，这个问题未予讨论。

1926年11月上旬，中共中央决定，由毛泽东、彭湃、阮啸仙、易礼容、陆沉、萧人鹄和青年团1人共7人组成中央农民运动委员会，毛泽东为书记，以委员1人常驻中央，另在汉口设办事处，就便指导湘、鄂、赣、川的农运工作。

在毛泽东的主持下，中央农委拟定《目前农运计划》，提出："在目前状况之下，农运发展应取集中的原则。全国除粤省外，应集中在湘、鄂、赣、豫四省发展，次则陕西、四川、广西、福建、安徽、江苏、浙江七省亦应以相当的力量去做。……各地农运切实与国民党左派合作，并促成国民党中央农民部在武汉设立办事处"，在武昌开办农民运动讲习所。11月15日，中共中央中央局通过这一计划。

1926年11月下旬，毛泽东离开上海经南昌赴武汉。11月26日晚上，毛泽东在南昌会晤国民革命军第六军党代表林伯渠，商谈在武昌开办湘、鄂、赣3省农民运动讲习所问题。11月27日，毛泽东在林伯渠的陪同下访问第六军代理军长鲁涤平和该军副党代表李富春，寻求支持。29日，江西临时政治委员会作出决议：江西选派150名学员送武昌农民运动讲习所学习，并负担经费12000元。11月底，毛泽东到达武汉，在汉口建立中共中央农委办事处，同国民党湖北省党部筹商举办湘、鄂、赣3省农民运动讲习所问题。①

12月3日，湖南全省第一次农民代表大会电请毛泽东到湖南对大会进行指导。在中共中央汉口特别会议上，湖南区委书记李维汉为土地问题与陈独秀发生了争论。毛泽东感到自己对农民要求土地及有关问题还不甚了解，经他要求，会后被中共中央派到湖南去担任农民运动视察员。

12月17日，毛泽东由汉口到长沙，参加湖南会议，并准备考察湖南农民运动情况。12月20日，毛泽东出席湖南全省第一次工人代表和第一次农民代表联合举行的欢迎大会。毛泽东在欢迎会上作《工农商学联合的问题》演说：国民革命的中心问题就是农民问题，一切都要靠农民问题的解决；我们现在还不是打倒地主的时候，我们要让他一步，在国民革命中是打倒帝国主义、军阀土豪劣绅，减少租额，减少利息，增加雇农工资的时候。12月27日，毛泽东以国民党中央候补执行委员身份出席湖南全省工、农代表大会联合举行的闭幕会，在会上作关于革命联合战线问题的演

---

①《毛泽东年谱（1893—1949）》上卷，人民出版社、中央文献出版社，1993年12月第1版，第173页。

说。28 日，毛泽东出席国民党长沙市党部第二次代表大会闭幕式并讲话。

1926 年 12 月 28 日，长沙《大公报》报道：中央党部执行委员毛泽东拟于日内分赴湖南宁乡、新化、衡山、衡阳、湘潭、醴陵、宝庆、攸县、武冈、新宁等 10 余县巡视党务状况，湖南省部决定派戴述人偕往，并请毛泽东将湖南方面所要调查的 6 项内容会同考察。

1927 年 1 月 4 日，毛泽东从长沙启程到湖南农村考察农民运动。湖南这时已发生很大的变化。北伐军经过湖南后，农民协会在农村各地占了统治地位。4 ~9 日，先后在湘潭县的县城、银田、韶山一带考察。韶山已经成了农民的天下。① 毛泽东说，我们的革命还才开始，我的所爱、所交的朋友都是穿草鞋的人，要彻底消灭封建地主劣绅，打倒军阀，赶走帝国主义，还得三四十年，革命不成功，我毛润之也不回韶山来了。1 月9 ~14 日，毛泽东在湘乡县考察，先在外祖父家同两位舅父、几位表兄弟和一些老农 20 余人座谈。又到县城，了解到湘乡禁赌、禁鸦片搞得很好。1 月15 ~23 日，毛泽东到衡山县考察。在白果召开农协干部座谈会，赞扬岳北农民敢于在赵恒惕的胞衣盘里闹革命。1 月 24 日，毛泽东回到长沙，将 3 县的调查情况向中共湖南区委负责人作详细报告，随后在党校、团校各作了一次报告，还在长沙郊区做了一些考察。1 月 27 日 ~2 月 3 日，到醴陵县考察。2 月 4 日回到长沙，在长沙郊区邀请农协负责人进行座谈。2 月 5 日考察结束。行程 700 公里。因时间关系，原计划的几个县没有去成。

1927 年 2 月 12 日，毛泽东由长沙回到武昌。2 月下旬，杨开慧带领毛岸英、毛岸青和保姆陈玉英（孙嫂）到达武昌，住在都府堤 41 号。

2 月 16 日，毛泽东向党中央报告，认为湖南农民对于土地的要求，已经不是宣传的问题，而是立即要实行的问题了。

1927 年3 月5 日 ~4 月3 日，《湖南农民运动考察报告》全文在中共湖南区委机关刊物《战士》周报连载。3 月间，中共中央机关刊物《向导》、汉口《民国日报》的《中央副刊》发表其中的前两章。3 月 28 日，《湖南民报》开始连载。毛泽东预示到：

---

①韶山人在毛震公祠举行了盛大欢迎会。会后，农民协会的领导们宴请毛泽东，毛泽东的弟媳王淑兰作为妇女界的负责人，也来陪客。入席时，韶山的头面人物请毛泽东坐首席，毛泽东笑着推辞了，说：过去妇女进祠堂吃酒，被视为犯族规，轻则打屁股、赔礼，重则沉潭丧命；今天农民运动起来了，妇女也翻身了，我看咱们不妨再犯一次族规，让妇女坐首席，怎么样？毛泽东的提议获得了一片叫好声。毛泽东又微笑着说："来，淑兰，你是韶山妇女们的头，你就带个头。"王淑兰高兴地说："既然毛委员哥哥说得这样有道理，我又怕犯什么族规呢？"于是就大大方方地坐在了首席。妇女不仅进祠堂还吃了酒，而且坐首席，在韶山是破天荒的第一次。

很短的时间内，将有几万万农民从中国中部、南部和北部各省起来，其势如暴风骤雨，迅猛异常，无论什么大的力量都将压抑不住。他们将冲决一切束缚他们的罗网，朝着解放的路上迅跑，一切帝国主义、军阀、贪官污吏、土豪劣绅，都将被他们葬入坟墓。①

湖南农会会员200万人，能直接领导的群众达1000万人，差不多占了湖南农民的一半。

1927年4月，汉口长江书店以《湖南农民革命（一）》为书名出版单行本，瞿秋白为之作序。瞿秋白在序言里说："中国农民要的是政权和土地。……中国革命家都要代表三万万九千万农民说话做事，到前线去奋斗，毛泽东不过开始罢了。中国的革命者个个都应该读一读毛泽东这本书，和读彭湃的《海丰农民运动》一样。"②

毛泽东的这篇报告，引起了共产国际的注意。1927年5月27日和6月12日，共产国际执委会机关刊物《共产国际》先后用俄文和英文翻译发表了《湖南农民运动考察报告》（这是毛泽东第一篇被介绍到国外的文章）。英文版的编者按说："在迄今为止的介绍中国农村状况的英文版刊物中，这篇报道最为清晰。"当时任共产国际执委会主席团委员的布哈林在执委会第八次扩大会全会上也说："我想有些同志大概已经读过我们的一位鼓动员记述在湖南省内旅行的报告了"，这篇《报告》"文字精练，耐人寻味"。③

1924年深秋，毛泽民因患阑尾炎离安源到长沙住院。1925年2月，毛泽民跟随毛泽东、杨开慧回到韶山，开展农民运动。4月，党组织派他赴广州，进第五届农民运动讲习所学习。结业后，调到上海任中共中央出版发行部经理并主持上海书店的工作。上海书店是党的总发行机关，印发党的所有对外宣传刊物和内部文件。书店在广州、长沙、中国香港、海参崴和巴黎等地设有分店和代售处。随着书刊的销售量猛增，印刷、发行任务繁重，党中央决定增开一个印刷厂和秘密发行所，由毛泽民负责。1926年，毛泽民在上海新闻路培德里找了几间房子，化名周泰安、杨杰，公开身份是印刷厂的老板。他派人到韶山挑选工作人员。1926年，毛泽民与青

---

①《毛泽东选集》第一卷，人民出版社，1991年6月版，第13页。
②《毛泽东传（1893—1949）》，中央文献出版社，1996年8月第1版，第126～127页。
③《毛泽东传（1893—1949）》，中央文献出版社，1996年8月第1版，第127页。

年女工、共产党员钱希均结婚。书店的活动，引起敌人的注意。毛泽民向党中央建议，在革命形势较好的汉口，建立一个公开的发行机构——长江书店。经党中央批准，1927 年 3 月，长江书店正式开业，属中共湖北省委领导。毛泽民通过长江轮船的水手、茶房，将上海书店所剩书刊巧妙地运到了汉口。

毛泽建于 1923 年秋天前往衡阳考入省立第三女子师范学校后，她一面学习，一面从事学生运动。她积极阅读《向导》周刊、《新青年》和鲁迅的《呐喊》等进步书刊。毛泽建是三女师学生党支部书记、湖南学生联合会的代表，利用假日，她组织同学步行到衡阳的东乡、北乡以及附近的工厂、矿山，开展革命的宣传活动。1925 年“五卅”运动爆发后，毛泽建积极组织同学参加反帝爱国运动，支援上海的工人罢工、学生罢课、商人罢市的斗争。根据党的指示，她发动和组织一批爱国同学，当众烧毁了衡阳县商会会长家堆积如山的日货。在学生运动中，毛泽建结识了衡阳省立第三中学学生、共产党员陈芬。1925 年，他们结婚。婚后，陈芬前往郴县领导农民运动。毛泽建一边继续在三女师学习，一边工作。她担任了湘南学联妇生部长。1926 年初，衡阳县长陈其祥，借故逮捕了湘南学联的一个代表。毛泽建在党的领导下，通过学联发动和组织衡阳县广大师生举行示威游行，营救被无理逮捕的学联代表。毛泽建带领三女师同学率先冲进县长屋内，陈其祥被吓跑。事后，陈其祥被迫接受学生提出的条件，释放了被押的学联代表。由于毛泽建在每次斗争中都站在前列，被同学们称为“女先锋”。1926 年夏天，北伐军开进衡阳。毛泽建遵照中共湘南特委的指示，离开女三师，到衡阳从事农民运动，担任中共衡阳县委妇女运动委员。她深入到神皇山、园山、蹬子岭等地，发动和领导农民建立农民协会、农民自卫军。并协助农会开办农民夜校，为之讲课。1927 年 2 月，毛泽建作为衡阳代表，到长沙参加省妇联召开的妇女工作大会。会上，她了解到毛泽东考察湖南农民运动的情况和开展农民运动的指示精神。返回衡阳后，按照毛泽东的指示精神进一步发动群众，开展农民运动。1927 年 3、4 月，毛泽建按照广州全国农民运动讲习所的经验，在衡阳集兵滩观音堂举办了两期农民运动骨干训练班，毛泽建为学员讲课，学员既学文又学武，两期训练班共培养学员 400 名，发展党员 20 多名。

1926 年 12 月 1 日，蒋介石擅自改变了将国民党党政中央迁往武汉的主意，以“党政中央应与总司令部在一起，设立前方”为由，力主改驻南昌。当国民政府第二批要员谭延闿、张静江等从广州到达南昌时，蒋介石于1927年1月3日召开中央政治会议临时会议，以“为政治和军事发展便利”为由，作出党政中央“暂驻南昌”的决定，将谭延闿等委员控留在江西。

同时，蒋介石从河南召来挚友张群，任命为“总参议”；接着，致函蛰居天津的北方政客黄郛，邀他南下商讨“大计”。黄郛留日时与蒋介石是至交（陈其美、黄、蒋3人结为“换帖”兄弟），历任北洋政府外交总长，摄政总理等要职，与日本帝国主义勾结有素，同时与中国银行总经理张嘉璈有深交。蒋介石急切延揽黄郛南下，是因为他需要黄郛充当勾结日本和联系中国金融资产阶级的中介人。黄郛到达南昌，同张静江、陈果夫、戴季陶等一起形成南昌右派的核心，同蒋介石朝夕相处，密议频仍。黄郛向蒋介石建议：①向国民明示政策，离俄清党，放弃“联俄容共政策”；②在外交上首先谋求同日本、英国的谅解，“无论如何不应该放弃日本这条路”；③克复南京、上海，联系绅商；④底定东南后，应采取步骤联络北方的冯玉祥、阎锡山，形成“中心力量”，这样“可以减少内争而早致统一”。这些提议尽为蒋介石采纳，时间是1927年1月末到2月初。

1927年1月12日，蒋介石到武汉“视察”。15日，蒋介石出席武汉党政联席会议时，鲍罗廷向他提议：“时局严重，为了节省时间，可请南昌同志来武汉开中央政治会议”，蒋介石表示异议。鲍罗廷代表大多数中委的意愿，告诫蒋介石：“革命要依靠群众，实行民主，独裁是不行的”，蒋介石听了很生气。关于北伐进军路线，鲍罗廷提议应循京汉路北进，打到北京，然后与沿海一带帝国主义周旋，蒋介石则坚持在两个月内先肃清东南。18日，蒋介石离武汉，到庐山，与张静江、黄郛策划驱逐鲍罗廷。他致电联席会议主席徐谦，声称：鲍罗廷当众侮辱了他，要撤掉鲍的职务。但受到了左派的抵制。

由于第一军在浙江西部进军失利和北伐军二、四、六等军军长都拥护武汉政府，同时南昌还没有摆脱对武汉的财政依赖，蒋介石一度放慢了驱逐鲍罗廷的步伐。2月中旬，军阀孙传芳部在浙江富阳县被北伐军打败，白崇禧部抵达嘉兴。26日，蒋介石以南昌“中央政治会议”的名义致电共产国际执委会，要求“自动撤回代表鲍罗廷”。

蒋介石从武汉归来不久，在牯岭接见了日本驻九江领事江户千太郎，他说：我非但不打算废除不平等条约，而且还要尽可能地尊重现有条约，我保证承认外国借款，并如期偿还，对外国人投资的企业将给予充分的保护。蒋留日时的老师小室敬二郎奉政府差遣来华访蒋，在1月26日、27日无拘束的长谈中，蒋介石表示：“我们没有受苏俄利用和指示……苏俄

（制度）不可能在中国再现……我们没有考虑过用武力收回上海租界”，并强调指出：对“满洲问题”要“特殊考虑”。并表示：“如果日本正确评价我们的主义和斗争，我愿意同日本握手。”

2 月中旬，黄郛去汉口为蒋介石引来了日本军部使者铃木贞一。铃木向蒋介石转达了日本陆相宇垣一成的“劝告”：希望与共产党分手，搞“纯正的国民运动”。蒋介石回答：“我打算用三民主义统一中国……我一到南京就表明态度，你等着瞧吧！”

2 月 21 日，蒋介石在南昌公开发表演说，声称：徐谦自居没有法律根据的“联席会议”主席，这才是独裁。他抨击共产党说：现在共产党党员“有排挤国民党党员的趋向，使国民党党员难堪”，“我是国民革命领袖之一”，有干涉和制裁共产党的“责任和权力”，我要纠正他们。

1927 年 2 月 8 日，蒋介石利用张静江、陈果夫向国民政府占领的各省份委派亲信作党的特派员。抓住基层的党权，压迫农会，解散农民自卫军，排斥共产党人和国民党左派。在军事上调集嫡系第一军和表示倾向他的李宗仁的第七军以及他收编的附义敌军①向南京、上海进攻，准备南下东南沿海富庶的地方。

1927 年 2 月 15 日，蒋介石派戴季陶化装成日本人去日本与日本外务省次官、亚洲司司长、条约司司长会谈，要求日本帝国主义支持蒋介石。蒋介石亦公开表示要求英、美帝国主义的援助。于是，日本外相币原喜重郎在 2 月 21 日作出判断：蒋介石是“口头上的过激派，行动上的稳健派”。他认定：如果共产党人走得太远，这位寡言的将军是会干预的。币原向内阁提议，日本应拉住反共的蒋介石，让他去压制共产党。

1927 年 2 月 18 日，北伐军攻占杭州，孙传芳的主力被打垮，蒋介石控制东南的局势已基本形成。2 月 21 日，蒋介石在演讲中公开亮出反苏反共的旗号：“现在还有一种谣言，说中正现在对于共产党的同志不信用，疏远并且有反对他们的倾向，其实并不能这样说的”，“我是中国革命的领袖，并不仅是国民党一党的领袖。共产党是中国革命势力之一部分，所以共产党员有不对的地方，有强横的行为，我有干涉和制裁的责任及权力。”对苏联顾问也指责说：他们“拿一种压迫的手段对待本党领袖”，公然说：“若苏俄一旦不以平等待我像别个帝国主义一样压迫我的时候，我们也像反对帝国主义一样的反对他们。”2 月 26 日，蒋以中政会的名义电第三国际，要第三国际自动撤回鲍罗廷。

---

①此时蒋介石所直辖的军队有一军、五军、七军和新收编的安徽陈调元部 4 个团，浙江陈沂、周凤岐部不足 2 个师，直接使用的部队仅 5 个师。

1927年2月9日，国民党中央在武汉举行高级干部会议，宋庆龄（国民党“二大”时，当选为中央执行委员）提出了“提高党权”的议案。会议通过了如下决定：实行民主，反对独裁，提高党权；坚持联俄、联共、扶助农工的三大政策，继续发展工农运动；组织行动委员会来贯彻决议，领导反对新右派的斗争。

3月10～17日，国民党中央在武汉召开二届三中全会，出席会议的有国民党中央执、监委员，后补中央执、监委员共33人。① 其中有共产党员吴玉章、于树德、林伯渠、毛泽东、恽代英、夏曦、董必武等10多人，国民党左派有宋庆龄、邓演达、陈友仁、徐谦、彭泽民等10来人。会议是在蒋介石搞分裂的背景下召开的。蒋介石以“迁都南昌，驱逐鲍罗廷”为由，拒不参加中央全会，并裹挟了一些中委。这次会议，决定请回当时的国民党左派汪精卫。因为共产党人和国民党左派占优势，会议开得很成功。会议中心是反对蒋介石搞军事独裁，并吸收共产党人参加政权，大力支持工农运动，以革命手段处理了一系列重大的内政外交问题。收回了汉口、九江的英租界，整理了湖北的金融，发行公债及国库券，没收军阀的财产，改善交通行政，恢复发展生产，改革文化教育。这些工作，主要是依靠共产党和国民党左派，特别在是宋庆龄、邓演达、何香凝的密切合作下取得的。全会维护了孙中山的三大政策，重申国民革命不妥协的反帝反封建的方针，通过了限制蒋介石搞个人专政的一系列决议。会议决议：中执会下设政治委员会为最高指导机关，政治委员会、军事委员会实行集体领导制；非受外交部委托，军事长官不得对外接洽和秘密交涉；军官任免、出征动员由军委议决，经中执会通过，交总司令执行。共产党员吴玉章、谭平山、林伯渠、苏兆征和国民党左派宋庆龄、何香凝、邓演达等被选入党和政府领导机构。

但中国共产党为了不使蒋介石脱离北伐阵营走到反革命方面去，在反对蒋介石搞独裁统治的同时，始终把维护蒋介石在中央的军事领袖地位作为不变的方针。并认为“蒋以后有了浙、闽、赣三省，也可以成为一个局面，不必再回汉口与唐生智冲突，回广东与汪精卫冲突”。

蒋介石不仅拒绝出席三中全会，而且向会议“请辞”中央常委和军委的主席职务。在国民党二届三中全会上，决定免去蒋介石的中常会主席、军委主席和中央军人部部长等要职，但继续让他担任国民革命军总司令。

为配合北伐军占领上海，上海工人阶级曾分别于1926年10月23日和

---

①在武汉方面诚挚的敦促下，国民政府代理主席谭延闿于3月3日宣布：中央党部、国民政府将于6日迁鄂。7日，在南昌的中执委、监委5人抵达汉口。

1927年2月21日举行过两次武装起义。第一次由于缺乏必要的准备而失败；第二次是在听到白崇禧率领的北伐军已占领距上海60公里的嘉山后，上海工人阶级于2月19日决定举行总罢工，2月21日发展为武装起义，没想到白崇禧却按兵不动，坐视军阀孙传芳屠杀手中只有少量枪支的工人。在陈独秀、周恩来、赵世炎、罗亦农、汪寿华等共产党人的领导下，[①]工人们总结了前两次起义失败的经验教训，对第三次武装起义制定了周密的计划。3月20日，当白崇禧指挥的北伐军前锋占领上海附近的龙华时，第三次武装起义爆发。参加罢工的工人有80万人，直接参加作战的有1万多人。开始时工人只有300多枝短枪，工人们从警察那里缴来大批武器。经过两昼夜激战，于3月22日下午6时击溃了从山东支援孙传芳的直系军阀张宗昌的3个精锐团，上海工人第三次武装起义取得胜利。[②] 工人占领上海一小时后，蒋介石的第一军第一师薛岳的部队，不折一兵不费一卒，顺利地开进上海。

3月23日，上海市民在中国共产党的领导下，成立了上海市临时政府。并通令3月24日一律复工、开市、开课。

3月24日，以北伐军第六军、第二军为主力的江右军（共产党员林祖涵、李富春参加领导）攻克南京。南京城内发生北方溃军和不良分子抢劫外侨的情况。美舰“诺亚号”、“普莱斯顿号”和“翡翠号”借口侨民受到伤害，悍然炮轰南京。

3月9日，蒋介石唆使他的爪牙倪弼，惨杀了江西全省总工会副委员长、赣州总工会委员长、共产党员陈赞贤。

3月，陈独秀指出：“中国革命的前途，已显示出两种不同的趋势：一、武力与工农群众以及革命化的城市小资产阶级结合，打倒国内外一切黑暗反动势力；二、武力与反革命的大商买办阶级地主豪绅及懦弱妥协的资产阶级相结合，建立压迫工农群众的法西斯式的军事独裁政权。”

3月15日，武汉中央农民运动讲习所举行阳新、赣州死难烈士追悼会，毛泽东发表演说，指出：“在这革命势力的范围内，竟不断地演出惨杀农工的事实，由此可证明封建的残余势力正准备着秣马厉兵，向我们作最后的挣扎啊！从今日起，我们要下一决心，向那些反动分子势力进攻，

---

①中共领导上海武装起义的最高机构是以陈独秀为首组成的特别委员会，领导机构还有上海区委。参见《上海师范大学学报》（哲社版），1988年第1期，《评上海工人三次武装起义前后陈独秀对蒋介石的认识》，作者郭绪印。

②上海档案馆，《上海工人三次武装起义》，上海人民出版社，1983年版。

务期达到真正目的”。[1] 在共产党人和国民党左派的领导下，武汉地区掀起了一个规模巨大的反蒋运动。

1927 年 3 月 16 日，苏联《真理报》的社论声明：“蒋介石保证忠于革命的原则，服从国民党的领导。”

3 月 25 日，陈独秀在中共特别会议上强调：“中国革命如不把代表资产阶级的武装打倒，中国就不要想革命。同时只要把此武装打倒，资产阶级就可以服从革命的力量。上海现在的资产阶级与右派勾结，党军也很右倾。如果我们情愿抛弃上海，就很容易，如果争斗，就要马上动作。因为将来的纠纷问题，为纠察队问题，如果我们不马上动作，将来就纯全为国共争斗，完全失掉联合战线。所以，我意我们现在要准备一个抵抗，如果右派军队来缴械，我们就与之决斗，此决斗或许胜利，即失败则蒋介石的政治生命完全断绝，因此此决斗，实比直鲁军斗争还有现实意义。”

3 月 30 日共产国际来电指示：“①不要让武力冲入租界；②注意左右派之冲突。”

1927 年 3 月，汪精卫回国复职途经莫斯科，得到苏联政府给予充分支持的保证。4 月中旬，斯大林在《中国革命问题》一文中认为“武汉的革命的国民党既然与军阀制度和帝国主义作坚决斗争，事实上将逐渐变为无产阶级和农民的革命民主专政的机关”，提出要把国家全部政权集中于革命的国民党人手中的政策。

汪精卫从莫斯科回到上海后，陈独秀秉承共产国际的意旨，于 1927 年 4 月 5 日发表《汪精卫陈独秀联合宣言》。

4 月 6 日，斯大林在莫斯科党的积极分子大会上发言：“国民党是一个联盟，是一种由右派、左派和共产党组成的革命议会，为什么要搞政变？……目前我们需要右派，右派中有能干人，他们领导军队反对帝国主义。蒋介石也许不同情革命，但他在领导着军队，他除了反帝外，不可能有其他作为。”

十三　屠杀

1927 年 3 月 15 日，蒋介石离开南昌，顺江而下。他直接指挥总司令部特务处长杨虎、副处长温建刚纠集右派和青红帮流氓于 3 月 16 日捣毁了

①1927 年 3 月 31 日，《民国日报》（汉口），转引自张宪章，《毛泽东和第一次国共合作》，载《武汉大学学报》，1983 年第 6 期。

九江，3 月 23 日捣毁了安庆由左派主持的党部和工会。遂派杨虎兼程赴上海联络帮会势力，准备全面“清党”。

杨虎奉蒋介石之命赶到上海后，与东路军政治部主任陈群①会合，联络黄金荣、杜月笙和张啸林。杜月笙表示：“即使赴汤蹈火，我们也乐于从命。”杜在杨虎、陈群指示下筹组了“中华共进会”。4 月 3 日，浙沪警察厅长吴忠信宣布：“奉总司令蒋谕：中华共进会准予成立。”

3 月 26 日，蒋介石到达上海被帝国主义派汽车护送到法租界下榻。蒋介石向帝国主义表示：“国民革命军是列强各国的好朋友，决不用武力来改变租界的现状。”

蒋介石到沪当晚即接见了上海商业联合会主席虞洽卿，向他表示：直鲁联军已完全撤到长江以北，毋庸担忧。“我对收回租界问题，决不诉诸武力”。29 日，蒋介石在交涉公署接见 9 名大资本家，他强调声明：“决不使上海方面有武汉态度”，希望商界放心。31 日，金融资本家陈光甫、钱永铭被蒋介石任命为“江苏兼上海财政委员会”的成员。

在虞洽卿、钱永铭等人的大力张罗下，以“垫借”为名，向银钱两业摊派得 300 万元，4 月 1 日，将这笔款项交给了蒋介石。另外，经虞洽卿的疏通，上海商业联合会承诺将“自动捐助”500 万元。

同时，蒋介石通过先期到达上海的黄郛，加紧同日本帝国主义的政治勾结。

蒋介石将国民党的“四老”——蔡元培、吴稚晖、张静江和李石曾延请到枫林桥旧淞沪镇守使署的深院里密谈。蒋介石提出当前必须采取行动“护党救国”。由于张、吴与蒋早有反共的默契，谈话主要是争取在党内外享有声望的蔡元培的支持。随后，蒋介石又邀请胡汉民来枫林桥恳谈时局。

同时，蒋介石召集长江下游各将领到沪磋商，主要有：江右军总指挥程潜、江左军总指挥李宗仁、东路军总指挥何应钦、卫戍南京的第四十军军长贺耀祖。除程潜倾向武汉，表示“愿进行调解”外，李宗仁等 3 人都支持蒋介石的“护党救国”之议。

4 月 2 日，两广将领李济深、黄绍竑应召到沪。蒋介石在高昌庙江南兵工厂内召开秘密会议。到会者有：何应钦、吴稚晖、李石曾、陈果夫、陈立夫、李济深、李宗仁、白崇禧、黄绍竑等。蒋介石首先致辞：民国十三年国共合作，共产党加入国民党时不怀好意，在国民党内发展组织，中

①蒋介石指令陈群从武汉东下辅助杨虎进行长江中下游的“下层工作”。

山舰事变后，这种阴谋日益暴露，北伐军到达武汉，经过他们分化和挟持，把汉口和南昌对立起来，如果不清党，国民党就要被共产党篡夺，北伐不能继续，国民革命就不能完成。白崇禧接着说：工人纠察队有武装，自成指挥系统，不服从军事长官指挥，他们要冲入租界、占领租界，黄埔江上布满外舰，卸掉炮衣，指向我们，如发生冲突，北伐事业就完了。白崇禧还说：共产党离间军队，长此下去，军队也要发生变化，青红帮首坚决反共，已组成武装，可资使用。由于事前已经疏通，会议一致赞同蒋介石立即“清党”的提议。①

出席这次会议的仅有中央监委3名——吴稚晖、李石曾、陈果夫，候补中央监委1名——李宗仁，为中央监委、候补监委20人的1/5。后来，蒋介石竟宣称这次会议为“中央监察委员会全体会议”，称到会监委为总人数的2/3，把不在场的蔡元培说成：被公推为“主席”。

4月5日，蒋介石又在枫林桥召集一次谈话会，除2日参加人员外，另加张静江、蔡元培、柏文蔚、古应芬。蒋介石提出一份由陈果夫草拟的所谓吴稚晖委员致中监委全体会议的“请查办共产党函”，称：共产党“逆谋昭著”、“十万急迫”，咨请中央执行委员会和蒋总司令、地方当局予以“非常之处置”。这天，最后决定了“清党”。

4月5日，蒋介石命令上海市政府“暂缓办公”；6日，查封了总政治部驻沪分部；8日，蒋介石命令吴稚晖、钮永建等组成“上海临时政治委员会”，执行上海党政权力；9日，蒋介石下令严禁集会、游行和罢工，同日，蒋介石离开上海前往南京。

按照预定部署，4月11日晚8时，杜月笙以“请客”为名，将上海总工会委员长、共产党员汪寿华骗到杜的住所，指使芮庆华一伙将汪绑架到枫林桥残酷地杀害。②

4月11日，蒋介石在南京密令：“已克复的各省一律实行清党”。

4月12日凌晨，停泊在上海高昌庙的军舰首先发出信号，“中华共进会”流氓武装，袖佩白色“工”字臂章从法租界出发，分向南市、闸北进发。公共租界总董费信惇按照预定计划将公共租界通往华界的每个路口都打开，让他们通过，向工人纠察队总指挥处、上海总工会等处发起突然袭击。驻闸北商务印书馆东方图书馆的工人纠察队英勇抵抗。杜月笙从费信惇处借来小钢炮，轰开铁门。

这时，经蒋介石事先调沪的原孙传芳旧部周凤岐第二十六军突然出

---

①沈予，《四一二反革命政变的酝酿和发动》，载《档案与历史》（沪），1987年第2期。
②《革命史资料》，上海人民出版社，1987年总第7期，第112页。

现，团长邢振南喊话说：“我们是来调解纠纷的”。这支部队闯进大门之后将工人纠察队完全缴械。驻南市、浦东和吴淞的工人纠察队，无不受到流氓武装和蒋军的袭击。2700 多名工人纠察队的 1700 支枪被收缴去，有一批工人伤亡。东路军前敌总指挥白崇禧 12 日布告宣称：“本早闸北武装工友大肆械斗”，值此戒严时期，“殊属妨碍地方安定秩序”，本总指挥职责所在，“将双方肇事工友武装一律解除”。

上海总工会通电抗议，并于 13 日在青云路广场举行约 10 万人群众大会。会后，结队赴第二十六军第二师司令部请愿。行至宝山路三德里附近，周凤岐部从里弄冲出，向请愿者开枪，当场击毙群众达百人以上，伤者难以数计。

反动派占领了上海总工会，并封闭了上海特别市政府。

从 14 日开始，全市大搜捕。3 天之内，共产党人和革命群众 3000 余人被杀害，5000 余人被捕，3000 余人失踪，优秀共产党员赵世炎、陈延年、孙炳文先后英勇牺牲，上海变成了帝国主义和蒋介石血腥统治的世界。这就是震惊中外的四一二反革命政变。①

4 月 14 日，国民党广东省政府军事厅长李济深在广州召开军事会议作反共部署。15 日凌晨，广州全市戒严，反动军警分三路进攻工农团体，2000 余名共产党员和革命群众遭逮捕，100 余人被杀害，优秀共产党员邓培、萧楚女、熊雄、刘尔崧、李启汉、毕磊等遇难。

南京、无锡、宁波、杭州、福州、厦门、汕头和广西等蒋介石统治的地区都先后进行了大屠杀。

同时，北方军阀与蒋介石遥相呼应，大肆屠杀共产党人和革命人士。4 月 6 日，占据北京的奉系军阀张作霖下令搜查东交民巷的苏联大使馆，逮捕了苏联外交人员和在大使馆避难的中国共产党创始人之一、中共北方区书记李大钊及夫人赵纫兰，女儿星华以及路友于、张挹兰（女）等 60 余人。李大钊等人被关押在西交民巷的京师看守所。反动派对李大钊进行了多次联合审讯，问党的组织机构、活动情况、党员名单以及行踪，李大钊回答：“我是共产党，余者概不知情。”张作霖派他的心腹杨玉霆去劝降，李大钊斩钉截铁地回答：“宁可断头流血，决不出卖灵魂！”

李大钊被捕后，全国许多报刊纷纷发表评论，痛斥反动当局，300 多位知名人士联名写信要求释放李大钊等。青年学生和北方铁路工人工会的

---

①1927 年 6 月 11 日，陈独秀在《蒋介石反动与中国革命》一文中说：“我们一年余的忍耐迁就让步，不但只是一场幻想，并且成了他屠杀共产党的代价！”

广大工人准备劫狱来营救李大钊。

消息传到狱中，李大钊通过一个同情革命的看守，向地下党组织转达了他的意见：为了革命事业，不要做冒险而无益的牺牲，要为革命保存力量。

4月28日上午，京师看守所门前如临大敌，反动当局将李大钊等20名同志从这里押解到警察厅南院总监大厅前，进行“军法会审”，判处李大钊、路友于、张挹兰、范鸿劼等20人死刑。李大钊神色冷静，站在原地泰然自若，大声说：“我死之前，要对群众讲话。”“不行！不行！”“拿纸和笔来，我写遗嘱。”“不行！不行！”李大钊走上前去，高声宣告：“不能因为你们今天绞死了我，就绞死了伟大的共产主义！我们已经培养了很多同志，如同红花的种子，撒遍各地！我们深信，共产主义在世界、在中国必然要得到光荣的胜利！”

下午2时，李大钊等20人被押回京师看守所后院刑场。这里竖着一个高高的绞刑架，这是清末封建统治者为屠杀革命民众专门从德国帝国主义国家进口的杀人工具。行刑时，李大钊第一个走上绞刑架，当敌人把绞索套在他脖子上时，他泰然自若，极目苍天，奋力高呼：“中国共产党万岁！”壮烈就义。刽子手为故意延长李大钊痛苦的时间，行刑长达28分钟。李大钊牺牲后，社会各界极为悲痛，冯玉祥下令全军为之戴孝。①

国民党叛变革命后屠杀共产党员和革命群众达31万人。

4月16日，周恩来等致电中共中央，建议迅速东征，讨伐蒋介石。4月17日，武汉国民党中央执行委员会和国民政府发表声明：表示拥护孙中山的三大政策，继续国民革命，斥责蒋介石的大屠杀罪行。并发布《免蒋介石本兼各职令》；委任冯玉祥接替蒋介石的总司令职务，并委任唐生智为副司令；开除蒋介石党籍，命令全国将士及革命群众团体将蒋介石捕获，按反革命惩治。

4月23日，武汉举行30万人的群众大会，掀起了声势浩大的反蒋高潮。

4月18日，蒋介石悍然在南京成立“国民政府”。在这种情况下，武汉国民政府出现了两种可能：一是先东征讨蒋；二是先与冯玉祥的西北联军夹击进入河南的奉军。最后决定先解决奉军。

冯玉祥在苏联顾问团（加拉罕等人）和共产党人刘伯坚、邓小平等人

---

①周红兴、张同吾，《就义从容甚，大节凛不辱——革命先驱李大钊殉难的前后》，载《河北日报》，1979年5月6日第4版。

的帮助下，于1926年9月17日在绥远（今属内蒙古）五原誓师，正式宣布脱离北洋军阀系统，加入国民党，部队改编为西北国民联军，冯玉祥自任总司令，出兵参加国民革命战争。冯玉祥接受共产党人李大钊提出的“围甘援陕、联晋图豫”的战略，除留一部兵力防御由京包线西进的奉军外，其余兵力全部进占陕甘两省，接着东出潼关，沿陇海路东进中原，配合北伐军在河南进击奉军主力。

此时，武汉政府统率下的部队是第二、三、四、六、八军。其中除第三军朱培德部动摇于蒋介石与武汉政府之间外，其他4个军都是服从武汉政府的：第二、四、六军（特别是第四军）都是战斗力较强的部队；唐生智的第八军拥有10个师，是兵员最多的一个军。北方的冯玉祥亦表示拥护武汉国民政府。

1927年4月19日，武汉国民政府再次誓师北伐，以唐生智为总司令，开往河南，与冯玉祥夹击入豫，与奉军的精锐部队作战。5月间，第四军和贺龙的第十五师，在河南信阳、漯河一带，打垮了奉军张学良所统率的三、四方面军。在向河南进军中，共产党人所掌握的团队，如第七十、七十一、七十三、七十四团等，起了重大的作用。第十一军二十六师七十七团团长、共产党员蒋先云身负重伤，坚决不下火线，与优势敌人苦战，壮烈牺牲。

6月1日，北伐军与冯玉祥的西北国民联军在郑州、开封会师。

十四　在武汉

1927年4月4日下午1时半，国民党中央农民运动讲习所在武汉举行开学典礼。国民党中央党部、国民政府及团体代表、国际工人代表团100余人出席。会议由邓演达主持，周以栗报告农讲所成立经过，谭平山代表国民党中央党部、国民政府演说，法国代表理越、英国代表汤姆、美国代表白劳得相继演说。这一期学员来自17个省，共800人。同日，在武昌医院，杨开慧生下了第三个男孩——毛岸龙（杨永禄）。

1927年4月27日~5月9日，毛泽东出席在武昌高等师范第一附属小学召开的中共第五次全国代表大会（开幕式在第一小学，正式会议在汉口济生三马路黄陂同乡会馆举行），出席代表80多人，代表全国近6万名党员。陈独秀主持会议，尽管蒋介石已发动反革命政变，但陈独秀依旧主张对武汉的国民党妥协退让。毛泽东要求迅速加强农民斗争的主张，陈独秀拒绝提交大会考虑。对于湖南的农民运动，陈独秀不满意，认为湖南的将领都是农民的剥削者，指责毛泽东刺激了上层阶级的利益，把事情“搞糟了”。中央的意见是为了能继续北伐，愿意对国民党妥协。

大会选出中央委员31人，候补中央委员14人；中央监察委员会委员7人，候补监察委员3人。接着，举行了第五届中央委员会第一次全体会议，选出：中央政治局委员7人：陈独秀、蔡和森、李维汉、瞿秋白、张国焘、谭平山、李立三；中央政治局候补委员3人：苏兆征、周恩来、张太雷；中央政治局常委：陈独秀、蔡和森、张国焘。中央委员会总书记陈独秀，刘少奇当选为中央委员，毛泽东为候补中央委员中的第一名。

国民党的白色恐怖，加上共产党主要领导的妥协退让，使毛泽东心情郁闷，登黄鹤楼归来，他写道：

> 茫茫九派流中国，沉沉一线穿南北。烟雨莽苍苍，龟蛇锁大江。　　黄鹤知何去？剩有游人处。把酒酹滔滔，心潮逐浪高！

1927年4月15日~5月18日，共产国际召开第八次执委会，要求中国共产党在坚持土地革命的同时，坚持同武汉国民党的联合战线，并认为“武汉政府是国民党左派政府，它还不是无产阶级各农民的专政，但是它已走上了这种专政的道路。……共产国际执委会极其坚决地反对退出国民党的要求，或那种实质上退出国民党的立场。现在又有人提出‘暂时不要退出国民党’的口号，这同提出退出国民党的口号一样愚蠢”。

5月17日，武汉国民革命军独立第十四师师长夏斗寅，乘北伐军主力正在河南与奉军作战、武汉空虚之际，在宜昌叛变，直抵距武汉20公里的纸坊，企图攻占武汉。武汉卫戍司令叶挺率领武汉警卫团和武汉军事政治学校的学生，前去拒敌，19日打垮了夏斗寅1个师的兵力，保卫了革命心脏武汉。

5月21日，驻长沙的国民革命军第三十五军（军长何键）独立第三十三团团长许克祥，在何键的策划下，在长沙解除工农武装，释放全部在押的土豪劣绅，枪杀了100名共产党员和革命群众。① 此后20多天里，被杀害的革命群众达1万人。湖南农民协会迅速组织10万农民武装，包围长沙。陈独秀急忙派人到湖南，命令农民停止武装斗争，强迫武装农民解

---

①“21日”的电报代日韵目为“马”字，因称“马日事变”。

散，大长了反革命气焰。长沙的共产党组织被迫转入地下。

鉴于中共湖南党组织遭受严重破坏，毛泽东向中央请求到湖南工作。1927年6月24日，中共中央政治局常委会第三十一次会议决定：组织新的湖南省委，由毛泽东等17人组成。毛泽东、何资深、夏明翰、李植、林蔚为常委，毛泽东任书记。毛泽东随即赴湖南长沙，从事恢复党的组织关系。毛泽东在谈话中指出，马日事变是上海事变的继续，对不能合作的反动的国民党分子要严加处置，强调各县的武装一律迅速集中，要用枪杆子对付枪杆子，不要再徘徊观望。7月初，毛泽东由长沙返回武汉。

6月5日，国民革命军第五路军总指挥，江西省省长朱培德（原第三军军长）在江西公开叛变革命，他以“礼送”方式驱逐142名共产党员和政工人员出境。同时亦捣毁工会、农会，屠杀工农领袖。

武汉政府内这些反动军官的叛变，加深了武汉政府的危机，促使汪精卫加紧了叛变的步伐。从汪精卫到武汉不久至5月底，武汉政府所颁布的一系列法律、法令都是镇压工农运动的。在武汉政府的管辖内不断出现军队与农会冲突、枪杀工会农会干部的事件。罗易（印度人），于1927年2月16日到达广州，后经长沙到武汉，任共产国际驻中国代表团首席代表。6月1日，罗易收到共产国际和斯大林发来“五月指示”电报，电报的主要内容是：①指示中国共产党人坚决实行土地革命；②动员2万名共产党员，加上湖南、湖北5万名革命群众，编成几个新军，组织一支可靠的军队；[①] ③鉴于国民党中央委员会的某些领导正在动摇妥协，应吸收更多的新的工农领袖到国民党中央执行委员会里去，把国民党改造成工农专政的政党；④组织革命法庭，惩办和蒋介石保持联系或唆使士兵残害人民、残害工农的军官。“五月指示”到达后，陈独秀一反常态，拒绝向全党传达。鲍罗廷也认为无法执行。罗易对中国复杂的政治形势缺乏主见，对汪精卫始终抱有幻想，他说过：汪精卫是国民党领导人中惟一设法与共产党保持友好关系的人。他接到电报后，未跟任何人商量，把共产国际的这一指示送给汪精卫。汪精卫得到这个电报，以此作为公开叛变革命的借口。6月5日，武汉中央政治会议决定解除苏联顾问鲍罗廷、加伦的全部职务，并驱逐回国。

6月21日，冯玉祥和蒋介石联合反共。

6月29日，驻武汉的第三十五军军长何键发出反共训令。

6月30日，中共中央扩大会议通过《关于国共两党关系议决案》（11

①这是共产国际第一次提出建立中共领导下的武装。

条）。在会上，瞿秋白根据共产国际代表鲍罗廷、罗易的指示提议：仍贯彻对国民党左派的让步政策。大会对瞿秋白的提议进行了激烈讨论而未能通过。国际代表纽曼出示一件答复国际的电稿，内称“凡不遵守国际训令者剥夺其中央之指导权”，强制大会通过决议。

7 月 10 日，汪精卫逼迫共产党人退出武汉政府。

7 月 15 日，武汉国民党中央在警备森严下召开分共会议，汪精卫主持召开了武汉国民党中央常务委员会第二十次扩大会议。会议通过了汪精卫代表中央政治委员会主席团所作的关于《容共政策之最近经过》的报告，同时拟定“着即同共产党分离”的《统一本党政策案》。8 月，提出对共产党人“宁可枉杀千个，不使一人漏网”。汪精卫咬牙切齿地说：“本人愿为杀共之刽子手焉。”

7 月 18 日，宋庆龄发表《为抗议违反孙中山的革命原则和政策的声明》，指出：国民党已经成为“此一军阀或彼一军阀手中的工具，它已不再是为中国人民未来福利而工作的力量，而是压迫者的工具，是附生在现有奴役制度上的寄生虫”。她声明：“在中山先生的政策获得推行之前，我暂时引退。”

蒋介石从南京向武汉发来电报，对汪精卫的行动表示祝贺。

国民党南京政府和武汉政府合流（“宁汉合流”）。武汉革命政府实际取消，所有工作人员被迫解散：一部分以邓演达为首组织新的农工民主党；一部分加入共产党；一部分去往国外（如宋庆龄、陈友仁、郭沫若等）；有的被蒋介石杀害（如唐有壬）；有的加入南京政府（如孙科、谭延闿）；有许多参加以汪精卫、顾孟余为首的国民党改组派。

许多共产党领导人得到党的命令，要他们到苏联去或到上海等其他安全的地方去。1927 年 7 月 27 日，鲍罗廷在武汉国民党要人的“礼送”下离开武汉，经冯玉祥防区回国。陈独秀绝望地转往上海。

第二章主要参考书目

《杨开慧》，人民出版社，1978 年 10 月版（第 11 版）。

《蒋介石生平》，宋平，吉林人民出版社，1987 年版。

《国共合作史》，林家有、禤倩红、周兴梁、王杰编著，重庆出版社，1987 年 12 月版。

《周恩来传》，（英）迪克·威尔逊，中共中央党校出版社，1989 年 4 月版。

《红色的起点》，叶永烈著，上海人民出版社，1991 年 1 月版。

《刘少奇年谱》上卷，中央文献出版社，1996 年 9 月版。

《李大钊同志革命史略》，药英、陈文秀，载《山西师范学报》，1979 年第 2 期。

《回忆党的“一大”》，陈潭秋（遗作），载《百科知识》，1979 年第 2 期。

《中国共产党创建史实》，胡华、肖效钦，载《百科知识》，1979 年第 2 期。

《论陈独秀》，才树祥，载《北京财贸学院》，1979 年第 2 期。

《就义从容甚，大节凛不辱——革命先驱李大钊殉难的前后》，周红兴、张同吾，载《河北日报》，1979 年 5 月 6 日第 4 版。

《陈独秀的名字、生年和留学学校》，史谭，载《学术研究》，1979 年第 5 期。

《对中共“一大”代表人数的新质疑》，解光一，载《上海师范学院学报》，1981 年第 2 期。

《中国共产党第一次代表大会召开的经过》，张钟、陈志莹，载《上海师范学校学报》，1981 年第 2 期。

《关于中国共产党第一次代表大会代表人数的探讨》，宫玉书，载《求是学刊》（黑龙江大学学报），1981 年第 2 期。

《陈独秀在建党时期二三事》，陈绍康、邱作健，载《社会科学》（上海），1981 年第 3 期。

《李大钊与中国共产党的创立》，周子信，载《江淮论坛》，1981 年第 3 期。

《关于中国共产党早期组织的几个问题》，王来棣，载《浙江学刊》，1981 年第 3 期。

《论广州农讲所的建立发展及其历史作用》，黄振位，载《暨南大学学报》，1981 年第 3 期。

《毛泽东同志走上马克思主义道路的开端——读〈湘江评论〉》，徐建源，载《辽宁大学学报》，1981 年第 4 期。

《重评五卅运动中的陈独秀》，郭绪印，载《历史教学》，1981 年第 6 期。

《第一次国共合作是怎样建立的》，周养儒，载《中国青年》，1981 年第 11 ~ 12 期。

《中国共产党在创建时期和第一次国内革命战争时期同共产国际的关系》，苟峻东，载《昭通师专学报》（云南），1983 年第 3 ~ 4 期。

《毛泽东和第一次国共合作》，张光宇，载《武汉大学学报》（社科版），1983 年第 6 期。

《大革命时期毛泽东关于农民问题的理论和实践》，曾宪林、李婉霞，载《江汉论坛》，1983 年第 12 期。

《国民党第一次全国代表大会期间若干史实考》，余齐昭，载《中山大学学报》，1984 年第 1 期。

《宋庆龄在第一次国共合作中》，吴壮恩，载中国人民大学复印报刊资料《中国现代史》，1984 年第 1 期。

《毛泽东同志初期建党活动的特点及其重要贡献》，陈荣勋、杨勤为、袁之舜，载《益阳师专学报》，1984 年第 1 期。

《第一次国共合作和革命军的创建》，马菊英，载《中山大学学报》，1984 年第 1 期。

《试论第一次国共合作的历史作用》，李光隆，载《华南师范大学学报》（社科版），1984 年第 1 期。

《孙中山与第一次国共合作》，张磊，载《学术研究》，1984 年第 1 期。

《采访国民党“一大”见闻》，戴朝震，载《团结报》，1984 年 1 月 28 日第 4 版。

《蒋介石是怎样制造“三·二〇事件”的》，方庆秋，载《历史教学》，1984 年第 9 期。

《陈独秀和孙中山》，王光远，载《北京档案史料》，1986 年第 4 期。

《毛泽东和胡适》，黄艾仁，载《安徽师大学报》（哲社版），1986 年第 4 期。

《林伯渠入党》，李坚，载《瞭望》，1986 年第 12 期。

《四一二反革命政变的酝酿和发动》，沈予，载《档案与历史》，1987 年第 2 期。

《党的“一大”闭幕时期考》，曹仲彬，载《近代史研究》，1987 年第 2 期。

《国民党二届三中全会期间共产党人和国民党左派的合作》，曾宪林，载《湖北大学学报》（哲社版），1987 年第 6 期。

《浅谈我党在国民党“二大”上的让步问题》，周忠瑜，载《攀登》（西宁），1988 年第 1 期。

《博大胸襟　非凡气度——孙中山在国民党“一大”期间严斥反对三大政策者》，曹庆榴，载《团结报》，1988 年 2 月 13 日第 2 版。

《毛泽东与李大钊第一次会见的确切时间》，毛应民，载《毛泽东思想研究》，1988 年第 2 期。

《“中山舰事件”之谜》，杨天石，载《历史研究》，1988 年第 2 期。

《关于长沙共产主义小组的若干问题》，唐振南，载《毛泽东思想研究》，1988 年第 3 期。

《关于国民革命军党代表制度的一个问题》，叶青，载《中共党史研究》，1988 年第 3 期。

《试论共产国际与中国大革命失败的关系》，曾昭顺，载中国人民大学报刊复印资料《中国现代史》，1988 年第 6 期。

《国民党在大革命时期的演变》，张光宇，载《武汉大学学报》（社科版），1988 年第 6 期。

《陈炯明叛变前后的蒋介石》，钟康模，载《广州研究》，1988 年第 6 期。

《鲍罗廷与武汉国民党关系初探》，孙善根、曹屯裕，载《中国现代史》（人大复印资料），1988 年第 6 期。

《对大革命失败原因的再认识》，朱俊瑞，载《中国现代史》（人大复印资料），1988 年第 7 期。

《最早为中国劳工运动献身的黄爱、庞人铨》，何鹄志，载《人民日报》，1988 年 7 月 8 日第 5 版。

《四一二反革命政变前后的蒋介石》，姚守中，载《宁波师范学报》（社科版），1989 年第 3 期。

《试论陈独秀右倾投降主义路线的形成》，蒋振苑、冯永之，载《宁波师范学报》（社科版），1989 年第 3 期。

《“五四”时期的播火者——李大钊同志在“五四”时期的几件事》，李旭飞，载《支部生活》（天津），1989 年第 8 期。

《共产党员》（河北），1989 年第 1 ~ 8 期。

《正本清源　存真求实——毛泽东的两部著作集编辑述评》，高菊村、刘建国，载《求实》，1989 年第 10 期。

《纪念中国共产主义运动的伟大先驱李大钊》，胡乔木，载《人民日报》，1989 年 11 月 2 日第 4 版。

《党史博采》（河北），1989 年第 9、10 期。

《周恩来共产主义思想的形成过程》，马福生，载《新视野》（南昌），1990 年第 2 期。

《毛泽东人民公社思想简论》，王成志，载《黄淮学刊》（商丘师专社科版），1990 年第 3 期。

《关于毛泽东同志创办文化书社的资金来源问题》，郑洸、王连弟，载《中国青运》，1990 年第 4 期。

《青年毛泽东研究辑要》，张纯颖，载《中国青运》，1990 年第 4 期。

《周恩来的入党介绍人——张申府》，载《传记文学》，1991 年第 1 期。

《革命先行者的珍贵文献——读新发现的孙中山致越飞书信两封》，孙钢，载《人民日报》，1991 年 3 月 12 日第 5 版。

《中国共产党旅欧支部》，黄修荣，载《百科知识》，1991 年第 10 期。

《中共党史人物传不能没有陈独秀》，胡绳玉，载《学术月刊》（沪），1991 年第 11 期。

《我党“一大”前“共产主义小组”的基本情况》，载《广西理论学习》，1992 年第 2 期。

《中国国民党北伐决策考》，黄诗玉，载《文史杂志》，1993 年第 2 期。

《伟人从这里走出》，吴兴华，载《人民日报》，1993 年 9 月 9 日第 1 版。

第三章

·井冈山

MAOZEDONG

第三章 井冈山

一 南昌起义

1927年7月12日，在鲍罗廷主持下，中共中央在汉口召开临时政治局会议。根据共产国际执行委员会的指令，中共中央决定退出武汉政府，并对领导机构进行了改组，由张国焘、张太雷、[①] 李维汉、[②] 李立三、周恩来5人组成临时中央常务委员会（亦称5人中央常务委员会或5人中央政治局兼常务委员会），代行中央政治职权。因陈独秀拒绝执行“五月指示”，被共产国际指责为“违背了共产国际的纪律”，从此陈独秀不再参加中共中央的领导工作。

7月13日，中国共产党中央委员会发表对政局宣言，确定了武装斗争的总方针。

中共所掌握的军事力量多数在国民党军队内，其中有一批职务较高的军事将领。宁、汉、粤的国民党军队相继“清共”后，中共在这些军队中的革命力量遭受了重大损失。此时，惟有武汉第二方面军[③]总指挥张发奎与中共关系相对比较缓和，没有明显的“清共”表示，叶挺等共产党人仍在其中进行活动。因为张发奎深知自己在两湖难以立足，打算借助共产党

---

①张太雷，原名张泰来，又名春木，江苏武进人（今常州市），1899年生。1920年参加北京共产主义小组，1921年去莫斯科参加共产国际第三次代表大会。1925年1月，在中国社会主义青年团第三次全国代表大会上当选为团中央书记，并任中共两广区委常委、宣传部部长。1927年5月，任中共湖北省委书记，10月主持中共中央南方局工作兼任广东省委书记，同年12月11日，参加并领导了广州起义，任广州苏维埃政府（广州公社）代理主席兼人民陆海军委员长，12日下午主持庆祝广州苏维埃政府成立大会，当时遭敌袭击，英勇牺牲。

②李维汉，又名罗迈，湖南长沙人，1896年生。1919年赴法勤工俭学，参与组织旅欧少年共产党。1922年加入中国共产党。1923年4月~1927年4月，担任中共湘区委员会（后又称湖南省委员会）书记。

③1927年7月初，武汉政府下令东征讨蒋。这时，以张发奎的第四军扩编为第四军和第十一军，以贺龙的旅扩编为第二十军，以上三军合编为第二方面军（为讨蒋的主力）；以朱培德的第三军扩编为第五方面军。但当张发奎率部从武汉出发走到江西九江一带时，东征计划便被汪精卫的“分共”会议（国共分裂）所破坏了。

的力量回广东再图大业，此时不便“清共”。中共亦看出了张发奎的个人企图。这样，在7月中旬，中共趁张发奎部扩编时，将部分工人纠察队骨干编入第二方面军，并主张集合武力，依张发奎回广东再徐图发展，重建广东革命根据地。

第二方面军东征讨蒋到达九江后，南昌便成了回广东的必经之路。中共领导的武装随着张发奎逐渐向南昌集结。

7月16日，中共针对汪精卫15日分共会议的决定做出相应决策：决定退出国民政府，但仍留在国民党内，否认现国民党中央的分共决定，继续联络下层左派，组织革命同盟。同时指示广东省委：四军、十一军将随张发奎回粤，现已到江西，希做好政治上、军事上的种种准备，假使张军来时，即有援助。

7月18日，中共中央在武昌召开会议，中央军事部长周恩来提议“撤军南昌，再图建立革命根据地”，为大家所接受。并决定在第二方面军中成立前敌军委，指示聂荣臻为前敌军委书记，贺昌、颜昌颐为委员，任务是先到九江，通知中共同志，叫他们了解中央的意图，做好起义的准备，什么时候发难，要听中央的命令。同时，李立三、邓中夏、谭平山、恽代英等部分中共中央负责同志也前往九江。

此时，汪精卫加紧对张发奎的拉拢，说：“共产党要消灭国民党，要把军队抓到手，跟他们合作不下去了，还是分开的好。”于是，张发奎态度日益右倾，表示要在第二方面军中“清共”。当中共所掌握的第四军、十一军已向南昌移动，驻扎于马回岭、涂家埠一带，二十军已渐次集中九江时，张发奎开始暗中布置“清共”，驻江西的第五方面军总指挥朱培德所属的三、六、九军近3万人已分驻樟树、临川、九江一带，大有包围第二方面军之势。

7月19日到达九江的李立三、谭平山、邓中夏等人了解到上述情况后，于20日由谭平山主持召开了谈话会，参加会议的有：李立三、邓中夏、恽代英、聂荣臻和第二十四师师长叶挺。大家分析研究了目前的政治、军事形势，一致认为：张发奎态度之犹豫与右倾，依靠他为领袖的回粤运动，已很少成功的可能，甚至为三、六、九军所包围消灭，目前应该抛弃张之政策，而决定独立的军事行动。因此决定：在军事上赶快集中南昌，运动二十军与我们一致，实行在南昌暴动，解决三、六、九军之武装；在政治上反对武汉、南京两政府，建立新的政府。会后，将这项意见报告中央。

21 日，李立三、邓中夏赴庐山和养病的瞿秋白①商议，瞿秋白亦完全赞同这项意见。尔后，邓中夏即下山回九江，瞿秋白赴武汉向中央报告，李立三等人则留在庐山。

谭平山、恽代英、邓中夏等人得知第二十军军长贺龙于 23 日到达九江，黄琪翔、朱培德邀贺龙赴庐山开会，并百般拉拢，准备在第二方面军中“清共”的消息。为了击破敌人的阴谋，谭平山将南昌暴动计划告诉了贺龙，贺龙表示甚为热烈。同时，叶挺出来说话，贺龙主张更为坚决。

24 日，邓中夏、恽代英、叶挺等召开第二次九江会议，决定军队于 28 日以前集中南昌，28 日晚举行暴动，并急电中央允可否。

李立三火速由庐山返回九江，25 日召开第三次九江会议。大家一致同意前两次会议提出的起义计划，并决定：在政治上组织中国国民党革命委员会，为政权、党权、军权之最高机关，以反对宁汉政府中央党部，继承国民党正统；在土地革命问题上，大家对没收大地主土地政策，意见不能一致，但都承认土地革命、实行劳动保护法为暴动之目的。在此项纲领之下，用国民党中央委员联名的名义发表宣言。

瞿秋白（7 月 21 日，鲍罗廷宣布瞿秋白为中共中央政治局新常委）带着九江方面的提议到达武汉后，参加了 25 日召开的中央常委扩大会议，参加会议的有张国焘、周恩来、张太雷、李维汉及共产国际代表罗明纳兹等人。中央赞成南昌的决定，并派周恩来去主持。中央决定组织前敌委员会，任命周恩来为书记，李立三、恽代英、彭湃为委员。中央给周恩来的任务是：指导前敌方面的工作，准备于必要时，在南浔起义，由赣东入粤，与广东东江农民结合。周恩来表示到那里再视情形而定。会后，共产国际代表将准备起义的情况电告共产国际，请示批复。

7 月 26 日下午 4 时，中央常委再次举行会议，出席会议的有瞿秋白、李维汉、张太雷、张国焘及共产国际代表等。罗明纳兹拿出了共产国际的回电：“如毫无胜利之机会，则可不举行南昌暴动。”会上，张国焘极力主张同张发奎一道回广东，然后再与其决裂。但大家认为：在汉口亦可见着必有胜利机会，认为举行南昌起义是必要的，也是可能的。会后，中央派张国焘前往南昌传达共产国际指示和中央决定，并参与各项事宜。

---

①瞿秋白，江苏常州人，1899 年生。1916 年入俄文专修馆，1920 年以北京《晨报》记者身份访问苏联，向国内介绍十月社会主义革命后的真实情况（后结集出版《俄乡纪事》和《赤都心史》）。1922 年 2 月加入中国共产党。1923 年 7 月回国后主编《新青年》、《向导》杂志。

周恩来于26日到达九江，遂召集在浔的同志开会，报告中央意见，并确定起义应该以土地革命为主要口号。会议决定由邓中夏回中央详细报告这次会议的情况，其他同志即从各方面加强起义的准备工作。

27日，中共若干高层领导陆续抵达南昌。

接到通知的起义部队陆续向庐山集结。它们是：叶挺的二十四师、贺龙的二十军、蔡廷锴的第十师。留在九江的李汉魂也是预定参加起义的主力之一。

周恩来在陈赓的伴随下，秘密抵达南昌，住在花园街2号（今4号）朱德的寓所。

朱德，原名朱代珍，字玉阶，1886年12月1日出生于四川省仪陇县一个贫穷的家庭。他青年时代即决心投笔从戎，1907年投考成都军事学校，但因家庭反对未果。1908年底，他离开家乡，千里跋涉，于1909年2月到达昆明，报考了云南陆军讲武堂。由于讲武堂只招收云南子弟，因此他虽然考试合格而未被录取。但他入军校心切，不久他以临安府蒙自县籍再一次报考，并改用了朱德的名字，遂被录取。入校后，校方对他的籍贯有争论。幸亏讲武堂监督、老同盟会员李根源从中缓解，朱德才未被摒除校外。入校不久，朱德即秘密加入同盟会。1911年7月，朱德从讲武堂毕业，分配到蔡锷领导的新军中任排长。1915年在云南参加反对袁世凯称帝起义。1917年在四川参加反对段祺瑞的护法战争，屡建奇功，同年秋，他当上了护国军少将旅长。

他对辛亥革命和护国战争后的社会现实不满，1918年春，孙炳文到朱德旅部任资议，向他讲述新文化运动和向他介绍《新青年》等进步读物。列宁领导的十月革命使他看到了曙光。1922年春，在他险遭军阀唐继尧的毒手后，逃离云南，来到四川。川军总司令刘湘要他留下担任师长，重庆警备司令杨森也要他留下。朱德拒绝了他们的挽留，于1922年夏天乘船来到上海，多方寻找共产党，因中共处于秘密状态，没有找到。于是他又到北京寻找，还是没有找到，他决心再回上海寻找，后来他终于找到了中国共产党总书记陈独秀。但陈独秀怀疑一个将军怎么能加入代表穷人的党，冷冷地拒绝了他。

在上海，他还见到孙中山，孙中山当时正值陈炯明叛变后离粤在沪。孙中山虽屡遭挫折，但对未来极为乐观，他正在筹划如何去广西、广州重新建立共和政权，他想借助于广西境内的滇军，要求朱德重回滇军进行策反。朱德当时已经认识到，孙中山和国民党人采取与这个军阀或那个军阀搞同盟的策略是不明智的。实行这种策略的结果，总是革命派败北，军阀势力增强。朱德承认自己在这一重复的错误中已耗去了多年宝贵的时光。他说中国革命现在失败了，俄国革命却获得了成功，俄国革命成功是由于他们掌握到了我们从未听说过的理论和方法——共产主义。朱德告诉孙中山他决定到欧洲留学，他说，听说社会主义运动在欧洲最强大，研究这些会对我们有好处。孙中山很同意朱德的意见。朱德于1922年9月和孙炳文一起乘海轮经新加坡、马赛到了巴黎，10月下旬到达柏林。同年11月，经张申府、周恩来介绍，朱德加入中国共产党，表示："终身为党服务，做军事运动。"在德国，曾两次遭德国政府逮捕入狱，第二次出狱后竟被驱逐出境。1925年7月，朱德离开柏林，来到苏联，先在莫斯科东方大学学习政治经济学，后进入军事训练班学习军事。1926年北伐战争开始后，朱德回国。当时，他已经40岁，但他说："我的革命事业，不过才刚刚开始。"1926年8月，他受国共两党的派遣，以广东国民政府代表的名义，从上海经武汉到四川万县，到新归附广州革命政府的川军杨森部做工作。他与陈毅（当时陈毅由李大钊通过李石曾介绍先到杨森部工作）一起同当地党组织取得联系，共同研究对杨森的工作，后任国民革命军第二十军（北伐军总部委任杨森部的番号）党代表兼军政治部主任。1927年3月，朱德被杨森"礼送"出境，到武汉领受党交给的新任务——派他到江西作滇军的工作。当时，在江西任第五路军总指挥兼江西省省长的朱培德、第三军军长王均、第九军军长金汉鼎、第九师师长杨池生、第二十七师师长杨如轩等，都是朱德在云南陆军讲武堂的同班同学，朱德一到南昌，利用朱培德急于扩充部队、需要大量军事骨干的机会，在南昌办起了军官教导团，名义上叫"第三军军官教导团"，实际上是受中共中央军委、江西省委领导，朱德任团长并兼南昌市公安局长。由于朱德在滇军时威望很高，滇军的进步青年军官纷纷来校学习，江西的进步青年也赶来报考，学员达1100名，并发展了大批共产党员。1927年6月，朱培德"礼送"共产党人出境，朱德将军官教导团大部分学员分配到赣江流域各县从事革命活动，自己也辞去公安局长职务，借故为朱培德招募部队（原黔军彭汉章的第九军），离开南昌去武汉。7月21日，朱德接受中共党的指示，秘密由武汉返回南昌。趁朱培德已去庐山之机，利用自己原来的社会地位和声望，积极领导军官教导团在校学员和公安局的两个警察队参加起义。并为起义做了大量的准备工作。

周恩来一到南昌，朱德就详细地向他介绍情况，并把南昌市街道图和自己绘制的敌兵力分布图铺在桌上。周恩来看后说："你为党做了一件大好事!”

参加南昌起义的主力部队之一是贺龙领导的国民革命军第二十军。贺龙，原名文常，字云卿，湖南桑植人，1896 年生，出身贫苦，民国初年两把菜刀闹革命、缴获盐局税警枪支的英雄事迹，在他的家乡到处传扬。1914 年参加中华革命党，在桑植、石门县做兵运工作。1916 年领导湘西暴动，后在桑植县讨伐袁世凯的民军中任总指挥。北伐战争开始后，贺龙任国民革命军第九军的一师师长，率部由贵州铜仁进军到湖南常德，改为第十五师，在中共党员周逸群的帮助下，开办政治讲习所，招收一大批进步青年，经过训练后，充实和改造部队。这支部队，在中共党的教育下，愈来愈倾向革命，北伐中进军河南，参加临颍大战，作战勇敢，与其他部队一起击败奉军，威名日著，1927 年 6 月被扩编为第二十军。

另一支起义军的主力就是叶挺领导的第二十四师，这是起义军的骨干力量。叶挺，广东惠阳人，字希夷，1896 年生，保定军校第 6 期毕业。1921 年任孙中山大元帅府警卫团营长，1924 年加入中国共产党，不久去苏联学习，1925 年回国，任国民革命军独立团团长。北伐军占领武昌后，叶挺被提升为第十一军第二十四师师长，后兼任武昌卫戍司令。原来叶挺独立团，编为第四军第二十五师第七十三团，该团及第二十五师大部是起义军的主力之一。

叛变革命的武汉政府，为与蒋介石争地盘，盗用“东征讨蒋”的口号，以唐生智的第一方面军沿长江北岸向南京方面发展，以张发奎的第二方面军（辖第四、十一、二十军）沿长江南岸向南京方面发展。7 月中旬，中国共产党遂利用“东征讨蒋”之名将属于第二方面军的第十一军二十四师和第二十军由武汉鄂东一带向南昌集中。从鄂东武穴出发的贺龙部队，沿途受到人民群众的热烈欢迎和支持。不少农民协会的骨干自动加入行军行列，这些人大部是共产党员和共青团员，政治上很强，有些人很快在第二十军中当上了基层干部。有一次，警卫营的人奉命到一个地方，一下取回来几百条枪，这是当地工人拒不执行陈独秀的缴枪命令，在白色恐怖下，冒着生命危险保存下来的。

第二十军和第二十四师这两支部队激烈的革命情绪，引起了反动派的注意。在九江，汪精卫和几个新军阀策划阴谋以第二方面军总指挥张发奎的名义，通知贺龙、叶挺去庐山开会，妄图借此机会解除他们的兵权。这个阴谋被叶剑英察觉，叶剑英①这时候以第四军参谋长的身份随军驻在九江。第四军司令部设在甘棠湖中的烟水亭。甘棠湖，原名景星湖，也叫南门湖，位于九江市中心。烟水亭据说是三国名将周瑜所建。叶剑英连夜找叶挺，告诉了汪精卫、张发奎等人的阴谋。叶挺接到通知后，便邀集叶剑英、贺龙在甘棠湖的一条小船上研究如何对付，决定：不执行张发奎关于去德安集结的命令，叶挺、贺龙率部开往南昌；叶剑英随第四军南下，后来参加了广州起义。

第二十四师和第二十军次第转移，沿着南浔（南昌至九江线，九江，古称江州、浔阳）铁路线，浩浩荡荡，从九江向南昌开进。7月26日，到达涂家埠，通往南昌的大桥被破坏，当地共产党组织为了使“铁军”能顺利通行，立即组织铁路工人和锯木工人抢修。第二天凌晨，部队通过大桥时，工人忘了一夜的疲劳，向战士们频频招手致意。战士们高呼：“工农兵万岁!”工人们回答：“英勇的革命官兵同志万岁!”7月27日，叶挺率领的部队到达南昌，随后，贺龙也率部到达。南昌街头，到处张灯结彩，一派节日气氛。“欢迎铁军来南昌!”、“打倒蒋介石!”的标语，触目可见。

接着，刘伯承也来到南昌。刘伯承，四川开县人，1892年出生，1914年加入孙中山领导的中华革命党。在护国、护法战争中，历任连长、旅参谋长、团长。1923年在讨伐吴佩孚的战争中任东路讨贼军第一路前敌指挥官。1926年5月经吴玉章、杨暗公介绍，加入中国共产党。北伐时任国民革命军四川各路总指挥（后任暂编第十五军军长），根据党的决定在四川省发动了泸州、顺庆（南充）起义，失败后，取道陕西到达武汉。随后，带了一个参谋来南昌，担任起义军的参谋长。

---

①叶剑英（1897~1986），广东省梅县人，原名叶宜伟。1916年去马来西亚谋生，1917年夏回国进入云南陆军讲武堂第12期学习，改名为叶剑英。1920年毕业，随即投入“援闽粤军”，任炮兵连连长。1921年入孙中山的广州军政府副官处，同年，由军政府副官长吴铁城介绍，加入国民党。1922年6月，当陈炯明叛变时，叶剑英和江防舰队司令陈策一起护卫孙中山登舰避难，守卫50余天。10月任第八旅参谋长。1924年1月，任孙中山的建国粤军第二师参谋长。黄埔军校开课后，被任命为教授部副主任。1925年3月，兼任梅县县长。1926年7月北伐开始后，任第一军总预备队指挥部参谋长。蒋介石四一二大屠杀后，叶剑英以新编第二师代师长于5月13日在江西吉安发动起义，投奔武汉政府。他想去苏联学习，找到国民革命军总司令部主任邓演达，想请邓给开一封介绍信，邓没给开。张发奎急于网罗人才，就欢迎叶剑英来第四军军部。不久，第四军扩充为第二方面军，张发奎升任总指挥，叶剑英被任命为第四军（黄琪翔为军长）参谋长兼军官教导团（前身是中央军事政治学校武汉分校）团长。1927年7月，经周恩来批准，秘密加入中国共产党。1927年7月28日，南京国民党中央监察委员会第17次常务会议，决定将叶剑英等“永远开除党籍”，经国民党中央执行委员会8月5日讨论决定，除同意将叶剑英开除国民党籍外，并咨请南京国民政府予以通缉。

卢德铭领导的武汉国民政府警卫团及平（江）浏（阳）农民自卫军，也奉命向南昌开进，准备参加起义，因途中遇敌阻截遂折回修水、铜鼓一带，后来成为毛泽东领导的秋收起义的骨干力量。

7月27日，以周恩来为书记的前敌委员会在江西大旅社正式组成。第二天，周恩来找贺龙谈话，向他传达了中共中央前委会关于立即举行起义的决定，并征求他的意见。贺龙立即表示："很好！我完全听共产党的命令，要我怎么干，我就怎么干。"周恩来当即代表前委任命贺龙为起义军代总指挥。刘伯承协助前委草拟了计划，成立了起义军总指挥部。

7月29日，汪精卫、孙科、朱培德、张发奎在庐山召开反共会议。决定：严令贺龙、叶挺限期将部队撤回九江；在第二方面军中实行"清共"；逮捕第四军政治部主任廖乾五等人。叶剑英闻讯后，立即派人通知廖乾五转移。廖30日离开九江奔赴南昌，向前委做了报告。

7月29日早晨和中午，临时政治局委员张国焘两次从九江发电报给前敌委员会说"起义宜慎重，无论如何等我到再决定"。前委认为，起义绝不能停止，准备工作要抓紧进行。

7月30日，周恩来召开起义军领导干部会议。阐明起义的重大意义，并宣布了起义部队的编组。

7月30日下午2时，叶挺在心远中学召集全师营以上干部会议。同日下午4时，贺龙在子固路中华圣公会召集团长以上会议。

刘伯承前往中共江西省委所在地三益巷，把中央关于南昌起义的决定告诉了江西省委负责人宛希俨、黄道，中共江西省委紧急召开省市党团员活动分子会议，传达中央关于武装起义的决定，布置工会、农会、学联、妇联等革命团体，动员各界人民积极协助起义军搞好通信、联络、后勤和宣传工作，并组织工人纠察队和农民自卫军配合起义军行动。

起义军总指挥部负责政治保卫工作的陈赓率领起义军士兵，连夜在南昌逮捕了一批反革命分子，并接管了江西省银行。

几天来，党的领导干部恽代英、彭湃、吴玉章、郭亮、方维夏、徐特立等人以及国民党左派彭泽民、张曙时等人陆续到达南昌参加起义的准备工作。

7月30日，张国焘以"中央代表"身份从九江赶到南昌，传达共产国际指示，说起义如有成功的把握可进行，否则不可动。他还主张依赖张发奎，起义须得张发奎同意，否则亦不可动。周恩来说，这个意见与中央派我来时的想法不相吻合，起义不能推迟，更不能停止。指出，张发奎受汪精卫影响很深，不会同意我党起义，我党应站在独立领导地位。李立三、恽代英、彭湃和谭平山也一致反对张国焘的意见，明确表示起义不能有任何迟延，迫使张国焘放弃了自己的主张。

7 月 31 日早晨，前委会议最后决定：8 月 1 日凌晨 4 时行动。起义命令由叶挺起草，以代第二方面军总指挥贺龙的名义发布。周恩来签发了作战命令："我军为达到解决南昌敌军的目的，决定于明（一）日四时开始向城内外所驻敌军进攻，一举而歼之!"

此时，第二十军第一团一个副营长赵福生叛变，被一个战士发觉，报告贺龙，贺龙又向前委报告后，将起义的时间改为 1 日 2 时。

起义军总指挥部设在南昌市中山路南侧的江西大旅社内，粟裕①所在的警卫队负责保卫这一首脑机关。

起义时双方的兵力对比是：

起义军：第二十军（7500 人），第十一军第二十四师（5500 人），第十师（4500 人），朱德的教导团留校学员，两个警察队，一个消防队，驻回马岭车站的第四军第二十五师的七十三团、七十五团（3000 人）等，共 2 万余人。

敌方：第五路军总指挥兼江西省省长朱培德正在庐山开会，该部第三军王均部主力在吉安、万安一带，南昌市区驻有二十三、二十四两个团；第九军金汉鼎部主力在东乡、进贤一带，驻南昌的是七十九、八十两个团；南昌市区和近郊还有朱培德第五路军总指挥部及警卫团、第六军的第五十七团、南昌卫戍司令部和省政府的警卫部队。共计 6 个团的番号，约 1 万人。

在南昌市内和近郊中共掌握的军队占优势，但在吉安、东乡、进贤之敌和九江的张发奎部又包围着南昌，这就要求速战速决。

31 日傍晚，根据总指挥的部署，主要街道放了起义军的岗哨。服装标志是：颈上系红领带，夜里左臂扎白毛巾，口令是"河山统一"。手电、马灯用红十字作标志，以至不用口令，从灯光上就能认出自己人来。

南昌城北的牛行车站，第二十军第四团第三营在营长王炳南的带领下，和敌车站巡防队住在一个院子里。31 日傍晚，王炳南营长突然召集 3 个连长到江边说："今晚有情况，各连集合队伍到江边警戒，不许吹号，要肃静。"全营很快在江边摆开，注视着江面。这时，王营长才告诉战士们，今晚城里要缴反革命军队的枪，要大家记好口令和识别标记。

---

①粟裕（1907 ~ 1984），湖南会同人，1907 年出生，1923 年离开家乡去常德读书。1926 年 11 月加入中国共产主义青年团，1927 年转为中共党员。

根据前委指示，朱德在起义头天晚上“请客”。他利用和滇军的“旧谊”，把第三军第二十三团团长卢泽明、第二十四团团长肖曰文和副团长蒋学文“请”到大士院1号南昌市长李尚庸家。吃完晚饭就打麻将“消遣”。晚上9时，起义总指挥部送来了“河山统一”的口令，朱德借故离席布置。警卫员根据朱德的嘱咐，机警地收缴了几个敌军官的自卫武器。8月1日凌晨，埋伏在外面的起义军战士一拥而入，将几个敌军官押起来，为解除第三军两个团的武装创造了有利条件。

8月1日2时整，起义开始，周恩来住在松柏巷天主教堂附近的一所学校里，指挥部代号叫“炮兵营”。

贺龙指挥的二十军第一、二团经过3个小时的激战，占领敌总指挥部和省政府，并抓住了躲在俘虏营里的叛徒。

起义军消灭了敌卫戍司令部的警卫部队后，打开了监狱，救出了100名“政治犯”。

自2时至6时，起义军全部解决了驻南昌市内和近郊的敌军，起义取得了胜利。

8月1日下午，驻在南浔铁路线上马回岭的第四军第二十五师，在聂荣臻的带领下也行动起来。参加起义的有以周士第为团长的第七十三团、第七十四团参谋长王尔琢领导的一个重机枪连、第七十五团一营营长孙一中串连的3个营。午后1时，他们以打“野外”为名，分别将部队拉出驻地。张发奎和师长李汉魂闻讯带着卫队乘火车追来，遭到起义部队的猛烈阻击，张、李跳车而逃，满载卫队营的火车在德安被起义军缴械。经过宣传，大部分士兵和一些下级军官参加了起义军。

参加起义的还有30个女兵，她们都是十几岁的青年，大部分是中央军事政治学校武汉分校的学员，还有少数是国民党左派人士何香凝办的妇女训练班的学员。

起义军中还有两位列宁生前决定由斯大林派来帮助中国革命的苏联同志，还有几位朝鲜同志。

起义胜利后，中共前敌委员会对起义部队的各级领导作了调整：贺龙兼第二方面军代总指挥（总指挥虚位以待张发奎），叶挺兼代前敌总指挥（前敌总指挥虚位以待黄琪翔），刘伯承任参谋长。下辖第二十军、第十一军、第九军。二十军军长贺龙，党代表兼政治部主任廖乾五，辖第一、二、三师，第一师师长贺锦斋、党代表方维夏，第二师师长秦光远、党代表陈恭，第三师师长周逸群、党代表徐特立，军直属教导团（团长侯镜如）和特务营；第十一军军长叶挺，党代表聂荣臻，辖第二十四师、第二十五师、第十师，第二十四师师长古勋铭、党代表阳翰笙，第二十五师师长周士第、党代表李硕勋，第十师师长蔡廷锴，军直辖特务营；第九军副军长朱德（因军长韦杵未到职，朱德后为军长），该军是新建，以原军官教导团为骨干，还有一些南昌市的印刷工人和铁路工人参加。起义军共有15个团。

起义军总指挥部发布《二方面军总指挥贺龙告官兵书》："这次南昌举义，实在是一种伟大的革命行动……我们的下级官长尤其是士兵同志，十有八九都是贫苦的农民出身。我们此次革命的行动，既是为实行土地革命，解决农民问题而奋斗，自然就是为解决我们自身问题而奋斗……我们既然明白我们是为自己革命，为自己牺牲，我们对于民众……应该切实保护，不应该强行买卖。不然，我们便不是革命党，我们进行的便不是革命战争，乃是同蒋介石、唐生智以至其他夺地盘的战争，其实是反革命的行动。"

8月1日，《南昌民国日报》发表了由毛泽东、宋庆龄、恽代英、吴玉章、邓演达、邓颖超、彭泽民、谭平山、柳亚子、林祖涵、夏曦、屈武等22人署名、以国民党中央委员名义发布的《中央委员宣言》，斥责蒋介石、汪精卫的叛变行为，热情赞扬和支持两湖轰轰烈烈的农民运动，郑重声明要共同努力为革命获一新根据地，强调以解决土地问题，号召天下，唤起民众，积极预备实力以扫除蒋冯唐的新式军阀与国内一切帝国主义、北洋军阀、封建社会而努力。

8月1日上午9时，在原来的省政府西花厅召开以共产党员为主体、由国民党左派人士参加的联席会议，产生"中国国民党革命委员会"。到会的除起义领导外，还有江苏、顺直（河北）、福建、湖南、湖北、甘肃、山西、东北、新疆、安徽、绥远、浙江、广东、江西、上海、哈尔滨和海外华侨代表共40余人。首先由叶挺报告起义经过，后推选宋庆龄（未到南昌）、周恩来、谭平山、贺龙、叶挺、朱德、恽代英、郭沫若（8月4日到南昌）、吴玉章、徐特立、林伯渠、彭湃、邓演达（未到南昌）、何香凝（未到南昌）、彭泽民、张曙时等25人为委员，由宋庆龄、谭平山、贺龙、邓演达、郭沫若、恽代英、张发奎7人组成主席团。以吴玉章为秘书长，刘伯承为参谋长，郭沫若为总政治部主任，林伯渠为财经委员会主席，恽代英为宣传委员会主席，张国焘（主席）、彭湃、郭亮主持农工委员会，张曙时（主席）、徐特立、彭泽民主持党务委员会，李立三任政治保卫处处长。

8月2日，公布了《"八一"革命宣传大纲》和《土地革命宣传大纲》。宣布继承北伐革命没有完成的事业，反对帝国主义，打倒新旧官僚，实行“耕者有其田”的政策。同时发布通缉蒋介石、汪精卫的命令。下午1点钟，工农商学兵各界举行隆重的群众集会。

革命委员会还制定《劳动保护暂行条例》19条，主要内容：产业工人8小时工作制；手工业工人10小时工作制；工伤赔偿，疾病死亡有抚恤，失业有保险；童工、女工保护和女工产前产后8星期休息等。

二 “八七会议”

据不完全统计，从1927年四一二反革命政变到1928年上半年，牺牲在反革命屠刀下的共产党人和革命群众达33.7万人。共产党员由6万人降到1万人左右，共产党组织遭到极大的破坏，被迫转入地下。革命群众团体被捣毁、被查封，工会、农会几乎被摧残一空，在地主、资产阶级反攻下，工农群众不仅丧失了在大革命时所争得的一切政治和经济权利，而且受到比旧军阀统治时期更加残酷的剥削和压迫。全国的革命形势转入低潮。

中共中央决定于1927年7月28日召开紧急中央全会，但白色恐怖严重，交通不便，使通知到会者无法到会，有些也无法通知，直到8月7日，到会的中央委员仍不足一半。在这种情况下，便只有召集在武汉的中央委员、监察委员、共青团中央委员及湖北、湖南、上海的负责人开会，会议性质是中央紧急会议。会场设置在汉口市三教街41号（现鄱阳街139号），因环境险恶，中央内部交通花了三天三夜将与会者一个一个地带进会场，会议一进一出前后用了6天时间。参加会议的正式代表21人，其中中央委员10人，候补中央委员3人，中央监察委员2人，共青团代表3人，湖北、湖南、军委代表各1人。计有，中央委员：瞿秋白、李维汉、张太雷、邓中夏、任弼时（团中央书记）、苏兆征、顾顺章、罗亦农、陈乔年、蔡和森；候补中央委员：毛泽东、陆沉、李振瀛；中央监委：杨匏安、王荷波；共青团代表：李子芳、杨善南、陆定一；湖南代表：彭公达；湖北代表：郑超麟；军委代表：王一飞。另有，中央秘书（工作人员）邓小平，[1] 共产国际代表罗明纳兹、纽曼、洛蜀莫娃。“八七”会议未

---

①邓小平，原名邓希贤，四川广安人，1904年生。1920年赴法勤工俭学，1922年加入旅欧少年共产党。1924年转入中国共产党。1925年转赴苏联中山大学学习。1926年秋回国后，被派往西北军冯玉祥部做政治工作。1927年2月在西安参与创办中山军事政治学校，任政治部主任，后调任中央机关工作。1927年7月15日汪精卫叛变革命后，改名为邓小平。

通知陈独秀参加，其他未参加会议的中央委员，或因到南昌参加起义，或不在武汉，或已牺牲。

会议由李维汉（罗迈）主持，首先由共产国际新派来的全权代表罗明纳兹（7月23日抵达汉口）作《关于党的过去错误及新的路线》的报告。瞿秋白作为临时中央政治局常务委员会推定的报告人作了《关于将来工作方针的报告》，他指出，我们的策略是开展独立的工农阶级斗争，并提出三条具体方针：①要与资产阶级争夺领导权；②要由下而上地争取群众；③要在革命暴动中组织临时的革命政府。

大家就共产国际的报告进行了热烈的讨论。发言的有毛泽东、邓中夏、蔡和森、罗亦农、任弼时、李子芳、彭公达、瞿秋白等。他们集中揭发批判了陈独秀等人在统一战线中的投降主义，并热烈讨论农民土地问题和武装斗争问题。

毛泽东在会上作了多次发言，他着重讲了四个问题：第一是国民党问题，他批评以陈独秀为首的党中央加入国民党不是去做主人，而是做客人，毛泽东说：当时大家的根本观念都以为国民党是人家的，不知它是一所空房子等人去住，其后像新姑娘上花轿一样勉强挪到此空房子去了，但始终无当此房子主人的决心，这是一大错误；第二是关于农民问题；第三是军事问题，他指出，从前我们骂孙中山专做军事运动，我们则恰恰相反，不做军事运动专做民众运动，蒋介石、唐生智等都是拿枪杆子起家的，而我们都不重视，须知政权是由枪杆子中取得的；第四是组织问题，以后上级机关应尽心听下级的报告。①

会议在共产国际代表的帮助下，总结大革命失败的经验教训，坚决批判以陈独秀为代表的右倾机会主义错误，确定了实行土地革命和武装反抗国民党反动派的总方针。②

“八七”会议通过了《告全党党员书》、《中国共产党的政治任务与策略决议案》、《最近农民斗争的决议案》等文件。指出：“土地问题是中国资产阶级民权革命的中心问题……共产党现时最主要的任务是有系统的、有计划的、尽可能的在广大区域中准备农民的总暴动，利用今年秋收时期

①《毛泽东文集》第一卷，人民出版社，1993年12月第1版，第46～47页。
②《毛泽东传（1893—1949）》，中央文献出版社，1996年8月第1版，第138～139页。

农村中阶级斗争剧变的关键。中国共产党及中国共产主义青年团①应当在极短期间调最积极的、坚强的、革命性稳定的、有斗争经验的同志，尽量分配到各主要的省份作农民暴动的组织者。”

根据以上决议提出的《湘鄂赣粤四省秋收暴动大纲》明确规定秋收起义的战略是：以农会为中心，号召一切接近农民的社会力量实行暴动，夺取乡村政权，在可能时应夺取县政权，发动广大工农群众组织革命委员会，向反革命势力进攻；实行抗租抗税，肃清土豪劣绅及一切反革命派，没收其财产，组织土地委员会，决定土地分配。

“八七”会议决定在上述四省发动秋收起义是因为这四省受革命影响最深，革命的主观力量最强。标志是农民都发动起来了：四省都成立了省农民协会，加入农会的会员湖南有451万人、湖北250万人、江西38万余人、广东70万人。当时全国农会会员总数是915万余人，而这四省就占全国的90%。

暴动选择在秋收季节，因为此时是农村中阶级斗争激烈的关头。这时提出抗租抗税的口号，动员农民起来向地主豪绅和反动政权发动进攻，最能得到广大群众的拥护和支持。

大会最后选举新的临时中央局，由共产国际代表提出政治局候选人名单，正式委员7人，候补委员7人。正式委员（候选）：张国焘、瞿秋白、苏兆征、李维汉、任弼时、罗亦农、邓中夏；候补委员（候选）：李立三、周恩来、彭湃、张太雷、顾顺章、向忠发、蔡和森。讨论中，蔡和森、李维汉、陆沉等主张让毛泽东加入政治局，蔡和森、② 李维汉还提出取消自己，毛泽东则以将参加秋收起义为由，自己不同意加入政治局。最后，共产国际代表提议付诸表决，表决前决定增加政治局正式委员2名。表决结果，正式委员有：苏兆征（20票）、向忠发（20票）、瞿秋白（19票）、罗亦农（18票）、顾顺章（17票）、王荷波（17票）、李维汉（17票）、彭湃（16票）、任弼时（14票），候补委员：邓中夏（13票）、毛泽东（12票）、周恩来（12票）、彭公达（11票）、张太雷（11票）、张国焘（9票）、李立三（7票）。

8月9日，由瞿秋白主持召开临时中央政治局第一次会议，选举瞿秋

---

①1922年5月中国社会主义青年团第一次全国代表大会在广州召开，1925年1月在上海召开的第三次全国代表大会上，将团的名称改为中国共产主义青年团。

②“八七”会议后，蔡和森任中央特派员去北方局指导工作。1931年3月赴香港指导广东省委工作。1931年6月10日被英帝国主义逮捕，后引渡到广州，交给了国民党反动派。反动派残忍地将蔡和森的手脚钉在墙上，用棍棒将他打死，死后把他的前胸和肚子切成碎块。

白、苏兆征、李维汉为临时中央政治局常委。决定由瞿秋白兼管农委、宣传部并任党报总编辑，苏兆征兼管工委，李维汉兼管组织部和秘书厅。瞿秋白实际负责全局工作，那年他28岁。会议决定，蔡和森、王荷波到北方组成新的北方局，以王荷波为书记，蔡和森为秘书，管理顺直、山西、满洲、内蒙古、山东等省的工作；张太雷、张国焘、周恩来、彭湃、恽代英、陈权、黄平组成南方局，张国焘为书记，张太雷为广东省委书记；邓中夏负责上海党的工作；毛泽东、彭公达负责湖南省委改组工作，彭公达任省委书记。9月下旬党中央机关迁往上海。

三　秋收起义

早在1927年6月中旬，毛泽东在武汉会见湖南工会、农协干部时就鼓励他们回湖南“山区的上山，滨湖的上船，拿起武器准备战斗”。

6月24日，根据毛泽东的要求，经中共中央政治局常委会议决定毛泽东回湖南任临时省委书记，冒着白色恐怖在湘潭、衡山、长沙等地调查，对湖南工农武装去向做出了多种安排。毛泽东提出，新省委成立后，对军事分三类进行：一是对于已经暴露之义勇队自卫军，如浏阳、醴陵、平江、岳阳、湘潭、湘乡、宁乡、益阳等地农军上山；二是尚在灰色或潜伏状态中的工农武装仍应保持合法的团防、挨户团的名称，待到起义时，再打出自己的旗帜；三是力量弱小，组织又不甚健全的工农武装，则可把枪支埋于土内，人员分散隐蔽或投入贺龙、叶挺部，或潜入国民党军队、反动团防、挨户团内，设法制造兵变，夺取枪支。毛泽东还提出，各县党、工会、农协都应集中人力、财力进行秘密的军事训练；在湘潭、长沙、醴陵、平江、岳阳、宁乡等地农村迅速发展党员，准备武装起义。毛泽东不下数十次地通告各地党组织认真执行，而且派了许多人下去督促。郭亮（郭静茹）被派往浏阳，主张当地的工农义勇军到浏阳与江西边界当“大王”；夏明翰被派往安源，并设法将所有矿兵改工人，排队长、保卫科长找灰色同志充当；平江派毛简青任县委书记，把平江工人纠察队和农民自卫军合编，由余贲民率领开往离县城百余里的幕阜山区整训；宁乡农军撤到沩山后，于6月29日发动沩山起义；宜章、郴州、资兴农军派陈东日、武文元去指导，先后撤至汝城县，与汝城农军及广东惠、潮、梅农军联络；罗学瓒去小槐山；贺尔康多次下乡传达省委部署和毛泽东的指导意见。大革命失败后，湖南仍保存大量工农武装，约有2000支枪。

7月初，毛泽东回到武汉参加中共中央常委扩大会议。7月4日，他在会上针对陈独秀提出的国民革命招兵时，农民协会会员和自卫武装可以加入的观点，提出“共产党不保存武力，将来一到事变，我们即无办法”。在会上，蔡和森也主张农民自卫军上山和速在乡村发展党员。两位老同学、老战友在挽救革命的紧急关头，思想认识完全一致。

7月中旬，毛泽东在武汉着手为中共中央起草《中共湖南省委关于湘南运动大纲》，多次给长沙的湖南省委成员写信，催促所需详细军事报告。月底，大纲拟就，指出：湘南特别运动以汝城县为中心，由此中心进而占领桂东、宜章、郴县等四五县，成一政治形势，组织一政府模样的革命指挥机关，实行土地革命，与长沙之唐（生智）政府对抗，与湘西反唐部队联络……造成革命力量之中心，以达推翻唐政府之目的；欲达到这一目的，必须注重军事，建议请中央命令彭湃同志勿将现在汝城之粤军他调，浏、平军千人立即由郭亮率领赴汝城，江西革命军调一团人来汝城，以革命军一团作中坚，在湘南发动起义。8月1日，大纲经中央通过，寄回湖南。中共中央临时常委会决定以毛泽东为书记组织湖南特委。①

7月中旬，中共中央紧急疏散、撤离和隐蔽党在武汉的各级党组织和党员。中央派毛泽东去四川。毛泽东请求仍回湖南工作。同时，中共中央确定实行土地改革和组织民众武装起义的新政策，着手制定湘、鄂、粤、赣四省秋收起义的计划。7月20日，中共中央、中央农民部发出《目前农民运动总策略》，指出：中国革命已进入到一个新阶段——土地革命阶段；实行土地革命，必须夺取政权，建立农民的革命政权，并以革命的武装保障其胜利。

7月23日，中共湖南省委致信毛泽东并中共中央，盼望毛泽东回湖南工作。随后，中共中央复信湖南省委：湖南省委负责人已经常委会议重新审查，决定以易礼容为书记，省委地点以湘阴为宜。此间，毛泽东一直留在武汉，指导湖南省委的工作，并受中央的委托研究湖南军事形势，筹划湖南秋收起义。

8月3日，中共临时中央常委会决定毛泽东不去湖南，仍留武汉担负原任工作。

“八七”会议开完后，中央临时政治局分工之前，瞿秋白向毛泽东征求意见，要他到上海中央机关去工作。毛泽东回答：我不愿跟你们去住高

---

①《毛泽东年谱（1893—1949）》上卷，人民出版社、中央文献出版社，1993年12月第1版，第207页。

楼大厦，我要上山结交绿林朋友。①

8月9日，毛泽东出席中共中央临时政治局第一次会议。在讨论湖南秋收暴动时毛泽东发言说：湖南省委和共产国际赴长沙巡视员提出的“由湘南组织一师与南昌军力共同取粤”的计划“是很错误的，大家不应只看到一个广东，湖南也是很重要的，湖南民众组织比广东还要广大，所缺的是武装，现已适值暴动时期，更需要武装”。他说：“前不久我起草经常委通过的一个计划，要在湘南形成一个师的武装，占据五六县，形成一政治基础，发展全省的土地革命，纵然失败也不用去广东而应上山。”会议上，罗明纳兹提出，应改组湖南省委，派一得力同志去，提议毛泽东去湖南贯彻“八七”会议精神。会议决定，由毛泽东、彭公达回湖南传达“八七”会议精神，并全权负责改组湖南省委，指定彭公达为新省委书记。②

8月初，杨开慧让孙嫂带着毛岸青先回湖南故乡板仓。

8月12日，毛泽东以中央特派员的身份从武汉秘密回长沙，毛泽东和杨开慧等人离开武汉时，杨开慧和毛泽东都化了装。出发时，杨开慧和母亲、岸英、岸龙先走，毛泽东和另外几个人结伴同行。毛泽东到长沙后，住在杨昌济的长沙故居“板仓杨寓”。同湖南省委书记易礼容进行了简要的交谈。8月13日，毛泽东到板仓，他在杨开慧家里，邀请5位农民、1位篾匠和1位小学教师开了两天调查会，了解到当地农民要求全盘解决土地问题的想法。8月16日，由彭公达主持改组了湖南省委，毛泽东为省委委员。8月17日，毛泽东由杨开慧陪同从板仓回到长沙城里“板仓杨寓”。调查的另一个结果，是了解到国民党军队残酷镇压工农运动后，群众对他们的看法已完全改变了。他在给中央的信中说：“国民党旗子已成军阀的旗子，只有共产党旗子才是人民的旗子。这一点我在鄂时还不大觉得，到湖南来这几天，看见唐生智的省党部是那样，而人民对之则是这样，便可以断定国民党的旗子真不能打了。”这些新的认识，都是他在实地调查中获得的。后来，杨开慧获悉敌人正派大批军警到处搜查中共湖南省委机关，便向毛泽东建议改变住处。于是他们从望麓园搬到北门外福寿桥附近的八角门楼，离长沙市郊的省委驻地沈家大屋很近。

1927年8月18日，改组后的湖南省委，在长沙市郊沈家大屋召开第一次省委会议。苏联驻长沙领事、共产国际代表马也尔参加了会议。毛泽

①《毛泽东年谱（1893—1949）》上卷，人民出版社、中央文献出版社，1993年12月第1版，第209页。

②《毛泽东年谱（1893—1949）》上卷，人民出版社、中央文献出版社，1993年12月第1版，第209页。

东带着调查中取得的第一手材料，以中央特派员的身份，对会议讨论的几个主要问题，他都发表了重要意见。

毛泽东说：湖南的秋收起义要解决农民土地问题，但发动起义，单靠农民的力量不够，必须有军事的帮助；暴动的发展是要夺取政权，要夺取政权，没有兵力的拥卫也是自欺；我们党从前的错误就是忽略了军事，现在应以60%的精力注意军事运动，实行在枪杆子上夺取政权、建设政权。

毛泽东还说：要取得农民的拥护，就必须没收一切地主的土地，分配给缺少土地的农民；没收的办法由我们党制定一个土地政纲，由农民协会或革命委员会执行，对于被没收了土地的地主分子，须应适当的安置，给以生活出路；要废除反动政府对农民的苛捐杂税，由革命政权征收适量的农业税。

毛泽东明确指出，这次起义的目的是要建立工农民主政府；主张这次起义应当和国民党划清界限，旗帜鲜明地以中国共产党的名义号召群众；因为国民党这块招牌已经无用，国民党已变成军阀，已经臭了。

关于起义的区域，会议争论得比较激烈，大多数人主张根据党中央决定的方针，在全省范围内发动起义。提出将全境划分为湘东、湘南、湘西和西南4个地区，分别以长沙、衡阳、常德和宝庆等处为中心，同时组织暴动。毛泽东反对这种不顾主客观条件，分散使用力量的轻敌盲动倾向，力主缩小范围，集中力量。在湘东、赣西地区发动秋收起义。

8月19日，中共湖南省委将湖南秋收暴动以长沙暴动为起点的计划，报告中共中央。同日，毛泽东又征询了由湘潭韶山来省城的5位农民的意见，经过同他们的商谈，拟出土地纲领数条，包括“没收一切土地”等。

8月20日，毛泽东以湖南省委的名义写信给中共中央，拥护共产国际关于在中国立即实行工农兵苏维埃的意见；以后不应再打国民党的旗子了，应高高打出共产党的旗子，国民党的旗子已经成军阀的旗子；这一点我在那时还不大觉察到，到湖南几天便可以断定国民党的旗子真不能打了，再打必会再失败。信里并将“土地纲领”草案录上，提供中央讨论。报告了他对一些重大政策问题的不同意见。“八七”会议虽然正确地确定了实行土地革命和武装反抗国民党反动派的总方针，但是如何根据实际情况来实行这个总方针，还有许许多多未曾得到解决的问题，党对处理这些新问题又十分缺乏经验。能够在这样一系列重大政策问题上，如此旗帜鲜明地而又切合实际地提出和中共中央以至共产国际代表不同的意见，确实充分显示出毛泽东的过人胆识和求实精神。难怪瞿秋白在一个多月后（9月28日）的一次政治局常委会上要说：“我党有独立意见的要算泽东。”

中共中央收到湖南省委的秋收暴动计划和毛泽东的信件后，在8月22日召开常委会研究。在讨论中，有常委指名批评毛泽东的“枪杆子中夺得政权”的论断和中央不同，说中央才是“纯粹信任群众力量，以军事力量为帮助”。湖南省委的秋收暴动计划未被批准。23日，中共中央给湖南省委复信，虽然在原则上表示以长沙为暴动起点的计划是对的，但又批评说：暴动计划靠外面的军事力量夺取长沙“偏重于军力，其结果只是一种军事冒险”；并且提出“此时我们仍然要以国民党名义来赞助农工的民主政权”，如果就抛去国民党的旗帜、实现苏维埃政权，“这是不对的”；还主张在土地问题上“这时主要口号是‘没收大地主土地’，对小地主则提出减租的口号”。毛泽东对中共中央复信采取分析的态度，对其中符合实际情况的部分贯彻执行，对不切实际的批评给予答复。

8月下旬，中共湖南省委会议讨论中央对于湖南秋收暴动计划和土地纲领草案的批评意见。关于暴动范围，毛泽东力主缩小区域，不赞成中央以长沙、衡阳、宝庆3处为中心的全省暴动。会议经过讨论，大多同意毛泽东的主张，改变中央关于3个中心同时发动暴动的计划。

8月30日，中共湖南省委在长沙接到安源市委有关湘赣边界工农武装情况的报告后召开省委常委会议，讨论确定湖南秋收暴动的计划。

省委经过反复讨论，大多数人终于认识到要在全省同时起义，人力、财力都有困难，同意毛泽东的主张。会议决定，首先集中力量在条件较好的地区——平江、浏阳、醴陵等县和安源发起暴动，进攻长沙。这个区域能够影响湘、鄂、赣三省。毛泽东曾经多次亲临湘东和安源等地，进行调查研究，发动工农运动，这里群众基础较好。特别是在这个区域保存着一批由中共掌握的革命武装力量，可以作为起义的军事骨干。

省委还讨论了秋收起义的宣传问题，提出了10条响亮的暴动口号。要求在宣传中充分肯定过去湖南农民运动的伟大成就，高度赞扬农民的革命行动，揭露、批判土豪劣绅的反革命罪行；宣传共产党的政治主张和秋收起义的伟大意义，号召农民积极参加暴动。要求在暴动前和暴动中做到：恢复农民协会，乡村政权归农协；破坏敌人交通运输和通信联络；杀土豪劣绅反动派；没收土豪劣绅及大地主财产；抗租抗税；平分土地；组织革命委员会。省委宣传部还编写了标语、传单和歌谣，鼓动群众的革命情绪。

省委确定秋收起义的领导机关分为两个：一个是由各军事负责人组成的党的前敌委员会，任命毛泽东为书记；另一个是党的行动委员会，由起义地区各地方党委负责人组成，书记为易礼容。

会议一结束，毛泽东便在第二天清晨乘火车从长沙前往安源。他走前先送杨开慧回板仓，要她照顾好自己的母亲，管好3个孩子，参加一些农民运动。3个孩子，大的只有5岁，最小的才几个月，对杨开慧来说是个很大的负担。毛泽东冒着生命危险去领导秋收暴动，他们经过再三考虑，还是分开为好。他们约定：等秋收暴动胜利后，会很快见面的；暴动如受挫折，有可能长期不能见面。

分别在即，毛泽东给杨开慧写道：前途是光明的，道路是曲折的；大家团结努力，革命一定成功！毛泽东并抄录他1923年12月所作的《贺新郎·别友》相赠。

> 挥手从兹去。更那堪凄然相向，苦情重诉。眼角眉梢都似恨，热泪欲零还住。知误会前番书语。过眼滔滔云共雾，算人间知己吾与汝。人有病，天知否？　　今朝霜重东门路，照横塘半天残月，凄清如许。汽笛一声肠已断，从此天涯孤旅。凭割断愁丝恨缕。要似昆仑崩绝壁，又恰象台风扫寰宇。重比翼，和云翥。

毛泽东和杨开慧都没有想到他们这次分别竟然是永诀。

8月30日，湖南省委给中央的信中直截了当地写道：中央复信“指出此间两点错误，事实及理论均非如兄所说”。第一，“兄处谓此间是军事冒险”，“实在是不明了此间情形，是不要注意军事又要民众武装暴动的一个矛盾政策”。第二，“兄谓此间专注意长沙工作，而忽略各地，这并不是事实”，“没有把衡阳做第二个发动点，是因为我们的力量只能做到湘中起来；各县暴动，力量分散了，恐连湘中暴动的计划也不能实现。”

8月31日早晨，毛泽东乘火车去安源布置武装起义，途经株洲。9月初，穿着农民服装的毛泽东从株洲到达安源，以中共中央特派员和湖南省委秋收起义前敌委员会书记身份，在张家湾召开湘赣边界秋收起义军事会议。到会的有浏阳县委书记潘心源，安源市委书记蔡以忱、委员宁迪卿和杨俊，赣西农民自卫军总指挥兼安福县农军负责人王兴亚等。毛泽东传达中央“八七”会议精神，报告湖南省委改组及新省委制定的秋收暴动计划，通报了各地秋后暴动的准备情况。会议听取潘心源、王兴亚关于湘赣边界军队情况的详细报告。决定正式组建工农革命军第一军第一师，师长余洒度，副师长余贲民，参谋长仲文璋，下辖3个团。初步拟定起义部队分3路向长沙攻击前进的方案：第一路（第二团）进攻萍乡与醴陵，向长沙取包围的形势，但无论如何不能放弃萍乡、安源，以防敌人断绝后路，同时要株洲区委发动株洲工农扰乱敌人后方，配合醴陵农民暴动；第二路（第一团）从修水向平江进攻，并发动平江农民在全县暴动，夺取平江后再向长沙推进；第三路（第三团）由铜鼓向浏阳进攻，并发动浏阳农民在四乡暴动，进逼长沙。会上正式组成以各路主要负责人为委员、毛泽东为书记的中共湖南省委前敌委员会，统一领导湘赣边界秋收起义。

9月5日，毛泽东在安源写的信到达中共湖南省委。信中提出长沙暴动要与前方军事行动相配合，否则会失败：相约11日安源发动，18日进攻长沙。湖南省委常委讨论后决定：9日开始破坏铁路，11日各县暴动，15日进攻长沙。随即，通知各地执行。

同日，中共中央致信湖南省委，拒绝湖南省委8月30日信中对中央所提的意见。认为湖南省委集中湘中暴动、放弃湘南计划实是一大错误；对于毛泽东于8月20日以湖南省委名义给中央的信中提出的建议加以否定和指责："关于政权、国民党和没收土地诸问题，中央认为你们怀疑中央的政策是错误的，在此紧急斗争的当中，中央训令湖南省委绝对执行中央的决议，丝毫不许犹豫。"

9月6日，毛泽东在安源得知中共湖南省委常委关于秋收暴动日期的决定后，他即以中共湖南省委前敌委员会的名义，向在铜鼓的第三团下达起义计划和部署，并要他们立刻将这个决定和行动计划向在修水的师部和第一团转达。

在安排工作就绪后，他同潘心源等赴铜鼓，直接指挥领导这一路的起义。

9月8日，中共湖南省委发布夺取长沙的命令。限于本月16日会师长沙，夺取省城。

秋收起义的军事骨干力量，主要有：由中共掌握驻武昌的国民革命军第四集团军第二方面军总指挥部警卫团，平江、浏阳农军，安源的工人武装。这些武装分处在修水、铜鼓、安源三地。

警卫团是中共协助张发奎在武昌建立的。这个团是从叶挺独立团抽调一些连队组建的，部队中有不少安源工人及湘、鄂两省工农运动的干部和积极分子。团营主要领导干部多是中共党员。团长卢德铭，四川宜宾人，1905年生，黄埔军校二期生，在叶挺独立团当过连长和营长，1924年加入中国共产党。8月2日，卢德铭等按照党的指示，把部队开往南昌参加起义。他带了3个营和团直属部队，由武昌乘船沿长江东下。在江中，得知张发奎已在九江布防，从水路不能去南昌，遂在阳新县的黄颡口登岸，改走陆路。全团经武宁、靖安向南昌开进，到江西奉新后，得悉南昌起义的部队已远去闽、粤，于是决定改变计划，西赴修水，休整待命。团领导卢德铭等得到江西省委负责人夏曦的指示，去武汉向中央请示汇报工作，将部队交第一营营长余洒度掌握。部队经过武宁，遇到余贲民率领的平江工农义勇军，相约同赴修水。部队到修水不久，得知该县桃树港有一支由鄂南开来的通城、崇阳的农民武装，由罗荣桓①等率领，共 100 余人，即派人和他们联系，于是把他们接到修水县城，编为警卫团的特务连。同时，警卫团又通过平江工农义勇军和驻铜鼓的浏阳工农义勇军取得了联系。

平江工农义勇军是在北伐军解放平江后，共产党接收当地民团武装组建起来的。开始叫团防队，由共产党员余贲民任队长。后来又收容了一些外来散兵，不断补充了党组织和各乡农会输送来的人员，队伍扩大到 500 人左右。1927 年 7 月中旬，中央指示他们和浏阳农军在平江的长寿街会合后，开往江西南昌。8 月 5 日到达涂家埠，得知南昌起义的部队已经南下，前面又有张发奎军队阻挡，无法通过，于是平江农军开往修水，浏阳农军开往铜鼓。

浏阳工农义勇军是在县委书记潘心源领导下建立起来的。1927 年春，浏阳农民运动蓬勃发展，潘心源按照毛泽东“推翻地主武装，建立农民武装”的方针，领导群众夺取了地主豪绅的武装，建立了农民武装。蒋介石叛变革命后，他决定把全县各区的农民武装集中起来，加紧训练，组成了一支拥有 600 余人的工农义勇队。“马日事变”后，潘心源领导这支队伍和上万的农民，参加了 10 万农军围攻长沙许克祥叛军的战斗。5 月 31 日曾奋勇攻入长沙浏阳门外和小吴门，同叛军展开激战。后因陈独秀的命令，被迫撤出战斗，退回浏阳。后来他们又和平江农军一起赶赴南昌，未成。于是经奉新、高安、上高进驻铜鼓。

8 月下旬，朱培德闻讯派人到修水要收编警卫团。余洒度等警卫团的干部和平江、浏阳农军负责人在山口镇召开会议研究对策。为掩护自己，决定以受编不受调为条件，接受“江西省防军暂编第一师”的番号，由余洒度任师长，余贲民任副师长（谭政当时在师部任秘书）。以警卫团为一

---

①罗荣桓（1902～1963），湖南衡山人。1916 年高小毕业（后又在家乡读了 3 年私塾），1919 年入长沙协均中学读书（柳直荀曾任此校校长），1923 年到北京湖南会馆补习学校学习，1924 年考入山东私立青岛大学预科学习，1926 年 6 月到广州投考中山大学（未被录取），同年 11 月回到故乡参加农民运动。1927 年 4 月入武昌中山大学理学院读书，先加入中国共产主义青年团，不久转为中国共产党。

团，浏阳农军为三团，平江农军分别补进这两个团。一团团长钟文璋，三团团长苏先骏。[①] 秋收起义以这个师为基础，编成工农革命军第一军第一师，一、三团的编制未改变，以安源革命武装编为第二团，团长王新亚。

安源革命武装基本成分是安源工人武装和萍乡、醴陵、衡山、安福、莲花等地农军。安源原来有一个矿警队，是资本家镇压工人的反动武装。毛泽东到安源发动工人运动和建立党、团组织后，安源党组织就派一批工人党、团员打入矿警队，经过多年秘密工作，基本上掌握了这支武装。另外，安源路矿工人俱乐部成立后，组织了工人纠察队。10 万农军围攻长沙时，安源的工人武装参加了这一壮举，他们会同醴陵农军，在易家湾和叛军进行了激战。后由于陈独秀右倾投降主义的破坏，他们被迫退回安源，同时退入的还有萍乡、醴陵、衡山等地的农军和醴陵等地的党的负责同志。秋收起义前，安福、莲花的农军会合宁冈的农军攻打新城失利，也开来安源休整。

上述 3 个团的兵力，合计有 5000 人左右。此外，余洒度等在起义前，还收编了黔军 1 个团，编为第四团，团长邱国轩。

卢德铭等到武汉寻找中共中央。向警予代表湖北省委向他们传达了“八七”会议精神，明确指示卢德铭：去寻找毛泽东，参加湘赣边界的秋收起义，并委派卢德铭担任起义部队的总指挥。向警予派了 6 名干部，拨了 3000 元活动经费。另委派韩浚为副总指挥，辛焕文为总指挥部指导员。在从武汉赶回修水的路上，韩浚被敌俘去，辛焕文壮烈牺牲，只有卢德铭回到修水。

起义部队的行动计划是：一团由修水出发到平江，发动平江农民暴动，夺取平江后再向长沙发展；二团自安源进攻萍乡、醴陵，与醴陵、株洲的农民运动相结合，对长沙取包围形势；三团自铜鼓出发，向浏阳进攻，发动浏阳农民四乡暴动。各路得手后，以长沙工农暴动为内应，相机攻克长沙。

在这三路中，以中路为主军。那就是驻在铜鼓的浏阳工农义勇队，准备会合驻在修水的警卫团，一起向浏阳进攻，“因为这路军事势力较厚，地势较险，浏阳又逼近长沙，进可以战，退可以守”。

唐生智的部队当时大半在湖北、安徽一带与蒋介石对峙，留在湖南的部队又多调往湘南防范与广东军阀有勾结的许克祥部。湘东比较空虚。但毛泽东看出，长沙毕竟是敌人统治的中心，没有充分的军事力量配合和支

①苏先骏，黄埔军校第一期学生。1927 年脱离秋收起义部队，在长沙被唐生智逮捕后叛变。1930 年红军攻克长沙后将他处决。

持，城市暴动是难以取胜的。因此，毛泽东在9月5日自安源写信给湖南省委时强调指出，长沙城内暴动必须与前方的军队配合，待我军逼近长沙时方能实行，不可轻举妄动。9月6日，长沙卫戍司令张国威随即宣布：从9月8日（农历八月十三）起，“特别戒严五日，每日晚10时，即断绝交通，并于中秋日加紧戒严，军警停止放假，日夜满街，均放步哨，以防暴动。”①

毛泽东为了准备和组织秋收起义，他装作安源煤矿的采购员奔走于萍、醴、浏、铜之间。1927年9月9日在从安源到铜鼓的途中，被浏阳县张家坊的地主武装团防军扣留。毛泽东等三个人（包括潘心源②）被团防军押着走，毛泽东在路上故意装作腿痛，一步一步地拐，落在后面。他掏出一把钱来，对团防军说：“朋友，拿去喝茶吧！”那些人接了钱，毛泽东就走。但没走多远，那些人喊了起来，其中有一个人追到了毛泽东跟前。毛泽东只得站住，又给那人一点钱，说：“没有了，朋友，再见吧！”等毛泽东走上前面岭上的时候，追他的人才大喊起来：“跑了，跑了！”跟着大队就从他后面追来。毛泽东急忙走下岭，躺在一个水沟里。他听见追他的人喊：“明明看见他向这里跑了，怎么不见了？”他们到处搜寻，只是没有找到毛泽东躺的那个地方。

等人声听不见了，毛泽东爬起来，涂了些泥在腿上，装作农民的样子。他走上一个高岭，这里已经是江西的地界了。他看见一个打柴的，就和那人交谈起来，谈到农民协会，打柴的说：“农民协会好，就是不该打菩萨。”毛泽东说：“不错，我就是农民协会的委员长，我在农民协会里是反对打菩萨的。今天下面喊捉人，就是捉我。朋友，请救我一救吧！”“怎么救法？”毛泽东说：“这是两块钱，请你给我买一双草鞋和一点饭，再把我送一程。”天快黑时，打柴的回来了，拿来了草鞋和饭，并从偏僻的小路上把毛泽东送出江西地界。毛泽东问他姓名，他始终不肯说出。

走了一天，到了一个市镇。毛泽东没有行李，身上穿一件短褂，一个汗衫，他便把短褂脱下来扎成包袱模样，横背在肩上，每走到一家店门口，就问：“老板，歇得客吗？”老板眼睛一睁：“歇不得！”连碰了几个钉子。走到街尾最后一家店时，他索性也不问了，走进去坐下，大声喊：“老板，打水来洗脚！”老板无可奈何，只得由他住下。

---

①《毛泽东传（1893—1949）》，中央文献出版社，1996年8月第1版，第147～148页。

②潘心源在护送毛泽东从安源去铜鼓的路上被捕，在被押往浏阳县城时机智地逃脱，后潜入浏阳县城找到第二团。

第二天，毛泽东到了铜鼓准备起义的驻军里。

1927年9月9日，震动全国的湘赣边界秋收起义爆发了。毛泽东曾写道：

> 军叫工农革命，旗号镰刀斧头。[1] 匡庐[2]一带不停留，要向潇湘[3]直进。　　地主重重压迫，农民个个同仇。秋收时节暮云愁，霹雳一声暴动。

破路是起义的信号。起义的铁路工人和农民，于9月9日破坏了岳阳—黄沙街、长沙—株洲两段铁路，切断了敌人的交通运输。一直到15日，国民党的火车始终不能顺利通行。

第一团同日从江西修水出发，向长寿街进攻。部队高举着工农革命军的鲜艳红旗，昂首前进。9月10日拿下朱溪厂，随即越过平、修边界，占领了平江县龙门厂。在一团胜利进军的时候，敌人在平江增兵1个团，此时，第四团邱国轩部乘机叛变，把部队埋伏在距长寿街15华里的金坪附近，向一团突然袭击。致使一团腹背受敌。经过两个小时激战，一团损失200多人、步枪200多支，团长钟文璋失踪，被迫撤出战斗，向浏阳方面转移。

9月10日（中秋节）第二团在安源起义。当晚12时，二团下达了攻打萍乡的命令，拂晓前赶到萍乡外围，准备偷袭，前锋爆炸队被发觉，失去偷袭机会，于是决定强攻。部队把县城包围起来，由八连主攻东门。先用土炮轰击，连轰几炮无效，勇敢的战士扛着梯子，冒着弹雨，架云梯爬城，但连续几次都被打了下来。战斗一天多，城未攻下，宜春的援敌来到。当日中午，二团决定停止攻打萍乡，改攻老关。为迷惑敌人，撤离之前，步枪、土炮和炸药一齐开火。在猛烈的爆炸声中，二团迅速撤离萍乡，直扑老关，消灭敌人1个排，缴枪10余支，占领了老关。12日，二团乘胜攻醴陵。部队打着红旗，浩浩荡荡开进醴陵车站（铁路控制在工人手里）。下车后，会合当地农民，于当日下午两三点钟开始攻城。

醴陵城三面临河，城里的敌人企图依仗渌水顽抗。二团和当地农民自卫军分3路进攻。起义部队冲到县政府门口时，在醴陵县政府当警卫班长

---

①党旗上的“锤头”，当时常被认为是“斧头”。

②指江西庐山。

③潇水和湘水，代指湖南。

的一个做地下工作的同志，率领全班起义，里应外合，占领县城。班房里被关着几百个革命同志和农民，二团立即派人和当地的少年先锋队去营救这些同志。当天傍晚，在文庙广场召开了军民联欢会，到会上千人，会议主席讲话：醴陵解放了，我们是工农革命军，是为老百姓打天下的，城里还照常做生意，买卖公平，谁做奸商，就办谁的罪。第二天，成立了县革命委员会，宣告一切权力归革命委员会，没收地主土地，恢复工会和农会。并打开盐仓和粉坊，把东西分给群众。四乡的农民热烈响应起义，镇压土豪劣绅，夺取地主武装。农会干部纷纷进城请示工作，有的农会把当地的土豪劣绅绑送到县政府来处理。街上挤满了人，有不少是从外地来的共产党员和革命积极分子，他们将红布扎在脖子上，喜气洋洋地互相打招呼。

二团在醴陵驻了几天。敌人以优势兵力压缩过来。部队连夜撤出县城，秘密开往浏阳。浏阳城里的敌人主力，已开往东乡、永和一线。留下的只有团防队、法警，人枪不满100。二团乘虚发起攻击，以一路攻东门，另一路出其不意地从山间小道绕到浏阳城西面。浏阳西靠长沙，敌人不注意防备。在当地农民的武装配合下，于15日早晨顺利地占领了全城。从监牢里救出革命同志和群众300多人。在胜利的形势下，团长王兴亚骄傲自满，麻痹轻敌，认为不到3天，就可以拿下长沙。他拒绝听取同志们提出的及时把部队撤出浏阳城的建议，16日，陷入优势敌人的重围，部队大部被打散，部分同志突围脱险，不少人英勇牺牲。

工农革命军第三团在铜鼓城里肖家祠召开了排以上干部会议，毛泽东传达了“八七”会议精神，分析了革命形势，号召立即起义。会后，毛泽东同干部们参加了中秋聚餐。毛泽东还到连队驻地看望了战士和工农群众。

9月11日，在铜鼓县城桥头沙洲上，毛泽东检阅了起义的部队，后率领指战员向白沙镇挺进。途中，同敌遭遇，经过激战，一连连长牺牲。三团首战告捷，占领白沙。12日，乘胜前进，直扑浏阳东门市。沿途受到群众的拥护和欢迎，群众自动地送水、送茶。贫苦农民卢真，把家里仅有的一些米，全都煮成稀饭，用水缸抬到路边，一碗一碗地送到过路部队面前。起义军怀着感激的心情婉言谢绝。卢真含着热泪让同志们喝，部队不得已分喝稀饭后，反复申明工农革命军的纪律，坚持付了饭钱。

由于一团在长寿街失利，右路失去配合。国民党新八军两个团迅速向三团迂回过来。14日上午，敌人由东门市团总鲁绥之、刘之成带路，从东门过金钟桥，分两路包围三团：一路由唐家冲占领羊牯脑制高点，用重机枪向三团扫射；一路越过大河，走杨家湾插施家塘、上坪，企图夺取马鞍山制高点，与羊牯脑相呼应，夹击工农革命军。全团与敌鏖战6小时，三营营长汤采芝壮烈牺牲，因力量悬殊，最后从马鞍山脚下向上坪撤退。

在工农革命军起义的同时，湘东各县的劳动人民纷纷响应。9月11日，长沙郊外农民起义，捣毁团防局，缴枪80多支；12日，粤汉铁路和株萍铁路上的重镇株洲的群众发动武装起义，缴获10余支枪；平江起义农民，镇压了一些反革命分子，曾攻打平江县城。

工农革命军深得人民群众的拥护和爱戴。一团战士住在一户贫农家里，这家给战士洗了几件衣服，部队临走时，每套衣服给了10个铜元，这户贫农深受感动。部队的病员较多，与一家药店订了一个抓药的记账折子，部队快要离开时，药费如数还清。群众说："这样讲信用的军队第一次看见。"部队行军时，许多群众自动给部队送担子。战斗时，有的群众冒着枪林弹雨，帮部队转移伤员。三团经过浏阳中庄时，有两名伤员走不动，留在这里养伤。国民党挨户团搜查时，当地贫农妇女陈楚兰、吴小兰冒着生命危险，把病员转移到杉树坳，使他俩脱险。沿途还不断有贫苦农民参军。

在湘赣边界秋收起义的同时，湖北、江西、广东、江苏、河南各省也纷纷举行了武装暴动。湖北的蒲圻、咸宁、嘉鱼、洪湖、通城、通山、崇阳、孝感、麻城、黄安等地的起义，一度占领通山、黄安两个县城。在黄安建立了革命政权，组织了工农革命鄂东军，宣布实行土地革命。起义农军在县城坚持了20多天，后敌人派大军围攻，经过激烈战斗退出黄安县城，到农村开展游击战争。广东省海丰、陆丰等地的起义，也曾一度占领县城，并开始分配地主土地，组织赤卫军和工农革命军，建立工农兵政权，这一斗争一直坚持到1928年4月。在江西有星子、鄱阳、弋阳、横峰、万安等地举行起义，万安地区还扩大到泰和等地。在江苏有宜兴、无锡、江阴、崇明等地的起义。在河南光山、四方山等地也发动了起义。

四　文家市和三湾

工农革命军主力在各地群众起义受挫以后，9月14日毛泽东在上坪召集3个团的负责人开了紧急会议。他当机立断，决定改变攻打长沙计划，并以前委书记的名义通知各部队到浏阳县文家市集结。这时，工农革命军第一师已由原来的5000人锐减为1500余人。行军途中，接到宋任穷从江西省带回的信件，得知罗霄山脉中段的宁冈有一支我党所领导的武装，有几十支枪。这以前，毛泽东在安源张家湾会议上曾听王兴亚谈到过这个情况，现在又得到了证实。但详细的情况还不清楚。①

9月19日，湘赣边界起义部队在浏阳县文家市会师。师部驻扎在街后的里仁学校。

文家市，早在1917年毛泽东就曾到过这里了解过社会情况；大革命时期这里的群众积极参加了革命斗争；1927年为了回击蒋介石的四一二反革命大屠杀，文家市的人民群众在党的领导下，召开了有5乡农民参加的反蒋大会，同年6月28日成立了第四十九区自治政府。

工农革命军到达文家市后，群众立即起来，配合部队展开斗争。当天下午召开了有几百人参加的清算大土豪彭伯堂罪行大会，会后打开了他的仓库，把粮、盐、油等物分给了贫苦农民。群众第一次分到自己斗争的果实，个个喜笑颜开。街上张贴着“打倒土豪劣绅!”、“实行工农专政!”、“中国共产党万岁!”等标语。商店恢复营业。文家市呈现一片革命气象。

当晚，部队宿营就序之后，毛泽东在师部所在地的里仁学校召开了前敌委员会，讨论摆在起义部队面前的一个极其重要又迫切的问题——进军方向。

毛泽东分析形势，认为敌大我小，敌强我弱，革命转入低潮，敌人的主要力量在城市。目前我们攻占中心城市已不可能，要改变攻打长沙的原计划。他主张做战略退却，将部队转移到湘粤赣边境上去坚持农村斗争。退却的路线应沿湘赣边界经萍乡、安源、莲花、宁冈一线至湘南。这一线是罗霄山脉，多崇山峻岭，便于部队隐蔽行动；同时这一线敌人力量薄弱，各县均尚存工农武装，部队经过这些地方，一方面可以扩大革命力量的影响；另一方面还会有工农武装加入部队。

师长余洒度极力反对毛泽东的主张，他坚持取浏阳直攻长沙的原计划。总指挥卢德铭完全赞同毛泽东的意见，他认为，目前敌人集中兵力来攻打我们，这是生死存亡的紧要关头，如果我们再攻打长沙，就会有全军覆没的危险。会议直开到半夜，经过激烈的争论，否定了余洒度②的意见，通过了毛泽东的主张。

会后，毛泽东由师部副官杨立三请到里仁学校宿舍休息（睡觉的地方仅有一张门板床）。杨立三见毛泽东脚趾溃烂，便问怎么回事，毛泽东回

---

①《毛泽东传（1893—1949）》，中央文献出版社，1996年8月第1版，第152页。

②余洒度，黄埔军校第一期学生。后来在工农革命军进军到酃县、桂东时，他离开部队去寻找上级党组织。后叛变投敌，再后，被蒋介石借故枪毙。

答是从安源到铜鼓的路上爬山扎烂的。杨立三感动地说，我在报上看过你写的《湖南农民运动考察报告》，对我们在湖南做农民运动的人来说，是一个很大的鼓励。

第二天清晨，天气很好，工农革命军1500多人集合在学校的操场上开会。会场周围聚集了好几百看热闹的群众，其中在学校的围墙上站着两个高小学生：一个叫胡耀邦，另一个是他的姨娘表兄杨勇。

值班干部大声宣布："现在请中央来的毛委员讲话。"毛泽东根据前敌委员会会议精神，向大家讲了话。他说，我们是一支工农群众的武装，要为工农群众打仗；北伐军打到南京，蒋介石背叛了革命，正在大肆屠杀工农群众；我们为了反抗敌人的血腥屠杀，继续完成革命事业，必须坚决斗争到底，舍此再也没有第二条活路；要和反动派做斗争，就一定要有枪杆子，过去我们的失败就是吃了没有枪杆子的亏，因此一定要有革命的武装；这就要求我们队伍里每一个同志都要有远大的理想和不怕牺牲的精神。

毛泽东满怀信心地指出：这次秋收暴动虽然打了几个小小的败仗，受了点挫折，这算不了什么，常言道胜败是兵家常事，我们的斗争才刚刚开始，有湘、鄂、赣、粤4省已经起来的千千万万的工人和农民群众的支持，我们的力量是伟大的；反动派并不可怕，只要大家团结得紧，继续勇敢战斗，终能用小石头打烂蒋介石的大水缸，胜利一定属于我们，失败者是成功之母；有些经不起考验的人，从革命的队伍中逃跑了，这算不了什么，革命队伍中少了这些三心二意的人，只会更加巩固；俗话说得好，万事开头难，要革命就不要怕困难。

毛泽东最后说，秋收起义原计划要去打长沙，大家也都想进长沙，长沙好不好呢，长沙好；可是长沙打不下来，目前长沙那样的城市还不是我们蹲的地方，那就不要去了；我们要到敌人统治薄弱的农村去，在农村建立革命的战略基地，站住脚跟，养精蓄锐，发展我们的武装力量。

开完大会，下午部队就出发了。参加大会的300多名群众听了毛泽东的讲话，有不少人要求参加革命的队伍。部队离开时，群众主动帮助抬伤员、带路。师部特务连党代表罗荣桓曾向15岁的杨勇打听道路。

9月20日，起义部队由文家市向萍乡县出发，至上栗，闻萍乡有国民党驻军不能通过，改道芦溪南下。部队的进军是艰难困苦的：江南的9月，依然炎热；爬山越岭，道路崎岖；疟疾、痢疾蔓延，病员大量增加；还有国民党军队的尾追堵击。毛泽东和战士一样，头戴斗笠，脚穿草鞋，脚磨破了，化了脓，但依然前进。他亲切与战士们交谈，询问他们是哪里人，在家是做什么的，怎样参加革命队伍的，对革命形势有什么看法。并适时进行思想教育，鼓舞大家前进。

22日部队到芦溪宿营。第二天清晨出发时，由于侦察不力，情况不明，第三团被参谋长何坚带错了路，遭到朱培德部特务营和保安团的伏击，仓促应战，损失数百人。部队在危险时刻，总指挥卢德铭挺身而出，率一个连抢占路旁高地，阻击敌人，掩护部队转移，不幸牺牲，时年22岁。毛泽东十分痛惜这位年轻将才的牺牲，愤怒地斥责侦察不力、指挥错误的第三团团长苏先骏："还我卢德铭!"①

部队在芦溪冲破敌人的堵击后继续前进。9月24日下午到达莲花县甘家村，摆脱了敌人。当地党组织领导人向毛泽东汇报说：9月18日，莲花县农民自卫队攻城失利，牺牲30多人，被捕70多人，要求工农革命军攻打莲花县城，营救被捕同志。毛泽东决定攻打莲花县城，并召开了有地方党负责人参加的军事会议，做了具体部署。25日清晨部队在甘家村召开军民宣判大会，枪决了从萍乡抓来的6个罪大恶极的土豪劣绅。会后部队立即出发，中午到达莲花县城，在当地革命群众的配合下，冒雨攻击。不到半个小时，就攻克了县城。部队进城后砸开监狱，解救了被捕的共产党员和革命群众，打开县政府的积谷仓，将粮食分给了贫苦群众。26日清晨，毛泽东在县城召开了莲花县党组织负责人座谈会，对恢复和发展党的组织、开展武装斗争、进行土地革命等问题，做了指示。

9月29日，部队到达永新县的三湾村。三湾地处湘赣边界的九陇山区，是茶陵、莲花、永新、宁冈4县交界的地方，由陈家、钟家、上李家、下李家和三湾街组成，合称三湾村，有50多户人家，在山区是较大的村庄。村南有三棵几抱粗的大树：两棵樟树、一棵枫香树，郁郁森森，很有气派，树下是一块草坪。

部队到达三湾的当晚，毛泽东就召开了前敌委员会，决定对部队进行整编。起义部队到达三湾时已不足千人，但仍是起义前的编制，有的团、营官多兵少，枪多人少，这样组织不利于作战。部队成员中，多数是各地工农运动中的骨干分子，到部队后经过艰苦的考验，斗志更坚定了，这是主流。但也有一些人，特别是旧军官出身的人，在战斗失利、艰苦环境面前悲观动摇，他们中有少数人留恋北伐军所谓"三金"（金牙、金戒指、金丝眼镜）、"五皮"（皮鞋、皮挂包、皮鞭、皮武装带、皮绑腿）和四菜一汤的特殊生活待遇。有些动摇分子的思想相当混乱，有的甚至开了小

---

①《毛泽东传（1893—1949）》，中央文献出版社，1996年8月第1版，第153页。

差。而且在一些旧军官中还存在着打骂士兵、侮辱士兵的军阀主义恶劣作风，严重影响官兵的团结，削弱部队的战斗力。显然，不改变这种状况，部队不仅不能适应艰苦的环境，且无法完成艰巨的革命任务。

毛泽东把这1个师整编为1个团，即“工农革命军第一师第一团”。下辖一、三营，每营3个连，加原特务连，共2个营7个连，另外，设立军官队（将多余的干部编入军官队）、卫生队（伤病员与战斗员分开，由卫生队管理），全团将近1000人，700多支枪、48匹马。

整编中对那些动摇不定的人，在做了大量的思想工作的基础上，采取自愿的原则，愿者留；不愿留者，根据路途远近，发3元~5元的路费，开证明信允许离开部队。并希望他们回到本地继续革命，将来如愿意回来，还可以。经过整编，人数虽然减少了，但部队却精干了，战斗力大为提高。

毛泽东根据北伐战争中的经验教训，决定将支部建在连上。因为连队是部队的基层作战单位，部队的作战、训练和生活，多是以连队为单位的。支部建在连上，就可以具体地了解士兵情况，更好地教育与团结士兵，有力地发挥支部的战斗堡垒作用。

在连以上设立党代表，营、团建立党委，整个部队由以毛泽东任书记的前敌委员会统一领导。规定重要问题都要经党委讨论决定。

整编中重新任命了干部：团长陈皓，一营营长黄子吉、党代表宛希先，三营营长张子清、副营长伍中豪、党代表何挺颖，特务连连长朱建胜、党代表罗荣桓，军官队队长吕赤，卫生队队长曹嵘、党代表何长工。

为废除军阀军队的一切旧制度，毛泽东决定在军队内部实行民主制度：军官不许打骂士兵，废除烦琐的礼节，建立新的带兵方法，士兵有开会说话的自由，经济公开，官兵待遇平等，吃饭穿衣都一样。

为保证士兵的政治地位和民主权利，在连以上开始建立士兵委员会。后来该会逐步健全，制定了章程、制度。这是士兵的群众组织，在党代表的指导下进行宣传、组织群众工作，组织领导士兵的文娱生活，监督部队的经济开支和伙食管理等。士兵委员会对军官有监督权，军官做错了事，要受到士兵委员会的批评甚至制裁。士兵委员会的主席和委员由全体士兵民主选举产生，军官也参加该会，也有选举权和被选举权，但军官被选者不得超过委员会人数的1/3。

在军队中实行民主制度是毛泽东的伟大创举。反动统治阶级的军队内部，存在着尖锐的阶级矛盾，他们的军官都是以皮鞭、军棍甚至枪杀等野蛮手段来维持对于士兵的统治，因此官兵对立是普遍的现象。军队内的民主主义制度体现了人民军队的本质，从根本上改变了旧军队官兵对立的关系，有利于官兵团结，提高战斗力。

整编中，毛泽东向全体指战员说明了整编的意义，并针对少数人的悲观动摇情绪，做了鼓舞人心的讲话。他说："同志们，现在敌人只是在我们后面放冷枪，这有什么了不起？……大家都是娘生的，敌人他有两只脚，我们也有两只脚……贺龙两把菜刀起家，现在当了军长，带了一军人。我们不只是两把菜刀，我们有两个营，还怕干不出来吗？……你们都是起义出来的，1 个可以当敌人 10 个，10 个可以当敌人 100 个……我们现在有这样几百人的队伍，还怕什么?！失败是成功之母，没有挫折和失败，就不会有成功和胜利。"战士们听着毛泽东的讲话，不断地点头微笑。

部队在三湾还做了大量的群众工作。部队初到三湾时群众不了解，不知来了什么兵，都逃到山上去了。为了做好工作，毛泽东指示部队不住民房，不要损坏群众的东西，并开展政治宣传工作。当晚部队派人到山上喊话：我们是工农革命军，是共产党领导的军队，你们不要怕。后来一些老年人先回来，看到家中的东西都没有动，革命战士说话很和气，与反动派的军队确实不一样，才招呼群众下山来。根据毛泽东的指示，部队深入群众家中访问，进行社会调查，了解到有的群众没米下锅，有的没有衣穿，即将路上打土豪缴获的粮食、布匹、衣服分给他们，困难大的还分到银元。群众与战士的交谈中，了解到部队的同志多数是受苦人，有的要战士到自己家中住，有的请吃饭，有的送鸡蛋、菜汤等。但都被战士们婉言谢绝了。三湾的群众亲身感受到：毛委员领导的部队是穷人自己的军队。

五　井冈山（一）

1927 年 10 月 3 日，部队集合在枫树坪。毛泽东宣布了行军纪律：说话要和气，买卖要公平，不拿群众一个红薯。而后，在三湾群众的热烈欢送下，踏上了征途。

下午，工农革命军到达宁冈县古城。宁冈县是深山之中天高皇帝远的偏僻小县。此县为元代所设，原名永宁县，1914 年改名为宁冈。统治阶级取这样的县名，正好说明对官府来说，这里从来也没有安宁过。它历来是被压迫的农民结义啸聚的场所。民国以来，朱聋子的绿林队伍出没其间，后来，王佐、袁文才又相继而起。

中共宁冈县党组织负责人龙超清，带领当地群众，在街西文昌宫前的大樟树下，欢迎工农革命军。这个 100 来户的农村小集镇沸腾起来。

当天，毛泽东在文昌宫召开了前委扩大会议。参加会议的有前委委员、部队营以上党员干部和党的活动分子，还有中共宁冈县委龙超清、龙国恩、萧子南等人。会议历时两天。总结了秋收起义的经验教训，着重讨论了在井冈山建立革命根据地的问题。

井冈山地处罗霄山脉中段，地势险要，多崇山峻岭，峭壁耸立，森林茂密，进可以攻，退可以守；由于离大城市较远，是敌人统治力量比较薄弱的地方；革命的一举一动又可能影响到湘赣两省的下游，在政治上有很大的意义；同时，这里有自给自足的自然经济，有较好的群众基础，是积草囤粮、聚集革命力量的好地方。

会议讨论并确定了对袁文才、王佐部队的方针。袁、王部队是活动在井冈山地区的两支农民自卫军，能否正确对待这两支部队，直接关系到井冈山根据地的建立和部队的发展。讨论中有人认为，袁、王部队名为农民自卫军，实则是土匪部队，主张武力消灭，为建立井冈山根据地扫清道路。毛泽东严厉批评了这种意见，强调指出：袁、王部队的成员大多数是贫苦农民，与地主阶级矛盾很深，虽然有地方主义和"绿林"习气等缺点，但是可以改造的；我们不能采取旧军阀大鱼吃小鱼的吞并办法；现在形势是逼迫他们革命，我们只能用文，不能动武，应该主动搞好关系，积极争取他们革命，并通过他们团结井冈山等广大群众。经过讨论，会议统一了认识，确定了对袁、王部队采取团结、教育、改造的方针。会议并确定在茅坪建立留守处和后方医院。还确定派人分头与中央、湖南省委取得联系。

袁文才，江西宁冈县人，1898 年出生，学生出身。在永新县读中学时他父亲病故，迫于负债他休学回家。因不堪忍受谢家豪绅的欺凌，串通村民联合抗捐。谢家豪绅诬告他"通匪"，搬来官军烧毁了袁文才的家，并打死了他的母亲。袁文才愤然投奔绿林组织"马刀队"。因为腹有才学，行事机敏，多次出谋划策打败了北洋军队的抄剿，一年之后他成为了该队的二头领。北伐战争开始后，江西省党组织派遣青年学生龙超清偕同刘辉霄、刘克犹等人回到宁冈县，秘密地成立了党的支部，以温习功课为名，在龙江书院的学生中进行活动。在活动中，龙超清等人认识到了武装的重要性。在一次会议上，有个党员提出了把袁文才争取过来的设想，支部中有几个党员与袁文才是同学，听后大受启发。龙超清等人首先拜会了县长沈清源，以替县中绅民着想的名义鼓吹招安的好处，取得了县长的同意。龙又到井冈山去游说袁文才。袁文才开头断然拒绝，龙反复陈说，"马刀队"只有利用这一时机才能取得生存和发展。袁文才被说动后，又劝说了大头领。1926 年 9 月初，袁文才率领 50 余人，带着 30 多支枪，开到新城接受招安，几天后成立了宁冈县保卫团，袁文才任团总。

1926 年 10 月初，北伐军由鄂入赣，孙传芳将驻于各县的军队调回省城参战。此时宁冈县的党支部动员袁文才率部起义。10 月上旬袁文才指挥保卫团包围了县公署和伪清乡局，缴获了枪支，捕捉了沈清源和一批反动官绅，使共产党掌握了全县。保卫团改为宁冈县农民自卫军，成为听命于共产党的农民武装，袁文才为总指挥。

1927 年 1 月，袁文才受党支部的派遣，前往吉安参加农民运动训练班，经过 10 多天的学习，使他加深了对党的认识。从吉安回来后，他向党支部申请入党，支部指定刘辉霄和刘克犹做他的介绍人。不久，袁文才成为中共党员。

"马日事变"后，宁冈县逃到外地的土豪劣绅，领着敌军卷土重来，疯狂地捕杀共产党人。袁文才见敌人来势凶猛，便同宁冈县委退守茅坪，在大山里与敌围旋。龙超清等 30 多名党员、干部安然无恙。

1927 年 6 月 10 日，永新县的右派买通了土匪偷袭永新县城，农民自卫队和工人纠察队猝不及防，县委、县农协负责人贺敏学、王怀、欧阳洛等 80 多名中共党员全部被捕。这些党员在危难中想到了袁文才，他们利用群众探狱的机会传出密信，要袁文才率部攻城营救。接信后，袁文才亲自联络驻茨坪的王佐的部队，又派人联系安福王兴亚的农民自卫军。7 月中旬的一天，袁文才、王佐两部 300 余人从永新南门发起猛攻，夺下城池，打开监狱，救出了那些被捕的同志。农军在城中驻了几日，袁文才邀请永新的同志撤到茅坪去。永新县委为避敌锋芒，带领 1000 多人到达茅坪。两个多月期间，袁文才指挥队伍击败了敌军对茅坪的三次进攻，永新的同志没有受到任何损失。

毛泽东清楚，历来的绿林豪强是格外戒备外来力量的。在没有征得袁文才、王佐的同意之下，是不能贸然上山的。

工农革命军到达三湾时，毛泽东即派人通过宁冈县委龙超清、龙国恩送信与袁文才联系（村民李德胜将信送往茅坪）。袁文才正率领部队在砻市一带活动，突然听说来了近千人的部队，一时摸不清底细，立即撤回茅坪，严加防范。接到毛泽东的信后，袁文才立即召来农民自卫军头领商议对策。曾在广州第六期农民运动班受训的陈慕平正担任农民自卫军的司书之职，他听到信的落款是毛泽东，便兴奋地告诉众人：毛泽东是党中央政治局候补委员，前不久湘东赣西的秋收暴动就是他领导的。

袁文才略加思考后当机立断，说应当迎接毛泽东的部队上山。也有的头领劝袁文才慎重从事，防止日后自招灾祸，袁文才予以断然驳斥。袁文才要陈慕平与龙超清、龙国恩一同到三湾与毛泽东接头。

王佐，江西遂川人，1898年生，当过裁缝，种过田，不识字，少年时期不堪豪绅地主的压迫，继井冈山山大王朱聋子之后，聚众起事，他有200多人，60支枪，驻扎在井冈山上的茨坪。

袁、王两人都和统治阶级对立，利害一致，两人就结为“老庚”（把兄弟），一个在山上，一个在山下，密切配合，互相呼应。他们的斗争口号是劫富济贫，经常抓土豪劣绅罚款，名曰“吊羊”。他们与当地群众有着密切的联系，凭借着山高路险的有利地势，与敌人周旋，国民党政府对他也无可奈何。

在三湾，毛泽东接见了陈慕平、龙超清、龙国恩3人，说明了工农革命军的来意，希望袁文才与之合作，共同开展革命斗争。并表示愿意会见袁文才。接见后，毛泽东送他们每人一支马枪。

三湾接见后，毛泽东决定部队移驻宁冈古城。前委在古城召开了扩大会议，确定了立脚井冈、开展武装割据的方针。

10月6日，毛泽东与新任团长陈皓来到东沅大仓村与袁文才会见。他们在一家小楼上进行了亲切的谈话。毛泽东分析了大革命失败后的形势和革命发展前途，鼓励袁文才扩大和巩固部队，坚持革命斗争，并希望他做好王佐的工作。因袁部人多枪少，毛泽东决定送给他100多支步枪。经过与毛泽东面谈后，袁文才的疑虑解除了，他立即拿出近千块银元送给工农革命军，并表示要积极帮助筹集军粮和安置伤病员。袁文才欢迎工农革命军进驻到他的防地井冈山北麓的茅坪。

茅坪是个东西狭长的村子，有60多户人家。东南面有条小河，淙淙流水，终年不断；北边是一片山林，松柏丛生，四季葱郁。10月7日，工农革命军一部到达茅坪，建立留守处和后方医院。袁文才带领农民自卫军和当地群众，热情欢迎，腾房子、送粮食、担烧柴，像接待亲人一样。袁文才安排毛泽东住在八角楼上（这座小楼有个八角形的天窗，老乡们便叫它为“八角楼”）。

为扩大工农革命军的影响和调查井冈山周围的情况。于10月中旬，将部队分成两路展开游击活动：由一营党代表宛希先率领一营的二连、三连往湘东酃县、安仁、茶陵一带活动；毛泽东率领团部、三营、一营的一连和特务连沿湘赣边界南下，途经宁冈的砻（龙）市、酃县的十都、水口等地。沿途张贴标语布告，宣传中共党的政治主张，召开群众大会，动员群众起来闹革命。

行军途中，毛泽东经常找战士谈话，积极帮助做好发展党员工作。部队到达酃县水口时，已发展了6名新党员。在水口的叶家祠，毛泽东主持入党宣誓仪式，入党誓词是：“牺牲个人，严守秘密，阶级斗争，努力革命，服从党纪，永不叛党。”毛泽东指示各营、连党代表，抓紧新党员的发展工作，迅速组织连支部，将三湾改编时提出的支部建在连队的原则具体落实。

随后，秋收起义部队离开水口，经酃县的中村、下村进入遂川县。

10月23日，到达大汾镇时遭到地主武装肖家壁的“靖卫团”三四百人的袭击。部队因仓促应战，担任前卫的第三营被敌割断，营长张子清、副营长伍中豪率领部队英勇反击，夺回一两个山头，但与团部失去联系，即将部队带到桂东县鹅形一带开展游击活动，到12月在茶陵县归建。

毛泽东带领团部和一连、特务连收集失散人员，转移到井冈山西面的荆竹山下。此时，与王佐部队取得了联系，王佐派人来迎接毛泽东上山。部队出发前，毛泽东向部队讲话，他简要地介绍了井冈山的情况，说明要在那里建立革命根据地，要求部队遵守纪律，一定要和山上的群众及王佐的部队搞好关系，做好群众工作。正式宣布了3项纪律：第一行动听指挥；第二不拿群众一个红薯；第三筹款要归公。10月27日，部队到达茨坪。几天后，宛希先率第一营也到达茨坪。

至此，工农革命军从文家市到茨坪，历时一个月，行程1000多里。

井冈山介于宁冈、酃县、遂川、永新4县之交。北麓是宁冈的茅坪，南麓是遂川的黄坳，两地相距90里；东麓是永新的拿山，西麓是酃县的水口，两地相距180里。山上有大井、小井、中井、下井、茨坪、下庄、行州、草坪、白泥湖、罗浮各地，均有水田和村庄。井冈山既有民众拥护，地形又极险要，是革命军队养精蓄锐的好地方，是理想的军事根据地。

毛泽东认为，建立革命根据地的一个要紧条件就是共产党组织的有力量和它的政策不错误。毛泽东到井冈山即着手恢复建立党的组织，加强党的建设。1927年11月上旬，毛泽东在茅坪象山庵召开了宁冈、永新、莲花3县的原党组织负责人会议，指示各县重建党的组织，深入发动群众，开展打土豪分田地的斗争，建立红色政权。毛泽东规定了军队中的党帮助地方党发展的政策，1927年12月，他派毛泽覃①等到宁冈的乔林乡开展建党工作。1928年2月底，他到永新的秋溪乡进行社会调查，培养和发展了

①毛泽覃参加南昌起义后，随部队转战湘南。1927年11月，朱德派他到井冈山与毛泽东联系，留在井冈山工作。

13 个党员，建立了秋溪乡第一个党支部。至 1928 年 2 月，先后建立了茶陵县委、遂川县委、宁冈县委、永新县委和酃县特别区委、莲花特别支部。在建立党组织的同时，毛泽东还强调加强党员的教育，对党员进行形势分析和路线政策教育，批判逃跑主义和盲动主义，反对地方主义和宗族主义，加强无产阶级的思想教育。

毛泽东紧紧抓住武装斗争这个中心环节。在加强工农革命军建设的同时，大力建立和发展地方武装。要求工农革命军缴获的武器，尽量武装地方。1927 年 11 月下旬，在宁冈砻市龙江书院创办了第一军官教导队，由吕赤任队长，为工农革命军和地方武装培训大量的干部。地方武装多是暴动队和赤卫队：暴动队是不脱产的群众组织，以乡为单位编队，大乡七八十人，小乡二三十人，武器主要是梭镖和鸟枪，任务是镇压反革命，保卫乡政权，敌人来了帮助工农革命军和赤卫队作战；赤卫队是半脱产的战斗队伍，以区、县为单位编队，区为中队，县为大队，武器是 5 响枪，也有 9 响枪和单响枪，边区各县赤卫队的枪数曾发展到 680 多支，他们大都经常和豪绅的保卫队、挨户团作战。

为贯彻古城会议提出的对袁文才、王佐部队的团结、教育、改造的工作方针，毛泽东派游雪程、徐彦刚、陈伯钧等党员干部，到袁文才的部队帮助练兵，从队列动作到射击技术，逐课训练。同时进行政治教育和阶级教育，讲形势，教唱革命歌曲等。毛泽东指示游雪程他们：要尊重袁文才，搞好团结；要以政治教育为主，让士兵们既学军事，又学政治；既不能急，又不能缓，一定要把这支地方武装认真改造成新型的人民军队。1927 年 11 月中旬，袁文才的队伍集中在茅坪的步云山开始整训。步云山的深谷中有一座古庙，叫白云寺，白云寺前有一块宽广的空地，是个极好的练兵场所。

1928 年 1 月初，毛泽东派何长工到王佐的部队，通过王佐的亲属宣传党的政策，逐渐消除他的疑虑。以后，又帮助他消灭了他的死对头、井冈山周围七县的反动民团总指挥、罪行昭著的恶霸地主尹道一。王佐表示信服共产党，愿意改编部队。

1928 年 2 月，根据毛泽东的指示，将袁、王部队合编为工农革命军第一师第二团，在大陇举行了合编庆祝大会，任命袁文才为团长、王佐为副团长，贺敏学为党委书记，徐彦刚为参谋长，何长工为党代表。袁文才的部队为第一营，王佐的部队为第二营，仍旧由他们分别兼任营长。袁文才和王佐代表全体指战员庄严宣誓：拥护共产党！接受共产党的领导！跟着毛委员干革命！1928 年 4 月，王佐加入中国共产党（到 1928 年底全团有

200余人入党）。

1927年11月下旬，毛泽东利用湘桂军阀混战、边界各县守敌空虚的有利时机，命令团长陈皓率领一营攻打茶陵县（毛泽东因穿草鞋磨烂脚趾，未去）。11月18日，部队攻下茶陵。陈皓等几个领导人不做群众工作，不领导群众开展打土豪，部队所需经费也由商会摊派，他们在旧县长公署门前挂上一块“人民委员会”的牌子，委派一个县长，按照旧政府的一套，每天升堂审案、收税派款，旧的官吏仍在衙门里进进出出。陈皓与副团长徐庶、参谋长韩昌剑等人住进了豪绅的深宅大院，穿起长袍马褂，还吞没了10多斤黄金，过着花天酒地的生活。他们还利用职权，打击给他们提意见的战士。毛泽东从一营党代表宛希先的报告里了解到这一情况，写信严厉批评陈皓等人的错误。指示部队开展群众工作，撤销“人民委员会”，成立工农兵政府。毛泽东的信得到广大指战员的拥护。11月下旬，井冈山根据地成立了第一个红色政权——茶陵县工农兵政府，工人出身的谭震林当选为工农兵政府主席。并建立了县工会、县农会、县赤卫队，广泛发动群众，开展打土豪的斗争。

12月下旬，国民党湘军吴尚的第八军的独立团和地主武装共计22个连的兵力进攻茶陵。城里的工农革命军只有4个连。在桂东县打游击的第三营在营长张子清、党代表何挺颖的率领下赶来参战。战斗非常激烈。由于双方兵力悬殊，宛希先、张子清、何挺颖等人主张撤出战斗，向井冈山转移。团长陈皓伙同副团长徐庶、参谋长韩昌剑等几个领导人，阴谋把部队带到湘南（说到湘南打游击），投靠蒋介石的第十三军军长方鼎英。此时，毛泽东带了几名干部，由袁文才的一个班护送（走了两天山路）从宁冈来寻找部队，在茶陵县湖口镇追上，把部队带回砻市。经前敌委员会讨论决定，将陈皓等人处决。任命张子清[①]为团长、何挺颖为党代表、朱云卿为参谋长。

在砻市，毛泽东认真总结了茶陵战斗的经验，同时也批评部队在茶陵没有发动群众、没有筹款等单纯军事观点的错误。毛泽东宣布了工农革命军的三大任务：①打仗消灭敌人；②打土豪筹款子；③宣传群众、组织群众、武装群众、帮助群众建立革命政权。

1928年1月4日，大雪初晴，毛泽东率领工农革命军第一营和第三营的1个连攻打遂川，在大坑打垮了肖家壁的靖卫团，1月15日乘胜占领县

①张子清，湖南益阳人，1901年生。1928年4月，朱德、陈毅率领的部队到井冈山同毛泽东会师时，他担任掩护任务，在酃县战斗中不幸负伤，左腿骨被打断。他带伤坚持斗争。1930年5月，在永新逝世。

城。部队进城之后，在毛泽东的直接领导下，以班、排为单位，编成小组，打着“宣传队”的红旗，开展宣传和组织群众工作，街头巷尾贴满了工农革命军的标语、布告，革命战士访贫问苦，走遍了县城的各个角落。遂川呈现一片革命气象。

但是，部队在草林圩的工作遇到了问题。毛泽东仔细听取了汇报，决定亲自去作调查研究。原来圩上有个地头蛇叫黄礼瑞，是当地地主武装靖卫团的头子。他霸占着大量的土地房屋，圩上的大店铺都是他开的，一向操纵市场，剥削农民，还勾结反动军队，私立关卡，向农民敲诈勒索。工农革命军来了，黄礼瑞撤走了靖卫团，自己借商人的身份作掩护，暗中破坏革命。他关掉了店铺，收藏起来货物，并派狗腿子四处放风：共产党只看重种田人，对做生意的毫不留情，货物没收，老板杀头。同时威胁说：谁要卖东西给共产党，靖卫团回来就满门抄斩。搅得人心惶惶，谁都不敢做生意。1 月 14 日清晨，毛泽东赶了 40 里路来到草林圩，听了大家的汇报，毛泽东要求战士们严格遵守纪律，不拿中小商人的一粒盐、一寸布。还根据战士们反映的情况，进一步完善了保护工商业政策。毛泽东说：在打土豪的同时，要注意保护工商业；对兼营工商业的地主，只没收他们的封建剥削部分，不动他们开设的店铺作坊；对像黄礼瑞这样的恶霸，不没收他的店铺不足以平民愤，就一定要没收，在没收的时候，要公布他们的罪行，还要开群众大会，把没收的东西分给大家；只有这样，才能提高群众的政策觉悟，使中小商人跟豪绅奸商划清界限。

毛泽东跟战士们一起深入群众，宣传保护工商业的政策，耐心地对中小商人进行教育，同时作社会调查。两天工夫，就弄清了黄礼瑞的种种阴谋。黄礼瑞闻风连夜翻过后墙逃跑了。部队根据毛泽东的指示，贴出告示宣布了黄礼瑞的罪状，查封了他的店铺，没收了上千尺布、几万斤盐、好多菜油和糕饼，还有无数日用百货。

1 月 16 日，部队在圩上的万寿宫召开了群众大会，把没收到的东西分给了群众。毛泽东在会上讲了话，号召包括中小商人在内的广大人民群众团结起来，打土豪分田地，鼓励中小商人放心做生意。

1 月 21 日，是农历春节前的最后一次赶圩。圩上店铺全部开张，连百里以外的南康、上犹也有商贩赶来做生意。战士们三五成群，在街头向群众宣传革命道理，讲解各项政策。这一天，从四乡来赶圩的农民达到两万人。

1 月下旬，毛泽东召集做群众工作的干部汇报情况，总结经验，根据部队与群众经常遇到的问题，对部队提出 6 项注意：①捆铺草；②上门板；

③买卖公平；④言语和气；⑤借东西要还；⑥损坏东西要赔。6项注意提出后，得到了群众的热烈拥护，密切了与群众的关系。

在发动群众的基础上，建立人民政权的条件已经成熟。1928年1月23日，毛泽东从草林圩回到城里，当夜找县委的负责同志，询问工农兵政府的筹建工作。毛泽东仔细听取了县委书记陈正人的汇报。指示说：成立工农兵政府是遂川县人民自古以来没有过的大事，要商量一个《施政大纲》，宣传我们的政治主张，让广大群众知道工农兵政府是干什么的，是为谁办事的！第二天清晨，陈正人拿出了他们连夜赶出的《施政大纲》，让毛泽东审阅。毛泽东看一遍，共30多条，包括政治、军事、经济、文化、生产和生活各方面，毛泽东认为内容可以，就是语言不通俗。陈正人让毛泽东帮助修改，于是，毛泽东将"废除聘金聘礼，反对买卖婚姻"改成"讨老婆不要钱"；"反对虐待儿童"改成"反对大人打小孩"；"废除债务"改成"借了土豪的钱不要还"……1928年1月24日，成立了遂川县工农兵政府，选举贫农王次淳任县政府主席。毛泽东出席了这次大会，他号召遂川人民起来，为保卫红色政权而斗争。大会随即宣布了《施政大纲》。适值过春节，获得解放的遂川人民群众，欢乐地唱道：

> 过新年，过新年，今年不比往常年，共产党军来到了，要打倒肖家壁，活捉罗浦泉。① 过新年，过新年，今年不比往常年，共产党军来到了，又分谷子又分田。 过新年，过新年，你拿斧子我拿镰，高举红旗开大会，工农翻身掌政权。

正当工农革命军主力在遂川各乡分兵发动群众时，江西的国民党军阀派出一支部队，占据了宁冈新城，企图乘虚进犯根据地。

毛泽东在遂川得到消息，指示宁冈和永新的党组织发动暴动队、赤卫队，日夜骚扰敌人，致使敌人不敢再轻率前进。

遂川县的工作告一段落后，毛泽东率第一团回到茅坪，与袁文才的第二团会合。2月17日上午，毛泽东在茅坪的攀龙书院召开军事会议。毛泽东先分析敌我形势：新城的敌人只有1个营，加上地方武装靖卫团，共600多人；工农革命军共4个营，留下1个营守卫茅坪，能出动3个营，加上赤卫队、暴动队共2000多人，兵力占绝对优势；敌人枪多弹足，可是

①肖家壁、罗浦泉都是遂川县的大土豪，罪恶累累，民愤极大。1949年遂川解放后，他们还负隅顽抗，经军民围剿，将罗浦泉归案伏法；肖家壁在深山丛林隐伏两年后，也被捕获，经公审处决。

人心不齐，战斗力弱；我们装备虽差，可是大家都知道是为革命打仗，人人斗志昂扬，一定能一举攻下新城。

毛泽东制定了“三面攻击，一面埋伏，在运动中消灭敌人”的作战计划：一团一营主攻东门、一团三营围攻南门和北门；二团一营埋伏在西门外，卡住通往永新的要道，只用少量兵力假装攻打西门；等敌人从城里逃出来，把他们全部包围歼灭。

毛泽东命令二团二营留下来守卫茅坪。

这天午夜，毛泽东带领部队，分两路开赴新城。茅坪、大陇等地的赤卫队、暴动队也随军出发。大家在崎岖的山间小道上飞速地前进，一路上不打火把、不抽烟、不说话，前后联系以击掌为号。经过几小时的急行军，两路队伍到达指定地点，选择有利地形埋伏起来。毛泽东把指挥部设在东门外的棋山岭。这里居高临下，可以望见全城。

敌人刚到新城的时候，日夜遭到赤卫队、暴动队的骚扰，坐卧不宁。后来看到来的不过是些拿梭镖大刀的农民，渐渐放松了警戒。工农革命军团团围住了新城，他们一点也没有察觉。18 日拂晓，一个排的敌人跟往常一样，开了南门来到草坪上出操，跑了几圈后把枪架了起来，解下了弹带，开始做徒手操。毛泽东发出了战斗信号，南门外一阵枪声，把草坪上的敌人撂倒了一大片。战士们举起刺刀向敌人猛扑过去。剩下的敌人慌忙逃进了城，关上了城门。那 30 多支枪还架在草坪上，成了奇袭新城的第一批战利品。东门、西门、北门同时打响。

新城的城墙并不很厚，但是工农革命军既没有炮，也没有地雷。毛泽东命令用火烧东门，架梯爬城，并调来两挺机枪作掩护。一捆捆稻草塞满了城门洞，浇上火油点起火来。浓烟弥漫，烈焰腾空，熏得城头上的敌人睁不开眼睛。战士们趁势搭起了梯子，爬上了城墙，跟敌人展开了白刃战。不一会儿，城门给烧了个大窟窿。一声冲呀，大队人马冒着浓烟烈火冲进城去。

城里的敌人听到西边的枪声比较稀，急忙开了西门，争先恐后地逃命。没跑多远，就一头钻进了毛泽东给他们准备好的口袋。袁文才带领二团一营隐蔽在路边的竹林里。望见敌人果然从西门逃出来了，连声赞叹说：毛委员真高明！

中午，战斗胜利结束。此役打死敌营长王国政、靖卫团长李树滋。县长张开阳躲在田沟里装死，被农民文根宗活捉。全歼敌人 600 多人（400 名俘虏），缴枪 400 余支。解放了新城，使宁冈全县成为红色区域。这是秋收起义后第一个大胜仗。2 月 21 日，在宁冈砻市召开了万人大会，处决了县长张开阳，成立了宁冈县工农兵政府，推举“泥腿子”文根宗为县长，并决定宁冈县城由新城迁至砻市。

由于敌强我弱，白色政权四面包围，战斗频繁，生活必需品十分缺乏。工农革命军每天每人只有5分大洋的油盐柴菜钱，但还是难以为继。工农革命军自己打草鞋（毛泽东带头学打草鞋），自己熬硝盐，上山采中药，穿自己染布做的军装（红军没有统一的服装，主要标志是用红布做成的带子，吊在脖子上，称之为识别带），冬天被子薄，就多用稻草。吃的是红米饭、南瓜汤，有时挖笋子、野菜充饥。

毛泽东与战士们同甘共苦，他带头吃野菜；在大雪纷飞的冬天，毛泽东也是衣裳单薄，铺盖很少；部队规定连以上单位可以点3根灯芯，连以下点1根，为节约灯油，毛泽东也只用1根灯芯。①

在毛泽东的领导和影响下，战士们充满了革命乐观主义精神，他们豪迈地唱道：

> 红米饭，南瓜汤，秋茄子，味好香，餐餐吃的净打光。干稻草来软又黄，金丝被儿盖身上，不怕北风和大雪，暖暖和和入梦乡。

六　贺子珍

1927年10月，在茅坪，毛泽东第一次见到了贺子珍。

当袁文才领着毛泽东来到贺子珍面前时，毛泽东有些惊讶了——他没有料到在井冈山的“头面人物”中，竟然有一位年轻姑娘。袁文才介绍说：“她是永新的干部，叫贺子珍。”毛泽东疑团顿释，爽朗地笑了起来说：“我还以为她是你的女儿或者是哪一位同志的家属呢？”他握住贺子珍的手说：“很好，很好，今后我们共同战斗啦！”

贺子珍，1909年9月在桂花飘香、秋月朗朗的季节，出生于井冈山东麓的永新县。喜悦的父母看着这个眉眼长得十分俊俏的女儿，商量着要给她起个最美好的名字。妈妈说，就用桂花和明月做她的名字吧。于是，她最早的名字叫“桂圆”。

---

①毛泽东在这一根茶油灯芯下，写出了《中国的红色政权为什么能够存在?》和《井冈山的斗争》，并在此同农民、战士、赤卫队员、干部进行过多次谈话。

她的老家在永新万源山区的黄竹岭，祖父辈是永新的望族，拥有很多田山和房屋。她的父亲贺焕文是个老实憨厚的读书人，捐了个举人，当过安福县的县长。妈妈杜秀，广东梅县人，是个大家闺秀，读过四书五经，生得异常美丽。哥哥贺敏学、妹妹贺银圆（后改名贺怡），同她年龄相差无几，志趣最相投。下面还有很小的弟弟贺敏仁、妹妹贺先圆。

贺焕文因为官清廉不合统治者的心意被撤去安福县长，回永新在县衙门里当了个刑门师爷，为打官司的人写状子，后因打抱不平被关入大牢。母亲为营救父亲，家产差不多变卖光了。父亲出狱后，为生计，在永新南门租了铺面开了一家茶馆——“海天春”，兼营饭菜，还有几间客房。全家人就住在茶馆后面。

“五四运动”以后，贺子珍同妹妹贺怡插班进了基督教开办的福音堂小学中的女部，她哥哥贺敏学也进了一所官办学校。贺子珍这时已长成一个少女，她秉承了母亲姣好的面容，被称为“永新一枝花”。上学后，她给自己取了学名——“自珍”，① 取善自珍重的意思。

险峻的井冈山，多少年来一直是起义农民、绿林好汉出没的地方。自1923年起，井冈山就兴起了一支叫马刀队的农民队伍，他们打着“劫富济贫”的旗号，专门找那些土豪劣绅开刀，永新县流传着许多这些传奇故事。贺子珍最爱看剑侠小说，常常为之废寝忘食，崇拜英雄侠客。有一天，在禾川中学读书的哥哥贺敏学下学回家神秘地对两个妹妹说：“告诉你们一个惊人的消息，我的同学袁文才不来上课了。听说是到井冈山落草，进了马刀队。”

但是，一个袁文才上山，老百姓受欺压的局面根本没有改变。甚至她家的茶馆因兵痞捣乱也开不成了。在苦闷之际，共产主义学说传到了永新，永新县的一批热血青年去南昌求学，寻找革命真理，他们成了传播革命的种子。《向导》、《中国青年》、《红灯周刊》、《共产主义 ABC》源源不断地寄了回来。贺子珍热情洋溢地说：“从今以后，中国有希望了，我要做一个共产主义者!”

1925 年，永新县的第一批共产党员奉党的命令，回到永新建团、建党，他们一致同意，首先吸收贺子珍这个热心革命的姑娘参加中国共产主义青年团。入团后转到修水女子学校学习，积极开展学生运动，宣传革命

①贺子珍同毛泽东结婚后，曾经请他为自己起个名字。毛泽东说：“不必了，自珍这个名字就很好。”后来在中央苏区，贺子珍同古柏的爱人曾碧绮一起为前委保管文件，她把自珍写成子珍，于是，子珍这个名字被沿用下来。可是她在签名时，仍写“自珍”，毛泽东给她的书信也称“自珍”。

意义。

1926年2月，中国共产党中央委员会召开特别会议，决定在北伐军必经的湖南、湖北、河南、河北等省，加紧进行群众工作，接应北伐军，支援和参加北伐战争。同年7月，贺子珍、贺敏学、贺怡兄妹3人在大革命高潮中先后加入中国共产党。9月，北伐军从茶陵经莲花来到永新。那一天，永新热闹极了，革命军穿着一身灰布军衣，队列整齐，威武雄壮地开进城来。全城老百姓扶老携幼出来迎接，真是万人空巷，他们争着要看革命军的军威。革命军入城前夕，贺子珍一夜没睡，和同学们赶制了一把把彩色小旗，发给欢迎的队伍。在欢迎的群众中，她看到了她的父母，也举着小旗，带着弟弟妹妹，兴奋得热泪盈眶。

北伐军开进永新的第二天，在校场坪召开了军民联欢大会，成立了以共产党员、国民党左派为领导的民主政权，成立了国民党永新县党部和永新县行政临时委员会等领导机关。县党部设常务委员会，党委会下设组织、宣传、工人、农民、青年、妇女等部。许多共产党员以共产党员和国民党人的双重身份参加了党政工作。

党派贺子珍加入国民党，以跨党分子的身份参加了县党部的领导工作。她是县党部的委员，担任妇女部部长和共青团县委副书记。她是永新县的第一任妇女部长，这一年她才17岁。她当妇女部长的第一件事就是剪辫子，她是永新县第一个剪发的妇女。

贺怡担任妇女部副部长，贺敏学担任共青团县委书记、国民党县党部商民部长。1927年4月，永新成立了中国共产党临时县委，兄妹3个都当选为县委委员，人称“永新三贺”。

四一二大屠杀后的当年6月，陈独秀的右倾路线没有贯彻到永新。共产党永新县临时县委认为要主动打击反革命势力，在反动派还没有动手之前，指挥工农武装，抢先逮捕了一批右派首领，把他们关进了监狱。但有些人漏网了。6月9日，漏网分子用重金买通了土匪，晚上摸进城去，把正在开会的一批共产党员和积极分子全部抓了起来，并释放了关在监狱里的右派，这次贺敏学被捕，贺家其他人都逃了出来。

永新县一些逃离虎口的共产党员，陆续来到吉安，在吉安成立了永新县党部和永新各团体驻吉安办事处。他们一方面派人去南昌请愿，一面同附近几县的农民自卫军联络。他们联络了已加入共产党的袁文才和王佐领导的宁冈农民自卫军、王兴亚①的安福县农民自卫军、杨良善的莲花农民

①王兴亚，湖南浏阳人，原是北伐军的一个营长，北伐军离开永新时被留了下来，协助这一带的革命政府组织工农武装。

自卫军，分三路围攻永新，永新南乡的农民武装也参加围攻永新。为组织这次暴动，贺子珍设法同永新县关在监狱里的人取得了联系——她委托了个可靠的老表，秘密回到永新把联合进攻永新的日期告诉舅母，让舅母设法通知狱中的同志。

右派捉人那天，贺子珍的父母和贺怡逃到邻居的柴屋里，晚上用白布缒墙出城，投奔一个在吉安清源山当和尚的一个亲戚，家里留下弟弟敏仁和小妹先圆由舅母收养。贺敏学被捕后，舅母打发小先圆到监狱里给哥哥送饭。这次，接到贺子珍的口信，舅母在送饭的竹筒里塞了一张小纸条，让先圆送到监狱里。小先圆顺利地完成了任务。

永新暴动成功，从监狱里救出被捕的同志。并以在狱中成立的党支部作基础，成立了永新、宁冈革命委员会。同时成立了三县农民自卫军总指挥部，贺敏学为党委书记，王兴亚为总指挥，袁文才、王佐为副总指挥。根据当时险恶的形势（敌人的 6 个团和永新民团正向永新扑来），召开军事会议决定农民自卫军主动撤出永新：莲花的农民仍回莲花活动；对湖南比较熟悉的王兴亚带领安福的农民自卫军到浏阳一带打游击；袁文才、王佐的队伍仍回井冈山；永新南乡的农民武装一部分回到家乡去，一部分与永新的共产党员一起上井冈山。

军事会议决定在撤退以前打一仗：三县的农民自卫军全部撤到城外，分别占领有利地形，埋伏起来，以逸待劳。永新县的人民和南乡的农民自卫军，则组成赤卫队，负责守城。贺子珍的任务是带领一支赤卫队守永新南门（又叫禾川门，因禾川河就在离城门不远的地方流过）。

这次战斗，共消灭敌人百余名，缴获 100 多支枪。因贺子珍在这次战斗中两枪撂倒两个敌人，她的事迹被越传越神，说她是："神枪手"、"百发百中"、"双枪女将"。

几支农民武装有秩序地、迅速地撤离永新。永新的共产党员和跟随上井冈山的部分自卫队员，临行前都没有来得及回家，既没有同亲人告别，也没有取行李、衣物就走了。当天晚上，王兴亚带着队伍走后，给贺子珍留了 100 块银元，她把从吉安带来的一个小布书包和几本书带在身上，便跟队伍出发了，她是永新县向井冈山撤退的 20 多个共产党员中惟一的妇女。她与哥哥已经无家可归了——茶馆已经成了敌人的营房。

反动派重新控制永新后，抓不到贺敏学、贺子珍，就把一腔怒火发泄到这个不到 10 岁的贺先圆身上，残酷地将小姑娘杀害了。

队伍到达茅坪后，袁文才把贺子珍安排在洋桥湖一个老百姓家里，近靠自己的家。其他从永新来的人，都住在攀龙书院的八角楼①里。袁文才一家对贺子珍十分热情，给她送来被褥，他的妻子谢梅香还把自己的衣服拿出来给贺子珍穿。

从毛泽东的介绍中，贺子珍才知道，毛泽东在秋收起义后上井冈山，王兴亚起了作用。王兴亚离开永新后，带着安福的农民自卫军活动到湖南浏阳一带，在这里同毛泽东会合。他对井冈山的介绍给毛泽东留下很深的印象，队伍在三湾经过改编后，向砻市开来。

袁文才知道毛委员的队伍需要钱，把埋在地下的银元挖出来，约有1000块，装了12个竹箱给了毛泽东。

毛泽东开始住步云山，袁文才很敬佩毛泽东，主动请毛委员住在茅坪攀龙书院的八角楼（由永新、莲花等地的共产党员腾出）。

毛泽东当时有脚伤，没有随部队出发，晚上到茅坪河边散步，或坐在枫树旁找人谈话，经常要经过袁文才的家。那时，贺子珍疟疾初愈，身体虚弱，有时坐在袁文才家门口晒太阳。毛泽东从这里经过，都要同她讲几句话，态度非常和蔼亲切，有时不忙，就坐下来同她聊天。

七　南昌起义失败

南昌起义的胜利，使国民党反动派的各个集团都大为震惊，南京的蒋介石和武汉的汪精卫都起来讨伐起义军。武汉发出的电报称，“一九二七年八月二日电：当局通令，第二十军军长贺龙及二十四师师长叶挺，受共产党指使，公然叛乱，除派兵往剿外，希一体缉拿”，令朱培德、张发奎调集赣东、赣南各处驻军，肃清南昌共产党军。

面对这种形势，前敌委员会决定，起义军按预定计划立即撤离南昌，打算由瑞金经寻乌、梅县直取广东东江。东江地区包括惠州、潮州、嘉应州（梅县），3州所属25县，中共在那里有群众基础，农民运动还在发展着。起义军打算仍以这里为基地，依靠海口取得苏联的国际援助，组织力量，举行第二次北伐。

8月3~5日，起义军先后撤离南昌。5日，反革命军队进入南昌，以残杀南昌的人民作为报复，许多革命群众被装进麻袋投入赣江。

①攀龙书院是地主豪绅为教育本族子弟建造的学堂，八角楼就是这里一栋两层楼的普通砖房，为上下楼梯光线明亮，在楼梯的顶部用明瓦镶嵌了一个八角形图案，八角楼前有一条清澈见底的小河，对面是一片长得很茂盛的枫树。

起义军向临川挺进。担任前卫的部队是第十一军第十师，师长蔡廷锴，行至进贤的李家渡叛变，将该师主力、中共所控制的第三十团解决，把部队拖到浙江，投奔他的老上司陈铭枢去了。

起义军后续部队经过3~5天的行军，陆续到达临川。盛暑远征，所经多系山路，战士每日负重行军几十里，体力消耗很大，发病率也高，加之部队军医护理人员少，造成一些非战斗减员。也有一些人，经不起严峻环境的考验，离开了革命队伍。

为整顿部队，在临川休息了3天，加强了党的组织，加强了军内外的政治宣传工作。因为有些参谋人员的逃跑，原定的行军路线，有完全泄露的可能，部队决定经广昌到瑞金后，改道入闽，走汀州、上杭，奔赴东江。

党中央原决定参加南昌起义的还有中央军事政治学校武汉分校的一部分干部和学员（包括女生队）。他们于8月4日乘船赶到九江，被张发奎扣留。经叶剑英向张发奎建议，把该校改编为第二方面军教导团，叶剑英任该团团长。军校党代表陈毅①因身份暴露，便偕特务连连长萧劲光化装成老百姓赶到南昌。在一片白色恐怖中打听到起义军的去向。他们历尽辛苦在临川追上了起义军。陈毅会见了周恩来、刘伯承，向他们报告了军干部和学员的情况，随后，被派往第七十三团任党代表。

在张发奎、黄琪翔召开军事会议研究追击起义军的时候，时任第四军参谋长的叶剑英看透了张发奎想回广东和李济深争夺地盘的急切心情，趁机献策说：让共产党占领东江，李济深就要调兵去打，这时我们就可乘虚而下广州。张发奎采纳了这个建议。为此，国民党的战史研究都莫名其妙，他们记载说：叶贺等东出抚州（临川），张发奎率师追之，但忽分途——叶贺等由闽粤边境趋潮汕，张发奎部则改由南雄入粤。由此，起义军得以在没有追兵的情况下，集中兵力南进。

蒋介石发现起义军所向直指广东，急令占据两广的“国民革命军第八路军总指挥”李济深组织堵截。李济深以黄绍竑为第八路军副总指挥兼前敌总指挥，将两广的军队编组为中、右、左3路：黄绍竑兼中路总指挥，辖第七军第四师、第六师；钱大钧为右路总指挥，辖新编第一师、第十八

---

①陈毅（1901~1972），字仲弘，四川乐至人。1919年赴法国勤工俭学，在巴黎参加工人运动。1921年因参加中国留学生的爱国运动被法国当局武装押解回国。1922年担任重庆《新蜀报》文艺副刊主笔，同年加入中国社会主义青年团。1923年在北京中法大学学习，同年冬加入中国共产党，从事青年运动。1926年在四川军队中从事革命活动。1927年春到武汉中央军事政治学校，任中共党委书记（党代表）。

师（两个团）；范石生为左路总指挥，辖第十六军两个师。全力堵截起义军。

起义军经临川、宜黄，过广昌后，分两路前进：第十一军为右纵队，第二十军为左纵队，约定时间在壬田会合后入瑞金。壬田是通往瑞金的必由之路，钱大钧部两个团在壬田前方布防，封锁这一要隘。贺龙率领第一、二两师全部和第三师教导团第一、二总队攻击前进，同时命令教导团第三总队及第六团掩护。经过战斗，起义军领导机关和后卫部队到达瑞金。国民党军向会昌方向退却。

起义军得知敌重兵屯聚会昌，并有攻击起义军的计划。前委认为不破会昌之敌，起义军将有后顾之忧。遂决定先打会昌，然后折回瑞金，再转道汀州、上杭进入广东。

国民党军在会昌的兵力部署是：以钱大钧 4 个师（欠 1 个团）为主力，集结于会昌一带；黄绍竑部第四师先头部队 2000 余人集结于白鹅圩一带，与会昌成犄角之势。

起义军的战略部署是：以叶挺指挥的第十一军两个师（二十四师和二十五师）为主力，经洛口向会昌西北之敌进攻；朱德指挥的第二十军第三师教导团和第六团向会昌北面助攻；由贺龙率领的第二十军主力为总预备队，位于瑞金附近，策应支援各方。全军于 1927 年 8 月 24 日早上开始总攻击。

战斗首先由朱德部抢占会昌城北面的高地而开始。因为第二十五师走错了路，没有及时赶到，叶挺那边没有按时打响。因此一开始，敌人的注意力全部集中到助攻方向。朱德率领两个新建不到两个月的团，打得很苦，伤亡很大。通信员不断报告：师参谋处长袁仲贤负伤！师军需主任蒋作舟阵亡！师经理处长郭德昭在教导团阵地牺牲！……朱德勉励部队要以战争全局为重："我们要把敌人背到身上，叶挺那边就好办了。"敌人越冲越近，指战员都担心他的安全。朱德一面指挥部队，一面拣起一支步枪，和战士卧在一起，向敌人射击，从而稳住了部队。

第二十五师是由叶挺独立团发展起来的，他们赶到后担任主攻，由北面进攻会昌县城。在二十五师发起总攻的同时，第二十四师也在城西发起了总攻。下午 2 点，起义军占领会昌县城，钱大钧率部仓促逃跑。

此役毙伤敌人很多，俘敌官兵 900 余人，缴获各种枪支 1000 余支，另有辎重。但起义军伤亡 800 多人。起义军以少于敌人的兵力取胜，鼓舞了士气。

两天后，黄绍竑部第四师先头部队 2000 余人，不知钱部已败，由洛口开来，被第十一军击溃。27日起义军全部返回瑞金。

壬田战斗，起义军只以优势兵力从正面冲垮了敌军，而没有歼灭；在会昌打钱大钧部时，将第二十军主力留作总预备队，前方兵力不足；在打黄绍竑部时，由于第十一军孤军作战，只是将敌人击溃。

摆在起义军面前有两条路：一条是经会昌南下，由赣南走寻乌等地到海陆丰，然后到广州；另一条是进入福建，走汀州、上杭，沿汀江、韩江而下，到潮汕地区再转广州。前一条路是捷径，但起义军考虑到有上千名伤员，还有许多辎重，于是选择了第二条路。于是起义军向汀州进发。

在起义军壬田、会昌战斗胜利，土地革命宣传和一些实际行动的影响下，当地人民同情和积极支援起义军。从会昌经瑞金到汀州途中，大部分伤病员是民工用担架或竹椅抬送，还有许多劳动妇女，也和男子一样挑辎重行李。

在汀州，给予起义军很大帮助的是汀州福音医院的医务人员。这医院原是英国教会开办的，规模不算大，设备也不齐全，但在附近几百里内是数一数二的大医院。此时，医院里的英国人早已被人民革命吓跑了，由群众推举的傅连暲当院长。

傅连暲，1894年出生于福建汀州的农村，后为生活所迫，全家迁往汀州城内。1905年再为生活所迫，全家人加入基督教。他一直在教会学校读书，并得到福音医院院长锡依尔莱尔（中文名字赖查理）的赏识，给他资助。同时，另一位英籍加拿大医生米企尔（中文名字李灼基）也很赏识他。1916年，傅连暲以优异成绩毕业于“亚盛顿医馆”，被福音医院聘为汀州8县的旅行医生。1918年被推举为汀州红十字会主任医师，1920年被聘为教会医院医生，并担任“亚盛顿医馆”的教员和汀州省立第七中学与女子师范学校的校医。后来他自己开了一个诊所。1925年上海发生“五卅运动”时，福音医院的院长逃离汀州，傅连暲被推举为院长。

300多名伤员被送到医院，傅连暲以极大的革命热忱救死扶伤。他把汀州全城的进步医生组织起来，并动员汀州女子师范和省立七中女生担任护理工作，替伤员洗伤上药，喂水喂饭。天气炎热，许多伤员的伤口化脓了，必须立即开刀，但能动手术的只有傅连暲等3个外科医生，他们工作热情很高，夜以继日地工作。

第二十军第三师第六团第一营营长陈赓在会昌战役中负了重伤，左腿两处中弹，膝盖处筋断了，脚腕骨也被打断，不能行动，敌人冲上来时，他从山坡上滚进一块长满深草的田沟里，直到下午4点，才被第十一军的同志救护下来。他因流血过多，伤腿肿得很粗，红而发亮，身体非常虚弱，每次揭开被单，医生和护士心都颤动。可他不叫一声痛，病房里经常充满他的笑声。傅连暲为挽救他的这一条伤腿，和医生们用尽了种种办法，采取“保守疗法”：每天用“由素”消毒，用夹板固定伤腿，傅连暲还把自己喝的鲜牛奶让给陈赓。在精心的医疗护理之下，陈赓这条伤腿，终于被保住了。

起义军第二十军第三师政治部主任徐特立正患重病，烧得很厉害，加上年纪大了，身体很虚弱。傅连暲经常去给他医治，他看出徐特立坚定乐观的心情不像一个重病的老人。徐特立病情好转以后，常和傅连暲闲谈。从闲谈中傅了解到徐特立刚刚加入中国共产党，以50岁年纪参加南昌起义，转战千里。徐特立说：“50岁，正是做事业的时候，我起码还能有三四十年好为党工作呢！”傅连暲对此表示钦佩。

起义军在汀州讨论攻取东江的计划：一种意见主张留一部分兵力于三河坝监视梅县之敌，以主力取潮汕，再经揭阳出兴宁、五华取惠州；一种主张是以主力军由三河坝经松口取梅县，再经兴宁、五华取惠州，以小部分兵力（至多两团）取潮汕，预料敌人恐慌，潮汕空虚，可以不战而取，认为如果集中主力于潮汕方面，再取兴宁、五华攻惠州，行动过于迂缓，敌人有集中兵力攻击起义军之可能。讨论结果，多数人赞成前一种意见。

朱德率领周士第的第二十五师扼守三河坝。

大队人马直奔潮汕。潮汕是潮州和汕头的合称，位于广东东部滨海地区，韩江从潮州流过，直入南海；汕头在韩江三角洲的西侧，是个优良的港口，可以停泊巨轮。有潮汕铁路将这两个地方连接起来。起义大军压境，潮汕立即陷入混乱：国民党中央银行的票子失去信用，商店纷纷罢业。汕头的工农赤卫队在市内密切配合起义军的行动，他们占领了警察署及其重要机关，砸开监狱释放被囚的共产党员和革命群众，镇压了一批反革命分子。

起义军于9月23日占领潮州，24日进入汕头。起义军总部设在汕头大埔会馆，以贺总指挥的名义布告安民：“照得本部各军，富于革命精神。此次南昌起义，原为救国救民。转战千里来粤，只求主义实行。对于民众团体，保护十分严谨。对于商界同胞，买卖尤属公平。士兵如有骚扰，准其捆送来营。本军纪律森严，重罚绝不姑息。希望各安生计，特此郑重声明。”9月26日，在牛屠地举行群众大会，有数万名工农参加，周恩来、贺龙、叶挺等出席大会和群众见面。

李济深、黄绍竑做出新的部署：将第四军第十一师、第十三师和新编第二师组成东路军，以陈济棠为总指挥，在丰顺、揭阳集结；令钱大钧部到梅县以东的松口镇监视留守三河坝的部队；黄绍竑带桂军两个师进军梅县，并在上游渡过韩江，由上罗衣翻过下罗衣，窥伺潮汕。

起义军在潮汕地区休整3日，9月26日进行第二次分兵：由第二十军第三师师长周逸群率领，警备潮汕地区；两军主力在贺龙、叶挺的率领下向揭阳进发，以彭湃为总指挥的东江工农自卫军总指挥部随行，担任建立地方政权、后勤和联络等项工作。

9月26日中午，起义军到达揭阳县城，守敌撤退。傍晚，叶挺出席在东校场召开的军民联欢大会，并作蒋介石、汪精卫叛变革命后的形势和重建广东革命根据地意义的讲演。

自27日，起义军和国民党军在汤坑发生战斗，起义军投入兵力约6000余人，国民党方面总兵力约2万人。由于情况不明，敌众我寡，起义军虽毙伤国民党军3000人，但自己亦伤亡近2000人，且全军弹药将尽，无力再战，于9月29日清晨由第一师担任掩护，向揭阳退却。国民党军也无力组织追击，撤出战斗。

周恩来、恽代英、刘伯承、林伯渠、吴玉章、聂荣臻、郭沫若等领导都在汕头，为避免损失，30日晚上主动向普宁撤退。在汕头停留的7天里，中共中央派张太雷来传达了中央“八七”紧急会议的精神，并指示起义领导人离开部队，只留下周恩来一人处理善后事宜。

起义军主力自汤坑撤退，回潮州受阻，遂奔赴海陆丰。10月1日从距揭阳13公里的炮台渡过榕江，10月2日到贵屿，3日由贵屿至普宁县境的流沙镇，和这里的前委首脑机关会合，召开了最后决策会议，参加会议的有周恩来、张太雷、恽代英、贺龙、叶挺、刘伯承、聂荣臻、彭湃、郭沫若、吴玉章、林伯渠、张曙时以及中共汕头市委书记杨石魂等。会上主要是周恩来作报告。他发着疟疾，脸色碧青，从政治上、军事上总结了失败的经验教训，指示武装人员退往海陆丰，作长期的革命斗争。并表示要亲自到海陆丰竖起苏维埃的旗帜。

贺龙在打下瑞金后，经周逸群、谭平山、廖乾五介绍，加入中国共产党。全军失败后，在蒋介石到处通缉严拿的情况下，贺龙冒着生命危险，化装到了上海，后来受党的派遣在周逸群等的伴随下回到故乡，凭着对共产主义的信仰、对中共党和人民的忠诚以及丰富的斗争经验和卓越的军事才能，与澧水流域的党组织和革命群众一起，领导革命人民开辟了湘鄂西革命根据地。

周恩来带着重病安排起义领导人和党政工作干部安全撤退（其中在革命委员会工作的干部有260余人）。尔后，周恩来与叶挺在杨石魂的陪同下，来到陆丰县南塘区委书记黄秀文家。在这里住了半个月后，周恩来和叶挺在黄秀文的护送下转移到香港。11 月初，周恩来回到上海参加中共中央的领导工作。叶挺后来参加了广州起义。

八　朱德和陈毅

在潮汕和汤坑战斗的同时，国民党钱大钧部 3 个师（第十八师、新编第一师、第二十师）的兵力向三河坝扑去。1927 年 10 月 2 日午后，朱德在河滩竹林旁边召集全师军官讲话。朱德和士兵一样：背着斗笠，穿着短裤和草鞋，大敌当前却显得镇定和安详。

下午 5 时，国民党军进入三河坝，搜寻渡江器材，起义军予以迎头射击，两军对峙到黄昏。起义军第七十五团的阵地正当三河坝的对岸，河滩平坦，易于登陆，成了双方争夺的焦点。入夜，有 20 多只敌船偷渡，团长孙一中按照朱德“半渡而击”的指示，把敌船打毁。下半夜，国民党军从韩江上游驶来 50 多只船予以强渡，一部被击沉，半数敌人爬上南岸的滩头竹林。孙团长趁敌人立足未稳，亲带 6 个连扑过去，敌人背水作战，登陆的 300 多人全部被打死、打伤或被活捉。孙一中团长负了重伤，营长蔡晴川战死。

10 月 3 日拂晓，大雾弥漫，笼罩韩江，数十步以外不能见人。国民党军组织了更大的兵力强渡，滩头阵地再陷敌手。起义军第七十五团坚守阵地，连续打退敌人的多次冲锋。起义军有很大伤亡，卢营长和排长许光达负伤。战斗一直坚持到午后，下午 3 点，国民党军调集大量机枪和迫击炮作掩护，继续猛烈进攻。起义军伤亡人数不断增加，师参谋处长游步仁牺牲。起义军奋力苦战，负伤军官裹伤指挥，士气极为高昂，阵地失而复得不下数十次。黄昏时分，侧翼第七十四团赶来增援，再次杀退敌人，占领阵地。入夜，师部决定，师主力连同伤员向外转移，令第七十五团坚守阵地至翌日 6 时才撤离战场。身负重伤的孙团长虽经师首长一再催促，仍坚持留下来。其他伤员见团长不走，也都不肯走。副团长张堂坤眼含泪水一再央求，保证坚守阵地，他们才洒泪而别。

第七十五团在不到 500 人、每人子弹不足 10 发的情况下，担当起掩护全师主力撤退的任务。10 月 4 日拂晓第二十五师主力已远离战场，敌人又开始进攻。第七十五团的同志们坚持到 6 点后，采取次第掩护、逐步撤退的方法，摆脱了敌人，沿着一条小路向西南方向撤退，途中再和敌人遭遇，许多同志射出最后一粒子弹，与敌人搏斗、厮杀后壮烈牺牲。

第二十五师虽经三河坝的3天激战，但还保存有2000人的兵力，仍然是3个团的建制。在饶平附近和从潮汕撤出的第三师一部分会合，沿途又收容了一些零星人员，总计约有2500人。这支南昌起义保存下来的起义队伍，由当地中共党派人带路，经大埔、蕉岭，过峰市到达武平，然后越过闽赣边界，进入江西境内。

起义军西进的行动很快被敌人发觉了，国民党第十八师紧紧尾追着。起义军一支孤军，无援兵，无供给，到处是敌人，许多经不起考验的人，包括一些中高级干部陆续离开了部队，建制也散了。10月的天气，山林里气候已经凉了，起义军还穿着“八一”起义时发的单衣，经过长途跋涉和连续战斗，已磨损得破烂不堪。行军找不到村庄，露营便成了常事。寒冷、饥饿折磨着人们，拉痢、打摆子的一天天增多，又没有医药治疗，有的人头天还在树下和大家偎在一起宿营，第二天早晨就再也起不来了。在这黑暗重重、前途茫茫的时刻，朱德率领部队渡过一道道难关。

在天心圩，朱德召开排以上干部会议，朱德说：现在有些问题要跟大家讲一讲，大家知道，大革命失败了，我们起义军也失败了，但是我们还要革命的；同志们要革命的，跟我走；不革命的可以回家，不勉强；我是从旧军队里出来的，我认准了只有跟着共产党走才能有出路，即使剩下我一个人，也要跟着共产党走下去！……大家要把革命前途看清楚，1927年的中国革命，好比1905年的俄国革命，俄国革命在1905年失败以后，是黑暗的、是暂时的，到了1917年终于成功了，中国革命也会有一个“1917”的；只要保存实力，革命就有办法。他说：这一带有革命时期农民运动的基础，我们一定要跟农民运动结合起来，找个地方站住脚，然后就能发展……等军阀们自己打起来，就顾不上追我们了，我们就可以发展了。经过讨论，朱德根据大家的意见，提出了“隐蔽北上，穿山西进，直奔湘南”的战略决策。

陈毅站出来说：“为了保住南昌起义的火种，为了保住‘铁军’的荣誉，我愿竭尽全力助朱德同志一臂之力。”

会后，部队继续前进。朱德、陈毅、王尔琢等领导经常穿插于行军行列里，有时搀扶着病号，一面走，一面给士兵们讲解革命道理，指出革命前途。下级干部也学着这样做。陈毅常说：要受得起失败的考验，做失败时的英雄。

营长周子昆，曾经在孙中山警卫队当过号兵，在叶挺独立团当过排长、连长。他在和朱德短期战斗生活的接触中，认识到朱军长坚定顽强的革命意志、卓越的领导才能。他经常向部队做宣传：跟朱军长不会错。千里转战，他这个营保存下来的人数最多。

10月底，来到大余，第七十三团第二营第七连连长林彪①向梅关方向逃跑，因走投无路，去而复返。

到了11月，部队的混乱现象终止了。同时，张发奎同李济深、黄绍竑打了起来，粤赣大小军阀都卷入了这场战争，顾不上尾追起义军了。

1927年11月初，朱德、陈毅率部开到湘粤赣三省交界的崇义、上堡、文英、古亭一带，开展游击战争。部队以连排为单位分散开来，帮助群众劳动，组织宣传群众，打土豪，分财物，收缴地主和土匪武装。这里的群众受大革命时期农民运动的影响，政治觉悟较高，积极支持自己的队伍。起义军有了群众的支持和配合，获得了比较稳定的环境，第一次得到了休整。

起义军整编了部队，将散乱的各单位合编为一个纵队，取名为“国民革命军第五纵队”的番号。朱德任司令，陈毅任指导员，王尔琢任参谋长。下分3个支队，支队以下是大队、中队和班，另有机炮大队和特务队。休整期间，陈毅领导整顿了党的组织，不断召集党员、干部会议，深入进行政治思想工作，稳住了军心，提高了士气。

部队物资供应很困难，朱德说：“我们现在是在退却，大家都拖得很苦，但办法还是有的。在这一带活动的是滇军，他们和蒋系、桂系有矛盾，我和他们熟悉。我们只要能很好地掌握这个矛盾，一定能想出办法来。”云南军队的范石生和朱德曾是云南讲武堂的同班同学，正驻扎在湘粤赣边的韶关、汝城一带。

中共中央派来交通员，指示朱德要利用军阀矛盾，与范石生交朋友，取得补充和休整，以图再举。朱德与陈毅、王尔琢商议，决定在保持起义军政治和组织上的独立、保持原建制的前提下，利用范部与蒋系的矛盾，通过中共在范部的组织关系，与范石生达成暂时联合的协议。朱德率部进驻资兴，获得了范石生给予的被服、弹药和经费补充。朱德化名王楷，编为第十六军第四十七师第一四〇团，朱德任第十六军总参议、第四十七师副师长兼一四〇团团长。

井冈山工农革命军第一师第一团第三营因在大汾遭敌人袭击，与毛泽东失掉联系，转移到桂东地区，朱德、陈毅派人联络。第三营营长张子清和副营长伍中豪率领第三营通过朱德的关系，住在桂东县城。活动在湘粤

---

①林彪，字育容，湖北黄冈人，1907年生。1923年加入中国社会主义青年团。1925年在黄埔军校第四期转为中共党员，参加北伐。北伐军到武汉后，任国民革命军第七十三团中的排长。

边界还有一支部队——由汝城、宜章农民自卫军建立起来的工农革命军第二师第一团，驻扎在广东乐昌县。3 支革命武装互相依靠，利用范石生的关系作掩护。

为了保持起义军组织上的独立性，建立了秘密的中国共产党第十六军军委，由陈毅任书记。

起义军在资兴住了几天，即南下广东。12 月 10 日到达粤北仁化，与中共广东北江特委取得了联系，朱德成为北江 3 名特委委员之一。这时接到中共中央来信，指示朱德率部参加广州暴动，① 遂兼程南下。当部队走到韶关时，遇到广州起义失败，收留了起义失败后逃出来的数十名干部，便在韶关的犁埠头住下来。

犁埠头位于韶关西北约 15 公里处，是个大圩场。这里离湘赣边界不远，情势比较稳定，朱德便决定在这里休整一下部队。陈毅抓住时机对部队进行政治教育。朱德根据自己多年积累的战争经验，同时吸收苏联国内革命战争的经验，向大家宣讲：他从连单位接敌运动前的队形与运动讲起，要求抛弃旧的一套队形，采用新的战斗队形，如散兵队形由一字散兵线改为弧步散兵线或散兵群，构成交叉火力网；他特别强调知己知彼的重要，要求指挥员重视敌情的搜集和侦察工作，不摸清敌人的情况不动手；在战斗动作上，他除了反复强调要士兵熟练手中武器外，还要求做到不接近敌人不开枪，打不中不开枪。他总是谆谆告诫说："一定要让每个同志牢牢地记住，我们人少枪少，不能和敌人硬拼，我们要瞅敌人的弱点，采用避实就虚的游击战术。我们是共产党领导的革命武装，要用革命的战术，来进行革命战争。"朱德把全队分两个连，进行队形演习动作。演习

---

①广州起义，是中共领导的武装继南昌起义、秋收起义后举行的一次有影响的武装起义，时间是1927 年12 月11 日。最先行动的是叶剑英掌握的教导团，全团1300 多名学员和教官90% 以上靠拢共产党，并有 100 多名共产党员在里面起骨干作用。他们训练有素，战斗力较强。起义一开始，先处决了反动派派来的代理团长朱勉芳，然后与工人赤卫队联系起来，兵分 8 路，夺取炮兵团、占领公安局，至中午，珠江以北据点（广九车站、电灯厂、中央银行等）大部被占领。11 日深夜，起义领导人张太雷、叶挺、恽代英、叶剑英、聂荣臻、陈郁、张善铭、周文雍等，讨论下一步行动（共产国际代表也参加）。叶挺等人提出把起义部队拉到海陆丰去，以避开敌人锋芒，保存实力。但不懂打仗又非常主观的共产国际代表、德国人诺伊曼认为起义军只能进攻不能退却，他批评了叶挺。12 日一早，李福林的第五军在帝国主义军舰炮火的支援下开进珠江，从四面八方向市中心推进，起义军总指挥张太雷牺牲。为保存力量，教导团进行了顺利的撤退，保持了完整的建制 1200 余人，退到了花县，12 月 16 日在花县进行了整编，和其他跟出来的零星人员组成了一个师，转到了海陆丰。

广州起义失败后，叶挺到了莫斯科。东方大学请叶挺作报告，共产国际不允许他去，说他政治上动摇。

中，有的动作不正确，他便亲自卧倒在地上做示范，严格训练，严格要求。他派出教导队学员到各营担任教员，一直推广到全团。在短短的时间里，部队战术水平有了很大的提高。

入粤后，朱德还派阮啸仙等人与当地党组织配合，组织了农民暴动，建立了工农革命军第三团。

起义军在犁埠头愉快地度过了1928年元旦。

起义军以第十六军名义作掩护活动了一个月，国民党发觉了，要范石生解决这支武装，并逮捕朱德。范石生不忘旧谊，秘密通知朱德，要朱德率部离开。新年后不久的一天，正下着大雨，部队在韶关到仁化的公路上紧急集合，砍倒了电线杆，割断电线，并派人去范部的弹药库挑了10多担子弹，然后迅速向仁化县前进。到达仁化鸡笼附近江边时，发现方鼎英部正沿着浈水开往南雄，截住去路，便折回北进。经距乐昌10公里处的长来圩渡过武水，向湘南宜章县地区开进。

中共宜章县委接到通知，县委书记胡世俭、县农协委员长杨子达一面派胡少海前往秘密联系，一面通知各地党员迅速到宜章迎接红军入城和布置湘南暴动。

胡少海的家，是宜章县的大地主，父兄都是豪绅，他本人是个知识分子，他背叛了地主阶级，加入了中国共产党，对革命忠诚，作战勇敢（后历任红军团长、师长、军长等职，1931年在福建永福作战牺牲）。朱德利用胡少海的社会地位，制订了智取宜章的方案。

国民党县长和当地豪绅听说“胡少爷”的队伍回来了，专门派人欢迎。1月21日，起义先头部队在胡少海率领下大摇大摆地开进宜章县城。21日晚上，朱德、陈毅率领部队主力开往宜章，在城郊的一个山坳里宿营。朱德召开部队党的活动分子会议，做战斗动员，他说：智取宜章是一个完整的战斗方案，我们一定要沉着、机智，与地下党密切配合，夺取这次战斗的胜利，这是我们进入湘南的第一仗，这一仗打胜了，对湘南人民的革命斗争将产生巨大的影响。

第二天上午，按照预定的部署，胡少海在咨议局宴请“桑梓父老”。国民党县长、团防局长和当权的地主豪绅20多人欣然赴宴。酒过数巡，朱德以举杯为号，突然厉声说：我们是共产党领导的工农革命军，宜章已被解放。立即逮捕了这帮地主豪绅。

同时，工农革命军干净利落地缴了团防局的枪，打开了监狱，释放了无辜的群众，打开地主的粮仓分给了劳苦人民，砍倒国民党的青天白日旗，竖起鲜艳的红旗。

1月23日上午，在县城西门广场，召开了群众大会，到会群众五六千人，朱德和群众见面，发表重要讲话：我们是共产党领导的、帮助穷人打天下的军队；我们已推翻了旧政府，逮捕了一批贪官污吏、土豪劣绅；我们支持大家起来革命，彻底打倒反动派，实行耕者有其田。群众欢声雷动。

宜章暴动后，起义军改编为“工农革命军”第一师，下属两个团：第一团是南昌起义的部队，朱德兼团长；第二团是宜章起义农民，胡少海为团长。

1月下旬，国民党许克祥带领独立第三师两个团，约2000人由韶关直奔宜章而来，朱德得到地下党的密报，掌握了许部的行动，召开会议制订了作战方案：决定先将部队撤出宜章城南40公里的笆篱堡圣公坛山地埋伏起来，当敌人深入宜章城南25公里的岩泉圩时，工农革命军分两路截敌：一路由朱德、陈毅率领从正面进攻；另一路由胡少海、谭新率领迂回敌后，截断敌人的退路。

岩泉圩是个有100多户人口的圩场，许克祥全部军队驻扎在这里。1月30日拂晓，工农革命军突然发起进攻。许克祥毫无准备，率部狼狈逃窜，逃至乐昌县的砰石镇，被追上。国民党军队失去了抵抗能力，有的枪还没有下肩就当了俘虏，许克祥丢下部队，只身逃命。此役不到两小时，歼灭许部1000余人。3里长的砰石街道上到处是敌人丢下的步枪、机关枪、迫击炮、弹药和其他军事器材以及炊事锅灶。

许克祥“送来”的武器，大大装备了工农革命军，同时也装备了农民赤卫队。胡少海的第二团扩编为工农革命军第三师，全师800多人，有步枪200支，由师部发来迫击炮两门。各区都成立了赤卫队，城里组织了工人纠察队、儿童团。一星期内，工会、农民协会、学生会相继成立。

宜章隆重举行县苏维埃政府成立典礼，大家一致推选毛科文任县苏维埃第一任主席。毛科文出身贫农，是共产党员，“马日事变”前就是县农民协会领导人之一，在群众中很有威信。不几日，各区乡的农民协会和苏维埃政府相继成立，杀了一批大地主、大恶霸，一些中小地主把田契交给农民烧掉，并表示遵从苏维埃政府的法令。接着成立了土地委员会，在县委和苏维埃政府的领导下专门研究分配土地的政策和方法问题。

砰石战斗胜利后，在郴县县委和农民军的配合下，朱德于2月初率部攻克郴县，消灭唐生智1个团。郴县苏维埃政府和工农武装成立。

在中共地方党和农民军的积极配合下，工农革命军主力迅速攻克资兴、永兴，直取耒阳。

1927年10月底，朱德得知毛泽东率领的秋收起义部队开上井冈山，非常高兴。朱德所部指战员，很多人都知道毛泽东。他写的《中国社会各阶级的分析》、《湖南农民运动考察报告》在部队中有很大的影响。如今知道毛泽东率部上了井冈山竖起革命红旗，大家欢欣鼓舞，信心倍增。

11月，朱德派原在第二十五师政治部工作的毛泽覃去井冈山与毛泽东联系。早在1922年11月，湖南水口山的铅锌矿工人成立俱乐部。为加强对工人运动的领导，中共湘区党委和毛泽东决定派毛泽覃和朱舜华等，去水口山从事工人运动。1923年3月底，毛泽覃到水口山后，担任工人俱乐部教育股委员，兼任工人学校教员，并以此为掩护，秘密从事革命活动。1923年10月，毛泽覃在水口山加入中国共产党。不久，调回长沙，担任社会主义青年团长沙地委书记处书记。毛泽东从上海同杨开慧回韶山养病，同时开展农民工作时，毛泽覃亦回到韶山，到银田镇的白庙办农民夜校。1925年秋天，湖南军阀赵恒锡通缉毛泽东时，毛泽覃按照大哥的意见，先行去广州接洽有关工作。此后，跟随毛泽东在黄埔军校和广东区委从事革命活动。此期间，同周文楠结婚。1927年四一二反革命政变后，毛泽覃被中共派到武汉国民革命军第四军政治部工作，被授上尉军衔。1927年“八一”南昌起义，毛泽覃赶到南昌时，起义部队已经南下。他追到临川，被安排到十一军政治部任宣传科长。后随朱德、陈毅等转战到湘粤赣三省交界的一带山区。在得知毛泽东率领秋收起义的部队上井冈山的消息后，毛泽覃接受朱德的委派，去井冈山和毛泽东联络。

初冬的一天，毛泽覃身穿一套国民党正规军军官的服装，带着证件，化名覃泽，一路上顺利通过反动派一道又一道的关卡，来到茶陵坑口。坑口是茶陵与宁冈的交界地，工农革命军攻占茶陵县城后，为保证部队前线与后方的交通联络、掩护与接送伤兵人员，通过袁文才同当地某些人的联系，派出一个没有暴露工农革命军身份的连队，以“维护地方治安”的名义驻扎坑口。连长陈伯钧听说来了一位身穿国民党军官服装的人物，立即派人前往侦察。毛泽覃首先去找地方上的一些当权人物打交道。住在坑口的一个姓罗的团总，闻讯国民党正规军一位长官来到这儿，立即率领一班土豪劣绅出来迎接。毛泽覃取出一张证明他是国民党十六军上尉副官的证件，送给姓罗的看。姓罗的团总看了证件后不敢怠慢，命令摆酒接风，设宴招待。毛泽覃机智地和敌人周旋了一番，打听到井冈山一个连驻扎在这里，便找到该连的驻地。陈伯钧了解到这位特殊身份的人物所负的使命后，立即派人送他到井冈山。毛泽覃留在井冈山先后担任团政治部代理主任和营党代表的职务。

毛泽东十分关心南昌起义的部队，上山不久，便派第一团卫生队党代表何长工去找湖南省委和湘南特委，打听南昌起义部队的下落，相机取得联系。何长工经长沙、广州、韶关，经过几个月的辗转奔波，来到犁埠头，见到了朱德、陈毅和王尔琢等领导人。何长工介绍了毛泽东在井冈山建立革命根据地的情况，并汇报了下山以来找朱德联系的经过。此时，正值毛泽覃动身不久。朱德高兴地说："你是从毛泽东同志那里来的，好极了！我们正要找他呢。"接着，朱德详细询问了秋收起义、广州起义的情况，问井冈山的环境、能否屯兵、群众情况，等等。第二天，朱德给了何长工 30 块毫洋，嘱咐说："希望你赶快回到井冈山，和毛泽东同志联系。"

朱德所部干部战士都有一个共同的心愿：上井冈山，找毛泽东去！朱德果断地决定：除留一部分地方武装在湘南坚持斗争外，南昌起义部队 2000 余人、湘南起义农军 8000 人（主要是胡少海率领的第三师和邓允庭率领的第七师）一起退出湘南，向湘赣边界的井冈山挺进。

九　井冈山（二）

1927 年 11 月 9 日，中共中央在上海召开了临时政治局扩大会议（简称"十一月扩大会议"），历时两天。参加会议的有瞿秋白、苏兆征、李维汉、任弼时、顾顺章、罗亦农、向忠发、周恩来、张太雷、李立三、邓中夏、张国焘、蔡和森、彭述之、任旭等，共产国际代表罗明纳兹也出席了会议。会议由中共中央临时政治局负责人瞿秋白主持，议程有：①政治报告和讨论；②党的组织问题；③召集第六次代表大会问题。会议通过主要议题——《中国现状与共产党的任务决议案》和《政治纪律决议案》。会议将常委扩大为 5 人：增补周恩来和罗亦农。

瞿秋白接受共产国际代表罗明纳兹的中国革命形势不断高涨的观点。罗明纳兹认为：中国革命是不断革命，一直发展下去，没有间断的到社会主义；革命认识一直要高涨上去；革命的方针是全国总革命。

"政治纪律"的新名词也是共产国际代表提出来的，是为了处罚起义领导人的。他们认为，南昌起义失败了，毛泽东领导的秋收起义也失败了。会议给周恩来为书记的南昌起义前委全体成员（包括张国焘、李立三、恽代英、彭湃）以"警告"处分，决定取消张国焘的临时政治局候补委员和中央委员的资格；决定给湖南省委委员彭公达、毛泽东、易礼容、夏明翰处分——撤销他们的省委委员资格，开除彭公达的中央临时政治局候补委员资格，留党察看半年，开除毛泽东的中央临时政治局候补委员资格。理由是，他们完全违背中央策略，单纯的军事投机，不发动农民实行革命。

在这次会上，开除了谭平山的党籍。南昌起义时，张国焘极力反对，谭平山曾对一个师长说：如张国焘反对就杀掉他。这位师长征求周恩来的意见，周恩来说党内斗争不能采取这种手段。后有人将这事告诉共产国际代表，共产国际代表于是主张将谭平山开除出党。

在井冈山根据地初具规模时，湖南特委派周鲁来到砻市。周鲁向前委传达了中央11月扩大会议精神和《政治纪律决议案》。决议案中无理指责："在工农军所经区域以内没有执行屠杀土豪劣绅的策略，以致农民视若客军过境。"决议案决定给毛泽东以"开除中央临时政治局候补委员"和"撤销其现任的省委委员资格"的处分，周鲁将这一决定误传为"开除毛泽东的党籍"。周鲁还代表湘南特委重复中央的指责，批评毛泽东太右，烧杀太少，要求取消以毛泽东为书记的前敌委员会，改组为专管军队党组织的师委，由何挺颖任书记，毛泽东改任师长。湘南特委又要求工农革命军开往湘南，支援湘南起义。湘南特委给这一起义规定的口号是："烧烧烧，烧尽土豪劣绅的房子；杀杀杀，杀尽土豪劣绅的头颅。"本来，由于井冈山前委同省委交通隔绝，井冈山并未受到第一次"左"倾盲动主义错误的干扰，周鲁一来，瞿秋白的"左"倾盲动主义也就通过湖南省委和湘南特委，间接地影响到井冈山根据地。

毛泽东本不同意将部队开往湘南，但他仍然服从了特委的决定。他不因自己受到错误处分而消极，他积极地准备支援湘南起义。他接受了师长这一任命，在开往湘南前他对部队说："我不是个武人，军旅之事，未之学也。文只能运笔杆，武不能动刀枪。俗话说，秀才造反，三年不成，让我当师长有点玄乎。不过，一个好汉三个帮，一个篱笆三个桩，三个臭皮匠合成一个诸葛亮，要靠大家了。我们有这么多干部，大家都是党的骨干，在斗争中积累了一些经验，大家来当参谋长，就不愁打不好仗。"

3月初，毛泽东率工农革命军下山，去支援湘南起义。井冈山地区被敌人占领了一个月，根据地遭到严重破坏。

3月18日，毛泽东率领工农革命军到中村一带集结，部队在这里进行了一周的军事和政治整训。

一天，毛泽东听到一个消息，湘南起义有失败的危险。他马上派毛泽覃带一个连去找朱德、陈毅，同时命令将部队分为两路：何长工、袁文才、王佐率领第二团为一路，向资兴、彭公庙方向运动，以便从正面迎接湘南起义的部队；他和张子清、何挺颖率第一团为一路，插到湘南起义的侧后方，准备追击从广东方面来的追兵，以掩护湘南起义的部队。

毛泽东率部开往湘南途中，教导队区队长陈伯钧在修理一支有毛病的手枪时，不慎走火，打死了教导队队长兼党代表吕赤。事情发生后，大家都很悲痛，陈伯钧更是悔恨不已，他和吕赤都是四川人，同是黄埔军校的同学，又都是共产党员，两人之间感情很好。毛泽东非常惋惜，因为两人都是作战勇敢的年轻干部，他与教导队党支部书记和士兵委员会主席商量处理办法。毛泽东说："伯钧不是有意伤人，还是不要偿命为好，我们已经死了一个好同志，再拿一个好同志偿命，对革命无利。要让活着的同志去完成死了同志未完成的工作，我们培养一个革命干部很不容易，已经死了一个，没有办法再治了，就不要再死一个了。"①

3 月底，毛泽东率领所部第一团转移到桂东沙田一带分兵发动群众。4 月 15 日，毛泽东率部由沙田向汝城进发，消灭了何其朗部，然后向北回师。4 月下旬，回到酃县，在城郊接龙桥一带阻击敌人，掩护朱德主力部队转移。团长张子清负重伤。

井冈山工农革命军第一师第二团经彭公庙到资兴附近，与邓允庭带领的湘南农军第七师会合。陈毅率领的一部分农军和地方党政机关 4000 多人亦在资兴与之会合，同时会合的还有黄克诚②带领的永兴农军 1000 多人。会合后，经彭公庙回到沔渡。朱德率领主力部队自郴县经永兴、耒阳、安仁、茶陵迅速向井冈山撤退，在酃县沔渡与陈毅会合。

4 月 25 日，朱德、陈毅率部到达砻市，住龙江书院。

1928 年 4 月 28 日，毛泽东率部经酃县、宁冈睦村回到砻市。毛泽东一回到砻市，听说朱德带着部队来了，立刻对干部们说："咱们一同去见朱德同志。"

朱德听说毛泽东来，赶忙与陈毅、王尔琢等到门外迎接。毛泽东与朱德在龙江书院的文星阁亲切会见，毛泽东对朱德说："这次湘粤两省的敌人竟没有能整倒你！"朱德感谢地说："我们转移得快，也全靠你们的掩护啊！"两位领导人交换了情况，商量成立工农革命军第四军③的问题。毛泽东说：趁"五四"纪念日，兄弟部队和附近群众开个热闹的联欢会，两方

①陈伯钧于 1955 年被授予中国人民解放军上将军衔，曾任中国人民解放军高等学院院长等职。

②黄克诚，湖南永兴人，1902 年生。1925 年加入中国共产党。1926 年在国民革命军中任营政治指导员、团政治教官等职。1928 年参加湘南起义，任永兴红色警卫团党代表。

③因"四军"是北伐时的铁军，故慕其名而用之。

面负责同志和大家见见面。

两军会合后，朱德、陈毅带来了中央的文件，正确转达了中央1927年11月政治局扩大会议的决议——不是开除毛泽东的党籍。

5月4日上午，在砻市东边的广场上召开隆重的庆祝会师大会。用门板和竹竿搭起了主席台，周围簇拥着无数面红旗。主席台两旁插满了标语板，上面写着“庆祝两支革命部队胜利会师!”、“打倒国民党反动派!”一清早，成千上万的人群打着小红旗从四面八方向会场涌来。不到10时，离这儿20多里路的部队除留做警戒外，全部整队荷枪赶到会场。

10时，由党、政、军、工、农、商、学各界组成的主席团，在热烈的掌声中走上了主席台。大会执行主席陈毅首先讲话，他说：“今天是‘五四’纪念节，我们今天在这里开大会庆祝两个部队的胜利会师，是有特别重要意义的。”他宣布，两军会合后，部队改名为“中国工农革命军第四军”（同年6月4日，中共中央指示改名为“中国工农红军第四军”）。宣布，朱德任军长，毛泽东任党代表。

朱德在讲话中向群众保证：红军一定保卫红色根据地，保护群众的利益。

毛泽东在讲话中首先指出这次会师的历史意义，同时非常乐观地分析了红军部队的光明前途。毛泽东说，现在我们的部队在数量上、装备上不如敌人，但是我们有革命的思想，有群众的支持，不怕打不败敌人；我们要善于找敌人的弱点，然后集中兵力专打他这一部分，十个指头有长短，荷花出水有高低，敌人也是有强有弱，敌人的兵力分布，难保没有不周到的地方；我们抓住了敌人的弱点狠狠地打，等到我们打胜了，就立刻分成几股躲到敌人的背后去跟敌人玩“捉迷藏”的把戏；敌人即使有孙悟空的本事，也逃不出我们如来佛的手掌。

毛泽东为红军宣布了“三大任务”和“三大纪律六项注意”。“三大任务”是：①打仗消灭敌人，②打土豪筹款，③做群众工作；“三大纪律”是：①行动听指挥，②不拿工人、农民一点东西，③打土豪要归公；“六项注意”是：①上门板，②捆铺草，③说话和气，④买卖公平，⑤借东西要还，⑥损坏东西要赔。

王尔琢和各方面的代表也讲了话。

两军会师后，王尔琢为参谋长，陈毅为军委书记兼政治部主任。部队编为3个师：第十师、第十一师和第十二师。第十师师长由朱德兼，党代表宛希先，下辖第二十八团（由南昌起义部队保留下来的部队编成，党代表何长工）、第二十九团（由宜章农军编成，团长胡少海，党代表龚楚）；

第十一师师长由毛泽东兼，下属第三十一团（团长张子清，党代表何挺颖）、第三十二团（团长袁文才，副团长王佐，党代表陈东日）、第三十三团（由湖南农军组成）；第十二师师长由陈毅兼，下属第三十四、三十五、三十六团，均系湘南农军，称为“梭标师”。红军主力第二十八、二十九、三十一、三十二团共5000余人，农军约8000人。

毛泽东第一次挎上匣子枪，显得很兴奋，诙谐地说：“背上驳壳枪，师长见军长。”但他很快就将驳壳枪交给了警卫员。从此，他的下属再也没有见他带过枪。

5月20日，在茅坪谢氏慎公祠召开湘赣边界党的第一次代表大会，毛泽东在会上作报告，他批判了党内的右倾思想，总结了井冈山根据地半年来的斗争经验，提出加强党的领导、深入土地革命、巩固和扩大革命根据地的任务。会议成立了以毛泽东为书记的湘赣边界特委，选举委员23人。会后，又成立了湘赣边界工农兵政府。

5月底，红四军取消师的番号，缩编为4个团，即二十八、二十九、三十一、三十二团，其余农军在各县领导的带领下返回湘南坚持斗争。

十　井冈山（三）

朱毛会师，使得朱培德手忙脚乱。5月上旬，他派第二十七师师长杨如轩“进剿”井冈山，杨如轩以一个团守永新县城，以两个团分别由东北和东南对井冈山形成钳形攻势。毛泽东、朱德决定北守南攻，集中兵力打击进至井冈山南麓孤立的敌八十一团。于是，朱德亲率二十八、二十九团挥师南下，在黄坳、五斗江连战皆捷，歼敌大部，然后又掉头北上，配合在永新、宁冈交界的山地抗击敌人，乘胜占领永新县城，成立永新革命政府，部队分散到各区发动群众。红军前锋由罗荣桓等率领的三营一部已经到达天河，震动了吉安。

朱培德命令杨如轩等四团，倾巢出动，直扑永新。

为避开敌人的锐气，毛泽东命令部队撤出永新城，除留二十九团在永新农村警戒外，其余部队撤回茅坪。

部队中有些干部的旧军官习气还比较严重：有斗纸牌的，有逛窑子的，有搜俘虏腰包发洋财的，还有乱拿群众东西的，这些情况因为当时中央和湖南省委盲动主义错误指导而变本加厉。撤出永新，有的部队对工商业“一律没收”，把卖油粑粑的挑子、剃头的刀子和中药铺的戥子都搬回了井冈山。

毛泽东知道这一情况后，非常生气，他严厉指责这是土匪、流寇的行为。一个雨天，他召集连以上党代表在茅坪开会，专门讨论纪律问题。他重申了三大纪律六项注意，他说："军纪是军队的命脉。人无命脉则亡，军无命脉必败。连李自成的军队也有纪律，他不是讲'奸一民妇，如奸我母'吗？就是国民革命军也讲爱百姓嘛！我们是共产党的军队，怎么不讲纪律呢？"

为了准备部队下一步的行动，毛泽东派二十八团和三十一团去攻打茶陵县的高陇，一面打土豪，一面搜报纸，以便了解国内及国际形势，判断敌人的动向。5 月 17 日，部队一进入高陇，三十一团三营党代表罗荣桓立即去邮局搜集报纸。

在高陇指挥战斗的朱德接到毛泽东从井冈山送来的一封信，说杨如轩看到红军主力都已转移到湖南方面，便命令他的 4 个团除留 1 个团在永新外，其余 3 个团全部向井冈山进犯，两个团到烟阁、四教，一个团已经出城，正向草市坳方向运动。毛泽东建议部队立即回师井冈山，杀敌一个回马枪。第二天一早，朱德率部队从高陇出发，一气走了 100 多里，三营营长伍中豪和党代表罗荣桓腿都走肿了。傍晚，在细雨蒙蒙之中，部队来到澧田附近。朱德派一个连向澧田的靖卫团发起攻击。打下澧田后，他又命令将俘虏放跑。这些俘虏跑回永新，向杨如轩报告，杨如轩听说红军只有 100 多人，没有在意，仍然命令第七十九团继续向草市坳前进。

第三天清晨，第七十九团在草市坳同红军遭遇，打了一个多小时，敌团长刘胡子才如梦方醒，知道碰到了红军主力，在付出了惨重的代价后，急忙向永新败退，被红军击毙。红军随即冲进永新县城，杨如轩在几名随从的护卫下，爬上城墙缒城而下，此时，恰好一颗流弹打伤了他，他连血也顾不得擦，一溜儿烟跑回吉安。红军再次攻占永新后，敌军在烟阁、四教的两个团也无心恋战，落荒而逃。

红军连战皆捷、两占永新的消息传到南京，蒋介石看光靠朱培德的赣军已不能战胜红军，6 月上旬，他下令湘赣两省对井冈山实行"会剿"。朱培德命令第九师师长杨池生为指挥，带领第九师和杨如轩第二十七师残部再度占领永新。消息传到井冈山，毛泽东在茅坪召开紧急会议研究对策，讨论中，有人感到敌人力量太强，主张离开井冈山，向湘南方向转移。毛泽东根据从各地搜集到的报纸分析，目前统治阶级内部正处于暂时稳定时期，不可轻易离开根据地。

怎样打破敌人的"会剿"呢？毛泽东指出，湘军的战斗力强于赣军，前者与当地土豪劣绅关系密切。因此，红军仍应采取对湘军防守，对赣军进攻的方针。他主张，趁湖南敌人尚未集中时，向湘南佯攻：一方面使湘军不敢深入江西境内；另一方面使两杨产生错觉，以为红军已到湘南而大胆出动，然后再掉过头来打击两杨。

会后，毛泽东率三十一团，朱德、陈毅率二十八、二十九两团，兵分两路直扑酃县，在十都一带会合后，击溃湘军吴尚部一个团，然后迅即秘密回师。果然不出毛泽东所料，一方面湘军慑于红军的威势，只想自保，观望不前；另一方面杨如轩已带了自己的两个团和杨池生的一个团出了新城，正向永新、宁冈交界处的新老七溪岭方向前进。

6月20日，毛泽东、朱德等决定，由朱德、陈毅、王尔琢率二十八、二十九团和三十一团一营赶往新、老七溪岭正面阻击敌人，由毛泽东率三十一团三营到永新西部龙田、潞江一带发动群众，一面监视茶陵方向湖南的敌军。

6月23日，朱德、王尔琢率红军主力在新七溪岭和老七溪岭两个地方同敌人激战了整整一天（朱德的帽子被敌人的枪弹打了两个窟窿）。致使敌人败逃至龙源口，终于歼敌一个团，击溃敌两个团，共缴枪七八百支，红军又乘胜占了永新。

一个多月来，红军三打永新，连战皆捷，彻底粉碎了敌人的“会剿”，根据地军民无不欢欣鼓舞，到处在传唱：朱毛会师在井冈，红军力量坚又强；不费红军三分力，打垮江西两只“杨”。①

蒋介石对于赣军溃不成军，湘军徘徊观望，极为不满，又命令湘赣两军联合向井冈山进行第二次“会剿”。7月初，湘军吴尚的第八军占领了宁冈。

井冈山根据地的赤卫队东一枪，西一枪，白天黑夜的袭扰敌人，搞得吴尚连民房也不敢住，坐卧不宁，寝食不安。红军二十八、二十九两团从间道下山进攻吴尚的后方茶陵、酃县，吴尚怕退路被截断，不得不匆忙撤回茶陵。

至此，井冈山根据地发展到全盛时期。它的东面达到泰和、吉安，北面达到萍乡、安福，西占茶陵一部，南抵桂东，占有莲花、永新、宁冈3个全县，成立了湘赣边界及所属5县的革命政府。与此同时，红军主力扩充了一倍。

---

①两只“杨”之中的杨如轩，中华人民共和国成立后依然健在，他回忆这一段历史时，曾赋诗一首：“三十余年一梦空，永新附逆妄交锋。哪堪旗鼓未成列，已报弹花满市中。飞将自天突兀入，两杨无计把身容。一团劲旅平中国，豪语铭心服总戎。”

湘赣边界的红旗渐渐引起了附近省市工农士兵群众的希望。这时，好几百个长沙学生和安源煤矿工人，克服了重重困难，来到了井冈山。醴陵也有一批革命农民和学生，长途跋涉奔上了井冈山。甚至蒋介石的部队也有成连来投奔红军的。井冈山成了革命的中心，成了全国人民的希望，成了新的革命高潮的起点。

在红军三次攻打永新的战斗中，贺子珍负责永新县城附近村庄的地下工作，了解敌情，并同农民武装暴动总指挥部一起，发动群众，配合红军行动。尤其在第三次战斗中，永新全县群众出动几万人，他们当中的一部分人连梭镖都没有，拿着菜刀、木棒，同红军一起冲锋，追击敌人。他们从各个山头，像潮水一般扑向敌人，形成一个天罗地网，配合红军全歼了敌人的 3 个团。永新有一支赤卫队，一直追击敌人到永新城，成为这次战斗中第一支入城的队伍。

红军第三次攻下永新后，按照毛泽东“大力经营永新”的指示，集中力量争取用一个月的时间全力发动群众，把永新根据地建立起来。因此，部队实行分兵，把红军分别组织成一支支工作队，深入永新各区各乡。工作队的口号是：发动群众，巩固和扩大革命根据地；任务是：训练建立工农暴动队，筹粮筹款，进行土地革命，建立党的组织和政权组织。

贺子珍带着一支工作队，来到西乡塘边村工作。塘边是永新一个比较大的村庄，由大屋、塘边等 4 个自然村组成，有 100 多户人家，500 多口人。一打永新后，贺子珍曾陪同毛泽东来过这里，进行土地分配调查，开展打土豪活动。以后毛泽东又派人到这里发展党员，建立党的组织，成立暴动队，组织人民自己的政府。二打永新后，这里开始了土地革命，塘边分土地的工作在永新进行得最早，它是按照毛泽东制定的分田政策进行的。土地按口平分，肥瘦搭配，抽多补少，大概每人平均分到 3.5 亩田。在分田以前，虽然也开过群众大会，焚烧了土地契约和地主的账簿，但是由于时间匆忙，调查土地的工作做得很粗。这次，前委想深入了解塘边土地革命的情况，解决目前存在的问题，总结出一些经验来，以便在永新县推广。

贺子珍这次到塘边村，还像第一次来时一样，住进一个贫农老婆婆的家里。这个老婆婆住的原来是村里一个恶霸的房子（第一次打开永新后，镇压了这个恶霸，把他的住房分给了老婆婆）。房子一共有四间，左边是一间，右边是连三间，右边的头一间做了客堂。贺子珍来后，就住在左边的一间里。老婆婆有个儿子，参了军，家里还有一个媳妇，一个孙子，他们就住在右边的厢房里。

每天清早，贺子珍便同工作队的同志分头去找贫农协会和村苏维埃的干部进行工作，了解塘边土地分布的情况和土地分配有几种办法，群众都有什么意见、反映。工作队里的军事干部除了做政治工作和群众工作外，还要帮助暴动队员上军事课，进行操练。晚上，老表们干完活回了家，贺子珍又和工作队的同志们分头到群众家里，同老表谈心拉家常，了解情况。

不久，毛泽东带领一部分战士也到塘边村。工作队安排他住到老婆婆的家里，婆婆高兴地把堂屋腾出来让毛泽东居住。

那时，革命根据地刚建立，土地怎样分配最合理，没有一个统一的章程，各区各乡的做法都不一样，群众议论纷纷。毛泽东已经跑了永新的几个乡，听到了一些意见。他这次到塘边来，就是想进一步调查研究，比较一下几种分配方法的利弊，以便总结出一些经验，制定一个统一的土地法。

毛泽东一住下来，立刻听取贺子珍和工作队的同志们汇报。毛泽东一面认真地听，一面不停地在小本子上记着，并不时地提出问题，比如：对这种土地分配方案，满意的人多，还是不满意的人多？满意的都是什么人，不满意的又是什么人？他们的阶级成分和政治态度如何？贺子珍对这些问题，一时还归纳不起来。想着自己没能够很好地完成党交给的任务，感到很羞愧。

毛泽东丝毫没有责备之意，他和颜悦色地对贺子珍和工作队的同志们说："调查研究也是一种学问，学一学也就会了。"于是，他结合自己多年来的体会，风趣地谈起应该如何搞调查研究来。首先是调查者自己要心里明确这次调查的目的是什么，调查要紧紧围绕这个目的进行，否则，费了很大的劲，收集到的是一堆无用的材料。另外，要特别注意调查研究的方式、方法，对不同的调查对象，要用不同的方法。对有的人，比如说对土改的积极分子，可以开门见山，把问题直截了当地提出来；要是向富裕中农作调查，就要转两个弯，因为他们的肚肠也有几个弯。

贺子珍从没有想到过调查研究还有这么多的讲究。一种发自内心的敬佩之情，不禁油然而生。

接着，毛泽东提出开几个调查会，请工作队帮助组织安排一下。贺子珍自告奋勇地承担了这个任务。她心里暗暗地想："这可是个学习的好机会呀！"

汇报会之后，贺子珍一面帮助毛泽东组织安排调查会，一面悄悄地留心观察毛泽东的工作方法。她发现，毛泽东每天晚上总要一个人在油灯下工作到深夜，把当天的情况汇总起来，写出第二天需要的调查提纲，做好充分准备。调查会开起来，他亲自主持，亲自记录，把每个人谈话的要点都记录下来。细心的贺子珍还发现，毛泽东虽然准备了调查提纲，却并不完全按照提纲提问题，而只围绕这些问题，根据不同的调查对象，从不同的角度提问题。贺子珍觉得，每次参加毛泽东主持的调查会，都仿佛在她思想的窗口上，透进一缕睿智的阳光。

毛泽东不仅在塘边村作了深入的调查，还到附近的村庄去作调查。他了解的内容，有农村土地分配情况，也有工商业分布、生产、销售的情况。以后，毛泽东根据自己掌握的资料，写了一个报告，也就是后来他十分惋惜被丢失了的《永新调查》。①

贺子珍同毛泽东一起工作的时间越久，对毛泽东的印象也越深。她记得，在一打永新以后，永新的群众和干部都怀着比较强烈的复仇情绪，觉得过去受了土豪劣绅那么多的压迫和欺凌，现在翻了身，一定要好好整整这些家伙。当时的中共湖南省委提出口号，贺子珍也是赞成的。因此，在攻下永新以后，发生了烧土豪的房屋，杀土豪劣绅的现象。毛泽东是坚决不同意这样做的。他在第一次攻下永新后，在县城召开了一次党、政干部联席会，专门就政策问题进行讨论、研究。毛泽东提出要保护工商业，筹款采取评议的办法，让他们根据自己的情况，自愿拿出一部分钱来。他耐心地对大家说，不要烧房子，也不要多杀人。烧了房子，毁坏了财物，对群众没有好处，多数群众是反对的；对民愤很大的恶霸，是要杀一些，但也不要多杀，杀多了，造成人心惶惶，引起不必要的情绪对立，对革命没有好处，群众也是反对的。毛泽东的这番话，对贺子珍启发很大，她第一次认识到，不论办什么事，不能凭感情用事，要考虑得更多些，更远些，从大局出发，从革命的根本利益出发。从那时起，她就深深感到，能够在毛泽东的身边工作，可以学到很多的东西，对提高自己的工作能力很有帮助。这次在塘边，她的这种愿望更加强烈了。

这时，在塘边，发生了一件意外的事情。

有一天，一支外县的地主保安队突然向塘边村袭来。四五十名全副武装的敌人，以密集的枪弹向守在要道上的塘边暴动队发起进攻。塘边地处在遂川、莲花和永新三县的交界。虽然永新的大部分地区已经解放，但塘

①《永新调查》，贺子珍曾经看过。几十年后，她还记忆犹新地说："里面主要谈了经济方面的情况和问题，有关于土地革命方面的情况，也有对工商业政策的意见。当时，有的人实行过左的政策，对工商业者的财产，采取没收的政策。毛泽东实地作了调查后，纠正了这个错误。《永新调查》是毛泽东在宁冈写的，写好以后曾经油印出来，发到井冈山各个团。"

边附近几个县仍是敌人的天下。从塘边逃出去的地主向附近的保安队报告说，共产党有个中央委员毛泽东在这里活动，蒋介石正以五万大洋作悬赏，捉拿毛泽东呢！保安队这些家伙贪财心切，立即纠集起来向塘边发起突然袭击。

正在堂屋同毛泽东分析调查材料的贺子珍，听到枪声和暴动队员的报告，不禁大吃一惊。她知道，塘边附近有一个连红军，还有毛泽东的一个警卫班。但是，因为事前没有料到会发生意外，队伍全部分散到各个庄子去做群众工作，一时无法集中。暴动队员大部分没有枪，只有梭镖，光靠他们能不能顶住保安队的火力，实在是个问题，万一顶不住，毛泽东的安全就没有保障了。要是毛泽东出了什么事……贺子珍越想越紧张，脑子全乱了。

她抬眼看看毛泽东，他却非常沉着冷静，仍然慢条斯理地抽他的烟，稳稳地坐在那里，似乎什么事情都没有发生。事实上，毛泽东正在分析眼前的局势。贺子珍想到的，他都想到了。他觉得，来者是敌人的先头部队还是一小股保安队，尚未搞清楚，这一仗如果冒险去打，有可能陷入被动，危及塘边人民的安全。于是他果断地作出决定："通知村里群众，马上撤出村子！"

塘边村地处群山之中，走出村落就是山，村里的干部和群众很快都撤到山上。毛泽东同贺子珍，还有老婆婆一家，一起上了山。他们隐蔽在密林深处，注视着敌人的动向。

敌人进村后，找不到人，知道这里的百姓已经有了准备。他们人数不多，怕中了红军的埋伏，不敢久留，在村子里抢掠一阵子就走掉了。

一小队民团，小小的一次骚扰，在炮火纷飞的年代，同多少重大的战役相比，是小事一桩，根本不值一书。但是，它在贺子珍的生活中，却是一次关键性的、有决定意义的事件。她亲眼看到毛泽东在危急的时刻，是怎样镇定自若，沉着应付。这种冷静、自信和力量，正是她所缺少的。同毛泽东的接触中，贺子珍常常拿自己同毛泽东相比，每次相比，都感到自己年轻幼稚，同时感到在毛泽东的身上，不仅有丰富的斗争经验，而且有无穷的力量。毛泽东这种优异的、革命者的素质，强烈地吸引着她。每当她来到他的身边，就感到增添了勇气和力量；有他的帮助和指点，自己也变得聪明和成熟多了。毛泽东对她的帮助是十分热心和真诚的。大到政策、思想、方针，小到工作作风、工作方法，都耐心地作指导。有一次，贺子珍出去做群众工作，到了吃饭的时间，群众要留她吃饭。她想起红军的纪律，婉言谢绝了，饿着肚子把事情办完，回到军部才吃饭。毛泽东知道后，夸奖她说："你做得对，老百姓生活很苦，他们留你吃饭，肯定要给你做点好的，这样就增加他们的负担了。"自从毛泽东上了井冈山，贺子珍就把他当做自己的好老师了，遇到有什么事情想不通，或者不知道应该怎样处理，总喜欢去征求他的意见，请他帮助出出主意。在地主武装袭击塘边之前，她对毛泽东更多的是同志的敬爱之情，但是在塘边遇到这次意外事件，他们一起商量对付敌人的办法，一起上山隐蔽以后，她的感情起了微妙的变化，产生了一个念头："要是能够永远在他的身边工作，经常得到他的帮助和指点，该有多好！"

毛泽东从她的神态和表情中，懂得了她的心思，仿佛看到了这个年轻、质朴的姑娘那颗火热的心。

有一天，贺子珍外出工作回来，和往常一样轻手轻脚地走进毛泽东的房间。她见毛泽东正在伏案写着什么，便一声不响地倚在门框上，深情地注视着。也不知过了多久，毛泽东停笔沉思，一抬头，正遇上那双炽热的眼睛。两个人的目光仿佛撞击出晶亮的火花，贺子珍赶紧把目光移到了自己的脚尖上，不自然地揉搓着土布上衣的衣角。

毛泽东搬过一把竹椅，让贺子珍坐下，沉默了一会儿，温存地对贺子珍说："你是个好同志，好姑娘，我很喜欢你。"接着，他动情地讲述了他的经历和身世。

贺子珍从毛泽东的谈话中，知道了他追求革命、献身革命的经过：他已经34岁了，结过婚，妻子和3个孩子都留在湖南老家了。讲到这里，他神色黯然地说，我同家人已经久不通信了，也不知道他们现在是死是活。湖南的反动派抓到共产党就杀，他听到妻子杨开慧的多种传言，有的说她被国民党抓去了，也有的说她已经不在人世了，不知是真是假。

听到毛泽东这些坦诚之言，贺子珍被深深地感动了。毛泽东为了革命，抛妻别子，孑然一身。他身上的担子那么重，工作那么忙，自己的生活无暇料理，是多么困难啊！她看看毛泽东那身好久没洗过的旧军装，在敬佩、同情的目光中，又加上了更多的怜爱之情。那天，他们谈了很久，谈得那样投机。两颗赤诚的心已不知不觉地融会在一起了。两天后，贺子珍到毛泽东住处帮他整理文件，忙了一整天，晚上，贺子珍没有走。第二天，毛泽东告诉同志们："我和子珍同志已经相爱了！"毛泽东和贺子珍结合了。没有举行什么仪式，在那艰苦的岁月，只能一切从简。后来，热心的袁文才做了几个菜，大家热闹了一下。

毛泽东写作、批文皆用毛笔，"文房四宝"不离身。贺子珍特意为他拆了一整幅土布，在油灯下一针一线缝制了一个长方形的大挎包：内有8

层，外面还有几个口袋，能装笔、墨、纸张、砚、报、随身衣物和巾、缸、漱具等。

他们继续在塘边工作。塘边的山间、田野、农家小屋，处处留下他们双双的脚印。早稻熟了，田野一片金黄。这是塘边人民分得土地后的第一个收成，乡亲们喜气洋洋。在开镰前夕，毛泽东向红军战士发出支援夏收的号令。红军从干部到战士，每天清早 4 点就下田，一直割到晚上七八点钟。

贺子珍、毛泽东也参加了割稻子的劳动。她是城里人，从来没有干过农活，毛泽东却是作田的好把式，割起稻子来干净利落，连种田的里手也不由得点头称赞。毛泽东看到贺子珍不会割，就笑着走过来，教她怎样握镰，怎样割稻。毛泽东的兴致很高，提议大家进行比赛，看谁割得快。贺子珍初学，明知不是大家的对手，也积极参加了。比赛结果，贺子珍落在大伙后面，可她并不气馁，坚持把分给自己的地垄割完。①

在塘边村工作的那些日子里，贺子珍和毛泽东每天都要抽出一些时间帮助房东老婆婆做家务活。老婆婆的媳妇要下田劳动，带孙子、做饭的事把老婆婆忙得不可开交。毛泽东每天早上起来，总要为老婆婆挑满缸里的水，然后帮她打扫院子。贺子珍便帮助老婆婆抱孙子，或去烧火做饭。他们相处得像一家人。

1927 年，许克祥在长沙发动马日事变时，湖南各地土豪劣绅纷纷反攻倒算，衡阳也在白色恐怖中。毛泽建在钟家花园、罗家坪、白露坳一带发动群众，组织了几千农民自卫军，向前来奔袭的一连国民党反动军队进行伏击，反动派仓皇撤回衡阳县城。

接着，衡阳农民成立了衡北游击师，使用大刀、梭镖、鸟铳、土炮，不断打击当地的反动武装挨户团，处决了一批反革命分子。

1927 年 10 月底，毛泽建和陈芬按照中共湘南特委的指示，到衡阳城郊主持召开了县临时党的代表会议，改组和重建中共衡山县委，由陈芬任县委书记兼军委书记，毛泽建任县委妇女运动委员并兼管县委通信联络等机要工作。

1928 年 3 月，毛泽建参加领导在南岳举行的一次武装暴动。她率领衡

①直到今天，塘边村的老人们忘不了当年毛委员同贺子珍在这里从事革命活动的情景。他们会指着泉水窝上一口清澈照人的泉水井告诉你：这是毛委员看到这里杂草丛生，泉水浑浊，便带着红军战士挖成这口井，让乡亲们喝到清甜的泉水。挖井的时候，贺子珍参加了劳动。他们还会指点着村后那条石基路，对你说，毛委员住在塘边的时候，看到这里没有道路，每天耕牛回村，常到庄稼地里乱踩，于是建议军民一起动手修了这条路，修路的时候，贺子珍满头大汗地挑过石头……

阳、湘潭、衡山交界地区的游击队，穿过崇山峡谷，向南岳镇进军，摧毁了南岳团防局的反动武装。尔后，迅速往南大庙后山撤退，隐入群山密林之中。

后中共湘南特委遭到敌人破坏，衡山县委同上级失去联系。毛泽建和陈芬来到耒阳县，参加了朱德、陈毅、毛泽覃湘南暴动队伍。随后，毛泽建参加耒阳县苏维埃政权的建设工作。

朱德、陈毅率领湘南起义部队上井冈山与毛泽东会师后，根据需要毛泽建仍留在耒阳。她和陈芬组织一支游击队，并担任队长。他们白天化整为零，分散活动，侦察敌情，晚上集中兵力打击敌人，曾先后捕捉和惩处了耒阳民团的一部分反动头子。还掩护一部分红军伤员和农民自卫军家属安全撤退。

1928年初夏，毛泽建和陈芬领导的游击队在夏塘铺战斗中，陷入重围，寡不敌众，两人都身负重伤，先后被捕。不久，年仅25岁的陈芬在耒阳敖山庙惯武桥上英勇就义。灭绝人性的国民党反动派把他的头割下来挂在耒阳城头“示众”。

井冈山根据地派部队袭击了耒阳县团防局和夏塘挨户团，把毛泽建和陈芬的姐姐陈淑元营救出狱。敌人组织兵力反扑追击。毛泽建身负重伤又怀有身孕，主动要求留下，隐蔽在农民家中，不久生下一男孩，取名艰生。

敌人在搜山时，听到孩子的哭声，毛泽建和陈淑元再次被捕，孩子也一同入狱。后陈淑元被保释出狱，带出孩子，由于没有奶吃，几个月后，孩子夭亡。

6月，毛泽建被押解到耒阳县城。8月，国民党衡山县政府以毛泽建“系毛泽东之妹，马日前后，在衡山县负该党重要职责”为由，把毛泽建押解到衡山县女监狱。

1928年8月20日，毛泽建被国民党反动派枪杀在衡山县城南门外。敌人张贴布告，不准收尸。但当晚几个码头工人，就冒着生命危险，把烈士的遗体抢回，葬在湖江云畔的西溪桥头。半年后，又迁葬在金紫峰麓的雷打石上，并刻有石碑，上面写道：“民国十八年刊，毛达湘女士墓，原籍湘潭人氏。”

当井冈山根据地达到全盛时，湖南省委（1928年中央重建湖南省委廖保庭为书记）领导人派杜修经、杨开明带了一封指示信来到井冈山。信中说：湖南敌人已经“恐慌极点”，要求红四军“占永新县，立即向湖南发展”，认为“只有采取这样积极发展政策，才能解决一切军事的、财政的、政治的困难”。为领导这一运动，省委决定，成立前敌委员会，由毛泽东任书记，并随军出发。

毛泽东建议召开红四军军委、湘赣边界特委和永新县委联席会议讨论省委的指示。会上，绝大多数人认为分兵冒进是危险的。会议决定不执行省委的决定，继续坚持井冈山的工农武装割据。会后，毛泽东起草了给省委的报告，汇报了井冈山的情况，说明了不能分兵的理由，建议省委重新讨论，做出切实符合井冈山实际情况的决定。杜修经在联席会上同意了大家的意见，会后，他作为省委特派员随朱德、陈毅率领二十八、二十九两团在酃县、茶陵一带活动。

二十九团官兵绝大部分是湘南起义的农民，他们有浓厚的家乡观念。部队开到酃县后，他们看到离家乡近了，思乡心切，要求回家割稻子。于是，这个团的士兵委员会越权下令：打回湘南去！随队行动的杜修经附和并导致了这种错误行动。红四军军委委员朱德、陈毅、王尔琢等极力阻止无效。于是，7 月 17 日，二十八团随二十九团从酃县沔都向湘南方向进军，攻打郴县。

毛泽东正率领三十一团同进犯永新的敌人周旋。红军配合赤卫队、暴动队四处袭扰敌人，使 11 个团的敌人疑虑重重，畏首畏尾，徘徊观望达 25 天之久，当敌人得知红军大队已远走湘南时，方敢大举进犯。毛泽东在九陂召开连以上干部会，商讨对付敌人进攻的办法。会议开到半途，一位老表带了二十九团的炊事担子返回井冈山。毛泽东向他询问红军大队的情况，方知在郴县作战失利，二十八团去向不明，二十九团已被打散。会议立即决定：毛泽东率三十一团三营南下，去接二十八团回井冈山；朱云卿、何挺颖率三十一团一营和三十二团守山。

8 月 18 日，二十八团攻克桂东县城。不久，毛泽东率三十一团三营来到桂东同二十八团会合，在返回井冈山的途中，二十八团二营营长袁崇全叛变，军参谋长王尔琢①带部队连夜追赶，结果被叛徒击中牺牲。王尔琢牺牲的第二天，全军召开了追悼会，毛泽东写了一副挽联：一哭尔琢，二哭尔琢，尔琢今已矣！留却重任谁承受？生为阶级，死为阶级，阶级后如何？得到胜利方始休！朱德、毛泽东整理了队伍，于9 月 13 日击败刘士毅部，缴枪数百，占领遂川。9 月 26 日，返回井冈山。

留守井冈山的部队在朱云卿、何挺颖的率领下，利用井冈山的有利地形，使用竹钉、竹篱、滚木、礌石，以及刚修好的一门迫击炮和 3 发炮弹

①王尔琢，湖南石门人，曾肄业于湖南甲种工业学校，是黄埔军校一期生。

（只有一发打响），在黄洋界[1]击退了湘军吴尚部队两个团的进攻，粉碎了敌人对井冈山的第二次“会剿”。

10月14日，100多位代表在茅坪步云山召开湘赣边界党的第二次代表大会。代表们听取了毛泽东的报告并通过了由毛泽东起草的决议。[2] 指出：武装斗争、土地革命和根据地建设三者是不可分割的整体。

11月13日，79位代表在宁冈新城召开红四军第六次党代表大会，大会传达了刚刚收到的中央6月来信。这封信已经纠正了第一次“左”倾盲动主义错误，得到了大家的拥护。大会指出：“……建立布尔什维克党，领导群众扩大民权运动，深入红军所在区域的土地革命，向四周发展，以促进统治阶级的分崩离析，这是党在红四军的任务。”

会议决定，将连上支部干事会改为连支部委员会，重申：“连支委为红军党的工作核心，党代表为此工作核心之负责者。”进一步健全了“支部建在连上”的制度和党代表制。

会议决定，修筑工事、囤积粮草，准备战胜敌人的第三次“会剿”。

十一　彭德怀、“六大”决议

这时，已是深秋。随着天气越来越冷，井冈山的生活越来越艰苦了，朱毛会师后不久，毛泽东就提出军队不发饷的问题。起初，红四军四处打游击，还能筹到一些款，给官兵发一点零花钱。到后来，井冈山周围的土豪劣绅打光了，零用钱由每月1块到4角、2角……越来越少，最后只剩下5分钱的伙食费，连这也难以为继。红米南瓜也不能天天保证，大家只好以野菜充饥。更困难的是，由于敌人严密封锁，食盐简直比金子还要贵重。不仅长期淡食使得战士们四肢无力，而且医院内洗伤口的食盐水也难以供应。眼看严冬将近，战士们的冬衣还没有解决，他们的夏衣破了，没有布补，便剪下裤腿、袖管作补丁，久而久之，军服都成了短衣短裤，且破烂不堪。战士们白天晒太阳，晚上钻稻草堆，最难过的是冬雨连绵的日子，真是寒冷彻骨，令人坐立不宁。

---

①毛泽东听到黄洋界保卫战的捷报，写了《西江月·井冈山》：山下旌旗在望，山头鼓角相闻。敌军围困万千重，我自岿然不动。　早已森严壁垒，更加众志成城。黄泽界上炮声隆，报道敌军宵遁。

②这一决议的头一部分收入《毛泽东选集》中《中国的红色政权为什么能够存在?》，回答了一些人怀疑“红旗能打多久”的问题。

红军战士们自己动手打草鞋、熬硝制盐、上山采集中药、染布制作军装。毛泽东的生活也和战士们一样，他酷爱吃辣椒，贺子珍有时从老乡那里买到一点辣椒，就算是奢侈品了。入冬以后，袁文才见毛泽东和贺子珍夫妇衣衫单薄，便让妻子设法给他们各做了一套棉衣。毛泽东不肯穿，推辞说："战士们许多人没有穿上棉衣，我怎么好穿呢？"袁文才硬把棉衣留下了。第二天，毛泽东在山上散步，看到有个老年人冷得难熬，就把棉衣送给了这位老人。一天，毛泽东来到宿营地，看见战士们忍饥受冻，心中十分难过。他发现有个战士没有被褥，铺盖的都是稻草，立刻让贺子珍把他们的被褥拿来送给了这位战士。这样，在他们夫妻的床上，没有被子，没有褥子，盖的只有一条缴获来的旧毛毯。入夜，毛泽东仍然坐在冰冷的桌子前办公，他双手冻得发僵，笔都拿不住，不得不停下笔来搓一搓手，呵气取暖。那位接受了毛泽东棉衣的老人，给他们夫妇送来一篓木炭，贺子珍把炭盆生着，放在毛泽东脚旁，又把惟一的灰毛毯披在他身上。

山下不时有好消息传来，11 月，湘军阎仲儒部和赣军向成杰部各有官兵起义，他们分别被编为特务营（营长毕占云）和独立营（营长张渭）。12 月上旬，又一个大喜讯传到井冈山——同年 7 月，平江起义后成立的红五军共 800 多人，在军长彭德怀和党代表滕代远率领下，来到井冈山。

彭德怀，幼时叫彭得华，湖南湘潭人，生于 1898 年。少时家庭贫苦，受尽苦难，1916 年 3 月入湘当兵，1921 年 8 月任代连长时，曾为民除掉恶霸欧盛钦，1926 年 5 月，国民革命军开入湖南时任营长，1927 年当团长（唐生智部周盘率领的独立第五师第一团）。1928 年 4 月，他经段德昌介绍秘密加入中国共产党（当时段德昌的公开身份是师政治部秘书）。4 月，彭德怀所在的独立五师突然奉命开往平江"剿共"，此时，中共湖南省委派滕代远去彭德怀处，于 7 月 22 日下午 1 时在午睡时举行起义，成立了工农红军第五军第十三师。彭德怀为红五军军长兼十三师师长、邓萍为参谋长，下辖一、四、七三个团，团长雷振辉、陈鹏飞、黄纯一。并将过去的地下共产党组织团党委改为红五军军委，从军到连实行共产党代表制（团以上建立政治部），滕代远为红五军党代表兼军委书记，李灿为一团党代表，黄公略（湖南湘乡人，1898 年生，与彭德怀在一起当兵，他们交往甚密，后入黄埔军校高级班学习，在学校加入中国共产党）为四团党代表，贺国中为七团党代表。

平江起义后，红五军遂在平江、浏阳、修水、武宁、通山、铜鼓、万载等县发动群众，武装群众，打土豪分田地，各县均成立了工农会和赤卫队。1928 年 10 月间，召开了各县及红军党的代表大会，成立了湘鄂赣边区特委会，滕代远、彭德怀、李宗日、邱训民、王首道 5 人为常委，滕代远任书记，接着将五军主力与平江、浏阳的几个游击队合编为 5 个纵队：军长彭德怀，党代表滕代远，第一纵队长孔荷宠，第二纵队长黄公略，第三纵队长吴溉之，第四纵队长贺国中，第五纵队长李灿。

1928 年 11 月，湖南省委指示红五军向井冈山进发与红四军会合，并决定留一、二、三纵队在黄公略领导下，坚持开展湘鄂赣边区的游击战争。彭德怀、滕代远、邓萍、张纯清等率四、五纵队经万载、宣风、莲花向井冈山活动。

1928 年 12 月底，毛泽东获悉彭德怀、滕代远率领平江起义后建立的红五军主力即将来井冈山，同朱德决定派何长工率军部特务营和独立营前往莲花县迎接。12 月 10 日，彭德怀、滕代远率红五军四、五纵队和军部直属队七八百人到达宁冈砻市、新城与新四军会合。毛泽东在新城主持召开中共红四军前委、边区特委、红四军和红五军军委联席会议，讨论粉碎敌人即将对井冈山根据地的第三次“会剿”问题。会议决定：红四军出发打游击，在外线作战，红五军防守井冈山，借以休息和训练。为了统一指挥，红五军编为红四军第三十团，彭德怀任红四军副军长兼第三十团团长，滕代远任红四军副党代表兼第三十团党代表。

1928 年 12 月 11 日——广州起义一周年那天，红四、五两军在宁冈新城召开了联欢会。台子两边贴着陈毅为大会写的对联：“在新城，迎新人，演新戏，打倒新军阀；辞旧岁，逢旧友，叙旧情，推翻旧世界。”这天还出了一个笑话：因搭的台子不稳固，人一上去讲话，就垮了下来，有人说不吉利，朱德军长讲：“不要紧，垮了台，搭起来再干嘛?!”又搭起台来重新开会。在会上，朱、毛、彭相继讲了话。

1929 年 1 月 4 ~ 7 日，在井冈山下的柏路村召开井冈山前委、四军、五军军委和湘赣边界特委联席会议。会议传达了刚刚收到的中国共产党第六次代表大会决议——“六大”文件是用牛奶写在《红楼梦》、《西厢记》等书里的字里行间，由中央军委同志经过秘密交通于 12 月辗转送到井冈山。

中国共产党第六次代表大会是 1928 年 6 月 18 日 ~7 月 11 日在苏联首都莫斯科近郊的兹维尼果德镇附近的一座乡间别墅——塞列布若耶召开。出席大会的有瞿秋白、张国焘、周恩来、向忠发、蔡和森、恽代英、李立三、刘伯承等正式代表 84 人，候补代表 34 人，代表中国共产党员 4 万多人。共产国际书记处书记布哈林和共产国际东方部副部长米夫①参加了会议。

这次会议的召开，是共产国际3月底来电通知的，中共代表4月开始动身。代表中工人成分很高，但经过大革命锻炼的人不多，没有把当时有革命经验的干部集中起来参加“六大”，在“六大”作报告等实际工作的是布哈林和米夫等人。会上张国焘和瞿秋白两人争论不休，布哈林作报告时大骂张国焘和瞿秋白，说他们是大知识分子，要让工人干部来领导他们。这话在当时和以后的影响都非常不好。布哈林对中国苏维埃、红军运动等估计是悲观的，他认为只能分散存在，如果集中则会妨碍老百姓的利益，会把他们最后一只老母鸡吃掉，老百姓是不会满意的。他要高级干部离开红军，比方说，要调朱德、毛泽东离开红军去学习。②

“六大”决议由瞿秋白起草，布哈林、米夫都参与了修改。

在选举中，米夫散布了一些对中国党负责人轻视、不相信的话，他说：中国党负责人理论上很弱，现在有些较强的同志如王明、沈泽民等可以提拔他们到中央。他对向忠发极力地吹捧，利用向忠发放炮。在选举中，有多选工人为中央委员的倾向（36个中央委员中，21人是工人）。刘少奇只被选为审查委员会委员，没有当选为中央委员，恽代英也没有被选上（到二中全会才被补上）。但毛泽东和关向应得票最多，张国焘和瞿秋白票数最少。1928年7月19日，中共六届一中全会在克里姆林宫举行，斯大林亲临会场，并作了重要讲话。选出的政治局委员有苏兆征、向忠发、周恩来、张国焘、瞿秋白、蔡和森、项英等，关向应、李立三、罗登贤、彭湃、杨殷、卢福坦、徐锡根等为政治局候补委员，政治局常委由向忠发、周恩来、苏兆征、项英、蔡和森5人组成，总书记为向忠发，组织部长（兼军委书记）周恩来，宣传部长、秘书长李立三。③

大会听取了布哈林、瞿秋白、周恩来、李立三、向忠发作的《中国革命与中共任务》、《中国革命与中国共产党》、组织问题、军事问题、农民

---

①巴维尔·亚历山大罗维奇·米夫，1901年8月3日生，1927年夏任莫斯科中山大学第二任校长（原任副校长），时年26岁。他以坚决贯彻共产国际决议和扶植王明教条宗派而得到联共、中共和共产国际的信任。1928年3月，米夫担任了共产国际东方部副部长。1929年春，他辞去了中山大学校长的职务，致力于负责共产国际东方部的工作。

②代表团回国后，指示朱德、毛泽东离开红军，朱、毛不同意。蒋桂战争后，中央觉得红军有可能再发展，就没有再坚持。

③“六大”开完会后，周恩来继续在莫斯科留了3个多月；苏兆征于1929年2月回国，当月病逝；蔡和森很快被撤销了政治局委员和常委的职务；李立三最初是中央政治局候补委员和候补常委，于11月20日被补为政治局委员和常委。

与土地问题、职工运动等报告，并通过了相应的决议和文件。

大会主要解决了4个问题：①指出中国的社会性质仍然是半殖民地半封建社会；中国革命现阶段的性质是资产阶级民主革命；制定了党在民主革命中的十大政治纲领。[①] ②指出当时的政治形势是处于两个高潮之间的低潮，党的总任务不是进攻，而是争取群众，团结聚集革命力量，准备武装起义。③总结了大革命以来的经验教训，既批判了陈独秀的右倾投降主义，也批判了"左"倾盲动主义和命令主义。④规定了党的建设、工人运动、农民运动、红军和革命根据地建设等项政策。

瞿秋白、张国焘、蔡和森是中共驻共产国际代表团成员，会后仍驻莫斯科。

由于交通不便等问题，"六大"代表从4月开始陆续出国，到9月新的党中央负责人回来，历时4个多月。在此期间，李维汉、任弼时以及中央秘书长邓小平奉命留守国内负责中央日常工作。此时，一方面由于朱、毛会合发展了武装割据的大好形势，使井冈山根据地影响逐步扩大；另一方面由于全党不断地纠正了"左"倾盲动主义错误，中央对井冈山的看法，由指责、不满、批评到肯定、赞扬、重视，并在一定程度上加强了指导。标志是1928年6月4日，中央（留守）给井冈山党组织的一封指示信，即《中央对前敌的指示信——关于目前形势及今后的任务与工作》，附有《没收土地建立苏维埃》、《国际二月决议》、[②]《军事工作》、《组织问题》4个文件。由于交通闭塞联络困难，此信经过江西省委、吉安县委中转，于1928年11月2日才到井冈山，而4个附件中的后面两件还翻不出来。由于是中央发来的指示信，井冈山党组织接信后非常重视，发至军中及地方各级党部。11月6日，还由湘赣边界特委召集特委委员、军中及地方党的活动分子共30余人开会，讨论中央来信。这封来信，篇幅较长，共1.1万字，内容丰富，对井冈山的斗争作了详细而明确的指示。

收到中央指示信前，湘赣边界已开展了轰轰烈烈的土地斗争，并根据近一年的土地斗争情况，在10月14日召开的边界党的"二大"上，制定了土地大纲——《井冈山土地法》，这是第二次国内革命战争时期根据地形成的第一个土地大纲。无疑，它不仅为土地革命路线、政策的形成做出

---

①十大政治纲领是：①推翻帝国主义的统治；②没收外国资本的企业和银行；③统一中国，承认民族自决权；④推翻军阀国民党的政府；⑤建立工农兵代表会议（苏维埃）政府；⑥实行8小时工作制；⑦没收地主阶级的一切土地，耕地归还农民；⑧改善士兵生活，给士兵以土地和工作；⑨取消一切苛捐杂税；⑩联合世界无产阶级和苏联。

②1928年2月，共产国际执行委员会第九次扩大会议做出的关于中国问题的决议案，批评了瞿秋白的"左"倾错误。

了贡献，而且，为日后进一步开展土地斗争，提供了许多有益的经验。但由于没有先例、分配土地时间短，又受到“左”倾思想的影响，出现了一些偏差，如提出，没收一切土地、土地没收后归政府所有、禁止土地买卖等。中央指示信中要“彻底没收地主阶级的土地由乡苏维埃重新分配”，这是土地斗争的原则。还规定了一些具体策略，如红军士兵和官长都得分配土地，在服役时由苏维埃替他耕种；对自耕农的土地要特别慎重；在一切斗争中间充分增进工人的领导力量，以防止农民小资产阶级的意识影响发展；在红色区域内，在某种限制之下，必须保护小商人的贸易，维护城市与乡村及各区各县之间的经济和必需品的流通等。

指示信中要求新成立前敌委员会，① 并指示前敌委员会由“毛泽东、朱德、一工人同志、一农民同志及前委所在地党部书记 5 人组成，而以毛泽东为书记”，要在“前委之下组织军事委员会（同时即是最高苏维埃的军事委员会），以朱德为书记；此外，还需组织一职工运动委员会，以前委之一工人同志为书记；军委及工委的名单由前委决定”。所有管辖区域内的工作“完全受前委指挥”、“前委在江西境内受江西省委指导，在湖南境内时受湖南省委指导，同时与两个省委发生密切联系”。

根据指示信精神，边界党于 11 月 6 日在茨坪湘赣边界办公地由毛泽东主持召开了边界特委会议，重新组织前敌委员会，由毛泽东、朱德、地方党部书记谭震林、工人代表宋乔生、农民代表毛科文 5 人组成，毛泽东为书记。下设秘书处、宣传科、组织科、职工运动委员会、军事委员会。前委归中央直辖，在特委之上，管理军中党及所在地之地方党的工作。

中央（留守）建议，边界党组织“找一个机会在军队中做改造和整顿工作”，因为红四军一年来转战千里，几乎天天行军打仗，未能得到一个休整的机会，军队中变化很大：下级干部死伤太多，往往昨日从敌军俘虏过来，今日即要他当排长，甚至连长，1928 年 2 月的俘虏兵，已有当营长的，这些干部没有经过红军很好的政治、军事训练，素质很差；红四军的骨干叶贺旧部、警卫团和平浏农民，经过一年多的战斗，只剩下 1/3；打仗单凭勇敢，军事素质太差等。

11 月 14 日，红四军召开党的第六次代表大会上，决定利用敌人第二次“会剿”和第三次“会剿”的间隙，在全军展开冬季整训：进行政治思

①1927 年 8 月 30 日成立的以毛泽东为书记的湘赣边界前敌委员会，实际上担负着边界党的最高领导机关的责任。1928 年 3 月，井冈山前敌委员会因湘南特委的要求被取消，改组为师委，何挺颖为书记，变成了单管军队中党的机关，对地方党无权过问。此后，虽然成立了边界特委、红四军军委以及行动委员会等，但因不是边界党的统一领导机构，难以统揽边界整个工作。

想教育；加强党组织的整顿，将红军中的各级党组织转入秘密状态；整编部队，朱云卿任红四军参谋长、林彪任第二十八团团长、伍中豪任三十一团团长，并在军队中健全了侦察队、卫生队、担架队、辎重队、军需处等各种组织；开展军事训练，按照苏联红军训练方法，利用地形、地物练习射击、隐蔽等战术动作，有时还背石头，练习跑步、爬山、抢占山头，训练行军速度，同时也练习队列、紧急集合等。在整训中还很好地改造了毕占云、张渭部，两人在边界党的关怀下，在毛泽东、朱德、陈毅的直接帮助和指导下，很快克服了在国民党军队中的旧习气，甩掉烟枪，逐步成长为人民的子弟兵，为革命作出了重大贡献。

传达“六大”文件中，山下传来蒋介石发动第三次“会剿”的消息——1928 年 12 月，蒋介石任命何键为湖南省“剿匪”军总司令（驻萍乡），任命金汉鼎为江西省“剿匪”军总司令。他们调集了湘赣两省 8 个旅共 3 万人员，兵分 6 路，向井冈山进攻。

面对这一严重局势，毛泽东在传达“六大”文件之后，立即主持会议研究粉碎敌人“会剿”问题。会议认为，红五军上山以后，红军力量虽然壮大了，可粮食紧张的问题突出了，尽管秋收以后部队曾组织背粮上山，但如果将全部人马都留在山上，粮食问题仍解决不了。时至隆冬，红四军还是草鞋单衣，冬服没有解决，且无盐吃，离开井冈山打土豪才能解决问题。毛泽东经过反复分析比较，提出了到国民党统治薄弱的赣南闽西去。由于伤残人员不能带走，势必派人留守。会议决定分兵——由彭德怀、滕代远、王佐率红五军（编为红四军三十团）和三十二团守山，彭德怀任红四军副军长兼三十团团长，滕代远任红四军副党代表兼三十团党代表；毛泽东、朱德、陈毅、袁文才等率二十八团、三十一团和独立营、特务营红四军主力 3600 人，于 1929 年 1 月 14 日从井冈山茨坪等处出发，突围下山。

第三章主要参考书目

《毛主席在井冈山的故事》，中共江西省宁冈县委宣传部编写，中国少年儿童出版社，1978 年 4 月第 1 版。

《叶挺将军》，王春江，中国青年出版社，1985 年 8 月版。

《贺子珍的路》，王行娟，作家出版社，1985 年 12 月版。

《从两把菜刀到南昌起义》，朱泽云，解放军出版社，1988 年 3 月版。

《南昌起义》、《秋收起义》，中国人民政治协商会议全国委员会文史资料研究委员会编，中国文史出版社，《文史资料选辑》第 56 集。

《朱德同志从民主主义者到共产主义者的光辉战斗历程》，姜平，载《学术月刊》，1979 年第 7 期。

《关于南昌起义若干史实的补充校正》，李元勋、凌家传、刘长年、高明启，载《江西大学学报》，1979 年第 3 期。

《伟大的井冈山会师》，傅尚文，载《历史教学》，1979 年第 4 期。

《朱德同志在云南》，吴宝章，载《昆明师院学报》，1981 年第 1 期。

《秋收起义部队序列表》，志军，载《争鸣》，1981 年第 3 期。

《扭转危局的“八七”会议》，王志新，载《中国青年》，1981 年第 11 ~ 12 期。

《浅述我党决定南昌起义的经过》，张英南，载《争鸣》，1984 年第 4 期。

《秋收起义后的转兵问题》，贺春禧，载《江汉论坛》，1984 年第 8 期。

《大革命时期朱德对杨森的工作》，王志平，载《南充师院学报》（哲社版），1986 年第 4 期。

《朱德在南昌起义前后作出的贡献》，刘学民，载《瞭望》，1986 年第 48 期。

《对“八一”南昌起义和井冈山根据地几个争议问题的看法》，夏道汉，载《求实》（南昌），1987 年第 1 期。

《南昌起义前后的朱德》，刘学民，载《文汇报》，1987 年 7 月 26 日第 3 版。

《朱德不是被朱培德“礼送”出境的》，凌家传，载《江西党史研究》，1988 年第 2 期。

《略述“六大”期间中共中央（留守）对井冈山斗争的指导》，周声柱，载《江西大学学报》（哲社版），1988 年第 3 期。

《“六大”以后两年间中共中央的历史作用》，金冲及，载《党史研究》，1988 年第 3 期。

《南昌起义、秋收起义、广州起义为何打出不同的旗帜?》，胡松，载《江西大学学报》，1988 年第 3 期。

《对“八七”会议有关史实的考辨》，柳建军、郑雅茹，载《党史研究与教学》（福州），1988 年第 5 期。

《柏露会议的反思》，朱峰，载《四川师范大学学报》（社科版），1988 年第 5 期。

《论毛泽东的“上山”思想》，唐振南，载《求索》，1988 年第 6 期。

《丰碑永垂，光辉千秋——纪念平江起义 60 周年》，方强，载《人民日报》，1988 年 7 月 14 日第 5 版。

《一生一死，爱憎分明——毛泽东对两起人命案的处理》，蒲得生，载《老同志之友》（丹东），1989 年 2 月 22 日。

《袁文才与井冈山革命根据地的创建》，刘晓农，载《中共党史研究》，1989 年第 6 期。

《“八七”会议新探——王盛荣访问录》，载《党史博采》，1989 年第 9 期。

《孙中山与朱德的一次会见》，载《党史博采》，1989 年第 10 期。

《“朱毛会师”应在何时?》，陈士榘，载《文汇报》（原载《军事史林》），1991 年 6 月 5 日第 8 版。

《浏阳遇险》，谢觉哉，载《秋收起义和我军初创时期》（解放军文艺出版社）。

第四章

·瑞　金

MAOZEDONG

第四章　瑞　金

一　赣南、闽西

要离开生活一年多的井冈山，贺子珍有些依依难舍，这里印满了她战斗的足迹，记录了她人生的重要历程。细心的毛泽东觉察到她的心情，一面帮她整理文件、行装，一面满怀深情地说："我和你一样，永远忘不了在井冈山的这段生活。我相信，井冈山的红旗是不会倒的，井冈山的旗帜表现了共产党的力量，它在全国、全世界都有重要意义。"

红四军官兵在茨坪、小行洲集结，怀着对井冈山无限眷恋的心情，踏上了征程。这是一次异常艰苦的行军，他们一下山，就碰上一场大雪，赣南一带是山区，一座山连着一座山，山顶上盖着一层厚厚的积雪。雪花夹着雨水，落到身上很快就融化了，浑身上下全是湿漉漉的。队伍过得多了，道路变得非常泥泞，许多战士穿着单薄的衣衫，有的连鞋子也没有，穿着草鞋，许多同志的脚被冻裂，渗出的血水把雪都染红了。

吃的更困难，下山之前，为给留守的红五军多留些吃的，把收集到的粮食大部分都留下了，下山的同志只带了很少一点干粮，很快就吃完了。原来，前委认为，部队下山后，很快就能补充到给养，没有料到赣南山区这样偏僻，有时队伍走了两三天，也找不到一个村子。而且这一带的群众，对红军不了解，队伍没进村，老百姓早跑光了。买不到粮食，部队有时一天也吃不到东西。找不到向导，住宿和侦察都很困难。

红军下山后，经遂川、大汾、左安，沿着湘赣的山路直插上犹的营前、杰坝进入崇义县。由崇义经铅厂，1 月 23 日，攻下大余县。大余在江西省同广东省交界的地方，比较富裕，街道整齐，铺子很多，部队决定在这里筹粮筹款。筹粮筹款工作正在顺利进行时，第二天傍晚，国民党李文彬部包围了红军。

原来是国民党"会剿"指挥部发现红四军的行动后，急令进至遂川和资兴的第一、五路军 4 个旅向大余追击，同时令广东军出兵截击。

红四军开进大余，军队曾布置二十八团担任新城、赣州方向的警戒，但是，二十八团团长林彪思想麻痹，直到敌人来到跟前，才仓促应战。枪声传到军部时，他们才发现，敌人已经完成了对大余的包围。独立营营长张渭，为掩护军部的同志壮烈牺牲。毛泽东果断地组织身边剩下的一些警卫战士试图突围，陈毅跟在毛泽东身边。激战从当天傍晚进行到第二天傍晚，他们才撤离了战斗。在军部指挥战斗的朱德也安全脱险了。

陆续突围出来的战士，在距大余40里的杨眉寺集合起来。整顿队伍时毛泽东发现二十八团党代表何挺颖①负了重伤，让陈毅转告林彪派人抬着何走。可事后发现，林彪并没有这样做，他只顾自己逃命，竟使何挺颖从马上掉下来被马踩死了。

为了尽快甩掉敌人，毛泽东和朱德决定连夜出发。他们不顾激战后的疲劳，立即上路，摸黑走了二三十里路，来到一个山沟宿营。红四军主力经广东的南雄县，复又经赣南的信丰县、全南县、龙南县、定南县、安远县。

2月1日，来到寻乌县的圳下。圳下是一个四面环山的小村庄，中间是一块有几百亩地的狭长田垄。晚上10点左右，红军来到这里宿营。毛泽东、朱德、陈毅等军部领导就驻在田垄中间的文昌祠和围子里。为了防止敌人的偷袭，军部作了严密的部署：红二十八团为左路，担任警戒，驻在田垄前面；红三十一团为右路，担任后卫，驻在文昌祠和大营冈一带，军部和特务营住在村中间的小河边。

天刚蒙蒙亮，军部接到报告，敌军刘士毅部正包围圳下，已和二十八团接上火。二十八团战士虽拼死抵抗，终因失去指挥，不得不节节后退。整团人向着村中间小河对岸溃退，河上的小桥很快被堵塞，桥上河里都是人，一片混乱。毛泽东果断地派人向红三十一团下达了作战的命令，又让朱德组织其他两个营全力投入战斗。毛泽东又试图阻止二十八团的战士继续溃退，贺子珍和毛泽东站到一起。战士们的溃退被制止了，同追上来的敌人展开了厮杀。红四军的队伍终因寡不敌众，被敌人分割成几块，他们各自寻找突围。

毛泽东带领特务营的同志，一面沉着地迎击敌人，一面突围。他们终于从敌人两个团的接合部冲了出去。冲出包围圈，他们发现前面两边是山，中间是一条河，河的对岸没有敌人，于是他们渡河上山，脱离了危险。

朱德带领独立营和机关的部分同志从另一个方向突出重围。可还未来

①何挺颖，陕西省南郑县人，曾是上海大同大学数学系的高才生，他善于做政治思想工作，原是三十一团的党代表，红军下井冈山时调到二十八团任党代表。

得及过河，就遭遇到了敌人。原来他们走到敌人的埋伏圈里来了。朱德发现中了敌人的埋伏，拼死抵抗，试图跳出敌人的包围圈，但是没有成功。大部分同志牺牲了，剩下的人被敌人包围在一个山坳里。敌人估计在这些红军中，会有红军的领导人，甚至会有朱德，领赏心切的敌人就在红军中寻找起朱德来。

朱德长着一副普通农民的相貌，穿着普通兵士的衣服，经过这场鏖战，满身满脸都是硝烟、尘土。一个敌军头目，领着几个端着枪的士兵来这里逐个辨认，他们走到朱德跟前说："你是朱德吗?""我不是，我是伙夫头。"朱德操着四川口音，坦然地答道："你说朱德在哪里?""在那边。"朱德随便往一个方向一指。敌人从朱德身边走过去了，继续寻找朱德。真正的朱德却找到机会同部分战士一起，摆脱敌人的监视，跑了出来。他们马上渡河，甩掉敌人，同山上的毛泽东会合了。

然而朱德的妻子伍若兰负伤后却没有逃脱敌人的魔爪，被俘了。敌人把她关起来，押到赣州，逼迫她供出红军的情况，还要她劝降朱德，都被她拒绝了。敌人恼羞成怒，把她枪杀了，并把她的头割下来，挂在城门上示众。

伍若兰（化名萧奎联）是湖南耒阳人，1906 年出生，家庭比较富裕，1924 年考入衡阳的湖南第三女子师范。大革命时期她背叛了家庭，投身到工农革命行列中来，1926 年加入中国共产党，并成为家乡农民协会的领导人，领导穷人斗争地主豪绅。敌人恨死了她，在大革命失败后，土豪劣绅把她抓了起来，要杀她示众。她机智地逃了出来，找到湖南的农民武装。朱德带领南昌起义余部来到湖南，领导湘南暴动，结识了伍若兰，他们结为夫妇。她是一个非常能干的女将，能文能武，不但会写文章，枪也打得好，很会讲话，会做宣传工作，打土豪，筹款子，数她的办法多。她个子很高，充满了生气，凡同她接触过的人，都会被她那爽朗的性格、朝气蓬勃的精神所吸引。

圳下突围后（陈毅也脱险了），红四军重新集合起来。为了避开敌人、休整队伍，前委领导全军，完全离开大路，爬高山、钻密林，来到寻乌县内的罗福山，做短暂的休息。前委在这里召开军事会议，批评了林彪，林彪对自己的失职做了检查。

不久，队伍经福建省的武平和江西省的会昌，来到瑞金城南的山区。红四军转移到瑞金城外是为了搞一些报纸。他们自下山以来，一直处于连续作战的艰苦环境中，行踪飘忽，同上级的联系几乎中断，报纸也长期看不到。毛泽东说对外面的情况是两眼漆黑，他非常需要搞一些报纸，从中了解敌人的动向。红四军侦察到瑞金城内守敌空虚，没有驻扎国民党大部队，就运动到瑞金城外，派出一个班的战士，突袭城内抢报纸。

这是贺子珍的一项工作，过去，红军每打下一个县城，她都要到敌伪的机关和邮局搜罗一些报纸，供毛泽东和前委的同志们阅读。她听说要到瑞金城搞报纸，就自告奋勇地对毛泽东说："让我跟他们一起去吧，我知道最需要哪些报纸。"毛泽东点点头说："好吧，行动要特别小心，快去快回。"

贺子珍同这个班的战士悄悄摸到城门口，突然打出一排枪，撂倒了站岗的哨兵。接着又甩出几颗手榴弹，炸死了一些守城的敌兵，城门也炸坏了。守城的敌人不知道红军的虚实，以为主力来攻城了，吓得慌忙逃跑，红军战士乘机进了城。他们一进城，便直奔邮局而来，邮局里的人听到城门口的枪声都跑了。贺子珍他们大模大样地走进邮局，只见柜台上、墙根上堆满了全国各地的报纸，就像久旱遇甘露一样，贺子珍赶忙从每一摞报纸里各抽出两三张来，战士们帮她挑挑拣拣，想尽量把各种报纸搜罗齐全，有人还特别注意出报的日期，看有没有遗漏。

他们的工作太细致，在邮局耽搁的时间太长，逃跑的守城敌军并没有走远。他们发现入城的红军只有一个班，并没有后续部队，知道上了当，立即反扑回来。当贺子珍他们的背包里塞满了报纸，手里又各自抱着一大捆报纸走出邮局时，敌人已经包围过来。贺子珍他们一面向敌人开枪一面向城门口撤退。守城的敌军虽然比红军多，但大都是怕死鬼，谁也不敢往上冲，贺子珍他们很快来到城门口。不料，刚出城门，却同正往这里开来的一支敌军碰了正对面，战士们先发制人，向敌人一阵射击，夺路冲出城外。

原来，来的是刘士毅的侦察部队，他们正在寻找红军，枪声把他们引到瑞金城来。搞报纸的战士脱险了，但红四军的行踪却暴露给了敌人。敌人立即抄小路，向驻扎在城外的红四军包抄过来，企图在瑞金城外消灭红四军。红四军又面临着一场新的激战，对这一仗，打还是不打，前委的领导召开了紧急会议。

毛泽东说："红四军下山后，几次失利，比较被动。这一仗如果要打，一定要打好、打胜，才能提高士气。如果觉得不成熟，准备不足，不一定能打赢，那就先不打，撤出去。刘士毅那些兵的老底，我们都知道，去年红四军从湖南回师井冈山，路经遂川时，曾同他较量过，把他打得一败涂地。我们一定要打败他，但是要选择一个有利地形和时机。"前委的同志都同意这个意见，决定在敌人包围圈没有形成以前，马上跳出去，向大柏地方向转移。

紧急会议一开完，毛泽东走到贺子珍面前说："军部决定立即撤到大柏地，我就要去做部署，你先走一步吧，不要等我了。"贺子珍不愿增加毛泽东的忧虑，把手枪往腰间一插，翻身上了马。由于情况来得突然，她来不及套上马鞍，用双腿紧紧夹住马肚子，向大柏地方向奔去。正在城外运动的敌军，远远看一匹马飞奔而过，知道有人突围，就喊叫起来，一股敌人撒开腿追过来，敌人一面跑，一面喊，一面打枪，有两个敌人也上了马追踪而来，子弹嗖嗖地从贺子珍身边飞过，她把头低低地贴在马背上，策马飞奔。跑出一段路，她听得后面的马蹄声越来越响，回头一看，两个骑马的敌人已经跟了上来。贺子珍拔出手枪，打开保险，从左边转过身去，举枪瞄准，扣动扳机，随着一声枪响，跑在前面的敌人从马背上栽了下去。接着她又从右边转过身去，反着手，瞄准后面的敌人放了一枪，这个敌人也滚下马来。跟在后面的敌人吓慌了，不由得停住了脚步。

贺子珍一口气跑出了 40 多里路，到达大柏地，全身都湿透了。当天，红四军全部安全地转移出来，当毛泽东跟着殿后的队伍来到大柏地时，看到贺子珍平安无事，打趣地说："你没有死啊!"贺子珍笑着回答："死不了，可肚子真饿了。"

大柏地在瑞金的北面，东西两边峰岭连绵，树木茂盛，中间是一片凹形的狭长地带，很像一个口袋，只有一条石阶小路通往外面，是一个打埋伏的天然战场。毛泽东决定利用这一有利地形，给刘士毅部孤军冒进的两个团歼灭性的打击。毛泽东亲自做了战斗动员，他也背着一支枪参加了战斗。这一仗从 2 月 10 日开始，这天是农历春节，一直打到初二的清晨。将敌两个团大部歼灭，生俘敌团长萧致平、钟恒以下 800 余人，缴获步枪 800 余支，水旱机关枪 6 架，取得了进军赣南的第一次大胜利，由被动挨打变为主动。这是一场恶战，虽然红军最后取胜，但部队亦损失一部分。仗打完了，同志们都饿了，可是部队再加上 800 多名俘虏都要吃饭。毛泽东下令：打借条向老表们借粮。老表感到这是新鲜事，他们将信将疑地把借条收起，可并不指望借出去的粮食以后还能回来。

红四军打了大柏地一仗后，占领宁都，旋又退出，挥师西向，2 月 17 日到达吉安东固地区。听说当地有江西红军独立第二团和第四团活动。大家感到且战且走了一个多月，能在这里歇歇脚，是再好不过了。2 月 20 日，红四军与独立二、四团在东固的螺坑举行会师大会。朱德说，国民党反动派天天打朱毛，可朱毛越打越多，你们也都成了朱毛。红四军在东固休整了一个星期，毛泽东对赣南地区情况做了调查，他盛赞“赣南的群众非常好”，“赣南的希望更是很大”，开始酝酿建立赣南根据地。

1929年2月25日，毛泽东同朱德率领红四军撤离东固，经吉水、永丰、乐安、宁都向广昌前进。红二十八团主张分开走，毛泽东主张集中行动，人为分散容易被敌人各个击破。3月4日，红四军攻克广昌城。5日，毛泽东得知两名干部不执行红四军司令部规定的工商业政策的布告，没收了地主兼商人的一个店铺，毛泽东立即召集营以上干部开会，进行严肃批评，指出：对地主兼商人只没收封建剥削部分，商业经营部分不能动；对于特别坏的土豪、恶霸的商店，必须没收的也要出布告，宣布店主的罪状，以提高群众觉悟。①

3月11日，红四军首次入闽，进驻长汀（汀州）四都，14日在长岭寨歼灭闽西土著军阀（国民党福建省防军第二混成旅）郭凤鸣部2000余人，并击毙了郭凤鸣，乘胜占领汀州。长汀是闽西比较富庶的县份，红四军在这里分兵半个月，广泛发动群众打土豪，分田地，扩大红军，又向大中商人筹集军费5万余元。使用郭凤鸣开办的缝纫厂，给全军每人缝制了两套灰军衣，一顶缀有红五角的八角帽和一副新绑腿，红军的识别标志由识别带改变成红袖章。战士们首次穿上统一的新军装，部队面貌焕然一新。

红四军驻长汀时期，正值蒋桂战争②爆发，根据新的情况，毛泽东在长汀城的辛耕别墅主持召开了前委扩大会议，确定了红四军的行动方针：利用军阀混乱之机，分兵开展游击战争，发动工农群众，深入土地革命，建立红色政权，造成新的割据区域，与井冈山革命根据地相连接。

3月20日，毛泽东代表前委起草了《关于攻克汀州及今后行动方针向福建省委和中央的报告》，明确提出“以赣南、闽西20余县为范围，从游击战术，从发动群众以至于公开苏维埃政权割据”。定下了建立赣南闽西根据地（也就是日后的中央根据地）的决心。

在长汀，红四军进行了整编，朱德任军长，毛泽东任党代表，兼任政治部主任。根据中共六大“组织问题决议案”在红军中建立政治部的要求，将下井冈山前组织的工农运动委员会改为军政治部，毛泽东遂兼任政

---

①《毛泽东年谱（1893—1949）》上卷，人民出版社、中央文献出版社，1993年12月第1版，第267页。

②1929年3～4月，国民党新军阀蒋介石同桂系李宗仁等人为争夺湖南、湖北等地盘而爆发的一场战争，后以桂系的失败而告终。

治部主任，谭震林兼任政治部副主任。每个纵队设政治部，由党代表兼任，支队、大队两级不设政治部，只设党代表。[1] 第三十一团团长朱云卿调任参谋长。同时为了迷惑敌人，将部队番号做了改变：团称纵队，营称支队，连称大队，第二十八团改称第一纵队，林彪任纵队长，陈毅任党代表；军部特务营、独立营合编为第二纵队，胡少海（后为刘安恭）任纵队长，谭震林任党代表；第三十一团改称第三纵队，伍中豪任纵队长，蔡协民任党代表。各纵队均下辖两个支队，全军共3000余人。

到达长汀之后，毛泽东身体不太好，有人说他可能患了肺病。长汀福音医院院长傅连暲给毛泽东检查了身体，认为他没有病。傅连暲还给朱德检查了身体，朱德也很健康。此时正值天花流行季节，红四军中发现有天花病人，为防止天花在军中蔓延，傅连暲向朱德建议赶快给全军普种牛痘，朱德高兴地接受了这一建议。于是傅连暲一方面为红军治疗伤病员，另一方面用了半个多月时间为红四军全体指战员普种了牛痘。红军离开长汀时，傅连暲介绍他身边两名得力的医生叶青山、黄成随军服务。

留在井冈山的彭德怀只有5个连约七八百人，守着井冈山的5个哨口。面对湘赣两省的2.4万~2.8万敌军，敌我之比是三四十比一。如不突围，就要全军覆灭；红军留下的伤病残员、妇女、小孩约1000余人，要突出重围，就要部队既在前边开路，又要在后面掩护。这时，天值严寒，且降着大雪，高山的积雪有一尺来厚。彭德怀已经两天未进一粒米，但他不愿让部下知道。一路杀来，至大汾村，只剩下500多人。半路又遇敌人伏击，后来只剩下283人。部队走到于都，滕代远在邮局搜集国民党文件、报纸时，驳壳枪走火，从胸前洞穿，负重伤。部队走到安远，从国民党的报纸上得知红四军在长汀县消灭敌郭凤鸣旅。于是，彭德怀改变了打回井冈山的原定计划，经会昌进占瑞金县城。

1929年4月1日，毛泽东、朱德、陈毅率红四军从长汀赴瑞金会合。此时，红五军又发展到七八百人。彭德怀向前委汇报了撤出井冈山的经过，毛泽东说：这次很危险，不应该留你们守井冈山。彭德怀所部被编为第四、五纵队，以红四军副军长名义指挥部队。毛泽东还把中央2月的来信给彭德怀看。

4月3日，红四军前委在瑞金收到中央2月9日写给朱德、毛泽东的来信。信中认为党的中心任务是城市的工人运动，要求“有计划地、有关

[1]《毛泽东年谱（1893—1949）》上卷，人民出版社、中央文献出版社，1993年12月第1版，第269页。

联地将红军武装力量分成小部队的组织，散入湘赣边境各乡村中进行和深入土地革命”，为了隐匿大的目标，中央要求朱德、毛泽东离开部队到中央去。毛泽东、朱德都不同意中央的意见，4 月 5 日，毛泽东代表前委给中央复信，认为：“中央此信对客观形势及主观力量的估计都太悲观了”；不同意朱、毛离开部队，如果必须调整朱毛工作，建议派刘伯承、恽代英来代替。复信建议“在国民党军阀长期战争期间，我们要和蒋桂两派争取江西，同时兼及闽西、浙西，在三省扩大红军的数量，造成群众的割据，以一年为期完成此计划”。在毛泽东起草复信的同时，彭德怀也以个人名义向中央写了一封简要报告五军工作的信，与四军的信件一并转报中央。

在行军路上，红军没收了一家姓钟的地主的谷物分散给贫民，不知是地主同姓的狗腿子还是受蒙蔽的群众阻拦分谷，发生了械斗。红四军司令部的一个负责人未经调查研究，把阻拦分谷的人枪毙了几个。毛泽东、朱德、彭德怀在一起吃饭时，① 毛泽东得知此事，对乱杀人这件事给予严肃的批评，没留任何情面。这件事，给新加入革命队伍的彭德怀以很深的印象，他觉得这是一种好作风，是一种正确的态度。

红四军前委为实现“争取江西，同时兼及闽西、浙西”的战略计划，4 月 11 日，在江西于都举行扩大会议。决定：彭德怀、滕代远率红四军第五纵队返回井冈山，协同在原地坚持斗争的部队，恢复和发展以井冈山根据地为基础的湘赣边区。红四军主力和江西独立第二、四两团在瑞金、宁都、赣州、兴国、于都、吉安、永丰、乐安等县开展游击战争，创建赣南革命根据地。会后，红四、五两军分开行动。1929 年 4 月 14 日，彭德怀离开于都，毛泽东、朱德为他送行。彭德怀率部经信丰、南康、遂川等地返回井冈山。

4 月，毛泽东在江西兴国深入调查农村土地占有情况。依据中共“六大”《农民问题决议案》精神，主持制定出《兴国土地法》，将《井冈山土地法》中“没收一切土地”改为“没有公共土地及地主阶级土地”，从而明确了土地革命所打击的对象是地主阶级，是消灭封建土地所有制。②

1929 年 1 月柏路会议后，决定调袁文才随四军政治部南下赣南。红四军离开井冈山前，毛泽东向袁文才做了许多工作才争取了袁文才随军行动。这是第一次把袁文才和王佐两个庚兄弟拆散。

袁文才随军南下途中，他以政治部秘书的条件找到了“六大”文件全

①那时的午饭各自用洗脸毛巾包一碗饭，休息时就地吃，也没有什么菜，吃冷饭，喝冷水。
②毛泽东后来在讲到这一问题时指出，这是对《井冈山土地法》内容的“一个原则的改正”。

文，接着便从东固返回井冈山讲给王佐听。彭德怀率部突围后，袁文才和王佐、何长工一起率领三十二团一部始终在山上坚持游击战，在老仙座、韭菜窝一带打击敌人，保护躲在深山里的妇女儿童，并且以井冈山大小五井为中心，向遂川、宁冈、酃县等地区与敌人周旋，对付井冈山周围的敌人。1929年5月初，彭德怀率部重返井冈山，称赞袁文才、王佐干得很出色。

1930年3月初，在湘赣边界巡视工作的中央巡视员彭清泉偕同湘赣边界特委负责人朱长楷、王怀、龙超清等人以毛泽东的名义召开特委会议，通知各县负责人带县赤卫队去永新县城开会。袁文才、王佐听说是毛泽东通知开会，带一部分队伍就出发了。

当时，彭德怀所率部队正集结于永新、吉安、安福边境，在进行夺取安福城的攻城练习。深夜，湘赣边区特委书记朱长楷、秘书陈正人等报告说，袁文才、王佐要叛变；说袁文才、王佐在永新县城联席会上强迫特委决定把边区地方武装归他们改编统率；说王佐讲话时，把驳壳枪摆在桌子上；说袁文才、王佐有将参加边区县以上联席会议的同志一网打尽的可能。请求五军出动抢救这一危险情况。当时红五军委开了临时会议，彭德怀与特委共同决定，派四纵队党代表张纯清带四纵队一部接近县城，守住浮桥，等天亮时再和他们谈判，弄清情况后，再行决定。拂晓，部队进城去，在距城东门不远的一幢房子里找到了袁文才的住所，朱长楷率部队闯进卧室用手枪把袁文才打死在床上。王佐听到枪声，冲出房门，越过城墙逃跑，涉水渡河时中弹负伤，因不会游泳，沉溺于禾水河的冬瓜潭中。袁文才、王佐部有20余人系井冈山老土匪，冲出城外逃回井冈山，其余300余人除被打死的外，其余被缴械。特委决定将袁、王部队改为湘赣边区独立团，受特委直接领导。

1930年4月6日，赣西南特委发布通告，批准了西路行委（原湘赣边特委）关于杀害袁文才、王佐的报告，认定袁、王“反对分田，反对建立苏维埃”、“勾结罗克绍，扰害永新赤色政府”两项莫须有的罪状。

1929年5月，蒋桂军阀混战结束，江西国民党部队大部返回。国民党江西省主席朱培德以4个旅的兵力向红军推进，企图围歼红四军主力于赣南地区。恰值此时，广东又爆发粤桂军阀战争。紧邻粤东的闽西大小军阀为了各自的利益，先后投入了这场混战，闽西腹地呈现空虚。为避开江西敌人进攻的锋芒，毛泽东决定红四军立即第二次入闽，发展闽西革命力量，扩大工农武装割据的局面，把赣南和闽西连在一起。

5月20日清早，红四军主力经过两天急行军来到长汀境内的汀江渡口。此时正值雨季，100多米宽的江面上，水流湍急，浪涛翻滚。红军在当地群众的支持下，找到了9只渡船。18名身强力壮的船工，推送这9只坐满红军战士的木船，顷刻间，红旗映红了江面。毛泽东在《清平乐·蒋桂战争》中描绘这一壮举，他写道："红旗跃过汀江，直下龙岩上杭。"经过6个小时，红军全部到达汀江东岸。接着向闽西重镇龙岩飞速前进。22日傍晚，红四军来到离龙岩30华里的小池。在此以前，前委已经同闽西特委书记邓子恢取得了联系。毛泽东、朱德在此听取闽西特委派来的代表介绍龙岩城内敌方情况。

龙岩驻军是国民党福建省防军第一混成旅，旅长陈国辉，本是闽西南安一带的土匪头子，后来投靠了国民党，他指挥上有一套，手下士兵尚有战斗经验，武器弹药充足。此时陈国辉正奉蒋介石之命，率部追随张贞暂编第一师开赴潮州、汕头，参加广东军阀讨伐桂系军阀的战争。留在闽系的余部，统由参谋处长管带，驻龙岩城的有旅部和补充营、特务连、机枪连，兵力不足500人。

根据了解到的敌情，毛泽东、朱德决定把握有利时机，出其不意，歼敌一部，打下龙岩。随即部署红军一、三纵队从正面进攻，二纵队从左侧迂回，攻取北山，断敌后路。5月23日红军直取龙岩城西10余里的龙门镇，接着从龙岩西门、南门、北门3路合围，敌人纷纷奔出东门，逃往漳平县的永福，龙岩遂告解放。

红军入城后，从监狱里救出一大批革命者。毛泽东还向龙岩中学的师生作了讲演。当天下午，红军又主动撤出龙岩城。

5月25日，红军攻下闽粤边界的永定县城，建立了闽西第二个县级革命政权——永定县革命委员会，张鼎丞任主席。

逃往永福的陈国辉残部试探着回到龙岩城。毛泽东、朱德遂决定二打龙岩，诱敌主力回援，聚而歼之。6月3日，红四军三纵队和邓子恢领导的闽西武装分南北两路，很快占领了龙岩城周围的山头，城内300余名敌人，一触即溃，再次逃往永福。红军再度占领龙岩城，建立了闽西第三个县级革命政权——龙岩县革命委员会，邓子恢任主席。

正在广东与桂系军阀混战的陈国辉得知龙岩被红军占领，急忙率兵入闽。

红军二占龙岩的第三天，毛泽东、朱德命令部队再度撤离龙岩城。6月7日，红四军攻克闽西上杭以东的白砂，歼敌郭凤鸣残部一个团，同时引诱陈国辉上钩。

白砂战斗之后，为进一步迷惑敌人，毛泽东、朱德率红四军于6月10日进驻赣南要隘连城县新泉镇，造成红军向江西退却的假象。陈国辉率主力开抵大埔。红军仅以零散队伍沿途袭击陈国辉部。陈国辉认为红军力弱无能，不敢交锋，就趾高气扬地开进龙岩城，并召开庆功祝捷大会。

6月17日，红四军神不知鬼不觉地离开新泉，回师东进，次日下午抵小池。前委在小池召开军事会议，部署第三次攻打龙岩的计划。当地群众协助红军封锁交通，使龙岩城里的国民党军对红军的新动向一无所知。

6月19日天未亮时，红四军在闽西地方武装配合下，分两路逼近龙岩城，占领了周围的主要山头。接着红军发起总攻，从北、西、南三门攻进龙岩城，敌人纷纷投降，残敌企图出东门往东宫山方向逃跑，又遭红军伏击。此役歼敌2000余人，缴获长短枪600余支、机枪8挺、迫击炮4门，子弹不计其数。

战后，红军于闽西各县进一步发动群众，肃清反动势力，帮助地方党建立红色政权，迅速建立了以龙岩、上杭为中心的闽西革命根据地。

二 “九月来信”

红四军在福建省上杭进行扩编，将闽西红军升编为红四军第四纵队。红四军并根据中央军委5月25日工作大纲规定，将各级党代表改为政治委员。新的组织机构是：军长朱德，政治委员毛泽东，参谋长朱云卿，政治部主任陈毅。第一纵队长林彪，政委熊寿祺；第二纵队长刘安恭，政委谭震林；第三纵队长伍中豪，政委蔡协民；第四纵队长傅柏翠（未到职，不久由胡少海继任），政委李任予，参谋长罗瑞卿，全军约6000人。

6月22日，中共红四军第七次代表大会在龙岩召开，会期一天。到会代表有：红四军前委委员，各纵队纵队长、政委、支队长和士兵代表共四五十人。政治部主任陈毅主持会议。会议就红四军党内长期存在的建军思想原则的分歧进行讨论。会议通过了由陈毅起草的《红军第七次代表大会决议案》，决议案在肯定毛泽东的功绩和作用的同时，也批评了他把党内争论判断得过分严重。决议案同时也批评了朱德（朱德曾认为：“过去党代表了群众组织，而且还是书记专政”）。会议选举产生了新的前委。以毛泽东、朱德、陈毅、林彪、刘安恭、伍中豪、傅柏翠及军直属队、4个纵队的士兵代表共13人为委员，陈毅当选为书记。建议前委通过总结经验的办法，来解决党内的分歧，但前委没有接受。在这次会议上，毛泽东处于孤立地位，他艰难地做大家的工作。他提出，应该安下心来，做艰苦的巩固根据地工作。选举前委书记时，许多人不投毛泽东的票，由中共中央指定的前委书记没有当选。陈毅被选为前委书记。会后，毛泽东离开了红四军的主要领导岗位，以红四军前委特派员的身份，到闽西蛟洋指导闽西特委的工作。①

1930 年 3 月 20 日，莫斯科的共产国际官方公报《国际新闻通讯》（英文版）第 14 期，因错听消息，为毛泽东专发了一则讣告，全文如下：

> 据中国消息：中国共产党的奠基者、中国游击队的创立者和中国红军的缔造者之一的毛泽东同志，因长期患肺结核而在福建前线逝世。毛泽东是大地主和大资产阶级最害怕的仇敌。自 1927 年起，代表大地主大资产阶级利益的国民党就以重金悬赏他的头颅。毛泽东同志因病情不断恶化而去世。这是中国共产党、中国红军和中国革命事业的重大损失。当然，毫无疑问，敌人会因此而感到高兴。
>
> 毛泽东同志出身于湖南一个农民家庭，早在学生时代，他就领导了反对中国军阀的斗争。俄国十月社会主义革命胜利后，他立即投身到了马克思列宁主义的运动当中。1919 年在北京爱国学生发动五四运动以后，毛泽东在长江地区广泛开展了宣传运动。在安源煤矿，他建立了一个模范工会，为现在湘赣地区的工会和布尔什维克党培养了大批干部。
>
> 毛泽东同志从 1923 年起就是中共中央委员。他坚决反对党内的机会主义错误，在武汉时期特别是这样。当中国共产党在土地革命中遭到失败时，他违背机会主义领导者的意志，继续在湖南农民群众中战斗，1927 年马日事变后，他在湖南发动了秋收起义。1928 年初，他的军队和朱德同志的队伍会师，建立了工农红军。他们占领了湘赣边界的广大地区，并在每个地方建立了苏维埃。红军的活动严重动摇了国民党反动政权。国民党派出邻省的 7 个军企图消灭这支红军。

①毛泽东离开红军部队后，国民党军因数月不见毛泽东在红四军中活动，便误认为他已经病逝。1929 年 11 月 9 日，占驻会昌的国民党闽粤赣三省“剿共”指挥部参谋处特电告称：“毛匪泽东确已病故。”同月 11 日，国民党江西无线电通讯社将这一消息以显赫的标题公布于《江西民国日报》。

根据策略上的需要，毛泽东和朱德的部分红军撤离湖南前往广东和福建继续进行革命斗争。那里的革命运动正方兴未艾。福建省大部分地区已在苏维埃的控制之下。由于毛泽东的进军，那些被打垮被驱赶到粤东山区的红军和农民又重新开展了生气勃勃的斗争。去年夏天，国民党从6个省抽调6万多人的军队，又一次进攻毛泽东同志率领的红军。但是，装备精良的国民党部队并未能赶走这支一万人左右的红军队伍。相反，战争使国民党军队不断崩溃，整旅整旅的士兵开小差，甚至起义参加了红军。

毛泽东同志是被称之为朱毛红军的政治领袖。他在其领导的范围内完全执行了共产国际六大和中共六大的决议。他还帮助揭露和清除了在城市贫民、农民和工人阶级中的某些人那里存在的改良主义。这些改良主义思想是国民党“左派”、第三党以及陈独秀造成的。

作为国际社会的一名布尔什维克，作为中国共产党的坚强战士，毛泽东同志完成了他的历史使命。中国的工农群众将永远铭记他的业绩，并将完成他未竟的事业。①

红四军党的第七次代表大会以后，毛泽东同贺子珍一起来到上杭。几天后，陈毅到上杭看望毛泽东，同时也想说服毛泽东同意部队去打广东，并希望毛泽东能一起去。毛泽东则想说服战友不要去冒险。两人爆发了一场争论。毛泽东认为，广东的敌人比较强大，红四军比较弱，目前应该作艰苦的工作建立根据地。陈毅认为，红四军的力量不算弱了，红军应该多打一些地方，扩大影响，同时可以筹些款。

从井冈山会师起，毛泽东同陈毅并肩战斗，他们之间虽有过意见分歧，也争吵过，但从来没有像这次吵得这么厉害。陈毅最后发火说：“这不是我们哪个人的意见，这是中央的决议，我们执行中央的决议!”毛泽东极力控制自己，不再说话。过了一会儿，他冷静而又坚决地说：“你们要打，你们走吧，我不去。”陈毅说：“那好吧，我打算去上海，把这些情况直接向中央报告，请示中央如何解决。”

7月底，陈毅由闽西取道厦门赴上海。陈毅走后，朱德兼任前委代理书记。

---

①载1992年《党史博采》(河北)。

1929年7月底，毛泽东因为疟疾病重，先后到上杭县苏家坡、大洋坝和永定县牛牯扑、合溪等地农村养病，同时指导闽西的反“会剿”和指导当地开展土地革命。8、9月间，毛泽东到达闽西永定金丰大山，住在只有10多户人家的牛牯扑一个竹寮里。毛泽东在这不到10平方米的小屋里除了服药治病，大量时间是读书看报，批阅战场上送来的情报、查看军事地图、拟制作战方案等。毛泽东在一块木板上写了“饶丰书房”挂在门口。①

7月20日，中共闽西第一次代表大会在上杭县蛟洋村召开，毛泽东出席了会议。大会听取了邓子恢代表特委作的工作报告，毛泽东作重要讲话。讨论通过了由邓子恢起草、经毛泽东修订的《中共闽西第一次代表大会政治决议案》及《土地问题决议案》等十几个文件。选举产生了新的特委，委员15人，常委5人。邓子恢为特委书记，蔡协民为组织科长，蓝鸿翔为宣传科长，江华为特委秘书长，张鼎丞为军委书记（谭震林、卢肇西为军委委员）。这次会议所提出和制定的关于土地革命政策的一系列规定，对巩固和发展闽西革命根据地起了重要作用。

毛泽东从龙岩到上杭，从上杭到永定，他一路走，一路把自己看到、想到的问题和意见告诉前来看望他的干部，提出各种建议：“现在的稻子快熟了，你们赶快把田分完，农民拿到了一季稻子，情绪就稳定了，我们的队伍就站住了。”“分田地一定要注意发动好群众，群众没有起来，分田是假的，农民还会把打到的粮食送到地主家去。”

后来，毛泽东住在苏家坡，这是一个大村，坐落在一个山沟里，很偏僻。朱德带部队出发前惦记毛泽东的安全，专门调了一个连的士兵担任警戒。县委书记张鼎丞又抽调了一个连的地方武装配合警卫，同时封锁毛泽东住在这一带的消息。县委的同志还非常关心毛泽东的健康，他们送来了银元、大米和蔬菜，还专门派来一位老中医跟着毛泽东行动，为他治病。

同志们的友谊、群众的深情，温暖着毛泽东，他的病慢慢地好起来了。他在病中的最好消遣，就是同群众聊天，从天时、地时、风土人情到年成的好坏，他都想听而且听得津津有味。他详细地了解这里土地革命的情况、群众对分田政策的意见。同这里的群众一聊就是大半天。

7月上旬，赣、闽、粤3省国民党军按照蒋介石的命令，集中13个团又2个营共2万人的兵力，由赣军十二师师长金汉鼎任总指挥，对红四军和闽西革命根据地发起第一次“会剿”。

---

①《毛泽东年谱（1893—1949）》上卷，人民出版社、中央文献出版社，1993年12月第1版，第285页。

敌人的“会剿”使红四军未来得及执行中央打广东的指示。7 月 29 日，中共红四军前委决定，第一、第四纵队留在闽西坚持游击战争，保卫苏区；军部率第二、三纵队出击闽中。

在苏家坡，消息十分闭塞，报纸很难看到，这使毛泽东感到难以忍受。幸好县委常有人来，给他介绍外界的情况。一天，县委的同志告诉他红四军出击闽中失利，已经回到闽西的消息。毛泽东很关心这次战斗，他详细地询问作战经过。

9 月下旬，红四军决定在上杭召开第八次党代会，前委通知毛泽东参加。当时毛泽东正发疟疾，当他坐担架赶来时，会议已经结束。大家见他身体虚弱，浑身浮肿，让他继续养病。①

1929 年 8 月 13 日，中共中央召开政治局会议，讨论通过中共福建省委的秘密交通送来的中共红四军七大决议案和毛泽东、刘安恭等的信件。会议认为这个决议案“有些是正确的，有些是不正确的”；刘安恭的信将毛泽东、朱德分成两派，许多是不符合事实的，在故意造成派别。会议决定：由周恩来起草一封致红四军前委的信，要他们努力与敌人斗争，军委可暂不设立，军事指挥由军长、党代表管理，调刘安恭回中央。

8 月 21 日，中共中央发出由周恩来起草的给红四军前委的指示信，强调“红军不仅是战斗的组织，而且更具有宣传和政治的作用”，指出红军“必须采取比较集权制”，党的书记多负责任“绝对不是家长制”，事事“要拿到支部中去讨论去解决——这是极端民主化的主张”。并且批评红四军“七大”侧重于解决内部纠纷是不正确的，“前委同志号召‘大家努力来争论’”和“刘安恭同志企图引起红军党内的派别斗争”是错误的。

不久，陈毅到达上海。8 月 29 日，陈毅在中共中央政治局会议上详细汇报了红四军的情况和党内的争论，说到毛泽东“在政治上比较正确”。政治局决定成立李立三、周恩来、陈毅三人委员会，由周恩来召集，负责起草一封指示信。三人委员会确定，以中央 8 月 21 日给红四军前委指示信为基础，由陈毅执笔起草这封指示信。经过三人多次讨论，陈毅对一些重大问题的认识得到很大提高。

9 月 28 日，中共中央政治局通过这封信。这就是“九月来信”。

“九月来信”在总结红四军经验的基础上，着重指出“先有农村红军，后有城市政权，这是中国革命的特征，这是中国经济基础的产物”。规定

①《毛泽东年谱（1893—1949）》上卷，人民出版社、中央文献出版社，1993 年 12 月第 1 版，第 286 页。

红军的基本任务是："一、发动群众斗争，实行土地革命，建立苏维埃政权；二、实行游击战争，武装农民，并扩大本身组织；三、扩大游击区域及政治影响于全国。"强调"党的一切权力集中于前委指导机关，这是正确的，绝对不能动摇。不能机械地引用'家长制'这个名词来削弱指导机关的权力，来做极端民主化的掩护"；同时，"前委对日常行政事务不要去管理，应交由行政机关去办"。这些指示，肯定了毛泽东提出的"工农武装割据"和红军建设的基本原则。指示信要求红四军维护朱德、毛泽东的领导，毛泽东"应仍为前委书记"。中央的"九月来信"，为红四军党内统一认识、纠正各种错误思想提供了根据。"九月来信"由陈毅带回。陈毅受中央的委托，回红四军做解释和纠正的工作。①

10 月 10 日，毛泽东由地方武装用担架护送到上杭县城，同朱德等红四军领导人会合。在上杭找了一位名医用西药治疗，10 多天病就转好。此间，填《清平乐·蒋桂战争》词一首：

> 风云突变，军阀重开战。洒向人间都是怨，一枕黄粱再现。　　红旗跃过汀江，直下龙岩上杭。收拾金瓯一片，分田分地真忙。

10 月 11 日，农历重阳节，毛泽东所住临江楼庭院中黄菊盛开，他触景生情，填《采桑子·重阳》词一首：

> 人生易老天难老，岁岁重阳，今又重阳，战地黄花分外香。　　一年一度秋风劲，不似春光，胜似春光，寥廓江天万里霜。

10 月 21 日，中共闽西特委获知赣军金汉鼎一个团正在逼近上杭县城，决定特委及机关、伤病员全部转移。毛泽东随邓子恢率领的特委机关继续回苏家坡。毛泽东找到一本《模范英语读本》每天朗读一段课文。了解到苏家坡全村无人读书的情况，毛泽东建议特委创办了一所"平民小学"，在开学那天毛泽东给孩子们讲了一课，启发大家为翻身求解放学好文化。②

---

①《毛泽东传（1893—1949）》，中央文献出版社，1996 年 8 月第 1 版，第 206～207 页。

②《毛泽东年谱（1893—1949）》上卷，人民出版社、中央文献出版社，1993 年 12 月第 1 版，第 288～289 页。

10 月 22 日，陈毅携中央 9 月来信，由上海回到正在东江松源的红四军前委机关，立即传达了中央的指示。随后陈毅派专人把中央的“九月来信”送往上杭苏家坡，并附信请毛泽东回红四军主持前委工作。

1929 年 11 月 18 日，红四军抵达上杭县官庄，前委召开会议，决定扩大闽西赤色区域，建立政权。朱德、陈毅致信在上杭苏家坡休养的毛泽东，请他立即回红四军主持前委工作。11 月 23 日，红四军攻占长汀城，中共红四军前委决定，促请毛泽东速回主持工作，并派部队接他回来。11 月 26 日，毛泽东与中共福建省委巡视员、组织部长谢汉秋从蛟洋抵达长汀，同朱德、陈毅会合。毛泽东表示，遵照中央指示回前委工作。

11 月 28 日，毛泽东主持召开中共红四军前委扩大会议，会议决定：1. 召开中共红四军第九次代表大会；2. 用各种方法建立红四军的政治领导；3. 纠正党内各种错误倾向，扫除红军内部一些旧的封建残余制度（废止肉刑、禁止枪毙逃兵等）。①

同日，毛泽东致信中央，报告自己回红四军的情况和目前工作计划：四军党内团结，在中央正确指导之下，完全不成问题；陈毅同志已到，中央的意思已完全达到；惟党员理论常识太低，希望中央寄些学习材料和书籍来。

同日，毛泽东致信中共中央政治局常委李立三说：多久不和你通信了，陈毅同志来才知道你的情形；我大病三个月，现虽好了，但精神未全复原；开慧和岸英等我时常念及他们，想和他们通信，不知通信处；闻说泽民在上海，请兄替我通知泽民，要他把开慧的通信处告诉我，并要他写信给我；……我知识饥荒到十分，请你时常寄书报给我，能抽暇写信指导尤幸。②

1929 年 11 月，闽西革命根据地扩大到龙岩、永定、上杭、武平、长汀、连城 6 个县 50 多个区，其中有县苏维埃政府 5 个，区苏维埃政府 50 个，乡苏维埃政府 400 余个。约有 80 万群众分到了土地，根据地赤卫武装达到 6000 余人，5000 多支枪。党的各级组织也有很大发展，已有工会会员近 1 万人，农会会员约 70 万人，党员 7800 余人。

12 月 3 日，毛泽东、朱德、陈毅率红四军离开汀州进驻连城县新泉进行政治、军事整训。毛泽东及军部驻“望云草室”，毛泽东主持政治训练，

---

①《毛泽东传（1893—1949）》，中央文献出版社，1996 年 8 月第 1 版，第 208 页。

②《毛泽东年谱（1893—1949）》上卷，人民出版社、中央文献出版社，1993 年 12 月第 1 版，第 286 页。

朱德负责军事训练。毛泽东在陈毅的协助下，召开各级干部会和各种类型的调查会，毛泽东迎着风雪奔走于红四军的各个驻地之间，从一个纵队到另一个纵队召开战士座谈会。他还分批会见红军的各级指挥员，虚心地听取他们的意见，诚恳地同他们交谈，启发他们的觉悟。他还走访了一些村庄，征求农民对红军的意见。

12月中旬，毛泽东、朱德率主力部队移驻上杭古田。前委在古田召开有各纵队、支队和部分大队党代表参加的联席会议，集中学习“九月来信”和有关指示精神，检查、讨论红四军存在的问题。针对红四军存在的问题，毛泽东将会议分成纠正共产党内非无产阶级意识、党的组织、党内教育、宣传工作、士兵政治训练等8个专题小组，分别进行讨论。毛泽东、朱德、陈毅等领导分别参加小组会议和代表们一起座谈讨论，总结经验教训。联席会议还根据“政治观念正确、工作积极、有斗争历史”3个条件，酝酿新前委候选人名单。

12月28日，中共红四军第九次代表大会在福建上杭古田村廖家祠堂召开，29日结束。到会代表120余人。会上毛泽东作了政治报告，朱德作了军事报告，陈毅传达了中共中央9月来信。大会根据中央来信精神，总结了南昌起义以来红军的建设经验，批评了各种错误思想。通过了毛泽东起草的《中国共产党红军第四军第九次代表大会决议案》。决议案指出，中国的红军是一个执行革命政治任务的武装集团，它必须服从党的领导，树立无产阶级思想，纠正单纯军事观点、极端民主化、绝对平均主义、主观主义、个人主义、流寇思想、盲动主义残余等；并强调红军不但要打仗，而且要负担起宣传群众、组织群众、武装群众等项任务；并且必须在军内建立起正确关系，对敌军采取正确政策等。大会选举毛泽东、朱德、陈毅、李任予、黄益善、罗荣桓、林彪、任永豪、谭震林、宋裕和、田桂祥等11人为红四军前委正式委员，杨岳彬、熊寿祺、李长寿3人为候补委员。毛泽东任红四军前委书记。

古田会议刚结束，第一纵队长林彪给毛泽东写了一封“新年贺信”。信中他对形势持悲观估计，怀疑红旗到底能打多久。毛泽东考虑到他的思想有一定的代表性，便于1930年1月5日给他写了一封很长的复信，以《时局估量和红军行动问题》① 为题印发到各大队支部。此信批评了林彪等人过高估计敌人力量，过低估计革命力量的右倾悲观思想和不承认农村根据地、不愿用艰苦的工作建立根据地的错误倾向。毛泽东这篇通信进一步

①这封信以《星星之火，可以燎原》为题收入《毛泽东选集》时，对批评林彪部分做了较大删节。

发展了他在《中国的红色政权为什么能够存在?》、《井冈山的斗争》两文中提出的中国红色政权的理论，回答了中国革命应当走什么道路的问题，标志着他的建立农村革命根据地，以农村包围城市，最后夺取全国政权的理论基本形成。

赣、闽、粤三省国民党军集中14个团的兵力，对闽西革命根据地发起第二次“会剿”。红四军为打破这次“会剿”，采取各个击破敌人的方针。朱德率第一、三、四纵队，毛泽东率第二纵队，先后由闽西转至赣南，威胁赣军后方。赣军主力于是急由闽西回赣，粤军见状匆匆撤回广东，闽军亦因发生内讧，急速开往福州，三省“会剿”遂黯然收场。

1930年1月15日，中共中央军事部为指导全国各地军事斗争，在上海创办《军事通讯》，创刊号上发表陈毅1929年9月1日写的《关于朱毛红军的历史及其状况的报告》，周恩来在文前加了按语，要求各地红军、各地方组织都要学习朱毛的经验，坚决执行红军游击战争的任务和战术原则。1930年1月，毛泽东同朱德一起指挥红四军打破闽、粤、赣3省敌军对闽西根据地的第二次“会剿”，连克宁都、乐安、永丰等县。1月30日，是农历正月初一，毛泽东将由闽西进入赣南的一路情景吟成词一首《如梦令·元旦》：

> 宁化、清流、归化，路隘林深苔滑。今日向何方，直指武夷山下。山下山下，风展红旗如画。

2月6~9日，中共红四军前委在江西吉安陂头召开赣南特委和红五、六军（红六军军长黄公略，政委陈毅）军委联席会议，9日结束。会议决定将赣西、赣南、湘赣边三特委合并为赣西南特委。会议决定将红四军前委扩大为四、五、六军共同前委，统一指挥赣闽粤的斗争。四军成立军委，指定潘心源为四军军委书记。

共同前委由毛泽东、郭贞、曾山、王怀、方志敏、朱德、潘心源、黄公略、刘士奇、彭德怀、谭震林、陈毅、邓子恢、张鼎丞、袁国平、李文林、滕代远17人组成。毛泽东、曾山、刘士奇、朱德、潘心源5人为常委，毛泽东为书记。黄公略、彭德怀为候补常委。

会议确定了党的三项任务：深入土地革命，建立革命政权，扩大工农武装。

2 月，毛泽东在行军途中的马背上哼成了《减字木兰花·广昌路上》：

> 漫天皆白，雪里行军情更迫。头上高山，风卷红旗过大关。　　此行何去？赣江风雪迷漫处。命令昨颁，十万工农下吉安。

三　“左”倾盲动主义

早在 1924 年 1 月列宁去世以后，联共（布）党内斗争激化，引起了各国共产党的疑虑和不安。

1925 年 12 月，联共（布）在第十四次代表大会以后提出，不让联共（布）党内的争端进入共产国际及其他支部。但这一规定很快被打破了。

1926 年 11 月 22 日 ~12 月 16 日，共产国际执行委员会第七次扩大全会在莫斯科举行。斯大林在会上作了《关于联共（布）党内问题》的报告。全会在讨论了斯大林的报告之后，谴责了联共（布）党内的托洛茨基—季诺维也夫反对派联盟，并责成共产国际各支部进行坚决的斗争。全会决定在组织上撤销了共产国际主席季诺维也夫的职务，布哈林作为共产国际政治书记处第一书记，成为共产国际的最高领导人。

1928 年 7 月 17 日 ~9 月 1 日，共产国际第六次代表大会在莫斯科举行。布哈林提交了一份关于国际形势和共产国际任务的提纲。在通常情况下，提纲是先经过联共（布）代表团审查的，可是这次由布哈林签署的提纲在送交联共（布）代表团的同时，也分发给了各国代表团。联共（布）代表对这份提纲表示不满，批评布哈林的提纲是“右倾”的提纲，并对提纲作了 20 处修正，从而实际上否定了布哈林的提纲，提出了一个新的提纲。

联共（布）代表团这种异乎寻常的做法，一方面把联共（布）党内的反右倾斗争捅到了共产国际，公诸于众。同时也对大会的进程施加了巨大影响，急剧地改变了大会的方向，制造了“反右倾”的紧张气氛。参加大会的各国代表团因此而感到十分震惊，有的代表立即转向反对布哈林的提纲。在这种情况下，布哈林服从了联共（布）代表团的修正，并按照联共（布）代表团审定和修正的提纲，向大会作了关于国际形势和共产国际任务的报告。这个报告提出了著名的“第三时期”理论。同时进而提出在各国共产党内反对右倾和对右倾的“调和态度”。共产国际“六大”通过的《国际形势和共产国际的任务提纲》认为，目前“在各国共产党内的主要偏向，是离开正确政治立场的右倾”，“这些右倾偏向，在存在比较强大的社会民主党的情况下，显得特别危险，因此反右倾的斗争应当提到首位，这也要求不断反对对党内右倾偏向采取调和主义的态度”。布哈林在第六次代表大会上所作的关于共产国际执行委员会工作报告也说：“如果通观共产国际整体，则当前右倾是主要危险。”谈到中国，布哈林说：“中国在愚蠢至极的右倾时期以后，又出现了‘左’倾，目前‘左’倾具有盲动情绪、盲动策略等形式。但是，一般来说，现在脱离正确路线的倾向是右比‘左’更甚。”

共产国际“六大”以后，联共（布）党内反对布哈林右倾的斗争逐步升级，并对共产国际及其各国支部产生了愈来愈大的影响。布哈林集团被认为是一个有自己的组织和政纲的特殊的派别集团；反对布哈林右倾的斗争也就由思想斗争升级为政治斗争。斯大林在一系列演说中，从联共（布）党内斗争的需要出发，进一步为共产国际及其各国支部的反倾向斗争定下了基调——右倾是“主要危险”，只准反右，不许反“左”。联共（布）党内反对布哈林右倾斗争的急剧升级，斯大林对“右倾主要危险”的反复强调，也就为国际范围内的“反右倾”斗争造成了一种强大的政治声势。

自1929年起，资本主义世界爆发了空前严重的经济危机。1929年5月6日，斯大林在共产国际执委会主席团美国委员会上讲：“我认为，革命危机在美国爆发的时候不远了。而革命危机一旦在美国爆发，这将是整个世界资本主义末日的开始。”在5月14日的会议上，斯大林继续说：“实际上，所有资本主义国家阶级斗争都在激化，欧洲革命危机在增长，新的革命高潮的条件在成熟……世界资本主义脚下的土地很快会燃烧起来。”

1929年7月3~19日，共产国际执行委员会在莫斯科召开了第十次全会。发展和完善“第三时期”理论，加紧反对右倾和对右倾的调和主义，是这次会议的主要内容。全会把布哈林（联共）、洛夫斯顿（美共）、伊列克（捷共）、斯皮克托尔（加拿大共）等清除出共产国际执委会和主席团，并增补了一批拥护共产国际新政策的执行委员。全会特别作出了《关于布哈林问题的决议》，指出：“跟右派分子作斗争，无论过去和现在都是共产国际的中心任务。”

当斯大林和共产国际提出反对“右倾主要危险”之际，恰好是中国共产党刚刚纠正了瞿秋白的“左”倾盲动主义错误之后，党内“左”倾思想和“左”倾情绪仍然严重存在。如企求速胜的革命急性病，脱离群众的关门主义和命令主义，无组织、无准备的“原始暴动”情绪，农村中的烧杀主义，反对富农、侵犯中农利益的行动以及党内斗争的惩办主义等，还远远没有肃清。可是，共产国际并不是从中国党的实际情况出发，要求中国党把继续克服“左”倾思想和“左”倾情绪作为主要任务，恰恰相反，而是按照斯大林定下的反对“右倾主要危险”的基调，不分青红皂白地要求中国党也把右倾作为“主要危险”。

在1929年的一年内，共产国际给中国党连续来了四封指示信，这四封信是共产国际在“六大”以后，为贯彻国际“六大”精神，给中共中央的政策性指示，第一封信是2月来信，这封信的主要内容是强调“反右倾”斗争，按照国际“六大”关于“右倾是主要危险”的精神，要中国党也把右倾作为主要危险，力图改变中共“六大”既反右，又反“左”，并主要是反“左”的立场。第二封信是6月7日关于农民问题的信，这封信提出改变对待富农的策略，也即是改变中共“六大”中立富农的政策为反对富农的政策。第三封信是关于中国工会工作的决议，决议提出“必须实行坚持的斗争，来反对党内各种对赤色工会的取消主义倾向，这种取消主义倾向是右倾危险和十足机会主义的表现”。第四封信是10月26日，共产国际执行委员会发出《给中共中央关于国民党改组派和中共任务问题的信》，认为，目前中国已进入到深刻的全国危机时期，可以开始而且应当开始去用革命方法推翻地主资产阶级联盟的政权，建立苏维埃形式的工农专政。来信为中国共产党具体规定了5项任务，强调：应当极其注意工人罢工斗争，巩固并且扩大游击战争，要使广东、湖南、福建、湖北的工农红军的零碎斗争统一起来，要使全中国的农民群众斗争积极化。信中指示中共中央要加强党的自身建设，克服党内主要的危险——右倾机会主义的心理和倾向。

中共中央政治局于1930年1月11日通过《接受国际一九二九年十月二十六日指示信的决议》，表示完全同意国际来信的指示，强调目前全国的确已进入到了深刻的全国危机时期。党必须以扩大游击战争，有组织地进行兵变，坚决肃清乡村党内的富农，有计划、有准备地去组织同一产业同一职业的罢工。要求全党切实与一切动摇、犹豫、机会主义做无情的斗争，实现真正的布尔什维克化。

1930年2月26日，中共中央向全党发出第七十号通告，把准备武装起义、建立全国政权定为全党的总路线和总任务；决定红军在战略与战术上必须向着交通要道中心城市发展；指责朱毛与鄂西的红军中还保存着过去躲避和分散的观念。[①] 4 月，中共中央致信红四军前委，强调目前全国首先胜利最显著的区域是湘鄂赣等省，而以武汉为中心。要求四军加紧配合这三省的工作，坚决地向中心城市发展。指令红四军与红六军联系，向赣江下游发展，取得九江，首先保障武汉胜利。

5 月，李立三在《布尔什维克》杂志发表《新的革命高潮前后的诸问题》，系统地阐述他对中国革命形势和斗争策略的看法。文章认为，现在革命的发展，无疑是日益接近着新的革命高潮——直接革命形势；在准备全国革命胜利的任务之下加紧准备夺取一省与几省政权；建立全国政权，已成为党的目前的总战略。

同月，中共中央在上海召开全国红军代表会议。会议讨论了红军的战略战术、红军的编制及组织系统、政治委员制度、政治工作、兵士委员会和红军中党的工作等问题。决定各地红军分别集中组成军团，用三三制编制。提出，红军要无条件地扩大，在 8 月以前扩大到 50 万人。红军要集中进攻交通要道、中心城市，以消灭敌人主力。在战术上，不要采取"不打硬仗、避实就虚、敌进我退、敌攻我守"等游击战术，要集中力量，坚决进攻。

1930 年 5 月，毛泽东经江西会昌来到寻乌城。他利用红四军一、二、四纵队分兵寻乌、安远和广东平远做发动群众工作的时机，在寻乌开展了大规模的调查研究工作。

毛泽东说："对于商业的内幕始终是门外汉的人要决定对待商业资产阶级和争取城市贫民群众的策略，是非错不可的。非常明显，争取贫民一件事，一般同志不感觉它的重要，高级指导机关感觉它的重要了，却始终不能给同志们以行动上的具体策略，尤其是不能把具体方法指示出来。……我是下决心要了解城市问题的一个人，总是没有让我了解这个问题的机会，就是找不到能充足地供给材料的人。"[②]

寻乌地处闽、粤、赣三省的边陲之地，摸清各方面的情况和据此制定政策，对三省及其他地方都有实践意义。到了寻乌城，毛泽东不胜喜欢。

在寻乌，毛泽东住在县城西井巷天主堂（后住县城南门外马蹄岗一幢石砌楼房里），在中共寻乌县委书记古柏的陪同下，考察了寻乌城。通过古柏的介绍，认识了"县城通"郭友梅、范大明两位老先生：郭友梅是杂货店主，他在寻乌的历史很长，又做过两任商会会长，对寻乌城的历史和

①《毛泽东年谱（1893—1949）》上卷，人民出版社、中央文献出版社，1993 年 12 月第 1 版，第 299 页。

②《毛泽东文集》第一卷，人民出版社，1993 年 12 月第 1 版，第 131 页。

现状了如指掌；范大明，贫农，县苏维埃政府职员，他对旧社会的辛酸苦辣体验深，斗争坚决，工作积极，他对革命前后城区的情况以及城郊居民对革命的态度，非常清楚。

为进一步了解全县各阶层情况，毛泽东采取开调查会的方式进行调查。经常参加调查会的除古柏、郭友梅、范大明外，还有县苏维埃委员赵镜清、城郊苏维埃主席刘亮凡。此外，还有几个工农出身的有经验的区乡干部、教师和店员。毛泽东还特意请了 62 岁的前清秀才郭清如参加调查会，向他求教寻乌的社会沿革、风土人情、文化经济等各方面的情况。

每次开调查会，都有调查纲目，毛泽东亲自主持和记录，满腔热情地接待每一个与会者，以甘当小学生的精神不耻下问，并同到会的人展开讨论。会上大家畅所欲言。毛泽东不仅对寻乌城 21 个行业、131 家大小商店的历史、现状及其主人的政治态度进行了详细询问，而且对全县 7 个区 21 户大地主、113 户中地主的剥削形式、剥削手段及其压迫群众、反对革命的恶劣行为，也问得很清楚。

为了解农民卖儿卖女的情况，毛泽东特邀了刘亮凡、李大顺、梅治平 3 个农民开调查会。3 个农友分别向毛泽东汇报了富福山、黄砂、兰田 3 个村穷苦人家卖儿卖女的惨景，毛泽东把他们的谈话一字一句地记下。毛泽东在调查记录中，加了这样一段话："所有我的调查都很谨慎，都没有过分的话。我就是历来疑心别人的记载上面写着'卖妻鬻子'的话未必确实的，所以我这回特别细问了寻乌的农民，看到底有这种事情没有。细问的结果，那天是三个人开调查会，他们三个村子里都有这种事。"①

寻乌调查已经进行了近 20 天，毛泽东反复思考，觉得还有不少似是而非的问题，需要进一步探讨。于是又和古柏商量召开了有 50 多人参加的总结调查会。毛泽东将没有把握或不够清楚的问题，一个个地提出来，让大家议论，广泛地征询大家的意见，又开了两天，寻乌调查才算圆满结束。②

---

①《毛泽东文集》第一卷，人民出版社，1993 年 12 月第 1 版，第 215 页。

②1931 年 2 月，毛泽东利用第一次反"围剿"胜利的间隙，在宁都小布整理出了近 10 万字的《寻乌调查》，记载了寻乌政治、交通、商业、旧有土地关系及土地斗争等内容，并一直珍藏着，经过长征，带到延安。1937 年，毛泽东将《寻乌调查》、《长冈乡调查》、《才溪乡调查》等一起交出版社出版，并为这批调查材料定名为《农村调查》，同时还为本书写了序言。他在为《寻乌调查》所写序言中说："我过去做过湘潭、湘乡、衡山、醴陵、长沙、永新、宁冈七个有系统的调查，湖南那五个是大革命时代（1927 年 1 月）做的。永新、宁冈两个是井冈山时代（1927 年 11 月）做的。湖南五个放在我的爱人杨开慧手里，她被杀了，这五个调查大概是损失了。永新、宁冈两个，1929 年 1 月红军离开井冈山时放在山上一个朋友的手里，蒋桂会攻井冈山时也损失了。……失掉别的任何东西，我不着急，失掉这些调查（特别是衡山、永新 2 个），使我时常念及，永久也不会忘记。"（《毛泽东文集》第一卷，人民出版社，1993 年 12 月第 1 版，第 118 页）

1930年6月9日，中共中央政治局常委兼宣传部长李立三在中央政治局会议上作关于目前政治任务决议的报告，强调在中心城市暴动，人为爆发革命高潮有最大可能的地方是上海和武汉。李立三同时指责毛泽东是妨碍猛烈扩大红军的代表人物。李立三说："在全国军事会议中发现了妨害红军发展的两个障碍，一是苏维埃区域的保守观念；一是红军狭隘的游击战略，最明显的是四军毛泽东同志，他有整个的路线，他的路线完全与中央不同。……他对四军的发展，仍是保持游击战争的观念。……游击战术是不适合于现代的需要……现在则是需要夺取中心城市，向敌人主力进攻，向交通中心发展，所以红军应扩大充实。"①

1930年6月11日，在李立三的主持下，② 中共中央政治局在上海举行会议，通过了《新的革命高潮与一省或几省的首先胜利》决议案。

6月11日，中共红四军前委和闽西特委在长汀县南阳举行联席会议，13日结束。会议总结了中共闽西"一大"以来根据地建设、武装斗争各方面的成就和经验。其中《富农问题》决议，是土地革命史上第一个专门解决富农问题的文件，它总结和肯定了土地斗争中成功的经验，做了许多正确的规定，对推动闽西土地革命的深入起了重要的作用。

6月15日，中共中央致信红四军前委，指责前委还完全没有懂得中央新的路线，还是在固执过去的路线。指出：革命形势已经转变，你们现在完全反映着农民意识，在政治上表现出来机会主义的错误。如果前委有谁不同意的，应该由中央解决。

20日，中央要求红四军从根本上转变旧的路线，向赣江下游发展，侧击南浔路，夺取九江，切断长江。

同时，李立三主持下的中共中央将6月11日决议致函共产国际主席团，要求共产国际同意中共中央新通过的路线。20日，共产国际执行委员会远东局驻上海代表罗伯特致函中共中央政治局，表示不同意6月11日决议。

21日，中共中央政治局致函远东局，说罗伯特一贯右倾，妨碍中国党领导革命工作，妨碍中国党与远东局的关系，要求远东局改组，调回罗

---

①《毛泽东年谱（1893—1949）》上卷，人民出版社，中央文献出版社，1993年12月第1版，第308～309页。

②向忠发虽为总书记，实权掌握在有文化、有能力的李立三手里。李立三推行"左"倾盲动主义政策时，向忠发是他的积极支持者和推行者。

伯特。

根据红军代表会议精神，1930年6月上旬，红五军军委在湖北大冶县刘仁八举行扩大会议，决定红五军第五纵队扩编为红八军，并以红五、八两军组成红三军团。彭德怀任军团总指挥和前委书记，滕代远任政委，邓萍任参谋长，袁国平任政治部主任。所属第五军，军长邓萍（兼），政委张纯清，政治部主任吴溉之：下辖第一、第三2个师，第一师师长李实行，政委侯中英；第三师师长彭鳌，政委谢翰文。第八军，军长何长工，政委邓乾元，参谋长卢义才，政治部主任柯庆施：下辖第四、第六两师，第四师师长黄云桥，政委黄克诚；第六师师长郭炳生，政委彭雪枫。全军团共1万余人。

中共红四军前委和闽西特委6月中旬在福建省长汀县举行联席会议，根据全国红军代表会议精神，决定将红四、六、十二军（红十二军由龙岩、上杭、永定、连城等县赤卫队武装组成）编为中国工农红军第一军团（初称第一路军）。

6月19日，第一军团在长汀宣告成立，朱德任总指挥，毛泽东任政委和前委书记，朱云卿任参谋长，杨岳彬任政治部主任；第四军，军长林彪，彭清泉（潘心源）任政委，陈奇涵任参谋长，李涛任政治部主任（下辖3个纵队）；第六军（7月改称第三军），军长黄公略，政委陈毅，参谋长周子昆，政治部主任毛泽覃（下辖3个纵队）；第十二军，伍中豪任军长，谭震林任政委，林楚任参谋长（下辖2个纵队）。全军团共2万余人。①

1930年夏天，在反对“右倾主要危险”的声浪中，中共党内出现了第二次“左”倾盲动主义。在盲动主义形成过程中，许多做实际工作的同志，如中宣部的恽代英，江苏省委的何孟雄，全总党团的林育南、罗章龙等人，曾在不同问题上提出过反对意见，李立三则给他们戴上“右倾”、“右派”的大帽子，加以打击。

7月13日，李立三在上海召开中共政治局会议，研究部署全国工作。决定在南京、武汉举行暴动，在上海实行总同盟罢工。并将这一计划于16日函请共产国际批准。

---

①湘赣边的红四军前委和鄂西红六军前委在洪湖苏区举行联席会议，两军组成中国工农红军第二军团，贺龙任总指挥，周逸群任政委和前委书记，孙德清任参谋长，柳直荀（柳克明）任政治部主任。红四军番号改为红二军，贺龙兼任军长，朱勉之任政委，张应南任参谋长；红六军，旷继勋任军长，段德昌任政委，许光达任参谋长。全军共1万余人，5000余支步枪。

7月24日，红一军团攻占江西樟树镇（清江），歼灭国民党守军一部。第二天，毛泽东、朱德在樟树镇召开红一军团干部会，决定不打南昌，率部西渡赣江。7月，在行军途中，毛泽东作《蝶恋花·从汀州向长沙》：

> 六月天兵征腐恶，万丈长缨要把鲲鹏缚。赣水那边红一角，偏师借重黄公略。　　百万工农齐踊跃，席卷江西直捣湘和鄂。国际悲歌歌一曲，狂飙为我从天落。

红军30日到达南昌对岸的万寿宫、生米街地区。8月1日派两个纵队攻击牛行车站，隔江向南昌鸣枪示威，以示纪念南昌起义3周年。随后全军即转至安义、奉新地区休整待机。从而避免了中共中央指令强攻南昌、九江可能遭到的损失，在行动上抵制了立三路线。

红三军团于7月23日会同湘鄂赣边独立师发起攻打长沙战役，部队由平江县城出发，南出晋杭，一举击溃国民党军第五十五旅，歼其大部。继沿平（江）长（沙）公路南进，25日攻占金井，歼守敌第四十五旅大部。27日，攻占湖南省会长沙，俘国民党军4000余人，缴各种枪支3000余支，炮20余门，电台9部及大批弹药物资。湖南头号反革命、双手沾满革命人民群众鲜血的刽子手何键只身逃往湘江西岸。30日，红三军团在长沙组成湖南省苏维埃政府，以李立三为主席（李未到职，由王首道代理），杨幼麟为副主席，彭德怀、李宗白等13人为委员。颁布了《暂时劳动法》、《暂时土地法》和苏维埃政纲等文件。

在长沙，红三军团扩红七八千人，筹款40万银洋，解决了红军被服、医药困难，处决了一批反革命分子，释放了几千名政治犯。8月3日晚，何键集结全部力量15个团，在帝国主义10余艘小型舰船的掩护下，从长沙上、下游渡过湘江，南北夹击长沙市。8月6日拂晓，红三军团撤离长沙城。

红一军团为支援红三军团，由江西安义、奉新地区西进湖南，8月20日，于浏阳县文家市地区全歼何键第三纵队3个团又1个营，击毙纵队司令兼旅长戴斗垣，俘敌1000余人，缴各种枪1500余支。

8月23日，红一军团和红三军团在湖南省浏阳县永和市会合，当日，召开了一、三军团前委联席会议，三军团前委同志提议成立第一方面军和总前委。彭德怀提议将三军团之五、八军编为一方面军建制，便于统一指挥。朱德任总司令，毛泽东任总政委兼总前委书记，朱云卿任参谋长，杨岳彬任政治部主任，辖3万余人。第一军团总指挥部由方面军总指挥部兼

（即朱德任总指挥、毛泽东任政委、朱云卿任参谋长、杨岳彬任政治部主任），辖第三、四、十二、二十、二十二军。① 第三军，军长黄公略，政委蔡会文，参谋长周子昆，政治部主任毛泽覃；第四军，军长林彪，政委罗荣桓，参谋长陈奇涵，政治部主任李涛；第十二军，军长罗炳辉，政委谭震林，参谋长林楚，政治部主任谭政；第二十军，军长曾炳春，政委刘士奇，政治部主任谢汉昌；第二十二军，军长陈毅，政委邱达三。

第三军团，彭德怀任总指挥，滕代远任政委，邓萍任参谋长，袁国平任政治部主任，辖第五、八、十六军。② 第五军，军长邓萍（兼），政委张纯清，政治部主任吴溉之；第八军，军长何长工，政委袁国平（兼），参谋长卢义才，政治部主任袁国平（兼）；第十六军，军长孔荷宠，政委黄志竞，政治部主任吴天骥。

同时，成立了中国工农革命委员会，统一指挥红军和地方政权，毛泽东、朱德等35人为委员，毛泽东为主席。

1930年7月23日，共产国际执行委员会政治秘书处在周恩来和中共驻国际代表团团长瞿秋白的参加下，③ 通过了《关于中国问题的决议案》。批评了李立三对革命形势所作的不正确的估计，并指出他在若干问题上的策略错误。该决议由周恩来、瞿秋白于8月中旬回国时带到中共中央。

8月1日，中共中央在武汉重设长江局，管辖湖南、湖北、江西、河南、四川5省。项英任书记，任弼时任组织部长，朱瑞任秘书长，周以栗任军委书记，刘伯承兼任军委参谋长。

8月5日，中共中央政治局给共产国际执委会写出报告再次要求批准组织武汉、南京暴动和上海总同盟罢工的计划。共产国际执委会远东局致函中共中央和共青团中央，说中共中央政治局违背了共产国际的立场和指示，要求中共中央停止执行冒险计划。8日，中共中央发出由向忠发签署的《关于中国目前的政治形势给斯大林同志的信》，重申5日报告内容，请斯大林批示。并要求斯大林在联共中央提出，给予中国切实的援助。

8月10日，中共中央致信长江局，要求：红三军团“仍须积极反攻长沙，猛烈地扑灭何键，采取进攻策略，迅占岳州，向武汉进逼。二、六军

①第二十军和第二十二军均由赣西南地方武装组成。后来第二十二军于1930年12月中旬在江西黄陂缩编为六十四师，师长先后是陈毅、粟裕。

②红十六军由湘赣边红军独立师扩编而成。

③周恩来于1930年4月离开上海前往莫斯科向共产国际汇报工作并参加联共第十六次代表大会；瞿秋白于中共“六大”后留在莫斯科担任中国共产党驻共产国际的代表团团长。

亦须向武汉进攻。……三、四军如下南昌占九江，则应与八军取得联络，通武汉，以使在红军的进攻下取得与工人力量的会合，在敌人忙于应战时，武汉举行伟大的暴动，以夺取政权。……如南昌下后，全国革命委员会应在南昌成立，并可暂由毛泽东任主席。”

8 月 25 日和 26 日，周恩来、瞿秋白分别由莫斯科回到上海，带回共产国际政治秘书处关于中国问题的决议案，随即通过个别谈话和召集会议进行传达。

29 日，中共中央发出《关于再度占领长沙的战略给长江局并转湘省委，湘、鄂、赣前委及行委的信》，指示第三、四、五、八军主力再度集中进攻长沙。并联络鄂西二、六军截断武长路，将何键及在湖南之主要部队予以完全消灭，然后调转主力击溃江西主要敌军占领南昌、九江。在湘赣主要敌军被击溃的条件下，向着武汉中心前进。指出：占领长沙后，便须立即召集广大群众大会，宣告成立“中国苏维埃共和国中央工农革命委员会”。还说：中央决定在湘鄂赣这一广大苏维埃中成立中央局。此信于 9 月 29 日由长江局军委书记周以栗送达红一方面军总前委。

8 月 29 日，红一方面军再打长沙。当天，部队进抵长沙近郊。这次，敌人已经有了准备。何键占领长沙后，架电网，挖壕沟，工事修得很坚固。红军买了几十条水牛，在牛尾上绑上棉花，浇上汽油，点燃后，牛乱冲乱撞，碰开了电网，抓了几个俘虏，了解到城内有 4 个旅的驻军。红军决定采取“诱歼敌军于其工事之外，然后乘胜利攻入长沙”的战法，在城郊待机歼敌。后来，红一方面军总前委根据守敌主力据守阵地，长沙城坚兵众，屡攻不克，为避免更大损失，红军于 9 月 12 日率部撤长沙之围，转往株洲、醴陵、攸县、萍乡地区待机歼敌。13 日，红一方面军总前委在株洲召开会议，总结二打长沙的教训。决定暂不打长沙，也不打南昌，先以红一军团攻取有利于红军和根据地发展的赣西重镇吉安；红三军团占领清江等地，阻击援敌，保障一军团侧翼安全。待达到上述目的后，就地发动群众，扩大红军，然后再伺机攻打南昌、九江。

1930 年 9 月 24 日，中共中央在上海召开扩大的六届三中全会，28 日结束。会议由瞿秋白、周恩来主持，到会中央委员 14 人，中央审查委员 2 人，北方局、南方局、长江局、满洲省委、青年团、全总党团代表 20 人，共 36 人出席。全会根据共产国际的《中国问题决议案》等文件，比较全面地分析、批评了李立三在政治上、组织上的“左”倾盲动主义错误，批评了成立各级行动委员会和提出的“党的组织军事化”等错误口号，决定恢复党、团、工会的独立组织和经常性工作，重新确定了党的主要任务，停止了组织全国总起义和集中全国红军进取中心城市的冒险计划。李立三在会上做了检讨发言，承认了错误。至此，中共中央结束了以李立三为代表的“左”倾盲动主义统治。会议改选了中央政治局，正式委员有：向忠发、项英、周恩来、瞿秋白、李立三、关向应、张国焘；候补委员为罗奕（罗登贤）、徐锡根、卢福坦、温裕成、罗迈（李维汉）、顾顺章、毛泽东。

10 月 12 日，中共中央发出第九十一号通告——《三会扩大会的总结与精神》，概述六届三中全会的主要内容，指示各级组织迅速纠正盲动主义倾向和策略上的错误，采取巩固发展的方针。要求，有阵地的向外扩大，有后方的向前进攻，组织已经局部开始的革命战争，建立巩固的革命根据地，从这些根据地的配合与联系上、发展与扩大上来争取一省或数省的首先胜利。

9 月 29 日，中共中央长江局代表、长江局军委书记周以栗携带中央 8 月 29 日关于要红一方面军再度占领长沙的指示信辗转到达江西袁州（宜春）红一方面军总部，要方面军回攻长沙。红一方面军总前委随即举行会议，再次讨论部队的行动方针。会上，经毛泽东多方说服，周以栗放弃原来意见，决定继续执行株洲会议决定。随后，一、三军团按原计划分别向吉安、清江地区开进。

红一方面军第一军团主力 10 月 4 日在赣西地方武装配合下，攻占吉安城。7 日，赣西各县 10 余万群众在城内举行庆祝大会，会上宣布成立江西省苏维埃政府，曾山任主席，毛泽东、朱德、方志敏、陈正人等 53 人为委员。接着，组成了以李文林为书记的 13 人中共江西省行动委员会。10 月 17 日，红一方面军总前委在江西省峡江举行扩大会议，对时局的估量、红军的行动方面、土地问题和工商业政策进行了讨论，做出了相应的决议。并进一步决定停止执行进攻南昌、九江的计划，将部队部署在清江至分宜段的袁水两岸，以战备姿态开辟群众工作、筹措给养。

四　杨开慧烈士

1927 年，毛泽东参加秋收起义和杨开慧分别后，杨开慧一直在老家板仓一带坚持不懈地进行地下斗争。

毛泽东带领队伍到井冈山后，他用暗语给杨开慧写了一封信，说：他出门后，开始生意不好，亏了本，现在生意好了，兴旺起来了。这封信经过不少周折，直到1928年初才辗转到杨开慧手中。她从地图上找到井冈山的位置，牵肠挂肚地思念着。1928年10月，她写了《偶感》一首：

> 天阴起朔风，浓寒入肌骨。念兹远行人，平波突起伏。足疾已否痊？寒衣是否备？孤眠谁爱护，是否亦凄苦？书信不可通，欲向无人语。恨无双飞翮，飞去见兹人。兹人不得见，惆怅无已时。

1929年3月7日，湖南《民国日报》登载了朱德之妻萧奎联（伍若兰）被挂头示众的报道。随后还发了两篇欣赏人头的文章。杨开慧以《见欣赏人头而起的悲感》为题写道："上个月底湖南《民国日报》登载了两篇欣赏人头的美妙文章，欲知时代精神者不可不读！……想不到前清时候罪诛九族的故事，现在还给我亲眼瞧到（杀朱德妻虽然未及九族，根本是这一个意思）！我从前根据我的时代眼光，对于杀人的事实，常常是这样说：杀人是出于不得已啊！虽然事实常常不是这样的……可是啊这一次杀朱德妻的事，才把我提醒过来！原来我们还没有脱掉前清时候的文明风气，罪诛九族的道理，还在人们的心里波动！另外，我又知道杀人不但不是悲惨的事，人头简直是普遍需要的一种艺术品！你看他们不是感情奔赴着，以欣赏人头为快的情绪！"

1929年3月以后，杨开慧了解到革命处于低潮的井冈山的情况，她深知凶残的敌人决不会放过她，因此不能不有牺牲的准备。她在《给一弟的信》① 中写道：

> 我好像已经看见了死神——唉！它那冷酷的面孔！说到死，本来而我并不惧怕，且可以说是我喜欢的事。只有我的母亲和我的小孩啊，我有点可怜他们！而且这个情绪缠扰的我非常厉害——前晚竟使我半睡半醒地闹了一晚。我决定把他们——小孩们托付你们，经济上只要他们的叔父长存，是不至于不管他们的，且他们的叔父是有很深的爱对于他们的。但是倘若真个失掉一个母亲，或者再加一个父亲，那不是一个叔父

①这封信是写给她的堂弟杨开明的，未发出。杨开明与杨开慧同时壮烈牺牲。1982年3月，长沙县人民政府在修缮杨开慧烈士的故居——板仓杨家老屋时，在杨开慧住房的砖缝中发现此信和前述之《偶感》、《见欣赏人头而起的悲感》及本人"自传"等7篇手稿（此次共发现自传无题散文1篇、诗2首、杂文2篇、未发出的信2封，计12页，约4200余字）。

的爱可以抵得住的，必须得你们各方面的爱护，方能在温暖的春天里自然生长，而不至受那狂风暴雨的侵袭。

1929年6月20日，杨开慧写了自传散文1600余字，记述了她自6岁到28岁这段学习生活、思想变化、父亲病逝和恋爱经过。其中对她的恋爱生活写道：

不料我也有这样的幸运！得到了一个爱人，我是十分爱他，自从听到他许多的事，看见了他许多文章日记，我就爱了他，不过我没有希望过会同他结婚，因为我不要人家的被动爱，我虽然爱他，但决不表示，我认定爱的权柄是操在自然的手里。我决不妄大希求。我也知道都像我这样，爱不都埋没尽了吗？然而我的性格，非如此不行，我早已决定独身一世的。一直到他有许多的信给我，表示他的爱意，我还不敢相信我有这样的幸运。……自从我完全了解了他对我的真意，从此我有一个新意识，我觉得我为母亲而生之外，是为他而生的。我想象着，假如一天他死去了，我的母亲也不在了，我一定要跟着他去死！假如他被人捉着去杀，我一定同他去共一个命运！

杨开慧写道：

我一直在追随他美丽的身影，如果他死了，我的情思要全部注入他的尸体上；我好像看到他站在那里！我会马上到你那儿去，我亲爱的人，我要吻你，吻你的脸，吻你的颈，吻你的全身！

1930年8月，红军撤出长沙后，湖南省省长兼国民党清乡司令部司令何键悬赏1000大洋，捉拿“毛泽东的妻子杨氏”。

10月24日，杨开慧在通知战友隐蔽时，被国民党长沙警备司令部的密探①发现后被捕，同时被捕的还有保姆陈玉英和8岁的长子毛岸英。杨

①何键的武术训练班教官、特务头子范瑾熙是板仓人。经何键指使，范瑾熙派暗探余连珊化装成贩卖陶罐的小商人在杨开慧的家乡福临铺、清泰乡、板仓一带盯梢。由于杨开慧机敏，经常带着孩子在亲戚家东躲西藏，敌人总是扑空。因为毛岸英过8岁生日回到家里，才被敌人盯住。

开慧被捕的消息震动了长沙，在清泰乡飘峰山一带坚持地下斗争的同志，带上武器汇集到一起，下决心要把杨开慧救出来，他们派出交通员沿长岳古道追到长沙，才知道杨开慧已经被关进警备司令部的监狱。

杨开慧的被捕，使国民党湖南省政府的政客们弹冠相庆，他们认为捉住了杨开慧，不但能破获共产党的高级机关，还可以进一步跟踪追捕毛泽东和朱德。

杨开慧被押到长沙后，很快便由市警备司令部转到省清乡司令部，不久又被关进陆军监狱署，被何键列为案情重大的“政治犯”。省政府的委员、清乡司令部的头目每天都在追问案情的进展。在清乡司令部中厅的特种刑庭里，每次都要从早上 8 点审讯到下午 4 点。

11 月上旬的一天上午，杨开慧在 4 个国民党徒的押解下，手牵着 8 岁的毛岸英，又一次被带去审讯。她穿着被撕破的带血的衣服，带着被拷打的一身伤痕，捏着毛岸英的手说：“岸英，挺起胸来，不要在敌人面前掉泪！”执法处长问她：“杨开慧，毛泽东在哪里？”杨开慧沉默着。当问到第 5 遍时，杨开慧才冷冷地说：“我早就答复过你们，不知道。”

敌人问：“你们通过什么联系？”杨开慧：“通过你们的报纸。”几个敌人对望了一下，认为是新情况，忙问：“哪一家的报纸？”杨开慧：“通过你们国民党的报纸，我知道他领导了秋收暴动；通过你们的报纸，我知道他上了井冈山；通过你们的报纸，我知道他指挥红军，杀得湘赣军阀丢盔弃甲……”

3 个凶狠的法警，像一群恶狼，扑向杨开慧，她的旗袍被剥下。一束束竹片，像雨点般落来，她的鲜血一滴滴向下淌，昏了过去。

毛岸英撕心裂肺地叫着妈妈，毛岸英跪在母亲脚下，用小手抚摸着她腿上的伤痕，杨开慧睁开眼，厉声说：“岸英，挺住！”

毛岸英猛然想起妈妈的嘱咐，他挺身站立起来，紧紧偎依在妈妈怀里。他捏紧拳头，擦干眼泪，望着法警举起的竹片，肚里憋着仇恨，嘴里喘着粗气。

执法处长走过来，扭转毛岸英的头问：“伢崽，你爸爸在哪里？”“不知道！”“有人看见他回家，还带了一包糖给你。”毛岸英说：“我什么也没有看见，只看见你们这帮坏蛋在打我妈妈。”

杨开慧松开咬紧的嘴唇，把一口鲜血直喷到执法官的脸上。敌人气急败坏，把杨开慧绑到长凳上，把一根根竹签从指甲盖内插进肉里。杨开慧昏了过去，毛岸英也一头倒在妈妈的血泊里。

杨开慧被冷水浇醒后，刽子手又抬过木杠压在她的腰上、膝盖上。杨开慧躺在血泊里昏迷不醒。敌人着慌了，用力扳开她的牙齿，排出口腔内的积血，她才微微睁开了眼。执法处长对着杨开慧的耳朵喊："你说，毛泽东到底在哪里?"

杨开慧用微弱而清晰的声音回答敌人，说："他……在……我……心……里。"

审讯过后，杨开慧昏了一夜，毛岸英扑在妈妈身上哭了一夜。

第二天，敌人又来劝降，条件是，一不要交出地下党的名单，二不让写悔过书，只要在报纸上发表声明，跟毛泽东脱离夫妻关系，就能获得自由。

杨开慧把她跟毛泽东的关系看得比生命更可贵。杨开慧回答："头可断，血可流，让我们脱离关系，痴心妄想！要杀便杀，我誓不屈服!"

家中来人告诉她，她妈妈到南京找保人去了，长沙也有人保她。杨开慧冷静地说："不要枉费精力了。请告诉亲人们，我死不足惜，但愿润之革命早日成功!"

夜深了，月光从窗口探进牢房，照见着熟睡的岸英。一阵阵西北风吹来，杨开慧脱下身上的罩衣轻轻地盖在孩子身上，无限深情地抚摸着孩子的脸庞。她很少流泪，这时候，滚烫的泪水不知不觉淌了下来。她强忍着悲痛，不再去看孩子，起身走近窗口。她的心如波涛一样起伏着。

1930 年 11 月 14 日，清晨 6 点钟，长沙师敬湾陆军监狱如临大敌。敌人把杨开慧押出来。她贴身穿了一件新做的青色布衣，外面罩着她与毛泽东分手时穿的旗袍，灰色的袜子，黑色带袢的黑布鞋。她用手理一理头上的短发，摸摸颈下的衣扣，昂然走出牢门。后面跑出岸英，他满脸是泪，扑到妈妈脚下，抱着妈妈的腿号啕大哭。

杨开慧弯身扶起岸英，紧紧搂在胸前，轻声安慰说："孩子，我没有别的话要说。如果你将来见到你的爸爸，就说我没有做对不起党的事。说我非常想念他……我不能帮助他了，请他多多保重!"杨开慧向毛岸英说的最后一句话是："孩子，记住，血债要用血来还!"

毛岸英含泪点点头。孙嫂从牢房里奔出来，失声痛哭："杨先生，你不能走啊！孩子舍不得你!"杨开慧亲切地望着她，亲手把毛岸英交给她说："孙嫂，我的三个孩子都还小，他们是润之的亲骨肉，是革命的幼苗，我不能承担抚养的责任了，全托给你吧！等孩子长大以后，你们会好的。"

在特种刑庭审讯室里，敌人又一次问道："杨开慧，你真的不愿意与毛泽东脱离夫妻关系吗?"杨开慧斩钉截铁地说："无须多问，早就回答你们了!"

敌人问："你上有老母，下有孩子，年纪轻轻的，要为自己的将来着想。"

杨开慧："这些事，我自己有主张，不用你们管！"

"你不怕死吗？"

"牺牲小我，成功大我！"

"对你的家属，有什么遗言？"

"你可以告诉他们，我死后，不要做俗人之举。"

执法处长捧着一纸文书喊道："……判处共党要犯、毛泽东之妻杨氏开慧死刑，立即绑赴识字岭刑场枪决！"

杨开慧奋力推开要绑她的敌人，高声斥道："我自己走！"大义凛然地走出法庭。

杨开慧被敌人五花大绑地推向街头，她后面还有一起就义的6名难友。

来到识字岭，杨开慧背对着几丈高的天灯柱子，面向她亲爱的故乡板仓挺立着。

下午1点。刽子手罪恶的枪声响了，杨开慧英勇就义，时年29岁。

杨开慧牺牲后，她的遗体被亲友连夜运回板仓，葬在青松环绕的棉花坡上。

毛泽东从报上得到噩耗，十分哀痛。越过国民党反动派的层层封锁，寄信给杨开慧的家属说："开慧之死，百身莫赎。"并寄款为烈士修墓立碑，上刻：毛母杨开慧墓　男岸英　岸青　岸龙刊　民国十九年冬立，修。

同年，迷信风水的何键派一个连的部队到韶山，要挖毛泽东的祖坟。在韶山人民的掩护下，反动军队未找到毛泽东的祖坟，反而将一家地主的坟给挖了。

五　第一次反"围剿"及富田事变

1928年5月，奉军在北伐战争中失利。6月8日、12日，继续北伐的国民党军队蒋、阎、冯、桂4个集团军先后进占北京和天津，将北京改为北平。6月30日，奉系军阀退出关外。①

①《刘少奇传》上册，中央文献出版社，1998年10月第1版，第115页。

1930年4月，国民党新军阀蒋介石和冯玉祥、阎锡山之间爆发了一场大战。双方集结兵力百万，以河南信阳、商丘为中心，在津浦、陇海铁路沿线，东起山东、西至襄樊、南迄长沙，战线绵延数千里，因此称为“中原大战”。这场战争一直持续到1930年11月，双方死亡30余万人，最后以阎、冯的失败而告终。在这里起关键作用的是东北的张学良①拥蒋。蒋介石委任张学良为陆海空副总司令，委任东北军将领于学忠为平津卫戍司令、王树常为河北省主席。1930年9月18日，张学良决定东北军入关，帮助蒋介石打败了冯、阎等反蒋联军。

这个时期，中国共产党领导下的农村土地革命，在新军阀的混战中迅猛发展。在全国建立了大小15块红色革命根据地，正规红军发展到13个军共10万人。其中江西、闽浙赣、鄂豫皖根据地，距国民党的统治中心——南京近在咫尺，像一把尖刀刺在国民党政权的前胸。对蒋介石来说，革命根据地与红军的发展壮大，比任何国民党内的反蒋派要可怕千百倍。中原大战刚刚结束，他即调转兵力，准备向红色根据地进行大规模的“围剿”。

1930年10月28日，国民党武汉行营主任何应钦受蒋介石委托，在汉口召开湘鄂赣3个省“剿匪”会议。提出，红军主力已集聚赣南，本次“围剿”以赣南为重点，要在3至6个月内解决战斗。

蒋介石下令，要在江西的国民党第五、十八、五十、新编第五、新编第十三各师及独立第十四旅等部，暂编为第九路军，统归江西省主席鲁涤平指挥，会同第六、十九路军“围剿”赣南革命根据地。

10月25日，红一方面军总前委和江西省行动委员会在江西新余县罗坊举行联席会议，会议由毛泽东主持，参加会议的有朱德、彭德怀、林彪、罗荣桓、滕代远、袁国平、黄公略、罗炳辉、陈正人、曾山、周以栗等人，会议分析了当前的政治形势。总结了两次攻打长沙和夺取吉安的经验教训，通过了《目前政治形势与一方面军及江西党的任务》决议。会议后期，根据国民党军队即将开始的对根据地“围剿”的实际情况，着重研究了反“围剿”的战略方针。

---

①1928年6月3日午夜，张作霖仓促从北京出关，6月4日上午乘专车行至辽宁省皇姑屯车站附近时，被日本人预谋埋下的地雷炸死。其子张学良继任，接管东北。

会议经过争论①改变了在湘江、赣江之间机动作战的计划，于30日通过了毛泽东提出的，在赣江以东、大海以西广大地区创建根据地和采取“诱敌深入”的方针。决定主力红军全部东渡赣江，依据根据地的群众和地形条件进行反“围剿”作战。

根据罗坊会议的决定，红一方面军总部于11月5日率部由袁水两岸转向赣江以东的新淦、崇仁、宜黄、永丰之间地区，沿途组织人民群众进行坚壁清野，部署游击战争，进行反“围剿”的各项准备工作。

鲁涤平集中国民党17个师又1个旅的兵力，编为3个纵队，由南昌、上高一线向南推进，对赣南革命根据地发起第一次“围剿”。7日，各部队进至清江、分宜、新余地区，因红军已先期转移而扑空，遂以主力转向赣江东岸，寻求红军主力决战。

11月中旬，红一方面军主力寻机歼敌，再次实行“求心退却”，逐次退出赣江以东的新淦、崇仁、南城、南丰、吉水地区，转往苏区中部的东固、龙冈、黄陂地区集结待机，并抓紧进行政治整训和临战训练。

12月7日，蒋介石到达南昌，召集党、政、军高级官员会议。亲自组织对根据地红军的“围剿”，设立“陆海空军总司令南昌行营”，鲁涤平兼主任，张辉瓒任前线总指挥，统一指挥第六、九、十九路军，共10万人。采取“并进直追、分进合击”的作战方法，从江西吉安到福建建宁一线分8个纵队向一方面军进攻。其部署为，第六路军由蛟湖、黄陂、南丰和闽赣边向洛口、广昌、宁都方向进攻；第九路军由永丰、乐安、吉安等地向东固、龙冈地区进攻；第十九路军经萍乡向万安、泰和前进，准备进攻兴国。自16日，上述军队分路向根据地中心区推进，并悬赏缉拿红军统帅朱德、毛泽东、黄公略、彭德怀等。

1930年12月初，中共红一方面军总前委根据赣西南肃反中提供的线索，派遣李韶九到江西省委行动委员会、省苏维埃和红二十军指导肃反工

---

①红三军团在渡江之前，因三军团的五军、十六军大多数是平江、浏阳人，八军大多数是阳新、大冶人，一些地方主义者反对过江，主张一、三军团分家，夹江而阵：一军团位置于赣江以东，三军团位置于赣江以西。认为这样既可以集中消灭敌大部队，也可以团为单位分散于湘赣边、湘鄂赣边、鄂东南区进行游击战，对将来夺取湘鄂赣三省政权都有利。从坚持长期战争方面看，这些人还是有些理由的，因此得到相当一部分人的拥护。但是彭德怀考虑：一、三军团分开，一次要各消灭敌军一个师很勉强，两军团合起来消灭敌人一个师就比较轻松。他认为，为了有效地消灭敌人，必须反对地方主义，在政治上以朱、毛为旗帜，一、三军团不能分开。彭德怀通过做思想工作，说服了坚持地方主义的人。他说，红军要有地方性，但又要反对地方主义，有意见到河东讨论，但不能妨碍行动，更不能说一、三军团分家。彭德怀这一票相当关键。

作。李韶九，湖南嘉禾人，时任红军总政治部秘书长兼红一方面军总前委肃反委员会主任。

12 月 7 日，李韶九到富田立即抓了江西省行动委员会和红二十军的 8 个主要领导人。9 日，李韶九到红二十军驻地东固帮助红二十军肃反。他在同团政委刘敌谈话时，透露要该军肃 AB 团。刘敌鼓动独立营包围军部逮捕李韶九以及该军军长等，释放了以 AB 团嫌疑被捕的红二十军政治部主任谢汉昌。

12 月 12 日，刘敌、谢汉昌率该军直属队 400 余人，乘夜冲向富田，包围江西省行委和省苏维埃政府，放出被怀疑为 AB 团而关押审查的 20 余人。

"富田事变"发生后，谢汉昌等把红二十军带到赣江以西地区，提出分裂革命队伍的口号，并制造假信以反对毛泽东，犯了挑拨离间和分裂革命的严重错误。①

随行这次兵变的还有大批红二十军官兵和赤卫队，写出了"打倒毛泽东，拥护朱彭黄"的分裂党和红军的标语。

苏区政府迅速派出 1000 多名红军去平息事变。未果，反而进一步扩大了事态，苏区政府紧急调动主力部队平息事变，但红军最高指挥官朱德拒绝在平叛命令上签字，认为红军不能打红军，但他的意见没有被接受。

在此形势下，毛泽东意识到事情的严重。他立即召开会议，决定：停止对兵变的军事行动，允许富田事变部队撤离，结束红军之间的自相残杀；② 以政治攻势为主，军事行动为辅，争取受蒙蔽的大多数人回到革命阵营。

毛泽东采取的这一行动，使红军内部的武装冲突迅速平息，兵变部队被瓦解，许多红军官兵返回革命队伍，表示戴罪立功。红军重新恢复了团结，士气又高涨起来。

1930 年 12 月 8 日的一个夜半（当时红一方面军总前委驻黄陂，红一军团驻在东山坝，相距六七十里路，国民党已分路进入苏区边境），红三军团前委秘书长周高潮，送给彭德怀一封信，信是毛泽东写给秘书古柏的。信的大意是：要在审讯 AB 团时，逼供出彭德怀也是 AB 团，我们的事情就好办了。同时，周高潮还交给彭德怀一份近万字的《告同志和民众

---

①《毛泽东年谱（1893—1949）》上卷，人民出版社、中央文献出版社，1993 年 12 月第 1 版，第 327 ~ 328 页。

②红二十军少数领导人将部队拉到赣江西岸，脱离红一方面军指挥，缩编为一个团（一七五团），在西路地区活动。

书》，开头写道，“同志们，民众们，党内大难临头了!!! 毛泽东叛变投敌了”，后面列举了毛泽东一大串“罪状”：右倾机会主义、投降路线等。彭德怀问是谁送的信，周高潮说是一个青年农民，彭德怀请送信人进来时，那人已不辞而别了。彭德怀想这样重大的事情，不派重要人来商谈，送信人员既不要回信，又不要收条，真是怪事。彭德怀立即召集滕代远、袁国平、邓萍（黄公略也曾到会）和各团长、政委、主任、参谋长，认真研究了那封所谓毛泽东给古柏的信：此信的年月日是阿拉伯字，而毛泽东写信年月日向来是汉字。彭德怀联想到毛泽东的建设工农革命军、建设井冈山根据地、传达“六大”决议、争取与袁（文才）王（佐）联盟、严肃批评乱杀群众的事及关于不应该留红五军守井冈山的自我批评、古田会议的决议……彭德怀认定毛泽东绝不是一个阴谋家，而是一个无产阶级的政治家。

当彭德怀意识到这是一个分裂红军的阴谋后，担心发生意外事变，当即写了一个宣言：富田事变是反革命性质的；打倒毛泽东、拥护朱彭黄，是阴谋分裂红军，破坏粉碎白军进攻的计划；一、三军团在总前委领导下团结一致，拥护毛泽东同志，拥护总前委领导。

12 月 10 日，彭德怀将三军团开到小布（离总前委 15 里），并亲自请毛泽东来三军团干部会上讲话，使三军团和一军团在政治上更加紧密地团结起来。会后，毛泽东握住彭德怀的手说：路遥知马力，日久见人心。你不但是位战将，也是一位了不起的政治家。谢谢你对我的信任。

1930 年 12 月中旬，红一方面军总前委在黄陂召开军以上干部和地方党政负责人会议，具体研究打破国民党军第一次“围剿”的作战方案。会上，毛泽东分析了国际、国内和敌方、我方的形势，提出了粉碎敌人“围剿”的“八大胜利条件”。会议同时规定，早晚点名喊 6 个口号：勇敢冲锋！拼命杀敌！多缴枪炮！活捉鲁涤平！红军胜利万岁！共产党万岁！

12 月 25 日，总前委在小布召开“苏区军民歼敌誓师大会”。毛泽东为大会书写对联：“敌进我退、敌驻我扰、敌疲我打、敌退我追、游击千里战胜券；大步进退、诱敌深入、集中兵力、各个击破、运动中歼灭敌人。”并以对联为题目作了动员报告，具体地解释反“围剿”的战略战术思想，深刻分析敌必败、我必胜的各种条件，进一步鼓舞根据地军民的胜利信心。

此时，敌军已分别侵入根据地的富田、东固、东韶、源头、洛口、头陂等地，构筑工事，寻找红军主力决战。

毛泽东分析敌我形势后，决定先打谭道源师。由于敌人不脱离源头那个居高临下的阵地，红军两度开进，两度撤回。

1930 年 12 月 28 日，鲁涤平命令所属各师向红军发动总攻击。一向骄横的第一纵队司令兼第十八师师长张辉瓒得知红军内部发生“富田事变”，以为正是大举进攻的好时机，立即出动，把第五十四旅留守东固后方，亲率师部和第五十二旅、第五十三旅，在第二十八师 1 个旅的配合下，向龙冈推进。

毛泽东来到小布的红十二军驻地，对罗炳辉军长说：“你率领三十五师，从藤田方向牵住张辉瓒师的鼻子，把他引到龙冈去。在引敌途中只许打败仗，不许打胜仗。”

罗炳辉率领三十五师从永丰的藤田出发，边打边退，并在行军途中故意丢掉包袱、大刀、马灯等物品，牵着敌张辉瓒师的鼻子前进。

红军内部发生“富田事变”后，张辉瓒以为红军内部分裂了，迅速进至龙冈。

毛泽东、朱德等在龙冈东南面的山坡上，见到罗军长，毛泽东说：“你们辛苦了。部队都回来了吗？路上有没有吃亏？”罗军长说：“除了 3 个连还在继续引诱敌人外，其余的都回来了，在路上没有吃亏。不过，为了牵引敌人，我们给他们做了一顿饭。”这时，敌人已经到了龙冈圩，南面有条小河，河上有座用竹排子搭的浮桥。红军引敌人过桥后，就把浮桥拆掉，迫使敌军集中在圩镇上。

龙冈接近红军主力集中的地方，群山环抱，中间是狭长的盆地，当地群众又能帮助封锁消息，是红军设伏的好场所。张师出动的当晚，毛泽东、朱德向全军下达命令：“张辉瓒部经善和、藤田到达潭头，现向上固、龙冈推进中。”“方面军决定改换目标，横扫在我左翼当前之敌。”第二天晚 8 时，毛泽东、朱德乘张师刚刚进占龙冈、孤军深入、立足未稳的机会，下达攻击命令。

12 月 30 日凌晨，细雨浓雾。毛泽东、朱德步上龙冈、君埠之间的黄竹岭临时指挥所。毛泽东对朱德说：“总司令，你看，真是‘天助我也！’三国时，诸葛亮借东风大破敌兵；今天，我们乘晨雾全歼顽敌啊！”

张辉瓒率部由龙冈向五门岭推进，刚进入狭窄山路时，突然遭到预先在这里设伏的红军居高临下的猛烈袭击，退路又被切断。战斗从上午 10 时开始，激战到下午 6 时。①

---

①《毛泽东传（1893—1949）》，中央文献出版社，1996 年 8 月第 1 版，第 245 页。

当敌人全部集中后，早已隐蔽在圩镇西北面的红三军和西南的三军团，同时向敌军阵地发起猛攻。毛泽东和朱德登上黄竹岭，指挥战斗。敌军火速向东南面前进，争夺制高点，当敌人进到半山腰时，埋伏在东南面的红四军和东北面的红十二军猛烈向敌射击。红三军和三军团向圩镇冲去。

经过3个小时左右的激烈战斗，张辉瓒第十八师的1个师部、2个旅全部被消灭。俘敌9000余人，缴枪9000多支、大炮5门、弹药无数、电台半部（红军从此有了电台）。敌连以上军官，包括师长张辉瓒、2个旅长和1个参谋长都被活捉。毛泽东和朱德同志以及指挥所的同志从黄竹岭前往龙冈途中，听到前面红军战士高声欢呼“捉到了张辉瓒啰！”“仗打赢啰！”毛泽东豪情满怀，立即在马背上吟出了《渔家傲·反第一次大“围剿”》。词的前半阕是：

> 万木霜天红烂漫，天兵怒气冲霄汉。雾满龙冈千嶂暗，
> 齐声唤，前头捉了张辉瓒。

这一仗，从1930年12月29日开始，30日结束。

红军接着又向永丰的源头出发，驻源头的谭道源师急忙向宁都的东韶逃跑，许克祥师向头陂逃跑。

毛泽东、朱德于1931年1月2日在小布发出《进攻东韶之敌的命令》，红军遵照命令，乘胜追击，消灭谭师一半。

红军在5天内，打了两个胜仗，歼敌13000人，缴获枪13000支，缴获电台两部。富田、东固、头陂的国民党军纷纷撤出。至此，国民党的第一次“围剿”被红军粉碎。

红军取得胜利后，乘敌在兴国、吉安、永丰、乐安、宜黄、南丰之线转入防御之机，发起攻势作战，在苏区与敌占区之间消灭地主武装，巩固和扩大革命根据地。红军在广昌、宁都、永丰、乐安、南丰等县境内争取了几十万群众，摧毁了三都、七堡、山寮、古龙冈等多处地主武装长期盘踞的土围子，并在根据地边境各县区恢复、建立起赤卫营、独立营、特务队等群众武装。

红一方面军总部利用在第一次反“围剿”中缴获的无线电通信器材，组建了中国红军第一支无线电队。[①] 此后，方面军与中共中央、中央军委和其他苏区陆续建立起无线电联系。

---

①1931年，在上海中央特科学习无线电通信技术的曾三被派往江西中央根据地。由他做报务员，实现了中央红军与上海党中央的第一次无线电联系。

六 王明

根据中共中央六届三中全会的决定，中共苏区中央局于1931年1月15日在江西省宁都县小布成立，项英代理书记。① 同时在中央局之下成立中央革命军事委员会，项英任主席，朱德、毛泽东任副主席。中共红一方面军总前委和中国工农革命委员会随即撤销。

苏区中央局革命委员会主席项英，副主席朱德、毛泽东2月17日发布《总政治部的任务及红军政治部与政治委员的关系的通令》，决定在中央革命军事委员会内设总政治部，以毛泽东为主任。中央革命军事委员会总政治部暂兼第一方面军总政治部的任务。

3月7日，红一方面军总部发布毛泽东主持制定的关于地方武装开展游击战，配合红军主力歼灭敌人的通令，提出扰敌、堵敌、截敌、袭敌、诱敌、毒敌、捉敌、侦敌、饿敌、盲敌的10项任务、10种办法。

项英，湖北武昌（一说黄陂）人，1898年生。12岁即入工厂做工。1922年4月加入中国共产党，长期在湖北、上海等地从事工人运动，曾任京汉铁路总工会总干事，中共中央职工运动委员会书记、中华全国总工会委员长等职，参与领导了1923年平汉铁路“二七”大罢工和1925年沪西日商纱厂2月罢工。1926年秋，发动武汉工人配合北伐军作战，任武汉工人纠察队总队长。后历任湖北省总工会党团书记，全国总工会执行委员兼上海总工会党团书记。1930年8月，任中共中央长江局书记，12月调赴中央革命根据地。

项英一到中央苏区，就碰到处理棘手的富田事变问题。以项英为首的苏区中央局通过认真调查研究，不同意红一方面军总前委的意见。中央局一方面严肃批评参与事变的领导人，指出他们的做法是“分裂革命势力”、“分裂红军”的行为，又认为，根据过去赣西南党的历史和党的组织基础，以及富田事变中的客观行为，不能够肯定说富田事变是AB团、取消派暴动，更不能有事实来证明领导富田事变的全部是AB团、取消派，或者说他们已是自觉地与AB团、取消派公开联合起来反党反革命。因此，对参与事变人员的处理，仅主张开除几个主要事变首领的党籍，对其余附和的人，在承认参加富田事变的错误，绝对服从党的决议等条件下，应允许他

①原定周恩来为书记，周因故不能到职。

们重新回到党的领导下来。

1930年10月，共产国际执委会发出《给中共中央关于立三问题的信》，批评了李立三犯了路线错误，执行一条与共产国际根本对立的机会主义路线；并批评中共六届三中全会犯了“调和主义”错误，要求中国党对这条“非布尔什维主义的、非列宁的、反国际的政治路线”以致命回击。11月16日，中共中央政治局接到此信。22日，中共中央政治局召开会议，讨论共产国际的“十月来信”，周恩来主持会议并发言。25日，中共中央政治局作出关于六届三中全会的《补充决议》，发出《为反对和肃清立三路线告同志书》。同月，中共中央政治局还制定《关于苏维埃区域目前工作计划》。其中，确定全国目前要发展和建成6大苏区：①湘鄂赣连接到赣西南为一大区域，将其发展成为苏区中央根据地；②湘西、鄂西；③鄂东北；④赣东北；⑤闽粤赣；⑥广西。

12月初，共产国际执委会主席团听取和讨论东方部《关于中共中央三中全会和李立三同志的错误报告》，对李立三再次进行了批评，并点名批评了领导三中全会的瞿秋白。李立三在会上作了检讨，会后留共产国际学习，检查错误。12月9日，中共中央政治局根据共产国际的指示，关于李立三路线和六届三中全会再次作出决议，承认三中全会“对于立三同志的整个路线取了调和态度”。并提出必须通过新的政治决议案，以纠正三中全会的严重错误，保证完全执行国际路线。

12月14日，在中共中央政治局会议上，新近到达中国的共产国际代表、共产国际东方部副部长米夫提出要召开六届四中全会，以解决中国党的政治路线问题。

12月23日，中共中央发出第九十六号通告——《为坚决执行国际路线和反对立三路线与调和主义号召全党》，提出，三中全会的路线仍然是立三路线的继续，三中全会对国际路线的解释，在理论上和策略上发生了许多错误，这次会议的决议和中共中央11月25日、12月9日两个决议都是调和主义的，不能指导全党进行反立三路线的斗争，只有在秘密条件下，采取非常紧急的办法，以共产国际7月决议和10月来信为根本方针，产生新的政治决议案。并说，反立三路线的本身便是两条路线的斗争。一切用各种形式来掩盖在立三路线之下的企图，党都予以无情的打击，这不仅要有思想上的斗争，且要有组织上的斗争。

1931年1月7日，根据共产国际指示，中共中央在上海东方旅社内秘密召开六届四中全会，会期一天。参加会议的有向忠发、顾作霖、关向应、温裕成、任弼时、贺昌、袁炳辉、李维汉、陈云、史文彬、周秀珠、夏曦、余飞、徐锡根、罗章龙、王凤飞、瞿秋白、罗登贤、何克全（凯丰）、陈原道、王稼祥、王明、秦邦宪（博古）、沈泽民、徐兰芝、张金宝、顾顺章、何孟雄、沈先定、韩连会、邱泮林、许畏三、陈郁、周恩来、柯庆施、萧道德、袁乃祥等37人。其中非中央委员15人，这些非中央委员代表不但有发言权、表决权，而且享有选举权和被选举权。米夫以国际代表身份出席了会议，并使用组织手段控制会议的进行。

按照共产国际的要求，王明在会上以"理论家"的姿态作了长篇发言，他一共讲了4个问题：①立三路线是"左倾"空谈掩盖下的右倾机会主义的路线；②三中全会对立三路线采取了调和态度，继续着立三路线、瞿秋白与李立三的错误有不可分割的联系；③强调只撤换几个中央负责人是不够的，必须开展全党的政治斗争，从思想上、政治上和组织上全面地改造党；④尤其强调要加紧反对右倾机会主义的斗争。王明的发言全面表达了共产国际的意图。会议讨论后，米夫作了结论，他指责李立三是"一个披着冒险主义外套的颓丧的小资产阶级"，"是用'左'倾的词句遮盖了实际工作的机会主义"。他进而断言"调和主义的中央政治局，不仅继续了立三路线，而且扩大了立三路线"。米夫认为"党的危险主要是右倾，我们要集中力量反右倾，加紧两条路线的斗争，在反立三路线中同时反对右倾路线"。四中全会接受了米夫的主张，通过了由米夫起草的《中共四中全会决议案》。在组织问题上，决议案提出"须取消三中全会所补选的赞助立三同志的中央委员，引进反立三主义的斗争之中拥护国际路线的同志到中央委员会里来，并且重新审定政治局的成分，以保障党的正确领导"。按照这样的要求，全会撤销了贺昌、李维汉两人的中央委员职务，补选了王明等9人为中央委员。撤销了瞿秋白、李维汉、李立三的政治局委员职务，选出了新的政治局：向忠发、周恩来、项英、张国焘、徐锡根、卢福坦、任弼时、陈郁、王明9人为政治局委员；关向应、罗登贤、毛泽东、温裕成、顾顺章、刘少奇、何克全7人为政治局候补委员；向忠发、周恩来、张国焘3人为政治局常委（会后不久，王明被补充为常委）。王明在米夫的扶植下，由非中央委员一跃进入政治局，并实际掌握了中央领导权，开始了王明路线对中共中央的统治。

王明，原名陈绍禹，[①] 1904年出生于安徽省金寨县金寨镇下码头村一个

---

①"王明"是他1931年到共产国际后起用的化名。王明还用过韶玉、绍玉、绍予、绍禹、诏玉、兆雨、泰山、马马维奇、波波维奇等笔名。在莫斯科中山大学期间曾取俄文名字克劳白夫。

贫农家庭。1920年考入安徽省立第三甲种农业学校学习。1924年秋毕业后，考入武昌商业大学预科，在校期间，他积极参加社会活动，能言善写，先后担任“豫皖青年学会”事务部主任兼该会会刊编辑、“安徽同学会”会刊《皖光》编辑。1925年“五卅运动”在上海爆发后，王明在武昌参加了这一运动，被推为“武昌学生联合会”干事和“湖北省青年团体联合会”执委，在爱国青年和学生中间进行宣传联络工作，在这个运动中，王明加入了中国共产党和中国国民党，并担任湖北国民党党部宣传干事。

1925年10月7日，苏联顾问鲍罗廷在国民党中央政治会议第二十六次会议上宣布莫斯科中山大学（中国孙逸仙劳动大学）成立。第一期学生的招生工作除广州采取公开招考的办法之外，各省一般只分配给10个名额。湖北省被选拔的人中没有王明，王明从湖北赶到江西，又由江西赶到赴苏留学生的集合地上海，来到江苏省国民党总部，找到负责安排去苏留学的江苏省国民党党部秘书长姜长林，再三恳求准其赴苏学习。姜长林经与中共江浙区委协商，刚好有一个名额，王明得以于1926年1月入中山大学学习。

米夫在负责中山大学期间，十分注意培养“真正的布尔什维克”来担任中国共产党的领导，终于发现了王明这个头脑灵活、能言善辩的“天才”，通过言传身教，逐步扶植起以支部局为核心的王明教条宗派。

1929年4月，王明带着米夫的厚望由莫斯科回到了上海，被分配到上海沪东区委做宣传干事，几个月后到中央宣传部任《红旗》报的编辑。1930年1月中旬，王明在上海工联召开的一次会议上被英国巡捕和便衣侦探逮捕。为了活命王明不惜冒暴露党中央宣传部一个秘书机关的危险，让巡捕到那里去送信要钱，保释自己出狱。出狱后，党中央在查明事情真相后，于3月16日给予他党内警告处分，并将其调离中央宣传部机关，调全国总工会工作，担任全总党团秘书和全总机关报《劳动》三日刊的编辑。1930年5月，党中央又把王明调离全总党团，回中央宣传部担任秘书。

1929年9月~1930年3月，王明先后在党内刊物《红旗》、《布尔塞维克》上发表了38篇文章，积极宣传共产国际第六次代表大会正式提出的“第三时期”理论、“进攻路线”以及“右倾机会主义是目前各国共产党的主要危险”等一系列“左”倾理论和政策，关于中国革命问题也散布了一系列“左”倾主张。

1930年7月9日，中共中央为了贯彻立三路线的9月11日决议案，召开了中央工作人员政治讨论会。会上，王明、博古、[①] 王稼祥、何子述等

---

①博古，原名秦邦宪，江苏无锡人，1907年生。1925年加入中国共产党。1926年赴苏联学习，曾与王明结成教条主义宗派。1930年回国，1931年4月任中国共产主义青年团中央书记。

人纷纷提出反对意见。他们就中国革命与世界革命问题、高潮与直接革命形势问题、一省几省的政权问题以及反右倾问题，与当时中央展开了学院式的争论。他们不是批评李立三的“左”倾错误，反而指责李立三犯了躲在“左”倾词句之下的右倾机会主义实质的错误，是什么托洛茨基主义、陈独秀主义和布朗基主义的混合物。李立三对王明等人结伙起哄，十分恼火，便摆出家长作风，用“右派”和“小组织者”等大帽子，把王明压了下去，并由向忠发宣布，立即撤销王明的中宣部秘书等一切职务。

然而，王明自恃有共产国际撑腰，并不把向忠发、李立三放在眼里。他在7月10日写信给中共中央，继续坚持他在中央工作人员讨论会上发表的意见，并就中国革命与世界革命问题、高潮与直接革命形势问题、一省与几省首先胜利问题、反右倾问题陈述了他的“左”倾观点，给坚持“左”倾冒险的李立三戴上了“右倾”的帽子。

当时，中共中央决定给王明留党察看6个月的处分，给博古等3人以最后严重警告处分。但这并不能使共产国际扶植起来的王明教条宗派放弃夺取中国共产党领导权力的活动，他们利用共产国际对李立三的指责加紧了小组织活动。

1930年11月，中共中央在党内公布了共产国际“十月来信”。“十月来信”不但把产生李立三“左”倾冒险主义的责任全部推到李立三身上，给李立三扣上了反共产国际的帽子，而且对三中全会也进行了严厉指责。共产国际的武断行为使王明等人意识到夺取中国共产党领导权力的时机已经到来，他们公开打出了“反对三中全会的调和路线”的旗帜，抛出了由王明起草、经博古等人传阅、讨论、修改而成的《两条路线的斗争》，这个比李立三“左”倾冒险主义更“左”的纲领，集中火力攻击三中全会后的中央，要求由他们来执掌党的领导权力，使党的领导陷入严重的危机之中。

米夫到达上海后，首先单独召见王明。12月16日在党中央政治局会议上，米夫压迫中央政治局作出了“关于取消陈绍禹、秦邦宪、王稼祥、何子述4位同志处分问题的决议”，宣布“中央政治局现在站在拥护与执行国际路线与反对立三路线之不调和的立场上，认为过去对韶玉等四同志的处分是错误的。现在除正式地取消对他们的错误外，并将此错误揭发出来，以加重四同志对立三路线之不调和的斗争的责任”。使王明成为反立三路线的“英雄”，戴上了“正确路线代表”的桂冠。米夫接着又借口提拔“拥护国际路线”、“反对立三路线”的“斗争干部”，于12月25日，通过中共中央，委派王明担任中共江苏省委书记，秦邦宪担任团中央组织部长。

中共六届四中全会前后，罗章龙以“反对立三路线”和反对三中全会对立三路线的调和主义为名，反对三中全会及其以后的党中央。他力争召开紧急会议，反对米夫支持下的四中全会，并成立“中央非常委员会”、“第二省委”、“第二区委”、“第二工会党团”等组织，公开进行分裂中共党的活动。

1931 年 1 月 27 日，罗章龙被开除出党。

1931 年 2 月 7 日，张国焘在《实话》中第九期发表《拥护四中全会与两条路线上的斗争》一文，极力推崇中共六届四中全会。

2 月 10 日，王明将其在中共六届四中全会前根据共产国际的意图写出的《两条路线》的小册子，进行修订后，在上海正式出版。题名为《为中共更加布尔什维克化而斗争》，系统地阐述了他的“左”倾错误主张，成为以他为代表的“左”倾冒险主义的总政治纲领。

王明路线是逐渐向中央苏区渗透的。因为他们在中央的领导刚刚确立，又身处在上海这样一个远离革命根据地的大城市，惟一能对苏区发生直接影响的组织形式，便是三中全会确定的苏区中央局和他们指派前往苏区的“钦差大臣”。

1931 年 3 月 18 日，苏区中央局在江西宁都县青塘召开第一次扩大会议，传达了共产国际的“十月来信”。这次会议虽然是在六届四中全会开过两个多月以后举行的。但因为当时苏区中央局没有收到四中全会的文件。赣西南苏维埃主席萧道德和胡家珍、戴辰生由沪返赣带回了共产国际的“十月来信”，所以决定先传达国际来信精神。会议由中央局代理书记项英主持并作了《接受共产国际来信的报告》。

1931 年 3 月 28 日，中共中央政治局做出了《关于富田事变的决议》。

4 月上旬，负责处理此事的领导机关否定了项英处理富田事变的意见，更加错误地给富田事变定性为 AB 团领导的反革命暴动。于是，把回到中央局开会的富田事变的领导人先后处决。加之项英没有军事方面的经验，因此，苏区中央局和军委旋即改组，由毛泽东任代理书记和军委主席，项英任中央局委员和军委副主席。

4 月 17 日，苏区中央局作为第一次扩大会议的继续，听取了关于六届四中全会及中央对目前形势估量的报告，通过了接受国际来信与四中全会决议等 5 项决议。至此，由于毛泽东、朱德等在中央苏区的广大干部和群众中的威望，加上当时处于紧张的武装斗争时期，一切工作均围绕粉碎“围剿”这个中心，因此，王明“左”倾教条主义还未来得及贯彻到一切实际工作，尤其是军事工作中去。这样，中央苏区军民连续取得粉碎国民党第二、三次“围剿”的巨大胜利。

七 第二次反“围剿”、第三次反“围剿”

蒋介石在第一次“围剿”失败以后，积极策划第二次对中央根据地的军事“围剿”。1931 年 2 月，派军政部长何应钦为总司令来江西兼任南昌行营主任。3 月中旬又调集了 18 个师又 3 个旅共约 20 万人的兵力向红军进攻。其部署为：

蔡廷锴的第十九路军，主力置于兴国地区，向龙冈、宁都方向进攻；王金珏第五路军的第二十八、四十三、四十七、五十四、七十七师，置于万安、泰和、吉安、吉水、永丰一带，向东固、沙溪方向进攻；孙连仲的第二十六军，主力置于乐安、宜黄地区，向大金竹、洛口方向进攻；朱绍良的第六路军，主力置于南丰和福建建宁一带，向广昌方向进攻。另，以驻粤新编的第四旅、新编第二师卢兴邦旅、第四十九师和驻粤第六十二师，在赣、闽、粤边实施堵击。

国民党军队从吉安到建宁构成了一道 800 里长的战线，采取“步步为营、稳扎稳打”的办法。4 月 1 日，兵分 4 路正式对中央苏区发动第二次“围剿”。这时中央苏区的工农红军只有 3 万余人。蒋介石以 7 倍于红军的优势兵力，想在 3 个月内消灭红军。

红军于 1931 年 2、3 月间在宁都小布、黄陂一带领导根据地军民进行反“围剿”的各项准备工作。毛泽东、朱德先后签发了关于做好政治动员工作的通令和争取第二次反“围剿”胜利的宣传大纲，制定地方武装组织的策略和工作路线，出席了在黄陂下坎召开的苏区军民大会，工农红军在广昌、南丰、乐安、永丰等广大游击区，充分发动群众，组织地方武装，建立红色政权；在宁都、兴国、于都等广大根据地内坚决消灭白点，努力肃清间谍，并对群众进行政治动员。根据地人民一方面进行军事训练，同时努力生产，积极支前。

面对敌人的强大压力，红军有的领导提出“分兵退敌，到根据地外打游击”的意见，甚至说要退到四川大后方去，才可以保存自己。

4月中旬，中共苏区中央局在宁都青塘召开军事会议。会议就打不打和如何打的问题展开了激烈的争论。毛泽东分析了敌我双方形势以及国民党各路军的特点，坚决反对“分兵退敌，到根据地外打游击”的意见，再次重申井冈山的经验，提出集中红军相机迎击当前之敌，反对分兵（以免被敌人各个击破）。毛泽东说：“愈是恶劣环境，队伍愈须集中，领导者愈须坚决奋斗，方能应付敌人。”他说，红军虽然弱小，但有3个有利条件：根据地人民坚决拥护军队，军队内部上下团结，又经过了4个月的养精蓄锐。敌军虽然众多，但全不是蒋介石的嫡系，且部队之间矛盾重重，伸进我根据地后，必出现致命弱点。只要我们加强团结，充分利用根据地的有利条件，就一定能够再次粉碎敌人的“围剿”。

根据各路敌军的特点和地理环境，毛泽东提出了“集中兵力，先打弱敌，由西向东扫”的作战方针。决定，先打处在富田一带的王金珏的第五路军，因为该敌是这次“围剿”军中的弱点，且从北方新到，不惯爬山，对红军表示恐惧。毛泽东说，从富田打起，向东横扫，还可在闽赣交界的建宁、黎州、泰宁地区扩大根据地，征集资材，便于打破敌人的下一次“围剿”。

会议确定了毛泽东提出的作战方针。

1931年4月19日午后5时，毛泽东与朱德在青塘红军总部签署了《战前部队集中的命令》：命令在宁都周围的红军主力立即向吉安的东固山区隐蔽集结，待机歼灭王金珏部；命令红七师和红三十五师各派一个团在兴国的枫边、城冈、方太、崇贤一带，阻止距王金珏40余里的敌十九路军；命令红三十五师的另一个团在永丰的源头附近，钳制已到达上坊、白富一带，仅距10余里的王金珏的第四十三师。

3万红军隐蔽在吉安的白云山中。吉安是文天祥的故乡，山上有文丞相庙，松柏参天。山上有两条路，一条是大路，一条是北面的小路。当地地主坐轿走大路，难发现红军，报告不了；农民走小路，发现红军也不去向敌人报告。因此，红军部队一直在这里度过了20多天，敌人也未发现。这么多人集中在这么一个小地方，粮食、蔬菜、油都碰到很大困难。红军就上山拔笋，下水捉鱼、捡田螺充饥。

5月16日，敌军分别进入红军的攻击圈。红三军团迂回敌侧后袭击富田之敌；红四军在九寸岭、观音崖一带，消灭敌军第四十七师一个旅的大部；红三军在白云山的山坑、中洞和桥头等地，歼灭敌军第二十八师1万余人。敌师长公秉藩被俘（后扮成士兵跑掉），副师长王庆龙、旅长柴乔松等以下2000多人被击毙。

白云山首战大捷以后，敌四十三师的郭华宗部，闻讯撤回吉水的白沙、水南，敌四十七师一个旅的残部也撤到白沙。红三军、红四军乘胜追击，5月19日全歼逃敌。

驻在永丰南部的国民党军第五十四师郝梦龄部闻讯逃往藤田，方免于被歼。第二十六军第二十七师高树勋部奉命从宁都的南团出发，取道永丰南部的中村，向藤田增援郝部。红军总司令部发布《攻击南团高树勋部队的命令》，22日，红三军团从正面向敌人发起多次冲锋，红四军从右翼包抄，中村附近的赤卫队和群众也纷纷奔赴战场，协助红军作战，消灭敌二十七师一个整旅。

白沙、中村胜利后，红军东进广昌。广昌守敌是第六路军朱绍良军的毛炳文第八师、许克祥第二十四师、胡祖玉第五师。红军战士们冒着雨，踏着泥泞的道路，忍着饥饿，一个急行军，跑了150里。然后，经过一夜激战，击溃国民党第八师和二十四师，歼灭第五师，击毙第五师师长胡祖玉，胜利攻占广昌城。

红军继续东进。经过一夜零半天的行军到达建宁，把刘和鼎师包围了起来。5月29日红军向敌人发起总攻击，消灭刘和鼎第五十六师3个团和1个师部，刘和鼎也做了俘虏，红军胜利进入建宁城。

1931年5月16～31日，红军从江西的东固、白云山一直打到福建的建宁，由西向东横扫700里，5战5捷，消灭敌军3万余人，缴获枪支2万余支，胜利粉碎了蒋介石的第二次“围剿”。战斗结束后，毛泽东写下了《渔家傲·反第二次大“围剿”》的诗篇：

白云山头云欲立，白云山下呼声急，枯木朽株齐努力。
枪林逼，飞将军自重霄入。　七百里驱十五日，赣水苍茫闽
山碧，横扫千军如卷席。有人泣，为营步步嗟何及！

连续两次的“围剿”中共苏区失败，蒋介石感到派大军“围剿”难以消灭红军的有生力量，他便派说客到中共苏区游说，企图通过策反红军高级将领，使红军瓦解。

蒋介石委任红军将领黄公略的堂叔父黄汉湘（政客）为“宣抚使”，派黄公略的同父异母哥哥黄梅庄去游说红军第三军团的黄公略和彭德怀。

黄梅庄奉蒋介石和黄汉湘的密令潜入苏区，到达驻扎在黎川城的第三

军团总指挥部。总指挥彭德怀和黄梅庄是旧识，他设宴招待黄梅庄。几盅酒后，黄刺探他说："你们连续取得胜利，势力发展得真快！"彭德怀虚与应付着："不大，公略军才3万人，我也不过5万。"黄梅庄见彭德怀说出兵力，趁势说："汉湘叔近来荣升为宣抚使，现驻南昌。"彭德怀说："好！汉湘先生高升，公略与我同贺。"有了几分酒意的黄梅庄闻言大喜，便将奉蒋介石之命，来此的意图和盘托出，彭德怀假意说："我们才共几万人，能编个什么呢？"黄连声说："你去当总司令，公略去仍当军长。"说着，黄梅庄将随身携带的皮箱底层剖开，从夹层拿出蒋介石、黄汉湘给黄公略的信。黄公略是黄埔军校的毕业生，与蒋介石有师生关系。黄汉湘在信中说：蒋公美德，叔亦愿为你说项。

彭德怀在酒宴上探明黄梅庄的来意后，有了主意。第二天，他打电话给三师政委黄克诚，说等黄梅庄到了师部，就将其脑袋割下，送还蒋介石。过了一会儿，黄梅庄被押至第三师师部，按照彭总的吩咐，黄克诚命人将他处死，把头割下来，用石灰腌起来，盛在篮子里，交给黄梅庄的勤务兵带走了。

1928年底，毛泽覃在战斗中负伤，被留在地方担任赣西南特委委员、东固区委书记。

1930年初，黄公略任红三军军长，毛泽覃任政治部主任，代行政委职权，他们率领该军在赣水两岸开展游击战争。

1930年10月，毛泽覃被任命为中共吉安县委书记、赣西南后方办事处主任。办事处下面有兵站、兵工厂、被服厂、特务连。在第一、二次反"围剿"期间，他们负责筹集钱粮物资和军工生产。1930年冬天，毛泽东在去往永丰县的路上，碰见两个红军战士押着一个青年，背后有一位老太婆跌跌撞撞地哭着。毛泽东急忙扶住老太婆。当毛泽东听说是毛泽覃所部在用这种方式扩大红军时，他怒不可遏，找到毛泽覃，甚至挥拳要揍毛泽覃。毛泽覃大声说："这是革命队伍，不是毛氏祠堂。"但次日，毛泽覃找到那位青年，向他赔礼道歉，并把他送回家去。

第二次反"围剿"后的1931年6月，苏区成立了永（丰）、吉（安）、泰（和）特委（后改为中心县委），毛泽覃任书记，兼独立师政委。

1931年5月24日，红一方面军根据中共苏区中央局的决定，于江西宁都南团重新组成临时总前委，毛泽东任书记，朱德等为委员。

1931年3月，中共中央致函各苏区和红军领导人：毛泽东为中国工农革命委员会主席，朱德为红军总司令。各区给中央的报告同时也送他们。①

6月2日，中共红一方面军总前委举行会议。决定利用国民党宁粤矛盾加剧和敌人第二次“围剿”被击破后暂时处于守势的有利时机转入进攻。并预定整个攻势作战分三期进行：第一期向建宁、黎川、泰宁及其以北地区发展；第二期向江西南部地区发展，为下一次反“围剿”建立巩固的后方；第三期向赣江以西发展，打通与湘赣苏区的联系。会后，以福建建宁为中心，分布于闽西北、闽西、闽赣边及赣东地区，深入发动群众，巩固与扩大革命根据地。

6月22日，蒋介石亲带英、日、德等国军事顾问，由南京到达南昌，亲自组织对红一方面军和中央革命根据地第三次“围剿”，蒋介石自任总司令，何应钦任前线总司令，并调集嫡系第六、九、十、十一、十四师，共10万余人入赣，担任本次“围剿”的主力军。

7月1日，蒋介石、何应钦坐镇南昌，指挥23个师又3个旅共30万人的兵力，采取“长驱直入、分进合击”的战术，开始了对中央红军的第三次“围剿”。其部署为：

何应钦兼任左翼集团军总司令，从南城、南丰方向向广昌、宁都、石城进攻，寻求红军主力作战。下属：赵观涛第六师、罗卓英第十一师、陈诚第十四师、周浑元第五师、毛炳文第八师、许克祥第二十四师、蒋鼎文第九师；

陈铭枢任右翼集团总司令，从吉安、永丰、乐安方面深入苏区进行“进剿”和“清剿”。下属：蔡廷锴第六十师、戴戟第六十一师、韩德勤第五十二师、孙连仲第二十五师、高树勋第二十七师、上官云相第四十七师和郝梦龄第五十四师；

卫立煌第十师和李延年的攻城旅为总预备队，位于临川，策应各方作战；

吉安、泰和、万安、赣州等地有罗霖第七十七师、公秉藩第二十八师和第十二师马昆的三十四旅等“清剿”军，维护后方，并拦阻红军西渡赣江；

南城、黎川、宜黄、临川、樟树镇一带派有李云杰第二十三师、路孝忱第七十九师和关树人骑兵第一师担任“清剿”和维护后方；

闽赣边境有张贞第四十九师、刘和鼎第五十六师和新编第四旅防止红军东进；

---

①《毛泽东年谱（1893—1949）》上卷，人民出版社、中央文献出版社，1993年12月第1版，第337～338页。

南昌樟树镇、吉安等机场分驻空军一、三、四、五、七队支援作战；

另有，从河南新开来的李韫珩第三师在吉安待机。

3万名苦战后的红军尚未得到休息和补充，而且正在建宁、南丰一带分兵发动群众。面对敌人新的“围剿”，毛泽东在南丰县康都组织召开总前委扩大会议。按照毛泽东回师赣南的指示，红军7月上旬从建宁出发，经宁化、长汀、瑞金、于都，绕道千里，22日到达于都县以北的银坑、琵琶垄地区，并与由湘赣苏区转来的红七军（李明瑞为军长，张云逸为参谋长，内有广西百色起义的部队）及红二十军的第一七五团会合。后，一七五团散编入红七军，红七军划归红三军团建制。

此时，国民党军已进逼到根据地的崇贤、富田、东固等地，对根据地进行狂轰滥炸和烧杀抢掠。面对敌人的进攻，毛泽东制定了“避敌主力，打其虚弱”的作战方针。根据这个方针，红军经万安向富田挺进，中途被敌人发觉，随即又改变计划。28日至转至中央根据地后部兴国县西部的高兴圩地区。并于一天后，连夜通过了敌军之间40华里的空隙地带，转到兴国东部的莲塘。

在行军的路上，有个俘虏过来的战士打摆子，毛泽东就把自己的骡子让给了那个战士骑。饲养员看见那个战士流泪，就问：“你骑上了骡子，还哭什么？”那位战士说：“我在国民党内当兵的时候，有一次行军跌了一跤，枪上弄到了泥巴，连长就把我打了一顿。现在我当了红军，生了病，还有骡子骑，怎能不感动得流泪呢？”

8月6日，红一方面军开始第三次反“围剿”作战。7日，在江西兴国莲塘地区首战告捷，歼灭国民党军上官云相四十七师1个旅又1个营，乘胜攻占良村。当天下午，再歼郝梦龄五十四师师部和2个旅大部。两仗共毙、伤、俘敌3500人，缴获各种枪支3100余支，迫击炮14门，子弹30余万发，马匹200余，电台2部。接着，经过了3天急行军，11日在宁都黄陂地区，歼国民党军毛炳文第八师约4个团，俘敌4000人，缴获各种枪支3000余支，迫击炮11门，子弹40余万发，电台1部。

黄陂战斗结束后，国民党才发觉红军主力在黄陂，于是，所有向南、向西之敌军主力，皆转旗向东，集中视线于黄陂，猛力并进，取密集的大包围姿势接近红军，寻机作战。毛泽东运用声东击西的战术：派罗炳辉率领红十二军，伪装红军主力，向东北方向佯攻，迷惑敌人；他自带红军主力转而向西，在敌军之间的一个20华里的大山间隙里偷越过去，到兴国的白石、枫边、均村、茶园冈等地集中。等国民党发觉再掉头西进时，红军已休息半月了。国民党军被红军牵着鼻子在根据地转了几个大圈子，弄得“肥的拖瘦，瘦的拖死”，只好下令退却。红军乘机对退却之敌实施追击和截击。毛泽东说：伤其十指，不如断其一指。红军决定，放走敌主力，而打其后部。

9月7日，红一方面军和独立第五师①在江西省泰和县老营盘地区全歼国民党军第九师独立旅。同日，红三军团和红四军、红三十五军②在兴国县高兴圩地区歼敌第六十师、第六十一师一部。两仗共毙伤、俘敌4000余人，缴获各种枪支2000余支，迫击炮10门，子弹60余万发。这时，毛泽东发现对手是第十九路军，知道这个部队能打仗，红军遇到的又是他的主力部分，于是决定转打韩德勤第五十二师，红军在方石岭地区全歼敌五十二师、敌第九师炮兵团和一个骑兵营，俘敌5000余人，缴获各种枪支4500余支，子弹120余万发。

老营盘战斗的第二天，国民党的飞机来袭击，红三军军长黄公略从屋子里出来指挥部队转移，他刚一出门，即被敌机击中而牺牲。

黄公略临终前，叮嘱在他身边的毛泽覃，要他在前委和红军总部未任命新的军长前，代为指挥全军的工作。

中华苏维埃政府③为纪念黄公略，在他牺牲后，决定将吉安县（包括永丰、泰和等县的红色区域）改为公略县，由毛泽覃任公略县委书记。在萧克调去湘鄂赣根据地工作以后，又由毛泽覃兼任独立师师长。

中央红军历经一个多月的作战，6战6捷，共歼敌17个团3万余人，胜利地粉碎了蒋介石的第三次“围剿”。

而后，中央根据地中心移往瑞金，红军并在石城、宁化、长汀、连城、寻乌、安远、会昌、于都等县开展群众工作，巩固发展根据地，红军进行休整、扩军。至1932年1月红军攻占了会昌、寻乌、安远、石城等县城，拔除了几百处地主武装盘踞的土围子，使赣南、闽西两苏区连成一片。根据地范围扩展到近30个县境，总面积达5万平方公里，拥有21座县城，250万人口，在24个县建立了苏维埃政权。

---

①1931年6月，在红一方面军帮助下，赣南苏区地方武装组成第四、五两独立师。龙普霖任第四独立师师长兼政委；萧克任第五独立师师长，毛泽覃任政委。

②红三十五军于1930年11月由赣南地方武装组成，罗贵波任军长，下辖五、六、七团。

③后建立。

八　顾顺章与向忠发

1931年3月25日~4月13日，共产国际执行委员会召开第十一次全会，会议空发议论，有的报告像马拉松一样夜以继日地进行，因此会议开得很长。但是，整个会议前所未有地突出了中国革命的地位，强调了中国苏区和红军的作用："中国革命危机加深的实际表现是，在拥有数千万人口的土地上建立了苏维埃士兵和红军。这是当前中国革命高涨的决定性因素，它使中国站到整个殖民地世界的民族革命运动最前列……"同时，对中国革命的形势作了过高的估计："中国苏维埃运动进一步的发展，正在引起整个殖民地世界革命。"会议进一步要中国党坚决反对右倾、反对尾巴主义、反对消极情绪，推动革命运动更快地发展。

8月26日，共产国际执行委员会主席团又通过了《关于中国共产党任务的决议》，继续强调并进一步发展了国际执行委员会第十一次全会对中国苏区和红军的高度评价。过去，共产国际经常把城市工人斗争看成是中国革命高潮最可靠征候之类的提法，在这个决议中也悄悄地消失了。也不再像以前那样把中国革命划分为城市斗争和乡村斗争，而是概括为白区斗争和苏区斗争，要求所有党组织关注苏区斗争。还对中国党在苏区的政策作了具体的规定。例如，地主"不应分到任何份地"、富农"不能分好地"、"苏维埃政权应当实行8小时的工作制"，等等。

王明对中央苏区不再等闲视之了：一来是共产国际三令五申，对中国苏区和红军认识上的进步；二来是他控制下的上海党中央在白区难以立足了。

1931年4月25日（星期六）的晚上，国民党南京中统特务机关的大本营里，接连收到6封从武汉发来的特急绝密电报，指名要特务头子徐恩曾亲译。此时的徐恩曾正在花天酒地地度周末，电报便落在打入国民党特务机关内部的、徐恩曾的机要秘书、中共中央特科工作人员钱壮飞手里，钱壮飞当即翻译了电报——得知中共中央政治局候补委员、中央特科科长顾顺章（化名黎名）在武汉被捕叛变。

如前所述，中共六届四中全会后，王明领导下的中共中央向各个根据地派出一批"钦差大臣"。1931年3月，中央决定派顾顺章护送张国焘、沈泽民、陈昌浩到鄂豫皖工作。4月，顾由鄂豫皖返回，路过武汉，他违反组织规定，用“化广奇”的艺名到新市场游艺场公开表演魔术。被一个叫做王竹樵的叛徒发现。王叛变前是武汉纱厂的工人，曾参加过工人纠察队和顾顺章相识。王叛变后，国民党特务机关要他上街抓人，要他限期找到共产党员。4 月 24 日，正当限期将满时，他发现了顾顺章。盯梢到顾的住处，马上报告国民党特务机关，遂将顾逮捕。顾顺章被捕的当天即叛变。

顾顺章熟知中央党内许多核心机密，掌握着许多中央领导的地址，他的叛变对党威胁很大。在这千钧一发之际，钱壮飞决定派党内秘密交通员、他的女婿刘杞夫连夜乘火车去上海。星期天不是同党中央交通接头的日子。经过一番周折，直到 4 月 27 日中央才接到这一十万火急的情报。中央委托军委书记、组织部长、特委委员周恩来处理这一事变。在陈云①等同志的协助下，中共抢在敌人动手之前迅速转移了党中央和江苏省委机关；将党中央领导以及为顾顺章所熟的和或可能被侦察到的干部迅速转移；废除顾顺章知道的一切联络暗号和秘密工作方法；对顾顺章在上海可能利用的主要关系作了慎重、果断的处理。

顾顺章叛变后，先出卖了在武汉的中共党组织：中共驻汉口的交通机关、鄂西联县苏维埃政府及红二军驻汉口办事处。10 余名同志被杀害。顾顺章急于向蒋介石邀功，要求立即将他解往南京，并且提出在他到南京之前，不要把他被捕的事向南京发报。武汉的国民党特务机关和国民党官僚急于抢功，根本不买叛徒的账。当顾顺章得知特务已经给陈立夫、徐恩曾打过电报时，急得他顿出哀叹：糟了，抓不住周恩来等人了！

就在周恩来采取紧急措施的同时，顾顺章被国民党用军舰解到南京。蒋介石立即召见，问他：“我们打红军主力，总是找不到；红军打我们总是一打一个准，是什么道理？”顾顺章说：“这有两个原因：一个是国军纪律坏，共军纪律好；二是国军的军事情报不断泄露，徐恩曾的皮包都交给他的秘书钱壮飞，而钱壮飞却是共产党员。”蒋介石气得暴跳如雷，命令立即把钱壮飞抓起来。而这时，钱壮飞早已远走高飞了。

4 月 28 日早上，国民党特务会同英、法捕房，在上海进行大搜捕。中共电台原址被抄，周恩来、瞿秋白、李维汉等中共领导的原住址被搜查。

顾顺章急于邀功，他被押到南京的第二天，就跑到监狱里认人，出卖了被关在那里的恽代英。恽代英，江苏武进人，1895 年生，“五四”运动

---

①陈云（1905～1995），上海青浦人。1925 年加入中国共产党，在上海从事工人运动。1927 年大革命失败后，曾任中共江苏省书记，从事农民运动和工人运动。在六届四中全会上当选为中央委员，后任中华全国总工会党团书记。

时就开始进行革命活动，1921 年加入中国共产党，是《中国青年》的创办人，1926 年担任黄埔军校的政治总教官，1927 年 1 月主持武汉军事政治学校。在中共第五次全国代表大会上当选为中央委员。他参加了“八一”南昌起义，任党的前敌委员会委员。广州起义时，他是总指挥部和工农兵苏维埃政府的秘书长。1928 年 7 月任中共中央宣传部秘书长。1930 年 4 月 19 日，他带着宣传文件，在路上突然碰上特务搜查，因回避不及，他机智地抓毁自己的面容，化名王作林，以致在敌人的狱中一年多未被认出。国民党军官中有些他教过的黄埔军校学生，根据口音认出了他，但他们竟互相密誓，决不泄露。1930 年 8 月，周恩来从国外回来，曾用各种方式营救，直到 1931 年春正有可能被释放时，被叛徒顾顺章认了出来。国民党大惊失色，第二天——1931 年 4 月 29 日就将恽代英在监狱的广场上杀害了。临刑之时，恽代英拒不下跪，挺着胸膛，屹立在刑场上，高唱《国际歌》，侃谈爱国真理，他说：“蒋介石走袁世凯的老路，屠杀爱国青年，献媚帝国主义，必将自食其果!”刽子手大恐，第一个刽子手两手发抖，不得不换人开枪。恽代英身中数弹后还高呼：“打倒蒋介石!”“中国共产党万岁!”

顾顺章的叛变,[①] 使 3 年来冲破重重困难在国民党内部建立起来的党的秘密工作基础遭到严重破坏。打入国民党要害部门的李克农、钱壮飞、胡底等相继离开上海、天津，转移到中央苏区和鄂豫皖红色区域。

继顾顺章叛变后，中共党内又发生了党的总书记向忠发叛变事件。

向忠发，又名向仲发，祖籍湖北汉川，1880 年出生于上海一个贫苦工人家庭。由于家境贫寒，年幼失学，14 岁进湖北汉阳兵工厂当学徒工，随后又相继当过造币厂的工人、江汉轮船上的水手和码头工、杂役工。1912 年，他到汉冶萍煤矿驳船上做轮驳工，任职到大副。1922 年，他加入湖北省工团联合会，开始参加工人运动，同年加入中国共产党，先后任汉阳铁厂工会副委员长、汉冶萍公司工会副委员长。1923 年 2 月，他凭着朴素的阶级感情积极参加了京汉铁路大罢工，在罢工遭到北洋军阀吴佩孚残酷镇压、白色恐怖笼罩湖北的严峻形势下，他与在武汉地区领导工人运动的项英和林育南取得联系，以轮驳工的身份出面掩护帮助一批共产党员和工人积极分子转入地下。由于工作颇有成就，向忠发名声大振，在武汉地区的中共党员特别是在码头工人中较有影响。1923 年 3 月，他被推选为中共武

---

①顾顺章叛变后加入国民党蓝衣社。后，在国民党内闹派别、拉山头，1935 年冬，被陈立夫枪决于镇江一座孤庙刑场。

汉区委执委会委员。6 月，作为武汉党组织的代表参加了中共第三次全国代表大会。

1925 年在五卅运动中，向忠发经常深入工厂、工人家庭，广交工人朋友，宣传革命道理，扩大工运骨干队伍。同年底，他以个人身份加入国民党。他一面积极参加国共两党组织的革命活动，一面继续在轮船上任职以维持生活。

1926 年初，北伐军兵临武昌城下，向忠发等广泛发动船工并组织起来，用轮驳在长江中架起浮桥，使北伐军通过浮桥顺利过江。

北伐军占领武汉三镇后，向忠发又担任了湖北总工会委员长兼武汉工人纠察队总指挥、中共湖北区委执委会委员、国民党汉口市党部工人部部长等职。由于革命工作需要文化知识，他开始补习文化。从此，他告别了工作 10 余年的轮驳船，开始专门从事革命活动，成为一个职业革命者。

1927 年 4 月 27 日 ~5 月 10 日，中共在汉口召开了第五次全国代表大会。向忠发参加了会议，并得到中共中央总书记陈独秀的赏识，首次被选为中央委员。6 月，他又出席了第四次全国劳动大会，被选为中华全国总工会委员，7 月 15 日，汪精卫在武汉发动反革命政变，武汉大街小巷到处是“捉拿向忠发”的标语，向忠发便离开武汉到上海。

中共“八七会议”上，在向忠发未参加会议的情况下，经共产国际代表罗明纳兹的直接提名，被选为临时中央政治局委员，从此调到中央参加领导工作。1927 年 10 月，中共党派向忠发、李震瀛率中国工农代表团和学生代表团赴莫斯科参加苏联十月革命十周年庆典，之后留苏数月。

1928 年 2 月，向忠发出席了共产国际执委会第九次扩大会议，被增选为共产国际执委会和主席团的委员。他同李震瀛与共产国际的领导人斯大林、布哈林联合起草了《共产国际关于中国问题的决议案》（草案），并获得大会通过。

1928 年 3、4 月间，向忠发又参加了赤色职工国际第四次代表大会，会后又留在赤色职工国际工作了一段时间。

1928 年 6、7 月中共在“六大”期间，向忠发以湖北代表身份出席大会并被选为主席团成员，是大会的重要主持人之一，是会议设立的职工运动、湖北问题两个委员会的召集人和政治、军事、组织、妇女、苏维埃运动、财政审查、广州暴动等各委员会的成员。他在会上先后作了关于共产国际第九次执委会扩大会议情况和关于职工运动的报告。

共产国际书记处书记布哈林亲临中共“六大”作政治报告和关于政治报告的结论，他的报告中片面强调领导机关工人化。共产国际东方部部长米夫极力吹捧工人出身的向忠发。许多与会代表认为陈独秀犯过“右”倾机会主义的错误，瞿秋白犯过“左”倾盲动主义的错误，他们的错误领导都使革命遭受到惨痛失败或严重挫折，中国革命要由工人领导才能胜利。由于向忠发出身工人，又长期从事工运的领导工作，而且在“六大”之前，就已是由 9 人组成的临时中央政治局的成员，因此他便成了中央主要负责人的人选。经过多次酝酿和讨论，在大会选举中央委员会时，他被选为中央委员。

在六届一中全会和政治局的第一次全体会议上，他又分别当选为中央政治局的委员、常委、主席兼中央常委会主席，不久，改称总书记。

1928 年底，向忠发从苏联回国。他虽身为总书记，但缺乏主持中央工作的能力，完全成了一个挂名的总书记。中央的日常工作实际上是由政治局常委兼秘书长、宣传部长李立三主持。

1930 年 9 月召开的中共六届三中全会上，李立三因推行“左”倾冒险主义路线受到了批评。会上向忠发见风转舵，转而拥护对李立三路线的批评，未受任何处分，他仍被选为中央政治局常委、主持中央的工作。

六届四中全会后，王明等人控制了中央的实权，他们认为向忠发理论水平低、工作能力差，很瞧不起他，召开政治局会议也不通知他参加。

从此向忠发开始走下坡路，和大革命时期相比判若两人。在政治上一方面放弃马列主义理论学习和思想改造，另一方面革命意志逐渐消沉，日益脱离火热的革命斗争实际。在个人生活上日益贪图安逸，追求吃喝玩乐。

向忠发年轻时曾娶湖南省湘潭县的农村妇女刘秀英为妻。1928 年底，向忠发从苏联返回上海后，经党组织的周密安排，他与妻儿在沪团聚。一年后又与妻儿分居，他以古董商人为掩护，与青年女子杨秀贞在善钟路附近的一栋楼房里同居，他整日沉缅于追求个人生活的享受之中，甚至到了贪污党中央活动经费以中饱私囊的地步。

顾顺章叛变后，中共中央通知向忠发转移，他提出和杨秀贞见一面。中央同意后并要求他当天返回，可他却住在了那里。第二天早晨当他准备离开，去附近静安寺一家汽车行叫出租车时，被车行会计叶荣生认出（顾顺章叛变后，供出了向忠发右手一指半截的特征），那会计为得到一笔赏金，便去特务机关告发了他，于是向忠发被蜂拥而来的特务逮捕，被押往善钟路巡捕房。中共党中央准备组织力量进行营救，但很快得到消息——他已经叛变了。向忠发叛变后，无耻地向敌人求饶说：“你们不要问，我什么都说。”他首先供出了任弼时夫人陈琮英的住所（顾顺章被捕后，中共中央将杨秀贞和陈琮英转移到一个新旅馆里居住)，致使陈和杨秀贞一起被捕。同时，特务在向忠发的引带下，搜查了周恩来、瞿秋白的住处，幸好周、瞿早已撤离。在审讯陈琮英的法庭上，向忠发还亲自出面对质。

1931 年 6 月 23 日，向忠发被引渡到国民党淞沪警备司令部，警备司令熊式辉急于报功，当即电告南京蒋介石，适逢蒋已去庐山，电报再转到庐山。蒋接电后即批复："就地枪决。"后来，蒋又收到熊发来的"向忠发已招供"的电报，便批复："暂缓处决。"而熊式辉这时已按蒋介石批复的第一封电报，于 6 月 24 日将向忠发枪决了。行刑时，向忠发竟作揖下跪求饶，但是敌人并没有怜悯他。

此后，中共中央由政治局常委王明临时主持工作。

在上海的中共中央开始向苏区疏散。面对国民党的白色恐怖，王明请求去莫斯科。9 月下旬，经米夫同意，决定王明去莫斯科担任中共中央驻共产国际代表团团长。中国共产党、国际远东局决定成立中共临时中央，由博古（秦邦宪）负总责。临时中央政治局由秦邦宪、张闻天、陈云、卢福坦、李竹声、康生①等 6 人在上海组成。由秦邦宪、张闻天、卢福坦为临时中央政治局常委。②

1931 年 6 月 16 日，中共中央发出《给苏区各级党部及红军的训令》，指出，目前造成革命的先决条件已逐渐在全国成熟，而湘鄂赣等省区革命首先胜利的条件，因着红军苏区的直接推动，更加成熟起来。因此要必须实现目前阶段中的中心任务——建立湘鄂赣整片的苏区。为此，要求：①江西中央苏区必须在八一前召开全国苏维埃代表大会，成立中华苏维埃共和国临时政府，并公布实施宪法、土地、劳动、经济政策等法令；②各苏区的工作必须按照国际、四中全会和中央的决议实现转变，在土地问题上坚决贯彻"地主不分田、富农分坏田"的政策；③各苏区红军的发展方向，要以造成湘鄂赣整片苏区为目的，江西红军要在巩固占领区域的同时，加紧发动中心城市与交通要道周围的农民暴动与游击战争，造成全省农民暴动与红军包围南昌的形势，鄂豫皖、湘鄂西等苏区的发展时时与中

①康生（1898～1975），原姓张，叫张宗可，号少卿，化名赵容，山东胶南人。1925 年加入中国共产党。曾担任中共上海特支委员会书记，历任上海沪中、闸北、沪西、沪东等区的区委书记，中共江苏省委委员、江苏省委组织部长、秘书长，中共中央组织部部长等职。1933 年去莫斯科任中共驻共产国际代表。

②《刘少奇传》，中央文献出版社，1998 年 10 月第 1 版，第 164 页。

央苏区的行动相呼应；④进一步加紧肃反；⑤必须坚决而深入地开展“反右倾机会主义与富农路线的斗争”，从下而上地改造党的机关。

20日，中央苏区中央局革命军事委员会发布《第十四号通令》，决定把原定8月1日召开的全国苏维埃第一次代表大会改期为11月7日举行。并要求各地代表在10月15日前选举完毕。

8月30日，中共中央通过《关于中央苏区组织问题的决议》，决定由周恩来、项英、毛泽东、任弼时、顾作霖、邓发、朱德7人组成中共苏区中央局委员，毛泽东任代理书记。

同日，中共中央发出《给苏区中央局并红军总前委的指示信》，在肯定中央苏区获得了伟大成功的同时，指出还存在着严重的错误：总前委从汀州会议一直到吉安大会都还在执行立三路线，三中全会后的中央局还在执行立三主义的调和路线。要求红军向外发展，必须占领一两个顶大的城市；地主不分田、富农分坏田；改造和扩大红军，破除游击主义传统，适应大规模作战；等等。

8月，中共中央还作出《接受共产国际执委第十一次全会的决议》，强调党内的主要危险是“右”倾机会主义的灰心、失望、消沉，要集中火力反右倾。

1931年10月31日，中共苏区中央局致电中共中央，请示报告3个问题：①中央局决定以毛泽东为代理书记，提议扩大中央局人数，如彭德怀、林彪、周以栗、曾山、陈毅为中央局委员，请批准；②成立中共江西临时省委，任弼时为书记；③全苏大会在11月7日召开，苏区党代表大会在11月1日召开。

1931年11月1日，在中共中央六届四中全会代表团的主持下，中央苏区在江西瑞金叶坪召开第一次代表大会，5日结束。会议完全同意中共中央8月30日的指示信，全面否定中央苏区的工作，把毛泽东的主张指责为“狭隘经验论”、“富农路线”和“右倾机会主义”，强调“要集中火力反右倾”。会议通过了《政治决议案》、《关于党的建设问题决议案》、《关于红军问题决议案》。同时决定，设立中央革命军事委员会，取消红一方面军总司令和总政委的名义及其组织。

1931年11月7日，是苏联十月革命14周年纪念日。这天，中华苏维埃第一次全国代表大会在江西瑞金叶坪召开。到会代表610人，中央苏区、闽西、湘鄂赣、湘赣、湘鄂西、鄂东北、琼崖各苏区均有代表出席，红军

一、三军团，二、六、十六军及各独立师均派代表出席，到会的还有全国总工会、海员代表、朝鲜代表。红军举行了阅兵典礼，晚间举行了提灯游行。

大会听取了毛泽东的《政治问题报告》、项英的《劳动法报告》、张鼎丞的《土地法报告》、朱德的《红军问题报告》、周以栗的《经济政策报告》、王稼祥的《少数民族问题报告》、邓广仁的《工农检查处报告》。讨论通过了《中华苏维埃共和国宪法大纲》、《中华苏维埃土地法》、《中华苏维埃劳动法》、《关于经济政策的决定》、《关于红军问题的决议案》、《关于中国境内少数民族问题的决议案》等文件。

大会选举产生了中华苏维埃临时中央政府执行委员会。毛泽东、项英、张国焘、周恩来、卢福坦、朱德、瞿秋白、张鼎丞、邓发、王稼蔷（祥）、徐锡根、范乐春、陈绍禹、彭德怀、关向应、孔荷宠、方志敏、任弼时、贺龙、沈泽民、谭震林、黄平、曾山、林彪、陈郁、罗登贤、夏曦、邓子恢、刘少奇、刘大朝、陈正人、袁德生、崔棋、屈登高、段德昌、葛耀山、彭轨、陈福元、古大存、韦拔群、张华先、何叔衡、黄苏、胡海、滕代远、萧恒太、罗炳辉、陈毅、张云逸、周以栗、庐德光、胡均鹤、徐特立、邵式平、洪紫清、刘光朝、吴致民、刘建中、李宗伯、刘生元、王永盛、阮啸仙等63人当选为委员。

11月20日大会结束。

11月25日，根据全国苏维埃第一次大会决议和中华苏维埃中央执行委员会命令，中华苏维埃共和国中央革命军事委员会宣告成立。由朱德、彭德怀、王稼祥、林彪、谭震林、叶剑英、孔荷宠、周恩来、张国焘、邵式平、贺龙、毛泽东、徐祥谦（向前）、关向应、王盛荣15人组成，朱德任主席，王稼祥、彭德怀任副主席。中革军委下设总参谋部、总政治部和总经理部。叶剑英任总参谋部部长（后改任刘伯承），王稼祥任总政治部主任，范树德（后叛变）任总经理部部长。中革军委成立后，红一方面军总部奉命撤销，所属各部直接归中革军委领导，统称中央红军。并把红军的识别标志由红袖章更换成红领章和五星帽徽。

11月27日，中央执行委员会召开第一次会议，选举：毛泽东为中央执行委员会主席，项英、张国焘为副主席。并于中央委员会之下组织人民委员会，为中华苏维埃共和国中央行政机关。选举：毛泽东为主席，项英、张国焘为副主席，王稼祥为外交人民委员，朱德为军事人民委员，项英为劳动人民委员，邓子恢为财政人民委员，张鼎丞为土地人民委员，瞿秋白为教育人民委员，周以栗为内务人民委员，张国焘为司法人民委员，何叔衡为工农检察人民委员。人民委员会之下设立国家政治保卫局，邓发任局长。

11月27日，中华苏维埃共和国临时中央政府发表对外宣言：宣布中华苏维埃临时中央政府于1931年11月7日在江西成立，它是中国工农兵以及一切劳苦民众的政权；它主张取消一切帝国主义国家过去同中国地主资产阶级的政府所订立的不平等条约；废除一切统治者为镇压中国民众运动与屠杀中国民众而借用的外债；主张收回一切帝国主义的租借地；一切帝国主义的海陆空军滚出中国；主张没收一切帝国主义在华的银行、工厂、矿山与交通工具；等等。

宣言指出：目前本政府并不反对与世界各帝国主义国家的政府重新订立完全平等的条约；在苏维埃区域内这些国家的人民在不违反苏维埃一切法令的条件之下，可以准许另订条约继续经营工商业。

宣言指出：本政府坚决反对世界大战与中国国内的军阀战争，主张和平；同时主张，用革命的国内战争，消灭一切反革命战争，取得全世界的永远和平。

“一苏”大会上，出席大会的闽西代表郭滴人、张鼎丞向苏区中央局和毛泽东汇报闽西工作，谈到了闽西肃反中的错误做法。此时毛泽东对肃反扩大化的错误已有较深刻的认识。他沉痛地对郭、张指示：“这样搞不要敌人打，我们自己就会垮台。”他指示中央政府拨款5000多元，作为纠正冤错案件的善后救济费。

“一苏”大会后，毛泽东又主持中央执行委员会非常会议，讨论处理反革命案件和建立司法机关的暂行程序问题。会讨通过了《中华苏维埃共和国中央执行委员会训令》第六号，作出肃反工作的9条规定，初步确定了革命秩序，保障了群众权利，使肃反工作能够有秩序、有组织地进行。

四一二反革命政变后，毛泽民到了汉口，担任《汉口民国日报》总经理。该报社社长是董必武，总主笔是沈雁冰。

七一五反革命政变后，毛泽民根据党的指示，回湖南准备秋收暴动。他化名周方，深入到湘潭、湘乡一带活动。9月中旬，他返回长沙，得悉毛泽东领导的湘赣边界秋收起义已经发动，便带领一批同志化装成商人，奔赴平江、浏阳。途中为反动军队所阻，乃返回长沙，继续从事地下工作。

1927年底，毛泽民接到中央来信，要他重返上海主持地下印刷厂工作。他回到上海，利用原厂继续开业。

1929 年初，地下印刷厂被敌人发现。毛泽民根据党中央的指示，迅速妥善地将机器运往天津，在英租界广东道（今唐山道）47 号办起了华新印刷厂，属中共中央北方局领导，毛泽民任经理。华新印刷厂对外公开承印发票、请柬、表格之类，对内印刷党的内部刊物、文件、传单以及顺直省委主办的《北方红旗》、《铁路工人》等，有时翻印些马列主义书籍。由于组织严密，此印刷厂一直未被敌人发现，1931 年毛泽民奉调离开天津，这个印刷厂的任务方告结束。在天津期间，毛泽民还担任了中共中央的“交通”，并兼管顺直省委的财务。

1931 年初，毛泽民再次返回上海，以开酒栈为掩护，继续领导党的地下发行工作。他得知嫂嫂杨开慧于去年被国民党军阀何键杀害的消息，请求党组织同意，他通过地下交通员带信到长沙板仓，请开慧的母亲和嫂子设法摆脱国民党特务的监视，将大哥的 3 个儿子护送到上海。

1931 年 4 月，顾顺章叛变，中央考虑顾不但认识毛泽民，并熟悉他的联络暗号和地址。所以，让毛泽民等人离开上海，到香港开辟工作。

1931 年 7 月，毛泽民来到闽粤赣根据地，任闽粤赣军区经理部部长。不久，被调到瑞金参加中华苏维埃第一次全国代表大会的筹备工作。随后，受中华苏维埃共和国中央临时政府的委派，筹建国家银行。

1932 年 3 月，国家银行正式成立，毛泽民任行长。当时，国家银行的全部人员只有 5 人：行长、记账员、出纳员、总务、会计。

国家银行成立后，毛泽民就把统一财政作为首要任务。他将国家银行分设总行、分行和支行，国家金库也分设总金库、分金库和支金库。通过几个月的摸索、研究，他制定了金库条例和会计、预算、决算、审计等制度。并举办了多期银行、金库、财会人员训练班。

1932 年 7 月 7 日，毛泽民领导国家银行开始印制纸币——中华苏维埃共和国国家银行银币券。年底，又利用红军打长沙缴获的制币机建立造币厂，印制银币和铜币。也造一些可到白区流通的银元，与白区进行贸易。

毛泽民常以中央财政特派员的身份，深入前方，帮助部队建立财政系统。他在各部队设立派出机构，重要地方派出工作组。每次打完仗，就把缴获的东西收上来，由银行开给收据。至 1932 年底，苏区的财政货币得到了统一。

为了打破敌人的经济封锁，解决苏区军民严重的缺盐问题。毛泽民让一些人化装成乞丐到白区要饭，买了盐装在讨米袋里带回来。还发动大家把粪桶做成双层，利用到白区挑粪的机会，将盐放在底层挑回来。还有把棺材改做双层，上层放一些臭猪肠，下层放盐让一些人装作送葬，从白区将盐运回来。

在中央苏区赣南的安远、宁都、会昌3县附近，蕴藏着丰富的钨砂。1932年春天，中央苏维埃政府决定成立钨矿公司，由毛泽民兼任公司总经理。钨砂的大量出口，使苏区获得了一项重要的经济来源，换进了苏区急需的食盐、布匹和药品。

毛泽民还领导国家银行开展储蓄运动。

毛泽民一贯廉洁奉公，在闽赣省委开会时（他还担任过闽赣省委常委、财政部长和省党团副书记），经常到深夜，同志们很饿，邵式平开玩笑说："泽民同志，开开恩搞点东西吃吧！"毛泽民笑着说："不行啊，邵大哥，财务上没有这笔开支，你就让肚子唱唱空城计吧！"

九　九一八

1931年9月18日，日本帝国主义悍然侵占我国东北。

早在日本明治年间，日本军国主义就制定了对外侵略扩张的狂妄计划，第一期征服中国的台湾；第二期征服朝鲜；第三期征服中国的满蒙（东北和内蒙古）地区；第四期征服中国本部地区；第五期征服世界。

1894年，日本发动甲午战争，霸占了中国的台湾省；1900年，日本加入八国联军，镇压义和团运动；1904年至1905年，日本帝国主义与沙皇俄国，在中国领土上进行了一场争夺中国东北霸权的肮脏战争。1914年，日本在西方列强相互厮杀、无暇东顾之机，悍然出兵我国的东北，并提出全面灭亡中国的"二十一条"，中国由于爆发了伟大的"五四运动"，才使日本的野心没有得逞。

20世纪20年代后半期，随着法西斯势力的崛起，日本帝国主义大大加快了武力灭亡中国的步伐。日本法西斯产生于1920年初，它继承日本军国主义的衣钵，对内主张强化地主资产阶级天皇制，残酷镇压革命力量和民主势力，实现法西斯独裁专政，对外鼓吹侵略战争，妄图用武力征服中国和世界，使日本成为亚洲和世界霸主。1927年6月27日~7月7日，日本田中义一内阁召开了有陆、海、空三省官员参加的"东方会议"，研究和制定对华政策。根据这次会议精神写成《田中奏折》："惟欲征服支那，必先征服满洲，如欲征服世界必先征服支那。"1929至1930年间，一批法西斯军官就任陆军中央部要职。在世界性资本主义经济危机到来之时，日本加快了发动战争的步伐。1931年6月，关东军高级参谋板垣征四郎大佐、石原莞尔中佐和沈阳日本特务机关的花谷正少佐密谋，决定于9月下旬在柳条湖爆炸铁路，制造事端，乘机发动战争，占领满洲。

1931年春夏之间发生了万宝山事件①和中村大尉事件。② 日本法西斯以此为借口，借题发挥，煽动民族沙文主义，大造战争舆论。

在法西斯推动下，日本关东军加紧进行战争准备。1930年7月1日开始采取积极的军事行动，调整指挥系统，加紧战争演习等。8月1日，关东军开始集结在乡军人，进行夜战训练。日本的所谓在乡军人，就是在日本内地退役不久的现役军人。日本军国主义者有计划地安排他们在满铁沿线各站的铁路职工附属工厂工作。③

这时，蒋介石正在策划对中央革命根据地的第三次“围剿”，部署兵力向红色区域进攻。

1931年8月16日，蒋介石由南昌致电在北平（今北京）的张学良：“无论日本军队此后如何在东北寻衅，我方应不予抵抗，力避冲突，吾兄万勿逞一时之愤，置国家民族于不顾。”

9月6日，张学良电令驻沈阳北大营旅长王以哲：“中日关系现甚严重，我军与日本相处须格外谨慎，无论受如何挑衅，但应忍耐，不准冲突，以免事端。”同时，又电东北代理行政长官臧式毅、荣臻，称：“对于日人，无论其如何寻事，我方务须万方容忍，不可与之反抗，致酿事端。”

9月13日，日本关东军司令本庄繁到沈阳、长春、公主岭等地检阅关东军。要求所属部队服从命令，尽保日本在满洲利益之天职。

9月17日拂晓，日本关东军派出一个工兵中队开到沈阳北郊8公里处的柳条湖进行警戒，隔绝了交通。中午时分，日本军队抓住了在该地区横跨铁路的8名中国农民，强迫他们穿上了东北军的半旧军装，对他们说：

---

①1931年4月，汉奸恶棍郝永德将长春西北万宝山地区的生熟荒地500垧（一垧等于7亩），租给流浪到东北的朝鲜农民李昂薰、李造时等人耕种。李招来朝鲜农民100余人，引伊通河入田，强挖壕沟，建筑高坝，而所挖之地，都是中国农民的熟田，且高坝一筑，大批熟田将淹没，因而引起当地中国农民的反对和阻止。7月初，日本驻长春领事以“保护”为名，派军殴打中国农民，打伤多人，逮捕10余人，日本利用这一事件，在朝鲜又制造反华惨案。

②1931年6月初，日本参谋本部军事间谍中村震太郎大尉，奉令到中国东北的兴安岭等边防军事要地，进行军事侦察，他一行4人化装成中国人，从海拉尔至兴安岭、索伦山一带进行军事地理调查后，在准备经洮南回国的途中，7月下旬在兴安区余公府被中国屯垦军逮捕，将他们秘密处死。不久，事情暴露。日本政府一方面向中国提出强烈抗议和种种无理要求，同时进行歪曲宣传。8月18日，日本政府公布所谓“中村事件”调查报告，歪曲为中国军队将其旅游者中村一行无理杀害。故意扩大事态，煽动战争狂热，为发动侵占中国东北的战争制造借口。

③九一八事变时，他们都参加了战斗。

"你们违反了铁路的戒严令，罚你们修铁路半天。"这时，日本的工兵中队，拍了好多照片，注明："中国东北军破坏南满铁路。"[①] 不久，日军用机枪打死了4个中国农民，又抓走了4人，也拍了好多照片，注明："东北军破坏铁路，被日本发现后的战斗情况。"最后，日军把抓走的4个农民也枪杀了，照片注明："东北军破坏南满铁路的应有下场。"同日下午，日本关东军炮兵进入了计划好的炮兵阵地，南起浑河铁桥，北至柳条湖铁路沿线，都安装了重炮，以沈阳站二楼为发炮的指挥所。9月18日（农历八月初七）凌晨3时，这个指挥所打响了第一枪。跟着是万炮齐发，射向沈阳北郊的东北最大兵营——北大营。

中方驻军，早已接到不准抵抗的命令，一枪未放就悄悄地分三路撤退了；大部分通过新民、打虎山，退到锦州；另一路退向铁岭、开原去通辽；再一路由辽中、营口、台安，退入山海关。

沈阳的兵工厂、迫击炮厂、火药厂等，是张作霖苦心经营十几年的中国最大、最新的军火制造工厂。所有设备均购自德国，投资累计1亿元银币。9月18日被日寇占领，库存的8700多支步枪，4000多挺机关枪，200多架飞机及所有的粮秣弹药均被日寇抢掠一空。[②]

9月18日，日寇除向沈阳发动进攻外，还有沈阳到大连沿线各县城，如辽阳、海城、鞍山、大石桥、复县、金县，以及沈安线（沈阳—安东[③]）的本溪、凤城、安东沿线各县城。至9月末，除锦州以西地区外，辽宁省全部沦陷。10月末，吉林省全部沦陷。到1932年初，整个东北三省，全部沦于日本帝国主义的铁蹄之下。

九一八事变前，我国在东三省的兵力达30万人。除了进驻关内的部队外，在东北的军队还有26万多人，沈阳北大营8万人，东山口4万人，辽阳郑家屯3万人，锦州2万人，吉林及黑龙江两省各近5万人。

九一八事变爆发后，东北及全国人民，对日军的狂妄侵略，无不义愤填膺，群情激愤。国民党当局，如能因势利导，命令东北全军努力抵抗，则仅有2万人的日本关东军，是不难被歼灭的。蒋介石命令张学良不许抵

---

①1896年中国清朝政府同沙皇俄国签订《中俄密约》后，由俄国投资在中国的东北地区修筑、经营了一条铁路，全称"中国东省铁路"，简称"中东路"。这条铁路以哈尔滨为中心，西北至满洲里，东至绥芬河同俄国境内的西伯利亚铁路相连接，向南经长春直达大连。1905年日俄战争以后，长春—大连铁路段被日本所控制，称南满铁路。长春以北段称中东铁路，"十月革命"后于1924年5月中苏两国政府签订了《中俄解决悬案大纲协定》，规定中东路改由中苏两国共同经营管理。

②这些武器以后被日军全部投入中国战场。

③今丹东。

抗，把东北三省大好河山，拱手送给了日本。

9月20日，中共中央发出《为日本帝国主义强占领东三省事件宣言》，强烈谴责日本的侵略暴行和国民党政府的不抵抗主义，要求日本立即撤出驻华的一切海陆空军，号召全国工农兵劳苦群众，在争取中国民族解放的利益之下，团结一致，同日本帝国主义进行坚决的斗争。22日，中共中央作出《关于日本帝国主义强占满洲事变的决议》，要求各级党组织加紧发动领导广泛的群众反帝活动，以各种方式与日本侵略者展开斗争，并注意在斗争中同下层小资产阶级群众结成抗日反蒋统一战线。同时，特别指示满洲党组织，要加紧在非满军队中的工作，组织兵变，建立武装，开展东北游击战争，直接给日本帝国主义以打击。

同时，中国共产党迅速作出决定，火速派出罗登贤、杨靖宇、赵尚志①等主要干部到东北，组建抗日联军，与自发组织起来的东北义勇军一道，在白山黑水间开展抗日游击战争，首先举起中国抗日战争和世界反法西斯斗争的大旗。

9月28日，国民党军政部通令所有部队，对日军入侵东北，应“坚忍沉毅，力持镇静”，“务避轨外行动”，并要所属严密注意保护日军。

十　宁都起义

1931年12月14日，国民党第二十六路军17000余人在江西宁都举行起义，加入红军。

国民党第二十六路军，原是冯玉祥的部队。1930年的中原大战，阎、冯失败后，冯玉祥所属孙连仲的第十二、十三、十四、十五4个师，不得已接受了蒋介石的收编，把部队从河南省移到山东省济宁一带驻防。蒋介石给了一个“第二十六路军”的番号，把4个师合编为2个师：第十三、十四、十五3个师合编为第二十五师，孙连仲亲任师长，下辖第七十三、七十四、七十五旅，原来的3个师长一律降为旅长；原第十二师编为第二十七师，师长高树勋，下辖第七十九、八十、八十一旅。赵博生任第二十六路军参谋长。赵博生，河北省新海县（今黄骅市）东慈庄人，1897年

---

①1940年2月杨靖宇被日军包围在山林里，身边战士都已牺牲，他只身与敌人英勇奋战，最后壮烈殉国。残暴的敌人剖开他的肠胃，发现里面只有草根、树皮和棉絮。

1942年作为抗日联军第三军军长的赵尚志因身负重伤而被俘，他拒绝敌人为他医治，最后壮烈牺牲，遗体被残暴的日军投入松花江中。

生，1914 年考入保定陆军军官学校步兵科第 6 期，1917 年毕业后，曾在皖系、直系军阀部队中担任见习官，1923 年冬转到西北军冯玉祥部服役，历任参谋、团附、参谋处长、旅参谋长、旅长、军参谋长等职。大革命失败后，军阀混战，民不聊生，加上西北连年大旱，反动政府横征暴敛，当时赵博生在西北军任军参谋长兼特种兵旅旅长，他对反动政府、军阀的倒行逆施和累累罪行，极为愤恨，他忧国忧民，深感国家兴亡，匹夫有责。曾作《革命精神之歌》一首，在他掌握的部队中教唱，歌词是：

先锋！先锋！热血沸腾。先烈为平等牺牲，做人类解放救星。侧耳远听，宇宙充满饥寒声，警醒先锋！个人自由全牺牲，我在国生，我死犹荣，身虽死精神长生。成仁！成功！实现大同！

中原大战失利后，特种兵旅由宋哲元掌握，赵博生毅然率领 500 余人的教导大队，以“三民主义救国军”为号，出西安，登秦岭，拟入汉中，独树一帜，以谋求革命出路。但进山不久，被窜犯土匪所阻，由于寡不敌众，供给无着，以包谷、核桃为食，上山待机。后一部被杨虎城收编，赵博生则在亲属的帮助下被介绍到孙连仲部下任参谋长之职。

1931 年春，二十六路军被调往江西“剿共”。部队的抵触情绪很大。因为这个部队的士兵绝大多数是陕、甘、宁、青的贫苦农民，他们中的一部分是被抓丁而来，也有一部分是 1929 年自然灾害下死里逃生者，在冯玉祥的“耕者有其田”的口号下，当了兵。他们对蒋介石的整编十分反感，特别是听到整编后开到南方去，士兵们议论纷纷，许多人气得撕下刚发的青天白日帽徽并摔在地上，破口大骂：“老子死也不去南方！”有的悄悄说：“听说共产党打到南昌了，蒋介石可能是要我们去垫背呀！”

部队开到江西，蒋介石才发下饷来，但是第一次发饷就没有发足，只发了 65%。而和他们紧挨着的中央军总是按月发足饷。饷不足，装备不行，打仗却要他们打头阵。蒋介石命令二十七师为右路，二十五师为左路，参加对中央革命根据地的第二次“围剿”。二十七师进军中村，师部几乎被全歼，一旅被消灭过半，给二十六路军迎头一棒，使全军本来就不高的士气更加低落了。

左路军二十五师的前头部队是七十三旅，旅长董振堂。董振堂，河北省新河县西李庄人，1895 年生，1923 年在保定军官学校第九期炮兵科毕业，在西北军中历任连长、营长、团长、师长等职。为人朴实，在旧军队中被誉为正直人物，在士兵中威望很高。七十三旅在第二次“围剿”中，几乎没有打什么仗。董振堂不想同红军作战，经常搞一些假情报作为迟迟不进的理由，为此，在南昌督阵的蒋介石很恼火。

在第三次“围剿”中，二十六路军奉命经黄陂、东韶，进驻宁都县城，途中除有少数游击队外，没有碰到红军主力。

进驻宁都之后，官兵的厌战情绪在蔓延。士兵们初到南方，天气潮湿，不服水土，痢疾等各种疾病不断地袭击着部队，许多人病倒了。再加上南方牛羊肉、油都很少，又吃不习惯大米，军饷又常常不能按时发下来，很多士兵在病痛中死去了，开小差的人越来越多。最主要的是二十六路军因是冯玉祥的旧部，受过大革命的政治影响；中原大战和蒋介石血战了 8 个月，开到江西又中了蒋介石的“以毒攻毒”之计，官兵们对蒋介石积恨难消；官兵们处在红军的包围之中，耳闻目睹红军的当地政策、官兵平等政策、俘虏政策，深得人心；九一八事变后，面对日寇的进攻，更激起了官兵们的民族仇恨，他们普遍有“自己人不打自己人”，“回北方去，打日本鬼子”的要求。

这时，中共地下党在二十六路军中也加紧了组织工作和政治工作，先后发展了一批地下党员。1930 年 10 月，经中共党中央批准，赵博生秘密加入了中国共产党。与此同时，董振堂也在寻找中共党组织，第七十四旅旅长季振同和一团团长黄中岳也在寻找革命出路。季振同是河北沧州人，在西北军中屡立战功；黄中岳是河南省罗山县人，毕业于日本士官学校，他所属的部队（原手枪旅）战斗力很强，每个士兵都配有三大件：手枪、马枪、大刀，身体强壮，训练严格。

二十六路军总指挥和第二十七师师长高树勋因病去南京医治。临走前孙连仲决定不再兼任二十五师师长，提拔第七十五旅旅长李松昆为师长。李松昆不学无术，在同行中威望不高，激起大家反感。

12 月上旬，二十六路军中的中共中央地下党负责人王超到南昌与党中央派的人接头，没想到接头机关被破坏了，他误把二十六路军党组织中的领导人名单和两个决议案交到了敌人手中。12 月 5 日，蒋介石的南昌行营拍来十万火急的电报，令二十六路军总指挥部严缉刘振业、袁汉澄、王铭伍 3 名中共地下党员。12 月 9 日晨，一架国民党巨型飞机，在宁都降落，要总参谋长赵博生彻底清查二十六路军的“反动分子”。

二十六路军的中共特支马上研究，决定举行暴动：一方面以赵博生参谋长的名义，给南昌方面拍去“遵令即办”电报，应付蒋介石；一方面派人动身与红军进行联系。

朱德总司令接待了二十六军派去的代表并主持召开军委会听取了汇报，左权、刘伯承、王稼祥、李富春、叶剑英等人参加，大家分析了暴动成功的条件，也讨论了万一失败后需要采取的措施。会后，毛泽东又同来人谈话。毛泽东说："暴动是一件大事，将给蒋介石一个很大的打击。能争取全部暴动最好，全部暴动的条件是存在的，这全靠我们党做的过细的组织工作。行动要坚决，要注意保密，万一不能全部暴动，局部暴动也是好的，在反革命心脏插上一刀也是好的。"

起义前，赵博生、董振堂、季振同、黄中岳 4 人多次秘密地研究，周密考虑举事的具体方案。他们认为，为了动员更多的部队参加起来，在公开场合，暂不以当红军为号召，而是强调抗日，绕道打回北方去。起义时间原定为 12 月 13 日夜间 12 点，后了解到，国民党已将二十六路军的 2 万套棉衣、11 月份的军饷送到了南昌，不日即可运到宁都。如按时起义，将无法得到这些东西。季振同主张起义的时间推迟一天，赵博生、董振堂也同意了。于是，一面派人秘密出城，通知红军更改起义时间，一面派人连夜直到广昌，催促棉衣和薪饷日夜兼程赶运宁都。

12 月 14 日黄昏，赵博生总参谋长以执行南昌行营"进剿"命令为名，召集团以上军官在总指挥部的楼上召开"剿匪"会议。除第二十五师师长李松昆（后逃跑）外，军官们全部到齐。赵博生简洁地向军官们讲明了当前的形势和二十六路军的处境，宣布起义加入红军。当即有第七十三旅、七十九旅、八十旅各一名团长跳楼欲逃跑，被楼下的武装人员擒获。

12 月 15 日早晨，大规模的起义已经成功，除了驻在宁都以北 40 里的石上的一个团没有参加外，二十六路军的 2 个师共 6 个旅 11 个团，计 17000 多人，携带 2 万多件武器，全部参加了起义，队伍开到红区固村，这是彭湃县苏维埃政府的所在地，受到红区军民的热烈欢迎。

16 日清晨，部队集合在一个空阔的打麦场上，刘伯坚给大家讲话："我代表中华苏维埃政府和中共中央军委热烈欢迎二十六路军广大官兵光荣起义，参加红军！中华苏维埃政府和中共军委决定，授予起义部队红军第五军团的番号（下辖第十三、十四、十五 3 个军）。任命季振同为红五军团总指挥，董振堂为红五军团副总指挥兼第十三军军长，赵博生为红五军团参谋长兼第十四军军长，黄中岳为第十五军军长。"号召大家紧密团结起来，高举革命的红旗，为解放全中国，为几亿被压迫的工农群众，为中国的真正独立与统一而英勇奋斗。

部队经过几天行军，在瑞金县附近的秋溪、壬田、九堡、西江一带驻了下来。在秋溪召开了欢迎大会，毛泽东、朱德都在会上讲了话。毛泽东亲自指导红五军团的建军方针。

建立政治委员制度，党支部建在连上，连队建立士兵委员会；实行混编；对军官实行“剥笋政策”，愿留愿走都欢迎；提拔一些士兵及愿意革命的下级军官；参加战斗，学习红军的战斗精神；学习做群众工作；有计划地调大批土地革命中成长起来的农民子弟到红五军团里，输入新的血液。

为迅速建设红五军团，党派了大批优秀的共产党员做政治工作：军团政委萧劲光、政治部主任刘伯坚、十三军政委何长工（开始为邝朱权）、十四军政委黄火青、十五军政委左权。各师也派了政治委员，每个连都派了指导员。

其中政治部主任刘伯坚，四川省平昌县龙冈寺人，高级师范学校毕业后，1919 年冬赴法国、比利时勤工俭学，后又到苏联莫斯科东方大学学习，学识十分渊博。1926 年，冯玉祥从苏联考察归国后，刘伯坚和苏联总顾问乌其曼诺夫随同而来，五原誓师①后，冯玉祥任命刘伯坚为总政治部部长，工作至 1927 年 7 月，这期间刘部长在西北军中留下了很深的好印象，以至大部分起义官兵慕刘部长之名而来。

考虑到五军团都是北方人，不懂本地话，同驻地群众联系不方便，红军领导每连给派去一名懂本地话的做采买。几乎天天有兄弟部队或苏区群众来五军团驻地送粮食、送猪肉、演节目，表示欢迎和慰问。

在起义的第二天，董振堂就加入了中国共产党，并把 3000 多元的私人积蓄，全部交给了党。政委何长工把这事反映给毛泽东主席，毛泽东说：“不要全交嘛，寄些给家里，留一些自己用。”董振堂坚持全交，他说：“革命了，个人的一切都交给了党，还要钱干什么！”

自 1931 年 12 月 28 日，日本关东军分路入侵辽西，当地国民党东北军不战而溃，陆续撤入山海关内。日军长驱直入，于 1932 年 1 月 3 日攻陷锦州，继犯热河。为转移中国人民和国际舆论对其在中国东北侵略行径的谴

---

①1926 年 9 月，在北伐军胜利进军影响下，由苏联返国的冯玉祥，在苏联顾问团和中国共产党人刘伯坚、邓小平等帮助下，决定将绥远由他率领的国民军改组，加入国民革命军，响应北伐。9 月 16 日发表改组部队的宣言，宣布以国民革命和扶助民众运动为己任。17 日在绥远（今属内蒙古）五原誓师，正式宣布全体国民军脱离北洋军阀系统，加入国民党，部队归编为国民军联军，冯玉祥自任总司令。五原誓师后，冯玉祥根据共产党人李大钊提出的“围甘援陕，联晋图豫”的战略，率部绕道甘肃，进入陕西，11 月下旬解西安之围，占领全陕。接着东出潼关，配合北伐军在河南击败奉军主力。

责，日寇阴谋在中国东北成立“满洲国”，并蓄意在上海挑起战争。

1932年1月24日，日本侵略者向上海大量增兵，1月28日向上海发起进攻。当地驻军——国民党第十九路军在爱国将领蔡廷锴、① 蒋光鼐、② 戴戟等领导下，奋起英勇抵抗。中共地下党组织发动上海各界人民给十九路军以极大鼓舞和支援，很多区都成立了义勇军、敢死队，协同作战。第十九路军连同后来参战的张治中所部的第五军不足4万人，抵住了武器、装备精良的10万日军的进攻，迫使日军直到2月29日仍处在沿海的狭窄地带，不能前进一步。

1月30日国民党政府迁都洛阳。

2月末，在日军大量增兵，情况万分紧急之时，国民党行政院副院长兼政治部长宋子文对外发表谈话，转达蒋介石的决定：“目前战线甚短，仅以一团兵力足矣。十九路军有3个师共16个团，无须援兵，尽可支持，并决定无须援助。各军将士未得军政部命令，而自由动作，虽意出爱国，亦须受抗命处分。”这样，蒋介石 一方面告诉全国军民爱国必须事先得到他本人的允许，否则有罪；另一方面把上海抗战的实力，明确地告诉日寇，并对日寇作了不增援第十九路军的保证。

十九路军在战争中所消耗的武器弹药和医药器材，国民党政府一概不予补给。日军的坦克车、铁甲车、飞机，杀伤力很大，十九路军迫切需要平射炮和高射炮，经向军政部一再呼吁请领，军政部始终不发一枪一弹。

在第十九路军、第五军孤军奋战之时，驻无锡、苏州一带的上官云相师，驻浙江的戴岳旅，驻江北的梁冠英一路，以及在杭州、赣东的蒋介石嫡系部队约60个师的兵力，皆按兵不动。国民党政府停止对第十九路军发饷，甚至连国内外的捐款也欲扣留。

在日军大量增兵、战线扩张的情况下，第十九路军和第五军不得已于3月1日晚退守嘉定、黄渡第二道防线。

5月23日，国民党政府军事委员会调第十九路军到福建“剿共”，任

---

①蔡廷锴，广东罗定人，1892年生，毕业于保定军官学校，曾任国民革命军第四军第二十八团团长，北伐中曾任第十师师长。初，参加南昌起义，但中途离开队伍。后任国民党第十九路军副总指挥，参与对红军作战。九一八事变后，面对国难当头，开始认识到连年内战是日本帝国主义乘机入侵中国的主要原因，决心从此不再反共，主张一致对外。1931年冬，十九路军调戍京沪。

②蒋光鼐，1888年生于广东东莞，青年时加入同盟会，后参加武昌起义。参加讨袁，1913年去日本，在孙中山办的军事训练班内学习，1916年参加云南护国讨袁运动。他一直追随孙中山，陈炯明叛变时，率部坚守总统府。大革命时期拥护孙中山的三大政策，支持国共第一次合作，亲身参加东征、北伐，在号称“铁军”的第四军中任团长、师长等职。1930年8月，任第十九路军总指挥，在对红军的“围剿”中，蒋光鼐不愿参加反共战争，在沪治病。后任淞沪警备司令。

命蔡廷锴为第十九路军总指挥兼第十九军军长。

5月31日，国民党政府任命蒋光鼐为福建绥靖主任、福建省政府主席。

十一　周恩来

顾顺章叛变后，在严重的白色恐怖下，周恩来隐蔽了半年。1931年12月上旬，周恩来离开上海到中央苏区瑞金赴任（1931年1月，中共六届四中全会后，周恩来分工中央军委和苏区的工作，任苏区中央局书记）。离开上海后，周恩来先乘船到广东汕头，由地下交通员带领，从汕头坐火车到潮安，换乘小轮船，溯韩江而上至大埔县。在交通员的护送下，黑夜步行偷越国民党和民团的严密封锁线，翻山越岭，攀藤附葛，到达福建永定游击区，再经长汀转到中央革命根据地首府瑞金。一年之后，刘少奇按同一条路线从上海到达瑞金。① 12月15日，周恩来到达永定。18日，在赴汀州途中，周恩来将他的所见所闻写信向中央政治局汇报，信中说："我入苏区虽只三日，但沿途所经，已见到闽西解决社党所得的恶果是非常严重的，自然肃清社党是绝对正确的，然而他们处理方法之错误，如中央历次所指斥的殆有过之而无不及。群众之死于社党之罪的并不都是社党领袖，甚至因其与社党领袖假共产党之名一起开会的也被列为社党而杀了。因此，现在许多群众不敢与共产党接近，恐怕结果又是社党。究竟社党与共产党之别在哪里，何种情形方可算罪，群众简直答不出。扩大红军，说群众不积极，红军团长、团政治委员亲口对我说闽西群众不好，而他们一下子便拘捕五六十人（在100人之中全都是农民，而且多是贫农），给以严刑（只据别人一点口供，还说不打不招，等审问清白，连释放都较难，因为身体已伤），对群众将成如何影响?！这样无怪现在扩大红军之遇到最大的困难了。红军团长说过去红军说了6000AB团，虽有很多群众并未完全审问清楚，但因军事作战时期不得已，好一点不得已！这件事结果的严重，据我在闽西途中所见到闽西党的最近决议及中区党的文件，都还只言反AB团反社党的成功，而未及他的错误。可见此事转变之难与问题之严重性。我现在只顺便拣一两件可靠的材料告你们，还不能算正式报告，因未经多方面证明，故你们还无须即刻来信。然我有一坚信，即在中央时我

---

①《刘少奇传》，中央文献出版社，1998年10月第1版，第184~185页。

们所讨论的原则与对他们的批评完全是正确的，将决以中央路线与此严重问题斗争！”信中建议中央最好“作一有力的决议指示此间，因他们只承认（在文件中）反社党思想的斗争上不足而未言其他。中共如对闽西对决议，对中央区亦有力也”。

12月22日，周恩来抵达汀州，这是闽粤赣省委所在地。省委同志不在，他对抽去搞肃反，刚从乡下回来的妇女干部李坚贞说：“抓反革命，一定要有充分的证据。是敌人，一个也不能放过；是好人，一个也不能冤枉。……分清敌人和人民，才能孤立打击一小撮敌人，把最广大人民群众团结在我们周围。”

12月底，周恩来到达瑞金，他接任中央局书记职后，立即召开中央局会议。于1932年1月7日通过了《苏区中央局关于苏区肃反工作决议案》。决议案在肯定了总前委领导时期对富田事变处理的同时，也提出了肃反工作中存在的扩大化问题。并强调中央局要以自我批评的精神，承认过去肃反工作中路线错误的领导责任，要执行彻底转变。①

1932年1月25日，苏区中央局作出了《关于处罚李韶九②同志过去错误的决议》，指出：中央局在审查李韶九过去的工作以后，认为李韶九同志在肃反工作中所犯的严重错误一般的是在党当时错误的领导之下造成的，而他加以扩大，甚至违背上级的决定去独断专行，以致形成极错误的肃反中心论。决定给李韶九以留党察看6个月的处分，派到下层做群众工作。

1月27日，中央政府人民委员会第五次常委会一致通过了《中华苏维埃共和国国家政治保卫局组织纲要》，强调：“对于反革命犯人及其嫌疑犯的拘捕审问权属于政治保卫局，政府其他机关、共产党部、青年团部及一切革命团体均不得自行拘捕审讯，尤其不得自行处决，除非紧急情形……也只限于拘捕为止”，“对于惩罚反革命犯的判决和执行属于司法机关，政治保卫局则处于检查的原告地位”。

1932年1月9日，中共临时中央作出《关于争取革命在一省与数省首先胜利的决议》，目前的国内阶级力量对比已经变动，国民党的破产已经是铁一般的事实，红军成了极大的坚固的力量，苏维埃政权统治了几千万人口的区域；红军与游击队的发展，造成了包围南昌、吉安、武汉等重要的与次要的大城市的形势，过去正确的不占取大城市的策略，现在是不同

①《周恩来军事活动纪事（1918—1975）》上卷，中央文献出版社，2000年版，第141页。
②富田事变后不久，李韶九又兼任江西省肃反委员会主席。

了；扩大苏区，将零星的苏区联系成整个的苏区，利用目前顺利的政治与军事条件，占取一二个重要的中心城市，以开始革命在一省数省的首先胜利是放到党的全部工作与苏维埃运动的议事日程上来了。决议要求苏区工农红军必须坚决开展胜利的进攻，占取南昌、抚州、吉安等中心城市，开始湘鄂赣几省的首先胜利；国民党政治区要用最大力量开展工人的罢工斗争，响应配合红军的活动。

1 月 10 日，中革军委发布攻取赣州的军事训令，指令中央红军坚决夺取赣州，以赣州为中心向北发展，争取革命在江西的首先胜利，并规定以红三军团和第四军组成主作战军，由彭德怀任前敌总指挥，以江西、闽西的 6 个独立师组成支作战军，由陈毅负责指挥。

赣州是粤赣交通要道，是赣南政治经济军事中心，三面环水，只南面是陆地，素有“铜赣州铁上杭”之说。

在瑞金开会研究打不打赣州时，毛泽东提出，赣州是敌人必守的坚城，红军技术装备差，很可能久攻不克，于我不利。他反对打这一仗。在敌强我弱的情况下，毛泽东认为，即使要打，也只采取围城打援的战术，朱德也不赞成打赣州。中央局和中央军委的一些人坚决主张打，表决时，赞成打的占多数。

驻守赣州的是国民党第十二师三十四旅，旅长马昆。虽然赣南 17 个县中有 16 个县被红军占领，赣州成了一个被四面包围的孤城，与南昌行营接济不上，但蒋介石因对红军的第四次“围剿”部署尚未完备，让马昆积极准备粮草、弹药，死守赣州，驻守的正规部队 3000 余人，同时，还有赣南 17 个县属逃往赣州的地方武装，这些地方武装有 17 个大队，5000 多件武器。

红军利用挖坑道炸药炸城，爆破几次均未成功。两军相峙近一个月。上海停战后，蒋介石要陈诚派十一、十四两个师，由十一师师长罗卓英指挥支援赣州。罗敌 4 个团利用红军侦察、警戒不严密的弱点，偷渡赣江成功，钻进了赣州城。城内敌人大部队一出击，把红军一师已插到两门河川与城桥之间挖坑道的部队截断了，一师师长侯中英被俘（后被杀害）。3 月 7 日上午，朱德亲率警卫营及总预备队第五军团第十三军赶到增援。作为预备队的五军团第十五军手持大刀冲上前去才打退了敌人。同时，红军久攻赣州不克，反遭重大伤亡（红三军团伤亡 3000 多人，红十一师 400 多人被俘），被迫撤出战斗。这次战斗从 2 月 4 日开始围城到撤退历时 1 个月零 3 天。

1932 年 2 月 8 日，中共苏区中央局作出《在粉碎敌人四次“围剿”的决战前面党的紧急任务决议》指出：国民党军对苏区第四次“围剿”，是反革命力量同革命力量的最后决战，这一决战中我们的胜利将展开一个新的局面，将使我们取得一个以至几个中心城市，实现革命在一省、数省的首先胜利；同时这一胜利将开始我们直接同帝国主义武装干涉进行大规模的民族战争的阶段，根本推翻帝国主义国民党在中国的统治。为争取决战的胜利，决议要求最大限度扩大与巩固主力红军，在全中国各苏区创造100万铁的红军，同帝国主义国民党军队作战。赣、闽两省至3月20日必须输送1万名新战士到前方。

3月12日，中革军委主席朱德，副主席王稼祥、彭德怀发布训令，决定重编红一、红三、红五军团。第四军、第十五军编为一军团，林彪为总指挥，聂荣臻①为政委；王良为第四军军长，罗瑞卿为政委；黄中岳为第十五军军长，左权为政委。以第五、第七、第十四军编为三军团，彭德怀为总指挥，滕代远为政委；邓萍为第五军军长，龚楚为第七军军长，赵博生为第十四军军长，黄火青为政委。以第三、第十三军编为五军团，季振同为总指挥，董振堂为副总指挥；徐彦刚为第三军军长，葛耀山为政委；董振堂兼第十三军军长，何长工为政委。

3月14日，中共闽粤赣省委在长汀召开第二次党代表大会。会议遵照中共苏区中央局的决定，将中共闽粤赣省委改组为中共福建省委，罗明任代理书记，刘晓任组织部长，李明光任宣传部长，萧向荣任秘书长。

3月中旬，中共苏区中央局在赣州东北的江口圩举行会议，讨论中央红军撤围赣州后的行动方针问题。毛泽东抱病参加会议，在会上提出红军应集中力量向敌人统治力量比较薄弱、党和群众基础及地形条件较为好的资溪、光泽、邵武、赣东北方向发展，在赣江以东、闽浙沿海以西、长江以南、五岭山脉以北广大地区建立农村革命根据地，发展革命战争。中央局多数人坚持执行临时中央的主张，力主红军主力夹赣江而下向北发展，夺取赣江流域中心城市。当时，双方争论得很激烈。彭德怀的一票又成了关键的一票。但，彭德怀没有支持毛泽东，而同意了中央局的意见。于是会议否定了毛泽东的意见。据此，中央军事委员会于18日发布训令，决定将中央红军分成两路：第一、第五军团组成中路军，林彪任总指挥，聂荣臻任政委，在赣江东部活动；第三军团组成西路军，彭德怀任总指挥，滕代远任政委，到赣江西岸活动，而后，两路军夹江而下，在江西、闽西军区部队的配合下，逐次夺取赣江流域中心城市。

---

①聂荣臻于1931年12月由上海中央军委到达中央苏区。

中路军走到半路，毛泽东向林彪和聂荣臻阐述了他的意见，建议部队向闽西发展。报中革军委后，中革军委决定中路军改称东路军，临时到福建活动一个时期，首先打击闽敌和进入闽西的粤敌，筹措给养，然后继续完成前述任务。

在长汀，毛泽东向东路军团以上干部作了政治动员。他说，闽西接近厦门，当前日寇势力已到达厦门，我进军闽南对日寇是一个打击，我军以实际行动贯彻我党的抗日主张，无论对国内、国外，都将产生极大的政治影响。同时应该看到我们中央根据地沿赣江向北没有多大发展余地，国民党的“剿共”大本营就设在南昌。如今向西发展，有赣江挡阻，大部队往返不方便，则还会和广东部队的主力顶牛。向东一来有闽西老根据地作依托，二来闽南有广阔的发展余地，因此只有向东发展最有利。趁红军大胜后的余威和第三次反“围剿”胜利后敌人暂时无力组织新的进攻时的空隙打到前线去。广大红军指战员也懂得，一两次战役打下来，须得出去打土豪筹款，解决吃饭问题和扩充红军，因此，很愿意到新地区打仗。

3 月 30 日，毛泽东一面命一军团开赴长汀以北的新桥追击敌人，一面致电中共苏区中央局书记周恩来，建议东路军夺取漳州。指出，“政治上必须直下漳（州）、泉（州），方能调动敌人，求得战争展开局面。若置于在龙岩附近筹款，仍是保守局面，下文很不好做”。周恩来接受了毛泽东的主张。随后，毛泽东以中华苏维埃临时中央政府主席的身份率东路军攻取漳州。

在福建，红军作战的主要对象是国民党张贞的第四十九师，其余均为地方保安部队。4 月 10 日，红军歼敌 1 个团，收复龙岩。4 月 20 日，红军占领漳州城。歼敌第四十九师大部，俘敌 1600 余人，张贞将城中弹药库焚毁后，率残部分头向漳浦、泉州、厦门方向逃窜。红军缴获到包括 2 架飞机、2000 多支枪、6 门炮、2 台车床、1 台发电机在内的大量战利品。

漳州当时是福建第二大城市，华侨很多。红军进城之后，根据毛泽东的指示，规定了一些具体的政策：强调红军入城后商店要照常营业，对敌产没收，仍打土豪，对一般工商业，只是通过商会向他们筹款。

一个多月中，红军共筹款 100 多万元，还有大量的布匹、粮食、食盐等。这些钱和物资绝大多数送到中央局和军委总部所在地的长汀和瑞金，在一定程度上解决了中央根据地和红军在财政上、物资上都很紧缺的局面。群众参军的有 900 多人，还在当地组织了一支 450 多人的游击队。①

---

①日后成了新四军的一部分。

并在觉悟高的工人中成立300多人的秘密工会和地下党组织。[1] 向贫苦群众发放了4万多石谷子，还有其他物资，使当地群众的革命热情高涨起来。战士们也都换了新装：每人发了两身列宁服、一根皮带、一副新绑腿和两双新胶鞋。

东路军攻下漳州后，在闽南地区进行短距离分兵。至5月底连续解放了漳浦、南靖、平和、长泰、石码、海澄等城镇和广大乡村。同时，闽西的红十二军也积极发动攻势，先后收复了永定、漳平县城和上杭的古田、蛟洋，并向宁化、清流、归化县境发展，开创了闽西苏区的全盛局面。

十二　第四次反“围剿”

1932年5月27日，东路军接到总参谋部的电报——广东军阀陈济棠正在广州召开会议，有勾结广西军阀共同入侵赣南或闽西的动向；同时又得悉十九路军正在开赴福建的途中。[2] 5月29日，军委指示东路军的下一步任务是开赴赣南与入侵赣南根据地的粤敌作战。接命令后，东路军于6月分别离开漳州、龙岩地区，回师赣南。

根据中央局的主张，红三军团（彭德怀率领的西路军）出师赣江以西，占领上犹、崇义，发展苏区，欲使遂川、泰和、万安部分地区和湘赣苏区连成一片。但正当红军东路军在漳州取得胜利的同时，西路军在湘粤赣边界遇到了越来越大的困难。5月中旬，蒋介石调集6个师的兵力在何应钦的指挥下，对红三军团实施围攻，红三军团被迫撤出上犹、崇义根据地。粤敌以2个师侵占赣南西部大片地区，另以1个师侵占信丰向于都窥进。赣南根据地受到粤敌的巨大威胁。

6月初，在毛泽东的率领下，红军东路军一、五2个军团分别由龙岩地区出发向西。在路过福建武平县大禾圩地主的土围子时，红四军军长王良遭到地主武装冷枪袭击而牺牲，时年27岁。王良，四川綦江县人，原名王化陔，1926年入黄埔军校学习，1927年加入中国共产党，同年9月参加湘赣边秋收起义，上井冈山后，历任红四军连长、支队长等职。1930年6月任红四军第十师师长，1932年3月任红四军军长。他作战勇敢，待人热

---

[1]陶铸一直在这里做白区工作。陶铸，湖南祁阳人，1908年生，1926年入黄埔军校，同年加入中国共产党。1927年参加南昌起义和广州起义。1928年回湖南做兵运工作，1929年到福建工作，曾历任中共福建省委秘书长、书记，中共漳州特委书记。

[2]1931年一·二八淞沪抗战后，蒋介石调第十九路军到福建与红军作战。

情诚恳。王良牺牲后，周昆接任红四军军长。

6月中旬，中共临时中央和苏区中央局决定：恢复红一方面军番号，由中革军委主席朱德兼任红一方面军总司令，中革军委总政治部主任王稼祥兼任红一方面军政治部主任，下辖第一、第三、第五军团；取消东路军和西路军番号；毛泽东随军行动。

7月8日，红五军团在南雄水口与敌相遇。由于五军团误报水口之敌已经向南雄逃跑，致使方面军改变了原决定由一军团和红十二军增援水口的计划。9日，粤敌余汉谋命其第四师固守待援，同时命令其独立第三师和独二旅紧急由南雄驰援水口。9日中午，援敌和固守水口之敌会合，以优势兵力向红军猛扑。五军团又错把9个团的敌人当成了3个团打，双方激烈拼杀，红军伤亡很大，五军团处于困境。9日下午，红一军团和红十二军紧急向水口增援五军团，10日拂晓到达水口战场。双方激战在水口周围的浈水河畔。红军打得很英勇，尤其是五军团手持大刀，与敌人肉搏，使敌受到重创。由于红一方面军的三军团未能及时赶到，双方兵力基本相当，经过几小时的战斗，只将敌人击溃，敌逃回南雄。

水口之战是一场恶战，是第二次国内革命战争中罕见的战役，双方伤亡很大，尸横遍野，河沟里的水都泛着血色。此战，红军击溃粤军20个团，但没有缴获或说缴获超不过消耗。毛泽东说："我们历来就不欢迎这样的胜仗。"但是，粤敌自此全部退出了赣南，在以后的很长时间内未敢轻举妄动，这对红军后来的北线作战是有利的。

7月15日，中共苏区中央局发出《告前线红军战士书》，要求红一方面军在南雄、水口战役后，毫不疲倦地乘着这一伟大胜利的开展，继续与敌人决战，迅速夺取赣江流域中心城市，实现江西的首先胜利。规定红一方面军要以一部兵力佯攻赣州调动敌人，以3个军团乘机在赣江上游西渡，沿赣江西岸北进，向国民党主力进攻。

25日，周恩来（7月下旬，中央局代表周恩来到前方随军行动）、毛泽东、朱德、王稼祥联名致电后方中共苏区中央局，建议任命毛泽东为红一方面军总政治委员。并提议，作战指挥权属总司令、总政委，作战计划与决定权属中革军委，中央局代表对行动方针有决定权。①

后方中央局提出以周恩来为红一方面军总政委。为此，周恩来于7月29日写了致中央局的信，说："毛泽东以政府主席名义在前方，实在不便，如周担任总政委，政府主席将无事可做。泽东的经验长处还须尽量使他发

①《建议部队改设政委制，毛泽东为总政委》，载《党的文献》，1990年第2期。

展……有泽东负责，可能指挥适宜。”后方中央局同意了周恩来的意见。

8月7日，中共苏区中央局在江西兴国举行会议，讨论红一方面军行动方向。会议经过争论接受了毛泽东的建议：决定方面军沿赣江东岸作战，先消灭乐安、宜黄之敌，再打赣江以西或南城、南丰等地的来援之敌，造成由赣江下游西渡赣江夺取吉安的有利条件，如抚州空虚亦可先取抚州。

8月8日，中革军委主席朱德，副主席王稼祥、彭德怀联名发出《红一方面军总政委毛泽东已到军工作的通令》：奉中央政府令，特任毛泽东同志为红军第一方面军总政治委员，第一方面军全体战士今后应在朱总司令与毛总政治委员领导之下，一致为发展革命战争、争取革命在江西及邻近几省的首先胜利而努力。同时，前方成立了最高军事会议，由周恩来、毛泽东、朱德、王稼祥4人组成，周恩来为主席。负责解决一切行动方针与作战总计划。同日，中革军委下达了《关于发起乐安、宜黄战役的训令》。

16日，红一方面军发起乐安、宜黄战役。17日，红军攻克乐安县城，歼灭国民党守军第二十七师（新编，由孙连仲指挥）1个旅，俘敌3000余人。19日，红军继续攻宜黄，至22日占领宜黄县城，歼守敌第二十七师3个多团，俘敌2000余人，师长高树勋仅带几个人逃走。23日，红军占领南丰。

9月26日，红一方面军总司令朱德、总政委毛泽东签发《在敌人尚未大举进攻前部队向北工作一时期的训令》，① 要求对第四次反“围剿”做充分的准备工作。

这个训令共有7条，主要内容是：

对敌人第四次“围剿”策略的分析，指出敌军对中央苏区的进攻目前是采取坚守据点，封锁围困，于其据点附近游击进扰，镇压群众，同时非常积极地准备全国力量，以求很快地向中区大举进攻，此时对于赣东北与湘鄂赣进行积极的摧残，以便利其大举进攻中区时无侧后的顾虑。

对红军战略任务的规定是，在乐、宜、丰做10多天的分兵赤化群众工作，消灭敌人的零星游击力量，肃清这一地区的反动武装，争取北面敌人据点附近地区和群众，整顿和建立人民游击队，用战斗的准备随时可以打击和消灭敌人的出击部队，以创造一个良好的作战地区，有把握地粉碎敌人的第四次“围剿”。

①载《党的文献》，1990年第2期。

对未来决战战场的预定和部署是，以宜黄、乐安、南丰一带地区作为未来和敌军决战的战场，要求各军以师为单位分开，派一师为掩护队，其余各师分兵赤化群众，组建游击队，并加紧军事训练，同时组织“参谋旅行团”，去各地进行社会调查、地理调查、军事调查及作战侦察。

对部队的作战任务和工作区域作了详细划分。后来实践证明，整个第四次反“围剿”战争的作战过程，正是按照这一预见发展的，连决战的战场亦如此。

9月29日，后方中央苏区中央局电周、毛、朱、王：“9月26日训令收到，我们认为这完全是离开了原则，极危险的部署，中央局决定暂时停止行动。”

因为中央局认为，红军应该不断地、主动地找敌军主力决战，要夺取中心城市，特别是在苏区内不允许有敌军占领的一切中心城市存在，只有这样才能迅速实现一省数省的首先胜利。《训令》主张做充分的准备工作，不能急于进攻中心城市和找敌主力决战，是不符合中央方针的。同时中央局亦认为：敌军进攻苏区当从吉（安）樟（树）间来，红军应在这一带发展胜利的进攻。

1932年10月3～8日，苏区中央局在宁都小源召开全体会议，会议以总结1932年2月打赣州以来的工作为名，实则解决中央、中央局和毛泽东、周恩来、朱德、王稼祥双方的争论（主要矛头是指向毛泽东）。出席会议的有在后方的任弼时、项英、顾作霖、邓发，有在前方的周恩来、毛泽东、朱德、王稼祥，列席会议的有刘伯承。[①]

会议认为，赣州未攻下来，归咎于毛泽东等执行中央命令不坚决，“攻赣本有克城可能，惟因对敌必坚守中心城市的估计不足，遂未坚决布置，解决增援敌人，在轻敌之下，造成增援之敌已入城而不能攻，以及爆炸技术有缺点致未能克城而撤围”，“进占漳州虽获胜利，有很大政治影响，但来往延缓了北上任务之实现”。

会议认为，前方同志在会议前与会上发言中，“确有以准备为中心的观点，泽东表现最多”，前方同志的这种观点是“表现对革命胜利与红军力量估计不足”，是“对敌人大举进攻的恐慌动摇失却胜利信心”，因而会议要“集中火力反对这种错误”，进行“无情的打击”。

毛泽东在会上表明了自己的观点，认为红军早应该执行向赣东北发展

①《毛泽东传（1893—1949）》，中央文献出版社，1996年8月第1版，第296页。

的方针，中央和中央局过去7个月的军事战略都是错误的。中央局认为这是“不正确观点”，毛泽东犯有“不尊重党领导机关与组织观念的错误”等。

会上，苏区中央局留在后方的同志提出：为前方领导人能够统一，“求得专一独断，迅速决定问题”，要毛泽东离开部队，回后方主持中央政府工作，前方由周恩来负战争指导总责。

周恩来不同意这个提议，他提出另外两个方案：“前方军事会议取消，一种是由我负主持战争全责，泽东仍留在前方助理；另一种是泽东负指挥战争全责，我负责监督行动方针的执行。”

朱德、王稼祥也不同意解除毛泽东的红军领导职务。

据会议《简报》称，参加会议的大多数同志认为毛泽东承认错误不够，如他主持战争，在政治与行动方针上容易发生错误，一定要他离开军队回后方。由于周恩来“坚持要毛泽东在前方”，会议最后“通过了恩来同志第一种意见”。会议要求红军在敌人合围之前主动出击，争取江西首先胜利。

会议结束时，毛泽东提出请病假在后方治病，苏区中央局予以批准，并要他“必要时到前方”。会后，周恩来到毛泽东住处探望，毛泽东曾说，军事工作我还愿意做，前方何时电召便何时来。周恩来将毛泽东的态度向中央作了报告，并说，在情绪上还没有看出毛泽东有什么不积极的表示。

正当宁都会议期间，临时中央常委会亦于10月6日开会讨论苏区中央局的问题。博古批评道：“分散工作的观点，我是坚决反对的。在这里泽东又表现他一贯的观念，同时伍豪不能将自己正确路线与自己的权威与之作坚决斗争，而表示没有办法，又暴露一次调和以至投降的弱点。泽东的观点是保守、退却。”同时还强调：“我以为应该做坚决的斗争，但不一定指出泽东名字，而与他的倾向在党内作积极的斗争，这因为要估计到泽东在苏区红军中的威信。”张闻天表示：“泽东可调回后方做苏维埃工作。”会议决定，立即去电苏区中央局。

苏区中央局接到临时中央这个指示电时，宁都会议已经结束，毛泽东已离开前线回后方。留在宁都的中央局委员继续开会，根据临时中央来电，决定毛泽东回后方主持临时中央政府工作，红一方面军总政治委员一职由周恩来代理。①

10月12日，中央革命军事委员会发布通令：“红一方面军总政治委员

①《毛泽东传（1893—1949）》，中央文献出版社，1996年8月第1版，第297～298页。

毛泽东同志，为了苏维埃工作的需要，暂回中央政府主持一切工作，所遗总政治委员一职，由周恩来代理。”（10月26日，中共临时中央正式任命：中共苏区中央局书记周恩来兼任红一方面军总政治委员。）

1932年10月中旬，毛泽东到达闽西长汀福音医院。傅连暲请毛泽东住在老古井休养所，这是一座傍山的小楼。毛泽东的妻子贺子珍也在这里分娩。先头来这里休养的还有受“左”倾路线打击的周以栗、陈正人。毛泽东接受傅连暲的建议，长期坚持到医院后面的卧龙北山散步。1933年2月，毛泽东结束休养回瑞金。离开前，毛泽东提议将福音医院改编为中央红色医院，并把它搬到瑞金。傅连暲欣然同意。回瑞金不久，毛泽东派人把医院及傅连暲全家迁移到瑞金，毛泽东看望傅连暲时说：这是我们的第一个医院，由你当院长，首先得有一个观点，为伤病员服务，也要给老百姓看病；对疾病的预防和治疗要结合进行，要教育大家讲卫生。1933年4月，临时中央政府驻地叶坪遭敌机轰炸，毛泽东随临时中央政府机关迁居到沙洲坝，他了解到当地群众饮用池水不卫生，便带领干部和群众挖掘出一口水井。①

红一方面军总部根据中共临时中央指示和苏区中央局宁都会议的精神，10月14日下达《建宁、黎川、泰宁战役计划》，决定，红一方面军乘敌人大举进攻中央苏区的部署尚未就绪之际，出敌不意地击破敌人一面，消灭建、黎、泰地区敌人，并占领该地区，以利尔后反“围剿”作战。自10月16日~24日，红军相继占领建宁、黎川、泰宁、邵武、光泽等广大地区，歼敌1个团。

11月1日，红军主力在南丰以东之沧浪、大洋源地区击溃国民党军第八师的3个团。3日，红军又占黎川。16日，红军发起资溪、金溪战役。17日，击溃国民党军第五师1个团，占领资溪。19日，于金溪附近歼敌一部，占领金溪。21日，在南城东北的礼西赵附近歼灭许克祥二十四师运动中的1个团。但红一方面军没有利用这一有利时机向东北发展与方志敏创建的赣东北根据地沟通联系。后，回到黎川附近打土豪、筹款。

1932年12月30日，国民党赣粤闽边区“剿匪”总司令部下达对中央苏区进行第四次“围剿”的命令。国民党陆续调集了40多个师、计40万人的兵力，决定分左、中、右3路发动进攻，以顾祝同为总司令，陈诚为

①《毛泽东年谱（1893—1949）》上卷，人民出版社、中央文献出版社，1993年12月第1版，第380~391页、第394页、第400~401页。

前敌总指挥。陈诚指挥的蒋介石的嫡系12个师约16万人为中路，执行主攻任务；蔡廷锴指挥的第十九路军6个师又1个旅为左路军，余汉谋指挥的广东部队为右路军，分别担任福建和赣南、粤北地区的“清剿”，并策应中路军的行动；第二十三师为总预备队；还有4个师又2个旅分布在南城、南丰、乐安、崇仁、永丰等地担任守备。

1933年1月1日，国民党驻抚州的前敌总指挥陈诚，按照蒋介石关于先期“清剿”金溪附近的红军，巩固临川，继以主力向赣南推进的计划，令第二纵队总指挥吴奇伟调第十四师周至柔部、第二十七师孙连仲部（上次被歼后重建）、第九十师吴奇伟部集结临川待命。

同时，红军领导朱德、周恩来、王稼祥联合发布《关于向北行动的工作训令》，命令红一方面军由黎川向北行动，寻机歼灭江西省南城县黄狮渡和资溪县嵩市地区之敌，占领金溪，并吸引金溪西南两面敌人决战。指出这是冲破抚州地域之敌的围攻线，破坏敌之部署，粉碎敌人大举进攻中央革命根据地的关键。

4日，红一方面军第三军团和第二十二军乘敌人调整之际，向南城以北之黄狮渡发起进攻。至5日，歼敌第五师周浑元第十三旅大部，俘敌旅团长周士达以下1000余人，敌残部向南城溃逃。

7日，国民党第二十七师、第九十师由浒湾向金溪进攻，第十四师向黄狮渡进攻，并以一个师由南城向东北出击，进行策应，企图围歼红军主力于金溪以西的浒湾地区。

红军以第一、三军团等部为右纵队，第五军团为左纵队，分别迎击敌人。至8日下午，将敌击溃，歼敌2000余人，缴获武器弹药无数。其中，孙连仲新组建的第二十七师又遭到了歼灭性的打击。红军伤亡也很大，宁都起义主要领导人之一、第五军团总指挥兼第十三军军长赵博生在战斗中牺牲，时年36岁。赵博生在宁都起义后，先后参加指挥了赣州、漳州、南雄、水口等战役，身先士卒，屡立战功。1932年12月14日，曾被中央革命军事委员会授予红旗奖章。他牺牲后，中华苏维埃中央临时政府主席毛泽东下令将宁都县改为博生县。在瑞金的叶坪建筑了纪念亭，朱德为之题词：博生堡。

1933年1月21日，朱德、周恩来致电中共苏区中央局并转临时中央：为粉碎敌人即将对中央革命根据地的第四次“围剿”，迅速消灭赣江、抚河流域的主要敌人，全国各根据地必须协同作战，统一领导，集中指挥。同时要求“中央、中央局给全国红军以原则上的方针上的指示，以便前方能以电信直接指挥各地红军”。

24 日，中共临时中央和苏区中央局为打破敌人即将开始的大举进攻，争取江西一省的首先胜利，屡电红一方面军总部，要求红军主动出击，西渡抚河，攻占敌重兵驻防的南丰、南城，进而威逼和夺取抚州、南昌，并告诫周恩来、朱德：我们要你们站在一致的路线上执行中央的指示。

27 日，周恩来致电中共临时中央和苏区中央局，不同意红军西渡抚河攻打南丰、南城。指出，在敌人进攻部署尚未就绪，侧重坚守城防的情况下，我军能在抚河东岸会十一军求得运动战消灭敌人主力，确比围攻南丰暴露我军企图去打敌增援队为好。

2 月 3 日，朱德、周恩来、王稼祥致电中共苏区中央局，指出，连续残酷的战斗立刻就到，战争与军事布置更应确定统一指挥。再次提出，为取得第四次反“围剿”的胜利，中央局应该常给前方原则上与方针上的指示，而具体布置似宜属于前方。

1933 年 1 月底，中共以博古为首的临时中央局，因在上海无法立足，被迫迁入中央革命根据地的瑞金。博古到长汀时，有人提议他去看一下正在疗养的毛泽东。博古说：毛泽东有什么可看的。[①]

中共临时中央政治局迁往瑞金后，传达了共产国际执委会第 12 次全会精神。共产国际这次执委会于 1932 年 8 月 27 日～9 月 15 日在苏联召开，会议主要讨论了国际形势和研究确定各国党的任务。世界法西斯势力正在崛起，东方和西方都不很太平：德国法西斯同德国共产党面临着一场大决战，中国面临着日本帝国主义得寸进尺的侵吞，苏联也面临着战争的威胁。会议未能制定出正确的反法西斯政策策略，相反地却要求各国党加紧革命和努力夺取政权，强调发动世界革命和武装保卫苏联。王明出席了这次执委会，并先后作两次长篇发言，说中国革命胜利的条件已经成熟。在 9 月 8 日晚上的会议上，王明破格担任了大会执行主席。这种优厚待遇，是中共代表在国际会议上从来没有过的，充分表明共产国际对王明的信任和支持。

1933 年 2 月 4 日，中共苏区中央局不顾在前方指挥作战的周恩来、朱德、王稼祥的一再要求，按照中共临时中央的决定，指示他们率领红一方面军攻打南丰，进而威逼南城、抚州。2 月 9 日，红一方面军开始向南丰地区开进。11 日，第二十二军占领里塔圩，敌人退集南丰城。新丰街之敌

---

①《毛泽东传（1893—1949）》，中央文献出版社，1996 年 8 月第 1 版，第 300 页。

因被红军截断归路，即退至南城。12 日晚，红三、五军团各一部向南丰西北之敌人外围阵地发起进攻，战至次日晨，未能突破敌人的主阵地。

2 月 22 日，朱德、周恩来审时度势，大胆做出违背中共苏区中央局的决定，命令红十一军伪装主力，东渡抚河向黎川运动，将国民党军第二、三纵队吸引向黎川方向，掩护红一方面主力实行战略退却。从 23 日起，红军主力陆续撤出战斗，秘密转移到以东韶为中心的南团、洛口、吴村地区隐蔽集结，待机歼敌，为第四次反“围剿”战争的胜利创造了良机。

26 日，国民党第一纵队第五十二、五十九两师分左右两路从乐安分别经宜黄南部的太平圩、登龙桥、大龙坪、蛟湖、桥头和东坑岭、霍源，向黄陂前进，同由宜黄南下的第十一师会合。但是，由于摩罗嶂大山所隔，两师在行进中不易联络。红军鉴于敌人分散，态势孤立，即以红一、红三军团和第二十一军为左翼队，红五军团和第二十二军为右翼队，第十二军为预备队，先敌于黄陂地域之摩罗嶂山区设伏。27 日 ~28 日，当敌人第五十二、五十九两师进入伏击圈后，红军左右两翼在黄陂地区的登仙桥、蛟湖和霍源等地，将敌分割包围。经过两天激战，将敌人两个师基本消灭，敌师长李明、陈时骥以下 13000 余人被俘，红军缴获步枪 1 万余支，迫击炮 40 余门，短枪 500 余支，轻重机枪 300 余挺，子弹数百万发，无线电 1 台，创造了大兵团伏击战的经验。

黄陂战斗时，国民党第二、三纵队正由南城、南丰地区兼程增援第一纵队两师，企图夹击红军。黄陂战斗后，红军为争取主动，于 3 月 2 日向宁都县之小布、南团、东韶、水口地区集中，准备寻机歼灭来犯之敌。

3 月上旬，蒋介石将“围剿”中央革命根据地的国民党中路军缩编为 2 个纵队，由“分进合击”战术改为梯队轮番推进。15 日从宜黄地区出发，南下广昌，寻求红军主力决战。16 日，敌人前纵队进到新丰市、侯坊、草台冈一线，后纵队位于东陂、黄陂、蛟湖等地区。

16 日，朱德、周恩来命令红十一军到广昌附近活动，吸引敌前纵队加速南进，红军主力则向北移动，寻机侧击敌人的后纵队。20 日，敌前纵队进至甘竹、罗坊、洽村一带；后纵队之第十一师进至草台冈、徐庄一线，第五十九师残部在第十一师后跟进，第九师进至东陂附近。红军鉴于敌前后纵队相距百里，后纵队力量又比较薄弱，决定以第一、第三军团和第二十一军、独立第五师为左翼队，第五军团的第十二军、宜黄 2 个独立团为右翼，在草台冈、徐庄地区设伏。21 日拂晓，红军乘大雾弥漫，突然向敌发起进攻，经一天激战，将敌第十一师大部歼灭。次日，又于东陂等地歼灭敌人第五十九师残部和第九师一部，俘敌 6000 余人，缴获枪 6000 余支。

这场战斗，使蒋介石的嫡系陈诚靠它起家、自称没有打过败仗的第十一师，只逃走了不过1个团的兵力。击毙了3个团长，十一师师长萧乾和他的参谋长、三十二旅旅长均被击伤，三十一旅旅长黄维坐着担架逃出了根据地。至此，国民党对中央根据地的第四次“围剿”基本被打破。

4月10日，国民党政府军事委员会惩处失利长官，中路军总指挥陈诚降一级，记大过一次；第五军军长罗卓英革职留任；第十一师师长萧乾记大过一次。

十三 “罗明路线”

1933年2月10日，博古在《红色中华》[①] 第五十一期发表《为着布尔什维克的春耕而斗争》一文，提出“彻底进行老苏区的查田运动”，并号召，“动员我们一切力量开展我们在各个战线上的全线进攻”。

毛泽东被解除对党和军队的领导权后，只保留临时中央政府主席的职务。中央决定把查田运动交给临时中央政府执行。根据党的组织原则和纪律要求，毛泽东直接领导了中央革命根据地的查田运动。

王明上台之前，中央苏区的土地革命是在毛泽东的直接领导下进行的。虽然经过多次反复，但发展情况基本上是好的。实现了对地主没收其土地、对富农抽多补少、抽肥补瘦，按人口分配土地的原则。既满足了雇农、贫农对土地的要求，又得到了中农的拥护，地主、富农也得到了适当的安置。但是，由于情况复杂，有些地方还存在着群众没有真正发动起来，土地革命还不彻底；那种侵犯中农，过分打击富农的情况也不同程度地存在。

王明上台之后，提出了“地主不分田，富农分坏田”的过左政策。三令五申要中央苏区执行符合国际路线和阶级路线的土地政策——重新没收，重新分配。

这套“左”的土地政策，先是以文件形式传达到中央苏区，接着又派中央代表去贯彻执行，但均受到广大干部和群众的抵制。一度在项英主持下的苏区中央局，仍然遵循苏区过去执行的正确的土地政策。

王明上台后，他控制下的中共中央给苏区中央局发出指示，逐条批评

---

①1931年12月11日在瑞金创刊，为中华苏维埃临时中央政府的机关报。该报初为周刊，从第五十期改为3日刊，从第一百四十八期改为双日刊。1933年2月改为中共中央、中央工农民主政府、共青团中央、中华全国总工会的联合机关报。红军长征到达陕北后，改为《新中华报》。

了苏区中央局8月通过的《关于土地问题的决议案》。指出，决议案中允许地主及其家属在苏区开垦荒地是给地主复辟的机会，应给予无情的打击与反对。在全苏“一大”上，通过了以“地主不分田，富农分坏田”为主要内容的土地法，规定已经分配了土地的各苏区及不合本法令原则的则须重新分配。主持中央政府工作的毛泽东不主张开展普遍的查田运动。在讨论开展查田运动时，他认为，中央苏区土地问题已经解决，应使土地稳定在农民手中，以增加粮食生产，不宜再事查田，动摇农民的生产情绪。1932年尽管苏区中央局反复要求查田，各地区均开展不起来，始终未形成一个运动。

1933年2月8日，苏区中央局通过了《关于粉碎敌人四次“围剿”的决战面前党的紧急任务决议》，其中要求，必须完成查田运动，彻底解决土地问题，从先进的区域，动员大批的查田和分田突击队，去帮助落后的与新建的苏区。

5月26日，洛甫发表《苏维埃政权下的阶级斗争》，号召开展乡村中的阶级斗争，是我们党的中心任务。号召必须开展查田运动，把分得了土地的地主和分得了好田的富农统统查出来。

为了大造声势，排除障碍，中央的“左”倾机会主义者，在福建发动了反对“罗明路线”，在江西开展了反对“邓、毛、谢、古”的斗争。

罗明,[①] 原名罗善培，广东大埔县人，1921年考入厦门集美学校师范部，1925年考入广东大学（中山大学），同时加入中国共产主义青年团，并转入中国共产党，1926年任中共汕头地委书记，1927年任中共闽西特委书记。1928年2月任福建临时省委书记，并作为福建代表前往莫斯科出席党的“六大”。回国后，长期在闽西根据地领导农民斗争，熟悉本地情况。1932年3月14日，中共闽粤赣省委在长汀召开第二次党代表大会，会议遵照中共苏区中央局决定，将中共闽粤赣省委改组为中共福建省委，罗明任代理书记。在进军漳州时，跌伤了腰部，伤口发炎，住进了长汀福音医院。

1932年冬，毛泽东在福建长汀福音医院治病期间，曾对罗明关于闽赣两省开展广泛的游击战争作出指示。不久，福建省委组成前敌委员会，罗明为书记，按照毛泽东的指示与谭震林、方方等到上杭、永定、龙岩地区开展游击战争，取得了胜利。后将战争胜利的经验向连城、新泉、武平及其他一些地区的领导作了传达和介绍。新泉县委书记杨文仲接受了罗明的

①全国解放后，罗明任南方大学校长、广东省人大常委会副主任、全国政协常委。

指示，紧急动员起来，打退了敌人的进攻。

1933 年 1 月，罗明根据自己的经验体会，向省委写了《对工作的几点意见》的报告，陈述边区条件差，敌人不断进攻，斗争形势严重，应当从当地实际情况出发，采取区别于巩固区域的斗争策略。中央得知后，不同意罗明的意见。罗明又在 1 月底写了《关于杭永岩情况给闽粤赣省委的报告》。杨文仲也给省委写信，反映新泉游击区应当适应斗争形势，精简机关，合并群众组织，以便集中领导。

1933 年 2 月 15 日，中共苏区中央局公布《关于闽粤赣省委的决定》，指责福建省委"形成了以罗明同志为首的机会主义路线"。宣布撤销罗明的省委代理书记及省委驻上杭、永定、龙岩全权代表的职务。5 天后，又公布了《中共苏区中央关于开展反罗明路线斗争的决定》，称罗明路线是"反国际、反中央、反党的"，已公开走上取消党、取消群众团体的取消主义道路，新泉县委书记杨文仲给省委的信，便是取消主义的政纲。2 月 24 日，中央派代表到长汀召开各种会议。把省委内对罗明路线斗争不坚决的同志（如刘晓），指责为对这场路线斗争的自由主义和调和主义。大批有经验的老干部（如福建省苏维埃政府执行委员会主席张鼎丞）都被撤换。对这样激烈的斗争，罗明是在上杭看到《斗争》报上的文章才知道的。后来，他接到通知，先回省委，又奉令去瑞金作检查。从此，罗明离开了福建，被调到中央党校任教育处长。

1931 年 8 月，邓小平到上海向中央汇报红七军的工作后来到中央苏区。先担任瑞金县委书记，后担任会（昌）、寻（乌）、安（远）中共中心县委的书记。① 这些县属于边缘区，在敌人残酷的进攻下，地方武装不足，扩大主力红军更困难，他们斗争的策略也符合当时当地的实际情况。

1933 年 3 月 31 日，中共临时中央召开 3 县党的积极分子会议，并作出决议，认为坚持毛泽东的主张的邓小平等人执行了"纯粹的防御路线"，是在会、寻、安的"罗明路线"，并加上反党派别小组织活动的罪名。要江西省各级党部开展反对以邓小平、毛泽覃、谢惟俊、古柏②为代表的江西"罗明路线"的斗争，并要求将这一斗争深入到各支部。

---

①邓小平后担任江西省委宣传部长，在反江西"罗明路线"斗争中被撤销了宣传部长职务，给予严重警告处分，派到乐安县属的南村区委当巡视员。不足十天，又被江西省委召回，调到总政治部当秘书长。两三个月后，又被分配到总政治部宣传部任干事，并主编总政治部机关报《红星》。

②毛泽覃时任苏区中央局秘书长；谢惟俊任江西省苏维埃政府委员、江西省军区政治部主任、乐安县委书记；古柏任红一方面军总前委秘书长、江西省苏维埃政府委员。

在邓、毛、谢、古4人写的“声明”中，批驳了对他们进行的污蔑，指出，“大城市产生了立三路线，我们苏区的山上，却全是马克思主义”。并用“洋房子先生”的口号讥讽王明一伙教条主义。王明“左”倾路线的执行者以势压人，给他们4人扣上“反对中央局活动”的帽子，并要求将这一斗争开展到全体党员中去。

1933年5月，王明“左”倾路线的执行者在宁都召开了“江西省党3个月工作总结会议”，通过了《江西省委对邓小平、毛泽覃、谢惟俊、古柏四同志二次申明书的决议》。会议决定给他们以处分：全部或部分地撤销了他们的红军、地方和党的机关的重要职务，并在会上当众缴了他们的枪，责成他们到基层改造后，再做出新的检查。长期管文件的贺子珍，改当收发。贺子珍的哥哥贺敏学，被免去红二十四师代理师长职务，到红军大学学习。① 贺子珍的妹妹、毛泽覃的妻子、瑞金组织部的副部长贺怡②也受到了谴责，要她揭发毛泽覃并划清界限。生性豪爽的贺怡一口回绝了他们：“毛泽覃是个好同志，我没有看到他搞过什么反党活动。他干的是革命，我完全同意，完全支持，我们没有什么界限要划清。”于是，中央要人就撤销她的职务，把她送进党校。当时她已经怀孕六七个月了，仍受到夜以继日的追查，就是在分娩后也不让她休息。中央党校校长博古甚至要开除她的党籍，经副校长董必武力保，她才保住了党籍，但仍受到党内警告的处分。后把她下放到瑞金一个区去做群众工作。贺怡受到这样的打击，她想不通，就跑到家中和姐姐贺子珍诉说。毛泽东心情沉重地说：“他们整你们，是因为我，你们是受了我的连累。”博古对江西省委负责人说：“毛泽覃、谢惟俊还与毛泽东通信，他们心里还不满，这是派别活动。”许多人有了顾忌，不敢接近毛泽东。为了不牵连或少牵连别人，毛泽东也很少再和别人谈话。在这种逆境中，毛泽东抓紧时间，认真阅读马列主义著作，总结革命经验。后来写成的《矛盾论》、《实践论》，就是在这两年读马列著作中形成的。③

对于所谓“罗明路线”的执行者和同情者，“左”倾路线要求用“布尔什维克的铁拳头将他粉碎”。中央苏区各级领导多被撤换，甚至被迫害致死，极大地削弱了苏区的对敌斗争力量。据统计，中央、省等各级领导

---

①《毛泽东传（1893—1949）》，中央文献出版社，1996年8月第1版，第322页。

②1927年6月，永新右派政变中，贺怡带着父母逃到吉安县清源山（见“第三章”），父母在寺里做斋工，贺怡则在附近进行地下工作和游击活动。1930年，红军攻下吉安县，贺怡及父母才和贺子珍会合。贺怡参加了赣西南特委的工作，在工作中她结识了毛泽覃，他们由相爱到结婚。

③《毛泽东传（1893—1949）》，中央文献出版社，1996年8月第1版，第323页。

干部被撤换职务或处分、点名批判的有187人。其中，罗明、刘晓、谭震林、邓小平、陆定一、王首道、方方、李坚贞、方志纯等33人被撤销职务；萧劲光（有人主张杀掉萧劲光，毛泽东坚决反对，王稼祥也反对，他的判决书被几次送王稼祥签字，王稼祥对秘书说："把这个判决退回去，我不能签字。"）、邓子恢、瞿秋白、何叔衡等有的被判5年徒刑、有的给以警告处分或点名批判；福建省委常委、龙岩党组织的主要创始人郭滴人被下放到军区后勤部当勤务员的教员。

1933年3月，共产国际执委会给中共中央发来电报，全文如下：

> 我们基本赞同中央委员会给中央苏区的指示，并补充说明，解决军事策略问题时应遵循以下原则。保卫苏维埃领土，对于中央苏区固然特别重要，但应保持红军的机动灵活性，不能不惜重大损失让红军固守领土。应事先考虑可能的退却路线，并为此做好准备，在比较偏僻的地方建立可靠的粮食基地，红军可以隐蔽在那里等待形势好转。应避免与敌人的大部队发生不利的冲突，采取诱敌深入，分散敌人，使敌人士气沮丧、精疲力竭的策略，充分运用游击斗争的方式。我们的主要任务是：保存和巩固我们的有生力量，加强军事和政治的学习，提高战斗力，加强纪律性，抓紧继续组建红军的工作。不放弃把相邻苏区统一起来的方针，但还要考虑建立新的和巩固现有的一些根据地，使政府军难于同我们的根据地进行斗争。我们估计第四方面军主力肯定已转入四川。我们认为扩大四川、陕南以及可能发展到新疆的根据地意义重大。应该争取从内部去攻克那些残存在苏区，已成为反动堡垒的城市中心。对大城市，在我们有足够的力量和取胜可能的情况下，应该采取包围的策略，以便扰乱敌人并把它的军队从苏区诱开，但不能以我们的有生力量损失太大为代价。必须要有从事秘密活动的机构和游击组织，在我们的军队撤走时他们仍能坚持工作和斗争。要继续加强军事和政治的领导。对毛泽东，必须持极其宽容的态度，并给予同志式的劝导，使之完全能够在中央委员会或中央局的领导下主持领导工作。
>
> 你们还应特别注意苏区的经济政策问题。认真研究并作

出相应的指示。请考虑我们的以下设想。经济状况的恶化，迫切要求我们更准确地解释、调整我们的经济政策和发展生产、奖励生产、活跃市场、发展商品贸易的各项措施。在老区，没有重大理由，特别要避免重新分配土地。分给农民的土地应该长期稳定下来。富农只有参加反革命活动时才能没收其生产资料。在规定对中农和富农不同的雇工条件时，需要为雇农制定暂行的规则。以前规定的分给富农份地的条件仍然有效，但不能理解为，禁止富裕的农民在苏维埃的监督下出租、购买土地和雇用劳动力。地方苏维埃和党的机关应该认真注意播种、收割问题以及当地可能开展的社会工作。要加强预算制度和节约，要尽可能防止我们的货币贬值。应该鼓励手工业生产和贸易活动，这一点应体现在税收政策和为手工业学徒、工人制定的临时规章中。社会立法、工会等工作都应考虑到经济方面的可能性及符合红军斗争的利益。要遵循保护工人利益的方针去开展工会工作，支持和组织工人开展多种形式的经济斗争，无论在什么情况下都不能禁止罢工，但不一定采取罢工的形式。所有直接损害生产利益和红军斗争的重大冲突，都应由隶属于苏维埃执行委员会的劳动机构，吸收发生冲突地区的企业主和企业工会代表参加来解决。要防止劳动机构的官僚化，劳动机构在解决冲突时，不仅要考虑某个工人团体的利益，而且要着眼于红军和苏区的一般状况。应该比以前更加重视发展合作社运动。我们在苏区的政策应该使苏区工人和农民的生活根本不同于国统区，这些政策应该为在国民党统治的中国宣传苏维埃政权思想提供材料，而且当农村居民看到苏维埃政权比国民党政权优越时，他们也会支持红军和苏维埃政权，因此，在红军经过和不能巩固的地区，我们的政策更具有示范的性质。请逐项告知你们的意见。

毛泽东受到中央严厉的批评和谴责，责成他必须在苏维埃系统中以政权的力量贯彻查田运动。在党中央的统一部署下，1933 年 6 月 1 日，中央工农民主政府发出了《关于查田运动的训令》，6 月 2 日，苏区中央局做出了《关于查田运动的决议》，号召在查田运动中，没收地主阶级的一切土地财产，没收富农的土地及多余的耕牛、农具、房屋，各级苏维埃中，一切直接、间接阻碍查田运动的人，都应受到严厉的或最严厉的惩罚。

1933年夏天，毛泽东重过大柏地，回忆往事作《菩萨蛮·大柏地》：

> 赤橙黄绿青蓝紫，谁持彩练当空舞？雨后复斜阳，关山阵阵苍。　　当年鏖战急，弹洞前村壁。装点此关山，今朝更好看。

6月上旬，中共中央局在宁都召开会议。毛泽东出席会议，并对前次宁都会议提出批评，对自己受到不公正的对待提出申诉。秦邦宪在作结论时重申，前次宁都会议是对的，说没有第一次宁都会议，就没有第四次反“围剿”的胜利。①

毛泽东在指导查田运动试点中，注意发动群众，调查研究，坚持土地革命中正确的政策，实事求是地处理问题。6月17日，毛泽东主持召开瑞金、会昌、博生、于都、胜利、石城、宁化、长汀8县贫农团代表大会，21日结束。7月21日~24日，又召开兴国等9县、区以上苏维埃政府负责人查田运动大会。毛泽东先后发表了《八县查田运动大会上的报告》和《查田运动是广大区域内的中心重大任务》等报告、文章。在当时情况下，他虽不能纠正“地主不分田、富农分坏田”的政策，但在他的报告和文章中着重纠“左”。他指出：查田运动是查阶级，不是按亩查田。在查阶级中，要查漏划分的，也要查错划分的。如错划，要赔他土地财产，这种赔还，最能争取群众；将错就错，不肯改正，是完全不好的。

下半年，查田运动全面开展起来后，毛泽东指出要根据不同地区的实际情况确定工作中心。指出开展查田运动的策略是以工人阶级为领导，依靠贫农、联合中农去削弱富农、消灭地主。联合中农是土地革命最中心的策略。中农的向背，关系着土地革命的成败，侵占中农利益是绝对不允许的。

由于“左”的影响和干扰，查田运动全面开展以后，仍然发生了许多错误。主要表现为侵犯了中农，过重地打击了富农，还伤害了大批干部等。为纠正这些错误，毛泽东做了大量工作。8月，毛泽东对各地区的查田运动作了检查，发表了《查田运动的初步总结》，特别强调了“左”倾是查田运动中最严重的危险。

在赣南17县经济建设工作会议上，毛泽东作了《必须注意经济工作》

---

①《毛泽东年谱（1893—1949）》上卷，人民出版社、中央文献出版社，1993年12月第1版，第403页。

的报告，批评了有些同志认为革命战争已经够忙了，哪里有闲工夫做经济工作和见到谁谈经济就骂谁“右”倾的观点。

10月，中央工农民主政府颁布了毛泽东《怎样分析农村阶级》一文并由毛泽东主持制定的《关于土地斗争中一些问题的决定》，作为土地革命中分析和划分阶级成分的标准与依据。

11月，毛泽东在长冈乡调查中，发现把富农土地一概没收，只给他们坏田破屋，使富农的家境比雇农还差的情况。明确指出，这样对待富农的政策是错误的。

1934年1月中旬，中共临时中央在瑞金召开了党的六届五中全会。博古在会上作了《目前的形势与党的任务》的报告，张闻天作了《中国苏维埃运动与它的任务》的报告，陈云作了《国民党区域中的工人经济斗争与工会工作》的报告。会上，补选了中央委员和候补委员，改选了中央政治局，设立了中央书记处，并选举了中央常务委员会。改选后的中央政治局委员11人：秦邦宪、张闻天、周恩来、项英、任弼时、陈云、毛泽东、顾作霖、张国焘、陈绍禹、康生；候补政治局委员6人：王稼祥、朱德、刘少奇、关向应、邓发、何克全。秦邦宪、张闻天、周恩来、项英为书记处书记，秦邦宪任总负责。董必武任党务委员会书记。并设立了中共中央白区工作部，陈云任部长。

会议提出，全党要集中火力反对主要危险——“右”倾机会主义，并严厉地批评了毛泽东等执行的土地革命路线为“富农路线”。在这次全会上，“左”倾冒险主义发展到了顶点。

1934年1月21日，中华苏维埃第二次全国代表大会在瑞金沙洲坝召开。出席会议的正式代表693人，候补代表83人，另有1500多人参加了旁听。临时中央政府执行委员会主席毛泽东致开幕词。大会选举毛泽东、博古、项英、吴亮平、刘少奇、何克全、蔡畅、曾山、张闻天、邓发、王盛荣、范乐春、李维汉、陈云、朱德、周恩来、王稼祥、何长工、王震、滕代远、宋任穷、冯文彬、董必武、徐特立、梁柏台、顾作霖、张金楼、汪金祥、谭余宝、成仿吾等中央根据地、各根据地、各省市代表共75人组成主席团，梁柏台为大会秘书长。中共中央代表博古、全国总工会代表刘少奇、共青团中央代表何克全、全国红军代表朱德，分别向大会致辞。接着，毛泽东在会上作了中央执行委员会两年来的工作报告，朱德作红军建设决议的报告，林伯渠作经济建设决议的报告，吴亮平作苏维埃建设决议的报告。大会进行了讨论，并通过了《中华苏维埃共和国宪法大纲》等文件，发表了宣言，选举了新的临时中央政府中央执行委员会。新选的中央执行委员175人，候补委员36人。大会于2月1日闭幕。

毛泽东代表中华苏维埃共和国中央执行委员会与人民委员会所作的报告全文很长，约4.5万字，详细地总结了临时中央政府成立两年以来红军建设、经济建设、苏维埃建设等方面的经验，提出了当前的任务。文章分5大部分：①目前形势与苏维埃运动的胜利；②帝国主义的进攻与苏维埃政府对于反帝运动的领导；③帝国主义国民党的“围剿”与苏维埃政府反对“围剿”的斗争；④两年来苏维埃各种基本政策的设施；[①] ⑤苏维埃在彻底粉碎六次“围剿”[②] 争取全国革命胜利面前的具体战斗任务（内含4部分）。

毛泽东在报告中指出，为着反对敌人的“围剿”，为着进行革命战争，苏维埃的第一个任务就是武装民众，组织坚强的红军，组织地方部队和游击队，组织关于进行战争的给养与运输，环绕着这个基本任务，应该对民众施行广泛的民主；坚决镇压内部的反革命；调动工人的革命积极性；发展农民的土地革命；执行正确的财政经济政策，保证革命战争的物质需要；实行文化革命，武装工农群众的头脑等，所有这一切，都是为这一个目的：以革命战争去推翻帝国主义和国民党的统治；巩固与发展工农民主政权，并准备转变到无产阶级专政的阶段去。

毛泽东指出，农业生产是经济建设工作的第一位，它不但需要解决最重要的粮食问题，而且需要解决衣服、砂糖、纸张等项日常用品的原料，即棉、麻、蔗、竹等的问题；在农业生产中，又应以粮食生产为首位，是同时兼顾经济作物的生产和林、牧、副业的生产；而在农业生产方面最基本的任务则是有组织地调剂劳动力和推动妇女参加生产，并指出在抓农业生产的同时，要兼顾工业生产和商品流通。毛泽东指出，财政政策的基本方针是从发展国民经济来增加我们的收入，并号召全体军民在增加生产的同时，必须厉行节约。

2月3日，中华苏维埃中央政府执行委员会召开第一次全体会议，选举毛泽东、项英、张国焘、朱德、张闻天、博古、周恩来、瞿秋白、刘少奇、陈云、林伯渠、邓振洵、朱地元、邓发、方志敏、李维汉、周月林（女）17人组成中央执行委员会（为最高政权机关）。毛泽东为中央执行

①内含10部分，是报告的中心。其中第7部分收入《毛泽东选集》第一卷，题目为《我们的经济政策》。

②即后来说的第五次“围剿”。

委员会主席。项英、张国焘为副主席。

下设人民委员会（为最高行政机关），选举张闻天为人民委员会主席，下列11个人民委员部：王稼祥为外交人民委员（或称部长，下同），朱德为军事人民委员，邓振洵为劳动人民委员，高自立为土地人民委员，林伯渠为财政人民委员，吴亮平为国民经济人民委员，陈潭秋为粮食人民委员，梁柏台为司法人民委员，曾山为内务人民委员，瞿秋白为教育人民委员，项英为工农监察委员。

会议选举朱德为中央军事委员会主席，周恩来、王稼祥为军事委员会副主席；阮啸仙为中央审计委员会主任；委任董必武为临时最高法庭主席。①

1934年3月15日，新的人民委员会发布第一号训令——《关于继续开展查田运动的问题》，指责毛泽东主持制定的《关于土地斗争中一些问题的决定》以后，各地查田运动中又出现了许多严重的问题，给了地主、富农许多反攻的机会。声称，开展查田运动依然是目前的中心工作，右倾机会主义是目前的主要危险。

第一号训令发出以后，把已经改正的地主、富农重新戴上帽子。随着查田运动向“左”急转，苏区农民的生产热忱受到了很大挫伤，农村荒地增多，红军严重缺粮，增加了第五次反“围剿”的困难。

十四　第五次反“围剿”

1933年4月7日，蒋介石在临川向国民党军事将领训话：我们的敌人不是倭寇，我们要专心一致的“剿匪”，为国家长治久安的大计，为革命立根深蒂固的基础，皆不能不消灭这个心腹之患，我们总是以先清内“匪”为惟一要务。

4月10日，蒋介石在南昌宣称：“抗日先‘剿匪’，征诸历代兴亡，安内始能攘外。在匪未肃清前绝对不能言抗日，违者即予以最严厉处罚。”

4月13日，日军侵占喜峰口，中国守军撤往通州以东布防；15日，北平军分会代理委员长何应钦（3月9日接替张学良）下令驻秦皇岛的守军撤至昌黎，士兵不肯，在军官威逼下才开始退却。游弋在秦皇岛海面之日军陆战队于当晚登陆进占秦皇岛；17日，日军侵占昌黎和滦县城；21日，

①中央政府秘书长为谢觉哉，外贸总局局长钱之光，国家人民银行（后成立）行长毛泽民，中华苏维埃大学（后并入马克思共产主义学校）校长瞿秋白，《红色中华》报主笔沙可夫。

日军侵占兴隆县城，中国守军被迫撤退；5月3日，日本关东军司令武藤下达关内作战命令；5月13日，日军侵占古北口，中国守军退至密云；16日，日军侵占遵化、唐山，中国守军再次后撤；19日，日军侵占密云、蓟县；20日，日军侵占三河、平谷，并派飞机到北平上空示威；22日，日军侵占香河，并声称"为保持'满洲国'① 西境安全，日军有进占张家口之必要"。国民党政府军事委员会通知北平军政首脑机关作撤出北平之准备；23日，日军侵占怀柔，向北平进逼。

5月31日，国民党政府代表熊斌与日本关东军代表冈村宁次在塘沽签订停战协定——《塘沽协定》。根据协定，中国军队从延庆、昌平、顺义、通州、香河、宝坻、宁河、芦台等所连之线以西以南地区撤出。并规定上述地区以北以东至长城沿线为非武装区，中国正规军队不能驻入。国民党政府实际上承认了日本帝国主义占有东三省及热河，划绥东、察北、冀东为日军自由出入地区。为日本帝国主义进一步侵占整个华北开了方便之门。

蒋介石出卖国家主权，积极反共，得到了帝国主义的支持：他与日本妥协后，很快得到日本的大批借款，购买军火；美国主动借款5000万美元，负责供给轰炸机、战车和化学武器，先将150架飞机运往中国；英国供给四川军阀2000万英镑，并向广东军阀提供新式武器；德国先后派了70多名军事人员充当国民党的军队顾问；法、意、荷、比等国也不断运送机枪、大炮、坦克，来武装国民党军队。

6月8日，蒋介石在南昌召开"剿共"军事会议。1月2日，会议通过党务、政治、军事、教育、谍报、宣传等方案。会后，蒋介石下发了《作战手本》、《剿匪手本》和《孙子吴子兵略问答》等书。

7月11日，为对中央革命根据地大举进行第五次"围剿"，蒋介石派陈诚主持在庐山组织军官训练团，并以德、美、意军事顾问为教官，② 分期抽赣、鄂、湘等地的"剿匪"部队军官施以法西斯训练。声称，训练的惟一目的，是要消灭"赤匪"，一切的设施，皆要以"赤匪"为对象。一切训练方式或动作以及各种战术统统要适合"剿匪"战术的需要。训练团自7月18日~9月18日，总共轮训了7600余人，使北路军30个师的团以

①在日本帝国主义的策划下，于1932年2月在长春成立了傀儡政权，扶溥仪"执政"。1934年改为满洲帝国，立溥仪为皇帝。

②除以塞克特为首的德国军事顾问团外，蒋介石还派宋子文赴美国聘请了以裘佛特为首、派孔祥熙赴意大利聘请以劳地为首的军事顾问团。

下军官几乎全部参加了轮训。

7月23日，蒋介石决定华北驻军除留一部分外，大部分南调江西，参加“围剿”红军。并确定第五次“围剿”改变过去的战略战术，实行“碉堡政策”——由过去的“长驱直入、分进合击”改为“战略攻势、战术守势、步步为营、稳扎稳打”。

所谓“碉堡政策”，就是在红军根据地周围连绵建筑一道封锁线。在步枪火力能够交叉的地方修筑两个碉堡，每5个碉堡之间建筑一个大碉堡，并用公路连接起来，形成碉堡公路网。然后修建储藏弹药和给养的仓库。接着在若干距离处又修筑第二道碉堡封锁线，建筑的方法与第一道相同，待第二道完成后，再把第一道拆除，将砖石材料移建第三道碉堡。这样，逐次辗转前进，在飞机和大炮的配合下，向根据地渐次蚕食。

同时，蒋介石实行“七分政治、三分军事”的政策。大力加强反共宣传，从政治、文化、思想等各方面配合军事“围剿”红军根据地。并对根据地采取经济封锁措施。

在第五次“围剿”中，蒋介石进一步加强了南昌行营的力量，不仅直辖江西、福建、广东、湖南、湖北5省，还影响着浙江、江苏、安徽等省和沪、宁、汉3个特别市。起用贺国光任参谋长，杨永泰任秘书长，江西省政府主席熊式辉兼任办公室主任。在各军中任用顾祝同、陈诚、蒋鼎文、卫立煌、陈济棠等人担任要职，分东西南北四路对红军进行合围。

北路军总司令顾祝同，前敌总指挥蒋鼎文，辖第一、二、三路军，共33个师又3个旅，担任主攻。第一路军总指挥顾祝同兼，于吉水、新淦、永丰、乐安、宜黄地区构筑碉堡封锁线；第二路军总指挥蒋鼎文兼，于金溪、藤桥、崇仁地区构筑碉堡封锁线；第三路军总指挥陈诚，集结于南城、南丰地区，沿抚河两岸构筑碉堡封锁线，第三路军是北路军的主力。北路军还扼守赣江西岸的吉安、泰和等地。

南路军总司令陈济棠。辖11个师又1个旅，构筑扼守武平、安远、赣县、上犹地区阻止红军向南发展，相机向筠门岭、会昌推进，配合北路军作战。

十九路军总指挥蔡廷锴所部及其所指挥的7个师又2个旅，扼守闽西和闽西北地区，阻止红军向北发展。

西路军总司令何键和浙赣闽边区警备司令赵观涛部分别在“围剿”湘赣、湘鄂赣革命根据地的同时，担任阻止中央红军向赣江以西和赣东北机动的任务。

同时，还有空军5个队配置于南昌、抚州、南城，掩护和支援地面部队作战。

蒋介石直接用于作战的兵力为 50 万人，飞机 105 架。

1933 年 5 月 8 日，中华苏维埃共和国临时中央政府人民委员会召开第四十一次常委会，决定将中革军委从前方移至瑞金，在前方另组织中国工农红军总司令部兼第一方面军司令部。任命朱德为中国工农红军总司令兼第一方面军司令员，周恩来为中国工农红军总政治委员兼第一方面军政治委员，并决定增加博古、项英为中革军委总政治委员。在朱德留前方期间，由项英代理中革军委主席。此后，在相当一段时间内，实际上由博古、项英在瑞金主持中革军委的工作。

6 月 13 日，中共苏区中央局按照临时中央关于“分离作战”的方针，把红一方面军主力分为两部分：一部分在抚河、赣江之间作战；另一部分入闽作战，实行“两个拳头打人”。企图在两个战略方向同时求胜，尔后集中方面军及地方部队，会攻抚州和南昌。

这时，红一方面军部队进行了整编，第一军团辖第一、二、三师，第三军团辖第四、五、六师，第五军团辖第十三师、第十四师，第七军团（10 月份才正式建立）辖第十九、二十师，另外，福建军区第十九军改编为三十四师（归第五军团），第十二军改编为独立第一团，赣南地区的第二十三军随后也改编为第二十二师。

7 月 1 日，中革军委根据中共临时中央关于分离作战的方针，以红一方面军第三军团（暂欠第六师）和第十九师组成东方军（第三军团第六师、第五军团第十三师、第七军团第二十师等部陆续编入该军战斗序列），彭德怀兼任司令员，滕代远兼任政治委员，并就近指挥闽赣军区、福建军区的地方部队；活动在抚河和赣江之间第一军团（欠第三师）及江西的 4 个独立团组成中央军（随后第三、十四师也加入该战斗序列），林彪兼任司令员，聂荣臻兼任政治委员。

彭德怀、滕代远率领东方军主力由广昌地区出发，5 日到达福建省宁化以西地区，开始入闽作战。至 8 月 2 日，经过 1 个月的艰苦作战，先后占领归化（明溪）、清流、泉上和朋口、连城、新泉、白沙等地，俘敌 3000 余人，恢复和扩大了大片根据地。15 日，朱德、周恩来根据项英电令，令东方军经清流、归化进至夏茂地区，以主力攻占洋口、峡阳等地，消灭洋口、顺昌、将乐地区之敌。彭、滕率军北进，8 月下旬，以一部兵力围攻将乐和顺昌，主力围攻延平（今南平），未以攻克。

林彪、聂荣臻率领的中央军受命在吉水、永丰、新淦、乐安、宜黄之间打击敌人的构筑碉堡部队和破坏敌人的封锁线。

9月25日，蒋介石乘红一方面军分离作战之际，以北路军3个师由南城、硝石向黎川发动进攻。中共中央临时中央提出要"御敌于国门之外"。

9月28日，黎川失守。中革军委命令彭德怀率领东方军收复黎川。东方军在由东向西移动途中，在硝石不期而遇敌第六师3个团，红军一举歼灭敌人，俘敌1200余人，活捉第十八旅旅长葛钟山。因此惊动了黎川、南丰、南城等地的国民党军，他们蜂拥向硝石夹攻，将红军击退。为争夺黎川战略要地，双方于10月22日在资溪桥、11月6日在南城洪门附近、11月11日在金溪浒湾地区、11月11日在黎川连家渡附近展开多次拉锯战。由于红军一开战就丧失了主动权，把主力暴露在了敌人的堡垒之间，在11月11日的战斗中，敌人用密集火力和飞机低空扫射，红军伤亡达1100余人，被迫撤出战斗。

10月28日，中革军委决定正式组建中国工农红军第七、九军团。第七军军团长寻淮州，政治委员萧劲光（后乐少华），辖第十九、二十师；第九军军团长罗炳辉，政治委员蔡树藩，辖第三、十四和独立第一、四团。

1933年10月初，共产国际派来的军事顾问李德到达中央革命根据地。

李德，自称是德国人（身怀奥地利人护照），护照上的姓名叫奥托·布劳恩，还叫过卡·瓦格勒。他自取中国名字为李德，意即"姓李的德国人"，又叫华夫，意即"中国男人"（写文章时常用的笔名）。他于1900年9月28日出生于慕尼黑附近的伊斯曼尼格镇，1914年应征加入奥匈帝国军队，参加第一次世界大战。1916年被俄国军队俘获，拘留于西伯利亚。1917年苏联"十月革命"后，加入苏联红军。在苏联的国内战争中，由于作战勇敢，一直升到骑兵团、旅参谋长（或团长）的职务。后来，又返回德国。1919年参加创建巴伐利亚苏维埃共和国的战斗和德国中部的工人起义，曾3次被捕。1928年越狱成功后，根据德国共产党的决定，到了苏联，被派往伏龙芝军事学院深造。于1932年春天毕业后，受共产国际的委派前往中国，任务是在反对日本帝国主义与反对蒋介石的双重斗争中担任军事顾问。他经满洲里到哈尔滨，再由大连坐船，（当年秋天）到达上海，同共产国际驻中国共产党中央委员会的代表阿瑟·尤尔特（德国人）接上了关系。1933年春天，接受共产国际和中共党组织的委派，前往北平，计划会见决心与日本宣战的冯玉祥将军，但因中共北平地下联系人的突然被捕，徒然返回上海。

1933年春天，驻上海的中共中央领导博古、洛甫等要动身去中央苏区。行前，要求尤尔特将李德也派往江西苏区。尤尔特征求李德的意见，他表示愿往，但提出需要由共产国际执行委员会发出一个相应的指示。不久，尤尔特和博古接到了共产国际的答复：同意奥托·布劳恩“作为没有指示权力的顾问去中央苏区，受中国共产党中央委员会的支配”。

此时，新委任的共产国际驻中国的总军事顾问曼弗雷德·施特恩（简称弗雷德）到达上海，他要求李德执行他的指示。

1933年9月，李德去中央苏区的准备工作一切就绪。行前，尤尔特交代说：“一切决议最后还是应由中国共产党中央委员会政治局和瑞金革命委员会作出”，而弗雷德却要求李德在中央苏区严格执行他的一切指示。

李德到达瑞金，受到热情的接待，尽管苏区条件艰苦，人们仍千方百计满足他的生活需要。在中共中央、临时革命政府、革命军事委员会和红军总参谋部等中央机关驻地的禁区内，专门为他盖了一所住宅（3间），房子四周是稻田，还养了几只水鸭。博古叮嘱他，为了安全，他应尽可能地躲在自己的屋子里。因此，大家都称他为“独立房子”。①

1933年10月26日，国民党福建省政府派第十九路军全权代表徐名鸿与中华苏维埃共和国临时中央政府及工农红军全权代表潘汉年（潘健行）在瑞金签订《反日反蒋的初步协定》。31日，毛泽东、朱德在瑞金会见前来谈判的第十九路军秘书长徐名鸿和陪同人员陈公培（吴明，中共秘密情报人员），表示欢迎他们的到来，并赞同和第十九路军在抗日反蒋上合作。

1933年11月20日，国民党第十九路军将领蔡廷锴、陈铭枢、② 蒋光鼐与李济深等一部分反蒋势力发动了“福建事变”。决定成立抗日反蒋的“中华共和国人民革命政府”，改年号为中华共和国元年，首都设福州市。1933年11月24日，第十九路军将所部扩编为5个军，改称为“人民革命军”。

---

①任翔，《一个“姓李的德国人”——中国工农红军的军事顾问李德》，载《人物》，1987年第2期。

②陈铭枢，字真如，广东合浦人，1881年生，早年加入同盟会，辛亥革命后，曾赴武昌参加保卫战，后入保定军校，因参加讨袁遭通缉。1920年任粤军营长、团长，1922年参加孙中山领导的讨伐陈炯明的第一次东征。后以战功卓著升任革命军第四军第十六师师长，北伐中曾任第四军军长、武汉警备司令。宁汉分裂后，他拥蒋投宁，1929年任国民党广东省政府主席。1930年所部被改编为第十九路军后，参加对革命根据地的军事“围剿”，任右翼集团军总司令。九一八事变后任京沪卫戍司令，参加“一·二八”淞沪抗战。曾代理过国民党行政院院长。1933年1月，在蒋介石、汪精卫的强迫下被逼出国，在苏联及欧洲考察了半年，受到苏联政府的礼待，研究了苏联的政治制度，懂得了一些劳动人民当家做主的道理，同时受欧洲反法西斯人民阵线运动的启发，思想倾向发生了进步的变化。

蒋介石闻讯非常惊慌，他担心红军如同福建人民政府联合后，会把主力突进苏浙皖一带，给进攻中的国民党的心脏地区插上一刀。

当时，毛泽东、彭德怀等人分别给中央写信，建议红军同第十九路军联合起来，共同对付蒋介石的进攻。具体方案是：留五军团保卫中央苏区，集中第一、三、七、九军团，向闽浙赣进军，依据方志敏、邵式平创造的赣东北根据地威胁南京、上海、杭州，支援第十九路军的福建事变，从而推动抗日运动，粉碎蒋介石的第五次“围剿”。但是，博古批评了这一建议，指责为冒险主义。

临时中央内部对待福建事变的意见也是有分歧的。博古认为1933年中共提出的搞统一战线的宣言，① 仅是宣传口号，是对下层军官士兵说的，因此在军事上对十九路军采取不合作的态度。张闻天认为宣言既是对下层的，也是对上层讲的，既是宣传口号也是行动口号，主张从军事上支持第十九路军，但他的意见亦被否决。

12月5日，中共临时中央发出《为福建事变告全国民众书》。认为，福建人民政府同任何国民党的反革命政府没有什么区别。它的一切行动将不过是一些过去反革命的国民党领袖们与政客们企图利用新的方法来欺骗民众的把戏。1934年1月，在十九路军和福建人民政府遭到蒋介石军队重兵“讨逆”艰难处境之际，中共中央发出《关于争取十九路军方针意见》中，更明确地提出“闽政府完全倒台快要来到，我必须更努力在士兵和群众面前揭穿闽军政府领袖消极及投降政策”，争取士兵到我方来，企图以此搞垮十九路军和福建人民政府。

蒋介石急忙召开行营军事会议，抽调了11个师由蒋鼎文统率入闽，镇压第十九路军的反叛。12月初，蒋鼎文率领的两个师从南丰以南向闽西开进时，红军一军团就在附近休整，敌人移动时红军看得很清楚。由于中央不让打，眼睁睁地把敌人放过去了。

同时，蒋介石部署3万国民党军在黎川团村与红军作战，被红军击溃后，国民党千方百计地攻占黎川的东山、德胜关之线，截断了红军通往福建泰宁有可能协助第十九路军的通道。

福建事变的发生打乱了蒋介石四面“围剿”苏区的计划，战争形势发

①1933年1月，由于日军加紧对关内的侵略，华北告急，国内形势发生了变化。中共中央以中华苏维埃共和国临时中央政府主席毛泽东和中央工农红军革命军事委员会主席朱德的名义发表了《为反对日本帝国主义侵入华北，愿在三条件下与全国各军队共同抗日的宣言》，向全国国民党军队提议，在停止进攻苏区、给予人民以自由权利和武装人民三个条件下订立停战协定，以便一致抗日。这一提议，在国民党军队中引起了强烈的反响。

生了变化，通往苏浙皖赣的大门被打开了。毛泽东力主红军主力挺进到苏浙皖赣地区，将战略防御变为战略进攻，同时可以支援受蒋介石重兵“讨伐”的十九路军和福建人民政府。周恩来也提出了红军出击，痛歼途经资溪、光泽入闽“讨伐”十九路军的蒋介石军队的建议。彭德怀从前线打电报给博古：“建议留五军团保卫中央苏区，集中一、三军团和七、九两军团，向浙赣两边区进军”，“破坏蒋介石的第五次‘围剿’计划”。但是这些建议非但没有被博古和共产国际代表李德所采纳，而且在十九路军要求红军东调支援十九路军联合作战的关键时刻，却按兵不动，要求红军继续在西面与敌周旋。

1933 年 12 月下旬，蒋介石亲赴福建，指挥对第十九路军的全面进攻。

1934 年 1 月，十九路军再次请求红军稍向东移，贴近闽北，求得与其配合，争取从中路突破。在李德的把持下，中共中央迟迟不作肯定回答，持观望态度。这期间，周恩来经过努力电告红三军团东进进入福建延平地区，实行“向东突击动作”，七军团的红十九师、红三十四师也先后从泰宁南下配合行动，但为时过晚，已无法扭转整个战局。

正当十九路军节节败退，福建人民政府即将撤离福州之际，毛泽东、朱德再次致电十九路军和福建人民政府，提出立即实践人民民主权利，组织反日反蒋的群众斗争团体，赞助蒋敌后方人民的武装组织和反日反蒋活动，立即武装福州、泉州和漳州各地的群众保卫福、泉、漳各地，肃清十九路军内部的投降变节分子等 6 点紧急建议。呼吁他们采取一切有效的方法与联合一致的军事行动，与红军合作到底。同时强调指出，这些是“挽救目前人民政府及十九路军濒于危险的惟一出路”。但是，十九路军和福建人民政府没有采纳这些建议，而是不战而溃，一泻千里。

在蒋介石的军事压力和政治收买下，4 万多人的第十九路军由于缺乏群众基础、内部瓦解等原因，战至 1934 年 1 月 23 日而遭到失败。李济深、陈铭枢、蒋光鼐、蔡廷锴等人亡命香港。

福建事件一被平息，蒋介石立即将军事重心转向红军。

1933 年 12 月，红军军事顾问李德以统一前后方指挥为名，建议并经中共临时中央决定，将中国工农红军总司令部兼第一方面军司令部撤至后方，并入中革军委机关，由中革军委直接指挥各军团和独立师、团作战。并取消中国工农红军总司令部和第一方面军司令部的名义和组织，第一方面军改称中央红军。中革军委主席仍为朱德，副主席仍为周恩来、王稼祥，但实际上已由博古、李德直接指挥军队。

1934 年 1 月 25 日，国民党北路军第五纵队罗卓英部 4 个师，为夺取建宁，分左右两路进驻黎川、建宁之间的战略据点樟村和横村。27 日，又进占了战略要地邱家隘和寨头隘。红军在“御敌于国门之外，不放弃苏区一寸土地”的思想指导下，以堡垒对堡垒。红五军团、红九军团和红一军团一部抵御失败，被迫南撤。

2 月 9 日，国民党北路军之第九十四师在樟村以西大鸡公山与红一军团发生战事；国民党第十四师在小鸡公山及熊家寨与红九军团发生战事。红一、九军团作战均失利，被迫向广昌方向撤退。

2 月 15 日，国民党北路军所部第八师、第七十师在凤翔峰与红一军团发生战事；国民党第六十七师在司令岩与红三、九军团各一部发生战事；国民党第九十四师在芦坑与红五军团发生战事。红军均告失利。

25 日，红一军团为保卫建宁，在黎川西南的三岬嶂同敌数个师激战 3 天，将敌 1 个师击溃。

3 月 14 日，国民党北路军敌第八纵队周浑元部第九十六、第五师和第六纵队刘绍先部第四十三、第九十七师，会同第三纵队樊崧甫部主力，与红一、三、九军团再战于寺前、东华山、白舍地区。随后再战于马鞍寨、元头寨、毕乐寨、石下寨和金家寨地区。红军在博古、李德的指挥下，节节失利，被迫向广昌撤退。中央红军主力在江西南丰西南三溪圩、三坑等地反击战斗中，遭受很大损失，其中红三军团伤亡就达 2000 余人。

3 月中旬，国民党北路军完成了北起南城，西至乐安、宜黄，南至南丰之白舍，东达黎川之邱家隘等地的堡垒封锁线，并开始进行进攻广昌的准备。

2 月 24 日，国民党东路军①第十纵队汤恩伯部攻占沙县，驻沙县的红七军团伤亡 400 余人，国民党军伤亡 200 余人；3 月 7 日，国民党东路军孙元良师袭取福建将乐；3 月 19 日，国民党东路军王仲廉师攻占泰宁，红五军团第三十四师和红三军团一部伤亡共 600 余人，国民党军伤亡 70 余人。23 日，国民党东路军李默庵师攻占归化，红七军团伤亡 500 余人。

沙县、将乐、泰宁、归化先后失守后，红七军团和红三十四师等部被迫退守建宁、宁化一线。国民党东路军步步筑垒推进，向中央苏区东北部的战略要地建宁进逼，并在闽赣边的德胜关与北路军一部会合。国民党

①1934 年 1 月，蒋介石在镇压了福建人民政府之后，立即将入闽部队编为“围剿”中央红军的东路军，委任蒋鼎文为总司令。

东、北两路军对中央革命根据地形成了合围紧缩之势。

3 月下旬，蒋介石为攻占中央革命根据地的北大门——广昌，令罗卓英部为河西纵队，樊崧甫部为河东纵队，集中了 11 个师的兵力，夹盱江两岸南下，大举向广昌实施进攻。

博古、李德等为死守广昌，决定集中红一、三、九军团共 9 个师的兵力，采取以集中对集中、堡垒对堡垒、阵地对阵地的“正规战争”，阻止敌人进占广昌。同时决定，方面军前方司令部撤回瑞金，另组临时司令部，朱德任总司令，博古任政治委员。李德亲赴前线，指挥坚守广昌的战斗。

张闻天不同意博古、李德这种消耗战术，张、博争得面红耳赤。李德说你们之间不要闹摩擦，这里的事情还要靠莫斯科回来的同志办。

4 月 14 日，国民党突破中央红军防御阵地，占领甘竹；19 日国民党占领大罗山、延福嶂，继续向南推进。27 日，国民党从盱江西岸向广昌发动会攻，在飞机、大炮的掩护下，迅速摧毁了广昌城外红军构筑的堡垒工事，并逐次攻占了各制高点和战略要地。坚守广昌的红三军团虽给敌人以大量杀伤，但自身伤亡近千人。

4 月 28 日，博古、李德等人发出《五次战役第二步的决战关头和我们的任务》指示，命令中央红军继续同优势之敌拼消耗。后，由于国民党军的强大攻势，红军损失惨重，博古、李德遂同意中央红军主力撤出战斗，红军放弃广昌。

广昌保卫战，历时 18 天，红军虽给敌人以重大杀伤，但自己伤亡 5500 余人，占总参战兵力的 1/5，红军力量受到很大削弱。

1934 年 4 月下旬，经过周恩来同意，毛泽东携带几个随员离开瑞金，前往中央苏区南部的会昌视察并指导工作。他先到粤赣省委和省苏维埃政府所在地会昌县文武坝，会见省委书记刘晓、省军区司令员兼政委何长工。毛泽东明确地向他们指出：我们要吸取福建事件的教训，善于利用粤军陈济棠和蒋介石的矛盾，粉碎敌人的“围剿”，壮大自己的力量；同时，也要提高警惕，军阀毕竟是军阀，要“听其言，观其行”。当晚，他又和何长工一起到战地前沿去视察。①

当得知防守南大门的红二十二师同优势敌军作战后被迫退出筠门岭、

①《毛泽东传（1893—1949）》，中央文献出版社，1996 年 8 月第 1 版，第 324 页。

正在开干部会检查战斗失败的教训时，毛泽东立刻打电话给红二十二师政委方强说："你们打得很好，你们是新部队，敌人那么多，打了那么久，敌人才前进了那么点，这就是胜利！"他指出："现在应该把主力抽下来，进行整训，用小部队配合地方武装和赤卫队打游击，袭扰、牵制敌人。整训中要总结经验，好好研究一下，是什么道理挡不住敌人？是什么道理不能打好仗，不能大量消灭敌人？你们要采取游击战、运动战的打法，要严密侦察和研究敌情、地形，在会昌与筠门岭之间布置战场；要在敌人侧翼集中优势兵力，造成有利条件，首先歼灭敌人一个营一个团，继而打更大的胜仗。"毛泽东最后指出：对"反水"的群众决不要打枪，但要放"纸枪"（即传单、标语），帮助地方党和政府多做群众工作，孤立和打击反革命分子。红二十二师在连以上干部会上传达了毛泽东的指示，并作出具体布置。这以后，粤军一直停留在筠门岭，没有再前进一步。在南线出现了比较稳定的局面。

1934 年 5 月间，毛泽东又出席粤赣省委召集的各级干部会议。他说：目前斗争形势很紧张，苏区越来越小，要求做好以下几方面的工作：深入开展查田运动；扩大白军工作，消除赤白对立；恢复钨砂的生产与输出，保护商人的正当利益；组织余粮出口，向白区购买布匹、食盐；整顿地方武装组织，清洗混入队伍的不纯分子，准备保卫胜利果实；做好扩红工作，完成扩红任务等。

在经过一段时间调查研究的基础上，他指导刘晓、何长工等制定了南线的作战计划和工作部署。针对陈济棠的粤军同蒋介石存在矛盾的情况，他说：总的要摆正"打"与"和"的关系，和平局面是巧妙地打出来的。我们不能按本本主义先生们坐在城市楼房里设计出来的那套洋办法办，什么以碉堡对碉堡，集中对集中，这叫以卵击石。为了保存红军的有生力量，消灭敌人，要从实际出发，不能硬拼消耗。他还说：农村是海洋，我们红军好比鱼，广大农村是我们休养生息的地方。要爱护民力，群众是真正的铜墙铁壁，兵民一心是我们胜利的本钱。

接着，毛泽东到会昌站塘的李官山视察红二十二师，进行了 10 多天的调查，还用 3 个晚上时间同师领导干部一起总结战斗的经验教训。

经过在前线和站塘等地的调查，回到文武坝后，他向刘晓和何长工指出：我们要抓住这一有利时机，利用敌人内部的争斗，发展壮大自己的力量。不能只知道"御敌人于国门之外"的死打硬拼，也要利用统治集团内部的矛盾，加强统一战线工作。一面要依靠群众，发动群众，组织游击队，开展游击战争；一面可派化装的小分队，潜入陈济棠管区，宣传抗日救国、枪口一致对外的道理，促使粤军反蒋抗日。根据前线实际情况，可以把筠门岭一带的部队抽下来进行整训，缓和前线的局势，并可积蓄我军力量，以备不虞。

毛泽东虽然身处南线的会昌，他最关心的仍是中央苏区的全局。那时，中革军委准备将红七军团南调，加强南线的防御。毛泽东同粤赣省委、省军区负责人研究后，在6月22日致电周恩来报告南线的实际状况："敌虽企图进占南坑、站塘，但仍持谨慎态度"，"因此判断是渐，不是突然"，建议红七军团可不南调，军团长寻淮洲以在"瑞金待机为宜"。周恩来接受了这个建议。①

毛泽东在会昌工作了两个多月，取得了显著成绩。中央苏区南线的相对稳定的局势，同北线接连遭受严重挫败的形势形成鲜明的对照。一天，毛泽东带着几个战士登上会昌城外的岚山岭，远望南方，写下了《清平乐·会昌》：

> 东方欲晓，莫道君行早。踏遍青山人未老，风景这边独好。　　会昌城外高峰，颠连直接东溟。战士指看南粤，更加郁郁葱葱。

李德提出准备退出中央革命根据地的主张，并电告共产国际批准。同时成立了"三人团"：由博古、李德、周恩来组成。明确规定："'三人团'决定一切"。政治上博古负责，军事上李德负责。党政干部谁随军行动，完全由博古、罗迈决定。

5月3日，博古、李德和朱德从广昌出发，5日回到瑞金。

5月16日，国民党东路军孙元良部在北路军和空军的配合下，攻占建宁。红军为阻止敌人的进攻，展开了建宁保卫战（至6、7月间，红军在古龙冈以北地区多次进行反击作战，均未奏效。国民党军相机占领建宁和古龙冈以北的银龙下等地）。6月1日，国民党军占领连城，红军主力被迫退至宁化、石城、长汀、宁都、兴国一线。

6月19日，毛泽东主席发出《为国民党出卖华北宣言》提出，只有全中国民众一致团结起来，武装起来，开展武装群众的民族革命战争，驱逐日本与英、美、法等帝国主义出中国，打倒出卖整个中国的国民党。宣言还重申了中华苏维埃共和国中央政府曾经发布的订立反对帝国主义协定的

①《毛泽东年谱（1893—1949）》上卷，人民出版社、中央文献出版社，1993年12月第1版，第429页。

三原则，[①] 并表示愿在此原则之下，时刻准备动员数十万工农红军与千百万劳苦大众群众首先同日本帝国主义作战。

6月25日，国民党北路军6个师由泰和地区渡过赣江，向沙村、兴国推进。

同时，毛泽东、朱德联名发表《告白军官兵书》，号召国民党不要打红军，双方订立停战同盟，联合一起打日本。

7月，中共中央、中华苏维埃中央政府人民委员会、中革军委联合发布《关于组织北上抗日先遣队给七军团作战任务的训令》。红七军团6000余人，组成中国工农红军北上抗日先遣队，由军团长寻淮州、政治委员乐少华、参谋长粟裕、政治部主任刘英率领从瑞金出发北上。中共中央代表曾洪易随行。

同月，中央红军同陈济棠部谈判达成了停战协议，并建立了秘密的通信联系。

7月中旬，国民党东路军3个师向赤水、驿前、小松、石城推进，6个师由朋口、连城向长汀推进；南路军3个师由筠门岭向会昌推进。

7月23日，博古、李德为对付国民党军的分路进攻，采取6路分兵、全线抵御的方针，具体部署为：红三军团第六师和第二十一师在兴国西北沙村地区；红三军团第二十三师和江西独立团、独立营在古龙冈以北地区；红五军团第十三师在头陂地区；红三军团第四、第五师和红五军团第三十四师在驿前以北地区；红一、九军团及第二十四师在朋口、连城地区；第二十二师在筠门岭地区。

7月底，中共中央、中革军委制定了《八、九、十3个月战略计划》，正式提出红军战略转移问题，同时又提出，要用一切力量继续捍卫苏区，求得战役上的大胜利，求得战略情况的改变。

8月5日，国民党北路军集中9个师的兵力，在飞机、炮火的支援下，向驿前以北地区进攻。红三军团和红五军团一部奉命在高虎垴、万年亭至驿前约15公里纵深地区，构筑防御阵地进行固守。红军依据阵地。打退了敌人多次集团冲锋，迫使蒋介石的精锐部队第八师退出战斗。但红军亦伤亡2300余人，其中干部达600余人。2月7日，红军放弃了驿前以北的全部阵地，向石城、宁都、于都地区撤退。

8月20日，周恩来在《红星》报上发表《新的形势与新的胜利》署

---

①1933年1月17日，在日寇占领山海关，继续向华北进犯的形势下，中央驻共产国际代表团以中华苏维埃临时中央政府主席毛泽东、中国工农红军革命委员会主席朱德的名义，提出在立即停止进攻苏区、保障民众的权利、武装民众3个条件下与任何武装部队订立共同对日作战协定。

名社论，强调指出，9、10 两月间将是决定胜负的血战关键，红军必须时刻准备着全部出动，去同日本帝国主义作战。

8 月 26 日，吴亮平、林伯渠和中革军委总动员武装部部长滕代远联合发出通知，提出从 9 月 15 日起，进行扩红 3 万人的突击任务，并要求所属各部必须在 1 个月之内完成。

9 月 1 日，红一军团在红九军团、红二十四师的配合下，在福建温坊地区先后歼敌 1 个多旅，缴枪 1300 余支、迫击炮 6 门、子弹 23 万发。9 月下旬，国民党东路军第三、九、十、三十六、八十三、八十五等 6 个师，在飞机和炮火的掩护下，会攻松毛岭。红九军团和红二十四师同敌人激战数日后，撤退至长汀、瑞金集结待命。

此时，中央苏区仅存瑞金、会昌、于都、兴国、宁都、石城、宁化、长汀等县地区。

1934 年 5、6 月份，博古等派中华苏维埃中央政府土地部部长高自立到莫斯科参加共产国际第七次代表大会，并向中共驻共产国际代表团王明等报告了国内情况。高自立在报告中转达了博古的口信：毛泽东“大事有错，小事没有错的”；“毛、周想到苏联养病”。王明插话说，毛泽东“这么大的人物来，谁保险？”一次中央会议讨论苏区财经问题，博古读了一份共产国际的来电，说在现在这样的情形下，苏区离不开毛泽东，所以不同意毛泽东同志去苏联养病。①

1934 年 6 月下旬，毛泽东在会昌接到中共中央的通知，回瑞金出席中央政治局扩大会议。会议由博古主持，讨论红军在作战不利形势下的对策。实际上，中央书记处 5 月间已向共产国际请示，准备将红军主力撤离中央苏区，共产国际也已复电同意，可是在这次会上对此并没有传达。毛泽东发言时提出：在内线作战陷于不利的状况下，中央红军应该转移到外线作战；至于转移的方向，中央红军已不宜向东北，可以往西。会议没有接受这个主张，只是决定派红七军团 6000 多人作为抗日先遣队北上，派红六军团从湘赣苏区到湖南中部去发展游击战争并创立新的苏区。这两支部队在 7 月间出发，用周恩来的话说：“一路是探路，一路是调敌。”但由于转到外线去的兵力单薄，没有能起到吸引国民党军从中央苏区调出的作用。②

国民党军队不断地向中央苏区腹地推进，他们的飞机不时地来瑞金沙

---

①《毛泽东传（1893—1949）》，中央文献出版社，1996 年 8 月第 1 版，第 326 ~ 327 页。
②《毛泽东传（1893—1949）》，中央文献出版社，1996 年 8 月第 1 版，第 327 页。

洲坝轰炸，局势越来越紧张。1934 年 8 月间，中央政府和中革军委迁到瑞金以西的背梅坑，毛泽东也搬往高围乡云石山一个大庙里居住。依据共产国际关于主力转移时开展游击战争以配合的指示，中革军委布置他写一本关于游击战争的小册子。经过将近 1 个月，毛泽东写成了约 3 万字的《游击战争》一书，共分 3 章：第一章《概论》，论述游击队的任务、组织以及游击队如何发展成为红军；第二章《游击战术》，论述游击队战斗动作的要则、袭击驻扎和行动的敌人、破坏敌人的后方、对付敌人的“围剿”和追击、关于行军宿营给养卫生等事项；第三章《游击队的政治工作》，论述游击队政治工作的目的、游击队部队内的政治工作、游击队在地方居民中的工作、游击队破坏敌人部队的工作。到红军大转移时，这本书下发到各部队。①

在这段时间内，毛泽东的弟弟、国家人民银行行长毛泽民，来找他商量搬“秘密金库”的问题。这个金库是 1932 年 4 月毛泽东率领东路军在漳州缴获大批金条、银元等后建立起来的。毛泽东问道：“你们准备搬到哪里去?”毛泽民回答：“想搬到兴国一带去。”毛泽东说：“敌人已经到了藤田、东固、黄沙岭一带，你搬到兴国去怎么行?”停顿一会儿后又说：“我看还是立即分散，让部队自己管起来更好。你们研究研究看行不行?”后来在转移时，毛泽民把金库中的大部分分给各军团保管使用，一部分专门组织连队押运，保障中央各机关的使用，在长征中发挥了重要的作用。②

前线的战局越来越不利，东线和北线都被突破，西线也更加困难。打破敌军“围剿”已不可能，只剩下长征这一条路了。毛泽东心情焦急，向中央书记处要求到赣南省去视察，得到了同意。1934 年 9 月中旬，毛泽东带着秘书、医生和警卫班抵达赣南省委、省苏、省军区所在地于都。此时，中共中央已着手准备西征到湘鄂西同红二、六军团会合，但没有向毛泽东透露。博古、李德还曾想不带毛泽东走，派到于都去搞调查研究。后来，因为考虑到他是中华苏维埃主席，在军队中享有很高威望，才被允许一起长征。③

毛泽东刚到于都，就接到周恩来的长途电话，要他着重了解于都方向的敌情和地形。他立刻召开各种会议作调查，还找那些从敌占区或刚被敌军占领地区过来的商人和其他人员详细了解敌人的动向。9 月 20 日，毛泽东急电报告周恩来：“信丰河〔下〕游从上下湾滩起，经三江口、鸡笼潭、

①《毛泽东传（1893—1949）》，中央文献出版社，1996 年 8 月第 1 版，第 327 ~ 328 页。
②《毛泽东传（1893—1949）》，中央文献出版社，1996 年 8 月第 1 版，第 328 页。
③《毛泽东传（1893—1949）》，中央文献出版社，1996 年 8 月第 1 版，第 329 页。

下湖圩，大田至信丰河沿河东岸10里以内一线，时有敌小队过河来扰，但最近一星期内不见来了。”电报最后说：“于都、登贤全境无赤色戒严，敌探容易出入。现正抓紧西、南两方各区建立日夜哨及肃反。此复。”这个电报为中央下决心长征开始时从于都方向突围，起了探路的作用。①

连续的紧张工作和难以驱散的忧虑，使毛泽东病倒了，而且病得很重。高烧发到40度，嘴唇干裂，两眼深凹，脸颊烧得通红。卫生员给他吃奎宁片、打奎宁针，高烧依然不退。警卫员吴吉清跑到省政府打电话向瑞金报告。人民委员会主席张闻天闻知后，马上派红军医院院长傅连暲，连夜骑马赶到于都，确诊他患的是恶性疟疾。经过精心治疗和护理，毛泽东的病情才慢慢好转。警卫员吴吉清回忆说：“直到第八天拂晓，我们刚刚想睡一会儿的时候，听见有人慢步走到床前来，温和地说：‘这几天，你们都辛苦了！’我们睁开眼睛，一看是主席，就着急地说：‘您病还没有好，怎么就起来啦！’主席笑着说：‘我好了！’”毛泽东刚能起床，就开始工作。傅连暲等一再劝告他再休息几天，他回答说：“局势很紧张，休息是做不到的！”②

9月10日，《红星》报发表文章，号召根据地人民赶做20万双草鞋，支援红军，并限于10月10日全部完成。

9月21日，中革军委决定将红二十一、二十三师合编为中国工农红军第八军团，周昆任军团长，黄苏任政治委员。

29日，张闻天在《红色中华》第二百三十九期发表《一切为了保卫苏维埃》的署名社论。指出，由于各个战线上的环境与敌我力量分配的不相同，而免不了要采取各种斗争的方式来争取战争的最后胜利。中国目前政治形势之下，我们党的总的进攻路线决不能解释成为只要采取进攻的斗争方式就可使我们得到胜利，而要依照当时具体环境采取进攻、反攻、防御以至退却的斗争方式。转移地区或缩短战线，是为了取得军事上政治上更有利的条件。

10月3日，国民党军攻占石城。

10月5日，朱德、周恩来派潘汉年、何长工为红军代表同国民党南路军参谋长杨幼敏和师长黄质文、黄旭初谈判，经过3天3夜的反复磋商，双方达成5项协议，其中有“可以互相借道”的条文。

10月7日，中革军委命令红二十四师及地方部队接替中央红军主力的

---

①《毛泽东传（1893—1949）》，中央文献出版社，1996年8月第1版，第329页。

②《毛泽东传（1893—1949）》，中央文献出版社，1996年8月第1版，第330页。

防务。红一军团向宽田、梓山之间集结，红三军团向于都东北之水头、石溪坎、东头、禾田及仙霞观地区集结，红五军团在兴国以北原阵地阻击敌军，红八军团向古龙冈地区集结，红九军团向古城、瑞金地区集结，准备实行战略转移。

中共中央、中革军委并决定在中央苏区设立中央分局，由项英、瞿秋白、陈毅、陈潭秋、贺昌、邓子恢、张鼎丞、谭震林、梁柏台、毛泽覃、汪金祥、李才莲等人组成，项英任书记。同时决定成立中央军区，项英任司令员兼政委，龚楚任参谋长，贺昌任政治部主任。

决定成立中华苏维埃共和国中央政府办事处，陈毅任主任，梁柏台任副主任，统一领导中央革命根据地和闽浙赣革命根据地的党政军工作。

决定留红二十四师及地方部队约 1 万多人，加上各县的武装力量达三四万人，在根据地坚持斗争，以掩护中央红军主力战略转移，并在根据地及其周围地区开展游击战争。

10 月 9 日，中共中央颁布《野战军 10 月 10 日至 20 日行动日程表》，具体规定了中央红军主力战略转移的出发日期和到达的地域。同日，中革军委发出第五号命令，决定将军委、总司令部及其直属部队组成“第一野战纵队”（又称“军委第一纵队”），叶剑英任司令员，下辖 4 个梯队：

第一梯队：包括军委总部一、二、三局及无线电 3 台，电话一排，通信队、警备连、士兵连、工兵连、运输两排，由彭雪枫负责。

第二梯队：包括军委总部四、五局及总政治处、警卫营、总政治部、医务所、运输一排。由罗彬负责。

第三梯队：包括工兵营、炮兵营、运输一大队附属医院。由武亭负责。

第四梯队：包括干部团、医务所、运输一排。由陈赓、宋任穷负责。

博古、张闻天、周恩来、毛泽东、朱德、王稼祥、李德等随军委第一纵队行动。

同时中共中央机关、中华苏维埃共和国中央政府机关、后勤部队、卫生部门、总工会、青年团、担架队等组成军委第二纵队，亦称中央纵队。由李维汉任司令员兼政治委员，邓发任副司令员兼副政治委员，张宗逊任参谋长。

为保守军事秘密，中革军委规定军委各部队对外使用代号：军委为“红星”，军委第一纵队为“红安”，第二纵队为“红章”；红一军团为“南昌”，红一、二、十五师分别为“广昌”、“建昌”、“都昌”；红三军团为“福州”，红四、五、六师分别为“赣州”、“苏州”、“汀州”；红五军团为“长安”，红十三、三十四师分别为“永安”、“吉安”；红八军团为“济南”，红二十一、二十三师分别为“定南”、“龙南”；红九军团为“汉口”，红三、二十二师分别为“洛口”、“巴口”。

1934年10月，中央革命军事委员会印发毛泽东写的《游击战争》的小册子。题名《中央革命军事委员会关于游击队动作的指示》。

10月初，毛泽东接到中央“有特别任务”的秘密通知，要他立刻回瑞金。毛泽东骑马赶回瑞金，先到中革军委向周恩来等报告了于都的敌情、地形、河水干枯等情况。然后，在云石山古庙里，召开一个中央政府各部负责人会议（又称青山会议）。毛泽东给大家宣布和说明了这一撤离苏区的决定，强调了两点：第一，革命是有前途的，要大家加强革命信心；第二，要把各部的善后工作做好，要使留下的同志能够更好地继续革命斗争，更好地联系群众。毛泽东从政治局常委张闻天那里得知政治局委员要分散到各军团去随军行动的消息后，立刻到中革军委提了两条意见：第一，在转移时将他和张闻天、王稼祥安排在一起，不要分散到各军团；第二，应带一部分女同志走。①

毛泽东得知中革军委已派部队到于都河搭浮桥，准备大部队从那里过河，又策马赶到于都。毛泽东刚到于都，就接到中革军委的电话，说中央决定带走30名女同志，其中包括贺子珍，把她们编在卫生部休养连，但不能带孩子。毛泽东派警卫员到瑞金云石山通知贺子珍。

10月10日晚，中共中央率领中央红军主力和中央机关人员共86000余人，从瑞金等地出发，被迫实行长征。

毛泽东在于都作好安排后，于1934年10月15日在县城谢家祠参加由中共赣南省委召集的省、县、区三级主要干部会议。他在会上说：敌人这次进攻苏区，采用的是堡垒政策，一直打到我们中央苏区门口，企图断水捉鱼，全部消灭红军。我们红军主力部队要冲破敌人的封锁线，到敌人后方去，打击和消灭敌人。并且对将要留在中央苏区的地方干部说：你们这些在地方工作的干部，仍然留在苏区，团结人民，开展游击战争。你们不要怕，不要认为红军主力部队走了，革命就失败了。不能只看到暂时的困难，要看到革命是有希望的，红军一定会回来的！②

---

①《毛泽东传（1893—1949）》，中央文献出版社，1996年8月第1版，第330~331页。
②《毛泽东传（1893—1949）》，中央文献出版社，1996年8月第1版，第331页。

1934 年 10 月 18 日傍晚，毛泽东带着警卫员离开于都城，踏上征程。①

11 月 10 日，国民党军占领瑞金。

十五　孩子与英烈们

长征前，贺子珍住在瑞金城外的云石山。此时她身边有一个儿子，已经两岁了。孩子是 1932 年 11 月出生的。江西人喜欢把小孩子叫毛毛，因这孩子出生时长得瘦小，当地人就叫他小毛。小毛生得端端正正，眼睛挺大，很像毛泽东，毛泽东非常喜欢他。这是毛泽东同贺子珍结婚以来，第一个在身边长大的孩子，而且是在毛泽东受“左”倾路线打击时生的，孩子曾经给毛泽东夫妻以无限的温暖和慰藉。

红军转移前，中央只批准了 30 名女同志随红军队伍出发，其中有贺子珍，但规定一律不许带孩子。贺子珍得知妹妹贺怡和毛泽覃夫妇要留下时，就决定把孩子托给他们带。

分离那天，小毛开始以为带他去走亲戚，非常高兴。当孩子听明白爸爸、妈妈要出远门，把他留下时，伤心得大哭，抱着妈妈的脖子不放：“我要爸爸，我要妈妈，我不留下！”贺子珍强忍着悲痛哄孩子：“小毛不要哭，等打了胜仗，爸爸、妈妈会来接你的。”1934 年 10 月 14 日下午 3 时，贺子珍随总卫生部休养连从瑞金出发。

长征前的一切准备工作均由李德、博古、周恩来“三人团”决定。高级干部的去留，一律由最高“三人团”决定。“三人团”规定了中央政府的中级干部随军数目，由张闻天提出名单请他们批准。转移人员名单中没有瞿秋白和何叔衡。当时的中央领导对他们采取排斥态度。毛泽东、张闻天曾不止一次向中央领导建议，带走瞿秋白、何叔衡。毛泽东认为瞿秋白曾主持过中共中央工作，且患有肺病，留下他是很不适宜的。瞿秋白本人也要求随军行动，但中央否定了他们的意见。陈毅得知瞿秋白被留下，立即送给他马匹，劝他迅速追中

---

①后来的 1937 年 2 月 9 日傍晚，毛泽东欢迎当日到达延安的《大公报》记者范长江。晚 10 时，毛泽东在凤凰山的住处与范长江作竟夜长谈，毛泽东说：第五次反“围剿”失败在不应当搞广昌大决战，不应同陈诚指挥的主力硬拼；应当暂时放弃苏区，分红军为 4 路，猛出杭州、苏州、南京、芜湖 4 点，施以佯攻，以诱动江西兵力，然后择弱点一战，胜尔后回江西，再突破弱的方面，则苏区可以保全。无奈，当时他没有参与决策的权利。（《毛泽东年谱（1893—1949）》上卷，人民出版社 、中央文献出版社，1993 年 12 月第 1 版，第 651 页。）

央去，瞿秋白认为，既然中央要他留下，还是应该留下坚持斗争。

敌人占领中央苏区后，实行全面“清剿”。在形势十分紧张的情况下，中央分局书记项英接受陈毅的建议，决定疏散干部，送瞿秋白去上海养病。1935 年 2 月，瞿秋白和邓子恢、何叔衡等人化装成商人，离开瑞金向江西会昌和福建长汀、武平交界的四都山区转移。2 月 24 日清晨，瞿秋白一行在福建省委派人武装护送下，渡过汀江，到了长汀灌田区水口乡小迳村牛庄岭附近，因天落雨，在农家休息，在烧水时被敌人发现。国民党福建省保安第十四团钟绍葵部分 3 路包围上来，在敌我兵力悬殊的情况下，激战半小时，护送的同志大半牺牲。瞿秋白落入敌人手中。

国民党中央组织部部长陈立夫派中统特务从南京赶到长汀来劝降。他们对瞿秋白说：“你如果要生存下去，不一定叫你做反共工作，可以担任大学教授，或者做点编译工作。”

瞿秋白回答：“人爱自己的历史，甚于鸟爱它的翅膀。”

特务说：“识时务者为俊杰，你可以学学顾顺章。”

瞿秋白说：“我是瞿秋白，不是顾顺章，我愿做一个不识时务的人，不愿做一个出卖灵魂的‘识时务者’。”

瞿秋白写下了驳斥国民党污蔑苏区的“供词”和自我解剖书《多余的话》。

国民党特务用尽了一切手段，都没有动摇瞿秋白的意志和气节。蒋介石发出电报，就地枪决！

在杀害瞿秋白的前一天，国民党特务拿出电报给他看，并说：瞿先生最后应再三斟酌，如能回心转意，蒋介石还可望收回成命。瞿秋白轻蔑一笑，断然回答：“头可断，志不可改！我们共产党人的哲学，就是鞠躬尽瘁，死尔后已，为革命而死，是最大的光荣！”

特务说：“杀尽了共产党人，‘革命’便成功了”。瞿秋白说：“共产党人是杀不尽的，没有共产党，革命是不会成功的。”

1935 年 6 月 18 日上午 8 时，瞿秋白被带到长汀中山公园的中心亭，他来到公园，信步走到亭前，已见酒菜 4 碟，美酒一瓮，他独坐其上，自斟自饮，谈笑自若，酒半乃言：“人之公余为小快乐，夜间安眠为大快乐，辞世长眠为真快乐。”

特务在亭中给他照了相，他高唱《国际歌》和《红军歌》，缓步走向刑场。走出长汀的西山，到了罗汉岭山脚下的草坪上，点头微笑：“这里很好。”面对罗汉岭，他盘腿而坐，高呼：中国共产党万岁！中国革命胜利万岁！共产主义万岁！特务的枪声响了，瞿秋白壮烈就义，时年 36 岁。

在中央苏区，何叔衡、徐特立、谢觉哉、林伯渠、董必武5人，年龄最大，资历最深，德高望重，被誉为党内“苏区5老”，5人中惟有年龄最大的何叔衡被留了下来。

何叔衡，于1927年“马日事变”后赴上海为党创办聚成印刷公司，开展地下工作。1928年赴苏联学习，1930年7月回国在上海负责全国互济会工作。1931年到达中央革命根据地，任中央政府工农检查部长、内务部代理部长和最高法院主席。他因为忠实执行毛泽东的路线，被“左”倾领导者以莫须有的罪名，撤销了一切职务。

他是愿意跟部队转移的。一天午后，董必武到何叔衡的住处去看他，何叔衡对董必武说：“如果红军转移，你愿意留在瑞金，还是愿意跟队伍走?”董必武回答：“如果批准，我愿意跟队伍走。”

“红军跑起来飞快，你跑得?”“一天跑60里毫无问题，80里也勉强，100里有点困难，这是我进苏区时所经历过的。”“我跑路要比你强一点，我准备了两双很结实的草鞋，你有点什么准备没有呢?”“我只准备了一双新草鞋，脚上穿的一双还有半新。”

“左”倾路线执行者不让何叔衡参加红军转移，也算是一种惩罚。

转移前夕，林伯渠去与何叔衡告别，他俩谈了整整一夜。何老珍重地把女儿何实山为自己打的一件毛衣给了林伯渠，林伯渠接过毛衣激动地说不出话来。

突围前一天，谢觉哉也来看望何叔衡，何叔衡准备了猪肉和鱼招待了老战友。他们同是湖南宁乡人，两人之间过惯了患难分手又相聚、相聚又别离的生活，但这次分手之时，却相对无言。何叔衡拿出一把小钢刀和在上海做地下工作时买的怀表赠给谢觉哉。

1935年2月，何叔衡在和瞿秋白等人一道转移途中，被国民党军包围，身负重伤。当敌人上来要搜身时，何叔衡霍然跃起，拼死反抗。敌人连击两枪，他壮烈牺牲，时年60岁。①

1935年4月26日，留下的红军独立师师长、毛泽东的小弟弟毛泽覃牺牲。

毛泽覃被中央指名留在苏区坚持斗争。他在突围之前专门找到陈毅说形势。陈毅说：主力红军长征有可能被打散，但如果毛泽东领导，可能有办法，苏区顶多保持一个游击战争的局面。毛泽覃问：你说经验教训在哪

①王兴刚、方大铭，《何叔衡传略》，载《湖南师范学报》，1981年第3期。

里呢？陈毅说：很简单，就是把过去苏区的一套丢掉了，就是没有听毛泽东的话，要是毛泽东领导，无论如何，不会失败得这么惨。毛泽覃感动地说："没有想到你现在还是这样真诚。10 年才能看清一个人啊！"陈毅沉重地说："你还有两条腿，我腿受伤了，咱们从此分别，也许有见面之时，也许见不着面了。"

红色故都瑞金和整个中央苏区落入国民党军之手后，敌人对游击队实行重重包围。在政治上强行移民并村，强化保甲制度，对接济红军游击队的苏区人民实行连坐惩罚；在经济上实行计口售粮；在军事上除修公路、安据点、筑碉堡外，还反复搜山和追剿。

1935 年 2 月，毛泽覃奉命率独立师一部前往福建的四都与福建军区司令龙滕云、省委书记万永诚率领的队伍合编，以加强福建军区的力量。毛泽覃建议，放弃四都，将部队编成几个支队，四处袭击敌人，领导中心则退到闽粤赣边的深山中去。但是，他的意见被否决。

4 月上旬，部队在腊口西分水坳被国民党军包围，经过激战，遭到重大伤亡。为摆脱敌人，决定由龙滕云、万永诚率大部队向东突围，毛泽覃率一部分队伍担任掩护，然后向西突围。龙、万突围后，部队又被打散，两人在战斗中牺牲。毛泽覃完成掩护任务后突出重围，又遭伏击。他迅速收集被打散的战士，转战到瑞金县内的一片大山中。这时他身边只剩下十几个战士。

1935 年 4 月 25 日晚上，毛泽覃率领战士们到达黄鳝口附近一个叫做红林的大山中，在一个纸槽小屋宿营。毛泽覃指示一个战士："你到杉背坑去找陶古游击队，请他们明天开到这儿来，一起攻打国民党的黎子冈炮楼，我们从那儿冲出去。"那个战士走后的第二天清晨，毛泽覃又叫醒一个姓何的战士，派他出去侦察一下。那战士走不多远便钻到茅草丛里睡觉。这时，国民党毛炳文军一个班的士兵搜索到这里，发现草丛里躺着的人，围了上去。姓何的贪生怕死，没有鸣枪报警，没有反抗，背叛了革命。供出了在纸槽小屋里，还有十几个人，十几条枪，和一个姓毛的师长。

敌人在叛徒的带领下，派出一个排的兵力，带着机枪，在陶古游击队未到之前包围了纸槽小屋。毛泽覃一听到枪声，立即机警地冲到左边门口，命令战士突围，他来担任掩护，当部分战士突围后，毛泽覃被一颗子弹击中前胸，光荣牺牲，时年 30 岁。当国民党军从他身上搜出浸沾着血迹的毛泽东和朱德的照片、党证，敌人才知道，这就是毛泽东的弟弟。

第四章　主要参考书目

《陈赓同志在上海——在中央特科的斗争经历》，穆欣，文史资料出版社，1980年7月版。

《彭德怀自述》，人民出版社，1981年12月版。

《在战斗中成长的罗荣桓》，黄瑶，解放军出版社，1983年12月版。

《瞿秋白传》，王士菁，四川人民出版社，1985年8月版。

《莫斯科中山大学与王明》，曹仲彬、戴茂林，黑龙江人民出版社，1988年6月版。

《土地革命战争纪事》（1927—1937），蒋凤波、徐占权，解放军出版社，1989年2月版。

《毛泽东文集》第一卷，人民出版社，1993年12月第1版。

《巨人之子毛岸英》，金振林著，河北少年儿童出版社，1995年12月第1版。

《刘少奇传》，中央文献出版社，1998年10月第1版。

《周恩来军事活动纪事（1918—1975）》上册，中央文献出版社，2000年版。

《中国革命史的伟大篇章——纪念中央革命根据地创建50周年》，裘之倬，载《江西大学学报》，1979年第1期。

《试论向赣南闽西进军》，宋俊生，载《江西大学学报》，1979年第2期。

《飞渡汀江　三占龙岩》，唐闻观、兰荣田，载《革命文物》，1979年第2期。

《浅谈项英在中央苏区的功过是非》，李良明，载《党史研究与教学》，1980年第2期。

《工农红军第二次反“围剿”的胜利》，向阳，载《江西社会科学》，1981年第2期。

《宁都会议探源》，黄少群，载《天津社会科学》，1982年第4期。

《井冈山红色政权的大发展——回忆毛泽东、朱德率领红四军转战赣南、闽西》，韩伟，载《毛泽东研究》，1984年第3期。

《坚贞挺拔，铿锵有声——读新发现的杨开慧烈士诗文》，王中杰，载《湖南日报》，1984年11月13日第2版。

《论AB团始末》，罗惠兰，载《江西社会科学》，1986年第4期。

《论毛泽东从第五次反“围剿”到遵义会议时与王明“左”倾冒险主义斗争及其历史经验》，黄少群，载《军事史林》，1987年第1期。

《中央苏区的“反罗明路线”与王明“左”倾错误路线》，郑勉已，载《福建师范大学学报》（哲社版），1987年第1期。

《毛泽东与查田运动》，贺世友，载《上海师范大学学报》（哲社版），1987年第1期。

《毛泽东在“福建事变”期间是否提出过“间接配合”十九路军的战略性建议》，温锐、周声柱，载《江西大学学报》（哲社版），1987年第2期。

《共产国际关于中国革命问题的几篇新文献资料》，载《教学与研究》，1987年第6期。

《论红四军党的“七大”的功过是非》，戴向青，载《争鸣》，1987年第6期。

《深切怀念共产主义忠诚战士罗明同志》，魏金水、伍洪祥，载《福建日报》，1987年9月18日第2版。

《共产国际的反右倾斗争与中国共产党的“左”倾错误》，王廷科，载《近代史研究》，1988

年第1期。

《〈寻乌调查〉和〈反对本本主义〉的产生过程》，严修余，载《党史文汇》（太原），1988年第1期。

《试论一九三四年中央革命根据地遭受严重失败的客观原因》，侣洁志，载《山东医科大学学报》（哲社版），1988年第3期。

《蒋介石对红军将领的一次未遂策反》，雨木，载《周末》（南京），1988年第4期。

《中央革命根据地第五次反"围剿"战争之研究》，曾景忠，载《江西党史研究》，1988年第4期。

《共产国际支持下的王明"左"倾错误控制中央苏区过程述略》，孙剑纯，载《江西党史研究》，1988年第4期。

《国民党第五次"围剿"是怎样进行的?》，冯都，载《争鸣》，1988年第5期。

《论党史研究的重大现实意义——纪念党的十一届三中全会》，戴向青，载《江西社会科学》，1988年第6期。

《抗日名将，爱国志士——纪念蒋光鼐先生诞辰100周年》，屈武、朱学范，载《人民日报》，1988年12月29日第5版。

《浅谈红四军党内认识分歧的由来》，云理，载《福建党史月刊》，1989年第1期。

《论项英在处理富田事变中对肃AB团错误的抵制》，罗惠兰，载《求实》（南昌），1989年第1期。

《铁军纵横谈》，萧克，载《近代史研究》，1989年第4期。

《一则鲜为人知的毛泽东病故消息》，载《党史博采》，1989年第5期。

《略述周恩来在对纠正中央苏区肃反扩大化错误的历史功绩》，黄少群，载《福建党史月刊》，1989年第6期。

《周恩来在纠正肃AB团错误中的历史贡献》，罗惠兰，载《争鸣》，1989年第6期。

《共产党员》（河北），1989年第6、8期。

《蒋介石建立AB团目的探析》，戴向青、罗惠兰，载《求实》（南昌），1989年第8期。

《毕生爱国，典范永存——纪念陈铭枢诞辰100周年》，屈武、朱学范、侯镜如，载《人民日报》，1989年10月26日第6版。

《论毛泽东在肃AB团问题上发生错误的原因》，戴向青、罗惠兰，载《江西社会科学》，1990年第2期。

《向曾三同志遗体告别仪式在北京举行》，新华社，1990年12月13日电。

《深切怀念萧劲光大将》，方强，载《人民日报》，1990年12月16日第5版。

《从探索·争辩到共识——关于要否建立巩固的革命根据地的争论》，冯显诚，载《上海师范大学学报》（哲社版），1991年第4期。

《试析党内对十九路军合作问题的分歧》，郑复龙，载《福建党史月刊》，1991年第9期。

《共产国际六十二年前为毛泽东误发的讣告》，袁南山，载1992年《党史博采》（河北）。

《一个总书记的沉浮——向忠发其人其事》，金关豪，载《党史博采》。

《红军时期：陈毅和毛泽东的友谊》，丹淮，载1992年6月6日《光明日报》第5版。

《古田会议的召开与毛泽东的历史作用》，李敦送，载《军事历史》，1993年第2期。

《邓小平与遵义会议》，石永言，载《党的文献》，1993年第3期。

《王佐、袁文才遇难记》，嘉平，载《侨园》，1993年第4期。

第五章

·长 征

MAOZEDONG

第五章 长 征

一 湘江

1934 年 10 月 16 日，中央红军按照中革军委下达的《野战军渡河计划日程表》，开始南渡于都河（贡水），至 19 日全部进入突围地域。

国民党南路军以 3 个师又 1 个旅的兵力在赣州以东沿桃江向南，经大埠、王母渡、新田等地修筑了许多碉堡群，构成了第一道封锁线阻止中央红军进入广东。

中共中央、中革军委决定中央红军由王母渡、韩坊、金鸡、新田地段通过敌人的封锁线，向湘南进军。18 日，中革军委下达了《关于赣南作战的命令》，要求中央红军各军团应于 20 日夜半完成一切攻击部署，为保证突围战斗的胜利，中国工农红军总政治部下达了《关于加强战时工作的命令》，强调指出：这次战役是粉碎敌人五次“围剿”的反攻战斗的开始，它的结果如何，将决定革命战争及每一个红色战士的生命。要求各部队尽一切的努力来完成当前的战斗任务。

21 日，中央红军从王母渡、新田间突破了国民党设置的第一道封锁线。接着以红一军团（军团长林彪、政治委员聂荣臻）为左路前卫，红九军团（军团长罗炳辉、政治委员蔡树藩）随一军团跟进；红三军团（军团长彭德怀、政治委员杨尚昆）为右路前卫，红八军团（军团长周昆、政治委员黄苏）随三军团跟进；军委第一、第二纵队居中；红五军团（军团长董振堂、政治委员李卓然）殿后。25 日，中央红军渡过桃江（信丰河）。

1934 年 10 月 23 日、24 日，毛泽东在信丰县古陂以东的杨坊宿营。随军委第二野战纵队转移的贺子珍也抵达这里，她来看望毛泽东。

10 月 26 日，红军 8 万人马西进在五岭山区的羊肠小道上。由于携带着大量笨重的武器器材，① 拥挤不堪、行动十分缓慢，有时一天只走 10 多里。

①带有兵工、造币、印刷、被服、制药 5 个工厂的设备和大量物资，动员了 1 万多名民夫抬着，毛泽东说，这种抬轿子的行军法，在古今中外军事史上是没有过的。

9 月底，蒋介石认为围攻红军的大业已经完成。

10 月上旬，蒋介石为了缓和国内舆论对他不事抗日、专门反共的卖国政策的强烈不满，他偕宋美龄从庐山前往华北，历经北平、察哈尔、归绥、太原、西安等地，分别接见当地军政人员，到处宣传“共产党拖住了后腿，要抗日，非消灭共军不行”，争取对他反共卖国政策的同情。直到他突然接到南昌行营的情报方知道红军前锋已通过桃江，于是他匆匆赶回南昌立即召集行营秘书长兼第二厅厅长杨永泰、江西省主席兼行营办公厅主任熊式辉、行营第一厅厅长贺国光和侍从室主任晏道刚等人商谈对策，对红军的行动方向作了如下判断：

1. 由赣南信丰入广东：红军如进入粤境，将逼得粤军不得不拼命抵抗，倘彼此前后夹击，红军是很难立足的。因此，这是红军的不利之路，无足为虑；

2. 从赣南经粤湘边入湘南重建苏区：赣粤湘边区是政治上薄弱点所造成的军事上的薄弱点，中央红军入湘后将与贺龙部会合，应加以重视；

3. 进入湖南后出鄂皖苏再北进：这是当年太平天国的北进路线，政治上威胁较大；

4. 经湘西入黔、川再北进：杨永泰认为要考虑红军有渡长江上游金沙江而入川西的可能性，蒋介石说：“这是石达开走的死路。他们走死路干什么？如走此路消灭他们就更容易了！”

蒋介石认为，红军不论南下或西行、北进，只要离开了江西，就是除去了心腹之患。他说：红军不论走哪一条路，久困之师经不起长途消耗，只要我们追堵及时，将士用命，政治配合得好，消灭共军是不成问题的。

但是，国民党的部队还未来得及调整其部署：南路军陈济棠将主力撤到大余、南雄、安远一线，采取守势；西路军何键部还处于分散状态，湘中、湘南兵力薄弱；北路军还在赣江以东。

这时，中央红军如轻装前进，迅速进至湖南中部，是可以争取主动调动敌人、各个消灭，使红军减少损失的。可惜，党和红军的主要领导人没有这方面的考虑。

10 月 30 日，蒋介石判断中央红军不是战术行动而是战略转移，不是南下而是西进。于是电令粤军陈济棠、湘军何键火速出兵，在湘南桂东、汝城至广东城口间设置阻截红军的第二道封锁线。令北路军薛岳担任“追剿”总指挥，拨给他指挥部队有：第四军吴奇伟部、第五军（薛自兼军长）、第三十六路军周浑元部以及刘建绪的 3 个师，总数不下 10 万人由江西沙溪、龙岗等地向万安、遂川地区集结，协助西路军、南路军向西追击红军。

红军发现敌人的动向，为取得先机之利，决定迅速夺取汝城、城口等地。红军指战员昼夜奔袭，夜间打着火把照明，穿行在山间密林的小道上。11 月 2 日，进至敌人的第二道封锁线。这道封锁线，碉堡相望、沟壕相通、火力相连。但是，湘军还未来得及向周边靠拢，只次第结于衡阳、郴州之间。在汝城守备的只有湘军第六十二师陶广所部的 1 个旅，驻守城口的只有粤军李汉魂、叶肇部的部分军队，其他守军多为敌人的保安队。

11 月 4 日晚，红一军团的先头部队以奇袭的方式夺取了城口；因敌先占领了汝城，红三军团即派一部监视汝城，其余部队绕城南通过，并接连摧毁敌人的碉堡 30 多座。5 ~ 8 日，后续部队通过了敌人的第二道封锁线。

中央红军分左中右三路继续西行。

左路：红一、九军团，沿九峰山向宜章边境前进。

右路：红三、八军团，经延寿、文明司向宜章进军。

中路：由红一师当先锋，随后是军委第一、第二纵队，红五军团继续殿后。

敌人失掉了两道封锁线后，立即在郴县、宜章、乐昌间沿粤汉铁路两侧布置了第三道封锁线。这一带，敌军原已筑有碉堡工事，加上交通方便，敌军的集中和调动非常有利。为掩护军委纵队，红五军团在延寿一带与尾追之敌激战数日，堵住了敌人的追击。

右路红三军团到达赤石、平和，他们在临近粤汉铁路时，与地方党组织取得了联系，得到了当地游击队的接应。并了解到敌人的重兵主要部署在郴县、良田间，宜章、嘉禾、临武方向尚无大敌。中央红军决定红三军团佯攻郴县、占领宜章，主力从中突破，向嘉禾、临武进军。

11 月 11 日，红三军团一部攻陷良田，后进至郴县城西南摆出攻占郴县的架势，牵制敌人。接着，红三军团一部在地方游击队的配合下由平和经樟桥南下逼近宜章城，在红军炮火的攻击下，守城民团弃城逃跑，宜章被红军占领。红一军团越过大王山，沿湘粤边境到达宜章的白石渡（红岩）。

15 日，中央红军全部从良田至宜章间顺利通过。敌军的第三道封锁线再次被突破。

11 月 12 日，蒋介石任何键为“追剿”军总司令，指挥西路军全部和北路军之薛岳部、周浑元部、李韫珩（李抱冰）部、李云杰部，共 16 个师77个团。同时电令广东军阀陈济棠、广西军阀白崇禧、贵州军阀王家烈各派有力部队分别到湘粤、湘桂、湘黔边堵截，利用湘江天险构成第四道封锁线，要求把中央红军"务须歼灭湘、漓水以东地区"，11月14日，何键走马上任，将"追剿军"分为5路：

刘建绪为第一路司令，率4个师出湘桂边向全州以北之黄沙河地域集结，筑碉堵截；

薛岳为第二路司令，率4个师又1个支队，由茶陵、衡阳进至零陵地域集结；

周浑元为第三路司令，率4个师由资兴、郴县向道县方向追击；

李子杰为第四路司令，率2个师同第三路配合，由桂阳经嘉禾向宁远方向追击；

李韫珩为第五路司令，率1个师协同粤军和桂军由郴县、桂阳经临武、蓝山、江华方向追击。

在各路敌军中，只有湘军行动积极。位于中央红军右侧的蒋嫡系薛岳、周浑元部行动相当迟缓。此时，从宜章至湘江间的广大地区国民党的防御力量很薄弱，便于红军机动作战。如红军趁机寻歼敌一部或一路，战局将出现有利的变化。可博古等人认为，只有到了湘西，同红二、六军团会合，放下行李以后，才能对敌反攻。从而使红军失去了一次战机，继续处于被动挨打的局面。

红二军团是湘鄂西的子弟兵。1928年春，贺龙、周逸群、段德昌领导湘西农民举行起义，先后创立、发展了湘鄂西、洪湖及襄（阳）、枣（阳）、宜（城）等根据地，红军人数曾达到2万人，由于夏曦执行了六届四中全会的"左倾"路线，实行"左"的肃反路线，错杀了包括原第六军军长段德昌在内的一批有长期斗争经验的领导干部，使根据地遭受到了损失，致使不得不退出洪湖根据地。1934年春，这支队伍在贺龙、夏曦、关向应的领导下，进军黔东，开辟了黔东根据地。1934年10月24日，在黔东根据地的印江县木黄地区，红二军团①与来自湘赣苏区的红六军团会师。红六军团是由朱德、毛泽东领导的井冈山红军留下的火种发展起来的，从1929年起，在湘赣边浴血奋战创立了湘赣边根据地，组建了中国工农红军第六军团。1934年8月，红六军团奉中央命令，在中央代表任弼时、军团

---

①红二军团一度改名为红三军，和红六军团会师后，恢复了名称。

长萧克、政治委员王震[①]的领导下，历时78天，行程5000多里，跨越赣、湘、黔、桂四省，来到黔东地区，与红二军团会师。两军团会师后，决定进军湘西，发动攻势，建立根据地，策应中央红军的转移，并在任弼时、贺龙统一领导下，建立与扩大湘、鄂、川、黔根据地。

11月18日，中央红军分两路西进：红一、三、八军团及第一纵队为右翼，红九、五军团及第二纵队为左翼，经嘉禾、蓝山向宁远及其以南地区前进。尔后，右翼向道县、左翼向江华进军。

道县、江华两县城均紧靠潇水西岸，是这一带的两大渡口。11月20日，右翼红一军团奉命派出先头部队两个团，在二师四团团长耿飙、政委杨成武的率领下，以日行百里的速度，于22日拂晓占领了道县城。并派出警戒部队阻止零陵之敌向道县前进。左翼红九军团的先头部队也相继占领了江华。在先头部队的掩护下，中央红军于25日全部从道县至江华间架起浮桥渡过潇水。

渡过潇水就是湘江防线。

湘江是敌人第四道封锁线最严密的部分。但是，红军左翼由蓝山向江华、永明（江永）方向开进时，白崇禧既怕红军深入桂境，又防蒋军随后跟进广西，令其主力放弃全州、兴安防线，南下在龙虎关、恭城、宫川一带。这样，红军渡过潇水后，桂敌还未回防，使得兴安、全州间顿显空虚，为中央红军渡江创造了条件。

11月25日，中央红军从兴安、全州间抢渡湘江，前出湘桂边境的西延山区。

何键也进一步调整部署：第一路军两个师由乐安推进至全州、咸水一线；第二路军一部推进至零陵、黄沙一线；第三路军由宁远继续对红军进行追击；第四、第五路军由乐安集结待命。

27日晚，红军先头部队红二师和红四师各一部在兴安、全州间顺利渡过湘江，并控制了湘江两岸界道至脚山铺间的渡河点。紧接着，红一、红三军团同时在湘江两岸从左右两翼强占要点，相继控制了界首与屏山渡之间的60里江岸，只等后续部队过江。

红军自突破第三道封锁线后，敌人不断派出飞机侦察扫射，由于拖着

---

①萧克为军团长兼十七师师长，王震为军团政委兼十七师政委，李达为军团参谋长，张子意为军团政治部主任，龙云为十八师师长，甘泗淇为十八师政委，谭家述为十八师参谋长，方礼明为十八师政治部主任，全军团约1万人，途中十八师师长龙云被何键逮捕后杀害。两军团会师后，红二、六军团缩编为3个团。

许多坛坛罐罐，部队的行军道路又很狭窄，加上进入湖南后，几乎整天都是行军打仗，一直未能得到必要的休息，部队已经极度疲劳，因而行动非常缓慢。行军纵队愈拉愈长，前后相距百里之遥。中央军委纵队自 27 日从灌阳北的文市一带出发，到湘江渡点 160 里的路程足足走了 4 天，本来可以乘虚抢渡的时机丢失了。前线将士为担任掩护任务付出了惨重的代价。

28 日，敌“追剿”军第一部由全州向脚山铺地区的红二师发起进攻；桂敌也由龙虎关、恭城一带向兴安、灌阳以北进击，与红三军团展开了激战。29、30 日两天，敌军在飞机的支援下，从湘江东西两岸同时向红军发起进攻，敌情极端严重。在敌人疯狂的进攻面前，红军指战员在“一切为了苏维埃新中国”的口号下，不顾一切牺牲，竭力拼杀，浴血奋战。经新圩、界首、脚山铺、咸水等战斗，顽强地顶住了敌人的进攻。12 月 1 日，是战斗最激烈的一天。接近中午时分，中央纵队才渡过湘江，越过桂黄公路，进入越城岭地区。

红三军团之第十八团和担任湘江战役总掩护任务的红五军团之第三十四师被阻于湘江东岸。后来在优势敌人的围攻下大部分壮烈牺牲。三十四师师长陈树湘负伤后牺牲。湘江之战，使中央红军遭受了惨重的伤亡。渡过湘江后，中央红军从长征开始时的 8.6 万人，锐减为 3 万多人，由于被动挨打，损失惨重，红军部队中明显地滋长了怀疑不满和要求改变领导的情绪。

1934 年 11 月 30 日，毛泽东随军委第一野战纵队渡过了湘江。

二　通道与黎平

12 月 2 日，继续任“追剿军”总司令的何键，下达了新的“追剿”计划。撤销原五路“追剿”军番号，改组为两个兵团：刘建绪、薛岳分任第一兵团、第二兵团总指挥。主力由黄沙河、全州一线分向新宁、城步、绥宁、靖县、会同、洪江、芷江、黔阳地区急进，另以一部兵力配属桂军进行追击。同时电请贵州军阀王家烈以有力部队配置在锦屏、黎平一线，阻止中央红军西进贵州，企图围歼红军于北出湘西的路上。

中央红军翻过老山界（越城岭），沿着大苗山脉前进。红军指战员严格执行少数民族政策，自觉遵守群众纪律，受到了瑶、苗群众的欢迎，很快顺利地通过了苗岭山区，进入湖南边境。

12 月 11 日，中央红军进至湘桂边界的通道、下乡、长安堡地区，并占领通道城。这时，桂敌在红军左侧后继续跟追。敌第一、第二两兵团已进至城步、绥宁、靖县、黔阳、洪江、芷江等地赶筑碉堡工事。红军如果继续北出湘西，就要再次通过敌人的层层碉堡线，去同五六倍的敌人决战。这对于已经过两个多月连续行军作战、人员折损过半的红军来说，将有招致全军覆灭的危险。

这时，毛泽东，这位没有军事指挥权的领导人，决定向中央建议：应该放弃北进湘西同二、六军团会合的原定计划，应继续向西向敌人力量薄弱的贵州前进，以摆脱敌人，争取主动。

贵州当年是有名的穷省："天无三日晴，地无三里平，人无三分银"。封建剥削十分惊人，同时又和吸鸦片、种鸦片、贩卖鸦片、抽鸦片税连在一起。鸦片烟，不仅富人抽，穷人也抽，军队也抽。王家烈的部队几乎都是"双枪兵"：一杆步枪，一杆鸦片烟枪。战斗力极差。

在红军转移的路上，毛泽东时刻关注着党和红军的前途和命运，他反复思考着如何改变红军被动挨打的局面，他主动找许多领导干部谈心，向他们解释五次反"围剿"中，中央在军事领导上的错误，同他们商讨如何首先纠正目前的错误军事指挥重大问题。他首先取得了王稼祥、张闻天的支持。

王稼祥，又名王稼蔷，安徽泾县人，1906 年生。1925 年 9 月进入上海大学附中部学习，同年加入中国共产主义青年团，同年 11 月，被党派往苏联学习，先后就读于莫斯科中山大学和红色教授学院，1928 年 2 月转入中国共产党，1930 年 2 月回国。在这几年的努力学习中，他获得了比较丰富的马列主义理论知识。但是，由于缺乏对中国国情的了解和革命斗争的实践，他也曾卷入过王明"左"倾教条主义错误。回国后，他先在上海中共中央宣传部机关主编《实话报》。1931 年 3 月，同任弼时、顾作霖一道作为中央代表团被派赴中央苏区。1931 年 4 月起，他在江西中央苏区担任中共苏区中央局委员、中国工农红军总政治部主任、中央革命军事委员会副主席等重要职务，参与领导了中央苏区第二至第四次反"围剿"，在第四次反"围剿"中他被敌机炸成重伤。在革命斗争实践的锻炼中他逐步摆脱了"左"倾教条主义的错误，开始受到毛泽东的积极影响。他努力亲近毛泽东，虚心听取毛泽东关于中国革命的主张。并在反"围剿"的亲身实践中体会到毛泽东一系列战略战术的正确，对毛泽东的军事指挥深为敬佩。1932 年，当极"左"路线决定解除毛泽东的军事指挥权时，他是积极反对者之一。这次转移途中，他和毛泽东都随军委纵队行动，两人在宿营和休息时经常交谈。当毛泽东把自己的想法告诉他后，他积极表示赞同。

毛泽东又把自己准备提交给中央的建议告诉了张闻天。张闻天，又名洛甫，上海南汇人，1900 年生。1925 年加入中国共产党，同年赴苏联学习，1931 年 2 月回国到上海，任中共中央宣传部部长，主编《红旗》、《斗争》刊物。9 月，任中共临时中央政治局委员和政治局常委。1933 年 1 月底临时中央政治局进入中央苏区后，他先后担任了中共中央政治局委员、书记处书记和中华苏维埃中央人民委员会主席的重要职务。张闻天在六届四中全会后曾犯过“左”的错误。但由于他比较广泛地接触了实际，耳闻目睹中央苏区在贯彻极“左”政策方面所暴露的问题，他不仅逐步认识到“左”倾的危害，而且义无反顾地与之斗争，因而在一系列问题上与中央主要负责人博古发生了分歧。长征开始前，张闻天已经鲜明地提出要同党内的极“左”倾向斗争的思想，在讨论广昌战役的一次军事会议上，由于张闻天批评了广昌战役硬打硬拼的做法，被李德指责为普列汉诺夫反对 1905 年俄国工人武装的机会主义思想，两人发生了公开争执。在云石山的一座寺庙里，张闻天与毛泽东住在一起，他们经常长谈，他和毛泽东思想渐渐合拢，开始了同毛泽东的合作。转移途中，张闻天、王稼祥和毛泽东经常住在一起，他们随时商讨问题、交换意见，进一步加深了相互的了解。部队在向通道行军的途中，张闻天向毛泽东征询下一步应该怎么办时，毛泽东侃侃而谈，说出了自己的想法。张闻天心头的忧虑和疑云为之一扫，更为毛泽东在关键时刻胜人一筹的谋略所折服。

12 月 11 日，红军打下通道县城。中央领导人在通道附近的驻地召开了一次紧急会议。会上，毛泽东竭诚相见，向中央提出了自己的建议。李德仍坚持要北出湘西，提出可以让那些在平行路线上追击之敌超过红军后，红军可在敌人的背后转向北方，与红二、六军团建立联系。

会议展开了激烈的争论。毛泽东的主张得到了王稼祥、张闻天和周恩来等多数同志的赞同。博古因红军在湘江战役中伤亡重大而感到心情沉重，虽未固执己见，但他仍希望到贵州后去和二、六军团会合。李德因他的意见被否决，提前退出了会场。

12 月 13 日，中革军委依旧以北出湘西为目的，命令各部队从通道地域出发，迅速脱离桂敌西入贵州，寻求机动，以便转入北上。12 月 14 日，又电令在湖南常德一带活动的红二、六军团主力火速向沅江上游之泸溪、黔城、凤凰地区行动，调动和钳制黔阳、芷江、洪江的敌人，并派一支部队去桃源活动，钳制与迷惑湘中之敌，策应中央红军北上。15 日，红一、九军团突破黔敌防线，先头部队相继占领黎平、锦屏。中革军委命令他们继续前出柳霁地域，准备渡过清水江突破黔敌第二道防线，然后北上同红

二、六军团会合。此时，敌刘建绪第一兵团已赶至靖县、会同、绥宁，敌薛岳第二兵团先头部队正向铜仁、锦屏、天柱一线压来。红军北上，再度面临危机。

部队从通道向黎平开进中，毛泽东继续力陈自己的主张、说服博古等人。严酷的战争现实，毛泽东恳切的意见，使越来越多的中央领导人和干部认识到——改变红军的战略方向已迫在眉睫了。

12 月 16 日，军委纵队进入黎平城。经过从通道到黎平一路的争论、酝酿，中央决定讨论红军的战略行动方针问题。17 日，中革军委将部队部署在黎平附近作短暂的休整。18 日，党中央在黎平召开了政治局会议。博古、周恩来、张闻天、毛泽东、朱德、王稼祥、李富春、李德等出席，会议由周恩来主持，毛泽东进一步阐述他在通道会议上发表的意见，正式建议放弃北进与红二、六军团会师的计划，向川黔的遵义地区挺进，并在该区建立一块新根据地。会上政治局大多数成员以明朗的态度支持毛泽东的主张。周恩来也决定采纳毛泽东的意见，并几次发言，公开批评李德。会议经过争论，否定了李德坚持要与红二、六军团会合，与敌人硬拼的意见。最后根据毛泽东的提议，正式通过了《中央政治局关于在川黔边建立新根据地的决议》，19 日，中革军委下达了《为建立川黔边根据地军事行动的决定》。决定指出：政治局认为，新的根据地最初应以遵义为中心，在不利的条件下应该转至遵义西北地区。政治局认为，深入黔西、黔西南对红军是不利的。红军必须全力争取实现自己的战略决定，阻止敌驱迫我至前述地区之西南或更西。并决定在适当时候召开政治局扩大会议，以便审查黎平会议的决定和第五次反“围剿”以及长征以来军事指挥上的经验教训。同时，军委对部队进行了调整和缩编：将第一、第二两纵队合编为军委纵队，下辖第一、二、三梯队。军委纵队以刘伯承为司令员、叶剑英为副司令员、陈云为政委、钟伟剑为参谋长。纵队司令员、政委、参谋长兼第一梯队司令员、政委、参谋长；第二梯队以何长工为司令员兼政委；第三梯队以罗迈为司令员兼政委。另将干部团、保卫团编为独立作战的部队，归军委纵队直接指挥。撤销了红八军团建制，将其编入红五军团。刘伯承被调回军委任总参谋长，任命陈伯钧为红五军团参谋长，罗荣桓为红五军团政治部主任。会议提出了：“首先消灭贵州军阀，赤化贵州！”、“为创造新苏区而奋斗！”等响亮口号。12 月 20 日，中央红军以一、九军团为右纵队，三、五军团和军委为左纵队两路西进。连克剑河、台江、镇远、施秉等城。王家烈的部队一触即溃、节节败退。28 日，红军进至黄平、余庆地域，直逼乌江。把围追堵截的几十万敌军甩在了湘西。

12 月下旬，红军从黎平出发向黄平的进军途中，毛泽东在村旁见到一位老年妇女因冻饿倒卧在路旁。得知为当地村妇后，毛泽东立即从身上脱下毛线衣一件，又从行李中取出被单一条，还让警卫员拿了两条装满粮食的干粮袋，一并送给她。①

三　突破乌江

黎平转兵以来中央红军进展十分顺利。

向遵义进军，必须先跨过天险乌江。12 月 31 日，军委纵队到达瓮安猴场（草塘）。中革军委命令一、三军团分别向乌江南岸的指定渡口前进，并侦察对岸敌情，准备架桥渡江。决定：红一军团一师从回龙场渡口、二师从江界河渡口、三军团从孙家渡实施强渡。军委纵队、五军团随二师后跟进，九军团随一师过江。

乌江，是贵州省内的一条大江，由西南到东北斜贯省内，流入四川。从乌江南岸要下 10 华里陡峭的石山，才能到达江边，北岸又要上 10 华里的陡山才能走上通遵义的大道。江面宽约 200 米，流速达每秒 1.8 米。整个乌江就像一条乌青色的蛟龙向东北奔腾，当地群众称为乌龙江。

红军到达时，敌人已经烧毁了渡口附近的房屋，掠走了江边所有的船只，赶走了当地的群众。贵州军阀侯之担部正在北岸修筑工事，凭险扼守，封锁江面，妄图阻止中央红军渡江。

1935 年 1 月 1 日，红二师首抵江界河渡口。以耿飙为团长、杨成武为政委的红二师（师长陈光）先头团（四团）立即开始了渡江战斗。先头团利用搜集来的竹子、门板和木材扎成竹筏，一面在渡口组织佯渡迷惑对岸的敌人；同时，在上游不远的地方，组织了 8 个水性好的同志，由连长毛正华带领，拉着一根准备架浮桥的粗绳索进行泅渡。当快游到对岸时，敌人的枪弹将绳索打断，战士们只好重新游回对岸，一名战士因负伤过重和天气寒冷，在江中牺牲。

当夜，部队再次组织偷渡。夜，伸手不见五指，18 名战士冒着凛冽的寒风，分乘三只竹筏，相继向对岸划去，连长毛正华率传令兵 1 人（带枪 1 支）、轻机枪兵 3 人（带机枪 1 挺）乘坐的竹筏过去了，敌人没有发觉。他们上岸的地点正好在敌人的工事底下，无法向对岸发出信号，只好潜伏

①《毛泽东年谱（1893—1949）》上卷，人民出版社、中央文献出版社，1993 年 12 月第 1 版，第 441 页。

下来等待时机。其他两筏行至江心后，因水流太急辨不清方向，都被激流冲回原处。

1月2日凌晨，军委副总参谋长张云逸率干部团的工兵连赶到这里，赶扎了60多个竹筏，再次组织强渡。这时天下起雨来，风雨交加，气温骤降。战士们不畏寒冷，冒着敌人的炮火，一只只竹筏强行向对岸划去。头天夜里偷渡过去的5名战士立即向岸上的守敌发起进攻。在红军南岸炮火的配合下，过江部队乘势反击，夺取了渡口阵地。在两岸部队的掩护下，工兵连迅速将扎好的竹筏加铺上门板结成稳固的浮桥。①

下游龙溪渡口的红一师，在先头团团长杨得志、政委黎林的指挥下经过与对岸敌人一阵激战，强渡也取得成功，架起了浮桥，及时保证了后续部队过江。

1月3日，红三军团也从上游的茶山关渡口开始过江。至1月6日，中央红军分从三个渡口全部渡过了乌江。敌江防司令林秀生星夜向遵义地区逃窜。

突破乌江后，中革军委命令部队乘胜追击，分三路直逼黔北重镇遵义。遵义是贵州第二大城市，是连接省会贵阳和四川省重庆的交通枢纽和贸易集散地。在红军渡江时，王家烈即令驻遵义的侯之担部第三团死守待援，同时派柏辉章率部前往增援。

红二师在刘伯承的指挥下，当晚占领猪场（珠藏）。先头团第六团和刘伯承率领的干部团跨过了羊岩河（张云逸率领的干部团已在5日清晨迅速架起了浮桥）直奔团溪。刘总长向红六团团长朱水秋、政委王集成说："二师主力随后就到。从团溪到新场、龙坪场，离遵义城30里的地方有个小镇叫深溪水，那里驻有敌人一个营，这是遵义的外围据点。你们团的任务，是斩断敌人这个触角，还不要让敌人知道。要秘密，要全歼，不许有一个漏网。否则，给遵义的守敌通了消息，就会增加我们攻城的困难。"

红六团在刘伯承的带领下，冒着大雨，乘敌不备，一举占领了深溪水小镇。一营敌军除营长企图逃窜被击毙外，全部被俘获。红军从俘虏中了解到遵义城内的详细情况后，决定由第一营营长曾玉堂带领第三连和侦察排及全团二三十个司号员化装成敌军，在俘虏兵的带领下，连夜赶到遵义城。守城的敌军经过一番盘问，以为真的是外围据点退下来的自己人。当他们打开城门时，红军几个身高力大的侦察兵立即将他们缴械。后续部队拥进城内，先收拾掉了城楼上的敌人。二三十个司号员一齐吹起了冲锋

①战士们在竹排上捆上铁锚，并采用竹篓装石块，里面交叉捆两根削尖的竹子的办法（由于乌江底礁石多，这种石笼锚一直扎到石缝里），浮桥很稳固。

号，敌人也搞不清来了多少红军，早已失去了抵抗能力，一部分被俘，一部分从北门逃去。驻守遵义的“川南边防司令兼教导师师长”侯之担早在几天前就逃走了。

刘伯承迅将袭占遵义的经过报告朱总司令。1 月 8 日《朱关于我军 9 日行动的部署》通知各军团：军委纵队明日进驻遵义，以纵队司令员刘伯承兼任遵义警备司令，留干部团在遵义担任警卫工作。令第一军团第二师前出遵义北面桐梓、松坎一线，军团主力在遵义东面老蒲场、青神桥、虾子场地域；三军团在遵义南面的刀靶水、尚稽场，控制遵义通贵阳的公路，扼守乌江北岸；五军团在遵义的湄潭；九军团在遵义东南的猪场。

1 月 8 日，红军总政治部颁发了《关于进遵义城的口号八项注意通令》。9 日，军委纵队举行了隆重的入城仪式。这天上午，天气晴朗，群山环抱的遵义城飘扬着鲜艳的红旗。红军入城的消息很快传遍了大街小巷，自动前来欢迎红军的群众很快就从四面八方来到了南门关的丰乐桥头。部队武装整齐，在热烈的鞭炮声和口号声中列队进驻遵义。

1 月 9 日，毛泽东同张闻天、王稼祥住在遵义新城古式巷原黔军旅长易少荃的宅邸。1 月 12 日，毛泽东同朱德参加在遵义贵州省立第三中学举行的全县民众大会。毛泽东在大会上发表演说，大会宣布成立县革命委员会。

蒋介石派空军侦察，得到的报告是红军在遵义、桐梓、仁怀一带集结，动向不明。蒋介石批准“追剿军总指挥”薛岳的请求：令第一纵队吴奇伟部集结在贵阳、清镇一带整训待命；第二纵队周浑元部在乌江南岸对遵义红军警戒。在蒋介石举棋不定的时候，中共中央经过准备，自 1 月 15 ~ 17 日在遵义召开了政治局扩大会议。

四　遵义会议

1935 年 1 月 15 日，中共中央政治局扩大会议在遵义旧城一幢灰色的楼房里正式举行。这里原是贵州军阀一〇二师师长柏辉章的公馆，军委总部就设在这里。会议开始了，气氛郑重而严肃。出席会议的十几位党和军队领导人，在一张大长条桌两边相对就座。他们是：政治局委员：博古（秦邦宪，中共临时总书记、“三人团”成员）、洛甫（张闻天，中华苏维埃中央政府人民委员会主席）、周恩来（中国工农红军革命军事委员会副主席、红军总政委、“三人团”成员）、毛泽东（中华苏维埃共和国中央政府主席）、陈云（全国总工会党团书记、军委纵队政治委员、遵义警备司令部政治委员）；

政治局候补委员：王稼祥（中国工农红军革命军事委员会副主席、红军总政治部主任）、朱德（中国工农红军革命军事委员会主席、红军总司令）、邓发（国家政治保卫局局长）、刘少奇（全国总工会委员长、中共福建省委书记）、凯丰（何克全，共青团中央书记）；

红军总部和各军团负责人：刘伯承（红军总参谋长、军委纵队司令员、遵义警备司令）、李富春（中央候补委员、红军总政治部副主任、代主任）、林彪（红一军团军团长）、聂荣臻（红一军团政治委员）、彭德怀（中央候补委员、红三军团军团长）、杨尚昆①（中央候补委员、红三军团政治委员）、李卓然（红五军团政治委员）。

列席：邓小平（《红星报》主编）、李德（共产国际驻中国军事顾问、“三人团”成员）、伍修权（翻译）。

在会议当中，邓小平被当选为党中央秘书长，正式参加了会议；李卓然因战事迟到；彭德怀和李卓然在开会中因为又发生了战斗，会未开完就提前离开了；红九军团负责人因战事未能参加会议。

会议在进行中，因为中央政治局和军委白天要处理日常事务，一般都是晚饭后开会，一直到深夜。

会议开始由博古主持。他坐在一张长条桌子的中间位置上，作关于五次反“围剿”的总结报告。在报告中他把第五次“围剿”失败的原因归结于帝国主义和国民党反动力量的强大、根据地政府和各级组织对战争支援不够。接着，周恩来作了副报告，他实事求是地分析了第五次反“围剿”和突围以来战略战术及军事指挥上的错误，并作了自我批评，主动承担了责任。

接着，毛泽东作了重要发言（通常他总是最后发言）。他发言的主要内容是针对军事问题，批评了“左”倾军事路线的错误和在各方面的表现：如防御时的保守主义、进攻时的冒险主义和转移时的逃跑主义；批评指挥者只知纸上谈兵，不考虑战士要走路、要吃饭、要睡觉，也不问走的是山地、平原，还是河流；他用一、二、三、四次反“围剿”胜利的事实，批驳了用敌强我弱的客观原因为第五次反“围剿”作辩护的观点。

紧接着发言的是王稼祥，他旗帜鲜明地支持毛泽东，严厉批评博古和

---

①杨尚昆，四川潼南人，1907 年生。1925 年加入中国共产主义青年团，1926 年转入中国共产党。1928 年年底赴苏联学习，1931 年回国，任中华全国总工会宣传部部长、党团书记、中共中央宣传部部长。1933 年到中央革命根据地。

李德在军事上的错误，拥护由毛泽东来指挥红军。

张闻天和朱德也发言明确支持毛泽东。周恩来也表示完全同意毛泽东对“左”倾军事路线的批判，他又全力推荐毛泽东领导红军今后的行动。

周恩来的倡议得到了大多数与会者的积极支持。李富春、聂荣臻、彭德怀对李德的一套很不满，对“左”倾军事路线批得很严厉。他们都积极支持毛泽东的意见。

会上重点批的是博古，同时批判了李德。别人都围着长桌子坐着，李德坐在大会议室的门口。对于大家的批判，李德辩护说：自己本来是作为顾问，提些建议，中国同志自己搞坏了。在会上，凯丰对毛泽东持反对态度，他对毛泽东讲：“你懂什么马列主义？你顶多是看了些《孙子兵法》。”① 博古、凯丰对会议持保留意见。

会议经过3天的讨论，在统一思想的基础上，委托张闻天起草并由常委审查，通过了《中央关于反对敌人五次“围剿”的总结决议（遵义会议）》。

决议指出：“军事上单纯防御路线，是我们不能粉碎敌人五次‘围剿’的主要原因。在第五次反‘围剿’中，领导者以所谓‘短促突击’的战术原则来支持这种单纯防御的战略路线，为了粉碎敌人新的围攻，创造新苏区，必须彻底纠正过去军事领导上所犯的错误，并改善军委领导方式。”

扩大会最后作了下列的决定：

> （一）毛泽东选为常委。
>
> （二）指定洛甫同志起草决议，委托常委审查后，发到支部中去讨论。
>
> （三）常委中再进行适当的分工。
>
> （四）取消三人团，仍由最高军事首长朱周为军事指挥者，而恩来同志是党内委托的对于指挥军事上下最后决心的负责者。
>
> ……扩大会完毕后中常委即分工，以泽东同志为恩来同志的军事指挥上的帮助者。②

对博古不搞过火斗争，仍要他参加中央的集体领导之中；对持保留意

①毛泽东曾问凯丰：“你读过《孙子兵法》没有？你知道《孙子兵法》一共有几章？”凯丰回答不上来。

②《陈云文选》第一卷，人民出版社，1995年5月第2版，第43页。

见的凯丰耐心等待；对李德的生活照顾如同往常，他的有益建议仍然采纳。遵义会议后，李德要求到林彪的红一军团去“体验”生活，得到了党中央的批准。但林彪仅让手下人同他周旋。3 个星期后，李德又回到了中央纵队，充当一个观察员的角色。

五　四渡赤水

在遵义的 10 多天里，红军得到了休整。遵义地区相继有 4000 人参加了红军。红军扔掉了笨重的辎重和行李，进一步实行了轻装。

这时，敌情发生了急剧变化。蒋介石为阻止遵义红军北进四川同红四方面军会合，或东出湘南同二、六军团会合并各个击破红军，除以湘鄂两省敌军各一部围攻红二、六军团，以川陕两省敌军各一部对付红四方面军外，调集了薛岳兵团和贵州敌军的全部，四川、湖南、云南、广西、广东敌军各一部，约 150 个团、40 余万的兵力从四面八方向遵义红军进逼。企图围歼中央红军于乌江西北的川黔两省边境。

这时，中央红军仅有 16 个团共 3 万人，敌我力量对比极其悬殊。要在黔北打破敌人的“围剿”，建立新的根据地，已不可能。毛泽东和中革军委遂决定放弃在川黔边建立根据地的打算。决定：由黔北地域经过川南渡过长江，转入新的地域协同四方面军配合作战、赤化四川。

根据朱德、刘伯承、聂荣臻提供的川军的实际情况，中央红军第一步的任务是由松坎、桐梓、遵义地区迅速转移到赤水、土城及其附近地域，渡过赤水，夺取蓝田坎、大渡口、江安之线的各渡河点。从江面平缓、渡口较多、敌防守较弱的宜宾到泸州之间渡过长江。

1 月 19 日，中央红军分三路从松坎、桐梓、遵义地区向土城方向开进，准备在泸州与宜宾间渡江。

24 日，右路纵队红一军团击溃黔敌一个师的抵抗，攻占土城，又相继夺取赤水城东面之旺隆场、复兴场；中路纵队红九军团和红五军团分别占习水和三元场；左路纵队红三军团到达土城东面之回龙场地区。

川敌已分路赶至，一路先红军占领赤水城，对红一军团发动猛烈反扑；一路尾追红三军团伺机攻击。

27 日，军委纵队到达土城镇，得悉尾追之敌 2 个旅 4 个团，正向土城方向前进。中革军委和毛泽东决定乘薛岳部主力尚在乌江以南、黔敌新败之机，给川军以打击。命令一军团继续北上，夺取赤水城；以三军团 3 个师，五军团2个师占领土城镇以东2~4公里两侧的有利地形，给尾追之四川军阀刘湘部一个迎头痛击。为打好这一仗，为北上渡江创造条件，朱德总司令亲临三军团前卫指挥，刘伯承总参谋长到五军团督战。

战斗在28日拂晓打响，激战了三四个小时，未能扩展结果。当即发现对敌情判断有误：原来以为敌军是2个旅4个团六七千人，实际上是刘湘的模范师——郭勋祺师的3个团、潘佑旅的3个团共1万多人。临战前估计刘湘的部队和贵州王家烈的部队差不多，实际上，川军的武器装备和战斗力都比黔军强得多。

毛泽东急令一军团返回增援。在一军团尚未返回的两三个小时里，五军团阵地被敌军突破。敌人强占山头，步步向土城进逼，一直打到镇东门的白马山——中革军委指挥部前沿。山后就是赤水河，如不能顶住敌人的进攻，背水作战将出现严重的后果。毛泽东命令干部团发起反冲锋，干部团成员是富有战斗经验的年轻连排干部，战斗力很强。在团长陈赓、政委宋任穷的率领下，一个猛冲，夺回阵地。跑步赶来增援的红一军团第二师赶到白马山阵地，与干部团协同作战，使敌受重创，退却固守。毛泽东在山头上说："陈赓行，可以当军长！"

毛泽东立即召集政治局几位主要领导开会，根据敌情，原定由赤水北上渡长江的计划已不可行。毛泽东果断地提出：为变被动为主动，不应与敌恋战。作战部队与军委纵队应立即轻装，从土城渡赤水河西进。与会者赞同毛泽东这一决策。毛泽东指定朱德、刘伯承仍留前线指挥；周恩来负责在第二天天亮前架好浮桥；陈云负责安置伤员和处理军委纵队的笨重物资。

天将拂晓，整个部队进行了轻装，三军团把笨重的山炮都扔进了赤水河。未及中午，全军3万多人全部渡过了赤水，向古蔺南部西进。

红军西进很不顺利：川军已集中12个旅沿长江两岸布防，并以8个旅分别向中央红军进攻；薛岳兵团和黔军也从贵州分路向川南追击；滇军3个旅正向毕节、镇雄急进。

2月2日，红一军团先头部队进攻叙永未克，后续部队被敌截断。红军从宜宾下游或上游北渡长江均不可能。

2月5日，在"鸡鸣三省"的扎西（威信）水田寨乡高坎村，中共中央常委进行分工：会议决定张闻天代替博古负总的责任。

2月7日，毛泽东和中革军委决定红军暂缓执行渡江计划，改在川、黔、滇边区实行机动作战。

2月8日，红军主力陆续进抵扎西，毛泽东主持中革军委在大河滩召开扩大会议。作出了在川、黔、滇边区施行机动作战的部署。决定红军东渡赤水河，打回遵义，在运动中消灭敌人。决定再次整编机构，干部层层下放，加强连队的政治思想工作。中央书记处为贯彻遵义会议精神，制定了《中央政治局扩大会议总结粉碎五次“围剿”战争中经验教训决议大纲》。

2月8日，中央政治局常委张闻天、毛泽东、陈云等陆续到军委纵队和各军团干部会议上转达会议决议。

2月9日，中革军委进驻扎西县城。正值春节，部队在这里进行了短暂的休整。张闻天向营以上干部会议传达了遵义会议精神。部队实行了缩编。中央红军整编后的序列是：

中央红军总司令部：

总司令：朱德

总政委：周恩来

总参谋长：刘伯承

副总参谋长：张云逸

总政治部代主任：李富春

红一军团（编为2个师6个团）：军团长林彪、政治委员聂荣臻、参谋长左权、政治部主任朱瑞

红三军团（编为4个团）：军团长彭德怀、政治委员杨尚昆、参谋长邓萍、政治部主任刘少奇

红五军团（编为3个团）：军团长董振堂、政治委员李卓然、参谋长陈伯钧、政治部主任曾日三

红九军团（编为3个团）：司令员罗炳辉、政治委员何长工、参谋长郭天民、政治部主任黄火青

军委纵队（仍为3个梯队2个团）：司令员刘伯承、政治委员陈云、副司令员叶剑英

干部团：团长陈赓、政治委员宋任穷

保卫团：团长姚喆、政治委员张南生

在扎西扩充红军3000人。

中央红军进入川滇边境后，蒋介石重新调整了“追剿”部署：湘军改为第一路军，何键为总司令，刘建绪为前线总指挥，其主力在湘西“围剿”红二、六军团，同时一部策应第二路军；薛岳兵团和滇黔两省军队合

编为第二路军，龙云为总司令，薛岳为前线总指挥，下辖4个纵队（吴奇伟4个师为第一纵队、周浑元4个师为第二纵队、滇军孙渡4个旅为第三纵队、黔军王家烈5个师为第四纵队），企图与川军一起围剿中央红军于长江以南、横江以东、叙永以西的云贵川边境地区。

2月9日，当中央红军在扎西地区刚刚集结完毕，敌各路纵队和川军主力便开始向扎西地区分进合击。

由于敌主力大部被吸引到川黔边境，使黔北守备空虚。为避强击弱，脱离川、滇敌军的侧击，中革军委和毛泽东于10日决定，出敌不意，挥师东进，争取先机，再渡赤水河。向守敌比较薄弱的桐梓、遵义地区发动进攻，以打开局面。

2月11日，中央红军从扎西突然掉头东进，分三路经川南直插黔北。为使广大指战员了解战略意图，2月16日，党中央和中革军委发出《告全体红色指战员书》。指出："……由于党与中革军委不愿因为地区问题牺牲我们红军的有生力量，所以决计停止向川北发展，而最后决定在云贵川三省地区创立根据地。""为了有把握地求得胜利，我们必须寻求有利的时机与地区去消灭敌人，在不利条件下，我们应该拒绝那种冒险的没有胜利把握的战斗。因此红军必须经常地转移作战地区，有时向东，有时向西，有时走大路，有时走小路，有时走老路，有时走新路，而惟一的目的是为了在有利条件下求得作战的胜利"。①

2月18~20日，中央红军分别由太平渡、二郎滩，再渡赤水河，向桐梓地区前进。同时以红五军团三十七团伪装主力，前往官渡河、良村、温水等地吸引川军。

红军二渡赤水，回师黔北，出敌意外。川敌3个旅慌忙由扎西附近向东追击：黔敌迅速从遵义地区抽调3个团向娄山关、桐梓增援；敌吴奇伟第一纵队的2个师也急从黔西、贵阳地区向遵义开进，企图阻止并围歼红军于娄山关或遵义以北地区。红一军团24日先敌占领桐梓，援桐之敌退守娄山关。

娄山关，地处大娄山脉的主峰，四周山峰环立，关口两山夹峙，形成一道狭窄的隘口，地势十分险要。这是川贵的通道，遵义的北大门。

2月25日，中央红军以红五、九军团在桐梓西北地区阻滞川敌，集中主力红一、三军团和干部团，由彭德怀、杨尚昆统一指挥，进攻娄山关及其以南之黔敌，乘胜夺取遵义。当晚，红三军团攻占娄山关。28日晨，红

①《中共党史参考资料》（三），人民出版社，1979年11月第1版，第159~160页。

军主力重占遵义城，并控制城南红花冈、老鸦山一线高地。在攻打遵义战斗中，红三军团参谋长邓萍在前线指挥时，被黔军的冷弹击中，不幸牺牲，时年27岁。中革军委任命叶剑英为红三军团参谋长。

赶来增援的敌吴奇伟第一纵队两个师进至遵义以南地区，中革军委决定集中兵力求歼该敌。28日上午，红一军团主力直插吴奇伟指挥所。吴奇伟不知所措，率一个团残部向乌江逃窜，红一军团穷追不舍。吴奇伟过江后下令砍断浮桥绳索，使其余部留在乌江北岸。黄昏时分，红军干部团配合一、三军团迅速将敌2个师大部歼灭。红军5日内连克桐梓、娄山关，重占遵义城，击溃和消灭了敌人2个师又8个团，俘虏3000余人，缴获枪支20000余支，取得了长征以来最大的一次胜利。蒋介石哀叹为："国军追击以来的奇耻大辱。"毛泽东即兴赋出《忆秦娥·娄山关》：

> 西风烈，长空雁叫霜晨月。霜晨月，马蹄声碎，喇叭声咽。雄关漫道真如铁，而今迈步从头越。从头越，苍山如海，残阳如血。

进至贵州白苗地区，贺子珍生下一个孩子。这一天，部队为避免与尾追的敌人遭遇，以急行军的速度走了80多里。在一家老乡简陋、低矮的茅草屋里，孩子出生了。贺子珍所在部队——红一方面军干部休养连的同志们用警卫员吴吉清背的脸盆装上水，为孩子洗了洗。因为没给孩子准备衣服，就用白土布包住孩子。部队要行军，没法带孩子。贺子珍把钱希均和吴吉清叫过来，一声一泪地吩咐说："孩子不能带，你们想办法把她寄养在老百姓家里吧！战争是残酷的，不能怪我们不喜欢后代。让孩子在人民当中长大也好。她长大了会找我们的。"钱希均和吴吉清拿着一些钱和几碗鸦片烟土，抱着熟睡的孩子找人。在山沟转了好长时间，才在山坡上发现一点昏黄的灯光。他们敲门进去，屋里只有一个瞎眼的老太太。老太太为难地说："我没有奶，年纪也老了，带不了哇。"钱希均耐心地说："不要紧，做点米汤喂她就行。等村子里的人回来，向他们讨点奶。孩子说大就大了，您老人家就收下吧！"这样，这个苦命的孩子就留在荒僻的路途上了。

中央红军在遵义地区给蒋介石嫡系部队吴奇伟纵队以沉重打击，使蒋介石大为震惊。1935年2月21日，蒋将他的军事委员会委员长行营由南昌移设武昌，任命张学良为武昌行营主任。3月2日，蒋介石偕宋美龄与陈诚等飞抵重庆亲临督战。命令：川军的3个旅由桐梓迅速扑向遵义；上官云相的两个师由重庆向松坎、新站地区推进，支援川军对遵义的进攻；周浑元、孙渡部分别至仁怀、鲁班场、大方、黔西地区堵截；王家烈部主力集结于金沙、土城等地，阻止红军向西；令已遭重创的吴奇伟部和部分黔军在乌江以南从贵阳、息烽一线配合行动；湘军3个师沿乌江东岸构筑碉堡，阻止红军东进。蒋介石企图以堡垒和重点进攻相结合的战术，实行南北夹击，压迫红军于遵义、鸭溪的狭小地区，尔后围而歼之。

3月1日，红一军团集结在南白镇（懒板凳），红三军团集结在鸭溪，红五、九军团集结在娄山关、桐梓一线，中央军委驻遵义。各部在驻地作短期休整、总结，开祝捷大会。3月4日，中央军委在遵义县鸭溪镇汪家屋基召开军事会议，分析遵义战役后的敌我态势，制定作战计划。为了加强领导和统一军事指挥，在会上成立了“前敌司令部”，朱德任司令员，毛泽东任政治委员。5日，朱德、毛泽东联合发布作战命令（这是毛泽东自1932年10月宁都会议上被取消军事指挥权以来第一次署名发布作战命令）。[①] 5日以后，红军主力打算由遵义西进白腊坎、长岗地区，寻机歼敌周浑元纵队。但惧怕被歼的周浑元部始终不敢脱离自己的阵地，使红军未能得手。

3月10日，中央负责同志开会，大多主张打驻守在金沙（打鼓新场）的敌人。毛泽东缜密地分析和注意到金沙四周不仅有周浑元、吴奇伟（吴奇伟一部已北渡乌江）两个纵队，还有孙渡的4个旅，进攻一开始就将有被敌迅速围困的危险。毛泽东力排众议，坚决反对打金沙，并以辞去职务力争。张闻天主持会议，他鉴于以往党内缺少民主的教训，决定民主表决，但没想到毛泽东的职务也被表决掉了。当晚，毛泽东找到周恩来，提议翌日再议。11日，再开会时，毛泽东再次陈诉利害，在周恩来的支持下，终于说服了大家。

鉴于这种人数众多的集体指挥难以集中统一，12日，在贵州苟坝经毛泽东提议，中央成立了毛泽东、周恩来、王稼祥三人军事指挥小组，全权指挥红军的军事行动。

诸敌步步迫近，红军活动范围日益狭小，中革军委为争取最后战机，毅然决定向周浑元部盘踞的鲁班场发起攻击。鲁班场位于仁怀县城西南50余里，系茅台镇通向金沙的重要通道。周围群山环抱，地势险要，易守难攻。15日清晨，红军各部队向鲁班场逼进。按照总部头晚的作战部署，一

---

①《前敌司令部对六日的行动部署》，载《文献和研究》，1985年第1期。

军团及三军团十一、十二团和干部团为右翼队取道坛厂，从北向南突击敌五师之左面；五军团及三军团十、十三团为左翼队，向鲁班场东南、南、西南敌之九十六师、十三师攻击。拂晓，一军团率先发起攻击。10日许，红军各部连续向敌各处阵地发动猛烈进攻。指战员们响应总部的口号："把蒋介石的主力周浑元纵队消灭，取得比遵义战斗更伟大的胜利"、"赤化贵州"，前赴后继，奋勇杀敌，殊死作战。下午3时，红军发起总攻击，战斗十分激烈。因国民党兵力集中，地形有利，红军虽多次攻入敌方阵地，取得一些局部胜利，但终无大进展。加之吴奇伟纵队主力又由枫香坝增援，红军不得不在晚10时后撤退。此役，红军虽予敌以杀伤，自己亦付出重大代价，伤亡人数在千人左右。

战斗失利，使中央原定夺取黔北、进而控制贵州的计划落了空，被迫再次向川南转移。这些，引起了党内对最高军事指挥者的批评。

红军撤出鲁班场后，三面皆敌，情势严峻：西面，滇军集结于大方、黔西一线，黔军在黔西、金沙、茅坝一线集结；东面，川军郭勋祺师已离开遵义，正向坛厂开进；南面，周浑元已派兵尾追，吴奇伟在枫香坝继续攻击前进。中革军委迅即决定向敌兵力空虚的东北方向转进，夺占仁怀、茅台，三渡赤水，摆脱追敌，恢复主动权。16～17日两日，红军搭浮桥渡过赤水河，再入川南，进入古蔺地区，拟在该地区进行短期休整，查明敌情，伺机西进。

在重庆的蒋介石得悉红军西渡赤水，认为川南地区山大沟深，地方褊狭，人烟稀少，红军回旋余地越来越小，是调集兵力进行"聚歼"的大好机会，决心消灭红军于江安、叙永、赤水河以东及沿赤水河流域以西地区。于是，蒋介石要求各部特别要运用江西"围剿"红军的经验，在红军集结的四周广筑碉堡。令北面的川军除加强长江泸州上下防务外，负责西自叙永、古蔺，东至土城之线，北自纳溪，南经叙永、营盘山至赤水河镇之线；滇军负责赤水河镇至毕节之线；黔军负责赤水河东、南岸各渡河点；自黔东开赴遵义之湘军第五十三师负责遵义南北地区，由鄂经川入黔的国民党中央军第九军负责桐梓、遵义之线；担任追剿的薛岳所部，在黔军未接防前，积极在赤水河南、东岸布防。

原拟自古蔺继续西进的红军，见敌大军云集，四周碉堡接踵而起。红军前敌司令部决定：撤销西进计划，秘密、迅速、坚决、出敌不意折而向东，从敌军最薄弱的地段——黔军魏金镛部处，跳出包围圈，再作他图。

3月21日夜，红军分经太平渡、二郎滩、九溪口渡口依序四渡赤水河。尔后，掉头南下，从数十万敌军和碉堡群间隙中穿插而过。

3月26日，红军进至遵义至仁怀大道北侧的干溪、马鬃岭地区。27日，前敌司令部决心以红九军团暂留马鬃岭地区，并积极向长岗、枫香坝地区佯动，引敌北向；主力则乘敌尚未明白我军意图之际，继续向南急行军。28日，穿过鸭溪、白腊坎之间敌人的封锁线到达乌江北岸。留在马鬃岭地区的红九军团根据前敌司令部的指示，在马鬃岭西北路上摆露天红标语、路侧放烟火扮炊烟，伪装红军主力以迷惑敌人。29日午夜，红一军团先遣团的一个排，利用雷雨天气，乘敌不备偷渡乌江南岸，消灭了扼守在悬崖上的敌人，控制了渡口。当日，中央军委二局副局长钱壮飞在渡乌江时牺牲，时年40岁。

31日，红军主力又一次渡过了乌江，把几十万敌军全甩在了乌江北岸。

六　金沙江

1935年3月24日下午，蒋介石偕宋美龄、美国顾问端纳等人，从重庆飞抵贵阳。贵阳街市悬旗结彩，一派升平。蒋向他的党政要员发表训话："共军已是强弩之末，现今被迫逃入黔境，寻求渡江地点未定，前遭堵截后受追击，浩浩长江俨如天堑，环山碉堡星罗棋布，红军已经到了走投无路的境地。"

4月初，蒋介石连连接报：红军已经南渡乌江，进至息烽、扎佐地区，前锋指向贵阳。贵阳及其附近的守敌仅有两个团，红军这一出乎意料的行动，使坐镇贵阳的蒋介石惊慌失措。他大骂他的指挥官无能，他撇开前线指挥部，自己打电话调动部队，一面命令各部纵队火速增援贵阳，一面严令守城部队昼夜抢修城防工事。

国民党军主力尚在川南、黔北地区，乌江南岸顿显空虚，云南境内兵力薄弱，为红军显示了进军云南、由长江上游之金沙江北上入川的情景。前进路上的障碍，只有据守在滇黔边境的云南军阀的部队了。毛泽东说："只要将滇军调出来，就是胜利。"

红军再次运用声东击西的办法：4月3日，红军从息烽、扎佐之间东进，5日进入清水江两岸的高寨、羊场、白果坪地区。随即以少量的兵力东渡清水江，向平越（福泉）方向积极行动，沿途张贴"拿下贵阳，活捉蒋介石"的标语，虚张声势，摆出全军即将东渡的姿态。蒋介石认为中央红军将东进湘西同红二、六军团会合。急令：湘军3个师开往余庆、石阡堵截；桂军一个军进至清水江以东的平越、牛场布防；周浑元部迅速于息烽以北的乌江北岸抢筑碉堡，防红军再渡乌江；同时，令吴奇伟部和滇军孙渡部分路向东追击，到贵阳“保驾”（因贵阳城内兵力不足两团，十分空虚）。滇军被调出来了！

4月7日，红军前敌司令部决定，以佯攻贵阳、龙里姿势，从贵阳、龙里中间向南急进，以便迅速占领定番（惠水）。8日，中央红军分两路向贵阳、龙里间开进，由右路红三军团为先遣队，控制洗马河及龙里通贵阳的大道，并前出游击队佯攻贵阳，掩护全军转移。红军突然兵临城下，当清镇机场报告发现了红军便衣队时，蒋介石立即让人准备轿子、马匹、向导，随时准备夺路逃跑。

当各路敌军浩浩荡荡向贵阳以东开动时，红军乘机急转南下，从贵阳、龙里间突破敌军防线，以每天行军100里的速度，经青岩、定番、广顺、紫云等地向云南急进，形成了与敌军背道而驰的局面。

4月18日，红军主力在白层、者坪地区渡过北盘江，继占贞丰、安龙、兴仁等城。与此同时，留在乌江北岸的红九军团以积极的行动牵制敌人。4月初，在金沙以东的老木孔地区击溃黔敌五个团的进攻后，经毛坝场、瓢儿井和大方以南的猫场等地，进至黔西的水城地区。

蒋介石判断红军主力将必由平彝（富源）北进与红九军团会合，然后再向西渡金沙江或北经毕节入川。4月23日和26日，蒋介石连电龙云、薛岳，命令第一、二、三、四纵队等经平彝转向宣威、威宁堵剿，第三纵队继续尾追红军，川军以一个师集中毕节，企图围歼中央红军于宣威、威宁地区。

为进一步调动敌人，红九军团继续单独行动，吸引敌人向北。红军主力则以最快动作向西挺进。4月27日，红军主力攻占马龙、寻甸、嵩明，一部进至杨林，前锋逼近昆明。

在昆明城里的“追剿军”第二路总司令龙云，急得像热锅上的蚂蚁。因为滇军6个旅大部被调出，昆明周围只有为数不多的团防和警卫部队担任守备。为确保昆明，龙云一面电催尚在曲靖以东的第三纵滇军取捷径直开昆明，一面搜罗民团前来守城。蒋介石闻讯，亦飞往昆明，并调兵遣将保卫昆明。滇北各地和金沙江南岸的敌防力量进一步削弱了。

4月29日，中革军委发出《关于我军速渡金沙江在川西建立苏区的指示》，指出：由于两个月来的机动，我野战军已取得西向的有利条件，我侧后有敌70个团以上的兵力向我追击，在本地区我已不便进行较大的作战机动；金沙江两岸空虚，中央过去决定野战军在转入川西创立苏维埃根据地的根本方针，现已有实现的可能了；政治局决定，我野战军应利用目前的有利时机，迅速渡过金沙江，转入川西。

4 月 29 日，中央红军分三路由寻甸、嵩明地区转向西北前进。红一军团为左路纵队，经禄劝、武定、元谋等地直取川滇的主要通道龙街渡；红三军团为右路纵队，经思力坝、马鹿塘夺占洪门渡；军委纵队和红五军团为中路纵队，经小仓街、海龙塘、石板河进军皎平渡。

红军一路神速，每天行军 80 ~ 100 里地，多处地方民团竟错把红军当做国民党中央军接待，筹集粮秣，酒肉款待，几乎畅通无阻。

在奔袭云南途中的一个黄昏，中央红军所属的干部休养连在乌江上游岔河北岸的珠藏（猪场）附近，部队正准备宿营时，一架敌机突然从山缝里钻了出来。它飞得很低，大家来不及隐蔽。敌机一个俯冲，一阵机枪朝休养连休息的地方扫射下来，接着，又一连丢下了三颗炸弹。因猝不及防，这场轰炸造成的损失是很惨重的。张宗逊的警卫员、钟赤兵的警卫员、红星医院的政委，另有一个担架员牺牲，还有几位负了重伤。为了帮助公务员隐蔽，贺子珍也受了伤，10 多块弹片落在她的头顶和背部，鲜血透过军服流在地上。没有麻醉药，几位同志狠了狠心，按住贺子珍，用镊子把弹片一块一块地夹出来，嵌得深的没有取出。毛泽东听到干部休养连损失严重，连夜赶了 13 里路来看望同志和伤员。他把自己的担架和担架员给贺子珍。贺子珍对守护在身边的医生护士和战友说："不要因为我而影响了大家行军，把我寄掉①吧。"然而，干部休养连的同志轮流抬着她走。爬山时，担架上不去的地方就背着她走。这位不轻易流泪的人，常常被感动得流下眼泪。伤势好一点，她就不让战友抬了。

长江自青海省玉树到四川省宜宾这一段称为金沙江。金沙江因产金沙得名。还有一种说法，是因为江中土色黄如金而得名。金沙江的两岸，除了几个渡口外，都是耸入云天的绝壁陡崖。中央红军抵达金沙江畔前，了解到当红军进入云南后，敌人为防止红军北上，已经将这一带的大小渡口都控制起来，把所有的船只都掳过江去，断绝了两岸的交通，并不时地派侦探划船过来探听消息。

军委决定，中路纵队由干部团迅速抢占皎平渡渡口。5 月 3 日黄昏，干部团先遣支队首先赶到皎平渡。前卫连到达江边时，没有发现敌人，只

---

①留在当地。

是看见江边停着两只木船。连长萧应棠马上命令部队隐蔽，准备战斗。然后派出一个小组前往侦察。原来这是敌人过江来探听情况的船只。当红军的侦察员向木船走去时，敌人的船夫还以为是他们的侦探回来了，毫不在意。直到红军侦察员的枪口对准了他们的胸口，方知当了红军的俘虏。

通过船夫了解到，江对岸称为中武山渡，对岸集镇不大，原只驻有一个管收税厘金卡子和三四十名保安队员。这天刚刚来了国民党正规军的一个连。由于敌人没有估计到红军会来这么快，因此戒备不严。萧应棠和随来的副营长商量后，决定立即过江。

天已漆黑，除留一个排在渡口掩护外，萧应棠带领两个排向对岸划。对岸敌人的哨兵以为是自己的船只，没有理会。船靠岸了，敌人的哨兵猝不及防，成了红军的俘虏。战斗接着在集镇上展开，红军很快就全歼了对岸守敌川康边防军的一个连和江防大队一部。皎平渡完全被红军所控制，偷渡成功了。信号传到对岸，到达江边的刘伯承等十分高兴，很快向毛泽东等作了报告，并指示先遣队继续前进，为后续部队渡江担任警戒。

与此同时，红一军团和红三军团也相继分别抢占了龙街渡和洪门渡，但这些渡口因水流太急或江面太宽，不能架桥，渡船又少，大部队难以渡江。军委于是当机立断，决定除留第十三团在洪门渡过江外，红一军团和红三军团主力全部改由皎平渡过江。

为加快渡江速度，刘伯承命令已经过江的干部团沿北岸向东西侧派出部队再寻找船只，同时准备阻击敌人可能从两侧向渡口的进攻。经过干部团的努力和当地群众的支持，红军又从上游和下游收集了 7 只小船，在附近村庄雇请和动员了 36 名船工，分成两班，日夜轮流为红军摆渡。

5 月 4 日，已过江的干部团在通安地区击溃敌人约两个团的增援部队后，占领了通向会理的重要门户通安镇。

皎平渡口，整整 6 天 6 夜木船在不停地摆渡着。红五军团在石板河一带布防，采取节节抗击的办法阻击敌人，掩护全军渡江。至 5 月 9 日，中央红军全部胜利地渡过了金沙江。在此期间，单独活动在滇东北的红九军团也由水城地区西进，先后攻占宣威、会泽，于 5 月 6 日在会泽以西的树节、盐井坪地区渡过了金沙江。这样，中央红军把几十万围追堵截之敌全部甩在了金沙江以南，跳出了敌人的包围圈。

红军北渡金沙江后，会理地区只有川康边防军一个旅。红三军团、干部团围攻会理。红九军团在蒙姑、巧家之间破坏沿江船只，阻扼东岸追敌。其余部队在会理地区进行短期休整。

遵义会议后，教条、宗派主义并不服气，暗中还有不少活动，传说毛泽东指挥也不行了，要求撤换领导。一些领导对毛泽东的走打结合、避实击虚的高度机动运动战方针不理解，埋怨部队多跑了路，使部队太疲劳，有的甚至公开指责毛泽东及其整个领导小组在敌人面前逃跑；同时，对于毛泽东的战略方案——在云贵川交界地区建立一个新根据地或渡过长江和四方面军会师，没有实现而感到不满；再由于鲁班场、土城两次战斗未打好，也引起了对于新领导的某些意见。例如，林彪认为，红军跑的冤枉路太多了，尽走"弓背"，应该走"弓弦"。在会理休整时林彪给彭德怀打电话，让彭出来领导，彭德怀回绝了。林彪即以个人名义给中共中央写了一封信，要求毛泽东、朱德、周恩来随军主持大局，请彭德怀任前敌指挥。

5月12日，在会理城郊的铁厂，张闻天主持召开中央政治局扩大会议。参加会议的除政治局委员外，还有彭德怀、杨尚昆、林彪、聂荣臻等。在会上，毛泽东发言说：党内对失去中央苏区，而缺乏胜利信心和存在怀疑不满情绪，是右倾思想的反映；改变中央军事领导的意见，是违背遵义会议精神的。批评了林彪（毛泽东说林彪："你是个娃娃，你懂得什么!"）等。周恩来等也批评了林彪写信一事，认为遵义会议才改变了领导，这时又提出改变前敌指挥委员是不妥当的。会理会议上，周恩来、朱德等发言支持毛泽东，称赞他在危急的情况下，采取兜大圈子、机动作战的方针，四渡赤水，两战遵义，佯攻贵阳，威逼昆明，北渡金沙江，才摆脱了敌人的重兵包围。会议统一了认识，维护了团结，并决定立即北上同红四方面军会合。①

七　大渡河

为执行原定进至川西北创建根据地的战略计划，中央红军决定放弃对会理之敌的围攻。主力经过休整后，沿会理至西昌的大道北进。在德昌、西昌一线阻止红军的四川军阀部队，有的是由刘伯承的旧友所率领，刘伯承先后写信劝阻他们，说明红军只是借道北上，他们大都闪开了。有一些部队进行抗击，也不是红军的对手。1935年5月17日，红军占领德昌。19日，红军绕过西昌城，进抵礼州。

蒋介石获悉中央红军渡过金沙江北上后，从贵阳飞往昆明，策划"大

①《毛泽东传（1893—1949）》，中央文献出版社，1996年8月第1版，第352~353页。

渡河会战”。蒋介石认为：大渡河是太平天国翼王石达开覆灭之地，共军入此汉彝杂处、一线中通、江河阻隔、地形险峻、给养困难的绝地，必步石达开军的覆辙。企图封锁围歼红军于金沙江以北、大渡河以南、雅砻江以东地区。

早在1857年10月，太平天国的翼王石达开率领20万精锐之兵，离开天京后，经江西、湖南、贵州、云南，于1863年4月15日率主力由巧家渡过金沙江。5月初，由西昌入冕宁，以重金赠松林地番族土司王应元、彝族土司岭承恩准允让路，并以200名彝民为向导。5月14日，进抵大渡河与松林河交汇处的紫打地（安顺场）。石达开这时还有五六万人，刀枪马匹无数。紫打地前临大渡河，左阻松林河，右走10余里有南丫河、老鸦漩，后边是一列高山关锁。石达开在紫打地扎大营，在营后的马鞍山设粮库。全军将士多露宿在山林草野之间，人多地狭，十分拥挤。但这时，大渡河沿岸并无清兵布防，他已将1万多人渡过江去。因王妃生王子，大摆宴席庆贺，又把已渡河的兵马召回。全军只顾欢乐，把渡河的时间耽误了。这时，漫天大雨，大渡河、松林河皆暴涨丈余，石达开以“山洪陡发，其涸也可立而待”，不以为忧。谁知，第二天四川总督骆秉彰即调各路兵勇向紫打地扑来，迅速收成包围阵势，并收买了土司王应元、岭承恩。王应元斩断松林河铁索桥，以士兵1800人截断上走泸定桥之路；岭承恩用巨石、古木堵塞了南边山隘，切断了太平军的退路。这时的石达开，前有滔滔大渡河，右有清军追击，左为山崖峭壁，后有彝民扰乱，陷入了进退失据的困境。血战月余，全军覆灭。

蒋介石命令：薛岳率其主力迅速北渡金沙江，向西昌追击，并以滇军向盐边、盐源推进，沿雅砻江西岸布防，阻止红军西进；四川刘文辉第二十四军主力沿泸定至富林（汉源）沿大渡河构筑碉堡阻红军北进；杨森第二十军主力及刘湘第二十一军一部向雅安、富林地区推进，以加强大渡河以北的防御；最后以薛岳、刘湘等部的南攻北堵，围歼中央红军于大渡河以南。

5月20日，中央军委下达训令，指出，红军目前的战略任务是消灭敌人，渡过大渡河，进入川西北建立新的根据地。在蒋介石企图围歼红军于大渡河南岸的情况下，红军应迅速北进，争取渡江先机，首先进达清溪、泸定桥、洪雅地区，与川敌进行机动作战，争取赤化。要求红军为实现这一方针，各军团须以极迅速、坚决、勇猛、果断的行动，消灭阻我前进的川敌；以最大的努力争取彝民群众；以高速度急行军到达大渡河边，迅速依序渡河，并准备渡河后与川敌进行连续战斗，扭转川西局势。

当晚，中央红军先头部队红一军团开始行动，攻占泸沽。从泸沽到大渡河，红军面前有两条道路可走：一条是直通雅安、成都的大道——越过小相岭，经越西到大树堡，由此渡河，对岸便是富林。但据获悉的敌情，此路沿途险要，均有敌军扼守，川军刘湘部已往大树堡一带布防，杨森的大渡河守备指挥部就设在富林，并已占领了渡口。

另一条则是崎岖难行的山路——经冕宁通过彝族聚居区可达大渡河边的安顺场。敌人估计红军不敢走这条路，因为他们视彝族聚居区为“畏途”。

毛泽东、周恩来、朱德、刘伯承等经过分析比较，果断决定红军主力走敌人预料红军不敢走的小路——通过冕宁，进到大凉山彝族地区，直插安顺场。同时派出一支小部队在侧翼佯动，经越西向大树堡前进。为实现这一目标，军委决定，由红一军团参谋长左权率红五团一部和军团侦察连经越西向大树堡，迷惑和吸引敌人；同时，由刘伯承任司令员、聂荣臻任政委，率领红一军团一师一团、军团工兵连和以萧华为首的工作团组成的先遣队，先于红军大部队进入彝族区，打开前进通道。

毛泽东对刘伯承他们说：“过彝民区一定要尊重彝民同胞，不能打枪，不能伤害彝民兄弟。先遣团的任务不是要打仗，而是去宣传我们的民族政策，用政策的感召力达成友好。”

彝民生育繁衍在四川西南由冕宁以北到大渡河两岸方圆百余里的山地中。历史上彝族有过一段强盛的时期——魏蜀吴三国鼎立之际，彝民也积极活动起来，攻城略地，威胁到西蜀争霸中原的后方。诸葛亮亲率大军，五渡泸水去征服彝民。彝民头领孟获依据天险地利与蜀军对抗。诸葛亮以攻心为上，七擒七纵，才把孟获降服。

彝族区的群众还处于奴隶社会的末期阶段，生产力和生产关系都比较落后。其社会组织是由相当于奴隶主的头人统治的家支，并有各自的居住区。各家支之间很不团结，由于利害冲突，经常发生残杀和械斗。尤其是由于反动派对他们的严酷盘剥和镇压，他们对汉人持以猜疑和敌视的态度，不允许“官兵”、汉人入境。

为顺利通过彝民区，先遣队派工作团深入群众调查彝民的风俗习惯，在部队中进行党的民族政策教育。同时，在当地请到一位通司（翻译），准备和彝民首领进行谈判，和平通过。

5 月 22 日，先遣队进入彝民区。这里是崇山峻岭，野草丛生，林木葱茏，道路崎岖狭小，几乎难以辨认。突然，随着响彻山谷的呐喊，山上山下的彝民们成群结队地挥舞着土枪、长矛、棍棒，挡住了红军的去路。萧华率领的先遣队工作团通过通司，大声向彝民说明情况，说："我们是共产党领导的红军，是彝族人民的兄弟，是去打国民党军队的，不是来抢劫彝族群众的。只是借道北上，不在此长住。"

彝民们把工兵连携带的架桥器材和其他用具一抢而光，但彝民们未伤害红军。刘伯承要求部队一定要执行政策，遵守纪律，要坚决按照毛泽东和军委的指示去做。并派人立即通知工作团，要耐心地做好宣传工作，绝不允许开枪伤害一个彝胞。

彝民沽基家庭的首领小叶丹让人察看红军的情况。萧华通过通司转告他：红军刘司令亲率大军北征路过此地，愿与彝民首领结为兄弟。小叶丹提出应以彝族的传统习惯宣誓结为兄弟，刘伯承和聂荣臻听说很高兴。在冕宁城北的渔海子边，刘伯承和小叶丹喝了"鸡血酒"。并互宣誓词。当夜，先遣队返回30里，在汉族地区的大桥村宿营，小叶丹还被热情地邀请到红军的宿营地。

次日清晨，红军再次进入彝民区时，沿途的彝民同胞不再阻挡红军前进，而是热烈地欢迎。小叶丹率领许多人欢迎红军，并在一支几十人组成的小队伍前举着一面红旗，白色的旗套上写着："中国夷民红旗沽基支队小鸦头"。刘伯承很感动，临别时送给他一支手枪和一些步枪，小叶丹也把自己骑过的一匹高大的黑骡子送给了刘伯承，并一直把先遣队送到沽基家支聚居区的边缘，还挑选了几名彝族向导继续为红军带路。

红军主力到达彝民区时，继续广泛宣传党的民族政策。毛泽东在冕宁会见了县城附近的彝族头人沽基达涅，沽基达涅向毛泽东报告了从冕宁到大渡河一带的各个沽基家支及其头人的情况。毛泽东委托他与这些头人取得联系，并转送红军给他们的礼品。尤其是小叶丹在先遣队离开后，遵照刘伯承的嘱托，组织彝民青年细心地护送通过这里的部队，使红军全部安全地通过了彝民区，并动员了一批彝族青年加入了红军。

先遣队于5月23日通过彝族区后立即向大渡河急进。部队冒雨行军140多里，于5月24日晚到达离大渡河只有10来里路的一个小山村宿营。军委命令，先遣队要连夜偷袭大渡河南岸安顺场渡口的守敌。安顺场是个有近百户人家的市镇，敌人为防红军渡河，有两个连在这里驻守，附近所有的船只都被抢走、破坏，仅留一只船供他们过往使用。安顺场对岸驻有敌人的一个团，其主力在下游10多里处。由于左权率领的佯动部队正在大树堡砍树扎排，佯装渡河，使敌人还未弄清红军的主力在哪里。因此安顺场还未来得及进一步布防。深夜，毛毛细雨仍在不停地下着，红一团政委黎林带领二营至安顺场渡口下游佯攻，以便吸引对岸敌人；一团团长杨得志带领一营先夺取安顺场，然后组织强渡；三营担任后卫，留在原地掩护指挥机关。敌人没想到漆黑的雨夜，红军会来得这样快，几乎毫无戒备。杨得志率领一营冲到安顺场的街头时敌人才发现。经过不到半个小时的战斗，安顺场的守敌两个连即被消灭，并截获了那只惟一的渡船。部队迅速推至河边，控制了安顺场渡口。

大渡河流入岷江，在宜宾汇入长江。大渡河由上游雪山、草地奔流而来的河水夹杂着腐烂的草根和黑色的污泥，搅和成灰黄色，所以大渡河又有“铜河”之称。大渡河是红军长征以来遇到的最大的天险。战士们看到，惊涛拍岸，河水奔腾咆哮。此时正值上游雪山融化、河水暴涨的时节。这时的大渡河宽约300米，水深10多米，水流急暗礁多，每秒4米的流速，架桥根本不可能。

第二天，天刚亮，由杨得志组织抢渡，刘伯承、聂荣臻亲临河边指挥。几门八二迫击炮和所有的轻重机枪在河边的有利地形上展开。从周围村庄请来了十几名船工。由营长孙继先从二连挑选了17[①]名同志，由连长熊尚林带队，每人带一把大刀、一支冲锋枪、一枝短枪和五六颗手榴弹。杨得志一声令下，17名勇士跳上渡船，奋力向对岸划去。在猛烈的火力掩护下，渡船绕过一个个激流、暗礁，很快靠岸。战士们冲上岸去，打垮了拥向渡口的敌人，占领了渡口工事。紧接着，第二船、第三船分别在孙继先、杨得志的带领下又相继过河，击溃了对岸守敌，巩固了滩头阵地。5月25日，红一团完全控制了渡口。并在当地群众的支持下，又获得了两只小船。先后动员了50多名船工轮班为红军摆渡，使后续部队源源不断地渡过河去。

5月26日，红一团的部队还未渡完，红一军团主力赶到了。上午，毛泽东、周恩来、朱德等率领中央红军主力也相继到达安顺场。由于这里水深流急，不能架桥，单靠3只小船在几天内渡过全部红军是十分困难的。红军在渡口附近越聚越多，而尾追之敌薛岳部已过德昌，情况十分紧急。为迅速渡过大渡河，中革军委决定，由刘伯承、聂荣臻率领红一师及干部团继续从安顺场渡河沿大渡河北上；中央红军主力由安顺场沿大渡河西岸北进。兵分两路，夹河而上，火速抢夺距安顺场320里的泸定桥。

---

①17名勇士是第二连连长熊尚林，第二排排长曾令明，第三班班长刘长发，副班长张克表，战士张桂成、萧汉尧、王华亭、廖洪山、赖秋发、曾光吉，第四班班长郭世苍，副班长张成球，战士萧桂兰、宋祥云、谢良明、丁流明，通信员陈万清。

敌人为确保泸定桥，也正以两个旅在大渡河东岸向泸定桥增援。中央红军主力以红二师红四团为先头部队，在师长陈光、团长王开湘、政委杨成武的率领下，于5月27日从安顺场出发。为抢在增援的敌人之前夺下泸定桥，军委命令他们在三天内赶到。

从大渡河到泸定桥，几乎都是蜿蜒曲折、忽起忽伏的单边羊肠小道。左边是嶙峋壁立的山崖，右边是波涛汹涌的河流。指战员先后在猛虎岗、摩西面等地击败川康边防军的阻击。最后一天，红四团冒着暴雨，以一昼夜240里的急行军，于29日晨先于援敌赶到了泸定桥，占领了西桥头。

横跨大渡河的泸定桥，位于泸定县城的西面。桥的两侧山峦起伏、悬崖夹峙。桥长101米、宽2.6米，由13根铁索横拉东西两面（13根铁索象征这座桥是由13个省募捐造起的）9根铁索上铺着木板作为桥面，两侧各有两根作为桥栏。这是大渡河上惟一的桥梁，是连接四川腹地和康藏高原的咽喉通道。泸定桥的东桥头与泸定城相连，守敌为川敌第四旅的1个团。在红军到达之前，敌人已将铁索桥上的木板拆除，只剩下几根铁索链悬在奔腾咆哮的大渡河上。对岸敌人凭险阻击，用机关枪、迫击炮封锁桥头。

5月29日下午4时，红四团发起夺取泸定桥战斗。在统一号令下，全团火器一齐开火，由二连22名战士组成的突击队，在连长廖大珠的率领下，冒着敌人的密集火力攀踏着悬空摆荡的铁索链向桥东头冲去。紧跟在突击队后面的三连指战员扛着木板，边铺桥、边战斗，使后续部队顺利地跟随入城。经过两小时的激战，迅速歼灭了守敌大部，占领了泸定城。

沿大渡河东岸北上的红一师在渡河后日夜兼程赶进，消灭了敌人的拦阻后，也及时赶到了泸定城。

5月30日~6月2日，中央红军主力顺利通过了泸定桥。蒋介石使红军成为“石达开第二”的梦想破灭了。

八 过雪山

中央红军渡过大渡河后，在化林坪进行了短暂的集结调整，继续北上。指战员们攀越陡峭的山崖，穿过莽莽的原始森林，向夹金山麓进军。

6月4日，毛泽东离开化林坪，至水子地宿营。在翻越大山时，遇国民党飞机轰炸，身边的警卫班长胡昌保牺牲。毛泽东悲痛地双手抱着胡昌保放平躺下，用自己的毛毯盖在胡昌保的遗体上。[①]

6 月 8 日，中央红军一举突破川军杨森部的芦山、宝兴防线，歼敌一部。接着，红一、三军团统由林彪、聂荣臻指挥，向懋功（小金）前进；军委纵队率五军团随后跟进。九军团为右翼支队，掠邛崃山脉以东，迂回大邑、懋功之间，迷惑敌人。

1935 年 6 月 11 日，中央红军主力先头部队红四团进抵宝兴县属的硗碛镇，来到夹金山下。夹金山，横贯二郎山，向东伸延到灌县、成都，主峰海拔 4500 多米，这里是雪山地带的起点。山上终年积雪，深处达四五尺，银装素裹，耸入云霄，空气稀薄，气候变化无常，山下正值炎热的夏季，山上却雪花飞舞、寒气袭人。

为取得翻越雪山的常识和经验，红四团组织工作组分头访问了当地的居民。根据群众的经验，通过雪山，必须在上午 9 时左右，下午 3 时以前，而且要多穿衣服，带上烈酒、辣椒御寒，还要准备一根木棍辅助爬山。

6 月 12 日清晨，先头部队向夹金山进发了。这样的大部队行动，上述的登山条件一时难以达到：衣服，在这人烟稀少的地带，不可能得到补充；烧酒、辣椒也无法买到；惟一找到的只是一根木棍。脚下的路是冻得晶亮硬滑的积雪，路的两旁，一面是深厚松软的雪岩，一面是陡立险峻的雪壁，一不小心就会滑下雪岩，越陷越深。先头班用刺刀在雪上挖着踏脚孔，后面的部队手拉着手谨慎地前进。越往上爬，空气越稀薄，呼吸越困难，但是再累也不能坐下休息，谁要是停步坐下，就会永远也起不来了。刚过中午，狂风卷着雪花，向红军战士袭来，单薄的军衣，抵挡不住风雪的吹打，战士们打开背包把被子、毯子裹在身上。快到山顶，突然又下起了冰雹，核桃大的雹子，打得战士们满脸肿痛。大家用尽全身力气，互相搀扶着，互相鼓励着，艰难地前进。经过四五个小时的搏斗，红四团终于首先战胜了冰雪严寒的恶劣自然条件，翻越了夹金山。

这时，由李先念率领的红四方面军一部已攻占懋功，并前出至懋功东南的达维镇。6 月 12 日下午，中央红军先头部队在北进达维途中同红四方面军先头部队会师。两支兄弟部队的指战员欢呼跳跃、握手拥抱，激动得热泪夺眶而出。

红四方面军崛起于湖北、湖南、安徽三省交界的大别山区。1927 年 11 月，黄（安）麻（城）起义时，只有 300 余人枪。4 年后，逐步发展壮大

---

①《毛泽东年谱（1893—1949）》上卷，人民出版社、中央文献出版社，1993 年 12 月第 1 版，第 457 页。

为中国工农红军第四方面军，这时已是有45000余人的正规部队了。他们素有“狠、硬、快、猛、活”的战斗作风，成为中国工农红军一大主力。下属第四、九、三十、三十一、三十二军。

总指挥徐向前，山西省五台县人，1901年生，1924年投笔从戎，就学于黄埔军校第一期，参加了革命，并成为中国共产党党员。他参加广州起义后，来到大别山，先后担任师长、军长、红四方面军总指挥。

总政治委员兼政治部主任陈昌浩，湖北汉阳人，1906年生，1926年加入中国共产主义青年团，1927年大革命失败后，在武汉坚持地下工作，同年12月去莫斯科中山大学学习，1930年回国后转入中国共产党。他早年参加革命，从领导学生运动到搞武装斗争，他满腔热情，斗争勇敢。

副总指挥王树声。5个军的军长、军政委分别是：许世友、王建安、孙玉清、陈海松、程世才、李先念、余天云、詹才芳、王维舟、张广才。

红四方面军1932年10月撤离鄂豫皖苏区。1935年4月撤离川陕苏区。5个军（10个师30个团）的主力部队以及从川陕根据地撤出的党政机关人员共10余万人向西进发。1935年5月，进驻四川岷江地区，18日，在茂县成立了中共西北特委。31日，成立了以张国焘为主席的“西北联邦政府”。

在这里，四方面军充分做好了一、四两方面军会师的思想准备和物质准备。他们筹集粮食，设点熬盐，筹集羊毛、羊皮，制作毛衣、毛袜、皮背心。

红四方面军总部派李先念率领红三十军八十八师和红九军二十五师、二十七师各一部，西进小金川地区，扫清敌人，迎接中央红军。

由李先念任政委、程世才任副军长的第三十军，原是1929年5月6日商南起义建立的红三十二师，1930年改编为红一军第二师，红四方面军成立时，又为红四军的第十一师。1933年7月，被改编为红三十军。漆得伟、许继慎、倪志亮等均在该部任过职。这是一支人数多、战斗力强的部队，打头阵的硬仗，常由第三十军担任。

李先念政委率领红四方面军的先头部队，从汶川到懋功，行程320余里，中间多为崇山峻岭，尤其是有座叫红桥山的大雪山，高达四五千米，沿途又是少数民族地区，还有敌军邓锡侯部的阻止。红二十五师由师长韩东山带领，3天走了300多里，大大小小打了20余仗。最后，一举消灭了邓锡侯两个营的守敌及地方武装近千人，攻占了懋功。尔后，奔赴达维镇。

达维镇位于夹金山下的北面的山窝里，露宿野地的战士们不等天大亮就开始搜索前进，寻找中央红军。6月12日，他们终于与中央红军第二师的第四团相逢了。

正在翻越红桥山的李先念一面命令部队快速前进，一面向张国焘和总指挥徐向前报告喜讯。在理县的徐向前神采飞扬，在茂县的张国焘、陈昌浩打电话嘱徐向前立即起草给中央的报告，欣喜之情，溢于言表。

1935年6月17日早晨，毛泽东喝完一碗热气腾腾的辣椒汤，身穿夹衣夹裤，手持木棍，沿着前面部队走出的又陡又滑的雪路，向山顶攀登。他把马让给伤病员和体弱的女同志使用，并且说："多有一个同志爬过雪山，就为革命多保存了一份力量！"走到半山，气候骤变，冰雹劈头打来。他拉着战士的手前进，同时嘱咐大家："低着头走，不要往上看，也不要往山下看，千万不要撒开手！"一会儿，冰雹停止，但越近山顶空气就越稀薄，一些体力弱的战士一坐下去就再也没有起来。毛泽东对坐在雪地里休息的戴天福说：你坐在这里是非常危险的，来，我背着你走。警卫员吴吉清抢先把戴天福背起，在毛泽东帮扶下走向山顶。越过山顶后，下山就比较容易了。当天下午，他们就到达懋功县达维镇。①

6月17日，军委纵队到达达维镇，受到红四方面军第二十五师的列队欢迎。当毛泽东、周恩来、张闻天、王稼祥、朱德、刘伯承等中央领导和军委领导走向达维镇时，"欢迎一方面军老大哥！"、"向中央首长致敬！"的口号响彻山村。毛泽东等领导同志向欢迎的部队招手致意，热情问候。

当晚，两个方面军驻达维的部队举行了胜利会师庆祝大会。周恩来主持会议，他首先致辞表示热烈欢迎四方面军的同志们。接着，韩东山师长代表四方面军讲话，欢迎中央红军的到来。指战员们沉浸在团结、热烈、欢乐的气氛中。毛泽东和中央其他领导人出席了会议，毛泽东、朱德在会上相继讲了话。

毛泽东说："这次会师具有伟大的历史意义，是红军战斗史上的重要一页，是中华苏维埃有足够战胜国民党反动政府和完成北上抗日任务的力量表现。我们在中央苏区就知道红四方面军的同志在党的领导下，作战英勇，创造了川陕苏区，消灭了很多敌人，各方面都有很大成绩。"

"我们红军是打不垮、拖不烂的队伍，是劳动人民求解放的队伍。我们从离开中央苏区那天起，每天都是同超过我们几倍的敌人作战，但是敌人的围追堵截不仅没能消灭我们，而我们却大量消灭了敌人。战斗中虽然

①《毛泽东传（1893—1949）》，中央文献出版社，1996年8月第1版，第352～354页。

有一些伤亡，但我们却锻炼得更加坚强，扩大了革命影响，沿途撒下了革命的种子……”

“今天胜利会师了，我们一、四方面军是一家人，要在党中央的领导下互相学习，亲密团结，为彻底消灭蒋介石反动派，赶走日本帝国主义而共同奋斗！”

朱德在讲话中充分肯定了各地红军的历史作用，指出会师的意义和今后的任务。

紧接着开联欢晚会。中央红军赶编的《两大主力会合歌》唱出了红军战士共同的心声：

万里长征经历八省险阻与山河
铁的意志，血的牺牲
换得伟大的会合
为着奠定中国革命巩固的基础
高举红旗向前进……

四方面军的同志们为中央红军准备了丰盛的晚餐，并让出房舍，自己全部到野外宿营。四方面军各部队赶着牲口，或肩挑人扛，从四面八方把早已准备好的慰劳品送往会师地点。

6 月 18 日，中央红军进抵懋功县城，再次举行联欢大会。毛泽东在这里会见李先念。① 一见李先念，毛泽东脱口便问：“你今年多大?” “26 岁。”李先念回答。“你真是前途无量啊！”毛泽东说。

长征开始时，中央苏区国家银行全体人员编入第十五大队，毛泽民任大队政委。他们携带黄金、白银和苏区钞票共 160 多担，并负责接收沿途抄没的土豪财物。遵义会议后，十五大队整编合并到先遣工作团，毛泽民任副团长兼没收征集处处长。一、四方面军会合后，成立了总供给部，毛泽民任副部长。

---

①李先念（1909～1992），湖北黄安（今红安）人。1926 年开始从事农民运动。1927 年 11 月参加黄（安）麻（城）起义，随即参加中国工农红军，同年加入中国共产党。1929 年后历任中共区委书记、县委书记和县苏维埃政府主席。1931 年 11 月后历任第四方面军的团政治委员、师政治委员、第三十军政治委员。

九　张国焘

1935年5月，蒋介石正在西南追击红军时，日本帝国主义为实现独霸中国的野心，将其侵略势力进一步扩展到华北，制造了河北事件：5月29日，日本关东军天津驻屯军参谋长酒井等，借口中国当局援助义勇军孙勇勤部进入滦东非武装区，破坏了《塘沽协定》；又借口天津日租界有两个汉奸报社社长被杀，是中国政府的排日行为。因而向国民党北平军会分会代理委员会何应钦提出无理要求：在天津、河北撤退驻军，撤销党部和军事委员会，将河北省主席于学忠撤职，由东北调遣大军入关内。驻天津日军派出装甲车、炮兵队到河北省政府和北洋大学示威。

5月31日，蒋介石国民政府电令将河北省政府由天津移驻保定，将河北省主席于学忠和天津市市长张挺谔撤职。

6月9日，酒井又见何应钦。向中国政府提出：①取消河北省境内的一切党部，包括铁路党部在内；②撤退驻河北的东北军第五十一军、国民党中央军及宪兵第三团；③解散国民党军分会政训处蓝衣社、励志社等机关；④撤免日本指名的中国官吏；⑤取缔全国一切反日团体及活动。

何应钦向酒井表示各项要求大致都可以接受，同时说明："中、日必须亲善合作，方足互维东亚和平，此为我中央既定之方针，亦即蒋委员长之方针，迄今并未变更。"

6月10日，国民党政府发布了为禁止全国排外、排日的"睦邻敦交令"。同时关闭了国民党在河北省的党部，并将反击过日寇侵略的第二师、第二十五师等中央军调往陕西、河南、安徽等地。傍晚，何应钦面告日军说："中央决定'全面承诺日方要求'"。

6月11日，华北驻屯军司令官梅津美治郎差人给何应钦送去一份"备忘录"。除写明中国已承诺的条款外，又附加限期内完全履行、由日方监督履行和妨碍日中关系人员不得重新进入华北各级组织等三项条款。让何应钦在"备忘录"上签章后送交日方。何应钦请示南京政府，南京政府慑于全国人民的压力，未敢让何签章，何于6月13日逃回南京。6月14日，日方派人找到国民政府外交部。7月6日，何应钦致函梅津：

> 迳启者：6月9日酒井参谋长所提各项，均承诺之，并自愿的期其遂行。特此通知。

此致

梅津司令官阁下

何应钦

至此，中国丧失了河北的全部主权。

同时，日寇又挑起了张北事件：5月30日，4名日本特务潜入察哈尔境内绘制地图，6月5日被当地驻军扣留。国民党察哈尔省主席宋哲元闻讯后即令释放。日本关东军特别机关长土肥原以此为借口，调军队驻屯察哈尔边境，派飞机在北平上空示威。国民党政府察哈尔省民政厅长秦德纯与日军代表土肥原在北平谈判。6月27日签订了《秦土协定》。察省主席宋哲元被撤职，二十九军撤出察东一带，成立察东非武装区。

正在四川峨眉山筹办军官训练团，一心打内战的蒋介石，7月28日邀请归国述职的驻日大使蒋作宾晤谈。尔后蒋作宾向日本政府传言："中国政府不因一些不愉快的事件而变更改善中日邦交的政策。"

红一、四两方面军会师之前，中央想进入川西北建立根据地。两军会师后，总兵力已达9个军、10多万人，且士气旺盛。由于日寇已由东北侵入华北，民族危机进一步加深，全国全民抗日民主运动迅速走向高涨；且红军目前所在的大、小金川流域及其周围的川西北地区，情况与原来预想的也大不相同：地域虽不小，但高山穷谷、道路不多、人口稀少、给养困难，又是藏民聚居区，不利于红军大兵团作战，也不利于红军的生存和发展，不具备建立根据地的必要条件。据此，6月16日，朱德、毛泽东、周恩来、张闻天致电红四方面军领导人，指出："……今后一、四方面军总的战略方针应是占领陕甘川三省，建立三省苏维埃政权，并于适当时期以一部组织远征军占领新疆。"①

中央领导会见李先念等时，毛泽东摊开军用地图，分析红军面临的形势：东面，派系庞杂、互相争斗的四川军阀，因屡遭红军重创而观望不前；南面，长途尾追疲劳不堪的国民党军薛岳部，已士气低落、军心涣散；北面，胡宗南部虽跃跃欲试，但大部远在陕南，尚未集结。毛泽东说，全国抗日高潮正在到来，整个形势对我们有利；今后，我们的方针就是北上抗日，建立川陕甘革命根据地，促进抗日高潮。

张国焘接到中央的电报后，对中央提出的战略方针不以为然。张国焘

①《中央为建立川陕甘三省苏维埃政权给四方面军电》，载《文献和研究》，1985年第5期。

在中共六届一中全会上当选为政治局委员。从莫斯科学习三年归来，1931年春，中央派他到鄂豫皖革命根据地，任中共鄂豫皖中央分局书记兼军委主席。张国焘主张北出青海、甘肃，占领新疆，然后伺机东向，发展陕西；目前，方面军宜先南下，解决给养。

中共中央和毛泽东、朱德等同志，经过认真分析研究，认为张国焘的意见不能成立。认为，此处人烟稀少，耕作技术原始，粮产不丰，自给尚且不足，几万大军更无法保证，目前有的部队已仅靠青稞、土豆维持生活。正处于守势的红军前线，在蒋介石频频调兵轮番攻击之下，人力物资消耗很大，如久拖不决，必将困难重重。中央指出，此地不可久留，西去亦不合适。只有集中兵力，向北转移。

6月20日，张国焘接中央来电后，离开茂县，前往中央驻地懋功的两河口。6月26日，中共中央在两河口召开政治局扩大会议，讨论红军的战略方针。

在一幅《松潘战役计划图》前，周恩来代表中央作报告。他说明岷江两岸的懋功、松潘、理番地区不宜建立根据地的理由，阐述向大西北或向南进攻均不合适的见解。提出向北发展，在岷山山脉以北地区建立川陕甘根据地。他说，根据地应该选择：①地域宽大、好机动作战的地方；②人口较多、能大批扩大红军的地方；③经济条件上要能解决红军的给养。他说，帝国主义已经觊觎新疆，国民党一年来特别注意西北。红军应迅速前进，向松潘与胡宗南作战，首先占领甘南。他要求两个方面军统一意志，由党中央、中央军委直接指挥。

周恩来发言后，张国焘讲话，他说：北有草地，气候严寒，行军不利，胡宗南有20余团的兵力驻在甘南，红军即便到了那里，也站不住脚。他坚持认为，向南打成都，尔后在川康边建立根据地更有利。

与会人员均不同意张国焘的意见。毛泽东说，根据地要靠进攻去创造。他主张红军集中兵力，以实现建立川陕甘根据地的战略方针。对张国焘提到主张南下打成都的建议是四方面军许多同志意见一事，毛泽东建议向这些同志多作宣传解释工作。朱德明确表示，打下松潘，进占甘南；刘少奇谈到，南下不利，不能向成都走；王稼祥、博古、凯丰、刘伯承等人一致赞成北上，到川陕甘建立新的根据地。

张国焘理屈词穷，只好表示同意中央的意见。

6月28日，会议通过了《关于目前战略方针的决定》：集中主力向北进攻，在运动中消灭敌人；使中国苏维埃运动放在更巩固、更广大的基础上，以争取中国西北各省以至全中国的胜利；在战役上首先集中主力消灭胡宗南军，夺取松潘以北地区，主力向甘南胜利进军，右倾主义的动摇是目前创造新苏区的主要危险。

6月29日，中革军委根据两河口会议决定拟定《松潘战役计划》，准备利用胡宗南初到松潘、主力尚未集中、碉堡尚未完成的时机，消灭胡宗南部，控制松潘。

红军总政治部代主任李富春、中华苏维埃共和国财政部长林伯渠、红军总参谋长刘伯承、政治局委员李维汉等深入红四方面军部队，传达两河口会议决定，慰问红四方面军指战员。遵照中央部署，红四方面军副总指挥王树声率4个团于岷江东岸，控制北侧茂县一线阵地，阻止和钳制川军，吸引胡宗南部南向；陈昌浩、徐向前各率一部分路经黑水、芦花北进，出毛儿盖，迂回松潘。

6月30日前后，中共中央、中央军委率第一方面军主力离开两河口北进，翻越第二座大雪山。7月1日到达卓克基。7月3日，中共中央政治局召开会议，讨论通过《告康藏西番民众书——进行西藏民族革命运动的斗争纲领》，号召藏族民众反对英帝国主义及其国民党军阀，成立游击队，加入红军，实现民族自决。7月上旬，中央红军连日在人烟稀少的藏民区行军，严重缺粮，影响松潘战役计划的执行。毛泽东看到部队吃饭十分困难，亲自过问给养问题。中革军委和红军总政治部于7月2日和8日发文指出：为筹足过草地的食物，要求各部队每人带足15斤粮食和足够吃1个月的食盐，并组织筹粮别动队，解决粮食困难。

6月30日，张国焘致电党中央，对抗中央决定，主张："一方面军南打大炮山，北取阿坝，以一部向西发展；四方面军北打松潘，东扣岷江，南掠天（全）、芦（山）、灌（县）、邛（崃）、大（邑）、名（山）。"

7月1日，张国焘致电中央，以"宜速决统一指挥的组织问题"为由，拖延红四方面军北上，向中央施加压力。一些人在他的煽动下，向中央要权。

7月16日，党中央和中革军委到达芦花，先头部队先后攻占哈龙、毛儿盖，一部进到黑水、党坝地区。7月18日，中共中央政治局在芦花召开常委会议，讨论组织问题。张国焘提出，要提拔新干部，有的可到军委。毛泽东说：提拔干部是需要的，但不需要这么多人集中到军委，下面需要人。会议为团结张国焘北上，同意周恩来辞去红军总政委职务，决定由张国焘担任红军总政委,[①] 并为中革军委的总负责者；周恩来调中央常委工作，在张国焘未熟悉情况之前，由周恩来暂时帮助。会议决定中革军委常委由4人增为5人，增补陈昌浩。秦邦宪为红军总政治部主任。[②] 7月21日，党中央政治局在芦花召开会议，会后，由朱德、张闻天、周恩来、王稼祥签发了中革军委《关于一、四方面军组织番号及干部任免的决定》。决定，组成前敌总指挥部，徐向前兼总指挥，陈昌浩兼政委，叶剑英任参谋长。并将红一方面军的军团改称为军：一军团为一军，军长林彪、政委聂荣臻、参谋长左权；三军团为三军，军长彭德怀、政委杨尚昆、参谋长萧劲光（1935年6月，党中央决定为萧劲光平反，并恢复党籍）；五军团为五军，军长董振堂、代政委曾日三、代参谋长曹里怀；九军团为三十二军，军长罗炳辉、政委何长工、参谋长郭天民。四方面军的5个军的番号未变，从一方面军调有指挥和参谋经验的张宗逊、陈伯钧、李天佑、李聚奎分别到四方面军的第四、九、三十、三十一军担任参谋长职务。四军军长许世友、政委王建安、参谋长张宗逊，九军军长孙玉清、政委陈海松、参谋长陈伯钧，三十军军长程世才、政委李先念、参谋长李天佑，三十一军军长余天云、政委詹才芳、参谋长李聚奎，三十三军军长罗南辉、政委张广才、参谋长李荣。经徐向前提议，从四方面军中抽出三个建制团3800人补充到一方面军。两军气氛融洽，战友情谊日增。

此时，胡宗南的27个团已集结松潘地区，薛岳部也进抵文县、平武地区，控制了经松潘北去的大道，尾追红军的川军也从东、南两面步步紧逼，由于张国焘的犹豫徘徊，贻误了战机，红军不得已放弃攻打松潘计划。

8月4~6日，中央政治局在毛儿盖附近的沙窝召开会议。首先由张闻天就关于一、四方面军会合后的政治形势与任务的决议草案作了报告。毛泽东的发言中再次强调两河口会议确定的北上战略方针。经过与会者的讨论与补充，正式通过了《中央关于一、四方面军会合后的政治形势与任务的决议》，指出：创造川陕甘的苏区根据地，是放在一、四方面军前面的历史任务。会议批评了张国焘的错误，只是没有公开点他的名。会议进行

---

①张国焘的权力欲越来越膨胀，毛泽东、张闻天等人一起反复商讨。毛泽东说："张国焘是实力派，他有野心，我看不给他一个相当的职位，一、四方面军很难合成一股绳。"为维护团结，总得有人让出位子给张国焘。张闻天提议说："我这个总负责让他坐好了。"毛泽东认为不妥："张国焘要抓军权，你叫他当总书记，他说不定还不满意，但真让他坐上这个宝座，可又麻烦了。"经过权衡，毛泽东建议让张国焘接替周恩来任总政委。

②《毛泽东年谱（1893—1949）》上卷，人民出版社、中央文献出版社，1993年12月第1版，第463页。

的另一项议程是讨论组织问题，增补了陈昌浩、周纯全为政治局委员，决定恢复红一方面军总部，周恩来任司令员兼政治委员，陈昌浩任总政治部主任，周纯全任副主任。沙窝会议以后，两个方面军执行《夏洮战役计划》。军委决定两方面军混合编组为左、右两路军北上：第五、九、三十一、三十二、三十三为左路军，由朱德、张国焘率领，总司令部随左路军行动，以马尔康、卓克基为中心集结地域，向阿坝地区开进；第一、三、四、三十军为右路军，由党中央、毛泽东直接率领，红军前敌指挥部随右路军行动，以毛儿盖为中心集结地域，向班佑、巴西开进。决定：左路军北上到达阿坝后东进，在班佑地区左右两路军靠拢，然后向甘南并进，占领夏河、洮河流域。会后，周恩来发高烧病倒了，确定为阿米巴痢疾。8月7日晚间，毛泽东看望患阿米巴痢疾高烧不退的周恩来，当即派人到红一军请来最好的医生为周恩来医治，经多日抢救治疗，周恩来脱离危险。

8月15日，左路军先头部队开始由卓克基地区经查理寺向阿坝开进。为保证北上方针的执行，这天军委电示张国焘："不论从地形、气候、敌情、粮食任何方面计算，均须即以主力从班佑向夏河急进。"

8月19日，中共中央政治局在沙窝召开常委会议，研究常委分工，会议决定，王稼祥负责政治部工作，张闻天负责组织部工作，秦邦宪负责宣传工作，毛泽东负责军事工作，凯丰负责少数民族委员会。会议根据毛泽东的意见，常委会每周至少开会一次。①

北上方针基本上取得了一致，又出现了西进与东进的分歧，陈昌浩等主张西进，占领西宁。8月20日，党中央又在毛儿盖召开政治局会议。首先由毛泽东作关于夏洮战役计划的报告。毛泽东说，我们向北行动以后，目前存在两个方向：一个是积极占取以岷州为中心的洮河流域东岸，然后依托这一地区向陕甘边发展，以实现创造川陕甘苏区根据地的战略目的；另一个方向是向黄河以西青（海）、宁（夏）、新疆发展；向东还是向西是一个关键问题，我认为向东进取是转入反攻，向西深入是退却，蒋敌正是迫我向黄河以西。

会议经过充分的讨论，一致赞成毛泽东的报告。毛泽东作了总结，他肯定了陈昌浩最大限度集结兵力的意见，但他认为占领西宁目前是不对的，在民族政策上不应该，在兵力上说来也不够。应该集中红军一部或全部兵力走包座至岷州路线，坚决坚持向以岷州、洮河为中心的东部地区发

①《毛泽东传（1893—1949）》，中央文献出版社，1996年8月第1版，第360页。

展。左路军应向右路靠拢，共同东出。根据毛泽东的发言，做出了《关于目前战略方针之补充决定》。指出，甘陕地区对我们不论目前与将来发展都是有利的。在这次会议上，中央制定了《夏洮战役计划》。

毛儿盖会议的第二天，右路军先头部队从毛儿盖向班佑开进。8 月 24 日，党中央将毛儿盖会议决定电告张国焘。张国焘率左路军到阿坝地区按兵不动。

杨成武率领的红一方面军所属红四团首先踏进了草地。草地，是黄河上游的高原，海拔在 2000 米左右，没有人烟，没有树林，没有飞鸟，一个死寂的世界。出发前，毛泽东与杨成武谈了话。毛泽东说：胡宗南在松潘地区的漳腊、龙虎关、包座一带集结了 4 个师；东面的川军也占领了整个岷河东岸，一部分已占领了岷河西岸的理县（杂谷脑），追击我们的刘文辉部已赶到懋功并向抚边前进；薛岳、周浑元部集结于雅州。敌人判断我们会东出四川，不敢冒险横跨草地北出陕、甘这一着棋，但是我们偏要走敌人认为不敢走的路。毛泽东详细分析了过草地可能遇到的困难，他让杨成武尽量多准备些粮食和衣服。当毛泽东了解到红四团已找到一个 60 多岁的藏族通司作向导，并由 8 个战士抬着向导过草地时，毛泽东说："要告诉抬担架的同志抬稳当些，要教育大家尊重少数民族、团结少数民族。一个向导解决不了大部队行军的问题，你们必须多做一些'由此前进'附有箭头的路标，每逢岔路，插上一个，要插牢靠，好让后面的部队跟着路标，顺利前进。"同时毛泽东还叮嘱杨成武要与新编入红四团的原红四方面军的同志搞好团结。指出，团结是党的事业胜利的保证。

一望无垠的草地，草丛下河沟交错，淤黑色的积水散发出腥臭气味，腐草结成的表面十分松软，泥泞不堪，一不小心就会陷进泥潭，难以自拔。战士们抬着向导，选择草根较密的地方，一步一跳，艰难地行进着，并为后续部队留下一个又一个路标和安全标记。沿着先头部队开辟的道路，右路军主力随后陆续进入草地。变幻无常的草原气候，时而晴空万里，暑气蒸腾；时而乌云翻滚，浓雾弥漫，风雨冰雹降临。每逢夜晚，战士们常常是裹着湿漉漉的单衣露营，背靠背以相互的体温御寒。随身携带的干粮吃完了，部队只得挖野菜、煮皮带充饥。许多同志在寒冷、饥饿的折磨下，献出了宝贵的生命。

经过七天六夜的艰难跋涉，红军指战员走出了人迹罕见的草地，于 8 月底全部到达班佑、巴西地区。

班佑以东的上下包座，是红军进入甘南的必经之地。红军到达前，胡宗南已派出一个团的兵力在包座南北的大戒寺、求吉寺据险防守。胡宗南发现红军北上后，又令其第四十九师由松潘附近向包座急进。企图增援包座守敌，堵截红军东出甘南。

红军前敌总指挥徐向前考虑到一、三军团万里转战，减员甚大，特向党中央和毛泽东建议，由四方面军部队攻打包座，开辟北进通道。8月29日，右路军红三十军全部和红四军一部，在徐向前的指挥下，向包座之敌发起攻击。31日晚，包座战斗胜利结束。歼灭敌师长以下5000余人，取得两大主力会师后的第一个大胜仗。打开了向甘南进军的门户。包座战斗后，位于松潘、漳腊地区的胡宗南部，因其第四十九师被歼，不敢孤军出动。张学良部主力正在“围剿”陕甘红军，一部尚分散在天水东南的两当、徽县地区；甘南的文县、武都、西固、岷州广大地区，敌人兵力空虚，出现了红军北上陕甘的有利时机。

9月1日，徐向前、陈昌浩、毛泽东及时将上述有利情况电告张国焘，再次要求左路军迅速出墨洼、班佑，与右路军靠拢，集中红军主力向武都、西固、岷州等地前进。张国焘勉强向东挪动。毛泽东与徐向前、陈昌浩商量派兵接应。9月3日，张国焘借口噶曲河涨水，拒绝左路军向班佑地区开进，提出要全军南下的主张。同时命令已经东进到墨洼附近的红五军返回阿坝。

9月5日，张国焘命令左路军停止北上，就地筹粮待命。

9月8日，张国焘电令红四军驻阿坝、马尔康地区的部队“飞令”正在北上的军委纵队移至马尔康待命，如其不听“则将其扣留”。

晚间，中共中央政治局在红三军周恩来住处开会，张闻天、毛泽东、周恩来、秦邦宪、王稼祥、陈昌浩、徐向前出席，会议决定，由7人联名致电张国焘，要他执行中央北上的指示。

当晚22时，毛泽东同周恩来、张闻天、秦邦宪、徐向前、陈昌浩、王稼祥致电朱德、张国焘、刘伯承：左路军如果向南行动，则前途将极端不利，因为地形利于敌封锁，不利于我攻击，经济条件绝对不能供养大军，阿坝南至冕宁均为少数民族，北面被封锁无战略退路。“务望兄等熟思审虑，立下决心，在阿坝、卓克基补充粮食后，改道北进。行军中即有较大之减员，然甘南富庶之区，补充有望。在地形上、经济上、战略退路上均有胜利前途。即以往青、宁、新说，亦远胜西康地区。……目前红军行动是处在最严重关头，须要我们慎重而又迅速地考虑与决定这个问题。……以上所陈，纯从大局前途及利害关系上着想，万望兄等当机立断，则革命之福。"①

9月9日，张国焘从阿坝致电徐向前、陈昌浩并转中央，再次表示反对北进，坚持南下，并称"左右两路决不可分开行动"。

同时，张国焘另背着中央电令陈昌浩率右路军南下，并企图分裂和危害党中央。右路军前敌指挥部参谋长叶剑英看到张国焘的电令，立即赶往中共中央驻地巴西向毛泽东报告。毛泽东抄下电令，告诉叶剑英处境危险，要赶快回去，以防意外。毛泽东随即同张闻天、秦邦宪等紧急磋商，一致认为再继续说服等待张国焘率部北上，不仅没有可能，而且会招致严重后果。

当晚，在红三军驻地阿西，毛泽东同张闻天、周恩来、秦邦宪、王稼祥召开紧急会议，决定迅速脱离险区，率领红一、三军立即北上。并通知在俄界的林彪、聂荣臻，行动方针有变，要一军在原地等待。②

10日凌晨，党中央领导与红三军的部队以上山找粮为名，三更吃饭，五更出发，悄然离开巴西。军委纵队在叶剑英的率领下随后赶来。天亮后，部队在阿西做短暂集结。

四方面军的部分干部和红军大学的部分学员提出抗议。毛泽东接待了学员，后又约请四方面军的干部开会。四方面军的参谋长李特脾气暴躁，他曾留学苏联，腰间不离一支大左轮手枪。为了毛泽东的安全，李德奉命站在李特的身后，预防李特拔出手枪向毛泽东射击。毛泽东提出：让一方面军南下是没有出路的，一方面军只有北上，先开辟新根据地，候大功告成，只要四方面军愿意，随时欢迎来同一方面军会合。毛泽东的话音刚落，李特立即虎跳起来，大喊大叫，说这是"逃跑主义"。李德极为担忧，他断定李特已失去控制，便紧紧地将李特拦腰抱住。李德硕高的躯体，铁钳般的双臂，任凭李特怎样挣扎，也未能挣脱出来。③ 早晨8时，风波全散。当时有的同志对李特的行为很气。毛泽东说："捆绑不成夫妻。他们要走，让他们走吧！以后他们自己会回来的。"④ 不愿北上的红军回到班佑。北上的红军向俄界开进。

9月10日，中共中央致电张国焘："阅致徐、陈调右路军南下电令，中央认为完全不适宜的。中央现在恳切地指出，目前方针只有向北才是出

---

①《毛泽东年谱（1893—1949）》上卷，人民出版社、中央文献出版社，1993年12月第1版，第470～471页。

②同上。

③李德曾对宋任穷说："我同你们中央一直有分歧，但在张国焘分裂的问题上，我拥护你们中央的主张。"（《毛泽东传（1893—1949）》，中央文献出版社，1996年8月第1版，第364页。）

④伍修权，《回忆与怀念》，中共中央党校出版社，1991年版，第137页。

路，向南则敌情、地形、居民、给养都对我极端不利，将使红军陷于空前未有之困难环境。中央认为，北上方针绝对不应该改变，左路军应速即北上，在东出不利时，可以西渡黄河，占领甘、青、宁、新地区，再行向东发展。”

同日，中共中央发出《为执行北上方针告同志书》。

同日，中共中央在阿西向陈昌浩、徐向前发出指令：8 日张国焘电令你们南下，显系违背中央屡次之决定及电文，中央已另电取消该电。

9 月 11 日，党中央与红三军到达俄界地区，同先期到达的红一军会合后，再次致电张国焘，要他向班佑、巴西开进。并通知他，中央已决定右路军统归军委副主席周恩来指挥，已向罗达、俄界集中。

12 日，张国焘电红一、三军：“望速归来”，称北上“战士无棉衣，不拖死也会冻死。”

9 月 12 日，党中央在俄界高吉村召开了政治局紧急扩大会议。出席会议的有：张闻天、博古、毛泽东、王稼祥、凯丰、刘少奇、邓发、蔡树藩、叶剑英、林伯渠、李维汉、杨尚昆、林彪、聂荣臻、朱瑞、罗瑞卿、彭德怀、李富春、袁国平、张纯清等人。会议着重讨论了北上红军目前的行动方针，同时点名批判了张国焘分裂红军退却逃跑和军阀主义等反党错误。毛泽东作了报告，他根据会上多数同志提出要给张国焘作组织结论，开除其党籍的要求，指出，我们与张国焘的斗争，目前还是党内斗争，组织结论是必要的，但不一定现在就作；因为它关系到团结和争取整个四方面军干部，也关系到一方面军在他那里的很多干部的安全，应尽一切可能争取四方面军北上。并提议要在一、三军中做解释工作。

关于红军的行动方针，毛泽东指出：目前应经过游击战争打到苏联边界去，争取国际的指导与帮助，整顿休养兵力，扩大队伍，可以首先在苏联边界创造一个根据地。过去中央曾反对这个方针，而现在不同了，现在红军的主力只有一、三军。张国焘南下，使中国革命受到相当严重的损失，但我军并不是走向低落，而是要走向大张旗鼓，以游击战争打过去，更大规模、更大力量的打过来。

会上，彭德怀建议改变军队的编制，会议采纳了他的建议。决定将北上红军改编为“中国工农红军陕甘支队”，任命彭德怀为司令员、林彪为副司令员（兼第一军军长），政治委员毛泽东，政治部主任王稼祥、副主任杨尚昆。以彭德怀、林彪、毛泽东、王稼祥、周恩来为 5 人团，负责军事行动。建立编制委员会，以李德为主任，叶剑英、邓发、蔡树藩、李维汉为委员，研究部队的整编方案。

俄界会议正式作了《关于张国焘同志的错误的决定》。全文如下：

关于张国焘同志的错误的决定

（一九三五年九月十二日于俄界）

听了毛泽东同志关于与四方面军领导者的争论及今后战略方针的报告之后，政治局同意已经采取的步骤及今后的战略方针。并指出：

（一）四方面军的领导者张国焘同志与中央绝大多数同志的争论，其实质是由于对目前政治形势与敌我力量对比估计上有着原则的分歧。张国焘同志从对于全国目前革命形势的紧张化，特别是由于日本帝国主义的积极侵略而引起的全中国人民反日的民族革命运动的高涨估计不足，更从对于中央红军的反对敌人五次“围剿”的斗争中及突围后的二万余里的长征中所取得的胜利估计不足出发，而夸大敌人的力量，首先是蒋介石的力量，轻视自己的力量，特别是红一方面军的战斗力，以致丧失了在抗日前线的中国西北部创造新苏区的信心，主张以向中国西南部的边陲地区（川康藏边）退却的方针，代替向中国西北部前进建立模范的抗日的苏维埃根据地的布尔什维克的方针。必须指出张国焘同志这种机会主义的倾向，于胜利地粉碎了四川敌人对于通南巴苏区的进攻之后，自动放弃通南巴苏区时已经开始形成。目前分裂红军的罪恶行为，公开违背党中央的指令，将红四方面军带到在战略上不利于红军发展的川康边境，只是张国焘同志的机会主义的最后完成。

（二）造成张国焘同志这种分裂红军的罪恶行为的，除了对于目前形势的机会主义估计外，就是他的军阀主义的倾向。这种倾向表示在张国焘同志不相信共产党领导是使红军成为不能战胜的铁的红军的主要条件，因此他不注意去加强红军中党的与政治的工作，不去确立红军中的政治委员制度，以保障党在红军中的绝对领导。相反的，他以非共产党的无原则的办法去团结干部。他在红军中保存着军阀军队中的打骂制度，以打骂的方式去凌驾地方党的政权与群众的组织，并造成红军与群众间的恶劣关系。此外，他以大汉族主义去对待弱小民族。这种军阀主义倾向是中国军阀制度在红军中的反映。这种倾向，使英勇善战的年轻的红四方面军，在其向前发展上受着莫大的障碍。

（三）由于张国焘同志的机会主义与军阀主义的倾向，所以他对于党的中央，采取了绝对不可容许的态度。他对中央的耐心的说服、解释、劝告与诱导，不但表示完全的拒绝，而且自己组织反党的小团体同中央进行公开的斗争；否认党的民主集中制的基本组织原则，漠视党的一切纪律，在群众面前任意破坏中央的威信。

政治局认为：张国焘同志这种右倾机会主义与军阀主义的倾向，是有着他的长期的历史根源的。张国焘同志在中国共产党内，犯过很多机会主义的错误，进行过不少派别的斗争。四中全会后一个短时期内，他虽是对于当时改造了的中央表示了服从与忠实，但他对于自己过去的错误是并没有彻底了解的。因此在他远离中央，并在长时期内脱离中央的领导之后，又产生了新的机会主义与军阀主义的倾向。很明显的，张国焘同志这种倾向的发展与坚持，会使张国焘同志离开党。因此，政治局认为必须采取一切具体办法去纠正张国焘同志的严重错误，并号召红四方面军中全体忠实于共产党的同志团结在党中央的周围，同这种倾向做坚决的斗争，以巩固党与红军。①

（这一决定只发给党的中央委员）

中央政治局

张国焘称党中央北上甘南为“逃跑”。令左路军和右路军之第四军、第三十军分别由阿坝、包座回师南下，从此走向了一条充满荆棘的道路。

①《中共党史参考资料》（三），人民出版社，1979年11月第1版，第162～163页。

十 陕北

1935 年 9 月 13 日，党中央率红军一、三军继续北上。

14 日，党中央再次致电张国焘：中央先率领红一、三军北上，只是为着实现中央的战略方针，意图以自己的艰苦斗争为左路军及右路军的第四军、第三十军开路，以便他们北上。部队很快翻越白雪覆盖的千里岷山，在雨雪交加中，沿着白龙江源头的险峻栈道，向甘南前进。

甘南之西固、岷县、临潭一线，只有国民党军新编第十四师鲁大昌部，兵力薄弱，敌人在西固至岷县的封锁线尚未完成。9 月 16 日，红军在行军途中击溃鲁大昌部的一个团，逼近川甘边界的交通要隘腊子口。腊子口是岷山第一险关，在腊子口的两山之间，横架着一座木桥，要通过腊子口，这座桥是惟一的通道。腊子口只有 30 米宽，过后便是甘南的开阔地带。据红一军先头部队侦察报告，这里有敌鲁大昌部两个营凭险扼守。毛泽东与红一军的领导研究部署后，决定迅速夺取腊子口，打开北进通道。

16 日下午 4 时，红二师红四团一个营首先接敌，入夜开始攻击。由于地形不利，红军数次突击未能成功。17 日拂晓，红军以 1 个连在正面进攻，以两个连从敌人阵地的左翼攀登陡壁悬崖，突袭守敌侧背。出敌不意，前后夹击，红军一举夺取了腊子口天险。

红军乘胜追击。18 日，先头部队跨越岷山，占领宕昌县的哈达铺，胜利地进入甘南。9 月 20 日，哈达铺中共中央召开政治局常委会。会议决定派谢觉哉、毛泽民去新疆建立交通站，设法打通国际关系。① 北上红军在这里进行了两天集中休整。

毛泽东住在哈达铺一个叫“义和昌”的杂货铺的后院里。为制定红军下一步行动路线，他亲身到一个小邮政代办所里拣来很多国民党的旧报纸，仔细地翻阅起来。从这些报纸上，他了解到红军刘志丹部在陕北的活动情况。

第二天，党中央在哈达铺关帝庙院内召集团以上干部会议。毛泽东宣布，根据俄界会议决定，7000 多人的“中国工农红军陕甘支队”编为 3 个纵队：第一纵队司令员林彪（兼）、政委聂荣臻、参谋长左权、政治部主任朱瑞；第二纵队司令员彭德怀（兼）、政委李富春、参谋长萧劲光、政

①《毛泽东年谱（1893—1949）》上卷，人民出版社、中央文献出版社，1993 年第 1 版，第 476 页。

治部主任罗瑞卿；第三纵队司令员叶剑英、政委邓发、参谋长张经武、政治部主任蔡树藩。中央直属机关编为直属队。

毛泽东说：目前日本帝国主义侵略中国，我们就是要北上抗日；张国焘说我们是机会主义，究竟哪个是机会主义？我们首先要到陕北去，那里有刘志丹的红军；我们的路线是正确的；现在我们北上支队人数是少一些，但是目标也就小一些；大家用不着悲观，我们现在比1929年初红军下井冈山时人数还多哩。

陕甘革命根据地是第二次国内革命战争时期保留下来的惟一一块革命根据地。第一次国内革命战争失败后，陕甘地区人民在刘志丹、谢子长的领导下，创建了革命军队，深入开展土地革命。1931年10月，由阎红彦、吴岱峰领导的晋西游击队进入陕北，转战至甘肃合水县南梁堡地区，同刘志丹领导的陕甘边南梁游击队会合，合编为西北反帝同盟，不久又改编为中国工农红军陕甘游击队，谢子长任总指挥、刘志丹任副总指挥。1932年11月18日，陕甘游击队扩编为中国工农红军第二十六军，在陕甘边界相继开辟以耀县照金为中心和以南梁为中心两块根据地。1934年1月，组成陕甘边革命委员会，1月11日，成立陕甘边苏维埃政府，习仲勋为主席。

与此同时，1933年5月，中共陕北特委将陕北农民武装组成红军游击队，在横山、清涧、延川等县境开展游击战争。1934年2～8月，在粉碎国民党军队对陕北苏区的第一次“围剿”后，开辟了4块根据地——安（定）延（川）、绥（德）清（涧）、佳（县）吴（堡）、神（木）府（谷）。

1935年1月，陕北特委和陕甘边特委在安定县召开联席会议，成立了中共西北工作委员会和西北革命军事委员会，惠子俊任工委书记，谢子长任军委主席，刘志丹任军委副主席。同时，成立了陕北省苏维埃政府，刘志丹为主席。陕北游击队扩编为中国工农红军第二十七军。

谢子长在1934年清涧河口镇战斗中不幸负伤，1935年2月21日，因伤势过重，并在艰苦的战争环境中得不到必要的休养和治疗而逝世。

在国民党军对陕北苏区发动第二次“围剿”中，西北军委决定集中主要兵力在陕北作战。1935年5月，红二十六、二十七军在安定县李家岔会师，成立了西北军委前敌总指挥部，刘志丹任总指挥。西北红军在地方武装和人民群众的配合下，先后占领安定、延长、延川、安塞、靖边、保安6座县城，歼灭国民党军和民团5000余人，于7月中旬粉碎了国民党军的第二次“围剿”。使陕甘边和陕北两苏区连成一片，根据地发展到20个县境，主力红军和游击队发展到1万多人。

陕甘苏区军民取得第二次反“围剿”的胜利以后，蒋介石调集东北军和陕、甘、宁、晋、绥5省军阀部队共10余万人，发动第三次“围剿”，企图围歼西北红军于保安、安塞地区，摧毁陕甘苏区。在这严重的时候，由徐海东率领的红二十五军从鄂豫皖根据地艰苦转战到陕北，为反“围剿”战争增添了重要的武装力量。

红二十五军原属红四方面军建制。红四方面军撤出鄂豫皖苏区后，于1932年11月重新组建，在原地坚持斗争。1934年11月11日，中共鄂豫皖省委会议决定红二十五军转移出大别山区，创建新的根据地。由程子华担任红二十五军军长、吴焕先任政委、徐海东任副军长，率领近3000名指战员经桐柏山区、伏牛山区，北出终南山，经过独树镇、庾家河、陕南、袁家沟、讷河等战斗，先后给敌于重创。同时，在红军付出了军长程子华、副军长徐海东先后负重伤，政委吴焕先①牺牲等代价后，于1935年9月15日到达延川县永坪镇，与陕北红军会师。

红二十五军与陕北红军会师后，合编为红十五军团，徐海东任军团长、刘志丹任副军团长、程子华任军团政委、高岗任政治部主任。聂洪钧任西北军委主席。随后，撤销了西北工委，成立了陕甘省委，朱理治任省委书记，郭洪涛任副书记。

毛泽东率领的红军陕甘支队进驻哈达铺后，敌人害怕红军进占天水，威胁西安，迅速将主力向天水集结。并以一部兵力占领渭河附近的武山、漳县。为迷惑敌人，迅速突破渭水封锁线，陕甘支队扬言向东挺进。9月23日，以一部东进闾井镇，佯攻天水。主力则乘机以急行军（3天跑了200多里，有的部队一昼一夜又一个半天走了170里路，且中间只吃了一顿饭）突然折向西北，摆脱重兵阻击，通过敌人武山、漳县间的封锁线，26日早晨，在鸳鸯镇和山丹之间北渡渭河，于9月27日相继占领榜罗镇。

27日，党中央在榜罗镇召开政治局会议，根据进入甘南后了解到陕北根据地和红军的新情况，决定（改变俄界会议决定）率陕甘支队进至陕

---

①吴焕先，湖北黄安人，1907年生，1926年加入中国共产党。曾参加领导黄（安）麻（城）起义，创建鄂豫皖根据地。1931年任红四方面军总政治部主任兼红二十五军政委。红四方面军主力西移后，重建红二十五军。在战斗中他总是身先士卒。他关心战士、爱护群众、坚持原则、公而忘私，有卓越的指挥才能，在红二十五军中享有崇高的威望。1935年8月21日，红二十五军在陕北渡讷河时，他率部与敌背水作战，不幸牺牲。他牺牲后，战士们抬着他的尸体，久久不忍分离。

北，把长征的落脚点放在陕北，确定以陕北作为领导全国革命的大本营。28日，召开全军军事政治干部会议，毛泽东在会上作报告：①日本侵略北方的严重性；②陕北根据地和红军的状况；③北方可成为抗日新阵地的经济、政治条件。毛泽东在讲话时还即席吟诵了他的《七律·长征》新作：

红军不怕远征难，万水千山只等闲。
五岭逶迤腾细浪，乌蒙磅礴走泥丸。
金沙水拍云崖暖，大渡桥横铁索寒。
更喜岷山千里雪，三军过后尽开颜。

29日，陕甘支队向通渭前进，尔后三路北上，经静宁，越过西（安）兰（州）公路，于10月7日翻越六盘山，在宁夏境内的青石嘴消灭敌东北军骑兵两个连，突破敌人在平（凉）固（原）公路的封锁线。过六盘山时，毛泽东写《长征谣》一首：

天高云淡，望断南飞雁，不到长城非好汉，屈指行程已二万！同志们，屈指行程已二万！六盘山上呀高峰，赤旗漫卷西风。今日得着长缨，同志们，何时缚住苍龙？①

10月19日，到达陕甘苏区边缘的吴起镇（今吴旗县城）。21日，在彭德怀、毛泽东、周恩来的亲自指挥下，于吴起镇附近的平台山击溃尾追之马家军骑兵3个团，歼敌2000余人，缴获战马1000多匹。毛泽东即兴赋诗给彭德怀：

山高路远坑深，大军纵横驰奔。
谁敢横刀立马？惟我彭大将军！

10月22日，党中央在吴起镇举行了政治局扩大会议。毛泽东在会上作了关于目前行动方针的报告和结论。会议确定：陕、甘、晋是发展的主要区域，决定以吴起镇为中心，整顿部队，扩大红军，进行群众工作，以后向西、向南寻机歼敌，待黄河结冰后再向东发展。

---

①后来，毛泽东将这首《长征谣》改为《清平乐·六盘山》一词：天高云淡，望断南飞雁。不到长城非好汉，屈指行程二万。 六盘山上高峰，红旗漫卷西风，今日长缨在手，何时缚住苍龙？

10月27日，中共中央政治局在吴起镇召开常委会议。毛泽东说：目前主要作战方向是南边，要先将董英斌的两个师消灭；二十五、二十六军在甘泉、富县集中配合作战；如能对杨虎城、孙蔚如一路继续打两个胜仗，即可打破“围剿”。会议确定常委分工：毛泽东负责军事工作，秦邦宪负责苏维埃工作，周恩来负责中央组织局和后方军事工作。①

红十五军团于10月1日和25日先后取得了劳山、榆林桥战役的胜利，但敌人的“围剿”尚未打破。在大敌当前的紧要关头，中共陕甘晋省委中“左”倾冒险主义的一些领导人，在西北红军中搞肃反扩大化，错误地逮捕了一大批党政军领导干部。

早在1933年，郭洪涛带着王明“左”倾路线控制的北方局的指示回到陕北，担任陕北特委组织部长。1935年6月，原党中央北方局的代表孔原派朱理治以北方局特派员的身份来到陕北，同郭洪涛结合起来，继续推行王明“左”倾路线。榆林桥战斗后，“左”倾路线的执行者在后方进行夺权。他们把红二十六军从前线调到安塞县的高桥、红二十七军调到富县的羊泉。在甘泉县下寺湾召开会议布置肃反，把习仲勋等一大批干部扣押起来。红二十六军营以上干部、陕甘边县上的主要领导，几乎无一幸免。他们大搞逼、供、信，杀了200多个同志。10月6日，他们将刘志丹逮捕。西北军委保卫局副局长戴季英等人，决定秘密逮捕刘志丹时，刘志丹正因公去瓦窑堡的路上，他碰到送命令的通信员，通讯员不知底细，把信交给了刘志丹。刘志丹看完信，表现得十分冷静，他把信退给通信员说：“你赶快把信送到军团部去，就说我去瓦窑堡了。”他到瓦窑堡后，就被逮捕入狱。罪名是：同国民党部队有秘密勾结、右派、反革命。对这种过火的做法，连郭洪涛也反对。当朱理治征求郭洪涛的意见时，他说：“杀了我的头，也不相信刘志丹、高岗、张秀山是反革命！”

党中央和陕甘支队在吴旗进行短暂休整后，10月底经保安（志丹）沿洛河南下，向甘泉地区前进。党中央、毛泽东到达下寺湾后，了解到这一情况，下令：刀下留人、停止捕人。立即派中央保卫局的王首道、刘向三、贾拓夫代表党中央去陕北工农民主政府所在地瓦窑堡，接管执行“左”倾错误的保卫局。制止了陕甘晋省委在苏区内部的肃反。不久，把受诬陷被捕的刘志丹等释放出来，恢复了其党内外职务。

1935年11月3日，中共中央在陕西省甘泉县下寺湾召开政治局会议。

---

①《毛泽东年谱（1893—1949）》上卷，人民出版社、中央文献出版社，1993年12月第1版，第483页。

会议决定，目前对外使用中共西北中央局和中华苏维埃共和国中央政府西北办事处的名义。会议确定分工："军委方面毛泽东、组织局周恩来、政治部主任王稼祥、少共凯丰（何克全）、组织部罗迈（李维汉）、工会刘少奇"。成立西北革命军事委员会，毛泽东为主席，周恩来、彭德怀为副主席。会议分析了陕北根据地内外的政治和军事形势，决定分两路行动：一路由张闻天、秦邦宪、刘少奇、邓发、董必武、李维汉率领中共中央机关（非战斗单位）从下寺湾直接去安定县瓦窑堡；另一路由毛泽东、周恩来、彭德怀率领红一军团（作战部队）南下和红十五军团会合，准备粉碎国民党军对陕北苏区的第三次"围剿"。①

11 月 5 日，党中央和陕甘支队在甘泉以南的道佐埠象子湾与红十五军团会师。会师后，为统一指挥，党中央决定恢复红一方面军番号，任命彭德怀为司令员、毛泽东为政治委员；原一、三军合编为第一军团，任命林彪为军团长、聂荣臻为政治委员；红十五军团编入红一方面军建制，徐海东为军团长，程子华为政治委员。党中央决定成立中国工农红军西北革命军事委员会，毛泽东为主席，周恩来、彭德怀为副主席，叶剑英为参谋长，张云逸为副参谋长，王稼祥为政治部主任，杨尚昆为副主任。

毛泽东向随行部队讲话说："我们从瑞金算起，总共走了 367 天。我们走过了赣、闽、粤、湘、黔、桂、滇、川、康、甘、陕，共 11 个省，经过了五岭山脉、湘江、乌江、金沙江、大渡河以及雪山草地等万水千山，攻下许多城镇，最多的走了两万五千里。这是一次真正的前所未有的长征。敌人总想消灭我们，我们并没有被消灭，现在，长征以我们的胜利和敌人的失败而告结束。长征，是宣言书，是宣传队，是播种机。它将载入史册。我们中央红军从江西出发时，是 8 万人，现在只剩下 1 万人了，留下的是革命的精华，现在又与陕北红军胜利会师了，今后，我们红军将要与陕北人民团结在一起，共同完成中国革命的伟大任务！"②

11 月 18 日，中国工农红军西北革命军事委员会在富县直罗镇以东的东村召开会议，着重讨论红军的战略方针问题。出席会议的有：毛泽东、周恩来、彭德怀、林彪、程子华、徐海东、李富春、聂荣臻、杨尚昆、张云逸、萧劲光、郭述申、朱理治、朱瑞、张纯清等。毛泽东在会上作报告，他指出：大量消灭敌人、猛烈扩大根据地、扩大红军是三位一体的任务；战略方针是攻势防御，将红军集中南线，出中部洛川，切断西安至延

---

①《毛泽东年谱（1893—1949）》上卷，人民出版社、中央文献出版社，1993 年 12 月第 1 版，第 484 页。

②《毛泽东传（1893—1949）》，中央文献出版社，1996 年 8 月第 1 版，第 368 页。

安的交通，相机夺取中部县城，争取夺取甘泉、延安。与会同志一致同意毛泽东指出的战略计划。

根据地东边是山西阎锡山的部队，北边是陕北军阀井岳秀的部队，西边是甘宁青三省“五马”的部队，南边是东北军张学良的部队。劳山、榆林桥战斗后，东北军乘根据地内部危机之机，以董英斌部5个师的兵力，向陕北根据地组织新的进攻：东边是一一七师沿洛川、富县大道北进，和甘泉、延安之敌连接起来，形成一条南北封锁线；西边是一〇六、一〇八、一〇九、一一一4个师，从甘肃的庆阳、合水一带，沿葫芦河东犯，形成一条东西封锁线，妄图在富县地区夹击红军。

根据敌人的意图，毛泽东决定集中会师在陕北的各路红军在直罗镇一带，给敌人一个迎头痛击。彭德怀、聂荣臻、徐海东、程子华、贺晋年等中央红军、红十五军团团以上的干部，遵照毛泽东的指示，去直罗镇观察地形。直罗镇是一个不过百户人家的小镇，三面环山，一条从西而来的大道穿镇而过，北边是一条小河。干部们看过后兴奋地说：“这一带的地形，对我们太有利了！”“敌人进到直罗镇，真如同钻进了口袋。”①

1935年11月20日，红军第一军团集结在直罗镇以北地带；红十五军团集结在直罗镇以南。战前，游击队给红军带路、传递情报、侦察敌情，有12名小英雄为红军送信献出了生命。

22日，红军在直罗镇设伏，当天下午，东北军一〇九师师长牛云峰率部在6架飞机的掩护下，从黑水寺沿葫芦河向直罗镇进犯。红十五军团一个营在直罗镇西北与敌人接火，红军边打边退，敌人以为红军败退，一直追到直罗镇，并占领了北山寺、旗杆山的山头，构筑工事。

当晚，毛泽东下达命令：我们要的是歼灭敌人，不要打击溃战。按照预定的部署，红一军团从北到南，红十五军团从南到北，拂晓前把敌一〇九师包围在直罗镇，毛泽东亲临前线，在大梁峁指挥战斗。

经过两个小时战斗，红军占领敌师部。直罗镇战役结束，共歼灭国民党东北军1个师又1个团，俘虏敌人5300余人，缴枪3500余支。23日晚，敌师长牛云峰被打死。后，在黑水寺以西的张家湾歼敌一〇六师1个团，迫使西路敌一〇八师、一一一师退回甘肃，东路敌一一七师退出富县。粉碎了蒋介石对陕北根据地的第三次“围剿”。

红一军团第一师政治委员黄苏在直罗镇战役中牺牲。黄苏，广东省人，1908年生，1925年加入中国共产党。参加过省港大罢工，任工人纠察

①《毛泽东传（1893—1949）》，中央文献出版社，1996年8月第1版，第372页。

队队长。1927 年参加广州起义。曾被选为中华苏维埃共和国中央执行委员。1934 年 10 月，随红八军团长征，任红八军团政治委员。12 月，红八军团撤销后，任红一军团第一师政治委员。

11 月 30 日，在富县东村召开了营以上干部会议。毛泽东作了《直罗镇战役后目前的形势和任务》的报告。毛泽东在分析了国际形势和国内局势后指出：直罗镇战役后的胜利严正地告诉日本帝国主义，中国共产党和红军不许你们进攻华北和灭亡中国；不许蒋介石把中国出卖给日本帝国主义；我们要用枪炮和热血，打倒日本帝国主义。

直罗镇战役胜利后，使陕北根据地成为了各路红军长征会师的落脚点。

第五章　主要参考书目

《遵义会议的光芒》，纪念遵义会议 50 周年，解放军出版社，1984 年 10 月版。

《我的历程》（1908—1949），伍修权，解放军出版社，1984 年版。

《特殊连队——红一方面军干部休养连长征纪实》，郭晨，农村读物出版社，1985 年版。

《回顾长征——纪念中国工农红军长征胜利会师五十周年》，蒋风波、曾庆洋编选，人民出版社，1985 年 12 月版。

《红军长征大事纪略》，郑理、豫人编，解放军出版社，1986 年 8 月版。

《截不断的洪流》，王景佳、张国琦、周炳钦，宁夏人民出版社，1988 年 8 月版。

《陈云文选》第一卷，人民出版社，1995 年 5 月版。

《刘少奇年谱》上卷，中央文献出版社，1996 年 9 月第 1 版。

《长征——闻所未闻的故事》，索尔兹伯里。

《红军长征到陕北》，阎树声、刘凤梅，载《延安大学学报》，1979 年第 1 期。

《关于遵义会议的几个问题》，李安葆，载《贵州社会科学》，1981 年第 4 期。

《关于红军长征的战略方向问题》，李安葆，载《历史教学》，1981 年第 4 期。

《同学 · 战友 · 师表——纪念王稼祥同志》，伍修权，载《人民日报》，1982 年 6 月 10 日。

《党中央何时决定到陕北试析》，刘煜、任学岭，载《延安大学学报》（社科版），1983 年第 3 期。

《红军长征是怎样选定陕北为落脚点的》，丁雍年，载《延安大学学报》（社科版），1983 年版。

《关于长征结束后的红军人数问题》，姜任耕，载《江西大学学报》，1983 年第 3 期。

《遵义会议研究综述》，杨洪范，载《辽宁师范学报》，1983 年第 5 期。

《关于榜罗镇会议召开时间及地名考证》. 秦生，载《社会科学》（兰州），1984 年第 1 期。

《强渡大渡河的 17 勇士》，宋豫君、朱林长，载《历史教学》（天津），1984 年第 9 期。

《新发现的遵义会议史料》，邹爱国，载《瞭望》，1984 年第 10 期。

《毛泽东给彭德怀诗的几个问题的质疑》，毛代胜，载《衡阳师专学报》（社科版），1985 年第 2 期。

《试论张闻天对长征的贡献——纪念红军长征胜利五十周年》，张兆文，载《汉中师院学报》，1986 年第 3 期。

《红军长征途中十次会议述评》，黄惠运，载《赣南师范学报》（哲社版），1986 年第 4 期。

《党中央关于红军长征战略方针的演变》，载《军事史林》，1986 年第 5 期。

《难忘的三百六十九天》，刘英，载《瞭望》，1986 年第 40 ~ 43 期。

《毛泽东与红军长征的胜利》，伊胜利，载《理论探讨》（哈尔滨），1987 年第 1 期。

《张闻天是如何从王明“左”倾路线中摆脱出来的?》，陆永明，载《党史文汇》（太原），1987 年第 2 期。

《关于遵义会议改组中央领导核心的表述问题》，元江，载《南开学报》（哲学社会科学版），1987 年第 6 期。

《周恩来在遵义会议前后的历史作用》，郑心芬，载《历史教学》（天津），1987 年第 9 期。

《遵义会议对党中央政治路线的肯定是一种斗争策略吗?》，韩风，载《南京政治学院学报》，1988 年第 1 期。

《近两年来红军长征若干史实考证略述》，陈瑞芬，载《华东石油学院学报》（社科版），1988 年第 2 期。

《关于红军长征的两个问题之考证》，李义凡，载《商丘师专学报》（社科版），1988 年第 3 期。

《近年来红军长征史研究的进展）. 曾景忠，载《江西社会哲学》，1988 年第 5 期。

《关于遵义会议进程的几点探讨》. 曾景忠，载《中共党史研究》，1988 年第 6 期。

《也谈遵义会议改组中央领导核心的表述问题》，林风，载《南开学报》，1988 年第 6 期。

《共产国际与中央红军长征时机选择》，赵蔚，载《近代史研究》，1988 年第 6 期。

《张闻天与遵义会议》，田晓池，载《河北师范大学学报》（社科版），1989 年第 3 期。

《对红军四渡赤水几个问题的探讨》，元江，载《南开学报》（社科版），1989 年第 4 期。

《共产党员》（河北）1989 年第 1、6 期。

《党史博采》，1989 年第 5 期。

《试论党中央“以陕北作为领导中国革命的大本营”思想的形成》，秦生。

《毛泽东〈清平乐・六盘山〉词创作经过》，计若石，载《党史文汇》，1993 年第 10 期。

《张闻天对遵义会议的特殊贡献》，耿飙，载《人民日报》第五版，1994 年 12 月 18 日。

毛泽东

MaoZeDong

congshaoshandaozhongnanhai

从韶山到中南海

下册

贾章旺◎著

中国文史出版社

第六章

·延安(上)

MAOZEDONG

第六章　延安(上)

一　东征

1935年7～8月，共产国际第七次代表大会在莫斯科召开。共产国际新的总书记季米特洛夫①作了《法西斯主义的进攻与共产国际为工人阶级的反法西斯主义的统一而斗争的任务》的政治报告。报告对国际形势作了分析，规定建立工人阶级反法西斯统一战线和各民主阶级反法西斯人民战线的新策略。报告对殖民地半殖民地的反帝统一战线，对在中国建立抗日民族统一战线作了具体阐述，指出在中国应联合中国境内所有那些愿意为救国救民而起来斗争的有组织的队伍，来建立一个反对帝国主义及其代理人的非常广泛的统一战线。国际“七大”，纠正自身长期的关门主义，转而执行统一战线的新策略，这是一个根本性的转变。

1935年8月1日，中共驻共产国际代表团以中华苏维埃中央政府、中国共产党中央委员会的名义，发表《为抗日救国告全体同胞书》（“八一宣言”）。此文揭露了日本帝国主义的侵华罪行和蒋介石国民党政府卖国内战政策所造成的民族危机，提出抗日救国10大纲领，并倡议组织国防政府和抗日联军；号召全国同胞，有钱的出钱，有枪的出枪，有粮的出粮，有力的出力，有专门技能的贡献专门技能；要全体同胞总动员，用一切新旧式武器，武装起千百万民众，战胜日本帝国主义侵略者。②

---

①格奥尔基·米海依诺维奇·季米特洛夫，1882年6月18日出生于保加利亚一个普通工人家庭。他从15岁起就参加了革命。1902年加入保加利亚工人社会民主党，次年该党分裂，他参加“紧密派”社会民主党，1909年当选为党中央委员。1919年5月，“紧密派”改组为保加利亚共产党后，他继续担任党的领导工作。1923年9月，在领导保加利亚人民武装起义失败后，被迫流亡国外。1933年希特勒制造国会纵火案时被捕，在莱比锡法庭上英勇揭露法西斯罪行，后被释放。1934年到苏联。1934年被选进共产国际执行委员会主席团。1935年起担任共产国际的总书记。

中国人民抗日斗争和中国共产党的革命斗争经验，引起了他的高度注意。在筹备和召开共产国际第七次代表大会过程中，他总结了法国人民阵线、西班牙革命和西欧工人运动的经验，也总结了中国人民的革命斗争的经验，提出了在帝国主义和资本主义国家建立无产阶级统一战线和反法西斯人民阵线、在殖民地和半殖民地国家建立反帝统一战线的口号。

②《中共党史教学参考资料》（二），第34页。

1935年11月13日，中共中央发表《为日本帝国主义吞并华北及蒋介石出卖华北、出卖中国宣言》，提出“抗日反蒋是全中国民众救国图存的惟一出路”。① 11月28日，中华苏维埃共和国中央政府主席毛泽东、中国工农红军革命委员会主席朱德发表《抗日救国宣言》，重申了建立抗日民族统一战线的主张，号召全国人民抗日反蒋。②

1935年12月17日~25日，中共中央在陕北瓦窑堡召开政治局扩大会议，讨论党的策略路线与战略方针问题。出席会议的有：毛泽东、张闻天、周恩来、博古、王稼祥、刘少奇、彭德怀、邓发、凯丰、李维汉、张浩、③ 杨尚昆、黎平（吴亮平）、郭洪涛、李德等。

鉴于日本帝国主义妄图把中国变成它的殖民地，民族矛盾已上升为主要矛盾。会议指明了两种危险倾向：一种是认为中国民族资产阶级不能同工人、农民联合抗日的关门主义；一种是对于革命的急性病。通过了《关于目前政治形势与党的任务决议》。确定了建立抗日民族统一战线的总政策，将中华苏维埃工农共和国改为中华苏维埃人民共和国，并相应改变对富农、对工商业、对各阶层的政策，团结他们共同抗日，这是中国共产党政治路线的一个重大转变。为更好地完成抗日任务，提出在组织上扩大党和巩固党，并大数量地培养干部。

会议一致同意毛泽东关于军事战略问题的报告，通过了《关于军事战略问题的决议》，确定党的战略方针是：在以坚决的民族战争反对日本帝国主义进攻中国的总任务之下，把国内战争同民族战争结合起来，1936年应准备直接对日作战的力量，猛烈扩大红军。在此方针下，红一方面军的行动部署，应确定放在“打通抗日路线”与“巩固扩大现有苏区”这两个任务之上，把前者作为中心任务。并确定：把红军行动与苏区发展的主要方向，放在东边的山西和北边的绥远等省去。

---

①《中国党史参考资料》（三）（第二次国内革命战争时期），人民出版社，1979年11月第1版，第165页。

②《中共党史参考资料》（三）（第二次国内革命战争时期），人民出版社，1979年11月第1版，第168~169页。

③张浩，原名林育英，又名林仲丹，湖北黄冈人，1897年生，1922年2月加入中国共产党，后赴苏联东方大学学习，1925年回国，1927年参加秋收起义，1928年后任中共湖南省委常委、职工委员会书记，1930年4月以中华全国总工会特派员身份去哈尔滨领导工人运动，后曾任中共满洲省委代理书记。1933年任中共驻共产国际代表团成员和中国驻赤色职工国际代表，1935年11月下旬回国到达陕甘革命根据地，传达共产国际第七次代表大会精神，并携带密码，协助党中央与共产国际沟通联系（早期，共产国际与中共中央的联系靠上海的电台联系，红军长征前夕，中共上海局的电台被国民党特务破获，因而中共中央与共产国际的联系中断）。张浩于1942年3月6日在延安病逝。

27日，毛泽东在中国共产党活动分子会议上作《论反对日本帝国主义的策略》的报告。详细地论述了民族资产阶级在抗日条件下重新建立统一战线的可能性和重要性。深刻地批判了党内过去长时期内存在着的狭隘关门主义和对于革命的急性病，并指出这是党和红军在第二次国内革命战争时期中受严重挫折的基本原因。报告还唤起党内注意1927年陈独秀右倾机会主义引导革命归于失败的历史教训，并指出蒋介石必然要破坏革命势力的趋势，提醒全党在新环境中保持清醒头脑。

红军到达陕北以后，面临的问题是根据地面积不算小，就是太穷。要抗日和革命，需要有前进阵地和后方。向北是沙漠；向西也不行，是沙漠的边缘，是回族聚居区，没有多少人口，而且蒋介石嫡系部队也纷纷向这个地区集中；向南也不行，西安是国民党在西北的大本营；只有向东——到山西去。如果在山西有了立脚点，向东打日本就好办了，再向东就是河北省，这里曾发生过革命暴动，且平津一带不断掀起学生的抗日爱国高潮，红军向东去是可以互相策应和配合的。

1936年1月17日，中共中央在瓦窑堡召开政治局会议，研究行动方针与组织问题。出席会议的有：毛泽东、张闻天、周恩来、邓发、刘少奇、凯丰及李维汉、林伯渠、吴亮平、郭洪涛、李德①等。毛泽东、周恩来在会上分别作目前行动方针和组织问题的报告。会议再次肯定1936年的基本任务是巩固扩大现有苏区，打通与苏区的联系，把国内战争与民族战争结合起来，扩大抗日力量及主力红军。并决定彭德怀、张浩参加政治局工作；毛泽东、张闻天、彭德怀、张浩等随红军主力行动，周恩来、博古、邓发、凯丰坚持后方工作，王稼祥病愈后参加后方工作。会议同时决定，政治局候补委员刘少奇奔赴天津，指导白区北方局的工作。

19日，西北革命军事委员会主席毛泽东，副主席周恩来、彭德怀联名发出《关于红军东进抗日及讨伐卖国贼阎锡山的命令》，指出：阎锡山接受日本天皇的命令，秘密把陕西卖出去。本会命令我英勇的抗日主力红军即刻出发，打到山西去，打倒万恶的阎锡山，保卫抗日根据地，扩大抗日根据地，开通抗日前进道路，同日本直接开火，把日本帝国主义尽快赶出中国。

---

①根据李德本人的要求，1938年被转为中共党员，1939年夏共产国际召李德回到莫斯科。1941年至1948年李德在苏联的克拉斯诺戈尔斯克任教。1953年回到民主德国，主要从事翻译工作，任列宁著作德文版主编。1969年发表他的长篇连载《中国纪事》（约25万字，1974年刊印成书）。李德退休时，定居东柏林，1974年病故。

阎锡山是山西的土皇帝，他从清朝末年在山西当都督到民国当省主席和绥靖主任，统治山西几十年。1936 年初，他有部队 8 万人，有自己的兵工厂。他听说红军到陕北，沿黄河东岸 10 多个县，构筑了高碉暗堡。

1936 年 1 月 26 日，毛泽东率中国人民抗日先锋军总部，从瓦窑堡出发，开始了东征。经过 3 天紧张的行军，于 28 日到达延长县城。在这里，毛泽东主持召开了红军抗日先锋军团以上干部会议，会议具体确定了东征的路线，布置了兵力。并从政治思想到战术技术、组织编制，都进行整顿训练。1 月 28 日，在临镇举行东征誓师大会。

东征军命名为“中国人民红军抗日先锋军”。领导成员是：前敌总指挥彭德怀，政治委员毛泽东，参谋长叶剑英，政治部主任杨尚昆，组织部长黄克诚，宣传部长陆定一，后勤部长杨立三，敌军部长李涛，民主部长刘晓。率领林彪、聂荣臻领导的红一军团,① 徐海东、程子华领导的红十五军团,② 刘志丹、宋任穷领导的红二十八军,③ 共约 2 万余人。

2 月，毛泽东在延长县古峪村——抗日先锋军司令部所在地，召集团以上干部，进一步作动员，讲东征形势与任务，明确了东征的任务有 3 条：①到外线打击卖国贼阎锡山，并调动他在陕北的 4 个旅的兵力，借以粉碎敌人对陕甘边区新的围剿；②配合北平一二·九学生抗日爱国运动和全国反内战高潮；③壮大自己的力量，促进抗日民族统一战线的实现。

2 月 2 日，旧历年刚过，毛泽东带领东征军总部机关，从延长县城出发途经延川县杨家圪台村向清涧方向前进。当部队走进一个小山沟休息时，毛泽东给随行秘书、机要人员、警卫班和电台工作人员讲了话：今天我向你们讲两件事：第一，要注意保密；第二，大家要搞好群众关系，严格遵守三大纪律八项注意，多了解群众情况，多向群众宣传抗日民族统一战线的方针。

2 月 6 日，抗日先锋军总部机关到达清涧县袁家沟。当晚一场大雪，推迟了渡河时间，毛泽东在黄河边散步，眺望北国风光，千里冰封，万里雪飘，即景生情，写下了《沁园春·雪》：

北国风光，千里冰封，万里雪飘。望长城内外，惟余莽

---

①下辖 3 个师：红一师，师长陈赓，政委杨成武；红二师，师长刘亚楼，政委萧华；红四师，师长陈光，政委彭雪枫。

②军团长徐海东，政委程子华，副军团长兼参谋长刘志丹，下辖红七十五、红七十八、红八十一师。

③军长刘志丹，政委宋任穷。

莽；大河上下，顿失滔滔。山舞银蛇，原驰蜡象，欲与天公试比高。须晴日，看红装素裹，分外妖娆。
江山如此多娇，引无数英雄竞折腰。惜秦皇汉武，略输文采；唐宗宋祖，稍逊风骚。一代天骄，成吉思汗，只识弯弓射大雕。俱往矣，数风流人物，还看今朝。

林彪遵照毛泽东的意图到黄河岸边各地进行了侦察。开始想从冰上渡河，因为这一年天气回暖较早，黄河提前化冰，遂决定改为船渡。因红军深经长征的考验，渡河工作组织得很严密。

1936年2月18日，毛泽东出席红一方面军团以上干部会议，作了关于东征形势与任务的报告，强调当前的首要任务是东渡黄河。随即同彭德怀发布了红一方面军东征作战命令。从2月18日晚8时开始，红一军团、红十五军团分别从陕西省绥德县沟口、清涧县河口等地强渡黄河。红军以勇猛果断的动作，迅速突破了晋绥军苦心经营的黄河防线，连溃守敌，控制了河东滩头阵地。一举突破阎锡山晋绥军的防线，占领了山西境内三交、留誉、义牒等乡镇。到23日，已控制宽50公里、纵深35公里的地区，并包围了石楼县城。到25日，已消灭、击溃晋绥军5个团，缴获枪支800多支，俘虏1200余人。取得了东征战役的第一个胜利，当地老百姓闻听后说："红军飞过黄河来了！"

渡河成功后，红军立即发布了西北革命军事委员会"东进抗日及讨伐卖国贼阎锡山的命令"，通电全国。①

毛泽东在黄河两岸指挥红军两个军团渡过黄河后，于21日渡河，赶赴山西石楼前线。毛泽东去前线时，就将贺子珍托付给张闻天夫妇。毛泽东去前线心切，连贺子珍特意为他带来的熏鸡都来不及尝一口。贺子珍将鸡分给张闻天一半，鸡硬得几乎嚼不动。毛泽东喜欢吃硬的东西，他的胃和牙，格外的坚强，他的饮食有两点特殊：一是顿顿离不开辣椒，二是喜欢吃有嚼头的东西。

2月25日，红一军团在关上村将准备逃跑的阎军独立二旅第四团全部包围歼灭，敌团长李清华当场毙命，同时全俘了敌人一个炮兵连。旅长周源健只身逃跑。独二旅是阎锡山的"王牌军"，阎锡山给周源健以"撤职拿问"的处分。

红十五军团占领义牒后直扑石楼县城，吓得守敌紧闭城门，不敢出

①《毛泽东传（1893—1949）》，中央文献出版社，1996年8月第1版，第380页。

动。25 日，红军在隰县蓬门一带布下伏兵，全歼增援石城的阎军六十九师四〇五团先头部队的一个营，敌后续部队闻风逃遁。红军围困石城的消息轰动全国，成了各大报刊的重要新闻。

红军穿过中阳，绕攻柳林，继续东进。3 月初，红一军团和红十五军团进入孝义县兑九峪一带。阎锡山急令晋军杨郊欧所部六十六师向兑九峪一带集结。3 月 10 日，兑九峪展开大战，战斗中阎又令晋军七十二师李生达部、七十师王靖国部相继投入战斗。开始红军打得还比较顺利。后来当发现敌人兵力不是原估计的 4 个团，而是 3 个步兵师、1 个炮兵旅，总共 14 个团时，为保存战斗力，避免和敌人决战，毛泽东等人当机立断，命令部队立即撤出战斗。此次战斗，红军打垮了敌人两个师，消灭其一部，红军亦有伤亡。

对红军的英勇战斗，阎锡山大为震惊，深感红军厉害。他急电蒋介石，要求迅速派兵增援。蒋介石决定陈诚任总指挥，调动汤恩伯第十三军 2 个师，关麟征、朱怀冰、李仙洲各 1 个师，商震第三十二军 2 个师，共 7 个师的兵力，约 10 万人，分三路开进山西。一路由风陵渡过黄河，经洪洞、赵城等县，指向隰县方向；一路由平汉路转正太路入晋；一路经道清路（河南新乡至焦作的一段铁路）入晋，由晋城北上。蒋还派了几十架轰炸机，侦察轰炸，并电令驻陕西的国民党军队向黄河两岸推进，妄图切断红军后路，歼灭红军于黄河两岸。

根据新的情况，红军为保存实力，3 月 12 日决定不再东进：红一军团沿同蒲路南下，红十五军团通过晋中转向晋西北；毛泽东率领总部机关和一个特务团、一部电台和少数参谋警卫人员，总共不到 1500 人到吕梁山区打游击，同时指挥两路红军行动，领导全党工作。

此时，共产国际七大决议的文件已经到达。中共中央觉得有必要对前一段工作进行总结，明确下一阶段的任务。毛泽东和张闻天等商定，在前方召开中央政治局会议。

从 1936 年 3 月 20 日 ~27 日，中共中央政治局会议先后在孝义县大麦郊、隰县石口和石楼县罗村、四江村举行。会议由张闻天主持，并作了传达共产国际七大决议案的报告。毛泽东在发言时强调：瓦窑堡会议决议是合乎共产国际七大决议案的，会后的中央工作是与国际决议一致的，事实上已经打开了新局面。毛泽东说：中国共产党要站在民族解放战争的最前列，集中力量反对主要敌人；中国人的事要自己干，相信自己；一要相信自己，二不要朋友是不对的；我们的任务，要利用每一分钟来争取最大多数。

会议的第二阶段，讨论军事战略方针问题，由毛泽东作报告。他说：华北是全面对日作战的战场，经营山、陕，主要是山西，是对日作战必要与重要的步骤；我们的方针是以发展求巩固，在战略上要大胆，因为客观环境好；在战役上要谨慎，有利地形上以多胜少，以求减少错误；山西是主要的，也可以临时到河北、绥远去；现在在山西临时采取分兵原则，三个集团军采用打网式的普遍的游击战，求得一般地削弱敌人；我们自己则争取群众，扩大红军，而以扩大红军为主中之主；敌人“围剿”来时要防御，“围剿”打破后就要进攻，现在应该进攻。会议决定，战略方针由毛泽东起草。会议决定，中共中央不再随东征红军行动。会后，张闻天等随即回后方瓦窑堡。①

红军入晋以后，震撼全国。红军纪律严明，热爱群众，打击土豪劣绅，得到了广大人民的热烈拥护。青年人纷纷要求参军，从3月21日~28日这7天中，就有3000多名青年自愿报名参军。南进的红一军团一师三团，仅在洪洞下纪落村一带，两周内扩军325名。

北进的红十五军团骑兵部队逼近太原南郊的晋祠时，阎锡山连日坐卧不安。阎军在太原“绥靖公署”门口和大院里垒起沙袋，架起机枪，周围布满荷枪实弹的士兵，严密防范。并下令全省戒严，太原市晚上12时后禁止行人。

日本驻华北军参谋长石井宣称：“红军入晋，非同小可，红军不独武装齐全，而且士卒用命，纪律严肃，勇敢善战，晋军屡为所挫，实使人有特别注意之价值。”

刘志丹和宋任穷率领的红二十八军是1936年3月下旬从陕北佳县以北渡过黄河的，3月31日占领了兴县罗峪口，同红十五军团会合。两军会合后，刘志丹非常高兴，他教育部队虚心地向兄弟部队学习。他的作风也十分艰苦，在东征中，他没有带棉被，晚上睡觉只盖着随身的一件大衣，同志们要把自己的被子让给他，他以感激的心情风趣地对同志们说：“我的这件大衣比被子还好，白天穿，晚上盖，起来也不用打背包。”

4月14日，刘志丹在指挥部队向中阳县三交镇的敌人发起猛攻时，不幸胸部中弹，壮烈牺牲，年仅33岁。在生命垂危之时，他对守在身边的宋任穷说：“政委，你带着部队消灭敌人吧！”指战员们满怀仇恨猛向敌人冲

①《毛泽东传（1893—1949）》，中央文献出版社，1996年8月第1版，第382~383页。

击，一举攻占了三交镇。

刘志丹，是陕西保安县人，[①] 1903 年生，1925 年入党，同年入黄埔军校第 4 期学习。1928 年 4 月参与领导了渭华起义。1931 年九一八事变后，同谢子长[②]等组织西北反帝同盟（后改编为中国工农红军陕甘游击队），历任副总指挥、总指挥。1934 年秋，任中共陕甘边军事委员会主席。1935 年 1 月任中共西北革命军事委员会主席，谢子长牺牲后兼前敌总指挥。1935 年 9 月，任红十五军团副军团长兼参谋长。中共中央和陕甘支队长征胜利到过陕北后，任西北革命军事委员会委员、瓦窑堡警备司令、红二十八军军长等职。后来，在 1943 年 5 月 2 日，为刘志丹在志丹县举行公葬。毛泽东为新建的陵园纪念碑题字，正面为“革命烈士纪念碑”，背面的碑文是：“我到陕北只和刘志丹见过一面，就知道他是一个很好的共产党员。他的英勇牺牲，出于意外，但他的忠心耿耿为党为国的精神永远留在党和人民中间，不会磨灭的。”[③]

4 月 28 日，毛泽东、彭德怀鉴于晋西态势不利，决定红一方面军回师西渡，另图发展，电令各军团首长回到陕西、甘肃活动，以执行扩大苏区，锻炼红军，培养干部等任务。决定第一步集结于延长地域。同时指出，向西执行上述任务，仍然是为着争取迅速直接对日作战，华北各省仍是战略进攻的主要方向。

5 月 2 日，红军从山西省永和、大宁地区的清水关、铁罗关等渡口西渡黄河。至 5 日，全部渡毕，进至延长、延川、永坪地区休整。同日，毛泽东、朱德再次发出《停战议和一致抗日通电》指出，国难当头，双方决战，不论胜负属谁，都是中国国防力量的损失，而为日本帝国主义所称快，因此，为保存国防实力，迅速进行抗战，我党重申“停止决战，一致抗日”的主张。红军 75 天共消灭敌军 7 个团，俘敌 4000 余人，缴获各种枪 4000 余支，山炮 3 门，轻重机枪数十挺及大批弹药。扩大新兵约 8000 人，筹款 30 余万元，并在 20 多个县开展了群众工作，宣传了中国共产党的抗日主张，迫使“围剿”陕北根据地的晋绥军撤回山西。

红军到达陕北，在上海的鲁迅写信为之致贺，信中说：

---

①保安县后以烈士的名字命名，为志丹县。

②谢子长，陕西安定县（今子长县）人，1896 年出生，1922 年入太原学兵团学习军事，1924 年加入中国共产党。1928 年同唐澍等组织领导清涧起义。接着，又参与领导了渭（南）华（县）起义。1931 年冬，任西北反帝同盟军（次年改编为中国工农红军陕甘游击队）总指挥，1935 年 1 月，任中共西北革命军事委员会主席。

③《毛泽东年谱（1893—1949）》中卷，人民出版社、中央文献出版社，1993 年 12 月第 1 版，第 437 页。

英勇的红军将领和士兵们，你们的英勇斗争，你们的伟大胜利是中华民族解放史上最光荣的一页！全中国民众期待着你们更大的胜利，全中国民众正在努力奋斗。为你们的后盾，为你们的声援，你们每一步前进，将遇到热烈的拥护和欢迎。

对于你们，我们那最英勇的伟大的民族解放的先锋队，我们是抱着那样深刻的敬仰，那样热烈的爱护，那样深挚的期望，在你们身上寄托着人类的光荣和幸福的未来。只要想到你们在中国……英勇的、顽强的、浴血苦斗的百折不屈的精神，就是半身不遂的人也会站起来笑！①

二　红军会师

党中央和一、三军星夜出走以后，徐向前说："不能打，哪有红军打红军的道理。" 陈昌浩立即传达了徐向前的命令。

消息传到左路军，张国焘借题发挥。1935 年 9 月 15 日，张国焘发布《大军南进政治保障计划》。中旬，南下部队向着大金川流域的马塘、松冈、党坝一带进发。

10 月 5 日，在西康省马尔康东南的卓木碉召开会议，会场上挂着"反对毛、周、张、博向北逃跑"的大标语，张国焘大肆诋毁党中央，扬言组成新的中央。并迫使朱德、刘伯承等就范。朱德说：朱毛在一起好多年了，全国、甚至世界都知道；你硬要我反对毛，我做不到；红军内部应该讲团结，不能让蒋介石看笑话。他明确表示："北上是正确的。"并说，我拥护北上，但你们坚持南下，我就只好跟着南下。刘伯承说：从全国形势看，北上有利；南下是要碰钉子的，薛岳、李抱冰并没有走，还有川军，向南就会碰到他们；打得好可以蹲一段，打不好还得走。

张国焘宣读了"临时中央"的名单，并以多数通过的名义，形成决议，宣布开除毛泽东、周恩来、张闻天、博古的党籍，宣布将杨尚昆、叶剑英免职查办，张国焘自任"临时中央主席"。

面对张国焘导演的这场丑剧，彭绍辉当夜给朱德总司令写了一封长信，提出反对意见，信被截获，张国焘就将彭绍辉软禁起来。

---

①杨尚昆，《前进！向着抗日战争的胜利前进——纪念 1936 年的"八一"》，载 1936 年 9 月 15 日《火线》（中共河北省委编写的油印本）第 61 期。又见《新华文摘》，1992 年第 3 期第 132 页。

五军团军团长董振堂怒不可遏，径直找到张国焘，当面指责说：你又另立一个中央，这算个啥？这不是同中央闹对立吗？郭天民、陈伯钧也表示反对意见。有的同志甚至提出单独北上，找中央去。红四方面军许多同志对张国焘此举亦议论纷纷。

徐向前在会上未发言。会后，张国焘找他谈话。他恳切地说，党内有分歧，谈一谈，总会解决的，不能用另立中央的办法；亲者痛，仇者快，敌人知道了不好。张国焘一意孤行，徐向前只好把全部精力投入军事斗争中去，以保证部队的生存和发展。

朱德认为四方面军是支好部队，是跟党中央走的。张国焘不得人心，是孤立的。他决心在南下期间，团结这支部队争取重新北上。张国焘采取各种手段排挤和刁难朱德、刘伯承，封锁文电，不让过问事务，连部队也不让接近。张国焘指使人去抢朱德的战马，甚至下令炊事班不给朱德饭吃。警卫员非常生气，朱德劝他，不要把火发到同志们身上，拉走了马，我们还有两条腿，照样可以走路。朱德离开红军总部，搬到徐向前的前线指挥部去，同徐向前、陈昌浩一起，共同管理部队，研究打仗。

10 月中旬，南下部队经过 10 余天的奋斗，击溃川军刘文辉、杨森部 6 个旅，俘获 3000 支枪，占领懋功、达维等要镇。

11 月，南下红军集中第四、九、三十、三十一、三十二等 5 个军的兵力，连克宝兴、天全、芦山等县城，歼敌 5000 余人，击落敌机一架，控制了邛崃山以西、大渡河以东、青衣江以北、懋功以南的川康边广大地区，造成了东下川西平原直捺成都的态势。

11 月 16 日 ~22 日，南下红军 15 个团与川军十几个旅在争夺百丈关战斗中，血战 7 昼夜，毙伤川军 15000 人，红军伤亡近万人。此战红军没能取得决定性的胜利，成为南下红军从战略进攻转入战略防御的转折点。在敌人跟踪追击、重兵压迫、堡垒封锁下，红军南下或东进已不可能。

临近川中盆地的宝兴、天全、芦山一带，1935 年的冬天，一反常态，纷纷扬扬地下起了大雪，丹巴、懋功地区更是漫天皆白。撤离百丈关战斗进军此地的红军将士，衣单被薄，受到严冬的威胁，白天难以值勤站哨，夜里也无法安眠。这里地广人稀，环境复杂，兵员补充发生很大困难，驻地亦常受到民团的袭击。最严重的还有几万人的粮食问题，此地本来物产不丰，适值大雪封锁，派出去的筹粮人员在崎岖的山路上，爬冰卧雪，半天也见不到一户人家，部队只好挖野菜、采野果充饥。

1935 年 12 月 5 日，张国焘致电中央称：“（一）此间用中央、中共中央、中央政府、中央军委、总司令部等名义对外发表文件，并和你们发生关系;(二)你们应称北方局、陕北政府和北路军,不得再冒用党中央名义;(三)一、四方面军名义应取消;(四)你们应将北方局、北路军和政权组织报来,以便批准。”

1936年1月22日,中共中央政治局作出《关于张国焘同志成立第二“中央”的决定》,指出:“张国焘同志自同中央决裂后,最近在红四方面军中公开成立他自己的‘党的中央’、‘中央政府’、‘中央革命军事委员会’与‘团的中央’。张国焘同志这种成立第二党的倾向,无异于自绝于党,自绝于中国革命。党中央除去电命令张国焘同志立刻取消他的一切‘中央’,放弃一切反党的倾向外,特决定在党内公布1935年9月12日中央政治局在俄界的决定。”①

同时,共产国际也肯定了中共中央的北进路线,高度评价了中央红军的英勇长征,并派出代表张浩径向陕北与中共中央取得联系。1936年1月24日,张浩电告张国焘:“共产国际完全同意中国党中央的政治路线,并认为中国党在共产国际队伍中,除联共外是属于第一位。中国革命已成为世界革命伟大因素,中国红军在世界上有很高的地位,中央红军的万里长征是胜利了。”要求张国焘成立西南局。

川军主力与国民党薛岳部6个师向天全、芦山地区大举进犯。2月15日,薛岳所部攻占天全、芦山;16日,进占宝兴、灵关。李抱冰由康定向丹巴进攻,策应东线国民党军。

中共中央时刻关怀着四方面军的命运,提出了3个可供选择的方案:北上陕甘、就地发展和南下转战。并指出以第一方案为上策。四方面军经过讨论,第一方案获得通过。决定以第九十一师两个团的兵力位于硗碛、达维地区,钳制东南之敌,而以主力迅速南进,经懋功、金汤、丹巴进取道孚、炉霍、甘孜,相机占领康定,争取在这一地区进行休整补充,伺机北上。

刘伯承、李先念带着前锋部队,在当地藏民帮助下,翻越积雪盈尺的夹金山和海拔5000米且空气稀薄,风暴、雪崩不断的折多山,为后续部队开辟道路。在这最艰难时刻,牦牛大建奇功,它背起物资,爬起山来飞快,下山时,把四肢收起来,爬在雪坡上一口气滑到山脚,红军同志称之为“革命牛”。

3月15日,四方面军总部机关到达道孚,继而进驻炉霍,随后四方面

①《中共党史参考资料》(三),人民出版社,1979年11月第1版,第189页。

军部队相继占领甘孜、新龙（瞻化）等地。张国焘想从西康出青海到甘肃北部，进至新疆，向大西北退却。经探路，此路不通，他才暂时打消了西进的打算。

半年多的艰难奋战，四方面军减员严重，决定对部队进行整编。朱德有计划地把一方面军的干部分配到四方面军的参谋部、政治部中以促进两个方面军干部的相互了解、取长补短。整编后，部队为 5 个军、28 个团，共 4 万人（南下时为 8 万人）。总指挥徐向前，政治委员陈昌浩，副总指挥王树声，参谋长李特，政治部主任李卓然。

部队就地进行军训，建立地方政权，通融同少数民族的关系，搞文艺宣传，筹备北上物资等。

红二、六军团近 2 万人在贺龙、任弼时、关向应、萧克、王震、甘泗淇、夏曦的率领下，于 1935 年 11 月 19 日告别湘鄂川黔根据地，经湘中、黔西（路经野马川时，为争取一支地方武装，六军团政治部主任夏曦前去做说服工作，途中涉渡七星桥，溺水牺牲），又在云贵高原的绵绵大山中穿行千余里，以巧妙的运动战摆脱了 10 多万敌军的围追堵截，进至盘县，作出了北渡金沙江、实现与四方面军会合的决策。从盘县西进，过普渡河未成，赶到上游的螳螂川过河。决定从金沙江上游丽江、石鼓一带北渡。石鼓是金沙江上游的重要渡口，相传，公元 225 年，诸葛亮率大军南征时，就是从这里渡金沙江（泸水）的，此处有一块用花岗石刻成的形如石鼓一样的石碑，传说就是诸葛亮当时刻的。经过 4 天 3 夜的紧张抢渡，二、六军团的 2 万大军于 1936 年 4 月 28 日全部渡过金沙江。

朱德总司令欣闻此讯，高兴万分，发来贺电："金沙既渡，会合有期，捷报传来，全军欢跃，谨向横扫湘滇黔万里转战的我二、六军团，致以热烈的祝贺和革命敬礼。"

二、六军团迅速向康藏高原挺进，翻越了海拔 5000 余米的白雪皑皑的横断山脉。

四方面军总指挥徐向前身在前线，但对两军团结非常关心，他恳切地同其他领导人说："我们几个方面军就像兄弟一样，是一家人，上次我们同老大没有搞好，吵了架，这次要注意。现在老二就要上来了，我们要学他们的长处，取长补短。"大家动手搓羊毛绳、织毛衣，为战友们准备见面礼。

同前次迎接党中央和红一方面军一样，四方面军派出了第四军及第三十二军一部，由道孚南下，克雅江，占东西俄洛，将康定之敌阻于雅江以东，保证了二、六军团的侧翼安全。

6 月 3 日，六军团先头部队在甲洼与三十二军会合。7 日，击溃李抱冰部占领理化城。经牙坝、阿营麻日、瞻化，沿雅龙江北上，22 日到达甘孜普玉隆。6 月 24 日，四方面军举行欢迎大会，朱德讲话，他欢迎两军会合，要求搞好团结，继续北上，穿过大草地，向陕甘地区前进。

6 月 19 日，二军团第四师进占白玉县城。30 日，军直和第四师到绒岔坝，与四方面军的第三十师会师。

7 月 1 日，贺龙、任弼时到达甘孜与四方面军领导人会见。他们会见了朱德总司令，朱德向他们介绍张国焘分裂党、分裂红军的情况，说："你们来了，我们一起北上，党中央在毛泽东同志那里。"贺龙、关向应、王震同朱德、刘伯承一起反对张国焘的错误，任弼时与张国焘进行个别谈话。

7 月 5 日，接中央电令，组成中国工农红军第二方面军：总指挥贺龙、政委任弼时、副总指挥萧克、副政委关向应、参谋长李达，下属二军团、六军团、三十二军。贺龙兼二军团军团长，政委关向应，政治部主任甘泗淇；六军团军团长陈伯钧，政委王震，参谋长谭家述，政治部主任张子意；三十二军军长罗炳辉，政治部主任袁任远，参谋长郭鹏，政治部主任李干辉。

6 日，任弼时致中共中央和军委，报告了红二、六军团长征以来的情况：这次远征，计费时 7 个多月，行程 1 万余里，伤亡约 5300 人，出发时共 17000 人，到甘孜与红四方面军会合后，为 14300 人（二军团 9000 人，六军团 5300 人），武器比在湖南桑植出发时稍有增加。

6 月 1 日，国民党广东军阀陈济棠和广西军阀李宗仁、白崇禧，打起"北上抗日"的旗号，发表通电，把他们的军队称为"抗日救国军"① 出兵湘南，企图争夺南京国民党政权。驻甘肃的胡宗南部因此南调，甘肃西部空虚，红军总部改变北出方向——乘虚出击岷县，进军甘南，尔后向北进军。

6 月 25 日，李先念率第三十军第八十九师和骑兵师组成的先遣军经两倾寺出阿坝，为全军过草地做好物质准备。27 日，第五军一部攻占崇化。尔后部队分左、中、右 3 个纵队由松潘、包座北上；

7 月 2 日，徐向前总指挥率领由第九军、第四军第十二师、第三十一军第九十三师、独立师及方面军总部组成的中央纵队，从炉霍地区出发向

---

①1936 年 6 月 7 日，在蒋介石的收买下，陈济棠部军长余汉谋等通电拥蒋。17 日，陈济棠部军长张达又被蒋介石收买。18 日，陈济棠被迫下台，转赴香港。20 日，李宗仁、白崇禧派代表赴庐山与蒋介石妥协，宁桂联合。两广事变至此结束。

毛儿盖前进；

3 日，朱德、张国焘、任弼时率领第四军第十师、第十一师、第三十军第八十八师及贺龙、关向应、刘伯承率领的红二方面军组成左路纵队，从甘孜出发，经东谷、两倾寺、阿坝向包座、班佑前进；

10 日，董振堂军长率领由第五军、第三十一军第九十一师组成的右路纵队，从绥靖、崇化地区出动，经卓克基、马塘向毛儿盖、包座前进。

红军东征回师陕北后，蒋介石继续加紧对陕甘革命根据地的进攻。蒋介石着手成立以陈诚为总指挥的晋陕绥宁四省边区“剿共”总指挥部。在陕甘苏区的东面和北面，有蒋介石嫡系汤恩伯部两个师、阎锡山晋绥军的一个师又一个旅准备渡河入陕，协同陕北的井岳秀、高桂滋两个师，采取堡垒政策，向根据地腹部步步进逼。在苏区西部，蒋介石将宁夏马鸿逵、马鸿宾的一部部署在陕甘宁边界地区。在苏区南部，蒋介石命令张学良的东北军和杨虎城的第十七路军向北进攻。但张学良和杨虎城已经同中共建立初步的合作关系，不愿再同红军作战。

面对局势，毛泽东、彭德怀致电中共中央，建议在前方举行中央政治局会议。张闻天采纳了这个建议，同在后方的政治局委员一起来到延长县交口大相寺。1936 年 5 月 8 日，中共中央政治局召开扩大会议。毛泽东出席会议，作了“目前形势与今后战略方针”的报告。张闻天与彭德怀也讲了话。对于当前的形势，毛泽东不是只从边区的局部着眼，而是从全国的大局出发，作出这样的分析：现在反日反法西斯的运动如暴风雨般地发展，工农商学兵各界都要抗日救亡。他们不愿当亡国奴，要反抗，要斗争；群众运动发展到不怕统治阶级压迫的状态！中间分子的态度转变过来了，落后分子也一天天觉醒了；在这种情况下，来自不同方面的对群众的争取十分紧张，我党提出抗日民族统一战线已经被许多人所接受；我们的任务，总的是建立全国人民的统一战线，战胜日本帝国主义和蒋介石；具体的政治任务，在目前是建立西北国防政府；口号是争取直接对日作战，以红军做先锋，可以转到同东北军一齐去干；对南京的态度，在我们方面是发一个回师宣言，主张停战议和，红军东征抗日，蒋阎阻止，红军自动停战，要求议和；不和，那么你是卖国贼，我们就要打卖国贼；在山西立足，从目前我们的力量来看，还有困难，或是不可能的；东边的路，是将来必走的，是长时期内战略进攻的方向。

对下一步的行动方向，毛泽东说：是要在陕南、甘肃、陕北、宁夏“四中择一”，因为“方向在一个时期中只能一个”。毛泽东从政治、经济、军事等方面作了比较：陕北，没有饭吃，地域狭小，不能去；宁夏，黄河南岸不大，虽有金马池，但从政治、经济观点着眼不应去，因为马鸿逵可能争取或守中立，军事上此地不能守，绥远亦然；陕南是重要的战略区域又有红军，但须注意，或者去时易回时难，或者国民党军队在西安、襄阳间筑堡垒，不能出东方；甘肃是上述几条路的必由之路，地方虽不好，但有极重要的意义；再在三边及甘北弄它一块，地广人稀，敌人以后进攻困难，这是这一时期的任务；最好的路，是得到炮兵，向南去；否则只有把蒋调到甘肃，乘其疲而击之，粮食有了，再往东边。

毛泽东在报告中还着重地提出红军政治学校的问题，说：要弄西北局面及全国大局面，没有大批干部是不行的，现在不解决这个问题，将来会犯罪；要首先看明天，再来看今天；不看今天，是空谈；不看明天，就是政治上的近视眼；我们有责任引导同志们看得远，办一所红军大学来培养大批干部，以适应形势发展的需要。会议经过讨论，同意毛泽东的报告，决定红一方面军主力西征，并在瓦窑堡创办红军大学。

会后，毛泽东连续出席 5 月 15、17、19、20、22、23、28 日的 7 次政治局常委会议，逐项落实中央政治局扩大会议提出的任务。在这些任务中，最紧迫的是西征甘肃的军事行动。①

中央决定红一方面军主力进行西征战役。毛泽东在动员时着重说明了西征的 3 大任务：扩大新根据地，扩大红军，打击马鸿逵、马鸿宾②的封建势力。以此来促进陕北抗日根据地的巩固和与东北军、西北军抗日统一战线的形成。

18 日，西北革命军事委员会下达《西征战役计划》。以红一方面军第一、第十五军团和第八十一师、骑兵师共 17000 人组成西方野战军。彭德怀任司令员兼政治委员，聂鹤亭任副参谋长，刘晓任政治部主任。全军分

①《毛泽东传（1893—1949）》，中央文献出版社，1996 年 8 月第 1 版，第 384 ~ 387 页。

②马鸿逵，甘肃临夏（河州）人。其祖父马千龄，早年曾将反叛清廷而起事的回族驱临夏境外。其父亲马福祥和家中兄弟编练武装，到各处为清廷效力，残杀抗清回族人民。1900 年，八国联军进攻北京，马福祥和其二兄马福禄到北京布防，和联军战于正阳门，马福禄阵亡，马福祥随清皇两宫迁到陕西，宿卫宫禁。1910 年清廷授马福祥为建威将军，驻扎兰州，在调停、镇压民族纷争中大发横财。辛亥革命后，马福祥任绥远都统，由其子马鸿逵率部驻绥远，其侄马鸿宾（马福祥之三兄马福寿之子）任宁夏镇守使。1925 年冯玉祥入甘，马福祥将部队交于马鸿逵管带，请冯玉祥收编，冯玉祥将其改为第七师，任马鸿逵为师长，令其驻防宁夏。中原大战期间，马鸿逵按其父指使倒冯投蒋，大战后，蒋介石委任马鸿宾为甘肃省主席，1932 年，蒋介石委任马鸿逵为宁夏省主席。马鸿逵在统治宁夏中，把军队发展到 10 万人，同时罗致了大量财富。1935 年，中央红军到达陕北以后，马鸿逵以处在反共前线，向蒋介石自告奋勇要求防备和阻遏红军在陕甘宁边区的发展。蒋介石亦亲飞宁夏予以鼓气。

为3路：左路军由第一军团组成，左权任代军团长，[①] 聂荣臻任政委，下辖一、二、四师，另1个骑兵团、1个炮兵连、1个工兵连，约8000人；右路军由第十五军团组成，徐海东任军团长、程子华任政委，下辖七十三、七十五、七十八师，另1个骑兵团、1个炮兵连、1个工兵连，约6000人；中路军由聂鹤亭指挥，下辖第二十八、二十九、八十一师和军委直属骑兵团（西征开始后，中路军多与右路军一起行动）。同时留守第二十九军主力、第三十军[②]和陕北地方部队、游击队，在陕甘根据地开展游击战争，钳制入陕的蒋介石的中央军、阎锡山的晋绥军和原在陕西的其他敌军，保卫陕甘根据地。还要红二十八军准备出陕南，会同在该地区坚持斗争的红七十四师在鄂豫陕边开展斗争（6月7日，红二十八军参加西征战役）。

因为红军西征这一地区是回民聚居的地区，毛泽东在1936年5月25日发布了《中华苏维埃中央政府对回族人民的宣言》，提出：主张回民自己的事情，完全由回民自己解决；担保回民信仰的绝对自由；愿意武装回民，成立独立的回民抗日军；取消军阀官僚民团的一切苛捐杂税，改善回民的生活。

5月27日，红十五军团兵分两路，从新城堡地区西进。6月4日，第七十三、七十五师进至定边西南的红柳沟。

28日，红一军团从吴起镇出发西进。6月1日，第一师进攻曲子地区，歼灭马鸿宾的第三十五师第一〇五旅的特务连，俘敌旅长冶成章以下官兵150人。6月2日，红一师向庆阳进军中，在马岭地区击溃敌一〇五旅1个营。6月3日，为歼灭从固原增援曲子之敌，红四师在庆阳阜城地区摆下“口袋阵”，歼援敌军三十五师第一〇三旅的二〇六、二〇九2个步兵团，击溃1个骑兵团，俘敌1400人。随后，红一军团以第四师控制曲子、阜城，第一、二师乘胜北上，4日，进占环县，5日进占洪德。尔后继续西进，向甘肃、宁夏边境的清水河一线发展。11日，主力进至王团庄附近，一边进占宁夏的同心城。13日，进至宁夏的七营附近，切断了宁夏通陕甘的大道，打破了马鸿宾退守宁夏腹地的企图。

6月16日，红十五军团第七十八师袭占定边城，全歼守敌。21日，在

---

①1936年4月，中共中央政治局召开会议。毛泽东、张闻天、周恩来、博古、张浩、吴亮平、李德等出席。会议着重讨论红军大学（后定名为“中国抗日红军大学”——“抗大”）的组成、教育方针等问题。决定林彪任校长、罗瑞卿任教育长，周昆任校务部主任、袁国平任副主任。并由毛泽东、周恩来、林彪、罗瑞卿、杨尚昆组成教育委员会。后任命左权为第一军团代理军团长。

②中国工农红军第三十军于1936年3月2日在晋西开始组建，军长阎红彦、政治委员蔡树藩，全军有600人左右。

骑兵团的协同下，攻占宁夏盐池县城，全歼马鸿逵部守敌骑兵2个团和民团200余人，缴枪200余支、战马200余匹。27日，红十五军团一部攻占宁夏预旺县城（下马关），俘敌280人，缴枪180支、马150匹。7月5日，红十五军团在红城水地区击溃马鸿逵部新七师骑兵3个团和2个营的进攻，毙伤敌300余人。

6月29日，毛泽东在给彭德怀的绝密电报中，具体谈了打通苏联及其道路、时机问题。毛泽东说“以总的战略上看，无论站在红军的观点上，站在红军与其他友军联合成立国防政府的观点上，打通苏联的解决技术条件是今年必须完成的任务，而这一任务是必须由一及十五军团担负。”①

7月14日，毛泽东致电西方野战军司令员兼政委彭德怀，指出：在对敌两团以上兵力作战时，似宜集结更优势之兵力，期于一举消灭之；在作战不具备时，不妨再引退些，把敌诱至有利条件下以便一举消灭，这里要多点忍耐性；要扩大与训练部队，使红军生息强大，造成将来战略上大举反攻之主要的条件；对何柱国指挥“进剿”红军的东北军，决定消灭其一部，这样并不妨碍大局，反有利于大局。

7月17日，红军在曲子成立了陕甘独立师，下属3个团，其中2个团是由曲子、华池、庆阳、合水4支游击队组建的，姚喆任师长，黎林任政委，尹国赤任参谋长。同时还成立了以马青年为师长的回民独立师。

7月底，西征战役胜利结束。给马鸿逵、马鸿宾等部以大量杀伤，并开辟了纵横200余公里的新根据地。

红一方面军就地转入休整，准备策应红二、四方面军北上，实现三大主力会合。

蒋介石为阻止红二、四方面军北上同红一方面军会合，调集新编第十四师鲁大昌部、第三军王均部、第三十七军毛炳文部共5个师的兵力在甘

①《毛泽东年谱（1893—1949）》上卷，人民出版社、中央文献出版社，1993年12月第1版，第554~555页。

南之西固至洮州、天水至兰州一带布防。并令青海马步芳、马步青①部扼守黄河，防止红军西进。

22日，毛泽东、张闻天、林育英致电朱德、张国焘、任弼时，指出：目前陕甘宁为汤恩伯、杨虎城、高桂滋、高双成、张学良、何柱国、于学忠、马鸿逵各部共150余团，在蒋介石命令压迫下，向根据地进攻，毛炳文全部、马步芳一部亦被我吸引到甘北附近，我们正动员全部红军并苏区人民粉碎敌人进攻，迎接你北上。要求“二、四方面军以迅速出至甘南为有利。待你们进至甘南适当地点时，即令一方面军与你们配合，南北夹击，消灭何柱国、毛炳文等部，取得了3个方面军的完全会合，开展西北伟大的局面”。②

7月27日，中共中央批准西北局成立，由张国焘任书记，任弼时任副书记，统一领导红二、四两方面军的北上行动。

8月1日，红四方面军经过艰苦跋涉，第三次通过了茫茫草地，到达班佑、包座地区。二方面军亦跟进。

8月5日，二、四方面军分3路纵队，分别从包座等地出发，挺进甘南：

第一纵队的红三十军、九军、五军，在徐向前、陈昌浩率领下，由包座经俄界、旺藏寺北上。8月9日，先头部队三十军抢占腊子口。8月10日，三十军第八十九师攻占大草滩、哈达铺。五、九军直扑岷州，克漳

---

①马步芳，甘肃临夏（河州）人，其祖父马海晏1871年参加回民反清，曾打败左宗棠所部，不久，马海晏投降清廷，反转矛头，对回民大肆屠杀。1900年，马海晏开赴北京，参加抵抗八国联军进犯北京的战役。战败，在返回甘肃途中病死，其子马麒承袭遗职，当了旗官，驻扎巴镇（今属青海省，但当时青海尚未建省，属甘肃建制）。辛亥革命爆发之初，马麒和其弟马麟残酷镇压宁夏革命。1912年3月，甘肃响应革命，拥护共和，马麒升任西宁镇总兵官。马麒到西宁后，首先扩充军队，编成骑兵十三营（继又扩编骑兵、炮兵、机关枪等营），他的胞弟马麟、长子马步青、次子马步芳、三子马步瀛分别担任各营营长。 1928年10月，冯玉祥指使国民党内政部长薛笃弼向国民党中央政治会议提出，将青海、宁夏由甘肃划出另行建省，获得通过。孙连仲、马麒、九世班禅等任青海省政府委员，孙连仲任主席。中原大战时，孙连仲率部东进，高树勋暂代主席，不久，高离青，由马麒代主席。冯玉祥战败后，马家立刻举起倒冯拥蒋旗帜，马麟率部进驻兰州，马步芳在西宁设立青海省城防司令部，将冯部留下的雷振邦旅将官200余人全用大刀砍死。1930年8月，马麒去世，蒋介石准备接受于佑任的建议，以青海省民政厅长王玉堂代理青海省主席，再行物色人选。马麟、马步芳坚决反对。马步芳说：“先人创立的基业，岂能拱手让人。”同时，马麟、马步芳派人向南京各权要及其眷属纳贿求情。于是，蒋介石于9月2日明令表发马麟为青海省主席。后任马步芳为新编第九师师长（再扩编为新编第二军，又改为正规军第八十二军），马步芳羽毛渐丰之后，排挤其叔马麟，使其出国“朝圣”。 1936年6月，马步芳代理青海省主席。又经行贿，蒋介石中央于1938年3月正式任命马步芳为青海省主席，将马麟调任国民政府委员。

②《关于二、四方面军迅速出至甘肃致朱、张、任电》，载《文献和研究》，1985年第3期。

县。八十九师攻克渭源。

第二纵队的四军、三十一军由王树声率领。第四军沿洮河北上，经野孤桥、新里堡向洮州旧城进攻，20 日，第四军第十师在妇女先锋团一部配合下，攻克洮州旧城。第四军第十二师挥师向临洮方向发展。第三十一军一部于 9 月 7 日占领通渭并向夏河、临夏发展，以保证左翼安全。

第三纵队由第二方面军组成，为策应一、二两纵队，按照预定计划进抵哈达铺后，向礼县、西和、成县、徽县、两当地区发展。

8 月 15 日，张闻天致电红二、四方面军领导人：红军三个方面军的会合，是红军历史上空前未有的大会合，是兴奋全国抗日民众及全世界劳苦大众的光荣的会合，是具有全国与全世界历史意义的伟大胜利的会合；它将首先给予占掠华北、侵略内蒙的日本帝国主义以最响亮的有力的回答，用坚决的抗战来斩断日本伸向内蒙的血手，以保卫内蒙、华北，收复东北失地，为中华民族杀开一条自由解放的大道；我党提出的"停止内战、一致抗日"的口号，已经成为全国广大民众心坎中所激发出来的呼声；三大主力的会合无疑更能使我们抗日统一战线的工作获得新的成功与胜利。

8 月 31 日，红一方面军为策应红二、四方面军北上，开始向西运动：第一军团进占海原以东七营一线，并包围了七营镇之东北军骑兵师 1 个团；第十五军团占领了同心城南的王家团庄、高崖一线，马鸿逵部仓皇而逃。

9 月 6 日，红一方面军第一军团第一师主力及骑兵第二团一部组成特别支队，经海原、郑旗堡之线南进至硝河镇，相机夺取硝河，威胁隆德、静宁、会宁，赤化固原以西、海原以南广大地域。9 日，聂荣臻率特别支队经硝河城南进，14 日，占领将台堡，18 日占领界石铺，直接接应红二、四方面军北上。

9 月 10 日，中革军委电告一方面军：二、四方面军已向陕北开来，准备在静、会地区会师，要做好迎接的一切准备工作。

9 月 11 日，红一方面军第十五军团一部组成特别支队，由第七十三师政委陈漫远率领，向靖边挺进，以调动马鸿逵部西进，14 日，占领打拉池。

16 日，中革军委电告红二、四方面军："胡宗南部大部已到西安，现陆续西进，胡本人到西安。"要求四方面军宜迅速占领隆德、静宁大道，否则将被堵断。但是，此刻张国焘却又按兵不动，他想（经临夏）在兰州以西渡过黄河，然后去新疆，以取得苏联的援助。23 日，中革军委电告前方彭德怀、聂荣臻："国焘又动摇了北上方针，我们正设法挽救中。"经中央一再劝说，加上其他领导人的斗争、帮助，张国焘才确定北上与一方面军会师。

30日，四方面军先后由岷县、漳县等地向通渭、庄浪、静宁、会宁地区北上；二方面军也放弃成县、徽县、两当等地，向静、会地区转移。

10月2日，红一方面军的红十五军团先头部队七十三师进占会宁城。

5日，红四方面军的三十一军占领通渭城。

8日，红一方面军的一军团一师在会宁地区的青江驿与四方面军先头部队第九师会师。

9日，朱德、张国焘和四方面军总指挥部到达会宁城，与红十五军团七十三师会合。

10日，红一、四方面军先头部队在会宁举行了热烈的联欢会。同日，以贺龙、任弼时、关向应为首的红二方面军总指挥部到达静宁县的界石铺。

1936年10月10日，中共中央、中华苏维埃中央政府、中央革命军事委员会为庆祝一、二、四方面军会合给全军发出贺电：

> 正当日本帝国主义准备好了举行对于中国新的大规模的进攻，我有五千余年光荣历史的中华民族处在空前未有的危急存亡地位的时候，我民族革命战争的先锋队伍第一、第二、第四三个方面军在甘肃境内会合了。中国共产党中央委员会、中华苏维埃中央政府、中央革命军事委员会谨以热烈的敬意与欢跃的贺忱，致之于我们的民族英雄与红军领导者毛泽东同志、朱德同志、张国焘同志、周恩来同志、彭德怀同志、林彪同志、徐向前同志、陈昌浩同志、贺龙同志、任弼时同志、王稼祥同志、刘伯承同志、叶剑英同志、萧克同志、徐海东同志之前；敬之于各军军长同志、政委同志，各师师长同志、政委同志，各团团长同志、政委同志之前；敬之于各级参谋机关首长之前；敬之于各级政治机关首长之前；敬之于全体红色军事政治指挥战斗员全体光荣的民族英雄之前。
>
> 我们的这一在抗日前线阵地的会合，证明日本帝国主义的强盗侵略是快要受到全民族最坚强的抗日先锋队的打击了；证明中国民族抗日统一战线与抗日联军是有了坚强的支柱了；证明处在水深火热之中的全国同胞是有了团结御侮的核心了；证明正在抗日前线的爱国工人、爱国农民、爱国学

生、爱国记者、爱国商人、英勇的义勇军以及一切爱国志士是有了援助者与领导者了。总之，全国主力红军的会合与进入抗日前线阵地，在中国与日本抗争的国际火线上，在全国国内政治关系上，将要起一个决定作用了。

我们即刻就要进入一个新阶段了，这就是抗日民族革命战争的阶段，这就是创建全国国防政府抗日联军与民主共和国的阶段。我们要在这个新阶段中树立全国人民的模范，树立抗日战争的模范，争取一切国民党军队加入抗日民族统一战线，开通抗日前进道路，扩大抗日根据地，巩固抗日根据地，为保卫西北而战，为保卫华北而战，为保卫全国而战，为收复失地而战，为联合工、农、商、学、兵，为联合各党各派各界各军驱逐日本帝国主义出中国而战。[①]

10月18日，红二方面军先头部队在静宁西北的老君铺同红一方面军派来的部队会师。

1936年10月21日，红二方面军首长到达静宁以北的平丰镇，同红一军团会师。至此，三大主力红军胜利会师，结束了长征。

22日，红二方面军到达西吉县的将台堡，同红一方面军的红二师会师。

红军一、二、四方面军会师后，主力即向北转移到海原、打拉池地区休整，并在打拉池举行庆祝会师大会。

红军的会师，极大地震动了国民党蒋介石集团，他们不顾民族危亡和中共的抗日主张，急调260个团的优势兵力，想乘红军十分疲劳，立足未稳之机，从东、南、西三面夹击红军。仅在静、会地区就集中了5个军的兵力，分4路向北进犯：一路是第三军王均部，一路是第三十七军毛炳文部，这两路为左路军，由会宁地区出发，直扑靖远；一路为胡宗南的第一军（4个师），为中路军，由静宁地区出发向海原杀来；一路为东北军第六十七军王以哲部和何柱国部骑兵军，为右路军，由隆德地区出发，向固原的黑城镇、七营方向进攻。

在敌众我寡、力量悬殊的情况下，中央和毛泽东指示红军的作战方针应是：逐次转移，诱敌深入，在有利的地区，集中优势兵力，给胡宗南部以歼灭性的打击；对毛炳文、王均部予以牵制；对东北军采取统一战线的

①王景佳、张国琦、周炳钦，《截不断的洪流》，宁夏人民出版社，1988年8月第1版，第293～294页。

方针。

10 月 25 日，中央电示：“今后作战，第一步重点应集中注意力击溃南敌，第二步集中注意力向北发展。”红军在向北转移中，遭到一些挫折，也打了些胜仗。11 月初，红军在海原以北的郝家堡地区给马鸿宾的三十五师和白凤翔的骑六师以坚决回击，歼敌两个团，俘敌千人。

胡宗南主力由南向预旺县追赶红军，企图占领同心城。中央电示四方面军迅速撤离同心城，向环县以北何连湾、洪德城、山城堡集结，待机歼敌。11 月 19 日，红一军团奉命隐蔽于山城堡以南，红十五军团隐蔽于山城堡以北，红二、四方面军一部也在此集结待命。

胡宗南占领同心城后，为抢头功，令其第一军主力两个师孤军深入，直插盐池，19 日占惠安堡，20 日第七十八师占山城堡，企图从两翼合围红军于盐池以南地区。

王以哲的六十七军也由预旺堡地区东进策应。

11 月 21 日，当胡宗南的第七十八师由山城堡继续向东攻击时，埋伏在山城堡周围的红军突然发起猛烈进攻，首先截断敌人西逃的后路，接着从东、西、南三面夹击，经过一夜激战，全歼敌人 1 个旅又 2 个团 15000 余人。

三　《红星照耀中国》

1936 年 7 月，美国记者埃德加·斯诺来到陕北访问。斯诺，1905 年出生于美国的堪萨斯城。1928 年来到中国的上海，被美国在上海办的一家英文报纸——《密勒氏评论报》聘为助理编辑。1929 年 6 月，为考察中国的铁路，斯诺沿铁路线周游中国的各地，到达了中国的西北。那一年，西北有 500 万人饿死，与此相映的是国民党贪官污吏的花天酒地、新军阀们为争夺地盘的连年混战以及外国人在上海的高级享受。从西北回来，斯诺又不断地在中国游历：他到过广州，看到的是贿赂、敲诈、监禁、冤狱；他到过中原，看到的是瓦砾、荒原、白骨、凄凉；他到过云南，他看到的是贩毒、劫掠、草菅人命、锡矿的童工、出卖的奴婢；他到过武汉，看到的是倒塌的民房、沿街乞讨的灾民、耀武扬威的赈济官、死于瘟疫的百姓 。他认识到，国民党政府是一个没有生命、没有灵魂、没有精神的躯壳，一个军事独裁的私人幕府。

中国的出路与希望何在呢？斯诺认识宋庆龄，这是一位了不起的女性，为了信仰，她家庭关系可以断绝，财产不要，危险不顾；斯诺认识鲁迅、柔石、茅盾、丁玲、巴金、萧军、郭沫若，他觉得黑暗的中国要靠他们，他们是中华民族的脊梁。

1933年初春，斯诺和妻子海伦·福斯特（尼姆·韦尔斯）来到北京，出任报联社北京记者。报联社停办后，他开始给《纽约太阳报》、《亚洲》等杂志写稿。同时一面学中文，一面写书，并在燕京大学新闻系兼任讲师。他们每天在家中接待一批批有思想、有志向的中国学生。这些学生对日本强盗步步侵吞自己的国家，表现出强烈的义愤；对蒋介石政权的不抵抗政策痛心疾首；对苏区共产党、对一个小学教员出身的"赤匪"首领毛泽东是那样的向往和崇敬。斯诺夫妻被感染了，在朔风凛冽的一二·九运动中，他们和学生们一起手挽手上街游行、讲演、拍照。斯诺从中国的学生们身上看到了中华民族的希望之火。他想，拯救中国的难道真是所谓的"杀人越货、共产共妻"的"赤匪"共产党员吗？中国的共产党人远避城市，没有文化，他们真懂得马克思主义吗？国民党政府把毛泽东列为"赤匪"名单的第一位，并悬赏25万元捉拿他或打死他，毛泽东到底是个什么样的人物呢？

而外界传说根本没有什么红军和苏维埃的存在，但也有人却称颂红军和苏维埃是中国摆脱一切弊害祸患的惟一救星。他决定去红区实地采访一趟。出发前，为了防治传染上疾病，他注射了凡是能够弄到的一切预防针。1936年6月，斯诺通过宋庆龄的介绍，同马海德①（马海德从上海出发，斯诺从北京出发，在郑州换乘陇海线火车时，两人接上头，马海德给红军带去的几箱药品的底层，还藏着共产国际关于发展统一战线的绝密文件）一起穿过已经和中共有停战协定的张学良的防区到达陕北。

在安塞，斯诺见到的第一个红军将领是被国民党悬赏8万元的周恩来。周恩来用英语和斯诺打招呼，使斯诺大感惊奇：红军中竟然有人懂英语！周恩来温和地对斯诺说："我接到报告，说你是一个可靠的新闻记者，对中国人民是友好的，并且说可以信任你会如实报道。……我们知道这一些就够了。你不是共产主义者，这对于我们是没有关系的，任何一个新闻记

---

①马海德，原名乔治·海德姆，祖籍黎巴嫩，1910年9月生于美国。1933年在他刚获得日内瓦医科博士学位后，就来到中国的上海从事医疗工作。在上海，他参加了由国际友人组织的马列主义小组，协助中共地下党工作。1936年和斯诺一起去陕北，马海德后来说："我是参加革命的，斯诺是报道革命的。我对斯诺说，《西行漫记》中不要提我的名字，给我保密呀。所以，斯诺的书中一个字也没有提到我。"入苏区的第二年，马海德即加入中国共产党。1950年，他加入中国国籍（他是新中国成立后第一个加入中国国籍的外国人）。1988年去世，同年10月10日，中国政府为他举行了隆重的遗体告别仪式。

者要来苏区访问，我们都欢迎，不许新闻记者到苏区来的，不是我们，是国民党。你见到什么，都可以报道，我们要给你一切帮助来考察苏区。”

斯诺试探着说：想访问毛泽东。周恩来告诉他，毛泽东在保安，距安塞还有 3 天的路程。周恩来为他写了一份需时 92 天的访问计划，并向毛泽东打去电报。

在保安的城墙口，斯诺和马海德受到了隆重的接待。半数以上的中央委员和几乎所有在保安的政治局委员都出来迎接他们。欢迎的群众还打出了横幅标语，上面用英文写着：“欢迎美国记者来苏区调查。”

1936 年 7 月 13 日傍晚，毛泽东步行看望本日到达保安的美国记者埃德加·斯诺和美国医生乔治·海德姆（马海德），对他们来苏区表示欢迎。毛泽东用劲地同斯诺握了握手，告诉斯诺，可以先熟悉一下周围，同别人谈话，待认清方位后，再去见他。说完，他缓步走过挤满农民和士兵的街道在暮霭中散步去了。一连几天，斯诺一直在努力回忆毛泽东是什么样子。一天傍晚，斯诺见到一个高个子，一边走，一边认真地做着手势和两个农民谈话。待他们走后，别人告诉斯诺，那就是毛泽东。斯诺望着毛泽东的背影，大感惊奇，难道这就是蒋介石悬赏 25 万元的毛泽东吗？他怎这样毫不介意地行动呢？

14 日，毛泽东出席欢迎斯诺和马海德的欢迎会，并即席讲话。

1936 年 7 月 15 日，毛泽东正式请斯诺到他的窑洞里谈话。斯诺这样描绘毛泽东：“他是个面容瘦削、看上去很像林肯的人物，个子高出一般的中国人，背有些驼，一头浓密的头发留得很长，双眼炯炯有神，鼻梁很高，颧骨突出，我在一刹那间所得的印象，是一个非常精明的知识分子的面孔。”

他们这次谈话是以中华苏维埃政府现阶段的外交政策为主题的。毛泽东说：“中国人民最大的问题是抵抗日本帝国主义，日本的侵略不仅威胁了中国的和平，而且威胁了世界的和平，尤其是太平洋上的和平。日本帝国主义侵略者不仅是中华民族的敌人，而且也是世界上一切爱好和平的人民的敌人，特别是英美法等在太平洋上有利害关系的国家的敌人。……所以，日本侵略的问题不仅是中国一国的问题，而且是一切在太平洋有利害关系的国家整个待决的问题。因此，中华苏维埃政府和中国人民，希望联合所有国家、民族、各党各派以及民众组织，成立联合战线，共同打倒日本帝国主义。”

谈苏维埃政府的对内政策问题：在整个中国正面临要变为日本奴隶的迫切关头，我们的政策在许多方面已经改变了，出身于资本家或地主家庭，但本人参加革命的，也给予苏维埃市民全部权利，而且能被选举担任官职；富农的土地是不被没收的，被没收的地主也给他们一份土地，小地主的财产不被没收；反对日本帝国主义的战争，不能仅限于任何一个阶级参加，也不可能在一个单独战线上进行；一些资本家，一些银行家，甚至许多地主和许多国民党军队的军官们，已经表示了他们为民族解放而战的志愿，我们不能拒绝他们在这个斗争中担负一种职务；甚至蒋介石，如果他一旦决定参加反日的抗战，我们也会欢迎他参加的；现在我们的目的，不能是社会主义，更不能是共产主义，我们要求的是全民族的民主共和国的建立；即使实现了民主共和国，我们也不能立即实行社会主义；在中国，实现社会主义，大概不会像苏联那样快，因为中国是一个半殖民地半封建的国家，有着较长的和更困苦的路要走。

毛泽东进一步指出：在过去，南京政府曾受到美国、英国以及其他国家的许多援助。可惜，这些资金和援助都被国民党政府用来进行压迫红军、摧残中国民众的内战了。现在，“在主要的列强中有些国家已表示决不愿参加新的世界大战，也有些国家已经表示，决不能坐视日本占领全中国，这些国家如美国、英国、法国、荷兰以及比利时等。此外，还有一些一直在侵略者蹂躏下的弱小民族、自治领地、殖民地和半殖民地，等等，如暹罗、印度、澳大利亚、荷属印度等，这些差不多全在日本侵略的威胁之下，我们承认他们是我们的友军，我们希望与他们合作，至于苏联，他一向是主张和平的，他是反对征服和剥削任何民族的，这当然是我们的良友。所以，除了日本帝国主义以及一切援助日本帝国主义的国家以外，其他一切国家（反战的国家、殖民地、半殖民地以及社会主义的苏联），可以组成一个反侵略、反战争以及反法西斯帝的世界同盟”。

毛泽东精辟的论述，激起了斯诺极大的兴趣，他一个又一个地提出问题，毛泽东则毫无保留地给以回答。有时，毛泽东也就自己关心的问题向斯诺提问。谈话涉及的问题，越来越深入。他们谈到不平等条约问题，外国在华企业和资产问题，教会、传教士和教会学校问题，英国工党、美国的总统选举和两党制，甘地的和平进军、英属自治领地的自治权……

毛泽东侃侃而谈，斯诺奋笔疾书。他们从吃过晚饭，一直谈到深夜，斯诺已经有点疲倦了，而毛泽东则兴致正高，毫无倦意。这时，秘书送来了拟在第二天刊出的《苏维埃政府对哥老会宣言》的清样，请毛泽东审阅。斯诺告辞，毛泽东转身回屋，继续伏案工作了。

第二天（7 月 16 日）晚上，斯诺又来拜访毛泽东。毛泽东正在起草一份急电，他请斯诺先坐下，贺子珍拿出用野桃子自制的蜜饯招待客人。斯诺环顾四周：这是两间极其普通的窑洞，四壁简陋，只挂了一幅地图；毛泽东夫妇的主要奢侈品是一顶蚊帐，除此之外，毛泽东的生活和红军的一般战士没有什么两样——所有的财物是一卷铺盖、几件随身衣物；毛泽东所佩的领章，也不过是普通红军战士所佩的两条红领章。

毛泽东办完公务，开始和斯诺谈话，主题是“论反对日本帝国主义”。毛泽东说：战争初期日本将打赢所有的重大战役，占领主要城市的交通线，还将摧毁国民党的精锐部队；继而会出现持久斗争的局面，那时红军游击队将起主要作用，并在国民党力量衰落的同时，迅速地壮大。毛泽东预料抗日战争将持续10年，战争结束时，中国的革命队伍人数将会大大增加，装备更精良，战斗更有经验，更得民心，并将成为亚洲东部的主要力量。① 毛泽东不隐讳，共产党不最终夺取政权决不罢休，抗日战争是完成资产阶级民主革命的前奏。

毛泽东认为，争取抗战的胜利，要有3个条件：①中国抗日统一战线的完成；②国际抗日统一的完成；③日本国内人民和日本殖民地人民的革命运动的兴起。毛泽东说：就中国人民的立场来说，3个条件中，中国人民的大联合是主要的。

7月18日、19日他们谈内政问题。

7月23日，他们谈的是中国共产党与第三国际、苏联的关系。斯诺问：“外界说中国共产党是莫斯科的工具，您怎样看？”毛泽东郑重地说：“第三国际是一个汇集全世界无产阶级前卫的集体经验，以贡献全世界革命群众的组织，它不是一种行政机关，除顾问作用之外，它并无任何政治力量，虽然它的本质和第二国际大不相同，组织上却没有多大的分别。……中国共产党仅仅是中国的一个政党，在它的胜利中，它必须对全民族负责，决不是为了俄国人民或第三国际的统治。为的仅只是中国大众的利益，只有中国与大众的利益完全共同的地方，才可以说‘服从’莫斯科的‘意志’。当然，一旦中国大众像他们的俄国弟兄一样，获得了民主权及社会的经济解放以后，这种共同利益的基础将惊人地扩大了。……当许多国家已经建立了苏维埃政府，然后苏维埃国际联合的问题才会产生。但是我们今天不能提供什么方式，这是一个尚未解决，不能提前解决的问题。……还有最后一点是最重要的，即这个世界联盟要成功的话，必须各

①毛泽东的这一思想，连一直与毛泽东敌对的蒋介石也深为折服。蒋介石命令国民党的将领研究这一战略思想，并破天荒地允许毛泽东后来进一步阐述这些思想的著作《论持久战》在国民党统治区域印刷、发行。还邀请八路军将领朱德、周恩来、叶剑英等为他的部队讲述这一思想。以后历史的发展，验证了毛泽东这一思想惊人的准确。

国依其民众意志有加入或退出的权利，必须各国主权完整，绝非‘听命’于莫斯科。共产主义者从未有别的想头，‘莫斯科统治世界’的神话，只是法西斯和反革命者的发明罢了。”

毛泽东在回答红军何以能够胜利的问题时指出：原因有三个，第一，红军是民众的军队，人民群众千方百计地支持它；第二，依靠共产党用正确的战略战术来指导；第三，红军的指挥员是能干、正确、聪明、忠实和真诚的。在回答抗日战争结束后国内革命的主要任务时，毛泽东指出：中国革命属于资产阶级民主革命的性质，因此首要工作是调整土地问题——实行土地改革。

除去7月下旬至9月中旬，斯诺去前线采访不在保安这段时间外，斯诺几乎每天都同毛泽东会面。谈话涉及的问题极为广泛。毛泽东非常重视同斯诺的谈话，他时常搁下大堆的报告和电报，取消一些会议，同斯诺彻夜长谈。斯诺后来说：“他通过我，第一次得到了向世界发表谈话，更重要的是，向全中国发表谈话的机会。他被剥夺了合法地向中国报界发表意见的可能，但是，他知道，他的看法一旦用英语发表出去，尽管国民党实行新闻检查，也会传到大多数知识分子的耳朵里。”

斯诺和毛泽东住得很近，毛泽东的门前仅有一个哨兵警戒。毛泽东也经常邀斯诺去他那里吃饭。毛泽东的伙食很简单：常常是一盘辣椒，一盘青菜，偶尔有少许肉，主食是小米饭或馒头。有斯诺这样的客人去，就加一份贺子珍用野果子自制的甜食。斯诺觉得，对于毛泽东来说，这样的生活实在过于简朴。毛泽东却不以为然，他认为只要有辣椒吃就满足了。毛泽东用一句俗话来解释：“辣椒是穷人的大荤。”一次，毛泽东向斯诺宣传：吃辣椒多少能反映一个人的革命精神，革命者都爱吃辣椒。毛泽东举例他的家乡湖南就出了不少革命家，如黄兴、陈天华和红军队伍里的彭德怀、罗荣桓、贺龙、王震等。并说世界上爱吃辛辣食物的国家，往往盛产革命者，如法国、西班牙、墨西哥、俄国，等等，他还唱了一首他爱唱的《红辣椒》歌。斯诺提出意大利人也是以爱吃辣椒和大蒜出名，怎么现在不出革命家，反而出了墨索里尼？毛泽东只好笑着认输。

斯诺与毛泽东的谈话，就这样日复一日、月复一月地进行。担任翻译的吴亮平说：“谈话通常从晚上9点开始，未谈正文之前，毛泽东常谈一两个短故事。谈到11、12点钟时，毛泽东同志招待他吃一顿便餐，有馒头和简单的菜，菜里有一点点肉，这在当时的困难条件下已是十分难得。对客人来说，这是夜宵，但对毛泽东同志来说，则是正常的晚饭。……谈话时有正文，也插些故事、闲话，毛泽东同志的态度是那么平易近人，谈话又是那样生动活泼、逸趣横生、久久不倦。斯诺常说这是他生平经历过的最可宝贵的谈话。谈话一般都谈到夜间两点来钟。”

斯诺记述道：时间已过了晚上9点，熄灯号已吹过，几乎所有的灯火已经熄灭。我们面前是一张没有上油漆的方桌，铺了一块清洁的毛毯，蜡烛在上面毕剥着火花。毛泽东交叉着腿坐在从岩石中凿成的一个很深的壁龛里，吸着一支前门牌香烟……“时间已经过了早晨两点，我精疲力竭，但在毛泽东的苍白有点发黄的脸上，我却找不出一些疲倦的表示。吴亮平翻译和记录的时候，他一会儿在两个小房间之间来回踱步，一会儿坐下，一会儿躺下来，一会儿倚着桌子读一叠报告，毛夫人也还没有睡。忽然间，他们两个都俯过身去，看一只飞蛾在蜡烛旁边奄奄一息地死去，高兴得叫起来。这确是一只很可爱的小东西，翅膀是淡淡的苹果绿，边上有一条橘黄色和玫瑰色的彩纹。毛泽东打开一本书，把这片彩色的薄纱般的羽翼夹了进去……”

毛泽东在谈话时也不把斯诺当外人看，他没有一点矫饰，在谈到牺牲的战友时，眼睛是湿润的；谈到风趣的事时，他会情不自禁地捧腹大笑。他和斯诺谈时局、谈政策、谈红军、谈人民，惟独不肯谈他自己。斯诺交给毛泽东一大串有关他个人的问题要他回答。但毛泽东像斯诺遇到的其他共产党人一样，只谈委员会、组织、军队、决议案、战役、战术，等等，很少谈个人经历。直到有一天，他见到斯诺提出的问题中有“你有几个老婆”（“你结过几次婚”的误译）时，毛泽东不由地笑了。机敏的斯诺随即向毛泽东介绍了外界对他的谣传，如关于他已经死亡、患肺病、发疯，有的说你只是一个无知的农民，一个狂热分子等，这样一说，毛泽东稍微感到意外，他重新审阅关于他个人生活的那些提问，同意介绍一个他个人的历史，以澄清外界的谣传。

9月底至10月初，一连十几天毛泽东的个人生活和红军长征史成了他们谈话的主题。谈着、谈着，毛泽东的叙述就脱离了“个人历史”的范畴，所叙述的不再是“我”，而是“我们”，不再是毛泽东，而是红军了；不再是个人经历的主观印象，而是一个关心集体命运的盛衰的旁观者的客观史料记载了。斯诺不得不在他叙述时插问几句：当时你在做什么？你那时是什么职务？对这一个问题，你是什么态度？……就这样，毛泽东谈，斯诺记，吴亮平译，然后毛泽东根据吴亮平译出的中文订正。

在毛泽东追述往事的时候，斯诺注意到有一个旁听者和他同样感兴趣，这就是毛泽东的妻子贺子珍。显然，毛泽东谈的有关自己和共产主义运动的情况，有很多是她从来没有听见过的。即使毛泽东的同事，大多数也是这样。后来，当斯诺向红军其他领导人搜集传记材料的时候，他的同事常常围拢来兴趣盎然地聆听着。

一晃眼，斯诺在陕北苏区已经4个月了。开始他以为他的苏区之行要不了多长时间，当周恩来为他制定了一个需时92天的旅行计划时，他还不以为然地说："苏区真值得花这么长时间吗?"但斯诺很快发现毛泽东和苏区向他展示了一个从来没有见过、也不可能想象的新世界。

斯诺记了十几本笔记，同数十位红军将领和行政干部以及普通战士、农民谈了话。带来的胶卷也用完了。苏区的景象是摄之不尽的。随着他的访问越深入，感兴趣的问题越多。他打算在苏区继续住上一年以至几年，但是时局不允许了。

1936年10月，蒋介石平息了陈济棠发动的"两广事变"，以躲避庆祝50大寿为名，来到洛阳。平定事变后的嫡系大军陆续西开，前锋已到潼关。陈诚、顾祝同、胡宗南、钱大钧、蒋鼎文等亲信云集洛阳，商讨"剿共"计划。蒋介石向张学良、杨虎城摊牌，要么全力剿灭陕北的共军，要么就让开：东北军去安徽，西北军去福建，由中央军进剿红军。为了向张学良施加压力，蒋介石调其侄子蒋孝先率领因镇压北平学生运动而出名的宪兵三团开赴西安，上百架轰炸机在西安机场待命。张、杨面临着抉择，红军也将迎接这一挑战。毛泽东要斯诺快走，否则东北军的通道被封锁后，就出不去了——毛泽东有很多话要斯诺出去向中国和世界宣布呢!

毛泽东为保证斯诺路途安全，他曾于10月5日、7日、10日中午、10日晚上4次打电报给红军驻西安张学良部的代表刘鼎，要他请张学良所部王以哲军长、刘多荃师长派车来接斯诺。10月11日深夜，在接到一切都安排妥当的回电之后，毛泽东才放心地酣睡了。1936年10月12日早晨9时，斯诺怀着依依惜别的心情离开保安踏上去西安的公路，他写道："毛泽东还在睡觉，但是别人都出来送行了。"

10月底，斯诺回到北平的家中，他的妻子尼姆·韦尔斯帮他誊抄笔记，写图片说明，在她打下（用打字机）那篇经典性的毛泽东自传后，她想："我要不惜一切代价把埃德加遗漏的地方补齐，这是无价之宝。"他们一连几个钟头地谈，连着谈了好几天。他们发现了一个全新的世界——完全崭新的世界。

斯诺去美国使馆，举行记者招待会，发布了他苏区之行的重要消息——北平的新闻界震动了，中国的新闻界震惊了，世界的新闻界轰动了。因为这是近10年来第一个亲身入红区探险者带回的消息!

斯诺成了舆论界最关注的人物。美国的《纽约太阳报》、《时代报》、《星期六晚邮报》、《密勒氏评论报》、《大美晚报》、《先驱论坛报》、《生活》杂志等纷纷向斯诺约稿（《纽约太阳报》和《时代报》为把斯诺的报道据为各自的独家新闻而争执不休）；伦敦的《每日先驱报》将斯诺聘为该报驻远东首席记者；国民党方面先是断言斯诺从未与共产党人接触（他们认为在封锁那么严密的情况下，斯诺不可能进入苏区），当斯诺发表了一些照片加以证实时，南京政府的新闻局威胁要取消他的新闻记者的特权，国民党特务直接找到斯诺，问他是不是俄国的飞机把他送入红区的；日本的情报官员也去找斯诺，打听他是如何进入苏区的，是否得到南京方面的支持？斯诺回答得十分巧妙——他说是从蒙古徒步走过去的。

1936 年 11 月 12 日，在中国影响最大的《密勒氏评论报》分期刊出了斯诺写的（他把写成的报道派人送到大连，再转发出去）《毛泽东访问记》，文章用一问一答的形式准确地介绍了毛泽东对于人们所普遍关心的问题的基本态度和见解。上海的《大美晚报》在稍后的日子予以转载。

1937 年 2 月 5 日，《大美晚报》发表了斯诺的讲稿《红党与西北》；4 月 15 日创刊的英文刊物《民主》发表了《苏维埃的台柱子》；美国《亚洲》发表了《来自红色中国的报告》、《毛泽东自传》和关于红军长征的报道；《美亚》发表了《中国共产党和世界事务——和毛泽东的一次谈话》；《新共和》刊登了斯诺的《中共为何要长征》；《星期六晚邮报》刊载了《我去红色中国——中国抗日统一战线秘史》；《生活》刊载了斯诺的有关报道后，并索购斯诺在苏区拍的 75 张照片；《每日先驱报》在头版连载斯诺的报道，并配以大篇幅的照片和有关的社论……

一般地讲，斯诺的这些报道基本上是用英文写成的，在中国除去燕京大学的部分进步学生外，对于中国国内的群众，影响还不大。为了弥补这一缺陷，中国北平地下党负责人黄敬想组织人翻译。

张学良的重要文职助手、东北大学代校长（校长张学良）王卓然的儿子王福时是北平的爱国青年学生，1937 年初春，他召集人翻译斯诺有关苏区的各篇报道，准备汇集成书。斯诺夫妇把这些在欧美成为热门畅销书的书稿无偿并贴钱提供给他们。全书在很短时间内编译完成，起名为《外国记者西北印象记》。斯诺还为该书提供了包括《毛泽东在保安》那幅著名照片在内的 32 幅照片和 10 首在红军中流行的歌曲，以及毛泽东的《七律·长征》。1937 年 3 月，该书由北平的东方快报印刷厂秘密印刷出版。第一版 5000 册很快售完，此后出现了十几种翻印本。1937 年 4 月，总编译王福时陪同尼姆·韦尔斯访问延安。5 月 15 日，毛泽东接见了他们，王福时将一本《外国记者西北印象记》和张学良送给他父亲的一支手枪送给了毛泽东，使毛泽东成为本书最早的读者。

1937年7月，斯诺完成了他一生中这部最杰出的作品，英国伦敦的维克多·戈兰茨要出版此书，斯诺将书名改为《Red star in China》(《红星在中国》)，可是印刷厂在排印时，排字工人不小心，将书名错排成《Red star over China》(《红星照耀中国》)。斯诺在校对时不禁拍案叫绝：错得太好了，决定将错就错。10月，本书出版，几周内就发行10万册以上，一个月销售了5版。

1938年1月3日，美国兰登书屋出版发行了《红星照耀中国》的美国版。书出后，一个月内售出1.2万册。并连印数次，成为有关远东的非小说作品中的最畅销书。

此后，此书在国外被一版再版，先后被翻译为法、德、俄、西、意、葡、日、蒙、荷、瑞典、印地、哈萨克、希伯莱、塞尔维亚等近20种文字出版。从国家元首、外交官到军人、实业家、传教士、基督徒，从工农群众、游击队员、青年学生到学者、教师、演员，《红星照耀中国》在全世界赢得了亿万读者：

美国外交官谢伟思说，《红星照耀中国》“为全世界揭开一个帘幕，使人们第一次看到了未来的中国”；

加拿大共产党员、国际主义战士、著名外科医生诺尔曼·白求恩曾在给友人的信中回答他为什么要去中国：“请读埃德加·斯诺《西行漫记》和史沫特莱的《中国红军在前进》，读后你们必将与我同感”；

诺贝尔文学奖金获得者、美国女作家赛珍珠，因著有《大地》一书，在《红星照耀中国》出版之前，被国际上誉为最了解中国的作家，在她读了斯诺的书后，不由得赞叹道：“斯诺在《红星照耀中国》中非凡记述的每一页都富有意义”；

美国总统罗斯福看过此书后，成了“斯诺迷”，曾亲自推销过斯诺的著作；

日本著名学者河上肇为能借这部“奇书”的英文原版而欣喜无比，他在致友人的信中说：“我在阅读过程中，再三掩卷落泪……像我这样落魄如残骸朽木的六旬衰翁，也感到人生中仍然能获取些力量，至为喜悦”，他深信，经过10年内战和两万五千里长征锻炼的英勇红军，将是日本侵略军所难以战胜的；

印度青年柯棣华大夫受此书的启示来到中国帮助中国的革命斗争，缅甸游击队以此书作为开展农村游击战的指导，在马来西亚的丛林中和印尼的群岛间，游击战士从此书中汲取力量、学习战术方法；

6 年后，当斯诺在苏联采访 3 名参加反纳粹游击队的女战士，问她们是怎样学会与敌人战斗时，她们回答："我们是从一部叫做《红星照耀中国》的书里得到一些主意……我们游击队里差不多每个共青团员都读过它"；

美国学者费正清认为，在全世界面临战前灾难的前夕，此书报道了一支远离西方各国的独立战斗力量，它就给全世界人民带来了反法西斯斗争的信心和力量……

1938 年 2 月 10 日，在胡愈之组织筹划和中共地下党的支持下，《西行漫记》（考虑到中国特殊政治环境，书名被含蓄地译出。因为此前《大公报》的著名记者范长江曾从 1935 年 7 月开始，进行了历时 10 个月、行程 4000 余里的中国西北地区考察旅行，写了不少轰动一时的游记，向全国读者公开报道了红军和长征的一些信息以及中共在西北地区的一些传闻，后来汇集为《中国的西北角》一书出版。因此，明眼人会自然地联想到这是一部与中共西北苏区有关的书籍）由上海的"复社"出版。出版资金通过 12 名承译者每人捐款及利用社会关系征集读者预约金、并组织一些人义务劳动筹集起来。由于齐心协力，从 1937 年 12 月开始翻译到 1938 年 2 月出书，仅用了 1 个多月时间。

此书的出版得到了斯诺的热情支持。他不但无偿提供原版书，而且对原著做了稍许增删，并为之作序。

《西行漫记》一问世，顷刻售罄，接着印了二版、三版、四版……各地的翻印本、油印本、抽印本也如雨后春笋，徐徐出现。据统计，多达五六十种。在沦陷区和国民党统治区的许多青年读者冒着生命危险竞相传阅及至辗转传抄。新被接收为中共党员的同志，当被通知某时去某地接组织关系，接头的暗号是带一本红封面的《西行漫记》；日军占领的地方，中国人受命转移，扔掉一切财物，但却舍不得丢掉那本《西行漫记》；满怀爱国热情的学生，原以为蒋委员长是领导他们抗战的当然领袖，看了《西行漫记》之后，才知道"共匪"、"朱毛"原来是现代的英雄。

革命青年像怀揣珍宝一样秘密携带《西行漫记》，历尽艰辛赴西北革命圣地。首先是北平受一二·九运动洗礼的青年，继之是全国各地不堪目睹亡国惨状和不甘忍受蒋介石暴虐统治的人们，还有侨居异国的爱国华侨。从学生到教授，从军人到普通市民、职员、工人。或是身无分文，或是富甲天下，都怀着满腔的爱国赤诚，一批批长途跋涉向西北的"红星"走去。

四 西安事变

为了遏制日本在华势力的扩张，蒋介石急于改善和加强同苏联的关系。1935 年春天，蒋介石派驻苏武官邓文仪到达苏联。同年秋，邓文仪回国述职。蒋介石了解到苏联是坚决支持中国抗击日本的。苏方并提出签订两国互不侵犯条约。

同时，蒋介石也着手与中共取得联系。1935 年 12 月，邓文仪返回莫斯科。1936 年 3 月初，邓在莫斯科与中国有关的高级将领、过去曾在中国担任顾问的人，以及中共在莫斯科的代表曾有过相当的联系和恳谈。邓文仪向中共驻莫斯科代表团团长王明提出国共两党谈判的要求。王明认为无论国民党还是共产党的中央都在国内，谈判以在国内进行为好。

中共代表团指定潘汉年为联系人，潘汉年和邓文仪在莫斯科会面洽谈后，离开莫斯科，于 5 月到达香港，7 月到达南京、上海，同国民党的代表张冲谈判。

同时，蒋介石在国内亦开始行动，意图打通与中共的联系。蒋介石将此事交给陈立夫去办，陈立夫派曾养斋具体负责。1935 年 11 月初，曾养斋找到谌小岑，谌通过翦伯赞找到吕振羽。经中共北平市委研究后，决定由吕振羽到南京和曾养斋会谈。中共北方局又派周小舟专程到南京和曾养斋谈判。1936 年 3 月初，中共华北联系局负责人王世英到达山西前线当面向毛泽东、周恩来等汇报和南京政府接触的情况。

1936 年 1 月，曾是中共党员的牧师董健吾应邀来到宋庆龄家中。宋庆龄当面交给他一封重要的信件，要他到陕北瓦窑堡面交给毛泽东、周恩来。为了行动方便，宋庆龄通过财政部长宋子文给了董健吾一个财政部委员的名义。董化名为周继吾，同中共党员张子华（1935 年 12 月由上海中共党组织派到南京同曾养斋接触）一起赴陕北。他们到达西安，拿出财政部的公笺后，张学良答应用飞机把他们送到延安，命令当地驻军再用骑兵护送到达瓦窑堡。

2 月 27 日，董健吾、张子华到达瓦窑堡，因毛泽东、周恩来均在前方，他们受到林伯渠、秦邦宪、张云逸等人的迎接。3 月 4 日，毛泽东、彭德怀回电提出和国民党谈判的原则：①停止一切内战，全国武装不分红白，一致抗日；②组织国防政府与抗日联军；③容许全国主力红军迅速集中河北，首先抵御日寇进攻；④释放政治犯，容许人民政治自由；⑤内政和经济上实行初步与必要的改革。[1] 3月，董健吾携带这个密件回到西安，见到张学良。旋即南下，到宋庆龄家中复命。

国民党广东、广西军阀陈济棠、李宗仁、白崇禧等打出“北上抗日”的旗帜，发动“两广事件”，使蒋介石顾此失彼。为了全力解决两广，蒋介石对西北红军采取了和缓政策。1936年5月，陈立夫向曾养斋、谌小岑口授了谈判的4个条件：①欢迎共方的武装队伍参加对日作战；②共方武装队伍参加对日作战时，与中央军同等待遇；③共方如有政治上的意见，可通过即将成立的民意机关提出，供中央选择；④共方可选择一地区试验其政治、经济思想。这4项条件经谌小岑转交给参加谈判的吕振羽和张子华。

1936年初春，刘少奇化名胡服动身前往华北，临行之前，有的同志对他说：你这次去白区，是重返虎穴，任务艰巨啊！刘少奇乐观地说：不入虎穴，焉得虎子，现在和过去不同了，有了毛泽东同志关于抗日统一战线的正确方针，一定能改变白区工作的局面。[2] 考虑到北方地下党的经费困难，中央让他携带了一些从敌人那里缴获的金首饰。[3]

1936年2、3月间，刘少奇和他的新婚妻子谢飞等人经陕西富县、耀县到临潼，经过1个月的长途跋涉（途中过的春节和元宵节），再从临潼乘火车到达天津。以中共中央代表的身份，领导中共中央北方局的工作。[4]

刘少奇长期从事国民党统治区的工人运动和党的秘密工作，具有丰富的斗争经验，在这方面党内领导干部很少有人及得上他，瓦窑堡会议之前，刘少奇就对建立广泛的统一战线有着深刻的认识。[5]

1936年4月初，刘少奇写了一篇《肃清立三路线的残余——关门主义冒险主义》的文章，发表在河北省委内部刊物《火线》上。文章说：今天的形势，“党的策略任务，就是要用极广泛的民族统一战线，去团聚各阶级、阶层、派别及一切抗日反卖国贼的分子和力量，开展神圣的民族革命战争，去战胜日本帝国主义及其在中国的走狗。广泛的民族革命统一战线，成为我党领导中国革命到胜利之路的中心问题和主要关键”。[6]

刘少奇通过公开的工作和秘密的关系，在国民党第二十九军上层军官中开展统一战线工作，促使军长宋哲元态度的转变。刘少奇还整顿和恢复

---

①《与南京当局谈判之意见》，载《文献和研究》，1985年第4期。

②③④《刘少奇传》，中央文献出版社，1998年10月第1版，第213页。

⑤《刘少奇传》，中央文献出版社，1998年10月第1版，第211页。

⑥《刘少奇选集》上卷，人民出版社，1981年12月第1版，第23页。

了北方各省中共党的领导组织，转变干部作风，肃清空谈主义，具体地领导和发动群众运动。

早在1931年2月，中共六届四中全会后在天津成立了中共顺直省委（北方局的前身）。新省委在天津开会，遭到了大破坏，省委书记和一般党员共五六十人被捕。有些未被捕的人搬到北平（北京）又成立了新省委。不久，又有三四百人被捕。其中60余人被国民党视为顽固分子，加上天津被捕的50余人，共120余人，被押送到张学良陆海空军司令部行营军法处。这些人员在被捕前，许多人担任省委、市委、特委的书记，秘书长，部长，科长，团中央候补委员和团市委书记等领导职务，是党的工作骨干。

1931年7、8月间，张学良领导的军法处在北京草岚子胡同专门成立了一所监狱——草岚子监狱，不久改名为“北平军人反省分院”。国民党请天主教牧师说教，以期被捕人员归顺，收效甚微。同年年底，南京国民党军委委派政训处长刘健群来北平，宣传搞反省：6个月为一期，一期不行搞两期，三期不反省者加重处分，实行枪决。薄一波等人已在“反省院”住了三四年，他们坚持党的原则，与敌人进行了不懈的斗争，秘密建立了狱中党支部，并与狱外的党组织取得了联系。他们拒不在国民党拟好的“反共启事”上捺手印，提出“红旗出狱”。有的团员和群众，因不捺手印，在狱中被发展为党员（或由团员转为党员）。为了反对狱中的虐待和迫害，他们还进行了多种形式的斗争。其中1934年年底的一次绝食斗争坚持了7天7夜。到1936年的时候，还有60多人被关押着。其中有：薄一波、刘澜涛、安子文、杨献珍、殷鉴、周仲英、周启敦、刘亚雄、胡锡奎、刘锡五、张友清等。①

在日寇侵占华北、全国抗日救亡运动高涨的形势下，北方局极其缺乏开展工作的干部。而且，日本侵略者近期进攻华北已经不可避免，如果这批干部落入日寇之手，将很难生还。

1936年4月的一天，中共北方局组织部长柯庆施到刘少奇的住处汇报工作，讲道：草岚子监狱的一批同志，刑期多数已经坐满，不履行一个手续，就不能出狱。他请示刘少奇：“是否可以履行一个手续让这些同志出狱?”提出了要关押在“北平反省分院”的一批党员履行敌人规定的手续出狱的建议。作为中共中央代表在天津主持北方局的刘少奇问柯庆施：

---

①《刘少奇传》，中央文献出版社，1998年10月第1版，第226页。

"你的意见如何?"柯庆施回答:"可以让狱中同志履行一个手续出狱。"刘少奇将这个意见报告了中共中央。张闻天接到刘少奇的报告后十分重视,同在陕北的其他中央领导人商量后,批准了这个要求。

1936 年 6 月,刘少奇接到中共中央的批复,立刻把这件事交由柯庆施去执行。柯庆施派以在大学任教为掩护的地下共产党员徐冰让曾在"反省院"担任过中共支部书记的孔祥祯把中央的这个决定传至狱中。孔祥祯于 1931 年被捕,入草岚子监狱,1932 年因病保外就医,以家庭教师身份作掩护,继续从事党的秘密工作。孔祥祯设法给当时在监狱任支部负责人的殷鉴秘密送去一封信:目前外面形势非常好,我们各方面的工作都开展了,各方面都很需要人;北方局指示你们可以履行"出狱手续",争取早日出狱。收到信后,当时在狱中任支部书记的薄一波召集狱中党支部干事会议(干事有殷鉴、刘澜涛),认为可疑,决定不做讨论,没有执行。①

隔了一两个月,刘少奇等人让孔祥祯给监狱内写了第二封信。说明上次的信是中共中央代表胡服(刘少奇)让写的。特别强调这是中央的指示。信中说,上次去信后,未见你们的动静,因此胡服同志和北方局让我再给你们转去这封信,再给你们作如下指示:根据新的形势和任务的需要,考虑到你们经过长期斗争考验的,党认为为了争取你们尽快出来为党工作,你们不但可以,而且必须履行敌人出狱手续,这样做是符合党的最大利益的;党认为你们过去坚持不在敌人"反共启事"上捺手印,做得完全正确;但你们那时的斗争,还是在小圈子、小范围内的斗争,现在要求你们出来在广阔范围内作斗争;现在形势变了,国民党安内攘外,登"反共启事"司空见惯了;正因为你们是经过长期斗争考验的,所以你们更有条件,这是特定的条件下所作的决定;党现在向你们作出保证,在政治上和组织上中央完全负责,政治上不以叛徒论,组织上不歧视你们,要完全相信中央;如果你们接此信后,仍然拒不执行,就要犯更加严重的错误。

根据信的内容,还根据其他途径得到的消息,狱中党支部肯定了中央的决定,将信的内容分头传达给全体党员讨论。大家认定,执行中央的决定,是根据党章个人服从组织的原则来执行的。

于是,从 1936 年 8 月 31 日 ~1937 年 3 月,狱内党员安子文(化名徐子文)、刘澜涛(化名刘华甫)、杨献珍(化名杨仲仁)、薄一波(化名张永璞)等 61 人分 9 批在《华北日报》、《益世报》上连登监狱拟好的"反

①《刘少奇传》,中央文献出版社,1998 年 10 月第 1 版,第 226 ~227 页。

共启事”。出狱后，他们立即与中共党组织接上了关系，并及时被安排了工作。这批人出狱后，被派往山西、河北、北平、天津等地领导革命斗争，加强北方党的力量。

1936年8月5日，中共中央书记处写信给刘少奇和中共河北省委。指出：“北方党的工作，自胡服同志到后，有了基本上的转变。”主要的表现：在政治领导的加强上，纠正了过去河北党中严重的关门主义倾向，且能采取适当的方式，直接影响全国统一战线最有权威的刊物。表现在努力扩大抗日战线，不仅企图建立华北各界的救国联合，而且能顾及全国，在学生、军队、农民等群众中，均有较好的成绩。表现在组织上，河北的党不仅能够帮助环绕河北各省建立党的组织，而且能够顾及到上海、西南、武汉等地党的建立，等等。“这些主要转变，是已奠定了胜利的基础，开展着光明灿烂的伟大前途。”①

1936年8月9日，张闻天写信给刘少奇。信中说：“北方工作，我们认为自你去后，已经有了基本的转变。大家都很高兴，望继续努力，并经常把新的问题与新的经验告诉我们。”②

1936年8月25日，中共中央发布《中国共产党致中国国民党书》，呼吁：“立即停止内战，组织全国的抗日统一战线”。1936年9月24日，中共中央派潘汉年再赴上海与国民党谈判。

蒋介石在解决了“两广事件”后态度发生了变化。11月10日，陈立夫约见潘汉年时，代表蒋介石答复说：既然共产党开诚合作，那我就好任意提条件了——首先对立的政权与军队必须取消，其次红军只可保留3000人，师长以上的领袖一律解职出洋，半年后按才录用，军队解决后，你们所提的政治各点就好考虑了。潘汉年当即予以驳斥，指出国共谈判的前提是讨论合作。陈立夫又提出，你我均非军事当局，可否请周恩来出来一次，蒋愿与周和谈。潘汉年义正辞严地回答：如不把贵党的条件报告，仅说蒋介石要见他，周恩来是不会出来的。

1931年，九一八事变，张学良执行了蒋介石不抵抗日寇侵略的命令，使东北迅速沦亡，受到国内舆论的强烈谴责。他不敢揭露事实真相，代罪受过，1932年下野。1933年4月11日出国考察。在张学良出国期间，蒋介石几次欲调东北军参加“围剿”红军，均被各军、师长拒绝。蒋遂调张

①《刘少奇年谱》上卷，中央文献出版社，1996年9月第1版，第157页。
②同上。

学良回国。

1934 年 1 月，张学良由意大利回国。张学良在国外受德、意法西斯主义的影响，奉行“一个领袖”的主张，极力拥护蒋介石。1934 年 2 月，张学良被蒋介石任命“豫鄂皖剿匪总司令”。1935 年 9 月 26 日，蒋介石在西安设立西北“剿匪总司令部”，蒋自任总司令，任张学良为副总司令，代理总司令之责，指挥晋、陕、甘、绥、宁等省国民党军和30余万东北军对红军作战。在这期间，张学良率领东北军从华北到华中，从华中到西北，转战各地，深感颠沛流离，失地亡家之苦，更看到山河破碎，国难当头。东北军广大官兵，思乡厌战，纷纷要求停止内战，一致抗日，尤其是在同红军较量的几个战役中，东北军的一〇九师被打败之后，大批东北军的遗眷，流浪在平凉、西安街头。张学良为阵亡师长请求 10 万元抚恤金，遭到蒋介石的驳拒。致使张学良悲愤感叹：“我的名望，已降低到不值 10 万块钱！”从此，张学良决心要接触共产党，了解红军。

1935 年 12 月上旬，张学良在南京开完国民党五届一中全会后，只身去了上海，会见了与共产党人有联系的东北义勇军将领李杜，请李帮他尽快与共产党负责人打通关系。回西安后，张学良又密令驻守洛川的东北军六十七军军长王以哲通过东北军前线部队设法与红军联系。

同时，中共中央也在进行争取张学良的工作。1935 年的直罗镇战斗中红军俘获了很得张学良器重的一〇九师中的团长高福源，为其医伤，并从思想上、生活上多方关怀。高福源在瓦窑堡的两个多月中，亲闻亲见红军真诚抗日的言行，深为感动。主动要求回东北军做张学良的工作，周恩来与毛泽东研究决定，同意高福源的请求。1936 年 1 月初，高带着毛泽东与周恩来给张学良的信面见张学良，向张学良详细报告自己在红军的见闻与切身感受。张正在找共产党寻之不得之时，他即令高福源重返瓦窑堡，邀红军派正式代表谈判。1 月 16 日，毛泽东与周恩来再次见高福源。决定以李克农为代表与张学良会谈。

1936 年 1 月 25 日，毛泽东、周恩来、彭德怀、叶剑英、聂荣臻等 20 人联合发表了《红军为愿意同东北军联合抗日致东北军全体将士书》，提出互派代表共同协商。

2 月 25 日，李克农到达陕西洛川。2 月 26 日～28 日，李克农与驻洛川的张学良部队六十七军军长王以哲通过会谈，达到与六十七军共同抗日、互不侵犯、通商时互相保护等口头协议。3 月 4 日下午至 5 日凌晨张学良在洛川与李克农会谈，就请中共派毛泽东或周恩来与张学良进一步会商抗日救国大计；推动国防政府的成立与组织抗日联军；中共派代表常驻西安等问题达成了协议。但对联蒋抗日还是反蒋抗日问题双方没有取得一致的意见。会谈后李克农即电告中共中央，3 月 6 日，中央复电，完全同意会谈结果。3 月 10 日，由红军总司令彭德怀与总政委毛泽东联合发布的《中国人民抗日先锋军布告》中，蒋介石、阎锡山仍被斥为“奴颜婢膝、媚外成性”的卖国贼，张学良的名字则已被去掉。

1936 年 3 月 17 日，中共中央开会决定由周恩来为全权代表与张学良会谈。4 月 9 日晚，中共方面周恩来、李克农、刘鼎与东北军方面张学良、王以哲在肤施（延安）城内教堂进行了彻夜长谈。张学良坦率地表示，自己对国民党已不抱希望，对从前相信法西斯可以救中国的想法，现在开始怀疑。他热烈赞成中共提出的抗日民族统一战线主张。对是否能争取蒋介石抗战，张学良认为自己与蒋介石接触很多，若能认真争取，是可以把蒋团结到抗日阵线里来的。周恩来说，逼蒋抗日或联蒋抗日是有道理的，但对这一重要决策，个人不能决定，愿意把意见带回去，提交中共中央郑重考虑，再作答复。他说，抗战如能争取到蒋介石集团参加是有好处的，为抗日大计，对于蒋介石的过去可以既往不咎；对蒋既要让步，还要斗争；只有经过斗争，才能真正的团结。张学良兴奋地表示，自己在里面劝，共产党在外面逼，内外夹攻，一定能把蒋介石的错误国策扭转过来。会谈还就中共与东北军联合抗日、互派代表、互相通商、互通情报、加强抗日教育、双方派代表赴苏联等达成了口头协议。会谈时，张学良拿出私人积蓄 2 万银元资助抗日红军，后又赠法币 20 万元。对中共派到东北军开展工作的叶剑英、刘鼎等人予以热情接待。

在中国共产党的帮助下，张学良于 1936 年 6 月创办了《西京民报》，向广大官兵宣传抗日的思想，同月又开办了“长安军官训练团”，训练高级军官转变思想，准备抗日；9 月，成立“学兵队”，以培养中下级军政骨干，建立了东北军自己的核心“抗日同志会”，组织了“东北民主救亡会”。还分别派出代表团去广西、新疆、晋绥等地，联合各地方实力派准备联合抗日。

红军东征胜利回师，1936 年 5 月 5 日，毛泽东、朱德联名向南京政府和各党派、各团体发出《停战议和一致抗日通电》，呼吁：以“兄弟阋于墙外御其侮”的精神，在全国范围首先在陕、甘、晋停止内战，双方互派代表，磋商抗日救亡具体办法。通电没有再提“讨蒋”、“反蒋”的口号，专谈“停止内战，一致抗日”，而且将旧称“蒋贼”改为“蒋氏”，这一字之改在全国社会各界产生巨大反响。

1936 年 6 月 20 日，中共中央《致国民党二中全会书》提出：“只要你们立即停止进攻红军和苏区，立即动员全国对日抗战，并实现民主自由与制裁汉奸，我们和红军不独不妨害你们抗日，而且用一切力量援助你们，并愿和你们密切合作。”“我们随时都准备同贵党任何组织任何中央委员任何军政领袖进行关于合作救国的谈判。”① 这封信7月10日在国民党五届二中全会上宣布后，产生了积极的反响。蒋介石的报告中说：“中央对外交所抱的最低限度，就是保持领土主权的完整。”这比他在国民党五大上所说“和平未到完全绝望时期，决不放弃和平，牺牲未到最后关头，亦决不轻言牺牲”，显然又进了一步。接着，南京政府外交部长张群同日本驻华大使谈判时，采取了强硬的态度，这在九一八事变以来还不曾有过。

1936年5月28日，毛泽东在政治局常委会议上作军事报告讨论的结论时，再次强调：“东北军工作要加紧做”，“东北军工作首先是政治上团结”。毛泽东找东征中俘获的阎锡山部团长郭登瀛谈话，要他带信给阎锡山，表示红军愿意停止内战，共同抗日。接着，又派彭雪枫等作为中共中央代表去山西太原同阎锡山联络。

毛泽东还分别写信给国民党政府冀察政务委员会委员长宋哲元、绥远省政府主席傅作义等，争取和他们实行合作抗日。

毛泽东倾注了更大精力的是对东北军和第十七路军的工作。

中共中央《关于东北军工作的指导原则》中指出：“由于东北军现在所处的特殊的政治绝路的地位（亡国奴的地位），由于红军对于东北军的革命的影响，东北军有极大可能转变为抗日的革命的军队。”我们在东北军中的工作目标，不是瓦解、分裂，也不是把东北军变为红军，而是要使东北军变为红军的友军，使东北军实行彻底抗日的纲领；超出这个范围的一切言论与行动，均在排除之列。② 根据这个原则，1936年7月1日，毛泽东致电彭德怀：我们与东北军关系现有进一步发展的可能，七、八两月须注大力于该军、师、团三级的工作，派较得力的人分途去见军、师、团长，根据他们的思想程度与接受可能，向他们解释合作抗日的道理。他特别指出，“这个中层乃是枢纽，目前最为重要”。7月5日~7日，毛泽东同张闻天、周恩来在安塞召开会议，听取刘鼎关于东北军情况汇报。会议要刘鼎大胆地工作，争取张学良。强调对东北军的政策不是瓦解、分裂或把它变成红军，而是帮助、团结、改造，使之成为抗日的力量，成为红军可靠的友军。7月6日，毛泽东电告彭德怀：刘鼎来，布置了那边的工作，

① 《中共中央文件选集》第11册，中共中央党校出版社，1991年3月版，第44、46页。
② 《中共中央文件选集》第11册，中共中央党校出版社，1991年3月版，第30~31页。

那边的工作大有希望；中央机关及红校在保安，军委后方各部在吴起镇，洛甫、恩来、我暂在安塞，若干天后去保安。7月12日，毛泽东致电彭德怀：我昨天到保安，周尚在安塞。

1936年7月27日，中央政治局举行会议，周恩来报告了东北军工作委员会的工作。毛泽东在会上称赞东北军工作委员会的这个时期的工作，可谓很好的模范。①

请恩来同志写出一篇文章来。毛泽东提出：过去我们的工作方针，第一在西边建立根据地，第二在东边开展游击战争，第三建立抗日联合战线；以后的工作方针还是以前的三个，但次序要变更，第一是联合战线的扩大，应放在第一位；对东北军，对杨虎城部队，对南京部队，都要建立工作委员会；最重要的是庆阳方面，这里敌军多，应广泛地去联合他们，建立联合战线工作，应大家出马，不应该关起门来，不仅要注意上层，还应该抓紧中层的工作；红军的行动也应该配合这一工作。目前，要注意蒋介石的进攻。会议通过了毛泽东这个提议。会议决定成立白军工作部，由周恩来负责；派林育英去庆阳方面，负责西线工作。对张学良的复杂处境，毛泽东十分关心。他在1936年8月9日写信给张学良提醒他：蒋介石一解决西南问题，就有极大可能进攻西北。“无论如何兄不要再去南京了，并要十分防备蒋的暗害阴谋。”

1936年7月30日，中共中央政治局召开常委扩大会议，讨论统一战线和白区工作问题。毛泽东、张闻天、周恩来、博古和张浩、李维汉、杨尚昆、冯文彬、伍修权等出席会议。会议决定整个统一战线工作和对东北军的统战工作，由毛泽东负责；白区工作由博古负责；西北白区工作由李维汉负责。

8月10日，中共中央举行政治局会议。毛泽东在会上作了国共两党关系和统一战线等问题的报告和结论。报告中说：蒋介石对日的基本方针，在战略上没有变，但他准备开国防会议，实行局部的对日作战，战术是变了；战术既大变，将来有可能影响他们战略的动摇。

毛泽东在报告中说：我们3月提出谈判的5条原则后，他们在5月答复时提出4项办法：1. 欢迎共方武装部队参加对日作战；2. 共方武装参加抗战待遇同中央军；3. 共方有何意见可向即成立的民意机关提出；4. 共方可选择一些地区试验其政治经济理想。从这可以看出蒋介石有动摇的可能。他们五届二中全会来信对谈判又提出新的4条，蒋介石在《苏俄在中

---

①《毛泽东年谱（1893—1949）》上卷，人民出版社、中央文献出版社，1993年12月第1版，第611页。

国》中称这四条是："（一）尊奉三民主义；（二）服从蒋委员长指挥；（三）取消红军改编为国军；（四）取消苏维埃，改为地方政府。"这新4条同5月的4项办法有些变化，现在是着重统一，对红军开赴绥远抗日没有提。"我们愿意和南京谈判，现在还是继续这个方针。"从蒋介石的态度来看："现在总方针变了，现在是巩固他的统治。从前和我们无往来，现在有些改变了，现在他也来谈统一战线，他可能改成国防政府，但要他统一指挥，使群众对他改变态度，使日本退步。他想利用这一民族运动，不愿站在敌对地位。"我们应当承认南京是一种民族运动的大力量，为要达到真正的抗日，必须要经过这样中间的过程，我们可以和他谈判。"我们惟一的要求是真正的抗日。"

毛泽东在结论中提出：蒋介石总是说先统一后抗日，我们是要他先给抗日的民主，要看他做到怎样程度，才同他讲统一。我们又要抗日，又要统一，抗日必须反蒋，现在不适合；现在要在统一战线下反对卖国贼。毛泽东同时指出：要注意提高对同盟者的警戒性，坚持党的独立自主原则。会议一致同意毛泽东的报告和结论，确定以国民党、蒋介石作为今后谈判的主要对手，决定发表公开宣言和秘密文件。

会后，毛泽东、张闻天、周恩来等联名致电远在长征路上的朱德、张国焘、任弼时，通报了这次政治局会议决定的战略方针：认定南京为进行统一战线之必要与主要的对手，应与南京及南京以外之国民党各派，同时分别的进行谈判；继续停战议和请蒋抗日的口号，目前阶段实行他不来攻我不去打……他若来攻，则一面坚决作战，一面申请议和；在抗日进军路上，遇到蒋介石部队和其他部队，实行先礼后兵政策等。

会议决定发表"公开宣言"，就是由毛泽东起草的《中国共产党致中国国民党书》。宣言叙述了中国共产党自九一八事变以来"停止内战、抗日救国"的主张，严肃地批评国民党、蒋介石"攘外必先安内"的误国政策和它造成祖国大片河山沦丧的严重后果，同时也肯定国民党五届二中全会"有了若干进步"，但仍不能满足全国人民强烈抗日的要求。在亡国灭族的紧急关头，中国共产党再一次向国民党大声疾呼："立即停止内战，组织全国的抗日统一战线，发动神圣的民族自卫战争，抵抗日本帝国主义的进攻，保卫及恢复中国的领土主权，拯救全国人民于水深火热之中。"宣言在最后明确提出"国共的重新合作"的建议："关键现在是在贵党的手中"；"至于我们方面是早已准备着在任何地方与任何时候派出自己的全权代表，同贵党的全权代表一道，开始具体实际的谈判，以期迅速订立抗日救国的具体协定，并愿坚决地遵守这个协定。"会议决定在党内所发的

“秘密文件”，就是1936年9月1日中共中央《关于逼蒋抗日问题的指示》。指示指出：“目前中国的主要敌人，是日帝，所以把日帝与蒋介石同等看待是错误的，‘抗日反蒋’的口号，也是不适当的。”指示提出：“在日帝继续进攻，全国民族革命运动继续发展的条件之下蒋军全部或其大部有参加抗日的可能。我们的总方针，应是逼蒋抗日。”“我们目前中心口号依然是‘停止内战一致抗日’。”①

1936年8月13日，在同杨虎城第十七路军建立联系后，毛泽东写信给杨虎城说：“先生同意联合战线，盛情可感。……良以先生在理在势在历史均有参加抗日战线之可能。故敝方坚持联合政策，不以先生之迟疑态度而稍变自己的方针。然为友为敌，在先生不可无明确之表示。”同一天，毛泽东又写信给第十七路军总参议杜斌丞，希望他继续推动杨虎城下决心联共抗日：“先生一言兴邦，甚望加速推动之力，西北各部亦望大力斡旋。救西北救华北救中国之伟大事业，愿与先生勉之。”杨虎城收到毛泽东的信后十分感动，表示诚恳地接受中国共产党联合抗日救国的主张。

1936年8月14日，毛泽东写信给王世英（时任中共华北联络局负责人）并转刘少奇。信中说：张金吾同志（负责人即张经武，时任中共派往华北地区做统一战线工作的代表）为向宋哲元接洽之代表，不论此次宋处接洽成否，必须向宋及二十九军继续工作；韩复榘（时任国民党山东省政府主席）、傅作义（时任国民党绥远省政府主席、国民党第三十五军军长）、阎锡山（时任国民党政府军事委员会副委员长、太原绥靖公署主任）、张自忠（时任国民党天津市市长、国民党军第二十九军第三十八师师长）、刘汝明（时任国民党察哈尔政府主席、国民党第二十九军第一四三师师长）、商震（时任河北省政府主席、国民党第三十二军军长）六处，一有机会，即须接洽。“统一战线以各派军队为第一位，千万注意。”②

1936年9月15日、16日，毛泽东在中央政治局扩大会议上，对目前政治形势和统一战线问题，又作了3次长篇发言，着重阐述了中国共产党对统一战线的领导和建立民主共和国的问题。他说：对民族反日统一战线的领导，不是愿意不愿意的问题，而是有力量领导和没有力量领导的问题。西欧国家的资产阶级和中国的资产阶级不同；中国是半殖民地国家，资产阶级力量薄弱，我们在大革命时联合了它，当前经济危机加深，日本压迫，“使民族资产阶级又有转变到革命方面的可能”；大革命时，我们同

①《中共中央文件选集》第11册，中共中央党校出版社，1991年3月版，第77、87、89页。
②《刘少奇年谱》上卷，中央文献出版社，1996年9月第1版，第158页。

资产阶级实行联合，这是世界上第一次，那次联合实际上是共产党领导的；我们重新提出和资产阶级联合，有苏区、红军的存在，应当由共产党领导，才能实现抗日的胜利。事实证明，也只有共产党有力量领导抗日民族统一战线；不过，这样的领导还是要争取的，现在正在争取，“我们现在要用各种办法，逼蒋抗日。”毛泽东说：加紧对南京政府以外的各党各派的统一战线工作，更能逼蒋走上抗日。毛泽东还说：我们改倒蒋为批蒋，改反蒋为联蒋，而我们的警戒是不能放松的。毛泽东还批评了过去在中央苏区在组织问题上的宗派主义错误，指出对“罗明路线”、对萧劲光等人的处理是错误的，不让瞿秋白随军长征也是错误的。

9月17日，政治局作出《中央关于抗日救亡运动的新形势与民主共和国的决议》，为适应新的形势，决定改建立“人民共和国”为“民主共和国”，指出这是团结一切抗日力量最好成绩的方法，也是从广大人民的民主要求产生出的最适当的统一战线的口号。同时亦指出：扩大与巩固共产党，保障共产党政治上组织上完全独立和内部的团结一致性，是使抗日的民族统一战线与民主共和国得到彻底胜利的最基本的条件。①

会后，毛泽东草拟了《国共两党抗日救国协定草案》，在9月20日前后脱稿。协定草案共8条，其中规定：为实行对日武装抗战，实现抗日救国联合战线，建立民主共和国，从本协定签字之日起，双方立即停止军事敌对行为。国民党方面承认：停止进攻红军与进犯苏区，划定红军屯驻地区，改革现行政治制度，允许人民的言论、出版、集会、结社等自由，释放政治犯。共产党方面承认：红军不向国民党区域攻击，停止推翻国民党政权的言论与行动，抗日作战时，在不变更共产党人员在红军中的组织与领导的条件下，全国军队包括红军在内实行统一指挥与统一编制。这个协定草案的基本内容，成为后来国共谈判的基础，也是中国共产党同各地方实力派谈判建立民族统一战线的基础。

自从中央政治局确定了以南京政府作为主要的谈判对手以来，毛泽东在指导中共中央代表同南京政府进行谈判外，还直接致信南京政府的军政要员宋子文、邵力子、孙科、陈立夫和王均、朱绍良、毛炳文等，力陈抗日救国大义，主张“停战议和，一致抗日”。他多次写信给宋庆龄、蔡元培、沈钧儒、邹韬奋、陶行知、章乃器等爱国领袖，对他们的爱国行动表示敬佩。他还努力同地方实力派取得联系，分别写信给李宗仁、白崇禧、阎锡山、傅作义、宋哲元和各派政治势力代表冯玉祥、李济深、蒋光鼐、

①《毛泽东年谱（1893—1949）》上卷，人民出版社、中央文献出版社，1993年12月第1版，第580～581页。

蔡廷锴等，争取他们对中共抗日民族统一战线主张的理解与支持。在这期间，毛泽东进一步加强了对张学良和杨虎城部的工作。9月，他派自己的秘书张文彬到西安同杨虎城谈判，达成了互不侵犯、双方在防区内取消敌对行动、取消经济封锁、建立军事联络等协议。张文彬作为红军代表留在西安，公开身份是十七路军总指挥部政治处主任秘书。10月初，毛泽东等又派叶剑英到西安张学良部作为中共中央的常驻代表，进一步开展对东北军、西北军和整个西北地区的统一战线工作。

1936年10月1日，毛泽东致电刘少奇："争取与刘湘（时任国民党四川省政府主席、四川'剿总'总司令）建立关系，并力求迅速。刘湘代表如在津，应留他等候中央代表一同赴川，如该代表要求离津，应从他取得介绍信及各种关系。"①

10月1日，毛泽东同周恩来、彭德怀致电朱德、张国焘、徐向前、陈昌浩并贺龙、任弼时、关向应、刘伯承，建议他们发一通知给各部队，"对一切白军相遇接近时，先由我方试派人员携带要求建立反日统一战线而态度诚恳的信件，如彼方先派人来或因同意我方要求派人来接洽，不论其动机仅是怕打或真有合作抗日诚意，我方一律以诚恳面貌招待他们，以期沟通双方，扩大西北统一战线范围。"②

10月5日，毛泽东同周恩来致信张学良，提出：为迅速达到停止内战一致抗日的目的，只要国民党军队不阻拦红军的抗日去路与侵犯红军的抗日后方，我们首先停止向国民党军队的攻击，以此作为我们停战抗日的坚决表示，静待国民党当局的觉悟；仅在国民党军队向我们攻击时，我们才在自卫的方式上予以必要还击；祈将敝方意见转达蒋介石先生速即决策，互派正式代表谈判停战抗日的具体条件。③

10月22日，毛泽东写信给刘少奇。信中指出："北方统一战线非常要紧，特别着重于军队方面，加紧二十九军工作之外，晋绥应放在第一位。"④

10月下旬，刘少奇电告中共中央：北平各大学教授徐炳昶、顾颉刚、张荫麟、杨秀峰等，包括左倾者、蓝衣社分子、国民党自由主义者在内的各派人士，联名发表《教授界对时局意见书》，向政府提出8项要求：

---

①《刘少奇年谱》上卷，中央文献出版社，1996年9月第1版，第160页。

②《毛泽东年谱（1893—1949）》上卷，人民出版社、中央文献出版社，1993年12月第1版，第641页。

③《毛泽东年谱（1893—1949）》上卷，人民出版社、中央文献出版社，1993年12月第1版，第592页。

④《刘少奇年谱》上卷，中央文献出版社，1996年9月第1版，第163页。

①政府立即集中全国力量，在不丧国土不辱主权之原则下，对日交涉；②中日外交绝对公开，政府应将交涉情形随时公布；③反对日人干涉中国内政，及在华有非法军事行动与设置特务机关情事；④反对在中国领土内以任何名义成立由外力策动之特殊行政组织；⑤根本反对日本在华北有任何所谓特殊地位；⑥反对以外力开发华北，侵夺国家处理资源之主权；⑦政府应立即以武力制止走私活动；⑧政府应立即出兵绥东，协助原驻军队，剿伐借外力以作乱之土匪。文化教育界已发起签名运动，签名者已百余人。“沪黄炎培、穆藕初、津罗隆基等已从事响应，颇有扩大到各地各省之势”。同时，电告中共中央白区工作部负责人周恩来：“平津教授对外交宣言发表后，在广征签名，张东荪、罗隆基、陶希圣等已联合参加救亡。”中共北方局决定派薄一波、杨献珍、董天知、韩钧、周仲英等去太原专门做争取阎锡山的统一战线工作。去太原之前，徐冰向他们传达了刘少奇的指示：①这次到山西去，首先要争取站稳脚跟，不要搞“左”倾冒险主义和空谈主义，不要提阎锡山根本不能接受的口号，不要怕到上层机关去和戴“官办团体”的帽子；②要踏踏实实地做群众工作，发动群众，组织群众，不能做“清客”，不要“抬轿子”，要争取抗日民族革命的领导权；③决定成立做山西统战工作的党的工作委员会，直接受北方局领导，同时成立山西工委，由张友渔负责；党的公开工作和秘密工作完全分开；党的公开工作要为党组织的发展创造有利条件。薄一波等到太原后，接办了“山西省牺牲救国同盟会”（1936 年 9 月 18 日在太原成立），利用这一合法的组织形式，宣传党的抗日主张，发动群众、组织群众参加抗日救亡运动，同阎锡山建立了特殊形式的统一战线关系。①

1936 年 12 月 1 日，毛泽东同朱德、周恩来、彭德怀等 18 位红军高级将领联名写信给蒋介石，批评他调集胡宗南等部进攻红军和苏区；希望他当机立断，化敌为友，共同抗日。信中写道：“今日之事，抗日降日，二者择一。徘徊歧途，将国为之毁，身为之奴，失通国之人心，遭千秋之辱骂。吾人诚不愿见天下后世之人聚而称曰，亡中国者非他人，蒋介石也，而愿天下后世之人，视先生为能及时改过救国救民之豪杰。语曰，过则勿惮改，又曰，放下屠刀，立地成佛。何去何从，愿先生熟察之。寇深祸亟，言重心危，立马陈词，伫候明教。”②

12 月 2 日，毛泽东两次致电刘少奇：急须同晋绥当局成立友好关系，

---

①《刘少奇年谱》上卷，中央文献出版社，1996 年 9 月第 1 版，第 163 ~ 165 页。

②《毛泽东年谱（1893—1949）》上卷，人民出版社、中央文献出版社，1993 年 12 月第 1 版，第 671 页。

以便利红军行动。条件是：晋绥容许红军参加抗战，划定一定的防地，帮助解决给养、弹药；红军愿意服从阎氏统一指挥，决不干涉晋绥行政；红军派出代表，以资联络。①

12月5日，毛泽东致信冯玉祥："目前急务似无急于停止内战。诚先生登高一呼，众山齐应，今日停战，明日红军与西北'剿共'各军立可开进于绥远战场。……泽东与先生处虽异地，心实无间，倘得不吝教诲，锡以圭针，敢不拜赐！"②

同日，毛泽东致信孙科：今日天下之人莫不属望国民抗日，进行此种斗争，非有有组织的政治力量不可，非有领袖不可，天下之人莫不属望于先生。③

同日，毛泽东致信杨虎城：敝方三个方面军会合之后，部队甚大，给养困难，弹药亦待补充，拟向兄暂借30万元；敝军行动不论东西南北，均与贵军唇齿相关患难与共。④

当"两广事变"被南京政府以政治收买和军事讨伐的办法解决后，蒋介石认为又可以腾出手来集中对付红军和共产党了。他一面邀请周恩来在广州或香港会谈，一面调集军队"围剿"红军，胡宗南部就是在这时又调到西北向红军进攻的，想给红军以大的打击后再在谈判桌上讲条件。

1936年10月，红军三大主力部队在陕甘宁边区会合时，人数只有3万人，蒋介石认为这是消灭红军，取得革命根据地的极好机会。于是策划集中兵力，围攻陕甘宁边区。1936年10月2日，蒋介石偕宋美龄自南京飞往西安，部署东北军、西北军对红军作战。10月29日，蒋介石偕宋美龄转到洛阳。10月31日，蒋介石在洛阳度过50岁诞辰。张学良只身乘军用飞机到洛阳向蒋"诤谏"，遭到蒋的训斥。

处在从内战到抗日的转变关头，毛泽东对蒋介石采取多种手段，进行针锋相对的斗争。在军事上，他致电驻在张学良处的刘鼎，告诉他："蒋介石向西北进攻，我方已有相当准备，立于防御地位予以打击，促其觉悟。"在政治上，当蒋介石邀周恩来前去会谈时，毛泽东指出："先停战，后谈判。"蒋介石大举进攻西北的情况，使周恩来无法前去，但中共中央仍派潘汉年到上海去同南京方面谈判。从1936年10月中旬至11月19日，

---

①《毛泽东年谱（1893—1949）》上卷，人民出版社、中央文献出版社，1993年12月第1版，第671～672页。

②③④《毛泽东年谱（1893—1949）》上卷，人民出版社、中央文献出版社，1993年12月第1版，第618页。

他同南京政府代表陈立夫进行了3次会谈。陈立夫根据蒋介石的指令，态度十分强硬，提出在陕北的政权必须取消，红军只留3000人，师长以上一律解职出洋等。这样，谈判只能搁浅。到12月初，当陈立夫得知胡宗南部在山城堡挫败后，又派人到上海找潘汉年，表示国共谈判不能中止。此时，毛泽东认为逼迫蒋介石停止“剿共”仍是目前建立抗日统一战线的中心关键。11月13日，毛泽东在政治局会议上说：“对蒋的问题，现在还没有把握。”“然而蒋不一定是始终不变的。根据情况的变迁，有可能逼他走到与我们联合。”

蒋介石认为，红军的处境已难以为继，又变本加厉地调集30万军队准备“围剿”红军，以蒋鼎文为西北“剿总”前敌总司令，卫立煌为陕甘绥宁边区总指挥，由军政部次长陈诚驻前方“督剿”。11月17日，蒋介石飞到太原后见傅作义，令其迅速结束绥远抗战，① 以免影响“剿共”决策。

11月21日，胡宗南率中央军第一军按照蒋介石的命令孤军深入，在山城堡被红军击败，其中廖昂一旅被红军全歼。第一军是蒋介石的起家部队，蒋介石闻讯后大为震怒，严电斥责张学良的东北军不予配合。

11月23日，蒋介石下令逮捕抗日爱国组织——全国各界救国联合会领袖沈钧儒、邹韬奋、李公朴、章乃器、王造时、沙千里、史良7人，并查封了十几种抗日的进步刊物。

11月29日，蒋介石再次飞到洛阳部署“围剿红军”。12月2日，张学良飞到洛阳向蒋“尸谏”，又一次受到蒋介石的斥责“有人在共匪未肃清之前，而高谈与日作战者，皆为国家之叛徒”。张学良反驳说：“委员长这样专制，这样摧残爱国人士，和袁世凯、张宗昌什么区别。”蒋蛮横地说：“我是革命政府，我这样做就是革命！”

蒋介石调来马丁式飞机70多架，停在西安、兰州机场，又从江西和鄂豫皖调来原“剿共”的干将及其部队开进西北。共计30个师、30万大军，把3万多红军团团包围在陕甘。部署妥当，12月4日，蒋介石带着这批人和其他军政要员飞抵西安，给张学良、杨虎城施加压力。蒋介石住在临潼华清池附近的临时行辕里，召见张学良、杨虎城，向他们提出最后通牒式

①1914年置绥远特别区，1928年改设省，辖今内蒙古自治区乌兰察布盟、伊克昭盟、巴彦淖尔盟东部及呼和浩特市、包头市等地（1954年撤销，并入内蒙古自治区）。1936年1月，蒙古族上层反动分子德王公开投降日本，后成立伪蒙古军政府。8月初，在日本侵略军的支持下，进攻绥远省的红格尔图，当地驻军傅作义等部在全国抗日运动的影响下，奋起抗击，击退敌人。11月，日本又唆使伪军再次向绥远进攻，企图攻下绥远，进窥甘肃、宁夏，把伪蒙的领土扩大，成立“蒙古大元帝国”。绥远军民再次奋起击溃敌人，并乘胜收复百灵庙和大庙。

的两个方案：（一）服从“剿共”命令，将东北军、第十七路军全部开到陕甘前线作战；（二）如不愿“剿共”，就将东北军调往福建，第十七路军调往安徽，让出陕甘，由中央军“剿共”。张学良、杨虎城无法接受这两个方案，痛哭流涕地向蒋介石“苦谏”，反又遭到蒋介石的严厉训斥。蒋介石准备于12日中午下达对红军的总攻击令。

杨虎城，陕西蒲城人，1893年11月26日出生，1908年父亲杨怀福因参加反清的“哥老会”被清政府处以绞刑。年仅16岁的杨虎城辍学当了童工，挑起全家的生活重担。同时，与一些青年成立反抗官府的秘密组织——“中秋会”，被推为头领。辛亥革命爆发后，率“中秋会”一部分成员参加陕西民军，后见部队纪律松弛、长官腐化，1913年退伍还乡，凭原“中秋会”的力量抗税抗暴，声名大振。1917年孙中山在广州树立护法旗帜，陕西亦建立了靖国军，杨虎城率部加入此军。自1929年任国民党西北军十七路军总指挥，1935年任陕西绥靖公署主任。

杨虎城与中国共产党人有过长期的友好交往，早在1923年，杨虎城通过杜斌丞介绍，结识了陕西中共创始人之一的魏野畴，与共产党人就开始接触，不少共产党人在杨领导的部队中任过职，受到杨的重用。在四一二反革命政变后的白色恐怖中，杨虎城不仅保护了魏野畴、南汉宸等著名共产党人，还曾申请加入中国共产党（未获批准）。蒋、冯、阎中原大战时，杨虎城与蒋介石一度合作，1930年，蒋在嫡系中未能物色到主持陕政的合适人选，任命杨虎城为陕西省主席，但对杨又多方防范。九一八事变后，杨虎城坚决主张抗击日本的侵略。1933年3月，他面见蒋介石，要求北上抗日，遭到冷遇，不久被免去陕西省主席职务。但杨虎城的爱国热忱没有减退。他坚定地说：“我们不能跟蒋介石殉葬，只有他干他的，我们干我们的。”1935年12月，毛泽东写了信派王锋去找杨虎城。1936年2月，中共中央北方局派人到西安与杨虎城秘书会见，就双方停战，联合抗日的具体问题达成协议。4月，王炳南受中共驻共产国际代表团的派遣，到西安杨虎城处进行工作。

宋美龄通常是陪着蒋介石的，这次她因病去上海治疗。蒋到西安飞机场时，东北军的青年军官聚集在机场，向蒋介石请愿，要求停止内战，一致抗日。蒋对此十分生气，他要求张学良严厉处分这些军官。他对张、杨说，东北军与西北军必须继续“剿共”，否则即将东北军调到福建，西北军调到安徽，另派他的嫡系蒋鼎文为“剿共”前总指挥。蒋还命胡宗南到陕西边境切断东北军、西北军与红军的联系。12月7日，张学良再次向蒋介石提出劝告，蒋介石骂张年轻无知，并拍案说：“你就是拿枪打死我，我也不能停止剿共!"

一二·九[①]周年纪念日，西北各界救国联合会组织万余学生游行请愿。自西安步行去华清池，要求蒋介石答应抗日。学生行至十里铺，蒋介石布置军队架设机关枪阻拦，要求对学生"格杀勿论"。张学良乘车到十里铺，含泪劝回学生，答应在一星期内准有答复。12 月 10 日，张学良又请求蒋"停止内战，一致抗日"，蒋严词拒绝。

东北军骑兵师师长白凤翔和胡宗南部一旅协同作战。双方商定作战联络讯号是白天用旗，晚上用灯，双日晚上用红灯，单日晚上用绿灯。不料一个晚上白凤翔的部下打错了讯号，胡宗南部以为与红军相遇，双方发生了火并，胡宗南部损失惨重。蒋介石电令张学良，就地枪决白凤翔。张学良赏识白凤翔的勇武，把他安顿在张公馆住下。

蒋介石计划于 1936 年 12 月 12 日离开西安。11 月夜晚，张学良和杨虎城一起计划监禁蒋介石。张学良召来白凤翔说："我现在派你去把委员长抓来，要活的，不要死的。"白凤翔恨透了蒋介石，这个计划正中他的心怀，他担任了捉蒋行动的总指挥。12 日凌晨 5 时，白凤翔派侍卫官长孙铭久袭击了蒋介石的宿舍，消灭了蒋介石的小卫队，在骊山上的一个岩洞里抓到了衣冠不整的蒋介石，将他软禁在杨虎城的陕西绥靖公署的新城大楼。

在捉蒋的同时，西安城里十七路军和部分城防部队解除了中央宪兵第二团、省公安局、别动大队等反动武装，控制了飞机场、火车站和邮电局等要冲，并且逮捕了陈诚、蒋鼎文、卫立煌、朱绍良、钱大钧、蒋作宾等十几位国民党军政要员，邵元冲（国民党中央委员）、蒋孝先（侍从室主任）等被打死。

当日，张学良、杨虎城致国民党政府行政院副院长孔祥熙电，表示此次事变是"暂请介公留住西安，促其反省，决不妄加危害。"

12 月 13 日，张学良、杨虎城通电全国提出：①改组南京政府，容纳

---

①1935 年，日本帝国主义进一步发动华北事变，企图使冀、察、绥、鲁、晋五省脱离中国，归为日本控制。国民党政府准备于 12 日成立"冀察政务委员会"，以适应日本帝国主义提出的"华北政权特殊化"要求。12 月 9 日，中共地下党领导北平爱国学生数千人，冲破国民党政府沿街设置的层层封锁线，会合在新华门前，举行了声势浩大的示威游行，高呼"停止内战，一致对外"、"打倒日本帝国主义"、"反对华北自治运动"等口号。国民党政府出动大批军警镇压，打伤和逮捕了很多学生。次日，北平各校学生宣布总罢课。16 日，学生、市民 1 万余人汇集天桥，召开市民大会，通过了"不承认冀察政务委员会"、"反对华北任何傀儡组织"等决议案，并举行示威游行，迫使"冀察政务委员会"延期成立。杭州、广州、南京、天津、上海、武汉、长沙等地学生相继举行示威游行，并得到全国人民的支持。

各党各派共同负责救亡；②停止一切内战；③立即释放上海被捕之爱国领袖；④释放全国一切政治犯；⑤开放民主爱国运动；⑥保障人民集会、结社等一切政治自由；⑦切实遵行总理遗嘱；⑧立即召开救国会议。

12 月 13 日，张学良在对“西北剿总”全体职员讲话说：“我们对蒋委员长绝对没有私仇私怨，我们绝对不是反对委员长个人，是反对他的主张和办法。如蒋委员长放弃过去主张，毅然主持抗日工作，我们马上绝对拥护、服从他。”

西安事变，举世瞩目，各集团都在关注和行动。

12 月 17 日，日本首相广田声明：绝对不能与张学良妥协，否则，日本政府将不能坐视。日寇要求南京政府进攻张、杨，并提出给予军事帮助，拉拢国民党政府中的亲日派。日本亟望改变以蒋介石为代表的南京政府中亲英、美派掌权的现状，让亲日派执政，而汪精卫即为理想人选，但因汪精卫被刺受伤不在中国国内，[①] 于是握有军权而又亲日的何应钦成了日寇扶持和加以影响、利用的对象。德国政府表面上对蒋被扣示以关怀，实则希望中国由此成立亲日政府，以牵制苏联在远东的力量，希特勒也表示支持汪精卫回国主持南京政府。意大利政府也与日、德保持一致。

何应钦时任国民党军事委员会党务委员、军政部长，西安事变给他提供了进一步向上攀的机会，日本的支持、黄埔系的中央军“少壮派”们的拥戴，都刺激了他的政治胃口。得到消息之初，何应钦便背着国民党军事委员会副委员长冯玉祥、总参谋长程潜、军委会办公厅主任朱培德、立法院长孙科等要人与戴季陶、吴稚晖等在家中商讨对策，主张对张、杨进行讨伐。

英、美帝国主义集团为了其主体利益，在西安事变发生后，担心失去蒋介石，南京政府为亲日派所控制。因此，他们积极支持宋氏兄妹，希望和平解放西安事变，使中国迅速在南京政府之下实现统一。代表英国利益的上海《字林西报》表示：“只要南京能够充分保持他们的最高权力，不妨在政治上同共产党采取联合的形式。”西安事变发生后，宋美龄当晚在上海得悉消息，连夜赶回南京，她对何应钦主战派甚为不满。她与宋子文一起，一面说服何应钦派暂缓行动，一面派澳大利亚人端纳前往西安。端纳曾任张作霖、张学良的顾问，与宋美龄私交甚好，是英美驻南京大使馆的实际联络人。他接受宋美龄的托付，充当调解人，往返于南京和西安之

①1935 年 11 月 1 日，国民党四届六中全会在南京开幕，由中央常委兼行政院长汪精卫致开幕词。开幕式后，晨光通讯社记者孙凤鸣从大衣口袋里掏出左轮手枪，高呼打倒卖国贼，向站在第一排正中的汪精卫连击三枪，枪枪命中。此后，汪精卫出国治疗。

间，他明确表示，对蒋宋集团最严重的威胁不是来自中共和张、杨，而是亲日派。

苏联的态度是：早在1935年春末，日德开始酝酿建立反苏同盟，苏联虽无力阻止这个联盟的建立，但他希望借助中国和西方民主国家以对抗日德。斯大林认为，一个在蒋介石领导下建立的国共抗日统一战线的团结的中国，将会减少日本关东军北犯西伯利亚的可能性。12月13日夜晚，共产国际和苏联共产党总书记斯大林打电报给中国共产党中央，指示和建议中共应争取和平解决西安事变，为避免中国出现长期内战，而日本坐享其利，在蒋介石能回心转意，赞成抗日的情况下，尽快释放蒋介石。

中国共产党的态度：张学良、杨虎城在事变后的当天晚上，就给驻在陕北保安（志丹）的中共中央致电，请中国共产党派代表给予指导。13日，中共中央立即在张闻天住处召开政治局常委扩大会议。大家一致肯定西安事变，决定采取积极支持的方针。毛泽东发言说，虽然事变是张、杨独自发动的，共产党没有参与其中，但事变是革命的、抗日的，没有任何帝国主义背景，从此完全打破了由蒋介石控制的局面。周恩来在发言中也分析了事变后国内各种力量可能出现的反应及其错综复杂的关系，提出在政治上不要与南京对立，争取林森（国民政府主席）、宋子文、孔祥熙（行政院副院长兼财政部长）、孙科、冯玉祥，孤立何应钦，同时，深入发动群众，把西安变成抗日的中心；在抗日援绥的口号下联合阎锡山，联合刘湘（这是我们的两翼），再进一步联合桂系，以达成对华东的包围；对东南7省南京的势力范围也要争取他们抗日。会议决定，不在西安组织对立的政权。

但在对待处理蒋介石的问题上，多数人的意见是“除蒋”、“审蒋”。中共中央考虑到保安地处偏僻，消息闭塞，不可能全面迅速地了解到西安的情况及国内外的反应。因此，决定暂时不发表声明，一切事宜，包括对蒋的处置以及各种在保安难以估计到的有关问题，均由周恩来到西安后相机处理。

12月13日，毛泽东同周恩来致电张学良：重兵置于潼关、凤翔、平凉，潼关尤为重要；号召西安及西北民众起来拥护义举，对全国亦然，只有将全部行动基础置于民众之上，起义才能确定地发展其胜利；对全军举行广大深入的政治动员，此着是最要紧任务之一；胡宗南、曾万钟、关麟征等军向南压迫时，红军从其侧后配合兄部坚决消灭之；恩来拟去与兄协商尔后大计。

12月14日，毛泽东同朱德、周恩来、张国焘及红军各方面的负责人联名致电张学良、杨虎城：立即宣布组成西北抗日援绥联军，张学良为总司令，东北军、十七路军、红军分别编为3个方面军；三军主力应集中于西安、平凉为中心地区，发扬士气，巩固团结，各个击破敌人，只要打几个胜仗就可以大大开展战局。同日，毛泽东同周恩来致电张学良："十分注意洛阳、咸阳之敌，彼等有围城救蒋之企图，请将全部精力注意集中与团结东北军及十七路军上面。"①

同日，中革军委主席团发出关于西安事变的指示电：西安的抗日起义，开始了中国革命形式的又一新阶段；我们要从政治上、组织上巩固东北军、十七路军和西北民众今后的联合；争取全国民众、南京抗日派、各省和蒋系军队中一切可能参加抗日的力量到我们这方面来；争取英法的同情赞助，在反对内战的旗帜下坚决击破亲日派的进攻，巩固西北抗日局面；暂不公开反对南京政府，以便争取可能抗日的部分。

12月15日，中共中央以红军将领的名义致电国民党及南京政府，呼吁和平解决西安事变，并派周恩来前往西安，协助张、杨处理事变。当日凌晨，周恩来率罗瑞卿等17名工作人员，从保安出发，先到延安，然后乘坐张学良的专机，于17日晚赶到西安。

周恩来一到西安，当晚即与张学良会谈，听了张学良介绍6天来局势的变化和各方的反应，意识到局势远比在保安时估计的更为复杂、严峻。当务之急是如何应付南京何应钦方面的军事进攻和确定对蒋介石的处理方案。

这时，何应钦自任"讨伐军"总司令，以刘峙、顾祝同分任东西路集团军司令举行"白衣誓师"，率中央军十几个师的兵力，分别由陕西潼关和甘肃天水等地进逼西安，并派30余架飞机从洛阳起飞前往西安进行侦察，欲行轰炸。因宋美龄等人反对，何应钦也怕"玉石俱焚"，改令只轰炸渭南、富平、三原。新的内战一触即发。

周恩来与张学良当即商定：在军事方面，东北军、十七路军集中于西安、潼关一线，红军南下延安、庆阳一线接替东北军，必要时侧击甘肃的胡宗南，支援关中。为了便于三军统一行动，红军加入由东北军、十七路军刚宣告成立的抗日联军西北军委。

在如何处置蒋的问题上，周恩来认为只有蒋介石才能制止何应钦的讨伐，从而统率国民党内的抗日派、中间派，避免南京政府成为日本的傀儡。为结束内战，推动抗日，可在蒋同意联共抗日的前提下释放他。但在策略上可以声明，如果南京挑起内战，则蒋的安全无望。

①《毛泽东年谱（1893—1949）》上卷，人民出版社、中央文献出版社，1993年12月第1版，第622页。

与张学良会谈后，周恩来连夜将事态的发展和对时局的分析以及与张商定的诸项措施电告中共中央。

12 月 16 日，毛泽东致电张学良、杨虎城："为了坚持决战胜利，千祈注意发动民众，主要将沿陇海路、西兰公路、西梁公路各县之民众发动起来，拥护抗日联军，拥护西安起义，反对中央军进攻，保卫抗日首都，保卫抗日根据地。"

同日，毛泽东致电阎锡山：时局应和平解决，万不宜再起内战，自速覆亡，先生一言九鼎，敢乞周旋宁、陕之间；当前务急抗日第一，抗日所急在于援绥；给养方面以红军言，所需甚少，但能发伙食费，即刻不事征发，一切地方行政秩序不加丝毫干涉。

18 日，中共中央第一次公开发表宣言，致电国民党中央，指出，为国家民族计，为蒋介石个人计，希望国民党：①召集全国各党各派各界各军的抗日救国代表大会，决定对日抗战，组织国防政府、抗日联军；②将讨伐张、杨与进攻红军的中央军全部增派晋绥前线，承认红军、东北军和第十七路军的抗日要求；③停止一切内战，一致抗战；④开放人民抗日救国运动，实行言论、集会、结社的民主权利，释放一切政治犯及上海爱国领袖；⑤实现孙中山先生的三大政策。如国民党能实现上项全国人民的迫切要求，不但国家民族从此得救，即蒋介石的安全亦不成问题。

12 月 19 日，中共中央召开政治局扩大会议。会议通过了《中华苏维埃中央政府及中共中央对西安事变通电》（对外）和《中央关于西安事变及我们任务的指示》（对内）两个文件。前者为毛泽东起草，后者为张闻天起草。中共中央两次通电国民党劝告他们接受张、杨主张，张闻天电告上海地下党负责人潘汉年、冯雪峰找人疏通联络李宗仁、白崇禧，并做宋子文的工作，请他继续担负调解责任。同时，了解亲日派何应钦的态度，以确定对策。

和平解放西安事变的决策，是中国共产党独立、自主作出的。共产国际于 12 月 16 日曾给中共发来了关于西安事变的电报，但由于译码错误，电文完全翻译不出。而苏联《真理报》等报纸 14 日以来关于事变的评论，则把事变的发动说成是亲日的阴谋。

此时，为阶下囚的蒋介石面临着 3 条道路抉择：①同意张、杨的 8 项主张，回到南京后，并实现其诺言，从而使事变得到真正的和平解决；②口头上同意张、杨的主张，回到南京后又毁约食言，派兵攻打杨、张，使内战规模进一步扩大；③拒不接受张、杨的主张，从而使力主讨伐的何应钦的阴谋得逞，同样引起内战。在事变之初，蒋介石断定这是张、杨受了共产党的指使，估计中国共产党必以此千载一时的良机，置他于死地。后来才弄明白此次事变张、杨并未与共产党有任何商议。同时，他又亲眼看到中共在解决事变中的不记旧仇、光明磊落的胸怀和气度，态度由强硬转取调和，企图求得恢复自由。18 日，蒋鼎文持蒋介石的致何应钦亲笔函，飞往南京，命令飞机停止轰炸渭南。

22 日，何应钦不得不同意派宋子文、宋美龄、蒋鼎文到达西安，以国民政府代表的身份去西安谈判。宋子文与蒋介石的独裁和内战政策早有分歧，他任国民党政府财政部长时，就反对蒋介石为了“剿共”把高达 87% 的财政收入用来购买军火、发放军饷。针对日本侵略者的战争威胁，蒋介石视而不见，宋子文甚至说过，“如果中国面前摆着共产主义和实行军事统治的日本军国主义这两种抉择，那么中国将选择共产主义”这样激进的话。热河战役发生后，他积极主张抗日。塘沽协定后，他赴美考察。1933 年 10 月，宋子文归国后，得知蒋由于内战，向上海银行透支借款达 6000 万元之多时，曾和蒋介石发生了激烈的争论。在赴西安前宋子文接见新闻界并发表谈话，公开宣传蒋介石在西安绝对安全；明确表示西安事变将取有效之方法最短期间妥为解决；宣布中、中、交三银行对于外汇照常无限制买卖。对局势起了稳定的作用，为和平调解创造了良好的气氛。

宋氏兄妹在西安期间，促使蒋介石在原则上改变“攘外必先安内”的政策，实质问题是容纳共产党和把亲日派分子从南京政府清除出去。经协商，蒋介石暗示宋子文改组国民党政府，3 个月后召开救国会议，改组国民党，同意联俄联共。

蒋介石是一个复杂的人物：他是大地主大资产阶级的代表，同共产党有矛盾；作为亲英、亲美派的代表，他同日本帝国主义也存在矛盾。当日本帝国主义企图吞并中国，他有要求民族独立，摆脱日本侵略的趋向。他也希望利用英美、共产党，甚至苏联的力量来制服日本。“九一八”以来，他一方面积极“剿共”，同时也未签订承认“满洲国”的协定。

12 月 23 日，周恩来、张学良、杨虎城同宋子文谈判和平解决西安事变问题。

24 日，以上人员继续谈判。达成肃清亲日派、释放爱国领袖和政治犯、开放政权和召集救国会议、待抗战发动允许中共公开、联俄等协议。

当晚，周恩来等会见蒋介石。蒋介石表示同意停止“剿共”、联共等条件，但他要求不采取签字形式，而以他的“人格”担保履行协议。张、杨同意其要求。

西安会谈后，在何时放蒋介石及撤军的问题上存在着分歧：西安方面主张南京方面先将军队撤出潼关以外再放蒋；而蒋、宋则要求先放蒋，再撤军；周恩来认为，不必匆忙放蒋，力主蒋走以前，须有一个政治文件表示，以保证真正实现停止内战，一致抗日的局面。张学良提出蒋久留西安，出了问题于国家于民族均为不利，加上在放蒋问题上一时又难以说服部下，独自决定于1936年12月25日下午亲自送蒋回南京，没有告知周恩来。26日飞抵南京。毫不顾忌个人的安危和东北军的得失。

1936年12月27日，国民党中央机关报《中央日报》发表蒋介石对张、杨的训词，称：离开西安之前，张、杨不再强勉我有任何签字与下令之非分举动，且并无任何特殊之要求。

在西安事变中，蒋介石虽然对张、杨提的条件拒绝签字。但他在12月25日离开西安前还是允诺了6点意见：①命令中央入关部队于25日起调出潼关；②停止内战，集中国力一致对外；③改组政府，集中各方面人才，容纳抗日主张；④改变外交政策，实行联合一切同情中国民族解放之国家；⑤释放上海各界被捕领袖，即下令办理；⑥西北各省军队，统由张、杨两将军负其全责。在临上飞机前，蒋介石又对张、杨训话："今天以前发生内战，你们负责，今天以后发生内战，我负责，今后我决不剿共。我有错，我承认，你们有错，你们也得承认。"对于蒋介石这一转变，毛泽东给予肯定："蒋介石氏在西安接受张学良、杨虎城二将军和西北人民的抗日的要求，首先命令进行内战的军队撤离陕甘两省，这是蒋介石氏变其十年错误政策的开始。……蒋氏此种觉悟的表示，可以看做国民党愿意结束其十年错误政策的一种表示。"①

红军应张学良、杨虎城的要求，决定主力南下：红一方面军第一、十五军团，红二方面军第六军团和红四方面军第四、三十一军，在前敌总指挥部的率领下，自12月20日由定边地区开始南下，至26日各部队先后进至庆阳地区待命。与此同时，红八十一师东开延安。陕北地方革命武装收复或接受了瓦窑堡、延川、延长、延安等城镇。

1937年1月13日，中共中央和军委机关由保安（今志丹）迁到延安。② 从此，延安成为中国革命大本营的所在地。

---

①《毛泽东选集》第一卷，人民出版社，1991年6月版，第245页。

②延安，旧名肤施，是陕北三大名城（延安府、绥德城、榆林城）之一。坐落在清凉山（又名千佛山）、宝塔山（又名镇恶山）、凤凰山之间，位于咸榆公路的中段，是军事上的要隘。很早以前，这里就是个繁华的重镇，《水浒》上的名将鲁智深曾做过延安府的提辖。据说杨家将中的杨六郎曾经到过这里，并在延安城门打过一场恶仗，后人为纪念他，将城北的一个村子改名为杨家岭。

1937年2月10日，中共中央发表致国民党三中全会电，提出了5项要求与4项保证。

要求：①停止内战，集中国力，一致对外；②保证言论、集会、结社之自由，释放一切政治犯；③召集各党各派各界各军的代表会议，集中全国人才，共同救国；④迅速完成对日抗战之一切准备工作；⑤改善人民生活。

保证：①在全国范围内停止推翻国民党政府之武装暴动方针；②工农政府改名为中华民国特区政府，红军改名为国民革命军，直接受南京政府与军事委员会之领导；③在特区政府区域内，实施普选彻底民主制度；④停止没收地主土地政策，坚决执行抗日民族统一战线之共同纲领。[①]

2月15日，国民党召开五届三中全会，讨论对西安事变的处理及其后的对内对外政策问题。会议表面上对中共的致电不予置理。回国的汪精卫在开幕词中继续鼓吹“剿共”，蒋介石向全会报告西安事变经过，吹嘘自己如何拒绝书面签字及张、杨在他的“伟大”精神感召下服从中央等。

全国各界救国联合会、全国学联等爱国团体亦相继发表给国民党三中全会和蒋介石的通电，要求实行民主政治实现全国一致抗日，国民党左派进步人士宋庆龄、何香凝、冯玉祥等在会上提出关于恢复孙中山三大政策的提案。2月28日，宋庆龄又发表了《实行总理遗嘱》的讲演，痛斥“抗日必先剿共”，说：“我们先要打断一只手臂之后再去抗日吗?”

会议经过激烈争论，于2月21日通过了一个停止“剿共”内战，实际接受了中国共产党提议的决议案———《关于根绝赤祸之决议案》。要求中国共产党：第一，彻底取消红军；第二，彻底取消“苏维埃政府”；第三，“根本停止其赤化宣传”；第四，“根本停止其阶级斗争”。

5月24日，会议闭幕后，蒋介石以谈话的方式，承认了：①开放言论；②集中人才；③赦免政治犯。

同时，蒋介石还密令所属：以后不得再使用“赤匪”、“共匪”等字眼。

五　西路军

红军三大主力会合之前的1936年8月12日，毛泽东等致电朱德、张

①《我方与宁方谈判的主要内容》，载《文献和研究》，1985年第4期。

国焘、任弼时，提出了夺取宁夏的战略计划，指出：根据红军三大主力会合，东北军与我们联盟，蒋介石处理“两广事变”暂时无法顾及西北等情况，红军有配合东北军，打通苏联，巩固内部，出兵绥远，建立西北国防政府之任务。为完成这一任务，配合并推动全国各派统一战线，达到大规模抗日战争之目的，党中央经同张学良等协商后，制定了夺取宁夏的战略计划。要点是：在9月底以前，二、四方面军尽可能夺取岷县或附近地区作为临时根据地，待部队整理后，分别由有力一部攻击陇西和河州，相机消灭毛炳文部和调动马步芳部东援，以支援东北军于学忠部占据兰州，进而控制河西走廊；10月和11月，实行三个方面军在甘北之会合，扩大甘北苏区，准备进攻宁夏；12月起，三个方面军中，以一个方面军担任保卫陕甘宁苏区，并策应东北军，对付蒋介石的进攻，以两个方面军乘结冰渡河，消灭马鸿逵，占领宁夏，完成打通苏联任务；占领宁夏后，红军和东北军各出一部，合组成抗日联军先锋军，向绥远出动，直接抵抗日本帝国主义和伪蒙军的进攻，用此行动号召全国抗日运动，使之进到更高的阶段。

22日，张国焘致电毛泽东、周恩来、彭德怀：四方面军主力准备在永靖渡黄河西进，袭占永登，控制兰州北岸，一部出中卫援助一方面军夺取宁夏，一部控制渡口，其余在临、岷吸引胡宗南部。彭德怀在前方接到电报后，向中央报告说：这完全是鬼话，张国焘的目的是在黄河、洮河间背靠青海南部，回避胡宗南，使该敌全力对付我一方面军，破坏打通国际计划。并说：张国焘的打算，事实上很少可能实现，因需渡河器材，过河既无桥梁，又无渡河船只，造船需时过久，敌备更严。

26日，彭德怀复电张国焘，劝其放弃西进计划。指出：渡河做准备工作，会使胡宗南及青海马部有先机控制兰州到西宁段湟水、黄河北岸和据守庄浪河、大通河数点的可能；由于天险限制，四方面军决战不易，王均、毛炳文及川军等向洮河压迫，四方面军将被束缚于洮河、黄河、湟水之间，虽然西面背靠青海较安全，但属藏族和雪山草地，没有发展余地；而且这样会脱离目前政治形势，影响一、二方面军行动；四方面军虽然待冰期到后可能北出凉州（武威），但现在离冰期尚远，胡宗南在冰期前即可集中兰州，巩固凉州、永登封锁线，乘我四方面军立足未稳时对付之；所谓岷县留部队吸引胡宗南部，实际不可能。

9月8日，毛泽东等致电朱德、张国焘、任弼时，指出：中国最大敌人是日本帝国主义，抗日反蒋并提是错误的，我们从2月起开始改变此口号；你们不要提出“打倒中央军”及任何中国军队的口号，相反的要提出

“联合抗日”的口号。希望你们依据这个方针，把自己的宣传工作改造一下。①

9日，张国焘不听中央和彭德怀的劝阻，命令红四方面军准备以两个军先西渡黄河，接着主力跟随西进，遂行其“西进计划”，自行与共产国际取得联系。

1936年的9月上旬，蒋介石为阻止红军三大主力会合，令胡宗南第一军由湖南兼程北进，抢占西安—兰州大道之静宁、会宁、定西；令位于定西、陇西、武山地区的毛炳文向陇西集结；令位于天水、秦安、武山地区的王均向武山地区集结；令川军孙震的第四十一军由绵阳、碧口等地向北推进到武都、西和一带；令宁夏军阀马鸿逵部和在固原及其以北地区的何柱国、马鸿宾部南北对进。

当时，中革军委为阻止和打击蒋介石嫡系胡宗南军西进，提前实现三大主力红军会师，9月13日制定了《静宁战役计划》，其中，要红四方面军主力迅速占领以界石铺为中心的隆德、静宁、会宁、定西段公路及其附近地区，指出：“不让胡部占领该线，此是最重要一着。”张国焘拒绝执行这一计划，致电红四方面军领导人：“我们大计，以快向西北进为宜。同时，在有利时机不放弃迎击胡敌。”

9月14日，林育英、张闻天、周恩来、博古、毛泽东就占领宁夏的部署联名以“绝对秘密”的电报致朱德、张国焘、任弼时：国际来电同意占领宁夏及甘肃西部，我军占领宁夏地域后，即可给我们以帮助，“为坚决执行国际指示，准备在两个月后占领宁夏。拟作如下部署：一、……二、四方面军以主力立即占领隆德、静宁、会宁、通渭地区，控制西兰大道，与一方面军在固原西部硝河城地区之部相当靠近，阻止胡宗南西进，并相机打击之，十月或十一月初进取靖远、中卫南部及宁安堡之线，以便十二月渡河夺取宁夏南部……以上部署主要是四方面军控制西兰大道，不使胡宗南切断，并不使妨碍尔后一、四方面军夺取宁夏之行动”，至于占领甘肃西部，候宁夏占领，取得国际帮助后，再分兵略取之。②

但是，张国焘却力主红四方面军由临潭、洮州旧城西进，经循化、永靖西渡黄河，向青海、甘西发展。

16日，毛泽东、周恩来、彭德怀给朱德、张国焘的电报中指出：“向宁夏及甘西发展重点在宁夏不在甘西。因宁夏是陕、甘、青、绥、内外蒙

①载《文献和研究》，1987年第3期。

②《毛泽东年谱（1893—1949）》上卷，人民出版社、中央文献出版社，1993年12月第1版，第579页。

即整个西北之枢纽。”

9月16日，中共西北局在岷州以西三十里铺召开会议，讨论红四方面军的行动方针。会议开了3天，朱德、陈昌浩等多数同志反对张国焘西进青海，继入甘西的主张，决定继续北上，同中共中央和红一方面军会合。18日，红四方面军以朱德、张国焘、徐向前的名义发布向静宁、会宁进军的命令。

张国焘反对会议的决定，他于21日赶到漳县前敌指挥部，召开军以上干部会议。在会上张国焘讲了他的想法，他认为：陕甘北部地区粮产不丰，人口稀少，不可能为大部队解决粮食，主力向河西、兰州以北地带开进，既避免了在不利条件下同敌人决战，又吸引了胡宗南部，减轻了一方面军的压力，还不违背中央关于两军先取宁夏、后取甘西的战略意图，对于方面军的粮食问题也可以较好地解决。漳县会议推翻了西北局会议的决定，命令红四方面军各部队掉头西进，“迅速在循化附近渡河，先机占领永登、红城子一带”。

9月19日，中共中央政治局召开常委会议，着重讨论宁夏问题。毛泽东、张闻天、周恩来、博古和李维汉、林彪、叶剑英、王观澜、宋任穷等出席会议。毛泽东做了发言，他说，夺取宁夏是打通苏联、发展红军、开展西北局面和对日作战的枢纽。

同日，毛泽东、周恩来、彭德怀致电朱德、张国焘，并转任弼时、贺龙：“向宁夏及甘西发展，重点在宁夏，不在甘西。……且国际来电说，红军到宁夏地区后给我们帮助，没有说甘西。……实行攻甘西，亦须得到苏联协助才能攻克甘、凉、肃三州等坚固城池。……夺取宁夏，打通苏联，不论在红军发展上，在全国统一战线，在西北新局面上，在作战上，都是决定的一环。在当前一瞬间，则拒止胡军把一、四两方面军隔开，又是决定一环。”①

9月21日，毛泽东等致电朱德、张国焘和二、四方面军领导人：“以六人组织军委主席团，指挥三个方面军，周恩来因准备去南京谈判，此间军委以毛、彭、王同志赴前线与朱、张、陈三同志一起工作。”②

22日，朱德致电中共中央和军委、红二方面军领导人，报告了张国焘等推翻静、会战役计划，坚持西进的情况。并声明：“（周）子昆、我是坚决遵守这一原案，如将此原案推翻，我不能负此责任。”同时，他一面致

---

①《毛泽东年谱（1893—1949）》上卷，人民出版社、中央文献出版社，1993年12月第1版，第582页。

②指毛泽东、彭德怀、王稼祥、朱德、张国焘、陈昌浩。

电张国焘，对他擅自改变西北局的决定表示反对；一面下令红四方面军各部队暂时停止一切行动，并通知西北局成员速到漳县开会，再次讨论红四方面军的行动方针问题。

1936年9月24日，红四方面军撤出通渭。

毛泽东闻悉，于9月25日致电彭德怀并告聂荣臻："四方面军决心向西，从永靖渡河，谋占永登、凉州，其通渭部队二十四日撤去。据云渡河后以一部向中卫策应一方面军占宁夏。此事只好听他自己做去。"电报强调目前阻止胡宗南西进仍属重要，界石铺仍应确保于我手中。①

同日，毛泽东再次致电彭德怀："四方面军既向西，应考虑何时由何地策应二方面军北上问题。"②

9月26日，毛泽东致电彭德怀："国焘动摇，老总曾有电来表示很不满意，说到漳县与张等开会，但结果仍是西进。其参谋长周子昆电告，部队已动，在通渭者二十四日撤，其部署是经永靖渡河西向乐都进。他们有造船工人，据云渡河不成问题。但我所虑者，毛、胡将先据乐都，切先据永登、凉州，遮其西进路。所谓一部出中卫策应，恐是空中楼阁。"③

同日，毛泽东同林育英、张闻天、王稼祥、秦邦宪致电任弼时、贺龙、刘伯承："请你们向国焘力争北上计划之有利，西进将被限制于青海一角，尔后行动困难，且妨碍宁夏计划。"④

同日，毛泽东与林育英联名致电朱德、张国焘："四方面军有充分把握控制隆、静、会、定大道，不会有严重战斗，一方面军可以主力南下策应，二方面军亦可向北一定钳制之。"⑤

张国焘致电中共中央，武断地说："如四方面军西渡，兰州、凉州间约560里，敌决不能限制我于青海角"，"现四方面军已照西渡计划行动"，通渭已无我军。并说："如无党中央明令停止，决照原计划实施。"

9月27日，毛泽东、周恩来、彭德怀致电张国焘等，转达中共中央的指示："迭接二十六日两电，敬悉一切……中央书记处及政治局详细慎重地讨论了这个行动问题。……中央认为，我一、四两方面军合则力厚，分则力薄；合则宁夏、甘西均可占领，完成国际所示任务，分则两处均可难占领，有事实上不能达到任务之危险。……如四方面军西渡，彼将以毛军

①《毛泽东年谱（1893—1949）》上卷，人民出版社、中央文献出版社，1993年12月第1版，第586页。

②《毛泽东年谱（1893—1949）》上卷，人民出版社、中央文献出版社，1993年12月第1版，第586～587页。

③④⑤《毛泽东年谱（1893—1949）》上卷，人民出版社、中央文献出版社，1993年12月第1版，第587页。

先行，胡军随后，先堵击青兰线，次堵击凉兰线，尔后敌处中心，我处僻地，会合将不可能，有一着不慎，全局皆非之虑。……因此，中央认为，四方面军仍宜依照朱、张、徐九月十八日之部署，迅从通渭、陇西线北上，不过半月左右即可到达靖远、海原地域，从靖远渡河，一方面军跟即渡河，或合力先取宁夏，或分途并取宁夏、甘西，二方面军仍在外翼歼敌，则万无一失。……务请朱、张、徐、陈四兄顾及整个局势，采纳此方针。"①

同日，中共中央致电张国焘，命令："四方面军应即北上，与一方面军会合，尔后向宁夏、甘西，二方面军应暂在外翼钳制敌人，以利我主力之行动。"并号召："一、二、四方面军首长应领导全体指战员，发扬民族与阶级的英勇精神，一致团结于国际与中央的路线之下，为完成伟大的政治任务而斗争。"

同日，毛泽东、周恩来、彭德怀致电张国焘，严厉指出："中央明令已下，请电令通渭部队仍回通渭，其余跟即北上。"指出：兰凉线虽只有五六百里，但沿途人户稀少，粮食不足，且中有大雪山，敌如先占要点，我将遇绝大困难。

同日，毛泽东等又电告张国焘：宁夏人口20万以上，在西北为最富，与陕甘苏区连成一片，得之老苏区易于巩固，与凉州、永登接壤可向甘西发展，与绥远交界便于东进抗日，实政治、军事、经济、国内、国际之主要一环，万祈决策北进，共图大业，免使再分难合，各陷不利地位。

同日，张国焘等致电中共中央和红二方面军领导人："为尊重你们的指示和意见，现时据考察兰州西渡河需时较长，有可能失去占领永登一带先机之利"，红四方面军"决仍照原计划东出会宁，会合一方面军为目的，部队即出动"，决不再改变。

同日，张国焘等向四方面军发出指示："西进计划因今天受到地形、时间限制，决定仍向东执行静、会战役计划，向静宁、定西大路与一方面军会合。"

9月28日，红四方面军下达《通庄静会战役计划》："四方面军应迅速进出于通渭、庄浪、会宁、静宁、界石铺地区，争取迅速与一方面军会合，相机消灭胡宗南西进先头部队，巩固扩大陕甘宁抗日根据地，争取抗日友军，接通外蒙、苏联。"

29日，红四方面军总部重新下达北进命令。

---

①《毛泽东年谱（1893—1949）》上卷，人民出版社、中央文献出版社，1993年12月第1版，第587～588页。

中共中央得悉红四方面军回师北上，立即致电朱德和红二、四方面军领导人：“回师北上之电敬悉，各同志十分佩服与欢慰。”①

30 日，红四方面军分 5 路纵队，开始由岷州、漳县等地出发，向通渭、庄浪、会宁、静宁等地前进。但由于延误了进占该地区的先机，胡宗南、毛炳文、王均等部已相继赶到，中共中央和军委制定的以打击胡宗南为主要目标的静会战役计划未能实现。

10 月 3 日，张国焘等致电中革军委，提出争取在靖远附近于结冰前西渡黄河，尽量避免同敌人决战的主张，并拟以红四方面军 1 个军出靖远抢渡。

9 日，红四方面军指挥部到达会宁，令先头部队第三十军预备木板造船，做西渡黄河的准备，并令后卫部队第五军节节抵抗敌人，向会宁引退。

10 日，红一、四方面军会师。同时，蒋介石在解决了两广问题后，调集几十万大军组织“通渭会战”，企图将红军主力压迫在黄河以东、西安至兰州通道以北地区，一举消灭。张学良把蒋介石这一计划通报给中共，提议红军应及早进行宁夏战役，打通苏联。

11 日，中共中央、中革军委根据红军三大主力会师后的敌我双方情况，决定提前执行夺取宁夏战役计划，制定了《十月份作战纲领》，规定：红四方面军以 1 个军率造船技术有力部队迅速进至靖远、中卫地段，取得攻击中卫与定远营的渡河点，以加速的努力造船，11 月 10 日前完成渡河准备，主力“在通马、静会地区就地休整，派多数支队组成扇形运动防御，直通定西、陇西、武山、甘谷、秦安、庄浪、静宁各地敌军附近，与之保持接触，敌不进，我不退，敌进节节抵抗，迟滞其前进时间，以期可能在十月份保持西兰大道于我手中”；红二方面军进至通渭、马营以北，界石铺以南地区休息数日，尔后转进至静宁、隆德线以北地区休整，并威胁胡宗南部侧翼，迟滞其西进，再后准备以主力或一部接替红一方面军在固原北部的防务；红一方面军主力应逐次转移到同心城地区休整，红二十八军、二十九军集中定边、盐池，以一部逼近灵武，侦察宁夏情况。

中央要求：11 月 1 日前，各部注意休整、补充、扩大，从 11 月中旬起，以红一方面军主力和红四方面军的 3 个军进攻宁夏；以红四方面军的另 2 个军、红二方面军全部和陕甘宁军区独立师，组成向南防御部队，必要时抽一部参加进攻宁夏。

---

①《毛泽东年谱（1893—1949）》上卷，人民出版社、中央文献出版社，1993 年 12 月第 1 版，第 589 页。

14日，朱德、张国焘致电中共中央，对10月份作战纲领表示“完全同意，请迅速进行”。

中共中央书记处致电朱德、张国焘，并告彭德怀、贺龙、任弼时、徐向前、陈昌浩：三个方面军会合后，为统一作战指挥起见，请朱德、张国焘以总司令、总政治委员名义，依照中央和中革军委的决定，指挥三个方面军的前线作战事宜；三个方面军对朱、张两总的报告，朱、张两总对三个方面军的电令，均望同时发给中革军委一份，以便密切前后方的联系。

16日，中共中央政治局召开常委会议，毛泽东、张闻天、周恩来、博古和张浩等出席了会议。毛泽东在会上指出：由于中央策略的正确，红二方面军的赞助，全国形势的发展，共产国际的影响，红四方面军的同志大部分是拥护中央路线的；红四方面军应发扬成绩，提高政治水平。会议认为，张国焘的错误是政治上、组织上、路线上的错误，是机会主义性质的，有其历史根源的。为使红四方面军拥护和执行党中央的路线、方针和政策，会议决定派张浩代表中共中央到红四方面军传达中央和共产国际的决议。

朱德、张国焘致电中共中央、中革军委，报告红四方面军军以上干部配备情况：总指挥徐向前，政治委员陈昌浩，参谋长李特，政治部主任李卓然；第四军军长陈再道，政治委员王宏坤，参谋长张才千，政治部主任刘志坚，下辖第十、十一、十二师；第五军军长董振堂，政治委员黄超，副军长罗南辉，参谋长李屏仁，政治部主任杨克明，下辖第十三、十四、十五师；第九军军长孙玉清，政治委员陈海松，参谋长陈伯秩，政治部主任曾日三，下辖第二十五、二十六、二十七师；第三十军军长程世才，政治委员李先念，参谋长黄鹄显，政治部主任李天焕，下辖第八十八、八十九、九十师；第三十一军军长萧克，政治委员周纯全，参谋长李聚奎，政治部主任王新亭，下辖第九十一、九十二、九十三师。另有，甘肃省抗日救国军总指挥王维舟，红军大学校长刘伯承、政治委员何畏、政治部主任张际春、共产主义学校校长刘希平。

20日，国民党军十几个师分数路，乘红军从会宁及其东西地区北移之机，由南到北大举追击，企图把红军歼灭于黄河以东地区：毛炳文的第三十七军2个师为一路，王均的第三军2个师和关麟征的第二十五师为一路，胡宗南的第一军4个师为一路，王以哲、何柱国的5个步兵师、3个骑兵师以及马鸿逵的第三十五师残部为一路，同时，东北军第一一四师由兰州附近进抵一条城，邓宝珊的新编第一军一部固守靖远城，马鸿逵新编第七师加强中卫、中宁及其以东黄河河防，马步青的骑兵第五师加强中卫、靖远黄河河防，阻止红军渡黄河北进或西进。22日，蒋介石亲到西安督战，逼国民党军各部向红军发起进攻。国民党军恃其优势兵力，在飞机掩护下疯狂猛扑，红军各部队在界石铺、通渭、马营、华家岭、宁远镇、葛家岔等地顽强抵抗后逐步向北撤退。10月22日，红五军与胡宗南部激战于华家岭，红军损失人员1000余人、枪600余支，副军长罗南辉牺牲。国民党军全力向靖远以东郭城驿、打拉池和海原方向进攻。

鉴于国民党军已占领西兰大道，并继续北进，红军处在南北之敌夹击之下，无法顺利实施夺取宁夏战役计划。中革军委于10月24日，指示红军总部和各方面军，先在预设地区，集中三个方面军的主力击破南敌，解除后顾之忧，尔后再进攻宁夏。

同时，中革军委任命彭德怀为前敌总指挥兼政治委员、刘伯承为参谋长，统一指挥各参战部队的行动。

根据中革军委的指示，红四方面军的第三十军西渡黄河。1936年10月24日在靖远上游10华里处的红嘴子偷渡，因船在河心沙滩搁浅而未成功。10月25日（农历九月十一日），红三十军的第八十八师第二六三团从靖远上游15里处之河包口（虎豹口）渡口突破，占领了黄河西岸滩头阵地。第三十军全军相继过河。

24日，中共中央得悉张国焘命令第九军西渡黄河，致电张国焘："九军似以暂不渡河为宜，尔后北进到海靖线防御，四、五两军主力是否足够。"

25日，中革军委为合力制止南敌，再次致电朱德、张国焘和各方面军："根据敌向打拉池追击及三十军已渡黄河的情况，我们以为今后作战第一步重点应集中注意力于击破南敌，停止追击之敌。我处在南北两敌之间，北面作战带阵地战性质，需要准备两个月时间，不停止南敌，将使尔后处于不利地位。第二步重点集中注意力于向北。"因此，军委决定四方面军的第九军不渡河，而以另外一个军接三十军渡河，两军迅速占领黄河弯曲处西岸地区，向中卫方向延伸，侦察定远营、中卫情形，准备第二步以一个军攻占战略要地定远营；四方面军除渡河两个军外，其余以第九军为中心的3个军，与二方面军主力对付南敌，坚壁清野，诱其深入，待敌前进时消灭其三四个团，即可停止其推进；一方面军主力于四方面军渡河的两个军控制黄河西岸枢纽地带后开始行动，以突然手段占领进积、灵武地带；在南线敌人受到严重打击而停止前进后，红四方面军的第九军即从中宁渡河。这样，战局可进入以北面为重点的第二步，而以四方面军的两个军与二方面军全部防御南线敌人。

可是，张国焘没有按照中革军委的命令办。26日，张国焘命令第九军和四方面军指挥部西渡黄河。

10月26日，毛泽东致电彭德怀：“（一）国焘有出凉州不愿出宁夏之意，望注意。（二）目前以打胡敌、取定远营两着为最重要。（三）三十军占领永登是对的。九军必须占定远营，这是接物攻宁的战略枢纽，不应以一方面军去占，不便利，又失时机。（四）四、五、三十一军，二方面军，应以打胡为中心，仅抗击不够，打法可采诱敌深入。（五）一方面军速集结同心城休息。”①

27日，中革军委电示四方面军领导人：“目前作战重点应注重击南敌，停止过河”，“四方面军三十、九两军及指挥部过河后，其余各部应停止过河”，指示过河部队：“以一个军向中卫延伸，一个军准备夺取战略要地定远营”。

27日，张国焘电示红四方面军指挥部：四方面军的四军、三十一军在靖远下游渡河，命令将河包口船只顺水放下。

27日，彭德怀致电中共中央：张国焘在以各种方法破坏战役计划，而且还用朱张彭的名义发电报给渡河部队。

27日，聂荣臻向中央报告：“张以各种方法破坏打击追敌计划，此点不仅是证明他怕胡宗南，更包含着继续向甘凉肃以至新疆逃跑之实质及一贯路线。”

28日，陈昌浩连电中革军委，提出：不分散四方面军，要求第三十一军、四军都过河西。

29日，张国焘电示红四方面军指挥部，称：“已得毛主席同意，四军、三十一军即在三角城过河，准备迎接。”

29日，负责在后掩护的第四军、第三十一军经与胡宗南的尾追之敌在郭城驿地区激战以后，拉到靖远县西北的三角城过河，因胡宗南部先到控制了渡口，使第四军、第三十一军和张国焘本人被阻拦于河东。

30日，彭德怀根据中革军委的指示，为制止南敌，制定了海（原）打（拉池）战役计划：以红一方面军主力6个师集结于西安州、麻春堡、马家湾地域，红四方面军的第三十一军集结于打拉池以东干盐地域，这两部为突击集团，准备从东西两面寻歼胡宗南先头1~2个师；红四方面军的第四、第五两军主力在郭城驿、靖远、打拉池之间占领阵地，钳制毛炳文、王均两军，保障红军突击集团的右翼安全；红二方面军主力转移到海原以

①《毛泽东年谱（1893—1949）》上卷，人民出版社、中央文献出版社，1993年12月第1版，第602页。

北和西北地域，保障红军突击集团的左翼安全。

中革军委批准了这一战役计划，通令全军坚决执行。同时，特意致电张国焘，指出：目前方针是先打南边胡宗南的部队，否则攻宁夏不可能；一、二两个方面军全部，四方面军未过河部队，应统照彭德怀的部署使用。

张国焘却命令第四军撤到郝家集、兴仁堡；第三十一军撤到同心城、王团庄；负责监视靖远守敌及看守黄河渡口的第五军，由于南线敌人突进靖远，无法向打拉池靠拢，遂奉张国焘等的命令，全部撤到河西三角城地区，看守船只，休整待命。

海打战役计划未能实现，红军主力被迫向东转移。第四军和第三十一军在环县以北的洪德城、黑城岔与红十五军团会合。

西渡红军兵力：第九军辖第二十五、二十七师，共6个团，6500人，枪2500支，每枪平均子弹15发；第三十军辖第八十八、八十九师，共6个团，7000人，枪3200支，每枪平均子弹25发；第五军辖第十三、十四师，共4个团，3000余人，枪1000余支，平均每枪子弹5发；骑兵师共200人马，枪200支，平均每枪子弹25发。还有特务团、教导团、妇女先锋团、回民支队等，全军共21800人。

河西的敌方武装主要是马步芳、马步青的正规军和河西15个县的保安队、宪兵警察、商团、民团、地主头人武装，以及被强迫上城抗御红军的居民等。

正规部队：马步青的新编骑兵第五师（马步青任师长）16014人（盘踞在武威地区）、马步芳的新编第二军（马步芳自任第二军军长兼第一百师师长，蒋介石还委任他为青海省保安司令）25000人左右。

民团：早在1935年秋，当红一方面军进入甘肃后，蒋介石就连电马步青，令其准备堵击，并在防区各县要隘构筑碉堡，组成交叉火力网，以利防守。1935年8月以后，马步芳在青海全省和他的所有防区，大规模地征拔壮丁，18岁以上、45岁以下的男人大都被征，自备枪械、刀矛、鞍马、帐篷、锅灶，强迫入伍受训，按军队编制，组成了107个团，人数达15.0746万。

马步芳曾在川康青、甘青边界阻击了一年红军，有过被动挨打的教训，他对红军的力量没有轻视。他说："红军渡河，其目的必在打通新疆，则河西走廊及关外三县势不能免，为巩固自己安全，必须投入较大力量。"他一面怂恿其兄马步青去打头阵，一面慎重调遣他的兵力。

红军渡过黄河后，一举突破了马步青3个骑兵旅的河防战线，迅速向河西走廊节节推进。蒋介石急电马步芳调遣人马，马步芳采取逐渐增兵的办法，分批调遣。连同马步青的部队，先后投入阻击红军的兵力达10万人。

10月30日，红三十军攻打一条山，红九军向锁罕堡一带集结，红五军沿黄河西岸扼守休息。指挥部会议上，陈昌浩否决了回师东进的意见。

31日，红三十军占领一条山大部分村寨。三十军军长程世才率八十八师两个团东进五佛寺，击溃守敌。

11月3日，红九军在锁罕堡围敌一部，敌表示接受联合抗日主张，红军解围，让敌撤回武威（凉州）。

同日，毛泽东、周恩来电告朱德、张国焘及徐向前、陈昌浩："所部主力西进占领永登、古浪之线，但一条山、五佛寺宜留一部扼守，并附电台，以利交通及后方行动。"①

4日，九军第二十七师攻占打拉牌。

5日，九军二十五师击退进攻之敌两个旅，占领镇虏堡（正路堡）。

5日，张国焘就西渡黄河的红军行动问题致电过河的方面军领导人："你们之河北纵队，目前最主要的任务是消灭马步芳部，独立开展一个新局面。乘敌人尚未十分注意你们的时候，站稳脚跟。首先占领大靖、古浪、永登地区，必要时应迅速占领凉州地区，行动要迅速、秘密、坚决和机断专行……敌人可能隔断你们与河右面的联络，你们尽可能派一部电台保持黄河五佛寺渡口在我手中，但不可因此妨碍你们主力的行动，不得已时可不必留兵力守渡口。……宁夏战役能否实现决之于明后日之决战，你们应不受一切牵制，独立去完成你们的任务。"

6日，河西红军领导人根据张国焘的命令，制定了《平（番）大（靖）古（浪）凉（州）战役计划》，准备放弃一条山、五佛寺的东返渡河点，迅速西进，"首先消灭平番、② 大靖间马步芳部，进到大靖、平番、古浪、凉州一带"创造甘北根据地。并拟于12、13日出动。

同时，张国焘批准这一计划："希即照此执行……你们的独立行动，对实现党的策略路线和战略方针有伟大意义。……你们即在甘北、宁夏西北、青海东部大大扩大活动地区，根据实际情况，组织回、蒙革命团体，政权机关和游击队等，必要时你们自己提选人员，组织地方党和政权机

①《毛泽东年谱（1893—1949）》上卷，人民出版社、中央文献出版社，1993年12月第1版，第606页。

②永登县。

关。”7日，张国焘又电示：“平大古凉战役计划为（以）迅速执行为好，兵力集结应稍提前。”

7日，陈昌浩等致电中共中央，提出：河西红军“在目前独立行动中组织党的西北前敌委员会，简称西北军委……以昌浩为书记……在军事组织指挥方面，提议组织军委西北分会”。

8日，毛泽东、张闻天致电张国焘等：“提议河西部队组织前委与军分会，我们基本上同意。河西部队称西路军，领导机关称西路军军政委员会，管理军事、政治与常务，拟昌浩为主席，向前为副，其余名单照他们来电批准。”

8日，中共中央、中革军委被迫宣布，夺取宁夏的战役计划暂时已无执行的可能。为此，中央又提出一个新的战略设想——《作战新计划》：拟以一部兵力佯示我军欲北渡黄河，引敌北进宁夏，掩护红一方面军主力、红二方面军和红四方面军两个军南进，第一步占领镇原、西峰、合水、正宁、宁县地域；第二步占领铜川、耀县、淳化、中部、宜君、洛川、富县地域；第三步占领韩城、宜川、延长地域，以扩大革命根据地、扩大红军、解决给养；并在适当时机分别在延长、延川、清涧、绥德、神木、府谷地区造船，准备东渡黄河入晋，寻求直接对日作战；如不能对日作战，则第一步占领同蒲铁路作战，扩大红军；第二步如无与蒋介石、阎锡山达成抗日协定希望，东进有甚大困难，则出至晋冀豫之交；第三步直出直鲁豫之交，南渡黄河；第四步到皖鲁；第五步到鄂豫皖；第六步到鄂豫陕，尔后再转西北，以1~2年完成之；目的在于扩大政治影响，扩大红军，争取统一战线在全国胜利，争取与南京订立协定，争取直接抗日。部队在开动前，中共向张学良做了通报。张学良力主红军留在现地，熬过1~2个月，等待西北局势的变化。中共中央由此推迟执行上述计划。后来由于山城堡战役的胜利，西安事变的爆发，这一设想没有实施。

10日，中央正式命令河西部队组成西路军，批准成立西路军军政委员会，委员有：陈昌浩、徐向前、曾传六（政治保卫局局长）、李特、李卓然、熊国炳（川陕省苏维埃主席）、杨克明、王树声（副总指挥）、李先念、陈海松、郑义斋（供给部部长）等11人。前5人为常委，主席陈昌浩，副主席徐向前。

11日，毛泽东、周恩来致电徐向前、陈昌浩：“由于河东还未能战胜胡、毛、王各军，妨碍宁夏计划之执行，我们正考虑新计划。但河东主力将于西路军暂时的隔离着。……请考虑并电告下列各点：一、你们依据敌我情况有单独西进接近新疆取得接济的把握否？二、如果返河东有何困难情形？三、你们能否解决衣服问题？”①

12日，毛泽东、周恩来又致电朱德、张国焘：“河西徐、陈所部现进到何处？情况如何？……依据西面情况，他们有单独前进接近新疆的把握否？如遇困难要重返河东时有可能否？”

12日，西路军领导人电复中共中央：“大靖、凉州地区人粮较丰，以后筹资扩红都有大的办法。现时即不能与主力互相策应，依据现在敌力我力估计，我们可以完成任务。”

13日，中共中央书记处电告共产国际：已令西路军依照国际新的指示，向接近新疆之方向前进，望国际准备接济物资。

西路军分3个纵队西进：三十军为第一纵队，从右翼由一条山地区向大靖前进；九军为第二纵队，从左翼由镇虏堡地区经松山、干柴洼向古浪前进；五军和总部机关为第三纵队，经吴家川等地在三十军之后跟进；总指挥部直属队随九军行动。

11日，九军第二十七师扼守干柴洼北山阵地，掩护主力向横梁山转进。三十军绕过大靖，包围土门，迫守敌350人投降，其中200余人参加红军，余则释放。

15日，九军全部进抵古浪。总指挥部离开九军随三十军前进。

15日，张国焘致电中央、军委和二方面军：“西路军胜利渡河后，数次与马敌作战，以少胜多，敌伤亡较我颇大……最近虽处在严寒结冰而缺衣环境中，士气仍旺……西路军最近在大靖附近休整、筹资。该地人户近万，且丰富。粮、柴亦不缺。……统一战线成绩颇好。”

于是，毛泽东、周恩来致电徐向前、陈昌浩：“同意你们向凉州进……新疆接济正准备中。”②

16日，马敌以优势兵力向古浪反扑。九军苦战3日，毙伤敌2000余人。军长孙玉清负伤，军参谋长陈伯稚、二十五师师长王海青、二十七师政委易汉文等均在古浪战斗中牺牲。至此，红九军伤亡达2400余人。

16日，朱德、张国焘致电毛泽东、周恩来：“西路军已无再东渡可能……只有占领永昌凉州地区与新疆办好外交背靠那方”，“打通远方接济”；并要求“设法帮助和策应他们”。

16日，毛炳文部队开始西渡黄河，拟向大靖前进。张国焘把此情况电

---

①《毛泽东年谱（1893—1949）》上卷，人民出版社、中央文献出版社，1993年12月第1版，第608页。

②《毛泽东年谱（1893—1949）》上卷，人民出版社、中央文献出版社，1993年12月第1版，第610页。

告西路军领导人，并指示："兵力相当集结，迅打通远方为要着。"

17日中午，毛泽东、周恩来致电徐向前、陈昌浩，指示：西路军军政委员会应统一领导党务、军事、政治，不必分成两个组织，并要求他们直接与远方通电。

17日，西路军领导人向中央及红军总部报告了部队行动情况，并指出："我们决以打通远方与争取在甘、凉、肃地区建立根据地之任务，主力须速西进，迅去甘州……再以五军取肃州。……如打通远方为主要任务，我在现地区创造根据地不能不居于次要地位。如遇特别情况时，是否我们将去打通远方，请速详示。"

18日，中共中央电复西路军领导人："我们已告远方，但恐准备不及，运输也来不及，如使东南地区为毛炳文过早占去，红军回旋地狭小不利。"中央意见，在现地区留住一时期，加紧军事训练，恢复体力，检查政治工作，与人民发生良好关系等，好使与远方同志见面时焕然一新。①

18日，西路军的三十军进占永昌城东四十里铺后，克永昌城。当日晚，在三十军二六八团接应下，九军余部绕过凉州到永昌十里铺。

19日，林育英、朱德、周恩来、张国焘联名致电西路军领导人："你们任务应在永昌、甘州、肃州、民勤地区创立巩固根据地……同时以一部夺取甘州、肃州②至安西一带地区。"

20日，中共中央再次致电西路军领导人，强调指出："主力应在永昌、肃州之线，坚决保持东边回旋地区，以小部进占安西、敦煌。"③

23日，洛甫、毛泽东致电徐向前、陈昌浩："远方来电正讨论帮助你们，但坚决反对退入新疆……你们作战方法应改变一下，集中最大兵力包围敌之较弱一部而消灭之，另以一部钳制敌之余部。"④

21日，西路军红三十军以一部兵力克山丹。红五军进驻山丹，接替三十军防务。三十军全部集中于永昌至永昌东四十里铺一线。马步芳利用红军兵力分散和处境困难，集中兵力寻求红军决战。22日，马步芳5个团向四十里铺红三十军猛攻，八十八师一个团，坚守阵地，奋战3日，数度与敌肉搏，杀伤敌人2400余人，其中马部被大刀砍死者达700余人。红军后

---

①《毛泽东年谱（1893—1949）》上卷，人民出版社、中央文献出版社，1993年12月第1版，第610页。

②甘州为张掖；肃州为酒泉。

③《毛泽东年谱（1893—1949）》上卷，人民出版社、中央文献出版社，1993年12月第1版，第612页。

④《毛泽东年谱（1893—1949）》上卷，人民出版社、中央文献出版社，1993年12月第1版，第613页。

撤至永昌东南八坝。八十八师与敌激战两天一夜，弹药消耗殆尽，前沿阵地全被炮火摧毁，但仍将敌杀退，敌遗尸800具。12月初，马部向永昌以西水磨关迂回，企图切断红军永昌、山丹之间联系，在红军打击下，马部又伤亡2000多人，被迫撤离。

至12月上旬，西路军已毙敌约6000人，但敌源源补充。

12月2日，陈昌浩、李卓然致电朱德、张国焘，汇报西路军政治工作和伤亡情况。西路军减员总数是"4303人，内伤连营级干部129人，伤亡团级以上干部15人"。

1936年12月7日，中共中央军委主席团发出第一号通告，转达了中华苏维埃中央政府命令：中央革命军事委员会应即扩大组织，以毛泽东、朱德、周恩来、张国焘、彭德怀、任弼时、贺龙、项英、林彪、王稼祥、徐向前、陈昌浩、刘伯承、关向应、叶剑英、陈毅、萧克、董振堂、徐海东、聂荣臻、郭洪涛、张云逸、王维舟等23人为委员，以毛泽东、朱德、周恩来、张国焘、彭德怀、任弼时、贺龙7人组成主席团，以毛泽东为中央军委主席，周恩来、张国焘为副主席，朱德为红军总司令，张国焘为红军总政委。同时，任命刘伯承为军委总参谋长、叶剑英为副总参谋长，王稼祥为总政治部主任、杨尚昆为总政治部副主任。在此之前，军委还任命彭德怀为前敌总指挥，任弼时为前敌总政治委员。

12月14日，西安事变发生后两天。

14日，中央军委主席团致电徐向前、陈昌浩："西路军应在现地区加紧休整，进行政治动员，一面争取凉州之补充旅和二马到抗日方面来，一面准备接通兰州和准备一部适时占领安西地区。……西路军负有奠定抗日后方和接通远方重大使命。"

16日，毛泽东、周恩来、朱德、张国焘致电徐向前、陈昌浩"远方可于两个半月后将货物送达安西"，令西路军相机夺取甘、肃二州。"在甘州地区集中训练一二星期"，恢复体力。

18日，中央军委主席团致电徐向前、陈昌浩，指出西路军的基本任务应"放在打通远方上面，限明年一月夺取甘、肃二州"。指示与诸马谈判："永昌以西之马军准其安全东退，永昌以东马军不向永昌以西进攻，红军可以不向永昌以东进攻。"

西安事变时，鉴于何应钦的"讨伐军"已进抵潼关。张学良建议河东红军出击胡宗南部，西路军以一部兵力东出靖远，牵制马家军和毛炳文。于是在22日，中共中央致电西路军领导人，根据西安事变后的形势变化，要其率部折向东打，接通兰州，与东北军于学忠部沟通联系。

23 日 12 时，西路军领导人致电中共中央，称："迅速取得远方接济，成为目前红军、张、杨及整个抗日战线的迫切与极大要求。西路军经过很大代价基本已无问题。……西路军仍首先坚决按期执行打通远方任务。"提出，如必须要西路军东开，则可东移。但要："一、兰州友军至少以 6 个团及其骑兵进到古浪，与我方先突击消灭两马于凉州一带；二、促新疆以抗日名义至少出 6 个团，并带货物一直进到甘州，以维持后方及远方交通。"

24 日午夜，中央军委主席团致电西路军领导人："在整个战略方针上看来，西路军以东进为有利，只要 20 ~ 30 天内到达静宁、隆德地区，便可与于学忠、王以哲之 8 个师配合作战，至少可以牵制胡、毛、曾、关，而利于我主力在东边放手打仗"，要求："你们在接电后两天内，准备一切意见电告。正式决定的命令，明天或后天电达"。

同日，西路军领导人电复军委主席团："目前时局的开展，西路军利于东进，我们当坚决执行此任务"，但是，"估计到国内战争的长期性及目前西路军实际情况" 要求中央考虑 "此间 23 日 12 时致军委电中所述各节"。

25 日，张学良送蒋介石离开西安，事变和平解决。

27 日，中央军委主席团致电西路军："西安事变和平解决，前途甚佳。西路军仍执行西进任务，占领甘、肃二州，一部占领安西。开始西进的时机及如何作战，由你们依情况决定。"

28 日夜，驻守永昌的红三十军、九军撤离永昌西进。

29 日，西路军总部在梅家营子召开会议一天，决定副总指挥兼红九军军长。原九军军长孙玉清调三十军，未宣布职务。尔后，总部率九军突围西进，与三十军靠拢。

30 日，红五军及供给部、妇女独立团克临泽县城（今临泽县蓼泉乡）。

31 日，由红五军政委黄超率 1 个步兵团和军直属队留守临泽。随后，西路军总指挥部、第九军、三十军分别进驻临泽县城及临泽城东南沙河堡、倪家营子等地。红军在临泽举行军民大会，西路军政治部地方工作部部长黄火青等人登台宣传抗日救国主张。

1936 年 12 月 31 日，红五军军长董振堂、政治部主任杨克明率主力部队 2 个步兵团、1 个骑兵团、1 个特务团 3000 人向通往新疆咽喉高台急进。

高台是马步芳在河西走廊的一个重要据点。原来驻军是马步芳部属的一个团，当红军渡过黄河西进时，马步芳把这支部队调往前线堵截红军去了。高台只剩下一个通讯排，这个排得知红军已到临泽并直趋高台时，就逃跑了。守卫高台的只有保安队和民团，计1400人。

1937年1月1日拂晓，红五军包围了高台城，部分战士架起云梯开始攻城，守城马部在红军强大的攻势下，主动打开了城门。红军入城后，缴获枪支500余支，并俘虏了高台县和由永昌、山丹等县逃跑来的一批反动官员。对保安队和民团，除年龄较大的令其回家外，其余1200余人都留下来集训，进行阶级教育和抗战教育后，将其补充到了2个步兵团。

红军进城后，军长董振堂、政治部主任杨克明召集干部会议，强调红军要严格遵守三大纪律、八项注意，做好群众工作，宣传中共党的政策，发动群众，组织群众，并号召群众参加红军。

4日，西路军报中央：高台地富粮足，天寒地冻，拟分兵西进安西。

5日，据以上报告，中央军委电令西路军暂勿西进，集中兵力于高台、临泽地区休整补充，伺机歼敌。

7日，中央军委主席团根据西路军领导人不同意暂停西进问题，电示他们："军委并没有变更你们的基本任务，也没有要你们久停不进，仅要你们暂勿西进，暂在原地休整，这是根据你们4日来电所述的情况而指定的"；与二马成立统一战线是不可靠的，"远方物资只送之安西，送之肃州是不可能的……目前你们只能依靠自己团结奋斗，不要依靠任何外力。"

1937年1月7日，毛泽东致电周恩来、秦邦宪："西路军现占领高台、临泽，令其暂时在该地停驻。但二马骑兵扰击甚紧，子弹十分缺乏，希望派飞机送子弹去，如有可能请设法运送十万发。"①

8日，中央军委主席团致电西路军领导人："你们应从信赖本身力量，动员全军在临、高地带消灭敌人，来完成创造根据地的任务。因为消灭敌人、创造根据地，正是接通远方、建立抗日后方的实际行动。……依现时敌情、地理、经济、粮食、气候条件，西路军须全部集结临、高地带，执行上述任务，并求休补，现勿分兵去安西。"

同日，张国焘致电西路军领导人：应遵照中央军委主席团的指示就地坚持，说："如果还有过去认为中央路线不正确而残存对领导的怀疑，是不应有的。"

西安事变和平解决，蒋介石的屠刀并没有放下，他暗中令马家军加紧攻击，彻底消灭西路军。

1月12日，马步芳抽调6个骑兵旅、2个宪兵旅和宪兵团、平枪团、

---

①《毛泽东年谱（1893—1949）》上卷，人民出版社、中央文献出版社，1993年12月第1版，第640页。

民团等赶到高台、临泽一带围追堵截红军。马步芳除用部分兵力牵制驻在沙河堡、倪家营子的红军外，将其主力2个骑兵旅、1个步兵旅和由藏民、土司、头人组织的“隍沅民团敢死队”总计2万多人，用来进攻高台的红五军。

马家军进攻高台用的是人海战术，他们先组织包围圈，由20～30里，然后再缩小为3～5里。1月13日～14日，是敌人打冷战准备进攻阶段，董振堂等红五军领导人已经看出敌人的阴谋，他们认为敌人既是兵多，武器弹药充足，又是外线作战，有后方支援，机动能力强；相反红军既是兵少，弹药缺乏，又是内线作战，人力物力的消耗得不到补充。董军长等人提出战略防御和战略进攻相结合的作战方针，一方面准备战斗，一方面准备突围出去与临泽红军会合，以免被各个击破。

董军长提出一个全军突围的方案：在大佛寺背后的北城墙下挖一个地洞，大小要求能并排走两匹马。再用声东击西的办法把敌人诱往南面，然后让部队从这个地洞突围，沿黑河方向奋战，以便同临泽红军会合，待机破敌。然而刚把洞挖好，军政委黄超派人化装从临泽给董军长送来一封信，其大意为：高台是打通国际路线的重要据点，必须死守。军政委在军里有最高领导权，董军长见信后，马上召开营以上干部会议，参加会议的干部在董军长的号召下，纷纷向党宣誓：“有我们在，就有高台在。”

1月15日，激战开始，蒋马军首先集中兵力攻打高台县城西关大碉堡(财神楼)，红五军第四十四团1个排30来人坚守这一据点。敌人用了大于红军百倍以上的兵力，不仅有步、骑、炮兵，还有飞机在天上配合作战。指战员在城内军民的支持下，与敌激战5昼夜，消灭敌人两个营，后敌人炮击碉堡起火，守堡指战员全部遇难。西关碉堡失守后，敌继续向东关碉堡进攻。红军第四十五团一个连坚守了四五天，打退了敌人多次进攻，后因弹药缺乏，碉堡被敌人打得破烂不堪，增援部队又接济不上，才退了出来。

19日，蒋马军发动大规模的进攻，遭到红军迎头痛击，溃退下去。20日，蒋马军在大炮的掩护下，头顶铁锅，架着云梯，大嚷大叫冲上城来。守城红军浴血奋战，前仆后继，经过多次争夺和厮杀，红军歼敌2000余人。终因敌强我弱，加之防守西城的又多是补充来的新兵，战斗力不强，天亮时，高台城被攻破。西路军总指挥部曾派兵增援，都被敌人的优势兵力所截堵。

敌军进城后，董振堂等红五军指挥员还指挥了坚持两天两夜的激烈巷战。在环境极为恶劣的情况下，董军长在东城附近的天主教堂里召集了50

余人的干部会，他号召同志们：“英勇战斗，把尸首留给敌人，后人是会给我们报仇的。”最后，董振堂率部突围，跳城而下，折伤腿部，遂高呼：“共产党万岁！”用自己的手枪打死自己，壮烈牺牲，时年41岁。董振堂牺牲后，马步青割下董军长的头颅，送到武威，用酒精泡在玻璃盒内，准备送往南京请功。后，埋在武威城下。

红五军除个别人突围外，军政治部主任杨克明，十三师师长叶崇本、参谋长刘培基以下3000余人大部壮烈牺牲。

蒋马军冲进高台城后，采取了法西斯主义的政策。入城7天里，总计杀害红军和老乡2400人。这场浩劫还发展到农村，他们逐村逐户搜捕红军隐蔽人员。他们对抓到的红军人员，用枪杀、刀砍、活埋、炮轰、火烧、绳吊，或挑其喉、挖其心、断其头，残忍之状，中外罕见。①

16日，中央军委致电西路军领导人，要他们率部东返，重新占领永昌、凉州地区。

1937年1月21日，毛泽东、张闻天致电周恩来、博古：西路军在高台、临泽一带不能立脚，20日晨高台被马步芳、马步青部攻破，董振堂牺牲，五军损失两个团；他们从本日起转向东进，望速商于学忠准备派一路策应，并与交涉红军离开河西抗日，勿加干涉。②

21日，西路军领导人电告中央军委，决定率仅存14000余人东返。

21日，马敌占领高台后，又以5个团1个营的兵力向驻守临泽城的西路军总供给部和五军一部进攻，激战3昼夜。供给部等在九军接应下突围，转抵倪家营子地区。

23日，西路军全部集中于倪家营子地区固守。此后，与3路进攻之马敌激战20余日，杀敌近万，自身伤亡亦大，红军总人数已不足8000人。

1月23日，关于接应西路军东进问题，毛泽东致电周恩来、博古：西路军已于21日晚开始向东急进，以10天行程到达黄河边，能否设法停止二马追击，于学忠能否策应西路军；至低限度请查清黄河结冰段或有渡船处，帮助西路军顺利渡过黄河右岸。③

2月中旬，中共中央为争取与蒋介石达成和平协议，电令西路军放弃东进计划，就地坚持，适时完成西进任务。但此时西路军已无力完成西进

①许宪章，《红五军在高台失败的前前后后》，载《甘肃师大学报》，1981年第1期。

②《毛泽东年谱（1893—1949）》上卷，人民出版社、中央文献出版社，1993年12月第1版，第644页。

③《毛泽东年谱（1893—1949）》上卷，人民出版社、中央文献出版社，1993年12月第1版，第644~645页。

任务了。鉴于西路军面临严重不利形势，徐向前提出自救东返的主张，得到绝大多数人的赞同。

2月21日，西路军军政委员会决定东返，并于当晚由倪家营子突围。

23日，西路军进至张掖西南之西洞堡、龙首堡一带。红三十军与追敌激战，毙俘敌1200余人，缴长短枪1200余支及部分物资。陈昌浩过高地估计了这一胜利的意义，且东进又未获中央准许，决定重返倪家营子。

26日，西路军重抵倪家营子，复陷敌重兵包围中。从次日起，又与敌血战。

27日，中央组织援西军：以第四、三十一、二十八、三十二军及骑兵第一团组成，刘伯承为司令员。接令后，援西军由淳化、三原地区出发，兼程西进。

同时，电告周恩来通过政治谈判和重金收买，寻求二马停止对西路军的攻击。

西路军在倪家营子与敌血战7昼夜后，于3月5日，突围至沙河镇。3月7日，西路军在临泽西南三道流沟遭敌包围，与敌激战5天，歼敌数千，自身伤亡亦大。11日，经榆木山撤至梨园口，与追敌3个旅激战，九军损失两个团，政委陈海松、宣传部长黄思彦、二十五师政委杨朝礼牺牲。尔后，三十军与追敌激战于康隆寺，损失二六四团和二六三团大部。

援西军各部抵镇原、固原地区，得悉西路军失败，按中央军委指示，就地停止待命，并派人四处收容西路军失散人员。

1937年3月12日凌晨1时，徐向前、陈昌浩向军委告急：称西路军已"不满3000……无日无夜不战，弹药几尽……全军决死战斗待援，希望适时反攻"。

3月13日，西路军余部在康隆寺以南之石窝附近，与敌骑兵激战，三十军之二六五团、二六七团受损，西路军供给部长郑义斋、三十军政治部组织部长兼八十八师政治部主任张卿云牺牲。

同日，西路军军政委员会在石窝召开会议，决定将剩余的2000多人编为2个支队，分散到祁连山打游击：以三十军为主体编为左支队，由李卓然、李先念率领；以九军为主体编为右支队，由王树声率领。同时决定成立西路军工作委员会，李卓然任书记，王树声、李先念、程世才、李天焕、郭天民、黄火青为委员，统一领导各支队的行动。为减少目标，会议还根据陈昌浩的提议，决定陈昌浩、徐向前离开部队，返回陕北，向党中央汇报。

15日，右支队至康隆寺，在九军干部尹子林指挥下，与敌激战，毙敌官兵百余人。次日，敌两个旅在炮火掩护下再次进攻，右支队大部伤亡，小部突围后分散行动。

16日，左支队中200余名愿意向东打游击的同志，其中有张琴秋、刘瑞龙等组成第3支队，以毕占云为队长，单独行动，后大部伤亡或被俘。

17日，左支队到达白达板，摆脱追敌。23日，左支队进至青海以北巡堡之分水岭时，接通了数日与中央中断之联系。中央电示：保存力量，团结一致，视情可向新疆或内蒙转移。西路军工作委员会致电中共中央和军委，坚决表示："我们决不灰心，执行中央指示，在自动独立与依靠自己的路线上克服任何困难，求得最后胜利。"并报告，明晨决定继续设法越过祁连山西面，相机到敦煌；因找不到向导，只能用指北针前进；请中央给指示及情报。

3月23日~31日，中共中央为教育全党全军，特别是红四方面军的广大指战员，在延安召开政治局扩大会议，系统地揭发和批判张国焘分裂党、分裂红军的严重错误。张国焘在会上做检讨，承认自己的错误"是路线的错误，是退却逃跑的错误，是反党反中央的错误"。但在一些具体事实上，进行狡辩，拒不认错。会议作出《关于张国焘同志错误的决定》。并指出，张国焘始终对于北上与中央会合是迟疑的，对于中央的路线的正确性是不了解的，因此使党和红军遭受了严重的损失。决定还指出，中央对于在张国焘领导下的红四方面军干部的艰苦奋斗，不怕牺牲，不畏险阻，英勇苦战，献身于苏维埃的忠诚，表示深切的敬意；对于红四方面军的干部在中央直接领导之下所获得的极大进步与对张国焘路线的正确认识，表示极大欣慰；过去红四方面军所犯的错误，应由张国焘负最主要的责任；四方面军的干部是中央的干部，不是张国焘个人的干部。决定号召红四方面军及整个红军指战员在开展反对张国焘路线的斗争中像一个人一样，团结在党中央的周围，来完成党当前的伟大任务。

4月23日，左支队850人，从肃北石包城出祁连山，经蘑菇台，至安西城南，因情况不明，错攻安西城，招致城内两团敌人反扑，且战且向新疆方向撤退。26日，与敌激战五营子、红柳园等地，钟立彬、曾日三牺牲。

4月，徐向前到达援西军驻地。5月1日毛泽东、张闻天、朱德致电说："向前同志，庆祝你脱险归来，并相信你一定能够在中央领导下，再接再厉地为革命奋斗到底。盼于病体痊愈后即来中央。"①

---

①《毛泽东年谱（1893—1949）》上卷，人民出版社、中央文献出版社，1993年12月第1版，第672页。

西路军在极端困难的条件下孤军奋战数月，歼灭河西国民党军两万余人。广大指战员在同国民党军队进行殊死搏斗中，表现了不畏艰险的英雄主义气概和为党为人民英勇献身的精神。1937年4月底，终因寡不敌众，余部进至甘肃、新疆交界处的星星峡。①

5月1日，中共中央代表陈云、滕代远等带领满载衣服、药品、食物的40辆汽车赶到新疆星星峡，迎接西路军左支队尚存之400余名指战员。7日，左支队由星星峡到达迪化（乌鲁木齐）。到达此地的师以上干部有：西路军总部参谋长李特、总政治部主任李卓然、保卫局局长曾传六、一局局长郭天民、三局局长宋侃夫、五局局长欧阳毅、卫生部部长苏静观、三十军政委李先念、代军长程世才、政治部主任李天焕、五军政委黄超、原九军团政治部主任黄火青。

陈昌浩从河西民乐县花家寨转回到家乡湖北后，原打算回鄂豫皖根据地，抗战爆发后，回到延安。

1937年12月底，西路军部分领导干部经新疆、兰州、西安到延安，毛泽东在接见李卓然、李先念、程世才、郭天民、曾传六、李天焕等同志时说："红西路军失败，主要是张国焘机会主义错误的结果。他不执行中央的正确路线，他惧怕国民党反动力量，又害怕日本帝国主义，不经过中央，将队伍偷偷地调过黄河，企图到西北去求得安全，搞块地盘，称王称霸，好向中央闹独立。这种错误的路线，是注定要失败的。……少数民族地区，人烟稀少，群众中革命工作基础又很差，地势又不好，南面是大雪山，北面是大山和大漠，在几十里宽的一条狭窄地区，运动不便，敌人多是骑兵，我是步兵，又缺乏同骑兵作战的经验，这些情况，使西路军在失败中不能更多地保存下革命的有生力量。"②

毛泽东说：西路军是失败了，但这不是西路军广大的干部和战士没有努力，他们是英勇的、顽强的。③

从1936年10月~1937年3月，两万余名西路军将士中1万余名战死，8000余人在弹尽粮绝和负伤后不幸被俘或失散，幸存的仅700余人。④

---

①《毛泽东年谱（1893—1949）》上卷，人民出版社、中央文献出版社，1993年12月第1版，第662~663页。

②董汉河，《西路军失败的原因及其他》，载《甘肃社会科学》，1980年第2期。

③《毛泽东年谱（1893—1949）》中卷，人民出版社、中央文献出版社，1993年12月第1版，第43页。

④时明，《李先念与西路军》，载《春秋》，1988年第1期。

六　七七事变

1936年5月，日本驻屯军[1]利用换防的机会，擅自将兵力由2000人增加到6000人。5月6日，企图增加到2万人。

5月中旬，日军开始在北平南郊丰台建筑营房。7月中旬，日军强行进驻丰台。9月19日上午，中国军队被迫撤出丰台。

丰台是连接北宁线和平汉线的交通枢纽，是平津地区的重要战略据点，按照不平等的《辛丑条约》，也不是各国的驻兵地点。日军强占丰台，无疑是对中国主权新的侵犯，给驻守平津地区的中国第二十九军造成严重威胁。

1936年10月下旬，日本驻屯军在北平近郊举行持续一周的军事演习，引起北平人民和第二十九军的极大愤慨。日军演习后的第5天，在北平人民的大力支持下，中国第二十九军也针锋相对举行了5天军事演习。

自1937年5月开始，驻华日军频繁举行军事演习，从白天发展到黑夜，从虚弹到实弹，尤其是驻丰台日军，经常在宛平北郊举行以宛平县城为目标的演习。

进入1937年，中国开始了全面抗战准备。西安事变和平解决后，国民党军队停止了对陕甘宁边区的军事进攻。中共中央机关迁往延安后，中共在陕甘宁边区建立了人民民主政权，把红军大学更名为抗日军政大学。同时实行了新的经济政策：没收地主、汉奸的财产；对富农，只没收其出租的土地，不没收经营的土地、商业和其他财产；对工商业实行保护政策。

1937年5月2日～14日，中国共产党在延安召开了全国代表会议。毛泽东在会上作了《中国共产党在抗日时期的任务》的报告，提出：①使红军适合抗日战争的情况，改组为国民革命军，并将军事的、政治的、文化的教育提高一步，造成抗日战争中的模范兵团；②根据地改为全国的一个组成部分，实行新条件下的民主制度，重新编制保安部队，肃清汉奸和捣乱分子，造成抗日和民主的模范区；③在此区域内实行必要的经济建设，改善人民的生活状况；④实行必要的文化建设。[2] 毛泽东指出，要建立和

---

①“驻屯军”是根据1901年9月7日东西方列强强加在中国人民头上的不平等条约——《辛丑条约》规定的，借口是保护北平到山海关铁路的畅通。日本分驻在天津地区。

②《毛泽东选集》第一卷，人民出版社，1991年6月版，第261页。

巩固抗日民族统一战线，努力争取群众，发动无产阶级、农民、小资产阶级和争取资产阶级抗日派参加抗日民族统一战线，打倒日本帝国主义，争取民族解放。

1937年4月21日，刘少奇离开北平，于4月底回到延安。5月2日～14日，刘少奇出席在延安召开的中国共产党全国代表会议（当时称苏区党代表会议），当选为大会主席团成员。5月7日，他在中共全国代表会议上发言，强调争取全国民主统一与党在统一战线中的领导权，是国共合作新阶段中的中心问题。指出："我党提出的抗日民族统一战线政策，是目前挽救中国、解放中国惟一正确的政策。两年来，全党执行这一政策，已经获得了伟大的成绩。国内和平基本上实现了，国内政治已经相当地向我们所指示的方向转变，向民主与抗战的方面转变。党的政治影响在全国群众中迅速增长着，而且党在组织上领导了全国的抗日民族运动。这证明，我党至今还是中国革命的惟一领导者。……现在应该提出这样的问题：民族统一战线、国共合作的结果和前途怎样？这就要看统一战线的领导人是谁。是资产阶级，那对日战争的彻底胜利就不可能；是无产阶级，那对日战争必然彻底胜利，并将使革命转变到社会主义前途。这是合作阶段中的中心问题。中国无产阶级具有极优越的条件来获取最后的胜利。但领导权并不是天生地属于中国共产党，资产阶级及整个第三营垒的人，也在用尽一切力量来争取领导权，领导中国走第三条（资本主义的）道路，虽然这条道路是不可能的，结果是要走到殖民地的。要战胜他们，要有正确的政策，还需要作极大的努力。对一切忽视这个问题的倾向，以及在这个问题上的任何懈怠，必须给予坚决的批评。"发言在毛泽东提出的实现共产党的政治领导的四项原则（根据历史发展进程提出基本的政治口号、共产党应该成为这些具体目标的模范、发展和巩固同盟者、共产党队伍思想的统一性与纪律的严格性）的基础上，提出了下列具体意见："第一，资产阶级在反对无产阶级斗争中是有经验的，因此，在我们前进的时候，工作必须十分艺术。我们应该完全抛弃虚浮、夸大、空谈的作风，不要故意去刺激资产阶级的警觉性。要进行切实的工作，不要企图用吹牛皮来吓退敌人。第二，统一战线要'纵横捭阖'。要对付国民党各方面的阴谋，我们的许多同志是没有经验的。应该善于灵活接近各方面而保持自己的纯洁，不是将自己放在保险箱里保持纯洁，而是要在各种复杂环境中保持纯洁。第三，我们要大批训练军事、政治干部。过去我们的干部，特别是有经验的干部大批牺牲，我们要在最短期内补救这个缺陷，要训练上万的干部。红军要成为干部学校，要采用个别退伍的方法为全国白区准备军事干部，并使苏区‘全国皆兵’。大革命的经验，要立即重新研究与整理好，来教育我们同志。第四，在党内与群众中加强国际形势教育。策略的决定要更多地估计到国际形势，因为国际形势对于中国问题决定的因素比1927年增加了。要使中国革命与世界无产阶级革命更密切地联系起来。第五，同国民党的武装斗争停止以后，政策的、原则的、理论的斗争已经提到了主要的地位。我们必须在政策上、原则上、理论上加强对于国民党及各派的批评，加强对群众的共产主义精神的教育。”①

1937年5月16日，刘少奇出席中共中央政治局会议，他对准备提交党的白区工作会议讨论的《关于白区工作的报告》作了说明。5月17日，中共白区工作会议在延安中央大礼堂开幕。出席会议的有北方局及其所属的北平、天津、山西、河南、山东、绥远等地党组织的负责人共20多人，会议由张闻天、刘少奇主持。刘少奇受中共中央委托在会上作《关于白区的党和群众工作》的报告，计25000字。报告系统地、深刻地总结了过去10年党在国民党统治区工作的经验教训，以尖锐的、毫不含糊的语言，揭露并批评过去长期在党内处于支配地位的“左”倾冒险主义和关门主义的错误传统，引起了巨大的震动。②

会上出现了激烈的争论。为了统一思想，6月1日~4日，中共中央召开政治局会议讨论白区工作会议上的争论。出席会议的有政治局委员、候补委员张闻天、毛泽东、博古、朱德、刘少奇、关向应、凯丰及有关方面负责人。对这个问题，政治局内部的认识也不一致。6月3日，毛泽东在政治局会议上作了长篇发言。他态度明确地说：“少奇的报告基本上是正确的，错的只在报告中个别问题上。少奇对这问题有丰富的经验，他一生在实际工作中领导群众斗争和党内关系，基本上都是正确的，在华北的领导也是一样。他一生很少失败，今天党内干部中像他这样有经验的人是不多的，他懂得实际工作的辩证法。”对刘少奇写给中央的几封信，毛泽东评价说：“他也基本上是正确的，是勃勃有生气的。他系统地指出党在过去时间在这个问题上所害过的病症，他是一针见血的医生。”同时，毛泽东也指出了刘少奇报告中讲得不妥当的地方，并对这些问题作了比较周全的分析。6月6日，白区工作会议继续举行。张闻天根据中央政治局会议精神，作了《白区目前的中心任务》的报告，他说：刘少奇的“报告是很重要的。他是一个做实际工作多年的同志，他有丰富的群众工作的经验，

①《刘少奇选集》上卷，人民出版社，1981年12月第1版，第72~79页《争取全国民主统一与党在统一战线中的领导权》。

②《刘少奇传》，中央文献出版社，1998年10月第1版，第258页。

他在实际工作中懂得辩证法。他过去与中央有过争论，很多地方是对的，中央解决他的问题过去有些是不对的。他的报告基本上是正确的”。经过几天的热烈讨论，6月9日~10日，刘少奇在白区工作会议上作了长篇的结论发言。6月10日，中共中央举行政治局常委会议，讨论北方局工作。刘少奇在会上发言后，毛泽东发言说：刘少奇同志提出的“保卫华北”、“保卫平津”的口号很好，用来进行政治动员，带国防实际性，这是一切工作的基础。①

国民党政府也开始了全面抗战的准备。1937年，国民党政府军事和国防建设费用达13.7亿元以上，占财政总支出的65.5%。同时对军队进行了整编，过去国民党军队总数约200万人，但编制混乱，装备、训练和战斗力都很差。经过整顿，1个步兵师，下设2个步兵旅、1个骑兵旅、1个野炮兵团，加上工兵、辎重、卫生、特务等兵种，每师计13854人、马3508匹、各类火炮84门，并配备了坦克等重型武器。至1937年7月，国民党军队已整编了50个师，并加强了军事训练。同时，将空军整编为9个大队，全国设262个机场，拥有各类飞机600余架。军工工业也有了显著发展，已能制造德国1924式步枪、仿捷式轻机枪、德国式重机枪、仿法国式迫击炮及各类炮弹。国民党政府在全国设立了山东、冀察、河南、徐州、山西、绥远、江苏、浙江、福建、广东10个战区，在各战区构筑防御工事。

1937年上半年，驻守平津第一线的第二十九军紧张地进行备战工作。自5月开始，军长宋哲元针对华北日军的军事演习，下令全军进行军事训练，时刻准备由察省向热河出击，打出山海关，收复东北失地。全军将士摩拳擦掌，严阵以待。

1937年7月7日19时30分，驻丰台日军第一联队第三大队第八中队，携带实弹，全副武装，在宛平县城所在地的卢沟桥（位于宛平县城西门外数十步）附近的龙王庙进行夜间军事演习。22时半左右，日军中队长下令停止演习，集合休息。此时发现1名士兵去向不明，上报给日军大队长。20分钟以后，“失踪”的士兵志村菊次郎解完手后归队。

7月7日24时，北平日本机关长松井太久郎打电话给冀察政务委员会外交委员会，声称日本陆军一中队在卢沟桥进行军事演习时，丢失1名士兵，要求进入宛平县城搜索。中国第二十九军副军长兼北平市市长秦德

①《刘少奇传》，中央文献出版社，1998年10月第1版，第260~263页。

纯①回答：“日军随意在我国领土内进行演习，完全是违反国际法的。事先既不通知，也未经许可。1名士兵行踪不明，我方不负任何责任。如果士兵确实失踪，可立即命令宛平驻军同地方警察一起搜查。”日本特务机关和丰台日军威胁说，如果不许入城搜查，就用军队包围宛平。秦德纯说：“我方为了自卫，只有坚决抵抗。”深夜0时20分，日军大队一木清直少佐下达了作战命令。不久，长辛店中国驻军团长吉星文报告，丰台日军1个大队，携带6门大炮，正向卢沟桥前进。秦德纯当即命令：“确保卢沟桥及宛平县城，日军一兵一卒也不许进入，一寸国土也不许放弃。守土有责，卢沟桥及宛平城就是我军官兵最光荣、最贵重的坟墓，要与县城共存亡。但要到他们开枪后我们才还击。如果他们开枪，我们将迎头痛击。”秦德纯命吉星文亲率一营部队加强卢沟桥防御。

8日晨，经中日双方协议，组成联合调查组。当调查组的双方代表到达宛平时，连夜从丰台开来的日军已将宛平城包围。城门不能开，只能用绳索将代表们吊入城内。正当代表们在城内会商调查办法时，城外日军突然向我守军射击，我军当即奋勇还击。我长辛店援军与铁路桥东端的我军互相配合，两面夹击，歼灭了铁路桥两端的全部日军。8日一昼夜间，卢沟桥经三失三得，仍然由我军固守。

9日晨，日方又诡称失踪士兵已经归队，问题可以和平解决，于是，双方口约了三项停战办法：①双方立即停止射击；②日军撤至丰台，我军撤回卢沟桥以西；③宛平城内防务除原有保安队外，并由冀北保安队担任，人数300人，定于本日上午9时左右到达接防。这个口头协定，日军始终没有履行，因而我军也没有撤走。这天，战斗仍不时发生。

第二十九军的抗日活动，得到全国人民的支援。7月8日，中共中央发出《为日军进攻卢沟桥通电》，赞扬二十九军的抗日行动，要求南京政府切实援助二十九军，号召全国军民团结起来，保卫祖国，驱逐日寇出中国。中共北平地下组织通过中华民族解放先锋队、北平学联等救亡团体，组织战地服务团，奔走前线，救援伤员，赠送慰劳品。长辛店铁路工人帮助运送物资，构筑工事。

“七七”事变爆发后，日本法西斯分子欣喜若狂。7月8日清晨，关东军司令部召开紧急会议，一致认为，苏联方面暂时是安全的，“此时应对冀察加以一击”。会议当即动员两个旅团随时准备开赴华北作战，并把第

---

①二十九军军长宋哲元当时在山东。

十一旅团主力调往长城一线待命。关东军鼓动日本中国驻屯军彻底将事态扩大下去，日本驻朝鲜军司令官建议日本应利用这一事件推行统治中国的宏图。

“七七”事变的消息传到东京，陆军中央部在选择何时发动全面侵华战争上，出现了两种意见：一种认为，只要以三四个师团的兵力给中国一击，中国就会屈服，他们说，只要满载日本兵的列车一通过山海关，中国就会投降，中国的事件用一个月时间就解决了；他们认为，苏联不会干预日本的行动，英国受到德国的牵制，也无暇东顾，美国也不大注意远东，这种国际条件是日本扩大侵华战争的千载难逢的良机。另一种意见担心日本兵力不足，一旦发生全面对华战争，会遇到中国顽强抵抗，而陷入长期战争的泥潭，假如苏联出兵，夹击日本，日本将处于腹背受敌、两线作战的被动地位，他们认为，在没有15个师团的兵力、筹备55亿日元军费的情况下，出兵中国是失策。

前一种意见占了上风。

7月10日，日本中国驻屯军向中国第二十九军提出新的要求：①第二十九军代表向日军表示道歉，并声明负责防止今后不再发生类似事件；②给肇事者以处分；③卢沟桥附近的永定河东岸不得驻扎中国军队；④彻底取缔共产党及其他抗日团体。在日军威逼下，二十九军代表张自忠除第三条外，接受了日本的要求。

7月11日，日本政府发表《派兵华北的声明》。日本国内掀起了一股空前的侵华战争热，日本参谋本部命令关东军和朝鲜军迅速向华北派遣援军，日本海军下令做好全面对华战争的准备。同一天，日本陆海军还就在华北协同作战问题达成了协议。规定：努力将战争局限于华北，陆军主要在华北作战，必要时，出兵青岛和上海；海军主要担任对华中、华南的警戒，当战争扩大到华中、华南时，陆军至少派遣两个师团协助海军作战。

得知日本内阁的派兵决定后，11日下午4时，日本中国驻屯军司令部召开紧急会议，大多数人认为对华开战的时机已到。会议决定：“以此次事变为契机，从根本上解决华北问题。”具体措施是：①暂时停止过去和平谈判；②彻底实行《何梅协定》；③在此期间逐步集结军队，伺机对河北省的中国军队以彻底打击和扫荡。

12日上午11时，新任日本中国驻屯军司令官香月青司来到天津。

7月12日，蒋介石命令宋哲元就地抵抗，并要求中央军在保定地区进行防御准备。

15日，日本临时航空兵团被派遣到中国东北。16日，关东军两个旅团到达平津地区，驻朝鲜第二十师团陆续开往华北。

25 日，从朝鲜调到天津的日军第二十师团一支军队同通讯兵一起，假借修理北平至天津的军事电话线，于下午 4 时 30 分到达廊坊车站，非法占领该地，当地中国驻军要求日军撤退，遭到拒绝，双方发生冲突。当夜 12 时，日本中国驻屯军司令官香月青司命令第二十师团第七十七联队，在空军掩护下向廊坊发动攻击，中国军队被迫撤退，日军遂占领了廊坊。

26 日凌晨 3 时 30 分，香月青司命令日军中国驻屯军第二联队第二大队乘火车开赴北平，企图乘北平形势稳定、城门洞开之机进入北平。下午 2 时，日军上述部队在丰台换乘 26 辆汽车开往广安门，冒充日本总领事馆卫队，谎称在野外演习归来，要求进入北平，被广安门中国守军拒绝。日军一半人进入城内时，两军发生冲突，丰台日军立即赶来增援。

27 日晨，日本参谋总部和陆军大臣决定立即动员国内师团，得到内阁和天皇同意。同日，日本参谋本部命令中国驻屯军以现有兵力进攻平津地区的第二十九军，战线暂限定于保定、独流镇以北地区；并下令动员国内的第五、六、十师团到华北，准备派遣第十一师团到上海，第三师团到青岛。27 日，海军军令部下达了配合陆军对华作战的命令。

26 日下午，日本中国驻屯军向中国第二十九军发出了最后通告：①八宝山、卢沟桥附近的第三十七师，必须于 27 日中午前撤至长辛店；②北平市内及西苑的第三十七师，必须于 28 日中午前，经平汉线北面撤至永定河西岸，以后陆续移驻保定地区；③如不按上述要求施行，即认为贵军无诚意，我军将不得不采取单独行动。当晚 10 时 20 分，香月青司下令于 27 日中午向中国军队发动进攻。

宋哲元知战争不可避免，下令第二十九军将士准备抵抗，并通令全国，表示在国家存亡、千钧一发之际，第二十九军决心守土自卫。

28 日，香月青司指挥朝鲜第二十师团、关东军独立混成旅、中国驻屯军步兵旅团，在空军掩护下，首先向驻守北平北苑、西苑、南苑的中国第二十九军第三十八、三十七、一三二师发起全面进攻。

中国第二十九军将士奋起抵抗。由于初入阵地，未及构筑工事，且在装备、人数方面都处于劣势，虽经奋战，终于抵挡不住优势日军的进攻。副军长佟麟阁、第一三二师师长赵登禹在南苑大红门指挥部抵抗，在敌机的轮番轰炸和机械化部队的猛烈攻击下，佟、赵两位爱国将领不幸先后以身殉国。当晚，第二十九军被迫向保定撤退。

同日夜，日本关东军第二混成旅团对天津的中国第三十八师一部和保安队发动进攻，中国军队被迫突围，向马厂撤退。8 月 1 日，日军控制了平、津两市。

8月14日，国民党政府发表《自卫抗战声明书》，宣告："中国决不放弃领土之任何部分，遇有侵略，惟有实行天赋之自卫权应之。"15日，蒋介石下达总动员令，自任陆海军总司令，将全国划为4个战区：平汉、津浦两线为第一战区，蒋自任司令长官；晋察绥为第二战区，阎锡山为司令长官；江苏、浙江为第三战区，顾祝同为司令长官；闽粤为第四战区，余汉谋为司令长官。

15日，日本正式组成上海派遣军，以松井石根大将为司令长官，率第三、十一师团等部前往上海，协同海军作战。17日，日本政府决定向中国发动全面的军事进攻。

7月8日，国民党政府曾与日本进行外交谈判。7月10日，国民党政府外交部照会日本，要求将肇事日军撤回原地，等待合理解决。7月17日，日本政府要求国民党政府：①停止"挑战"态度；②不得妨碍与冀察当局和平解决条件的实行；③撤回北上部队。国民党政府回答：①中日双方同时撤退军队；②由中、日政府通过外交谈判解决；③现地解决须取得南京政府许可；④南京政府准备对现地直接谈判进行斡旋，乃至仲裁。

7月17日，蒋介石在庐山发表谈话，表明"卢沟桥事变"并不是偶然的，但仍然希望通过和平的外交方法解决。同时，他表示：①任何解决不得侵害中国主权与领土完整；②冀察行政组织不容任何不合法之改变；③中央政府所派官吏，如冀察政务委员会委员长宋哲元等不能任人要求撤换；④第二十九军现在所驻地区不能受任何约束。他说，中国已临到"最后关头……如果战端一开，那就地不分南北，人无分老幼，无论何人皆有守土抗战之责任，皆应抱定牺牲一切之决心"。①

7月底，蒋介石决定召集各方将领，商讨组织抵抗的对策。蒋介石命令一直参加同中共联络、谈判的人员之一的张冲发电报给延安，密邀毛泽东、朱德、周恩来到南京共商国防大计。张冲数次打电话给在西安的叶剑英，询问毛、朱、周等人的行止，以便准备迎接、开会与会谈。

驻西安红军联络处的叶剑英侦知桂系将领白崇禧、川军将领刘湘、滇军将领龙云等，都将应邀赴南京开会，认为这正是中共趁机公开与各方人士联络的好机会，必须派代表参加。但鉴于西安事变后张学良在南京被扣留的严酷事实，于是，叶剑英急电中共中央，提出建议："毛不必去，朱

---

①宋平，《蒋介石生平》，吉林人民出版社，1987年版，第370页。

必须去。”

8月2日，周恩来复电张冲询问详情：如开国防会议，则他同朱德、叶剑英去；如系谈话会，则他同林伯渠、博古、叶剑英去。

8月4日，收到张冲复电，称系召开国防会议，仍望毛、朱、周到南京出席。经毛泽东、张闻天酌定，电示周恩来（周正与朱德、彭德怀等出席在泾阳县云阳镇召开的红军改编会议）：同意由周、朱、叶赴南京开会，并阐述中共中央关于抗日战争的战略方针及与蒋介石谈判合作抗日必须解决的有关重要问题。

8月6日，周恩来、朱德前往西安，会同叶剑英于8月9日飞抵南京。出席此次国防会议的除国民党中央的军政要员外，还有冯玉祥、白崇禧、刘湘、龙云等各地方实力派的将领。有些地方实力派将领还向周恩来表示：如果不是中共代表来南京，他们也不敢来。

中共代表周、朱、叶在会上分别作了长篇专题发言，阐述了抗日的战略战术和指导原则。会内会外中共代表还与各方人士广泛接触，热烈商讨联合拒敌之计，加强了团结。

会议期间的8月13日上午，日本军舰炮轰上海市中心区。

14日，日本政府发表声明，声称对中国政府和军队采取断然措施。

同时，南京国防会议决定：举全国力量，以持久消耗战，争取最后胜利。蒋介石发布红军改编的命令和同意公布中共起草的国共合作宣言。

1937年清明节（4月5日），毛泽东、朱德为位于陕西省中部县（今黄陵县）的黄帝陵墓轩辕庙送去祭文，全文如下：

> 维中华民国二十六年四月五日，苏维埃政府主席毛泽东、人民抗日红军总司令朱德恭遣代表林祖涵，以鲜花束帛之仪致祭于我中华民族始祖轩辕黄帝之陵：
>
> 赫赫始祖　吾华肇造　胄衍祀绵　岳峨河浩　聪明睿智
> 光披遐荒　建此伟业　雄立东方　世变沧桑　中更蹉跌
> 越数千载　强邻蔑德　琉台不守　三韩为墟　辽海燕冀
> 汉奸何多　以地事敌　敌欲岂足　人执笞绳　我为奴辱
> 懿维我祖　命世之英　涿鹿奋战　区宇以宁　岂其苗裔
> 不武如斯　泱泱大国　让其沦胥　东等不才　剑屦俱奋
> 万里崎岖　为国效命　频年苦斗　备历险夷　匈奴未灭
> 何以家为　各党各界　团结坚固　不论军民　不分贫富

民族阵线　救国良方　四万万众　坚决抵抗　民主共和
改革内政　亿兆一心　战则必胜　还我河山　卫我国权
此物此志　永矢勿谖　经武整军　昭告列祖　实鉴临之
皇天后土　尚飨①

1937 年 7 月 16 日，刘少奇受中共中央委托，从延安出发去陕西泾县云阳镇抗日红军前敌总指挥部传达任务。随后经西安前往山西抗日前线。7 月 28 日到达太原，根据中共中央指示，在太原组建北方局新的领导机关，刘少奇任书记，杨尚昆任副书记。

1937 年 8 月 22 日 ~25 日，中共中央在陕北洛川县冯家村召开了政治局扩大会议。中央政治局委员洛甫、毛泽东、周恩来、秦邦宪、朱德、任弼时、关向应、凯丰、张国焘及各方面的负责人彭德怀、刘伯承、贺龙、张浩、林彪、聂荣臻、张文彬、萧劲光、林伯渠、徐向前、周建屏、傅钟、李富春 22 人出席了会议，毛泽东代表党中央作军事问题、国共关系问题的报告。

关于军事问题，毛泽东说：军事问题就是战略问题，日本进攻的主要是华北，上海是日本进攻的辅助方面，因此红军的主要作战区是晋、察、冀三省交界处；红军的基本任务：①创造根据地；②钳制和消灭敌人；③配合友军作战；④保存和扩大部队；⑤争取民族革命战争的领导权。红军的基本作战方针是独立自主的山地游击战，同时包括在平原发展游击战争；在战术上独立自主，分散发动群众，集中消灭敌人，打得赢就打，打不赢就走；红军配合国民党军队作战，主要是战略上的配合，而不是在战役和战术上的配合。

关于同国民党的关系，毛泽东指出：在统一战线中必须坚持中国共产党的独立自主原则，一方面要巩固、扩大统一战线；另一方面又要对国民党保持高度的阶级警惕性；要与地方军阀、实力派，如阎锡山等开展统一战线；在同国民党谈判中，我党必须坚持成立红军总指挥部，拒绝国民党派人插入我军，同时应在后方留兵一部，保卫党中央和陕甘宁边区，防止国民党的袭击。因为国民党在边区周围有大约十几个师的兵力。

会议在基本原则上是一致的。同时对一些具体问题交换了意见：第一，关于出兵时间和数量，蒋介石要红军全部立即出动到山西前线，目的

①傅钟，《敌后战场的开端——忆八路军总部开赴华北抗日前线》，载《红旗》，1987 年第 16 期。

是要红军在配合国民党军队打正规战中削弱、消灭革命力量，前方同志主张早出兵，认为战局严重，早出兵对我们政治影响好，部队也可以得到一定的物资补充；第二，关于陕甘宁边区是否留兵及留兵多少，鉴于蒋介石国民党军队对陕甘宁边区的威胁尚未解决，多数同志主张应留兵，暂留1/3，出2/3为好，以后再根据具体情况而定；第三，关于红军出兵后的作战形势，是分散使用兵力，还是集中使用兵力，一部分同志主张红军出师后，应打几个大仗，消灭敌人，扩大共产党和红军的影响，这是有一定道理的，但集中打仗就要付出一定的代价，红军只有三四万人，这个问题值得注意。为此会议确定，红军的作战方针是基本的游击战，但不放松有利条件下的运动战；第四，关于对国民党的估计，少数同志看到抗战初期国民党的某些进步表示，过高地估计了它的抗日积极性，忽视了它的两面性。

会议一致同意毛泽东总结的原则：坚持统一战线的独立自主，实行中共对抗战的领导，依靠人民群众，发动人民群众，实行抗战。

中国共产党为加强对军事工作的领导，会议决定由毛泽东、朱德、周恩来、彭德怀、任弼时、叶剑英、张浩、林彪、贺龙、刘伯承、徐向前11人组成中央革命军事委员会，毛泽东为军委书记，朱德、周恩来为副书记（对外称主席、副主席），参谋长为萧劲光（后为滕代远、叶剑英）。

会议通过了《中央关于目前形势与党的任务的决定》。指出：①在敌人后方，放手发动独立自主的游击战争，配合正面战场，开辟敌后战场，建立敌后根据地；②在一切国民党统治区，放手发动抗日的群众运动，和国民党的片面抗战路线作斗争；③在有利于动员全国人民参加抗战的前提下，争取全国人民所应有的政治、经济权利，并决定以减租减息作为抗战时期解决农民土地问题的基本政策。

洛川会议制定通过了《抗日救国十大纲领》和毛泽东为此而写的宣传提纲《为动员一切力量争取抗战胜利而斗争》。十大纲领是：①打倒日本帝国主义；②全国军事的总动员；③全国人民的总动员；④改革政治机构；⑤实行抗日的外交政策；⑥实行战时的财政经济政策；⑦改良人民生活；⑧实行抗日的教育政策；⑨肃清汉奸、卖国贼、亲日派，巩固后方；⑩建立抗日的民族团结。

经过中国共产党与国民党较长时期的谈判，1937年6月，蒋介石被迫承认了红军改编为3个师、12个团，45000人的编制。但不让设总指挥部，另在3个师之上设政治训练处指挥部队，并提出派康泽来政训处当副主任，要毛泽东、朱德离开部队。国民党提出，如不接受以上条件，从7月起即断绝一切接济。中共党中央准备在不得已时于 8 月 1 日宣布自行改编。

卢沟桥事变爆发后，为迅速动员全国人民，推动国民党政府及其军队抗战。7 月 17 日，周恩来、秦邦宪、林伯渠到庐山与蒋介石谈判，争取早日实现红军改编，并发表两党合作宣言。28 日，中共中央重申：3 个师上设总指挥部，朱（德）正、彭（德怀）副，并设政治部，任弼时为主任，邓小平为副主任，不要康泽，在人选问题上不向国民党让步。8 月 13 日，日寇进攻上海，蒋介石急于要求红军出师作战，不得已于 8 月 22 日公布了红军改编为国民革命军第八路军的命令，委任朱德为总指挥、彭德怀为副总指挥，并收回了向 3 个师派参谋长的主张，改为派联络参谋。

根据国共两党协议，8 月 25 日，中国共产党中央军事委员会主席毛泽东，副主席朱德、周恩来在洛川会议上发布命令：宣布红军改名为国民革命军第八路军，前敌总指挥改为八路军总指挥部，朱德为总指挥，彭德怀为副总指挥，叶剑英为参谋长，左权为副参谋长；总政治部改为八路军政治部，任弼时任主任，邓小平为副主任。在陕北的主力红军编为 3 个陆军师：以红一方面军及陕北红军第七十四师编为第一一五师，师长林彪、副师长聂荣臻，参谋长周昆，政训主任罗荣桓、副主任萧华，下辖三四三旅（旅长陈光，政委萧华，副旅长周建屏，参谋长陈士榘）、三四四旅（旅长徐海东，政委黄克诚，参谋长卢绍武），共 15000 人；以红二方面军及陕北红军第二十七、二十八军，独立师、赤水警卫营及前总直一部编为第一二〇师，师长贺龙、副师长萧克，参谋长周士第，政训主任关向应、副主任甘泗淇，下辖第三五八旅（旅长陈伯钧，政委王震，参谋长刘子奇，政训主任袁任远）、三五九旅（旅长张宗逊，政委李井泉，参谋长姚喆，政训主任张平化），共 14000 余人；以红四方面军及陕北红军第二十九、三十军，陕甘宁独立一、二、三、四团编为第一二九师，师长刘伯承、副师长徐向前，参谋长倪志亮，政训主任张浩、副主任宋任穷，下辖第三八五旅（旅长王宏坤、副旅长王维舟，参谋长耿飙）、三八六旅（旅长陈赓、副旅长陈再道，参谋长李聚奎），共 13000 余人。同时由各主力红军抽调部分部队 4000 余人，组成八路军后方留守处，萧劲光为主任。

洛川会议的最后一天，连续通过了朱德、彭德怀的《就职通电》、《八路军出师抗日誓词》、《八路军抗日三大纪律》、《八路军抗日八项注意》等文件。

为加强中国共产党对军队的领导，8 月 29 日，中共中央决定：八路军前方部队设立军委分会，朱德任书记，彭德怀任副书记，任弼时任秘书长，受中共中央军委委托，为华北八路军最高领导机构。在各师设立军政委员会，受军委分会领导。

国民党承认划陕西省之延安、安塞、保安、安定、延长、延川、旬邑、淳化、定边、靖边、甘泉、富县、米脂、绥德、佳县、清涧、吴堡，甘肃省之庆阳、合水、环县、镇原、宁县、正宁，宁夏之盐池、神府，关中部分地区归陕甘宁边区政府直辖。并为八路军之募补区。

9 月 6 日，陕北苏维埃改为陕甘宁边区政府，以林伯渠为边区政府主席、张国焘为副主席，拒绝了国民党方面派遣的任何人员。

9 月 22 日，国民党中央通讯社发表《中共中央为公布国共合作宣言》。

23 日，蒋介石发表了为公布国共合作宣言的谈话，承认了中国共产党的合法地位，宣布两党合作抗日。

12 月，中共中央军委将八路军留守处与陕甘宁边区保安队合编为八路军留守兵团，萧劲光为司令员，下辖警备团第一至八团和 10 余个保安基干大队和县保安队，计 9000 余人，担负保卫陕甘宁边区的任务。

日军占领平津后，于 8 月中旬，日军统帅部决定将第十四、十六、一〇八、一〇九各师团相继调到华北。8 月 31 日，以寺内寿一大将为司令官的华北方面军正式编成，下辖 8 个正规师团，分兵 3 路进攻：第二十师团酒井旅团及第五、十两师团各一部沿平绥线向西北进犯，关东军独立混成第二旅团等部由多伦、沽源向张北进发，准备会攻南口、居庸关、怀来、张家口；第六、十四、二十、一〇八等师团沿平汉线向保定、石家庄进攻；第六、十六、一〇九师团沿津浦路向山东进攻。

8 月 20 日，国民党政府军事委员会制定了作战方针："国军一部集中华北持久抵抗，特别注意确保山西之天然堡垒；国军主力集中华东，攻击上海之敌，力保淞沪要地，巩固首都；另以最少限兵力守备华南各港口。"重新在全国设置了 5 个战区：第一战区负责平汉线、津浦线北段地区作战，蒋介石兼任司令长官（后由程潜接替），下辖第一集团军（总司令宋哲元）、第二集团军（总司令刘峙）、第十四集团军（总司令卫立煌）；第二战区负责冀察绥方面作战，由阎锡山任司令长官，下辖第六集团军（总司令杨爱源）、第七集团军（总司令傅作义）及骑兵第一军（军长赵承绶）；第三战区负责苏浙方面作战，由冯玉祥任司令长官（9 月以后由蒋介石兼任），下辖第八集团军（总司令张发奎）、第九集团军（总司令张治中）、第十集团军（总司令刘建绪）、第十五集团军（总司令陈诚）；第四战区负责闽粤方面作战，由何应钦任司令长官，下辖第四集团军（总司令蒋鼎文）、第十二集团军（总司令余汉谋）；第五战区负责山东方面作战，由蒋介石兼任司令长官（10月以后由李宗仁兼任），下辖第三集团军（总司令韩复榘）、第五集团军（总司令顾祝同）。① 按照这一部署，国民党军队陆续开往前线作战。

华北的国民党军队约70余万人，汤恩伯指挥的第十四军及高桂滋的第十七军担任平绥线防御，分别布防于南口、居庸关和赤城、龙关一带；宋哲元的第一集团军和刘峙的第二集团军分别担任津浦、平汉两线防御。

8月10日，日军首先以第五师团及第十七旅团沿平绥路向南口进攻，当地守军利用险要地形进行了抵抗。23日，敌占居庸关。25日，敌占南口。27日，敌占张家口。9月11日，天镇失守，敌多路向大同迂回，当地守军怯战，联络配合不好，未经抵抗，于9月12日放弃大同，晋北部队纷纷向雁门关方向退却。

津浦路方向，日军第十师团于9月11日进占马厂。21日，敌继续向姚官屯中国军队阵地进攻，经数日激战，敌占该地。24日，敌未遇抵抗占领沧州。10月3日，敌进占德州。

平汉路是敌军的主决战方面，9月14日，敌第六、十四师团渡过永定河，向涿州、保定附近的中国守军进攻。第二十师团由房山一带向易县攻击前进。刘峙惊慌失措，未经抵抗即下令退却，琉璃河阵地遂于当日失守。翌日，敌占固安。21日，敌突破满城、徐水一带防线。24日，敌占保定。接着，日军长驱直进，先后攻占定县、正定、灵寿等地。10月10日，华北重镇石家庄沦入敌手。日军占领石家庄后，将其进攻重点转向山西。

当华北危急、担任正面防御的国民党军队节节败退之际，中国共产党领导下的八路军为侧击沿平汉线南下和沿平绥线西进之敌，立即向山西出发。8月22日，一一五师经风陵渡渡过黄河，接着一二〇师由芝川镇渡过黄河。两部兼程北进。八路军总部在云阳集结后，经芝川镇渡过黄河随部队到前线指挥作战。9月中旬，一一五师到繁峙、五台。9月底，一二〇师到达神池。总部亦同时进入五台山区。9月30日，一二九师由芝川镇渡过黄河，经山西侯马北进，到达太原附近。

日军占领石家庄后，分兵两路：一路继续沿平汉路南进，11月初，相继占领了邢台、邯郸、安阳等重要城镇；另一路以第二十、一〇九师团为主力沿正太线向山西进攻。

---

①按战斗序列，八路军于1937年9月12日称为第十八集团军，总、副总指挥改称总、副司令（属第二战区）。

晋北之敌亦于9月中旬转兵，一路由大同沿同蒲线直趋太原；一路由广灵进攻灵丘、平型关。企图会同石太线，夺取山西。

阎锡山命令傅作义赶往前线指挥，将其主力部署在平型关及内长城一线。南京政府急调卫立煌等部向晋北增援。部署是：左集团为高桂滋的第十七军和刘茂恩的第十五军，驻守团城口和凌云口、恒山一带；右集团为八路军一一五师，驻守灵丘至平型关公路以南的山岳地带；中央集团为阎锡山的晋绥军，担任平型关正面防守任务。3个集团的总兵力六七万人。

由于雁门关地形险要，敌人难以从正面攻克，于是就集中兵力攻击平型关。以图通过平型关，由东向西从侧背夺取雁门关，打开通往太原的门户。

9月22日，敌板垣师团之第五师团第二十一旅团第十九、二十联队连同配属的战车、炮兵和辎重等特种部队共约5000人，由灵丘县向大营镇前进，与驻守当地的中国部队发生激烈战斗后，24日进至平型关附近。

日军第二十一旅团主力于平型关正面东跑池地区与中国军队对峙，敌预备队1000余人和辎重队从灵丘方向沿山沟公路开来增援其主力部队。一一五师确定三四三旅担任主攻任务。师属三四四旅配合，其中六八七团进入灵丘方向东河南至韩家湾一带负责警戒和阻敌援兵，六八八团为师预备队，于东长城村集结待命。

24日，八路军一一五师三四三旅由冉庄开到平型关的东北方白崖台附近，占领进攻阵地，根据与友军协同作战计划，定于25日向敌人出击。一一五师主要出击地域为小寨村至老爷庙一段山沟公路，这段公路是灵丘到平型关的险要地段，路侧山岭高耸，对伏击敌人十分有利。

9月25日8时，日军汽车80余辆、马车百余辆，连成一线，进入八路军设伏“口袋”的地段。当敌人全部进入伏击圈后，我军将“口袋”两头封死，居高临下，突然向敌人猛烈开火。敌猝不及防，乱作一团，人马车辆拥挤在约五六里长的夹沟公路中。我军乘势同敌军展开白刃格斗。敌虽有飞机、大炮，亦完全失去作用，至11时左右，被包围的敌军悉数被歼，其车辆、物资全部为我所获。

小寨—老爷庙伏击胜利后，我八路军立即向平型关正面东跑池地区转进。那里本是国民党军出击的一个目标，大约2000人的日寇，沿着村庄和附近山地向平型关正面进攻。但国民党未按协同作战的计划出击。至薄暮时分，八路军一一五师主力转到这方面后，才将敌人从山地压入村庄，并加以包围。但国民党军未予积极配合，使被包围之敌从其防线向西北方团城口夺路而逃。

平型关之战连同地方游击队的战果在内，共计歼敌1000余人，缴获汽车80余辆、九二野炮1门、七三七五炮弹3000余发、步枪300余支、机关枪20余挺及大批军用物资。这是抗战以来中国军队在华北地区打的第一个大胜仗。

在这次战斗中，八路军伤亡官兵600余人。[①] 最大的教训是当把敌人分割包围和冲垮之后，指战员们根据过去同国民党作战的经验，认为敌人已失去战斗力了，高喊："老乡，缴枪呀！"拥向敌人，遭到钻在沟底的汽车底下的顽敌突然射击，致使部队伤亡陡增。

由于担任平型关正面防守的晋绥军节节后退，阵地动摇。9月底，日军一部突破茹口。10月2日，敌占雁门关。内长城防线全线崩溃，大批中国军队向忻口、太原退却。

10月初，为保卫太原、挽救山西战局的危机，第二战区先后集中了16个师，以卫立煌为前敌司令，进行忻口会战。同时，由孙连仲等部在娘子关一带阻敌西进，以策应在晋北的主力决战。八路军亦积极地配合友军作战。

忻口战役开创了抗战以来华北各次战役中最有利的战局。中国军民在这里坚守了近1个月，日军被阻于忻口，不能前进一步。日军伤亡达四五万人。由于国民党指挥上的错误，中国军队亦伤亡在10万人左右。

10月26日，娘子关失守，敌第一〇九师团向晋北增援。11月2日，中国军队被迫放弃忻口南撤。

11月7日，日军占领太原。

太原失陷后，在华北，以国民党为主体的正规防御战争已基本结束，进入了以中国共产党为主体的游击战争阶段。八路军各部队深入到敌后方，分兵发动群众，扩大抗日武装，开展广泛的游击战争，并相继建立了晋察冀、晋西北和晋东南等抗日根据地，坚持华北和全国抗战。

1937年9月5日，毛泽东指示刘少奇（时任中共北方局书记）、杨尚昆等："整个华北工作，应以游击战争为惟一方面。"据此，中共中央北方局发出"共产党员脱下长衫到游击队去"的号召。

9月17日，毛泽东指示八路军：①我二方面军应集结于太原以北之忻县待命，准备在取得阎之同意后，转入晋西北管涔山等地区活动；②我四方面军于适当时机进入吕梁山脉活动；③我一方面军则以自觉的被动姿

---

①据三四三旅的六八五团（两个主攻团之一）的《平型关战斗详报》称：本团"人员伤亡206人，计：阵亡53人，其中指导员15人，政工干部1人，战士37人；伤153人"。

势，即时进入恒山山脉南段活动，如敌南进，而友军又未能将其击退，则准备以情况逐渐南移，展开于晋南之太行、太岳两山脉中。

9 月 21 日，毛泽东给彭德怀的电报说：今日红军在决战问题上不起任何决定作用，这就是真正独立自主的山地游击战（不是运动战）；要实行这样的方针，就要从战略上配合有力部队处于敌之侧翼，就要以创造根据地发动群众为主，就要分散兵力而不是以集中打仗为主；集中打仗则不能做群众工作，做群众工作则不能集中打仗，二者不能并举；只有分散做群众工作，才是决定制胜敌人、援助友军的独一无二的办法。

9 月 28 日，八路军一二〇师派出宋时轮支队到大同、怀仁、右玉、平鲁之间活动。同时抽调 1000 多人组成若干工作团到岚县、临县、崞县、宁武、神池、五寨等晋西北各县发动群众的抗日斗争。

10 月中旬，一二九师主力开抵阳泉、平定，同时以随营学校为骨干组成若干工作团，活动于以太行山为中心的辽县、昔阳、和顺、榆次、平定等地。并派出部分兵力，组成挺进支队向冀南进军。1938 年 1 月中旬，三八六旅副旅长陈再道率东进纵队越过平汉线，进入冀南地区。2 月 8 日，进驻南宫城，并联合附近十几个县的中共党组织成立了军政委员会。

1937 年 10 月 25 日，毛泽东为八路军第一二九师第七七一团被日军袭击事，致电八路军各级负责人："小胜之后，必生骄气，轻视敌人，以为自己了不得。七七一团七亘村受袭击，是这种胜利冲昏头脑的结果。你们宜发通令于全军，一直传达到连队战士，说明对日本帝国主义的战争，是一个艰苦奋战的长过程。凡那种自称天下第一、骄气洋溢、目无余子的干部，须以深切的话告诉他们，必须把勇敢精神与谨慎精神联系起来，反对军队中的片面观点与机械主义。"①

一一五师副师长聂荣臻率 1 个独立团、1 个骑兵营、师教导队的两个小队、随营学校及八路军总部特务团的部分人员、一二〇师派遣的工作团等部约 3000 人，在平型关战斗后，以五台山为依托，发动群众，创建了晋察冀抗日根据地。1937 年 11 月 7 日，成立了晋察冀军区。

1938 年 4 月 9 日，日寇出动 3 万余人，分由博爱、邯郸、邢台、石家庄、阳泉、榆次、太谷、沁县、长治向晋东南之辽县、榆社、武乡、襄垣等地进行 9 路围攻，烧杀奸淫，无恶不作。根据地两万余户房屋被烧，群众被杀近万人。八路军一面组织群众坚壁清野，一面以小部队牵制袭扰敌人，主力转到外线，寻机歼敌。4 月 16 日，八路军与敌激战长

①《毛泽东年谱（1893—1949）》中卷，人民出版社、中央文献出版社，1993 年 12 月第 1 版，第 33～34 页。

乐村，毙伤敌2200余人，相继收复了武乡、榆社、和顺、沁县、沁源等县城。经过16天、数十次的大小战斗，共毙伤敌4000余人，粉碎了敌9路围攻。

七 全国抗日

1937年8月13日，日军在上海挑起战火。14日，中国守军展开全面反击，中国空军亦参战，击伤日本第三舰队旗舰“昆云号”，并在杭州上空击落日机3架。第九集团军总司令张治中率领曾参加过一二八抗战的第八十七、八十九师在杨树浦至闸北、虹口公园一带，向日军海军陆战队展开全面反击。15日，日军开始败退。16日，日军退守驻虹口海军陆战队司令部，凭借着坚固的钢筋水泥工事顽抗，并得到舰队炮火的有力支援，使装备处于劣势的中国军队受阻。19日，中国宋希濂的第三十六师投入战斗，一度攻占江山码头。21日，三十六师第二一五团二营冲入华德路，与日军展开肉搏战。日军利用战车堵塞路口，放火焚烧房屋，致使中国二营390余名官兵全部壮烈牺牲。

8月15日，日本以第三、十一师团组编上海派遣军。8月23日零时，第十一师团在吴淞北面的川沙镇登陆，同日3时，日军第三师团在吴淞登陆。中国除调集张治中的第九集团军，还有陈诚的第十五集团军，薛岳的第十九集团军参战。自23日，日军第十一师团在海军舰队炮火的支援下向罗店、月浦猛扑。在整4周的激战中，中国军队经常整连、整营的官兵牺牲于日军的炮火之下，仍前仆后继，坚守阵地。

8月30日，中国第三战区制定反击作战计划，集中兵力向日军展开全面反攻。8月31日，日本上海派遣军司令官松井石根参谋部紧急呼吁，要求迅速派遣5个师团以上兵力增援。9月2日，日军第二支援兵投入战斗。9月5日，日军集中30余艘军舰，掩护陆军向宝山发动猛烈进攻，中国守军第十八军五八三团三营500名官兵在营长姚子青的率领下击退了日军一次又一次的进攻，后来日军用大炮炸毁城墙，攻入宝山城内时，三营官兵同日军巷战两昼夜，全部壮烈牺牲。

9月7日，日本参谋本部下令华北方面军抽调10个大队以上兵力增援上海。9月14日，由台湾守备队改编的重藤支队在川沙附近登陆，投入战斗。9月下旬，日军第十三、九、一〇一师团相继在上海—吴淞口之间登陆。

中国第三战区决定将上海守军编为左、中、右三军，由陈诚任左翼总司令，指挥第十五、十九集团军；朱绍良任中央军总司令，指挥第九集团军和第十七集团军；张发奎为右翼军总司令，指挥第八、十集团军。坚守上海北站、江湾、庙行、罗店、江草墩一线。

9月30日，日军再次发动全面攻击。在以大场镇、蕴藻浜两岸激烈的拉锯战中，中国守军重创日军。

10月11日，日本参谋本部决定华北方面军抽调3个师团的兵力，随时听候调动。同时增派第十军在上海南面的杭州湾登陆，参加上海作战。

10月22日，日军在海空军的掩护下，发动新的攻势，中国军队被迫退守大场。10月25日，日军攻陷大场，中国军队退守苏州河南岸。

10月26日，日军强渡苏州河。中国军队坚守苏州河防线，激战到11月初。

11月5日，日军第十军在上海南面的杭州湾金山卫进行登陆作战，继而向松江推进。上海守军受到日军东、南、北三面夹击，处境危险。

11月7日，日本成立华中方面军，由松井石根大将任司令官统一指挥上海派遣军和第十军，作战区域为苏州、嘉兴一线，在日军南北夹击下，中国守军全线溃退。

11月9日，日寇占领松江，12日占领上海，15日攻陷昆山、嘉定，19日陷苏州、嘉兴。从华北调来的日军第十六师团攻占常熟。

淞沪会战，历时3个多月，日军共投入9个师团以上的陆军兵力和2个海军舰队（日本国内仅剩下近卫师团和第七师团），死伤达4万余人。中国方面亦先后出动了73个师的兵力，占全国总兵力180个师的1/3强。

11月24日，日军制定新的作战计划：在华北，巩固河北、山西、察哈尔占领区，同时准备进行山东作战；在华中，利用上海作战成果，不失时机地果断地向南京追击；在华南，利用海空军切断港九、粤汉线，再用1个师的兵力夺取华南部分空军基地。

日本华中方面军从11月下旬开始，分南北两路向南京推进。北路：日军11月25日攻战无锡，29日占领常州，12月2日攻陷江阴、丹阳和金坛；南路：日军11月24日攻占湖州，25日占领长兴，28日攻陷宜兴，30日攻陷广德。11月底，南北两路日军逼近南京。

12月1日，日军部署南京作战。南北两路日军计6个多师团同时向南京进逼：第三师团越过长江，夺取浦口，从北面切断中国军队的退路；第十八师团夺取芜湖，从南面切断中国军队的退路；以第六、九、十六、一一四师团进攻南京。

1937 年 11 月 20 日，中国国民党政府宣布迁都重庆。同日委任唐生智为南京卫戍司令长官，留守兵力 11 万人。唐生智在南京外围沿龙潭、汤山镇、淳化镇、牛首山一线设置了第一道防线；沿下关、紫金山、光华门、中华门、雨花台一线设置了第二道防线。

12 月 3 日，6 个师团日军一起向南京推进。8 日，突破了南京外围阵地。

12 月 10 日，日军攻击第二道防线阵地。中国守军全力反击，日军第九师团于当日下午两次突破光华门，均被中国军队逐出城外。11 日，中国守军利用城防工事击退了日军一次又一次的进攻。12 月 12 日，日军集 2 个师团优势兵力进攻雨花台，中午，雨花台陷落，继而中华门失陷。同日，紫金山失陷。

12 日下午 5 时，唐生智下令全军向芜湖、广德地区突围。中国军队涌向下关，打算渡江向北突围。由于组织不力，指挥失当，加之船只缺乏，各部队争相逃命，秩序混乱，只有少数军队突围成功，在日军飞机、机枪的扫射下大部分死在下关。

12 月 13 日，日军占领南京。

日军占领上海，使近 2000 家工厂，约 10 万个商店毁于战火；“东方威尼斯”苏州从 35 万人减少到仅有 500 人；松江县城化为一片焦土，10 万居民只剩下 5 名老人。

日军占领南京前后，12 月 12 日下午，在紫金山将 3000 名难民全部活埋，在雨花台搜杀伤兵、散兵和难民达 2 万人；

13 日，日军在燕子矶架起重机枪，对正渡江的 4 万余名中国军民进行疯狂扫射，浮尸蔽江，血水东流；

7000 多名中国难民和被解除武装的军人被押至西门外活活烧死；

16 日，日军将集结在华侨招待所的难民 5000 余人押解到中山码头，用机枪扫射，然后弃尸江中，仅有 2 人在负伤后得以幸免；

18 日，日军将拘留在草府山的难民男女老幼 57000 余人用钢丝捆扎驱赶到下关草鞋峡，用二三十挺机关枪扫射 3 个小时，然后浇上煤油点火焚烧。

1937 年 12 月，日本《东京日日新闻》在《紫金山下》的通讯中写道：“向井（敏明）少尉与野田（岩）少尉，举行杀人比赛，谁先杀死 100 名中国人就算赢得锦标。在他俩碰头的时候，向井已杀了 106 人，野田已杀了105人，两人拿着砍缺了的军刀相对大笑……”

12月15日，侵华日军一个上等兵（属都城二十三团）在日记中写道：“今天，碰到大约2000名无路可逃的中国佬打着旗排成长串投降。老幼掺杂，服装不一，没有携带任何武器，沿道绵延而跪，简直成了天下之奇观，（我们）好像没有采取任何处理措施就用各种不同的方式把他们杀了。近来，（我们）闲得无聊时，就拿杀中国人取乐。把无辜的支那人抓来，或活埋，或推入火中再用木片打死，或采用残酷手段加以杀害。”12月21日，这个日军又记叙道：“今天（我们）又把无辜的中国人推倒、猛打，至半死状态时，又把他们推到壕沟，从头上点火，把他们折磨死。为了消遣解闷，大家都这样取乐，这要是在内地，将会造成大事件，（但在这里）简直如同杀狗宰猫。”①

据不完全统计，日军在占领南京1个月内，强奸事件达2万余起，其中1/3是白天发生的，上至70左右的老妇，下到10岁左右的幼女，无一幸免，被奸淫的妇女，又大都被日军杀害。

据统计，死于日军大屠杀的南京市民和被解除武装的士兵、军警，为30万~40万人。

日军占领上海、南京后，为打通南北战场的联系，进一步控制中原和华中，日军统帅部决定继续分南北两路沿津浦线进攻：以华北方面军一部进攻徐州附近的中国军队，占领战略要地徐州和兰（考）（开）封以东、陇海线以北地区；华中派遣军一部协助进攻在徐州的中国军队，并占领徐州以南之津浦线及合肥地区。

担任津浦路和徐州一带守备的中国军队为李宗仁指挥的第五战区②部队。1938年年初，蒋介石又调集汤恩伯、孙连仲等部向徐州增援，使这里的国民党军队达到60万人以上。

徐州当苏皖豫鲁四省之要冲，为津浦、陇海南北两大交通主动脉之交汇点，北窥冀鲁，南瞰苏皖，在战略上具有重要地位。

1937年12月18日，日本参谋本部命令第二军渡过黄河，进行山东作战。12月23日晚3时，日军第十师团和本川旅团强渡黄河，国民党第三

①《光明日报》1984年8月7日第4版载：本报驻东京记者蒋道鼎报道，8月4日（1984年）在日本宫崎县臼杵郡北乡村一农家发现了侵华日军一个上等兵的日记本。《朝日新闻》于8月4日报道了日记本中的这部分内容。

②第五战区驻徐州，战区辖山东全省及苏北、皖北地区。

集团军司令、山东省主席韩复榘不战自溃，擅自放弃济南，[①] 12 月 26 日，日军攻占济南。1938 年 1 月 1 日，日军攻陷肥城、泰安，1 月 4 日攻占兖州、曲阜，1 月 11 日占领济宁，使津浦路正面门户洞开。1 月 14 日，日军第五师团占领潍坊，同日，日军海军攻占青岛。

1938 年 3 月中旬，敌第五师团一部向临沂、第十师团一部向藤县等地进攻，企图会师台儿庄，消灭运河以北的中国军队主力。进攻临沂之敌，因受到当地守军张自忠、庞炳勋部的猛烈抵抗，进展困难，被迫退回莒县。藤县守军同敌激战 3 个昼夜，给敌人以重大杀伤，第一二二师师长王铭章率 3000 名官兵大部分壮烈殉国。

台儿庄是山东省南部靠近津浦、陇海两条铁路交叉点的一个小镇，城西南临京杭大运河，为鲁南进入苏北的交通要道，在战略上是徐州的一个重要屏障。台儿庄原属峄县，有砖砌城墙，城门有 6 个：北门、西北门、西门、南门、东南门、东门。城墙四周有许多大小碉堡作为防御工事，城内西北角有个文昌阁，为城内的制高点。镇内原有居民三四千户，日军迫近台儿庄时，居民多已被疏散。

3 月 23 日，日军冒险进攻，孤军深入至台儿庄附近。第五战区命令孙连仲赴台儿庄方面指挥。3 月 27 日，日军占领城寨的东北角，遭到守军的顽强抵抗，双方展开了激烈的巷战。守军第三十一师（师长池峰城）4 个团 8000 人死伤已近 3000 人，剩余部队缩编为 3 个团 7 个营。城外第三十师及独立四十四旅在左翼，二十七师在右翼，不断向三里庄和刘家湖发动攻击，以牵制日军对台儿庄城的攻击。

同日，日军调动主力会合台儿庄派遣队发动更大的攻击。当地守军与敌殊死拼搏，坚守阵地 10 余日，汤恩伯部受命向台儿庄以北进发，迂回包围敌人。

4 月初，敌第十师团因陷我重围，撤退不及，被歼大半。第五师团一部受命援救第十师团，但因受到中国军队阻截，苦战数日，进展困难，亦受严重损失。4 月 7 日，敌第十师团残部万余人向峄县退去。

战后的台儿庄几乎成为一片焦土，敌机动车辆被击毁，日军伤亡 1 万余人，敌之尸体及自焚骨灰甚多。

台儿庄大捷后，蒋介石受到鼓舞，决定“扩大台儿庄战果”，遂将精锐部队调往徐州，准备同日军作战。这时，由李宗任指挥的第五战区军队

---

①1938 年 1 月韩复榘以失地误国罪被蒋介石处死。

达40余万人。李宗仁将第五战区军队编为5个兵团，以徐州为中心，分别阻击日军：由3个军组成淮南兵团，李品仙任司令；4个军组成淮北兵团，廖磊任司令；9个军组成鲁南兵团，孙连仲任司令；3个军组成陇海兵团，汤恩伯任司令；2个军组成苏北兵团，韩德勤任司令。

5月12日，日本华北方面军第十四师团从濮县渡过黄河，向陇海线推进，15日攻克曹县，16日到达内黄附近，炸毁了铁路，切断了陇海线；日军第十六师团从山东济宁出发，14日攻占金乡，18日进抵离徐州22公里处，准备从西北面进攻徐州；5月15日夜，日军第十师团从山东韩城出发，渡过微山湖，16日到达沛县，19日推进至徐州以北6公里处；日军第五师团于5月15日渡过大运河，向宿县推进，准备从东面进攻徐州；5月9日，日本派遣军十三师团攻占安徽蒙城，13日到达徐州西南的永城；5月10日，日军第九师团推进到安徽板桥一带，13日攻占百善；5月6日，日军第十师团在蚌埠、怀远集结，15日推进到大营集，与第九师团平行向徐州南面推进。

面对日军的包围，中国军队进行了顽强阻击。5月13日~14日，在鲁南菏泽战斗中第二十三师师长李必蕃率部进行英勇抵抗，多次击退日军进攻，14日，日军攻入城内，李必蕃同日军展开肉搏战，身负重伤，壮烈牺牲；在鲁南，从4月中旬到5月中旬，中国军队阻击日军第五、十师团达1个月之久；在皖北，5月9日，日军进攻蒙城时，中国军队第一七三师副师长周元率官兵拼死抵抗，日军在飞机、大炮掩护下攻入城内，周元和2000名官兵全部壮烈牺牲。尽管中国军队进行了顽强抵抗，但由于日军拥有战车、飞机、大炮等重型武器，装备呈明显优势，徐州地处平原，无险可守。为保存有生力量，避免全军覆没，中国军事当局下令第五战区自5月15日起，将数十万军队化整为零，分5路向豫皖地区突围。

5月19日，日寇占领徐州。

敌实行追击作战。为阻止日军进占郑州，国民党军事当局决定于6月9日上午在郑州以北的花园口决堤放水。致使黄河南泛，豫、皖、苏三省40余县，700多万亩平原耕地被淹没，90万人死亡，600多万人民挣扎在泽国汪洋之中，并造成了连年灾荒的黄泛区。

台儿庄大捷后，“速胜论”在国民党统治区迅速抬头；徐州失陷后，“速胜论”销声匿迹，“亡国论”又迅速泛起。两种论调在全国军民中造成思想上的混乱。

1938年5月26日~6月3日，毛泽东在延安抗日战争研究会上作《论持久战》的演讲。毛泽东说：“中日战争不是任何别的战争，乃是半殖民地半封建的中国和帝国主义的日本之间在20世纪30年代进行的一个决死的战争。”① 毛泽东说，这次战争，中日双方具有以下四个特点：①日本是帝国主义强国，中国是半殖民地半封建的弱国，这是中国抗战不能速胜的基本依据；②日本进行的战争是退步的、野蛮的，中国进行的战争是进步的、正义的；③日本是小国，地小、物少、人少、兵少，中国是大国，地大、物博、人多、兵多；④在国际上，日本失道寡助，中国得道多助。根据以上分析，毛泽东得出结论：中国既不会亡国，也不会速胜；抗日战争是持久的，而最后胜利则属于中国。

毛泽东预见抗日战争将出现三个阶段：①敌之战略进攻，我之准备阶段；②敌之战略保守，我之准备反攻阶段；③我之战略反攻，敌之战略退却阶段。他强调指出：要取得抗战胜利，必须把游击战争提到战略高度，广泛开展人民战争。

徐州战役后，中德关系急剧恶化。自九一八事变爆发到南京失陷后，德国一直是支持国民党政府的。到1938年春，由于德国急欲加强同日本的关系，企图利用日本牵制苏联和美英等国，于是在中国问题上，德国对日本作了重大让步：1938年2月20日，希特勒宣布承认伪满洲国；4月，宣布对中国禁运军火；5月，德外交部下令召回德国驻华军事代表团。

6月9日，蒋介石发表声明，宣称当前战局的重点不是在于一个城市、一个地区的防御成功与否，今后作战要在山岳地带进行，此言意味着要放弃武汉。

同日，蒋介石下令在武汉的政府机关、中央党部、各个大学等向重庆、昆明转移（到8月，只有军事委员会留在武汉，其余政府机关均全部迁走）。

1938年6月，国民党中央监委会召开第十四次常委会，通过了恢复毛泽东、周恩来、林伯渠、吴玉章、董必武、叶剑英等26人的国民党党籍的决定。中共表示接受这一决定。

7月6日~15日，国民党参政会第一届第一次大会在汉口举行，汪精卫任议长。参政员共有260人，中共方面7个名额：毛泽东、陈绍禹、秦邦宪、林祖涵、吴玉章、董必武、邓颖超。会议经过激烈斗争，确定了“誓死保卫武汉”等方针。

8月22日，日本大本营下达《大陆令第188号》命令：华中派遣军同

---

①《毛泽东选集》第二卷，人民出版社，1991年6月版，第447页。

海军配合，攻占汉口附近地区；华北方面军努力牵制敌人，策应华中派遣军作战。

日本陆军总兵力为34个师团（包括日本本土的2个师团）。为进行武汉作战，在华中集中了14个师团的兵力，直接参加作战的有：第二军，司令长官为东久迩宫稔彦王中将，辖第三、十、十三、十六师团；第十一军，由冈村宁次中将为司令官，辖第六、九、二十七、一〇一、一〇六师团，另有海军第二舰队、航空兵团等。

日第十一军在江西庐山集结，沿长江南岸向武汉推进，从东南两面包围武汉，进行主攻作战；第二军在安徽合肥集结，沿大别山麓向武汉推进，从北面包围武汉，进行配合作战。

地处中原的武汉三镇，为纵贯南北的平汉、粤汉线和横贯东西的长江的交通枢纽，素称九省通衢，具有极重要的战略地位。自南京保卫战开始，国民党政府军事委员会就迁到武汉。参加武汉保卫战的中国军队开始共5个集团军（30个师）、100余架飞机和40艘舰艇，以后陆续增加到14个集团军（129个师），约110万人，苏联援华志愿飞行大队亦参加了这次会战。

10月26日，日军占领汉口；同日，占领武昌。27日，攻占汉阳。

武汉会战历时4个月，在中国军队的抗击下，日军死伤近4万人。

中日战争全面爆发以后，日本封锁了中国东海岸，以广州为中心的华南沿海，便成了中国从海外输入物资的主要地区。国民党政府认为碍于香港英国人的利益，日本人不敢贸然进攻广州，因此没有把广州作为主要的防御阵地。1938年10月9日，日军第二十一军主力舰队从澎湖出发，于11日晚到达广东大亚湾，中国守军毫无察觉。10月12日凌晨，日军在大亚湾一带登陆，15日攻陷惠州，22日日军控制广州。

武汉失守后，国民党政府的部分机关由武汉撤退到长沙。日军沿平汉路南下，主力攻入湖南北部。蒋介石以为日寇必夺取长沙，在长沙召开的一次军事会议上，蒋介石决定：如果日军进攻长沙，则将市内一切重要设施纵火焚毁，然后撤退。为此，长沙警备司令部专门成立放火组。命令规定：见市内起火便是信号。1938年11月12日上午，蒋介石电令湖南省主席张治中“长沙如失陷，务将全城焚毁，望事前妥密准备”。

1938年11月12日晚，市内一伤兵医院失火，士兵误认为是信号，便一齐放火。因政府当局事前未向市民预告，更没有采取任何疏散措施，一夜之间，大火吞没全城。绝大部分房屋被焚，居民被烧死2万余人。至14

日大火才熄灭。

长沙大火，引起中外谴责。11 月 16 日，蒋介石从武汉逃到长沙，他视察火灾状况，只见全市一片瓦砾。他要举行茶会招待外侨，向外国人表达遗憾之意，竟连茶叶也买不到。为平息民愤，蒋介石只得组织临时军事法庭，判处警备司令酆悌（系黄埔一期生，蒋的亲信，曾任蒋的侍从室第二组组长）、警备二团团长徐昆、湖南省警察局长文重孚 3 人死刑，张治中被改职留任。

但是，日寇此时已无兵力继续内侵，在占领湖南北部的岳阳后，就停止了进攻。日本人不进攻长沙，蒋介石本想把统帅部迁回长沙，长沙如今已付之一炬，蒋介石只好于12月初来到战时首都——重庆。

八　新四军

陈毅是 1934 年 8 月 28 日在第五次反“围剿”的兴国战役中因坐骨中弹受伤一直住在医院里。他的坐骨碎片，如不开刀取出，伤就难以治好。医院里虽然有 X 光机，却因没有电，照不成片子就开不了刀，住院已 1 个多月，问题还解决不了。

10 月 9 日，中央军委副主席周恩来到医院探望陈毅。告诉他，红军主力就要走了。中央决定让项英和他还有另外一些同志，留下来坚持斗争。留下陈毅是因为能打仗，懂得军事，可以帮助项英；同时考虑到陈毅伤势未愈，不能远征。这时，他才发现陈毅的伤还未根治。周恩来立即派人把电台的一架发电机抬到医院里，把那架已经装好准备随军长征的 X 光机重新解开，马上发电，拍了片，看清了碎骨部位，当场给陈毅做了手术。在探望中，周恩来给陈毅讲了中央的决定：

中央苏区设立党的中央分局和中华苏维埃共和国中央政府办事处、中央军区。由项英担任中央分局书记兼中央军区政委和司令员，陈毅担任中央办事处主任。

留下的红军计有：中央苏区直接指挥的第二十四师和独立三、七、十一团；江西军区的一、二、三、四团；赣南军区的六团；闽西军区的 3 个团，加上各县独立营，共有武装力量约 3 万人。主力和基干部队集结在瑞金、会昌、于都、宁都 4 个县城之间的“三角地区”。

初期，由于项英没有认识到中央红军的被迫退出江西根据地是错误的军事路线和其他错误政策的结果，因而不能清醒地估计当时江西根据地所处的政治情势。他不愿承认反革命力量的暂时强大，也不愿承认革命低潮的到来，始终估计革命处于高潮，把希望寄托在中央红军的湘西或湘贵边大捷上。因此，江西根据地在中央红军退出3个半月以后，面对敌人的堡垒主义和“清剿”政策，没有采纳陈毅提出的“分散武装力量，开展游击战争”的正确主张，而一味地集中兵力与敌人死打硬拼。

10月26日，敌人侵占宁都。

11月10日，敌人侵占瑞金。

11月17日，敌人侵占于都。

11月23日，敌人侵占会昌。

卷土重来的豪绅地主、流氓恶棍，组织了“还乡团”、“铲共团”、“暗杀团”，采取活埋、挖心、解肢、碎割等惨绝人寰的手段，将中央苏区共产党员和革命群众杀害有几十万人之多。

1935年2月，中央分局、中央办事处、中央军区以及赣南省的机关和部队，被敌人围困在狭小的于南上坪地区。

在这生死关头，决定分9路突围。

3月9日，中央分局在和党中央取得最后一次联系后（可惜因密码换了，中央回电内容翻译不出来），埋掉电台，烧毁密码。领导机关决定突围到以油山为中心的赣粤边去。因为那里的敌人虽强，但群众基础也很好。

在突围中，贺昌、阮啸仙等人英勇牺牲，刘伯坚等被捕。国民党把刘伯坚解往粤军第一军所在地大余县，粤军第一军军长余汉谋将刘伯坚“游街示众”，在荷枪实弹的军警押送下，刘伯坚拖着沉重的脚镣，气宇轩昂地走过大街。当天夜里，他在狱中写下了气吞山河的《带镣行》。3月21日，刘伯坚在大余金莲山英勇就义，时年40岁。

项英、陈毅突围到了赣粤边的油山地区。他们先后在赣粤边开辟了5个游击区。他们坚持了3年残酷的游击战争，蔡会文、曾彪、曾纪才、李乐天等先后牺牲。

“西安事变”以后，蒋介石实施“北和南剿”的方针，调集了大批国民党军队对南方各省游击队进行了疯狂的进攻，扬言要在3个月内消灭南方各省的红军游击队。

1937年卢沟桥事变以后，项英、陈毅通过同情者的手，得到了一些香港出版的新文化书刊。在一本叫《新学社》的进步杂志里，有一篇介绍中国各党派的文章，文章引用了毛泽东在1937年5月3日在延安召开的中国共产党全国代表会议上的报告摘要，获得了中共曾致电国民党三中全会的4项条件和国民党三中全会向和平、民主、抗日的方向转变，开始接受抗日民族统一战线政策的信息。与党中央失去联系快3年了，得到党中央和毛泽东的指示决定，陈毅如获珍宝。

1937年7月22日，项英亲自起草了谈判条件，8月8日，中共赣粤边特委和赣粤边红军游击队，发表《停止内战，联合抗战》的宣言，要求国民党当局立即停止“围剿”游击区，让红军游击队开赴前线抗日。

9月8日，陈毅到大余县城与国民党县长彭育英谈判。

9月下旬，项英前往南昌同国民党江西省政府谈判。他到达南昌后，首先致电毛泽东，恢复了与党中央中断了3年之久的联系，汇报了南方游击区的情况，得到中共中央的指示和《国共合作宣言》、《告全党同志书》等重要文件。

同时，南方8省大部分游击队从报刊上了解到中共关于国共合作、建立抗日民族统一战线的政策，先后与各地国民党当局开始了实现停战、合作抗日的谈判。

南昌谈判达成协议后，项英以中共中央分局的名义，给南方游击队写信，传达党中央关于将游击队改为抗日救国武装的指示，通知各游击队按时集中，听候点编。同时，在南昌的月宫饭店设立“南方红军游击队总接洽处”。八路军总部派顾建业到赣州与项英、陈毅取得了联系。陈毅到南方其他游击区联系游击队集中整训和下山等事宜。杨尚昆等负责集中整训、扩大部队和准备物资，待命开赴抗日前线。

10月2日，国共两党谈判达成协议，将江西、福建、湖南、湖北、广东、浙江、安徽、河南等省红军游击队统一整编为抗日部队。这些部队改编为一个军。双方商定，请叶挺出任南方红军游击队改编的军事领导工作。

久享盛誉的北伐名将叶挺，在国共分裂后，参与领导过南昌起义和广州起义。广州起义失败后即隐居澳门、流亡海外。九一八事变后，叶挺回到澳门，经常关注着祖国的命运。1933年春，叶挺写信给在上海做党的地下工作的阳翰笙，寻找党的关系。1935年秋，党组织派张云逸前往澳门与叶挺取得正式联系。1937年抗战爆发后，叶挺这个“海外孤臣”深为民族的存亡忧虑，急切想回到祖国的怀抱。当获知要他出任南方红军游击队整编为抗日队伍后的领导工作时，他欣然表示愿意接受中共的抗日主张和政治领导，并且提议南方游击队改编后的番号叫“新四军”。

1937年10月12日，国民党南京政府正式颁布了改编南方8省红军游击队为“国民革命军陆军新编第四军”的命令，任命叶挺为军长，项英为副军长，张云逸为参谋长，周子昆为副参谋长，袁国平为政治部主任，邓子恢为政治部副主任。命令并指示叶挺、项英迅速编组部队，向华中敌后进发。

为加强党的领导，中共中央又决定成立中共中央东南分局及中共中央革命军事委员会新四军分会，以项英为分局书记兼军分会书记，陈毅为军分会副书记。

叶挺出任新四军军长后，于11月下旬来到南京八路军办事处，会见了八路军参谋长叶剑英，商谈组建新四军事宜。同年年底，转赴延安，向党中央请示新四军的组建工作。在延安，毛泽东亲切会见叶挺，向他详细介绍和分析了国内外形势，解释了中共抗日民族统一战线的政策。毛泽东还陪同叶挺参观了抗大和党校。在党校举行的欢迎大会上，毛泽东致欢迎词说：“我们今天为什么欢迎叶挺军长呢？因为他是大革命时代的北伐名将；因为他愿意担任我们的新四军军长；因为他赞成我党的抗日民族统一战线的政策，所以我们欢迎他。”叶挺在会上表示“今后一定遵照党所指示的道路走，在党和毛主席的正确领导下，坚持抗战到底！”不久，叶挺从延安来到武汉新四军筹备处。

与此同时，项英在南昌谈判达成协议后，于1937年10月23日到达南京会见博古，11月7日到达陕北延安。12月9日，项英参加了党中央政治局会议，并在会上作了《三年来坚持的游击战争》的报告，详尽地阐述和总结了中央苏区坚持三年游击战争的情况和经验。

12月13日，党中央政治局作出了《对于南方游击区工作的决议》。① 决议指出：“政治局听了项英同志关于南方游击区的报告之后，认为项英同志及南方各游击区的同志在主力红军离开南方后，在极艰苦的条件下，长期坚持了英勇的游击战争，基本上正确地执行了党的路线，完成了党所给予他们的任务，以至能够保存各游击区在今天成为中国人民反日抗战的主要支点，使各游击队成为今天最好的抗日军队之一部。这是中国人民一个极可宝贵的胜利。”决议又指出：“项英同志及南方各游击区主要领导同志，以及在游击区长期艰苦斗争之各同志，他们的长期艰苦斗争精神与坚决解放中国人民的意志，是全党的模范。政治局号召全党同志来学习这些同志的模范。”决议还指出：“现在放在中国共产党面前的任务，是在扩大与巩固以国共两党的合作为基础的抗日民族统一战线，以战胜日寇。政治

---

①由刘少奇起草，参见《刘少奇年谱》上卷，第201页。

局相信南方过去各游击区的同志同样能够在中央及中央东南分局的领导下，完成争取中华民族的独立解放的神圣的任务。”会议决定，由项英、曾山、陈毅、方方、涂振农组成中共中央东南分局，项英为书记，领导新四军工作。

项英在延安接受了党中央有关改组南方红军游击队为新四军的指示，从延安到达武汉，同叶挺会商新四军的组建事宜。叶、项及其他一些重要干部一起，同各地红军游击队建立了联系，进行了改编的各项准备工作。为了壮大抗日力量，在保证党对军队绝对领导的前提下，他们四处奔走，在南昌、粤东、闽西、广州和香港等地，动员了一些愿意接受中共领导、愿意为抗战事业尽力的国民党军官、无党派军人、医务、文化工作者及其他知识分子，参加新四军的军事部门和技术部门的建设，广泛争取全国同情，扩大革命势力。经过一番艰苦具体的准备，新四军的组建筹备工作结束，从汉口搬到了南昌。叶挺、项英、陈毅、黄道等先后到达南昌，住在西大街民德路口的月宫饭店二楼，负责对外联络和办理新四军成立前的各项重要事宜。

坚持了三年游击战争的南方 8 省 14 个地区的红军游击队，除琼崖地区①和拒不下山的游击队外，13 个地区的红军游击队，根据中国共产党和国民党达成的协议，长江以南的红军集中于皖南歙县的岩寺，长江以北的红军在湖北黄安县的七里坪和河南确山县的竹沟等地集中，改编为新四军第一、二、三、四支队和军部特务营。这支部队虽然人数不多（近万人），装备很差（3000 余支枪，有的还是梭镖、大刀），但大部分是从三年游击战争中保存下来的战斗骨干。

南方 8 省 13 个游击区的红军游击队是：

张鼎丞、邓子恢、谭震林、方方等领导的闽西南游击队，约有 1200 人，500 多支枪；

叶飞领导的闽东游击队，有 920 余人，500 多支枪；

傅秋涛领导的湘鄂赣游击队，有 1100 人左右，350 支枪；

黄道领导的闽浙赣游击队，有 929 人，319 支枪，3 挺重机枪，3 挺轻机枪；

粟裕、刘英领导的浙南游击队，有 600 人，200 支枪；

钟得胜领导的闽赣游击队，有 300 人，150 支枪；

关英等领导的皖浙赣边游击队，有 398 人，75 支枪；

---

①冯白驹等领导的琼崖游击队，根据国共谈判协议，于 1938 年 12 月改编为琼崖抗日独立纵队。

谭余保领导的湘赣边游击队有 335 人，200 支枪；

项英、陈毅领导的赣粤边游击队和桂东游击队，有 450 人，215 支枪；

高敬亭、林维先领导的鄂豫皖游击队有 900 多人，500 余支枪；

周骏鸣领导的豫南桐柏山游击队有 600 人左右；

李林等领导的湘南游击队，有两部分 300 余人。

1938 年 1 月 6 日，新四军军部在南昌市设立，设立在高升巷原北洋军阀张勋“公馆”内。

全军统编为四个支队九个团，序列如下：

第一支队：司令员陈毅，副司令员傅秋涛，参谋长胡发坚，政治部主任刘炎。下辖第一、二团：第一团团长傅秋涛（兼），副团长江渭清，参谋长王怀生，政治部主任钟期光；第二团团长张正坤，副团长刘享喜，参谋长王必成，政治部主任肖国生。

第二支队：司令员张鼎丞，副司令员粟裕，参谋长罗忠毅，政治部主任王集成。下辖第三、四团：第三团团长黄火星，副团长邱金声，参谋长熊梦辉，政治部主任钟国楚；第四团团长卢胜，副团长叶道之，参谋长王胜，政治部主任缪海涛。

第三支队：司令员张云逸（兼），副司令员谭震林，参谋长赵凌波，政治部主任胡荣。下辖第五、六团：第五团团长饶守坤，副团长曾昭铭，参谋长桂蓬州，政治部主任刘文；第六团团长叶飞，副团长吴焜，参谋长黄元炎，政治部主任源英平。

第四支队：司令员高敬亭，参谋长林维先，政治部主任萧望东。下辖第七、八、九团：第七团团长曹玉福，副团长杨克志，参谋长林英坚，政治部主任胡继亭；第八团团长周骏鸣，副团长林凯，参谋长赵启民，政治部主任徐祥茅；第九团团长顾士多，副团长高志荣，参谋长唐少田，政治部主任郑重。

1938 年 2 月 20 日，新四军令江西、浙江、福建、湘南、广东各省游击部队，向岩寺集中（第一、二、三支队），江北鄂豫皖及鄂豫边游击队分别向合肥、舒城、无为地区集中（第四支队）。军部从 4 月 4 日离开南昌迁至皖南的岩寺。

根据国共双方达成的协议，新四军在南昌设立办事处，黄道任主任。中共在办事处内秘密设立中共中央东南分局，项英为书记，曾山为副书记兼组织部长，陈丕显为青年部长，陈少敏为妇女部长，温仰春为秘书长。

并在吉安、贵溪、瑞金、平江、修水、都昌、袁州、赣州、大余、池江等地相继成立新四军留守处或通讯处。

九　汪精卫

日本攻占武汉后，百万大军投入中国战场，国内仅剩下1个师团，军费耗资达100多亿日元，国内钢铁、原料、燃料等战略物资严重不足。

1938年11月3日，日本首相近卫发表第二次声明，宣称日本的目标是建立“日满华三国合作”的“东亚秩序”。声称：“如果国民政府抛弃以前的一贯政策，更换人事组织，取得新生的成果，参加新秩序的建设，我方并不予以拒绝。”改变了1938年1月第一次近卫声明提出的“不以国民政府为对手”的方针。①

国民党副总裁、国防最高会议副主席、国民参政会议长汪精卫派国民党外部亚洲司司长高宗武、前江宁县县长梅思平前往上海自11月12日开始与日本特务举行秘密会谈，11月20日签订向日本投降的“上海协议”（即《日华协议记录及〈谅解事项〉》）。12月18日，汪精卫、陈璧君（国民党中央监察委员会常务委员）、曾仲鸣（国民党中央委员、汪精卫随从秘书长）乘飞机到了昆明。云南省主席龙云为他们包租了一架欧亚航空公司的飞机。19日下午汪精卫、陈璧君、周佛海（1924年被中共开除后曾任国民党江苏省教育厅长、国民党中央执行委员、宣传部代部长、蒋介石侍从室第二副主任）、陶希圣（原北京大学教授）、曾仲鸣等人由昆明乘机于21日逃到河内。

12月22日，日本首相近卫发表第三次对华声明，公布了“善邻友好、共同防共和经济提携”三项招降条件。

12月29日，陈公博（国民党中央执行委员、四川省党部主任委员）、周佛海、陶希圣携带汪精卫响应近卫声明的《艳电》，经香港，通过国民党宣传部驻香港特派员、汪系《南华时报》社长林柏生，30日晚在香港发表，刊登于31日《南华日报》上。提出：“以上三条，兆铭经熟虑之后，以为国民党政府即以此为根据，与日本政府交换诚意，以期恢复和平。”

汪精卫发表《艳电》后，全国人民一致声讨。蒋介石始知事态严重，

①自1937年10月，日本通过德国驻中国大使奥斯特·陶德曼充当调停人，企图诱降国民党政府。蒋介石同意在秘密条件下进行谈判。后由于日本的条件极苛刻，蒋介石未敢答应。1938年1月16日，日本近卫内阁发表第一次对华声明：“帝国政府今后不以国民政府为对手，而期望真正与帝国合作的中国新政权的建立与发展，并将与此新政权调整两国邦交……”同时撤回驻华大使，断绝两国关系。

连忙召开临时常务会议讨论处置办法，1939 年 1 月 1 日，国民党政府决定“永远开除其党籍，并撤销其一切职务”。2 月中旬，蒋密派汪派中央委员谷正鼎，携带护照与巨款，劝汪去欧洲游历，不要再与日寇勾结，并表示汪的党籍与职务在适当时机仍可予以恢复。汪拒不接受。

蒋指使 10 名特务前往河内高朗街 27 号汪精卫的住所予以监视，3 月 21 日凌晨 2 时半左右派 6 名刺客进入汪精卫房内，因当晚曾仲鸣的妻子带着孩子从香港来到河内，汪精卫临时把自己的大房间让给曾夫妇，他搬到另一房间居住。刺客不知这一变化，砍破房门，集中向曾夫妇射击，曾妻方君璧受伤，曾仲鸣肋部被击中三弹，伤重毙命。

3 月 27 日，汪精卫发表《举一个例》，声言对日谋和是最高当局的一致主张，揭露了蒋介石的求和企图。蒋介石也进行回击。6 月 8 日后，国民党政府下令通缉汪精卫、周佛海、陈公博、陈璧君等。

汪精卫叛逃后，他估计可能参加他的“和平运动”的陈济棠、龙云、何键、张发奎等人没有附和，连一向被人视为汪派重要干部的陈树人、彭学沛、谷正纲、甘乃光等也未参加，就是汪派大将顾孟余也认为汪精卫做的是既害国家又毁灭自己的蠢事。这些人先后发表谈话和声明，表示支持抗战。

4 月 25 日晚，汪在日人的严密保护下，潜离河内，乘船前往上海，于 5 月 6 日抵达虹江码头。但迟至 8 日，才敢离船登岸，住进了日军严密守卫下的胡正臣公馆。

5 月 31 日，汪精卫偕周佛海、梅思平、高宗武、周隆痒（翻译）等，秘密前往日本。开始一直受到冷遇，直到 6 月 6 日，日首相、陆相、海相、外相、藏相会议统一了扶植汪精卫成立“中央政府”的认识，通过了《建立新中央政府方针》。6 月 18 日，汪等人回国。

7 月 9 日，汪精卫在上海发表《我对于中日关系之根本观念及前进目标》的谈话，宣布与蒋介石断绝关系。10 日在上海出版机关出版《中华日报》。

8 月 28 日，汪精卫在上海召开伪“国民党第六次代表大会”，成立了以汪精卫为主席的伪“国民党中央委员会”。

11 月 1 日 ~12 月 30 日，汪精卫在上海与日寇机关举行关于签订《日华新关系调整纲要》的谈判，最后，汪精卫在上面签字。

1940 年 1 月 4 日，高宗武、陶希圣因汪派内部之争由上海秘密到了香港，在香港《大公报》上公布了日汪密约的全部内容。

1940 年 1 月 23 日 ~26 日，汪精卫与伪“北平临时政府”头目王克敏、伪“南京维新政府”头目梁鸿志、伪“蒙疆联合政府”李守信，在青岛协商成立伪中央政府问题。

3月30日，汪精卫在南京宣布“还都”，发布“宣言”和“命令”。按日方计划成立伪“国民政府”：决定由汪精卫任代主席兼行政院院长，陈公博任立法院长，温宗尧任司法院长，梁鸿志任监察院长，王揖唐任考试院长，陈群任内务部长，褚民谊任外交部长，周佛海任财政部长，鲍文樾任代理军政部长等，还空出一些部长席位，以引诱蒋派人员入伙，国民政府主席一职，虚位以待，留位国民党政府主席林森。

汪精卫降日，引起了中国人民极大的民族义愤，使对抗战有动摇的蒋介石集团，也不敢重蹈汪派的覆辙，继续留在抗日阵营。从这个意义上说，日本对华诱降成功，甚至可以说是失败的。

汪精卫，1883年5月4日出生在广东省番禺县一个贫困潦倒的小吏家庭。他是这个家庭10个子女中最小的一个。幼读私塾，学应制文。1901年11月，报考广东大学堂，初试通过，复试时落榜。报考失利，但他的学习劲头不减分毫，两年后参加府试，高中秀才。由于家境清寒，又目睹帝国主义的侵凌、清政府的腐败，他对满洲贵族有所不满，但又受到传统君臣大义的思想束缚不敢流露。1904年9月，汪精卫考取官费，留学日本，他饱览了资产阶级的政治学说，以反满为核心的民族观念和民权思想相结合，汪精卫决心参加资产阶级革命，而把“君臣大义”抛到九霄云外。1905年，同盟会成立，他担任评议部部长。同年11月，《民报》创刊，他是主要撰稿人之一，先后发表了许多文章，笔锋犀利，颇有声誉。1906年至1908年间，他随同孙中山到南洋致力于筹设同盟会分会和募集款项，成效卓著，得到孙中山的器重。对1907年至1909年，革命党人多次举行的起义失败，汪精卫甚感失望。当1909年清廷宣布“预备立宪”以欺骗舆论，维护皇权时，汪精卫决心谋杀一清廷重臣，以事实表现党人之决心。1909年11月上旬，他不顾孙中山、胡汉民等人的劝阻，“决心牺牲，创为惊人之举”，与黄复生、喻培伦等人从香港来到北京进行暗杀活动。他们组织秘密机关设于琉璃厂火神庙夹道（太平桥），为避人耳目，设“守真”照相馆作为掩护。他们暗杀的对象是宣统皇帝的父亲、摄政王载沣（因溥仪年幼，摄政王实际主持一切政务）。摄政王府坐落在地安门外后鸦儿胡同附近。汪精卫等原拟将埋置炸药的地点定在鼓楼大街，后又改在烟袋斜街。最后确定在银锭桥。1910年3月30日夜，汪精卫和喻培伦、黄复生在桥下掘土，因犬吠四起而作罢。第二天晚上（清宣统二年二月二十一日），汪精卫和黄复生两人刚把炸药埋好，被人发现，引来了警察、宪兵，当场起走了炸药罐。清政府根据现场留下的“鸿太钢铁号”这一定做的装置炸弹的铁罐严加追查，逮捕了汪精卫、黄复生、罗世勋3人。汪精卫被捕后，自料必死，曾占一绝：“慷慨歌燕市，从容作楚囚。引刀成一快，不负少年头。”初审时，法部尚书绍昌裁决为“大逆不道，应立即处斩”，民政部大臣肃亲王耆善主持复审。汪精卫慷慨陈词，写下了长达数千言的供词，结语是：“中国之情势，非于根本上为解决，必无振起之望。及今图之，其犹未晚，斯则后死者之责也。”并且在狱中和黄复生都主动承担责任，力图为对方开脱，据说连耆善亦为之赞叹。当时，清廷政府危机四伏，担心处死这样的革命党人会激起事变。因此，耆善将汪精卫由死罪改为终身监禁。在汪精卫服刑期间，耆善施展了软政策，他指示为汪另辟房舍，裱糊一新，配置家具，赠送书籍，并多次与汪密谈。耆善广征博引，以探讨学理的礼贤下士风度，慑服了这个血气方刚的青年，这一攻心战术使汪精卫的思想发生了变化。①

1911年10月武昌起义后，清王朝惊恐万状，一面起用袁世凯赴湖北镇压革命，一面释放政治犯。11月6日，汪精卫作为政治犯被释放出狱。汪精卫一反激进的常态，成了清总理大臣袁世凯的座上客，并和袁世凯的长子袁克定结成了把兄弟。11月15日，汪精卫和杨度联合发起“国事共济会”，公然散布革命将被瓜分、生内乱的陈词，主张开国民会议议决国体（这些主张正是汪精卫5年前批判过的保皇滥调）。12月初，汪精卫又组织京津同盟会，并取得了领导权，他对于革命党人筹备武装起义，多方限制劝阻。同时他也是“拥袁倒清”的重要鼓吹者。南北和议中，汪精卫以南方政府和议参赞的身份，配合帝国主义分子、旧官僚、立宪党人散布总统非袁世凯莫属的论调，汪精卫说：“项城（袁世凯）雄视天下，物望所归，元首匪异人任”。孙中山就任南方政府临时大总统后，最初反对和议。汪精卫则反讥孙中山说：“你不赞成和议，难道是舍不得总统吗?”

1912年春天，汪精卫跟南洋富商家小姐、同他一起参与谋杀摄政王活动的陈璧君结婚。8月，他辞去一切政务，携带妻子经南洋到法国去学社会学和文学。对于后来孙中山领导的中华革命党的活动、护国战争、护法运动，他一概持冷漠态度。

1920年孙中山在广东开府。汪精卫从法国返回广州，次年任教育会长。在中国共产党和苏联的帮助下，1923年孙中山决定改组中国国民党。

---

①他后来回忆这段狱中生活时说：“救我命的是肃亲王，肃亲王为使我抛弃革命的决心，用尽种种方法……每当回忆这个时候的事，总想到这位清朝末期的政治家。”

当孙中山召集重要干部讨论三大政策时，汪精卫在公开场合表示积极拥护。但对于联共，特别是接纳共产党员参加国民党，则执意反对。但当孙中山确立了三大政策、革命形势迅速发展时，汪精卫又大力讴歌改组，使他获得了“左派”的称号，并被选为中央执行委员会委员，接着又充任宣传部长。

1924 年 11 月，汪精卫随孙中山北上讨论国事。次年 3 月孙中山在北京病逝时，汪精卫是遗嘱记录人。7 月，广东政府改组，汪精卫被推为国民政府常委会主席兼军委主席，俨然成了孙中山的继承者。后来，在廖仲恺被刺案、反对西山会议派和蒋介石的“中山舰”事变的态度中，汪精卫又保持着“左派”的姿态，得到了一些人的同情。

1927 年蒋介石发动四一二反革命政变后，汪精卫曾通电予以痛斥。但是随着当时在武汉的国民政府内外危机的增长，两湖地区的反革命将领先后制造武装叛变事件，使汪精卫感到在武汉坚持凶多吉少的时候，同年 6 月他开始纠集反动武装，7 月 15 日对中国共产党人实行了血腥的大屠杀，其凶残不亚于蒋介石。同时，他向国民党的反共先驱们引咎认错，把自己说成是“误解了总理的容共政策”。但是，在反共基础上形成的蒋、汪合流，并不能消除国民党内部的权力、派系纷争。汪精卫或利用联络各派反蒋势力与蒋抗衡，或与蒋取得暂时统一而握手言欢，但始终处于下风。

1932 年，国民党组成了蒋介石、汪精卫分掌军政大权的统一政府。汪精卫就任行政院长，他对内赞助蒋介石“全力剿共”，对外鼓吹“中日提携”。他的投降主张遭到中国人民的反对。1935 年 11 月，发生了“刺汪”事件，汪精卫身中 3 弹而受重伤。

“七七”事变后，汪精卫以国防最高会议副主席、国民党副总裁的身份，在公开场合高喊“人人抗战，处处抗战”、“我们要使每一个、每一块地都成为灰烬，不使敌人有一些得到手里”，暗地里，却大肆散布失败主义言论，主张妥协投降。

汪精卫投降日本后，竟厚颜无耻地自称是“曲线救国”。实则他卖国殃军，为虎作伥：1941 年 3 月他成立清乡委员会，自任委员长，在其统治区，分期分批实行“反共清乡”；他收编重庆国民党的投降部队、收买地痞流氓建立“和平救国军”和特务组织，搜捕、杀戮抗日爱国人士；他针对坚持敌后抗日的新四军、游击队和抗日群众，调动大批伪军配合日寇设置封锁圈，编定保甲，实行联保连坐；在经济上，他滥发纸币，圈占土地，强征战略物资，滥立苛捐杂税；在文化教育上，他倡导所谓“新国民运动”，实行奴化教育，并叫嚷“须从思想清乡着手”，企图消灭共产主义；他尾随日寇参加《国际反共协定》，对英美宣战，他伙同伪“满洲国”和东南亚投降日寇的伪政权，签订《大东亚共同宣言》，为日寇建立所谓“大东亚共荣圈”而摇旗呐喊。这些，使汪精卫成了中华民族的千古罪人。

随着战局的演变，汪精卫深感前途黯淡，他曾在一首送别诗里写道：“把酒长亭杯已空，行人车马各西东。枫林不共斜阳去，自向荒郊寂寞红。”

1943年冬天，汪精卫在过60岁生日时，为给他献的石膏像跌碎而号啕大哭。11月16日，汪精卫到上海约请商业统制总会和金融业界头头商谈挽救经济危局的方法。他特地在愚园路王伯群寓所宴请了唐寿民、周作民、吴震修、叶扶霄等金融界巨头。酒过三巡，汪精卫声泪俱下，越哭越伤心。他言说：吃了一辈子政治饭，最后却上了蒋介石的当，明明白白在重庆讲妥，由于日本人不以蒋介石政府为和谈对象，就由他汪精卫先出面跟日本讲和；不料汪刚在河内发表《艳电》，蒋介石就翻脸不认账，指责他汪精卫是汉奸，而蒋介石倒俨然成了抗日英雄，其实，蒋介石自1937年请希特勒调停起，从没有断过谈和。汪说过这席话，又哭之不已。

自1943年8月，8年前被孙凤鸣射进汪精卫体内的、未取出的那颗子弹引起他胸背疼痛。12月19日，汪精卫在南京日本陆军医院施行手术，取出了打进脊椎的子弹头，但时有寒热，并发了脊髓炎。1944年3月赴日治疗，11月10日病死在日本名古屋帝国大学附属医院。

死前1个月，他曾写“最后的心情”一文，其中说道：“铭盖自毁其人格，置40年为国家奋斗之历史于不顾！亦以此为历史所未有之非常时期。计非出此险局危策，不足以延国脉于一线。幸而有一隙可乘，而国土重光，辑抚流亡。艰难余生，有识者亦必以兆铭之腐心为可哀，尚暇责铭自谋之不当乎？”①

十　陈独秀与张国焘

苏联希望中国的抗日运动能拖住日本的后腿，以武装保卫苏联，且把抗战胜利的希望主要寄托在国民党方面。斯大林曾对苏联驻中国国民党的军事顾问崔可夫说：“中国抗战主要靠国民党，只有国民党正规军方能牢牢地捆住日本侵略者的手脚。只有在日本侵略者的手脚被捆住的时候，我

①楚任，《汪精卫——从志士到卖国贼》，中国人民大学复印报刊资料，载《中国现代史》，1982年第21期。

们才能在德国侵略者一旦进攻我国的时候避免两线作战。”1937 年 8 月，苏联政府和国民党政府签订了《中苏互不侵犯条约》，并准备缔结军事合作协定。苏联以军事物资和专家的形式向国民党政府提供援助，在新疆、甘肃等地相继建立了军事基地，苏联空军只供国民党政府调遣，苏联军事顾问、专家帮助国民党军队学会使用他们提供的武器。

但对中共领导的对延安分送的主要是急需的药物和医疗设备，以及政治读物。以至在延安出现了刻薄的讥讽：“武器给了资产阶级，书籍给了无产阶级。”斯大林希望中共做出根本让步，一切服从国民党的领导，赶快把人民抗日力量编入国民革命军，发展机械化军队，打阵地战、运动战，以便拖住日军。

中共驻共产国际代表团团长王明，深得斯大林的赞赏和重用，高升至共产国际执行委员会主席团成员、书记处书记，又担任共产国际的主要发言人兼东方部部长。1937 年 5 月，王明在共产国际的机关刊物上发表《救中国人民的关键》一文，要求中共服从需要，把武器力量统一到国民党军队中，说红军改编为国民革命军，不仅仅是改变红军的名称，而且要相当地改变红军的性质；将陕甘宁边区改为特区，“不仅仅是苏维埃政府为中华民国边区政府的名称，而且真正改变了苏维埃政权的性质。”王明以“中共领袖”的资格经常与国民党政府驻苏联军事代表张冲来往，了解国内政治形势的变化，争取国民党的同意，经过军援关系与康生一道回国。①回国之前，斯大林和他亲切谈话，支持他回国贯彻共产国际的指示和外交政策，要求他进一步和蒋介石搞好统一战线。

但是，在王明回国时，共产国际总书记季米特洛夫严肃地告诉他：“你是共产国际书记之一，但不要以共产国际书记身份出现，要尊重国内的同志，尤其是要尊重毛泽东同志”；“你回中国去要与中国同志关系弄好，你与国内同志不熟悉，就是他们要推你为总书记，你也不要担任”。②

1937 年 11 月 14 日，王明和康生，这两位中共驻共产国际的代表离开莫斯科，来到新疆，在那里受到了陈云的接待。在新疆，王明以托派分子的罪名，枪决了李特、黄超、俞秀松、周达文、董亦湘。11 月 29 日，王明、陈云、康生及共产国际的代表乘苏军飞机到达延安。中共中央领导张闻天、毛泽东、朱德等前往机场热烈欢迎。毛泽东以“饮水思源”为题致欢迎词：欢迎从昆仑山下来的“神仙”，欢迎我们敬爱的国际朋友，欢迎

①1937 年初，王稼祥到苏联治伤。伤愈后，接替王明担任了中共驻共产国际代表。

②王稼祥 1941 年 10 月 8 日下午在中央书记处工作会议上的发言，参见尹成《王明右倾投降主义与共产国际》一文，1989 年 1 月发表于《昆明师专学报》。

从苏联回来的同志们，你们回到延安来是一件大喜事，这就叫做“喜从天降”。

12 月 9 日 ~13 日，中共中央在延安举行政治局会议。张闻天致开幕词，王明在会上首先作了《如何继续全国抗战和争取抗战胜利呢?》的长篇报告。主要内容是：①中国共产党应完全接受苏联的基本政策，与积极抗战的国民党密切合作，给日本以长期有力的抵抗，这将使日本无力向苏联进攻；②国民党是为中国人民的民族生存而奋斗的最大政党，中共应抛弃已往的仇恨，彼此互谅、互让、互助，“一切经过统一战线，一切服从统一战线”，“没有力量空喊无产阶级领导是不行的……国共共同负责，共同领导”，王明援引斯大林的话说：“中共现在需要游泳过一个很宽的海，不能有旁的选择，只能凭你们自己的努力，你们是否会中途溺毙，那是我们所担心的”；③必须统一政权，依靠国民党领袖蒋先生的救国运动，“相信国民党军队的战斗力量和光明前途……蒋先生的雄才大略足以领导抗战”，中共军队应统一在国民党军队的基础上，“服从蒋介石的军令、政令”；④点名批评了刘少奇的《抗日游击战争中的若干基本问题》，认为没有突出“抗日高于一切”这个中心，认为只能建立统一的国防政府，要用旧县政府、旧县长，不能提抗日人民政府。王明的这些主张，唬住了一些人，[①] 而在 10 年内战时期追随王明的许多同志又起来支持他，在中央内部占了多数。

12 月 11 日，毛泽东作长篇讲话，他对王明的“国际路线”，采取了具体分析的态度，既拒绝国际的某些错误指示，又没有批评共产国际。

为了保持同国际的团结，会议于 12 月 13 日一致通过了《中央政治局关于中共驻国际代表团工作报告的决议》，肯定了共产国际的领导和季米特洛夫的帮助，对中共驻共产国际代表团在抗日民族统一战线新政策的确定和发展方面作了高度的评价。会议通过了王明起草的《中共中央对时局的宣言》。三位新来者全部进了书记处，这样书记处就包括了 8 名成员：张闻天、毛泽东、周恩来、王稼祥、秦邦宪、王明、康生、陈云。

刘少奇从临汾到延安参加会议，会议后又回临汾。1938 年 3 月中旬回到延安，3 月 23 日毛泽东建议刘少奇留在中央指导华北工作。3 月 24 日，中共中央书记处作出关于北方局领导人员分工的决定：“为了适应目前特

①与会者张国焘写道：“王明像一位从莫斯科来的御使，拿着尚方宝剑，他讲话的口气就像御使传达皇帝命令一样。然而他毕竟还是一位没有经验的小伙子，有极大的野心但缺乏才能，喜欢不切实际的夸夸其谈，同时缺乏实现他理想的能力和技术。”

殊情况及各方面工作起见，书记处决定北方局负责人胡服暂时住延安，在中央指导下，仍旧担负华北党的领导工作，杨尚昆率北方局工作人员在吕梁山脉，就近与华北各地党部联络……彭真同志驻晋察冀以北方分局代表名义协同聂荣臻同志指导晋察冀平汉路东及平津党的工作。所有华北各地党与群众工作及地方武装情形除向杨尚昆同志报告外，须同时直接向胡服报告……”①

会议继续讨论其他问题，其中最重要的一项是拒绝和陈独秀恢复合作。

早在1928年7月，中共“六大”在莫斯科召开时，共产国际曾直接邀请陈独秀、蔡和森、罗章龙、张国焘、邓中夏等5人出席，陈独秀鼓励其他4人参加，而他则拒不参加。此后，以他为首，组成了中共反对派。他的观点与苏联托洛茨基不谋而合，于是他接受了托洛茨基的观点，并于1929年10月26日和彭述之联名致电中共中央，承认自己是中共的反对派。同年11月15日，中共中央政治局通过了《关于开除陈独秀党籍并批准江苏省委开除彭述之、汪泽楷、马玉夫、蔡振德4人决议案》。1931年5月，在中国托派组织的统一大会上，陈独秀当选为“中国共产党左派反对派”的中央总书记。1932年10月15日，蒋介石以“危害民国罪”逮捕了他。1933年4月，陈独秀受到国民党江苏省高等法院的公审，当国民党审判长问他：“何以要打倒国民政府”，他慷慨陈词地提出3条理由：①现在的国民党政治是刺刀政治；②军阀官僚只知道集中金钱，存放于帝国主义银行，人民则困苦到无饭吃；③全国人民主张抗日，政府则步步退让。1933年6月30日，国民党政府最高法院终审判决，判处陈独秀有期徒刑13年。1937年“七七”事变后，经胡适和天津南开大学校长张伯苓保释，8月23日陈独秀得以出狱。

8月25日，陈独秀获释后立即给《申报》报馆写信，他说：“我本无罪，悔悟失其对象；罗织冤狱，悔罪应属他人。……以诬蔑手段，摧毁他人人格，与自身不顾人格，在客观上均足以培养汉奸。”

陈独秀出狱后，抱着乐观的情绪，积极投身于抗日运动中，他在《准备战败后的对日抗战》一文中写道（1938年1月发表）：“我半生做的事业，似乎大半失败了，然而我并不承认失败；只有自己承认失败而屈服，这才是真正的最后失败，我对于此次抗日战争，也作如是观。”他在《我

①《刘少奇年谱》上卷，中央文献出版社，1996年9月第1版，第200~201、206、207~208页。

对于抗战的意见》(1938 年 2 月发表）中写道：“去年 9 月从南京到汉口舟中，我就拟定五个题目，打算写一本抗日意见的小册子，一在武昌住下，便开始动手写。”

陈独秀出狱后，受到社会的普遍关注。各种政治势力或集团，都向陈独秀伸出手，企图把陈独秀拉到自己一边：托派分子纷纷找上门来，要他出面把托派组织起来，他的回答是“各奔前程”，不予理睬，他一再明确表示要跟托派脱离关系，托洛茨基约他到美国会面，也被他拒绝了。

陈独秀的同乡和好友胡适拉他去美国，说美国有一家图书公司，请他去写自传，陈独秀说他生活简单，用不着去美国。

后来，胡适、张伯苓和周佛海等拉陈独秀进国防参议会，还说蒋介石答应给他 5 个名额，陈独秀拒绝了，说：“蒋介石杀了我许多同志，还杀了我两个儿子,[①] 我和他不共戴天。现在大敌当前，国共第二次合作，既然是国家需要他合作抗日，我不反对他就是了。”[②] 蒋介石打算让陈独秀出任国民党政府劳动部长，陈独秀不但拒绝，还斥蒋介石是“异想天开”；蒋介石又派亲信朱家骅去找陈独秀，请他另组一个“新共党”，并答应为陈独秀提供 10 万元经费，陈独秀不为所动，再次拒绝了蒋介石的要求。[③]

1937 年 9 月，陈独秀派他的代表罗汉到南京傅厚岗中共驻南京八路军办事处找中共代表团，要求恢复中共党籍，回到中共的领导下工作。中共代表团深知事关重大，不便自作主张，就给罗汉路费和介绍信，请他到西安七贤庄八路军西安办事处找林伯渠，以便直接给党中央联系。在罗汉走后，陈独秀急不可耐，多次托人说情，要求与中共代表团会见。当毛泽东、张闻天从林伯渠的电报中得知罗汉西安之行的意图后，马上回电指示林伯渠：“可以让罗汉来延安一谈。”但因天气的关系，罗汉没有去成。于是中共党中央同时分别向南京傅厚岗和西安七贤庄发去同样内容的电报，向陈独秀提出 3 个条件：①公开放弃并坚决反对托派全部理论与行动，并公开声明同托派组织脱离关系，承认自己过去加入托派之错误；②公开表示拥护我党抗日民族统一战线政策；③在实际行动中表现这种拥护的诚意。并指出，只有在 3 条实现之后才能谈到其他问题。

陈独秀原指望中央会无条件地恢复他的党籍，不声不响地让他回到党内。他根本不想承认和检查自己的错误，他声称：“我已经不是托派，所

---

①即革命烈士陈延年、陈乔年。

②包惠僧，《我所知道的陈独秀》，《党史研究资料》。

③后来张国焘从中共内叛逃后，企图再组织一个“共产党”，并拉陈独秀来顶这块牌子，陈独秀回答他：“我没有这个能耐！”

以没有发表声明脱离托派的必要；我们过去没有错误，所以也没有承认错误的必要。”

在1937年12月的中共中央政治局会议上讨论陈独秀问题时，王明坚决表示反对与陈独秀合作。他指出，中共和什么人都可以合作抗日，只有托派例外：在国际上可以和资产阶级的政客、军阀，甚至与反共刽子手合作，但不能和托洛茨基的信徒们合作；在中国可以与蒋介石及其属下的反共特务合作，但不能与陈独秀合作。王明用字典里最卑劣的名词，如“汉奸”、“托匪”、“杀人犯”等攻击托派，并诬指陈独秀是每月拿日本300元津贴的间谍。

会议上，有人说陈独秀与托洛茨基究竟有所不同；也有人提出，说陈独秀是日本间谍，究非事实。王明坚持说，斯大林正在雷厉风行地反托派，而我们却要联络托派，那还了得，斯大林知道了，后果是不堪设想的。他说，反对托派，不能有仁慈观念，陈独秀即使不是日本间谍，也应当说成是日本间谍。王明这些斩钉截铁的话，使大家默然。

王明进而主张加强对托派及其反党分子的斗争，他说：联共内部有大量的托派和反党分子，难道中共内部就太平无事吗？中共内部必然暗藏着许多托派和其他反党分子，只是我们两条战线的斗争不够彻底，没有发现出来罢了；因此，现在绝不是与陈独秀恢复合作，而是加紧反对托派；在抗战时期，必然有些叛党或离开党的分子，企图再混到党里来，我们绝不能宽容他们；现在党内有过反党行为和思想不纯正的同志们，党对这些人也不应轻易放过。

秉承王明的意旨，康生撰写了《铲除日寇侦探民族公敌的托洛茨基匪徒》一文，发表在1938年1月出版的《解放》周刊第一卷第二十九、三十期上，文章公开宣称：陈独秀等是领了日本侦探机关津贴的汉奸。“证据”是：早在1931年九一八事变时，上海的日本侦探机关通过唐有壬代表，与托派组织陈独秀等代表举行合作谈判，谈判结果是，托派不阻碍日本侵略中国，而日本则给陈独秀等每月300元的津贴。康生的公开诬陷，在社会上引起了强烈的震惊。对此，陈独秀没有沉默，他通过给《新华日报》写信予以反驳。这场争论在周恩来做了大量工作后平静下来，而陈独秀的心情却一直未能平静。在他以后的文章中，如1938年5月15日发表在《政论》旬刊第一卷第十一期上的《“五四”运动时代过去了吗?》、1938年7月23日发表于《青年向导》第三期中的《论游击队》、1938年7月30日发表于《青年向导》第四期的《说老实话》、1938年8月印行的《民族野心》、1938年8月5日发表于《政论》第一卷第十九期的《告反对资本主义的人们》和1938年11月印行的《告日本社会主义者》等文章中，以抗日文章借题发挥，对中共领导的农村抗日根据地、抗日游击队和边区政府进行抨击。

1938年6月，陈独秀由武汉乘船沿长江而上，7月2日下午，抵达重庆。同年8月3日，他带着继母和继娶的妻子潘兰珍避居于上溯重庆180里水路的江津县城。

在江津期间，中共代表董必武曾多次去看望他，劝他以国家、民族为重，抛弃偏见和固执，写一个书面检查，回党工作。但陈独秀回答："回党工作，固我所愿，惟书面检查，碍难从命。"又说："时至今日，谁有过，谁无过，在未定之数，有什么好写呢？"

叛逃的张国焘（见后）向蒋介石建议：由国民党知名人士公开访问陈独秀，并将陈独秀的抗战言论编辑成册，用以对付延安的宣传，比起叶青等人所写的反共理论文章分量要重得多。蒋介石与戴笠商量，戴笠说这不过是张国焘的黔驴之技手法，他是把共产党的开山鼻祖搬出来搪塞校长。蒋介石则主张将计就计，并特别强调要慎重保密，以私人身份前往。戴笠和国民党第八战区（后扩大的）副司令长官胡宗南接到指示，原打算要张国焘一同去，但张国焘坚决拒绝，理由是担心会引起陈独秀的怀疑，被延安抓住把柄，以后在宣传上就有所顾忌（实则是怕陈独秀臭骂）。戴、胡二人带了水果、茅台酒等礼品，微服拜访陈独秀。陈独秀拒不接见。后来，两人找到高语罕通融，才得会见。陈独秀表示："我是逃难入川，虽以国事萦怀，却不问政治，更不曾有何政治活动，本人孤陋寡闻，不愿公开发表言论，引起喋喋不休之争，请转蒋先生好自为之。"

1942年5月27日晚9时40分，陈独秀病逝于离江津县城20余里的鹤山坪石墙院，终年63岁。遵其遗嘱，1947年，由其第三子陈松年，托人将其棺木移居故乡安徽省安庆市。①

中共中央1937年12月政治局会议决定，为了指导大后方工作，在汉口建立中共中央长江工作局（对外称："中共中央特别代表团"），书记王明，组织部长博古，宣传部长何克全，统战部长周恩来，军事部长叶剑英，妇女部长邓颖超，秘书长李克农。12月18日，王明、博古、周恩来到达汉口，21日，他们会见了蒋介石（汉口是蒋介石的临时首都）。长江

①据1981年7月17日《人民日报》。毛泽东1945年说：陈独秀"是有功劳的。他是五四时期的总司令，整个运动实际上是他领导的"，我们那个时候听他说世界上有马克思主义，我们是那一代的学生。

局中因政治局委员占有相对多数，当时有“第二政治局”之称。王明则开始在工作中贯彻他的错误主张，1937 年 12 月 25 日，他起草了《中国共产党对时局宣言》，虽然正确强调巩固国共两党合作的重要性，却未能把握统一战线中联合与斗争的辩证统一。在坚持全面抗战路线和独立自主原则的问题上，实际上是从党的抗日救国十大纲领所确定的目标后退了。同时，又以中共领导人的资格发表《与美国记者白德恩的谈话》。12 月 27 日在《群众》杂志上发表《挽救时局的关键》。他无原则地迁就退让国民党。

1938 年 1 月 28 日，王明就中共成立晋察冀边区政府一事，致电中共中央书记处和八路军总部：反对成立抗日民主政权，认为这样会刺激国民党，“对全国统一战线工作，将产生不良影响”。

1938 年 2 月，长江局数次致电中央书记处，提议召开政治局会议，且这些电文都带有“指令”、“通知”的口吻。如 2 月 24 日电文称，长江局关于政治局会议决议：①以长江局会议讨论结果，委托绍禹、恩来两同志作为向政治局会议之建议；②会议日期建议以两日限；③长江局由绍禹、恩来同志回去参加会议，并在会议后立即返汉；④会议后请求中央多派能独立领导工作的同志出来担任各方领导工作。①

1938 年 2 月底，王明回到延安。2 月 27 日 ~3 月 1 日，中共中央在延安召开政治局会议。8 名政治局委员出席，他们是：毛泽东、张闻天、周恩来、王明、康生、凯丰、任弼时、张国焘。会议的主要议题：一是抗战形势和军事战略问题；二是“七大”的准备工作问题。

2 月 27 日，王明在会上作了目前抗战形势与如何继续抗战和争取抗战胜利的政治报告，除继续坚持他在去年 12 月政治局会议上的观点外，更在军事方面提出一套新的主张；强调“7 个统一”：统一指挥、统一纪律、统一武装、统一供给、统一作战计划、统一编制和统一作战行动，红军（八路军、新四军）完全由国民党来领导；“普遍地实行以运动战为主，配合以阵地战，辅之以游击战”；在全国“建立几十个师团新的有新式武装的部队作为全军的骨干”，并希望国民党能帮助中共武装几个机械化师。

会议就王明的发言进行了讨论，由于多方面的原因，一度使错误意见占了上风。但是，由于毛泽东（28 日毛泽东作了《抗日战争和中国共产党与国民党的作用》的长篇演说）、任弼时、张闻天等同志对王明的错误观点持不同意见。3 月 1 日，王明作长篇总结，毛泽东作了另一个演讲。这次会议没有形成决议。

---

①毛泽东对长江局这种作风很生气。毛泽东说：在 3 月会议时，长江局先打了一个电报，规定议事日程，决定某某人要回长江局工作，这种态度我不满意。

3月3日，政治局会议结束以后，王明回到仍在武汉的长江局，他对政治局会议没有就他的观点形成决议很不满意，于是就写了一篇较为具体的记述他的观点的长篇文章——《三月政治局会议的总结》，4月27日发表在中共武汉出版的《群众》周刊第19期上，文章署名："陈绍禹（王明）"。他不经过党中央擅自发表这样的文章，是严重破坏党的统一和纪律的表现。

1938年3月，国民党将要召开临时全国代表大会，王明擅自以中共中央名义发出《中共中央对国民党临时全国代表大会的提议》，请求蒋介石迅速补救民众动员和组织不够的弱点，国民政府与人民要互信和互助等。中共中央认为"此件有严重的原则性错误"，不同意发表，并另行发出《中共中央致国民党临时全国代表大会电》，电告王明即刻转发。至4月1日，国民党临时代表大会开幕后，王明以长江局领导成员共同署名的回电致中共中央："你们所写的东西，既不可能，也来不及送国民党。望你们在任何地方不能发表你们所写的第二个建议书，否则对党内党外都会发生重大不良影响。"

毛泽东、张闻天等联名发出指示，部署长江局向敌后农村发展的方针，要求动员在武汉的鄂豫皖3省的学生、失业工人、革命分子回到家乡去，领导游击战争并建立抗日根据地。为此目的，武汉城市工作受到部分损失是不应顾惜的。6月17日，王明在给中央的电报中说："我们认为战略重心是保卫大武汉……在战略上实施反攻……为此我们向蒋提出了政治军事保卫计划，向陈诚提出武汉民众总动员计划，并在15日《新华日报》公布了我们的意见。"

王明的做法，使中共丧失了在华中、华南地区抗日民主运动的大发展有利时机，妨碍了长江流域游击战争的发展和人民力量的壮大。武汉失守后，王明仍抗拒中央指示，把大批中共党员和抗日同情分子撤退到西南大后方。中共鄂豫皖省委执行王明的政策，不遗余力地协助国民党第五战区建立了大别山游击根据地，真诚帮助这支桂系军队扩军、建军和训练特工人员等。

西安事变以后，国共双方可派代表彼此交往，中共在西安、南京等地设联络办事处，国民党也可派人去延安。从1937年清明节起中共中央提出，定清明节为"民族扫墓节"，到时国共双方派高级代表赴黄陵扫墓。

此后，国民党军统、中统利用各种合法身份，潜入延安，刺探中共情报。特务们了解到张国焘虽然任陕甘宁边区代主席（主席为林伯渠，时任八路军驻西安办事处主任），但由于路线错误，天天过着吃检讨饭的日子。蒋介石闻讯密令戴笠派人设法与张国焘接触，言说蒋请他去武汉见面，有要事相商。来者先被张国焘大骂一通，说这是置他于身败名裂之地。但是，最后张国焘又说：蒋委员长如派飞机来接我，那是可以考虑的；不过首先要在延安为我修一个飞机场。

1938 年清明节将到，戴笠要求中共像往常一样派出高层领导来黄陵扫墓。当蒋介石得知张国焘果然应命而来，即密令戴笠采取紧急措施，不论张国焘有意无意，务必在祭陵后，以迅速手段将张带到西安，并要求劫之以礼，若无其事，似乎是张国焘是在邀请下来西安的，免得给中共落下“劫持”的口实。

戴笠得知国民党陕西省党部宣传处长兼调统室主任李贻燕在北伐战争时与张国焘有过交往，陕西省党部主任委员谷正鼎也和张国焘有一面之缘，于是派李、谷随西北行营主任蒋鼎文到陕西省中部县（现黄陵县）主祭黄帝陵，并事先将汽车司机、随从一律换成特务。

1938 年 4 月 3 日，张国焘带着警卫员张海、陆秘书和一个警卫班，乘一辆大卡车，从延安出发，经甘泉、富县、洛川到达黄陵。

4 日（清明节）祭陵完毕。

蒋鼎文和张国焘并排而行，而李贻燕紧紧挎着张之右臂，表示十分亲热，谷正鼎则紧步张后，有意一右一后相随。其随员特务也有意穿插其中，将张国焘的随员隔在后面。蒋鼎文向张交谈中提出：“蒋委员长请你去西安谈谈，他正在西安等你！”正说间，一辆汽车迅速开来，在蒋、张四人前戛然停下，车门洞开，蒋鼎文躬身而入，而李贻燕趁势将张一拉，谷正鼎从后一推，张还来不及反应，身子已上了车，车子急驶西安。

汽车将张国焘送到西安国民党的高级招待所，在门口迎接张国焘的是特务头子戴笠，而不是蒋介石，使张国焘吃了一惊。李贻燕过来说：“还是先住招待所休息，蒋主席有事先走了，明天再请你去新城公署商量去武汉见蒋委员长，你不可再三心两意了，死了回延安的心吧。”

两天后，张国焘买到去武汉的车票。张国焘到车站以后，林伯渠买了张站台票跟他上了火车，张国焘对林伯渠说：“林主席，我到武汉去了。”林伯渠说：“中央批准了吗？”张国焘支支吾吾地回答说：“是我自己要去的，回头你告知延安一声好了。”林伯渠严厉地说：“你是边区政府代主席，怎么能不经批准擅自行动呢？”张国焘煞有介事地说：“我要到武汉同蒋介石面谈统一战线问题，今天就去。”林伯渠见他执意要去，也就不再说下去了。

林伯渠回到办事处后，马上给党中央拍了电报。中央立即指示林伯渠给武汉的周恩来去电联系。张国焘到武汉后住在太平洋饭店。一天傍晚，周恩来来到饭店，整整和张国焘谈了一个通宵，张国焘大发牢骚，说什么："中央对他的批评和处理太过分了，让他当边区政府副主席不公道……"周恩来接着说："既然来到武汉，那就在这里等中央的指示再说吧，你有什么想法和意见可以提出来。"张国焘顺水推舟地说："我有三个条件请答复：一是到上海去治病；二是回江西老家；三是在长江局工作。"周恩来说："这三条都做不到，假如你愿意，下面这三条倒可以实行：一是回延安工作；二是到苏联学习；三是可以到延安或苏联看病或休息。"张国焘摇着脑袋连声说："不行。"

不久，张国焘提出要见蒋介石，说是汇报陕甘宁边区政府工作的一些情况。4 月 17 日下午，周恩来和张国焘来到了武昌蒋介石的官邸，张国焘一见蒋介石便以一副"认罪"的姿态，奴颜婢膝地说："兄弟在外糊涂多时。"周恩来马上针锋相对地说："你糊涂我不糊涂，共产党人为无产阶级的解放干革命是世界有名的。"

回来以后，周恩来针对张国焘的叛变行为，向他提出三点办法："一是改正错误回去工作；二是向党请假暂时休息；三是自动声明脱党，中央宣布开除你的党籍。"张国焘的回答是："第一条不行的，可在第二条或第三条中选择。"并允许他在两日内闭门考虑答复。

4 月 17 日晚 11 点前后，胡宗南第八战区司令部的一伙特务，开着两辆汽车冲到了太平洋饭店，带走了张国焘，张国焘给周恩来留下纸条，写的是："兄弟已决定采取第三条办法，已寓别处，请不必派人去找，至要。"

4 月 18 日，中共中央作出《关于开除张国焘党籍的决定》。4 月 29 日，陕甘宁边区政府发布命令，撤销张国焘边区政府代主席等一切职务。

5 月 7 日，毛泽东到陕北公学（1937 年 11 月 1 日在延安开学）向学员们讲了张国焘叛逃的问题。毛泽东说：张国焘过去在政治上早已"开小差"，现在在组织上也"开小差"；此人一贯称自己是"中国的列宁"，"什么都要争第一"，但实际上他是一个十足的"老机"，历史上不"左"就右；党的"三大"讨论第一次国共合作时，开会十几天，他反对十几天，到了武汉，他又支持陈独秀的右倾；长征路上，他反对北上抗日，主张到西藏去建立根据地，以后又另立"中央"；到陕北以后，1936 年 10 月，他反对党中央致国民党三中全会的信，反对第二次国共合作，说什么党中央的信是"韩文公祭鳄鱼文，与国民党合作是幻想"；西安事变发生后，他半夜敲了我的门，坚决主张对蒋介石处以极刑；党中央进入延安后，张国焘说："延安是一块鸡骨头，吃之无油，弃之有味"，这是曹操主义，结果味也没有了，开了小差，一直逃到汉口；延安有自由，有民主，有正确的政治方向，有好的工作作风，但张国焘没有看到。①

1938年4月14日，任弼时赴莫斯科代表中共中央向共产国际报告中国抗日战争的形势和中国共产党的工作与任务，着重介绍了毛泽东领导的革命根据地发展壮大情况，揭露了蒋介石千方百计削弱甚至消灭共产党人的企图和活动，强调了中国共产党在抗日战争中的领导作用。5月17日，任弼时又向共产国际执委会作了关于4月14日报告的说明和补充，使共产国际进一步了解中国的实际情况。6月，共产国际执委主席团通过了《关于中共代表报告的决议案》，认为中国党的政治路线是正确的。

任弼时到莫斯科后，王稼祥提出回国工作的要求，经共产国际同意，留下任弼时接替他的工作。王稼祥回国前，共产国际托他带回两个关于中国革命的重要文件（《共产国际执委会主席团关于中共代表报告的决议案》和《共产国际执委会主席团的决定》），季米特洛夫并找王稼祥和任弼时谈话，指出："回国后，告诉全党，应该支持毛泽东同志为中国共产党的领导人，他是实际斗争中锻炼出来的领袖。其他的人如王明，就不要再争领导人了。"

王稼祥回到延安后，在9月14日举行的中共中央政治局会议上，传达了共产国际的决定和季米特洛夫的意见。

中共中央为了总结抗日战争以来的经验，批判和纠正王明右倾投降主义的错误，决定召开党的六届六中全会。但是，王明不肯到延安参加会议，要求党中央到武汉或西安去开会。毛泽东严词拒绝，他说："我们党的会议怎么能到国民党地区去召开？我就是不去。"王明又要王稼祥去武汉同他单独会见。王稼祥及时报告了党中央，同时打电报给王明，责令他迅速回延安出席党的六届六中全会，听取共产国际重要指示和传达。否则，一切后果将由他自己负责。在这种情况下，王明才被迫回到了延安。

1938年9月14日~11月6日，中共中央在延安桥儿沟一座天主教堂内召开会议。9月14日~27日为中共中央召开的政治局会议，9月29日~11月16日为扩大的六届六中全会。出席会议的有：毛泽东、朱德、周恩来、

①张国焘脱离中共后，在国民党内任中央委员、国民参政会参议员、军统局设计委员、中统局设计委员、特种政治问题研究所所长。1949年逃往香港，1968年定居加拿大，1979年12月3日逝世于加拿大多伦多一家官办免费的老人病院。

王明、张闻天、项英、博古、王稼祥、彭德怀、刘少奇、陈云、康生（前12位是政治局委员）、关向应、张浩、杨尚昆、李富春、李维汉、贺龙、邓小平、彭真、林伯渠、吴玉章、徐特立等共53人（其中中央委员38人，中央各部委、各根据地、地方的15名负责同志列席会议）。这是“六大”以来到会人数最多、时间最长的一次中央全会。会议由张闻天主持开幕式。主要议程：王稼祥传达共产国际指示；毛泽东作政治报告。

王稼祥传达的主要内容为4点：①明确肯定中国共产党的政治路线，共产国际执委主席团通过的《关于中共代表报告的决议案》，指出：“中国共产党的政治路线是正确的。中国共产党在复杂和困难条件之下，灵活地转到抗日民族统一战线的政策的结果，已经建立起国共两党的新的合作，团结起民族的力量，去反对日本的侵略。”王稼祥传达说：“根据国际讨论时季米特洛夫的发言，认为中共一年来建立了抗日统一战线，尤其是朱、毛等领导了八路军执行了党的新政策，国际认为中共的政治路线是正确的，中共在复杂的环境及困难条件下真正运用了马列主义。”②批准中共中央开除张国焘的党籍，《共产国际执委会主席团的决定》指出，张国焘的叛变行为不仅在中国共产党的队伍内，并且在抗日民族统一战线的真诚拥护者当中，都会遇到完全的唾弃与蔑视。③传达了季米特洛夫的意见，明确指出中国共产党要在毛泽东为首的领导下实现全党的团结和统一。④共产国际执委会主席团号召全世界各国共产党、无产阶级和一切热烈拥护和平与民主的人士用一切方法，加紧国际间的援华运动。

10月12日～14日，毛泽东作了《论新阶段》的报告。①

张闻天作了《关于组织问题的报告》。还听取了朱德、周恩来、项英、陈云、吴玉章、罗荣桓、关向应等40人的专题发言。

10月20日，王明在会上作了《目前抗战形势与如何坚持持久战争争取最后胜利》的长篇发言，继续坚持把抗战的希望寄托于国民党正规军，把人民的命运寄托于蒋介石统治下的合法运动。

对于王明本人，毛泽东采取温和的同志式的帮助态度，希望他能改正错误。毛泽东说：王明在全会上已表示完全同意各报告，王明在部分问题中说的有些不足或过多一点，这是在发言中难免的。这些问题已弄清楚了。王明在党的历史上有大功，对统一战线的提出有大的努力，工作甚积极，他是主要的负责同志之一，我们应原谅之。对历史上处理干部问题中的错误决定，毛泽东提出应予平反，没有搞清楚的要搞清楚。毛泽东说：

---

①其中14日讲的一部分以《中国共产党在民族战争中的地位》为题，选入《毛泽东选集》第二卷。

对周以栗、余泽鸿在政治上、组织上的打击是不对的，对邓小平的打击亦应取消；对陈毅、曾山、张鼎丞等所受的批评、处罚皆应取消；罗明路线除个别人外，被处罚者应宣告无罪；四方面军犯过错误的同志应与张国焘有区别；博古、罗迈只要承认错误则无问题。①

会议很策略地拒绝或否定了斯大林强加给中国共产党的指示，坚持了独立自主、自力更生的政策。许多相信王明的同志翻然悔悟。六中全会上始终没有点名批评王明等人，而是循循善诱地引导与会同志仔细讨论统一战线和武装斗争问题，总结了历史经验教训。根据会议讨论，集中全党智慧，11 月 5 日、6 日，毛泽东作了会议结论。②

11 月 6 日，会议通过了《中共中央扩大的六中全会政治决议案》，完全同意政治局在这一时期的政治路线和具体工作。

11 月 6 日，刘少奇作《关于党规党法的报告》，会议根据刘少奇的报告，通过了党的组织建设方面的 3 个单行法规，其中《关于中央委员会工作规则与纪律的决定》中指出：各中央委员，没有中央委员会、中央政治局及书记处的委托，不得以中央名义向党内外发表言论及文件；不得在中央委员会外对任何人发表与中央委员会决定相反的意见；各中央局、分局需完全执行中央的决议和指示。

会议决定撤销长江局，撤销王明的中共中央长江局第一书记的职务，调任他任中央统战部长。

会议决定设立中原局③和南方局；④ 并决定将中共中央东南分局改为东南局，仍由项英任书记，继续领导新四军军部和苏南、皖南的抗日斗争。

毛泽东从抗战以来一直坚持的主张，在这次会议上得到绝大多数人的理解和拥护。彭德怀在六届六中全会上发言说："领袖是长期斗争经验总结的，是长期斗争中产生的。毛泽东的领导地位是由正确的领导取得的。"在抗日战争进入新的发展阶段的重要历史时刻召开这个会议，取得这样的成果，意义是十分重大的。毛泽东后来在党的七大上说：六中全会是决定

①《毛泽东传（1893—1949）》，中央文献出版社，1996 年 8 月第 1 版，第 520 页。

②其中 5 日讲的一部分以《统一战线的独立自主问题》、6 日讲的以《战争和战略问题》收入《毛泽东选集》第二卷。

③1938 年 11 月 9 日，中共中央政治局发出《关于成立中原局委员会的通知》，决定中原局成员有：刘少奇（胡服）、朱瑞、朱理治、彭雪枫、郑位三等，以刘少奇为书记。负责领导长江以北、陇海路以南（河南、湖北、安徽、江苏等地）的抗日战争。这些地区的部队和地方党，无论在指挥上还是在建制上一律归中原局管理。

④1939 年 1 月 13 日，中共中央书记处电告在重庆的周恩来等：以周恩来、博古、凯丰、吴克坚、叶剑英、董必武 6 人为常委组成南方局，领导长江以南中共党的工作和国民党大后方的统一战线工作（江西、上海工作亦归南方局管理）。

中国之命运的。①

早在抗战爆发前夕，毛泽东曾向全党呼吁："我们党的组织要向全国发展，要自觉地造就成万数的干部，要有几百个最好的群众领袖。这些干部和领袖懂得马克思列宁主义，有政治远见，有工作能力，富于牺牲精神，能独立解决问题，在困难中不动摇，忠心耿耿地为民族、为阶级、为党而工作。"② 毛泽东花了很大力气在延安开办各种类型的学校，培养各方面的干部。

在空前严重的民族危机呼唤下，大批爱国人士，特别是知识青年经过长途跋涉，历尽艰难，从全国各地纷纷涌入延安。走进延安，许多人立刻看到一个充满生气和活力的新天地，看到一种真挚而平等的新的人际关系。深厚坚实的黄土，傍城东流的延河，高耸入云的古宝塔，以及那一层层、一排排错落有序的窑洞，使人新鲜。这里的人们个个显得愉快、质朴，人们之间的关系又是那么融洽。大批知识青年来到延安，也给这里带来了新的蓬勃朝气。每天傍晚，在宝塔山下，延水河畔，都会有年轻人的欢笑声和歌声。毛泽东、朱德等人身穿粗布制服常常出现在延安街头，和战士、老乡无拘无束，谈笑风生。

毛泽东非常珍视这批来自全国各地的青年人，把他们看做革命队伍中的新鲜血液，提倡开办各类学校，把他们培养成各方面的专门人才。期间，毛泽东在延安亲自领导开办的学校有中国人民抗日军政大学、陕北公学、青年干部训练班、鲁迅艺术学院、马列学院、中共中央党校、中国女子大学等。

中国人民抗日军政大学，专门培养抗日军事政治干部，是延安最有影响的学校。它的前身是"中国抗日红军大学"，1937 年 1 月 20 日改名，简称"抗大"。抗大的学员，一部分是从部队中抽调的红军军政干部；一部分是从全国各地来到延安的知识青年。毛泽东和中共中央为学校选调了一批经历过战争考验、具有军事或政治工作经验的干部到校工作，如刘伯承、林彪、罗瑞卿、徐向前、张际春、滕代远、何长工、李井泉、彭绍辉、许光达、莫文骅、李志民、胡耀邦等。同时，又从大后方请了艾思奇、何思敬、任白戈等学者到抗大任教。毛泽东担任抗大教育委员会主席，他认为"这是共产党的大事，不是小事"，一定要抓紧抓好。毛泽东为抗大制定了"坚定正确的政治方向，艰苦朴素的工作作风，灵活机动的

①《毛泽东传（1893—1949）》，中央文献出版社，1996 年 8 月第 1 版，第 520 ~ 521 页。
②《毛泽东选集》第一卷，人民出版社，1991 年 6 月版，第 277 页。

战略战术”的教育方针和“团结、紧张、严肃、活泼”的校训。他的一些重要著作如《中国革命战争的战略问题》、《矛盾论》、《实践论》、《论持久战》等，都被列为抗大的必读教材。毛泽东和党中央一些负责人，经常为抗大讲课。毛泽东讲课的内容十分广泛，包括政治、军事、哲学、历史等，其中主要是谈战略问题。毛泽东强调要“提高战略空气”。他说：“只有了解大局的人才能合理而恰当地安置小东西。即使当个排长也应该有全局的图画，也才有大的发展。”他要求学员们在政治上要努力学习马列主义，在军事上要努力学习军事理论，这些都是战略问题。每当抗大举行开学典礼或结业式时，毛泽东都把它看做一件十分重要的事情，通常都要到会讲话，鼓励学员在学校里要好好学习，走出校门要向社会学习，指出“那是无字之书”。毛泽东常常告诫他们，革命的道路如河流一样曲折蜿蜒，要准备走“之”字路，走“之”字路，这是世界上任何事情发展的原则。他讲话有很强的感染力。毛泽东很重视在政治上关心知识青年，勉励他们进步，并注意在他们之中发展党员的工作。毛泽东对各队党组织的负责人说：这批革命青年千里迢迢来到延安不容易啊！从西安到延安走了800里，这就是一个考验，政治上不坚定是走不到的；要好好教育、培养这些人，尽快发展他们入党。抗战8年中，抗大先后办了8期，总校和分校共培养出20多万名干部，成为了骨干力量。

随着形势的发展，来到延安的青年越来越多。一所抗大已不能满足需要。中共中央决定创办一所新的学校——陕北公学。这所学校由林伯渠、吴玉章、董必武、张云逸、成仿吾等人筹办，艾思奇、何干之、何思敬等著名学者任教。陕北公学是一所统一战线性质的学校。学员来自五湖四海：有共产党员，也有国民党员；有工人，也有农民；有汉族，也有少数民族；有红军，也有来自国民党统治区的干部；有10岁的青年，也有年过半百的老人。毛泽东对陕公有很高的评价，他说：“中国不会亡，因为有陕公。”陕公是全中国的缩影，“陕公是代表着统一战线，陕公是一幅进步的缩图”。陕公前后办了近4年，培训出1万多名干部。

1937年10月23日，毛泽东为陕北公学成立题词：“要造就一大批人，这些人是革命的先锋队。这些人具有政治远见。这些人充满着斗争和牺牲精神。这些人是胸怀坦白的，忠诚的，积极的与正直的。这些人不谋私利，惟一的为着民族与社会的解放。这些人不怕困难，在困难面前总是坚定的，勇敢向前的。这些人不是狂妄主义，也不是风头主义者，而是脚踏实地地富于实际精神的人们。中国要有一大群这样的先锋分子，中国革命的任务就能够顺利的解决。”①

鲁迅艺术学院也是毛泽东倾注了不少心血的一所学校，是由毛泽东等发起创办的。这是一所培养抗战文艺干部和文艺工作者的学校，由沙可夫、李伯钊等负责。毛泽东非常钦佩鲁迅，说自己“与鲁迅的心是相通的”。1936 年，中共中央派冯雪峰到上海去工作。行前，毛泽东和他长谈了一次，嘱咐他一定要好好团结鲁迅先生，因为他是一面大旗，能够唤起民族的抗战热情。毛泽东经常用鲁迅的精神来教育青年和文艺工作者。他说：鲁迅具有政治远见、斗争精神和牺牲精神，这三个特点形成了伟大的“鲁迅精神”。在漫长的 8 年抗战中，鲁艺培养出一大批文艺干部，创作出一大批宣传抗日、宣传抗日民族统一战线、为群众喜闻乐见的文学艺术作品，对发动和组织群众起了重大的作用。

毛泽东还经常到中央党校、马列学院以及由他提议创办的中国女子大学等学校讲课。

到六中全会召开时，这些院校已培养了几十万名干部，其中共产党员达到 25 万人。在六中全会上，毛泽东把培养干部的问题提到更高的地位来看。他说：“政治路线确定之后，干部就是决定的因素。因此，有计划地培养大批的新干部，就是我们的战斗任务。”②

梁漱溟是中国乡村建设派的领导人，1938 年 1 月到延安后，就抗战前途和阶级斗争等问题同毛泽东交谈了 8 次，每次时间都在两小时以上，最长时通宵达旦。梁漱溟说：毛泽东说得头头是道，入情入理，使我很是佩服；可以这样说，几年来对于抗战必胜，以至如何抗日，怎样发展，还没有人对我作过这样使我信服的谈话，也没有看到过这样的文章；蒋介石的讲话、文告，我听过、看过多次，个别交谈也有若干次了，却没有像这一次毛泽东那样有这么大的吸引力和说服力。对阶级斗争等问题，双方有着不同看法，毛泽东并不把自己的意见强加于人。梁漱溟说：他不动气，不强辩，说话幽默，常有出人意外的妙语；明明是各不相让的争论，却使你心情舒坦，如老友交谈。③

毛泽东会见平民教育会派来延安参观的诸述周时说：政治问题，主要是对人民的态度，看你是想和老百姓做朋友，还是站在老百姓的头上压迫他们，只要和他们接近，和他们打成一片，他们自然相信你，随你要他们

---

①《毛泽东年谱（1893—1949）》中卷，人民出版社、中央文献出版社，1993 年 12 月第 1 版，第 33 页。

②《毛泽东选集》第二卷，人民出版社，1991 年 6 月版，第 526 页。

③汪东林，《梁漱溟问答录》，湖南人民出版社，1988 年 4 月版，第 61、64 页。

的钱，要他们的命都可以办得到。只要调动了广大农民的积极性，何愁没有人上前线，何愁没有人抗战？

加拿大共产党员诺尔曼·白求恩是位著名的外科医生。1938 年 3 月底，为了支援中国的抗日战争，白求恩率领加美医疗队到达延安。毛泽东在会见时热烈支持他建立战地医疗队的提议。后来，白求恩赴晋察冀边区工作，在一次为伤员施行急诊手术时受感染，1939 年 11 月 12 日逝世于抗日前线。毛泽东十分悲痛，1939 年 12 月 21 日写下著名的文章《纪念白求恩》，高度赞扬他“毫不利己，专门利人”的国际主义精神。

1938 年 4 月 17 日，第二战区副司令长官卫立煌从前线返回内地途经延安时，受到毛泽东和延安军民的热情欢迎。毛泽东就合作抗战等问题同他广泛交谈。这次延安之行对卫立煌产生了很深的影响。陪他同行的秘书赵荣声回忆道：自此以后，卫立煌对于延安出版的书籍、杂志看得多些了；毛泽东同志的名著《论持久战》，对于卫立煌的“速胜论”、“惟武器论”等顽症有很好的疗效，使卫立煌对于八路军打独立自主的游击战，深入敌后建立根据地有所理解和同情。

1938 年 5 月 11 日，毛泽东会见国民党老党员施方白，就抗战胜利后中国的前途问题作了回答。第二天，毛泽东为他题写赠言：“中国目前阶段一定要完成民族民主革命，即彻底战胜日寇与建立新的民主共和国。中国将来阶段一定要完成社会主义革命，即实现更进步的更完满的社会主义共和国。完成这两个革命都要坚持统一战线政策，只有好好团结一切革命势力于统一战线里面，才能达到目的。”①

有些美国军人对延安也产生了浓厚的兴趣，埃文斯·卡尔逊就是其中的一个。1938 年 5 月，卡尔逊到延安，5 月 5 日，毛泽东同他一直从晚上谈到次日凌晨。毛泽东对抗战必胜的坚定信念和对美好未来的憧憬给这位美国军人留下了深刻印象。毛泽东说：只要人民有志气，有决心抵抗，中国就不会垮台，日本兵力不足，无法占领全部中国；日本在五台山包围我们，围困我们，但我们有另一种围困，比如日本在太原驻守，太原的东北是聂荣臻的部队，西北是贺龙的部队，林彪的部队在西南，朱德的部队在东南，日军在山西一出动就会撞上我们的巡逻队；正像山西是华北的战略锁钥一样，五台地区也是山西锁钥，我们占领五台，日本人就不能控制山西；另一种围困是美国、苏联同中国一道围困日本，这将是一种国际的围

①《毛泽东年谱（1893—1949）》中卷，人民出版社、中央文献出版社，1993 年 12 月第 1 版，第 68 ~ 69 页。

困。①

毛泽东还会见了大批中外记者，其中包括英国记者贝特兰，美国记者王公达，中国记者舒湮、邓静溪等。毛泽东向他们详细介绍了中国抗战的形势、前途，以及八路军、游击战争在持久战中的重要作用。记者评论毛泽东说：他的外表很像朴实的农夫，他的举止却似文雅的书生，同他谈话听起来似乎觉得平淡无奇，过后想起来却又隽永有味。这些记者将延安之行中看到的情况介绍出去，毛泽东被国内外愈来愈多的人所了解。

在延安，毛泽东还会见了率全国慰劳总会北路慰问团到延安访问的南北总团团长、国民党元老张继，北路团长贺衷寒，副团长王右瑜，国民党军骑兵第二军军长何柱国，著名抗日将领、东北挺进军总司令马占山，以及来自各国的友人。

向他们广泛介绍了中国共产党坚持团结抗战的决心和诚意。这对争取各方面的同情和合作有重要作用。

十一　摩擦

毛泽东说过：“从一九三七年七月七日卢沟桥事变到一九三八年十月武汉失守这一个时期内，国民党政府的对日作战是比较努力的。在这个时期内，日本侵略者的大举进攻和全国人民民族义愤的高涨，使得国民党政府政策的重点还放在反对日本侵略者身上，这样就比较顺利地形成了全国军民抗日战争的高潮，一时出现了生气蓬勃的新气象。”②

1937 年 9 月，国民党政府公布了修正的《危害民国紧急治罪法》，根据全国抗战的形势，修改了 1931 年《危害民国紧急治罪法》中主要以反共和镇压人民革命活动为宗旨的部分，增加了惩治汉奸的内容。国民党方面同意出版《新华日报》，并在国民党统治区公开发行；承认共产党的合法地位，准许在西安、南京、武汉、重庆、太原、洛阳、长沙、桂林、迪化等重要城市设立八路军办事处；承认了人民的部分抗日权利，开放了某些民主自由等。这一时期的国共两党关系，特别是在军事上的合作抗日，一般是比较好的，并有了某些发展。

1938 年 3 月 29 日，国民党召开了临时全国代表大会，大会发表的宣

①《毛泽东年谱（1893—1949）》中卷，人民出版社、中央文献出版社，1993 年 12 月第 1 版，第 66 ~ 67 页。

②《毛泽东选集》第三卷，人民出版社，1991 年 6 月版，第 1037 页。

言，表示了国民党的抗战决心。还制定并公布了《抗战救国纲领》。但是，这次大会也表现了国民党的反动独裁倾向：大会决定国民党实行总裁制，并选蒋介石为总裁；关于党政关系原则，大会决定："中央采取以党统政形态，省及特别市采取党政联系形态，县采取党政融化，即融党于政形态"，省党部主任、县书记对其所召集之会议决议有最后决定权；为加强党内独裁及国民党对政权机构的控制，大会决定扩大特务机构，成立中央调查局（"中统"），成立三民主义青年团和训练委员会。

4月7日，国民党又召开了五届四中全会，根据临时全国代表大会的决定制定了《国民参政会组织条例》，确定"在抗战期间，为集思广益，团结全国力量起见，特设国民参政会"，参政员200名，各地"遴选"100名，由国民党政府和省党部提名，国民党中央圈定；其余100名为社会领袖，亦由国民党中央指定。

7月6日，第一届参政会第一次会议在武汉开幕，到会149人。全国知名人士张伯苓、王造时、黄炎培、史良、邹韬奋、沈钧儒、章伯钧、罗隆基、许德珩、杜重远、王云五、谭平山、梁漱溟等100余人都出席了本次国民参政会。共产党员毛泽东、董必武、吴玉章、林伯渠、秦邦宪、王明、邓颖超7人被选为参政员（部分人员参加了这次会议）。

武汉、广州失陷以后，蒋介石将其主力集结到以重庆为中心的西南地区和以西安为中心的西北地区。

1938年11月底，蒋介石在衡山召开南岳军事会议，讨论新阶段的战略方针，国民党的高级将领以及中共代表周恩来、叶剑英等都出席了会议。会上，白崇禧将毛泽东的《论持久战》介绍给蒋介石看，说要全国人民都看一看。会议还根据周恩来的建议决定在南岳举办西南游击干部训练班，请八路军将领去讲授游击战术。

鉴于国民党军政当局将撤往大西南，12月3日周恩来、叶剑英经衡阳抵达桂林，与白崇禧商讨并经其同意在桂林建立了八路军办事处。

国内外形势的变化和中共领导的敌后抗日武装力量的迅猛发展，使蒋介石坐卧不安。此时蒋介石也到达了桂林。

12月6日，蒋介石约见周恩来。蒋介石正式提出想把共产党吸收到国民党内的主张，说：共产党跨党，大家不赞成；共产党既信三民主义最好和国民党合并成一个组织，力量可以加倍发展。蒋又说：如同意，我在西安召开华北、西北将领会议后，就约毛泽东先生面谈。蒋还退一步说：如果共产党全体加入做不到，可否以一部分党员加入国民党，而不跨党？

周恩来回答说：共产党信仰三民主义，不仅因其为抗战的出路，且为达到社会主义必由之路，国民党员则必不都如此想，故国共终究是两党，提出跨党是为了取得信任，但我们也不强求；如果认为时机未到，可以采取其他办法，但是要求全体共产党员加入国民党而退出共产党，这不可能也做不到；而少数人退出共产党加入国民党，不仅是失节、失信仰，于国民党也有害无益。

蒋介石说：如果你考虑合并之事，不可能，就不必电邀毛先生到西安会面了。

一周后，蒋介石在重庆约见董必武、博古等，再次提出让共产党合并于国民党的主张，遭到中共代表的反驳。双方争论了数小时，最后，蒋介石宣称：如不取消共产党，死也不能瞑目。

蒋介石和国民党统治集团，因军事上的溃败本来就有妥协的想法，又因中共领导的人民武装力量在抗战中发展壮大而嫉恨。加上国际因素，蒋介石集团由原来的比较积极抗战，逐渐变为消极抗战，积极反共、反人民。

日本侵略者对国民党集团采取以政治诱降为主，军事打击为辅的政策。1938 年 12 月 22 日，日本首相近卫发出根本调整华日方针的声明，鼓吹“中日满三国，应以东亚秩序之建设为共同目的而结合，并应共举善邻友好，共同防共、经济提携之实”。1939 年 2 月，日本当局宣言：日本“尊重蒋介石上将的地位而给予崇高的位置”。3 月，新任首相平昭在国会的一次演说中，正式提出：“蒋介石将军与其所领导的政府，假使能重新考虑其反日态度，与日本共同合作，谋东亚新秩序之建立，则日本准备与之作中止敌对行为之谈判。”

在日本对国民党施行诱降之同时，英、美等帝国主义也在大肆推行其“远东慕尼黑”阴谋。1938 年 12 月 24 日，美国合众社声称：“英国或有劝降中国议和之可能，美国政府也渴望国际间一律能维持和平，故大致将支持英国之主张。”此间，英国驻华公使卡尔多次与蒋介石密谈，以“调停者”的身份进行劝降活动。英、美等国的真正目的是想策动日本从中国腾出手来，与德国法西斯密切配合，夹击社会主义的苏联，实现国际间的联合“剿共”。

1939 年 1 月 21 日 ~30 日，国民党第五届中央执行委员会第五次全体会议在重庆召开。会议一方面通过了继续联共抗日；另一方面决定了依靠国际力量（主要是英美）解决中国抗战和进行防共反共的方针。

在五中全会前后，蒋介石虽多次向全国人民表示抗战到底的决心，但这时他的所谓的“抗战到底”，已不是驱逐日本帝国主义出中国，使中国得到独立解放，而是“恢复到卢沟桥事变以前的状态”，他希望英、美干涉中日战争。这次大会公开拒绝了中共中央六届六中全会的提议，反对共产党员参加国民党。对共产党的基本方针是：联共、防共，最后达到溶共的目的。

会议决定设立国防最高委员会，以蒋介石为委员长。

1939 年 3 月，国民党发布《精神总动员纲领》。5 月，开始在全国实施“精神总动员运动”。要求：①不违反国民革命最高原则之三民主义；②不鼓吹超民族之理想与损害国家绝对性之言论；③不破坏军政军令及行政系统之统一；④不利用抗战形势以达成国家民族利益以外之任何企图。①

1939 年 5 月，国民党制定了《游击队调整办法》。巧立名目，限制、收编共产党领导的抗日游击队。

1939 年 4 月 ~6 月，国民党秘密颁行了《限制异党活动办法》及《共党问题处置办法》等文件。规定：“八路军与新四军之军政、军令必须统一于中央”，“服从上级司令部之指挥调遣，不得要求划给地域”；“其编制与补给办法必须遵照军政部统筹规定，绝对不准自由招募，尤其不准就地征粮或收缴民枪，乘机扩大私有武力”；“游击部队可规定游击区域，但非得军事委员会命令不得脱离驻区，尤不得超出其活动范围”。

在行政上，“绝对否认共产党所谓‘陕甘宁边区’之组织；共产党在华北各省游击区内组织之地方政权应即令移交冀察战区党政委员会分会”；“‘晋察冀边区政府’及其所组织之各县地方政权，应严令解散，限期移交各该省政府管辖，所发行之货币，责令其负责收回，否则以军饷作抵”。

对陕甘宁边区，从 1938 年 12 月 ~ 1939 年 10 月，国民党先后制造了 151 起摩擦事件，其中属于军事进攻的 28 起。

在华中地区，1939 年 6 月 12 日，国民党第二十七集团军杨森部，以 1 个连的兵力，在中共的叛徒孔荷宠的指引下，包围袭击驻湖南平江嘉义镇的新四军处，枪杀新四军参谋涂正坤、军需吴贺众 2 人，活埋了少校副官罗梓铭等 6 人。

11 月 11 日，国民党确山县县长许士超纠合数县常备队、土匪头子戴

---

①为此，中共中央指示各地党的组织：“要利用精神总动员的形式，根据其中一切积极的东西，来实际解释与发挥我党坚持抗战的正确路线……使这一动员成为我党巩固抗日民族统一战线，坚持抗战，开展群众运动，反对防共，要求民主的武器”，“以防止和打击顽固分子利用作为防共武器的企图”。

民权部等反动武装1800余人，包围袭击在该县竹沟镇的新四军第八团队的留守处，杀害伤兵员、抗日家属和革命群众200余人。

华北，在国民党河北省主席鹿钟麟的指使下，国民党河北省保安司令张荫梧于1938年12月16日，率部向冀中博野县之八路军军区司令部进攻，后又令其参谋长吴嘉谟率部在安国县庞各庄活埋共产党员多人；1939年6月，张荫梧再次派兵袭击冀中深县八路军后方机关，残杀八路军指战员达400余人。

1939年4月，在国民党山东省主席沈鸿烈的指使下，国民党专员秦启荣率部袭击了博山八路军山东纵队第三支队，残杀连排以上干部70余人，战士300余人。

毛泽东一针见血地指出：张荫梧、秦启荣是两位摩擦专家，他们打敌人的时候少，打八路军的时候多，和汉奸的行为很少区别。

1939年2月，中共中央发出《中央关于河北等地摩擦问题的指示》指出：对非理性的进攻，必须反击，绝不能轻言让步。

6月7日，中共中央在《关于反对投降危险的指示》中指出：目前最大的危险就是国民党投降的可能，反共活动是国民党投降活动的一个组成部分，全党应做好各方面的准备，以巩固国共合作，继续抗日。

6月30日，毛泽东发表《反对投降活动》，要“全国人民团结起来，坚持抗战和团结，把投降阴谋和分裂阴谋镇压下去”。

7月7日，中共发表《纪念抗战两周年宣言》，提出“坚持抗战，反对投降；坚持团结，反对分裂；坚持进步，反对倒退”的口号。

8月1日，延安人民举行集会追悼平江惨案的死难烈士。毛泽东在会上作了《必须制裁反动派》的演说。

9月16日，毛泽东在《和中央社、扫荡报、新民报三记者的谈话》中，宣布了中共“人不犯我，我不犯人；人若犯我，我必犯人”的严正立场。

1939年8月，张荫梧根据蒋介石等人的指示，向冀中根据地猖狂进攻。在八路军部队的有力反击下，张部主力被歼，张荫梧落荒而逃。八路军朱德、彭德怀总副司令致电蒋介石等，痛斥张荫梧反共、反人民，破坏团结抗日的罪行，要求予以惩处。11月24日，蒋介石明令将张荫梧撤职查办，其职由第九十七军军长朱怀冰代之。鹿钟麟也辞去了河北省主席职务（鹿仍任冀察战区总司令），遗职由庞炳勋继任。

1939年11月1日，蒋介石在日记中写道：“中国共产党之跋扈嚣张，全无国家民族观念，只知乘机扩张势力，今后必益加甚。叛乱之期，当不在远。”①11 月 12 日 ~20 日，国民党召开五届六中全会，会议确定了要以军事反共来代替政治溶共的方针，并制定《处理异党问题实施方案》。

1939 年冬到 1940 年春，国民党的反共活动发展为大规模的武装进攻，掀起了第一次反共高潮，进攻的重点是陕甘宁边区和华北抗日根据地。

1939 年 12 月，国民党第八战区（后设）副司令长官兼甘肃省主席朱绍良奉蒋介石密令，向陕甘宁边区进犯，先后侵占了边区南面的淳化、正宁、宁县、镇原、旬邑 5 座县城，并妄图进攻延安。

守卫陕甘宁边区的八路军部队，在陕甘宁边区北面解放了绥德、米脂、佳县、吴堡、清涧 5 县的广大地区，赶走了反共分子绥德专员何绍南，使陕甘宁边区和晋西北根据地连成一片。

但是，国民党自此对陕甘宁边区实行了长期的军事、政治、经济封锁和围困。从 1940 年 9 月开始，在边区周围构筑了西起甘肃环县，经洛川，沿黄龙山北麓，东达陕北宜川的长达 650 公里的封锁线。

1939 年 12 月 1 日，国民党第二战区司令长官阎锡山借对日军发动冬季进攻为名，命令在晋西的中共所领导的决死第二纵队，② 向同蒲路出击。当决死第二纵队正在执行命令时，阎锡山指使第六集团军总司令兼第六十一军军长陈长捷指挥 3 个军包围并攻击决死第二纵队、八路军晋西支队等抗日武装，制造了“晋西事变”。同时，阎锡山又令第八集团军总司令孙楚在晋东南袭击决死第三纵队和各县抗日民主政权，杀害共产党人、抗日军民 500 余人，绑架 1000 余人。阎锡山的行动口号是“扫荡晋西南，掌握晋西北，摩擦晋东南”。

晋西南的八路军胜利突围。中共中央和中央军委指出：国民党、阎锡山已准备在山西向我党发出全面进攻，我党同国民党在山西的斗争，是牵动华北全局关系全党的重大斗争，我党我军必须胜利地进行这一斗争，保持山西抗日根据地在我手中，保持华北与西北的联系。

1940 年 1 月 14 日，八路军晋西南、晋西北部队经过与顽敌激战，在

---

①《毛泽东传（1893—1949）》，中央文献出版社，1996 年 8 月第 1 版，第 545 页。

②“七七”事变日寇进攻山西后，阎锡山的统治摇摇欲坠，他不得已接受中共组建新军的建议。1937 年 8 月 1 日，在中共的领导下成立了“山西青年抗战决死队”。中共中央当即派来一部分营团干部作指导，以后一二九师又陆续派来大批干部。按照中共建军制度和要求，撤换与改造了旧军官，建立了强有力的政治工作制度，保证对决死队的领导。1939 年，决死队已发展到 4 个纵队，组建了有正式番号的 9 个旅、50 个团、7 万人枪的抗日新军。这支新军名义上归阎锡山指挥，实质上已完全是中共领导的革命军队，当年 12 月在粉碎阎锡山制造的事变阴谋后，山西新军正式成为八路军的一个组成部分。

临县胜利会师。2月初，贺龙、关向应率一二〇师主力由冀中返回晋西北，巩固了晋西北抗日民主政权。结束了抗战以来晋西北长期存在的两种势力、两种政权并存的局面，使晋西北变成完全巩固的抗日民主根据地。

在基本打退阎锡山的军事进攻后，根据党的抗日民族统一战线政策和有理、有利、有节的斗争原则，八路军主动与阎锡山休战言和，团结抗日。2月25日，中共中央派王若飞、萧劲光前往宜川秋林与阎锡山谈判，由于政治、军事上的失败，阎锡山也不得不同意中共的主张。4月初，双方达成协议：确定以汾阳经离石到军渡的公路为晋西南与晋西北的分界线、以汾河为晋东南与晋西南的分界线。晋西南为阎锡山的晋绥军活动地区，晋东南和晋西北为八路军及新军活动地区。

蒋介石将石友三、高树勋等部从鲁南调至冀南。1940年1月下旬，石友三的第六十九军及孙良诚等部17000余人集中于河北省南宫一带，高树勋部集结于观城地区，准备随时向八路军进攻。八路军前总根据中共中央军委的指示，决定集中冀南、冀鲁豫地区18个团、冀中地区7个团，在宋任穷、程子华的统一领导下，组织反顽战役。经过连续作战，摧毁了石友三等盘踞在南乐、清丰、濮阳、观城一带建立的反共基地，冀南、冀鲁豫根据地得以进一步巩固。

1940年春，朱怀冰、鹿钟麟等部，于磁县、武安、涉县一带，进行反共活动。为巩固太行根据地，根据八路军前总的部署，决心集中主力消灭反共最积极的朱怀冰部。3月5日~8日，歼灭朱部1万余人，残部2000余人窜入修武县境内。驻林县的孙殿英等部保持了中立。

1940年3月中旬，朱德（第二战区副司令长官）先后在晋城、洛阳等地会见国民党第一战区司令长官卫立煌（接任），表明共产党、八路军愿同一切友军保持长期团结抗战的联合，要求国民党方面取消《限制异党活动办法》等反动政策，停止摩擦，并重新划分作战地区：以汾（阳）离（石）、临（汾）屯（留）之线以北及河北省归八路军前总指挥，河北行政由八路军负责；承认陕甘宁边区；扩大八路军为三军九师，照22万人发饷等。

双方划定以临屯公路和长治、平顺、磁县之线为界，在该线以南为国民党驻区，以北为八路军驻区。蒋介石为加强他在这一地区的力量，继续调兵北进。鉴于此，毛泽东电告八路军前总：此时必须避免同国民党在该地域作大规模战斗，准备让步，考虑让出陵川、合涧、林县一线，以便维持两党合作局面。5月，朱德与国民党议定，以漳河为双方作战区域之界线。

国民党顽固派为配合军事上的进攻，在政治思想上也发动了进攻，鼓吹“一个主义、一个政党、一个领袖”，提倡“一次革命论”，要求取消共产党，以取消共产主义。民族资产阶级也摇摆不定，又企图走“中间道路”，幻想抗战胜利后，建立一个资产阶级专政的国家。中国向何处去？对此，毛泽东进行了巨大的理论工作。他先后发表了《青年运动的方向》、《〈共产党人〉发刊词》、《中国革命和中国共产党》等著作，系统地总结了中国共产党领导中国革命18年的经验，指出：统一战线、武装斗争和中共党的建设是战胜敌人的三个主要法宝。1940年1月，毛泽东又发表《新民主主义论》，系统地阐明了新民主主义革命的性质、任务及其路线，从根本上粉碎了国民党在政治思想文化上的进攻，打破了在中国建立资产阶级专政的迷梦。

同时，中共党内的一部分同志也产生了“左”的倾向，对中日民族矛盾仍然是当前的主要矛盾表示怀疑，对中共抗日民族统一战线政策产生动摇，把国民党发动的第一次反共高潮视为新的“马日事变”。为巩固和扩大统一战线，1940年3月，毛泽东在延安党的高级干部会议上作了《目前抗日统一战线中的策略问题》的报告。同年12月，又写了《论政策》的党内指示。

十二　百团大战

1938年10月21日和25日，日本侵略军相继占领广州和武汉以后，由于中共领导的敌后游击战争的广泛开展，严重地威胁了它的后方，加之它的战线过长，兵力不足，不得不停止对国民党正面战场的战略进攻，回过头来对付中共的敌后战场。自此，中国的抗日战争处于战略相持阶段。

1939年，日寇用于进攻敌后抗日根据地的兵力有50万人，占侵华日军的62%，还有几乎全部的伪军。在军事上采取所谓“掏水战术”、“牛刀子战术”、“囚笼政策”等法西斯新战术，对根据地进行残酷的大“扫荡”。

1939年9月，日本侵略军向晋察冀边区发动“秋季扫荡”，根据地军民与日寇展开了英勇斗争。9月下旬，八路军一一五师在河北省灵寿县西北的陈庄与日寇激战6天5夜，毙伤敌官兵2000余人。11月初，根据地军民又在涞源县以南的岔口、黄土岭一带，击败日寇号称精锐的第二混成旅团，毙伤敌军1500多人，敌阿部中将被击毙，这对日本侵略军是一个沉重的打击，日军曰：“名将之花，凋谢在太行山上。”到1940年底，晋察冀边区已经发展成为包括晋、察、冀、热、辽5省各一部分的大块抗日根据地，面积达80万平方公里，人口2500万。

日寇在华北地区的大“扫荡”，曾一度占领了冀中平原的所有县城。为了保卫冀中抗日根据地，1939年1月，一二〇师在贺龙师长率领下进入冀中，投入战斗。4月，日军3000余人包围了我军驻在河间县齐会村的1个营，贺龙立即调集7个团的兵力和地方游击队，进行反包围，经过3天3夜的激战，歼敌大半，树立了平原游击战的榜样。

1939年底，一二〇师返回晋西北，经过38天的战斗，粉碎了日军12000余人的春季“扫荡”。到1940年底，晋绥根据地的面积扩大为33.1万平方公里，人口320余万，成为支持华北抗战和屏障大西北的战略基地。

1939年7月，日寇又集中14万人的兵力向八路军总部所在地的晋东南发动进攻。我八路军一二九师在广大人民群众的支持下经过多次激战，歼灭敌人近万人。1940年底，晋冀鲁豫各抗日根据地的总面积为69.9万平方公里，人口2500多万。

1938年10月以后，日寇向华中敌后大量增兵，对新四军进行“扫荡”。新四军在日军星罗棋布的据点中，到处神出鬼没地攻击敌人。在两年多对日寇的艰苦作战中，解放了江、淮、河、汉之间，包括江苏绝大部分，安徽、湖北的大部分，河南、浙江一部分及湖南一部分的广大国土和人民，建立了淮南、淮中、苏南、苏北、苏中、皖中、鄂豫皖、浙东等抗日根据地，总面积120余万平方公里，人口6000余万。

1939年2月，海南岛被日寇占领后，广东中共党组织领导汉、苗、黎各族人民联合抗日，从不到200人的抗日武装很快发展到数千人，创建了琼崖抗日根据地。以后琼崖和东江两个根据地的人民武装合编为华南抗日纵队。

在对敌斗争中，八路军和新四军在数量上得到了猛烈的发展。1939年前后，八路军已达27万人，新四军达5万人。1939年，八路军前总发布整军训令，要求八路军分别从同年2月和7月进行第一期和第二期整军。3月1日，已整理了61个团，约20万人。

1939年6月，中共中央军委、总政治部发布《关于整理与巩固新部队的训令》，要求主力兵团派出得力干部对地方武装进行整理。

1940年1月，八路军前总又颁发了1940年整军训令，规定在该年分两期（每期4个月）再整理50个团，以加强党对军队的绝对领导、巩固和扩充部队、提高部队的战斗技术素质和干部的文化水平。

1940年底，经过发展、整训，八路军已有150个团，40万人；新四军52个团，10万人左右。此外，各地尚有数倍、数十倍于此的群众抗日武装、地方部队和自卫军。

1940年夏，正值日、蒋勾结的顶峰时期，国民党顽固派亦乘机散布“八路军游而不击”的论调。为制止投降危险，表示中国共产党抗战到底的决心，八路军总部决定在华北进行一次规模较大的交通破击战。

1940年7月22日，八路军总司令朱德、副总司令彭德怀，副参谋长左权在上报军委的同时，向晋察冀军区、一二〇师、一二九师下达了作战预备命令。规定作战目的是：①彻底破坏正太线若干要隘，消灭部分敌人，拔除若干据点，较长时期中断该线交通，争取华北战局向有利方向发展；②打破敌军西犯西安的企图，振奋抗战军民，影响全国战局，克服投降危险，争取时局好转。

破击战的主要目标是正太线，其次是平汉线、平绥线、同蒲线、津浦线的主要公路。开始仅准备投入22个团的兵力，后来，由于各根据地自动增加兵力，使参战部队达100多个团，近30万人。

战役分3个阶段：8月20日~9月10日为第一阶段，主要任务是破击交通线。

8月20日夜8时起，各参战部队按照预定的作战计划，同时展开了破击战。作战一开始，日军的电讯、交通线均被切断，各地日军陷于孤立，整个华北日军陷于一片混乱。

刘伯承、邓小平率领一二九师及其他部队计46个团的兵力破击正太、平汉、德石、同蒲铁路线及其主要公路，重点为正太线的正定至榆次段，经过10余天的激战，此段铁路除阳泉、寿阳等几个大据点未受损失，其余大小据点全部被摧毁。

聂荣臻率领的晋察冀军区40个团的兵力，向正太、北宁、津浦、平汉等铁路发动全面破袭。自8月20日~23日，在民兵、群众的配合下，破坏了正太线东段铁路，攻占了娘子关、井陉等车站，歼灭日军1000余人。

尤其是井陉煤矿[①]的毁坏，使日军的损失惨重。

贺龙、关向应率领一二〇师等部队，计22个团的兵力，向同蒲线的阳曲南北段发动破击，铁路遭到严重破坏。

1940年8月31日，彭德怀在向部队下达命令的同时，向中央报告了情况：

> 贺、关、荣臻、刘、邓诸同志并报毛、朱、王：
>
> 此次百团战役胜利中已暴露敌之严重弱点，是兵力不够分配，华北战场上之兵力缺乏，已抽调出去不少，因此引起我们考虑以下问题，彻底毁灭正太路和彻底毁灭全同蒲路之忻县、朔县段，并可引起华北战局某些变化，你们认为可能时请电告并同时准备继续扩大之。

9月10日，第一阶段作战结束，八路军以一部分作战部队转入休整，准备参加第二阶段作战。

9月11日，中央书记处发出《中共中央关于军事行动的指示》：

> 甲、中央七七宣言与七一宣言决定我八路军、新四军全部力量在目前加强团结时，应集中其主要注意力打击敌人。应按照华北百团大战役，先向山东及华中组织一次有计划的大规模的进攻行动，在华北则应扩大百团战役的行动，到那些尚未遭受打击的敌人方面去，将以缩小占领区，扩大根据地，打破封锁线，提高战斗力，并在山东与华北方面，继续扩大我军之数量，而给予二百万友军，国民党大后方与敌占区内千千万万人民以良好影响，给予敌人向重庆等地进攻计划以延缓作用。
>
> 乙、……击敌，这是目前军事行动的总方针。
>
> 丙、……
>
> 丁、一切大规模行动，应是更加有计划、有准备的，不应轻率举行……

9月20日，战役第二阶段开始。中心任务是扩大第一阶段之战果，在

①自1938年日军攻占井陉后，就将井陉作为日本的重要煤炭基地，专门供应鞍山钢铁厂。

继续破击交通线的同时，歼灭交通线两侧及深入根据地之敌伪据点。

自9月23日～10月4日，一二九师主力攻克榆社县城及榆辽公路沿线各据点；太岳区部队对白晋路北段，同蒲路祁县至霍县段、长治至潞城段公路进行了破击；冀南部队破击了平汉线之高邑到安阳段的铁路。

晋察冀军区在9月22日攻克涞源与灵丘外围据点10余处；冀中部队除破击沧石、德石段交通外，并对任丘、河间、大城、肃宁地区敌伪军发动攻势，攻克据点20余处。

一二〇师及地方武装9月22日晨对同蒲线忻县至朔县段，展开破击，一度控制了朔县至原平的铁路。同时亦对汾离公路进行破击。

另外一一五师、山东纵队在山东，新四军第四纵队在皖东北，为配合百团大战，也对当面之敌发起破击。

在战役第二阶段，因敌增强了各交通沿线的守备兵力，并调集部队企图包围我军，所以我军进展比较困难。同时，我军以主力去攻打一些深入根据地内、设防又比较坚固的敌据点，这样，打了一些得不偿失的攻坚战，给根据地带来一些破坏，也使我军受到一定的伤亡。

从10月6日～12月5日，华北日军对抗日根据地进行反扑，发动报复性的“扫荡”作战。于是，百团大战进入第三阶段，即反“扫荡”作战阶段。

10月6日～11月底，敌对晋东南根据地进行了四次“扫荡”，一二九师各部在反“扫荡”中作战200多次，消灭敌伪军2800人。

11月，敌伪军1万余人对晋察冀根据地北岳区进行大“扫荡”，下旬敌占领阜平。在我军民的反击下，1941年1月初，我收复阜平，反“扫荡”结束。此次反“扫荡”中，晋察冀各部队共作战442次，毙伤日伪军6000余人。

敌对晋东南的“扫荡”告一段落后，从12月10日起，集中日伪军2万人以兴县、临县地区及岢岚、静乐以南地区为重点，分31路，先后向离石、汾阳、文水、交城、岚县、静乐等20余地，对晋西北全区进行疯狂“扫荡”。企图围歼八路军主力，合击中共领导机关。八路军主动转移，敌军连连扑空。1941年1月15日，反“扫荡”结束。晋西北我军作战217次，毙伤日伪军2500余人，并收复了“扫荡”初期被敌侵占的全部城镇。

日寇在“扫荡”中，推行野蛮的“三光”政策，杀人、放火、奸淫掳掠，仅太岳区沁源一县，群众被杀者达5000余人，牲畜损失近万头，大部房屋被烧毁，不少村庄完全毁灭。

百团大战历时3个半月（至12月5日），我军总计进行了1824次战斗，毙伤日军20645人、伪军5155人，俘虏日军281人、伪军18407人，拔除敌伪据点2993个，缴获步马枪5400余支、轻重机枪200余挺，缴获各种车辆2280辆，破坏铁路948里、公路3000余里，毁坏桥梁、车站、隧道260余处，毁坏煤矿5座，割走电线85万斤。同时出现抗日以来日军缴械投降的情况，前后多起，共47人。

日军撤掉了打了败仗的指挥官多建俊，换上了冈村宁次。日军一位众议员在《改造》杂志上谈道："中日战争迅速解决是不可能的……依靠我们的军队来消灭共产党的力量，必须依靠百年战争才能解决。"

12月12日，中央打电报：

> 德怀同志：
>
> 百团大战对外不要宣告结束，蒋介石正发动反共新高潮，我们当须利用百团大战的声势去反对他。

22日，毛泽东、朱德、王稼祥来电嘉奖：

> 百团大战实在振奋人心，可否再组织一两次那样的战役。

国民党第一战区司令官卫立煌说："百团大战不惟于敌寇以致命打击，且予友军以精神上之鼓舞。"

由于百团大战在国民党的军政界引起了震动，在国民党统治区成了轰动一时的头条新闻，蒋介石也发了"嘉奖令"。

在这次大战中，八路军出动105个团，40多万兵力。据不完全统计，八路军阵亡5000多人，负伤11000多人，失去联系者300多人，中毒者200多人。同时，过早地暴露了中共军队的攻击力量，日军因此从华东、华中调回了2个师团的兵力，近百万的日军面对华北战场。日军并自此改变了以前对八路军抗日根据地采用的以政治进攻为主、军事进攻为辅的策略，给抗日根据地增加了困难。

解放区军民经过在敌后英勇奋战，壮大了自己，扩大了解放区。晋察冀边区自1938年1月～1940年7月，由39个县增加到75个县；晋绥解放区亦向绥远、察哈尔扩大范围；至1940年年底，晋冀鲁豫解放区已扩大到西起同蒲线，东至津浦线，南临黄河，北迄石太线、石德线的广大地区，正规军发展到10万人，边区人口2000万；八路军一一五师进入山东后，山东根据地得到迅猛发展，到1940年底，在95个县建立了抗日民主政权，人民武装达12万余人；在华中，到1940年底，新四军发展到10万人，抗日根据地已遍布长江两岸的广大地区，总人口达到1300万，尤其是苏北抗日根据地的开辟，将华中、华北解放区连成一片；在华南，中共在广州周围和海南岛发动群众，开展游击战争，亦建立了根据地。总之，到1940年，中共领导的各抗日武装由1938年的18.17万人增加到50万人，抗日根据地人口（包括游击区）达1亿人。

十三　建设根据地

1941年以后，中国共产党领导下的敌后抗日根据地进入了最艰苦、最困难的阶段。形成这种困难局面的原因是多方面的，但主要是长期敌我力量对比发展的结果。据日方资料，到1941年7月，华北敌占区约占该地区的10%，抗日根据地占30%，其余60%为敌我争夺的游击区。

百团大战后，日军总结了以前失败的教训，在华北和华中加紧推行大规模的“治安强化运动”和“清乡运动”。目的是把单纯的军事占领扩大为军事、政治、经济、思想、文化的全面的殖民统治，使敌占区完全殖民地化。1941年前后，全国各种汉奸武装达到六七十万人。日寇加强物资的控制和禁运，严格封锁根据地一切经济物资来源，同时大肆掠夺我国经济和国防资源，抢占粮食，大肆屠杀和掳掠劳动力。进一步加紧对抗日根据地的残酷“扫荡”。由以往的短促“扫荡”进到长期“扫荡”，由分散“扫荡”进到集中优势兵力的“扫荡”，由线式“扫荡”进到纵深“扫荡”，由长驱直入进到步步为营，由分进合击进到铁壁合围，由无组织的烧杀掠夺，进到有组织的“三光”政策。

1941年，日军将侵华总兵力的75%用于对付敌后抗日军民，太平洋战争后，部分日军南调，但用于敌后战场的兵力仍在64%左右。

日寇“扫荡”根据地的兵力之庞大，作战之频繁，以及手段之残暴，都是历史上罕见的。

太平洋战争爆发后，日寇为达到“以战养战”的目的，把中国变成它的后方基地，进一步推行所谓军事、政治、经济、文化和特务相结合的“总兵力战”。把华北分成“治安区”（敌占区）、“准治安区”（游击区）和“非治安区”（解放区）。对“治安区”，以“清乡”为主，加紧殖民统治和经济掠夺；对“准治安区”，以“蚕食”为主，修筑封锁沟墙，烧毁村庄，制造无人区，防止我军深入活动；对“非治安区”，以“扫荡”为主，实行“三光”政策，散布鼠疫毒菌，施放毒气，使根据地人畜不留，庐舍为墟，企图从根本上摧毁根据地军民的生存条件。

1942年，日寇在对华北根据地的“扫荡”中，使用兵力在1000人以上的，就有174次，比前两年增加了2/3，使用总兵力达83万多人，比前两年增加了一半。其中，1942年5月，敌冈村宁次亲自指挥5万兵力、7万辆汽车，“扫荡”冀中根据地8000个村庄，人民被杀害和抓去共有5万多人。

1942年5月19日，晋东南周围的日寇3万多人，分多路向太行抗日根据地一分区和六分区大举“扫荡”。八路军奋起抗击。6月25日，八路军副总参谋长兼二纵队司令员左权率领三八九旅主力在辽县东南麻田地区十字岭与敌人激战时，不幸中弹牺牲，终年36岁。左权，湖南醴陵人，1906年出生，黄埔军校第一期学员，1925年加入中国共产党，曾任北伐军排、连长等职，以后，和刘伯承一起到莫斯科陆军大学学习。1930年回国，担任过中央根据地红军学校教官、红十五军政委、军长、红一军团参谋长、代理军团长等职。根据辽县1万个签名民众要求，晋冀鲁豫边区政府在1942年纪念九一八事变的5000人大会上宣布，将辽县更名为左权县。

国民党的反共投降活动也肆无忌惮。他们一面调动70多万军队包围封锁陕甘边区和其他根据地，一面秘密指使高级将领率部投敌，搞所谓“曲线救国”，在日寇指挥下进攻抗日根据地。此间，投降日寇国民党中央委员有20人，高级将领58人，军队50万（占伪军总数62%）。

这样，各抗日根据地不同程度地被分割封锁。一些根据地变成了游击区，一些游击区变成了敌占区。1942年，边区人口降为5000万，八路军由40万人减少为30万，新四军由13.5万减少到11万人。中共部队基本上丧失了大部队进行机动运动战的条件，游击战争成了这一时期坚持对敌斗争的惟一的或基本的作战形式。

在根据地，1941年11月，中共中央发出《关于抗日根据地军事建设的指示》，提出：主力兵团地方化，地方武装群众化，普遍发展群众武装，并使主力兵团、地方武装、民兵密切结合。据此，各地把加强地方武装和民兵建设放在重要位置，建立起主力部队、地方武装和民兵三位一体制。群众不分男女老少，一齐参战。村自为战，人自为战，创造了麻雀战、地雷战、地道战、破袭战、窑洞战和水上游击战等各种巧妙打法，出奇制胜，各显神通。1941年10日，晋察冀边区军民毙俘敌伪军8000多人；1942年的冀中“五一”反“扫荡”，打死敌坂本旅团长以下8000多人；

晋冀鲁豫军民粉碎了敌人500多次“扫荡”；山东根据地广泛开展地雷战，粉碎了敌人的“扫荡”；晋绥根据地在两年中进行了大小3000多次战斗，毙伤敌伪军3000多人。

在游击区，面对敌人的点线正面，主力部队、地方部队和民兵组成联防线，给敌人以坚决打击，逼其撤走；在敌人的点线后面，以主力一部插入敌后，形成两面夹击之势，使其腹背受敌，顾此失彼。

在敌占区，采取敌进我进的方针，组织小而精干的军事斗争和政治斗争相结合的武装工作队，深入敌后，展开明的、暗的、文的、武的各种斗争，发动群众，瓦解伪政权，镇压汉奸卖国贼，建立小块分散的抗日基地。

同时，自1941年以后，华北地区连年遭到严重的水、旱、蝗灾，群众生活困难，部队、机关供给不足，有的地区甚至没有粮食吃、没有衣服穿。毛泽东曾这样描述困难的情景：“我们曾经弄到几乎没有衣穿，没有油吃，没有纸，没有菜，战士没有鞋袜，工作人员在冬天没被盖。国民党用停发经费和经济封锁来对待我们，企图把我们困死，我们的困难真是大极了。”① 毛泽东说：有个南汉宸，过去他是杨虎城的朋友、秘书长，现在是我们边区政府财政厅长，昨天，他提醒我说，库存现金仅仅余下5元，而且是他自己印的伍角流通券10张；日本帝国主义要消灭我们，蒋委员长要困死我们，我们只得靠自己，发展生产，丰衣足食；我们发行流通券对外宣布是便于找零，实际上是为了弥补收支的赤字。

中共中央号召全体军民，贯彻抗日根据地的10大政策：对敌斗争、精兵简政、统一领导、拥政爱民、发展生产、整顿三风、审查干部、时事教育、三三制、减租减息。开展生产自救，咬紧牙关，度过最困难的时期，迎接抗日战争的伟大胜利。

中共中央和毛泽东制定了“发展经济，保障供给”的方针，提出了“自己动手，丰衣足食”的号召，领导解放区军民开展了轰轰烈烈的大生产运动。②

1941年，中共中央所在地的陕甘宁边区首先掀起了大生产运动，毛泽东、朱德等中央领导身体力行。王震率八路军三五九旅驻屯延安县南泥湾地区，这里荒无人烟，杂草丛生，全旅指战员经过两年奋战，至1942年，

①《毛泽东选集》第三卷，人民出版社，1991年6月版，第892页。

②早在1938年8月，延安留守兵团就贯彻毛泽东“开展部队生产运动”的号召，展开了以开荒、种菜、养猪和各种手工作坊的生产运动。1939年共开荒25136亩，收粮食2590石；1940年开荒20679亩，收粮食2400石。

全旅种地近2.7万亩，粮食产量达3000余石，基本上达到自给自足。1943年，陕甘宁边区开荒面积达77万亩，工业方面，已能自己造纸、炼铁、炼油、修造小型机器、制造军需品等。

在晋绥边区，1941年，区党委和行署决定将发展生产、加快经济建设作为中心任务之一，在全区范围内开展大生产运动。到1942年，全区开荒60万亩，粮食生产大幅度增长。本区并极为重视工业建设，相继建立了炼铁、化学、被服、印刷、制药、纺织、煤炭等工业。八路军一二〇师亦积极参加大生产运动，1941年开荒6万亩，1942年生产总值达2000万元。

晋察冀边区，在生产运动中，边区党委和政府实行拨工互助、牲口贷款政策，解决了劳力和畜力缺少问题，提高劳动效率一倍多。在游击区，实行劳武结合，在军队保卫下进行抢耕、抢种、抢收。促进了边区的经济恢复与发展。

晋冀鲁豫边区，至1942年开垦荒地40万亩、水田6万亩。到1943年，平均每人种地3亩，粮食自给率达25%。边区还自己建有小型工厂，能自己采煤、炼铁和制造各种日用品。其中纺织业最著名，生产的毛巾、毛毯除自给外，还远销大后方。至1943年，边区经济已全面好转。

山东军区，1943年生产节约总值达4700万元，军队经费自给率超过50%。山东人民踊跃纳公粮。储备了大量的粮、油、棉、盐等物资。

华中根据地，于1942年开展以改善生活为主的大生产运动，1943年发展以自给为目的的大生产运动。他们兴修水利，扩大灌溉面积120万亩，还自己制造纺车、布机，生产布匹。淮南军区1943年生产粮食3万石，还种植了棉、麻、烟等经济作物。1944年，新四军直属部队生产总值达1500万元以上。

1940年3月6日，毛泽东为中共中央起草了对党内的指示《抗日根据地的政权问题》，指出："在抗日时期，我们所建立的政权的性质，是民族统一战线的。这种政权，是一切赞成抗日又赞成民主的人民政权，是几个革命阶级联合起来对于汉奸和反动派的民主专政。……根据抗日民主统一战线政权的原则，在人员分配上，应规定为共产党员占三分之一，非党的左派进步分子占三分之一，不左不右的中间派占三分之一。……必须使党外进步分子占三分之一，因为他们联系着广大的小资产阶级的群众。……给中间派以三分之一的位置，目的在于争取中等资产阶级和开明绅士。"①

---

①《毛泽东选集》第二卷，人民出版社，1991年6月版，第741～742页。

上述“三三制”的目的是保证在共产党领导的前提下把根据地政权建设成为真正的包括一切抗日爱国阶层的统一战线政权，防止少数党员包办代替。

1941 年 1 月，陕甘宁边区筹备召开第二届参议会。[①] 全面实施“三三制”的政权建设。中共陕甘宁边区中央局起草了《陕甘宁边区施政纲领》，经党中央和毛泽东研究修改后，于 1941 年 5 月 1 日发布，这就是著名的“五一施政纲领”。[②]

2 月，陕甘宁边区政府根据党中央实行“三三制”的决定，在边区进行广泛深入的普选教育，动员全区人民不受财产、性别、职业、民族、文化等限制，以普遍、直接、平等和无记名投票方式进行选举。全区 80% 以上选民参加了投票。同年 7 月，完成了普选。产生了县以下各级参政会及政府机关。在这次选举中，有一批开明士绅当上了边区参议员，如米脂的士绅李鼎铭、贺连城，绥德的地主士绅安文钦、霍子乐等。当选的参议员中还有少数民族人士马生福阿訇（回族）、鲜维俊（回族）、那素滴勒盖（蒙古族）、国际友人申健（日本）、武亭（朝鲜）、阿里阿罕（印尼）、巴素华（印度）等。

1941 年 11 月 6 日 ~21 日，陕甘宁边区第二届参议会在延安新的参议会大礼堂隆重举行。到会参议员 219 名（其中 18 名为候补委员）。大会开幕那天，毛泽东、朱德等中央领导参加会议。晋西北行署主任续范亭，晋冀豫、胶东、鲁西、华中、苏北等敌后抗日根据地派代表参加了会议。国民党驻第十八集团军高级联络参谋陈宏谟、周励武、郭亚生等也出席了会议的开幕典礼。

毛泽东在开幕典礼上作了重要讲话：“参议会的目的，只有一个，就是要打倒日本帝国主义，建设新民主主义的中国。……国事是国家的公事，不是一党一派的私事。因此，共产党员只有对党外人士实行民主合作

---

①陕甘宁边区第一届参议会于 1939 年 1 月 17 日 ~2 月 4 日在延安召开，到会议员 146 名。毛泽东、洛甫、陈云、王稼祥等出席了开幕式并作了讲演。大会听取了林伯渠的政府工作报告；讨论通过了《陕甘宁边区抗战时期施政纲领》及其他单行法规；选举高岗为议长，张邦英为副议长，林伯渠为边区政府主席，高自立为副主席。

②这个纲领的基本精神，是“团结、抗日、救国”。具体内容包括：边区境内各社会阶级、抗日党派，共同团结抗日；坚持与边区境外之友党友军团结抗日；提高边区武装部队的战斗力和做好优抗工作；实行“三三”制，共产党员同非党人士团结合作；保证人民民主和自由；改进司法制度，厉行廉洁政治；发展工农业生产，实行减租减息，改善劳资关系，实行合理的税收制度；普及国民教育，发展文化事业，保障人民健康；男女平等，保护妇女和儿童；坚持民族平等；保障外侨和外国人的利益；给社会游民以平等的权利；优待敌伪俘虏等。这个纲领是新民主主义政治、经济、文化的具体化。

的义务，而无排斥别人、垄断一切的权利。共产党是为民族、为人们谋利益的政党，它本身绝无私利可图。它应该受人民的监督，而绝不应该违背人民的意旨。"①

"三三制"原则提出后，许多干部思想不通，担心会削弱共产党的领导，担心会失去流血牺牲闹革命、打土豪、分田地建立的政权。毛泽东认为有必要做一些说服工作。11月6日，陕甘宁边区第二届参议会开幕，通过施政纲领是这次会议的重要议题。毛泽东在开幕式上有针对性地阐述了陕甘宁边区施政纲领的原则和意义。他说："中国共产党提出的各项政策，都是为着团结一切抗日的人民，顾及一切抗日的阶级，而特别是顾及农民、城市小资产阶级以及其他中间阶级的。共产党提出的使各界人民都有说话机会、都有事做、都有饭吃的政策，是真正的革命三民主义的政策。……这样的政策我们叫做新民主主义的政策。这是真正适合现在中国国情的。"为什么要实行这样的政策？毛泽东说："中国社会是一个两头小中间大的社会，无产阶级和地主大资产阶级都只占少数，最广大的人民是农民、城市小资产阶级以及其他的中间阶级。任何政党的政策如果不顾到这些阶级的利益，如果这些阶级的人们不得其所，如果这些阶级的人们没有说话的权利，要想把国事弄好是不可能的。""三三制"的实行，使边区新民主主义的政权建设发展到一个新阶段，成为全国最进步的地方。毛泽东说："这里一没有贪官污吏，二没有土豪劣绅，三没有赌博，四没有娼妓，五没有小老婆，六没有叫花子，七没有结党营私之徒，八没有萎靡不振之气，九没有人吃摩擦饭，十没有人发国难财。"毛泽东自豪地说：现在全国要办新民主主义，有没有一个样子呢？我讲已经有了，陕甘宁边区就是模范。②

毛泽东号召参议员中的共产党员要克服自己的关门主义和宗派主义，倾听人民的意见，同党外人士实行民主合作。他要求党外人士帮助共产党克服关门主义和宗派主义的毛病，共同把国事真正办好。毛泽东的讲话，在参议员中引起极大的反响，受到高度的赞扬，成为这次大会的指导思想。大会选举高岗为边区参议会议长，安文钦、谢觉哉为副议长。

大会最后选举边区政府领导人员。林伯渠当选为边区政府主席，李鼎铭为副主席。

大会选举林伯渠、李鼎铭、高自立、南汉宸、萧劲光、贺连城、刘景范、马明方、柳湜、霍子乐、那素滴勒盖（蒙古族）、毕光斗、萧筱梅、

---

①《毛泽东选集》第三卷，人民出版社，1991年6月版，第807～809页。

②《毛泽东选集》第二卷，人民出版社，1991年6月版，第718页。

高步范、杨正甲、马生福（回族）、高崇珊、徐特立等18人为边区政府委员会委员。其中共产党员7名，超过“三三制”的规定。徐特立当即申请退出，经大会同意，依次由非党人士向文焕递补。

1940年8月，中共中央北方分局（晋察冀分局）提出了《晋察冀边区目前施政纲领》，规定根据地内按“三三制”原则建设和健全各级民意机关，一切人民只要不投降，不反共，均可参加政权。在各地广泛开展的普选运动中，参加选举的选民达70%以上。通过民主选举成立了县、区、村各级“三三制”抗日民主政权。1943年1月15日，边区最高权力机关——晋察冀边区参议会正式召开，选举成仿吾为参议长，讨论并颁布了《晋察冀边区施政纲领》。选举产生了“三三制”边区政府，宋劭文为主任，胡仁奎为副主任。

晋西北根据地在1941年、1942年两年中大体完成了村、区的民主选举。1942年10月，召开了晋西北临时参议会，通过了《巩固和建设晋西北的施政纲领》等法案。选林枫、刘少白为参议会正、副议长；选举续范亭、武新宇为行政公署正、副主任。

晋冀鲁豫边区在1941年7月7日召开边区临时参议会，选举申伯纯为议长，宋维周、邢肇棠为副议长。选举杨秀峰、薄一波、戎子和为边区政府正、副主席。

在华中根据地，按不同情况对各地乡、村基层政权自下而上地进行选举，实行民主改选，废除封建保甲制度，吸收抗日分子参加政权。在县以上召开参议会，按“三三制”的原则建立抗日根据地民主政权。

陕甘宁边区有人口150万，而部队、机关、学校却有10万人，群众负担过重。在边区第二届参议会上，党外人士李鼎铭先生提出“精兵简政”的议案。这一提案，立即受到党中央和毛泽东的重视，毛泽东把这一提案一字一句地记在笔记本上，还加了一段批语：“这个办法很好，恰恰是改进我们机关主义、官僚主义、形式主义的对症药。”

1941年12月初，党中央向各抗日根据地发出“精兵简政”的指示。1942年9月7日，毛泽东为延安《解放日报》写了《一个极其重要的政策》的社论，论述了精兵简政的重大意义。同年12月，毛泽东在陕甘宁边区高级干部会上，进一步指出：“这一次精兵简政，必须是严格的、彻底的、普遍的，而不是敷衍的、不痛不痒的、局部的。在这次精兵简政中，必须达到精简、统一、效能、节约和反官僚主义五项目的。”①

中共中央机关也进行了调整和精简，政治局于1943年3月20日通过了《中央关于中央机构调整及精简的决定》，指出：调整和精简的目的，“在于使中央机构更加简便与灵活，使事权更加统一与集中，以达到更能增加中央的领导效能”。1943年10月1日，毛泽东在为中共中央起草的《中共中央政治局关于减租生产、拥政爱民及宣传10大政策的指示》中将“精兵简政”列为10大政策的第2项内容，指示各根据地认真贯彻执行。

各抗日根据地的精兵简政从1941年开始，至1943年底基本结束。陕甘宁边区是党中央的所在地，这里率先响应了党的号召，边区政府委员会通过了《陕甘宁边区简政实施纲要》，边区各厅、处、院裁并了1/4，边区政府直属机关从35个减为22个。边区政府建立了合署办公制度，各厅、局由700来人减为280人。边区还减少了13000多人的经费、粮食预算。

在晋冀鲁豫边区，八路军总部经过缩编，只留下原有人员的4%，其余占96%的人员有的充实到基层，有的送院校学习提高与深造，老弱病残者转到生产战线及地方机关去工作，还抽出一部分干部带枪支弹药支援地方军和民兵。边区政府机关亦精简人员48%，节省经费46%。毛泽东赞扬晋冀鲁豫边区是“精兵简政的模范”。

晋察冀边区政府精简50%。

晋绥根据地党、政、军、民、学精简后，脱产人员由57000人减少为35000人。

山东根据地自1942年至1943年共精简了万余人，占原有脱产人员的27%。

精兵简政显示出来的作用：①消费性开支减少，人民负担得以减轻，如陕甘宁边区在精简的第一年群众缴纳的公粮就减轻20%；②干部深入基层，使基层政权日臻巩固，对敌斗争水平提高；③加强了中央的集中统一的领导；④密切了党、政、军、民之间的关系。

中国农村长期存在着十分落后的封建租佃关系，一般地租占到土地产量的50%左右。高利贷的重利盘剥更甚。国民党政府曾以法律形式限租，规定租额为土地总产量的37.5%，但从来没有实行过。

1941年以前，各抗日根据地已领导农民进行了部分减租减息。1942年1月28日，中共中央政治局通过并公布了《关于抗日根据地土地政策的决

①《毛泽东选集》第三卷，人民出版社，1991年6月版，第895页。

定》以及3个附件；2月6日，又向党内发出《中央关于如何执行土地政策决定的指示》，总结了抗战以来根据地减租减息的经验和问题，详尽地规定了减租减息的各项具体政策。原则是，提高农民抗日与生产积极性；交租交息以联合地主阶级抗日；奖励资本主义生产以联合生产阶级。具体规定：一方面地主、债主必须适当地减租减息，地租实行二五减租，即减租25%（在游击地区及敌占区点线附近可只减20%、15%或10%）；利息实行分半减息，即年息1.5%，保证农民有饭吃，对抗战前的借贷关系应以1分计息，如付息已超过原本1倍者，停利还本，如超过原来2倍者，本利俱停。另一方面，地主、债主仍享有土地所有权，农民要向地主、债主缴租缴息，保证地主、债主有一定的利益。这样，调节和缓和了农民和地主的矛盾，调动了农村各阶级、各阶层的抗日积极性。

根据中共中央的决定，1943年前后，各抗日根据地在广泛动员群众的基础上深入普遍地展开减租减息运动。

陕甘宁边区是土地革命战争中创立的根据地，在部分地区，土地问题已基本解决。抗战开始，停止了没收地主土地的政策，在不变动已分配土地的原则下，由政府分配给地主和农民同等数量的土地。未分配土地的地区，进行减租减息。至1945年，耕地面积增长（较抗战前）79.4%，达到1520万余亩，植棉面积较1932年增长了270.6%，牲畜较抗战前增长200%～300%。

华北的减租减息一般经过了两个阶段：第一阶段是抗战初期，为动员群众抗战，主要是反贪污、摊派，实行合理负担，动员各个爱国阶层，有钱出钱，有力出力，到1940年前后，才在一些根据地颁布了土地法令，进行减租减息；第二阶段，从1942年开始，在抗日民主政府的领导下，动员群众向封建地主进行说理斗争，根据党的政策和各地区不同情况，妥善处理各种复杂的租佃关系。

华中根据地在1942年以后，亦根据中心区、边缘区和游击区等不同情况，采取不同的方法进行减租减息。

减租减息运动使农村的土地关系和阶级结构发生了巨大变化：大多数雇农、贫农上升为贫农、中农，多数的贫农、中农上升为中农以及新富农，削弱了地主和旧式富农。

减租减息是一场非常重要、复杂、政策性很强的反封建斗争，它一面必须反对不发动农民、只靠政府法令的右倾恩赐观点；同时也要反对不顾抗日战争的具体环境，照搬苏区土地革命政策的冒险倾向。

十四　家事

红军到了陕北，贺子珍也面临着转折。她渴望在新的环境中干一番事业，一再向组织申请要求分配工作。但她再次怀了孕，组织上分配她在毛泽东身边当秘书，她不同意。她说："我不愿当家属，我要同大家一样，做公开的独立工作。"

红军东征后，她随毛泽东回到瓦窑堡，组织上分配她到苏维埃国家银行做印刷所长。她以极大的热情从事这项工作，她带着十几个人，白天印钞票，晚上检查印刷的数量和质量，忙得连家也很少回。有时，毛泽东晚上办完公，步行到这里来看她。

党中央机关迁到保安后，女儿娇娇（李敏）出生，但贺子珍此时想的不是做母亲的欢乐，而是工作。娇娇生下才 4 个月，贺子珍就把孩子送到老乡家了。很多人劝她："孩子太小，你身体太弱，等一等吧。"她固执地摇摇头："孩子拖累我，我要干革命！"

她常说自己是个大老粗，送走孩子后，她想学习。组织上满足了她的愿望，把她送进了延安抗大，她可高兴了。抗大的学习是很紧张的，学马列、学政治、学军事，每天清晨还要出操。贺子珍参加了学校白天、晚上的全部活动。这时，贺子珍的家搬到延安凤凰山下一家老乡的窑洞里，离抗大只有一两里路，可除星期六外，贺子珍很少回家。

贺子珍由于在长征路上生孩子后，缺乏营养和调理落下头晕的病根，又加上在负伤后大量出血。头晕加重了，嵌在她头部、背部的弹片，时常刺痛她的神经，阴天下雨就更厉害。但她从来不给任何人诉说自己的不适。有一天，她竟晕倒在厕所里，同志们见她久不出来，跑进去才发现。抬回后，经医生诊断，她患了严重的贫血症，需要好好休息，她只得退学回到家里。

红军到达延安以后，延安成了中国革命的圣地和中心，它像一颗闪闪的红星吸引着大批爱国知识分子、青年男女，他们不顾国民党的阻挠，冲破重重封锁奔赴延安。这些人给延安带来了生气，给革命事业增添了新的活力。特别是年轻的知识分子来自全国的大中小城市，来自各种院校、学府，他们带来了许多新消息和新的思想。毛泽东是个博学的人，对许多问题都有兴趣，他很喜欢同这些知识分子交往，从中得到启示，获得知识，也感受到很大的快乐。这种情况下，贺子珍产生了孤独的感觉。她发觉了她与毛泽东有不一致的地方，使她很苦恼。她与毛泽东相处10年，对毛泽东的爱是那样的深沉和专注，她容不得一点不和谐的现象存在。她决定到西安去，从那里转赴上海取出弹片。就在这个时候，她发现自己又一次怀孕了，这更坚定了她要走的决心。

毛泽东看到贺子珍要走，极力挽留她。毛泽东说："我这个人平时不爱落泪，只有在三种情况下流过眼泪：一是我听不得穷苦老百姓的哭声，看到他们受苦，我忍不住要掉泪；二是跟过我的通讯员，我舍不得他们离开，通讯员牺牲了，我难过得落泪，我这个人就是这样，骑过的马老了、死了，用过的钢笔旧了，都舍不得换掉；三是在贵州，听说你负了伤，要不行了，我掉了泪。"毛泽东此时充满了感情，他又说："我现在的情况同在王明路线时期不同了，我有发言权了。以后不会再让你像过去那样，跟着我受那么多苦了。"但贺子珍坚持要走，1938年初，她把娇娇托付给奶母，收拾起简单的行李，终于一个人走了。

贺子珍到了西安，得知上海已经沦入敌手，她住在中共驻西安办事处，不想回延安，在西安一住几个月。毛泽东曾托人捎来口信，请贺子珍回去，贺子珍没有听。此时，因共产国际的代表从苏联经新疆、西安去延安。贺子珍得到启发，上海去不成，可以到苏联去，到那里不仅可以取出弹片，还有学习的机会。于是她从西安乘汽车到兰州，以后又到了新疆，住在迪化中共驻新疆办事处。在等待去苏联的飞机时，毛泽东再次托人捎来口信，请她不要去苏联，返回延安来，贺子珍没有理会这个召唤。不久，中共驻新疆办事处收到中央的一份电报，要求所有在新疆候机去苏联的同志，全部返回延安。其他在新疆等候出国的同志都回延安了，贺子珍没有回。她在新疆住了几个月后，终于登上去苏联的飞机走了。这一年，她29岁。

1938年10月，贺子珍到达苏联首都莫斯科。不久，毛泽东发去一封电报，请她回延安来。从国内陆续到苏联的同志，也多次给她捎来毛泽东的口信，请她回去。这时，她想自己既然已经来了，学习也已经开始，怎能半途而废呢？她诚恳地给毛泽东写了一封信，说她在苏联生了一个男孩，长得完全像毛泽东，她的奶水不够，孩子一半靠牛奶，一半靠米汤喂养；这里的学习已经开始，等两年学成后才回来。写完信后，就专心学习起来。①

①孩子满月后，贺子珍进了苏联为培养亚洲地区的革命者专门开办的东方大学学习。东方大学设在莫斯科市区一座小楼里，由于学员人数不多，楼下是教室，楼上是宿舍。

李进，又名李云鹤，1914年3月出生于山东诸城县的一个小业主家。1929年春，她考入济南一所新成立的“实验艺术专科学校”，学习戏剧表演。1932年初，她去青岛大学图书馆做职员，在这里，她结识了青岛中共地下党组织的一位领导俞启威，① 并与之结婚。1933年2月，她加入中国共产党。同年4月，俞启威被捕，她失掉了党的关系。经俞启威的姐姐俞珊介绍，李进来到上海，住在田汉家里，并加入剧联工作。后进入电影界，艺名蓝苹。1937年，上海八一三抗战后，与蓝苹订有合同的联华公司迁往武汉，她便找到国难教育社的地下党负责人，要求前往西安。到西安后，她找到原晨更工学团的公开负责人、已调任西安市妇委书记的徐明清，② 承认自己在婚姻问题上犯了大错误，现在决定不在白区环境生活，要去革命根据地从头学习、从头工作。此时，上海的教联、影联各盟的组织均已结束，蓝苹没带介绍信，徐明清将她在上海几年的活动情况和要求向八路军办事处的同志作了汇报。经博古批准，安排她住在办事处，几天后随运货卡车去延安。被分配在边区政府教育厅工作。不久，她提出要求审查她的历史，解决组织问题，又进了中央党校。这一时期，中共中央党校和中央组织部均审查过她的历史。到延安后，蓝苹改名为江青。

中共中央党校设在延安东边的桥儿沟，这地方原是外国人传教的场所，有一栋大教堂。300多名学员全是中共党员，他们来自国民党地区、各个抗日根据地和各方面军。

1937年冬天的一个下午，学员们被通知，要在大礼堂听中央首长作报告。江青最早来到，找了前排一个显眼的位子，2点钟，响起了热烈的掌声，全体起立，台上出现了毛泽东，几百双眼睛放出喜悦的光芒。

听完毛泽东的报告后，江青给毛泽东写了一封信，说她今天专心听了报告，很受教育和鼓舞，继而说明她出身贫苦，后来入党，参加左联，向往延安。特别说明她现在是党校12班的学员，自己的理论水平和马列主义修养很差，在学习上有很多问题，要求敬爱的毛主席在百忙之中接见一次。她写道：“我想你会欢迎我，你是一位善于联系群众的伟大人物，我这个纯真的女孩子只不过向你提出区区小小要求。如果准见，我将于后日

①后改名黄敬，浙江绍兴人，1932年在青岛大学读书时加入中国共产党，曾任青岛大学党支部书记和中共青岛市委宣传部长，后到北平大学读书。1935年参加领导一二·九运动，后任中共北平地下市委宣传部长和市委书记。

②徐明清，浙江省临海县（市）人。1911年生，1926年加入中国共产主义青年团，1929年转入中国共产党。30年代工作在中共的文化教育战线上。后到延安，曾任中组部妇女科副科长。

(星期日)下午3时来到你的居处。”星期日下午，她不等接到回音，就按时到了毛泽东的住处。

中央党校的纪律和生活是严格和艰苦的，学员的素质一般较好。慢慢地她感到不适应。1938年3月，她正式向组织提出改上鲁艺(鲁迅艺术学院，1938年春在延安创立，设音乐、美术、戏剧、文学等系)的请求。陈云不同意，这时康生——她的山东老乡帮了忙。很快，江青进入了鲁艺，还当上了这所学校的助教。

1938年开始的几个月内，毛泽东过着独居的生活。江青经常去找毛泽东请教问题。慢慢地毛泽东和江青的爱情关系趋于明朗化。1938年8月，有关领导把她从鲁艺转到中央军委档案室做秘书。

经过中央研究，决定重新调查江青的历史问题，并且交由组织部门具体办理此事。周恩来、刘少奇给中共上海地下党负责人刘晓发电报。上海中共地下党组织如实反映了江青在上海被捕的经过和在电影界的一些表现。担任中共中央社会部和情报部部长要职的康生借自己熟悉山东情况和早年在青岛及济南认识江青，认为江青在入党后的所作所为是积极革命的，斗争意志是坚强的。对于江青在上海文化界和党失去联系的那一段历史，康生说无非是斗争恶化，可以暂时隐退，以保存革命实力。康生甚至不惜违反党的组织原则，秘密毁掉了各地调查回来的不利于江青的材料和有关控告信。

经过中共中央委员会有关领导研究，达成一个协议：江青可以和毛泽东结婚，全力照顾毛泽东的个人生活。

1938年11月20日，日机轰炸延安，当晚毛泽东的住处由延安市内凤凰山麓迁至延安城外杨家岭。① 同月，毛泽东与江青结婚。② 结婚后，江青和延安大多数妇女一样，将披肩发剪成短发。毛泽东在和外人及西方记者谈话时，她很少开口。1940年8月，小女李讷降生。

杨开慧英勇就义后，经熟人出面说情、作保，毛岸英和孙嫂被释放，但板仓杨宅受到了特务的严密监视，国民党想以3个孩子为诱饵来捕获毛泽东。1931年初，在上海做中共地下发行工作的毛泽民和钱希均夫妇得知

①毛泽东1938年11月~1943年10月住在杨家岭，1943年10月~1945年底住在枣园，1946年1月搬到王家坪(断断续续在此居住，有时回枣园)。

②《毛泽东年谱(1893—1949)》中卷，人民出版社、中央文献出版社，1993年12月第1版，第96、97页。

嫂子被反动派杀害，心中无比悲愤，他们担心凶残的敌人杀害3个侄子，就建议党中央把3个孩子接到上海。党中央同意他们的建议，毛岸英、毛岸青、毛岸龙3人就由他们的舅妈李崇德和外婆向振熙辗转护送来到上海。送到中共地下党领导的、中国互济会主办的大同幼稚园（在戈登路）抚养。1931年4月，顾顺章叛变后，中共中央考虑到顾不但认识毛泽民，且熟悉他的联络暗号和地点，所以让毛泽民等人离开上海到香港去开辟工作（后去中央根据地）。离开上海之前，毛泽民和钱希均约定在公园和3个侄子告别，嘱咐他们要好好学习，听老师的话，和周围的小朋友搞好团结，并嘱托岸英要照顾好两个年幼的弟弟。岸英问叔叔、婶婶能见到爸爸吗？并从怀里拿出一封信，要叔婶交给爸爸，毛泽民一口答应（到了江西，毛泽民将信交给了毛泽东）。

后来，大同幼稚园被解散，毛岸英兄弟暂寄养在董健吾家。后因白色恐怖严重，董又去武汉工作，毛岸英兄弟生活无着落，便开始流落街头。老三在迁移中病死。岸英和岸青曾在烧饼铺当学徒，受尽折磨，逃出店铺两人靠卖报纸、捡破烂、帮人推人力车来维持生活。岸英想买一本小学生字典学文化，兄弟俩勒紧裤带，3个月不吃早饭，才得以买成。

毛泽覃在江西战死后，国民党在报纸上登载了这一消息："赣南残匪已完全肃清，伪师长毛泽覃已被击毙……"在上海街头卖报的毛岸青听到别的报童的喧嚷，心里像被刀子捅了一下似的，他仔细一看报："军息：伪中央区所属之伪师长毛泽覃（系毛泽东胞弟）前因我军积极搜剿，乃率领残部，鼠匿瑞金东之黄鳝口东北大山中，本月26日，经我毛炳文部二十四师汤团，在该处搜获，该匪顽抗拒捕，遂为我击毙……"看着看着，岸青泪眼模糊，他想着，妈妈死了，小叔叔死了，弟弟失踪了，这是谁的罪过，我要报仇！他从口袋里摸出半支粉笔，在黑漆的电线杆上，写下了：打倒帝国主义！写完字，他正欣赏着自己的胜利成果，突然，一个巡捕和一个便衣特务跑过来，一阵拳打脚踢，岸青倒在水泥地上。在另一处卖报的毛岸英闻讯跑来，见弟弟已昏死过去，鼻孔、眼角流着鲜血。一个黄包车工人帮忙把他们送到他们居住的破庙里。没钱请医生，庙里的流浪儿有的搞来姜汤，有的搞来红药水。岸青醒来了，可他的耳朵已听不见声音了。他被打成了脑震荡（从此，他的头部经常隐隐作痛，折磨着他的一生）。

1936年，上海地下党找到了毛岸英和毛岸青，党组织通过在白区的统战关系，由一个国民党的高级将领介绍，乘东北义勇军司令李杜将军去西欧考察实业的机会，带他们兄弟俩和董健吾的儿子董寿祺一同出国。6月底从上海动身，乘船经香港、西贡、孟买、苏伊士、地中海，7 月底到达法国的马赛港，改乘火车到巴黎，停留半年后，进入苏联。

1937 年初，毛岸英和毛岸青来到莫斯科，先后在莫斯科郊区的莫尼诺国际第二儿童院和在伊万诺夫城的国际第一儿童院等地学习。

贺子珍到达苏联后，马上找到毛岸英和毛岸青，像对自己的孩子那样关心他们，国际儿童院离东方大学很近，两个孩子差不多每天下课后都要到东方大学找贺妈妈，教贺子珍学俄语，母子 4 人经常在宿舍团聚。

苏联对中国党的同志是比较友好的，对来学习的中国同志都提供了比较好的学习条件，每月还发给 70 个卢布的生活津贴。按照一般的惯例，对每个兄弟党领袖以及他们的夫人，还有一定的照顾。

贺子珍没有把自己看做是有特殊身份的人，她以普通学员的身份参加学习，不管有什么困难，从不开口申请照顾。她是过惯苦日子的人，到了苏联，虽然忙碌、劳累，但她心情愉快，生活充实。

但不幸接连降临到她的头上，在莫斯科出生的男孩，10 个月时得了感冒，学校婴儿室医疗条件差，没有护理好，转为肺炎，没来得及送医院抢救，就夭折了。她万分悲痛，她觉得没有尽到做母亲的责任。因为孩子刚不太好时，她怕耽误学习，舍不得请假，仍送孩子到婴儿室去，耽误了治疗。

当她正沉浸在丧子的哀痛中时，国内又传来了毛泽东同江青结婚的消息。这时，她才明白，自己的一时轻率行动，铸成了多么大的错误！她将永远失去了毛泽东！

在繁忙的工作之余，毛泽东时常眺望西北方，惦念着自己的儿子。1938 年，有人从苏联带来了毛岸英、毛岸青兄弟的照片，毛泽东喜出望外，一遍又一遍地看着，禁不住热泪盈眶。有人去苏联，毛泽东捎去信和自己的照片。1939 年 8 月 26 日，毛泽东写去一信：

> 岸英岸青二儿：
>
> 你们上次信收到了，十分欢喜！
>
> 你们近来好否？有进步否？
>
> 我还好，也看了一点书，但不多，心里觉得很不满足，不如你们是专门学习的时候。
>
> 为你们及所有小同志，托林伯渠老同志买了一批书，寄给你们，不知收到否？来信告我。下次再写。

祝你们发展，向上，愉快！

毛泽东

一九三九年八月二十六日[①]

1941年1月31日，毛泽东又给他们写道：

岸英
岸青二儿：

很早以前，接到岸英的长信，岸青的信，岸英寄来的照片本，单张照片，并且是几次的信与照片，我都未复，很对你们不起，知你们悬念。

你们长进了，很欢喜的。岸英文理通顺，字也写得不坏，有进取的志气，是很好的。惟有一事向你们建议，趁着年纪尚轻，多向自然科学学习，少谈些政治。政治是要谈的，但目前以潜心学习自然科学为宜，社会科学辅之。将来可倒置过来，以社会科学为主，自然科学为辅。总之注意科学，只有科学是真学问，将来用途无穷。人家恭维你抬举你，这有一样好处，就是鼓励你上进；但有一样坏处，就是易长自满之气，得意忘形，有不知脚踏实地、实事求是的危险。你们有你们的前程，或好或坏，决定于你们自己及你们的直接环境，我不想来干涉你们，我的意见，只当做建议，由你们自己考虑决定。总之我欢喜你们，望你们更好。

岸英要我写诗，我一点诗兴也没有，因此写不出。关于寄书，前年我托西安林伯渠老同志寄了一大堆给你们少年集团，听说没有收到，真是可惜。现再酌捡一点寄上，大批的待后。

我的身体今年差些，自己不满意自己；读书也少，因为颇忙。你们情形如何？甚以为念。

毛泽东

一九四一年一月三十一日[②]

这次，毛泽东挑选21种60本书，既有哲、经、史书，又有古典文学

①《毛泽东书信选集》，人民出版社，1983年12月第1版，第157页。

②《毛泽东文集》第二卷，人民出版社，1993年12月第1版，第327~328页。

和武侠小说，并注明：“这些书赠给岸英、岸青，并与各小同志共之，由林彪同志转交你们。”这些书，有知识性、趣味性等特点，岸英他们收到后可乐坏了。

第七章

·延安(下)

MAOZEDONG

■ 第七章　延安(下) ■

一　皖南事变

位于黄河和长江之间的华中地区，是经济文化比较发达的地方。它是联结八路军和新四军之间的枢纽，战略地位十分重要。日本侵略军占领华中地区以后，在敌后同样有着一大片可以发展抗日游击战争的广阔空间。这里的人民热切地期望有人能领导并组织他们起来打击侵略者。

在日军准备徐州会战，国民党大军云集徐州地区之时，中共中央和毛泽东发出指示：八路军渡黄河南下，新四军过长江北上，两军相互呼应，在华北、华中开辟抗日根据地。1938 年 4 月间，新四军进行整编，军部和 3 个支队留守皖南。毛泽东又指出，新四军应抓紧有利时机东进作战，直逼上海，并向北发展，进入苏北，开展敌后游击战争。由于中共中央长江局书记王明将抗日希望寄托于国民党军队正规战上，不愿发动群众进行独立自主的游击战争。中共中央东南局书记、新四军副军长项英受王明影响，既希望国民党能发给武器、装备和薪饷，又不敢率领新四军到敌后平原水网地区开展游击战争。在中共中央和毛泽东的一再催促下，新四军于 4 月下旬派出粟裕率领的先遣支队，深入苏南进行侦察，但又不派出主力部队跟进。5 月 4 日，毛泽东在《放手开展敌后游击战争》中严厉批评项英：在敌后进行游击战争虽有困难，敌情方面虽较严重，但只要有广大群众，活动地区充分，注意指挥的机动灵活，也能够克服这种困难，这是河北及山东方面的游击战争已经证明了的。毛泽东指示项英，“在侦察部队出去若干天之后，主力就可准备跟行，在广德、苏州、镇江、南京、芜湖五区之间广大地区创造根据地，发动民众的抗日斗争，组织民众武装，发展新的游击队，是完全有希望的。在茅山根据地大体建立起来之后，还应准备分兵一部分进入苏州、镇江、吴淞三角地区去，再分一部分渡江进入江北地区”。①

---

①《毛泽东文集》第二卷，人民出版社，1993 年 12 月第 1 版，第 127 页。

1938 年 5 月下旬，陈毅率第一支队由岩寺地区开进南陵，6 月 3 日夜间通过芜湖——宣城铁道，6 月 12 日到达溧阳的竹箦桥，14 日到达茅山地区，建立了以茅山为中心的抗日根据地；第二支队在张鼎承率领下，于 7 月进入苏南敌后，在宁芜铁路以东、宁杭公路以西的江宁、当涂、溧水、高淳地区展开；张云逸、谭震林率第三支队抵皖南长江沿线；第四支队于 4 月底展开于舒城、桐城、庐江、无为地区，随后进入皖东。7 月，新四军军部由皖南岩寺移至泾县云岭。

1938 年 11 月，中共中央中原局成立后，刘少奇到河南等地开展工作。11 月 28 日，刘少奇到达中原局所在地确山竹沟镇，正式建立中共中央中原局机关。此间，派彭雪枫率领 300 余人到豫东，会合睢县、杞县、太康等地的游击支队（后组成新四军第六支队）；又派张爱萍率一个团到皖东活动；又派李先念率两个连从竹沟出发，会合豫东南、鄂东、鄂西和皖西地区的游击队，组成鄂豫挺进纵队，进到鄂东北地区活动。从而形成有利的北进、东进形势。

1939 年 2 月，周恩来代表党中央来到皖南新四军军部，向东南局和新四军军部领导机关传达六中全会精神。3 月，周恩来在新四军军部干部大会上发表了《目前形势和新四军的任务》讲话，提出："我们在江南敌后地区确定发展的方向，有三个原则：（1）哪个地方空虚，我们就向哪个地方发展。（2）哪个地方危险，我们就到哪个地方去创造新的活动地区。（3）哪个地方只有敌人、伪军，友党、友军较不注意没有去活动，我们就向哪里发展。"① 周恩来在皖南商得项英的同意，确定了江南新四军的具体战略方针：向南巩固，向东作战，向北发展。

1939 年 4 月 21 日，中共中央进一步指示新四军：利用国民党已批准成立新四军江北指挥部之机，立即部署在华中的大发展工作。但项英仍未积极采取实际行动。

5 月 5 日，在渡江北来的叶挺军长的主持下，在庐江东汤池成立了新四军江北指挥部：张云逸兼任指挥，徐海东、罗炳辉为副指挥，赖传珠为参谋长，邓子恢为政治部主任、张劲夫为副主任。同时成立了以张云逸任书记的江北指挥部前委。

5 月 24 日，中共中央指示建立皖东抗日根据地，并批评了项英提出的——新四军在皖东主要是控制津浦、淮南两条铁路，尚"不宜提创造抗日根据地的口号"的主张。中共中央明确提出：党在皖东的中心任务是建立皖

---

①《周恩来选集》上卷，人民出版社，1980 年 12 月第 1 版，第 105 页。

东根据地，在军事上消灭汉奸、土匪部队，打击日寇，迅速扩大部队，积极向东、向北发展，建立后方，而不是单纯地以控制两条铁路为目的。

江北指挥部成立后，在新四军第四支队内部展开揭露和批判高敬亭的斗争。这对肃清部队的军阀主义倾向，推动东进起了一定的作用，但是，最后将高敬亭作为阴谋叛变分子，予以处决（申报国民党最高军事当局批准）是错误的。此后，徐海东兼任第四支队司令员。

7月，在原八团的基础上成立了新四军第五支队，罗炳辉任司令员，郭述申任政治委员。随叶挺渡过长江北来的第二支队四团一营编入江北游击纵队。

江北指挥部坚决贯彻中共中央的东进部署：第四支队在津浦路西开辟了以定远藕塘为中心的游击根据地；第五支队越过津浦路，开辟了以来安半塔集为中心的游击根据地；江北纵队仍留在安徽巢湖、无为县一带，保持与皖南军部的交通，一部分进至和县、含山一带开展游击战争。

1939年初，新四军第一支队陈毅部向扬中和江北发展，对泰州地区的地方实力派国民党苏鲁皖边游击军正、副总指挥李明扬、李长江进行了初步的统一战线工作，争取了他们的谅解和初步合作。同年夏天，又开辟了太湖、滆湖地区。为新四军东进北上创造了有利条件。1939年11月，新四军第一、二支队机关合并，11月7日，在溧阳县水西村成立了新四军江南指挥部，陈毅、粟裕分任正、副指挥，刘炎任政治部主任。统一领导第二团、第四团、新三团、新六团、江南抗日义勇军（由叶飞率原第一支队的第六团组成）、丹阳县游击纵队等武装。新四军江北、江南指挥部的成立，造成了足跨长江两岸，随时北上、东进的有利态势。

1939年9月15日，中共中央中原局书记刘少奇在八路军第三四四旅旅长徐海东（挂少将军衔）的护送下（刘少奇以徐海东的中校副官的名义），离开延安南下。12月上旬，刘少奇到达皖东定远县藕塘镇附近山上的黄村新四军江北指挥部。刘少奇认为，建立以苏北、皖北为中心的华中抗日根据地，单靠现有的第四、五两个支队力量是不够的，因为这里有顽军韩德勤号称10万人的武装力量。为扫除抗日障碍，刘少奇向中央建议从华北调八路军一个师南下，并令陈毅、粟裕率部队北上，归中原局统一指挥。中央同意了刘少奇的建议。

1940年3月16日，毛泽东指示八路军前总（彭德怀）："目前斗争重心应移至淮河流域，因李品仙现正派队向彭雪枫、胡服两区压迫，蒋介石已注意该地，企图切断我军与新四军的联系。我军将来出路，实在中原，此时不争，将来更难了。故提议调第三四四旅至陇海、淮河之间，协助彭雪枫部创立根据地，并策应胡服，将来再调一部深入苏北。使八路军、新四军打成一片。这种行动，也即把一个新问题摆在东边，使蒋、卫注意力不得不转向东边，减轻其对华北的注意，华北方能确立巩固。”①

5月，黄克诚率八路军第二纵队三四四旅和新二旅主力5个团、12000人由冀鲁豫边区南下，6月下旬在涡阳的新兴集与新四军第六支队会师，合编为八路军第四纵队，彭雪枫任司令员，黄克诚任政治委员。

7月8日，陈毅率领新四军主力北渡长江，迅速开辟了苏北敌后抗日根据地。

8月，中共中央中原局对彭、黄部队进行整编：以新二旅、南下的苏鲁豫支队等部合编为八路军第五纵队，辖3个支队、9个团、2万人左右，由黄克诚任司令员兼政治委员，执行东进任务；第四纵队辖9个团，17000人，仍由彭雪枫任司令员，执行坚持豫皖苏边区和向西防御任务。

1940年，世界法西斯势力十分猖獗。这年秋天，希特勒德国占领了大半个欧洲；9月27日，德、意、日三个法西斯国家在柏林签订了重新瓜分世界的军事同盟；日寇为配合德寇在欧洲的攻势，早日结束中日战争，以便南取太平洋，进攻苏联，在疯狂进攻解放区的同时，加紧对国民党的诱降；美国企图牺牲中国，与日本妥协。在此种背景下，国民党积极准备发动第二次反共高潮。

1940年6月，中共为解决第一次国民党发动反共高潮中的两党关系，派周恩来在重庆与国民党谈判，要求国民党解决：陕甘宁边区以现状划界，包括23个县；扩大八路军、新四军建制，八路军编3个军9个师、新四军编3个师，要求国民党承认中共及各党派在全国的合法地位；承认人民在全国敌占区进行游击战争的权利；划给八路军、新四军足够的战区（华北5个省）；保证八路军、新四军足够的补给，承认中共在冀察之行政领导（主席）及其他游击区之行政权。

7月16日，国民党提出一个“中央提示案”，规定八路军、新四军奉命后，在1个月内全部开到黄河以北。并规定：八路军除编3个军6个师外，再加2个补充团，但不准设支队，新四军编2个师。其他所有纵队、支队及一切游击队，一律限期取消。编军之后不得再以其他名义自由成立部队。

7月25日，国民党顽固派、江苏省主席兼鲁苏战区副司令韩德勤以12个团攻击黄桥，被击溃 。8月，韩部再进攻又被击溃。10月，顽固派又向

①《毛泽东年谱（1893—1949）》中卷，人民出版社、中央文献出版社，1993年12月第1版，第179页。

黄桥陈毅部发动总攻击。10月1~6日进行决战，新四军大胜。

1940年10月8日，毛泽东同朱德、王稼祥致电新四军叶挺、项英：蒋介石令顾祝同、韩德勤扫荡大江南北新四军，大江南北比较大的武装摩擦是可能的；主力战将在苏北与江南；最困难的是皖南的战争与军部；我们的意见是，新四军军部应移动到第三支队地区，如顽军来攻，不易长期抵抗时则北渡长江，如移苏南，尚有可能，也可移苏南；向南深入黄山山脉游击，无论在政治上、军事上都是最不利的。①

10月10日，新四军与南下的八路军先头部队会师。11月7日，陈毅率新四军苏北指挥部领导在海安隆重欢迎刘少奇及南下的八路军领导。成立华中指挥部，总指挥叶挺、政治委员刘少奇、副总指挥陈毅。

10月12日，关于新四军行动方针，毛泽东同朱德、王稼祥致电叶挺、项英、刘少奇、陈毅、黄克诚：因为蒋介石站在反日立场上，我们不能在南方国民党统治区进行任何游击战争，曾生部队在东江失败就是明证；“因此军部应乘此时速速渡江，以皖东为根据地，绝对不要再迟延。皖南战斗部队，亦应以一部北移，留一部坚持游击战争。”新四军皖东部队，应迅速部署，向西防御，坚持皖东根据地。“皖东绝不可失，如失皖东，则蒋介石必沿运河、淮河构筑封锁线，断我向西之前途。”②项英以“军部困难北移，也不便移三支区域（地区太小，故［敌］友进攻无法住），仍以军部所在地作基点较有利，以便与三支地区连成一片，作准备已相当完备”为借口，拒绝执行中央关于皖南新四军北移的指示。

10月13日，关于韩德勤进攻失败后华中的工作方针，毛泽东同朱德、王稼祥致电叶挺、项英、刘少奇、陈毅：“为对付日寇进攻，为巩固国内团结，华中摩擦在韩进攻失败后，我应加紧开展地方工作，建立抗日民主政权，扩大与整训自己的部队，对韩不应进攻，而应在韩再向我进攻时，各个反攻击破之。否则会妨碍我在重庆之统一战线工作，但胡服建议控制旧黄河以南阜宁一带战略要地，是必要的，可执行。……对李品仙应力求和解，这是有关桂系与我们的整个关系。”③

10月14日，毛泽东同朱德、王稼祥致电陈毅并告刘少奇、叶挺、项英、黄克诚，提出同韩德勤等谈判的主要条件，请韩德勤及李明杨、陈泰

---

①《毛泽东年谱（1893—1949）》中卷，人民出版社、中央文献出版社，1993年12月第1版，第209页。

②《毛泽东年谱（1893—1949）》中卷，人民出版社、中央文献出版社，1993年12月第1版，第210~211页。

③《毛泽东年谱（1893—1949）》中卷，人民出版社、中央文献出版社，1993年12月第1版，第211页。

运转陈国民党中央及顾祝同下令：“（一）停止安徽向皖东进攻。（二）撤退皖南对新四军之包围。（三）撤退苏南对新四军之包围。”关于建设苏北根据地等问题，同日毛泽东与朱德、王稼祥致电陈毅并告刘少奇等：“建设苏北根据地是很大工作。同意陈毅统一苏北军事指挥，同意胡服去苏北与陈会合，布置一切。……注意苏北与皖东打成一片，不要使中间有间断。尊重李明杨、韩国钧等中立态度及其利益，注意搜集蒋、顾、韩的反共证据（人证、物证），注意搜集知识分子，注意调节各阶层利益，实行政权中的‘三三制’，预防‘左’的危险，注意组织财政经济问题，从长期战争出发，勿使人力、物力浪费。”①

1940年10月19日，国民党以国民政府军事委员会总参谋长何应钦、副总参谋长白崇禧的名义发布了致八路军总司令朱德、副总司令彭德怀和新四军军长叶挺、副军长项英的“皓电”：强令新四军在1个月内全部撤至黄河以北。并要把50万人的八路军、新四军缩编为10万人。国民党根据何应钦的命令，从当年10月开始，停止了对八路军的发饷。

10月21日，中共中央政治局为讨论目前形势问题举行临时会议。会议认为，如果美国进占新加坡，日军退出武汉，则造成国共分裂，而苏联对中国又没有援助，这将是中国最黑暗的局面。因此，党的工作布署应放在整个东方大黑暗的基点上。会议决定由毛泽东起草中央关于时局的指示。

10月24日，毛泽东同朱德、王稼祥致电陈毅、粟裕：“关于军部北移与胡服会合、统一领导华中问题，我们已屡电叶、项，你们可去电催。”25日，毛泽东将周恩来的来电转发彭德怀、刘少奇、项英说，目前国民党方面的种种情况，均证明反共高潮是在着着上升，何、白19日电是表示了国方决心，如果国际形势更利于英美派，局部“剿共”会进入全面反共。同日，毛泽东对世界形势的估计及对国民党可能进攻，复电周恩来并发彭德怀、刘少奇、项英：目前我们的对策是稳健地对付国民党的进攻，军事上采取防卫立场，他不进攻，我不乱动，政治上强调团结抗日；再坚持一年，世界形势就大变了，目前是准备待机时机。同日，毛泽东再致电周恩来并发彭德怀、刘少奇、项英：“国民党现在发动的反苏反共新高潮，一方面是放弃独立战争参加英美同盟的准备步骤……一方面也有向日本示意的作用。国民党愿意替日本担负镇压中国民族革命的责任，以求交换日本

①《毛泽东年谱（1893—1949）》中卷，人民出版社、中央文献出版社，1993年12月第1版，第211～212页。

对国民党的让步，同时又将加入英美同盟恐吓日本，以求日本的让步，故何应钦等反共活动特别起劲，日本也正在拉蒋、何”，我们准备蒋介石宣布我们为反革命发动全面反共，准备对付最黑暗局面。①

10月29日，毛泽东收到周恩来的电报立即转发彭德怀、刘少奇、项英、陈毅：一个月满期后，国民党拟宣布取消新四军番号及八路军、新四军的各地办事处，然后实行局部讨伐，亦即东讨北锁的高压政策。关于目前时局，毛泽东致电周恩来、彭德怀、刘少奇、项英：一个月来，英美与日德意在中国的斗争是异常激烈的，后者要求中国政府放弃中日战争，加入日德意同盟，变为贝当政府；前者要求中国放弃独立战争，拒绝贝当政府，变为戴高乐政府，加入英美同盟。目前这一斗争已到白热化，蒋介石态度也因之大变，一方面“英国的开放滇缅路，美国的借款，尤其是撤侨，都向中国表示英、美的反日决心，要求中国不跑到德、意、日路线，而英、美两使坐镇重庆，紧紧拉住蒋介石不让跑掉”；另一方面“运城、鄂北两飞机场的停开，阿部的回国，南宁的撤兵，海通社在重庆正式开设，则是表示日本让步和德国劝和的开端。……蒋介石现在是待价而沽，一方面准备加入英美同盟，一方面也准备加入德意日同盟”。如果日美战争能早日爆发，并有胜利把握，他是愿意做戴高乐的；一个月来，他已用德意日的声势，不久还会用日本向他的让步，向英美再敲一笔竹杠，并要英美自己用卡车送进来，目前是蒋介石最得志的时候；“在七八月间蒋介石确曾准备于重庆失守时迁都天水，准备亲苏、和共与某些政治改良，至九月已动摇，至十月乃大变，这是德日意同盟与英、美对日积极化的结果。”11月1日，毛泽东对这份电报作了一些修改，发给八路军、新四军的有关部门负责人。②

11月1日，毛泽东为中共中央书记处起草致项英电：“（一）希夷③及一部工作人员必须过江北指挥江北大部队。（二）你及皖南部队或整个移苏南再渡江北，或整个留皖南准备于国民党进攻时向南突围，二者应择其一，这一点可以确定。（三）如移苏南须得顾祝同许可，如顾不许可则只好留皖南（因据来电直过皖北已无可能），但须准备打内战，并蒙受政治

①《毛泽东年谱（1893—1949）》中卷，人民出版社、中央文献出版社，1993年12月第1版，第214～215页。

②《毛泽东年谱（1893—1949）》中卷，人民出版社、中央文献出版社，1993年12月第1版，第216页。

③即叶挺。

上不利（蒋介石‘进剿’新四军的计划是决定了的）。望考虑电复。”①

面对蒋介石发动的新的反共高潮的严重局势，中共中央多次开会进行了认真讨论。在延安的毛泽东、朱德、王稼祥也多次和在外地的周恩来、刘少奇、彭德怀互通情报，研究形势，讨论对策。1940 年 11 月 2 日、3 日，毛泽东先后通知周恩来和刘少奇、彭德怀等：“中央几次会议都觉此次反共与上次不同，如处理不慎，则影响前途甚大。……蒋介石准备投降，决心驱我军于黄河以北，然后沿河封锁，置我于日蒋夹击中而消灭之，其计至毒”，我们当然不能听其处死。② 11 月 3 日，毛泽东、朱德、王稼祥致电叶挺、项英：“何应钦、白崇禧‘皓电’，中央决定用朱、彭、叶、项名义答复，采取缓和态度，以期延缓反共战争爆发时间。对皖南方面，决定让步，答应北移。”③

11 月 6 日，毛泽东致电周恩来：“蒋加入英美集团有利无害，加入德意日集团则有害无利……目前不但共产党、中国人民、苏联这三大势力应该团结，而且应与英、美作外交联络，以期制止投降，打击亲日亲德派活动。”毛泽东要求重庆和各地同志：向国民党各方奔走呼号，痛切陈词，以图挽救；说明“剿共”则亡党亡国，投降日寇必使中国四分五裂，必使蒋崩溃。毛泽东与周恩来相商：是否适当时机，请求见蒋面陈一次，亦请你考虑。④

根据毛泽东的指示，周恩来、叶剑英在重庆，陈毅在苏北，李克农在广西，南汉宸在西安等地，进行大量的统战工作和外交工作。周恩来在重庆积极活动后，复电中央说：“国民党元老派、各党派都已见过，虽然他们同意反对投降反对内战，但他们同时都建议我们也要让一步。”至于蒋介石敢不敢打内战的问题，周恩来反映道：李济深认为，中共固然要做些让步，但蒋介石还不敢采取大的反共军事行动。而冯玉祥则认为，蒋介石急了，他会撕破脸皮乱打的。

11 月 7 日，中共中央发出《关于反对投降、挽救时局的指示》。

11 月 9 日，毛泽东起草的以朱、彭、叶、项名义复何、白电（“佳

---

①《毛泽东年谱（1893—1949）》中卷，人民出版社、中央文献出版社，1993 年 12 月第 1 版，第 217 页。

②《毛泽东年谱（1893—1949）》中卷，人民出版社、中央文献出版社，1993 年 12 月第 1 版，第 218～219 页。

③《毛泽东年谱（1893—1949）》中卷，人民出版社、中央文献出版社，1993 年 12 月第 1 版，第 218 页。

④ 《毛泽东年谱（1893—1949）》中卷，人民出版社、中央文献出版社，1993 年 12 月第 1 版，第 221 页。

电”）。佳电经过反复斟酌后定稿。首先叙述了八路军和新四军4年以来在抗战中取得的战绩，以表明“遵循国策、服从命令为捍卫民族国家奋斗到底之决心”。然后就行动、防地、编制、补给、边区、团结抗战之大计6个方面，对皓电的指责作出明确答复。

防地问题是皓电的中心内容，强令八路军和新四军限期北移。佳电对华中敌后各部请求免调的理由，列举了4点：①“华中敌后各部，多属地方人民反抗敌寇保卫家乡而组织者，彼等以祖宗坟墓、田园庐舍、父母妻子所在，欲其置当面敌军奸淫焚掠之惨于不顾，远赴华北，其事甚难”；②华中敌后各部在现在防地坚持抗战，符合蒋介石庐山谈话和告沦陷区同志书的精神；③华中敌后各部调离后，其家属及留守人员的安全毫无保障，甚惧平江惨案、确山惨案之重演；④华北地区，水、旱、风、虫、敌五灾并重，该地军民以树叶为粮，道殣相望，实难容纳其他之部队。因此，“认为执行命令与俯顺舆情，仍请中央兼筹并顾”。接着表示，在不得已情况下，准备对江南和江北的部队采取不同的处理办法：“对于江南正规部队，德等正拟苦心说服，劝其顾全大局，遵令北移。仍恳中央宽以限期，以求解释深入，不致激生他故”；“对于江北部队，则暂时拟请免调”。

佳电写道：“目前正属奸伪思逞谣言纷起之时，亟宜调协各方，统一对敌，庶免为敌所乘，自召分崩离析之祸。切忌煎迫太甚，相激相荡，演成两败俱伤之局，既非中央之本心，复违德等之始愿。我为鹬蚌，敌作渔人，事与愿违，嗟悔无及。”

关于团结抗战之大计部分，电文指出：“抗战至于今日，实争取最后胜利千载一时之机”，如能坚持团结抗战国策，必能争取独立解放之出路。接着写道：“颇闻日寇正在策动中国投降，软计与硬计兼施，引力与压力并重。德国则采劝和政策，欲诱中国加入三国同盟。而国内一部分人士，复正在策动所谓新的反共高潮，企图为投降肃清道路。颇闻内外勾煽，欲以所谓中日联合剿共，结束抗战局面，以内战代抗战，以投降代独立，以分裂代团结，以黑暗代光明，其事至险，其计至毒，道路相告，动魄惊心，时局危急，诚未有如今日之甚者。”佳电严正要求国民党“中央对于时局趋向，明示方针，拒绝国际之阴谋，裁抑国内之反动，而于联合剿共内战投降之说，予以驳斥，以安全国军民之心”。①

11月21日，毛泽东给周恩来、李克农、项英、刘少奇、彭德怀等的通报中指出：蒋的一切做法都是吓我让步，发表皓电是吓，汤、李东进也

①《毛泽东传（1893—1949）》，中央文献出版社，1996年8月第1版，第588～590页。

是吓；许多中间派被他吓倒，纷纷要求我让步，我须善为说词以释之；我除在文章（指“佳电”）上表示和缓及皖南一点小小让步外，其他是寸土也不让，有进攻之，必粉碎之；“只有软硬兼施，双管齐下，才能打破蒋介石的诡计，制止何应钦的投降，争取中间派的向我，单是一个软，或单是一个硬，都达不到目的。”①

11月24日，毛泽东同朱德、王稼祥致电叶挺、项英：“（一）你们必须准备于十二月底全部开动完毕。（二）希夷率一部分须立即出发。（三）一切问题须于二十天内处理完毕。”同日，毛泽东同朱德、王稼祥再致电叶挺、项英：“立即开始分批移动，否则一有战斗发生，非战斗人员及资材势必被打散。”②

11月27日，叶挺、项英致电毛泽东、朱德：经多方研究与考虑，新四军军部及所属部队由苏南北移路线，途中困难多，危险性较大，不如由新四军第三支队地区兼程北移皖北较有利，又直接增援皖东；因此决心将大批工作人员化装过封锁线与部分资材先经苏南至苏北；请中央电示是否同意这一行动计划，以及叶挺与项英是否同行，或分途北进，何人先走等。11月29日，毛泽东同朱德、王稼祥复电叶挺、项英：“（一）同意直接移皖东分批渡江，一部分资材经苏南。（二）头几批可派得力干部率领，希夷可随中间几批渡江，项英行动中央另有电示。”③

为了自卫，刘少奇和陈毅经请示毛泽东后于11月29日发起了曹甸之战，先收拾了韩德勤，以摆脱被两面夹击的不利态势。

1940年11月30日，日本政府公开承认南京汪精卫伪政权。同时公布了汪精卫和日驻汪伪政权的特命全权大使阿部信行签订的《日满华共同宣言》。同日，毛泽东获此消息致电周恩来、叶剑英、董必武、李克农等：“日军从二十四日起向鄂北、鄂西大举进攻。在此情况下，国共关系可能变化，望利用时机善处之。……汤恩伯北进反共，敌人却西进反蒋，算是搬石头打自己的脚。”④

1940年11月14日，国民党军令部拟定了一个《黄河以南剿灭共军作

---

①②《毛泽东年谱（1893—1949）》中卷，人民出版社、中央文献出版社，1993年12月第1版，第228页。

③《毛泽东年谱（1893—1949）》中卷，人民出版社、中央文献出版社，1993年12月第1版，第230页。

④《毛泽东年谱（1893—1949）》中卷，人民出版社、中央文献出版社，1993年12月第1版，第231页。

战计划》，其主要内容是：以第三、第五战区主力，避免与日军作战，集中力量，分期迫使八路军、新四军撤至黄河以北：第一步，以第三战区司令长官顾祝同从浙赣前线抽调兵力，于1941年1月底以前肃清长江以南新四军军部及其所属部队，然后转用兵力肃清苏北八路军、新四军；第二步，以第五战区司令长官李宗仁所属李品仙（第二十一集团军）、冯治安、王仲廉各部及由平汉线以西调来之汤恩伯（第三十一集团军）部，分为鄂中、淮南、襄西、淮北4区，限1941年2月28日以前，肃清黄河以南八路军、新四军。

此计划于1940年12月7日经蒋介石批准，下达各部队执行。

12月8日，国民党又以何应钦、白崇禧的名义发表了“齐电”，再次强令八路军、新四军以限期遵令北移；即于1940年12月31日前，将黄河以南八路军部队开到黄河以北，将长江以南新四军开到长江以北；1941年1月底以前，将黄河以南所有新四军部队开到黄河以北。国民党当局并决定，新四军军饷暂发至1941年1月，八路军军饷暂发至1940年12月，以后看是否北渡再定。

12月9日，蒋介石下达手令：“凡在长江以南之新四军，全部限本年十二月三十一日开到长江以北地区，明年一月三十日以前开到黄河以北地区作战。现在黄河以南之第十八集团军所有部队，限本年十二月三十一日止开到黄河以北地区。”①

12月10日，蒋介石密令顾祝同：“该战区对江南匪部应按照前定计划妥为部署并准备，如发现江北匪伪竟敢进攻兴化，或至限期（本年十二月三十一日）该军仍不遵令北渡，应立即将其解决，勿再宽容。”同时，国民党还故意泄露新四军北移路线，暗示日军加强沿江封锁兵力，并令李品仙部在江北无为地区加强布防，准备与日军夹击新四军皖南部队。

12月3日，毛泽东根据项英对国民党一贯存在着和平麻痹情绪，要项英回答以下问题：① 军部及皖南部队被某方袭击时，是否有冲出包围，避免重大损失的办法。其办法是向南打游击为有利，还是向东会合陈毅为最有利。渡江向北是否已绝对不可能。②党内干部是否已有应付某方可能袭击的精神上准备。③皖南江南区各友军中，是否有坚持抗日、同情我党的高级进步军官与进步部队，在突然事变时，是否有掩护我军或与友军一致行动的可能，我在附近友军中统一战线工作如何。④某方在第三战区的意向如何，顾祝同等中央军态度如何，黄绍竑态度如何，东南局领导下的地

①《毛泽东年谱（1893—1949）》中卷，人民出版社、中央文献出版社，1993年12月第1版，第237～238页。

方党是否有保存干部，蓄积力量，应付突然事变的精神上和实际上的准备。

12 月 14 日，毛泽东为中共中央书记处起草致叶挺、项英电："移动时间蒋限十二月底移完，我们正交涉展限一个月，但你们仍须于本月内尽可能移毕。……蒋以新四军正在移动，不同意项副军长来渝，因此中央决定项随军队渡江然后经华北来延安。……叶、项二人均以随主力去皖东为适宜，资材及后方移苏南者可由子昆、小姚[①]负责指挥。"[②]

12 月 18 日，毛泽东同朱德、王稼祥致电叶挺、项英：重庆形势严重，项英和曾山暂勿离开军队，叶挺及一部人员北上，望速作部署，秘密文件必须烧毁，严防袭击。[③]

12 月 20 日，毛泽东同朱德、王稼祥致电叶挺、项英：叶挺渡江以速为好，不应征蒋同意，如蒋反对，便不好过江了；江边须有周密布置，速与少奇、云逸联系，在对岸作准备。同日，毛泽东同朱德、王稼祥致电刘少奇、陈毅："据叶、项电，叶军长及干部一部分准备渡江，你处需在江边作周密布置。……与韩谈判条件不可过苛，并尊重李、陈各部利益。兴化、高邮地区应保留给韩，我军应停止于兴、高地区，苏北应全部休战，求得妥协，巩固已得阵地。"[④]

由于"日汪条约"的签订，毛泽东一度对形势看得比较乐观，认为"此次严重的投降危险已被制止"（1940 年 12 月 19 日毛泽东、朱德、王稼祥致彭德怀、左权、叶挺、项英电报），并估计"在蒋介石没有真正投降以前，向我大举进攻是不可能的"（毛泽东、朱德、王稼祥 1940 年 12 月 23 日致刘少奇、陈毅、黄克诚、彭雪枫、张云逸的电报）。但是，毛泽东也没有因此而抛弃过对蒋介石的警惕，在实际工作中仍要求党内"认真准备对付蒋介石的进攻"（毛泽东、朱德、王稼祥 1940 年 12 月 23 日致刘少奇、陈毅、黄克诚、彭雪枫、张云逸的电报）。与此同时，毛泽东对各方面的工作作出部署。他要求苏北的新四军"积极整军，沉机观察"；皖南的新四军"认真准备北移"，于 12 月底全部开动完毕。

12 月 25 日，为皖南新四军渡江受阻事，毛泽东同朱德致电周恩来、

---

①小姚，即饶漱石。

②《毛泽东年谱（1893—1949）》中卷，人民出版社、中央文献出版社，1993 年 12 月第 1 版，第 240 页。

③《毛泽东年谱（1893—1949）》中卷，人民出版社、中央文献出版社，1993 年 12 月第 1 版，第 241 页。

④《毛泽东年谱（1893—1949）》中卷，人民出版社、中央文献出版社，1993 年 12 月第 1 版，第 242 页。

叶剑英："据项英电称，顾祝同忽令新四军改道繁、铜渡江，而李品仙在江北布防堵截，皖南顽军复暗中包围，阻我交通，南岸须通过敌人封锁线，江中须避敌舰袭击，非假以时日分批偷渡则不能渡，势将进退两难等语。请速向蒋交涉下列各点，并电告结果：（一）须分苏南，繁、铜两路北移；（二）须有两个月时间，若断若续，分批偷渡；（三）皖南军队不得包围，不得阻碍交通；（四）皖北军队由巢、无、和、含四县撤退，由张云逸派队接防，掩护渡江；（五）保证不受李品仙的袭击；（六）弹药及开拔费从速发下。"①

毛泽东最担心的是皖南的情况，一再致电项英，催促北移，12 月 26 日毛泽东为中央书记处致电项英、周子昆、袁国平，提出尖锐的批评："各电均悉，你们在困难面前屡次来电请示方针，但中央还在一年以前即将方针给了你们，即向北发展，向敌后发展，你们却始终借故不执行。最近决定全部北移，至于如何北移，如何克服移动中的困难，要你们自己想办法，有决心。现虽一面向国民党抗议，并要求宽展期限，发给饷弹，但你们不要对国民党存任何幻想，不要靠国民党帮助你们任何东西，把可能帮助的东西只当做意外之事。你们要有决心、有办法冲破最黑暗、最不利的环境，达到北移之目的。如有这种决心、办法，则虽受损失，基本骨干仍可保存，发展前途仍是光明的；如果动摇犹豫，自己无办法、无决心，则在敌顽夹击下，你们是很危险的。全国没有任何一个地方有你们这样迟疑犹豫无办法、无决心的。在移动中如遇国民党向你们攻击，你们要有自卫的准备与决心，这个方针也早已指示你们了。我们不明了你们要我们指示何项方针，究竟你们自己有没有方针？现在又提出拖或走的问题，究竟你们自己主张的是什么？主张拖还是主张走？似此毫无定见、毫无方向，将来你们要吃大亏的。"同日，毛泽东同朱德致电项英："关于销毁机密文电是否执行，你应估计在移动中可能遇到特别困难，可能受袭击，可能遭损失，要把情况特别看严重些，在此基点上，除想尽一切办法克服困难外，必须把一切机密文件电报统统销毁，片纸不留。每日收发电稿随看随毁，密码要带在最可靠的同志身上，并预先研究遇危险时如何处置。此事不仅军部，还要通令皖南全军一律实行，不留机密文件片纸只字，是为至要。"②

12 月 25 日，蒋介石约见了周恩来。蒋介石说："连日来琐事甚多，情

---

①《毛泽东年谱（1893—1949）》中卷，人民出版社、中央文献出版社，1993 年 12 月第 1 版，第 244～245 页。

②《毛泽东年谱（1893—1949）》中卷，人民出版社、中央文献出版社，1993 年 12 月第 1 版，第 246～247 页。

绪不好，本不想见，但因今天是4年前共患难的日子，[①] 故以得见面谈话为好；你们一定要照那个办法开到河北，不然我无法命令部下；抗战4年，现在是有利时机，胜利已有希望，我难道愿意打内战吗？愿意坍台吗？现在八路、新四还不都是我的部下？我为什么要自相残杀？就是民国16年，我们何尝不觉得痛心？内战时，一面在打，一面也很难过；开到河北，其实是我为你们着想；如果非留在江北，大家都是革命的，冲突绝难避免，我敢断言，你们必失败；如能调到河北，你们做法一定会影响全国，将来必成功；我这些话没有向外人说，我可以向你说，你可以告诉你们中央同志；你们过，从皖北一样可过；只要你们说出一条北上的路，我可担保至1月底，绝不进兵。”

当日，周恩来立即将谈话情况报告了中央。周恩来说：蒋在会见中声称“只要你们说出一条新四军北上的路，我可保证绝对不会妨碍你们通过”，周恩来指出，蒋介石的话是靠不住的，他是在吓、压之余，又加哄之一着。

12月27日，毛泽东一面请周恩来继续向蒋介石交涉，要他命令李品仙不得妨碍新四军北移；一面以朱德、叶挺的名义急电国民党第五战区司令长官李宗仁和副司令长官李品仙，恳请他们从抗战的利益出发，不要妨碍新四军的北移：“新四军江南部队遵令北移，祈饬庐、巢、无、和、含、滁地区贵属勿予妨碍，并予以协助，以利抗战，特此电恳，敬盼示复。”[②]

12月30日，中共中央召开政治局会议，毛泽东在会上指出：“目前时局还不能说反共高潮已开始下降”，现在国民党各报纸舆论反共，华中有12个师进攻我们，华中我军部队应统一指挥，以陈毅为副总指挥，刘少奇为政治委员，党的工作统一于中原局。同日，毛泽东同朱德致电叶挺、项英，转达周恩来29日的来电意见：“据恩来电称，江南部队分地渡江有危险，皖北让路蒋虽口头答应，但让出巢、无、和、含四县恐不易，李品仙已在布置袭击我的阴谋，仍以分批走苏南为好等语，我们同意恩来意见，分批走苏南为好。”[③]

12月31日，毛泽东为中央书记处起草《粉碎蒋介石的进攻，争取时局好转》的指示。“蒋介石派遣李仙洲、汤恩伯、李品仙向华中、山东我

---

①1936年发生西安事变，蒋介石被释放的日子。

②《毛泽东年谱（1893—1949）》中卷，人民出版社、中央文献出版社，1993年12月第1版，第247页。

③《毛泽东年谱（1893—1949）》中卷，人民出版社、中央文献出版社，1993年12月第1版，第248页。

军进攻的决心已经下了，汤、李各部正在东进，我党我军有举行自卫战斗以打破这一进攻、争取时局好转的任务。……令江南部队迅即北移……自朱、彭、叶、项佳电发出后，不论其如何谩骂与进攻，党中央与朱、彭、叶、项暂时都不去理他。待其闹到天怒人怨，下不得台，然后出来发言，表示我们态度。”中央除了命令江南部队迅即北移，并从华北派遣一部兵力加强华中外，还要求所有华中及山东的党和军队必须紧急动员起来，为坚持抗日根据地，打破顽固派进攻而奋斗。指示提出：华中“军事指挥，在总指挥叶挺未到江北以前，统一于副总指挥陈毅、政治委员刘少奇的指挥之下；叶挺到江北后，统一于叶挺、陈毅、刘少奇指挥之下，各部须完全服从他们的命令，不得违误……山东分局划归中原局管辖，中原局统一领导山东与华中”。指示要求全国各地对于国民党这一进攻及其在全国的高压政策，必须坚决反对之。①

12 月底，国民党顽固派的反共活动不仅没有收敛，反而日见嚣张，已集中了 12 个师准备进攻华中新四军。蒋介石密令顾祝同等暗中做好围歼新四军的准备。顾祝同根据蒋介石将皖南新四军“一网打尽，生擒叶、项”的命令，调集了 7 个师 8 万余人的兵力，任命第三十二集团军总司令上官云相为前敌指挥，采取“逐步构筑碉堡，稳进稳打”的方针，已完成围歼皖南新四军的准备。

1941 年 1 月 1 日，新四军军部致电毛泽东等中央领导，“我们决定全部移苏南”，但是没有说明向苏南转移的具体路线。3 日，毛泽东同朱德复电叶挺、项英：“你们全部坚决开苏南，并立即开动，是完全正确的。”②

1941 年 1 月 4 日夜，皖南新四军军部及所属皖南部队 6 个团、9000 余人开始北移。以突然动作，分 3 路从泾县云岭、罗里村等地向南进发：以新一团、老一团为第一纵队；新三团和老三团为第二纵队；五团和军部特务队为第三纵队。军部除各机关外，还有教导总队和其他直属连队。当皖南新四军部署就近由繁昌、铜陵路线渡江北移时，国民党电台竟故意广播新四军北移消息，向日寇公开告密。日寇得知这一消息，加强了对长江的严密封锁。蒋介石又令李品仙率 3 个师布防皖北庐江、无为一带，控制了江北各渡口。

于是，按照 1940 年 12 月 28 日新四军分会的决定，具体的转移路线

①《毛泽东文集》第二卷，人民出版社，1993 年 12 月第 1 版，第 322 ~ 324 页。

②《毛泽东年谱（1893—1949）》中卷，人民出版社、中央文献出版社，1993 年 12 月第 1 版，第 250 页。

是：由云岭驻地先向东南行进，绕道茂林，经三溪、旌德、宁国、郎溪，沿天目山麓进至溧阳苏南根据地，然后待机从镇江以东渡江北上。

因连日大雨，道路泥泞，行进非常困难，直到5日下午，才到达大康王、茂林、潘村、铜山等地。部队因过度疲劳，秩序混乱，军部决定留原地休息。此时，先头部队1个团与国民党第四十师在山口发生隘路争夺战。

这条路线是顾祝同满口答应的。但实际上，国民党已在皖南调集了7个师、约8万人兵力，于1月3日前已在泾县、茂林一带布成口袋形，准备包围聚歼新四军。参加对新四军作战的部队是由第三战区所属、以上官云相为总司令的第三十二集团军的第五十二师、第四十师、第一〇八师、第一四四师、新七师及第二十三集团军的第七十九师、第六十二师。

1月5日，叶挺、项英给中央去电说，新四军部队于1月4日夜间开动，5日早晨到达太平、泾县间的茂林地区。

1941年1月6日，新四军行至泾县境内的丕岭一带后，国民党军第四十师主力投入战斗，国民党第一四四师、第五十二师、第七十九师等部迅速向新四军进逼。同日下午，新四军军部决定分3路继续前进。

1月7日，毛泽东同朱德急电复叶挺、项英5日来电："你们在茂林不宜久留，只要宣城、宁国一带情况明了后即宜东进，乘顽军布置未就突过其包围线为有利。"[①] 7日正午前，新四军会攻星潭。新四军直接攻打星潭的兵力用了3个营，经过3个多小时的激战，7日黄昏攻进了星潭，乘胜向榔桥河追击。

3个纵队只要会师榔桥河，部队就会冲出包围圈。

但是，由于新四军军部和前方作战部队没有拉电话线，不知星潭已经拿下。在百户坑，由项英主持召开临时军事会议，经过长达7个多小时的研究，通过了项英提出的：部队立即后撤，走高岭绕道去天目山，坚持游击战（袁国平、周子昆同意）。于是，命令号兵调部队后撤。

8日凌晨，部队向石井坑方向转移，遭到国民党第七十九师和新七师拦截，形势极为不利。项英主持召开紧急会议，经与叶挺、周子昆、袁国平、李一氓、饶漱石研究，决定重返云岭，从铜陵、繁昌间渡长江北上。

叶挺军长亲赴第一线指挥战斗。这天夜里，项英、袁国平、周子昆等人擅自离开了军部。深夜11时左右，叶挺把项、袁、周离队的情况报告了中央。晨3时，中央复电：皖南新四军全体同志，现在你们的处境十分危急，希望全军同志听从叶挺同志的指挥，团结在叶挺同志周围，克服困

①《毛泽东年谱（1893—1949）》中卷，人民出版社、中央文献出版社，1993年12月第1版，第251页。

难，急取胜利。

10日下午，项、袁、周回到设在石井坑大园村的军部。项英问东南局副书记饶漱石（梁朴）：“我们的事中央知道吗?”饶说：“已经知道了。”项问：“中央的意思呢?”饶漱石没有说话，拿了一份电报给项英看。电报大意是：一切军事指挥由叶挺负责，政治工作由梁朴负责，要想尽办法突围，保存革命力量。项英看罢，将电报还给饶说：“好吧，既然中央有命令，那你们就负责指挥吧。”袁国平痛心、诚恳地对叶挺说：“军长，我向你检讨，我犯了右倾的错误。”项英亦沉痛地说：“这一切由我负主要责任，如能生还，我将向中央检讨。”

12日，新四军军部秘书、《渔光曲》的作者任光牺牲。

12日下午，东流山失守。晚上，军部召开紧急会议，叶挺向部队作了最后一次讲话：“现在全面突围，走西北角穿过凤村向铜、繁挺进。集中突围如果不成，就分散突围，过江后到无为会合。明月有缺也有圆，人生有散也有合，留得火种在，不怕不燎原!”

第二纵政委黄火星参加新老三团剩余部队突围，冲出一部。黄火星等5人又退回来，同特务队一支200人的队伍会合，继续向北突围，在繁昌的油坊嘴地区渡过了长江。

由于敌军人多势众，又占领有利地势，再次封锁住山口。新四军的中共党组织召开紧急会议，在座的有叶挺、饶漱石、李一氓、张元寿、钱俊瑞、余立金、王聿先等人（项英、袁国平、周子昆被敌人打散），饶漱石向叶挺说：“你是否可以到三战区与顾祝同谈判，让在山上的我军指战员能下山回苏北新四军去?”叶挺说：“现在谈判是没有条件的。大革命失败后，我离开党已经10年，这是一个惨痛的教训，我是深刻记取的，再也不能有第二次了。”饶漱石说：“过去的那些暂时不谈。这一次，是党组织经过慎重研究派你去的，我自应向党中央报告，在座的同志只要有一位能冲出去回到部队都可以证明是党派你去的。”叶挺沉思良久，说：“好吧，如果是党决定派我去的，我就服从。”

叶挺先派了两个参谋，拿着他的名片下山与敌军联系，被扣留。后，叶挺带王聿先（军医处副处长）、黄炳生、徐冬梅和几个侄子叶育青、叶一舟、叶钦和、叶天流、叶福如，还有两名警卫员及副官、秘书等12人下山，被国民党扣留。

袁国平在大康王脚下牺牲。

项英、周子昆及一部分失散战士在丕岭的深山老林里隐蔽了一二十天，并与地方党取得了联系。后转到内覃仓东面的田坑里，这里地处两县交界，都是大山，森林茂密，地形很好，群众基础亦好。

在田坑里沟尾子上有大、小两个山洞，小洞在上，大洞在下。小洞可住三四个人，洞口很隐蔽，项英、周子昆与刘厚总、黄诚（周子昆的警卫员）四人住在小洞。还有20多个人住在大洞里。项英曾开玩笑地说：“下面是第一线，如发现情况，你们可以抵抗，掩护我。我们住上面，我如果走不动，刘厚总力气很大，枪法准，又打过游击，可以背我上山。”

刘厚总是军部副官处的副官，黑粗大个，近来深得项英赏识，而项英的最老的警卫员夏终兴反被疏远了。一天中午，天气晴朗，项英脱了衣服晒太阳捉虱子，暴露了他身边保存的财款：黄金、银圆、钞票和首饰等。

一天晚上，刘厚总借着雷雨先将项英打死，周子昆惊醒坐起，被刘厚总打中头部。警卫员黄诚惊醒后，刚想摸枪，被刘用手电光照住眼睛，用枪打伤（刘以为黄诚已死）。刘厚总穿上大褂，把财物揣进怀里，借机逃跑投敌了。①

住在大洞的同志第二天黎明时才发现现场。

皖南事变中，突围出去的除上述黄火星一部外，还有傅秋涛、江渭清等部分指战员，计2000余人。其余7000余人，大部壮烈牺牲。

1月17日，蒋介石宣布新四军为“叛军”，取消新四军番号，并将叶挺交“军法审判”。

1月14日，中共中央提出：“在政治上、军事上迅即准备作全面大反攻，救援新四军，粉碎反共高潮。”

15日，中共中央指出：“中央决定发动政治上的全面反攻，军事上准备一切必要力量，粉碎其进攻。……只有猛烈坚决的全面反攻，方能打退蒋介石的挑衅与进攻。必须不怕破裂，猛烈反击之。我们‘佳电’的温和态度须立即终结。”中央并且征询各地对反攻的意见。

15日，刘少奇向中央建议：“现叶、项已被俘，② 皖南新四军已全部歼灭。中央决定在政治上、军事上准备作全面的大反攻，这里的同志于义愤之余，亦有立即反攻之主张。然根据各方面的情况，平心静气一想，我们却有下列意见，望中央细心考虑。”

刘少奇分析的情况是：①全国局面，国民党尚未投降，仍在继续抗战，对共产党仍不敢分裂，因此，我党亦不宜借皖南事件与国民党分裂；

---

①谢忠良，《皖南事变与项英同志被害》。

②此时还不清楚项英的下落。

②华中地区，在国民党发动反共高潮期间，敌伪乘机骚乱，我部队需要休整，根据地需要巩固。因此，他建议：以在全国主要地区实行政治上全面大反攻，但在军事上除个别地区外，以暂时不实行反攻为妥。

刘少奇建议：①向国民党提出严重抗议，并发宣言，提出具体条件；②如我之条件不能完全答复，即宣布皖南事件未彻底解决前，华中我军绝不再考虑北移，并宣布国民党如再向我华中进攻，即认为国民党正式与我党破裂；③在全国全世界实行大的政治反攻，宣传抗议皖南事变，揭破国民党分裂行为，以孤立顽固派。

中共中央认真考虑了国内外的形势和刘少奇等人的意见，最后确定了“政治上取全面攻势，军事上取守势”的方针。①

1月18日，中共中央发出《关于皖南事变的指示》，指出这是抗战以来国民党制造的最严重的反共事件；要求八路军、新四军部队要充分提高警惕，做好战斗准备。

1月20日，毛泽东代表中国共产党中央革命军事委员会发布重建新四军军部的命令：任命陈毅为代理军长，张云逸为副军长，刘少奇为政治委员，赖传珠为参谋长，邓子恢为政治部主任。

同日，毛泽东以中共中央革命军事委员会发言人的名义发表谈话：“此次皖南反共事变，酝酿已久。目前的发展，不过是全国性突然事变的开端而已。”② 毛泽东揭露了反共亲日派的全部阴谋，指出，中国共产党已不是1927年那样容易受人欺骗和容易受人摧毁，他已是一个屹立独立的大政党了；中国其他党派（包括国民党在内）的党员，懔于民族危亡的巨祸，必有很多不愿意投降和内战的；“一切依靠帝国主义过活的寄生虫，不论如何蠢动于一时，他们的后台总是靠不住的，一旦树倒猢狲散，全局就改观了。”③

毛泽东说：“重庆军委会发言人所说的那一篇，只好拿‘自相矛盾’四个字来批评它。既在重庆军委会的通令中说新四军‘叛变’，又在发言人的谈话中说新四军的目的在于开到京、沪、杭三角地区创立根据地。就照他这样说吧，难道开到京、沪、杭三角地区算是‘叛变’吗？愚蠢的重庆发言人没有想一想，究竟到那里去叛变谁呢？那里不是日本占领的地方吗？你们为什么不让它到那里去，要在皖南就消灭它呢？啊，是了，替日本帝国主义尽忠的人原来应该如此。于是七个师的聚歼计划出现了，于是

---

①《刘少奇年谱》上卷，中央文献出版社，1996年9月第1版，第325～326页。

②《毛泽东选集》第二卷，人民出版社，1991年6月版，第771页。

③《毛泽东选集》第二卷，人民出版社，1991年6月版，第774页。

一月十七日的命令发布了，于是叶挺交付审判了。但是我还要说重庆发言人是个蠢猪，他不打自招，向全国人民泄露了日本帝国主义的计划。”①

毛泽东向国民党提出解决皖南事变的12条办法：悬崖勒马，停止挑衅；取消1月17日反动命令，并宣布自己是完全错了；严惩皖南事变的祸首何应钦、顾祝同、上官云相3人；恢复叶挺自由，继续充当新四军军长；交还皖南新四军全部人枪；抚恤皖南新四军全部伤亡将士；撤退华中的“剿共”军；平毁西北的封锁线；释放一切被捕的爱国政治犯；废除一党专政，实行民主政治；实行三民主义，服从《总理遗嘱》；逮捕各亲日派首领，交付国法审判。

1月23日，新四军将领陈毅等通电就职，呼吁全国人民“拒绝内战，一致对敌”。25日，新的新四军军部在苏北盐城成立。

根据中共中央军委命令，重建后的新四军军部完成了对部队的整编，将长江南北部队统一编为7个师：

第一师，师长粟裕，政委刘炎，主要活动于苏中地区。

第二师，师长张云逸（后罗炳辉接任），政委郑位三，主要活动于皖东地区。

第三师，师长兼政委黄克诚，主要活动于苏北地区。

第四师，师长彭雪枫，政委邓子恢，主要活动于皖东北及津浦路以西地区。

第五师，师长兼政委李先念，主要活动于鄂豫皖地区。

第六师，师长谭震林，主要活动于苏南地区。

第七师，师长张鼎丞，政委曾希圣，主要活动于皖中地区。

党中央又从华北八路军中调遣2万余人南下苏北，支援新四军。1941年6月28日，就华中抗日反顽斗争的策略方针问题，毛泽东复电彭雪枫并告彭德怀、陈毅、刘少奇，指出：“少奇、陈毅二同志的领导是正确的，党性是很好的，望向他们学习。”②

驻重庆的中共中央代表团负责人周恩来得悉“皖南事变”后怒不可遏，在电话中痛斥何应钦：“你们的行为使亲者痛、仇者快，你们做了日寇想做而做不到的事。你何应钦是中华民族的千古罪人！”

为了把事变真相告诉大后方人民，周恩来冲破国民党的新闻检查，为

---

①《毛泽东选集》第二卷，人民出版社，1991年6月版，第776～777页。

②《刘少奇年谱》上卷，中央文献出版社，1996年9月第1版，第357页。

《新华日报》题写了：“为江南死国难者志哀”和“千古奇冤，江南一叶，同室操戈，相煎何急”的挽词，揭露了国民党企图掩盖事变真相的阴谋。国民党统治区的各界爱国人士和海外华侨，也纷纷发表通电，指责蒋介石倒行逆施、消灭异己、破坏团结的行为。许多中间派人士也受到教育，转为支持中共反击的立场。

宋庆龄、何香凝、柳亚子等在香港发起抗议运动，3 次致书蒋介石。

冯玉祥、沈钧儒、邹韬奋、黄炎培、王昆仑、陈嘉庚（华侨领袖）、陈光甫（银行家）、卫立煌、盛世才等均反对蒋介石的倒行逆施。

连第一次反共高潮时积极出力的阎锡山、胡宗南也基本上处于旁观的位置。

英美方面的反应也和蒋介石的预料相反。他们担心中国的团结破裂，不能牵制日本。1941 年 2 月，居里代表美国总统罗斯福来华斡旋国共关系。

在一片反对声中，只有南京的汪精卫汉奸政府叫好。皖南事变后，南京召开庆祝大会。汪精卫说：“蒋介石近来没做过一件好事，只有这件事做得不错。”

1 月 25 日，中共中央给周恩来的通报中指出，我们的方针是：“政治上取全面攻势，军事上取守势。……我们 1 月 20 日的策略，可以对付两种情势中之任何一种：如蒋业已准备全面破裂，我们便是以破裂对破裂；如蒋并未准备全面破裂，我们便是以尖锐的对立求得暂时缓和。”

中共以 12 条为主要武器的强大政治攻势，国内外对蒋介石反共措施的强烈反对，迅即压倒了蒋介石从“皓电”以来到皖南事变、1 月 17 日命令的气势，迫使他在政治上不得不由进攻转到防御。1 月 27 日，蒋介石发表演说，他力图缩小事件性质的范围，申明皖南事变只限于军令军纪，不牵涉党派与政治问题。

蒋介石原以为他发动了皖南事变，发表了 1 月 17 日的命令，帮助了日本，就可以停止日本人的进攻。而日本急于解决中国问题，以便早日南下攻打东南亚，认为与其坐山观虎斗，慢慢解决中国问题，不如乘国共冲突之机，自己动手解决来得痛快。1 月 30 日，东条英机说：“蒋政权内部打架，固然不能抗战，但日本绝不能依赖国共纠纷，而是依赖自己的力量解决中国事件。”对于蒋介石把八路军、新四军赶到黄河以北，以图消灭的阴谋，日本人也不买账。日本侵略者担心中共军队集中到华北，增加了他们后方的压力。东条英机说：“华北是日本人的根据地，蒋介石要驱逐华中共产党到华北，破坏日本利益。”

2 月初，日本军队又向河南开始大规模的进攻。

3 月 1 日，国民党参政会在重庆召开第二届第一次会议。第二天，中共方面参政员董必武、邓颖超致函参政会，用书面形式提出临时解决办法 12 条①作为中共出席参政会的条件。因国民党不答应，中共 7 名参政员拒不到会。救国会领袖邹韬奋因不满国民党的专制统治，亦愤然辞去参政员职务。

8 日，蒋介石做“中央 7 名参政员不出席参政会之说明”。10 日，第二届国民参政会闭幕。同日，重庆《新华日报》出增刊，全文发表了中共 7 名参政员不出席参政会的全部文献，公布了中共方面不出席参政会的事实经过。14 日，蒋介石邀请周恩来面谈，表示国共间的若干问题可以提前解决：如释放被扣人、车，可以继续发饷及减轻对《新华日报》的压迫等。

国民党在第一次反共高潮时，蒋介石还能对中央代表说：“国共本无事，地方摩擦即国民党内也有，不算什么。你们不应拿来做宣传，日本人即无事也是要造谣的。……中央决不会再来剿共。如再剿共，中央即不能抗战，那是中央的失败，但你们也不要反中央，那是你们的失败。”

皖南事变把蒋介石直接推到了被告席上。毛泽东说，皖南事变后，斗争的结果，表现了国民党地位的降低和共产党地位的提高。此后，中国共产党作为一个全国性的大党，与蒋介石和国民党最高当局进行直接的对等谈判，解决有关全国政治和两党关系问题。

1941 年 3 月上旬，新四军司令部参谋处第三科科长胡立教及作战科科长叶超突围脱队后到达盐城，向刘少奇汇报新四军皖南部队被国民党军队围击的情况。刘少奇指出，皖南事变的教训，主要是没有按中共中央的指示，深入敌后，举起民族抗日的旗帜，求得发展壮大，被统一战线束缚了

① 1. 立即停止全国向共产党的军事进攻；2. 立即停止全国的政治压迫，承认中共及各民主党派的合法地位，释放西安、重庆、贵阳及各地的被捕人员；3. 启封各地被封书店，解除扣寄各地抗战书报的命令；4. 立即停止对《新华日报》的一切压迫；5. 承认陕甘宁边区的合法地位；6. 承认敌后的抗日民主政权；7. 华中、华北及西北的防地均维持现状；8. 中共领导的军队，于十八集团军外，再成立一个集团军，应共辖 6 个军；9. 释放皖南所有被捕干部，拨款抚恤死难者的家属；10. 释放皖南所有被捕兵员，发还所有枪支；11. 成立各党派联合委员会，每个党派派遣代表一人，以国民党的代表为主席，中共代表副之；12. 中共代表加入国民参政会主席团。并提出，“倘此 12 条蒙政府采纳，并得有明确的保证，必武、颖超届时必可报到出席。”

自己的手脚。结果，在皖南的弹丸之地守株待兔，守了3年，没有守到兔子，却守来了一个老虎，反而把自己吃掉了。3月11日，中共中央中原局将胡立教、叶超汇报的皖南事变经过电告毛泽东、朱德、王稼祥并中共中央。①

1936年初，毛泽民任中华工农民主政府国民经济部部长，下辖农牧、工矿、财务等科和一个运输队，主要任务是发展经济、保障供给、支援前线。

毛泽民注意发展根据地的工农业生产，在他的倡导下，兴办了一些作坊和合作社、收购店。发动男女老少纺纱、烧木炭、打铁、做木工。开展植树造林，试种水稻，大搞养猪、牛、羊等生产活动。

1936年秋天，国际工人阶级为支援中国革命，筹集了一大笔款子，由法国汇到上海。中央派毛泽民负责取钱。1937年4月，毛泽民和钱之光等4人化装去上海，通过上海地下党，将这笔外汇分批兑换成法币，藏在特制皮箱的夹层里，由几个人装扮成大商人，辗转数千里，将款运到西安。再由八路军驻西安办事处负责人林伯渠和叶剑英等亲自解送、掩护下，使这笔巨款安全运抵延安。

1937年的冬天，毛泽民支气管炎日益严重，党中央决定派他到苏联治疗休养。1938年初，他行至新疆，遇新疆与苏联交界处发生鼠疫，交通中断，他便留在迪化（今乌鲁木齐）八路军驻新疆办事处暂住。

新疆军阀盛世才为了巩固自己的统治地位，打出“亲苏拥共”的旗号，多次要求中国共产党派干部去新疆工作，并特别要求中共派一名财经能手到新疆理财。中共为团结一切力量共同抗日，并保证西北国际交通运输线的安全，从1937年起，陆续派遣100多名干部到新疆工作。党中央鉴于毛泽民已到迪化，遂决定将毛泽民留在新疆理财。毛泽民化名周彬，出任新疆省政府财政厅副厅长、代理厅长职务。

毛泽民上任后，首先整顿财政机构，培训财政干部。1938年4月18日，他向党中央写了《关于新疆财经情况和我的工作情况与计划的报告》，并请求中央给他10个干部。党中央同意了他的工作计划，满足了他的请求。

为了制止通货膨胀，稳定物价，改善各族人民的生活，毛泽民说服盛世才，决定进行币制改革，废除以两为单位的旧银票，改以元为单位的新

①《刘少奇年谱》上卷，中央文献出版社，1996年9月第1版，第337页。

币，并严格控制新币的发行数量。

为了增加黄金储备，充实新币基金，保证新币的稳定和经济建设，毛泽民在迪化成立了金矿局，在伊犁、阿山成立了金矿分局。

毛泽民参照陕甘宁边区政府有关财经方面的规章制度，结合新疆的实际情况，制定了财政、银行、金库等方面切实可行的各种规章制度，以及公务人员奖惩条例，堵塞了漏洞，一改过去混乱的局面，使新疆财经工作面貌一新。

为了防止以盛世才为首的新疆军阀、官僚、地主们继续横征暴敛、贪污浪费，争取尽快达到财政收支平衡。毛泽民领导财政厅编制了收支总预算，制定了3年建设计划和财经制度条例。为控制预算外开支，平衡预算，新疆遂成立了财经委员会，毛泽民为主任。

在整顿财政中，毛泽民还提出税制改革。在农牧业税方面，毛泽民提出要按养羊的多寡来计税。在商业税方面，毛泽民主张对行商和坐商按资金和利润多少都要征税。盛世才等人竭力反对。经过艰苦的努力，毛泽民的办法得以通过，这在一定程度上减轻了劳动人民的负担。

毛泽民为了发展农牧业，规定省银行和各地分行每年都要给贫苦的牧民发放贷款、贷种子、贷耕马等。同时亦大力支持工业、文教、卫生、交通、市政建设等项事业。

为了筹集建设基金，扩大银行资本，使银行在扶助农牧工商业的发展、调剂金融、稳定物价、反对高利贷剥削和改善人民生活等方面发挥大的作用。毛泽民将新疆省立银行改组为官商合办的商业银行。商业银行于1939年1月1日正式成立，毛泽民任理事会的理事长。

毛泽民坚持财政制度的措施，严重触犯了盛世才等人的利益。1941年7月30日，盛以毛泽民（周彬）有病，不宜担任繁重工作为名，调任毛泽民为民政厅长。他的行动亦受到监视。

1942年8月，蒋介石派宋美龄等来迪化与盛世才谈判，盛世才撕下“亲苏拥共”的假面具，与蒋介石达成了反共协议。

1942年9月17日下午，盛世才派全副武装的军警、特务，将陈潭秋、毛泽民的住所包围，接着又将中共驻新疆全部人员逮捕软禁。

毛泽民满腔怒火，当众将特务头子、警务处长李英奇痛骂一顿。李打电话向盛世才请示。毛泽民抢过话筒，斥责盛世才。盛世才企图掩盖自己的罪行。毛泽民愤怒地将电话机砸烂。

1943年2月7日，盛世才将这些共产党人投入监狱。自4月10日开始对毛泽民进行审讯，动用了“抽皮鞭”、“坐飞机”、“坐老虎凳”等酷刑。

1943年9月27日深夜，李英奇等刽子手拿着盛世才“秘密处决”的手令，将毛泽民、陈潭秋、林基路等中共人员从牢房中唤出，先用大棒将他们击昏，然后用绳子勒死，装进麻袋，埋在山坡上。3天后，又将尸体挖出，拍出照片送给宋美龄。

二 日本、德国的强弩之末

1939年9月1日，纳粹德国在先后占领奥地利、捷克斯洛伐克之后，又向波兰大举进攻。9月3日，英国、法国对德国宣战。第二次世界大战全面爆发。

1940年5~6月，德国法西斯击溃英法联军，征服丹麦、挪威、荷兰、比利时、法国等，威逼英伦三岛。

1941年6月22日，德国向苏联发动了进攻。

日本发动对中国的侵略战争后，苏联积极支持中国政府的抗战。1937年8月，苏联政府与中国政府签订了《中苏互不侵犯条约》。1938~1940年，苏联向中国政府提供贷款和物资援助约达4.5亿美元。苏联志愿航空队先后有1000架飞机、2000多人员直接参加了中国的抗日战争，沉重打击了敌人。轰炸机队长库里申科、战斗机队长赫曼诺夫等100多人为中国人民的解放事业英勇献身。

但苏联为了维持自己远东边界的安全，在诺门坎事件①后，于1940年7月，与日本签订协议，确定满蒙边界的划分。同时，日本政府提议，与苏联订立《日苏中立条约》（后来，由于日、德、意三国条约的签订，使这个条约未能成立）。1941年以后，随着日本向南方的推进，及同英、美矛盾日益激化，日本政府认为，必须调整与苏联的关系，减少北方的牵制，同年4月，与苏联签订了《日苏中立条约》，双方承认：尊重领土完整及不可侵犯；其一方与第三国交战时，另一方应保持中立。同时规定，双方发表声明：日本尊重蒙古人民共和国；苏联尊重“满洲国”领土的完整及不可侵犯性。

日苏条约的签订在国际上引起了较大的反响。4月14日，中国外交部发表声明：东北为中国领土，“中国政府与人民对第三国所订妨害中国领

---

①1939年5月，日本关东军在中蒙边境诺门坎与苏军发生冲突，从6月中旬至8月下旬，日本关东军发动近6万大军在诺门坎同苏军展开激战，但以损失近2万人的代价而失败。

土与行政完整之任何决定，绝不能承认。苏日两国公布之共同宣言，对于中国绝对无效”。但对苏联来说，这个条约在一定程度上缓和了它同日本的对抗，换来远东边境的暂时安定，使其可以集中力量在欧洲对付德国，避免了两面作战的困境。对日本来说，它缓和与苏联的矛盾，即可放胆南进，进一步占领中国南方，并与英、美争夺南洋及东南亚。

德国进攻苏联，使日本在政策上陷于极大的矛盾。这时，日本在战略方向上有三个可以选择的方案：一是武力南进；二是北进，配合德国，进攻苏联；三是维持现状，待机而动。日本考虑到，北进，因陆军主要力量已用于中国战场，且战略资源不足，特别是每年所需要的石油，其绝大部分都必须依赖南方供应，在这种情况下，对苏开战，冒险太大；南进，则将有与英、美开战的直接危险；因此，决定采取第三方案。7 月 2 日，日本御前会议通过了《适应世界形势演变的帝国国策纲要》，规定日本今后“仍努力于中国事变的处理，并为确定自存自卫的基础，继续向南方扩展。同时根据形势的演变，解决北方问题”；对于苏、德战争，“暂时不介入，秘密进行对苏军事准备”；“如果在苏、德战争的发展对帝国极为有利时，即使用武力解决北方问题”；对于英、美，“应按既定方针（采用外交手段作其他一切方法），极力阻止美国参战，但万一美国参战时，帝国即依据三国条约采取行动”。

德国对日本未立即发动对苏战争而不满。为应付德国盟友，并进行对苏作战准备，日本在 1941 年 8 月举行了规模巨大的“关东军特别大演习”（“关特演”）。日本军方认为这是自明治以来日本陆军最大的集中和动员，关东军兵力从 30 多万人骤然猛增，达到 70 多万人，并预计如日苏开战后，再从华北调集 3 个师团、华中 2 个师团归关东军指挥。当然，在日本这一行动的背后，还企图压迫苏联放弃同英美的军事合作，停止对中国抗战的援助，以及使苏联在远东的领土非武装化。

欧洲战争开始后，英国在德国的进攻中受到巨大损伤。美国一方面利用英国削弱的机会，夺取它在远东的阵地，同时，又害怕自己的英国盟友失败后，德国会独霸欧洲，所以极力支持英国。苏、德战争爆发后，德国被迫进行两面作战，英、美希望苏军能更多地牵制德军，以便他们能比较顺利地解决欧洲问题。英国在苏、德战争开始的同一天发表了支持苏联的声明，英国首相丘吉尔曾说：“俄国的危难就是我们的危难，也是美国的危难。”接着，美国也发表了同样的声明。7 月，英、苏签订军事协定：两国在对德作战中，互相援助，不得单独谈判或停战媾和。8 月，美国声明给苏联武器援助。苏、英、美三国合作关系的强化，对国际反法西斯战争的进程产生了有力的推动。

德、意、日三国条约订立后，日、美矛盾急剧恶化。

1940年9月23日，日军武力侵占印度支那北部，26日，美国宣布对日全面禁运废铁及钢铁，这是前所未有的制裁措施。

1940年12月2日，美国政府应中国政府要求，同意向中国政府提供1亿美元借款：以5000万美元作为在美购买物资；以5000万美元作为平准基金借款，稳定法币。10日，英国政府也宣布给中国1000万英镑贷款。29日，美国总统罗斯福发表"炉边谈话"，宣告中、美、英三国命运有密切关系，美国是民主国家的"兵工厂"，并以大批军需物资援助中国。1941年1月6日，罗斯福向美国国会提出，要求给予他充分的生产额外武器及多种军用物资的权利和经费，以便支持那些正在同侵略国进行作战的国家，即所谓《武器租借法案》。这时，美国已经有越来越多的人，日益认识到日本的威胁和绥靖政策的危险。美国驻日大使格鲁说："正在往战争道路上走的是日本，不是我们……那些建议实行绥靖政策的美国人，要是能看看日本要人在最近日本杂志上发表的反映他们的真实欲望和意图的文章，哪怕是略看几篇，这些爱好和平的同胞也会明白，绥靖政策是一条死路。"3月12日，美国国会批准了罗斯福提出的法案。根据这个法案，美国政府进一步加强了对中国的军事援助。同年8月1日，由美国退役上尉陈纳德率领的美国志愿航空队在中缅边界成立，12月下旬来华作战。

在经济上，美国也开始了对日本的制裁。

随着日本进驻越南南方和进一步向东南亚的扩张，1941年4月，美、英、荷在新加坡召开军事参谋会议，讨论联合对日作战问题。7月25日，美国宣布冻结全部日本在美国的资产。接着，英国、荷兰也采取了同样措施。8月1日，美国对日本实行汽油禁运。同时，罗斯福与丘吉尔在大西洋上的阿金夏湾举行会谈，关于远东局势是其主题之一。英国要求由美、英、荷等国联合发表一项明确警告声明，约束日本南进。美国表示，如果日本进一步向西南太平洋推进，它将被迫采取对应措施，即使因而引起美、日之间的战争也在所不惜。但罗斯福提议，把警告的调子放低一些，并附带一个与日本谈判的建议。8月14日，美、英两国在召开大西洋会议后，联合发表了《罗斯福丘吉尔联合宣言》(《大西洋宪章》)，提出尊重各民族自由意志及解除侵略国武装等八项原则。

但日、美没有放弃继续通过谈判，调整两国关系的企图。

1941年1月，日本政府派遣海军大将野村为驻美国大使。3月8日，美国国务卿赫尔与野村开始接触，并由两方人员拟定了《日美谅解案》。关于中国问题，该“谅解案”规定：美国政府将据以向中华民国政府提出和平劝告：①中国独立；②根据日、中间即将成立的协议，日本军自中国领土撤退；③中国领土不被兼并；④无赔偿；⑤恢复门户开放，但其解释与运用，于将来适当时期，由日、美两国协议之；⑥蒋政权与汪政权合并；⑦日本对中国大量的、集体的移民应加以自制；⑧承认“满洲国”。4月16日，双方正式谈判，赫尔向野村提出四项原则，作为会谈的前提：①对一切国家领土完整和主权的尊重原则；②维护对别国国内问题不加干涉的原则；③维护包括通商方面机会均等在内的平等原则；④除以和平手段变更现状外，不得扰乱太平洋现状的原则。如日本承认此四项原则，即可将上述《日美谅解案》作为日美谈判的基础。

一贯主张对美强硬的日本松冈外相及陆军军部反对《日美谅解案》，坚持利用三国同盟牵制美国，阻止美国参加欧洲战争和干预中日战争。

6月21日，美国提出《第二次日美谅解案》，对日本要求保持在中国之部分驻兵权表示反对。由于日本统治集团内部在对美政策上的严重分歧，7月18日，近卫内阁总辞职。近卫首相第三次组阁，丰田代替松冈出任外相。

在美国冻结日本资产及进行石油禁运后，日本受到巨大压力，开始对美国让步。8月5日，日本向美国提出《局部解决案》，表明日本在西南太平洋地区没有进驻法属印度支那的企图，在中日战争结束后，立即由当地撤退；日本保障菲律宾中立；要求美国立即采取措施恢复正常通商关系，并充当日、中直接协商的桥梁。日本近卫首相要求与罗斯福进行直接会谈。因日本政府未就在中国驻兵、撤兵、国际贸易机会均等及三国条约等问题作出明确答复和切实保证，美国政府不愿只作中日交涉的桥梁，因而拒绝了日本的要求。

9月6日，日本御前会议通过《帝国国策实施纲要》，决心一面谈判，一面加紧备战，以10月上旬为期限，完成对美作战的一切准备。如至期仍达不到外交谈判的要求，立即与英、美、荷开战。

9月4日，日本丰田外相再次向美国大使格鲁提出日、美首脑会谈提案：三国条约以日本的解释、运用；正常关系恢复后，根据日、中两国协定，早日撤退日本军队；美国的公正经济活动不受限制；恢复日、美通商，撤销资产冻结；停止美国对中国的援助及其在远东、南太平洋的军事措施；等等。10月2日，美国发表声明，又一次拒绝首脑会谈。

10月16日，日本近卫内阁对美政策及在和战问题上内部意见分歧而倒台。18 日，东条英机内阁上台。东条英机内阁在加紧对美作战准备的同时，派驻德国大使来栖到美国活动，迷惑美国，争取作战准备时间。20 日，日本政府提出所谓会谈“新”建议，继续要求美国承担原有对日本的义务，而日本在日、中议和前，在行动上不受约束。美国拒绝了日本这个建议。11 月 26 日，美国赫尔国务卿向日本大使送来了一份“备忘录”，要求日本政府：①无条件承认赫尔四原则；②从中国及法属印度支那全面撤兵；③不承认南京“国民政府”及“满洲国”；④废除“三国同盟”。

1941 年 12 月 7 日，日军突然对太平洋夏威夷瓦胡岛上的珍珠港（美军海军基地）发动大规模军事进攻。

日军偷袭珍珠港使美国受到巨大损失。与此同时，准备攻占新加坡的日军，也在马来半岛登陆，对英军发动进攻。12 月 8 日，日本公布了对英、美宣战的天皇诏书，接着，德国也对美国宣战。同日，英美两国宣布对日战争状态。13 日，日军第三十八师团占领九龙半岛，25 日，攻占香港，当地英军全部投降。

太平洋战争的爆发，使第二次世界大战的局势，尤其是东方战局发生了深刻的变化。日、德、意法西斯侵略集团已将全世界几乎所有地区和国家拖入了战争状态，它也宣告了西方帝国主义绥靖政策的彻底破产。把美国从“孤立主义”的迷梦中解脱出来。

毛泽东在抗战初期曾作过这样的设想：

“我之包围好似如来佛的手掌，它将化成一座横亘宇宙的五行山，把这几个①新式孙悟空——法西斯侵略主义者，最后压倒在山底下，永世也不得翻身。如果我能在外交上建立太平洋反日阵线，把中国作为一个战略单位，又把苏联及可能的国家也各作为一个战略单位，又把日本人民运动也作为一个战略单位，形成一个使法西斯孙悟空无处逃跑的天罗地网，那就是敌人灭亡之时了。……这丝毫也不是笑话，而是战争的必然的趋势。”②

看来这一天已经不远了。

1941 年 12 月 9 日，随着英、美对日、德、意宣战，中国政府发表了对日本及其“轴心”伙伴的宣战公告。由于国际反法西斯阵线的团结，在一定时期内和在某种程度上也促进了中国国内抗日民族统一战线和国共合作的巩固。太平洋战争使日本在战略上处于更大的被动，它不得不将其主

---

①指德、日、意三国法西斯侵略者。

②《毛泽东选集》第二卷，人民出版社，1991 年 6 月版，第 473 页。

要兵力用于对美国的战争，这就不同程度地减少了在中国战场上的兵力，减轻了压力，从客观上策应了中国抗战。同时，美国参战也助长了国民党统治集团中一部分人完全依靠英、美，保存实力，坐待胜利的消极思想。

德国法西斯悍然向苏联发动闪电战后，毛岸英十分关心战争的发展。每天，他的第一件事就是听广播，然后回到房间里，在世界地图上作红白标记。这一时期，毛岸英担任国际儿童院共青团支部书记和伊万诺夫市列宁区团区委委员，为配合战争开展工作。

1941 年冬末，联共（布）中央有个建议，希望 16 周岁以上的外国公民加入苏联国籍。当年毛岸英已 19 岁，学校老师建议他加入苏联国籍。毛岸英说："我是中国人，我爱我们的祖国。只要祖国一声令下，我就要回到祖国去。如果加入了苏联国籍就不方便了。"但，毛岸英并不是一个狭隘的民族主义者，他愿意为苏联的人民取得独立和自由而献身。在战争最艰苦的时刻，他用俄文给斯大林写了一封信：

> 最高统帅部
> 敬爱的斯大林同志：
>
> 我是一名普通的中国青年，我在您领导下的苏联学习了 5 年，我爱苏联就像爱中国一样。我不能眼看着德国法西斯的铁蹄蹂躏您的国土，我要替千千万万被杀害的苏联人民报仇。我坚决要求上战场，请您一定批准我的请求！
>
> 致
>
> 革命敬礼
>
> 谢廖沙
> 1942 年 5 月于伊万诺夫
> （毛泽东的儿子毛岸英）①

信发出 10 天无音讯，他又写了第二、第三封。后来，他看到苏共驻共产国际代表曼努意尔斯基将军，在毛岸英的迫切要求下，毛岸英被批准进了军校学习军事。他先后到苏雅士官学校快速班、莫斯科列宁军政学校和伏龙芝军事学院学习。并于 1943 年 1 月加入联共（布）党（1946 年毛岸英回国后转为中国共产党员）。军校毕业后，毛岸英获得中尉军衔，被任

①金振林，《巨人之子毛岸英》，河北少年儿童出版社，1995 年 12 月第 1 版。

命为坦克连的党代表，参加了苏军的大反攻。他冒着枪林弹雨，千里长驱，英勇杀敌，穿越了波兰等好几个东欧国家。在毛岸英回国前夕，斯大林接见了他，并送给他一支手枪作为对他参加苏联卫国战争的最高奖赏。

三　中国共产党的开放与遗憾

1941 年 1 月 16 日，日本大本营制定《对华长期作战指导计划》，日本中国派遣军决定重点对解放区进行“治安”战的同时，对国民党军队“活泼地进行短促作战，使敌人的战斗力低下”，以图解决中国问题。1941 年，在华日军对国民党军队的作战，主要是对东南沿海发动“封锁战”和对武汉地区为中心发动“短促作战”。

1941 年 2 月以后，日寇相继发动了豫南战役、[①] 中条山战役[②]和第二次长沙战役,[③] 国民党军队失败后要求中共予以配合作战。中共指示邻近战区各部队，以适当动作配合当地国民党军队。

5 月 8 日，毛泽东为中央写的党内指示《关于打退第二次反共高潮的总结》，全面地提出坚持统一战线，争取国内团结，党的基本方针是“拉蒋抗战”。

9 月 1 日，毛泽东与国民党联络参谋谈话，提出了恢复和改善两党关系的具体方案：①国民党释放叶挺，中国共产党派董必武出席参政会议，否则仍不出席。②中国共产党决不推翻国民党政府，决不越过现疆界，国民党承认我方在敌后有发展权利，承认现有防地，承认边区，在敌后的国

---

①1941 年 1 月 24 日，日军第十一军集中第三、第十七、第四十师团发动豫南作战，企图歼灭中国战区汤恩伯集团军。在一周的作战中，只有第六十八军进行了顽强抵抗，汤恩伯集团军迅速撤离豫南。

②1941 年 5 月 7 日 ~6 月 15 日，日本华北方面军集中 6 个师团又两个旅团的优势兵力，向晋东南中条山地区的国民党第一战区军队，发动中原会战（中条山会战）。目的在于击溃中条山的国民党 20 多个师的兵力，使日军腾出手来全力“剿共”。中条山国民党守军抵抗不住日军的攻势，留下少数部队阻击日军，主力部队于 5 月 13 日突围，6 月 15 日，国民党第一战区军队全部退出中条山。八路军乘虚而入，在中条山建立了抗日根据地。

③9 月 18 日，日军第十一军对长沙发动第二次会战，目的企图给予中国第九战区（1938 年 12 月设立，薛岳为司令长官）以重大打击，中国第四、二十、五十八军奋起还击。薛岳电令汨罗河守军坚守阵地，另以主力部队从东侧袭击日军，日军破译了这份电报，于是企图从东面侧击中国第二十六军，二十六军仓促应战，伤亡惨重。20 日，日军突破中国军队阵地，占领汨罗河南岸。24 日，日军攻占长沙东北面的金井，26 日，日军到达长沙北面的捞刀河。中国第七十四军在春华山发动反攻，作战极为勇敢，同时，中国第九战区又调集 10 个军的兵力赶到战场，日军兵力不足，于 10 月 1 日撤退，此役日军损失 7000 人。

共两军，双方下令，停止攻击。③恢复新四军，发给欠饷，停止逮捕。④何应钦停止反共，我停止反何，并重新来往，但何若再反共，我必再反何。蒋介石在两次反共高潮失败后，也进一步认识到，要从军事上消灭中国共产党和革命抗日军队是困难的，所以，开始转变策略，由军事解决为主变为政治解决为主。1941 年 12 月，国民党九中全会决定：国共关系不外僵持、放任、断然处置、和平解决四途。但僵持不可久，放任非常策，断然处置又为国际国内环境所不许，则和平解决实为正当途径。会议拟定的解决中共之基本方式：在军事上，第十八集团军完全国军化，按 1940 年 7 月中央提示案，编制、人事、军需等均服从军委会命令；新四军“残部”重新编制，划归就近战区指挥；所有地方武装一律取消；在政治上，取消陕甘宁、晋察冀、苏鲁豫等边区政府；中共取消“割据式”政府，交回“部落式”部队，政府则承认中共党员的合法存在及活动。

根据国民党的政治动向，中共中央估计到，虽然根据解决国共关系的基本条件还不成熟，但两党通过谈判解决某些具体问题的可能性是存在的。

1942 年 4 月，滇缅公路被日军切断。飞越喜马拉雅山的中印航线，运量很小，蒋介石力求改善对苏关系，以保证外援的陆路运输通道。英、美、苏三大国团结加强，他们不希望中国发生内战，美国对蒋介石声称所借武器不得用于反共。

7 月 21 日，蒋介石在重庆约见周恩来，告之国民党已决定由张治中、刘斐同中共代表谈判，并将继续派联络参谋去延安。

8 月 14 日，蒋介石又约见周恩来，问：“恩来，延安最近有无来电？”周恩来说：“我党来电说，有关政治、军事问题，说愿与张文白（张治中）、刘为章（刘斐）谈判，以寻找解决途径。”蒋介石说：“目前战事正殷，敌人不会自撤，中国须自身弄好，敌人不足惧，国内问题要好好解决。”蒋说：“我一周后将去西安，想在西安约毛泽东先生一晤。”周恩来答应立即将其意转达延安。

周恩来致电毛泽东说：“在态度上还看不出蒋介石有啥恶意，但其目的未可测。”周恩来提出两条对策供中共中央选择：①毛泽东称病，以林彪为代表，到西安见蒋介石；②周恩来和蒋介石一起去西安，然后由周飞延安带一人（林彪或其他负责人）回西安见蒋。周恩来认为，前一个办法可行，后一个不易得到蒋介石的同意，除非带回西安的是朱德。

林彪是黄埔学校第四期学生，他指挥的平型关大捷威震中外。1938 年 3 月，林彪在山西因被阎锡山的士兵误伤去苏联治愈，甚受斯大林器重。

1942 年初，林彪由兰州返回延安途中，蒋介石曾严令国民党军政当局很好接待，妥为护送。周恩来估计，由林彪代表毛泽东会见蒋介石，蒋会同意。

中共中央接受了周恩来的建议。8 月 17 日，中央书记处函电周恩来：毛（泽东）现患感冒，不能起程，拟派林彪同志赴西安见蒋，请征得蒋同意；如能征蒋同意带你至西安，你回延面谈一次，随即偕林或朱赴西安见蒋则更好。

但此后几日，毛泽东数次致电周恩来，商量是否与蒋面晤之事，他在电中称：依目前形势，我似应见蒋，见蒋有益无害。毛泽东并说他准备在蒋电约林彪动身后，再确定去西安的日期，或借出席国民参政会的机会赴渝晤蒋。

为此，周恩来连电毛泽东，9 月 5 日的电文中，周恩来谈道：①见蒋的时机尚未成熟，蒋介石的政治解决是要中共屈服，周恩来以他屡次请求回延安，蒋皆不准，蒋继续派人欲劝降狱中的叶挺等事实，说明蒋介石仍包藏祸心，不能不防；②在局势方面并非对我有利，顽固派欲借苏联对德战争处境艰难之时妄图压中共屈服，若毛出为谋改善根本关系，而蒋公可利用此机会打击地方和民主势力，以陷我于孤立。周恩来估计晤蒋前途有二：①表面上进行得很和谐，答应解决问题而散；②约毛来渝开参政会后，借口留毛长住，不让回延，如此于我损失太大。周恩来着重指出，不能不防。他仍建议由林彪出来打开谈判大门，视蒋介石的态度如何再定。经过反复电商，毛泽东与周恩来认识一致。

1942 年 9 月 14 日，林彪由延安赴西安晤蒋，恰遇山洪暴发，道路被冲毁，农田被水淹。待林彪抵达西安时，蒋介石已回重庆。林彪一行于 10 月 7 日到达重庆。10 月 13 日，林彪在张治中的陪同下，与蒋介石谈判。林彪对蒋介石说，毛泽东甚愿见蒋介石，惟适患伤风未来，蒋也向毛泽东表示了问候。10 月 25 日，毛泽东致电周恩来转林彪："第一次见蒋时是否谈到了我见蒋的问题，如未谈到，第二次见蒋请提出，征询他关于会面的时间、地点等。李宗仁对李先念打得很凶，请找张治中一谈，要求停止进攻。"①

1942 年 10 月底，国民党政府粮食部参事郑延卓受行政院赈委会派遣携款 30 万元到陕甘宁赈灾。毛泽东亲自与之晤谈。郑返回重庆时，毛泽东给蒋介石写了一封信：

---

①《毛泽东年谱（1893—1949）》中卷，人民出版社、中央文献出版社，1993 年 12 月第 1 版，第 410 页。

介公委员长政席：

前承宠召，适感微恙，故派林彪同志晋谒。嗣后如有垂询，自当趋辕聆教。郑委员延卓来延，宣布中央德意，惠及灾黎，军民同感。此间近情，已具告郑兄，托其转陈，以备采择。郑兄返渝之便，特肃寸楮，借致悃忱。

后来，林彪在重庆滞留了 9 个多月，同周恩来一起多次与蒋介石、张治中谈判，终至无果而返。

1942 年 12 月，国民党召开十中全会，详细讨论中共问题。蒋介石在会议总结中说，现在一般盟国以民主政治为基础；过去苏联对我不满，英、美批评我国不民主，即在中共问题上发生疑虑；今后适应国际环境及抗战局势，对中共应采取宽大政策。12 月 16 日，蒋介石会见林彪时表示，中共是爱国的，是国家的人才，国家爱护人才，不会偏私。

1942 ~1943 年初，世界反法西斯战争由防御到进攻的战略转折时期。在苏德战场，苏军取得了斯大林格勒战役的胜利，在地中海战场，英军取得了阿拉曼战役的胜利，在太平洋战场，美国继中途岛战役以后又取得了瓜达尔卡纳尔岛的新乔治亚岛战役的胜利。自 1942 年 11 月开始到 1943 年 1 月，毛泽东大量抄录中央社、塔斯社、合众社、路透社、同盟社等一些外国通讯社所报道的中国和其他一些国家的情况。这些国家是美国、法国、西班牙、苏联、德国、英国、南斯拉夫、葡萄牙、罗马尼亚、土耳其、芬兰、澳大利亚、瑞士、意大利、匈牙利、日本。①

在反法西斯战争形势好转的形势下，蒋介石集团更多的是考虑自己的统治能否维系下去，最担心的是中国共产党及抗日力量的发展壮大会危及国民党的统治。1943 年 3 月 10 日，蒋介石出版《中国之命运》一书。该书强调反对共产主义和自由主义，极力鼓吹“一个主义，一个政党，一个领袖”；攻击共产主义思想是“违反了中国固有的文化精神”，不适合中国国情。该书把 10 年内战的责任推在共产党身上，说共产党、八路军、新四军是“新式军阀”、“新式割据”，暗示两年内一定要解决共产党。

1943 年 5 月 15 日，共产国际执委会主席团鉴于共产国际这种组织形

①《毛泽东年谱（1893—1949）》中卷，人民出版社、中央文献出版社，1993 年 12 月第 1 版，第 416 页。

式，已不适应各国进行革命斗争的需要，提议解散共产国际。22 日，共产国际执委会主席团公开宣布《关于提议解散共产国际的决议》，声言这是为了适应反法西斯战争的发展，便于各国共产党独立处理问题。26 日，中共中央发表决定，完全同意解散共产国际。国民党乘机散布“马列主义已经破产”等论调，要“解散共产党”、“解散陕甘宁边区”。

6 月，根据国民党特务头子戴笠的提议，国民党特务机关拟订了《对中共方案》。同月，蒋介石指令何应钦、白崇禧、胡宗南研讨进攻陕甘宁边区的作战计划。6 月 18 日，胡宗南在洛川召开军事会议，秘密部署“剿共”作战。7 月 7 日，胡宗南指挥 6 个师的兵力包围陕甘宁边区，炮击富县柳林区和关中区，发出了第三次反共高潮的信号弹。

同时，蒋介石国民党军以援苏为名，派 5 万部队深入绥蒙；以反攻为名进兵徐州，深入山东，以切断中共根据地之华中、华北联系。

7 月，中共谈判代表周恩来、林彪等 100 余人乘汽车自重庆返回延安。

为制止分裂、内战危机，八路军总司令朱德致电蒋介石、胡宗南等，呼吁团结，避免内战。同时，根据党中央和中央军委指示，八路军第三五八旅主力（4 个团）由晋西北调回边区，八路军前总筹调机动部队，做好应变准备。7 月 9 日，延安召开 3 万多人参加的纪念抗战 6 周年民众大会，并发表通电，反对内战，决心紧急动员，保卫边区。中共中央南方局及党在大后方的代表机构，积极奔走，调动一切力量，发动制止内战运动。宋庆龄写信给美国《新群众报》，向国际进步舆论揭露国民党封锁、进攻根据地，使抗日部队得不到医药、供给，中国正处在分裂内战的危险之中。

国民党的反共行径不仅受到全国人民的强烈反对，而且英、美、苏也对中国国内这种严重局势不满。7 月 7 日，在国民党中央宣传部长举行的记者招待会上，不少外国记者纷纷质问内战危机。上述各国大使会晤、警告重庆政府，不得发动内战，否则各国将停止援助。所以，在边区和各抗日根据地紧急动员，已有准备和国际舆论反对的情况下，国民党当局不得不偃旗息鼓。7 月 10 日，胡宗南下令撤退部队，国民党的第三次反共高潮被制止了。

1943 年 9 月，国民党召开了十一中全会。这次会议是在第三次反共高潮被制止后，国共关系又开始转向缓和的形势下召开的。会上，蒋介石答应在抗战胜利后一年内召集国民大会，实行宪政。对国共关系，他一面继续攻击中国共产党“破坏抗战，危害国家”，同时又重申共产党是“一个政治问题，应用政治方针解决”。9 月 18 日，国民参政会第三届第二次会议在渝开幕。会议第四天，何应钦在军事报告中，诬蔑第十八集团军和中国共产党。中共代表董必武当场严词痛斥其造谣诬蔑，并声明退席以示抗议。

1943 年 10 月 5 日，毛泽东为《解放日报》撰写《评国民党十一中全会和三届二次国民参政会》的社论，表示：“在蒋先生和国民党愿意的条件下，我们愿意随时恢复两党的谈判。”1944 年初，国民党驻延安的联络参谋郭仲容向毛泽东转达蒋介石希望中共派代表到重庆谈判的信息。听到这个消息后，1944 年 2 月 4 日，毛泽东在致董必武的电报中说：“观察今年大势，国共有协调之必要与可能，而协调之时机，当在下半年或明年上半年。但今年上半年我们应做些工作。”在这种情况下，中共中央决定，停止公开批评国民党，积极参加宪政运动，争取和广大民主人士一起推动蒋介石转变政策。2 月 17 日，毛泽东会见郭仲容，告诉他中共中央决定派林伯渠赴重庆谈判，行期在 3 月 12 日以后。对即将进行的这次谈判应该采取什么方针，4 月 15 日，毛泽东主持中央书记处会议进行了讨论。周恩来发言说：“国民党现在对我们主要采取政治斗争，宣布我们破坏抗战等所谓十项罪状。我们的方针，照毛主席估计的，目前还是求和缓。”毛泽东说：“这次总的态度不卑不亢，表示我们要求和缓，要求抗战到底，团结到底，不表现盛气凌人的态度。我们要求和他们一同抗日，使他们不觉得我们在威胁他们。”毛泽东提出：“对中间派主要宣传民主，争取他们的同情。对英、美主要宣传抗战，要求英、美派人常驻陕甘宁边区。”

1944 年 4 月 29 日，肩负重任的林伯渠同王若飞、伍云甫一起离开延安，5 月 2 日到达西安。5 月 4 ~ 11 日，林伯渠在西安同国民党中央派来的代表张治中、王世杰进行了初步会谈。5 月 15 日，毛泽东致电林伯渠，告知明日由电台将《中国共产党中央委员会向中国国民党中央委员会提出关于解决目前若干急切问题的意见》拍发给他。这份意见书是毛泽东起草的。

5 月 17 日，林伯渠同张治中、王世杰同机到达重庆。同以往的情况一样，国民党方面对谈判拿不出任何方案来。他们一再要求中共方面先拿出具体意见来。毛泽东要林伯渠以公函形式将《中国共产党中央委员会向中国国民党中央委员会提出关于解决目前若干急切问题的意见》交给王世杰和张治中，以此作为谈判的具体内容。意见书首先说明：“为克服目前困难局面，击退日寇进攻，并认真准备反攻，中共方面认为惟有实行民主与增强团结一途。为此目的，中共希望政府方面解决若干急切的问题。这些问题，有关于全国政治方面者，有关于两党悬案方面者。”关于全国政治的有三条：（1）请政府实行民主政治与言论、出版、集会、结社及人身之自由；（2）请政府开放党禁，承认中共及各爱国党派的合法地位，释放爱国政治犯；（3）请政府允许实行名副其实的人民地方自治。关于两党悬案的有17条，主要内容是：允许中共军队编为16个军47个师，每师1万人，目前至少给予5个军16个师的番号；承认陕甘宁边区及华北、华中、华南敌后各抗日根据地的民选抗日政府为合法的地方政府；中共军队防地在抗战期间维持现状，抗战结束后另行商定；在物质上充分援助八路军和新四军，公平分配同盟国的援华物资；撤销对陕甘宁边区和各抗日根据地的军事封锁和经济封锁；停止进攻华中新四军和广东游击队；释放各地被捕人员；等等。这些要求，国民党谈判代表拒绝接受，并且不肯把中国共产党的意见书转交给国民党政府。中共中央为了表示谈判的诚意，对意见书作了修改，将原来的20条意见改为12条，其余8条作为口头要求提出。

5月31日，毛泽东致电林伯渠，告知中央所作的上述修改，并说：“如彼方再不接受与解决，则曲在彼方，我方委曲求全之诚意可大白于天下。”但是，对经过修改后的意见书，国民党方面仍不肯接受。

国民党拟定《林伯渠来渝后我方应付对策》及由陈布雷起草的《林祖涵来渝事件之应付要点》等秘密文件，要求通过宣传，以逐步令中共交出军队和政权。6月5日，王世杰、张治中突然拿出一份《中央对中共问题政治解决提示案》，交给林伯渠。其中规定：“第十八集团军及其各地之一切部队，合共编为四军十师，其番号以命令定之”，陕甘宁边区划定为“陕北行政区，其行政机关称为陕北行政公署”。而对敌后根据地的政权问题、中共的合法地位以及人民的权利等只字不提。王世杰、张治中还声称，只能按照这个提示案来谈。①

8月12日，周恩来发表谈话，说明了谈判的扼要经过，并指出，由于国民党方面的无理态度，在谈判中“任何一个具体的即使是最微小的问题，都没有得到解决”。

1944年9月6日，在重庆召开了三届三次国民参政会。这时，国民党的统治已面临着严重的全面危机，特别是豫湘桂战役的失败，使国民党政权威信扫地。

9月15日，中共代表林伯渠在本次国民参政会上正式要求国民党“立即结束一党统治的局面，由国民政府召开各党派、各抗日部队、各地方政

①《毛泽东传（1893—1949）》，中央文献出版社，1996年8月第1版，第675~677页。

府、各人民团体的代表开国事会议，组织各抗日党派联合政府，一新天下耳目”。

9月24日，各党派负责人及社会名流董必武、冯玉祥、覃振、邵力子、张澜、沈钧儒、王昆仑、邓初民、黄炎培、张申府、胡子婴、李璜、左舜生等500余人，在重庆集会，要求改组政府，实行民主。

1942年1月1日，《联合国家宣言》在华盛顿签字，中国排在美、英、苏之后成为四大强国之一，中国的大国地位首次被反法西斯盟国所公认。

太平洋战争爆发后，美国虽然给国民党大量租借军用物资，却不愿蒋介石拥有支配这些军用物资的权力。1942年3月，《中美租借主体协定》签字后，美国派驻陆军中将史迪威到重庆担任中国战区参谋长，主要任务是，指挥在中国、缅甸、印度美国军队；监督及办理美国援华军用物资，代理美国出席军事会议，充当中国战区与太平洋战区联络员，管理滇缅公路，奉命指挥部分中国军队。史迪威到中国后，耳闻目睹蒋介石政府的腐败与无能，对蒋介石保存实力，消极抗战，热衷反共的做法极为不满。为了使美国对华政策得以实施，史迪威提出要对国民党政府进行政治和军事改革，包括对中国共产党实行开放政策，从而与蒋介石产生了尖锐的分歧。1942年7月，罗斯福总统派居里作为特使前来中国。居里来中国后，竭全力主张加强美蒋在各方面的合作。1942年10月10日，美、英两国宣布取消在华领事裁判权和有关特权。

由于蒋介石实行“消极抗战，积极反共”的政策，大批高级将领投敌，军队无心抗战，热衷于发国难财。为此，美国驻华机构的一些官员向政府建议改变过去美国政府与中共不接触的态度，与中共建立联系。1943年1月23日，驻华使馆三等秘书约翰·谢伟思在呈国务院的一份报告中写道：“我建议派美国代表去访问共产党地区。”3月16日，使馆二等秘书约翰·戴维思也在报告中向政府建议“为了达到真正有效的联络，我们应该派一个军官小组驻在他们的地区”。同年6月14日，他又进一步向政府提议“在中共控制区设立总领事馆，并派遣军事代表团到那里去”。其次，他们希望给予共产党一些军事援助。同年9月，管辖“租借”物资的史迪威将军建议“从他自己积存的武器里拨一些给中国共产党作为采取抗日行动的鼓励”。他们认为这样做既可以利用美国的影响，沟通国共谈判的渠道，消除对垒，又可以利用中共的军事力量为美国击败日本的总战略服务。同时，也可以避免美国只支持蒋介石而促使中共全面倒向苏联。

1943年11月初，罗斯福提议在开罗举行中、美、英三国首脑会议，得到中、英赞同。11 月 22 ~ 26 日，蒋介石、罗斯福、丘吉尔在开罗举行美、英、中三国首脑会议。会议着重讨论了三国联合对日作战计划，通过了在缅北发动反攻作战的方案。会议还就打败日本后对日本的处理进行了研讨。一致同意剥夺日本从 1914 年以来在太平洋上所夺得或占领的一切岛屿，将日本侵占的领土如满洲、台湾、澎湖列岛归还中国，蒋介石曾向英国首相丘吉尔提出将香港归还中国，但遭到丘吉尔的拒绝。会议签署了《中美英三国开罗宣言》，宣言坚持日本必须无条件投降。开罗会议后，苏、美、英三国首脑在伊朗首都德黑兰举行会议，在德黑兰会议上征得斯大林同意后，于 12 月 1 日发表。

在开罗会议上罗斯福告诉蒋介石必须同共产党合作，并表示美国“不准备卷入中国的任何内战趋势，我们希望中国一致抗日”，要求蒋介石“必须在战争还在继续进行的时候与延安方面握手，组成一个联合政府”。

1944 年 1 月 15 日，戴维思再次向政府要求“立即派一个军政观察团到共产党中国去收集敌人的情报，协助并准备从那个地区开展一些有限的行动，获取对共产党军事实力的准确估计”。罗斯福鉴于派遣观察团既能为促进联合政府寻求途径，又能为利用中国共产党军事力量作好准备，同意了戴维思的意见。2 月 4 日，史迪威向美国陆军参谋长马歇尔报告说，国民党政府用 50 万军队在华北围堵中共军队，对中国抗日战争大有损害。对此，罗斯福颇感忧虑。

2 月 9 日，罗斯福致电蒋介石。在 2 月 22 日的回电中，蒋介石表示愿意“提供方便”，但同时表示访问的路线只能在国民党控制区。罗斯福表示接受。

1944 年 6 月 9 日，也就是盟军在法国诺曼底登陆，开辟欧洲第二战场的第三天，中外记者参观团一行 21 人到达延安，成员中有美联社、英国《曼彻斯特卫报》、美国《基督教科学箴言报》记者斯坦因，《纽约时报》、《时代杂志》记者伊·爱泼斯坦，合众社、伦敦《泰晤士报》记者福尔曼，路透社记者武道，美国天主教《信号》杂志中国通讯记者夏南汉神父，苏联塔斯社记者普多岑科，此外，还有国民党统治区各大报的一些记者以及国民党官员。第十八集团军叶剑英参谋长举行招待宴会，边区政府民政厅长刘景范作陪。10 日，朱德总司令举行欢迎晚会。12 日，毛泽东接见记者团全体人员。22 日，叶剑英向记者团发表《中共抗战一般情况的介绍》的谈话。

6 月 12 日，毛泽东在会见记者参观团时，就国内外形势回答了记者提出的问题。记者团的成员大多是第一次来到延安，对这里的一切都感到新鲜，在同毛泽东的谈话时提出的问题特别多。毛泽东一一耐心地作了解答。毛泽东给记者们留下了深刻的印象。爱泼斯坦在当时的笔记中这样写道："我个人感觉，在延安，毛是可以接近的，并且是很简朴的。他会在遍地黄土的大街上散步，跟老百姓交谈，他不带警卫。当和包括我们在内一群人拍照时，他不站在中间，也没有人引他站在中间，他站在任何地方，有时在边上，有时站在别人身后。"毛在延安给我们留下的另一深刻印象是他的从容不迫和安然自得。他领导的中国共产党正面临十多个抗日根据地频繁的战事和多方面的大量行政组织工作。在和国民党多方面的关系中，他是主要决策人，他既要躲开对手的攻击以避免发生内战，又要推动对手更有力地去打击日军。他已在制定第二次世界大战后的国内政策和国际政策，从事于理论写作和解决党内争论的问题。"我们这些外国记者都来自重庆，我们不由得注意到毛和重庆的蒋介石在举止方面的强烈反差。蒋介石刻板，拘谨，神经质，语言单调，似乎经常处于紧张状态之中。蒋经常没有必要地过问过多的烦琐事务，事后批评他的指挥官做的大小每一件事。……毛则相反，他极擅长于委任他人负责某件事，以便他有充分的时间去考虑、分析一个更大的远景；他也擅长树立榜样，总结经验。由于交通的阻断和困难，内部通讯联络不可能对很远的抗日根据地在军事上和政治上给予具体的指示，这就要求每个人了解并遵循总体的方针路线，把一致性和主动性灵活地结合起来，由他们自己判断，决定自己的行动。"①

延安交际处组织中外记者们参观边区的机关、学校、生产部门。这些原来对解放区情况毫无了解的记者们，看到了和重庆完全不同的情况，留下深刻印象。7 月 12 日，参观团除 5 位外国记者留下继续参观访问外，其余离开延安回重庆。毛泽东在 7 月 14 日和 18 日又先后会见了斯坦因和武道，同他们就广泛的问题交换意见，同斯坦因的会见长达 12 个小时（从 14 日下午 3 时持续到 15 日凌晨 3 时）。记者们回到重庆或回国后，写了许多反映中国解放区真实情况的书籍和文章。福尔曼的《来自红色中国的报道》、斯坦因的《红色中国的挑战》以及爱泼斯坦等发表的评论，都受到广泛的注意。记者团中过去一向对共产主义思想抱敌视态度的夏南汉神父"亦认为边区是好的"。7 月 1 日，《纽约时报》根据记者发回的报道发表评论："无疑地，五年以来，对于外界大部分人是神秘的共产党领导下的

①《突破封锁访延安》，人民日报出版社，1995 年 4 月版，第 27、28 页。

军队，在对日战争中，是我们有价值的盟友。正当地利用他们，一定会加速胜利。”

1944年，日寇为了挽救它在南洋的败局，向国民党战场发动了打通大陆交通的豫湘桂战役（日本对华“1号作战”），自1944年4～12月，日本侵略军为打通北京到广州、南宁的大陆交通线，相继击溃了豫湘桂地区的国民党军队主力，占领了衡阳、桂林、柳州地区的机场。国民党军队从长沙、衡阳、桂林、柳州、南宁一直溃退到贵州的都匀，损失近60万人，丢失大小146座城市、7个航空基地、36个飞机场，丧失国土20余万平方公里，使6000多万人陷于日寇铁蹄之下。当时，国民党军队共有321个步兵师、22个骑兵师，总人数约为650万人。但是蒋介石实行保存实力，消极抗战的方针，将精锐部队留在后方，未察觉到日本进攻的企图。

太平洋战争爆发以来，美国驻华官员约翰·戴维斯、约翰·斯图尔特·谢伟思多次建议美国政府派人到中共领导的抗日根据地考察。这些提议最初没有受到美国政府的重视。随着国民党战场的严重失利和共产党领导的敌后游击战争的迅猛发展，美国政府开始考虑同中共军队合作的问题。1944年2、3月间，罗斯福通知蒋介石，为了搜集日本在华北、东北的情报和研究将来在中国大陆作战的各种可能，准备向延安派出一个军事考察团。蒋介石一直以种种附加条件来进行阻挠和拖延。

到6月间，豫湘桂大溃退已经开始，美国派副总统华莱士到中国。6月21日，在华莱士与蒋介石的首次会谈时，他告诉蒋介石：罗斯福总统认为，共产党和国民党的党员终究都是中国人，他们基本上是朋友，朋友之间总有商量的余地，如果双方不能够一致，他们可以找一个朋友，并且表示他可能充当那个朋友。美国急于利用本身的影响促成国共谅解，目的是为了好让中共的力量“充分发挥用途”，以挽救国民党的军事危机。同时，美国还希望利用中国共产党的军队和根据地配合美军对日作战。在会谈中，蒋介石不同意改善国共两党的关系，也反对美国与中共采取任何联合行动。蒋介石还要求将史迪威和美国驻华大使高斯调回国。在会谈中，华莱士一再说明罗斯福、马歇尔、史汀生都希望美国军事观察团早日到延安去，蒋介石才被迫允许美军以观察组的名义去延安。

华莱士回到美国后，向罗斯福汇报了中国之行，他提出，蒋介石政府是“一个由地主、军阀和银行家支持的落后无知的政府”，“广大民众普遍不喜欢国民党政府”。但华莱士又认为，现今中国还没有人有足够的力量来取代蒋介石，他提议由魏德迈将军换回史迪威，“影响”蒋介石采取进步政策。他说，美国“除支持蒋介石以外，好像也没有别的办法”。

对美军观察组要来延安的事情，毛泽东非常重视。6 月 28 日，毛泽东致电在重庆的林伯渠、董必武：“美军事人员来延，请你们代表我及朱、周表示欢迎，飞机场即日开始准备，来延日期请先告。”①第二天，毛泽东主持中共六届七中全会主席团会议，讨论美军观察组来延安的问题。会议决定：对美方表明，我们现在需要合作抗战；抗战胜利后需要和平建国，民主统一。在交涉中以老实为原则，我们能办到的就说能办到，办不到的就说办不到。会议还决定，由毛泽东、朱德、周恩来、彭德怀、林彪、叶剑英出面接待。7 月 4 日，为庆祝美国独立 168 周年，毛泽东同朱德设宴招待在延安的美国侨民和中外记者团。宴会后，延安各界在王家坪大礼堂举行庆祝晚会，毛泽东出席。同日，毛泽东为准备和安排美军观察组飞机在延安降落的问题，致电林伯渠、董必武，告知飞机在延安机场降落时应注意的事项，包括雨季飞机不能超过的重量，跑道的长度、宽度，降落方向和机场标记等。② 7 月 22 日，毛泽东为中共中央起草致各战略区电，要求调查并电告天主教、耶稣教的教徒在抗日根据地及游击区分布的情况，以及他们在抗战中的表现和对中共的态度等，指出：“据云单是天主教全国有教徒四百万，华北有一百五十万，绥远有二十二万。这是一个大问题，日本人及国民党均在争取教民，必须引起我党注意，争取教民是我党不可疏忽的任务。”③后来（1944 年 8 月 18 日），中共中央发出由周恩来起草的《关于外交工作的指示》，指出：“我们不应把他们的访问和观察当做普通行为，而应把这看做是我们在国际间统一战线的开展，是我们外交工作的开始。”7 月 22 日，美军中缅印战区驻延安观察组（代号“迪克西使团”）第一批成员在组长包瑞德上校的率领下乘美国军用飞机到达延安，周恩来、叶剑英等到机场迎接。第二批人员于 8 月 7 日到达延安。观察组由美军中缅作战司令部（史迪威将军总部 ）和驻华使馆的军官、专家组成，一行 18 人，组长是史迪威将军的顾问戴维·包瑞德上校，政治顾问是驻华使馆二等秘书雷蒙特·卢登和约翰·谢伟思。毛泽东、朱德、林伯渠等设宴招待。8 月 15 日，《解放日报》发表经毛泽东改写的社论《欢迎美

①《毛泽东年谱（1893—1949）》中卷，人民出版社、中央文献出版社，1993 年 12 月第 1 版，第 522 页。

②《毛泽东年谱（1893—1949）》中卷，人民出版社、中央文献出版社，1993 年 12 月第 1 版，第 526 页。

③《毛泽东年谱（1893—1949）》中卷，人民出版社、中央文献出版社，1993 年 12 月第 1 版，第 530 ~ 531 页。

军观察组的战友们》。

美军观察组到延安来，要详细了解日军的战斗序列、日本空军的战斗序列、伪军的战斗序列，但最主要的是要了解共产党领导的军队的力量、位置、作战部署、装备状况、训练状况、战斗力，还有共产党在日军内部和日本占领区中的情报工作能力。毛泽东、周恩来、朱德等多次会见观察组。

使毛泽东最有兴趣的是与出生和长期工作在中国，并且对中共抱着友好态度的谢伟思的交谈。7 月 26 日，延安为美军观察组第一批人员举行晚宴，毛泽东在与坐在他身边的谢伟思交谈中，提出美国是否可能在延安建立一个领事馆的问题，以防国民党在抗日战争结束后打内战。① 8 月 23 日，毛泽东在与谢伟思的谈话中说："国共关系的状况是解决中国问题的关键，我们共产党深知内战的惨痛经验；对中国来说，内战将意味着长年累月的破坏和混乱，中国的统一，它对远东的稳定作用以及它的经济发展，统统会推迟下去；中国防止内战的希望在很大程度上有赖于外国的影响，在这些外国中，尤其重要的是美国，国民党在今天的处境下必须看美国的脸色行事，我们现在只是要求美国政策要努力引导国民党改革自己。" 10 月 9 日，毛泽东与谢伟思谈到国共关系时说，毛泽东认为国民党还不准备妥协，因此眼前没有希望召开拟议中的紧急国民大会和改组政府。毛泽东说："我们愿意等待，我们在耐心方面有过长期锻炼。" ② 这些谈话给谢伟思留下很深的印象。

美军观察组组长戴维·包瑞德上校在延安期间听过毛泽东的讲演。包瑞德在回忆录中写道："他总是神态自如。当他清楚地、有效地提出他们的观点时，他并不咆哮如雷，也没有看天空、敲桌子等不自然的表情。因为我在场，他可能有意回避责骂委员长和国民党。他引用的辛辣幽默的民间谚语，不时引起听众一阵阵大笑。如果有过一个演讲家通过手势吸引他的听众，那么就正是毛泽东。" 美军观察组在延安住了近两年时间，听取了中共领导人和军队负责人的情况介绍，并且多次进行实地考察。他们亲眼看到，共产党的军队生活清苦，工作热心，与"重庆迥然是另一个世界"。观察组写回国内的报告，比较客观地反映了共产党领导的根据地的

①《毛泽东年谱（1893—1949）》中卷，人民出版社、中央文献出版社，1993 年 12 月第 1 版，第 531 页。

②《毛泽东年谱（1893—1949）》中卷，人民出版社、中央文献出版社，1993 年 12 月第 1 版，第 550 页。

情况，引起了美国政府的重视。①

首先，他们要求政府给予中共军事援助，以加强双方在战时的军事合作。戴维·包瑞德在1944年8月14日的报告中写道："我认为通过少量的弹药、自动武器、大炮和通讯器材援助他们，将会发生直接的效果。如果中共应该得到美国的援助而我们不给，我们也许将失掉更多的东西。"其次，他们建议政府不偏袒地援助国共双方。谢伟思在8月29日的报告中提醒政府，照目前那样援助国民党"只会助长目前国民党不民主的趋势。当援助能帮助国民党延续不稳定的政权时，国民党一直拒绝改革，它甚至会助长有法西斯思想的国民党领导人去发动一场内战。这场内战不仅会给中国及战后世界在这个地区的和平带来灾难，而且，会给我们在这个地区平时的利益带来灾难"。

同时，国民党战场的形势越来越糟。6月18日，长沙失陷。6月26日，日军占领衡阳飞机场，兵临衡阳城下。日军的长驱直入，国民党战场的溃退，使美国感到焦虑和愤怒。6月28日，罗斯福十分不安地问道："我想弄明白的问题是，中国军队在哪里？他们为什么不同日军打仗？看来日军想把中国军队赶到哪里就能把他们赶到哪里。"为了阻止日军的攻势，挽救国民党战场的危机，罗斯福将史迪威提升为上将，并断然向蒋介石施加压力，要求由史迪威指挥包括共产党军队在内的所有中国军队。这就正式提出了抑蒋联共的对华政策。7月6日，罗斯福电告蒋介石，由于国民党军队的溃败，"中国的情况那么危急，如果不立即采取根本的行之有效的挽救办法，我们的共同事业就会遭到严重挫折"。他强调指出，日本的进攻"不但威胁着你的政府，而且威胁着美军在中国的一切建树。"罗斯福强烈要求由史迪威指挥在华的全部中国军队和美国军队，包括共产党军队在内。对罗斯福的建议，蒋介石尽量进行拖延，他一方面强调在史迪威指挥中国军队之前，要有一个准备时期；另一方面又要求罗斯福派代表来华协调史、蒋关系。为了敦促蒋介石认真抗战，罗斯福决定派遣赫尔利将军到中国。8月8日，日军攻陷衡阳，国民党战场危机进一步加深。此时，美国已攻占马里亚纳群岛，可以直接从该岛轰炸日本，中国空军基地的战略价值也随之下降。但罗斯福担心日本利用中国大陆继续战争。8月21日，罗斯福以强硬的口吻敦促蒋介石，"我强烈要求你采取必要的措施，尽早地委以史迪威将军指挥你领导下的中国军队。我要求对此事付诸行动……进一步拖延就可能为时太晚，从而中国和盟国早已打败日本的计

①《毛泽东传（1893—1949）》，中央文献出版社，1996年8月第1版，第678~684页。

划在军事上不可避免地遭到灾难性的悲剧”。对此，蒋介石依然不予理睬。8 月 28 日，浙江全境陷入敌手。9 月，日军越湖南进攻广西，从北面和东南两侧向桂林紧逼。罗斯福感到“中国情况如此危殆，假若还不立刻实行彻底的迅速见效的补救方法，我们目标将受到不幸挫折”。罗斯福告诉蒋介石，他已经“物色一位有远见和政治能力的私人代表”赫尔利将军前来中国。9 月 6 日，赫尔利到达重庆，8 日与蒋介石进行会谈。蒋介石又提出，史迪威指挥国民党军队，要经过军事委员会接受蒋的命令；指挥共产党军队要由军事委员会核准；美国援华物资由国民党政府控制等。蒋介石又要兵权，又要财权，实际上是拒绝了罗斯福的提议。史迪威对此十分愤慨，他认为，只有指挥中共军队参战，才能牵制日军的推进。他在日记中写道，“我们必须想法把武器交给斗志昂扬的共产党人”。9 月 15 日，史迪威要求将围堵陕甘宁边区的胡宗南部队南调，又遭到蒋介石的拒绝。9 月 18 日，罗斯福在电报中严厉斥责蒋介石，他说：“读过有关中国局势的最新报告以后，我和我的参谋长们深信在最近的将来，你就要面临我一直担忧的灾难。”“现在，你还没有委派史迪威将军指挥全部中国军队的时候，我们已面临要损失华东的一片重要地区，并可能遭到大败的后果。”罗斯福还以停止援助来向蒋介石施加压力。蒋介石仍执意不从，并向罗斯福提出撤换史迪威。蒋介石的软拖硬抗，使罗斯福面临一个新的抉择：是否继续支持蒋介石政府？10 月 10 日，赫尔利在给罗斯福的信中指出：“如果你在这场争议中支持史迪威，你就会失去蒋介石，也就很可能会失掉中国。”这就击中罗斯福的要害：他担心失去蒋介石会导致失去亲美的中国，从而不得不向蒋介石让步，决定召回史迪威，由魏德迈接替中国战区参谋长的职务。10 月 21 日，史迪威回到美国。史、蒋矛盾终于以罗斯福的让步而告结束。

赫尔利在飞往中国途中曾在莫斯科作短暂停留。在与苏联外长莫洛托夫的会谈中，美方向苏方解释了他们在华主要任务，并表示为了完成这些任务“美国政府必须支持蒋委员长，使中国达到完全的统一”。莫洛托夫表示：“假若美国帮助中国人统一他们的国家，改进他们军事和经济的情况，并为这种工作选择他们最优秀的人物，苏联方面将至感高兴。”11 月，美国驻华大使高斯奉命回国。同时，罗斯福任命赫尔利为驻华大使。

1944 年 11 月 7 日，罗斯福再次当选为美国总统。同日，赫尔利来到延安，向毛泽东、周恩来表示愿意调解国共关系。赫尔利提出五点建议，主张国共合作，成立一个有广泛基础的联合政府和联合军事委员会，美军的军援由联合政府平均分配。中国共产党表示支持赫尔利的建议，与赫尔利达成了关于废止国民党一党专政，成立民主联合政府的五点协议。[①] 1944 年 11 月 10 日，毛泽东应赫尔利的建议，写信给美国总统罗斯福："我很荣幸地接待你的代表赫尔利将军。在三天之内，我们融洽地商讨一切有关团结全中国人民和一切军事力量击败日本与重建中国的大计。为此，我提出一个协定。……这一协定的精神和方向，是我们中国共产党和中国人民八年来在抗日统一战线中所追求的目的之所在。……我现托赫尔利将军以我党我军及中国人民的名义将此协定转达于你。"[②]毛泽东并对罗斯福连任总统发了贺电。罗斯福在回电中表示他期待着在反对日本这个共同敌人的事业中，与中国各派力量通力合作。

赫尔利认为他的五点建议是使中共"将他们武装部队的控制权交给国民党政府的惟一文件"。之后，中共中央派周恩来到重庆继续谈判。针对五点建议，11 月 22 日，蒋介石又提出三点建议，要求中共将所有的军队改编为国军，交给国民党指挥，才能承认中共的合法地位。但在蒋介石只字不提国共两党建立联合政府和联合军事委员会这种情况下，赫尔利毫不犹豫地转而支持蒋介石，推翻他自己提出的五点建议，还硬说蒋介石的三点建议有"积极因素"。赫尔利的两面派行为，遭到中共的坚决抵制。

毛泽东在 12 月 12 日给周恩来的指示中说：我们毫无与美方决裂之意，"牺牲联合政府，牺牲民主原则，去几个人到重庆做官，这种廉价出卖人民的勾当，我们决不能干。这种原则立场我党历来如此，希望美国朋友不要硬拉我们如此做，我们所拒绝者仅仅这一点，其他一切都是好商量的"。[③] 12 月 28 日，周恩来代表中国共产党致函赫尔利，拒绝了国民党的条件，并进一步提出，如国民党政府欲向国外表示其与民更始之决心，应先自动实行：①释放包括张学良、杨虎城、廖承志等大批爱国政治犯；

---

①五点协议是：1. 中国政府、中国国民党、中国共产党共同工作，统一中国一切军事力量，迅速击败日本，重建中国；2. 现在的国民政府应改组为由所有抗日党派和无党派代表的联合国民政府，颁布及实行用以实行军事、政治、文化的新的民主政策，同时军事委员会应改组为由所有抗日军队代表所组成的联合军事委员会；3. 联合国民政府应拥护孙中山在中国建立民有、民享、民治之政府的原则，实行用以促进进步与民主的政策，确立思想、出版、言论、集会、结社自由及向政府请求平反冤狱的权利，实行免除威胁的自由和免除贫困的自由的各项政策；4. 所有抗日军队应遵守与执行联合国民政府及其联合军事委员会的命令，并应为这个政府及其军事委员会所承认，由联合国得来的物资应被公平分配；5. 联合国民政府承认中国国民党、中国共产党及所有抗日党派的合法地位 。

②《毛泽东年谱（1893—1949）》中卷，人民出版社、中央文献出版社，1993 年 12 月第 1 版，第 558 页。

③《毛泽东年谱（1893—1949）》中卷，人民出版社、中央文献出版社，1993 年 12 月第 1 版，第 564 ~ 565 页。

②撤退包围边区及抗日根据地的军队；③取消限制人民自由的法令；④停止一切特务活动。谈判无收获，1945 年 2 月 16 日，周恩来返回延安。

当时，毛泽东和周恩来曾有过作为中共领袖访问美国的设想，1945 年 1 月 9 日，美军驻延安观察小组将中共赴美的建议送给了在重庆的驻华美军总司令魏德迈将军。第二天，周恩来又函告魏德迈，嘱他务必不让赫尔利知道此事，因为中共对他持不信任态度。事不凑巧，恰逢魏德迈不在重庆。而魏德迈与赫尔利之间又有代为拆信之约。延安的建议落入赫尔利手中，赫尔利电告罗斯福：国民党是能治理中国的惟一力量，中共势单力薄，不成气候，建议总统不要与中共进行任何对话。2 月 28 日，赫尔利特意回国，尽管此时已有一份由美国驻华使馆全体政治官员联合谴责赫尔利对华政策的电报已先期到达华盛顿，可赫尔利仍大言不惭地向总统保证，只要美国坚持不承认中共的政策，到 4 月底，就可迫使中共屈服。于是，4 月初罗斯福作出决定：支持赫尔利的对华政策。4 月 2 日，赫尔利在华盛顿发表公开谈话，指责中共是中国统一的障碍，声明美国政府已支持国民党政府，不支持中共。中共与美国的关系至此恶化。4 月 12 日，罗斯福总统病逝，新任总统杜鲁门便赤裸裸地支持赫尔利的扶蒋反共活动。6 月，谢伟思等 6 名同情中国抗战民主事业的美国进步人士被美国联邦调查局以泄露秘密罪名加以逮捕。

1945 年 5 月前后，美国扶蒋反共至为猖獗。其一，从经济上加强对国民党政府的援助：5 月，美国同意国民党政府取走在美国的黄金储备，并将 4000 辆卡车和 4500 万码棉布运往中国；1945 年 2～10 月，美国仅通过滇缅公路向中国运输物资的卡车就达 25783 辆，运输总量达 161986 吨之多，在 7 月一个月中，美国运到中国的援助物资就达 91183 吨，其中空运总额超过 7 万吨。据统计，在 1945 年 1～8 月，美国政府给予国民党政府 22650 万美元的经济援助，等于前两年总和（6000 万元）的 3.7 倍；租借军事援助总额也相当于 1942 年、1943 年两年的 2 倍。其二，增加驻华军队、装备和训练国民党军队：1945 年 1 月，在华美军已达 32965 人，到日本投降时，又增加到 60369 人；1945 年初，魏德迈同意帮助蒋介石训练和装备 36 个师的兵力；此时，美国为国民党训练军队的重要目的是为了对付中国共产党。其三，训练反共特务，收集中共情报：美国海军军官梅乐斯与国民党特务头子戴笠合作主办的“中美合作所”，不仅一直在从事迫害共产党人和爱国人士的恐怖活动，而且还训练了大批特务，到 1945 年 8 月，“中美合作所”已训练出 1 万余名特务，并派出 8000 多名特务到全国各地进行阴谋活动，这些特务在日本投降时，便充当抢战胜利果实，进行反共活动的急先锋；1945年7月，美国派出情报官耶顿上校到延安，领导美军观察组，专门收集中共情报，魏德迈还别有用心地向中共提出，要把延安的美国观察组编入八路军，“检核”八路军的行动，遭到中共的严词拒绝，叶剑英正告耶顿，共产党人决不能让这些特务混在他们中间。其四，直接参与抢占抗战胜利果实：由于国民党军队远在大后方，当日本投降时，来不及接管日本占领区，美国终于按捺不住，便赤膊上阵，派遣美军向中共抢夺胜利果实；7月31日，蒋介石与魏德迈商定，当日本投降时，先由美军占领华北的重要港口、城市，再等国民党军队去接管；8月1日，魏德迈又提出，只有国民党军队才能接受日本投降，以限制中共军队的行动，不准中共军队接管日本占领区；魏德迈担心仅此不能阻止中共军队接受日本投降，又提出用空运办法，将国民党军队送往日本占领区，“阻拦共军的调动”；魏德迈还制定了在150天内，将国民党军队运往中国各个战略区的计划，杜鲁门接受了魏德迈的这些提议；8月15日，日本投降时，杜鲁门竟然发布通令，宣称只有国民党政府才享有在中国受降的权力，于是，美国非法派出5300名海军陆战队占领平津地区，并组织了人类史上最大规模的空运，将整军整师的国民党军队运往日本占领区的各个战略要地。

1945年7月21日，毛泽东在《评赫尔利政策的危险》一文中深刻指出，“以赫尔利为代表的美国对华政策的危险性，就在于它助长了国民党政府的反动，增大了中国内战的危机。假如赫尔利政策继续下去，美国政府便将陷在中国反动派的又臭又深的粪坑里拔不出脚来，把它自己放在已经觉醒和正在继续觉醒的几万万中国人民的敌对方面，在目前，妨碍抗日战争，在将来，妨碍世界和平”。①

四　党内整风与刘少奇

中共六届六中全会后，中央在1939年2月成立了干部教育部，并相继做出《关于干部学习的指示》、《关于办理党校的指示》、《关于在职干部教育的指示》，强调干部教育要理论联系实际，克服教条主义。从1939年5月起，边区和各根据地即开展了广泛的学习运动。

自1939年10月毛泽东连续发表《〈共产党人〉发刊词》、《中国革命

①《毛泽东选集》第三卷，人民出版社，1991年6月版，第1115页。

和中国共产党》、《新民主主义论》等著作。同时，刘少奇写了《论共产党员修养》，陈云写了《怎样作一个共产党员》的文章。

鉴于王明毫无悔改表现，鉴于少数领导干部还不认识王明犯有严重政治错误的情况，毛泽东深刻感到，全党对历史经验的学习和研究是很不够的。党中央从1941年起，从政治上、思想上、组织上采取了一系列有效措施。1941年5月，组织党的高级领导干部120多人在延安学习党的历史，5月19日毛泽东作了以《改造我们学习》为题的报告。6月，党中央成立了编辑《马恩列斯思想方法论》一书的委员会（不到一年时间，该书出版）。7月，党中央做出《关于增强党性的决定》。8月，中央做出《关于调查研究的决定》。9月，中央做出《关于高级学习组的决定》，在延安和各根据地设立高级学习组。这年秋天，毛泽东主持编辑《六大以来》一书，供给党的高级干部学习。

在中共党的高级干部认真学习马克思主义经典著作和党的历史文献之后，党中央于1941年9月10日~10月22日，召开政治局扩大会议。出席会议的有：毛泽东、任弼时、王明、洛甫、陈云、王稼祥、凯丰、杨松、邓发、朱德、康生、杨尚昆、李富春、林伯渠、高岗、叶剑英、罗迈、胡乔木、王首道。会议讨论党的历史上，特别是土地革命战争时期的路线问题。会议对土地革命战争后期中共中央领导犯了“左”倾机会主义路线错误的问题，基本上取得一致的认识。毛泽东在会上作关于反对主观主义和宗派主义的报告。与会同志表示拥护毛泽东的报告，认为在中央内部开展反对主观主义和宗派主义的斗争，对于党的路线的彻底转变有极大的意义。这是党的高级领导干部的一次整风会议，通过批评和自我批评，会议对1931年中共六届四中全会到1935年遵义会议这一段历史中犯了政治性质的错误取得了一致认识。为帮助王明认识错误，10月7日，由毛泽东、王稼祥、任弼时3人同王明经过一夜长谈，王明未通。8日，召开书记会议，毛泽东传达4人谈话情况，准备12日继续开会，毛泽东并准备了一个提纲，后因王明称病，毛泽东的报告未作。

在1941年9月的政治局会议上，与会同志提出刘少奇是白区工作中正确路线的代表。王稼祥在发言中说，过去中国共产党毛主席代表了惟物辩证法，在白区刘少奇同志是代表了惟物辩证法。陈云发言认为，过去十年白区工作中的主观主义，在刘少奇、刘晓同志到白区工作后才开始改变。刘少奇同志批评过去的白区工作路线是错误的，现在检查起来，刘少奇同志是代表了过去十年来的白区工作的正确路线。任弼时在发言时指出，主观主义在认识论上是惟心论，在政治上的具体表现就是“左”或右的机会主义。我党的毛主席、刘少奇同志能根据实际情形来工作，所以犯主观主义少些。①

1941年9月会议之后，毛泽东在《关于一九三一年九月至一九三五年一月期间中央路线的批判》的文章中，对刘少奇在白区工作中的作用作了评价。文章说：“我党在国民党区域工作中，不但有刘少奇同志那样的正确的领袖人物，而且有不少类似他的同志。可惜一概被临时中央斥之为‘机会主义者’。”毛泽东认为“左”倾教条主义者的“马列主义”的特点是夸夸其谈，随心所欲，无的放矢，不顾实际，这是主观主义的胡说。真马列主义的特点是实事求是，不尚空谈，顾及时间、地点和条件，这是惟物的辩证的革命观。“‘左’倾教条主义者是前者的代表，而刘少奇同志以及还有许多的同志是后者的代表。……刘少奇同志的见解之所以是真理，不但有当时的直接事实为之证明，整个‘左’倾机会主义路线执行时期的全部结果也为之证明了。”② 9月26日，中共中央书记处工作会议同意：刘少奇回延安休养，他担任的华中局书记与新四军政治委员的职务由饶漱石代理。

1941年10月3日，毛泽东致电刘少奇并告陈毅：“（一）中央决定你来延安一次，谅已收到电报，并希望你能参加七大。（二）动身时望带一可靠电台。（三）何时可以动身盼告。”③

1941年10月11日，毛泽东复电刘少奇：“七大大约还需等半年才开，甚望你能到会，请与陈、姚各同志商，能否在两三个月内帮助他们解决一些问题，两三个月后动身来延安参加七大，七大后你在延安休养，即在延安指挥华中。……华中我军主要是对敌伪分散作战，你来延安指挥华中，似对华中工作不会有大损失，而你的身体得到休养，则有大益。以上请考虑见告。”④

1942年1月13日，中共中央发出电报：“中央决定少奇同志回延安参加七次大会。少奇同志来时，由饶漱石同志代理中原局书记并代理新四军政委，望少奇同志即将工作交代，携带电台，动身回延。何日可起程，望告。”⑤

---

①《刘少奇年谱》上卷，中央文献出版社，1996年9月第1版，第371～372页。
②《刘少奇年谱》上卷，中央文献出版社，1996年9月第1版，第386页。
③《刘少奇年谱》上卷，中央文献出版社，1996年9月第1版，第377页。
④《毛泽东年谱》中卷，人民出版社、中央文献出版社，1993年12月第1版，第331页。
⑤《刘少奇年谱》上卷，中央文献出版社，1996年9月第1版，第387页。

1942年2月12日，刘少奇把准备动身的计划电告毛泽东。

2月13日，毛泽东致电陈毅、刘少奇：“少奇返延，须带电台，并带一部分得力武装沿途保卫。”山东问题，请到当地调查，此间材料不足。①

1942年2月20日，中共中央书记处致电刘少奇及华中局：“（一）除吕振羽、贺绿汀外，其他高级文化人亦望调抽一批带来延安从事学术研究，他们在苏北游击环境无研究学术可能，不如来延成就较大。（二）护卫少奇的手枪班须是强有力的，须有得力干部为骨干，须加挑选与训练。（三）新四军各部及山东部队的电台密码，望少奇督促重新编制，亲自带来。”②

1942年3月3日，中共中央书记处致电刘少奇，指出：“目前山东工作处在比前更加艰苦的阶段”，“不仅由于敌人残酷‘扫荡’，地区缩小与分割，主观上亦存在相当严重弱点”。在执行政策、主力部队与地方部队的关系、军队干部与地方干部的关系，以及外地干部与本地干部的关系等方面都存在问题。要求刘少奇路过山东时，帮助慎重解决。③

沿途，日军一座座碉堡和一道道封锁沟墙，使路上充满艰险，刘少奇一行只能夜行晓宿。刘少奇和同行者一样，随身带着铲子，遇到封锁沟时，就把又宽又深的封锁沟铲开一个口子让人马通过。有的沟水齐腰深，刘少奇和大家一样涉水前进。当他们从汉奸和大地主庄子附近经过时，从碉堡内发射出土炮和枪弹，不时呼啸着从头顶掠过，刘少奇关照大家：不要怕，夜里的枪弹是打不着人的。

1942年3月13日，毛泽东致电刘少奇：“我们正在调查由华中到华北道路上敌人封锁线的情形、安全保证的程度，俟得复电即行转告。望你等候这一复电。”④

1942年3月19日，刘少奇同随行去延安的100多名干部，由八路军第一一五师教导五旅第十三团护送。从苏北阜宁单家港出发，回延安。⑤

1942年3月21日，毛泽东致电刘少奇：“兹将彭电转上，你看此种情形有安全之保障否，山东尚无回电，请你直接询问。必须路上有安全保障才能起程。”⑥

3月底，刘少奇一行到达日军严密封锁的陇海铁路，同敌人相遇。护

①《刘少奇年谱》上卷，中央文献出版社，1996年9月第1版，第389页。
②《刘少奇年谱》上卷，中央文献出版社，1996年9月第1版，第391页。
③《刘少奇年谱》上卷，中央文献出版社，1996年9月第1版，第392页。
④《刘少奇年谱》上卷，中央文献出版社，1996年9月第1版，第392～393页。
⑤《刘少奇年谱》上卷，中央文献出版社，1996年9月第1版，第394页。
⑥《刘少奇年谱》上卷，中央文献出版社，1996年9月第1版，第394页。

送部队从山东迎接刘少奇的部队一起同敌激战，使刘少奇安全地通过了陇海铁路。①

1942年4月初，刘少奇越过敌人的封锁线，从山东海陵（今东海）境过陇海铁路，到达中共中央山东分局和八路军第一一五师师部驻地山东省临沭县朱樊村（今东海南辰乡朱范村）。到山东后，多次与中共中央山东分局和八路军第一一五师的主要领导同志朱瑞、陈光、罗荣桓、黎玉等个别谈话，深入干部、群众中调查访问，并查阅、研究山东分局的有关材料，检查、指导山东根据地的工作。②

6月1日，毛泽东致电刘少奇："因沿途通过无保障，山东又缺乏统筹之人，故你不宜西进亦不宜南返，以中央全权代表资格长驻一一五师，指挥整个山东及华中党政军全局似较适宜。"③

1942年7月9日，毛泽东致电刘少奇："我们很望你来延安并参加七大，只因路上很不安全，故不可冒险，仍以在敌后依靠军队为适宜。……你的行止，以安全为第一，工作为第二，以此标准来决定顿在山东还是仍回军部。"④

1942年7月下旬，刘少奇在山东分局停留了近4个月，从朱樊出发，为了减小目标，隐蔽行动，原来准备同刘少奇一起去延安的100多名华中干部，重返新四军军部。刘少奇只带了几个工作人员和警卫班十几个人继续前进。渡过沭河、沂河，经临沂、费县、滕县、峄县，到达枣庄西南小北庄。随后由鲁南铁道游击队护送，在沙沟到临城（今薛城）间的干沙河越过津浦铁路，直奔微山湖。8月初，从微山湖进入湖西地区。8月中旬，离开湖西地区，经鲁西南，前往冀鲁豫边区。8月下旬，刘少奇等渡过卫河，由河南进入河北。在地下工作者精心安排下，刘少奇化装成商人，通过伪军的关系，在白天顺利通过了平汉线。9月上旬，到达一二九师师部河北涉县赤岸村。

1942年9月21日，毛泽东致电刘少奇："安抵一二九师无限欣慰，望休息短期然后来延，并对华北工作加以考察。关于最近时局情况我有电至总部，可索阅。来延路上安全保障，请商刘、邓作周密布置。"⑤ 从赤岸村到北方局和八路军总部驻地晋东南辽县（左权县）麻田村，仅70多里路，

---

①《刘少奇传》，中央文献出版社，1998年10月第1版，第452～453页。
②《刘少奇年谱》上卷，中央文献出版社，1996年9月第1版，第395页。
③《刘少奇年谱》上卷，中央文献出版社，1996年9月第1版，第400页。
④《刘少奇年谱》上卷，中央文献出版社，1996年9月第1版，第402页。
⑤《刘少奇年谱》上卷，中央文献出版社，1996年9月第1版，第405～406页。

刘少奇等不到一天就赶到了那里。

10月9日，《解放日报》发表刘少奇《论党内斗争》一文，毛泽东写了编者按语："这是刘少奇同志于一九四一年七月二日在华中局党校的演讲，理论地又实际地解决了关于党内斗争这个重大问题，为每个同志所必读。现当整风学习开展与深入的期间，特为发表，望全党同志注意研读。"①

10月17日，毛泽东致电彭德怀："送大批干部回后方保存甚为必要，后方经济虽困难，但可组织干部团，实行屯田政策及分散到后方部队中担任副职，一部分则可进军事学校或党校。"一直密切关注着刘少奇安全的毛泽东并询问刘少奇现到何处，是否还在总部，过封锁线有困难否，望告。②

1942年10月19日，刘少奇越过白（圭）晋（城）铁路，到达太岳军区司令部驻地山西沁源阎寨村。因遇日军"扫荡"，停留了一个多月。在这期间对太岳区开展对敌斗争和减租减息等各方面工作作了指示。③

1942年11月16日，毛泽东致电林枫、周士第、甘泗淇："少奇同志过路，你们派人接护时须非常小心机密，不要张扬，但要谨慎敏捷。"④遵照毛泽东的指示，沿途党组织和部队都做了周密安排。为了适应敌占区的形势，刘少奇和负责这次护送任务的晋西南工委书记研究，决定停止部队护送，由敌占区工作干部靠群众掩护悄悄通过。刘少奇化名许行人，仍装扮成商人，昼伏夜行。⑤

1942年11月下旬，刘少奇等从沁源到达平遥、介休境内。由中共晋西南工委和平遥、介休县委组织交通队护送，穿越敌占区，过同蒲铁路和汾河，去晋西北。12月上旬，到达晋西北兴县。⑥刘少奇在晋西北停留了两个星期后，继续前进。这次不用部队护送了。⑦

1942年12月中、下旬，刘少奇一行22人由晋西北跨过黄河进入陕北

---

①《毛泽东年谱（1893—1949）》中卷，人民出版社、中央文献出版社，1993年12月第1版，第406页。

②《毛泽东年谱（1893—1949）》中卷，人民出版社、中央文献出版社，1993年12月第1版，第407页。

③《刘少奇年谱》上卷，中央文献出版社，1996年9月第1版，第407页。

④《刘少奇年谱》上卷，中央文献出版社，1996年9月第1版，第407页。

⑤《刘少奇传》，中央文献出版社，1998年10月第1版，第480页。

⑥《刘少奇年谱》上卷，中央文献出版社，1996年9月第1版，第408页。

⑦《刘少奇传》，中央文献出版社，1998年10月第1版，第480页。

米脂、绥德、清涧、延川地区。12 月 30 日，刘少奇经过 9 个多月的长途跋涉，穿越敌人 103 道封锁线，行程 3000 多里，安全回到延安。①

1943 年 1 月 1 日，晚上，中共中央办公厅在延安杨家岭新落成的中央大礼堂举行 1000 余人的干部晚会，进行团拜，庆祝新年，并欢迎刘少奇自华中归来。出席晚会的有 1000 多名干部。毛泽东、朱德莅临讲话。刘少奇在会上报告华中和华北敌后各抗日根据地艰苦奋斗，坚持抗战的情况。②

1943 年 1 月 5 ~ 6 日，刘少奇在中共中央西北局高级干部会议上发表关于领导问题的演讲，阐述领导工作的特殊重要意义；指出领导者不能以限于努力工作就算尽职，还必须善于掌握领导的艺术；并指出什么是领导艺术及党内许多同志在领导工作上的弱点。③

1943 年 3 月 11 日，中共中央书记处工作会议讨论中央机构调整及精简方案，决定修改后提交下次政治局会议讨论。会议决定：王稼祥、陈云因病休息 3 个月，陈云病假期间，中央组织部日常工作由王鹤寿负责，重要问题请示刘少奇处理。④

1943 年 3 月 20 日，中共中央政治局召开会议，刘少奇在会上提议中央书记处设一个主席、两个书记，书记是主席的助手；书记处是根据政治局所决定方针，处理日常工作的办事机关。会议通过《中共中央关于中央机构调整及精简的决定》，推举毛泽东为中央政治局主席、中央书记处主席，决定中央书记处由毛泽东、刘少奇、任弼时组成。会议还决定：在中央政治局和书记处之下，设立中央宣传委员会，由毛泽东、王稼祥、何凯丰、秦邦宪组成，毛泽东任书记，王稼祥任副书记；设立中央组织委员会，由刘少奇、王稼祥、康生、陈云、张闻天、邓发、杨尚昆、任弼时组成，刘少奇任书记，负责统一管理中央组织部（包括中央党务委员会）、统战部、民运工作委员会、中央研究局和海外工作委员会；刘少奇参加中共中央军委，为军委副主席之一；华北党政军民工作统归王稼祥负责管理，华中党政军民工作统归刘少奇负责管理，陕甘宁、晋西北党政军民工作统归任弼时负责管理，大后方工作归陈云负责管理，敌占区工作归杨尚昆负责管理；毛泽东兼任中央党校校长；刘少

---

①《刘少奇年谱》上卷，中央文献出版社，1996 年 9 月第 1 版，第 409 页。
②《刘少奇年谱》上卷，中央文献出版社，1996 年 9 月第 1 版，第 410 页。
③《刘少奇年谱》上卷，中央文献出版社，1996 年 9 月第 1 版，第 410 页。
④《刘少奇年谱》上卷，中央文献出版社，1996 年 9 月第 1 版，第 413 ~ 414 页。

奇兼任中央研究局局长。[1]

4月5日，中共中央书记处会议决定：为着指导的便利，今后驻重庆办事处的工作归毛泽东直接管理，驻西安办事处的工作归任弼时管理；中央及军委直属单位和陕甘宁边区各机关，分别召集全体人员会议，号召特务奸细分子自首。

1943年5月19日，中共中央书记处召开会议。会议决定5月21日召开中共六届七中全会，确定全会的议事日程和参加会议的名单，并决定向全会提议由毛泽东、刘少奇、任弼时、朱德、周恩来组成六届七中全会主席团。[2]

1941年11月，毛泽东在陕甘宁边区参议会上发表了反对宗派主义的演说。12月，中共中央做出《关于延安干部学校的决定》。同时为了使中央党校担负起整风学习的重任改组了党校。一般干部也学习和讨论了整风有关文件。

因为由于中国共产党领导的抗日武装，深入敌后，建立抗日根据地，开展游击战争，开辟了解放区战场，并逐步发展成为中国抗战的主要战场，赢得了全国人民的尊敬和爱戴。随着抗日力量的不断发展，党的队伍迅速扩大，从1937年至1940年，党员人数由4万人急剧增加到80万人。在数十万名新党员中，大多数是满怀爱国热情走上抗日道路，加入党的队伍的，他们对党的事业有赤诚之心，有奋斗精神，但缺乏革命斗争的锻炼，或多或少的存在着各种非无产阶级思想。他们在组织上入了党，但在思想上却没有入党，有的甚至完全没有入党。他们马列主义水平低，有一些党员对“左”右倾机会主义路线认识模糊，不能分辨和抵制，难以自觉地执行党中央的正确路线、方针和政策。同时党内还存在主观主义、宗派主义和党八股。这些问题的存在影响了党的战斗力。为了提高全党的马列主义水平，提高全体党员、干部的思想觉悟，增强党的战斗力，中共中央决定在全党开展整风运动。

1942年2月1日，毛泽东在延安中央党校开学典礼大会上作了《整顿党的作风》的报告。2月8日，毛泽东在延安宣传工作会议上作了《反对党八股》的报告。报告指出了整风的内容是反对主观主义以整顿学风、反对宗派主义以整顿党风、反对党八股以整顿文风。整风的方针是“惩前毖后、治病救人”，整风的方法是学习理论，联系实际，总结经验教训，提

①《刘少奇年谱》上卷，中央文献出版社，1996年9月第1版，第415~416页。
②《刘少奇年谱》上卷，中央文献出版社，1996年9月第1版，第441页。

高思想认识。

延安整风开始后，王实味于1942年2月17日写了一篇《政治家、艺术家》的杂文，发表在文艺刊物《谷雨》上。后来，他又写了一组总题为《野百合花》的杂文，分4个小题目分两次发表在了3月13日和23日中共中央机关《解放日报》的副刊上，对他不满的现象提出了批评。王实味从极端民主、绝对平均主义的观点出发，用夸大事实、冷嘲热讽的语言把某些机关在节假日组织的文娱晚会，说成是“歌啭玉堂春，舞回金莲步的升平气象”与“当前的现实”“不太和谐”，把干部待遇上的某些差别，夸大成“衣分三色，食分五等”，说有个“干部服小厨房阶层”；他把在战争环境极端困难情况下，偶尔发生的事情，说成“青年学生一天只得到两餐稀粥”、“害病的同志喝不到一口面汤”，王实味把个别干部的某些官僚主义，说成“到处乌鸦一般黑”、“下对上感觉他们是异类”，在延安生活里缺少“人对人的同情心”；他还把政治家和艺术家对立起来，说艺术家的主要任务是“揭露一切肮脏和黑暗”。王实味的这些思想，在青年知识分子中得到了不少人的同情，引起了思想混乱。

王实味，河南潢川人，原名叔翰，实味是他的笔名。1906年生，1923年中学毕业后，在河南留美预备学校读过一年书，英文底子较好。1925年考入北京大学文学院预科。1926年加入中国共产党，第二年失去关系。后因缴不起学费，未能读到毕业。1930年开始创作和翻译小说，靠稿费维持生活。1937年在开封重新入党，同年10月奔赴延安，开头在鲁迅艺术学院教书，不久调到马列学院编译室，从事马列著作的翻译工作。1941年7月，马列学院改组成中央研究院。中央研究院是中共培养理论干部的高级研究机关，院长由中共中央宣传部部长张闻天兼任，副院长是范文澜，设中国政治、中国经济、中国历史、中国文化思想、中国文艺、中国教育、中国新闻、国际问题和俄文（翻译马列著作）9个研究室。王实味在中国文艺研究室。研究人员分特别研究员、研究员和研究生三级，王实味为特别研究员。

1942年初，张闻天率领一个调查团，到陕甘宁边区和西北农村作为期一年多的调查研究，临行时委托李维汉（时任中共中央宣传部副部长兼中央研究院中国教育研究室和中国新闻研究室的主任）代他照管中央研究院的工作。1942年3月18日，中央研究院召开全院整风运动大会。李维汉讲了整风学习和检查工作的重要意义，并提出几点意见。王实味对李维汉的意见带头反对。他认为：整风就是要整领导人，要割大尾巴，反对指定一部分人为当然委员，主张全体委员由民主选举产生。还写了

《我对罗迈（李维汉）同志在整风检查动员大会上发言的批评》、《零感两则》等短文，贴在中央研究院为整风创办的墙报《矢与的》头两期上。他提出“绝对民主”，鼓动大家“必须有至大至刚的硬骨头”，要检查自己“是不是对‘大人’有话不敢说?”还提出“我们决不能让邪气更大的人得势”、“我们的眼光不应只看到本院，更应该注意全延安以至全党”。毛泽东提着马灯去看了墙报，什么也没说走了。王震从前方回来，发脾气说：“我们在前方打仗流血，王实味这样的人却在后方这样讽刺挖苦我们的领导干部，攻击我们的党。”王实味这些错误言论，在中央研究院引起很大的反响，特别是有很多青年研究人员表示同情。《矢与的》墙报本来贴在中央研究院大院门口的一间大平房里，外单位有不少人跑来看。后来贴在布上，挂在延安南门外热闹的新市场，看的人更多，像赶庙会一样。

王实味的这些影响，引起了国民党机关的注意。他们把王实味等人的文章编印成《关于〈野百合花〉及其他》小册子，油印、铅印，四处散发，在小册子前面加上按语说：“中共……歌赞延安县是革命圣地……然而……在陕北，污染、腐化，首长路线，派系交哄，‘歌啭玉堂春，舞回金莲步’……的情形之下，使为了抗日号召跑向陕北的青年大失所望，更使许多老共产党员感到前途没落的悲愁。”有些刊物还出了专号，标题为《从〈野百合花〉中看到延安之黑暗》，以此作为恶毒攻击中国共产党和陕甘宁边区的宣传材料。

为了纠正王实味造成的影响，中央研究院从5月27日起召开全院的座谈会，主题是“党的民主与纪律”，目的是纠正极端民主化偏向，把整风引向正轨。座谈会到6月11日结束，一共开了16天，其间开了14次大会。

在康生的指导下，座谈会很快变成了反王实味的斗争会。最后把王实味等5人打成了“反党五人集团”。

1942年9月，李维汉被调离中央宣传部和中央研究院，到陕甘宁边区任秘书长。

1942年10月23日，中共中央研究院党委会作出了开除王实味党籍的决定，定王实味为“托派分子”，王实味坚决否认。1942年底，康生下令将王实味逮捕，在关押期间用“逼供信”的办法进行审讯。到1946年再次强行作出王实味是“反革命托派奸细分子”的结论。1947年3月，中央机关人员撤离延安，在转移到山西兴县时，王实味被错误地处决。

中共中央1949年进北京后，毛泽东知道王实味被错误地处决了，大为震怒，厉声说："要还我一个王实味来！"①

1942年3月30日，毛泽东在中央学习组作《如何研究中央党史》的报告。

在组织上，中央成立了整风最高领导机构——总学习委员会，毛泽东任主任（康生为副主任），在延安划分了5大学习系统：中共中央直属系统、军委系统、文委系统、陕甘宁边区系统、中央党校系统，各系统都分别成立了分区学习委员会，各系统所属的机关、团体，又以不同的职务和文化水平，组成甲、乙、丙3种不同的学习组，进行学习。

1942年5月间，毛泽东主持召开了延安文艺座谈会，并发表《在延安文艺座谈会上的讲话》。

6月，整风运动在敌后各个抗日根据地全面展开。

在整风运动中，中央掌握着以下一些原则：①在分析错误时强调实事求是，是一般错误绝不上升为路线错误，是非原则错误绝不上升为原则的错误，是偶然的、局部的错误绝不上升为一贯的、全局的错误；②强调弄清楚犯错误的原因，不着重个人责任，毛泽东在《如何研究中央党史》的报告中说："研究党史上的错误，不应该只恨几个人……应该找出历史事件的实质和它的客观原因"；② ③对任何问题，采取分析态度，不搞否定一切，就是对王明等人也不是一概否定；④发扬民主，批评者和被批评者都敢于讲话；⑤对犯错误的同志，满腔热忱，不搞惩办主义。毛泽东在中央党校的一次会上说：对犯错误的同志"不能另眼看待……对他们要比对别的一般同志应亲热些"，给他们"造成一种温暖的勇于改正错误的环境"。

整风的方法，就是学习、检查、总结。即学习文件，检查对照，反省自己，经过批评与自我批评，最后写出总结。其中学习是最重要的一环。

1943年9月7日~10月6日，中共中央政治局召开第二次"九月会议"（称1941年为第一次"九月会议"）。毛泽东在会上猛烈批判了王明抗战以来的右倾错误路线。许多干部作了深刻的检查。

10月6日，会议闭幕那天，毛泽东作了关于学习党的路线的发言。他说，结论要到"七大"作。毛泽东讲话后，刘少奇、朱德、周恩来相继发言。朱德说：毛泽东是一个有魄力、有能力，遇到困难总能想出办法的

---

①1991年2月7日，公安部作出《关于对王实味同志托派问题的复查决定》：在复查中没有查出王实味同志参加托派组织的材料，因此，1946年定为"反革命托派奸细分子"的结论予以纠正，对王实味在战争环境中被错误处决给予平反昭雪。

②《毛泽东文集》第二卷，人民出版社，1993年12月第1版，第406页。

人，有毛泽东领导，各方面都有发展，照毛泽东的方法办事，中国革命一定有把握胜利；我们这次学习，就要每人学一套本事，主要学好毛泽东办事的本事。①

10月，党的高级干部开始总结中共的历史经验教训。全党高级干部着重总结了党史中的两条路线问题，对三次“左”倾路线特别是王明的“左”倾路线的表现、危害和根源有了进一步的认识。

1943年11月13～27日，毛泽东主持中央政治局在这一期间举行的会议。会议继续批评陈绍禹10年内战时期的“左”倾机会主义错误和在抗战初期的右倾机会主义错误，毛泽东发言说：“遵义会议以后的路线和遵义会议以前的路线，是马列主义和非马列主义的区别；遵义会议前被诬为机会主义者的，今天变为主要领导者；但这个码头仍是四中全会、五中全会选出的中央，这是一个矛盾，已经忍耐了多少年，从前年9月会议到现在又忍耐了两年，我还要求同志们再忍耐一下，不忙解决这个问题；遵义会议只集中解决军事路线，因为中央在长征中，军事领导是中心问题；当时军事领导的解决差不多等于政治路线的解决；1937年12月会议时，由于王明的回国，进攻中央路线，结果中断了遵义会议以后的中央路线；12月会议我是孤立的，我只对持久战、游击战为主、统一战线中独立自主原则是坚持到底的；六届六中全会，我对王明的“一切经过统一战线”等是作了否定的结论的，但当时没有发表；六中全会的很好的条件是王稼祥带回了共产国际的指示；前年9月会议，提到抗战时期党的路线问题，王明坚决不承认路线错误；我说不说路线错误也可以，但有4个原则错误，即速胜论、运动战、对国民党只要团结不要斗争、组织上闹独立性；但王明仍不承认，不久来了反攻，说他的路线是正确的，中央路线是错误的；对具体问题进行具体分析是马列主义的灵魂；有许多同志喜欢作总结，而不喜欢分析问题，综合是分析的结果，分析是综合的手段；统一的东西必须经过分析，发现问题，暴露问题，分析问题，才能有正确的结论；我们的目的是揭发路线错误，又要保护同志，不要离开这个方向；洛川会议我提出抗战后主要危险是右倾，大家都没有了解；在革命中，资产阶级采取暴力政策，革命队伍容易出“左”倾机会主义；资产阶级采取改良政策，革命队伍容易出右倾机会主义；蒋介石在他的敌人面前是警觉的、坚定的、明确的，每个共产党员都要学习这一点，他是阶级政治家；大革命时，我们第一个失败的关键是国民党第二次全国代表大会，当时我主张反击，因

①《毛泽东传（1893—1949）》，中央文献出版社，1996年8月第1版，第661～662页。

我们有三分之一，左派三分之一，其他三分之一，左派很赞成，结果我们自动退却；《联共党史》很少提‘路线’二字，中国同志就喜欢咬此二字，以后少用为好。”①

1944 年 4 月 12 日，毛泽东在延安高级干部会议上作讲演。5 月 20 日，毛泽东在中央党校第一部作讲演（两次讲演编成《学习和时局》一文，对同志们在整风中提出的一些重大问题作了科学的分析和解答。

在这个时期中，重庆《新华日报》全文发表了郭沫若的史学论文《甲申三百年祭》。文章总结了明朝李自成所领导的农民起义从胜利走向失败的历史教训。毛泽东非常赞赏这篇文章，认为它的内容对已经取得很大胜利的中国共产党有着特殊的意义。他指示《解放日报》全文转载，并把它当做整风学习的重要文件。他在《学习和时局》的报告中谈道：“我党历史上曾经有过几次表现了大的骄傲，都是吃了亏的。……全党同志对于这几次骄傲、几次错误，都要引为鉴戒。近日我们印了郭沫若论李自成的文章，也是叫同志们引为鉴戒，不要重犯胜利时骄傲的错误。”②1944 年 11 月 21 日，毛泽东致郭沫若的信中说：“你的《甲申三百年祭》，我们把它当做整风文件看待。小胜即骄傲，大胜更骄傲，一次又一次吃亏，如何避免此种毛病，实在值得注意。……我虽然兢兢业业，生怕出岔子，但说不定岔子从什么地方跑来；你看到了什么错误缺点，希望随时示知。”③

1945 年 4 月，党中央在延安召开的扩大的六届七中全会，一致通过了《关于若干历史问题的决议》，中共六届七中全会的召开及这一文件被通过，标志着延安整风运动胜利结束。

在整风运动中，为了加强中共党对根据地的领导，1942 年 9 月 1 日，中共中央做出《关于统一抗日根据地党的领导及调整各组织间关系的决定》。党中央决定，中央代表机关（中央局、分局）及各级党委为各地区最高领导机关。各抗日根据地在整风运动和精兵简政的基础上，进一步调整了领导机构，加强党的统一领导。

晋察冀地区撤销了冀察热区党委，设冀热边特委，撤销冀中区党委，成立了冀中工作委员会，同时撤销北岳区党委，由中共中央晋察冀分局（区）直接领导各地委、冀热边特委和冀中工作委员会。

---

①《毛泽东年谱（1893—1949）》中卷，人民出版社、中央文献出版社，1993 年 12 月第 1 版，第 480 ~ 481 页。

②《毛泽东选集》第三卷，人民出版社，1991 年 6 月版，第 947、948 页。

③《毛泽东书信选集》，人民出版社，1983 年 12 月版，第 241 页。

晋绥地区，1942年10月成立中共中央晋绥分局以关向应为书记、林枫为副书记，统一领导晋西北及绥远地区党、政、军、民工作，撤销晋西北军政委员会、晋西北区党委。晋西北军区改为晋绥军区。

晋冀鲁豫地区，1942年9月成立了以邓小平为书记的太行分局（区），统一领导太行、太岳、冀南、晋豫（中条）区党委。

冀鲁豫地区，为适应斗争的需要，早在1941年7月即根据中共中央及北方局的决定，将原第一一五师所辖之鲁西军区及第一二九师所辖之冀鲁豫军区合并，成立新的冀鲁豫军区，司令员杨得志，政治委员苏振华。原两区部队统一编成八路军第二纵队，纵队机关兼军区。1942年底，中共中央决定将山东湖西地区及华中豫皖苏区之水东根据地（开封东南之睢县、杞县、太康地区），划归冀鲁豫管辖，以该区党委直属中共中央北方局领导。1944年5月，冀南军区和冀鲁豫军区合并，成立了新的冀鲁豫军区，宋任穷任司令员，黄敬任政治委员。同时成立了中共中央平原分局（亦称冀鲁豫分局），黄敬为书记（宋任穷代）。

在山东，根据各地区长期未能完全形成党政军领导中心，1941年8月，党中央决定，以中共中央山东分局（朱瑞任书记）为山东党政军民的最高领导机关。山东纵队与第一一五师合组为军政委员会，罗荣桓为书记，统一上述两支战略部队的指挥。1943年3月，根据中央决定，实现党在各个地区的一元化领导，成立新的山东军区，罗荣桓任司令员兼政治委员，统一领导鲁南、鲁中、胶东、清河、冀鲁边、滨海6个军区及所有主力部队、地方部队。9月，朱瑞调回延安后，罗荣桓接任中共中央山东分局书记，进一步实现了对山东的统一领导。

在华中，皖南事变后，根据中共中央的决定，中共中原局与华南局于1941年5月合并成立华中局，同时成立中共中央军委华中军分会，均以刘少奇为书记。

国民党除调集70多万人的军队对各抗日根据地进行军事包围和经济封锁外，还向各根据地派遣特务，刺探情报和进行各种破坏活动。张国焘叛变后，军统内设立了以他为主任的“特种政治问题研究室”，专门开展对中共的特务活动。这种活动又以陕甘宁边区为重点，军统派往延安的特务达百人之多。中统也在兰州设立了西北区，并设立了宁夏室和陇东包围区室，主要针对陕甘宁边区进行破坏活动。国民党特务混入边区，造谣煽动，刺探情报，捕杀出入边区人员，并根据蒋介石的指示，企图暗杀中共领导人。

1939年10月10日，中共中央做出了《关于反奸细斗争的决议》。1940年9月1日，中共中央社会部发出《关于锄奸政策与锄奸工作的指示》，提出“不放过一个敌探，不错办一个好人，不放过一个敌人，不制造一个敌人，不放过一个内奸，不冤枉一个同志”的工作原则。1941年12月21日，《解放日报》发表《决定锄奸政策的出发点》的社论。抗日根据地的反特斗争取得显著成效，被派往抗日根据地的特务原形毕露，纷纷落网。

1942年，延安举行整风运动。冬季，整风运动在学习文件、检查工作基础上进入个人反省、干部鉴定阶段。12月16日，康生在会上作了关于锄奸问题的报告。这样，整风运动进入审查干部阶段。

审干工作是从对甘肃党组织审查开始的。首先是对一名19岁的地下党员张克勤的审查。张克勤，1937年在兰州加入中国共产党，1939年秋经中共甘肃工委和中央代表林伯渠同意前往延安，在康生任部长的社会部所属的西北公学学习。1940年12月，中共甘肃工委的秘密联络点（兰州华美照相馆）被国民党特务破坏，担任照相馆经理的张克勤之父被捕叛变，参加了中统特务组织。因而，张克勤被康生等怀疑。此时，一份从鲁艺转来的材料揭发张克勤是“受派遣来搞特务活动”的。1942年11月，西北公学开始对张克勤进行审查。审查在康生等的直接领导下，经过连续五六天昼夜不停的审讯，张克勤身心交瘁，神志恍惚，疲惫不堪，康生用假枪毙的办法威逼诱供，张克勤在万般无奈的情况下，胡说“甘肃地下党是打着红旗反红旗的，是国民党红旗政策的产物，实际上是国民党的特务组织”，违心地承认自己是“红旗党”特务，想打入延安，以延安为跳板，钻入第三国际，破坏国际主义运动。

在张克勤被审查的同时，甘肃地下党员万良才等人也先后在陇东被捕，押往延安审讯，在刑讯逼供下，万良才也被迫承认自己是特务，并供认了甘肃地下党的其他同志亦是特务。到1943年3月，甘肃工委领导人及延安、陇东的近40多名甘肃地下党员全部被捕，押往延安受审，统统被打成了“红旗党”的特务。

康生在一个干部训练班的报告中说：“这个案件使我们对国民党特务政策有了一个新的认识，对大后方的党组织不能不重新估计，对延安的特务分子数目得到了一个解答，使我们的右倾思想有了一个触动。”①

1943年4月3日，中共中央在《关于继续开展整风运动的决定》中指

---

①秦生，《延安“抢救运动”始末》，《兰州社会科学》，1989年第2期。

出："自抗日民族统一战线与我党大量发展党员以来，日寇与国民党大规模地施行特务政策，我党各地党政军民学机关中，已被他们打入了大批内奸分子，其方法非常巧妙，其数量足至惊人。……整风的主要斗争目标，是纠正干部中的非无产阶级思想……与肃清党内暗藏的反革命分子。"

4月9～12日，在延安召开了2万多人参加的中央直属单位工作人员大会，动员反特斗争。此后，康生又先后在八路军大礼堂、杨家岭大礼堂、抗大总校和绥德师范等地多次召开"干部大会"、"坦白大会"、"控诉规劝大会"。在大会上，康生以张克勤为典型，现身说法。这样，许多基层单位领导也头脑发热起来，审查范围越来越大，方式越来越简单，空气越来越紧张，斗争越来越激烈，逼、供、信代替了调查研究，口供代替了证据，一批又一批的"特务"被查出，陆续被送往反省机关关押审查。

1943年4月，毛泽东提出："反奸斗争要以宽大为主，镇压为辅；首长负责，自己动手，原则上不要抓人杀人；镇压反革命要公开进行。"

7月1日，毛泽东写信给康生，要其在《防奸路线》第6期上刊登以下几句话："防奸工作的两条路线。正确路线是：'首长负责，自己动手，领导骨干与广大群众相结合，一般号召与个别指导相结合，调查研究，分清是非轻重，争取失足者，培养干部，教育群众'；错误路线是：'逼、供、信。'我们应该执行正确路线，反对错误路线。"①

7月11日，《中央总学委关于延安进行反对内战保卫边区的群众教育的通知》中指出："目前紧张时期内，必须更加防止和反对'逼、供、信'的主观主义，坚决实行毛泽东同志所指示的9条方针，这是马列主义的正确路线，任何时候都应遵守的。"

7月15日，在延安大礼堂举行的中央直属机关干部大会上，康生作《抢救失足者》的报告，宣布经过3个月的"抢救"，已有450人向党坦白。会后，整个边区机关、单位、工厂、学校都卷入运动中。不仅来延安的大批青年知识分子被"抢救"，就连十几岁的中、小学生，白发苍苍的领导干部被"抢救"者也为数不少，甚至陶铸、武竞天也受到了迫害。许多在前一天"抢救"别人的人，第二天成了被"抢救"者。

中央党校副校长彭真和中央社会部副部长李克农看到问题的严重性，向毛泽东作了报告。毛泽东听完后说："我看是扩大化了。我们要很快纠正这一种错误做法。我们的政策是一个不杀，大部不抓。这些同志的问题是会搞清楚的，现在可不能随便作结论。我们如果给哪一个同志作错了结

---

①《毛泽东年谱（1893—1949）》中卷，人民出版社、中央文献出版社，1993年12月第1版，第448页。

论，那就会害人一辈子。现在作错了我们要给人家平反，给受害的同志道歉。要彻底纠正这种‘左’倾扩大化的错误。”毛泽东在总结审干工作的教训时指出，发生错误的原因主要是两条：一条是缺乏调查研究；一条是没有区别对待。①

毛泽东在听了多方面的强烈反映后，立即对康生指出：“这样搞肯定是有问题的。”7 月 30 日，毛泽东针对不断发展的严重局势，发出指示，决定停止“抢救失足者运动”。

8 月 15 日，《中共中央总学委关于进行认识国民党本质和对待国民党的正确政策的教育问题的通知》中，宣布“延安对失足分子的抢救运动亦告一段落”。

8 月 15 日，中共中央通过了《关于审查干部的决定》。以中央文件正式公布毛泽东关于审查干部和肃清内奸的 9 条工作方针。

10 月 9 日，毛泽东在批转绥德反奸大会的材料时指示：“一个不杀，大部不抓是此次反特务斗争中必须坚持的政策。”

12 月，中央针对抢救运动中的错误发出一系列关于甄别工作的指示，并在延安、陇东、关中、绥德等地开展了甄别工作。甄别结果表明，被集中关押审查的 2000 多人中，90% 被搞错了。毛泽东为此承担了主要责任，并多次在公开场合向受委屈的同志赔理道歉。他在中央党校的一次讲话中说：“整风的问题，我有责任，因为我在延安，这次整风同志们洗了个澡，但是水太烧了，火太大了，伤了同志们的皮肤，现在党伸出手来和同志们握手，同志们要不和党握手，党的手就收不回来。”毛泽东在陕甘宁边区行政学院向大家公开承认抢救运动搞错了，说：“我向大家赔个不是。”1944 年元旦毛泽东在接见中央通讯部门时、1945 年在“七大”前夕召开的中央机关和边区系统干部大会上等场合，毛泽东多次脱帽鞠躬，向同志们认错。毛泽东总结说：“抢救运动的基本错误是缺乏调查研究及区别对待这两点。”

康生对中央的甄别工作消极应付，致使许多同志的问题在抗战胜利前夕还未能解决。对此，毛泽东说：“现在东北快解放了，需要大批干部，让他们到前线自己去作结论吧。是共产党人，一定留在共产党内；是国民党人，让他跑到国民党去，怕什么呀！”这样，许多关押长达两年半的同志才获得释放，重新走上工作岗位。

---

①《毛泽东传（1893—1949）》，中央文献出版社，1996 年 8 月第 1 版，第 653 页。

五　毛泽东思想与“七大”

1938年10月，在中共六届六中全会上，毛泽东提出要把马克思主义在中国具体化的问题。他在向全会所作的报告中说：“马克思、恩格斯、列宁、斯大林的理论，是‘放之四海而皆准’的理论。不应当把他们的理论当做教条看待，而应当看做行动的指南”；“对于中国共产党来说，就是要学会把马克思列宁主义的理论应用于中国的具体环境。成为伟大中华民族的一部分而和这个民族血肉相联的共产党员，离开中国特点来谈马克思主义，只是抽象的、空洞的马克思主义。因此，使马克思主义在中国具体化，使之在其每一表现中带着必须有的中国特性，即是说，按照中国的特点去应用它，成为全党亟待了解并亟须解决的问题。”①

1939年10月，毛泽东《〈共产党人〉发刊词》中第一次完整地提出了“马克思列宁主义的理论和中国革命的实践之统一”的思想原则。

遵循着马列主义的理论和中国革命的实践相结合的原则，毛泽东写了一系列著作，从政治、军事、经济、思想、文化、哲学等方面，对中国革命经验做出了系统理论概括和总结。在此种情况下，党的一些理论工作者和党的许多重要领导人感觉到，需要对中国共产党的这个革命理论给予适当的命名和正确的评价。

1941年3月，八路军军政大学教育长张如心在《共产党人》杂志（第16期）上发表《论布尔什维克的教育家》一文，使用了“毛泽东同志的思想”这一提法，指出，毛泽东的言论著作“是马列主义理论与中国革命实践结合典型的结晶体”。他说，我们党，特别是毛泽东同志，根据于中国党长期斗争丰富的经验，根据他对中国社会性质及中国革命规律性深邃的认识，在中国革命诸问题的理论和策略上，都有了许多不容否认与不容忽视的创造性与马克思主义的贡献。我们党的教育人才“应该是忠于列宁、斯大林的思想，忠于毛泽东同志的思想”。

1941年9月10日，在中共中央政治局召开的扩大会议②上，与会同志对毛泽东和他的思想理论都作了高度的评价。陈云说：“毛主席是中国革命的旗帜”，李维汉说：“毛泽东——创造的马克思主义者之模范、典型”，王稼祥说：“过去中国党毛主席代表了惟物辩证法”，叶剑英说：“毛主席

①《毛泽东选集》第二卷，人民出版社，1991年6月版，第533、534页。
②刘少奇、周恩来未参加这次会议。

由于实践到理论，这是我们应该学习的。”

1942年元旦，中央在杨家岭召开新年团拜会，陈云讲话说：“中国共产党成立已20多年，经历了各种严峻的考验，有成功，有失败；现在看来，最大的成绩，就是我们党培养出了一个领袖，我们选择的这个领袖就是毛泽东同志。”

1942年2月18日、19日，张如心在《解放日报》上发表《学习和掌握毛泽东的理论和策略》一文。文章指出：“毛泽东同志的理论和策略正是马列主义理论和策略在殖民地、半殖民地、半封建社会中的运用和发展，毛泽东同志的理论就是中国马克思列宁主义。”这篇文章在反驳叶青诬蔑毛泽东主义是“中国农民主义”的时候，从正面意义上使用了“毛泽东主义”① 这一术语。

1942年7月1日，朱德在《解放日报》上发表《纪念党的二十一周年》的文章中，提出我们党已经创造了指导中国革命的中国化的马列主义理论。他说：“今天我们党已经积累了丰富的斗争经验，正确地掌握了马列主义的理论，并且在中国革命的实践中创造了指导中国革命化的马列主义理论。……我们党已经有了自己最英明的领袖毛泽东同志。他真正精通了马列主义的理论，并且善于把这种理论用来指导中国革命步步走向胜利。”

陈毅同年发表的《伟大的二十一年》一文中，论述了以毛泽东为领袖的中国共产党运用马列主义解决中国革命实际问题的新创造，并指出毛泽东创立了正确的思想体系。他说：“毛泽东同志领导秋收暴动，辗转游击向湘赣粤闽4省之间，进行苏维埃的红军建设，进行实地的中国社会的调查，主张以科学的头脑、科学的方法对待马列主义中国化问题，主张世界革命的一般理论与中国革命的具体实践相结合，有了更具体完整的创获。”

1943年7月，刘少奇在为纪念中国共产党成立22周年写的《清算党内的孟什维主义思想》一文中说：“一切干部，一切党员，应该用心研究二十二年来中国党的历史经验，应该用心研究与学习毛泽东同志关于中国革命的及其他方面的学说，应该用毛泽东同志的思想来武装自己，并以毛

---

①毛泽东是不同意“毛泽东主义”的，“七大”文件中就没有这样提。“七大”以后的1948年，吴玉章从设立在河北正定的华北大学打电报向毛泽东请求，要把毛泽东思想改成毛泽东主义，并且提出“主要的要学毛泽东主义”。毛泽东回电说：“那样说法是不适当的，现在没有什么毛泽东主义，不是什么‘主要的要学毛泽东主义’，而是必须号召学生们学习马恩列斯的理论和中国革命的经验。这里所说的‘中国革命经验’是包括中国共产党人（毛泽东也在内）根据马恩列斯理论所写的某些小册子及党中央各项规定路线和政策的文件在内。”

泽东同志的思想体系去清算党内的孟什维主义思想。”①

1943年7月5日，王稼祥在为纪念中国共产党成立22周年而作的《中国共产党与中国民族解放的道路》②一文中第一次提出“毛泽东思想”这个概念。他说：“中国民族解放整个过程中——过去现在与未来——的正确道路就是毛泽东同志的思想，就是毛泽东同志在其著作中与实践中所指出的道路。毛泽东思想就是中国的马克思列宁主义，中国的布尔什维主义，中国的共产主义。”

1943年7月16日，周恩来从重庆回到延安。他在8月2日欢迎会上的演说中说：“我们党二十二年的历史证明：毛泽东同志的意见，是贯穿着整个党的历史时期，发展成为一条马列主义中国化，也就是中国共产主义的路线！毛泽东同志的方向，就是中国共产党的方向！毛泽东同志的路线，就是中国的布尔什维克的路线！”③

“毛泽东思想”这个概念由王稼祥初次提出后，逐步为党内许多同志所接受。在党的一些文件和许多负责同志的讲话里使用和论述毛泽东思想等概念的情况逐渐多起来。

1943年11月10日，邓小平在北方局党校整风运动会上的讲话中，不仅使用了毛泽东思想的概念，而且明确指出中国共产党及其中央是以毛泽东思想为指导的。他说：“遵义会议之后，在以毛泽东为首的党中央领导之下，彻底克服了党内的‘左’右倾机会主义，一扫主观主义、宗派主义和党八股的气氛，把党的事业完全放在中国化的马列主义，即毛泽东思想的指导之下。……的确，在以毛泽东思想为指导的党中央的领导之下，我们回忆起过去机会主义领导下的惨痛教训，每个同志都会感觉到这九年是很幸福的……现在我们有了这样好的党中央，有了这样英明的领袖毛泽东同志，这对于我们党是太重要了”。④

1943年11月30日，黄敬在关于对敌斗争的报告里说：“今天全党是以毛泽东思想建设起来的，就是把马列主义理论与中国实践紧紧结合而建立的。”

1943年12月18日，李大章在《对于同志们所提问题的研究》的讲话中，提出毛泽东思想就是中国共产党的思想。他说：“毛泽东思想之所以能成为中国共产党思想而提出，不决定于毛泽东，而决定于他的马列主义

①《刘少奇选集》上卷，人民出版社，1981年12月第1版，第300页。

②载1943年7月8日《解放日报》。

③《周恩来选集》上卷，人民出版社，1980年12月第1版，第138页。

④《邓小平文选》第一卷，人民出版社，1994年10月第2版，第88页。

思想的正确领导已经获得了全党和全国人民的公认和拥护。特别是我党开始整风，清算党内的各种不正确思想以来，事实证明毛泽东思想的伟大，毛泽东思想的正确性便日益为一般同志所认识。”

同年12月25日，邓小平又说：“党中央老早告诉我们，整风就是把全党从思想上、行动上统一在中国布尔什维主义——毛泽东思想下，在思想上、政治上、组织上把全党团结得像一个人一样，增强党的战斗力量。”

1944年1月10日，中共中央对晋察冀分局干部扩大会议的指示中提出，要在干部特别是高级干部中“建设正确的思想——毛泽东同志的思想，以达到统一党的思想”。1944年1~10月，在晋察冀分局聂荣臻、程子华、刘澜涛等人的报告和讲话里，在分局所发的文件和出版的《毛泽东选集》的《编者的话》中，都比较突出地讲到毛泽东思想或毛泽东同志的思想，提出全党要广泛学习和宣传毛泽东同志的思想，要团结在毛泽东思想之下。

1944年2月17日，彭真①在关于中央党校整风学习与审查干部的总结中，提出“毛主席的中国化的马列主义的思想”这一概念。

1944年7月，罗荣桓在《学习毛泽东的思想》一文中说：“毛泽东同志的思想是从马列主义的普遍真理与中国革命具体实践日益互相结合上发展起来，继承了中国革命百年来的历史传统而民族化了的思想”，中国共产党“是以毛泽东思想为遵循的方向”。

1944年7月1日，萧三在《解放日报》上发表《毛泽东同志的初期革命活动》一文，提出应当用毛泽东主义来概括毛泽东关于中国革命的思想、思想方法、战略策略以及工作作风整个体系。

1945年3月15日，在中共党的六届七中全会闭幕前夕，邓小平在一次关于形势报告里，提出每个党员要“更加学习马列主义和毛泽东思想”，这是首次将马列主义与毛泽东思想并提。

1945年3月31日，刘少奇在中共六届七中全会讨论“七大”报告时说：“以毛泽东思想贯穿党章，这是一个前所未有的历史特点。”

中国共产党第六届中央委员会扩大的第七次全体会议于1944年5月21

①彭真，原名傅茂公，山西曲沃人，1902年生。1923年加入中国社会主义青年团，同年转入中国共产党。曾担任青年团太原地委书记，正太铁路总工会秘书兼管石家庄党的工作，中共天津地委第一、第二、第三部委（区委）书记，地委职工委员会书记，地委组织部长。在第二次国内革命战争时期，任中共顺直省委工人部部长、唐山市委书记、顺直省委组织部长、天津市委书记、中共中央北方局组织部长 。抗日战争时期，任中共晋察冀分局书记、中共中央党校副校长、中共中央组织部长、中共中央城工部长。

日在延安杨家岭开幕，到1945年4月20日结束。这是自1943年5月共产国际解散以后，中国共产党召开的第一次中央全会。出席会议的有中央委员和候补委员17人：毛泽东、朱德、刘少奇、任弼时、周恩来、康生、彭德怀、洛甫、邓发、陈云、博古、李富春、吴玉章、杨尚昆、孔学、陈郁、罗迈；列席会议的有中央局、分局和其他方面的负责同志（有发言权和表决权）：彭真、高岗、贺龙、林彪、叶剑英、陈毅、刘伯承、聂荣臻、朱瑞、徐向前、谭政（病假4人：王稼祥、王明、凯丰、关向应；外出2人：林伯渠、董必武）。会议的主要内容：决定以中央政治局主席毛泽东为中央委员会主席，中央政治局毛泽东主席向七中全会作政治报告；刘少奇作组织及修改党章的报告；朱德作军事报告；任弼时作党的历史问题报告；周恩来作统一战线报告及公开讲演。会议通过《关于若干历史问题的决议》以及国共两党谈判、“七大”筹备等有关问题。会议选出毛泽东、朱德、刘少奇、任弼时、周恩来5人组成主席团，毛泽东为七中全会主席团主席。会议规定，在全会期间由主席团处理日常工作，书记处及政治局停止行使职权。

会议一开始即成立了以任弼时为召集人，由刘少奇、周恩来、博古、洛甫等7人参加的专门委员会，负责《关于若干历史问题的决议》的起草、修改工作。会议期间，对决议的修改不下8次，向全会提出了3次草稿，且每一次都经过毛泽东的精心修改。

中共党的高级干部经过6年的学习、酝酿、讨论，对许多重大历史问题取得了一致或深刻的认识，有些问题，直到七中全会上认识才最后明确起来。这些问题是：六届四中全会在根本上是错误的、六届四中全会到遵义会议间的政治路线是新的“左”倾路线、王明的《为中共更加布尔什维克化而斗争》的小册子“基本上乃是一个完全错误的‘反右倾’的‘左’倾机会主义的总纲领”。正是在对这些重大问题上统一了思想，才顺利地形成了《关于若干历史问题的决议》。

六届七中全会在11个月中先后召开了8次全体会议。① 在1945年4月

---

①1944年5月21日第一次会议，选出了主席团，听取了毛泽东代表政治局所作的工作报告，通过了“七大”议事日程和报告负责人，决定除毛泽东的政治报告由主席团和全体讨论外，关于军事报告、修改党章、党的历史问题等，分别成立4个委员会进行起草；

6月5日举行第2次会议，讨论城市工作问题，会后发出了《中央关于城市问题的指示》；

11月9日举行第3次会议，讨论了毛泽东与美国总统的私人代表赫尔利谈话的问题；

1944年12月7日、1945年2月28日的两次会议，周恩来分别报告了两次去重庆谈判的情况；

1944年12月9日会议，讨论了成立解放委员会的问题；

1945年3月31日会议，讨论通过了准备向“七大”作的《军事报告》，通过了《关于若干历史问题的决议》，通过了“七大”主席团、代表资格审查委员会候选人名单，确定了“七大”会议日程。

20日的最后一次会议上，一致通过了《关于若干历史问题的决议》，为召开“七大”做了充分的准备工作。王明虽因病没有参加会议，但他给全会写了信表示拥护。

《关于若干历史问题的决议》原来是准备提交中共“七大”讨论通过的。毛泽东在1945年3月21日的会上发言说：“把历史问题委托给六届七中全会解决比较好，以便集中力量来解决抗战建国的任务，过去的历史错误主要是一个社会现象；主要是由于党在政治上的不成熟，现在大家都觉悟了，主要思想都一致了，王明最近写信也赞成反对国民党反动派与团结全党两点，这是很好的，如果使用大会这个武器，势必要扯两三个星期，转移了中心目标，而结果仍不会超过现在的草案。”

1944年9月22日，中共中央召开六届七中全会主席团会议，会议讨论形势、国共关系、审查干部等问题。刘少奇提议联合各小党派、地方实力派，向国民党提出召集国是会议的要求。会议认为，不管蒋介石是否改组政府，我们可以先成立中国解放区联合委员会。刘少奇提出，除成立解放区联合委员会外，还可成立解放军，八路军、新四军的名义已经不适用。①

1945年4月20日，毛泽东心情舒畅地在会上作了长篇发言。他说：“《决议》不但是领导机关内部的，而且是全党性质的，与全国人民有关系的，对全党和全国人民负责任的；哪些政策或哪些部分在群众斗争中证明是适合的，哪些是不对的，如果讲得合乎事实，在观念形态上再现了24年的历史，就对于今后的斗争有益；党是政治团体，不是家族或职业团体，都是来自五湖四海，因为政见相同而结合起来的；政见不同就要有争论，争论时分清界限是必要的，但今后要少戴帽子为好；凡是过去政治上犯过错误的同志，现在都改正了，都要如《决议》所说的像一个和睦的家庭一样。”

毛泽东说：“《决议》把许多好事都挂在我的账上，我的错误缺点没有挂上，不是我没有而是没有挂，为了党的利益没有写上；这是大家要认识清楚的，首先是我；孔夫子70而从心所欲不逾矩，我即使到70岁，相信一定也会逾矩的。”②

---

①《刘少奇年谱》上卷，中央文献出版社，1996年9月第1版，第450页。

②《毛泽东传（1893—1949）》，中央文献出版社，1996年8月第1版，第672页。

1945年4月21日，中共召开“七大”预备会，毛泽东在预备会上作关于“七大”工作方针的报告，他说：“大会的工作方针就是团结和胜利。大会的眼睛要向前看，而不是向后看，不然就要影响大会的成功，大会的眼睛要看着四万万人，以组织我们的队伍。”

1945年4月23日，中国共产党第七次全国代表大会在延安举行。大会代表752名，其中正式代表544名，候补代表208名，代表121万名党员。

大会选举毛泽东、朱德、刘少奇、周恩来、林伯渠、彭德怀、康生、陈云、陈毅、贺龙、徐向前、高岗、张闻天、彭真、任弼时15人为主席团成员。任弼时为秘书长，李富春为副秘书长。

大会由任弼时宣布开幕，毛泽东致题为《两个中国之命运》的开幕词。朱德、刘少奇、周恩来、林伯渠及日本共产党领袖冈野进先后在开幕式上讲了话。彭真作了代表资格审查报告。

4月24日，毛泽东作《论联合政府》的政治报告。

4月25日，朱德作《论解放区战场》的军事报告。

5月9日，陈云作《要讲真理，不要讲面子》的发言。

5月14~15日，刘少奇作《关于修改党的章程的报告》。他深刻阐述了以马克思列宁主义的理论与中国革命实践之统一的思想——毛泽东思想，作为党的指导思想的重要意义。并论述了党的群众路线及党的民主集中制。

刘少奇在报告中说：“我们的毛泽东同志，是我国英勇无产阶级的杰出代表，是我们伟大民族的优秀传统的杰出代表。他是天才的创造的马克思主义者，他将人类这一最高思想——马克思主义的普通真理与中国革命的具体实践相结合，而把我国民族的思想水平提到了从来未有的合理的高度，并为灾难深重的中国民族与中国人民指出了达到彻底解放的惟一正确的道路——毛泽东道路。”“我们的毛泽东同志，不只是中国有史以来最伟大的革命家和政治家，而且是中国有史以来最伟大的理论家和科学家。”①

周恩来、彭德怀、陈毅、高岗、张闻天、彭真、聂荣臻、杨尚昆、陆定一、刘伯承、朱瑞、古大存、李富春、乌兰夫、刘澜涛、张鼎丞、傅钟、叶剑英等在会上作了重要发言。

5月23日，毛泽东在杨家岭中央大礼堂主持召开中共“七大”主席团和各代表团主任会议，听取对选举问题讨论情况的汇报。各代表团讨论

---

①《刘少奇选集》上卷，人民出版社，1981年12月第1版，第319、336页。

中，提出中央委员会要少而精，有人提出不要照顾山头，陈绍禹是否要列入中央委员会候选名单等意见。毛泽东在听取汇报后指出：少而精的思想是好，但这是理想；山头是要照顾的；中央委员会不可能每个人都有各方面的知识；如何对待犯错误的人，过去八七会议不要陈独秀出席，后来又不选他，过去还有所有犯错误的人都不要，这些都是不对的；现在拟的名单，形式上看很庞杂，实际上大不同；现在世界形势变了，党有了三个时期的经验，整风以来25个中央委员中起了很大变化；少而精只是一方面的真理，少不见得就很精，多一点也不见得就不精；就是说要照顾到山头，要照顾到犯错误的同志，不要一次就精得不得了，太精了就会脱离群众。①

5月24日，毛泽东在中国共产党第七次全国代表大会上代表主席团作关于中央委员会选举方针的报告：我们的大会开得很顺利，三个议事日程已经过去了，第四个议事就是选举中央委员会；关于选举方针，主席团交换过几次意见，认为选举的标准应当是要能够保证实行大会路线的同志来组织中央委员会；按这个标准，犯过错误的同志应不应该选？犯过路线错误但是已经承认错误并决心改正错误的人可以选入中央委员会，必须有承认错误并且改正错误这一条原则；过去我们图简单、爱方便，不愿意与有不同意见的人合作共事，一掌推开，这种情绪在我们党内还是相当地存在着；六次大会不选举陈独秀为中央委员，党并没有从此就毫无乱子，天下太平了；最近10年，我们采取了忍耐的态度，这样一来的方针帮助了我们，虽然也出了纠纷，但是比较顺利；历史经验证明，要图痛快，就不痛快，准备了麻烦，麻烦就少；要不要照顾山头？我们有许多根据地，白区也有许多块，这就是中国革命的实际；没有这些，就没有中国革命；有山头不是坏事，坏的是山头主义、宗派主义；要消灭山头，就要认识山头，照顾山头，缩小山头，这是一个辩证法；是否每一个中央委员都应该是通晓各方面知识的人？事实上，任何一个人都不可能通晓各方面的知识；我们新的中央应该包罗各种人才，尽可能地照顾各个方面、各个山头，知识也是一样，要尽可能地通晓的方面多一点；如果我们有各方面的人，每一个人都通晓一方面或者有比较多的专长，那我们的中央就会比较完全；我们要从集体求完全，不是从个人求完全；关于中央委员会的人数，主席团考虑了很久，没有提出确定的人数，我提议70人左右，新的中央委员会不要太小，也不要太大；七大要选举一个比较大的中央，必须比现在的中央委员会25人要扩大，才能够适应目前党的情况、将来的发展以及国际国内

①《毛泽东年谱（1893—1949）》中卷，人民出版社、中央文献出版社，1993年12月第1版，第598～599页。

的形势。①

1945年5月31日，毛泽东在七大上作关于政治报告的讨论，讲国际形势、国内形势、若干思想政策问题。指出：把世界引向进步，这是历史的总趋向；资本主义是向下的，但农业国中的资本主义是向上的，是不平衡的，中国也要发展资本主义，蒋介石搞的是半法西斯半封建的资本主义，我们是发展新民主主义的资本主义，他的性质是帮助社会主义的。国内形势毛泽东列举了17种困难，例如外国大骂、国内大骂、内战爆发、党内意见分歧、党员散掉1/3、天灾、赤地千里等，提醒全党要有充分准备对付非常不利的情况；要注意城市工作，注意东北问题，如果对工人运动、大城市、经济、工业、正规化等问题不能解决，共产党一定会灭亡；东北四省极重要，有了东北四省，我们就有了胜利的基础；《共产党宣言》讲得很清楚："每个人的自由发展是一切人的自由发展的条件"，不能设想把120万名党员变成120万块木头，不能把党员变成一模一样；那会有什么党性！只要服从党，在此范围内尽量发展个人的长处，不要只喜欢那些纸糊泥做的人；当然，也不是说一定要有不同的意见才算有个性；我们是现实主义者，理想的现实主义者，革命的现实主义者；阵地要一个一个夺取，力量要一点一点积累；24年的经验证明，枪是一支一支的增加，土地是一块一块地扩大，切切实实地一个一个夺取阵地，合起来就有天下。②大会通过了毛泽东所作的政治报告。

6月10日，毛泽东出席中国共产党第七次代表大会。大会公布9日正式中央委员的选举结果（44名）。毛泽东作关于选举候补中央委员问题的报告：如果八大推迟，候补中央委员的作用更大；昨天王稼祥同志没有当选，他在四中全会前后犯过错误，但是他是有功劳的，他的病就是在第四次反"围剿"中负伤的，他是能够执行大会路线的，遵义会议、六中全会都可以证明这一点，这次把他作为候补中央委员的第一名候选人；遵义会议是一个关键，对中国革命的影响非常之大，但是大家要知道，如果没有洛甫和王稼祥同志从第三次"左"倾路线分化开来，就不可能开好遵义会议，同志们把好账放在我的名下，但绝不能忘记他们两个人；关于东北问题，我觉得这次要有东北人当选才好，东北是很重要的，只要我们有了东北，中国革命就有了巩固的基础，现在我们没有大工业，没有重工业，在

①《毛泽东年谱（1893—1949）》中卷，人民出版社、中央文献出版社，1993年12月第1版，第559~600页。

②《毛泽东年谱（1893—1949）》中卷，人民出版社、中央文献出版社，1993年12月第1版，第601~602页。

地域上也没有连成一片。6月11日，大会公布候补中央委员选举结果，选出33人，王稼祥当选。①

1945年6月17日，中共七大代表及延安各界人士代表在中央党校大礼堂举行革命死难烈士追悼大会。毛泽东主祭，并献挽词："死难烈士万岁。"公祭后，毛泽东讲话说，我们追悼几十年来中国革命队伍在各条战线上牺牲的人，我们今天的公祭可以一直上溯到1840年平英团那些英雄们；帝国主义和封建主义两座大山压着我们，破坏我们的生产力，我们要冲破这种压力，获得独立和民主，解放中国的生产力；反动派屠杀得越厉害，革命队伍就越大，这是一条规律；我们党开了七大，决定了中国独立、自由、民主、统一、富强的路线、纲领和政策，这是几十年奋斗的结果，是无数先烈流血牺牲换来的；古语说"其始也简，将毕也巨"，我们今天已发展到120多万名党员，现在国内、国际的形势很好，我们有信心完成先烈交给我们的责任，我们一定能胜利。②

6月19日，毛泽东主持召开中共七届一中全会第一次会议，会议选举毛泽东、朱德、刘少奇、周恩来、任弼时、陈云、康生、高岗、彭真、董必武、林伯渠、张闻天、彭德怀13人为中央政治局委员；选举毛泽东、朱德、刘少奇、周恩来、任弼时为中央书记处书记；选举毛泽东为中央委员会主席兼中央政治局、中央书记处主席。毛泽东说："王明同志写信给我，表示完全同意和拥护一中全会的3个文件——全会议程、中央分工、解放区代表会议决议。"③

7月12日，毛泽东主持中共中央书记处会议。会议拟定准备提交政治局会议通过的中央各部委负责人名单：中共中央军事委员会主席毛泽东，副主席朱德、刘少奇、周恩来、彭德怀；总政治部主任刘少奇；总参谋长叶剑英（后改为总参谋长彭德怀、副总参谋长叶剑英）；中央组织部部长彭真（兼中央党校校长）；中央宣传部部长陆定一，副部长陈伯达；中央社会部（中央情报部包括在内）部长康生；解放区人民代表会议筹备会主任周恩来；中央政策研究室主任张闻天，副主任何凯丰；中央职工委员会

①《毛泽东年谱（1893—1949）》中卷，人民出版社、中央文献出版社，1993年12月第1版，第603～604页。

②《毛泽东年谱（1893—1949）》中卷，人民出版社、中央文献出版社，1993年12月第1版，第606～607页。

③《毛泽东年谱（1893—1949）》中卷，人民出版社、中央文献出版社，1993年12月第1版，第607页。

主任邓发；中央妇女委员会主任蔡畅；中央青年委员会主任冯文彬。[1]

8月23日，中共中央决定，成立新的中央军事委员会，以毛泽东、朱德、刘少奇、周恩来、彭德怀、陈毅、聂荣臻、贺龙、徐向前、刘伯承、林彪、叶剑英12人组成。军委主席毛泽东，副主席朱德、刘少奇、周恩来、彭德怀。军委下辖总参谋部和总政治部，总参谋长彭德怀兼，副总参谋长叶剑英（兼八路军总参谋长），总政治部主任刘少奇兼，秘书长杨尚昆。

六　抗日战争的胜利

1943年9月8日，意大利政府命令其武装部队向盟国无条件投降。

1943年9月25日，日本大本营、日本政府联席会议制定了《今后采取的战争指导大纲》，决定：放弃西南太平洋各岛，退守西起缅甸、马来西亚，经印度尼西亚、新几内亚西部，再延伸到西加罗林群岛、马里亚纳群岛，直至小笠原群岛、千岛群岛的“绝对国防圈”。

1944年，日军的“绝对国防圈”被不断突破。太平洋制海权和制空权丢失，日军失去了进口原料的通道，国内的反战厌战运动也日益高涨。1944年6月塞班岛失陷后，东条英机于7月18日宣布辞职。7月22日，小矶国昭大将继任日本首相，采取“死中求和”的方针：进一步谋求同苏联的关系，派遣前首相广田弘毅为特使，去莫斯科谈判，遭到拒绝；对“重庆政府”开展“政治工作”——同意蒋介石返回南京，与汪精卫建立统一政府（不改变“满洲国”现状、日本有对华派兵权），也毫无效果。

日本发动的“1号作战”，从局部看可说是胜利之役，但从全局看，耗尽了日本最后的一股能运用反扑的兵力，使日本在中国战场进入总退却时期。

中国共产党领导下的解放区战场同时亦展开了局部反攻。1944年，各解放区人民武装，在局部反攻中作战2万余次，打死、打伤日伪军26万余人，俘虏日伪军6万余人，争取伪军反正3万人，攻克县城47座，摧毁日伪据点5000余处，收复国土8万余平方公里，解放人口1200余万人。[2] 至

---

①《毛泽东年谱（1893—1949）》中卷，人民出版社、中央文献出版社，1993年12月第1版，第611页。

②1937年9月～1945年8月，中共领导的八路军、新四军和华南抗日纵队，先后作战12.5万余次，毙、伤、俘日本侵略军和伪军170多万人。

1945年春，在华北，有晋察冀、冀热辽、晋冀豫、冀鲁豫、晋绥、山东；在华中，有苏北、苏中、淮北、淮南、河南、皖中、苏浙皖、浙东、湘鄂赣、鄂豫皖；在华南，有东江、琼崖；加上陕甘宁，敌后解放区达19个，总面积为96.5万平方公里，总人口为9950万人。八路军、新四军、华南抗日纵队主力部队达91万人，民兵发展到220万人。

1944年10月，美军在菲律宾登陆，发动利雅特战役，战斗中摧毁日本联合舰队主力，使日本海军丧失了战斗力。1945年1月，美军攻占吕宋岛，控制了菲律宾，切断了日本本土与南方战线联系的纽带。1945年3月17日，美军攻占硫磺岛，5月初控制冲绳，打开了通向日本本土的门户。自1944年11月，从马里亚纳群岛起飞的美国重型轰炸机就开始对日本本土进行轰炸，到1945年初，日本重工业区、军事基地大多变成了一片废墟。

1945年4月，《日苏中立条约》期满，4月5日苏联发表声明，宣布条约期满之后不再延长。

1945年4月17日，日本以铃木贯太郎取代小矶国昭，继任首相。6月8日，日本御前会议决定：凭借本土的225万军队、7000架飞机，在“一亿玉碎”的口号下，强令15~60岁的男子、17~40岁的妇女参加“国民义勇队”。战争已至最后阶段。

1944年6月6日，英、美联军约200万人在法国北部的诺曼底半岛登陆，在欧洲开辟第二战场。在法国人民抵抗运动的配合下，打垮德国在法国的统治。与此同时，苏联红军继续向德军进行追击进攻，8月中旬进入波兰，9月进入罗马尼亚、保加利亚和南斯拉夫，10月渡过多瑙河，进入匈牙利。东欧各国人民武装，在苏军的支持与配合下，从德国法西斯的铁蹄下解放了自己的国家。

根据美国总统罗斯福的倡议，1945年2月4~11日，苏、美、英三国首脑斯大林、罗斯福、丘吉尔及其外长在苏联克里米亚半岛的雅尔塔举行会议，讨论战后世界问题的处理。会议决定了坚持对德国作战，直至其无条件投降，实现德国之非武装化、非军国主义化，以及苏、美、英、法四国对德国进行分区管辖、赔款和成立联合国安理会等问题。

1945年2月11日，三国首脑秘密签订了《苏、美、英三国关于日本的协定》（简称《雅尔塔协定》）。协定规定，于德国投降及欧洲战争结束后两个月或三个月内，苏联将参加同盟国方面对日作战，其条件为：

一、外蒙古（蒙古人民共和国）之现状须予以维持。

二、由日本于一九〇四年背信弃义进攻所破坏之俄国昔日要隘，须予恢复，即：

（甲）库页岛南部及该岛附近之一切岛屿应交还苏联；

（乙）大连商港应予国际化，苏联在该港之优越权益须以确保，苏联之租用旅顺港为海军基地须予恢复；

（丙）对担任通往在大连出路之中东铁路与南满铁路，应设立一苏中合办之公司，以共同经营之；经谅解，苏联之优越权益应予保障，而中国须保持在满洲之全部主权。

三、千岛群岛须交于苏联。①

美国政府认为，日军虽然已受到毁灭性打击，但日本在中国战场和国内还拥有相当数量的陆军；关东军尚是一支比较完好的战略部队。要消灭日本军事力量，尚需大约 18 个月的时间及付出 100 万人牺牲的代价。因此，美国急于要苏联出兵，消灭在中国东北的日本军事力量。

《雅尔塔协定》在没有中国参加的情况下，由别国决定有关中国主权的一些重大问题，并且长期对中国政府保密，② 这是违背民族自决原则的。

1945 年 4 月，苏军开始进攻柏林，西线盟军也渡过莱茵河向易北河前进。5 月 2 日，苏军攻占柏林。5 月 8 日德国法西斯政权无条件投降。欧洲战争的战事结束。

1945 年 7 月 17 日 ~8 月 2 日，苏、美、英三国首脑斯大林、杜鲁门、丘吉尔（中途由艾德礼接任）在柏林郊外的波茨坦举行会议，其中对日作战是三国首脑重点讨论的问题之一。美国为避免在日本本土进行登陆作战，迫切希望苏联对日参战。苏联表示愿意履行对日作战的承诺，并宣布拒绝日本提出的要苏联进行调停的要求。

1945 年 7 月 26 日，波茨坦会议以中、美、英三国的名义（因苏联尚未对日宣战）发布（《波茨坦公告》），指出，中、美、英三国在联合国的支持下，决心以绝对优势兵力对日作战，给日本以最后打击，直至其停止抵抗为止。

---

①《八 · 一五前后的中国政局》，东北师范大学出版社，1985 年版。

②一直到 1945 年 6 月 9 日，新任美国总统杜鲁门才通过外交渠道将《雅尔塔协定》有关中国方面的内容通知中国外交部长宋子文；6 月 14 日，杜鲁门又指令赫尔利将这一内容通知蒋介石。

由于日本当局拒不接受《波茨坦公告》，以种种条件为理由，有意拖延时日，盟国便发动了对日本的最后一战。美国为了抬高本国在打败日本中的地位和作用，以便获得战后同苏联对抗的有利战略地位，于8月6日抢在苏联出兵以前，在日本广岛扔下一颗原子弹。

早在1944年12月，美国专事研制原子弹的“曼哈顿工程”负责人格罗夫斯曾设想将日本首都东京作为投掷首枚原子弹的首选目标，后来他又曾选择过京都。1945年5月11日，为确定首选目标而专门成立的目标委员会最终将京都和广岛作为首先攻击目标，横滨和小仓作为次选攻击目标。1945年7月16日，美国的原子弹爆炸试验成功后，美国陆军部长史汀生指出京都对日本具有重大的宗教价值，用原子弹轰炸京都将有损于美国的战后地位。史汀生获得马歇尔的支持后，将袭击目标最终确定为广岛。当时广岛是日本的第七大城市。

8月9日，美国在长崎投下第二颗原子弹。

广岛与长崎市区变成一片废墟，市民死亡达30万人，受伤者不计其数，给日本普通人民带来了空前的灾难。但日本当局并没有因此停止战争，8月10日，日本大本营通报全军：“不要惧怕这种炸弹，我们有对策。”

美国海军上将李海认为：“在广岛和长崎使用这类野蛮武器，就我们打败日本来说，并没有什么重大帮助，日本已经被击败和准备投降了，因为海上封锁和用常规武器进行轰炸都已见效。”连丘吉尔也说：“认为日本的命运决定于原子弹是错误的。”

从1945年7月开始，苏联正式开始了对日作战准备。到8月初，苏联远东军已拥有第一、第二和后贝加尔湖3个方面军，总计80个师、3个航空集团军（飞机3400多架）、4个坦克机械化军（坦克5500辆）、6个步兵旅，总兵力达157万余人。8月8日，苏联对日宣战。8月9日零时，苏联百万大军以迅雷不及掩耳之势越过中苏边境，向日本关东军发动强大攻势。同日，日本大本营下令关东军进行反击。

在1945年前，日本关东军尚拥有精锐师团，因中国东北不仅是日本与苏联对抗的前沿阵地，也是增援各个战场的战略基地。随着日本在太平洋战场的失利，关东军精锐部队及15个师团和2个战车师团逐渐他调。到1945年7月，关东军虽拥有24个师团，11个独立旅团，75万人的兵力，但多是未经过严格训练的新兵及年龄偏大的退伍老兵，且装备不足，武器缺乏，战斗力低下。

苏军的进攻分4路进行：第一路军从西面（后贝加尔方面）攻入东北中部平原地区，向长春、沈阳推进；第二路军从外蒙向张家口、承德、锦州地区进攻，从南面包围关东军；第三路军从东面（海参崴方面）攻入东北中部平原，向吉林、长春、哈尔滨推进；第四路军从北面（伯力、海兰泡方面）攻入东北，向哈尔滨、齐齐哈尔推进。4路苏军迅速将关东军分割包围。在苏军的四面围攻之下，关东军无还手之力，全线崩溃。苏联的参战，加速了日本投降的进程，缩短了盟国对日本作战的时间。11日，苏联红军攻占鲁北、突泉、洮南、化德、多伦；14日攻占牡丹江等地；19日进占齐齐哈尔、承德和张北；20日占领长春、沈阳、吉林、哈尔滨、佳木斯；22日苏联空降兵占领大连、旅顺；至30日东北日军全部被解除武装。在战斗中，苏军共歼灭日军8万人，俘虏日军近60万人。伪满皇帝爱新觉罗·溥仪亦被俘。苏联伤亡3.2万人。

1945年8月14日上午10时50分，日本在防空洞里召开最后一次御前会议。天皇鉴于大势已去，挥泪做出确定投降的决定。当晚11时，日本政府通过瑞士公使馆通知中、美、英、苏四国。15日中午，日本天皇裕仁亲自广播了停战诏书。18日，日本关东军司令部宫山田乙三大将召集各兵团司令会议，下令全军停止抵抗，向苏军投降。20日以后，苏军开始接受日本投降，到30日，苏军已占领中国东北全境和朝鲜北部。

由于铃木内阁总辞职，8月17日由皇族东久迩稔组成新内阁。9月2日上午9时，日本政府代表重光葵外相、大本营代表梅津美治郎参谋总长在日本东京湾美舰密苏里号上，向中、美、英、苏等盟国代表签署降书，命令日本所有军队向盟国无条件投降。当日，日本天皇发布诏书："命令朕之臣民立即停止敌对行动，放下武器，并诚实履行投降文件之一切条款以及帝国政府及大本营所发之一般命令。"

9月9日，日本中国派遣军总司令冈村宁次在南京向国民党陆军总司令何应钦投降。历时14年的中日战争，以日本帝国主义的彻底失败而告终。① 伪汪政权和伪满政权也随之寿终正寝。被日本统治了达50年之久的台湾省也回到了祖国的怀抱。中国人民历尽艰辛，付出了巨大的代价，②终于赢得了抗日战争的最后胜利。

---

①日寇在中国战场上的死亡人数，据日本方面，显然是大为缩小的统计数字，总计133万余人；在太平洋和亚洲其他战场，日寇被美、英、澳、荷等国击毙和死于伤病者19万多人。战争给日本人民带来的是200万名孤儿、183万名寡妇、房屋毁坏236.1万幢。战后，1300万名日本人露宿野外。

②在这场战争中，中国人民伤亡达2100万人（其中牺牲近1000万人），财产损失在600多亿美元。

8月14日，日本最后一次御前会议确定了投降方针后，一些死硬的法西斯战犯自知难逃法网，接连畏罪自杀。15日，日本陆相阿南惟几在官邸剖腹自杀。此后，原参谋总长、华北方面军司令官杉山元元帅，陆军大将田中静一，陆军大将吉本贞一，原台湾总督安藤利吉大将，原关东军司令官本庄繁大将等人相继自杀身亡。

9月11日，远东盟军最高司令部下令逮捕以东条英机为首的39名战犯。东条英机自知恶贯满盈，不会有好下场，在盟军到达之后，向自己胸部开枪，未击中要害，10月7日伤愈后被盟军拘留。

10月2日，盟军下令逮捕59名战犯，6日又下令逮捕首相近卫文麿等9名战犯。近卫是日本法西斯集团的核心人物，是发动全面侵华战争和太平洋战争的决策人，在即将被押上审判台的前夕，于16日晨在荻外庄寓所服毒自杀。

被盟军逮捕的战犯，都关在东京巢鸭监狱内。1946年1月19日，由中国、美国、英国、苏联、澳大利亚、加拿大、法国、荷兰、新西兰、印度、菲律宾11国组成的远东军事法庭在东京成立。

1946年4月29日，远东军事法庭正式开庭，中、美、英、苏等11国向法庭递交了对东条英机等28名甲级战犯的起诉书。

在审判期间，日本前外相松冈洋右、前军令部总长永野修身病死，日本法西斯创始人大川周明因发狂诊断为精神病而免予判刑。

1948年11月4日，远东军事法庭开庭宣布审判结果：

前首相东条英机陆军上将、前首相广田弘毅、前陆军航空总监土肥原贤二陆军大将、前日本中国派遣军总参谋长坂垣征四郎陆军大将、前日本缅甸派遣军司令官木村兵太郎陆军大将、前日本上海派遣军司令官松井石根陆军大将、前陆军省军务局长武藤章陆军中将7名战犯处以死刑；前内大臣木户幸一、前首相平沼骐一郎、前藏相贺屋兴宣、前军令部次长嶋田繁太郎海军大将、前驻意大利大使白鸟敏夫、前驻德国大使大岛浩陆军中将、前陆相荒木贞夫陆军大将、前伪满洲国总务长官星野直树、前首相小矶国昭陆军大将、前日本中国派遣军总司令官畑俊六陆军大将、前关东军司令官（陆军参谋总长）梅津美治郎陆军大将、前陆相（朝鲜总督）南次郎陆军大将、前计划院总裁铃木贞一陆军中将、前陆军省军务局佐藤贤了陆军中将、法西斯赤诚会头目桥本欣五郎、前海军省次官冈敬纯海军中将16名战犯被判处无期徒刑；前外相东乡茂德被判以20年徒刑；前外相重光葵被判以7年徒刑。

1948年12月22日零时1分，东条英机等7名战犯在东京巢鸭监狱被绞死。

除对甲级战犯进行审判外，盟国还在日本及其他地区对乙、丙级战犯进行审判。据统计，被盟国起诉的日本各类战犯总数为5423人，被判刑者4226人，其中被处死刑者941人。

蒋介石出于反共的需要，竟与日本头号侵华战犯、前日本中国派遣军总司令冈村宁次携手合作，让冈村充当他的军事顾问。并下令日军不要向中共军队投降，继续同中共军队作战。

1945年8月，在延安公布的日本战犯名单中，冈村被列为首要战犯。蒋介石倒行逆施，引起了中国共产党和全国人民极大的民族义愤。在全国人民的愤怒声讨下，直到1949年1月26日，蒋介石才装模作样地在南京军事法庭对冈村进行“审判”，并擅自宣判其无罪。1月28日，中共发言人对国民党政府这一卑劣行径进行严厉谴责。1月29日清晨，蒋介石偷偷让冈村及其他25名战犯乘美轮逃回日本。

在日本侵华战犯中，只有指挥军队参与南京大屠杀的原日军第六师团长谷寿夫中将，于1946年被押到中国受审，1947年3月被判处死刑。

第二次世界大战后，形成以美国为首的资本主义阵营和以苏联为首的社会主义阵营相对垒。美国利用其单独占领日本之便，将日本纳入它的势力范围，作为它在远东包围社会主义国家的重要基地。对日本战犯，美国也采取了一定程度的庇护政策，给中国和亚洲各国造成了潜在的威胁。

1943年10月，苏、美、英三国外长在莫斯科举行会议；同年11～12月，苏、美、英三国首脑在伊朗首都德黑兰举行会议。根据上述两个会议的决定，1944年8～10月，苏、美、英、中四国代表在美国首都华盛顿郊区的敦巴顿橡树园举行会议，草拟了联合国机构的组织草案。

1945年4～6月，在美国旧金山召开了有51个国家代表参加的联合国成立大会。

中国解放区派遣董必武为代表加入中国代表团，参加了联合国成立大会。

七　重庆谈判

1945年夏，国民参政会参政员褚辅成、黄炎培、冷遹、王云五、左舜生、傅斯年、章伯钧7人自重庆致电延安毛泽东、周恩来，又求见蒋介石，力促恢复国共谈判。3 周后，毛泽东等邀请了 7 公去延安。7 月 1 日，除临时因病受阻的王云五外，黄炎培[①]等 6 人飞赴延安。毛泽东、周恩来、朱德、叶剑英、林伯渠、张闻天、邓颖超、杨尚昆等中共领导人亲赴机场迎接。

当毛泽东和黄炎培握手时说："我们 20 多年不见啦!"黄愕然，说："我们这是第一次见面呀!"毛泽东笑着说："1920 年 5 月的一天，在上海，江苏省教育会欢迎杜威博士，你主持会议，在演说中说中国 100 个中学毕业生，升学的只有多少多少，失业的倒有多少多少，那一大群听众之中有一个是毛泽东。"黄炎培盛赞毛泽东好记性。[②]

中共各方面负责人陈云、陈毅、刘少奇、彭真、刘伯承、聂荣臻、彭德怀、贺龙、陆定一等都参加了以后的接见和会谈。

一批共产党的将领给黄炎培等留下好感，他们与国民党有些报纸宣传的所谓粗犷傲慢、飞扬跋扈完全是两样，他们厚重朴实，沉静中带有文雅。

在延安街上，黄炎培看到人们气色红润，精神都很振作，没有游手好闲的人。街上没有标语，只有挂着的黑板上在介绍卫生知识。他们参观了延安大学、延安医科大学、自然科学院等。给他们印象最深的是延安街上的意见箱，每个延安人都可以投书，上书建议直至主席毛泽东。

中共领导为他们举行宴会。在宴会上，黄炎培代表诸公答词："我们来延安的第一个目的，就是想在促成全国团结上而努力；第二个目的是想来看看延安。……就我所看到的，没有一寸土地是荒着的，也没有一个人好像在闲荡。有一位朋友告诉我，政府对于每个老百姓的生命和生活好像都负责的，这句话做到了，在政治上更没有其他问题了。"

7 月 2 日下午，黄炎培一行 6 人，应约到杨家岭访问毛泽东。杨家岭是中共中央机关所在地，离延水稍远，风景很好。在高高矮矮的山坡上有一排排窑洞，就是中共中央负责人的住所。当中有一所规模较宏伟的大会堂，靠山面阳。他们从大会堂的右边走上山坡，绕到后面，便是毛泽东接

---

①黄炎培，字任之，上海川沙人，1878 年生。清末举人。早年参加同盟会。20 世纪初年在上海南洋公学学习，返乡后兴办学校，因从事反清活动被判处死刑，后逃出，亡命日本。从日本回家乡继续办教育，同时投身辛亥革命，继赴德留学的蔡元培担任同盟会上海地区负责人。辛亥革命后，任江苏省教育司司长、教育会副会长、江苏省议会议员。民国以后，曾赴美国、日本、菲律宾、越南诸国考察后，提出职业教育的主张，在陈嘉庚等海外华侨的支持下创立中华职业教育社，黄炎培任理事长。1940 年底，参与筹组中国民主政团同盟。

②黄炎培回到重庆，每次讲延安之行，都津津乐道这个有趣的细节，十分自得地说："想不到在大群听众之中，竟有这样一位盖世的英雄豪杰!"

待客人的会客室。会客室内光线充足，中间一张长桌，四周各式椅子约可容20人。四壁挂着几幅画，当中一幅是沈钧儒的次子沈叔平画的。画中有一把酒壶，上写“茅台”两字，壶边有几只杯子，画上有黄炎培题写的一首七绝：

喧传有客过茅台，酿酒池中洗脚来。
是假是真我不管，天寒且饮两三杯。

当黄炎培在此时此地看到这幅画时，感到有一股知遇之心的暖流流遍了他的周身，原来这画是1943年当国民党掀起第三次反共高潮时，叔平为他父亲“画以娱之”；叔平请黄炎培题词，黄忽然想起传说长征中共产党人在茅台酒池里洗脚的事，针对这个谣传，题出了这首七绝以讽喻。想不到，这幅画竟挂在了中共领袖的客厅里！

7月4日下午，毛泽东又邀请黄炎培和冷遹到他家里做客，整整长谈了一个下午。毛泽东问黄炎培来延安几天有什么感想。黄炎培坦率地回答：“我生60多年，耳闻的不说，所亲眼看到的，真所谓‘其兴也勃焉，其亡也忽焉’，一人、一家、一团体、一地方乃至一国，不少单位都没有跳出这个周期律的支配力。大凡初时聚精会神，没有一事不用心，没有一人不卖力，也许那时艰难困苦，只有从万死中觅取一生，既而环境渐渐好转了，精神也渐渐放下了。有的因为历时长久，自然地惰性发作，由少数演为多数，到风气养成，虽有大力，无法扭转，并且无法补救。也有因为区域一步步扩大了，它的扩大，有的出于自然发展，有的为功业欲所驱使，强求发展，到干部人才渐渐见竭蹶，艰于应付的时候，环境倒越加复杂起来了，控制力不免趋于薄弱了。一部历史，‘政怠患成’的也有，‘人亡政息’的也有，‘求荣取辱’的也有。总之没有能跳出这周期律。中共诸君从过去到现在，我略略了解了的，就是希望找出一条新路，来跳出这条周期律的支配。”

毛泽东回答：“我们已经找到了新路，我们能跳出这周期律。这条新路，就是民主。只有让人民起来监督政府，政府才不敢松懈，只有人人起来负责，才不会人亡政息。”

听了毛泽东的话，黄炎培写道：“这话是对的。只有大政方针决之于公众，个人功业欲才不致发生。只有把每一个地方的事，公之于每一个地方的人，才能使地地得人，人人得事。用民主来打破这个周期律，怕是有效的。”

7月5日，黄炎培等6人飞离延安返回重庆。毛泽东、朱德、周恩来等到机场送行。

回到重庆，黄炎培写成《延安归来》一书，未交当局审查，采取突击发行的办法，初版2万册，几天就被抢购一空。并且，这是第一本拒绝把原稿送交国民党审查机关而自行出版的书，从而点燃了一场“拒检运动”，迫使国民党中央常委会通过决议，宣布撤销对新闻和图书杂志的审查制度。

1945年8月9日，即苏联对日参战的当天，中共中央主席毛泽东发表《对日寇的最后一战》的声明，宣布：“对日战争已处在最后阶段，最后地战胜日本侵略者及其一切走狗的时间已经到来了。”声明号召：“中国人民的一切抗日力量应举行全国规模的反攻，密切而有效力地配合苏联及其他同盟国作战。八路军、新四军及其他人民军队，应在一切可能条件下，对于一切不愿投降的侵略者及其走狗实行广泛的进攻，歼灭这些敌人的力量，夺取其武器和资财，猛烈地扩大解放区，缩小沦陷区。”① 8月10日，中国人民解放军抗日军延安总部总司令朱德，向各解放区发布第1号命令，要求各解放区武装力量，根据《波茨坦公告》的规定，向其附近各城镇交通要道之日伪军发出通牒，“限其于一定时间向我附近部队缴出全部武装”，如“遇敌伪武装部队拒绝投降缴械，及应予以坚决消灭”。8月11日，中共中央在《关于日本投降后我党任务的决定》中及时指出，国民党在“收复失地”的口号下，抢夺抗战胜利果实；解放区人民武装“应集中主要力量迫使敌伪向我投降，不投降者，按具体情况发动进攻，逐一消灭之”。

由于国民党政府奉行消极抗战、坐等胜利的方针，忙于接收日军退出的地区，不想发动大反攻消耗自己的力量，所以中国战场的大反攻主要是在解放区战场进行的。解放区的大反攻遇到了来自两方面的阻力：一是美蒋；二是日伪。中国共产党被迫采取断然措施，排除对日大反攻的阻力和障碍。

苏联参战后，日本投降已指日可待，但国民党却远在大后方（此时蒋介石400多万大军在西南地区，其中装备精良，训练有素的几十万精锐军摆在中缅、中越边境），不要说是反攻，就连派兵接收日伪投降也来不及。美国公开上阵，帮助国民党抢夺胜利果实。根据美国的建议，于8月11

①《毛泽东选集》第三卷，人民出版社，1991年6月版，第1119页。

日，蒋介石接连发出三道命令：第一道发给朱德总司令，要求“所有该集团军所属部队，应就原地驻防待命”，不得向日伪“擅自行动”，收缴日伪枪械；第二道命令发给国民党军队，要求“各战区加紧努力，一切按照既定军事计划与命令积极推进，“勿稍松懈”；第三道命令发给伪军，要他们“负责维持治安”，“趁机赎罪”，并将50余万名伪军改编成“国军”，成为国民党的“先遣军”。

8月13日，朱德电告蒋介石，“坚决地拒绝这个命令”。

8月14日，苏联政府与国民党政府正式签订了《中华民国和苏联友好同盟条约》，决定：两国共同对日作战，对中长铁路、旅顺口、大连港由中苏两国共同管理、使用，中国政府承认蒙古人民共和国独立，苏联保证不援助中国共产党及其所领导的人民军队，在道义上、物质上和军事上支持“中国国民党政府”。3个月后，苏军从东北撤退，将东北交给中国政府接管。蒋介石利用其“合法”地位垄断了受降权。

8月15日，美国总统杜鲁门在日本宣布投降当日发布的第1号通令中，指定惟有蒋介石政府才享有中国受降的权力。国民党军队在美国海、空军的帮助下，大批人员、武器、装备被接连不断地运送到东北、华北、华中、华南及天津、北平、上海、南京、武汉、广州等主要城市。日伪军将大城市和交通要道交给国民党军队。据国民党方面公布之材料，此时国民党受降之日军约124万人，接收各种枪支77.5万余支、各种火炮12万多门、各种车辆1.6万辆。相反，敌后抗日军队的反攻、受降，却必须通过战斗。

同时，蒋介石电告日本中国派遣军总司令冈村宁次，命令在华日军“停止一切军事行动……可暂保有其武器及装备，保持现有态度，并维持所在地之秩序及交通，听候中国陆军总司令何应钦之命令”。

8月15日，朱德总司令电令冈村宁次：“应下令你所指挥的一切部队，停止一切军事行动，听候中国解放区八路军、新四军及华南抗日纵队的命令，向我方投降，除被国民党政府的军队所包围的部分外。”① 由于美蒋的支持和纵容，在华日军公然违背《波茨坦公告》，拒不接受朱德总司令的命令，继续同中共领导的抗日军队作战。

8月18日，蒋介石电令何应钦，授权处理日军、伪军投降事宜，“对于非经政府指定之受降部队，如有擅自接收敌军投降，企图扰乱我受降计划者，得请委员长下令惩罚之”。

---

①《朱德选集》，人民出版社，1983年8月第1版，第185页。

面对美蒋、日伪联合反共的逆流，中国共产党采取了针锋相对的方针，决定用战斗来解除日军的武装。

解放区抽调了10万大军、2万名干部迅速向东北挺进，相继抵达锦州、沈阳、辽阳、鞍山、抚顺、本溪等地。在中苏边境的东北抗日联军也协同苏军参加了收复东北的战斗。

晋察冀人民解放军于8月12日后，接连攻占北平北面的顺义、西面的门头沟、南面的南苑，包围了北平，然后沿北宁线前进，先后收复秦皇岛、山海关；8月19日，一度攻占天津车站，从西面和北面包围天津，切断了平津线，接着一度攻占天津南面的静海，切断了津浦线；8月19日，攻占束鹿县城，切断了德石线；23日，包围保定，切断了平汉线；8月25日，攻占察哈尔省会张家口，继而控制了平绥线东段地区。

晋冀鲁豫解放区人民武装向平汉线中段、陇海路中段进军，8月11日~9月20日歼灭日伪军5万人，收复县城59座，解放了黄河沿岸的广大国土。

晋绥人民武装主要目标是进击太原以北的同蒲线、归绥以南及以东之平绥线。8月18日，攻入归绥城，遭到国民党傅作义部队从背后的进攻，被迫撤出。同时完成了对太原的包围，国民党阎锡山部与之争夺，为避免内战，遂放弃进攻太原。

山东解放区人民武装，分兵5路向津浦路中段和胶济路进攻，在1个多月的作战中歼灭日伪军6万余人，收复了山东108座县城中的100座，并粉碎了美军在烟台登陆的企图。

华东人民解放军向沪宁、沪杭、浙赣、淮南及津浦路南段、陇海路东段进攻，至9月2日，共歼灭日伪军1.3万余人，收复县城32座。

华南解放军向广九、潮汕两路进攻，建立了16个民主政权，基本上控制了海南岛。

鉴于日伪顽抗和美蒋抢占大城市，中共中央于8月下旬指示各解放区只对大城市采取威胁之势，而重点夺取中小城市、控制乡村，扩大解放区。

8月11日~10月10日两个月中，解放区军民共毙伤敌伪军23万人，收复城市197座、国土31.52万平方公里，解放人口1871.7万人。

1945年7月21日，国民党第一战区司令长官（1945年1月后调整）胡宗南所属暂编第五十九师和骑兵第二师突向中共陕甘宁边区关中分区淳化县的爷台山发起攻击。23日，又以预备第三师加入进攻。中共军队于7

月27日主动退出爷台山及其以西41个村庄。国民党军队继续向旬邑、耀县地区袭击，中共军队于8月8日对进犯的国民党军队进行反击，收复了爷台山地区。

8月13日，毛泽东在延安干部会议上作关于《抗日战争胜利后的时局和我们的方针》的讲演。提出了中国共产党争取和平发展和准备自卫战争的方针。要求全党牢记1927年中国共产党遭到突然袭击而导致大革命失败的历史教训，保持清醒头脑，坚持针锋相对、寸土必争和坚决保卫抗战胜利果实的立场。并强调自力更生，要依靠自己组织的力量，打败一切反动派。

8月14日、20日和30日，蒋介石接连3次向延安发电报，邀请毛泽东到重庆共商“国家大计”。并特派美国驻华大使赫尔利和国民党军委会政治部长张治中飞赴延安促驾。

8月23日，毛泽东主持召开中共中央政治局扩大会议，认为应当力争一个有利于人民的和平建设时期，即使是暂时的和平，也应当积极争取。决定同国民党进行谈判。毛泽东在会议上说，我去重庆的时机由政治局、书记处决定，决定少奇同志代理我的职务，书记处另推陈云、彭真同志为候补书记，以便我和恩来同志出去后，书记处还有5人开会。会议根据毛泽东的提议，决定在毛泽东去重庆谈判期间，刘少奇代理其主席职务，并增选陈云、彭真为中央书记处候补书记。会议还决定毛泽东任中共中央军委主席，朱德、刘少奇、周恩来、彭德怀任副主席。

8月24日，毛泽东复蒋介石8月23日第3次邀请毛泽东赴重庆谈判的来电：“鄙人极愿与先生会见，商讨和平建国大计。俟飞机到，恩来同志立即赴渝晋谒。弟亦准备随即赴渝。”①

25日，中共中央发表《对目前时局的宣言》，明确提出“和平、民主、建国”三大口号，向国民党提出“奠定今后和平建议的基础”的6条措施：

> （一）承认中国解放区的民选政府和抗日军队，撤退包围与进攻解放区的军队，以便立即实现和平，避免内战。
>
> （二）划定八路军、新四军及华南抗日纵队接受日军投降的地区，并给予他们以参加处置日本的一切工作的权利，以昭公允。

①《毛泽东年谱（1893—1949）》下卷，人民出版社、中央文献出版社，1993年12月第1版，第12页。

（三）严惩汉奸，解散伪军。

（四）公平合理的整编军队，办理复员，救济难胞，减轻赋税，以苏民困。

（五）承认各党派合法地位，取消一切妨碍人民集会、结社、言论、出版自由的法令，取消特务机关，释放爱国政治犯。

（六）立即召开各党派和无党派代表人物的会议，商讨抗战结束后的各项重大问题，制定民主的施政纲领，结束训政，成立举国一致的民主的联合政府，并筹备自由无拘束的普选的国民大会。①

指出，在日本帝国主义投降以后，我全民族面临的重大任务是，巩固国内团结，保证和平，实现民主，以便在此基础上，实现全国的统一，建设独立、自由与富强的新中国。

8 月 25 日，毛泽东、周恩来等中央政治局部分成员同从重庆回来的王若飞（时任中共中央重庆工作委员会书记，负责主持南方局日常工作）两次研究毛泽东去重庆的问题。决定毛泽东去重庆。此前，接到斯大林来电说，日本投降，国共应言归于好，共商建国大事，如果继续打内战，中华民族有毁灭的危险。

同日，毛泽东复魏德迈同日来电："鄙人承蒋委员长三电相邀，赫尔利大使两次表示愿望来延，此种诚意，极为心感。兹特奉达，欢迎赫尔利大使来延面叙，鄙人及周恩来将军可以偕赫尔利大使同机飞渝，往应蒋委员长之约，以期早日协商一切大计。"②

1945 年 8 月 26 日，毛泽东主持中共中央政治局会议，继续讨论去重庆谈判问题。毛泽东发言说：我去重庆的问题，昨晚政治局 7 名同志与若飞同志商谈，决心答复魏德迈（美军中国战区司令官）的电报，去，这样可以取得全部主动权，要充分估计蒋介石逼我城下之盟的可能，但签字之手在我；必须作一定的让步，我们让步的第一批是广东至河南，第二批是江南，第三批是江北，要在谈判中看看；陇海路以北迄外蒙一定要由我们

①原载 1945 年 8 月 27 日《解放日报》，引自《中共党史参考资料》（六），人民出版社，1979 年 11 月版，第 2 页。

②《毛泽东年谱（1893—1949）》下卷，人民出版社、中央文献出版社，1993 年 12 月第 1 版，第 13 页。

占优势；东北行政大员由国民党派，我们去干部，一定有文章可做；如果这些还不行，那么城下就不盟，准备坐班房；我们党的历史上除何鸣事件外，还没有随便缴枪的事；如果是软禁，那倒不怕，正是要在那里办点事；苏联、美国都不愿中国内战，国际压力是不利于蒋介石的独裁的；所以重庆是可以去，必须去；领导核心还在延安，党内也不会有什么扰乱，将来还可能有多一些的同志到外面去，延安不要轻易搬家；由于有我们的力量、全国的人心、蒋介石自己的困难、外国的干预4个条件，这次去是可以解决一些问题的。①

8月26日，中共中央向党内发出毛泽东起草的《中共中央关于同国民党进行和平谈判的通知》，指出：党中央决定派毛泽东、周恩来、王若飞3位同志到重庆和蒋介石商量团结建国大计，中国反动派的内战阴谋可能被挫折下去，国民党在内外压力下，可能有条件地承认我党地位，我党亦有条件地承认国民党的地位，造成两党合作（加上民主同盟等）、和平发展的新阶段。

> 假如此种局面出现之后，我党应当努力学会合法斗争的一切方法，加紧国民党区域城市、农村、军队三大工作（均是我之弱点）。在谈判中，国民党必定要求我方大大缩小解放区的土地和解放军的数量，并不许发纸币，我方亦准备给予必要的不伤害人民根本利益的让步。无此让步，不能击破国民党的内战阴谋，不能取得政治上的主动地位，不能取得国际舆论和国内中间派的同情，不能换得我党的合法地位和和平局面。但是让步是有限度的，以不伤害人民根本利益为原则。
>
> 在我党采取上述步骤后，如果国民党还要发动内战，它就在全国全世界面前输了理，我党就有理由采取自卫战争，击破其进攻。②

通知还分别对华北、华东解放区和华中、华南解放区的斗争做了原则指示，告诉全党绝对不要因为谈判而放松对蒋介石的警惕和斗争。

8月27日，中共中央发出通知，在毛主席离延期间，由刘少奇同志代

①《毛泽东年谱（1893—1949）》下卷，人民出版社、中央文献出版社，1993年12月第1版，第14页。

②《毛泽东选集》第四卷，人民出版社，1991年6月版，第1153～1154页。

理主席职务，并增选陈云、彭真两位同志为候补书记。

1945年8月28日11时许，毛泽东、周恩来、王若飞和赫尔利、国民党政府军事委员会政治部部长张治中一起，从延安飞抵重庆。
下午3时37分，毛泽东乘坐的飞机在重庆九龙坡机场降落。到机场迎接的有蒋介石的代表国民党政府军事委员会航空委员会主任周至柔，国民党政府军事委员会战地党政委员会秘书长邵力子，民盟主席张澜，中国民主同盟领导人沈钧儒、黄炎培、左舜生、章伯钧，三民主义联合会负责人陈铭枢，无党派民主人士郭沫若。毛泽东在机场对中外记者发表书面谈话："本人此次来渝，系应国民政府主席蒋介石先生之邀请，商谈团结建国大计。现在抗日战争已经胜利结束，中国即将进入和平建设时期，当前时机极为重要。目前最迫切者，为保证国内和平，实施民主政治，巩固国内团结。国内政治上、军事上所存在的各项迫切问题，应在和平、民主、团结的基础上加以合理解决，以期实现全国之统一，建设独立、自由与富强的新中国。希望中国一切抗日政党及爱国志士团结起来，为实现上述任务而共同奋斗。本人对于蒋介石先生之邀请，表示谢意。"毛泽东与欢迎者一一握手并合影，然后乘车至张治中官邸稍事休息，随即会见郭沫若与夫人于立群及外交部长王世杰，接见记者，赴红岩八路军办事处参加中共南方局欢迎晚会，会见南方局负责人和新华日报社、群众周刊的章汉夫、许涤新、胡绳、戈宝权等人。

晚8时，毛泽东在张治中、邵力子的陪同下，与周恩来、王若飞应邀赴蒋介石山洞林园官邸出席欢迎宴会。作陪的有张群（国民党四川省政府主席）、陈诚（国民党政府军政部部长）、吴国桢（国民党中央宣传部部长）、王世杰、周至柔、蒋经国（青年军总政治部主任）、赫尔利、魏德迈。应蒋介石之请，毛泽东当晚下榻林园。①

1945年8月29日上午，毛泽东与周恩来、王若飞在林园同张治中商谈谈判的内容和程序。下午，毛泽东同蒋介石第一次直接商谈。蒋介石表示一切问题愿听中共方面的意见。蒋介石并重提中国无内战的说法。毛泽东列举了10年内战和抗日战争中的大量事实，说中国无内战是欺骗。最后，蒋介石提出谈判三原则：1. 所有问题整个解决；2. 一切问题之解决，均须不违背政令军令之统一；3. 政府之改组，不得超越现有法统之外。晚上，毛泽东同张治中、王世杰、张群等继续商谈，双方同意先作一般性的

---

①《毛泽东年谱（1893—1949）》下卷，人民出版社、中央文献出版社，1993年12月第1版，第16～17页。

交换意见。当晚，毛泽东应蒋介石之请，继续住林园。

8 月 30 日，毛泽东由林园返回桂园。上午分别访晤宋庆龄（保卫中国同盟主席）、赫尔利。当日，三民主义联合会负责人柳亚子、陈铭枢、沈钧儒、黄炎培、左舜生、章伯钧，中国民主革命同盟负责人王昆仑，国民参政会参政员冷遹、傅斯年、王云五等到桂园与毛泽东商谈。

8 月 30 日下午，毛泽东前往中国民主同盟总部（民主之家）特园访问张澜，民盟中央委员、特园主人鲜特生在座。毛泽东向张澜转达朱德对老师的问候，转达吴玉章对老友的问候。张澜对毛泽东的安全担心，他不相信蒋介石有和平的诚意，是假戏。毛泽东说，我们就来一个假戏真做，让全国人民当观众。看出真假，分辨是非，这场戏价值就大了。张澜对毛泽东说，军队和解放区问题是国共谈判的症结。征得毛泽东同意，由张澜给国共双方写了一封公开信，把问题摊开在了全国人民面前，在一定程度上推动了国共谈判。毛泽东当面赞誉张澜是“老成谋国”。

30 日晚上，毛泽东出席张治中的宴会，于右任（国民党政府监察院院长）、孙科（国民党政府立法院院长）、邹鲁（国民党中央执行委员会常务委员）、叶楚伧（国民党中央执行委员会常务委员）作陪。饭后，于右任辞去，国民党中央秘书长吴铁城来。

30 日，毛泽东致电刘少奇并转告中共中央，下月初准备向国民党提出 11 条意见：1. 在和平、民主、团结基础上实现全国的统一，建设独立、自由和富强的新中国，彻底实现三民主义；2. 拥护蒋先生，承认蒋先生在全国的领导地位；3. 承认国共两党及抗日党派的平等合法地位，确立长期合作、和平建国方针；4. 承认解放区部队及地方政权在抗日战争中的功绩和合法地位；5. 严惩汉奸，解散伪军；6. 重划受降地区，解放区抗日军队参加受降工作；7. 停止一切武装冲突，各部暂留原地待命；8. 实现政治民主化，军队国家化，党派平等合法；9. 政治民主化的必要办法：由国民党政府召集各党派及无党派人士代表人物的政治会议，各党派参加政府，重选国民大会：由中共推荐陕甘宁边区及热河、察哈尔、河北、山东、山西 5 省省府主席，绥远、河南、江苏、安徽、湖北、浙江、广东及东北 10 省副主席，北平、天津、开封（9 月 3 日将 11 条意见交国民党代表之前，毛泽东将开封市改为青岛市）、上海 4 个特别市副市长，推行地方自治，实行普选；10. 军队国家化的必要办法：公平合理地整编全国军队，确定分期实施计划，解放区部队编成 16 个军 48 个师，驻地集中于淮河流域及陇海路以北地区，中共及地方军事人员，参加军委会及其各部的工作，设立北平行营及北方政治委员会，任中共人员为主任；11. 党派平等的必须办法：释放政治犯，取消一切不合理禁令，取消特务等。

8 月 31 日上午，毛泽东同周恩来、王若飞赴国民参政会，出席邵力子的宴请。下午在桂园会见中国民主革命同盟领导人王昆仑、许宝驹、屈武、侯外庐、曹孟君、谭惕吾，畅谈 3 个小时。[1]

9 月 1 日，毛泽东同周恩来、王若飞参加中苏文化协会会长孙科、副会长邵力子为庆祝中苏友好同盟条约而举行的盛大鸡尾酒会。散会后，当毛泽东出门时，聚集在大门口的几千名群众鼓掌高呼：欢迎！欢迎！晚 8 时，同周恩来、邵力子应张群、王世杰、吴铁城的邀请，在冯玉祥（1937 年冬被蒋介石解除职务，闲居重庆）的陪同下，赴吴铁城住宅出席宴会。

9 月 2 日上午 10 时，毛泽东在桂园约见王世杰。中午，毛泽东同周恩来、王若飞赴特园，出席张澜以中国民主同盟会名义举行的宴会。毛泽东说：“这是民主之家，我也回到家里来了，今天我们聚会民主之家，今后共同努力，生活在民主之国。”在宴会上毛泽东反复强调和为贵。毛泽东同沈钧儒谈健身活动，同黄炎培谈职业教育，同张申府谈五四往事。宴毕，特园主任拿出纪念册，请毛泽东题词留念，毛泽东题写“民主在望”，并说道路尽管曲折，前途甚是光明。

下午，毛泽东会见邹鲁及各方友好。

晚 8 时半，毛泽东与周恩来、王若飞去林园赴蒋介石的晚宴。在座的有孙科、吴铁城、张群、王云五、张伯苓（国民参议会参议员）、傅斯年等。宴会后，毛泽东同蒋介石直接商谈中共领导下的军队编组数目和驻地、解放区、政治会议、国民大会代表等问题。

9 月 3 日上午，毛泽东会见王世杰。毛泽东将 8 月 30 日拟定的中共 11 条意见略加修改后，由周恩来、王若飞面交张群、张治中、邵力子转蒋介石。

下午，毛泽东访于右任、戴季陶（国民党政府考试院院长）、白崇禧（国民党政府军事委员会军调部部长）、吴稚晖（国民党中央监察委员）。

下午 5 时，毛泽东会见韩国临时政府官员。

下午 6 时，会见郭沫若、于立群、翦伯赞（《中苏文化》杂志副主编）、邓初民（中国民主同盟中央委员）、冯乃超（中共中央南方局文委委员）、周谷城（复旦大学教授）等，征询他们对时局的意见。

---

①《毛泽东年谱（1893—1949）》下卷，人民出版社、中央文献出版社，1993 年 12 月第 1 版，第 19 页。

7时半，毛泽东赴苏联大使彼得洛夫的宴会，会见英、美、法等国大使和荷、比等国使馆官员。

9月4日上午，会见来桂园访问的白崇禧。

同日，蒋介石将其自拟的《对中共谈判要点》：1. 中共军队之编组，以12个师为最高限度；2. 承认解放区，绝对行不通；3. 拟将原国防最高委员会改组为政治会议，由各派人士参加；4. 原当选之国民大会代表仍然有效，可酌量增加名额。蒋介石将这个谈判要点交张群、王世杰、张治中、邵力子，正式指定他们4人为谈判代表，要他们拟其对中共9月3日所提方案的复案。

山东军区司令员兼政委罗荣桓因肾病严重需要休养。山东军区多次向中央反映，希望派人到山东协助罗荣桓的工作。8月26日，毛泽东以中共中央的名义，撰写了致山东分局的电文："林彪、萧劲光两同志昨日飞抵太行转赴山东军区。分工：罗荣桓为书记及政委，林彪为司令员，萧劲光为副司令员，如因病必须休养时，林代理罗的职务，林、萧均为分局委员，其余不变动。"

1945年8月29日，在刘少奇的主持下，中共中央认真地估计了"中苏条约"签订后东北的局势，认为：国民党在东三省与热河、察哈尔既无基础，派兵也有困难；苏联红军在3个月内全部撤退。这样，中共还有很好的机会争取东三省和热、察，要求晋察冀和山东准备派往东三省的干部和部队应迅速出发。9月上、中旬，中共中央得到来自东北的报告，了解到苏军对于中共部队进入东北采取默认的态度，认为确有迅速发展的机会。9月15日，中共中央立即做出发展东北根据地的决定，并进一步派出大批干部和主力部队向东北开进。9月17日，刘少奇、朱德、任弼时以《为力争东北，控制热察之战略计划及工作部署》电告在重庆谈判的毛泽东和周恩来，同时亦提出"向北发展、向南防御"（巩固华北、争取东北、坚持华中）的战略方针，得到毛泽东的赞同。

9月19日，彭真、陈云抵达沈阳的第二天，中共中央为进一步加强东北的领导力量，决定派李富春、林彪、罗荣桓、张闻天、高岗几位军政要员赴东北。9月19日，林彪一行到达河南省濮阳境内，收到了由中共中央代理主席刘少奇根据中央决策起草的一份指示电："（一）国共谈判暂时很难有结果。国民党军队在敌伪掩护下业已进入许多大城市及交通要道，并有进入北平、天津之可能。伪军几乎全部为国民党掌握。热河及察哈尔两省我必须全部控制，东北全境我亦有控制可能，但红军在十二月初将全部撤离东北（热、察两省将更早撤退），我必须迅速作妥善部署，能保障我党对于东北的控制。（二）目前全党全军的主要任务，是继续打击敌伪，完全控制热、察两省，发展东北我之力量并争取控制东北，以便依靠东北和热、察两省，加强全国各解放区及国民党地区人民的斗争，争取和平民主及国共谈判的有利地位。为此，特作下列部署，望坚决执行之。（甲）晋察冀（除冀东外）和晋绥两区以现有力量对付傅作义、马占山向察哈尔、张家口之进攻及将来胡宗南由北平向张家口之可能的进攻，坚决打击傅、马及其他进攻之顽军，完全保障察哈尔全境、绥远大部、山西北部及河北一部，使之成为以张家口为中心的基本战略根据地之一。（乙）山东主力及大部分干部迅速向冀东及东北出动。第一步，由山东调三万兵力到冀东，协助冀热辽军区肃清伪军，开辟热河工作，完全控制冀东、锦州、热河。另由山东调三万兵力，进入东北发展，并加装备。（丙）华东新四军（除五师外），调八万兵力到山东和冀东，保障与发展山东根据地及冀热辽地区。浙东我军即向苏南撤退，苏南、皖南主力即撤返江北。（丁）成立冀热辽中央局，并扩大冀热辽军区，以李富春为书记，林彪为司令员。罗荣桓到东北工作。将山东局改为华东局，陈毅、饶漱石到山东工作。现在的华中局改为分局，受华东局指挥，其人员另行配备。（戊）晋冀鲁豫军区竭力阻滞并打击顽军北上部队，准备三万兵力在十一月调到冀东和进入东北。（己）全国战略方针是向北发展，向南防御。只要我能控制东北及热、察两省，并有全国各解放区及全国人民配合斗争，即能保障中国人民的胜利。（庚）关于各区具体部署另定。”①

中共从山东军区和华东新四军调兵北上，分路进入东北：一路由热河、冀东沿北宁路开进；一路由胶东渡海。同时，由江南撤出部队加强苏北、皖东，苏北、皖东的主力向山东开进，以接替山东去东北部队的防务。为争取时间，中共中央军委严令进入东北的部队，必须迅速行动，否则将受到历史的惩罚。

林彪抵达沈阳后，由黄克诚率领的新四军第三师 3 万大军开抵山海关。他们从苏北盐城出发凭着两条腿，行程近万里。这是出关争夺东北的第一支主力军。10 月 31 日，鉴于苏军不赞成东北部队用八路军的名义，中央军委决定，将东北的部队统一组编为东北人民自治军，任命林彪为司令员，东北局书记彭真为第一政委，罗荣桓为第二政委，吕正操、李运昌、周保中、萧劲光为副司令，程子华为副政委，萧劲光兼任参谋长，伍修权

①《刘少奇选集》上卷，人民出版社，1981 年 12 月第 1 版，第 371 ~ 372 页。

为第二参谋长，陈正人为政治部主任。

从1945年8月中旬至11月底，中共中央令罗荣桓率山东主力部队第一、二、三、七师和第五、六师大部以及军区直属机关、警卫部队和几个独立营共5.1万余人，新四军第三师黄克诚部共3.2万人，加上延安2个团、冀鲁1个团和山东万毅部，原南征第二梯队刘转连和文年生部等部队一共近11万人。另外由延安、晋察冀、冀鲁豫、太行、晋绥、华中各地调到东北的干部共2万余人，其中10名中共中央委员（政治局委员4名）、10名候补中央委员。① 冀热辽军区先期出关的部队也发展到10余万人，至此，在东北的中共部队达20余万人。

此间，中共中央还指示南下的三五九旅②放弃创建五岭山区根据地的计划，北上河南，向新四军第五师靠拢，其他南下部队也折回北上。

国民党为与中共争夺东北，在重庆谈判期间集中了50万大军，在日伪军的掩护和配合下，沿平绥、同蒲、平汉、津浦等铁路线向平津、张家口和东北疾进。

8月29日，国民党陆军总司令何应钦密令各战区重新印发蒋介石1933年编写的《剿匪手本》。9月20日，蒋介石密令各战区司令长官，要求：抓紧时机，控制所有的战略据点、交通线。

针对这种情况，中共中央于9月底发出指示，要求各解放区彻底破坏铁路、公路，迟滞蒋军的行动，指出这是当前的战略任务。

9月，阎锡山集中13个师的国民党军队，在日伪军的配合下，先后由临汾、浮山、翼城和太原、榆次出发，侵入晋冀鲁豫解放区长治（古称“上党郡”）附近的襄垣、屯留、潞城等地。10月，解放区军民发动反攻，将国民党军13个师全部消灭，进攻的3.8万名敌人，被消灭了3.5万人，逃掉2000人，散掉1000人。俘虏第十九军军长史泽波、暂编第四十六师师长郭溶、暂编第四十九师师长张宏、第六十六师师长李佩膺、第六十八师师长郭天兴、暂编第三十七师师长杨文彩等。战后，中共长治前线司令员陈赓接见了史泽波，向他交代了中共的俘虏政策，并问他：“你认为这次作战失败的原因是什么?”史泽波感慨地说：“抗战8年，贵军在上党地区对日作战，日本投降后，我们来抢地盘是不对的。不过没想到失败得这

①中共中央决定，组成以彭真为书记，陈云、程子华、伍修权、林枫为委员的东北局，赴东北加强对各方面工作的领导。

②1944年7月，中共中央派出王震、王首道率领三五九旅南下部队，经河南、湖南，再抵粤北、赣南五岭山地区，创建华南新根据地（接着，中共中央又派出几支部队进入河南）。1945年7、8月，三五九旅已到达湘潭、衡山一带。

样快，真是天助你们!”陈赓说：“你讲对了!《水浒传》上说梁山泊的好汉们‘替天行道’，我们也是‘替天行道’。我们的天就是人民。我们依靠人民打败了日本侵略军，也依靠人民打败了你们。历史证明，与人民作对，必然要失败。希望你今后能为反对蒋介石、阎锡山发动内战做些贡献!”陈赓的话，打动了史泽波的心，后来他领衔联合上党战役被俘的高级将领发通电，揭露蒋、阎挑动内战的罪行。

9月，胡宗南的2个军经同蒲铁路、正太铁路开抵石家庄。

孙连仲的3个军4万多人在第十一战区副司令长官马法五、高树勋率领下自郑州、新乡一带沿平汉路北犯，企图夺取邯郸，北上同胡宗南部会师。10月下旬，新八军高树勋部、第四十军马法五部、第三十军鲁崇义部侵入磁县、邯郸地区。解放区军民奋起自卫，10月25日，将进攻各部予以包围，同时对进攻各部实行劝告。10月30日，国民党第十一战区副司令长官兼新八军军长高树勋将军深明大义，响应中共号召，率其所属新八军和河北民军1个纵队共1万余人在邯郸南面的马头镇起义。[①] 其余2个军尚不觉悟，自30日晚，解放区军民与其激战一昼夜，俘马法五以下官兵2.3万人。

驻绥远西部的五原、临河一带的国民党第十二战区司令长官傅作义在攻占归绥、集宁、丰镇后，于9月初攻占兴和、尚义、武川、陶林、新堂、凉城，大举向察哈尔解放区进攻，迫近边区首府张家口。解放区军民将其击退，并俘虏了大批国民党官兵。

同时，陈毅所部也切断了津浦路，阻滞了蒋军。到11月初，华北、华中国民党主力由四路集中平津，经北宁和热河两路进入东北的计划基本被打破。

自1945年9月4日，中共代表周恩来、王若飞在毛泽东领导下，同国民党政府代表张群、张治中、邵力子自本日开始至10月5日为止，共进行了12次谈判。

9月4日，毛泽东同周恩来、王若飞应赫尔利大使邀请共进午餐，美国访华团团长史奈德亦在座。下午5时，应蒋介石邀请，参加在军委会举行的庆祝抗战胜利茶会。会后，毛泽东同蒋介石直接商谈。晚上，出席英国驻华军事代表团团长魏亚特将军的招待会。

9月5日，毛泽东同周恩来赴邹鲁的午宴。在桂园接见《大公报》记

---

①根据毛泽东提名，起义部队改编为民主建国军，毛泽东在电报中指出：“马头镇距邯郸很近，邯郸系历史名城，因此可称为邯郸起义。”

者。毛泽东还会见了中国妇女联谊会代表和各方友好。晚上，出席曾访问延安的6位参议员的宴会。

9月6日，毛泽东同周恩来、王若飞、王炳南赴于右任的午宴，在座的有陈立夫（时任国民党中央社会部长）、叶楚伧等。毛泽东访问于右任时，守门人说蒋介石正在于家做客。毛泽东提议先去看住在同一大院（陶园）中的戴季陶。戴季陶没想到毛泽东会去看他，在毛泽东面前局促不安，诺诺连声。毛泽东从戴府出来，在小道上与蒋介石交臂相逢。蒋问毛泽东去哪里，毛泽东说见了戴季陶。蒋介石先是一怔，后佯笑说："好，见见好，见见好。"

9月6日下午，毛泽东访居正（国民党政府司法院院长）。往中正学校、中央大学访问故旧。到沙坪坝南开中学访柳亚子、张伯苓。晚上，毛泽东与周恩来、王若飞出席宋庆龄的宴会。宴会后访晤苏联大使彼得洛夫。

9月7日，毛泽东同周恩来、王若飞赴覃振（国民党政府司法院副院长，抗战时期曾自愿担任中共湖南省委创办的"塘田战时讲学院"院长）的午宴。下午，毛泽东同周恩来、王若飞往访英国大使薛穆、法国大使贝志高，各谈一个多小时。应邀赴加拿大大使欧德伦茶会，谈两个小时。当晚，毛泽东同周恩来、王若飞赴冯玉祥的晚宴。

9月8日，下午4时，毛泽东同周恩来在桂园举行茶会，招待在重庆的各国援华救济团体负责人，宋庆龄出席茶会。毛泽东致词感谢各方面人士8年来对陕甘宁边区及解放区的援助，并希望继续这种援助。晚上7时半，毛泽东与周恩来、王若飞赴孙科的宴会。

9月9日，毛泽东在红岩村会见郭沫若、于立群等，并与他们共进晚餐。

9月11日晚上，毛泽东在桂园宴请张澜、沈钧儒、黄炎培等，向他们介绍两党谈判情况，并征询他们的意见。

9月12日上午，毛泽东在红岩会见许德珩教授及夫人劳君展。随后，同周恩来应蒋介石之邀去林园共进午餐，餐后同蒋介石直接商谈。

9月13日，毛泽东同周恩来、王若飞首次招待在重庆的外国记者，毛泽东发表谈话：目前双方保证不向外公布会谈情况，但希望会谈成功。中午赴赫尔利的午宴，晚上赴戴季陶的晚宴。

9月14日，毛泽东同周恩来接见日本反战作家鹿地亘和池田幸子，晚上赴白崇禧的宴会。

9月16日下午4时半，毛泽东在红岩八路军驻重庆办事处会见了美国驻华第14航空队总部的霍华德·海曼、爱德华·贝克、杰克·埃德尔曼等3位士兵。他们希望了解中国解放区的情况。毛泽东向他们介绍了解放区的情况，并阐明中共有关国际、国内问题的主张。毛泽东还请他们吃饭，并询问美国的情况。

9月17日，应邀赴林园同蒋介石共进午餐，张群、吴国桢、赫尔利在座。餐后，同蒋介石直接商谈，双方的争执在军队和政权问题上。下午，毛泽东在桂园举行茶会，招待产业界人士。毛泽东说："只有在国家独立、民主、自由之下，民族工商业才有发展前途。"

同日，蒋介石写信给阎锡山并附《剿匪手册》两本。自重庆谈判开始至本日，蒋介石命令4个战区的司令长官傅作义、胡宗南、孙连仲、李品仙等，分别率领所部沿铁路沿线向解放区进犯。中共中央、中央军委决心开展交通破击战，打击铁路沿线进犯的国民党军。

同日，毛泽东与周恩来复中共中央17日来电（刘少奇于9月17日为中共中央起草的致毛泽东、周恩来电报，提出：我们全国战略方针必须确定向北推进、向南防御，否则我之主力分散，地区太大，处处陷于被动。刘少奇建议：新四军江南主力立即转移到江北，皖南、皖北新四军第七师也向北撤退，从山东、华中抽调10万~15万人北上），完全同意力争东北的方针。同时指出，东北及热河、察哈尔控制在手，全党团结一致，什么也不怕。并告中共中央，谈判无进展。

9月19日，毛泽东设午宴招待燕京大学校长司徒雷登。

9月20日，毛泽东访陈立夫、叶楚伧、程潜（国民党政府军事委员会副参谋总长兼战地党政委员会主任委员）、贺耀祖（国民党政府重庆市市长）。

毛泽东在王炳南的陪同下会见陈立夫时，他先以回忆往事的口气谈起大革命前国共合作的情景，然后批评国民党背叛革命、实行反共剿共的错误政策，引狼入室险些招致亡国的祸害。毛泽东谈到，共产党上山打游击是国民党逼出来的，就像孙悟空大闹天宫，毛泽东说："玉皇大帝封他为弼马温，孙悟空不服气，自己鉴定是齐天大圣，可是你们却连弼马温也不给我们做，我们只好扛枪上山了。"陈立夫表示要对这次国共和谈"尽心效力"。

毛泽东走访程潜时叙谈了很长时间。毛泽东鼓励程潜说："你是老资格，国民党政府下届改选，你可以参加副总统的竞选。搞成了，好主持和谈。如果搞不成，你只要湖南。"

国民党重庆市市长贺贵严（耀祖），故乡是湖南省宁乡县贺石桥，他是同盟会老会员，参加过辛亥革命。毛泽东抵达重庆时，贺市长去机场迎接。他与毛泽东相逢，一见如故，视为知己 。贺十分关心毛泽东在重庆的安全，多次严令有关方面加强保安措施。出于同乡及对毛泽东的敬慕，贺特邀毛泽东赴私邸晚宴。宴毕，还安排了一次小型的“湖南同乡会见”，原定只有十数人参加，岂料消息传出，众多的湖南乡亲争先恐后地来赴会，达二三百人之多。除客厅及各旁均坐满来客之外，庭院里也坐着、站着许多人。毛泽东说：“两党共同领导抗战，打败了日本侵略者，今后当继续合作。”贺贵严说：“ 民同此心，国家有望。”毛泽东又说：“中国革命能取得今天这样的成果，社会各界、百姓及诸君作了努力。”贺贵严笑了笑，接着说：“是的，广东人出钱，湖南人出命。”毛泽东作了一个手势，诙谐地说：“那些浙江人就做官了！”一时间，哄堂大笑。①

9 月 20 日，毛泽东收到中共中央本日来电。来电说，据西安确息，蒋介石密示所嘱：“目前与奸党谈判，乃系窥测其要求与目的，以拖延时间，缓和国际视线，俾国军抓紧时机，迅速收复沦陷区中心城市。待国军控制所有战略据点、交通线，将寇军受降后，再以有利之优越军事形势与奸党作具体谈判，彼如不能在军令政令统一原则下屈服，则以土匪清剿之。”②

同日，毛泽东同周恩来等出席《大公报》负责人在李子坝报社举行的招待会。席间，《大公报》负责人重提共产党不要另起炉灶。毛泽东回答：“不是我们要另起炉灶，而是国民党的炉灶里不许我们造反。”毛泽东为《大公报》报社职工题词：“为人民服务。”

9 月 21 日，谈判陷入僵局。休会 5 天。

本日，赫尔利找毛泽东谈话，要求中共要么交出军队，要么破裂。毛泽东回答说：“还要讨论。”9 月 22 日，毛泽东会见在重庆的作家和戏剧界人士。

9 月 23 ~ 26 日，毛泽东外出访问友好。

9 月 30 日，毛泽东在红岩会见青年学生，勉励他们努力学习，努力工作，准备担负更重要的任务。

中共最高领导人毛泽东为和谈亲到重庆，成为重庆的一大政治要闻，各界人士对这次和谈寄予了很高的期望。毛泽东的故旧及一些社会名流纷纷前来拜访。毛泽东抵渝的第三天，柳亚子先生来访。柳亚子，江苏省吴

---

①据传，毛泽东离重庆后，蒋介石把贺贵严召去狠狠训了一顿，说：“湖南人团结非国家之福，乃国家之祸。”

②《毛泽东年谱（1893—1949）》下卷，人民出版社、中央文献出版社，1993 年 12 月第 1 版，第 28 页。

江县人，1886年生，1902年中秀才，1906年参加同盟会，不久又加入光复会，出版《复报》。武昌起义爆发后，在上海办《警报》，后任《天铎报》主笔。1912年6月回乡隐居。1924年在广州加入改组后的中国国民党，曾任孙中山总统秘书，第二届、第五届中央监察委员。1927年蒋介石叛变革命后，被通缉，逃亡日本。1928年回国，1941年谴责国民党反动派制造的"皖南事变"，被国民党开除党籍。1944年在重庆参加中国民主同盟。柳亚子先向毛泽东呈诗一首，诗中说："阔别羊城十九秋，重逢握手喜渝州。弥天大勇诚堪格，遍地劳民乱倘休。霖雨苍生新建国，云雷青史归同舟。"同时向毛泽东索要诗稿。10月7日，毛泽东致柳亚子一封信："亚子先生吾兄道席：迭示均悉。最后一信慨乎言之，感念最深。赤膊上阵，有时可行，作为经常办法则有缺点，先生业已了如指掌。目前发表文章、谈话，仍嫌过早。人选种种均谈不到，置之脑后为佳。初到陕北看见大雪时，填过一首词，似与先生诗格略近，录呈审正。敬颂道安！"① 毛泽东并送上自己的手书，1936年的旧作《沁园春·雪》。柳亚子得到毛泽东的词稿后，自己也诗兴大发，步原韵和了一首：

> 念载重逢，一阕新词，意共云飘。叹青梅酒醉，余意惘惘；黄河流浊，举世滔滔。邻笛山阳，伯仁由我，拔剑难平块垒高。伤心甚，痛无双国士，绝代妖娆。　才华信美多娇，看千古词人共折腰。算黄州太守，犹输气概；稼轩居士，只解牢骚。可笑胡儿，纳兰容若，艳意浓情细细雕。君与我，要上天下地，把握今朝。

柳亚子先生打算请重庆中共机关报《新华日报》刊登毛泽东的《沁园春·雪》。由于种种原因，毛泽东不愿让人知道自己能写旧体诗词，因此《新华日报》拒绝了柳亚子的请求。柳亚子便写了《和毛润之先生咏雪词》，发表在同年11月的《新华日报》上。

但是，热心的柳亚子把毛泽东的诗赠传了出去。重庆《新民报》晚刊副刊编辑吴祖光在一个偶然的机会得到了毛泽东的这首《沁园春·雪》的传抄件。吴祖光认识到这首词是一篇精彩的稿件，为了补足词中遗漏的几句，他四处奔波，找到了3份传抄件，经过核对，补齐了这首词。吴祖光准备刊载在他所主持编辑的《西方夜谈》上，该报一些编辑提醒他：毛泽

①《毛泽东书信选集》，人民出版社，1984年1月第1版，第263页。

东本人一向不太愿意让人知道他能写旧体诗词。他只得将该词临时抽了下来。此时，《新华日报》发表了柳亚子的《和毛润之先生咏雪词》。吴祖光见未登载毛泽东的原作，于是他于11月14日在《新民报》副刊上编发了这首词。标题是《毛词·沁园春》，词后还加一段“编者按”：“毛润之氏能诗词似鲜为人知。客有抄得其《沁园春·雪》一词者，风调独绝，文情并茂，而气魄之大乃不可及。润之氏自称则游戏之作，殊不足青年法，尤不足为外人道也。”

《沁园春·雪》问世后，国民党政府新闻局立即召见《新民报》主持人陈铭德，认为这是替共党张目，向共党投降。陈铭德说：“蒋委员长对他都以上宾相待，报纸发表一首词，有什么不可以！”毛泽东的诗词发表后，在重庆出版的《新民报》日刊、《大公报》、《新华日报》等相继转载，并长时间地发表对该词的评论文章。后来国民党政府从重庆迁往南京后，南京、上海的文人、诗家，不分左、中、右派，还继续发表和作或著文品评毛泽东的《沁园春·雪》。《沁园春·雪》风靡文化圈，甚至引起了社会服务行业的注意，成都一家颇有心计的酒店老板，竟挂出了“沁园春”的招牌。毛词的发表，连国民党内一些吟诗作词的人，也不得不承认，这是一篇上乘之作。国民党内的一些死硬分子为了把这首词压下去，暗中通知各地、各级国民党组织，要求会作诗填词的国民党员每人写一首或数首《沁园春》，并拟在写得好的当中选几首意境、气势和文字超过毛泽东的，以国民党主要领导人的名义公开发表，将毛泽东的《沁园春·雪》比下去。通知下达后，征得了不少，但俱是平庸之作，没有一首超过毛泽东的。后来，他们又在重庆、上海拉几位“高手”作了几首，但仍属低质品。①

10月2日，毛泽东约柳亚子到红岩见面。

10月4日，毛泽东致信柳亚子，信中说：“前曾奉告二语：前途是光明的，道路是曲折的。吾辈多从曲折（困难）二字着想，庶几反映了现实，免至失望时发生许多苦恼。而困难之克服，绝不是那么容易的事情。此点深望先生引为同调。”

10月5日，周恩来、王若飞同张群、张治中、邵力子举行最后一次谈判。谈毕，周恩来提出，毛泽东来此一月有余，拟于下周返回延安。周恩来将他起草的《会谈纪要》提交对方以供讨论。

10月7日，毛泽东复函柳亚子，指出：关于和谈结果，“目前发表文

①这次活动是在暗中进行的，属高度保密。20世纪80年代中期，才由当年搞过这次活动的国民党要员透露出来。台湾神学院孟绝子教授在《1984年的民心》中予以披露。

章、谈话，仍嫌过早。人选种种均谈不到”。

10 月 8 日，国共两党经过艰苦的谈判，草签了《政府方面与中共会谈纪要》。国民党谈判代表张治中，当晚在国民政府军委会大礼堂举行鸡尾酒会以示庆贺，同时请来重庆厉家班子唱戏招待毛泽东等中共代表。这时，柳亚子来访，周恩来只好请柳亚子改日来见，并让自己的秘书（对外称周恩来副官）李少石用自己的座车将柳亚子送回去。途中，遭到国民党士兵的枪击，李少石被打成重伤，送入市民医院抢救。当办事处工作人员将这一事件告知正在军委会礼堂看戏的周恩来时，他立刻警觉起来，为毛泽东的安全担心，但他又怕惊动毛泽东。周恩来轻轻对毛泽东说：“有点事，我出去一趟。”周恩来出了军委会礼堂后，首先想到的就是张镇。张镇，湖南常德人，时任国民党重庆宪兵司令。张镇 1900 年生，黄埔军校一期六队学员，追随蒋介石，步步升迁。张镇按照周恩来的要求，和周恩来一起到医院看望了时已去世的李少石，又按照周恩来的要求在戏散后，用宪兵司令的座车亲自护送毛泽东回红岩。

1945 年 10 月 9 日，毛泽东同周恩来、王若飞应蒋介石夫妇邀请，赴林园共进午餐，宋子文、王世杰、张群、张治中、邵力子等在座。餐后，毛泽东同蒋介石直接商谈。蒋介石仍然提出要中共放弃军队和解放区，毛泽东表示不能同意。①

通过谈判，蒋介石与毛泽东几经交手，自感不是毛泽东的对手。蒋曾对他的政治亲信陈布雷说：“毛泽东此人不可轻视。他嗜烟如命，手执一缕，绵绵不断。但他知道我不吸烟后，在同我谈话期间竟绝对不抽一支。对他的决心和精神不可小视啊！”蒋介石担心谈判后“放虎归山”，曾想软禁毛泽东。正在举棋不定之际，国民党元老于右任、冯玉祥等人分别打来电话，说：“蒋先生邀请毛泽东赴渝共商国是，九州尽知其诚，然现在竟有微词，说先生有软禁毛泽东之意，这种传闻于和谈有碍。为正视听，余等准备通过报界予以辟谣，澄清事实。”蒋介石十分恼火，且又未敢发作，故作镇静地说：“明人不做暗事，谣言不攻自破，请两位先生及其他党国要员不必介意道听途说。”迫于各方面的压力，又考虑到全面内战的准备尚未做好，伪装不宜过早撕破，蒋介石只得打消了软禁毛泽东的念头。

经过 43 天的反复讨论，1945 年 10 月 10 日签署了《国民政府与中共代表会谈纪要》，即《双十协定》。全文如下：

---

①《毛泽东年谱（1893—1949）》下卷，人民出版社、中央文献出版社，1993 年 12 月第 1 版，第 32 页。

中国国民政府蒋主席于抗战胜利后，邀请中国共产党中央委员会主席毛泽东先生，商讨国家大计。毛先生于八月二十八日应邀来渝，进见蒋主席，曾作多次会谈；同时双方各派出代表，政府方面为王世杰、张群、张治中、邵力子四先生，中共方面为周恩来、王若飞两先生，迭在友好和谐的空气中进行商谈，已获得下列之结果，并仍将在互信互让之基础上，继续商谈，求得圆满之解决。兹特发表会谈纪要如下：

一、关于和平建国的基本方针，一致认为：中国抗日战争业已胜利结束，和平建国的新阶段即将开始，必须共同努力，以和平、民主、团结、统一为基础，并在蒋主席领导之下，长期合作，坚决避免内战，建设独立、自由和富强的新中国，彻底实行三民主义。双方又同认蒋主席所倡导之政治民主化、军队国家化及党派平等合法，为达到和平建国必由之途径。

二、关于政治民主化问题：一致认为应迅速结束训政，实施宪政，并应先采必要步骤，由国民政府召开政治协商会议，邀集各党派代表及社会贤达协商国是，讨论和平建国方案及召开国民大会各项问题。现双方正与各方洽商政治协商会议名额、组织及其职权等项问题，双方同意一俟洽商完毕，政治协商会议即应迅速召开。

三、关于国民大会问题，中共方面提出：重选国民大会代表，延缓国民大会召开日期及修改国民大会组织法、选举法和《五五宪法草案》等三项主张；政府方面表示：国民大会已选出之代表，应为有效，其名额可使之合理地增加和合法地解决，五五宪法草案原曾发动各界研讨，贡献修改意见。因此双方未能成立协议。但中共方面声明：中共不愿见因此项问题之争论而破裂团结。同时双方均同意将此项问题，提交政治协商会议解决。

四、关于人民自由问题：一致认为政府应保证人民享受一切民主国家人民在平时应享受身体、信仰、言论、出版、集会、结社之自由，现行法令当依此原则，分别予以废止或修正。

五、关于党派合法问题，中共方面提出：政府应承认国民党、共产党及一切党派的平等合法地位。政府方面表示：各党派在法律之前平等，本为宪政常轨，今可即行承认。

六、关于特务机关问题：双方同意政府应严禁司法和警察以外机关有拘捕、审讯和处罚人民之权。

七、关于释放政治犯问题，中共方面提出：除汉奸以外之政治犯，政府应一律释放。政府方面表示：政府准备自动办理，中共可将应释放之人提出名单。

八、关于地方自治问题：双方同意各地应积极推行地方自治。实行由下而上的普选，惟政府希望不以此影响国民大会之召开。

九、关于军队国家化问题，中共方面提出：政府应公平合理地整编全国军队，确定分期实施计划，并重划军区，确定征补制度，以谋军令之统一。在此计划下，中共愿将其所领导的抗日军队由现有数目缩编至二十四个师至少二十个师的数目，并表示可迅速将其所领导而散布在广东、浙江、苏南、皖南、皖中、湖南、湖北、河南（豫北不在内）八个地区的抗日军队着手复员，并从上述地区逐步撤退应整编的部队至陇海路以北及苏北、皖北的解放区集中。政府方面表示：全国整编计划正在进行，此次提出商谈之各项问题，果能全盘解决，则中共所领导的抗日军队缩编为二十个师的数目，可以考虑。关于驻地问题，可由中共方面提出方案，讨论决定。中共方面提出：中共及地方军事人员应参加军事委员会及其各部的工作，政府应保障人事制度，任用原部队人员为整编后的部队的各级官佐，编余官佐，应实行分区训练，设立公平合理的补给制度，并确定政治教育计划。政府方面表示：所提各项均无问题，亦愿商谈详细办法。中共方面提出：解放区民兵应一律编为地方自卫队。政府方面表示：只能视地方情势有必要与可能时，酌量编置。为具体计划本项所述各问题起见，双方同意组织三人小组（军令部、军政部及第十八集团军各派一人）进行之。

十、关于解放区地方政府问题，中共方面提出：政府应承认解放区各级民选政府的合法地位。政府方面表示：解放区名词在日本投降以后，应成为过去，全国政令必须统一。中共方面开始提出的方案为：依照现有十八个解放区的情形，重划省区和行政区，并即以原由民选之各级地方政府名单请中央加委，以谋政令之统一。政府方面表示：重划省区变动太大，必须通盘筹划，非短时间所能决定。同时政府方面表示：依据蒋主席曾向毛先生表示，在全国军令、政令统一以后，中央可考虑中共所荐之行政人选。收复区内原任抗战行政工作人员，政府可依其工作能力与成绩，酌量使其继续为地方服务，不因党派关系而有所差别。于是中共方面提出第二种解决方案：请中央于陕甘宁边区及热河、察哈尔、河北、山东、山西五省委任中共推选之人员为省府主席及委员，于绥远、河南、江苏、安徽、湖北、广东六省，委任中共推选之人员为省府副主席及委员（因以上十一省或有广大解放区，或有部分解放区），于北平、天津、青岛、上海四特别市，委任中共推选之人为副市长，于东北各省容许中共推选之人参加行政。此事讨论多次，后中共方面对上述提议，有所修改，请委任省府主席及委员者，改为陕甘宁边区及热、察、冀、鲁四省，请委省府副主席及委员者，改为晋、绥两省，请委副市长者改为平、津、青岛三特别市。政府方面对此表示：中共对于其抗战卓著勤劳，且在政治上具有能力之同志，可提请政府决定任用，倘要由中共推荐某某省主席及委员、某某省副主席等，则即非真诚做到军令、政令之统一。于是中共方面表示可以放弃第二种主张，改提第三种解决方案：由解放区各级民选之政府，重新举行人民普选，在政治协商会议派员监督之下，欢迎各党派、各界人士还乡参加选举。凡一县有过半数区、乡已实行民选者，即举行县级民选。凡一省或一行政区有过半数县已实行民选者，即举行省级或行政区级民选，选出之省区县级政府，一律呈请中央加委，以谋政令之统一。政府方面表示：此种省区加委方式乃非谋政令之统一，惟县级民选加委，可以考虑，而省级民选须待宪法颁布，省的地位确定以后，方可实施，目前只能由中央任命之省政府前往各地接管行政，俾即恢复常态。至此中共方面提出第四种解决方案：各解放区暂维持现状不变，留待宪法规定民选省级政府实施后再行解决，而目前则规定临时办法，以保证和平秩序之恢复。同时中共方面认为：可将此项问题，提交政治协商会议解决。政府方面则以政令统一必须提前实现，此项问题久悬不决，虑为和平建设之障碍，仍亟盼能商得具体解决方案。中共方面表示同意继续商谈。

十一、关于奸伪问题，中共方面提出：严惩汉奸，解散伪军。政府方面表示：此在原则上自无问题，惟惩治汉奸要依法律行之，解散伪军亦须妥慎办理，以免影响当地安宁。

十二、关于受降问题，中共方面提出：重划受降地区，参加受降工作。政府方面表示：参加受降工作，在已接受中央命令之后，自可考虑。

中华民国三十四年国庆纪念日于重庆

王世杰　张　群　张治中

邵力子　周恩来　王若飞①

10月10日下午，周恩来、王若飞同王世杰、张群、邵力子、张治中在桂园客厅签署《国民政府与中共代表会谈纪要》。同日，《国民政府与中共代表会谈纪要》签字后，邵力子说这次商谈得以初步完成，多赖于毛先生不辞劳苦辛苦奔波，我们请他见面。毛泽东正在二楼，他下楼和在场者一一握手。下午4时，蒋介石到桂园回访毛泽东，谈10余分钟。

毛泽东、周恩来、王若飞同蒋介石乘车赴国民政府礼堂参加双十国庆招待会。会后，毛泽东回桂园。晚上，毛泽东同周恩来、王若飞赴林园蒋介石官邸辞行。毛泽东与蒋介石直接商谈。当晚，毛泽东宿林园。

10月11日早晨，毛泽东同蒋介石作最后一次商谈。蒋介石表示在解放区问题上不再让步。毛泽东告诉蒋介石，周恩来、王若飞将在重庆继续商谈。

毛泽东在重庆的43天，除刚到和临行时有3天住在林园外，其他时间都住在红岩村八路军办事处的二楼，同周恩来、王若飞住在一起。红岩村地处郊区，对来客很不方便。因此，张治中把自己的寓所上清寺桂园让出来，给毛泽东作为在城里会客、工作、休息的地方。毛泽东每天上午8时从红岩出来到桂园，至下午6时在桂园会客和工作，晚上回红岩。

1945年10月11日上午9时半，毛泽东由张治中陪同，乘车到九龙坡机场。陈诚代表蒋介石到机场送行。到机场送行的有重庆各界人士和八路军办事处及《新华日报》工作人员500余人。毛泽东与各界代表话别。登

---

①原载1945年10月12日《解放日报》，《中共党史参考资料》（六），人民出版社，1979年11月第1版，第11~15页。

机前，毛泽东向中外记者发表简短谈话：中国问题是可以乐观的，困难是有的，但是可以克服的。然后和张治中、王若飞登机（周恩来留下继续谈判）。飞机 9 时 45 分起飞，下午 1 时 30 分到延安机场。延安党政军各机关的领导和大批工作人员与学校学生，都往机场迎接，特别是当地的老百姓，听到毛泽东返延的消息，都争先恐后地涌向机场，他们中的许多人甚至从数十里外赶来，从龙钟的老人到幼稚的孩子有 2 万多人围住了刚刚停下的飞机，人们的眼睛里都流露出无可言说的欣喜。

1945 年 10 月 13 日，《双十协定》签订后的第三天和公布后的第一天，蒋介石又向各战区司令长官发出了一份杀气腾腾的密令："此次剿共为人民幸福之所系，务本以往抗战之精神，遵照中正所订《剿匪手本》，督励所属，努力进剿，迅速完成任务。其功于国家者必得膺赐，其迟滞贻误者当必执法以罪。希转饬所属剿共部队官兵一体悉遵为要！"①

紧接着，在 11 月 9 日和 11 日，国民党政府军事委员会分别召开军事会议和复员整军会议。各地重要将领到重庆参加这两个会议。会议经过几天的讨论研究，决定了进攻解放区的作战计划。会议决定要在 6 个月内击溃八路军和新四军主力，然后分区进行清剿，以期"根绝匪患"。这个计划分三步行动：第一步控制苏北、皖北和山东，打通津浦路、平汉路；第二步集中重兵于平、津，"扫荡"华北；第三步打通平绥路，占领察、绥。②

10 月 17 日，毛泽东在延安干部会上作《关于重庆谈判》的报告，说：这次谈判是有收获的；但已达成的协议，还是纸上的东西，纸上的东西并不等于现实的东西；事实证明，要把它变成现实的东西，还要经过很大的努力；"国民党再发动内战，他们就在全国和全世界面前输了理，我们就更有理由采取自卫战争，粉碎他们的进攻……人民的武装，一支枪、一粒子弹，都要保存，不能交出去。"③

毛泽东由于过度劳累，不久即患病。从 1945 年 11 月中旬至 1946 年的 2、3 月间，几乎完全休养，刘少奇协助毛泽东工作。

抗日战争胜利后，国民党军队是否进入东北，在国民党内部曾有过一场争论，以白崇禧、戴传贤为代表的一派，主张放弃东北，巩固国民党在华北的实力地位；但以熊式辉、杜聿明为代表的一派则坚决主张进军东

①②《毛泽东传（1893—1949）》，中央文献出版社，1996 年 8 月第 1 版，第 742 页。
③《毛泽东选集》第四卷，人民出版社，1991 年 6 月版，第 1159、1161 页。

北，蒋介石最终同意了后一派的意见。8 月 24 日，在国民党高级会议上，将东北列为“国民革命最重大的目标和最迫近的工作”。30 日，国民党政府任命熊式辉为东北行营主任。将东北划分为 9 省 2 市，并任命了各省省长和市长。国民党为夺取东北，采取了双管齐下的策略，一方面，以《中苏条约》为口实，争取“和平”取得东北的控制权；另一方面，要求美国帮助其运兵到东北，以武力达到占领东北的目的。

由于中共在华北、华中作战的胜利，各主要铁路线均被切断，国民党军去东北只能求助于美军的空运和海运，美军以“解除日军武装”、“协助中国受降”的名义，积极为蒋军抢占要点，开辟道路。1945 年 9 月 30 日，美国海军陆战队 1. 8 万余人从日本冲绳岛登陆塘沽、天津。10 月 1 日，在秦皇岛登陆。10 月 4 日，美海军陆战队军舰在烟台海面游弋企图在烟台登陆，以阻止中共军队经烟台渡海去东北。10 月 6 日，中共中央责成叶剑英以第十八集团军参谋长名义致函延安美军观察组叶顿上校，严正指出，如果美军“在该地强行登陆，因而发生任何严重事件，应由美军方面负其全责”。美军不得不撤离烟台海面。10 月 20 日，美军自秦皇岛向冀热辽解放区阵地推进，强行修筑秦皇岛——山海关的铁路。26 日，叶剑英参谋长再次向美军提出抗议。此间，国民党由美军（动用了几十条军舰）海运了两个军至秦皇岛，加上改编的伪军，于 10 月 31 日在美军掩护下，向山海关进攻。11 月 16 日，国民党军占领山海关。接着，绥中、兴城、锦西等地亦在数日内被国民党部队占领。这时，赶到前线指挥作战的林彪认为：“目前我军应避免被敌各个击破，应避免仓皇应战，应准备放弃锦州及以北二三百里，让敌拉长、分散后，再选弱点突击。”刚刚赶到辽西的新四军第三师师长黄克诚也认为作战条件不成熟。目前是“无党（组织）、无群众（支持）、无政府、无粮食、无经费、无医药、无衣服鞋袜等，部队士气受到极大影响”，战场极坏，以进行休整暂不作战为利。经中共中央和东北局研究，认为林、黄意见符合实际，决定放弃锦州作战。11 月 26 日，国民党部队占领锦州，从此夺取了辽西走廊，打开了进入东北的大门。

11 月 27 日，美国驻华大使赫尔利辞职离华。12 月 15 日，美国总统杜鲁门发表对华政策声明，表示赞成中国召开全国主要政党代表的国民会议，以谋早日解决目前的内争，并派特使马歇尔来华“调处”内战。

12 月 16 日，美、英、苏三国外长会议在莫斯科召开。26 日发表公报，表示希望中国保持和平，保证不干涉内政，在华美军将撤出中国。

12 月 20 日，乔治 · 马歇尔以美国总统特使身份抵华，开始介入国共调停。

尽管战后美苏矛盾日益激化，蒋介石顽固坚持反苏反共亲美的立场。苏联始终没有放弃美苏妥协、苏联同蒋介石政府合作的外交政策。1945 年 12 月 25 日～1946 年 1 月 14 日，斯大林邀请蒋介石的儿子蒋经国访问苏联。在会谈中，斯大林表示希望中苏两国及国共两党和平共存，继续赞成中、美、苏三国合作；斯大林希望中国采取不偏不倚的“独立政策”，尤其反对第三国（美国）进入东北；斯大林多次向蒋经国表示邀请蒋介石访问苏联，或者在中苏边境上的适当地点举行会谈。但是，蒋介石因害怕得罪美国而拒绝了斯大林的邀请。

12 月 27 日，中共代表向国民党提出了无条件停止内战的建议，深得民主同盟①和其他民主人士赞同。1946 年 1 月 5 日，中共代表周恩来、董必武、王若飞、叶剑英与国民党代表张群、王世杰、邵力子达成了《停止国内军事冲突办法》的协议。1 月 10 日，两党代表共同发表了《关于停止冲突恢复交通的命令与声明》，并与美国代表马歇尔商同，决定在北平设立军事调处执行部，负责停战的执行。同日，中共中央主席毛泽东发布停止内战冲突的通告。

1946 年 1 月 10 日，政治协商会议在重庆国民政府大礼堂开幕。参加代表：中国国民党 8 人：孙科、吴铁城、陈布雷、陈立夫、张厉生、王世杰、邵力子、张群；中国共产党 7 人：周恩来、董必武、王若飞、叶剑英、吴玉章、陆定一、邓颖超；中国青年党 5 人：曾琪、陈启天、杨永俊、余家菊、常乃惠；中国民主同盟 9 人：张澜、罗隆基、张君励、张东荪、沈钧儒、张申府、黄炎培、梁漱溟、章伯钧；无党派人士 9 人：莫德惠、邵从恩、王云五、傅斯年、胡霖、郭沫若、钱永铭、缪嘉铭、李烛尘。

政治协商会议协商的范围：①和平建国方案；②国民大会召集有关事项。

蒋介石致开幕词，并宣布：①人民之自由；②政党之合法地位；③普选；④释放政治犯。

中共代表周恩来发表谈话，强调只有停止军队冲突，才能谈得上解决其他政治问题。

会议分改组政府、施政纲领、军事、国民大会、宪法草案等 5 个小组

---

①皖南事变后，国民党除对中国共产党实行军事进攻和政治压迫外，对其他各党派也加紧实行“消灭异己”的政策。一些小党派——中国人民救国会、农工民主党、中华职业教育社、乡村建设派、中国青年党、国家社会党（民主社会党）等 6 个团体及其他民主人士张澜等为谋求生存，联合起来，于 1941 年成立了中国民主政团同盟，以贯彻抗日、实现民主、加强团结为宗旨。初推黄炎培为主席，后由张澜继任。1944 年改称中国民主同盟，简称“民盟”。

进行讨论和制定各有关问题的方案。

会议期间，中国共产党同各民主党派共同协商，相互支持，相互配合，结成反内战、反独裁的政治联盟，同国民党进行针锋相对的斗争。斗争主要围绕三个方面的问题展开：政权、军队、宪法草案。

1月31日，会议根据各分组委员会的报告，通过了相应的5项决议，接着，举行了闭幕式。蒋介石在闭幕式上致词说：这次政治协商会议，就是一本统一、民主、和平、团结的四大原则而进行。所以各种议案都有可信可行的决定，我要坦白说一句，这实在是我们中国五十年来国民革命的精神所孕育陶铸而成的结果，足使饱经忧患痛苦而急需休养生息的全国同胞，感觉到无上安慰……自今伊始，国家完全进入建国大业开始的时期了……今后中正无论在朝在野，均必本着公民应尽的责任，忠实地坚决地遵守本会议的一切决议，确保和平团结的一贯精诚，督使我们国家走上统一民主的光明大道。

1946年2月，国共双方达成军队整编方案。

2月1日，经毛泽东提议，由刘少奇起草了《中共中央关于目前形势与任务的指示》，刘少奇并在党内作了《时局问题报告》。中共中央认为，由于停战令的颁布和政协会议的成功，中国已"走上了和平民主建设的新阶段"，"中国的主要斗争形式目前已由武装斗争转变为非武装的群众的议会斗争，国内问题由政治方面来解决，因此党的全部工作必须适应这一新形势"。

2月5日，延安召开庆祝和平民主大会，朱德讲话说：中国共产党已经准备参加政府，以便站在负责的地位来参加各党派合作。中共拟在国民政府委员会中取得8个席位，还拟定行政院副院长和所任部长的人选。

2月9日，毛泽东向美联社记者发表了自重庆谈判以来的第一次公开谈话，充分肯定了美国对华政策的变化及马歇尔的调停成果。毛泽东指出，政协会议的成功标志着"中国走上民主舞台的步骤已经部署完成，其间马歇尔特使促成中国停止内战，推进团结、和平与民主，其功殊不可没"。

3月，毛泽东向访问延安的梁漱溟说：中共中央将要搬到江苏淮安（青江浦），我也准备参加国民政府，作个委员，预备在南京住几天，在青江浦住几天，来回跑。

3月4日，马歇尔、张治中、周恩来巡视各地后访问延安，中共中央及陕甘宁边区领导人毛泽东、朱德、刘少奇、林伯渠等和各界群众6000余人到机场欢迎。中共举行特别盛大的欢迎晚会。张治中说：和平实现了，政府改组了，中共中央就应该搬到南京去，毛主席也应该住到南京去。毛泽东愉快地说：是的，我们将来当然要到南京去。不过听说南京热得很，我怕热，希望常住淮安，开会就到南京。①

八　国共决裂

政协开会期间，国民党特务制造了在沧白堂（老同盟会员杨沧白的纪念堂）殴打参与讲演的民主人士、捣乱政协会场和搜查民盟代表黄炎培住宅事件。

政协会议闭幕后，2 月 10 日，重庆 20 多个民众团体约 1 万人联合在重庆较场口举行庆祝政协成功大会，郭沫若、李公朴、李德全、章乃器、施复亮（施存统）为大会主席。国民党特务大打出手，捣乱会场，打伤郭沫若、李公朴及新闻记者 60 多人，制造了震惊中外的较场口事件。22 日，国民党反动派又在重庆组织了反苏反共的游行，组织特务流氓捣毁《新华日报》营业部，并把工作人员杨黎源等人打伤。同时，民盟机关报《民主报》的营业部也被特务们捣毁。

3 月 1 日～17 日，国民党在重庆召开六届二中全会。国民党内的反动分子在会上称政协决议为“党国自杀”，叫嚷“不能把统治权交给多党政府”。3 月 16 日，通过了反对政协决议的 5 项决议。

3 月 18 日，中共驻重庆负责人周恩来在中外记者招待会上作关于国民党六届二中全会的谈话：“国民党内为数不少的顽固派利用二中全会通过了很多重要的违反政协决议的议案，这不足为怪。而可怪的是这两个会议的决议既如此相反，却都是在蒋主席主持和领导之下通过的……在政协开会时，蒋主席曾作了保障人民权利的四项诺言，但在政协开会后，就连续不断地发生了沧白堂打人、较场口事件、捣毁新华报馆、捣乱西安第十八集团军办事处，一直到捣乱执行停战决议的北平执行部事件……政协的一切决议不能动摇或修改，这是由五方面的代表起立通过的，应成为中国的民主契约。谁要破坏，谁就破坏今天中国的民主和平团结统一。”②

3 月 20 日～4 月 2 日，国民党又一手包办了第四届国民党参政会第二

①《毛泽东年谱（1893—1949）》下卷，人民出版社、中央文献出版社，1993 年 12 月第 1 版，第 58 页。

②《周恩来选集》上卷，人民出版社，1980 年 12 月第 1 版，第 226、231 页。

次会议，企图利用这次会议，把国民党二中全会推翻政协决议的阴谋进一步公开化和合法化。中共参政员拒绝出席。蒋介石在闭幕式上致了词。4月1日，他又作政治报告说：“政治协商会议，在本质上不是制宪会议，政治协商会议关于政府组织的协议案，在本质上更不能够代替约法……如政治协商会议果真能成为这样一个性质的会议，我们政府与全国人民绝不能承认的。”

根据国共双方代表1946年1月5日的协议，为商定停战和恢复交通的实施办法，由国民党、共产党加上美国特使三方组成军事小组，负责调查处理国共双方的军事冲突问题。成员由3人组成：国民党派出张群（后为张治中，再后为徐永昌），共产党派出周恩来，会同美国特使马歇尔。1月13日，国民党代表郑介民（军事委员会军令部第二厅厅长）、共产党代表叶剑英（第十八集团军参谋长）和美国代表罗伯逊（美国驻华代办）由重庆飞抵北平，正式成立军事调处执行部（经北平地下党组织推荐，王光美为“军调小组”中共方面的英语翻译）。三方发表公报说：“执行部之权力，以报告与调查为限。”

国民党军队（包括许多改编的汪伪军队）从整个华北、东北以及华东、中原地区，不断向八路军、新四军的防区进攻。军事小组的马歇尔、张治中、周恩来及随员等15人，于1946年2月28日~3月6日历时7天，途经北平、张家口、集宁、济南、徐州、新乡、太原、延安、武汉等10个城市，听取驻当地的国共双方军事长官的报告。

国民党军队于1945年11月26日占领锦州后到1946年3月13日进占沈阳前，东北战场上除发生营口、秀水河子、沙岭子几次较长战斗外，总体上处于暂时相对平静时期。

在“调处”期间，美国根据美、蒋的“关外先打，然后把战火引向关内”的预谋，主张东北不包括在停战协定之内。国共双方经过一番斗争，于1946年3月开始东北停战谈判。

但蒋介石一方面下令与共产党和谈，另一方面又将8个军22个师调入东北，以沈阳为基地，向周围扩展，先后占领鞍山、海城、营口、抚顺、铁岭、法库等地。4月上旬，又继续由南向北进犯。

四平战役从4月18日开始，到5月18日结束，中共部队在歼灭国民党军1万余人后，主动撤出了战斗。在四平保卫战中，东北民主联军伤亡达8000人，其中绝大多数是从关内调赴东北的骨干。本溪战役中共部队也在大量歼灭国民党军后，于5月2日主动撤出战斗。5月22日，发起鞍（山）、海（城）战役，歼灭国民党军第一八四师1个团，该师师长潘朔端率2个团3000多人起义。同时，在山东的中共部队向胶济、津浦线发起进攻，使蒋军不能继续增兵东北，被迫于6月6日与中共达成东北停战15天的协议（实际停战4个月）。至此，国民党军分散占领在松花江以南广大地区。

根据中共中央1945年11月22日指出“让开大路，占领两厢”的方针，[1] 中共把工作重心放在距离国民党占领中心较远的城市和广大乡村，发动群众建立巩固的根据地。中共部队大部主力撤至松花江北岸休整，至1947年5月分别在北满（指哈尔滨、牡丹江、北安、佳木斯、齐齐哈尔等地区）、西满（指中长路沈阳至哈尔滨段以西的洮安、开鲁、阜新、郑家屯等地区）、东满（指中长路沈阳至长春段以东的吉林、安图、延吉、敦化等地区）以及南满（指中长路沈阳至大连段以东的安东、庄河、通化、清原、辽中等地区）创建根据地。

1946年3月11日~4月18日，马歇尔回国述职。当他回来时，国共双方在东北正打得难解难分。中共尽管对美国继续帮助国民党政府往东北运兵深表不满，但仍希望马歇尔返华后能打开僵局。

5月初，美方不顾中共代表的强烈反对，美军第七舰队又为国民党运送了两个军的兵力及大批作战物资。

在马歇尔允诺促使国民党停火的前提下，中共部队于5月19日、23日退出四平和长春。但是，进入长春的国民党部队违约进兵北满中共辖区。同时，在国民党进驻长春的当日，蒋介石乘马歇尔的专机亲临沈阳指挥。

5月1日，蒋介石密令郑州绥靖公署主任刘峙为总指挥，调集11个军30余万兵力围攻中原解放区李先念部。在宣化店地区构筑碉堡6000多座，将中原军区所属3个军分区割成“品”字形，并断绝这个地区的粮食、医药供应。

中原解放区是抗战胜利后由3支部队会合而成：一支是原在鄂豫边区的李先念、郑位三率领的新四军第五师；一支是从广东北返的王震、王首道率领的八路军三五九旅南下支队；一支是由河南中部南下的王树声等率领的嵩岳军区部队。1945年10月24日，三支部队在豫西的桐柏山区会师，以新四军第五师为主体组建了中原军区，李先念为司令员（副司令王树声、王震）、郑位三为政委（副政委王首道）。蒋介石认为中原军区威胁

①见1945年11月22日刘少奇为中共中央起草的发给重庆周恩来的电报。

着蒋军出川的大门，纠集大量兵力向这个地区进逼。为避免冲突，根据中共中央指示，中原军区机关部队从1945年12月下旬起就主动撤出这一地区。由平汉路西向东转移，准备到安徽五河一带向新四军主力靠拢。部队在1946年1月上旬进到湖北礼山和河南光山一带时，正值“停战令”颁发，中原军区即停止行进，临时在武汉以北100多公里外，以湖北省大悟县的宣化店为中心的地区待命。

5月5日，国民党政府还都南京。

中国共产党代表团团长周恩来，代表董必武、陆定一、邓颖超、李维汉①从1946年5月3日，分别乘飞机到达南京。代表团团员叶剑英和吴玉章，分别留在北平和重庆继续开展统战和群众工作。

5月5日后，周恩来与马歇尔的代表白鲁德、国民党军令部长徐永昌的代表、武汉行辕副参谋长王天鸣赴汉口，会同军调部停战小组与记者等，于8日乘汽车抵湖北宣化店李先念驻地视察，监督停战。

周恩来对中原军区负责人叮嘱说：你们不要依靠谈判，你们必须依靠自己的力量突围出去。周恩来并帮助他们详细制定了突围方案。后来，当国民党几十万大军进攻时，中原6万多人已分4路胜利突出重围：由李先念、郑位三率3个旅向西北到达陕西商县，与当地游击队会合，创建了豫鄂陕游击根据地；由皮定均、徐子荣率1个旅向东北和苏皖解放军会师；由王树声率领3个旅向西在湖北武当山区创立了鄂西游击根据地；由王震率领的一支部队突围后转入了陕甘宁边区。

5月9日，军调小组回汉口继续商谈。10日，周恩来、白鲁德、徐永昌在汉口签订了《关于停止中原内战的协议》。

从6月7日~30日，国共两党断断续续地进行了一系列谈判。谈判的主要问题是东北停战、恢复交通和整编军队。中共对东北问题做出了极大的让步。而国民党则要求中共退出下列地区：①陇海路以南的一切地区；②胶济路全线；③承德和承德以南的一切地区；④东北的大部分；⑤1946年6月7日后，共产党在山东、山西两省从伪军手里解放的一切地区。并强调，共产党如不退出上述地区，国民党政府不能考虑停战问题。

---

①1946年4月8日，在重庆和国民党谈判的中共代表王若飞和秦邦宪为向中共中央汇报请示，和刚获释的新四军军长叶挺，还有中共中央职工委员会书记邓发、进步教育家黄齐生等人，同乘美国飞机飞赴延安，途中因气候恶劣，飞机在山西省兴县黑茶山失事，不幸殉难。同机遇难的还有：八路军中校参谋李绍华，副官赵登俊、魏万吉，叶挺夫人李秀文、女儿叶扬眉、儿子阿九，女工高琼，延安鲁迅艺术学院教员黄晓庄（黄齐生的孙子）和美军4名驾驶员。故而谈判代表进行了调整。

中共于6月21日向国民党提出长期停战、恢复交通、整军复员、重开政协会等4项建议，国民党予以拒绝。从6月25日，国民党集中9个军、21个师的兵力再向中原解放区发动进攻。

至此，从1946年1月算起，国民党军队向解放区进攻4365次，占领城市40座、村镇2577个，前后使用兵力累计277万人。到6月底，蒋介石已将其正规军248个旅（师）大约200万人的80%的兵力，即193个旅、约160万人调集到内战前线。

6月14日，美国参众两院讨论《军事援助法案》，准备给国民党政府5亿美元的贷款。至6月30日，美国战后对华援助已达7.81亿美元，超过了第二次世界大战期间向华租借援助的总和。7月16日，美国国会又以271艘舰艇"赠送"国民党。8月31日，美蒋又签订了8亿多美元的"出售剩余物资"的协定。

1946年3月以后，中共中央逐渐改变了"和平民主新阶段"的估计，并且认真总结了经验教训。6日，毛泽东在延安枣园召集的十几个人参加的聚会上说：前一段工作中，我们也犯了一个错误，我们同蒋介石斗争多年，有丰富的经验，他的任何阴谋诡计，都欺骗不了我们；但是我们同美帝国主义打交道，这是第一次，没有经验，上当了，有这次经验教训，我们以后再不会上当吃亏了。①

6月22日，毛泽东发表了《为美国军事援华法案的声明》，向美国政府提出强烈抗议。24日，中共中央发出《动员群众要求美国改变援蒋政策的指示》，指出美国对华军事干涉日益露骨，蒋介石政府的美国殖民地色彩日益显著，为此，必须发动群众展开斗争。

美国的飞机大炮终于使马歇尔"苦心孤诣"的调解成了徒劳的装饰。1946年8月10日，马歇尔和新任驻中国大使司徒雷登②发表联合声明，宣布"调处"失败。马歇尔于1947年1月8日离华回国。

早在1927年初夏，毛泽覃从武汉奔赴江西，参加南昌起义。他的妻子周文楠将要生产，回到长沙。1927年9月8日，毛泽覃的儿子毛楚雄出生

①1947年12月28日，毛泽东在中央工作会议上说："美国调处时，我们曾不缴一支枪，但曾经相信三国（苏、美、英）、三党（国民党、民盟、共产党），以为能解决问题，但实际上也解决不了问题。"

②司徒雷登（1876－1962），美国人，1876年生于中国，从1905年开始在中国传教，自1919年起任北京燕京大学校长。1946年7月11日出任美国驻中国大使。

在长沙市小吴门松桂园小巷。

1928年春天，周文楠被捕入狱，小楚雄就每天由外婆抱到监狱里吃奶。不久，周文楠患了重病，断了奶，外婆就熬些米汤喂养他。为安全起见，毛楚雄改姓周。1930年，红军攻下长沙，周文楠被营救出狱。后来她随部队撤回苏区。

1935年，毛楚雄在松桂园附近一所小学读书时，当外婆告知他的父亲毛泽覃在瑞金牺牲的消息后，他失声痛哭。

1937年5月，毛楚雄的外婆与韶山中共地下党组织取得了联系。同年11月底，毛楚雄一家回到韶山。外婆激动地对他说："从今天起，你该姓毛了。"

毛泽东得知楚雄一家的近况，多次给楚雄寄生活费。毛楚雄在韶山起先跟舅舅读古文、学历史，后到毛氏宗祠小学读书，1940年考入韶山私立第三小学读高小，1941年毕业。由于毛楚雄学习刻苦，成绩非常优异。尤其是作文，思想敏锐，文字简洁，语言生动。面对日寇的侵略，他写的《抗战救国》一文具有强烈的使命感，并把抗战和建国紧密地结合起来谈论，因而名驰全校。连县里的"督学"也赞叹不已。

皖南事变后，韶山和延安失掉联系。14岁的楚雄被迫辍学，成天在农村参加劳动。由于他整天锻炼，他很能走路，到湘乡县城，来回100多里，他常常一双赤脚，当天过去，当天回来。

1944年，王震率领的三五九旅由陕甘宁南下开辟和扩大南方根据地。临行前，毛泽东嘱托王震到湖南后将毛楚雄带到部队去。

1945年，南下支队北撤时经过湘潭县。9月间，毛楚雄随军北上，他们绕过洞庭湖，跨过长江，在湖北黄陂一带打游击。后来他随军来到中共中原区司令部所在地湖北宣化店。毛楚雄在这里积极参加筹粮和收税工作，并调查了解各乡的经济情况。

1946年6月26日，国民党军队大举进攻中原解放区，中共部队分路突围。7月中旬，毛楚雄随部队到达河南省淅川县，碰上了王震，随三五九旅继续西征，奔赴延安。8月7日，毛楚雄随部队抵达陕西省镇安县。胡宗南正集结重兵，对秦岭实行严密的封锁。为使部队更好地投入战斗，三五九旅决定动员部分人员化装分散前进。王震把毛楚雄委托给原新四军供给部长吴先云带领，他们一行5人，化装成行商，抄小路奔赴延安。

他们离开镇安的泗庙，一天黄昏到达一个叫做文家庙的山村，分别在两户农家住了下来。当地一个保长起了歹心。第二天早饭后，他们出村不远，保长就带着保丁和土匪，手执凶器追赶上来，在门家沟将他们围住。

保长猜想其中必有中共重要干部，于是刽子手对他们进行盘问、搜查后，首先用斧子砍死毛楚雄，然后又砍死一个中年干部，最后将吴先云和他的爱人等 3 人活埋在石灰窑内。

九　转战陕北（一）

1946 年 6 月，国民党拥有正规军 248 个师（旅）200 万人，加上非正规军、特种部队、空军、海军、联勤、机关和学校，共 430 万人，并占有全国 3/4 左右的土地、人口和城市。

此时，中共领导下的部队是 28 个纵队 123 个师（旅）和 32 个军区(含 3 个级别)、69 个军分区共 128. 3 万人，解放区面积为 228. 6 万平方公里（占全国的 24%），人口 13607 万（占全国的 30%），城市 464 座（占全国的 23%）。

从 1946 年 7 月 ~9 月，国民党军队又相继向苏皖、山东、晋察冀、晋冀鲁豫等解放区大举进攻。9 月 15 日，周恩来在致马歇尔的备忘录中做出详尽的揭露："自 1946 年 1 月 13 日停战令生效起，截至 8 月底，政府军违令移动军队至 180 个师（或旅）之多，使用于进攻中共解放区前线之正规部队竟达 206 个师（或旅），约 174 万人以上，占其全兵额 256 个师约 206 万人的 85%，进攻各地大小战斗有 6000 余次，空军之轰炸与扫射有 300 余次，侵占而未退出城市有 76 个（截至 9 月 7 日）。现时战况，不论东北、华北、华中、华南，均在国民党军队发动的攻势之中，承德既无被占，张家口、淮阴、哈尔滨等城市遂成为政府军现时进攻之目标。锦承铁路既被攻占，于是长春、平古、平绥、同蒲、正太、胶济、陇海、津浦、平汉等沿线之战事亦随之扩大。……战局发展如此，不仅 1 月停战协定早就破坏无余，而其严重情形，业已超过 1 月停战协定以前状况，且其规模之大，乃为 20 年来内战所无。"

10 月，国民党军对东北解放区再次发动大规模进攻。

蒋介石的军队，由于接收了侵华日军 100 万人的武器装备，再加上美国政府在抗日战争期间和抗战胜利后给予的大量援助，装备先进、武器精良。他的正规军，约有 1/4 是用美械装备起来的，一半以上是日械装备，1/4 是混合装备。他们不但拥有大量的炮兵，而且还有相当数量的坦克、作战飞机和海军舰艇。而中国共产党领导的人民解放军却只装备有抗日战争时期缴自日军的各种步兵火器（主要是步枪、轻重机枪、迫击炮）以及极少数量的山炮、野炮，没有坦克，没有飞机，更没有作战舰艇。

蒋介石控制着全国几乎所有的大城市和主要交通干线，控制着几乎全部的现代工业，军火工业也有相当规模。而中国共产党方面，除哈尔滨外没有一个大城市，经济上主要依靠农业和手工业生产，交通运输只靠肩挑、背扛、大车拉、小车推，军工生产基础极为薄弱，只能制造远不能满足作战需要的机步枪弹、手榴弹、炸药以及极少数量的迫击炮。

美国政府对蒋介石的大力援助，也是蒋介石敢于发动这场大规模战争的重要原因之一。据统计，仅国共停战的1946年上半年，美国政府就向国民党政府提供了价值13.5亿美元的各种物资。美国总统杜鲁门承认，美国在抗战胜利后给予蒋介石政府的物资援助，是抗战胜利前美国援华物资的两倍。美国前后为国民党军队训练了各种技术军官15万人，重新装备了45个陆军师（旅），为空军配备了各类飞机936架，其中大部分是在抗战胜利后移交给国民党军队的。在全面内战爆发后，美国政府又向国民党军移交了舰艇13艘。从日本投降到1946年6月，由美国海、空军帮助输送到内战前线的国民党军队达54万人。大规模内战爆发前夕，美国国务院除向国会提出《继续对华军事援助法案》请求通过外，又着手同国民党政府进行谈判，准备把储存在西太平洋的价值20亿美元的战争剩余物资以5亿美元的低价出售给国民党政府。①

蒋介石对发动这场大规模内战充满自信。在1946年6月的一次会议上，他告诉他的部下："我们军队的长处是什么呢？就是我们有特种兵以及空军、海军，而共产党没有这些兵种。"他还提出"速战速决"的战略方针，声称"因为我们有空军，有海军，而且有重武器和特种兵，是他们匪军则绝对没有的"，因此"我们就一定能速战速决，把奸匪消灭"。②

毛泽东提出战胜蒋介石几条基本的指导方针：在军事方面，他强调两个要点：一是"战胜蒋介石的作战方法，一般的是运动战"。为了打好运动战，他指出："若干地方、若干城市的暂时放弃，不但是不可避免的，而且是必要的。暂时放弃若干地方、若干城市，是为了取得最后胜利，否则就不能取得最后胜利。此点，应使全党和全解放区人民都能明白，都有精神准备。"二是"集中优势兵力，各个歼灭敌人"的作战方法。"当敌人使用许多个旅（或团）分几路向我军前进的时候，我军必须集中绝对优势的兵力，即集中六倍、或五倍、或四倍于敌的兵力，至少也要有三倍于敌

①《毛泽东传（1893—1949）》，中央文献出版社，1996年8月第1版，第764～765页。
②《毛泽东传（1893—1949）》，中央文献出版社，1996年8月第1版，第765～766页。

的兵力，于适当时机，首先包围歼击敌军的一个旅（或团)。这个旅（或团)，应当是敌军诸旅中较弱的，或者是较少援助的，或者是其驻地的地形和民情对我最为有利而对敌不利的。”他指出这种方法的效果是“一能全歼，二能速决”，在蒋军武器加强的条件下，这是“我军必须特别强调的”。在政治方面，他要求“必须和人民群众亲密合作，必须争取一切可能争取的人”，并为此规定了党在农村中、在城市中和在国民党军队中必须团结、争取、孤立的阶级、阶层和人员。在经济方面，他要求“必须作持久打算，必须十分节约地使用我们的人力资源和物质资源，力戒浪费”；要“努力生产”，要“依靠自力更生，立于不败之地”，要“艰苦奋斗，军民兼顾”。

为了使人们认清蒋介石和美帝国主义的虚弱本质，树立起必胜的信念，毛泽东向正在延安采访的美国记者安娜·路易斯·斯特朗提出：“一切反动派都是纸老虎。”斯特朗是一位美国籍的进步女记者。1946 年初她从旧金山来到上海转往北平，接着乘军调部的飞机到达延安采访。她在延安住了几个星期，同各界人民和中共许多领导人广泛接触，对中国共产党的政策和解放区的情况已有相当的了解。

1946 年 8 月 6 日下午 3 时，延安雨后初晴。在毛泽东居住的杨家岭，斯特朗见到了毛泽东。陪同她去的，一个是中共中央宣传部长陆定一，一个是长期在延安工作的美国医生马海德，担任临时的翻译工作。听到斯特朗来了，毛泽东走出窑洞门口，来到院里欢迎。为了表示对客人的礼貌，他那天特意穿了件稍好的蓝布衣服。他们一起坐在窑洞前苹果树下的一张石桌周围，娓娓而谈。毛泽东是不放松任何一个机会来做调查工作的。他先向斯特朗询问了许多美国国内的情况。斯特朗惊奇地发现：“美国发生的事有许多他知道得比我还详细。”接着，毛泽东回答了斯特朗提出的问题。他谈话的中心点，就是“一切反动派都是纸老虎”。毛泽东列举俄国沙皇和德国的希特勒、意大利的墨索里尼以及日本帝国主义的例子，来说明这些反动力量从表面上看是强大的，可怕的，但从长远的观点看，从本质上看，“真正强大的力量不是属于反动派，而是属于人民”。当斯特朗问到对美国使用原子弹的看法时，毛泽东爽朗地回答：“原子弹是美国反动派用来吓人的一只纸老虎，看样子可怕，实际上并不可怕。”原子弹当然是一种大规模屠杀的武器，“但是决定战争胜败的是人民，而不是一两件新式武器”。

毛泽东最后谈到蒋介石发动的这场大规模内战的前景。他十分坚定地告诉斯特朗：“拿中国的情形来说，我们所依靠的不过是小米加步枪，但历史最后将证明，这小米加步枪比蒋介石的飞机加坦克还要强些。虽然在中国人民面前还存在着许多困难，中国人民在美国帝国主义和中国反动派的联合进攻之下，将要受到长时间的苦难。但是这些反动派总有一天要失败，我们总有一天要胜利。这原因不是别的，就在于反动派代表反动，而我们代表进步。”吃饭后，他们又接着谈下去，直到午夜。

毛泽东关于“一切反动派都是纸老虎”的论断，关于“小米加步枪比蒋介石的飞机加坦克还要强些”的论断，一提出来，立刻传遍国内外，深入人心，产生了人们意想不到的巨大力量。

这次谈话中，还有一个小小的插曲：谈话开始后不久，斯特朗发现附近20多米的草丛中有响动，吃惊地问：“那儿有谁?”“是另外一家老百姓家的孩子”，毛泽东笑着回答，“他大概是对我的外国客人产生了好奇心。”这件小事给斯特朗留下了深刻的印象。她说：我很少见过这样能和周围环境打成一片的人。①

“慎重初战”，是毛泽东一贯坚持的作战原则，在重要战略转折关头更是如此。在组织中原部队突围的同时，毛泽东密切注视着南线敌情的变化，不断同南线各区领导人磋商原定的三军进击津浦路的计划，并根据情况的变化加以调整。毛泽东审慎地分析了国民党军队即将发动全面进攻的形势，当机立断地先后为中央军委起草电报致南线各战区领导人，对南线作战部署作了调整，指出：胶济、徐州、豫北、豫东、苏北之顽可能同时向我进攻，我军要“先在内线打几个胜仗，再转至外线，在政治上更为有利”；“苏北大战即将开始，蒋军将由徐州向南、由津浦向东、由江北向北，三方面同时动作，先求解决苏北，然后打通津浦、平汉。”“待敌向我苏中、苏北展开进攻，我苏中、苏北各部先在内线打起来，最好先打几个胜仗，看出敌人弱点，然后我鲁南、豫北主力加入战斗，最为有利。”毛泽东告诉他们：“一切作长期打算，争取最后胜利。”“先在内线打几个胜仗，再转至外线”，对原定的三军进击津浦路然后渡淮而南的外线出击计划是一个重要修改。毛泽东认为作出这样修正有两个好处：一是“在政治上更为有利”；二是便于“看出敌人弱点”。这两点，正是战争指导者在战争初期必须充分把握的重要原则。根据毛泽东确定的“先在内线打几个胜仗再转至外线”的方针，华中野战军、山东野战军、晋冀鲁豫野战军分别在苏中战场、淮北战场和豫皖苏、鲁西南战场取得了重大胜利，其中较著名的战役有：华中野战军进行的苏中战役，七战七捷，1个半月中歼灭国

---

①《毛泽东传（1893—1949）》，中央文献出版社，1996年8月第1版，第767～769页。

民党军6个旅；晋冀鲁豫野战军的定陶战役，全歼国民党军1个整编师及另两个整编师各一部。随着内线作战不断取得胜利，毛泽东一再推迟原定的外线出击的时间，要求南线各军在内线更多地歼灭敌人，为尔后转入外线作战创造条件。

在北线，8月14日，大同攻城战正式发起，但部队伤亡很大，进展缓慢，到9月4日才肃清城周各据点和城关，不但未能达到歼敌目的，而且集宁失守，大同亦难再攻。攻城部队只得于9月16日从大同撤围，转入休整。大同、集宁之战，是北线人民解放军的“初战”。此战先后歼敌8000多人，并使部队经受了锻炼，但没有能实现预定的夺取大同的目标。大同撤围后，解放军控制的华北重镇张家口已处于国民党军队从集宁和北平两面夹击的不利态势中。10月11日上午，国民党军队占领晋察冀边区首府张家口。

南北两线初期作战的实践，为毛泽东提供了许多新经验，使他对指导作战的认识有了发展和变化，主要是：在敌强我弱的基本条件下，人民解放军只有依托解放区的有利条件，实行内线作战，主动放弃一些城市和地方，集中兵力不断歼灭敌人的有生力量，逐步缩小双方力量对比的差距，才能最终改变战略上敌攻我防、敌主动我被动的不利态势。

1946年7月~10月，是全面内战爆发后的最初的4个月。它在解放战争历史上处于极为重要的地位。在4个月的战争中，中国人民解放军共歼灭国民党正规军32个旅，其中包括一部分美械装备的部队，连同被歼灭的非正规军，总数达30万人。其中，起义、被俘的和毙伤的约各占一半。4个月中，人民解放军损失兵员12万人，其中负伤的占9万多人。国民党军队的损失是解放军的2.4倍。但是，被俘的国民党士兵，大多转为人民解放军战士，成了人民解放军兵员的重要来源之一；人民解放军方面虽也有被俘的，但为数甚少，仅占兵员损失的3%左右，即3000多人，而国民党军队没有也不敢将他们补入部队。解放军损失的兵员中，约80%属于负伤，负伤人员中又有大约80%治愈后仍然回到部队，而国民党军方面很少有伤愈归队的。所以，双方头4个月实际损失兵员数的对比，远远不是30万对12万。在4个月的战争中，国民党军占领了解放区县以上城市153座，其中包括张家口、菏泽、淮阴、安东（今丹东）这些当时解放区的中心城市。解放军方面只收复或攻占了48座县城，得失相较，解放军丢失了105座县级以上城市，包括大片土地。

4个月的战争，进一步暴露了蒋介石兵力不足同他的企图过大之间的矛盾。蒋介石共有正规军86个整编师（包括未经整编的军）、248个旅，战争第一个月即1946年7月，动用了68个师193个旅，其中担任第一线攻击任务的是26个师72个旅。到战争第四个月即1946年10月，蒋介石动用的兵力增加到73个师209个旅，其中担任第一线攻击任务的是43个师117个旅。这就是说：一、蒋介石作为战略预备队而留置在后方的兵力，已由战争初的55个旅减少为39个旅。二、在投入内战前线的209个旅中，不得不以44%的兵力，即82个旅，用于"清剿"他们日益扩大的占领区，相应地减弱了用于第一线进攻的机动兵力。

经过4个月战争后的军事形势，蒋介石认为自己进行的是"现代作战"。他的根本观点是："无都市即无政治基础，无交通就无政治动脉"，所以，"最要紧的莫过于交通，而要控制交通就先要控制都市"。从这个观点出发，他要求部队"必须把匪军所占领的重要都市和交通据点一一收复，使共匪不能保有任何根据地"而成为"流寇"，然后加以"清剿"。在占领解放区105座城市后，蒋介石以为自己已取得重大胜利，他的战略目的已接近实现。因此，在10月10日便下达恢复征兵制的命令。10月11日，也就是占领张家口的当天，就宣布在11月12日召开"国民大会"，制定"宪法"，准备出任"总统"。不久，对第一战区司令长官胡宗南下达了进攻延安的命令，完全关闭了和平谈判的大门。

1946年10月1日，毛泽东全面总结了3个月战争实践的经验，在党内指示中指出："七月二十日中央对时局的指示上说：'我们是能够战胜蒋介石的，全党对此应当有充分的信心。'七、八、九三个月的作战，业已证明此项断语是正确的。……除了政治上、经济上的基本矛盾蒋介石无法克服，为我必胜蒋必败的基本原因之外，在军事上，蒋军战线太广与其兵力不足之间，业已发生了尖锐的矛盾。此种矛盾，必然要成为我胜蒋败的直接原因。……向解放区进攻的全部正规蒋军，除伪军、保安队、交通警察部队等不计外，共计一百九十几个旅。此数以外，至多再从南方抽调一部分兵力向北增援，此后即难再调。而此一百九十几个旅中，过去三个月内，已被我歼灭二十五个旅。……蒋军一百九十几个旅中，须以差不多半数任守备，能任野战者不过半数多一点。而这些任野战的兵力进到一定地区，又必不可免地要以一部至大部改任守备。敌人的野战军，一方面不断地被我歼灭，另一方面大量地担任守备，因此，它就必定越打越少。……今后一个时期内的任务，是再歼灭敌军约二十五个旅。这个任务完成了，既可能停止蒋军的进攻，并可能部分地收复失地。可以预计，在歼灭第二个二十五个旅这一任务完成的时候，我军必能夺取战略上的主动，由防御转入进攻。那时的任务，是歼灭敌军第三个二十五个旅。果能如此，就可以收复大部至全部失地，并可以扩大解放区。那时国共军力对比，必起重大变化。欲达此目的，必须在今后三个月内外，继续过去三个月歼敌二十五个旅的伟大成绩，再歼敌二十五个旅。这是改变敌我形势的关键。”①

毛泽东认为，改变战局的关键，仍在争取更多地歼灭敌人的有生力量。而从全国范围来看，这时主要要靠华东、晋冀鲁豫两大主力的协同作战。华东地区，包括山东和苏皖两大解放区。4 个月来，国民党军队由徐州绥靖公署主任薛岳指挥，以损失 8 万人为代价，攻占了苏中、淮南、淮北地区和鲁南解放区的部分地区，打通了胶济铁路，对苏北和鲁南形成一个长达 150 公里的弧形半包围态势，并对联结苏鲁的枢纽山东解放区首府临沂构成直接威胁。山东野战军和华中野战军，在淮北和苏中战场上歼灭敌军一部分有生力量的同时，逐步收缩后撤，于 1946 年 9 月 19 日放弃苏皖解放区首府淮阴。两军会师于淮阴以北，进行休整补充。两个野战军的会师，集中了将近 10 万人的兵力，力量很雄厚，为打较大规模的歼灭战准备了必要条件。但此时，从东台到峄县的弧形战线上，薛岳配置着 4 个作战集团二十五六个旅 20 余万兵力，不断发动攻势，不但在战略上，而且在战场上都掌握了相当大的主动权。要大量歼敌，困难极大，形势严峻。

毛泽东要求山东和华中两个野战军“于二至三个月内务歼薛岳七至十个旅”，并指出只要完成这个任务，“就定能转变局势，收复两淮，并准备将来向中原出动”。根据这个设想，毛泽东同陈毅、粟裕、谭震林等频繁磋商，强调：1. 山野、华野应集中作战，开展战局，“不要分兵打两个敌人，必须集中打一个敌人”；2. 会师后的第一仗必须打胜，因此要慎重选定歼击目标，掌握战机，精心组织；3. 为保证行动的一致，山野、华野两个指挥部“亦应合一”，建议“陈毅为司令员兼政委，粟裕为副司令员，谭震林为副政委”，“在陈领导下大政方针共同决定，战役指挥交粟负责”，毛泽东告诉陈毅、粟裕、谭震林以及华中分局、华中军区领导人张鼎丞、邓子恢、曾山：领导人的“团结协和极为必要”，因此“你们六人经常在一起，以免往返电商贻误战机”；4. 部队集结休整的地点应选择在距敌较远的地区，以便诱敌深入，造成可乘之机，然后集中全力加以歼灭；5. 晋冀鲁豫野战军的作战，主要以拖住国民党第五军和整编第十一师不使加入鲁南为原则，以缓解华东作战的困难。②

1946 年 11 月中旬，国民党政府的“国民大会”开幕。为了给这个会

①《毛泽东选集》第四卷，人民出版社，1991 年 6 月版，第 1205、1206 页。

②《毛泽东传（1893—1949）》，中央文献出版社，1996 年 8 月第 1 版，第 785 页。

议壮声势，蒋介石决定从郑州绥靖公署的序列中抽调精锐主力整编第十一师改归徐州绥靖公署指挥，命令薛岳立即组织一次对苏北地区的大规模攻势，并限定在攻势发起后半个月内“结束苏北战事”。根据蒋介石的命令，徐州绥靖公署拟定了一个以25个半旅约20万人分4路会攻苏北的作战计划：以5个旅由东台向北进攻盐城、阜宁；以5个旅，其中包括号称“五大主力”之一的整编第七十四师，由淮阴北攻涟水；以6个半旅，其中包括号称“五大主力”之一的整编第十一师，由宿迁分向沭阳、新安镇进攻；以9个旅，其中包括机械化装备的第一快速纵队进犯临沂。4路中，以从宿迁和淮阴出犯的两路为主力，企图迫使华东地区的中共部队在苏北的狭小地区同它决战，或北移山东。进攻行动统一在1946年12月13日开始。

放在山东和华中两个野战军面前的最重要的问题是：选择哪一路国民党军队作为首先集中打击的对象。12月6日，陈毅得到整编第十一师正向宿迁开进，准备会同在宿迁的整编第六十九师进攻沭阳，以及其他各路国民党军队将同时配合行动的情报后，立刻向中央军委提出了集中主力首先歼击宿迁出犯之敌的初步构想。12月12日，粟裕自盐城前线北进，同陈毅见面。在陈毅主持下，召开包括华中军区领导人在内的作战会议，最后确定歼击宿迁出犯之敌的决心和部署，一面组织部队开进，一面上报军委。12月15日，毛泽东迅速批复了陈、粟的部署，并要求他们：“情况望随时电告。”

12月13日，从宿迁出发的国民党军队6个半旅分两路向北、向东，以新安镇、沭阳为目标发起进攻。山东野战军主力和华中野战军一部，立刻按照陈、粟的部署，在第二天晚上隐蔽地向战区开进。15日晚由山东野战军参谋长陈士榘指挥的右路军突然向处在对方左路的整编第六十九师3个半旅实行穿插合围；而以一部分主力楔入整编六十九师和十一师之间的结合部，把它们分割开来。经过两天激战，在19日上午全歼整编六十九师，该师中将师长戴之奇自杀。整编十一师星夜撤回宿迁。这一仗共歼灭国民党军队2万多人，是山东野战军、华中野战军会合后共同进行的第一个规模较大的歼灭战，对以后这两支野战军汇集在一起，实现毛泽东打大歼灭战的战略意图，具有极为重要的意义。

当战役已取得决定性胜利时，毛泽东先后发出两份电报，在表示祝贺的同时，又向他们提出下一步的任务，那就是集中主力进行鲁南战役。电报说：“此战胜利，整个苏鲁战局好转。涟水暂失，将来可以收复，也一定要收复。但第二步作战似宜集中主力歼灭鲁南之敌，并相机收复峄、枣、台，使鲁南获得巩固，然后无顾虑地向南发展，收复苏中、苏北一切失地。”①

在刚打完一场大仗后，立刻提出这样的任务，实行起来自然很不容易，因此，毛泽东告诉陈、粟：如指战员感觉久战疲劳及伤亡过大，则应鼓励士气，并将部队就火线上编并，以利续战。宿北战役后，宿迁和峄枣的国民党军队已转入防御，但由淮阴、淮安、东台出犯的整编七十四师等部在占领盐城、涟水后，正继续向北推进。在这种情况下，华东人民解放军下一步的作战方向可以有3种选择：一是南下迎歼正在北进的整编第七十四师等部；二是渡过运河，西出淮北，以调动运河以东的敌军回援运河以西，求歼援敌；三是回师歼击鲁南之敌。在研究作战方案时，毛泽东告诉华中、山东领导人：只要有好仗打，在内线多歼灭几部分敌人再转外线作战更为有利。

1946年12月24日，陈毅、粟裕最后下定了以迅速的动作回师，求歼鲁南敌军，解除后顾之忧，再行南下的决心，并上报军委。12月25日，毛泽东批准陈、粟这个决心，告诉他们：“鲁南战役关系全局。此战胜利，即苏北各城全失，亦有办法恢复。”要求他们集中主力并有必要的准备时间，“以期打一比宿北更大的歼灭战”；第一仗以先打鲁南敌军主力整编第二十六师为宜，以争取全局好转。②

陈毅、粟裕等置淮阴、涟水地区国民党军队的北进于不顾，集中主力星夜隐蔽北上，会同原在鲁南的部队，在1947年1月2日发起鲁南战役。历经18个昼夜的激战，这个战役在1月20日胜利结束，共歼灭国民党军队整编第二十六师、第一快速纵队以及整编第五十一师，计2个师部、5个旅共5万多人，俘虏中将师长马励武、周毓英以下36000多人，缴获105毫米榴弹炮48门，山炮、野炮41门，坦克24辆，汽车474辆，使华东部队的武器装备得到很大改善。

鲁南战役后，山东野战军、华中野战军按照毛泽东关于集中统一以打更大规模歼灭战的要求进行合编，组成华东野战军，下辖11个步兵纵队，并用从国民党军手里缴来的大量火炮、坦克、汽车和俘获的技术兵组建了一个特种兵纵队，全野战军共27万人；并按照中央军委和毛泽东的精心筹划，继续实行内线作战。野战军主力出其不意地隐蔽北上。1947年2月20日~23日，突然发动了莱芜战役，一举歼灭正从莱芜大举南下的国民党军第四十六、第七十三2个军6个师及第十二军1个师，共7个师（旅）

①《毛泽东传（1893—1949）》，中央文献出版社，1996年8月第1版，第786~787页。
②《毛泽东传（1893—1949）》，中央文献出版社，1996年8月第1版，第787页。

56000 多人，活捉第二绥靖区中将副司令官李仙洲和中将军长韩浚，粉碎了国民党军队准备在山东战场上南北夹击华东野战军主力的计划。接着，华东野战军主力又掉头向南。

1946 年 11 月 15 日，国民党一手包办的“国民大会”正式召开。毛泽东清楚地看到和谈的大门已被蒋介石完全关死，中国人民只剩下一条路可走，那就是经过战争推翻蒋介石的统治，才能在中国获得真正的和平。这是毛泽东在思想上的一个重大转折。

11 月 16 日，毛泽东致电中共驻南京代表团，要代表团主要领导人周恩来等立即返回延安，南京只留下董必武等少数人同国民党继续保持某种接触。同日，中国共产党驻南京代表团团长周恩来在南京召开记者招待会，指出：国民党已把政协决议破坏无遗，和谈之门已被最后关闭，宣布，除中共代表董必武和部分工作人员仍继续留在南京、上海、重庆外，周恩来、邓颖超、李维汉奉命撤回延安（中共代表团员陆定一已先回延安）。

11 月 18 日，毛泽东又为中共中央起草了党内指示，向全党指出：“蒋介石日暮途穷，欲以开‘国大’、打延安两项办法，打击我党，加强自己。其实，将适得其反。中国人民坚决反对蒋介石一手包办的分裂的‘国民大会’，此会开幕之日，即蒋介石集团开始自取灭亡之时。蒋介石的军队在被我歼灭了 35 个旅之后，在其进攻能力快要枯竭之时，即使用突袭方法占领延安，亦无损于人民解放战争胜利的大局，挽救不了蒋介石灭亡的前途。总之，蒋介石自走绝路，开‘国大’、打延安两着一做，他的一切欺骗全被揭破，这是有利于人民解放战争的发展的。”①

11 月 19 日，周恩来结束了同国民党历时一年多的谈判，率中共代表团多位成员回到延安。11 月 21 日，中共中央举行了一次重要的决策性会议。周恩来在会上报告了国共谈判的经过。毛泽东接着说：蒋介石对共产党的方针是一无自由，二要消灭，他是不允许共产党在保持一块地方的条件下签订城下之盟的。因此，“我们的方针是战争的方针，这是确定了的”。毛泽东指出：过去几个月内消灭了国民党军 38 个旅，使有些战场上的国民党军队停止了进攻，证明打歼灭战是可能的，也是能够改变战局的。毛泽东说：用半年到 1 年的时间，消灭国民党军七八十个旅，就可以消耗掉美国七八年中援助蒋介石的所有积蓄，使国共双方的力量达到平

①《毛泽东选集》第四卷，人民出版社，1991 年 6 月版，第 1219～1220 页。

衡。“达到平衡后就很容易超过。那时我们就可以打出去，首先是安徽、河南、湖北、甘肃，然后就可以再向长江以南”，大约用3年到5年的时间达成这一目标。毛泽东还指出：当然，我们还是应该把事情估计得严重些，我们不但要准备3年到5年，还要准备10年到15年。一方面，要藐视他们，非此不足以长自己志气，灭他人威风；另一方面，又要重视他们，每一仗都要谨慎。对于现在是不是要马上提出打倒蒋介石的口号，毛泽东主张可以按这个目标去做，但不必急于提出这个口号。①

人民解放军自1946年7月~1947年2月，8个月歼灭国民党军队71万余人，蒋介石全面进攻解放区的计划遭到破产。

1947年2月1日，中共中央政治局召开会议，讨论毛泽东为中共中央起草的《迎接中国革命的新高潮》的党内指示。这个指示明白地宣布：“目前各方面情况显示，中国时局将要发展到一个新的阶段。这个新的阶段，即是全国范围的反帝反封建斗争发展到新的人民大革命的阶段。现在是它的前夜。我党的任务是为争取这一高潮的到来及其胜利而斗争。”指示中说：“解放区人民解放军的胜利和蒋管区人民运动的发展，预示着中国新的反帝反封建斗争的人民大革命毫无疑义地将要到来，并可能取得胜利。”②

政治局进行讨论时，毛泽东说：发这个指示很需要。这种文件，去年还不能发；总的形势，是说革命高潮要来了，这种革命高潮在半个世纪中只有过几次：辛亥革命、北伐、抗日战争。“革命动力是两个战线，解放区与蒋管区人民运动，而以解放区为主。解放区胜利愈大，高潮来得愈快。”毛泽东又说：“我们的文件没有塞死和平的可能，因为我们没有提出打倒美帝国主义和推翻蒋介石的口号。”会议快结束时，毛泽东再一次发言，提出要“使一切没有土地的人有土地”。他说：土地政策是不是可以早几年解决？可以的。“现在解决也可以，如果太迟，要犯很大错误。”他谈道：革命胜利的时间，还要准备相当长，5年到15年，5年已过了1年半。这个指示在干部中应该普遍散发，但不公开发表。③

会议决定：“为着彻底粉碎蒋军的进攻，必须在今后几个月内再歼蒋军四十至五十个旅，这是决定一切的关键。为达此目的，必须充分地实行去年十月一日中央关于三个月总结的指示和去年九月十六日军委关于集中兵力各个歼敌的指示。”

---

①《毛泽东传（1893—1949）》，中央文献出版社，1996年8月第1版，第781~782页。

②《毛泽东选集》第四卷，人民出版社1991年6月版，第1211、1212页。

③《毛泽东传（1893—1949）》，中央文献出版社，1996年8月第1版，第788~789页。

因美国退出北平执行部，叶剑英于1947年2月由北平返回延安。

1947年2月27日、28日两日，国民党以重庆、上海警备司令部和南京卫戍区司令部的名义，限令中共驻南京、上海代表团办事处、重庆中共四川省委和《新华日报》馆全部人员于3月5日前撤离。中共驻重庆人员249人，自3月3日~8日，分别乘美国飞机撤回延安。驻南京、上海人员47人，也于3月7日乘飞机撤回延安。

至此，除解放区救济会代表伍云甫等少数人仍留在上海工作外，中国共产党驻国民党地区的机关全部撤回，第二次国共合作到此结束。

为了摆脱战线日益延长而兵力日益不足的被动的困境，蒋介石采取缩小进攻的正面，在东北、晋察冀、晋冀鲁豫战场上改取守势，而抽调兵力加强到山东和陕北两个战场上去，力图先控制这两个地区，再集中兵力解决华北和东北。蒋介石的战略目的是：首先将中共中央和中国人民解放军①总部驱逐出西北；在山东战场，则是打通津浦路。然后，西北和山东的国民党军队取夹攻华北之势，使南北两个战场的军队会师张家口、山海关，把东北和华北的解放军分别开来，实行各个击破。当山东战场的战斗正在激烈地进行的同时，蒋介石严厉要求部属一定要对“匪军老巢”延安实行“犁庭扫穴，切实占领”。1947年2月上旬，蒋介石将围困着陕甘宁边区的西安绥靖公署主任胡宗南召到南京，确定了进攻陕甘宁边区的基本设想。2月28日，蒋介石飞到西安，召集西安军政负责人开会，研究确定进攻延安的具体部署。

1947年3月2日，胡宗南部整编第二十九军一部进入陇东庆阳地区，企图吸引中共部队西调，然后集中全力袭取延安。毛泽东指出：集中全力歼灭1个旅。陕甘宁野战集团军一部向进入西华池（现合水）之敌第四十八旅发起攻击，至5日，歼其一部，击毙敌旅长。

1947年3月11日，胡宗南在洛川召开旅以上军官参加的作战会议，

---

①1944年9月22日，在中共六届七中全会主席团会议上，刘少奇提出，不管蒋介石是否改组政府，我们可以先成立中国解放区联合委员会，还可成立解放军，八路军、新四军的名义已经不适用（见《刘少奇年谱》上卷，第450页）。1944年10月14日，毛泽东为中央军委起草了一份指示，决定派八路军一部挺进豫西，“建立河南解放军，以解放被日伪军统治下的河南人民”。这是中共最高统帅部电中首次使用“解放军”这一称号。1945年8月11日，朱德在关于反攻的第4号命令中也曾使用“山西解放军”的名称。1945年8月19日，山东解放军司令员兼政委罗荣桓向中央军委建议，将中共部队统一改称为“人民解放军”。8月19日，中央军委复电同意。次日，中共中央电示华中局，将京沪杭地区等部队改称“人民解放军”。自1947年开始，在中共中央、中央军委的文件中普遍使用了“人民解放军”的称呼。2月10日，朱德以解放军总司令的名义签署命令。从7月底开始，各部队陆续改称“人民解放军”。

传达西安会议的决定，确定在洛川组织前进指挥所，统一指挥西安绥靖公署（由第一战区长官司令部改称）所属各部的进攻行动。

西北战场的国民党军队是胡宗南指挥的部队（15 个旅），加上西北行辕马步芳、马鸿逵部和晋陕绥边区总部邓宝珊部共 34 个旅、25 万人。西线的马鸿逵、马步芳向陇东地区进攻，北线榆林的邓宝珊准备向绥德一带进攻，进攻陕甘宁边区的是胡宗南的国民党正规部队整编[①]第一军和整编第二十九军。

国民党整编第一军，军长董钊，下属：整编第一师，师长罗列、第一旅旅长吴俊、七十八旅旅长沈策、一六七旅旅长李昆岗；整编二十七师，师长王应尊、三十一旅旅长李纪云、四十七旅旅长李达；整编九十师，师长严明因腿跌伤，所部由副师长陈武率领，五十三旅旅长邓宏仪、六十一旅旅长邓钟梅。整编二十九军，军长刘戡，下属：整编三十六师，师长钟松、第一二三旅旅长刘子奇、第一六五旅旅长李日基；整编七十六师，师长廖昂、二十四旅旅长张新、一三五旅代旅长麦宗禹以及一四四旅；整编十七师，师长何文鼎、十二旅旅长陈子干、四十八旅旅长康庄、八十四旅旅长张琪。作战序列是：以第一军 7 个旅为主力；第二十九军的十二旅、一二三旅、一三五旅、一六五旅作为配合，以第四十八旅、八十四旅为第二线部队，保护铜川到洛川这条公路补给线，以二十四旅、一四四旅作为总预备队。国民党第一军的 7 个旅，外加迫击炮和火箭部队从运城出发渡过黄河，经韩城集中于宜川附近。第二十九军的 8 个旅由关中分区秘密向洛川、富县靠近。

在得到国民党军队即将发动进攻的情报后，毛泽东召开了几次中央会议，对局势作了分析：蒋介石这次进攻，丝毫不是表示国民党统治的强有力，而是显示国民党的军事、政治、经济都已处于极端困难的情况中。为了抽调兵力组织这次进攻，胡宗南在右翼的山西地区只留置 4 个旅，协同阎锡山进行防御；在后方的陇海铁路以及从西安到兰州的公路上兵力也很空虚，完全是孤注一掷，带着慌乱精神。毛泽东判断：蒋介石组织这次进攻的军事企图是首先解决西北问题，割断我党右臂，并且驱逐我党中央和人民解放军总部出西北，然后调动兵力进攻华北，达到其各个击破之目的。根据以上分析，毛泽东和中共中央定下了“必须用坚决战斗精神保卫和发展陕甘宁边区和西北解放区”的决心，并据此确定：急调晋绥军区第二纵队王震部（2 个旅约万人）自吕梁地区西渡黄河，加入西北人民解放

①1945 年 5 月，蒋介石分期对其部队进行整编，取消兵团建制。把兵团整编为军、军整编为师、师整编为旅。

军序列；西北人民解放军必须从长期战争着眼，依靠自身的力量部署一切；在当前，应诱敌深入，必要时主动放弃延安，同胡宗南部主力在延安以北山区周旋，陷敌于十分疲惫、十分缺粮的困境，然后乘机集中兵力逐次加以歼击，以达到钳制并逐步削弱胡部，从战略上配合其他解放区作战，最终夺取西北解放战争胜利的目的；驻延安的党政机关及群众立即紧急疏散。

关于撤离延安，毛泽东对工作人员解释说：蒋介石的阿Q精神十足，占领了延安，他就以为自己胜利了，但实际上只要他一占领延安，他就输掉了一切；首先，全国人民以至全世界就都知道了是蒋介石背信弃义，破坏和平，发动内战，祸国殃民，不得人心，这是主要的一面；不过，蒋委员长也有自己的想法，只要一占领延安，他就可以向全国、全世界宣布“共匪巢穴”共产党总部已被捣毁，现在只留下股匪，而他只是在剿匪，这样，也就可以挡住外来的干预；不过这只是蒋委员长自己的想法，是他个人的打算，并非公论；此人的特点就在这里，他只顾想他自己的，而别人在想什么，怎么想的，他一概不管；另外须知，延安既然是一个世界名城，也就是一个沉重的包袱；他既然要背这个包袱，那就让他背上吧；而且话还得说回来，你既然可以打到延安来，我也可以打到南京去；来而不往非礼也嘛。毛泽东曾预言说：少则一年，多则两年，我们还会回来的，拿一个延安换一个中国。对当地的老乡，毛泽东解释道：譬如有一个人，背个很重的包袱，包袱里尽是金银财宝，碰见了个拦路打劫的强盗，要抢他的财宝，这个人该怎么办呢？如果他舍不得暂时扔下包袱，他的手脚很不灵便，跟强盗对打起来，就会打不赢，要是被强盗打死，金银财宝也就丢了；反过来，如果他把包袱一扔，轻装上阵，那就动作灵活，能使出全身武艺跟强盗对拼，不但能把强盗打退，还可能把强盗打死，最后也就保住了金银财宝；我们暂时放弃延安，就是把包袱让给敌人背上，使自己打起仗来更主动，更灵活，这样就能大量消灭敌人，到了一定的时机，再举行反攻，延安就会重新回到我们的手里。①

3月10日，毛泽东派彭德怀到南线视察部队的战备情况，并传达中共中央、中央军委的决策。3月11日，彭德怀视察延安南边的前沿阵地——南泥湾和金盆湾，要求阻击部队争取防守一星期，掩护中央机关从容撤退。

3月11日，美军驻延安观察组撤离7小时后，国民党飞机开始大规模

①《毛泽东传（1893—1949）》，中央文献出版社，1996年8月第1版，第792～793页。

轰炸延安。

3 月 12 日，朱德、刘少奇等率一部分中央机关人员自枣园北上子长县的王家坪。毛泽东、周恩来搬到延安王家坪解放军总部办公，并在这里听取了彭德怀关于南线情况的汇报，当场研究决定由彭德怀和中共西北局书记习仲勋到前线指挥西北人民解放军作战。

3 月 16 日，中共中央军委下达命令：由陕甘宁和晋绥两解放区的武装组成西北野战兵团，由中共中央军委副主席、中国人民解放军副总司令、中国人民解放军总参谋长彭德怀任司令员兼政委，习仲勋为副政委。下辖，第一纵队（辖三五八旅、独立第一旅）、第二纵队（辖三五九旅、独立第四旅）、新编第四旅、教导旅等 6 个旅，计 26000 人。

根据毛泽东的提议，中共中央决定由中共中央军委副主席周恩来代理彭德怀的总参谋长职务。由刘少奇、朱德、任弼时率领的中央机关前梯队由延安先转至子长县的瓦窑堡一带。

1947 年 3 月 16 日，中共中央军委主席毛泽东发布关于边区各部队保卫延安的部署的命令："敌以五师十二旅约八万人进攻延安，经三天猛烈攻击，突破我军第一线阵地，由于我军坚决英勇抵抗，敌伤亡甚大，困难增加……我边区各兵团有坚决保卫延安任务，必须在三十里铺、松树岭线以南甘泉、南泥湾、金盆湾地区，再抗击十天至两星期（十六日至二十九日），才能取得外线配合，粉碎胡军进攻延安企图。"①

毛泽东把刚调到延安的新四旅政委黄振堂、副旅长程悦长、团长袁学凯等找到王家坪住处谈话时，对他们说："我们部队数量和装备都比不上敌人，因此，我们采取的办法是先打弱敌，后打强敌，先打分散孤立的敌人，后打集中强大的敌人。好比你面前有三个敌手，一个强手，两个弱手。你先把两个弱手一一打倒，剩下那一个强的，前后失去了照应，他就孤立了，胆怯了，强手就变成了弱手，一打就能倒。把弱的消灭了，强的也变弱了，把分散的打了，集中的又要分散。我们这次打仗，采用蘑菇战术。你们的任务，是作磨心，牵敌人，磨敌人，使他们疲劳饿饭，再寻机会歼灭它。一个月歼灭它几个团，过上一年光景，情况就会好转。"毛泽东还谈到自己准备留在陕北。他说："我们在延安住了十几年，都一直是处在和平环境之中，现在一有战争就走，怎么对得起老百姓？所以，我决定和陕北老百姓一起，什么时候打败胡宗南，什么时候再过黄河。我不离开陕北，还有一个理由，现在有几个解放区刚刚夺得主动，如果蒋介石把

---

①《毛泽东年谱（1893—1949）》下卷，人民出版社、中央文献出版社，1993 年 12 月第 1 版，第 175 页。

胡宗南投入别的战场，那里就会增加困难。中央留在这里，蒋介石就会多下些本钱。这样，咱们负担重些，就能把敌人拖住，不让他走，最后还要消灭他。”①

延安坚壁清野和有秩序地撤退。周恩来检查坚壁清野工作后，满意地说：“要不是有一条延河，胡宗南连一口水也休想喝上。”

3 月 17 日清晨，西安绥靖公署前进指挥所主任裴昌会指挥两个整编军 15 个旅 14 万人开始向北进攻。国民党飞机 45 架分别从西安、郑州、太原机场起飞，对延安地区进行大轰炸，投下 59 吨炸弹，延安顿时成为一片火海。有一颗重磅炸弹在毛泽东所住的窑洞前面爆炸了，气浪冲进居室，冲倒了桌上的热水瓶，毛泽东仍然在批阅文件，不说什么时候离开延安。

3 月 18 日，延安的党政机关和群众基本上疏散完毕，延安城里已可听到清晰的枪炮声。毛泽东和周恩来仍在王家坪窑洞里同刚自晋绥赶到延安的王震谈撤离延安后的作战方针问题。枪炮声越来越近了，别人劝毛泽东早些走，他说：“走这么早干什么？我还想在这里看看敌人究竟是个什么样子？”他们和王震一直谈到黄昏，要彭德怀告诉阻击部队立即撤出阵地，并和周恩来、彭德怀察看了王家坪的几孔窑洞，叮嘱道：“把房子打扫一下，文件不要丢失。”

3 月 18 日黄昏，毛泽东和周恩来等与彭德怀分手，从延安的王家坪住处撤离，依依不舍地告别了居住 10 年的延安。撤离前，毛泽东对警卫排长阎长林交代说：“你把房子打扫的干干净净，家具一点也不要破坏。叫胡宗南知道，我们还要回来的。”在几位领导人的住宅门上写上“某某人住此”的字样，毛泽东的门边墙上还贴了一副新标语，“毛主席住地，请勿喧哗”。有一个目睹了延安撤退的德国医生说：延安撤退是任何国家首都的撤退中最有秩序的。

3 月 19 日，解放军的防御部队在经过 7 天保卫战，取得杀伤国民党军 5000 余人的成果后，主动撤离延安。同日，胡宗南军占领延安。

1947 年 3 月 16 日，刘少奇、朱德、任弼时致电贺龙、李井泉、周士第：我们及中央机关已由延安撤至瓦窑堡至清涧一线，原在这一带的中央机关已陆续向晋西北转移。毛泽东、周恩来暂留延安，南线总归彭德怀指挥。②

---

①《毛泽东传（1893—1949）》，中央文献出版社，1996 年 8 月第 1 版，第 794 页。

②《刘少奇年谱》下卷，中央文献出版社，1996 年 9 月第 1 版，第 70 页。

胡宗南占领延安后，气焰极其嚣张，他认为解放军“不堪一击”，急于寻找解放军主力决战。他除留5个旅守备延安和维护交通线外，令10个旅继续北犯。

彭德怀令解放军两个营在安塞方向积极活动，迷惑敌人。胡宗南错误判断解放军主力已向安塞方向撤退，便集中5个旅向该方向攻击前进。胡宗南又令第二十七师的第三十一旅（欠九十一团）由临真镇进至青化砭，以保障其主力进攻安塞的侧翼安全。

正当第三十一旅向青化砭开进时，彭德怀决心抓住这一战机，在青化砭伏击该敌：以第二纵队和教导旅埋伏于青化砭至房家桥大道以东；第一纵队的三五八旅埋伏于大道以西阎家沟（青化砭西北5里）至白家坪；新编第四旅埋伏于青化砭正东及东北高地，布成一个袋形阵地。

3月23日，中央军委和毛泽东复电彭德怀，同意这一作战部署。解放军按照部署在24日拂晓进入阵地。当天敌人因补给干粮，停止拐峁未进。由于埋伏了一天而敌未来，有些同志担心是否走漏了消息。彭德怀果断地说：老根据地的群众是不会去向敌人告密的；另外，胡宗南虽然是草包，但占领延安后要派兵保障侧翼，这一点军事常识还是有的，胡宗南一定要来。

3月25日10时，国民党第三十一旅进入伏击圈内，解放军拦头断尾，两翼夹击，至12时，战斗胜利结束。全歼敌旅部及其第九十二团，共2900余人，俘敌旅长李纪云、副旅长周贵昌、参谋长熊宗继，缴获子弹近20万发。解放军伤亡265人。这一仗，大大提高了解放军的士气和战胜胡宗南集团的信心，同时也解决了解放军弹药奇缺和人员补充上的困难。

3月19日凌晨，毛泽东与中共中央机关的车队经飞机场、桥儿沟转移到达延川县永坪镇西南的刘家渠。3月19日傍晚出发，深夜转移到清涧县徐家沟。3月21日毛泽东与中央机关由徐家沟出发，转移到清涧县高家岭。3月24日转移到子长县任家山。3月25日转移到子长县王家坪，与先期到达的朱德、刘少奇、周恩来、任弼时会合。

途中，毛泽东作《张冠道中》一首：

朝雾弥琼宇，征马嘶北风。
露湿尘难染，霜笼鸦不惊。
戎衣犹铁甲，须眉等银冰。

踟蹰张冠道，恍若塞上行。①

在这里，毛泽东从任弼时那里听到了山西省文水县云周西村妇救会女秘书、中共候补党员、年仅15岁的刘胡兰在敌人面前英勇就义的事迹，深受感动，挥笔写下了“生的伟大，死的光荣”8个大字。

3月25日，中央5大书记会合后做出“中央留在陕北”的决定。书记处成员都要求留在陕北前线。周恩来去晋绥后，② 毛泽东等人继续讨论。毛泽东力排众议，坚持留在陕北，他说：“我不能走，党中央最好也不走。我走了，党中央走了，蒋介石就会把胡宗南投到其他战场。这样，其他战场就要增加压力。留在陕北，拖住胡宗南，别的地方就好打胜仗。”他也不同意在陕北增加部队，他说：“不能再调部队了，陕甘宁边区巴掌大的一块地方，敌我双方现已有几十万军队，群众已经负担不起。再调军队，群众就更负担不起了。”

3月27日，毛泽东连发数电。告知彭德怀、习仲勋：“中央决定在陕北不走”；告知贺龙、李井泉：“中央率数百人在陕北不动，这里人民、地势均好，甚为安全。”③

3月29日，毛泽东、刘少奇、朱德、任弼时与中央机关到达清涧县北面石咀驿附近的枣林沟。3月29日晚至30日，毛泽东主持召开中共中央会议，讨论中央机关行动问题。中共中央做出决定：毛泽东、周恩来、任弼时率中共中央机关和人民解放军总部留在陕北主持工作。同时组织中央工作委员会，去晋西北统一指挥中直、军直各机关的工作，由刘少奇、朱德担此任务，以刘少奇为书记。

朱德总司令指示把那些年岁大、身体弱、战斗经验少的战士挑出来，随他过黄河；把那些身强力壮、有战斗经验的留在陕北保卫党中央和毛主席。于是，中央警卫团决定留1个手枪连、2个步兵连和1个骑兵连共约400人随党中央和毛泽东在陕北活动。在临行前的一个下午，朱德专门召集警卫部队连以上干部开了会，他再三嘱咐大家：“中央和毛主席的安全就交给你们了，这个任务很重大，很艰巨，你们要坚决、勇敢，千万不能

---

①《毛泽东诗词集》，中央文献出版社，1996年9月版，第180页。

②傅作义、阎锡山按照蒋介石的旨意，向晋西北发动进攻，妄图配合胡宗南、马鸿逵，包围摧毁中共中央首脑机关。为使已经由延安转移到晋西北的中央、军委各机关，不致遭傅、阎袭击和损失并减轻晋绥解放区的负担，中央于3月26日电告贺龙、李井泉和叶剑英、杨尚昆，决定将中直、军直各机关设法转至太行地区，并派周恩来去晋绥帮助处理这一转移工作。

③《毛泽东年谱（1893—1949）》下卷，人民出版社、中央文献出版社，1993年12月第1版，第117页。

出一点差错，要保证绝对安全，否则，是无法补偿的!”

3 月 28 日和 4 月 1 日，彭德怀、习仲勋致电各纵队及军分区：采取诱敌深入、扰疲和分散敌人，利用根据地条件，寻找敌之过失，各个歼灭敌主力，才能收复失地，保卫边区，发展西北。要求边区军民不给敌人颗米寸薪，饿敌人肚皮，饱自己肚皮，是达到战胜敌人最有效的办法之一。

青化砭战斗后，胡宗南发觉解放军主力在延安东北地区，即令11个旅分别由安塞和延安等地向延川和清涧地区进犯，寻找解放军主力作战。

据此，西北解放军以小部兵力诱敌尽快向延安东北方向移动，主力则隐蔽集结于蟠龙西北地区，待机歼敌。3 月底，国民党军先后进占延川和清涧，其余 9 个旅西折子长，又扑空。

4 月 4 日，晋冀鲁豫解放军为配合陕北作战，在晋南举行反攻，连获胜利，直接威胁胡宗南的侧背安全。胡军求战不得，兵疲粮缺，又值晋南告急。决定先将一三五旅留守子长，主力南下到青化砭地区休整补充，尔后再确定下一步行动。

解放军为拖住国民党军，策应晋南作战，4 月 6 日在永坪地区追歼南下的第二十九军军部和第十七师之第十二旅，但因各部协同不好，未能奏效。国民党发现解放军的主力，随即调驻清涧的第七十六师的 1 个团到子长接防，令第一三五旅南下，主力则向蟠龙和青化砭方向前进，企图围歼解放军。

4 月 12 日，解放军主力已隐蔽集结于子长至蟠龙的大道两侧的羊马河地区，决心寻歼孤军南下之第一三五旅。

4 月 13 日，在解放军阻击部队的顽强抗击下，国民党误认为解放军主力在蟠龙至子长大道以西，遂令一三五旅迅速南下向右翼第二十九军靠拢，令左翼第一军向西北猛进。

4 月 14 日上午 10 时，国民党第一三五旅与解放军第二纵队接触，且战且进。解放军伏击部队迅速将一三五旅包围于羊马河以北高地上，战斗到下午 6 时结束，全歼一三五旅 4700 余人，俘敌代旅长麦宗禹。

3 月 31 日，毛泽东同任弼时率中共中央机关离开枣林沟，经田庄，转移到子洲县邱家坪。刘少奇、朱德等前往晋绥解放区的临县。4 月 2 日，毛泽东同任弼时率中共中央机关转移到子洲县高家塔，4 月 3 日到子长县涧峪岔，4 月 4 日到子长县石家湾，4 月 5 日到靖边县青阳岔。4 月 10 日，周恩来由山西回到陕北靖边县的青阳岔，同毛泽东、任弼时会合。根据周恩来的汇报，中央再次研究先后转移到山西柳林、临县、兴县地区的中直、军直各机关的去向。决定：李涛（军委作战部副部长）率一部分来陕北工作；中央工委由刘少奇、朱德、董必武、康生、彭真组成（中央工委不久离开晋西北，前往晋察冀边区）；以叶剑英、杨尚昆、罗迈、邓颖超组成中央后方工作委员会，继续在晋北领导后方工作，叶剑英为书记，杨尚昆为后方支队司令。

留在陕北的中央机关，按照军事编制，实行轻装，编为4个大队。成立了直属队司令部，任弼时任司令员，陆定一任政委。周恩来提议，为了保密，每人应起个代号。毛泽东说：我们一定能得胜，我叫“李得胜”；周恩来说：革命事业务必成功，我叫“胡必成”；任弼时说，我叫什么呢？毛泽东说：你是支队司令，就叫“史林”；定一同志是政委，就叫“郑位”吧。部队代号为“三支队”。

4月12日，毛泽东、周恩来、任弼时率中共中央机关从青阳岔出发，下午到达靖边县王家湾（今属安塞县）。毛泽东为了使彭德怀放开手脚打仗，未把中央的驻地告诉给他。毛泽东率部在这里停留56天。

4月15日，毛泽东致电各战略区，赞扬羊马河伏击战的胜利：“这一胜利给胡宗南进犯军以重大打击，奠定了彻底粉碎胡军的基础。”同日，毛泽东向解放军西北野战兵团发出“关于西北战场的作战方针”，总结了前一段的作战经验，并指出：“目前敌之方针是不顾疲劳粮缺，将我军主力赶到黄河以东，然后封锁绥德、米脂，分兵‘清剿’。……我之方针是继续过去办法，同敌在现在地区再周旋一时期（一个月左右），目的在使敌达到十分疲劳和十分缺粮之程度，然后寻机歼击之。……应向指战员和人民群众说明，我军此种办法是最后战胜敌人的必经之路。如不使敌十分疲劳和完全饿饭，是不能最后获胜的。这种办法叫‘蘑菇’战术，将敌磨得精疲力竭，然后消灭之。”

羊马河战役后，胡军不顾疲劳粮缺，立即向子长县以南疾进。解放军主力已进至子长东南岭湾、杜家畔和子长县西北安定等地隐蔽待机，训练俘虏补充部队。胡军寻解放军主力不着，在荒无人烟的地带爬山越岭数日，相当饥饿疲惫，遂于4月20日回撤到永坪和蟠龙进行休整补充。蒋介石认为“中共中央及其主力在绥德附近集结”，即令胡宗南集团迅速北上，并令榆林邓宝珊部南下配合，企图夹击解放军于佳县等地或逼其东渡黄河。据此，胡宗南除留下整编第一师第一六七旅（欠第五〇〇团）守备重要补充基地蟠龙外，令9个旅于4月26日北上绥德。

4月27日，解放军定下歼灭蟠龙守敌的决心：以第三五九旅一部，并抽各主力1个排，配合绥德军分区部队和晋绥独立第五旅节节抗击敌军主力，引其北上；以第三五九旅主力在清涧以西监视并阻击可能从绥德和清涧来援之敌；集中余部歼击蟠龙之部。

4月28日，毛泽东复电彭德怀、习仲勋："计划甚好，让敌北进绥德或东进清涧时，然后再打蟠龙之敌。"5月2日又电示："攻击蟠龙决心很对。如胜利，影响必大；即使不胜，也取得经验。"

5月2日深夜，解放军对蟠龙发起攻击，至4日24时，全歼守敌第一六七旅主力和山西自卫军第三总队共6700余人，俘敌旅长李昆岗、副旅长涂建，缴获夏季军服4万套，白面1万余袋，子弹100余万发，以及大量医药品，解决了解放军严重缺乏兵员和物资补充的困难。尤其是李昆岗的被擒，对蒋军打击很大。李昆岗，四川人，黄埔军校后期出身，在同僚中有"名将"称号，一向受胡宗南器重。蟠龙是蒋胡军的总补给站，5月初，正是换军装的时候，几万套军服成了解放军的战利品，损失可谓大矣。

蟠龙战役后，西北解放军主力在安塞、真武洞、龙安地区休整。5月14日，西北解放军在真武洞（今安塞县城）召开万人祝捷大会。周恩来到会宣布，党中央和毛泽东一直留在陕北与边区军民共同奋斗，全场欢声雷动。彭德怀检阅了部队，他在讲话中指出只要我们不犯错误，不骄傲，努力不懈，和人民团结一致，就能全部消灭蒋胡军。

国民党向山东的重点进攻，开始于1947年4月6日，由顾祝同指挥的汤恩伯、王敬久、欧震等3个兵团，共13个整编师（34个整编旅），约25.5万人。他们沿临沂至泰安线，并肩向西北进犯，企图聚歼华东人民解放军[①]于沂蒙山区。华东人民解放军于正面节节阻击的同时，主力则向分敌之阵线两端反击。

4月22日~26日，解放军一举攻克泰安城，歼敌整编第七十二师全部，共2.4万人；4月29日，解放军收复津浦路以西之宁阳，歼敌1个团；29日，华东解放军主力向临沂——蒙阴公路沿线之敌攻击，敌溃退；5月1日在临沂西北的青驼寺地区歼敌1个半团。

1947年5月11日，国民党军分3路复向临沂北犯。第一兵团司令汤恩伯不待王敬久、欧震两兵团统一行动，指挥所属8个整编师向沂水、坦

---

①1947年1月，新四军军部改为华东军区。山东野战军和华中野战军统一编组为华东野战军。新四军军长陈毅任华东野战军司令员兼政委（并任中共华东野战军前委书记）、粟裕任副司令员、谭震林任副政委。下属11个纵队、1个特种兵纵队，从中原突围到达华东的1个旅，以及兵力约为1个师的两广纵队。

埠方向进击。同日，急功近利的蒋军第七十四师在左翼二十五师、右翼八十三师的配合下向坦埠扑来。当晚，七十四师脱离左右翼，直向坦埠前进，形成孤军深入态势。

国民党七十四师是蒋介石的王牌，是蒋军5大主力（其他4个是同在山东的第五军、整编第十一师和在东北的新一军、第六军）的主力，受到美国军事顾问的特种训练，武器装备完全是美式的，师长张灵甫是蒋介石钟爱的心腹武将。

华东野战军根据军事情报，查明了敌人的行动。陈毅命令正在向东向南行动的各部队重返原地，集结待命。同时，得到中央军委、毛泽东的指示："敌有向淄博等地急进模样，你们应集中主力，待敌进之适当地点，不失时机发起反击，首先解决一两个师，以陕北经验，敌增援能力不大，如有一定间隙，以有力一部筑工事抗击，可使敌强大援军根本不可能增援。"

华东野战军司令部立即召集各纵队指挥员会议，提出新的作战方案：不打敌军侧翼，改打中部强敌第七十四师。采取正面突击、分割两翼、断敌退路、四面包围和阻击南北各路援敌的战法，迎敌七十四师于坦埠以南、孟良崮以北地区，将七十四师从敌人的重点中割裂出来，予以围歼。

5月13日~16日，华东野战军对七十四师施以猛烈的围攻，将其全歼于蒙阴东南之孟良崮地区，毙、伤、俘敌3.2万人，击毙敌师长张灵甫。在七十四师被围攻时，蒋介石屡令其他各部增援，但是，均被解放军所钳制。七十四师被歼后，进犯鲁中之敌全线溃退。

国民党经过40天重新整理后，再次以32个旅计24万人的兵力，于6月25日采取"密集平推"的战术，向沂蒙山区进攻。其中在蒙阴至莱芜约百里长的战线上，就集中18个旅，齐头并进。但是，半月时间（至7月9日）前进不足百里。解放军以主力一部于南麻（沂源）、临朐地区正面抗击敌人，予敌整编第十一师、整编第八师等部以严重打击。解放军以主力大部，分两路选择敌人间隙较大的莱芜、博山地区及临沂、蒙阴地区，向敌人后方出击：左路于7月6日收复费县，歼敌整编第五十九师之三十八旅全部又1个团，9日乘胜收复枣庄市、峄城，出击津浦路；右路于7月8日克泰安，13日克大汶口，并横扫津浦路西，连克宁阳、肥城、平阴、东阿等城，迫敌于7月11日开始由鲁中分路西撤。至7月底，敌由鲁中抽出12个旅撤之鲁西南。

在解放军打退国民党重点对陕北、山东两根据地进攻的同时，东北、晋察冀、晋冀鲁豫各区人民解放军亦向防守之敌发动进攻。

东北野战军自5月13日起，在东北、热河、冀东各个战场展开夏季攻势。7月1日，共歼敌第七十一军之第八十八师、九十一师，六十军之一八四师，暂编第二十一师等4个师全部及非正规部队共8.32万人，收复城市42座，扩大解放区16万平方公里。使长春、吉林敌军陷入孤立，并迫使东北敌军主力局限于沈阳及其附近地区。

晋察冀人民解放军于1947年4月8日~5月8日向石家庄外围及正太线东段出击，歼敌保安队第五师全部及第三军、三十三军各一部，共3.54万人。孤立了石家庄，切断了敌人太原与石家庄的联系。6月12日，又向津浦线北段出击，至15日止，歼灭国民党军9500余人，解放青县、沧县。6月25日~28日，又出击保定以北的平汉线，攻克徐水、固城等据点，歼敌第十六军、九十四军各一部，共7200余人。

晋冀鲁豫人民解放军于1947年3月23日~5月25日，攻击豫北平汉路东、黄河以北地区之敌，全歼敌第二快速纵队、暂编第三纵队孙殿英等部共4万余人，迫使整个豫北敌人退守新乡、郑州、开封、菏泽等几个主要据点，不敢出战。晋冀鲁豫解放区太岳部于1947年4月4日起向敌人出击。至5月9日止，歼敌第二〇六师一部及其他部队共1.8万余人，解放和收复县城22座，控制南同蒲线220余公里，将晋南残余胡宗南军，压缩于运城、安邑、夏县几个据点内，又向吕梁地区进击，歼阎锡山部3000余人，开辟了晋南广大的新解放区。

这样，从1946年7月算起，到1947年6月，解放军共消灭国民党正规军97.5个旅，计78万人；加上消灭非正规军34万人，共消灭国民党军112万人。

青海马步芳、宁夏马鸿逵乘西北解放军跟胡宗南作战之际，对陇东地区进行突然袭击，占领了合水、西华池、曲子、环县、庆阳5座城池。真武洞祝捷之后，解放军西北野战军团主力于5月21日西进陇东，一方面解救陇东人民，同时调动胡宗南军。

6月7日，国民党整编第二十九军军长刘戡带了4个半旅沿延河北上，从延安、安塞县经蟠龙镇、龙安镇向中共中央驻地——靖边县王家湾扑来。此时，开往陇东的西北野战兵团离王家湾有七八百里，中央身边的警卫部队只有300多人，且多是短武器，情势十分危急。毛泽东根据情况判断说：敌人的企图有三个：①要把我们消灭在这里；②要把我们赶过黄河；③要把我们赶到沙漠里去饿死。我们坚决不让敌人消灭，也坚决不过黄河，我们一定要在陕北坚持下去。毛泽东说：现在我们要向西转移，向靖边城内马鸿逵的部队靠拢；胡宗南打算利用马鸿逵的部队配合刘戡合击我们，但马军听不听胡宗南的指挥还很难说；我们避开刘戡，利用马鸿逵的地方主义，走一段沙漠路；胡宗南想让我们向东走，我们偏偏往西行；天下的路多得很，他走他的大川，我走我的沙漠，谁消灭谁，咱们走着瞧！

司令部命令作好一切战斗准备，派出去做宣传工作的人也纷纷返回。老百姓知道部队要转移，也忙着坚壁清野。毛泽东特别关照，敌人从东边来，我们要有计划地组织老乡撤退，不能让老乡乱跑，要把我们的行动方向告诉村干部，让他们带着群众转移。有人担心这会暴露行动方向，提议让老乡向其他方向转移。毛泽东严肃地批评了这种意见，指示一定要让老乡跟自己的部队撤退，说，现在军民已凝成一体，就应该对群众负责到底，已经向东走了的群众，要派人追回来。老乡们知道部队要向西，一个个扶老携幼，牵羊拎鸡地向西奔去。

夜幕降临了，且乌云密布，天快要下雨了。毛泽东走出窑洞，看看天空，解开衣扣，欣喜地说："这是一场好雨！"随后，安详地坐在小木凳上。当支队副参谋长汪东兴走来，建议早一点动身时，毛泽东笑着说："慌什么，还没有看到敌人呢！我走过雪山，走过草地，就是没有走过沙漠，不要着急，我们总是不会按照敌人的设想行事的，他想把我们赶过黄河，我们却偏偏往西走，路多得很哩，过沙漠也没有什么了不起，等等看，胡宗南的兵到这里再走也不迟！"

汪东兴很体会毛泽东的心情：毛泽东不走，一定是在考虑如何既能更好地掩护群众撤退，又使敌人摸不透我军的虚实。于是，汪东兴说："主席，你先走吧，我替你留在这里，和敌人打一仗，看看敌人是什么样子。回去向你汇报好了。"

毛泽东听汪东兴说完，果然高兴地笑了。他立即站起来说："好，你要多少部队？"汪东兴说："给我留下一个排吧。"汪东兴领了命令和敌人周旋去了。毛泽东在院子里走了两遍，看了看居住将近两个月的窑洞，对警卫战士说："把窑洞打扫干净，再仔细检查一遍。"临出院门，毛泽东站在房东王老汉的窑洞前问："房东还在吗？"听说村干部已经带他们转移了，他才上马。

1947 年 6 月 8 日凌晨 3 时，毛泽东一行冒着细雨离开了安安静静地居住了 56 天的王家湾，爬上西边的山梁。路很滑，天黑得伸手不见五指，毛泽东下了马，跟着部队慢慢上山。警卫人员要他坐担架，他不肯，战士们怕雨把他激病，就用一床油布给他罩在头上。

天明，到了靖边县小河村，这里距王家湾40里，部队停下来休息。侦察报告，汪东兴以一个排的兵力堵击在杨圪崂湾制高点，挡住了敌人3个旅的进攻，一连打退了敌人的3次进攻，下午，完成了阻击任务。

据侦察，一股国民党军已经蹿过王家湾，朝小河村扑来。天黑了，毛泽东的部队继续前进，这时又下起雨来。毛泽东带领大家顺着山梁往上爬，山下忽然响起一阵零落的枪声，同时，发现左边山沟里，一派火光，看不见头，望不到尾，一个火堆接着一个火堆，遍山沟里，照得红通通的——这是国民党的部队。

支队司令员任弼时下了命令：不许打手电，不准抽烟。走了一段路，队伍停了下来，原来是带路的老乡又迷了路。部队无法前进，只好到附近村里另外找向导。警卫部队派出一个排，带着3挺机枪，朝左侧山下，布置警戒。毛泽东站在雨地里，光秃秃的山上连一块可以坐的石头也没有。警卫战士石国瑞把身上背的包袱放在地上让毛泽东坐下，毛泽东说："这会弄脏了呢!"石国瑞忙说："不要紧，脏了还可以洗。"毛泽东说了声："谢谢!"才坐在湿漉漉的包袱上。

雨越下越大，顺着脸直流到脖子里，警卫战士出了个主意，几个人紧紧靠在一起，把毛泽东围在当中，这样雨就小多了。每人头上面再加个旧大衣，连雨也淋不着了。毛泽东笑着说："真是铜墙铁壁，风雨不透，可是你们要冷呢!"战士们齐说："我们年轻力壮，不怕冷!"毛泽东对大家说："这场雨下得好，再过半个月就该收麦子了。"

队伍继续出发了，战士们请毛泽东坐担架，毛泽东说："我早说过不坐的，你们愿意就扛着吧。胡宗南一进攻倒把我的身体锻炼得结实了，这得感谢他呢。"大家都笑了。

6月10日天大亮时，部队进入天赐湾，任弼时说："敌人也出发了，离我们只有二三十里。"毛泽东说："在这里休息吧，做好行军准备，把警戒部队组织好，敌人来了，我们立刻就走；敌人顺沟过去，我们就住下。"说到这里，他向山下望了望，"敌人可能往保安方向走了"。侦察报告："敌人顺沟过去"、"敌人过完了!"毛泽东说："好！我们住下。"刚一住定，汪东兴和他率领的一个排回来了。毛泽东迎出窑洞，握着他的手，亲切地说："我们一个排，挡住敌人3个旅的进攻，说明敌人一点也不可怕，我们很快可以把胡宗南打败的！我已经向各地发了电报，表扬你们，这样英勇善战应该通令嘉奖啊!"

毛泽东又说："你很能打仗！再给你个任务，你敢不敢去?"汪东兴笑着说："只要主席下命令，哪里我都敢去！"毛泽东说："你带一个连，尾追着敌人，到延安去一趟，你们叫敌人两天两夜不睡才行哪！你的任务有两个：一是到枣园一带了解一下敌人的情况，看他们都住在哪里？对老百姓怎样？二是再看看那一带的老百姓有回去的没有？他们有什么困难？要设法帮助他们解决。一路上要机动灵活，遇上大股敌人就走，遇上小股敌人就消灭它！"并让汪带一部电台直接和他联系。

汪东兴说："主席，我带一个连太多了吧，你这里怎么办？"毛泽东说："你放心去吧，不要管我，我自有办法。你回来的时候，我们也许离开这里了，到什么地方，还不能肯定，反正是不会离开陕北的。"

刘勘带着4个半旅像没头苍蝇似的，始终没有找到中共中央首脑机关的踪迹，垂头丧气地往回走。于是，汪东兴带着队伍就掐住刘勘的尾巴。刘勘想不到这里会钻出一股解放军，慌忙应战，丢盔弃甲地奔向延安。

汪东兴深入到延安附近，集合了五六个游击队，同敌人展开斗争，还帮助老百姓抢收了800担麦子。消息传来，毛泽东称赞说："好极了，这个时候收800担麦子，比消灭800个敌人还有用。"

其间，于6月14日，毛泽东致电朱德、刘少奇："少奇身体有进步否，望安心休息一个月，病愈再工作。"信中通报了各战场情况，说："就全局看，本月当为全面反攻开始月份。你们在今后六个月内如能（一）将晋冀察军事问题解决好，（二）将土地会议开好，（三）将财经办事处建立起来，做好这三件事，就是很大成绩。"①

中共中央机关在天赐湾住了5天后，6月16日又迁回秀丽的小河村，在这里停留45天。小河村的半山坡上，有一家军属的3间窑洞借给毛泽东用。毛泽东住在北间，警卫人员住南间，中间的炕上房东老汉养了很多蚕。支队司令任弼时每到一个驻地都要到处察看，当他走到毛泽东的窑洞时，听到蚕吃桑叶的声音说："这太吵了，会影响主席办公哩！我们要在这里长住下去，明天换个房子吧。"一夜间，蚕吃桑叶的声音一直不断，房东老汉还来换两次桑叶。第二天清早，警卫战士阎长林张罗要找房子搬家，毛泽东知道了，说："你们还是帮老乡收麦子吧，那是要紧的事。这里很好，不需要搬，他喂他的蚕，我办我的公。不管什么时候，都不要给人家添麻烦。"

刚到小河村，毛泽东最关心的是如何尽快实现从战略防御到战略进攻

---

①《刘少奇年谱》下卷，中央文献出版社，1996年9月第1版，第80页。

的转折，其中的一环就是刘（伯承）邓（小平）大军何时向中原出动。早在5月4日毛泽东曾电令刘邓大军休整，6月10日经冀鲁豫出中原。刘邓接电后提出不同意见：要求从6月9日开始以半个月时间歼灭安阳附近之敌，并争取再打一仗，以减轻野战军将来出击中原的负担，因此要推迟1个月即于6月底或7月初才能渡河南下。6月3日，毛泽东电复刘邓说：同意刘邓全军休整，渡河时间推迟到6月底，主力南进须作长期打算，望做政治上、物资上的各种准备工作。

6月20日，毛泽东迫切地电询刘邓："准备情况如何？可否按原定计划出动，盼告，以便令山东与你们配合。"

1947年6月30日夜，刘邓大军7个纵队13万余人，在鲁西南横宽300华里的地段上，乘坐120余只木船，强渡黄河，向大别山进军，揭开了中国人民解放军战略进攻的序幕。听到此消息，中共中央所在地小河村沉浸在一片欢乐之中。

7月1日，中共中央机关在小河村召开纪念建党26周年大会，周恩来在会上作报告。同日，新华社发表社论《努力奋斗，迎接胜利》。"努力奋斗"是毛泽东加的，他在修改社论稿时还加了三段话，第三段话是："前进的道路上还会有困难，我们一定要正视这些困难，宁可作长期打算，不要有速胜论。有困难，我们一定要克服，也一定可以克服。同胞们，同志们，勇敢前进，努力奋斗，迎接胜利！"

7月4日，国民党政府通过了蒋介石的"国家总动员提案"，随即下了"戡平共匪叛乱总动员令"。为此，毛泽东要胡乔木为新华社赶写社论《总动员与总崩溃》，经毛泽东修改，于7月14日发表。按照毛泽东的要求，社论从3个方面作了分析：①军事，蒋介石故意使和谈决裂，将他的正规军248个旅中的226个旅用于进攻解放区，可是一年作战被我消灭了100个旅，今后一年我军必将再消灭蒋军100个旅；②经济，蒋介石亦早总动员了，这就是总动员保甲长一年四季勒索农民的粮食，总动员印刷机一天24小时印钞票，以抗战前夜的物价为标准，日本投降前夜的物价约为1800倍，而这次总动员前夜的物价约为6万倍，蒋介石的法币发行额在抗战前是14亿元，日本投降前夜是5000亿元，而这次总动员前夜至少在16万亿元以上，所谓总动员就是物价飞涨和通货膨胀；③政治，蒋介石多年以来，无论内战打得多凶，总是不放弃宣传他的政治解决，但是随着他的军事失败，经济困难，"政治解决"的残脂剩粉，他也不要了。

在蒋介石颁发"总动员令"和通缉中共领袖毛泽东的同天，毛泽东在小河村和周恩来、任弼时讨论如何歼灭胡宗南，夺取大西北，并为此给彭德怀发电报，提出两个方案征求他的意见：第一个方案是按照原来所议调陈赓纵队来陕甘宁边区，在内线歼灭胡宗南军相当数量后，出外线作战；第二个方案是陈赓纵队南渡黄河到鄂豫陕边区开辟新战场，协同彭德怀消灭胡宗南。并希望他们到小河村来开会。

十　转战陕北（二）

1947 年 7 月 21 日 ~23 日，中共中央在小河村召开前委扩大会议。参加会议的有：毛泽东、周恩来、任弼时、陆定一、彭德怀、习仲勋、马明方、贾拓夫、张宗逊、王震、贺龙、张经武、陈赓、杨尚昆、胡乔木、王铮等人。

会议一开始，毛泽东先介绍了当前的斗争形势：解放战争进行了整整一年，歼灭了国民党正规军及伪军、保安队等共 112 万人，敌人虽不断补充，总兵力已由全面内战爆发时的 430 万人下降为 373 万人。而人民解放军的总兵力却由 120 万人上升到 195 万多人。敌我双方的对比从 1:3. 58 缩小为 1:1. 9，国民党军队的全面进攻已被粉碎，重点进攻也遭到严重失败。

毛泽东说：人民解放军去年作战方针是内线作战——把敌人引到解放区来消灭，已消灭了敌人的大量有生力量，迫使敌人由战略进攻转入战略防御。现在我们只有实行打出去的方针才能取得整个解放战争的胜利。

周恩来分析说，人民解放军的数量已超过解放区的负担能力，今后发展必须求之于新区，要由内线作战转入外线作战。

会议初步确定了党中央后来制定的“三军配合、两翼牵制”，夺取中原的战略部署。

三军配合是：以刘伯承、邓小平率领的晋冀鲁豫解放军实施中央突破直趋大别山；陈毅、粟裕等率领的华东野战军为左后军挺进苏鲁豫皖地区；以陈赓、谢富治等率领的晋冀鲁豫解放军太岳兵团为右后军，自晋南强渡黄河，挺进豫西。三路军在江、淮、河、汉之间布成“品”字形阵势，逐鹿中原，机动歼灭国民党军。

两翼牵制是：以西北野战军出击由榆林进攻陕北的国民党军北上；以山东解放军在胶东展开攻势，把进攻山东的国民党军引向海边，以便利三路大军的行动。

毛泽东在会上说：蒋介石在政治上更加孤立，更加众叛亲离，群众更加不信任他，当然还未绝对孤立，还有一些人迷信他，这是一个过程；对蒋的斗争，计划用5年解决，看过去这一年的成绩是可能的；说5年，用不着讲出来，还是讲准备长期奋斗，5年到10年甚至15年，而不能像蒋介石那样先说几个月消灭我们，又说几十个月，现在又说才开始；处处要从全面长期着想，这一点非常重要，要向全党全军解释；敌人的把握在我们不能长期支持这一点上，我们的对策就是主力转入外线作战，内部要精简节约。

小河会议还专门讨论了陕甘宁边区的军事、财政、土改等问题。

会议最后一天，毛泽东为中央军委起草了致刘伯承、邓小平、陈毅、粟裕、谭震林和华东局的电报。建议刘邓部“下决心不要后方，要半个月行程直出大别山”；“陈、粟、谭率鲁中兵力并在刘邓到大别山后指挥陈士榘、唐亮担负整个内线作战任务”；“陈赓、谢富治集团至豫西后，受刘邓指挥作战。”

会议还决定组织成立西北野战兵团前委，以彭德怀为书记。决定由陕甘宁边区、晋绥解放区联防军司令贺龙领导这两个解放区的地方工作，使晋绥解放区进一步成为陕北作战的后勤基地。

根据侦察报告，国民党军的快速部队正向小河村猛扑过来。中共中央机关决定转移。7月31日晚，毛泽东让把借老乡的用具一一点清归还，损坏的照价赔偿，并挨门挨户地向老乡道别。当晚，任弼时召集干部作了动员，他说，这次行军是艰巨的，敌人企图封锁绥德、米脂，把我们包围在无定河以西。我们要抢先赶过绥德，寻找机会歼灭它。

8月1日清晨，支队（将代号“三支队”改为“九支队”）沿着大理河川向东进发，在青阳岔住了一夜，天明继续赶路。行军头两天，和敌人还隔着一两天的路程，可8月2日一到火石山，消息突然变了，敌人竟然不吃不喝一路紧追。为隐蔽目标，支队白天休息，黑夜上路。天又下起雨来，细密的雨水把衣裳都淋透了。天不亮，到了小崖子，毛泽东顾不得换衣服，忙着看电报。下午，继续赶路，转过一个山包，毛泽东忽然跳下马站住了。一眼望去，整个平川，就像被水推过的，原来5月间这一带曾被国民党军洗荡过。庄稼稀烂如泥，许多窑洞门窗被拆去烧毁，坛坛罐罐打得粉碎。在这片被践踏过的地头上，毛泽东站了很久，直到大队走远了，他才上马，一路很少说话。

天似乎故意与人作对，人停雨歇，人一上路，雨又下了起来。8月3日晚毛泽东率部由火石山到达横山县肖崖则，8月4日到达子洲县巡检寺。由肖崖则到巡检寺，雨一直不停，毛泽东的棉衣都湿透了。黑灯瞎火，一时找不到住处，人们站在雨地里，互相招呼着。好容易找到一间房子，毛泽东问："周副主席他们来了吗？""警卫人员去接，毛泽东一直在雨中徘徊着，等其他首长到齐，都安排了住处，毛泽东才进屋。

行军途中，即便是临时休息，报务人员也马上架电台让毛泽东给各地通报。一到宿营地，不等卸下行李，毛泽东就开始办公：批阅电报、起草指示，甚至端起饭碗，手里也离不开文件。其他首长也是如此，不管炕沿儿、缸盖、碾盘、石头，随处一坐都是他们的办公点。

8 月 8 日，毛泽东率部离开巡检寺，到达绥德县的李家崖。离绥德城还有 30 里时，已是三更半夜，人困马乏，正待烧火做饭，忽然来了报告——刘戡的部队也扑向绥德。毛泽东说："敌人是快速部队，我们也是快速部队，我们要赶过敌人，立刻出发！"当刘戡部队进入绥德时，支队已由绥德向北转移了。

8 月 10 日，毛泽东率部队到达绥德县的黄家沟，13 日以急行军方式，渡过无定河转移到绥德县延家岔。

8 月 14 日，支队到达米脂县城郊外井家坪，骑兵侦察报告，刘戡离此 60 里，已经宿营，毛泽东说："好，他们休息，我们也休息！"又有情报说，北路钟松部队已经到了米脂县城北的镇川堡，部队未敢久停，继续赶路。

由于过度劳累，周恩来流鼻血了。毛泽东听说后，忙让用担架去抬他，经过一再劝说，周恩来才坐了上去。周恩来的鞋子磨破了，他不让大家知道，一上担架破洞露出来了，随队的江青说："副主席，你的鞋底露出袜子来了。"周恩来笑笑说："怪不得走路硌脚呢！"担架走到毛泽东面前，周恩来又要下地行走，毛泽东连忙把他按住。毛泽东笑着对战士们说："养兵千日，用兵一时，你们的担架到底用上了，这叫有备无患。"大家都笑了。

8 月 15 日下午，毛泽东同周恩来、任弼时率中共中央机关由井家坪出发，傍晚转移到米脂、佳县交界的陈家岔。

8 月 16 日上午，毛泽东同周恩来、任弼时率中共中央机关由陈家岔出发，夜晚转移到佳县以西 30 里路的曹家庄。8 月 17 日黎明，毛泽东同周恩来、任弼时率中共中央机关离开曹家庄，中午到达佳县白龙庙村，经过短暂休息后，继续行军。

8 月 18 日，冒雨下山，到了佳芦河上游，准备过河，突然白龙庙方向枪炮齐鸣，这是警卫部队和国民党军接上了火。毛泽东回身望望山头，神态自若地在岸边来回踱步。桥一时搭不起来，汪东兴想先护送毛泽东过河。毛泽东摇摇头说："不，我留在这里！你想办法先把秘书、译电员和文件送过河去吧！"毛泽东过去曾说过，"遇到危急情况，你们不必先顾我，要先保护秘书和文件"。按照毛泽东的吩咐，机要人员伏在未加鞍子的马上，顺着水势泅过河去。

身后战斗更加猛烈，架桥进程仍很缓慢。门板太少了，只好再泅过河去借木料。机关人马全汇集在河滩上，敌机也冒雨出动了。毛泽东回身对参谋人员说："把电报拿给我看！"随后坐在一块湿漉漉的青石上，聚精会神地看电报。

老乡们拉来许多门板和木料，协助部队一一放在绳索上，浮桥终于架起来了。汪东兴跑到桥心，跳了几跳，小桥虽晃悠不止，却还结实，大家安全地渡过了佳芦河。

8 月 18 日天黑，准备回对岸的杨家园宿营，需要重渡佳芦河。这是河的上游，试一试，只有齐腰深，骑马过去，可以不湿衣服。毛泽东骑上大青马，走到河心，听到岸上有人惊呼："快走，山洪下来了！"只见，一堵墙似的大水，齐头盖脑压来，但老青马却不迈步。毛泽东说："你们快走，洪水冲不走我的。"警卫战士们一齐动手死拉活拖老青马，总算躲过了浪头，上岸回头一看，细流已变成了汪洋。毛泽东说："快告诉河那边的同志们，等水小了再过吧！"

毛泽东一进窑洞，不顾穿着一身湿衣服，忙着看电报。战士们要回对岸去取衣服和毯子，毛泽东说："不用了，我还有很多东西要看，现在不想睡觉。"6、7、8 月这 3 个月，毛泽东为中央军委起草给各个战场上的电报达 200 多份，几乎每天起草 3 份。

8 月 19 日中午，支队到达米脂县的梁家岔住下，这里距彭德怀的西北野战军总部的居地——东原村不到 20 里。安置就绪，毛泽东要求部队轻装，他说："你们也知道我们要在沙家店一带和敌人有个大的战斗。两方主力都集中在这里，打得好，我们就转危为安，暂时不走了；打不好，我就过无定河，再往西走。"

根据中共中央的战略计划，为策应陈赓、谢富治兵团顺利南渡，必须将胡宗南军钳制在陕北，因此决定进攻榆林，调动敌人北上。军委为加强西北野战军力量，令许光达率第三纵队西渡黄河，归西北野战军建制。7 月 30 日，彭德怀指挥西北野战军由大、小理河向榆林前进。8 月 6 日，对榆林外围据点进行攻击。

蒋介石得悉解放军围攻榆林，认为榆林不保，则宁夏孤立。胡军一旦失去北面之作战配合，必将影响整个西北战局，亲由南京飞往延安督战。急令胡宗南以10个半旅63000多兵力，分路北进：以钟松的整编的第三十六师组成援榆快速兵团，自志丹、安塞一带，沿长城外沙漠地区取捷径日夜兼程，驰援榆林：以刘戡、董钊统率7旅之众顺咸榆公路北上。

8月9日，彭德怀向军委请示：榆林城坚，东、北两面是沙漠，西、南两面是水道，不易进行攻城，目前钟松增援甚急，决定集中6个旅先歼灭援军再攻城。

10日，解放军对榆林进行强攻与爆破，均未奏效。11日，彭德怀再次报告军委，如敌13、14日两日可到，决围城打援。12日7时，军委复电：榆林非急攻而下，而钟松仍迅速增援，似宜决心暂停攻城，集结部队准备打钟松。

根据军委指示和敌我态势，彭德怀认为解放军已达到调动胡宗南主力北上的目的，配合了陈赓兵力南渡黄河的行动。且敌军靠近，围城打援已不可能。为争取主动，决定12日撤离榆林。

解放军从榆林撤围，主力集结于榆林东南、沙家店西北待机。为保障后方安全与迷惑敌人，诱使敌军指挥上犯错误，西北局机关后方医院等即迅速东渡黄河，并以小部队掩护。

国民党果然上钩，误认解放军主力东渡黄河，下了“迅速追击，勿失此千载良机”的决心。刘戡率第二十九军和第一军的九十师由绥德向佳县北进。第三十六师且由榆林南下，企图与刘戡会合，夹击解放军于佳县西北地区，迫使解放军背水一战或把解放军赶过黄河。

国民党第三十六师钟松自恃援榆有功，异常骄傲。13日进抵榆林，14日率部南下，一到镇川堡，立刻兵分两路，派一二三旅向东进犯。彭德怀分析了敌三十六师的情况：经长途驰行，已严重减员，为疲惫之师；钟松为抢功，远离主力，孤军冒进，又是一支骄兵。决心集中主力歼灭它。

19日，彭德怀报告军委：拟于明天拂晓包围沙家店附近敌之两侧而消灭之。20日晨3时，军委复电：“完全同意你对三十六师的作战计划。”

中共中央总部和西北野战军的司令部的电话架通了，毛泽东和彭德怀直接通话，他说：“我是毛泽东！”自国民党侵占延安以后，毛泽东一直使用代号，今天是第一次使用这个伟大的名字。当彭德怀报告了敌三十六师被围的情况后，毛泽东大声说：“好！和全体指战员讲清楚，这是对整个战局有决定意义的一战，要坚决、彻底、干净、全部地消灭敌人，不让一个跑掉！”

8月20日，解放军按照预定计划，除以一部阻击刘戡所部，主力向敌三十六师发起攻击。午后，将一二三旅包围于常高山附近。三十六师被分割包围后，彭德怀发出歼敌动员令："彻底消灭三十六师，是我西北战场由战略防御转入战略反攻的开始；收复延安解放大西北的开始；为着人民解放事业，继续你们无限英勇精神，立即消灭三十六师，活捉钟松，号召你们本日黄昏以前完成胜利的战斗任务！"全军奋勇向三十六师冲击，当天，敌三十六师师部及所属一六五旅、一二三旅全部被解决，毙伤俘一二三旅旅长刘子奇以下6000余人，钟松换上老百姓的衣服溜掉了。钟松，浙江人，黄埔军校第二期毕业生，原是共产党员，后被捕叛变，为人华而不实，他的师是特别师，是胡宗南的三大主力之一。

毛泽东说：沙家店一仗，它宣告了我们内线作战从此结束了！也就是说，从现在开始，要把战争打到蒋管区去，转入外线作战。

21日，西北野战军在佳县前东原村召开旅以上干部会。毛泽东、周恩来、任弼时等中央领导骑马由梁家岔到会，祝贺沙家店胜利。毛泽东在会上说：沙家店这一仗确实打得好，侧水侧敌本是兵家所忌，而彭老总指挥西北野战军在短短的一天里就取得了空前的胜利。

23日，陈赓、谢富治兵团由山西、河南边界南渡黄河，直逼潼关，威胁西安。

27日，胡宗南军开始由咸榆公路南撤，西北野战军进行了关庄、岔口追击战，歼敌4000余人。

9月中旬，西北野战军主力南下，收复了青化砭、蟠龙镇，直接威胁延安之敌。

10月上旬，西北野战军先后收复延长、延川、清涧3座县城。10月11日歼胡宗南七十六师师部、二十四旅旅部及其他部队8000余人，生俘七十六师师长廖昂。同时，于榆林外围歼敌二十二军及宁夏马鸿逵一部。

10月中旬，中共中央军委发出关于西北战场的情况和经验通报：西北我军在彭副总司令指挥之下，我军共计4万余人；本年荒旱，近数月粮食极端困难；7个月作战，未补解放区新兵，补的都是俘虏，即俘即补；没有做过一次超过两星期的正式整训；然而我军战斗意志极坚强，士气极其高涨，7个月内击破了胡宗南的进攻，被我军歼灭及受歼灭性打击之敌达11个旅，加上敌人被拖疲饿瘦，使我转入反攻。

根据毛泽东在小河会议上做出的指示：第二年作战的基本任务是举行全国性的反攻——即主力打到外线去，将战争引向国民党区域去；部分任务是，一部分主力和广大地方部队继续在内线作战，收复失地，歼灭敌人。

刘邓大军（晋冀鲁豫解放军）7个纵队约13万人于1947年6月30日在鲁西的张秋镇——临濮集约150公里的地段上强渡黄河，8月上旬越过陇海线，挺进大别山。大别山，雄峙于国民党首都南京与长江中游重镇武汉之间的鄂、豫、皖三省交界处，西逼武汉，南扼长沙。这是中共的一块老革命根据地，多年来，一直有中共领导下的游击队坚持斗争。刘邓大军经过3个月的作战及地方工作，建立了33个县的民主县政权，在国民党统治的心腹地区插进了一把利刀。毛泽东说：这是一个历史的转折，这是一个伟大的事变。

陈谢兵团（晋冀鲁豫太岳兵团）南渡黄河后，至10月14日，在陇海线潼关—洛阳以北、黄河以南地区连续歼灭国民党整编第十五师2个旅、整编第七十六师1个旅及其他部队共4万余人，打断了洛阳至潼关的联系。11月1日~26日又在豫西歼灭整编第十五师残部及大量的县保安团共1.2万人。3个月来共解放豫西及豫陕边36座县城，解放人口900万。

陈粟野战军于9月初挺进鲁西南地区。9月7日~9日，在菏泽之沙土集全歼国民党整编第五十七师师部及其2个旅共9500余人，随即于豫皖苏地区歼敌地方保安团及正规军一部共1万余人。11月9日~18日，复破击陇海路徐州至开封段，歼敌暂编第二十四师1个旅及其他部队共1.1万人。前后2个月共收复县城20座，孤立了开封、郑州。

至此，刘邓、陈粟两大野战军及陈谢兵团在黄河以南、长江以北、西起汉水、东迄黄海的中原原野上，向国民党展开了大规模的进攻。

1947年12月间，白崇禧指挥33个旅，对大别山刚立脚的解放军实行"清剿"，刘邓野战军一面予以迎头痛击，歼敌1.1万余人，一面以主力一部越平汉线西线，开辟了桐柏、江汉两个新解放区。同时，陈粟和陈谢两军联合向陇海路民权——砀山段、平汉线新郑——确山段发动破击战，配合刘邓作战。12月，共歼国民党整编第三师、暂编第二十四师、骑兵第五旅共4个旅及其他部队4.5万人。月底，三军会合于平汉线遂平、西平地区，并攻克许昌、漯河等敌军补给站。从此，鄂豫皖、豫皖苏、豫西3个新解放区连成一片，三军转为直接地密切配合作战。

华东野战军谭震林、许世友山东兵团从1947年9月起向胶东地区之国民党军发起攻势作战，从9月10日~12月底，收复县城多座，歼敌整编第四十五师、第八师、第九师、第六十四师、第五十四师等部共6.2万余人；华东野战军苏北兵团在盐城、如皋地区歼国民党第四十二集团军第一师全部及保安队、整编第二十一师1个团、整编第四师2个团及其他国民党部队共2.4万人，至年底，收复了苏北解放区广大失地。

晋察冀野战部队于1947年9月2日~24日，向大清河以北的霸县、雄县地区展开攻势，歼国民党第九十四军、第十六军等部共5200余人，亦收复了大块失地。10月11日~22日，向平汉线保定南北发动攻势，吸引石家庄守敌第三军军部及第七师北援，在望都至定县间的清风店将其歼灭，毙伤俘敌1.7万人，生俘国民党第三军军长罗历戎。乘势于11月6~12日，一举攻克石家庄，全歼守敌第三军及三十二师等部2.4万人，使晋察冀与晋冀鲁豫两大解放区连成一片，华北局面为之一新。

12月27日~28日，晋冀鲁豫解放军及西北野战军一部攻克运城，歼敌1.3万余人，晋南之敌，被完全肃清。

林彪、罗荣桓领导的东北解放军于1947年9月10日~11月5日，发动了历时50天的大规模的秋季攻势，在长春、吉林、四平街地区及北宁线锦西—义县等地歼敌第五十三军、第四十九军、第九十三军、第九十二军等部及其他部队近7万人，解放人口260万人，解放土地3.8万平方公里，收复城市15座。将中长铁路德惠至铁岭段、北宁路山海关至锦州段完全破毁，长春、吉林之敌完全孤立，迫使东北敌军主力龟缩于四平街、沈阳、营口、锦州等狭小地区，坐以待歼。

1947年7月17日~9月13日，中共中央工委在河北省平山县西柏坡村召开了全国土地会议。会议由刘少奇主持，朱德、董必武、彭真等中央领导以及各解放区代表100余人参加。会议详细地研究了中国土地制度的状况，总结了一年多来土地改革的经验，制定了《中国土地法大纲》，同年10月由中共中央公布。“大纲”共16条，主要内容是：废除一切地主的土地所有权和一切祠堂、庙宇、寺院、学校、机关、团体的土地所有权，以及高利贷债务；按人口平均分配土地；没收地主的牲口、农具、房屋、粮食等财产，并征收富农上述财产的多余部分，分给农民；保护民族工商业；规定农会和贫农团为土地改革的合法执行机关，同时组织人民法庭，保障人民的民主权利的实施。

1947年8月23日下午，毛泽东率中共中央机关离开梁家岔，转移到佳县朱官寨，毛泽东等在朱官寨住了将近1个月。这是他们转战陕北过程中粮食最困难的一段时间。毛泽东、周恩来等也和当地农民一起，只是吃米糠、秕谷和瓜果合在一起再加几把黑豆片片熬成的“钱钱饭”。9月21日到达佳县张家崖窑，9月23日迁移到佳县神泉堡。

9月29日，是农历丁亥年的中秋节，毛泽东欣闻我西北人民解放军收复蟠龙。他高兴地写道：

中秋步运河上，闻西北野战军收复蟠龙作

秋风度河上，大野入苍穹。
佳令随人至，明月傍云生。
故里鸿音绝，妻儿信未通。
满宇频翘望，凯歌奏边城。①

1947 年 10 月，毛泽东在佳县神泉堡为中国人民解放军总部起草了《中国人民解放军宣言》，提出了“打倒蒋介石，解放全中国”的口号，10 月 10 日予以公布。同日，重新颁布《三大纪律八项注意》的训令。

1947 年 10 月 17 日，毛泽东从佳县神泉堡出发过佳芦河，到佳县县城进行调查研究，次日到达谭家坪，参观峪口纸厂（该厂生产马兰纸）。21 日到达白云山脚下的南河底村。第二天是农历重阳节，毛泽东上午到白云山看庙会。10 月 29 日到达佳县城关吕家坪。10 月 31 日回到神泉堡，得知朱德到了石门前线，很不放心，致电刘少奇：请劝朱总回工委，不要亲临最前线。11 月 14 日，毛泽东同周恩来、任弼时率中共中央机关从神泉堡出发到达阎家峁，11 月 20 日到达佳县乌龙铺，11 月 21 日到达米脂县申家崄。

1947 年 11 月 22 日，毛泽东、周恩来、任弼时、陆定一等中央前委全部抵达米脂县杨家沟，“九支队”改名为“亚洲部”。部队在这里住了 4 个月。

1947 年 12 月 25 日～28 日，中共中央在米脂县杨家沟召集会议，参加会议的除能到会的中央委员和候补中央委员外，还有陕甘宁边区和晋绥边区的负责人。毛泽东作《目前形势和我们的任务》的报告。会议讨论和通过了毛泽东的报告，并决定：“这个报告是整个打倒蒋介石反动统治集团，建立新民主主义中国的时期内，在政治、军事、经济各方面带纲领性的文件。”会议还做出：①中国人民革命战争应该力争不间断地发展到完全胜利，应该不让敌人有缓兵之计（和谈）获得休整时间，然后再来打人民；②组织革命的中央政府的时机目前尚未成熟，须待我军取得更大胜利，然后考虑此项问题，颁布宪法更是将来的问题。

---

①《毛泽东诗词集》，中央文献出版社，1996 年 9 月版，第 183 页。

会议召开的第二天，是毛泽东的54岁生日，各地前来开会的中央委员和地方、军队干部对毛泽东说："我们赶上吃你的寿面了。"毛泽东笑说："寿面并不能使人长寿啊！吃不吃无所谓哟。"大伙说："沙家店战役胜利结束了，全国进入反攻阶段，应该庆祝这一胜利，顺便为你祝寿。"毛泽东说："那可不行哟，就是全国解放了，党内也不可搞祝寿活动。"大伙不理解，毛泽东扳着指头说："第一，眼下群众和部队还缺粮吃，我们不能忘掉群众疾苦，破费东西搞祝寿；第二，我们都是共产党的干部，都要带头搞移风易俗。"说完，毛泽东严肃地宣布了两条规定：①不准中央机关为他的生日请客吃饭；②不许以任何形式为他歌功颂德。12月26日，毛泽东听取大家对《目前形势和我们的任务》讲稿的讨论意见之后，又找各地的负责同志谈话，询问地方社情和群众情绪，直到很晚才吃饭，饭菜仍是"钱钱饭"和酸白菜。

晚上，贺龙带的晋绥评剧团在杨家沟演戏，他们带来的剧目是《恶虎村》和《六月雪》。为了让周围各村的农民能看好戏，毛泽东指示将戏台搭在村中心的坪地上，不准在台前为他和其他中央负责同志摆椅子。剧开始时，毛泽东让卫士给他搬来小凳，悄悄地坐在人群后面。演出结束后，毛泽东和周恩来接见了演职人员，并就戏曲推陈出新问题与大家交换意见。此时，金鸡已经报晓。

来杨家沟以后，毛泽东同周恩来、任弼时商量决定："亚洲部"全体工作人员和中央警备团的指战员，每人每天从口粮中节约一两粮食，帮助群众渡荒。毛泽东每次吃饭都要问管理员："今天我的一两口粮节省下来了吗?"他还对饲养员说："把大青马的料减上一半，我以后出门可以少骑马。"很快，"亚洲部"全体人员节约了70石黑面和30石小米，分给了杨家沟和邻近各村的贫苦农民。

在杨家沟，毛泽东还强调了中农的重要性。他打比方说："贫农好比骨头，中农是肉，一个人只有骨头没有肉，那就不成其为一个人了。"

1946年1月7日，毛岸英随苏联派来为毛泽东治病的苏联专家阿洛夫和米尔尼柯大夫经新疆，飞西安，秘密回到延安，回到了祖国和日夜想念的父亲身边。19年不见了，毛泽东记得自己1927年8月离开板仓领导秋收起义时，岸英只有5岁，而今他已经成为大人了。在延安清凉山麓的王家坪，毛泽东遥望着延河那边正在凤凰山上开荒的人群，慈祥地对毛岸英说："你在苏联长大，国内的生活你还不熟悉。你在苏联大学读书，住的洋学堂。我们中国还有个学堂，这就是农业大学、劳动大学 。"毛岸英理解了父亲的心意，他说："我离开中国这么久，在苏联大多过的是学校生活，中国的农村我不知道，也不会种田，我愿意向农民学习。"毛岸英要到距延安15里的吴家枣园去和劳动模范学种田。他脱去大皮鞋，换上爸爸送给他的旧皮底鞋，背包里捆了一斗小米和几斤菜籽、瓜籽。毛泽东把一件打了补丁的棉衣披在岸英身上，语重心长地说：你要和老乡们一同吃，一同住，一同劳动，从开荒一直到收割后再回来；等你劳动大学毕了业，再上"延安大学"。50天后，因胡宗南部署进犯延安，形势紧，村长把毛岸英送到毛泽东身边。毛泽东见毛岸英头上用白羊肚毛巾扎着个英雄结，穿着灰土布汗褂子，两条胳膊又黑又粗，脸上也黑不溜秋的，跟陕北青年一个样。村长赞不绝口地说："岸英是个好后生，他学会了驮粪、刨地、犁地、播种这些庄稼活儿。上山劳动回来，还要给烈军属捎回一捆柴，还利用空余时间组织村里的青年人学政治、学文化。他在劳动大学毕业了。"毛泽东摸了摸儿子的双手，有了茧子，满意地说："这就是你在劳动大学的毕业证书。"从"劳动大学"回来，毛岸英在中共中央宣传部工作。他订了一个庞大的学习计划，准备系统地学习哲学和历史，他每天坚持读书写笔记，有问题虚心向别人请教。

1946年11月，毛岸英随中宣部撤退到瓦窑堡一带。1947年3月，毛岸英随机关回到延安。不久，又告别了父亲，东渡黄河，到山西、河北等地参加土地改革。每到一地，他都给父亲写信，汇报思想。毛泽东也经常回信给他。

1947年9月12日，毛泽东给毛岸英写信说：

> 岸英儿：
>
> 别后，晋西北一信，平山一信，均已收到。看你的信，你在进步中，甚为喜慰。永寿①这孩子有很大进步，他的信写得很好。复他一信，请你译成外国语，连同原文，托便带去。我们在此很好，我的身体比在延安要好得多，主要是脑子休息了。你要看历史小说，明清两朝人写的笔记小说（明以前笔记不必多看），可托周扬同志设法，或能找到一些。我们这里打了胜仗，打得敌人很怕我们。问你好！②

1947年10月8日，毛泽东给毛岸英写道：

---

①（杨）永寿，即毛岸青。

②《毛泽东书信选集》，人民出版社，1983年12月第1版，第285页。

岸英：

告诉你，永寿回来了，到了哈尔滨。要进中学学中文，我已同意。这个孩子很久不见，很想看见他。你现在怎么样？工作，还是学习？一个人无论学什么或做什么，只要有热情，有恒心，不要那种无着落的与人民利益不相符合的个人主义的虚荣心，总是会有进步的。你给李讷写信没有？她和我们的距离已很近，时常有信有她画的画寄的，身体好。我和江青都好。我比上次写信时更好些。这里气候已颇凉，要穿棉衣了。再谈，问你好！①

针对土改工作中出现“左”的问题，毛泽东在米脂县杨家沟发表了一系列指示和电报、通报：

1948年1月7日，毛泽东发表《关于建立报告制度》。

1月18日，毛泽东指出：“我们正确地指出在全体上，在战略上，应当轻视敌人的时候，却决不可在每一个局部上，在每一个具体问题上，也轻视敌人。如果我们在全体上过高估计敌人力量，因而不敢推翻他们，不敢胜利，我们就要犯右倾机会主义错误。如果我们在每一个局部上，在每一个具体问题上，不采取谨慎态度，不讲究斗争艺术，不集中全力作战，不注意争取一切应当争取的同盟者（中农，独立工商业者，中产阶级，学生、教员、教授和一般知识分子，一般公务人员，自由职业者和开明绅士），我们就要犯‘左’倾机会主义错误。”毛泽东指出：“必须将贫雇农的利益和贫农团的带头作用，放在第一位。我党必须经过贫雇农发动土地改革，必须使贫雇农在农会中在乡村政权中起带头作用，这种带头作用即是团结中农和自己一道行动，而不是抛弃中农由贫雇农包办一切。在老解放区中农占多数贫雇农占少数的地方，中农的地位尤为重要。‘贫雇农打江山坐江山’的口号是错误的。在乡村，是雇农、贫农、中农和其他劳动人民联合一道，在共产党领导之下打江山坐江山，而不是单独贫雇农打江山坐江山。在全国，是工人，农民（包括新富农），独立工商业者，被反动势力所压迫和损害的中小资本家，学生、教员、教授、一般知识分子，自由职业者，开明绅士，一般公务人员，被压迫的少数民族和海外华侨，联合一道，在工人阶级（经过共产党）的领导之下，打江山坐江山，而不是少数人打江山坐江山。”

---

①《毛泽东文集》第四卷，人民出版社，1996年8月第1版，第306页。

“必须避免对中农采取任何冒险政策。对中农和其他阶层订错了成分的，应一律改正，分了的东西应尽可能退还。在农民代表中、农民委员会中排斥中农的倾向和在土地改革斗争中将贫雇农同中农对立起来的倾向，必须纠正。有剥削收入的农民，其剥削收入占总收入百分之二十五（四分之一）以下者，应订为中农，以上者为富农。富裕中农的土地不得本人同意不能平分。”

“必须避免对中小工商业者采取任何冒险政策。各解放区过去保护并奖励一切于国民经济有益的私人工商业发展的政策是正确的，今后仍应继续。”

“对于学生、教员、教授、科学工作者、艺术工作者和一般知识分子，必须避免采取任何冒险政策。中国学生运动和革命斗争的经验证明，学生、教员、教授、科学工作者、艺术工作者和一般知识分子的绝大多数，是可以参加革命或者保持中立的，坚决的反革命分子只占极少数。因此，我党对于学生、教员、教授、科学工作者、艺术工作者和一般知识分子，必须采取慎重态度。必须分别情况，加以团结、教育和任用，只对其中极少数坚决的反革命分子，才经过群众路线予以适当地处置。”

“关于开明绅士问题。抗日时期，我党在各解放区政权机关（参议会和政府）中同开明绅士合作，是完全必需的，并且是成功的。对于那些同我党共过患难，确有相当贡献的开明绅士，在不妨碍土地改革的条件下，必须分别情况，予以照顾。其中政治上较好又有工作能力者，应当继续留在高级政府中给以适当的工作。政治上较好但缺乏工作能力者，应当维持其生活。其为地主富农出身而人民对他们没有很大恶感者，按土地法平分其封建的土地财产，但应使其避免受斗争。对于过去混进我政权机关中来、实际上一贯是坏人、对人民并无好处而为广大群众所极端痛恨者，则照一般处理恶霸分子的办法交由人民法庭审处。”

“必须将新富农和旧富农加以区别。在减租减息时期提出鼓励新富农和富裕中农，对于稳定中农、发展解放区农业生产是收了成效的。平分土地以后，必须号召农民发展生产，丰衣足食，并劝告农民组织变工队、互助组或换工班一类的农业互助合作组织。平分土地时，对于老解放区的新富农，照富裕中农待遇，不得本人同意，不能平分其土地。”①

2 月 3 日，毛泽东致电刘少奇，提出“关于土地法的实施，应当分三种地区，采取不同的策略。（一）日本投降以前的老解放区。这种地区大

---

①《毛泽东选集》第四卷，人民出版社，1991 年 6 月版，第 1267 ~ 1274 页。

体上早已分配土地，只须调整一部分土地。这种地区的工作中心，应当是按照平山经验，用党内党外结合的方法整理党的队伍，解决党同群众间的矛盾。……（二）日本投降至大反攻，即一九四五年九月至一九四七年八月两年内所解放的地区。这种地区，占现在解放区的绝大部分，可称为半老区。在这种地区，经过两年清算斗争，经过执行‘五四指示’，群众的觉悟程度和组织程度已经相当提高，土地问题已经初步解决。但群众觉悟程度和组织程度尚不是很高，土地问题尚未彻底解决。这种地区，完全适用土地法，普遍地彻底地分配土地，并且应当准备一次分不好再分第二次，还要复查一二次。必须组织贫农团，确定贫农团在农会和政权中的领导地位。（三）大反攻后新解放的地区。这种地区，群众尚未发动，国民党和地主、富农的势力还很大，我们一切尚无基础。因此，不应当企图一下实行土地法，而应当分两个阶段实行土地法。第一阶段，中立富农，专门打击地主。在这个阶段中，又要分为宣传，做初步组织工作，分大地主浮财，分大、中地主土地和照顾小地主等项步骤，然后进到分配地主阶级的土地。……第二阶段，将富农出租和多余的土地及其一部分财产拿来分配，并对前一阶段中分配地主土地尚不彻底的部分进行分配。第一阶段，大约须有两年时间；第二阶段，须有一年时间。太急了，必办不好。老区和半老区的土地改革和整党，也须有三年时间（从今年一月算起），太急了，也办不好”。①

2月11日，毛泽东发出《纠正土地改革宣传中的“左”倾错误》。

2月15日，毛泽东为中共中央起草的对党内的指示，指出新解放区土地改革的要点：“一、不要性急，应依环境、群众觉悟程度和领导干部强弱决定土地改革工作进行的速度。不要企图在几个月内完成土地改革，而应准备在两三年内完成全区的土地改革。这点在老区和半老区亦是如此。二、新区土地改革应分两个阶段。第一阶段，打击地主，中立富农。又要分几个步骤：首先打击大地主，然后打击其他地主。对于恶霸和非恶霸，对于大、中、小地主，在待遇上要有区别。第二阶段，平分土地，包括富农出租和多余的土地在内。但在待遇上，对待富农应同对待地主有所区别。总的打击面，一般不能超过户数百分之八，人口百分之十。在区别待遇和总的打击面上，半老区亦是如此。老区一般只是填平补齐工作，不发生此项问题。三、先组织贫农团，几个月后，再组织农民协会。严禁地主富农分子混入农民协会和贫农团。贫农团积极分子应作为农民协会的领导

①《刘少奇年谱》下卷，中央文献出版社，1996年9月第1版，第125页。

骨干，但必须吸引一部分中农积极分子参加农民协会的委员会。在土地改革斗争中，必须吸引中农参加，并照顾中农利益。四、不要全面动手，而应选择强的干部在若干地点先做，取得经验，逐步推广，波浪式地向前发展。在整个战略区是如此，在一个县内也是如此。这在老区、半老区都应如此。五、分别巩固区和游击区。在巩固区逐步进行土地改革。在游击区只作宣传工作和隐蔽的组织工作，分发若干浮财。不要公开成立群众团体，不要进行土地改革，以防敌人摧残群众。六、反动的地主武装组织和特务组织，必须消灭，不能利用。七、反动分子必须镇压，但是必须严禁乱杀，杀人愈少愈好。死刑案件应由县一级组织委员会审查批准。政治嫌疑案件的审判处理权，属于区党委一级的委员会。此点老区半老区都适用。八、应当利用地主富农家庭出身但是赞成土地改革的本地的革命的知识分子和半知识分子，参加建立根据地的工作。但要加紧对于他们的教育，防止他们把持权力，妨碍土地改革。一般不宜要他们在本区本乡办事。着重任用农民家庭出身的知识分子和半知识分子。九、严格注意保护工商业。从长期观点筹划经济和财政。军队和区乡政府都要防止浪费。”①

2月16日，毛泽东致电刘少奇：请你及各同志对《中共中央关于土地改革中各社会阶级的划分及其待遇的规定（草案）》“加以精细地审查，将修改意见电告。我们认为这个文件甚为重要，单有土地法大纲而无各项具体政策的规定，很难避免犯错误及走弯路。”②

2月27日，毛泽东为中共中央起草的《关于工商业政策的党内指示》中说：“全党同志须知，现在敌人已经彻底孤立了，但是敌人的孤立并不就等于我们的胜利。我们如果在政策上犯了错误，还是不能取得胜利。具体说来，在战争、整党、土地改革、工商业和镇压反革命五个政策问题中，任何一个问题犯了原则的错误，不加改正，我们就会失败。政策是革命政党一切实际行动的出发点，并且表现于行动的过程和归宿。一个革命政党的任何行动都是实行政策。不是实行正确的政策，就是实行错误的政策；不是自觉地，就是盲目地实行某种政策。所谓经验，就是实行政策的过程和归宿。政策必须在人民实践中，也就是经验中，才能证明其正确与否，才能确定其正确和错误的程度。但是，人们的实践，特别是革命政党和革命群众的实践，没有不同这种或那种政策相联系的。因此，在每一行动之前，必须向党员和群众讲明我们按情况规定的政策。否则，党员和群

---

①《毛泽东选集》第四卷，人民出版社，1991年6月版，第1283～1284页。

②《刘少奇年谱》下卷，中央文献出版社，1996年9月第1版，第131页。

众就会脱离我们政策的领导而盲目行动，执行错误的政策。”①

3月1日，毛泽东写了《关于民族资产阶级和开明绅士问题》。

3月6日，毛泽东致电刘少奇：“丑巧（2月18日）电早悉。所提各点甚好，已收纳于中央关于老区半老区工作指示中。惟政策与经验的关系一点，似应了解为凡政策之正确与否及正确之程度，均待经验去考证；任何经验（实践），均是从实行某种政策的过程中得来的，错误的经验是实行了错误政策的结果，正确的经验是实行了正确政策的结果。因此，无论做什么事，凡关涉群众的，都应有界限分明的政策。我感觉各地所犯的许多错误，主要的（坏人捣乱一项原因不是主要的）是由于领导机关所规定的政策缺乏明确性，未将许可做的事和不许可做的事公开明确地分清界限。其所以未能明确分清界限，是由于领导者自己对于所要做的事缺乏充分经验（自己没有执行过某种政策的充分经验），或者对于他人的经验不重视，或者由于不应有的疏忽以致未能分清政策的界限。其次，是由于领导者虽然知道划分政策的界限，但只作了简单的说明，没有作系统的说明。根据经验，任何政策，如果只作简单的说明，而不作系统的说明，即不能动员党与群众，从事正确的实践。以上两种情况，各中央局与中央均应分担责任。我们过去有许多工作，既未能公开地（此点很重要，即是说在报纸上发表，使广大人们知道）明确地分清界限，又未能作系统的说明，不能专责备各中央局，我自己即深感这种责任。最近三个多月，我们即就各项政策，努力研究，展开说明，以补此项缺失。但各中央局在这方面自然有他们自己的责任。又其次，是政策本身就错了。此点许多下级党部擅自决定其自以为正确其实是错误的政策，不但不请示中央甚至也不请示中央局。例如很多地方的乱打乱杀，就是如此。但是各中央局，自己在某些政策上犯了错误的也不少。例如晋绥分局，对于在定成分上侵犯中农，对于征收毁灭性的工商业税，对于抛弃开明绅士，都是自己犯了错误的。但是这类‘左’倾错误犯得比较严重的似乎还不是晋绥，而是华北、华东、华中各区（从日本投降后开始，投降前也有），晋绥的严重程度似乎还在第二位。是否如此，请你们加以检讨。又其次，是领导方法上有错误，即是上下联系不够，未能迅速了解运动的情况，迅速纠正下面的错误。上述各点，请你向参加中央工委会议的各同志正式提出，并展开讨论一次。”②

3月20日，毛泽东在党内通报中说：“最近几个月，中央集中全力解决在新形势下关于土地改革方面、关于工商业方面、关于统一战线方面、

①《毛泽东选集》第四卷，人民出版社，1991年6月版，第1286页。

②《刘少奇年谱》下卷，中央文献出版社，1996年9月第1版，第135～136页。

关于整党方面、关于新区工作方面的各项具体的政策和策略的问题，反对党内右的和‘左’的偏向，而主要是‘左’的偏向。我们党的历史情况表明，在我党和国民党结成统一战线时期，党内容易发生右的偏向，而在我党和国民党分裂时期，党内容易发生‘左’的偏向。现在的‘左’的偏向，主要的是侵犯中农，侵犯民族资产阶级，职工运动中片面强调工人眼前福利，对待地主和对待富农没有区别，对待地主的大中小、恶霸非恶霸没有区别，不按平分原则给地主留下必要的生活出路，在镇压反革命斗争中越出了某些政策界限，以及不要代表民族资产阶级的党派，不要开明绅士，在新解放区忽视缩小打击面（即忽视中立富农和小地主）在策略上的重要性，工作步骤上的急性病等。这些‘左’的偏向，在过去大约两年的时间内，各解放区都或多或少地发生过，有时成了严重的冒险主义倾向。好在纠正这类偏向并不甚困难，几个月内已经大体上纠正过来了，或者正在纠正着。但须各级领导者着重用力才能彻底纠正此类偏向。右的偏向主要是过高地估计敌人的力量，惧怕美国大量援蒋，对长期战争有些厌倦，对国际民主力量的强大的程度有些怀疑，不敢放手发动群众消灭封建制度，对党内成分不纯和作风不纯熟视无睹等。……最近几个月，我党在战争、土地改革、整党整军、发展新区和争取民主党派等方面均有成绩，在这些工作中所发生的偏向有了着重的纠正，或正在纠正中，这样就可以使整个中国革命运动走上健全发展的轨道。只有党的政策和策略全部走上正轨，中国革命才有胜利的可能。政策和策略是党的生命，各级领导同志务必充分注意，万万不可粗心大意。”

毛泽东在这份党内通报中还指出：“目前我们正将晋察冀区、晋冀鲁豫区和山东的渤海区统一在一个党委（华北局）、一个政府、一个军事机构的指挥之下（渤海区也许迟一点合并），这三区包括陇海路以北、津浦路和渤海以西、同蒲路以东、平绥路以南的广大地区。这三区业已连成一片，共有人口五千万，大约短期内即可完成合并任务。这样做，可以有力地支援南线作战，可以抽出许多干部输往新解放区。该区的领导中心设在石家庄。中央亦准备移至华北，同中央工作委员会合并。”①

“一九四六年七月至一九四八年一月的十九个月中，我军共消灭国民党军队一百九十七万七千人（二月和三月上半月尚未统计好，大约有十八万人左右），即是说，国民党不但将其在过去作战期间所动员参军的一百余万新兵消耗了，而且大量消耗了它原有的兵力。……国民党军在一九四六

①《毛泽东选集》第四卷，人民出版社，1991 年 6 月版，第 1299 页。

年平均每旅差不多有八千人，而在现在则平均每旅只有六千五百人左右。今后我军占地日广，国民党军兵源粮源日益缩小，估计再打一个整年，即至明年春季的时候，敌我两军在数量上可能达到大体上平衡的程度。我们的方针是稳扎稳打，不求速效，只求平均每个月消灭国民党正规军八个旅左右，每年消灭敌军约一百个旅左右。事实上，从去年秋季以后，超过了这个数目；今后可能有更大的超过。五年左右（一九四六年七月算起）消灭国民党全军的可能性是存在的。”

“目前南北两线敌军在两个地区尚有较大的机动兵力，可以举行战役性的进攻，使那里的我军暂时处于困难地位。其一，即大别山，有约十四个机动旅。其二，淮河以北地区，有约十二个机动旅。在这两区，国民党军还有主动权（淮河以北地区，由于我抽出九个主力旅开至黄河以北休整，准备使用于其他方面，故国民党军有了主动权）。其余一切战场的敌军，全是被动挨打。具有对我特别有利形势的战场是东北、山东、西北、苏北、晋察冀、晋冀鲁豫和郑汉路以西、长江以北、黄河以南的广大地区。”①

1948 年 3 月，毛泽东在准备离开陕北前，下达的最后一道命令是：东渡黄河的中央警卫团全体干部战士，把所携带的干粮袋里的小米全部倒出，过秤后一两不少地交给当地人民政府，留给陕北人民。毛泽东动情地对大家说：“我们要离开陕北人民了，陕北人民养育了我们，我们欠他们的太多了，从现在起就想办法去偿还。”

1948 年 3 月 21 日，毛泽东电告彭德怀：中央机关本日动身东移，约 4 月 15 日可到中央工委所在地；陕甘全局，除陈谢 1 个旅在陕南外，由你们独立担任。同日，毛泽东、周恩来、任弼时率中央领导机关自杨家沟步行动身，21 日晚到达绥德县吉镇。22 日经沙坪东行，抵达佳县螅蜊峪宿营。23 日中午到达吴堡县的川口渡口。② 他们告别了居住了 13 个年头的革命圣地陕北，登船东渡黄河。

船行至黄河中间，毛泽东对支队参谋长叶子龙说：“以陕北为背景，给我照一张相吧！”

船过黄河，毛泽东向黄河对岸眺望，他深情地望着陕北的山山水水，

---

①《毛泽东选集》第四卷，人民出版社，1991 年 6 月版，第 1297 ~ 1303 页。

②自 1947 年 3 月 18 日，毛泽东与中共中央撤离延安，直到 1948 年 3 月 23 日离开陕北东渡黄河。毛泽东转战陕北 1 年零 5 天，行程 2000 余里，先后途经延安、延川、清涧、子长、绥德、子洲、靖边、安塞、横山、米脂、佳县、吴堡等 12 个县境，驻足 38 个村庄。

缓缓地说：陕北人民对革命做出了很大的贡献，陕北人民为我们做出了巨大的牺牲，我们可怎么报答和感谢他们啊！

毛泽东又望着滔滔的黄河之水，说："黄河真是一大天险啊！如果不是黄河，我们在延安就住不了这么长时间，日本军队打过来，我们可能又到什么地方打游击去了。"

第六、七章主要参考书目

《周恩来选集》上卷，人民出版社，1980 年 12 月第 1 版。

《刘少奇选集》上卷，人民出版社，1981 年 12 月第 1 版。

《朱德选集》，人民出版社，1983 年 8 月第 1 版。

《重庆谈判纪实》（1945 年 8 月—10 月），重庆出版社，1983 年 11 月版。

《抗日战争史》，何理，上海人民出版社，1985 年 7 月第 1 版。

《陕甘宁边区大事记》，张俊南、张宪臣、牛玉民，三秦出版社，1986 年 10 月版。

《中日战争史》（1931—1945），胡德坤，武汉大学出版社，1988 年 7 月第 1 版。

《赣粤边三年游击战争），陈丕显，人民出版社，1989 年 3 月第 2 版。

《一个叛徒的自述——张国焘叛变前后》，中国文史出版社，1989 年 4 月第 1 版。

《走近毛泽东——一个外国人与新中国元首的交往》，蒋建农、曹志为，团结出版社，1990 年 1 月第 1 版。

《解放战争实录——两种命运的决战》（上、下），解力夫，河北人民出版社，1990 年 8 月版。

《毛泽东选集》，人民出版社，1991 年 6 月版。

《汪东兴日记》，汪东兴著，中国社会科学出版社，1993 年 9 月第 1 版。

《毛泽东年谱（1893—1949）》，人民出版社，1993 年 12 月第 1 版。

《胡乔木回忆毛泽东》，人民出版社，1994 年 9 月第 1 版。

《邓小平文选》第一卷，人民出版社，1994 年 10 月第 2 版。

《毛泽东文集》第四卷，人民出版社，1996 年 8 月第 1 版。

《中共中央移驻西柏坡前后》，中共河北省委党史研究室，中共党史出版社，1998 年 4 月第 1 版。

《胸中自有百万兵》，阎长林，载《中国工人》，1960 年第 12、14、17、18 期。

《红二、六军团会师前后——献给任弼时、贺龙、关向应同志》，萧克，载《近代史研究》，1980 年第 1 期。

《难忘的三年》，宋之的，载《星火燎原》（丛刊），1980 年第 1 辑。

《关于西路军史研究中的几个问题——西路军史考察报告之一》，《西路军史》组，董汉河执笔，载《社会科学》（甘肃），1980 年第 1 期。

《西路军失败的原因及其他——西路军史考察报告之二》,《西路军史》组,董汉河执笔,载《社会科学》,1980 年第 2 期。

《坚持持久抗战》,阎树声、刘凤梅,载《延安大学学报》,1980 年第 2~3 期。

《西路军在河西遭马匪阻击的考察——西路军史考察报告之三》,《西路军史》组,郑子文执笔,载《社会科学》,1980 年第 3 期。

《"皖南事变"前新四军组织简况》,冯毅,载《历史教学》,1980 年第 12 期。

《如何评价百团大战的功过》,载《解放日报》,1980 年 12 月 24 日第 3 版。

《解放战争初期建立东北根据地的斗争》,何沁,载中国人民大学报刊复印资料《中国现代史》,1980 年第 19 期。

《红五军在高台失败的前前后后》,许宪章,载《甘肃师大学报》,1981 年第 1 期。

《何叔衡略传》,王兴刚、方大铭,载《湖南师院学报》,1981 年第 3 期。

《延安整风期间的几次重要会议》,载《北京日报》,1981 年 3 月 25 日第 3 版。

《新民主主义共和国的模型——从陕甘宁边区看我党领导根据地建设的若干历史经验》,于学仁,载《东北师范大学报》,1981 年第 4 期。

《党的六届七中全会与〈关于若干历史问题的决议〉》,余熙山,载《红旗》,1981 年第 12 期。

《驳张国焘在〈我的回忆〉中有关"西路军"的谬论》,张亦民,载《军史研究》,1982 年第 1 期。

《试论王明右倾投降主义的形成》,刘俊民,载《齐齐哈尔师范学院学报》,1982 年第 1 期。

《皖南事变始末》,曹雁行、蔡霆光,载《党史研究》,1982 年第 1 期。

《卢沟桥事变经过简记》,梁旭毅,载《文物天地》,1982 年第 1 期。

《关于"皖南事变"问题的来稿综述》,载《党史研究》,1982 年第 3 期。

《王稼祥同志对中国革命事业的贡献》,陈文源,载《江淮论坛》,1982 年第 3 期。

《张国焘叛逃经过》,邱南章回忆,张生荣整理,载《党史研究》,1982 年第 3 期。

《扭转西北战局时的彭德怀同志》,吴序光,载《北京师范大学学报》,1982 年第 4 期。

《从刺客到被刺的汪精卫》,闻少华、丁贤俊,载《文物天地》,1982 年第 5 期。

《关于毛泽东思想提出的历史过程》,中央文献研究室、中央档案馆,载《党史研究》,1982 年第 5 期。

《皖南事变与项英同志被害》,谢忠良,载中国人民大学报刊复印资料《中国现代史》,1982 年第 21 期。

《汪精卫——从志士到卖国贼》,楚任,载中国人民大学报刊复印资料《中国现代史》,1982 年第 21 期。

《汪精卫集团叛国投敌的前前后后》,蔡德全,载《近代史研究》,1983 年第 2 期。

《从九月政治局会议到六届七中全会》,李忠全,载《延安大学学报》(哲科版),1983 年第 3 期。

《红军西征述略》,潘富盈、王德孝,载《西北师院学报》,1983 年第 3 期。

《王明没有在三月政治局会议上作出总结》,夏宏根,载《党史研究》,1983 年第 3 期。

《新四军组建史略》,余伯柳,载《江西大学学报》,1983 年第 3 期。

《蒋胡军进犯陕北及其溃败的一些情况》,潘旭澜,载《西北史地》,1983 年第 3 期。

《论延安整风的历史经验》,王一帆、李良志,载《学习与探索》,1983 年第 4 期。

《太平洋战争时期美国对华政策的演变》,王邦宪,载《复旦学报》,1983 年第 4 期。

《皖南事变的若干史实的初步考证》,周祖羲、黄开源、房列曙,载《党史研究》,1983 年第

5 期。

《台儿庄战役概况》，殷廉、柳春旸、励维志、肖前，载《天津师大学报》，1983 年第 6 期。

《大汉奸汪精卫的下场》，载《团结报》，1983 年 10 月 29 日第 4 版。

《王明右倾投降主义是何时形成的?》，张日新，载中国人民大学复印报刊资料《中国现代史》，1983 年第 12 期。

《毛泽东同志论中国战场在第二次世界大战中的地位和作用》，鲍世修，载《世界研究动态》，1983 年第 12 期。

《试论中国共产党打退国民党第二次反共高潮的策略》，赵崇田，载《天津商学院学报》，1984 年第 1 期。

《党中央转战陕北几个史实的考证》，郭洛夫，载《党史研究》，1984 年第 1 期。

《第二次国共合作形成过程》，李海文，载《瞭望》，1984 年第 45 期。

《飘零枯叶度残秋——陈独秀在江津》，黄永盛、王亚菲，载《党史文汇》，1986 年第 4 期。

《晋绥土地改革运动中的康生》，牛崇辉，载《山西师大学报》（社科版），1986 年第 4 期。

《皖南事变后的叶挺将军》，丁钦和，载《纵横》（北京），1986 年第 5 期。

《康生与晋绥土改的“左”倾错误》，王乐鸣、柳泽宁，载《党史文汇》（太原），1987 年第 1 期。

《试评西安事变中几个人物的历史作用》，李淑，载《南京师大学报》（社科版），1987 年第 1 期。

《红军长征后留在中央苏区的党政军领导机关若干问题考》，章克昌，载《江西师范大学学报》（哲社版），1987 年第 2 期。

《“毛泽东思想”这个概念是怎样提出和形成的》，张仁学，载《党史文汇》，1987 年第 2 期。

《一个“姓李的德国人”——中国工农红军的军事顾问李德》，任翔，载《人物》，1987 年第 2 期。

《敌后战场的开端》，傅钟，载《红旗》，1987 年第 16 期。

《二战时期江西党史研究的新开展》，李元勋，载《江西党史研究》，1988 年第 1 期。

《关于陈独秀“回党工作”问题的探索》，克藻，载《淮北煤炭师院学报》（社科版），1988 年第 2 期。

《周恩来与抗战初期的长江局》，珏玉，载《中共党史研究》，1988 年第 2 期。

《周恩来与张、杨二将军》，张应超，载《唐都学刊》（西安），1988 年第 2 期。

《编纂〈新四军〉史料丛书的几个问题》，叶飞，载《大江南北》，1988 年第 3 期。

《论抗日根据地的减租减息》，王雷，载《北方论丛》（《哈尔滨师大学报》），1988 年第 3 期。

《李先念与西路军》，时明，载《新华文摘》，1988 年第 6 期。

《论西安事变中的何应钦》，熊宗仁，载《贵州社会科学》，1988 年第 6 期。

《张闻天在我党解决西安事变中的历史作用》，张培森，载《人民日报》，1988 年 8 月 15 日第 1 版。

《第二次国共合作的由来：共产国际与中国共产党》，（美）约翰·W. 加弗、李湘敏、罗健编译，载《福建党史月刊》，1988 年第 11 期。

《抗日战争胜利后在东北问题上的三国四方的关系和斗争》，金蕴芳、孙克文、戈福录、丁立松、丁晓春，载《中共党史资料》第 28 集（1988 年 12 月）。

《我们知道的张国焘》，张之楚，载《春秋》，1989 年第 1 期。

《四十八年前的“皖南事变”的内情》，周祖羲，载《团结报》，1989 年 1 月 21 日。

《王明右倾投降主义与共产国际》，尹成，载《昆明师专学报》（哲社版），1989 年第 1 期。

《关于红军西路军的几个问题》，卢冀宁，载《百科知识》，1989 年第 2 期。

《实事求是评价项英在新四军时期的功与过》，李良明，载《党史研究与教学》，（福州）1989 年第 2 期。

《延安“抢救运动”始末》，秦生，载《社会科学》（兰州），1989 年第 2 期。

《抗日战争中的国民党、蒋介石》，崔月华，载《沈阳师范学院学报》（社科版），1989 年第 4 期。

《战后美苏对华政策给中国局势的影响》，刘俊民，载《齐齐哈尔师范学院学报》（哲社版），1989 年第 6 期。

《抗日战争时期的精兵简政》，金英豪，载《党史博采》，1989 年第 9 期。

《蒋介石曾想软禁毛泽东》，载《党史博采》，1989 年第 10 期。

《季米特洛夫论康生》，载《党史博采》，1989 年第 11 期。

《党中央曾设想从延安迁往淮阴》，卢再彬，载《党史博采》，1990 年第 2 期。

《张治中与郭沫若的恩恩怨怨》，张鸿基，载《名人传记》，1990 年第 4 期。

《红军西路军史研究中心有关问题的再探讨》，张嘉选，载《社会科学》（甘肃），1990 年第 5 期。

《中共中央南方局何时成立》，中共中央党史研究室，王秀鑫，载《党史博采》，1990 年第 6 期。

《是“反蒋抗日”还是“抗日反蒋”》，洪卓如，同上。

《简评西路军西征的得失及其战略方向的选择》，赵万钧，载《河北师范大学学报》（哲社版），1991 年第 1 期。

《中共中央和平解决西安事变方针的制定》，张魁堂，载《近代史研究》，1991 年第 2 期。

《从十二月会议到六中全会——王明与毛泽东的对抗》，（德）托马期·卡姆平、杨基龙、石树梅译，载《党史研究与教学》（福州），1991 年第 6 期。

《王实味冤案平反纪实》，温济泽，载《炎黄春秋》，1992 年第 1 期。

《毛泽东词〈沁园春·雪〉首次发表之详情》，钱文华，载《周末》，1992 年 1 月 4 日。

《毛泽东词〈沁园春·雪〉首次发表》，刘承先，载《团结报》，1992 年 5 月 20 日。

《回忆延安整风》，邓力群，载《党的文献》，1992 年第 2 期。

《劫持：张国焘叛逃新说》，彭古丁，载《上海文史》，1992 年第 2 期。

《国民党曾暗中发动全党与毛泽东比诗词》，戢持渊，载《中国老年报》，1992 年 7 月 1 日。

《抗战时期蒋介石三邀毛泽东谈判》，张梅玲，载《人民政协报》。

《“七七”事变后的陈独秀》，载《史林》，1992 年第 4 期。

《毛主席在杨家沟过生日》，马俊杰、李德忠、思治权，载《人民日报》，1994 年 1 月 16 日第 8 版。

《毛泽东离陕最后一道命令》，载《决策参考报》，1995 年 2 月 13 日第 4 版。

第八章

·西柏坡

MAOZEDONG

第八章 西柏坡

一 西柏坡

毛泽东、周恩来、任弼时渡过黄河后，经过碛口，在山西临县寨子山（寨则山）村和双塔村（中央后委机关①驻地）各住一夜。毛泽东来到后委驻地，发现晋西北的土改搞得很"左"，对此，进行了严厉的批评。他说：你们后委就住在这里，这些事你们根本不反映，你们读的马克思主义到哪里去了？在这里，毛泽东对形势的发展也作了一个估计：他认为同蒋介石的这场战争可能打60个月，前30个月解放军为"上坡"、"到顶"，后30个月为"下坡"，有的时候根本不用打仗了，喊一声敌人就投降了。1948年3月26日抵达中共中央晋绥分局、晋绥军区司令部所在地——兴县蔡家崖，毛泽东在这里主持召开了5次调查会，主要调查晋绥解放区进行土地改革、党政机关的工作作风等情况。1948年4月1日，召开了晋绥干部会议，军区司令员贺龙、政委李井泉和200多名干部参加了会议。会议由贺龙主持，贺龙说："解放战争以来，特别是毛泽东、党中央撤离延安以后，大家对毛主席和党中央的安全非常关心，中央机关由延安转移到晋西北临县，毛主席仍留在陕北指挥全国的解放战争，也直接指挥陕北战争。在那炮火连天的战争时刻，全体指战员一再要求毛主席和党中央到晋西北根据地来指挥全面作战，因为这里安全有保证。但是，毛主席站得高看得远，毛主席和党中央离开不离开陕北不仅是中国战争全局的问题，也是世界十分关心的问题。毛主席和党中央看准了留在陕北能更有力地消灭蒋介石的部队，鼓舞陕北和全国各个战场尽快地更有力地消灭蒋家王朝，夺取全国胜利。在战争中，毛主席身边只留下了不到400人的警卫部队，连一门小炮、一挺重机枪都没有，几次遇到敌军几万人的前堵后追。毛主席带领中央机关历尽了

① 中共中央转战陕北时，中央机关和工作人员大多移驻这里。中央在陕北只有一部电台，后委有几十部电台，中央同各地的联系，一般通过后委下达。后委的工作由叶剑英主持。毛泽东一行到双塔村时，叶剑英已先率队前往西柏坡做准备。

苦难、艰险，取得了陕北战争的胜利，使全国各战场也发生了巨大的变化。现在，毛主席和党中央根据形势的变化，需要到更合适的地方去，以便指挥全国各战场的作战，争取早日夺取全国胜利。毛主席从这里路过，对我们的工作很关心，作了具体指导。大家要求见见毛主席，请他讲话，主席答应了，现在请主席讲话。”

在热烈的掌声中，毛泽东开始了《在晋绥干部会议上的讲话》。在讲话过程中，贺龙一再请毛泽东坐下，可毛泽东习惯站着讲话，他没有坐下。毛泽东讲话时很高兴，声音也很大。

4 月 2 日，毛泽东、周恩来、任弼时又接见了《晋绥日报》编辑人员，作了讲话。接见后，毛泽东为《晋绥日报》写了两副题词：“党的新民主主义革命的总路线和总政策是：无产阶级领导的，人民大众的，反对帝国主义、封建主义、官僚资本主义的革命”；“土地改革的总路线和总政策是：依靠贫农，团结中农，有步骤地、有分别地消灭封建剥削制度，发展农业生产。”题词于 1948 年 5 月 1 日和 5 日用木刻制版在《晋绥日报》刊出。

4 月 4 日，毛泽东率中央机关乘车离开蔡家崖，在岢岚、神池各住一日，经宁武进雁门关。4 月 6 日，到达晋察冀解放区所属的山西代县。深夜 12 时，毛泽东接见了县委书记兼县长苏黎和土改工作团副团长、《晋绥日报》社社长郝德青。

4 月 7 日，毛泽东从代县出发，到达繁峙县的伯强村。晋察冀军区保卫部长许建国、晋察冀分局秘书长周荣鑫来这里迎接。因下雪路塞，受阻于伯强村。

4 月 11 日，在五台山台怀镇塔院寺住了一夜。

4 月 12 日，进入河北省境内，在阜平县西下关村住了一夜。

4 月 13 日，到达晋察冀军区司令部所在地——阜平县的城南庄，毛泽东被安排在聂荣臻司令员腾出来的房子里。在这里，毛泽东同聂荣臻进行过多次交谈。在谈到执行党的政策的时候，他们回忆了当年在江西中央根据地时，由于王明的错误路线，实行了许多“左”的政策，给革命造成了很大损失。聂荣臻对毛泽东说：“在建立晋察冀抗日根据地过程中，接受了这个历史教训，认真地执行了党的抗日民族统一战线的政策，广泛地团结了各阶层的群众。”说到土地改革的时候，毛泽东说：“斯大林曾经讲过，苏联当年搞富农吃了亏。我们应该吸取这个教训。”毛泽东还谈了对解放战争的想法，他说，抗日战争打日本，要持久战，解放战争打蒋介石，不能拖得太久，解放得越快越好。

在城南庄，党中央召开了有定县、曲阳、阜平3县县委书记和部分区委书记参加的土改、整党工作汇报会议，在阜平县细沟村搞土改工作的工作组组长邓颖超（她和周恩来已一年多没见面）也参加了会议。会议还认真讨论了毛泽东在陕北杨家沟起草的《一九四八年的土地改革工作和整党工作》的党内指示（5月25日向全党正式公布），强调在土地问题已经解决了的地区，中心任务是恢复和发展生产。

4月30日，中央办公厅主任、中央军委秘书长杨尚昆宣布：中共中央、中央军委从5月1日起在西柏坡正式开始办公。

5月1日，毛泽东为中共中央起草的1948年纪念“五一”劳动节口号在《晋察冀日报》上发表，提出了召开新的政治协商会议，讨论成立民主联合政府的主张。这一号召，迅速得到各民主党派、各人民团体、海外华侨团体、无党派民主人士的热烈响应。中共南方局和香港的中共代表，冲破重重困难，先后安排李济深、沈钧儒、黄炎培、马寅初、马叙伦、郭沫若、沈雁冰等350余位民主党派和民主人士，分批陆续离开香港，转到东北、华北解放区。

1947年9月9日的沙土集战斗之后，陈毅离开华东战场到河北省平山县向中央工委汇报工作。11月在西柏坡接到中央通知，要他到陕北参加中央12月会议。由于路途遥远，当他辗转到达党中央所在地陕北米脂县杨家沟时，会议已经闭幕3天了，但有许多重大问题会后继续研究。毛泽东要陈毅看会议记录，请他参加讨论准备夺取全国胜利的一系列问题。毛泽东说，根据我们一年作战的经验来看，如果从1946年7月算起，作战5年，建设500万解放军，歼敌750万，就可以说国民党的反动统治已经从根本上被我们打倒了。毛泽东还说，历来我党对时局的提法，都说是形势有利于我们和人民，从未提出肯定“胜利”的话，但这个时期则是在全中国范围内取得全部胜利的时候了。陈毅曾数度询问毛泽东关于胜利的问题，毛泽东的回答都是肯定的。1948年1月，陈毅在告别党中央起程南返时，怀着喜悦的心情赋诗一首：

小住杨沟一月长，平衡左右费思量。
弯弓盘马故不发，只缘擒贼要擒王。
北国摧枯势若狂，中原逐鹿更当行。
五年胜利今可卜，稳渡长江遣粟郎。

诗的最后一句，是中央军委的一项战略意图——准备派遣华东野战军粟裕副司令员率领3个主力纵队（称为华东野战军一兵团）由宜川、沙市一带渡江南下，挺进敌后，直逼南京、上海，调动中原敌人南下，从而减轻大别山和中原地区的负担，为中原部队创造大量歼敌的战机。1948 年 1 月下旬，中央军委向华东野战军下达了这个战略意图，并要求粟裕“熟筹见复”。

粟裕根据中央军委的战略意图，率华东野战军一兵团于 1948 年 2、3 月间开到河南濮阳地区整训，作渡江准备。这时的战争形势发展很快，解放军在各个战场的战略形势不断取得胜利。特别是挺进中原的三大主力密切配合，建立了大片根据地，敌人在中原的防御体系已出现裂痕，解放军在中原大量歼敌的可能性已有所增长。这时，华东野战军一兵团是迅速渡江，争取把敌军主力一部牵到江南去有利呢？还是先集中兵力尽多地歼敌主力于长江以北，然后渡江更为有利呢？粟裕主持召开了华东野战军前委会议进行了认真的研究（此时，由陕北南归的陈毅受党中央的委托在沿途向晋绥、晋察冀、山东渤海等地传达宣传中央 12 月会议精神，还未到濮阳）。经过反复考虑和研究，粟裕设想，一兵团暂不过江，集中中原和华东两大野战军主力，背靠解放区，在黄河以南、淮河以北地区打大规模的歼灭战。另外以一小部分兵力组成许多支游击队，深入江南，扰乱敌人后方，破坏敌人支援战争的力量。

4 月 18 日，粟裕将以上意见正式报告了中央。毛泽东和党中央看到粟裕的电报，极为重视，立即回电请粟裕到党中央汇报。同时还请正在冀中地区视察的朱德总司令和在沿途传达 12 月会议精神的陈毅也去党中央。4 月底 ~5 月初，粟裕和陈毅经西柏坡到达城南庄。

1948 年4 月 30 日 ~5 月 7 日，党中央在城南庄召开书记处扩大会议，毛泽东主持，周恩来、朱德、任弼时、陈毅、聂荣臻、粟裕、李先念、张际春、李涛等出席。会议主要听取粟裕关于华东战场和部队行动的设想的汇报，研究了华东、中原作战问题。最后决定，4 ~8 个月内大部队暂不向江南出动，华东野战军继续集中兵力在中原作战。5 月 5 日，中央把这一决定电告了晋冀鲁豫野战军负责人刘伯承、邓小平和华东局。为了加强对中原作战的领导，中央决定充实中共中央中原局，5 月 9 日发出通知，决定以邓小平为中原局第一书记，陈毅为第二书记，邓子恢为第三书记。同时决定成立中原军区，以刘伯承为司令员，陈毅、李先念为副司令员。南征中原的晋冀鲁豫野战军改为中原野战军。

会议还做出决定，将晋察冀和晋冀鲁豫两个解放区合并为华北解放区。合并两地区的中央局，建立统一的华北局，刘少奇任第一书记，薄一波[①]任第二书记，聂荣臻任第三书记，撤销两区军区，成立华北军区，聂荣臻任司令员，薄一波任政委，徐向前、滕代远、萧克为第一、第二、第三副司令员。

5月18日，毛泽东的住所遇到敌机的轰炸，[②] 当晚移居到阜平县的花山村。5月27日，毛泽东离开花山村，当日到达平山县西柏坡村。[③] 至此，中共中央5大书记在转战一年之后再次会面。

西柏坡是一个小山村，滹沱河水从村前流过，沿河西上是太行山，顺流而下是华北大平原。抗日战争时期，西柏坡曾被誉为“抗日模范村”。1947年3月，刘少奇、朱德依据中央政治局的决定，将离开陕北，东渡黄河时，毛泽东对他们说：“你们到白毛女的故乡去吧！”刘少奇到达晋察冀边区后问聂荣臻：“白毛女的故乡在哪里？”聂荣臻说：“这个传说出在平山，那里倒是个富饶的地方。它的位置在太行山与华北大平原衔接的地方。从抗战开始这里就是我们的根据地，群众基础好。不过，平山的面积很大，东靠石家庄，西与山西接壤，中间或靠东一些更为合适。”5月，朱德派他的秘书潘开文、卫士长齐旺臣，从平山县城沿滹沱河逐村勘察后，一致看中了西柏坡村。这里依山傍水，处在山区与平原的接合部，能进能出，能攻能守。他们向刘少奇、朱德进行了汇报。6月，刘少奇、朱德率中央工作委员会进驻西柏坡村。7月12日，由刘少奇、朱德、董必武、彭真、康生、陈伯达6人正式成立工作委员会（对外称工校，校长为胡服，即刘少奇）。这个时期，刘少奇的胃病日益严重，人消瘦得非常厉害。千里之外转战陕北的毛泽东经常通过电报，关心、询问刘少奇的体重、胖瘦问题。1948年8月，刘少奇与参加土地改革工作结束回到军委的王光美结婚。王光美是北平辅仁大学物理硕士研究生。自此开始，刘少奇逐渐胖了起来。

1948年4月23日，周恩来、任弼时率领中央机关65名同志由城南庄到达西柏坡。5大书记会面后，中央前委、中央后委和中央工委自行撤销。

---

①薄一波，山西定襄人，1908年生。1925年加入中国共产党，曾任中共太原地委组织部部长，中共山西临时省委委员。1929年到唐山、大沽、平汉铁路沿线地区指导兵运工作。1936年8月任中共山西公开工作委员会书记，通过阎锡山建立了“山西牺牲救国同盟会”和山西青年抗敌决死队。1940年后，历任太岳纵队兼太岳军区政治委员，晋冀鲁豫边区行政委员会副主席，中共晋冀鲁豫中央局副书记等职。

②事后查明，晋察冀军区后勤部所属大丰烟厂的副经理孟宪德和军区司令部小伙房司务长刘从文是暗藏的特务，他们把毛泽东的住址报告给了保定和北平的特务机关。

③《刘少奇年谱》下卷，中央文献出版社，1996年9月版，第149页。

为对外保密，称“劳动大学”，中央领导仍用过去的化名。

到1948年9月，经过两年的作战，人民解放军的总兵力已由原来的127万人发展到280万人，同国民党军总兵力的对比已从开始时的1∶3.7变为1∶1.3；由于战斗中积累的新经验和新式整军运动，人民解放军士气高涨，军政素质大为提高，武器装备得到极大改善，不但能打运动战，而且能打阵地战了。解放区面积扩大到235万平方公里，约占全国总面积的1/4；解放区的城市有586座，占全国城市总数的29%；人口达1.8亿，占全国总人口的35.3%；有1亿人口居住的地区已完成了土地改革，广大翻身农民生产支前的积极性高涨；国民党统治区的民主运动和爱国民主统一战线更加发展和巩固。许多海外华侨积极声援人民解放战争。

与此形成鲜明对照的是：国民党军队的总兵力从原来的430万人下降为365万人，而且内部派系矛盾加剧，士气低落，战斗力大为削弱；卫立煌、傅作义、刘峙、白崇禧、胡宗南5大战略集团，已处在孤立被动的困境；人民对国民党的信任已丧失殆尽；经济状况更急剧地走向全面崩溃。蒋介石承认：“就整个局势而言，则我们无可讳言的是处处受制，着着失败”，“无论军事、政治、经济各方面情形的表现，的确是严重而危险的”，已到了“危急存亡的关头”。

1948年9月8日~13日，中共中央在西柏坡机关小食堂召开了政治局会议。到会的有政治局委员毛泽东、刘少奇、周恩来、朱德、任弼时、彭真、董必武7人，还有中央委员和候补中央委员贺龙、叶剑英、徐向前、聂荣臻、薄一波、曾山、邓颖超、滕代远、邓小平、陈毅、饶漱石、廖承志、陈伯达、刘澜涛15人，参加旁听的有中央、中央军委重要工作人员：李维汉、杨尚昆、胡乔木、傅钟、李涛、安子文、李克农、冯文彬、黄敬、胡耀邦10人。这是中共中央自撤出延安后举行的第一次政治局会议，也是到会人数最多的一次中央会议。

会议一开始，先由毛泽东作报告。他分析了国际国内形势后说：“我们的战略方针是打倒国民党，战略任务是军队向前进、生产长一寸、加强纪律性，由游击战争过渡到正规战争，建军500万，歼敌正规军500个旅，5年左右根本打倒国民党。”打倒国民党后，未来新中国的政权性质是什么？他在报告中第一次用人民民主专政这个概念来代替过去所提的工农民主专政。他说：我们政权的阶级性是“无产阶级领导的以工农联盟为基础的人民民主专政”，不仅仅是工农，还有资产阶级民主分子参加，要打倒的是帝国主义、封建主义和官僚资本主义；人民民主专政的国家，是以人民代表会议的政府来代表它的；中央政府的问题，去年召开的12月会议只想到了这个问题，这次就必须作为议事日程来讨论。关于新中国的社会经济性质，毛泽东批评了“新资本主义”的提法，“因为它没有说明，在我们社会经济中起决定作用的东西是国营经济、公营经济，这个国家是无产阶级领导的，所以这些经济都是社会主义性质的”；农村个体经济和城市私人经济在数量上是大的，但不起决定作用；所以，名字还是叫新民主主义经济好。毛泽东还说：“我们反对农业社会主义，所指的是脱离工业的、只要农业来搞什么社会主义。这是破坏生产，阻碍生产发展的，是反动的。”①

会议就毛泽东提出的问题，展开热烈的讨论。刘少奇发言说：打倒国民党，统一全中国，以前是宣传口号，现在是摆在议事日程上来计划了。邓小平插话说：真正带决战性的攻坚这一关还没有过。刘少奇接着说：现在我们是要准备大的会战，消灭它两三个兵团，这一关也没有过；这两关过了，那就解决了；锦州、济南的会战，如果他们的援兵来，那是对我们最有利的。朱德插话说：将来在徐州会战的可能是最大的。刘少奇接着又说：这种思想要在主要将领中大大宣传，解释清楚，这就是围城打援。②

周恩来就军事工作作了一个系统的发言。他说：争取5年胜利是根据过去两年经验所作的谨慎的估计；如果蒋介石垮台早些，胜利来得更快；如果美国出兵，困难要大些；我们今天，自然还是争取5年胜利。周恩来提出第三年军事计划的要点：把战争继续引向国民党统治区，使战争负担加之于敌，“并且要准备若干次带决定性的大会战”，今后仍应力争在运动中消灭敌人，但攻坚战可能增多，使攻坚和野战互相结合；军队组织也要逐渐走向更加正规化、集中化。周恩来指出：第三年的作战，“重心在中原”，“北线重心在北宁路”。周恩来还谈到第三年军队建设的方针：充实野战军，努力建立特种部队，加强地方武装，精简后方机关；统一全军编制的问题，也应该在这次会上确定下来。③

会议提出，从1946年7月算起，用5年左右的时间歼敌500个旅（师）共750万人，从根本上打倒国民党的反动统治，要求各战略区在第三年准备打更大规模的歼灭战。提出要建设500万（现有280万人，准备收容俘虏170万，动员农民参军200万，除去消耗5年后可达500万）人民军队。会议还做出了关于执行请示报告制度的决议，指出用最大的努力克服无纪律状态和无政府状态，克服地方主义和游击主义，将一切可能和必须集中的权力集中于中央和中央代表机关手里，这是夺取全国政权的

①《毛泽东传（1893—1949）》，中央文献出版社，1996年8月第1版，第859页

②③《毛泽东传（1893—1949）》，中央文献出版社，1996年8月第1版，第860页。

前提。

会议结束前，毛泽东作了总结。他说：两年来还没有开过这样的会。这次会上什么都讲了，连前途问题都讲了；关于几年胜利的问题，过去所讲的只是可能性，现在战争已经有两年多了，情况更清楚些，可以带确定成分地来讲了；同时，要充分估计困难和克服困难的可能性，这次会议也作了估计；关于新民主主义和社会主义的问题，两个阶段的过渡问题，少奇同志讲得很好，新民主主义中有社会主义的因素，它的政治、经济、文化各方面都是这样并且是领导的因素，而总的说来是新民主主义的；至于在经济上完成民族独立，还要一二十年时间。① 会后，周恩来对南下的邓小平、陈毅说："你们的位置太重要了，要靠你们去消灭国民党蒋介石的命根子，靠你们去剿蒋介石的老窝。"

10 月 10 日，毛泽东为中共中央起草了《中共中央关于九月会议的通知》，将这次会议的基本情况和决定向全党通报。通知中强调：人民解放军第三年仍然全部在长江以北和华北、东北作战。并且指出：为了"使党的工作重心逐步地由乡村转到城市"和"夺取全国政权的任务"，应该迅速地有计划地训练大批的能够管理军事、政治、经济、党务、文化教育等项工作的干部；"准备在一九四九年召集中国一切民主党派、人民团体和无党派民主人士的代表们开会，成立中华人民共和国临时中央政府"；恢复和发展解放区的工业生产和农业生产。

1948 年 11 月上旬，毛泽东修改和批准了中央军委《关于统一全军组织及部队番号的规定》：②

西北野战军 1949 年 2 月 1 日改为第一野战军，司令员兼政治委员彭德怀，副司令员张宗逊、赵寿山，参谋长阎揆要，政治部主任甘泗淇，辖第一、二兵团；

中原野战军 2 月 13 日改为第二野战军，司令员刘伯承，政治委员邓小平，副政治委员兼政治部主任张际春，参谋长李达，辖第三、四、五兵团及中原军区；

华东野战军 2 月 9 日改为第三野战军，司令员兼政治委员陈毅，副司令员粟裕，副政治委员谭震林、粟裕（兼），参谋长张震，政治部主任唐亮，辖第六、七、八、九兵团及山东军区；

东北野战军 3 月 28 日改为第四野战军，司令员林彪，政治委员罗荣

---

①《毛泽东传（1893—1949）》，中央文献出版社，1996 年 8 月第 1 版，第 860 ~ 861 页。

②1949 年 2、3 月间，部队进行了统一整编，正式成立兵团，纵队改为军、旅改为师。全军使用统一的番号。

桓、邓子恢，副政治委员兼政治部主任谭政，参谋长萧克、赵尔陆，辖第十二、十三、十四、十五兵团，直属第五十军、两广纵队；

解放军总部直辖第十八、十九、二十兵团（3个兵团均由华北军区改编）及华北军区；

东北野战军铁道纵队改为铁道兵团；

各野战军特种兵纵队改为特种兵司令部；

以上共17个兵团、58个军、1个纵队。

1948年11月11日，毛泽东在给各中央局、各前委的电报中，发出“军队向前进，生产长一寸；加强纪律性，革命无不胜”的号召。

早在延安的时候，毛岸英就认识了刘思齐（后改名为刘松林）。刘思齐的妈妈张文秋，湖北省京山县人，1919年在武汉参加“五四”运动，1926年1月加入中国共产党，同年，参加武汉农民运动讲习所学习时和毛泽东相识。刘思齐的爸爸刘谦初，曾参加北伐战争，北伐途中加入中国共产党。大革命失败后，党派刘谦初参加南昌起义，在九江受阻，撤回武汉，又转赴上海，1928年初，任中共福建省委书记，同年底，调任中共山东省委书记。1931年4月5日，刘谦初被反动派逮捕后遭枪杀。1937年，刘思齐和妈妈张文秋来到延安，冬天，张文秋和彭德怀部下一个参加过平江起义的红军战士陈振亚结婚，陈振亚后任八路军一一五师后方留守处的政治部主任。1938年秋，张文秋又生下一个女儿，随母姓，取名张少华（邵华）。1939年，陈振亚经军委批准带全家去苏联治腿伤，在新疆停留期间不幸牺牲。1946年夏天，张治中就任新疆省主席后，将扣押的中共干部和家属120人全部用汽车护送到了延安。不久，刘思齐和毛岸英相识了。

毛泽东撤离延安时，毛岸英东渡黄河，到晋绥解放区参加土地改革。1948年初，毛岸英又到山东渤海地区参加土地复查工作。1948年5月，毛岸英来到西柏坡，在中共中央宣传部担任编辑助理工作。岸英到达西柏坡以后，正赶上刘思齐来西柏坡探亲（刘思齐曾认毛泽东为干爸爸）。过了一些日子，毛岸英就向刘思齐提出婚姻问题，并希望马上结婚。虽然岸英和思齐都同意结婚，他俩知道这事还应该得到毛泽东的同意。1948年8月的一天，他俩来到毛泽东的住处，向毛泽东提出他们要结婚的事，并说已经听取过伯伯和大妈们的意见。

毛泽东说：“你们俩都同意，我没有什么意见。结婚后，你们要好好学习好好工作。”

在谈话的过程中，毛泽东了解到刘思齐还不满 18 周岁。毛泽东就对思齐说："你还不到 18 周岁，过几个月满了 18 周岁再结婚吧。反正我同意，等一等好不好？"

听毛泽东这么一讲，思齐就向毛岸英使个眼色，让毛岸英当着毛泽东的面表个态。

毛岸英说："好，听爸爸的。"两人离开毛泽东的房间。过了一会儿，毛岸英又转了回来。

毛泽东问："你怎么又回来了？"毛岸英说："我从来都是听爸爸的。我今年已经 26 岁了，我想结婚以后好专心致志地学习和工作，就不必在这方面花费那么多时间和精力了。"

"你的意思是不是让我同意你们现在就结婚？"

"是的，就差几个月，很快就到了。"

听到这些，毛泽东发脾气了。他大声说："你是毛泽东的儿子，不管你说什么，思齐还不满 18 周岁，就是不同意你们结婚。"

毛岸英没有料到父亲会跟他发脾气，转身走到院子里，一下子晕倒了。值班哨兵以为他得了急病，急忙把他扶到一间房子里。

过了几天，毛岸英向父亲做了检讨，承认了错误。

二　济南战役

自 1947 年底到 1948 年初，国民党军被迫转入"全面防御"和"分区防御"阶段。分区防御，即将整个军事战场分为南、北两线。北线包括东北、华东两大区：东北国民党军重点防守沈阳、四平、长春、吉林以及沈锦路两侧地区，以维护辽西走廊；华东国民党军则以主力配置于平、津、保、唐四边地区，维护平汉线、津浦线以及各战略要地。南线包括大巴山以东、长江以北、黄河以南的华东、华中、西北广大地区。自 1948 年 1 月，国民党统帅部在美国顾问团的指挥下，划分了 20 个绥靖区，每个绥靖区配置了 3 ~5 个旅，兵力部署主要集中于各战略要点及交通线上。同时，成立第二、第三、第四、第五、第十共 5 个机动兵团，对人民解放军实施战役进攻、扼要堵截或机动救援。总体战略方针可为：肃清华中、巩固华北、恢复东北。

1948 年 3 月 8 日 ~14 日，陈粟野战军主力及陈谢兵团一举攻克豫西重镇洛阳，全歼守敌近 2 万人。

刘邓野战军及陈谢兵团又于5月2日~17日发动宛西战役，在淅川、邓县、镇平等地歼敌2.17万人；5月29日~6月3日，复发动宛东战役，歼敌1.13万人。

华东野战军8个纵队，中原野战军两个纵队以及冀鲁豫和豫皖苏军区部分兵力，在华东野战军代司令员兼代政治委员粟裕统一指挥下，于6月17日~22日一举攻克河南省会开封，全歼守敌3.96万人，击毙国民党整编第六十六师师长李仲辛。这一突如其来的打击，击破了蒋介石4月时在“国民大会”上所作的“保证6个月内肃清黄河以南之共军”的呓语。河南“国民大会”的代表们，闯进总统府吵闹不休，蒋介石调集邱清泉、区寿年、黄百韬3个兵团，分路驰援，并被迫亲临开封上空督战。陈粟野战军主力则于6月27日~7月6日，挥师于豫东，经9昼夜激战将敌增援开封之区寿年兵团4个整旅及其他部队共5.42万人全歼于睢县、杞县地区，生俘兵团司令区寿年、整编第七十五师师长沈澄年以下3万余人。

7月2日~16日，刘邓野战军一部全歼鄂西襄樊守敌2.05万人，生擒国民党特务头子康泽。

西北彭张野战军围攻宜川县城，吸引敌整编二十九军来援，1948年2月29日~3月2日在宜川县西南的瓦子街地区，一举将援敌围歼，复于3月3日攻克宜川县城，歼敌整编二十九军军部，整编二十七师、九十师各两个旅及其他部队共2.95万人。整编二十九军军长刘戡自杀，整编九十师师长严明被其电话兵击毙，活捉整编二十九军参谋长刘振世、整编二十七师副师长李奇亨、整编二十七师副师长兼整编二十四旅旅长张汉初。由于这一胜利的影响，迫使敌人于4月21日放弃延安南逃，西北野战军一举收复延安。25日，敌又放弃洛川。彭张野战军乘胜向西府地区进攻，捣毁胡宗南西北重要供应基地——宝鸡，然后挥师陇东，歼敌整编七十六师、九十师、三十八师等部2万余人，击毙敌新任七十六师师长徐保。西安学生为讽喻胡宗南的失败，特送对联一副：

刘戡戡内乱内乱未平身先死；
徐保保宝鸡宝鸡未保一命亡。

东北林罗野战军于1947年12月15日~1948年3月15日在四平街至大石桥的中长路沿线、山海关至沈阳的北宁路沿线消灭敌人15.6万余人（其中营口守敌1个师起义），俘敌新五军军长陈林达等高级军官以下1.5

万人。① 攻克战略要地四平街，收复营口及其他城市共18座，扩大解放区10.9万余平方公里，解放人口610余万。敌军在东北的占领区，缩小到东北面积的2%左右，沈阳成了孤立的死城，吉林之敌逃往长春。这时东北的国民党军只剩下长春、沈阳、抚顺、本溪、锦州、葫芦岛等几个孤立据点，军民补给全靠飞机运输。

华北人民解放军杨得志、罗瑞卿兵团于1948年3月21日~4月8日发动了察南、绥东攻势，歼敌1.84万余人，收复察南广大失地。5月12日~6月25日，在古北线及北宁线的唐山、昌黎段轮番进攻，歼敌2.43万余人。

华北人民解放军杨成武兵团于7月15日~20日向保定以北徐水、定兴地区攻击，歼敌1万余人，解放了涞水、定兴、徐水、新城4座县城。

华北人民解放军徐向前、周士第兵团于1948年5月17日，攻击晋南重镇临汾，歼敌2.5万人，俘虏国民党第六集团军副总司令梁培璜，使吕梁与太岳两解放区连成一片。6月11日~7月21日，复向太原至灵石晋中平川地区发动强大攻势，歼敌太原绥靖公署副主任赵承绶集团10万余人，俘赵承绶以下5.5万余人，解放了晋中14座县城，孤立并包围了太原城。

华东人民解放军许世友、谭震林兵团于1948年3月11日~22日，在胶济路西段发动攻势，收复了周村、张店、淄川、博山等地区，歼敌3.94万余人。4月2日~5月8日复向潍坊地区进攻，歼敌4.56万余人，生俘整编九十六军军长陈金城。渤海、胶东、鲁中南三解放区完全联系起来。5月29日~7月18日，再向津浦线上之兖州、济宁进攻，歼敌6.36万余人。山东解放区除济南、青岛、临沂等少数据点外，大部收复。

人民解放军此时在数量上已壮大到280万人，且已熟练掌握了炮兵、工兵技术，并从石家庄、运城、洛阳、开封、潍县、四平街诸战役中，锻炼出一套相当完整的攻坚战术和经验，部队的士气和政治素质亦大大提高。

国民党兵力虽还有360余万人，但除去后方守备兵力，能集中到前线

---

①1947年8月，陈诚秘密地赴沈阳接替熊式辉为东北行辕主任，10月，东北人民解放军发动秋季攻势，先后消灭陈诚部队近10万人。1948年1月1日后，陈诚准备由铁岭、沈阳、新民三路出兵向解放军“扫荡”时，1月7日，人民解放军发动奇袭，在辽西公主屯歼灭国民党在东北的精锐部队之一新五军。1月8日，蒋介石飞往沈阳痛骂第九兵团司令廖耀湘及六军军长李涛。蒋介石走后，陈诚叫他的老婆谭曼意去南京搬出宋美龄求蒋介石把他调回南京。1948年1月17日，蒋介石派卫立煌为东北行辕副主任兼东北“剿匪”总司令，蒋介石把卫立煌从上海召来，去沈阳接替陈诚。1948年2月5日，陈诚悄然离开沈阳飞回南京，2月12日，蒋介石命卫立煌兼代东北行辕主任。

的仅有170万人，则士气和战斗力很低，内部派系矛盾也日趋严重。国民党军被迫放弃“分区防御”而改为“重点防御”。1948年5月，蒋介石免去白崇禧国防部长的职务由何应钦接任（白以华中“剿总”总司令之职离南京赴武汉就职），陆军总司令顾祝同接陈诚为参谋总长，余汉谋接任陆军总司令之职（何、顾、余等人，所以能担任这些要职，不是因为他们有个性和才能，而是因为他们是蒋介石的亲信）。7、8月间，蒋介石在南京召开军事检讨会。大会通过的战略方针，主要是实行战略上的持久战，目前应并用歼灭战与消耗战。确定：彻底集中兵力，确保辽东、热河、华北；在黄河以南，长江以北，实行堵剿兼施，编组强大的进剿兵团，[①] 寻找解放军主力决战；建立以兰州为中心的独立作战地带，确保甘、青、宁、新诸省；加强西安地区之兵力，以应急需，并确保关中、汉中；在长江以南各省成立绥靖区，培养地方武力，掠取人力物力，消灭分布在南方各省的人民游击队，巩固后方。

在重点防御中，蒋介石特别重视济南。济南，是京沪、平津间第一大城市，是南北大动脉的中心，同时又是中原和鲁西、苏北两大战场的天然屏障，与徐州首尾相接。

国民党进驻济南的部队有9个正规旅和6个保安旅，连同特种部队共计11万余人。在济南设立第二绥靖区司令部，任命王耀武为司令长官兼山省省主席，管辖东至青岛，西至东平，南至大汶口，北至德州的广大地区。蒋介石还亲往济南，向王耀武面授机宜，指挥布置防务。济南守敌修筑了以内城为核心，以外城和商埠为基础的永备防御地带，分5道防线，总面积达600平方公里。另备有充足的军火、粮食等，以防遭受长期围困时可保证供应。同时，在徐州地区配置3个兵团约23个旅、17万人的兵力，随时北援解围。

1948年7月，攻克兖州后，中共中央军委和毛泽东于7月14日5时电示：攻克兖州甚慰。……八十四师歼灭后，请考虑以主力立即北上，占领济南飞机场，筑工事固守，使敌不能向济南增兵，以利尔后夺取济南，另以一部攻歼济宁、汶上之敌。毛泽东并多次发电与华东野战军首长磋商攻济打援方案。

8月10日，华东野战军首长提出3个作战方案：①集中全力转到豫皖苏及淮北路东地区，截断徐蚌铁路，孤立徐州，将重点放在打援上；②集

①1948年8月4日，南京军事会议决定，裁并“绥靖区”，扩建新的“机动兵团”，将每个兵团的兵力配备五六个旅以至十二三个旅之多，并加强各战略重要城市的兵力和防御攻势，使解放军“吃不掉”和“啃不烂”。

中主力首先攻占济南，对可能北援之敌，仅以必要兵力阻击之；③攻济与打援同时进行，但应有重点地配备与使用兵力。

中央军委和毛泽东于8月12日复电，9月作战，预计有3种可能：①打一个极大的歼灭战，这即是你们所说既攻克济南又歼灭援敌大部；②打一个大的但不是极大的歼灭战，这就是攻克济南，又歼灭一部分但不是大部分援敌；③济南既未攻克，援敌亦不好打，形成僵局，只好另寻战机；中央目前倾向于你们的第二方案，争取这里的第二项结果。①

为策应华东野战军的攻济作战，中央军委指示中原野战军进行有力配合，用一部兵力出襄樊，佯攻南阳，出武胜关，割歼平汉中段之敌；以一部兵力攻徐州东南郊外围之敌；另以几部兵力发动向徐海、徐蚌、商兰线之破击，以求牵制徐州之敌不敢北援。

华东野战军以14万人组成攻城集团，以18万人组成打援集团。9月9日~13日，攻城各部隐蔽向济南开进，9月16日夜，济南战役正式发起。17日晚，王耀武恐战线过长被割围歼，放弃外围防御地带。解放军乘敌收缩之机，迅速向敌外围主阵地纵深猛插。

9月18日，攻城部队歼敌八十四师一部，并以炮火控制了飞机场，迫使敌人中断了空运，进一步动摇了守城敌军的信心。

9月19日，敌整编第九十六军军长吴化文在解放军强大军事压力下，率部3个旅约2万多人举行战场起义。解放军迅速扫清外围据点，从四面包围了济南市区。

王耀武考虑弃城突围，但蒋介石严令其坚守待援。

9月20日18时~22日，解放军攻破商埠。为不使敌人有喘息整顿的机会，攻城兵团于22日18时30分在强大炮火掩护下，迅速拿下外城。

9月23日18时，攻城部队全部炮兵向内城发起冲击。经过一夜血战，于24日拂晓主力一部突入内城与敌巷战。

王耀武见大势已去，化装潜逃。至24日黄昏，解放军全歼内城守敌，济南宣告解放。马鞍山、千佛山守敌亦分别于25、26日向解放军投降。王耀武逃到寿光，还有几个敌军头目逃到胶县、藤县，均被当地严密布防的地方武装、民兵和人民群众擒获。

中共中央为解放济南给华东人民解放军贺电：解放济南，歼敌10万的伟大胜利，证明解放军攻坚能力已大大提高；这一胜利的影响已动摇了蒋介石反动军队的内部，这是两年来革命战争发展中给予敌人最严重的打击

---

①《毛泽东年谱（1893—1949）》下卷，人民出版社、中央文献出版社，1993年12月第1版，第334页。

之一。

此役有 50 万民工支前，动用 1.4 万副担架，1.8 万辆小车，组成 12 所野战医院，设立几百个转运战，大批粮食、弹药、作战器材和军需物资都按计划运到了战区。

三　辽沈战役

国民党在东北全区的总兵力有 4 个兵团共 14 个军、44 个师（旅），加上地方保安团队，约 55 万人，分别收缩在沈阳、长春、锦州 3 个孤立地区：东北行辕副主任、东北“剿总”司令卫立煌率第八和第九兵团共 8 个军 24 个师，约 30 万人，守备沈阳及本溪、抚顺、铁岭、新民地区，作为防御中枢集团，以确保沈阳并支援锦州、长春两地；东北“剿总”副司令兼第一兵团司令郑洞国率两个军共 6 个师又 3 个旅，约 10 万人，守备长春孤城，以牵制解放军主力；东北“剿总”副司令兼锦州指挥所主任、冀热辽边区司令范汉杰率第六兵团共 4 个军 14 个师，约 15 万人，位于义县、锦州至山海关之线，主要兵力守备锦州、锦西，以确保与关内陆上和海上联系，为沈阳、长春两地提供补给基地和控制撤退通道。国民党军采取“集中兵力，重点守备，确保沈阳、锦州、长春，相机打通北宁线”的方针。一旦形势发展不利，再经北宁线从陆上或经营口、葫芦岛从海上撤退。

蒋介石亦曾想作撤退东北，巩固华北，确保华中的战略布局调整，但一直犹豫不决，举棋不定，东北蒋军思想混乱，官兵厌战。

此时，东北人民解放军已发展为 12 个纵队，又 1 个炮兵纵队，1 个铁道兵纵队，17 个独立师，共为 53 个师 70 多万人，加上地方军共 103 万人，经过新式整军运动后，战斗力大大增强。

早在 1948 年 2 月，中共中央军委和毛泽东就向东北人民解放军提出封闭蒋军在东北，加以各个歼灭的设想。在随后数月内，又一再强调实行这一方针的必要性和可能性。

东北野战军司令员林彪再三提议先打长春，认为打长春的条件有利，南线作战有诸多困难。电报军委，准备集中 9 个纵队打长春（7 个攻城，2 个在四平以南打援），3 个纵队置锦州、沈阳、四平之间，钳制敌人。林彪说：“以上是我们的根本意见，其他意见也曾加以考虑，均认为不甚适宜。”

此后，中共中央军委和毛泽东就先打长春还是南下作战等问题，与东北局及东北野战军首长进行了反复磋商，并在4月22日的电报中指示："不应当强调南下作战之困难，以免你们自己及干部在精神上处于被动地位。"① 7月22日，又发出电报："向南作战具有各种有利条件，我军愈向敌人后方前进，愈能使敌人孤悬在我侧后之据点被迫减弱和撤退。这个真理已被整个南线作战所证明，亦被你们的作战所证明。"②林彪对南下作战还是未下决心，认为锦州敌众、工事强，提议先打北宁路上锦州、山海关间几个小点，同时提议华北野战军派兵围攻大同把北平傅作义的主力调去西线，以策应东北战场。7月30日，中共中央军委、毛泽东的电报指出："关于你们新的作战计划，我们觉得你们应当首先考虑对锦州、唐山作战，只要有可能，就应攻取锦州、唐山，全部或大部歼灭范汉杰集团"，然后再向承德、张家口打傅作义。③并且指出，目前北宁路正好打仗，你们应当迅速出动。9月初，东北野战军首长才明确了南下北宁路作战的决心，并向全军发布了政治动员令，为主力南下作战进行了政治动员、筹划财经军粮、调整后勤机构、组织运输力量、扩军补充兵员等各项准备工作。9月7日，中央军委和毛泽东又提出"置长沈两敌于不顾，专顾锦榆唐一头"的作战方针，并明确指出，必须在9、10两月或再多一点时间内歼灭锦州至唐山一线之敌，并攻克锦州、榆关、唐山诸点，再准备在打锦州时歼灭可能由长、沈援锦之敌。④

在北宁线锦榆段上，范汉杰集团以6个师守锦州，1个师位于义县，1个师位于高桥，4个师位于锦西、葫芦岛和兴城之线，2个师位于绥中、山海关和秦皇岛之线。东北野战军根据中央军委提出的战役方针和上述敌情，决定以第三、四、七、八、九、十一等6个纵队另4个独立师，对付锦州范汉杰集团，分别包围歼灭义县和北宁线锦州至昌黎各个孤立据点之敌，相机攻取锦州、锦西、山海关或承德。

同时，以第一、二、十等3个纵队（欠1个师）位于沈阳以西地区，以第五、六两个纵队位于沈阳以北地区，共同对付沈阳卫立煌集团，并阻长春敌人突围；以第十二纵队和9个独立师继续围困长春之敌，并阻止其南逃。

9月12日，东北野战军按照预定计划发起了战役行动，第十一纵队在冀热辽骑兵师等部队配合下，自建昌营出发，以突然奔袭的行动攻占了昌

①② ③《毛泽东年谱（1893—1949）》下卷，人民出版社、中央文献出版社，1993年12月第1版，第303、325、328页。

④ 《毛泽东选集》第四卷，人民出版社，1991年6月版，第1335页。

黎及其以西地区；热河独立第四、六、八师自热河东部地区出发，突袭包围了兴城、沙后所、绥中之敌，切断了敌锦州、唐山之间的联系。16日，东北野战军第四、九纵队分别由鞍山、台安出发，插入义县、锦州之间，经两天战斗，第四纵队包围了义县之敌。第三纵队和第二纵队第五师从东丰、四平地区车运南下，20日在阜新下车后继续南进，接替第四纵队包围义县的任务，第四、九纵队转而南进，24日，第四纵队攻占砬子山等要点，在兴城东北歼敌一部，切断了兴城和锦西之敌的联系。25日，第八、九两纵队在锦州以北歼敌一部，并攻占了葛文碑、帽儿山等锦州以北及东北敌之重要外围阵地。同时，第七纵队也从四平南下渡过大凌河，迂回到锦州西南地区，会同第四纵队1个师于27日攻占了塔山、高桥、西海口。28日，热河3个独立师攻占绥中。29日，第四纵队攻占兴城。10月1日，第三纵队和第二纵队第五师，在炮兵纵队主力配合下攻克义县，夺下了锦州屏障。至此，辽西走廊除锦州、锦西两孤点外，其余均被解放军攻占，锦州之敌完全陷于重围之中。

战役开始前，东北国民党军，长时间为解放军的“练好兵，打长春”所迷惑，及至北宁路打响，才从麻痹中惊醒，觉察到了共军的意图是要关闭国军的大门。战役开始时，蒋介石正忙于解救山东战场的济南，还顾不上东北。范汉杰向上告急求救，蒋介石一面令范汉杰坚决固守，一面令卫立煌和傅作义派兵出援。10月2日，蒋介石飞到沈阳，不顾卫立煌的反对，决定以11个师又3个骑兵旅（内有国民党军5大主力中的新一、六军）组成西进兵团，由第九兵团司令廖耀湘指挥，从新民出彰武、新立屯，企图切断解放军的后方补给线；另以9个师（后增至11个师）组成东进兵团，由第十七兵团司令侯镜如指挥，沿铁路线北犯，企图于10月10日开始攻击塔山，救援锦州之敌。

攻克义县后，东北野战军指挥机关获悉，国民党军将以第六十二军和独九十五师，由山海关和天津海运葫芦岛，增援东北。林彪以“准备的是一桌菜，上来了两桌客”为由，于10月2日致电中央军委，考虑放弃北宁路作战，回师打长春。10月3日，中共中央军委和毛泽东电示东北野战军：你们应利用长春之敌尚未出动，沈阳之敌不敢单独援锦的目前紧要时机，集中主力，迅速拿下锦州。“只要打下锦州，你们就有了战役上的主动权，而打下长春，并不能帮助你们取得主动，反而将增加你们下一步的困难”。[①] 东北野战军据此指示，从长、沈方面抽调两个纵队参加北宁线作

---

①《毛泽东年谱（1893—1949）》下卷，人民出版社、中央文献出版社，1993年12月第1版，第351～352页。

战，并为改变兵力重新作了部署。10月4日，中共中央军委和毛泽东又电示：你们决心攻锦州，甚好甚慰。你们决定以四纵和十一纵全部及热河2个独立师对付锦西、葫芦岛方面之敌，以一、二、三、七、八、九共6个纵队攻锦州，以五、六、十、十二共4个纵队对付沈阳援锦之敌，以9个独立师对付长春之敌，这是完全正确的。并说：这才算把重点放在锦州、锦西方面了，纠正了长时间内平分兵力没有重点的错误，在此以前我们和你们之间的一切不同意见，现在都没有了。望你们的部署，大胆放手地坚持实施。①

10月7日，蒋介石回到北平，告诉傅作义说他要到上海去，因战事紧张，傅作义劝蒋介石不要去，蒋介石说他有私事要办。原来是蒋介石接到宋美龄的信，说蒋经国在上海“打虎”② 抓了“扰乱金融”的扬子公司的经理孔令侃。孔令侃是宋霭龄的大儿子、宋美龄的亲外甥，当宋美龄得到此消息后急得要命，立即给在前线指挥作战的蒋介石去信，让蒋介石回来放人。于是蒋介石10月8日从激战的前线飞到上海，发现孔令侃已被夫人宋美龄救回南京，他亦于9日回到南京。

10月9日，东北野战军对锦州外围阵地开始攻击。10日，南北两路援敌开始了援锦作战行动。这天，中共中央军委致电东北解放军：“你们的中心注意力必须放在锦州作战方面，求得尽可能迅速地攻克该城。即使一切其他目的都未达到，只要攻克了锦州，你们就有了主动权，就是一个伟大的胜利。”

10月14日11时，解放军对锦州发起总攻，迅速突破城防，割裂敌防御体系。经过31个小时的激战，至15日下午6时，歼敌13万人，活捉敌东北“剿总”副司令范汉杰、第六兵团司令卢浚泉、辽西行署主任贺奎等将官35人。

---

①《毛泽东年谱（1893—1949）》下卷，人民出版社、中央文献出版社，1993年12月第1版，第352、353页。

②1948年国民党财政赤字高达900亿元，蒋介石弥补财政赤字惟一的办法就是无止境地印发钞票，结果促使物价飞涨，各地物价平均比战前的1937年上涨800万倍。1948年8月13日，蒋介石在司徒雷登的帮助和策划下，搞出了一个“经济紧急处置方案”：实行“币制改革”（发行新币——金圆券，规定以300万元法币兑付1元金圆券，限10月20日前兑付完毕）和“限价政策”；限期以金圆券兑换人民持有的黄金、白银与外汇，逾期任何人不得持有，持有者严办；限期登记本国人存入外国的外汇资产，违者制裁等等。并委派蒋经国以“上海经济督导员”的头衔，带着“经济戡建大队”来到上海贯彻新经济政策，收兑人民手中的金银、外币。此举在一定程度上也打击了一些奸商污吏，当他触及到国民政府的台柱子——蒋宋孔陈四大家族、江浙财团时，就进行不下去了。1948年11月1日，国民政府正式公布停止“经改”、取消“限价”，人民群众手中刚用黄金、白银兑换出来的金圆券，转眼之间，形同废纸。

解放军阻援部队为配合主力攻取锦州，同敌展开英勇顽强的战斗，敌东进兵团于10月10日～15日，每天以3～5个师的兵力轮番向塔山阵地猛烈袭击，企图经此增援锦州。解放军依托阵地同敌激战6昼夜，阵地屹立未动，对保障主力全歼锦州守敌起了决定性作用。敌西进兵团亦被阻于新立屯以北地区。

攻克锦州和全歼范汉杰集团，使东北战局急转直下。10月15日，蒋介石偕宋美龄由南京飞临沈阳，手令长春守敌即刻突围撤逃。16日，蒋介石得知锦州失守，不敢在沈阳再住，偕宋美龄飞回北平。长春守敌经久困长围，内无粮草，外无援兵，濒临绝境，在解放军军事压力和政治攻势以及锦州失守的影响下，第六十军①军长曾泽生于10月17日率部起义。敌东北"剿总"副司令兼第一兵团司令郑洞国和新编第七军军长李鸿被迫于19日率部投诚，守敌10万余人全部放下武器，长春宣告解放。

10月18日，蒋介石匆忙飞到沈阳。他估计解放军伤亡严重，短期内不能再战，并判断解放军可能会入关作战。遂决定临时调任东北"剿总"副司令兼冀热辽边区司令杜聿明赴葫芦岛统一指挥辽西作战；令锦西、葫芦岛之敌东进兵团继续北犯；令新立屯、彰武之敌廖耀湘西进兵团立即南进。企图夹击解放军，重占锦州，打通从陆上撤退的通道。蒋介石同时亦令沈阳之敌第五十二军两个师南下占领营口，控制从海路撤退的通道。

东北野战军首长向中央军委建议，将廖部诱至新立屯、黑山地区予以消灭。中央军委和毛泽东自19日起连续电示："如果在长春事件之后，蒋、卫仍不变更锦葫、沈阳两路向你们寻战的方针，那就是很有利的。在此种情形下，你们采取诱敌深入打大歼灭战的方针，甚为正确"，"因沈敌决心撤退，你们须用全力抓住沈敌，暂时不能打锦、葫，在歼灭沈敌以前，锦、葫应由攻击目标改变为钳制目标"，"即不打锦、葫而打廖耀湘"，"以全歼廖兵团为目的"。并对兵力使用、作战方法、断敌逃路和动员工作作了布置，要求抢占营口愈快愈好。② 遵照中央军委指示，东北野战军以主力第一、二、三、七、八、九等6个纵队和炮兵纵队于10月20日、21日自锦州地区分批分路向新立屯、黑山方向前进，以求与第五、六（欠一个师）、十纵队合围廖耀湘兵团；第五纵队于阜新东南地区，第六纵队主力于彰武东北地区，第十纵队和第一纵队1个师于黑山、大虎山地区共同阻击、迟滞敌人前进，以争取时间，待主力赶到后参加合围歼敌；第四、

①此军原属云南滇系。

②《毛泽东年谱（1893—1949）》下卷，人民出版社、中央文献出版社，1993年12月第1版，第364～365页。

十一纵队继续于塔山地区阻击锦、葫之敌北进；以第十二纵队和5个独立师自长春星夜兼程南下，进至铁岭、通江口地区，钳制沈阳之敌；以独立第二师向营口方向前进，切断海上退路。

廖耀湘兵团于10月21日由彰武南下，23日与解放军在黑山、大虎山地区接触，廖兵团进攻3天，毫无进展。解放军主力和由彰武南下的一部兵力，于25日接近廖兵团的两翼和侧后。廖怕陷入合围，遂向大洼、营口方向逃跑，途中与北调的解放军独立二师在台安县西北地区相遇。廖以为解放军主力已先到达，惊惶失措，调头向新民，企图回窜沈阳。解放军发扬英勇顽强的战斗作风，于26日将廖兵团合围在辽河以西、大虎山以东、无梁殿以南、魏家窝棚以北约120平方公里的地域内，并对敌展开围歼战。至28日，全歼被围之敌10万余人，活捉兵团司令廖耀湘和军长李涛、白凤武、郑庭笈等。

辽西会战后，卫立煌见大势已去，便乘飞机逃往葫芦岛。留下残军第五十三军2个师、第二〇七师2个旅、新编第一军1个师、4个守备总队（师）、3个骑兵旅以及地方武装，共14万余人，统由第八兵团司令周福成指挥，企图以坚守沈阳掩护从空路和海路撤退。

东北野战军遵照中央军委指示，快速转兵辽南，令第一、二纵队向沈阳，第七、八纵队向沈南，第九纵队向营口急进；令长春地区南下的各独立师和铁岭附近的第十二纵队分途向沈阳进击，夺取沈阳，攻克营口，断敌空中和海上的退路；令第三、五、六纵队留在辽西地区继续进行清剿；令第四、十一纵队仍在锦西执行阻击任务。11月1日，解放军突入沈阳市区。2日，全歼守敌14万余人，活捉周福成等高级将领多人，沈阳宣告解放。同日，解放营口。因国民党军先解放军占领营口，致使第五十二军军长刘玉章率1个军部、1个师和3个团共1万余人乘船南逃。毛泽东曾致电批评林彪、罗荣桓和刘亚楼："忽视对营口的控制，致使五十二军部队于24日占领营口，是一个不小的失着。"

11月9日和12日，锦西、葫芦岛和承德之敌，分别由海上和陆路撤向关里。东北全境至此全部解放。

辽沈战役中，共歼灭国民党军47.2万人，人民解放军伤亡67397人（其中牺牲14011人）。在攻克义县的战斗中，东北炮兵司令员兼炮兵学校校长朱瑞得知解放军又缴获到一批各式火炮，在上前线检查接收途中，误踩了敌人埋设的地雷，光荣献身，时年43岁。

东北人民踊跃参军参战，组建了80个新兵补充团，保证了兵员的供应。东北解放区用于直接支援前线的民工达160万人，担架13.7万副，大车12.9万辆，抢修公路4370华里，搭架桥梁383座，运送到前线的军粮7000万斤，为前线提供棉衣100万套。各地送到前方的慰问信30多万封，肥猪38.5万多头。

1948年11月2日，中国共产党中央委员会致电林彪、罗荣桓、高岗、陈云、东北人民解放军同志和东北全体同胞："热烈庆祝你们解放沈阳，全歼守敌，并从而完成解放东北全境的伟大胜利。东北是中国工业特别是重工业最大的中心，国民党反动政府在美国帝国主义积极援助下，从一九四五年冬季以来就曾经用极大力量来抢占东北，先后投入兵力及收编伪军胡匪共达110万人。依靠我东北前后方全体军民团结一致，英勇奋斗，并得到我关内各解放区的胜利配合，在三年的奋战中歼灭敌人100余万，终于解放了东北九省①的全部土地和3700万同胞，粉碎了中美反动派奴役东北人民并利用东北以挑拨国际战争的迷梦，奠定了在数年内解放全中国，然后将中国逐步建设为工业国家的巩固基础。中国共产党中央委员会谨向全东北军民表示感谢与敬意，希望你们继续努力，与关内人民和各地人民解放军亲密合作，并肩前进，为完全打倒国民党反动派的统治，驱逐美帝国主义在中国的侵略势力，解放全中国而战。

东北解放战争中牺牲的英雄们永垂不朽!"

辽沈战役刚开始时，蒋介石想乘晋察冀野战军二、三兵团主力在平绥线配合作战之际，组织一支快速部队突袭石家庄和中共中央所在地西柏坡，借以缓和北线压力，扭转战局。

10月下旬，国民党主力第九十四军、新编骑兵第四师等部为先导，以三十五军、十六军、九十二军为后续部队，并配备500辆汽车，装载大量弹药，由涿县等地经保定南下。

10月24日，中共驻北平地下工作者崔月犁得知这一消息，通过中共城工部部长刘仁向中央军委报告，中央军委副主席周恩来电令杨（得志）罗（瑞卿）耿（飙）兵团派留守部队到保定以南阻击敌人，并派另一支部队直开新乐、正定之间，沿沙河、滹沱河西线布置抗阻阵地。西柏坡的警卫部队也加紧练兵，当地农民紧张地秋收秋种，坚壁清野，中央机关安排有计划地疏散。

中共中央军委还三次电示东北野战军林彪、罗荣桓、刘亚楼，令其派部队进入玉田、蓟县、三河、宝坻地区威胁平古、平津、平榆三线，主要

---

①1945年日本投降后，国民党曾将东北辽宁、吉林、黑龙江三省改划为：辽宁、辽北、安东、吉林、合江、松江、黑龙江、嫩江、兴安9个省。

威胁北平，迫使南下之敌一部回头；中央军委还令太原兵团徐向前、周士第、陈漫远严密围困阎锡山所部，保障石家庄侧翼的安全。

同时在政治上也展开攻势，揭露敌人的阴谋。10 月 25 日 ~31 日，毛泽东为新华社写了 3 则电讯：《蒋傅匪军妄图突击石家庄》、《华北各首长号召保石沿线人民准备迎击匪军进扰》、《评蒋傅匪军梦想偷袭石家庄》，以震慑敌人和鼓舞解放区军民。毛泽东写的这些消息和评论，经新华社向全国广播后，敌突袭副总指挥刘化南哀叹说："我们自以为这是一次极为秘密的行动，可是部队尚未出发，解放军对一切都了如指掌，登在报上，只怕此举是有去路，无回路！"另一位副总指挥、敌骑四师师长刘春方，几次向傅作义发电告急：解放区军民防守甚严，此举请钧座考虑。要求尽快班师回朝。

10 月 24 日 ~27 日，国民党军集结保定，28 日开始南犯，30 日抵定县以北唐河北岸，骑兵陆续南进。情况十分严重，保定至石家庄只有 300 多华里，进犯之敌如不顾一切地突进，用 2 ~3 天便可到达石家庄。而远在平绥线上的华北解放军即使日夜兼程赶到保定也要 4 天，平汉线军民紧急动员，实行村村联防、空室清野，以游击战、地道战、麻雀战迎击敌人，致使出保定的国民党军 2 天才走了几十里路，被阻在唐河北岸不能前进。

10 月 28 日，华北野战军主力一部越过平绥线，连续行军 4 昼夜，跑了 600 多里，于 11 月 2 日到达易县、望都。南犯之敌，发现解放军主力南下，慌忙收兵北撤。解放军抓住战机，尾随追击敌九十四军，歼敌一部。这次偷袭，国民党损兵 3700 余人、战马 240 匹、汽车 90 余辆及大批作战物资。1948 年 11 月 12 日，适逢石家庄解放 1 周年，聂荣臻发表《石家庄永远是人民的》文章，对此役作了总结。

四　淮海战役

济南被攻克后，蒋介石受到极大的震慑，他暴跳如雷，竟将收音机摔得粉碎。他对此结局深表失望，说："该城失陷实出乎意料之外……过去不惜任何牺牲以坚守强固据点或主要城市的战略，必须改变。"据此，蒋介石曾决心放弃徐州，坚守两淮，以确保南京外围。企图在淮河附近地区挫败解放军主力，来争取第二线战略配置的时间。但是蒋介石、何应钦又考虑到撤防而守，部署不易，若人民解放军跟踪南下，并乘机渗透于两淮苏皖之地，不但南京直接处于威胁之下，中原屏障尽失，武汉三镇必将陷于暴露动摇之中。于是又认为徐州之地自古为兵家所必争，不可随意放弃。

徐州“剿总”副总司令杜聿明拟定了《对山东共军攻击计划》。他认为，要打开国民党到处挨打被消灭的危局，必须争取主动，先发制人。他提出的作战方针是：在解放军中原、华东两大野战军东西分离之际，集结主力寻求华野之一部一举消灭，进而击破主力，达到收复泰安、济南之目的；以华中国民党主力在豫西方面牵制解放军中野，以利徐州国民党主力向解放军华野主动进攻。10月上旬，蒋介石勉强采纳杜聿明竭力主张的这一作战计划。

辽沈战役开始前几天，杜聿明奉蒋介石的命令，将郑州放弃，缩短战线：西起商丘，东到连云港，机动地集中邱清泉、李弥两个兵团，作北向进攻的主力部队；调孙元良兵团自蒙城、涡阳地区，星夜靠拢徐州；调另一“王牌”部队黄维兵团，自驻马店附近出发，靠拢徐州、蚌埠之间，既策应以徐州作中心攻防战，又企图隔断刘邓大军和陈粟大军的会合；黄百韬兵团则一字横陈于陇海路东段的碾庄至海连一线，企图随时配合邱、李两后团，机动地向济南进攻。

10月中旬，由于辽沈战役吃紧，蒋介石急忙要杜聿明中止这一计划，和他一齐飞往东北。杜聿明离开徐州后，国民党徐州“剿总”总司令刘峙没有实施杜聿明拟定的这一进攻山东计划。

10月22日，国民党何应钦、顾祝同在南京召开军事会议，研究中原地区的作战计划。会上，何应钦根据中原解放军主力向禹县移动的情报，判断中原野战军即将进攻郑州，也可能协同华东野战军向徐州进攻。因此主张：徐州“剿总”放弃陇海线上各大城市，集中主力于徐州外围；同时提出由国民党华中“剿总”总司令白崇禧统一指挥中原地区的国民党军队，黄维兵团进出周家口，依情况策应徐州“剿总”或华中“剿总”作战。

23日，在北平的蒋介石根据国防部22日军事会议的报告，决定：①徐州方面应取攻势防御，可放弃郑州、开封、兰考等城市；②华中、徐州两“剿总”由白崇禧统一指挥；③第二军和第十五军可并入黄维兵团，华中“剿总”必要时可放弃南阳，以便黄维兵团进出周家口；④令宋希濂任徐州“剿总”副总司令。

24日，南京国防部长何应钦以蒋介石的名义对徐州“剿总”下达了《对当前作战之指导指示》，部署了以徐州为中心的防御态势。即在以徐州为中心的津浦、陇海两条铁路线上，摆了个“十”字阵（一点两线）：在东起连云港，西至商丘，北自临城（薛城）南到蚌埠的范围内，以机动兵团占据铁路线上的重要城镇。

10月28日，何应钦在南京国防部召集作战会议，会上提出了“守江必守淮”的主张，准备把徐州兵力撤至蚌埠，守备淮河，屏障南京。具体方案有两个：①徐州“剿总”除以1~2个军坚守徐州据点外，将所有陇海路上的城市放弃，集中一切可以集中的兵力于徐州、蚌埠间的津浦路两侧，作攻势防御，与共军决战；②退守淮河两岸，凭河川防御。会议研究，认为退守淮河，则尔后不便于向平汉路或苏北方面机动，且共军打通陇海路后，向东西方向调兵非常灵便。因此，会议采取了第一个方案。

在辽沈前线指挥的蒋介石见大势已去，于10月31日（一说30日）① 由北平飞往南京，匆匆拟定了《徐蚌会战计划》，主要方针是：着将徐州“剿总”所属各兵团及绥靖区各部队主力移至淮河南岸蚌埠东西地区（包括淮关、怀远、风台间地区），占领阵地，以攻势防御击退对方之攻击，相机转为攻势，予以歼灭。

黄百韬、邱清泉、李弥、孙元良4个兵团，40余万人的兵力，西起商丘，东到连云港，摆成一字长蛇阵。是打？是守？是退？国民党统帅机关议论纷纷，但毫无决策。

11月5日，顾祝同代表蒋介石到徐州调整部署，但为时已晚。至11月6日，徐州国民党军基本上一直停滞在21天前的部署状态。

中国人民解放军华东野战军在取得济南战役胜利后，飞速挥师南下，在临沂、邹县、济宁、兖州、曲阜一线集结，进行紧张的整训工作。

济南被解放后，徐州国民党军不敢前来救援，解放军的打援集团无用武之地。华东野战军代司令员兼代政委粟裕考虑下一步应在南线作战。9月24日晨，他向中共中央、中央军委并华东局、中原局发出电文：“为更好地改善中原战局，孤立津浦线，并迫使敌人退守（至少要加强）江边及津浦沿线，以减少其机动兵力，以便于我恢复江边工作，为将来渡江创造条件，以及便于尔后华野全军进入陇海路以南作战，能得到交通运输的方便和争取华中人力、物力对战争的支持，建议即进行淮海战役”。并提出战役分为攻占淮阴、淮安和攻占海州、连云港两个阶段，待淮海战役结束后，全军再转入休整。9月25日下午，刘伯承、陈毅等报中央军委并致粟裕电：“粟7时电悉。济南攻克后，我们同意乘胜进行淮海战役。”同日，中央军委和毛泽东回电：“我们认为举行淮海战役，甚为必要。目前不需

---

①1948年10月31日，白崇禧突然拒绝统一指挥徐州和华中两个“剿总”，配合李宗仁逼蒋下野。

要大休整，待淮海战役后再进行一次休整。”中央并发展了粟裕他们的设想，指出，第一个作战应以歼灭黄百韬兵团于新安、运河一线为目标；第二个目标歼灭淮阴、淮安、高邮、宝应地区之敌；第三个目标歼灭海州、连云港、灌云地区之敌。要歼灭敌人十几个旅的大量有生力量，以利下一步进行徐州、浦口线上的作战。28 日，中央军委和毛泽东又指出：你们淮海战役第一个作战，并且是最主要的作战，是钳制邱清泉、李弥两兵团，歼灭黄百韬兵团，此战役必比济南战役规模要大，比睢杞战役（豫东战役）规模也可能要大，必须有充分之准备，方能开始行动。

10 月 5 日，华东野战军前委在曲阜孔庙召开以加强纪律性为中心内容的扩大会议。会议由粟裕主持。10 月 9 日，华东野战军在曲阜孔林召开了由各纵队首长参加的作战会议。经过反复研究，制定了淮海战役的作战计划。这个计划规模比原来预计的大多了：以徐州为中心，东起海州、西至商丘、北自临城（薛城）、南达淮河的地区进行一次决定性的战役。上报中央军委和毛泽东。10 月 11 日，华东野战军司令部收到了中央军委发来的毛泽东亲手起草的《关于淮海战役的作战方针》的电报指示。毛泽东把淮海战役分作 3 个阶段来进行。并明确指出：①第一阶段的重心是集中兵力围歼黄百韬兵团，以实现完成中间突破的任务；②为达上述目的，必须要用两个纵队担任歼灭敌人一个师的办法，以 6 ~ 7 个纵队分割围歼黄百韬 3 个师。毛泽东还指示，要按 9 月份“攻济打援”的方针进行部署，必须用华野一半以上的兵力，即 8 个纵队来牵制、阻击和歼灭东援之敌一部，对付邱清泉、李弥两兵团，才能达到歼灭黄百韬兵团 3 个军的目的。

10 月 14 日，毛泽东又指示饶漱石、粟裕、谭震林并告中原局：一定要把打援的兵力放在敌之侧翼，从徐州的西北、东北、东南几个方向部署兵力，侧击敌人，借以钳制徐州各路援敌，又造成四面包围攻打徐州的形势，以达到迷惑敌人，迫使徐州守敌不敢贸然出师东援黄百韬兵团，又不能确切判断我军的真实意图之目的；这样，就造成了歼灭黄百韬的有利条件。根据毛泽东的指示，当晚，由粟裕主持，再次召开作战会议。会议一直开到深夜，最后，由粟裕综合大家的意见，作了总结发言。他表示对中央军委、毛泽东关于淮海战役的作战方针和指示完全拥护，坚决贯彻执行。

10 月 23 日，华东野战军司令部下达了《淮海战役预备命令》：

东路，即左翼，为苏北兵团，由兵团司令韦国清指挥二纵、十一纵（属中原野战军）、十二纵 3 个纵队，由赣榆县向阿湖镇前进，围歼阿湖地区敌二十五军，并首先以主力一部夺取和控制新安镇以东，以切断敌二十五军向新安镇退却，同时以一部首先切断黄百韬兵团向海州、连云港之退路，防敌东窜；

中路，为华野（华东野战军）总部，由粟裕、谭震林亲自统率一、四、六、八、九纵，鲁中纵队，炮兵纵队等 7 个纵队，由临沂南下，兵分 5 路，分头攻占郯城、邳县等地，然后向黄百韬兵团驻地进击，并同集结在宿迁附近的十一纵队、江淮独立旅等部，实施南北对进，突击包围黄百韬兵团；

西路，即右翼，为山东兵团，由兵团司令员许世友指挥七、十、十三纵 3 个纵队，由滕县南下，分别向临城、枣庄、峄城前进，然后直插徐东陇海路大许家车站，以切断黄百韬兵团西逃地区去路；

徐州西北一路，为华野三纵、两广纵队、冀鲁豫独立旅，由单县向丰县、砀山前进，以配合中野主力向徐州以西进攻，力求拖住孙元良兵团不能往商丘、砀山东援，并胁迫邱清泉兵团不敢放胆由砀山向徐州东援，以保证东线主力包围歼灭黄百韬兵团之作战的实施。

10 月底，淮海战役的一切准备工作基本安排就绪，粟裕代表前委把准备情况于 10 月 31 日清晨上报中央军委和毛泽东，并鉴于淮海战役规模巨大，恳切请求当时在中原野战军的陈毅司令员、邓小平政委，亲临前线统一负责指挥淮海战役的建议。

11 月 1 日，中央军委和毛泽东决定以陈毅、邓小平统一指挥华东、中原野战军和华东、中原军区部队。并根据全国战局的发展和华东、中原战场的敌情变化，决定在原定战役计划的基础上扩大淮海战役规模，力求歼敌刘峙集团主力于淮河或长江以北。大体计划是：第一阶段，由粟裕、谭震林指挥华野预定计划，力争歼灭黄百韬 10 个师（包括第四十四军）、李弥 1 ~ 2 个师、冯治安 4 个师（包括可能起义者在内）；由陈毅、邓小平率中野 4 个纵队直出徐州、蚌埠线，完成对宿县的包围，伺机歼灭邱清泉、孙元良、刘汝明等部援军，并指挥华野 2 个纵队攻击砀山，钳制邱清泉兵团；刘伯承、邓子恢、李达率中野 2 个纵队赶到太和与阜阳地区，以拖阻黄维兵团。这样蒋介石可能将徐州及其附近的兵力撤至蚌埠以南，如不撤，则第二阶段歼灭黄维、孙元良两兵团。第三阶段歼灭徐州之敌。为不使敌察觉解放军的主攻方向，中央军委和毛泽东预定战役于 1948 年 11 月 7 日或 8 日由华东、中原两个野战军同时发起。在完成战役准备以后，华野主力进抵临沂、滕县之线待命，中野集结于永城、亳县地区待命。

11 月 3 日，华野前委在曲阜孔庙召开直属单位营以上干部大会，粟裕作战前动员报告。4日，华野总部给广大指战员发下了入冬棉衣，战士们穿了上新军装。5日，粟裕、谭震林离开曲阜回到临沂总部。6日，下达淮海作战命令。华野数十万大军兵分13路纵队，由赣榆、临沂、滕县、单县长达700华里的战线上，杀向淮海战场。

11月6日晨，刘峙集团开始向徐州、蚌埠线两侧收缩。随后，黄百韬兵团亦开始自新安镇地区西撤，华野第一、六、九纵队和鲁中南纵队以及苏北兵团向新安镇方向急进，歼灭黄百韬兵团；担任割断该兵团与李弥兵团联系的解放军第四、八纵队，攻占邳县和官湖后，先头部队于11月8日渡过运河；第十一纵队和江淮两个独立旅由皂河向北急进；山东兵团攻占韩庄和万年闸，包围台儿庄，并渡过运河南进。8日，国民党第三绥靖区副司令官何基沣和张克侠率第五十九军和第七十七军的3个半师2.3万人在贾汪、台儿庄一线举行战场起义。① 中野第一、三纵队一部于张公店歼敌第一八一师。第四、九纵队和华野第三纵队及两广纵队等，继续东进，向徐州进逼。

蒋介石怕黄百韬被围歼，令刘峙调邱清泉（驻徐州以西）、李弥（驻徐州东南地区）、孙元良第十六兵团（该部原守郑州，后从郑州撤出，向徐州西南蚌埠方向开进）3个兵团协力东援。但刘峙怕徐州失守，却令邱兵团坚守黄口，李、孙两兵团向徐州收缩。鉴于敌人收缩和指挥紊乱等情况，为保证首先歼灭黄百韬兵团和防止徐州之敌南逃，中央军委和毛泽东于11月9日电示：华野迅速部署截断敌退路；陈毅、邓小平指挥中野4个纵队直出宿县，截断宿蚌路；华野第三纵队和两广纵队从南面向黄口、徐州线攻击，如敌向南总退却时，则集中6个纵队歼灭之。并指出："此时我军愈坚决，愈大胆，就愈能胜利。"

遵照这些指示，华野山东兵团渡过不老河，进逼徐州东北之东贺村，占领大许家、曹八集（八义集）车站，歼灭黄百韬兵团先头部队第一〇〇军之第四十四师，封闭了黄兵团的退路，并在徐州东郊之大庙占领阻援阵地；向西围歼黄兵团的华野各纵队歼灭敌运河东岸掩护部队后，迅速渡过

---

①何基沣、张克侠两人均为中国共产党地下党员。

何基沣，河北省藁城县人，1898年生，1923年在保定陆军军官学校毕业后，入冯玉祥的部队，1933年春，赴喜峰口对日作战，后任二十九军一〇九旅旅长，卢沟桥事变后，坚决主张与日作战（当时他率部在卢沟桥、八宝山一带），1938年秘密前往延安，1939年1月加入中国共产党，受党委派回原部队，长期隐蔽在国民党军队内部，从事秘密工作；

张克侠，河北省献县人，1900年生，1923年于保定陆军军官学校毕业后，入冯玉祥部队，1926年参加北伐，1927年春至1928年秋在莫斯科中山大学学习，1929年回国并加入中国共产党，长期从事地下工作。

运河，乘敌混乱之际，展开猛攻，将黄百韬兵团主力合围于碾庄及其周围的狭小地区内，并在窑湾歼灭了其左翼敌六十三军；① 经阿湖向徐州东南迂回的华野苏北兵团（司令员韦国清），在大王集歼敌第一〇七军后，向徐州东南陇海路猛插，和山东兵团一起，像一把老虎钳子死死卡住黄百韬团逃向徐州的去路。华野第三纵队和两广纵队同冀鲁豫两个旅，逼近徐州西面和南面。

中野主力在攻克郑州后，向徐蚌线出击，第四纵队于夹沟地区截歼北开徐州的孙元良兵团后尾第四十一军之第一二二师等部，随后又于三堡围歼第三绥靖区之第三十七师残部，从南面逼近徐州。中野第三纵队包围了宿县。豫皖苏独立旅等部进占固镇，破路约百公里。

黄百韬兵团被围后，蒋介石一面令其坚守待援，一面令邱清泉、李弥两后团东援，以解救黄兵团。同时令第九十九军和刚由东北撤回的第三十九军、五十四军组成第六兵团（李延年任司令），将第四绥靖区改为第八兵团（刘汝明任司令），从蚌埠沿津浦路向宿县进攻；令黄维的第十二兵团向蒙城、宿县攻击前进。并调刚从辽沈战场逃回的杜聿明到徐州协助刘峙指挥。

针对战场情况的变化，11 月 13 日，中央军委和毛泽东令邓子恢和李先念率中野第二、六纵队从正面阻止黄维兵团向亳县、涡阳和永城前进。14 日，又电示刘伯承、陈毅、邓小平等同志，目前首要任务是阻止邱、李，歼灭黄百韬，请刘、邓、陈集中全力，于歼灭宿县之敌后，迅速南进，歼灭刘汝明部。16 日，又致电刘陈邓等和华东局、中原局、华北局等，指出徐州集团是一个大敌，中野、华野必须准备在现地作战 3 ~ 5 个月，为统筹一切，决定："由刘、陈、邓、粟、谭五同志组成一个总前委，可能时开五人会议讨论重要问题，经常由刘、陈、邓三人为常委临机处置一切。小平同志为总前委书记。"② 遵照中央军委和毛泽东的指示，华野采取"先打弱敌后打强敌，攻其首脑，乱其部署"的战法，以 5 个纵队围歼黄兵团。各纵队充分发挥解放军夜战近战的特长，逼近敌人，插入各村敌

---

①黄百韬兵团从新安镇西逃时，六十三军担任本兵团的左侧背掩护，在窑湾渡过运河，再向碾庄方向集结。8 月下午，六十三军逃到新安镇西南 50 余里的埝头集，刚停下来准备做饭时，华东野战军第九纵队第二十七师第七十九团（潍县团）跟踪追到，对六十三军发起攻击。埝头集东面有一道河（沂河）一丈来宽。为保证部队顺利过河，潍县团的二连受命架桥。敌人拼命射击，架桥受阻，同时河水上涨，架桥困难。二连的战士把准备登城用的两部梯子接上，由 10 个战士站进河水里，用肩膀扛起来，架成一座"人桥"，让攻击部队从"人桥"上通过。

②《毛泽东年谱（1893—1949）》下卷，人民出版社、中央文献出版社，1993 年 12 月第 1 版，第 391 页。

人之间，进行逐点逐村夺取，逐个歼灭。至11月16日晨，歼灭敌第四十四、一〇〇军和第二十五、六十四军各一部后，于当夜向碾庄发起总攻，战至22日，将敌全歼，第七兵团司令黄百韬自毙身亡。

由徐州东援之敌邱清泉、李弥两兵团的5个军，在飞机、坦克和大炮的配合下，向解放军阻援部队猛烈攻击。但在解放军3个纵队正面阻击和7个纵队的侧击下，敌连攻10天耗费炮弹2万余发，被击毁坦克30余辆，被击毙1万余人，而前进不足20公里，眼看着黄兵团被歼而无可奈何。

同时，中野第三纵队在第九纵队一部的配合下，歼灭敌第一四八师等万余人，占领了宿县，腰斩刘峙集团惟一的交通供应线。第九纵队主力和豫皖苏独立旅将由蚌埠北上的李延年、刘汝明两兵团阻击于任桥、花庄集一线。第一、二、六纵队将黄维援军阻击于安徽省的北淝河和澥河间的赵集地区。

以上共歼敌18个师，17.8万人（俘虏96616人，毙伤50594人，投诚7800人，起义23000人）。

在战役第一阶段即将结束时，中央军委和毛泽东曾同意第二阶段华野歼灭邱清泉、李弥两兵团一部，并通知中野打黄维、李延年两兵团。11月19日，刘、邓、陈从实际出发，建议华野在歼灭黄百韬兵团后，最好在徐州以南、以东休整，监视邱、李两兵团，抽出一部分兵力协同中野歼击黄维、李延年。23日，刘、邓、陈鉴于歼击黄维之时机甚好，又向军委建议先歼灭黄维兵团。[①] 11月24日，中央军委和毛泽东采纳了刘、陈、邓的建议，要中野集中全部兵力和华野派必要兵力参加打黄维。

蒋介石为打通徐蚌联系，令黄维、李延年、刘汝明等兵团与徐州守军南北对进，以挽救危局。11月23日，黄维兵团在飞机和坦克掩护下，向南坪集解放军中野第四纵队阵地猛攻。为分割敌人，解放军主动后撤，以一部诱敌第十八军过浍河，集中5个纵队，以求先歼黄维兵团第十、十四、八十五等军的几个师。国民党第十八军过浍河后，发觉处于不利态势，即向南岸退缩。中野遂乘机全线出击，歼敌一部，至11月25日，将黄维兵团包围于马家楼、双堆集等地区。随后，解放军压缩包围圈，歼灭敌第十八军之第四十九师。27日，敌向东南突围，企图向李延年兵团靠拢，被击退。敌八十五军之第一一〇师在师长廖运周（中共地下党员）率领下举行起义。28日以后，黄维调整部署，采取环形防御，等待南北增援。中野采取坚决持久围歼敌人的战法，攻占一村巩固一村，积极准备总攻。

①黄维兵团一路从河南省确山出发，经正阳、新蔡到阜阳；一路从河南省驻马店出发，经汝城、项城、临泉到阜阳，日夜兼程东进。

为配合和保障中野歼灭黄维兵团，中共中央军委和淮海战役总前委指示华野以第七纵队和特纵一部加入围歼黄维兵团的作战；以第二、六、十、十一、十三纵队担任阻击李延年、刘汝明两兵团北援，并相机歼灭其一部；以其余几个纵队位于徐州以南阻敌南进。

11月25日，解放军第十三纵队和江淮两个独立旅攻克灵壁，歼敌第十二军之第二三八师，李、刘两兵团惧怕被歼，于11月26日南逃蚌埠。徐州邱、孙两兵团以7个军南犯，遭解放军顽强阻击，不能越雷池一步。

11月28日，蒋介石决定将徐州兵力撤出，经永城到达蒙城、阜阳地区，然后侧击解放军，以解黄维之围。

同日晚，中央军委和毛泽东电示中野和华野："须估计到徐州之敌有向两淮或向武汉逃跑可能"，应预作准备。

11月30日，徐州"剿总"副总司令杜聿明（"剿总"司令刘峙已离开徐州）率驻防徐州的部队并裹挟青年学生共约30万人，经萧县、永城南逃。

12月1日，华野以一部占领徐州，以主力11个纵队采取多路多层的尾追、平行追击和迂回拦击相结合的战法。于2日在萧县和永城间的孟集、大回村等地追上和堵住了敌人，随即发起猛攻。

12月3日，杜聿明按照蒋介石空投的旨意，采取三面掩护、两面攻击、逐次前进的战法，改向濉溪口方向前进，企图取捷径解救黄维兵团。

华野乘势向敌压缩，至4日将敌全部合围于陈官集、李石林、青龙集狭小地区内。歼敌第十六兵团，仅孙元良等少数人化装逃脱。

李延年兵团以7个师的兵力再次北进，蒋介石亦从武汉地区调兵东援。中国人民解放军淮海战役总前委遵照中共中央军委和毛泽东的指示，决定以华野主力继续围困杜聿明集团，以中野第二纵队等阻击李延年兵团，而集中中野主力及华野4个纵队（内1个纵队为预备队），首先歼灭黄维集团。

12月6日，中野分3个集团向敌发起总攻，激战至13日，歼敌第十四军全部，第八十五军、第十军大部、第十八军一部。第八十五军第二十三师师长黄子华于12月10日率该师师部和所属残部及第二一六师一部、第八十五军部分直属队1万余人在双堆集投降，敌其余残部被压缩在东西不过3公里的狭长地区内。

黄维拒绝解放军敦促其投降的忠告，并按照蒋介石的旨意施放毒气，于12月15日夜，被解放军全歼，黄维、吴绍周正、副司令被生擒。

黄维兵团被歼后，杜聿明集团已成孤军。此时北方的平津战役已开始半月，中共中央军委和毛泽东为稳住敌人，不使蒋介石迅速决策海运其平津诸部南下（为将其全歼），于12月14日和16日，电令华野对杜聿明集团“只作防御，不作攻击”，全军进行战场休整，并“向杜、邱、李连续不断的进行政治攻势”。遵照这些指示，总前委布置华野以8个纵队采取纵深配置，边围困边休整。以7个纵队部署于夏邑、永城及濉溪口一线进行战备休整，构成外围第一道封锁线，中野除以豫皖苏5个团位于淝河沿岸向蚌埠警戒、侦察外，主力作为战役总预备队，集中于宿县、蒙城和涡阳地区，构成外围第二道封锁线。

华野在以后20天的休整中，恢复和整顿部队的战斗组织，补充兵员，进行政治教育，开展敌前练兵，加修工事，补充弹药等。同时，发出《敦促杜聿明等投降书》,[①] 趁着大风雪，对敌阵地播放《白毛女》、《孟姜女》等悲曲，进行强大的政治攻势，争取敌人来降者1.4万人。被围之敌由于连日大雪，气温降低，空投减少，陷入弹尽粮绝之境地，大批士兵冻饿而死。

在北方战场平津之敌被包围，淮海杜聿明仍拒绝投降的情况下，华野集中10个纵队和冀鲁豫军区2个旅，于1949年1月6日16时，对杜聿明集团发起总攻，当晚即攻克敌据点13处，歼敌1万人。

1月7日，李弥兵团惧怕被歼，向西逃入邱清泉兵团防区。解放军乘机发动进攻，攻克青龙集的村落23处，从而将敌整个防御体系打破。9日，杜聿明集团在飞机和毒气的掩护下，连续向西出击，企图突出重围。解放军于9日晚向敌全线展开猛攻，激战至10日上午10时，在永城东北陈官集、青龙集地区，将敌全歼。杜聿明被生俘，邱清泉被击毙，仅李弥等少数人潜逃。接着，解放军乘胜追击由蚌埠等地南逃之敌，至1月24日，先后解放蚌埠、合肥等城市和江淮间广大地区。

淮海战役自1948年11月6日~1949年1月10日，历时66天，人民解放军以60余万人对国民党军80万人，最后以人民解放军伤亡13.4万人的代价，歼灭国民党军1个“剿总”前线指挥部、5个兵团部、22个军部、56个师，加上其他部队共计55.5万人（其中俘虏32万、起义2.85万、投诚3.5万余人），包括蒋军五大主力的第五军和第十八军。

国民党军队在南线的精锐主力已被消灭。长江中下游以北的广大地区已得到解放。国民党政府的统治中心南京、上海和长江中游的中心城市武汉已处在人民解放军的直接威胁下。整个南线战局已经根本改观。

---

①《毛泽东选集》第四卷，人民出版社，1991年6月版，第1369页。

此役动员民工543万余人，来自苏鲁豫皖冀5省的广大民工云集战场，冒着枪林弹雨，不顾饥渴，不怕风雪，长途跋涉，解放军打到哪里，人民就支援到哪里。建立了完整的支前和后方保障体系，在东起胶东、西上豫西、北自渤海、南达长江的广阔地区，组成了纵横交错的运输网络。建立了100余处大的粮站、兵站、民站，40多处伤员转运站，30多所后方医院，动用了担架26万副、大小车辆88万余辆、船只8500余艘。用落后的运输工具，靠着坚韧不拔的精神把330多吨弹药物资、5.7亿多斤粮食、156万斤油盐、86万斤猪肉等物资及时地送到前方。陈毅说："淮海战役的胜利是人民群众用小车推出来的。"①

五　平津战役

傅作义，字宜生，山西省临猗县人，1895年生。早年毕业于保定军官学校。1930年参加阎锡山、冯玉祥的反蒋战争，任津浦线总指挥。1931年后任国民党第三十五军军长、绥远省主席，参加了长城抗战和绥远抗战。抗日战争期间，曾任第七集团军总司令，第八、第十二战区副司令长官、司令长官兼绥远、察哈尔省政府主席。抗战胜利后，曾代表国民党到热河、察哈尔、绥远地区受降。

1947年11月下旬，蒋介石撤掉了北平孙连仲的指挥职务，要傅作义统揽华北5省军事指挥大权。傅作义上台以后，把一些地方团体编组起来担任守备，尽一切可能把主力抽出来作战；把他在绥远的主力东调，集结在北平附近；把北平、天津、张家口、保定地区的部队编组为平绥兵团、平汉兵团、津浦兵团，实行"以主力对主力"、"以集中对集中"的战法。

1948年辽沈战役的胜利，淮海战役的顺利发展，使蒋介石的战略防御体系濒于解体，平津等地已成惊弓之鸟。但由于美国、蒋介石、傅作义各有打算，因而对平津是守是撤，是南撤还是西撤，举棋不定：美国不愿放弃侵华利益，企图以直接援助傅作义，使其固守平津钳制解放军，掩护蒋介石在江南重整军力；② 蒋介石企图以委任傅作义为"东南行政长官"的职务诱其南撤，加强江南防御；傅作义害怕南撤被蒋吞并，打算西撤以保存实力，求得东山再起。但美国、蒋介石、傅作义都判断东北解放军不会

①向守志，《试论战略会战战役的整体作战效能——纪念淮海战役及胜利四十周年》，载《国防大学学报》，1988年第12期。

②美国赶运了7万支卡宾枪、2亿发枪弹，直接交给傅作义。

很快入关，认为辽沈战役后，东北解放军起码得休整3个月。1948年11月上旬，傅作义飞往南京和蒋介石就平津地区防务问题作了研究。傅作义权衡利弊，倾向“依托美援、保持津沽”，确定了暂守平津，保持海口，扩充实力，以观时变的方针。

蒋介石授傅作义以华北“剿总”总司令军政全权，并允许其直接接受美援和扩充军队，要其将主力集中于平、津、唐三角地带，控制海口，以一部分兵力维持平绥交通，准备伺机南撤。

傅作义没有完全按照蒋介石的要求办，他把本系军队部署在北平、张家口之间，置于平绥线上保障西撤的通道；把蒋系军队十三军、八十六军从承德、秦皇岛、山海关收缩到平津地区，置于北宁线上，保障从海上南撤的通道和抵抗东北解放军的攻势。这样，傅部60余万兵力，以北平为中心，东起北宁线的唐山，西达平绥线的张家口，长约500公里的交通沿线摆成一字长蛇阵，把北平、张家口、津塘划为3个防区：

张家口防区：以张家口为中心，包括怀柔、宣化、张北、崇礼、万全、柴沟堡、怀安等城镇。设1个兵团（第十一兵团，兵团司令为孙兰峰）、2个军、7个师驻守张家口、怀来、宣化、柴沟堡；

北平防区：防区以北平为中心，包括外围的怀柔、密云、平谷、昌平、顺义、南口、良乡、涿县、八达岭、门头沟、房山、通县、固安等城镇。设华北“剿匪”总司令部（驻中南海），2个兵团（李文的第四兵团和石觉的第九兵团），共有5个军、14个师和1个骑兵师，其中三十五军（军长郭景云，原建制属张家口的第十一兵团）为机动部队，驻丰台，来往于北平至张家口之间；

津塘防区：防区以天津、塘沽为中心，包括唐山、芦台、汉沽、廊坊、杨村、杨柳青、宝坻等城镇。设1个兵团（第十七兵团，兵团司令侯镜如）。

同时，傅作义令河北、绥远两省加紧扩军，每县编组1~3个保安团，第一期扩军20万人，第二期扩军30万人。并令加强北平、天津、张家口的城防工事和塘沽港的外围工事，以及平津间的据点工事。另施缓兵之计，派人与中共谈判，以争取时间扩军备战。

中共中央军委和毛泽东根据全国战局的新发展和傅作义的新部署，决定集中东北野战军、华北野战军和地方部队100万人分割包围平津之敌，就地各个歼灭之。毛泽东指出，如让敌人南撤组成长江防线或西退其后方基地绥远，对人民解放军以后作战将会造成很大困难，就地歼敌最为有利，东北、华北解放军100万人，歼灭傅部50万人是有把握的。中共中央军委毛泽东决定：东北野战军提前结束休整，立刻秘密入关，华北解放军突然包围张家口，引敌西援，掩护东北主力入关。1948 年 10 月 31 日，致电林彪、罗荣桓、刘亚楼并告程子华、黄志勇以及东北局、华北局，指示："东北主力除四纵、十一纵等部即行南下外，其余在沈营线战斗结束后……开始出动"，"协同华北力量歼灭傅作义主力，夺取平津及北宁、平绥、平承、平保各线，完成东北与华北的统一"。随后，连电东北野战军入关。

11 月 18 日 18 时，中央军委和毛泽东致电杨得志、罗瑞卿、耿飙并告杨成武、李井泉、李天焕、程子华、黄志勇："平、津、张、唐，蒋傅两系军队在我徐州作战胜利进展下，有分向西、南两方撤退或集中向南方（经海路，亦有某种可能走陆路）撤退的可能"。"为着不让蒋傅两系军队从平、津、张、唐逃走，除已令杨李李①停止攻击归绥，并将其 3 个纵队位于绥东地区，坚决阻止傅部向绥远逃跑外，又已令徐向前、周士第停止攻击太原"，以免刺激傅作义逃跑，"杨罗耿②所部即在阜平待命，并随时向张家口附近出动，协同杨李李阻止敌人逃跑"。还令聂荣臻、薄一波、滕代远"转令攻击保定之七纵停止攻击，改取包围监视方针"。

为进一步稳住平津之敌和隐蔽解放军的意图，中央军委和毛泽东于 11 月 20 日 24 时电示东北野战军：蒋、傅对我军积极性总是估计不足的，他们尚未料到你们主力马上入关，因此，除部队行动应十分隐蔽外，请新华社及东北各广播电台在今后两星期内，多发沈阳、新民、营口、锦州各地我主力部队庆功祝捷、练兵、开会的消息，以迷惑敌人。

遵照中央军委和毛泽东的指示，东北野战军主力取捷径，夜行晓宿，不走山海关，走热河境内，出冀东秘密入关，插入平津线各点之间，完成割断诸敌联系，切断敌海上和南逃之路。华北野战军主力集结在平绥线东部地区，以抓住傅系，吸住蒋系，并借此掩护东北野战军行动。

11 月 29 日，中国人民解放军华北野战军第三兵团发起攻击，30 日，攻克怀安、深井堡、柴沟堡、左卫、万全、孔家庄等地。随后，占领张家口外围据点，转而向张家口、宣化间猛插，占领沙岭子，形成对张家口的包围态势。傅作义急令其精锐第三十五军附第一〇四军的 1 个师乘车增援张家口，令驻怀来的 1 个师增援宣化，驻昌平的 1 个师进至怀来。

12 月 2 日，傅作义飞临张家口坐镇，派重兵向沙岭子阵地疯狂反扑。

12 月 4 日，中央军委和毛泽东电令：华北野战军第三兵团继续切断张

---

①指华北解放军第三兵团，司令员杨成武、政委李井泉、副政委兼政治部主任李天焕。

②华北解放军第二兵团，司令员杨得志、政委罗瑞卿、参谋长耿飙。

家口、宣化之敌的联系，在阵地前消耗敌人；华北野战军第二兵团应以最快手段攻占下花园地区一线，割断敌一〇四军与张、宣之敌联系；东北野战军先遣兵团向怀来、南口之线急进，相机各个歼灭该线之敌。

华北野战军第二兵团和东北野战军先遣兵团的行动，以及东北野战军一部在喜峰口、冷口等地出现，使傅作义发现了东北解放军入关。傅作义遂慌忙于12月5日急令第三十五军迅速向东撤回北平；令怀来、南口等地的一〇四军和第十六军向西接应；令津塘地区的第九十二军、九十四军和六十二军共8个师立即开往北平；第十三军放弃顺义、怀柔集中通县附近；第一〇一军放弃涿县、良乡而集中宛平、丰台、门头沟一线。至此，人民解放军在平绥线实施分割包围，达到了调动平津之敌的目的。

12月8日，东撤之敌第三十五军被华北野战军第二兵团包围于新保安。9日夜，向西接应之敌第十六军主力5个团，被东北野战军先遣兵团包围于康庄，10日拂晓，该敌在向八达岭突围时被全歼。敌第一〇四军2个师极力向西接应，被冀热察军区部队和华北野战军第三纵队顽强阻击，后路又被东北野战军第四纵队切断。10日下午，该敌向南突围，被东北野战军先遣兵团全歼于横岭城、镇边城地区。至此，在平绥线东段共歼傅部5个师共2.2万余人。

傅部“王牌”第三十五军被包围于新保安，嫡系第十一兵团部及一〇五军所属7个师（旅）被包围于张家口，切断了国民党军西撤绥远的通道。

平绥线作战，吸引了傅作义的注意力，为东北人民解放军主力入关分割包围平津之敌创造了条件。12月11日9时，中共中央军委和毛泽东电示华北野战军对张家口、新保安之敌“围而不打”，东北野战军对北平、天津、通县之敌“隔而不围”。11月23日，中央军委和毛泽东又电示：“这是一个巨大的战役，不但两区野战军应归林罗刘谭①统一指挥，冀中七纵及地方兵团，亦应统一指挥。”②

从12月14日起，东北野战军80万大军迅速、秘密地入关，第五、十一纵队攻占北平附近的海淀、香山、宛平、丰台、石景山、门头沟、万寿山等地，第三纵队进占通县、马驹桥、南苑机场，华北野战军第七纵队进至丰台、黄村一带，从而完成了对北平之敌的包围。东北野战军第十纵队占领青云店、廊坊等地，第六纵队进至香河以西之马头镇、漷县镇一带，第一纵队进至宝坻以南地区，完成了隔断平津两敌的任务。东北野战

①东北野战军司令员林彪，第一政委罗荣桓、第二政委刘亚楼、副政委兼政治部主任谭政。
②1949年1月10日，中共中央军委决定由林彪、罗荣桓、聂荣臻组成中共平津战役总前委。

军第九纵队相继占领唐山、芦台和张贵庄机场等地，第八纵队攻占杨村并相继占领宜兴埠、杨柳青，第七纵队进至塘沽以西新河地区，第二纵队进至北塘地区，第十二纵队进到津塘之间，从而完成了对天津之敌的包围，隔断了津塘两地的联系。至此，傅作义集团被分割包围在北平、天津、塘沽、新保安和张家口 5 个孤立据点，向西、向南的退路被切断。

在解放军实施战略包围和战役隔断的过程中，傅作义判断解放军将首先打北平。

遵照中共中央军委和毛泽东的指示，解放军向南口、怀柔之敌佯攻，从北面威胁北平。在通县以南及平津路进行佯攻，从东面威胁北平，有意迎合傅作义的判断。实际上，解放军的战术是先打两头——张家口和天津。

同时，解放军多次同傅作义的代表谈判，力争以和平方式解决问题。但是傅作义利用谈判掩护扩军和加强防御。据此，中共中央军委和毛泽东决定不给敌人喘息机会，立即以强攻手段首先夺取新保安和张家口，打击傅部嫡系主力，制其死命。为保证张家口作战的速胜，电令东北野战军第四纵队由南口开往张家口，配属华北野战军第三兵团。

12 月 22 日，华北野战军第二兵团经过 11 个小时的激战，全歼傅作义的“王牌”第三十五军军部及所属 2 个师共 1. 9 万余人，该军军长郭景云自毙身亡。

傅作义遂急令张家口守军于23 日上午突围，向绥远撤退，华北野战军第三兵团和东北野战军第四纵队冒雪追击。24 日下午，将敌第十一兵团共 5. 4 万余人全部歼灭，仅司令孙兰峰逃走，张家口被解放。

中共中央晋察冀中央局城市工作部领导下的中共北平地下党，共有 3000 名党员，外围组织成员 5000 人，在工厂、学校、报社、铁路局、电信局以及国民党党、政、军、警、宪、特等机关，都有中共北平地下党的同志。他们联系数万名革命群众，广泛开展了要求和平解放北平的群众运动，新华门前的游行队伍几乎天天不断。大学教授等知名人士，如康有为的女儿康同璧、前北平市长何思源也都行动起来，奔走呼号（为阻止何思源的活动，国民党特务在他家安置炸药，企图暗杀他全家，后炸药爆炸，家中 6 口人，1 死 5 伤，他仍不畏惧，带伤继续活动），直接对傅作义施加压力，对国民党军队施加影响。

1948 年 11 月初，中共城市工作部（驻河北省泊镇）部长刘仁，通过其领导下的北平地下党学生工作委员会书记佘涤清，决定派傅作义的长女傅冬菊到傅作义身边工作。傅冬菊抗战期间在西南联大就读，表现进步，参加了中共外围组织民主青年联盟，于 1946 年毕业后，分配在天津《大公报》工作，中共地下党的一些印刷品，常常由她拿到北平傅总部的印刷厂印刷。佘涤清表示，傅冬菊提出入党要求很久了，如果让她回去，以先吸收她入党为好，刘仁当即同意，之后，把傅冬菊调回北平，佘涤清委托学委委员王汉斌发展傅冬菊加入中国共产党。傅冬菊住进中南海，除以父女之情对其父晓以大义外，并将她所接触的情况，包括她父亲的情绪变化，隔一天向中共北平地下党负责人崔月犁汇报一次，再由崔月犁通过地下电台发往中共平津前线司令部。傅作义对女儿的突然出现，有些惊疑："你是军统还是共产党?""共产党!"傅冬菊毫不迟疑地回答。"你是毛泽东派来的，还是聂荣臻派来的?""毛泽东派来的。"傅冬菊深知其父的心理——只有同对方的最高领导人打交道才能算数。

11 月中旬，傅作义出于对蒋介石的失望，与他的心腹、办公室主任兼政工处处长王克俊密商对策，决定由傅冬菊通过中共地下党的电台给中共中央毛泽东发去一封电报，表示愿意与共产党恢复抗战初期那样的合作共事关系，陈述了他所控制的空军、陆军人数和装备，希望能派南汉宸先生来商谈。傅作义说："我是准备冒三个死来做这件事的。第一，几年来，我不断对部下讲'戡乱'、'剿共'的话，而今天来了一个 180 度的大转弯，他们的思想若不通，定会打死我；第二，这件事如做得不周，泄露出去，蒋介石也会以叛变罪处死我；第三，共产党也可以按战犯罪处死我。"

国民党第三十五军被围，傅作义发给中共的电报杳无音信，他想起联络处处长李腾九近来多次向他提起的中共地下党代表李炳泉。李炳泉是李腾九的堂弟，原西南联大学生，中共地下党员，抗战胜利后被派北平工作，先在《益世报》任记者，后经李腾九介绍，进入《平明日报》当采访部主任。李炳泉经常与李腾九在一起分析战争局势，指出蒋介石倒行逆施，不得人心，共产党顺乎民心，必然胜利，动员李腾九劝说傅作义认清形势，不要与人民为敌，否则会落得身败名裂。李腾九在进步思想的感召下，大胆地向傅作义进言，希望抓紧时机与共产党和谈。傅作义命王克俊挑选可靠人员做好出城安排，由《平明日报》社长崔载之与李炳泉出城与解放军方面联系，他们携带一部电台，与报务员、译电员一行 4 人乘车秘密出城。12 月 17 日，他们在蓟县八里庄见到了解放军方面的代表、平津前线司令部参谋长刘亚楼，希望和平解决平绥线上的战斗。解放军方面则认为，要和平解放，只有放下武器，率部起义。崔载之通过电台与傅作义联系，傅作义认为起义不现实。解放军方面认为傅作义没有诚意，双方没有达成协议。

傅作义与中共的谈判尽管是在绝密情况下进行的，但蒋介石很快有所察觉，接连数次派人来拉拢。第一个来人是曾与傅作义同在晋军供职的好友、军令部长徐永昌，徐极力劝傅分两路南撤：一路自海上由塘沽撤到青岛；一路经河北、山东由陆路撤到青岛，傅作义考虑到他的两支主力正被围，遂以回绝。蒋介石派的第二个人是国防部次长郑介民，与傅会商坚守平津，于是傅作义令在东单开辟新的飞机场，令在北平近郊布雷，令平津、平汉铁路管理局赶修环城铁路。① 蒋介石派来的第三个人是其次子蒋纬国，送来蒋介石的亲笔信，言及：因你处境艰险，又主张与共产党合作，借此一劝，特派次子前来面陈。蒋纬国说，只要傅由海陆两路撤至青岛则有美军援助，并委以华东南军政长官之职，并说："千军易得，一将难求，宜生一人归来，胜似千军万马。"第四个来人是美军太平洋舰队司令白吉尔，他表示美国海军将大力援助傅军南撤，并一再强调今后将抛开蒋介石而直接援助傅作义。第五个来人是胡适偕同美国驻华大使司徒雷登，他们重申了白吉尔的一套。傅作义均未应诺。

国民党第三十五军、一〇五军被歼灭，傅作义十分窝火。恰在这时，中共权威人士发表关于时局声明，将傅作义列为43名战犯之一。傅作义焦急万分，唉声叹气："这一下我的政治生命算完了！"

12月23日，傅作义致信毛泽东，表示：①今后治华建国之道，应交由贵方任之，以达成共同的政治目的；②为求人民迅即得救，拟即通电全国，停止战斗，促成全面和平统一；③余绝不保持军队，亦无任何政治企图；④在此转折时期，盼勿以缴械方式责余为难，过此阶段之后，军队如何处理，均由先生决定；望能顾及事实，妥善处理，余相信先生之政治主张及政治风度，谅能大有助于全国之安定。

1949年1月1日，毛泽东亲拟电报，代表中央军委致电北平地下党：欢迎傅派代表来谈判，劝傅不要发通电，因通电一发，他在国民党面前就没有合法的地位了，而且还会有危险。电报特别指出，傅氏反共甚久，我方不得不将傅和刘峙、白崇禧、阎锡山等一同列为战犯，这样一宣布，他在国民党中的地位就加强了，傅可就此作文章；和平地解放北平或经过不

---

①傅作义的高级政治顾问刘厚同（刘的女儿刘杭生是中共党的外围组织民主青年联盟盟员）是辛亥革命的耆宿，有军事学识和政治眼光，担任过甘肃军政部长，是傅作义的老师，傅作义对刘历来是言听计从。他从天津赶赴北平，劝说傅作义通电全国，停止内战，不要替蒋介石卖命。刘厚同提出，和议一成，北平免遭战火破坏，军民的生命财产得以保全，这会得人心的。刘厚同劝傅作义，北平是文化古都，自辛丑以来历次战争都远避城区，决不能摧毁于自己之手而遭后人唾骂。傅作义于是停止了修环城铁路（刘厚同在北平80多天，有时和傅面谈，有时写信劝导，因过度劳累致使一目失明，人称"和平老人"）。

很激烈的战斗解放北平，傅氏立此一功劳，我们就有理由赦免其战犯罪，并可保全其部署，北平城内全部傅系直属部队均可不缴械，并可允许编为1个军。①

傅作义接获中共意见后，于1月3日制定了“依城出击，保卫北平，策应天津，待机转入攻势”的防御方针。同时傅作义决定派出“华北剿总”民政处少将处长、他的同乡契友周北峰出城与中共谈判。周北峰，早年留学法国，博学多识，曾任山西大学法学院教授；抗战前，曾在太原创办过左派杂志《中外论坛》；抗战初期，傅作义任第七集团军总司令，八路军的一二〇师正在傅的防区以内，中共中央曾派曾山、程子华到山西会见傅，洽谈合作抗日事宜，傅作义亦特邀周北峰代表他到延安拜见过毛泽东，周自延安返回后，就在傅部任职，凡傅部与中共接触，多由周负责，曾与贺龙、萧克等进行过会谈。

1月6日，周北峰和民主同盟盟员、燕京大学教授张东荪在蓟县与解放军平津前线司令部的林彪、罗荣桓、聂荣臻进行了会谈。周北峰转达傅作义的意见，提出和谈应该包括以平、津、塘、绥为中心的所有地区。林彪指出：“那很好，请你电告傅先生，平津塘绥可以一起谈，我们的意见是所有军队一律解放军化，所有地方一律解放区化；在接受这些条件的前提下，对傅部的起义人员一律不咎既往，张家口、新保安、怀来战役被俘军官一律释放，傅作义的总部及其他高级干部一律予以适当安排。”经过几次会议，双方草签了会谈纪要，待周请示傅作义后，限1月14日午夜前答复。周北峰回到城里，向傅作义报告了会谈情况。傅作义看完纪要，只是唉声叹气，什么也没说。

傅作义采取拖延的办法，因其考虑到：①他感到难以做到所有的军队一律解放军化，因为他目前所掌握的兵力，绝大部分是蒋介石的中央军，李文、石觉两个兵团司令都是实力人物，他们绝不会同意和谈，更谈不上接受改编，弄不好，会引火烧身；②他过去一直与共产党为敌，眼下即便响应和平号召，放下武器，可以得到宽大处理，但这是战时政策，将来成立新政府，如实行新的政策，再追究自己过去的罪责，会不会把他列为战犯或反革命分子加以惩办；③傅作义还抱有一点幻想，如果国际形势有变，美国人支持他，他还可以通过津沽海口取得援助，万一无望，还可以南撤。

傅作义接受绥西抗战的老相识、结拜兄弟马占山的建议，又请驻包头

①参见黄丕基（北京军区），《“北平方式”的产生及历史意义》，载《军事历史》，1988年第6期。

的华北"剿总"副总司令兼晋陕绥边区总司令邓宝珊来北平商议。邓宝珊，辛亥革命时曾参加伊犁起义；西安事变中他奔走于幕后，支持张学良、杨虎城与共产党建立统一战线；抗战期间，他带兵驻守榆林，与陕北边区相处甚好，曾多次去延安，并受到毛泽东的接待，中共的一些要人，都与他保持着较好的个人关系。邓宝珊到北平后，傅作义与他接连几个晚上作竟夜之谈，他们讨论了时局的变化，又十分慎重地研究了和平起义的各种问题。邓宝珊说："你替蒋介石卖命，与人民为敌，欲毁千年古都于炮火之中，这哪里有一点民族气节。今天的起义不是投降，是走向新生。弭兵息战，于民族、于国家都有功，历史要为你记上一笔。"

1 月 14 日，傅作义派邓宝珊、周北峰再次出城，来到通县五里桥解放军平津前线司令部，林彪、罗荣桓、聂荣臻都在门口迎接。聂荣臻说："周先生，我们前次说得很清楚，14 日午夜是答复的最后期限，现在只剩下几个小时了，我们已经下达了攻击天津的命令，这次谈判就不包括天津了。"

解放军一面严密部署防止平津之敌突围逃跑，一面加紧对傅作义做争取工作，并积极准备攻取塘沽。塘沽背靠渤海，周围河流、盐田很多，解放军不便行动，守敌 5 个师已准备随时逃跑（侯镜如的指挥所已搬上军舰），很难达成全歼。傅作义企图以固守天津牵制解放军，并以此作为谈判的筹码。因此，中共中央军委和毛泽东决定以强攻手段夺取天津，以打破傅作义的幻想。

天津市区狭长，位于永定河、大清河、子牙河、南北运河 4 条大河的汇合处，汇合后的大河称为海河。海河从西北流贯东南，将全市分为两部，四周有护城河。守敌经过长期设防，城周密布碉堡群，遍设多层障碍物，并利用市内坚固建筑组成若干核心阵地，易守难攻。天津被围前，守敌将城周 5 里以内的村庄烧拆一空，使解放军难以接近城垣。解放军攻城前夕，天津警备司令陈长捷曾于 1 月 10 日、11 日两次派人来谈判，均未同意解放军所提的限时缴械条件。1 月 12 日 20 时，中央军委和毛泽东电示林彪、聂荣臻："如该敌不能接受你们所提条件，则你们应于适当时间内攻占天津。"

解放军向天津守敌发出最后通牒，未能奏效。遂集中东北野战军第一、二、七、八、九等 5 个纵队以及特种兵纵队的炮兵、工兵和坦克兵大部，采取东西对进、拦腰斩断、先南后北、先割后围、各个歼灭的战法发起总攻。经过 29 个小时激战，全歼守敌 1 个警备司令部、2 个军部、10 个师共 13 万人。活捉陈长捷和八十六军军长刘云翰、六十二军军长林伟俦以及天津市市长杜建时。15 日，天津解放。侯镜如率塘沽守军 5 万余人由海上南逃，东北野战军第十二纵队歼其后尾掩护部队 3000 余人，解放了塘沽。

北平傅部在中国人民解放军 90 万大军的严密包围下，陷于欲战不能、欲逃无路的绝境。遵照中共中央军委和毛泽东关于“积极准备攻城”和“进行和平谈判”的指示，在中共北平地下组织的有力配合下，一面进逼城垣，一面加强政治攻势。1 月 15 日，全歼天津守敌的事实告诉傅作义，顽抗到底只有被歼灭。16 日，中国人民解放军平津前线司令员林彪、政治委员罗荣桓，向傅作义发出最后通牒，严正指出他执行蒋介石的“剿匪戡乱”令有罪，并提出两项办法任其选择：①自动放下武器，并保证不杀戮革命人民，不破坏文化古迹、公共财产、武器弹药及公文案卷，解放军则保证其生命财产的安全；②离开北平，开入指定地点，按照解放军制度改编为人民军队。并强调指出，如以文化古城和 200 万人民生命财产为牺牲顽抗到底，解放军将用精确战术实行攻城，破城之日，必将严惩，绝不宽恕。①

傅作义表示愿意接受解放军的第二种办法，向北平所属部队发出《关于全部守城部队开出城外听候改编的通告》，令其所属部队从 1 月 22 日起开到解放军指定的孙河镇、庞各庄、黄村、良乡等地，听候改编。

1 月 31 日，傅部 20 余万人，全部被和平改编。当日，中国人民解放军开入北平城，古都宣告解放。

2 月下旬，绥远的傅作义余部接受了中共提出的解决方式，即其军队和政府目前暂时维持现状，待一个时期后，再按中共及人民解放军的制度整编和处理。

平津战役历时 64 天，消灭了国民党正规军 1 个兵团部、1 个警备司令部、4 个军部、24 个整师，连同其他国民党部队共 26 万余人；迫使北平国民党华北“剿总”总司令傅作义及其所属 1 个“剿总”总部、2 个兵团部、8 个军部、25 个师，连同其他国民党部队共 20 余万人接受和平条件，出城改编为人民解放军。

济南、辽沈、淮海、平津 4 次大规模的围歼战，国民党的主力和一切精锐师团共 160 余万人被歼灭。

此时，国民党军尚有 71 个军 227 个师（115 万人），加上特种兵、机关、学校和地方部队，总兵力 204 万人，但能用于作战的仅 146 万，且被分散在新疆到台湾的广大地区。而人民解放军已经发展到 400 万人。

①郑维山，《和平解放北平时争取傅作义的内幕》，载《中国老年报》，1990 年 1 月 3、10、17、24、31 日。

六　将革命进行到底

1948年11月12日，追随蒋介石22年的国民党总统府国策顾问、蒋介石首席秘书和幕僚长、委员长侍从室第二处主任、国民党宣传工作的决策人陈布雷在服用了大量安眠药后自杀身亡。陈布雷，浙江省慈溪人，1890年生，曾任上海《天铎日报》、《商报》、《日事新报》主笔。1927年投靠蒋介石，22年来蒋介石的重要讲话、文稿几乎都是出于他之手。在国民党的营垒中，陈布雷可称为一位才华横溢的才子，但由于时代和自身的局限性，在政治上走错了路。他对蒋介石是忠心耿耿的。像他这样聪明的人，对蒋介石的穷途末路，认识得越来越清楚，同时又不能自拔，因此走了自杀的道路。

11月28日，宋美龄访美。12月10日，美国总统杜鲁门及夫人约见了宋美龄，宋要求美国：①发表支持南京政府反共救国的正式宣言；②派遣高级军事代表团来华主持反共战争之战略与供应的制定工作；③提供30亿美元的军事援助。

杜鲁门说："美国只能付给已经承诺的援华计划40亿美元。这种援助可以继续下去，直到耗完为止。美国不能保证无限期地支持一个无法支持的中国。"尔后，杜鲁门向报界发表一个声明：透露美国向蒋介石提供的援助总额已经超过38亿美元。

宋美龄碰了壁，愤怒地离开华盛顿，到纽约弗代尔孔祥熙的别墅隐居起来。从此，她再未踏上中国大陆国土。

12月24日，华中"剿总"总司令白崇禧自武汉给蒋介石发出"亥敬"电，要求恢复与中共谈判。

长沙绥靖公署主任程潜、河南省主席张轸则直接提出，要求"总统毅然下野"。

1949年元旦，蒋介石发表求和文告。

同日，毛泽东发表为新华社写的题为《将革命进行到底》的1949年新年献词。

这篇新年献词，毛泽东写了两天时间，他指出：必须"用革命的方法，坚决彻底干净全部地消灭一切反动势力，不动摇地坚持打倒帝国主义，打倒封建主义，打倒官僚资本主义，在全国范围内推翻国民党的反动统治，在全国范围内建立无产阶级领导的以工农联盟为主体的人民民主专政的共和国。这样，就可以使中华民族来一个大翻身，由半殖民地变为真正的独立国，使中国人民来一个大解放，将自己头上的封建的压迫和官僚资本（即中国的垄断资本）的压迫一起掀掉，并由此造成统一的民主的和平局面，造成由农业国变为工业国的先决条件，造成由人剥削人的社会向着社会主义社会发展的可能性。如果要使革命半途而废，那就是违背人民的意志，接受外国侵略者和中国反动派的意志，使国民党赢得养好创伤的机会，然后在一个早上猛扑过来，将革命扼死，使全国回到黑暗世界。”

毛泽东说：“这里用得着古代希腊的一段寓言：‘一个农夫在冬天看见一条蛇冻僵了。他很可怜它，便拿来放在自己的胸口上。那蛇受了暖气就苏醒了，等到回复了它的天性，便把它的恩人咬了一口，使他受了致命的伤。农夫临死的时候说：我怜惜恶人，应该受这个恶报！’外国和中国的毒蛇们希望中国人民还像这个农夫一样地死去，希望中国共产党，中国的一切革命民主派，都像这个农夫一样地怀有对于毒蛇的好心肠。但是中国人民、中国共产党和中国真正的革命民主派，却听见了并且记住了这个劳动者的遗嘱。况且盘踞在大部分中国土地上的大蛇和小蛇，黑蛇和白蛇，露出毒牙的蛇和化成美女的蛇，虽然它们已经感觉到冬天的威胁，但是还没有冻僵呢！”①

1月5日，新华社发表评论：《评战犯求和》（毛泽东起草），揭露蒋介石是企图利用和谈保存反革命势力。

1月8日，蒋介石照会美、英、法、苏要求它们调停中国的内战，遭到四国拒绝。②

1月12日，蒋介石派蒋经国率领总统府军务局局长俞济时、警卫组主任石祖德等秘密到蒋介石老家浙江省奉化县溪口镇布置警卫，在武岭临溪南端的小洋房架设天线，布设通信网，为蒋介石退居幕后预做部署。

1月14日，中共中央主席毛泽东发表《关于时局的声明》，提出8项和平条件。③

---

①《毛泽东选集》第四卷，人民出版社，1991年6月版，第1375、1377页。

②1月12日，美国政府在答复国民党政府的“备忘录”中，说明美国拒绝的理由是因为“殊难相信”“能达到任何有益的效果”；1月17日，苏联政府函复国民党政府，拒绝参与调停中国的内战。

③《毛泽东选集》第四卷，人民出版社，1991年6月版，第1386页。8项和平条件为：1. 惩办战争罪犯；2. 废除伪宪法；3. 废除伪法统；4. 依据民主原则改编一切反动军队；5. 没收官僚资本；6. 改革土地制度；7. 废除卖国条约；8. 召开没有反动分子参加的政治协商会议，成立民主联合政府，接受南京国民党反动政府及其所属各级政府的一切权力。

1月16日，蒋介石下令把中央、中国两银行的外汇化整为零，存入私人户头。

1月18日，蒋介石重新部署人事：扩大京沪警备部为京沪杭警备总司令部，任命亲信汤恩伯为司令，统一指挥苏浙皖及赣东地区的军事，积极布置长江防务；委朱绍良为福州绥靖公署主任；委张群为重庆绥靖公署主任；委余汉谋为广州绥靖公署主任；委陈诚任台湾省主席兼警备司令，蒋经国为台湾省党部主委。

陈诚上任后，蒋介石便密令将国库所存全部黄金、银圆、美钞（其中相当部分是通过发行“金圆券”掠自民间）运往台湾。据监察院财政委员会秘密会议报告，国库库存金钞共值3.35亿美元；库存全部黄金39万盎司；外汇7000万美元和价值7000万美元的白银。各项总计在5亿美元上下。

1月21日，蒋介石决定由副总统李宗仁代行总统职权。午后4时，蒋介石乘“美龄号”专机，从南京明故宫机场起飞，他吩咐驾驶员在南京上空绕空一周后向老家飞去。

1月22日，李济深、沈钧儒、马叙伦、郭沫若等55人联合声明，表示坚决拥护毛泽东主席的8项和平条件，反对国民党反动派的假和平阴谋。

桂系军阀李宗仁能在表面上代替蒋介石的地位，一方面是由于美国帝国主义的支持（1948年4月间，司徒雷登曾支持李宗仁当上了副总统）；另一方面，桂系军队在内战中以善于逃脱，主力还没有受到很大的损失。蒋介石虽退居幕后，但他的残余军事力量仍大于桂系军队，同时又拥有庞大的、经济的、行政的以及特务的统治机构，因此，李宗仁无法掌握实际的权力。李宗仁上台后的第二天，下令释放张学良和杨虎城，但蒋介石已把张学良押解去台湾，杨虎城由军统特务秘密监禁，李宗仁的命令对蒋介石的特务系统形同白纸。

在反对中国革命这个根本立场和利用“和平”攻势取得喘息时间以便卷土重来这一基本斗争策略上，蒋系和桂系是一致的。蒋介石在引退以前，拟订计划：利用和谈争取3~6个月的时间，在长江以南重新编练国民党军400个师200万人。李宗仁也同意这一计划。

1月22日，李宗仁代总统发表文告，宣称，针对“中共方面所提8项条件，政府愿即开始商谈”。国民党行政院在同一天宣布已派邵力子、张治中、黄绍竑、彭昭贤、钟天心5人为“和平”谈判代表。

1月29日，国民党国防部参谋总长顾祝同向国民党军发布密令，表示：下最大决心，与中共“誓不两立，坚决从事长期自救、自卫与救民之战争”。白崇禧于2月4日将这个命令转发其部下。

2月5日，国民党政府将其行政院迁往广州，苏联驻华大使罗申抵达广州，他是惟一追随孙科迁往广州的外国使节。6日、7日行政院长孙科两次发表谈话，宣布反对李宗仁关于以中共8项和平条件作基础的谈判公告。

2月12日和17日，国民党军警先后在昆明、上海枪杀要求政府兑回金圆券（中央银行昆明分行宣布金圆券为伪票）的市民和罢工工人24人。同时，国民党特务机关在上海、西安等地加紧逮捕和屠杀革命群众。

七　会见米高扬

1948年4月，毛泽东在城南庄时，曾准备到苏联去。并组织了一个精干的代表团，准备乘吉普车开往中苏边境，就中共即将成立的新政府与斯大林面谈，并要求苏联同国民党政府断绝外交关系。后来，斯大林认为中国革命战争正处于决定性的关头，毛泽东作为统帅，不宜离开岗位，他决定派苏联政治局的一位同志作为全权代表到中国来，听取毛泽东和中共中央的意见。

1949年1月31日天亮以前，一架苏联军用飞机降落在石家庄机场上，苏共中央政治局委员A. N. 米高扬和在中国东北铁路局任顾问的格瓦洛夫、翻译格瓦廖夫以及警卫员一行4人走下飞机。由师哲和汪东兴陪同乘车前往西柏坡。中共中央5大书记会见了米高扬，师哲任翻译，毛岸英任生活翻译。

米高扬说：“斯大林同志讲，毛泽东同志和其他中共中央的领导同志，在艰难的岁月里，在残酷的战争中，亲临前线指挥作战，在短短的两三年内打了这么多大胜仗，解放了大半个中国，真是为你们高兴。向你们祝贺，向你们致敬。”

毛泽东说：谢谢斯大林同志的关心，谢谢斯大林同志派你们来和我们一起研究我们的意见；我们只是想说明我们的想法，如果当面谈是很好的，非常欢迎你们来，非常感谢。

米高扬说：斯大林很关心中国革命形势的发展，经过研究，认为中国人民解放战争正处于关键的时刻，毛泽东同志不能离开指挥作战的岗位；同时，在中国境内路程遥远，交通不便，还要通过敌人的封锁线，也有安全的问题；往返的时间太长，也怕影响毛泽东同志的身体健康，因此，斯大林决定派我们来听取毛泽东同志和中共中央的意见。

毛泽东说：很好，我们很想同苏联同志谈谈，以便使你们很好地了解我们的情况；我们也听听你们的意见，这样一定会有好处。

米高扬说：我们是受斯大林同志的委托，来听取中共中央及毛泽东同志意见的，回去向斯大林同志汇报；我们只是带着两个耳朵来听的，不参加讨论性的意见，希望大家谅解。

毛泽东谈了关于召开新的政治协商会议，成立中华人民共和国临时中央人民政府的问题。说：这个政府包括各民主党派、各人民团体、无党派人士、各少数民族和华侨等代表；既有广泛性，也有代表性，这是根据中国革命长期实行民族统一战线的特点自然形成的；中国革命在最困难的时候，各方面人士为革命都做出了巨大的贡献。

第二天下午，继续会谈。周恩来说，你们由大城市来到这个山村，这里空气好，很安静，就是条件太差了，有许多不方便的地方。毛泽东说：现在你们来到这个不引人注目的小山村，下次你们再来，那就是在北平见面了；北平已经和平解决，傅作义的部队在一周内都开到指定地点，中国人民解放军今天正式进北平进行交接。这一切，主要靠的是我们军队的威力，还有我们地下党的统战工作，两者结合起来，就给傅作义将军指出了一条光明大道；北平和平解放是最好的办法，北平是中外闻名的古都，能完整地保存下来，不仅我们的人民、我们的子孙后代不会骂我们，世界一切友好国家的人民也会拥护我们这样做的。

中共中央五大书记与苏联客人共举行了3次会谈，毛泽东和其他书记亦分别去客人住处看望。

毛泽东说：我原来打算去莫斯科，是想与斯大林同志谈谈我们中国革命的特点；在特定的条件下，我们党有一条成功的经验，那就是在各个时期一贯实行的统一战线，在各个时期，都是联合一切革命的力量，反对当时的主要敌人；在土地革命时期，联合开明士绅和敌对党派中的进步力量；在抗日战争时期，那就更广泛了，除了汉奸和卖国贼以外，我们都联合，把地主阶级也作为联合的对象，把打土豪分田地的政策，改变为减租减息；在解放战争中，要打倒官僚资产阶级，联合民族资产阶级，所以我们要召开政治协商会议，成立联合政府，在这个政府里担任要职的，很多不是南征北战的共产党的有功将领，而是那些在艰难困苦的日子里，长期与共产党合作作出了贡献的有代表性的人物，有国民党的左派、有著名的民主党派领袖、有民族资产阶级的代表人物、有华侨资本家、少数民族中也有这类代表，因此可以说，我们的民主联合政府的组成，与苏联及东欧的社会主义国家组成形式有很大的不同；但是，这个政府的性质和宗旨，仍然是在共产党的领导下，走社会主义与共产主义道路，这一点，希望兄弟党的同志们了解和支持。

毛泽东讲的另一个问题，就是要把革命进行到底。毛泽东说：敌人不投降，我们就要命令人民解放军奋勇前进，坚决、彻底、干净、全部地歼灭境内敢于抵抗的国民党反动派，解放全中国，保卫中国的领土主权的完整。

毛泽东说：在过去的战斗中，曾经遇到了外国帝国主义的武装力量干扰，他们企图威吓我们的部队前进，但我们不理睬他们那一套，我们攻打山东省济南市的时候，已经进入中国沿海青岛等地的美国第七舰队就没有敢动；我们在平津战役中，驻在塘沽的美国舰队没有等我们打，就带上国民党反动派的军队逃跑了；如果他们和我们作战，我们毫不客气地消灭他们。

毛泽东说：长江以北的蒋介石反动派主力部队基本上已被消灭了，人民解放军很快就要强渡长江，彻底消灭反动派残余势力，解放全中国。

会谈结束以前，毛泽东对客人说：你们能来到中国，听听我们的想法，了解一下我们正在做的和将要做的事情，这比你们在报纸上看报道实际多了，你们会了解到中国革命为什么能迅速取得胜利，这是和我们党长期实行的路线、方针和政策分不开的；比如，在这次交谈中，你说，我们搞土地改革，把没收来的地主和富农的土地，又分给农民怪可惜的，提出集中起来搞集体农庄多好啊；中国有中国的特定历史，中国的农业经济是落后的分散的，自然经济为主，土地改革以后，虽然有些合作经济，但根据生产条件和群众的意愿，主要是分田到户进行农业生产；农民受地主的剥削和压迫已经很久了，把地主阶级推翻了，农民分了土地，才感到这是真正翻身得到了解放，当家做了主人，因此，他们自动参军参战；中国人民解放战争，就是因为有两百万农民参军，有几百万农民支援前线，送粮、送衣、送鞋、抬担架、抬伤兵，甚至帮助部队押送俘虏，从而保证了前线战争的需要，成了人民解放军强大的后盾，这些，都是和我们土地改革政策调动农民的积极性有密切关系的；我们中国有许多具体的政策，与其他社会主义国家有所不同，但最终的目的是一致的，都要走社会主义道路。

米高扬表示，他听到毛泽东同志、朱总司令、刘少奇、周恩来和任弼时同志对中国革命形势的分析，高瞻远瞩，有胆有识，知己知彼，充满了胜利的信心。所有这一切，使他很受启示，感受很深。他非常敬佩毛泽东、周恩来等中国党的领导同志。表示回去以后，一定向斯大林同志汇报，由他和苏共中央向你们做明确的表示。

八　接见傅作义

1949 年 2 月 14 日，李宗仁派颜惠庆、邵力子、章士钊、江庸、黄启汉等组成“上海人民和平代表团”和以“私人代表”身份飞抵北平。22 日，他们和傅作义、邓宝珊一起从北平飞抵石家庄。中共中央军委秘书长、中央办公厅主任杨尚昆等去石家庄迎接，然后乘车到了西柏坡。

毛泽东、周恩来、朱德等同他们进行了热情的会谈。

毛泽东握着傅作义的手说：过去我们在战场上见面，清清楚楚，今天我们是姑舅亲戚，难舍难分，蒋介石一辈子耍码头，最后还是你把他甩掉了；我俘虏你的人员，都给你放回去，你可以接见他们，我们准备把他们都送到绥远去；国民党不是一贯宣传共产党杀人放火、共产共妻吗？他们到了绥远，可以现身说法，共产党对他们一不搜腰包，二不侮辱人格，可以帮助在绥远的人学习，提高认识，这些人我们以后还要用哩；有了北平的和平解放，绥远问题就好解决了，可以先放一下嘛，等待他们的起义。①

毛泽东对傅作义说：北平和平解决最好，你这是为人民做了一件大好事，假如说，你过去有错的话，那么现在功过权衡，还是功大于过，也是有功人员；对你的部下来说，也是为他们做了一件大好事，保护了他们的生命财产和家庭团圆，如果要打起来，大量的官兵要伤亡，家庭要遭破坏；特别是北平是举世闻名的文化古都，八国联军欺负我们，烧毁了圆明园，破坏了许多名胜古迹，订立了一系列不平等条约，如果我们中国人自己打起来，把紫禁城打毁了，闻名古都被破坏了，我们的子孙后代是会骂我们的。

毛泽东说：当然，打起来我们也有准备，我们的炮兵在几个地方布置的炮火，只打十几分钟，就可打毁几段城墙；文化古都的名胜还是要保护的，城市人民也是要保护的，和平解决最好，你带了个好头；你可以向你的部下讲清楚，既然是和平解决，整编后他们就是人民解放军的一员了，和人民解放军要一样对待，绝不受歧视，你可能还不知道，我们部队的战士，大部分是国民党那里来的士兵；全国的形势你都知道了，现在长江以

---

①《毛泽东年谱（1893—1949）》下卷，人民出版社、中央文献出版社，1993 年 12 月第 1 版，第 460 ~ 461 页。

北基本上全解放了；蒋介石宣告引退，把李宗仁推出来代理总统，但是在背后，还是蒋介石说了算；蒋介石在1月1日提出愿意和中国共产党进行和平谈判，但他又提出先决条件，要保存伪宪法、伪法统和反动军队，他这还是想继续打仗；为了迅速结束战争，实现真正的和平，减少人民的痛苦，中国共产党愿意和南京政府及国民党地方政府和军事集团进行谈判。

最后，毛泽东对傅作义说：你现在住在北平很好，不久我们也要到北平工作了，将来咱们可以更好地合作，建设我们的国家；我们到北平以后，就要召集民主党派、人民团体、无党派人士、各少数民族和华侨等各个方面的代表人物开会，成立中华人民共和国政府，你也可被邀请参加会议，你有功，也有代表性。

傅作义向毛泽东、周恩来、朱德表示，他回北平以后，一定向部下传达毛主席和中央其他首长的指教和关心，一定要在共产党和部队首长的领导下，做好部队的和平整编工作。他说："我个人也要无条件地服从毛主席和党中央决定，叫我做任何工作，我保证把工作做好。在我有生之年，做一些对人民有益的事情，也好弥补我过去的过错。"

毛泽东问："傅将军，你愿意做什么工作？"

傅作义说："我想，我不能在军队里工作了，最好让我回到河套一带去做点水利建设方面的工作。"

毛泽东说：你对水利工作感兴趣，那河套水利工作面太小了，将来你可以当水利部部长嘛，那不是更能发挥作用吗？军队工作你还可以管，我看你还是很有才干的；我们的朱总司令、彭德怀、刘伯承和贺龙过去在国民党的军队中也是很出名的，现在都是我们的最优秀的高级指挥员；这主要是思想问题、立场问题，思想和立场问题解决了，其他问题都好办；我们今天是初次见面，我觉得我们能谈得来，能合作共事；你将来不一定去军队中做具体工作了，我们合作共同领导和指挥我们的国防军的行动和建设，你还是能够发挥作用的。

周恩来还专门接见了颜惠庆一行。最初中共中央领导看到国民党四分五裂，对李宗仁有无谋略和能力表示怀疑。经章士钊、邵力子多次解释，才决定以李宗仁为和谈对象，对南京政府李宗仁派代表进行和平谈判表示欢迎。请他们根据毛泽东提出的8项条件做好谈判的准备工作，谈判很快就可以在北平进行。周恩来还就南北通航、通邮等问题和他们交换了意见。

2月27日，"上海人民和平代表团"带着毛泽东给李宗仁的亲笔信由北平返回南京。李宗仁见到毛泽东的信和听取汇报后，对中共的和谈诚意表示满意，当晚设宴招待代表团成员。

九　七届二中全会

1949年3月5日~13日，在西柏坡村召开了中国共产党第七届中央委员会第二次全体会议。会议开始前，各地区战场的党政军首长，陆续到达西柏坡。参加会议的有中央委员34人，候补中央委员19人。

中央委员：毛泽东、朱德、刘少奇、任弼时、林伯渠、林彪、董必武、李富春、饶漱石、李立三、康生、张云逸、贺龙、陈毅、周恩来、张闻天、蔡畅、邓小平、陆定一、曾山、聂荣臻、彭德怀、邓子恢、吴玉章、林枫、滕代远、张鼎丞、李先念、徐特立、谭震林、陈绍禹（王明）、廖承志、王稼祥、陈伯达。

候补中央委员：王首道、邓颖超、陈少敏、谭政、程子华、王震、张际春、乌兰夫（云泽）、李葆华（赵振声）、王维舟、万毅、古大存、马明方、吕正操、罗瑞卿、刘子久、王从吾、习仲勋、刘澜涛。

列席会议的11人：李井泉、杨尚昆、安子文、胡乔木、李维汉、高文华、陈刚、刘少文、李涛、傅钟、杨立三。

记录人员4人：曾三、廖鲁言、师哲、伍云甫。

会场的正面挂着毛泽东主席和朱德总司令的画像。整个会场布置得整洁、朴素而又庄严。

开幕式以前，毛泽东特别高兴，他穿上新棉衣，迈着稳健的脚步，面带笑容走进会场。他一进会场，大家就热烈鼓掌欢迎。毛泽东先是向到会的首长们招手致意，接着他也鼓起掌来。长时间的鼓掌之后，毛泽东、朱德、刘少奇、周恩来和任弼时便坐在了主席台上。

毛泽东作重要报告。

毛泽东在讲到建设事业时说：要求一步一步地学会管理城市，恢复和发展城市中的生产事业，从我们接管城市的第一天起，我们的眼睛就要向着这个城市的生产事业的恢复和发展；为了适应这种需要，要求我们的同志们必须用极大的努力去学习生产技术和管理生产的方法，学习商业工作、银行工作和其他工作。“如果我们在生产工作上无知，不能很快地学会生产工作，不能使生产事业尽可能迅速地恢复和发展，获得确实的成绩，首先使工人生活有所改善，并使一般人民的生活有所改善，那我们就不能维持政权，我们就会站不住脚，我们就会要失败”。①

毛泽东严肃地指出：在胜利面前，要防止党内的骄傲情绪，以功臣自居的情绪，停顿起来不求进步的情绪，贪图享受不愿再过艰苦生活的情绪，要防止资产阶级的捧场。“可能有这样一些共产党人，他们是不曾被拿枪的敌人征服过的，他们在这些敌人面前不愧英雄的称号；但是经不起人们用糖衣裹着的炮弹的攻击，他们在糖弹面前要打败仗。我们必须预防这种情况。夺取全国胜利，这只是万里长征走完了第一步。如果这一步也值得骄傲，那是比较渺小的，更值得骄傲的还在后头”。②

在这个长篇报告中，毛泽东提出在全国胜利以后，全党在政治、经济、外交方面的基本政策，以及使中国由农业国转为工业国，由新民主主义社会转为社会主义社会的总的任务和主要途径。

毛泽东作完报告，与到会的首长们进行了认真而又热烈的讨论。

1949 年 3 月 13 日，毛泽东在中共七届二中全会结束时作总结讲话。毛泽东总结了党的七大以来中央、地方和军队的工作与经验，讲了党委工作方法 12 条等。毛泽东说：1. 党委书记要善于当“班长”。2. 要把问题摆到桌面上来。3. “互通情报”。4. 不懂得和不了解的东西要问下级，不要轻易表示赞成或反对；有些文件起草出来压下暂时不发，就是因为其中还有些问题没有弄清楚，需要先征求下级的意见；我们切不可强不知以为知，要“不耻下问”，要善于倾听下面干部的意见，先做学生，然后再做先生；先向下面干部请教，然后再下命令；这样办，不会影响自己的威信，而只会增加自己的威信；下面干部的话，有正确的，也有不正确的，听了以后要加以分析。对正确的意见，必须听，并且照它做；中央领导之所以正确，主要是由于综合了各地供给的材料、报告和正确的意见。如果各地不来材料，不提意见，中央就很难正确地发号施令；对下面来的错误意见也要听，根本不听是不对的，不过听了而不照它做，并且要给以批评。5. 学会“弹钢琴”。6. 要“抓紧”，抓而不紧，等于不抓。7. 胸中有“数”，对情况和问题一定要注意到它们的数量方面，要有基本的数量的分析，任何质量都表现为一定的数量，没有数量也就没有质量；我们有许多同志至今不懂得注意事物的数量方面，不懂得注意基本的统计、主要的百分比，不懂得注意决定事物质量的数量界限，一切都是胸中无“数”，结果就不能不犯错误；例如，要进行土地改革，对于地主、富农、中农、贫农各占人口多少，各有多少土地，这些数字就必须了解，才能据以定出正

①②《毛泽东选集》第四卷，人民出版社，1991 年 6 月版，第 1428、1438 页。

确的政策；对于何谓富农，何谓富裕中农，有多少剥削收入才算富农，否则就算富裕中农，这也必须找出一个数量的界限；在任何群众运动中，群众积极拥护的有多少，反对的有多少，处于中间状态的有多少，这些都必须有个基本的调查，基本的分析，不可无根据地、主观地决定问题。8.“安民告示”，如果没有准备，就不要急于开会。9.“精兵简政”，讲话、演说、写文章和写决议案，都应当简明扼要，会议也不要开得太长。10. 注意团结那些和自己意见不同的同志一道工作，不论在地方上或部队里，都应该注意这一条。对党外人士也是一样。我们都是从五湖四海汇拢来的，我们不仅要善于团结和自己意见相同的同志，而且要善于团结和自己意见不同的同志一道工作；我们当中还有犯过很大错误的人，不要嫌这些人，要准备和他们一道工作。11. 力戒骄傲，这对领导者是一个原则问题，也是保持团结的一个重要条件；就是没有犯过大错误，而且工作有了很大成绩的人，也不要骄傲；禁止给党的领导者祝寿，禁止用党的领导者的名字作地名、街名和企业的名字，保持艰苦奋斗作风，制止歌功颂德现象。12. 划清两种界限，我们看问题一定不要忘记划清这两种界限：革命和反革命的界限，成绩和缺点的界限；记着这两条界限，事情就好办，否则就会把问题的性质弄混淆了。毛泽东说，我和政治局的同志觉得，要有以上这些方法，才能把党委的工作搞好；除了开好代表大会以外，党的各级委员会把自己的领导工作做好，是极为重要的。①

毛泽东说，马克思主义的普遍真理与中国革命的具体实践的统一，这样提法较好，应该这样提，而不应该像王明同志的提法，说：“毛泽东思想是马列主义在殖民地半殖民地的应用和发展”，这种提法不妥当；我们不要忙于想宽了，要先把中国的事情办好。毛泽东说：现在应该在全国、全世界善于宣传马克思、恩格斯、列宁、斯大林的辩证惟物主义，关于党和国家的学说，政治经济学等等；不要把毛泽东同马、恩、列、斯并列起来；根据过去的经验，要学习12本干部必读书（《社会发展史》、《政治经济学》、《共产党宣言》、《社会主义从空想到科学的发展》、《帝国主义是资本主义的最高阶段》、《国家与革命》、《共产主义运动中的“左派”幼稚病》、《论列宁主义基础》、《联共党史》、《列宁斯大林论社会主义建设》、《列宁斯大林论中国》、《思想方法论》）；如果在3年之内，有3万人读完这12本书，有3000人读通这12本书，那就很好。

关于中国由新民主主义革命转变到社会主义革命的问题，毛泽东说，

①《毛泽东选集》第四卷，人民出版社，1991年6月版，第1440～1444页。

"毕其功与一役"，我是在流血的革命这一点上说的，流血的革命只有这一次，将来由新民主主义革命转变到社会主义革命那一次就不用流血了，但这只是可能，还要看我们工作的努力；如果国家（主要的就是人民解放军）和我们党腐化下去，无产阶级不能掌握这个国家政权，那还是有问题的；至于说，"政治上、经济上都毕其功与一役"是不能这样说的，王明同志这样说，那就错了。①

为防止资产阶级腐朽思想的腐蚀，防止骄傲自满，根据毛泽东的提议，会议通过了几条重要的规定：①不做寿；②不送礼；③少敬酒；④少拍掌；⑤不以人名作地名；⑥不要把中国同志和马、恩、列、斯平列。

王明（陈绍禹）因在会上坚持错误，受到大家批评。

大会进行当中，毛泽东与有关同志交谈了解放军渡江问题。

1949 年 3 月 23 日，中共中央机关离开西柏坡，移驻北平。出发前，毛泽东高兴地说："今天是进京'赶考'的日子，我们绝不当李自成，② 我们都希望考个好成绩。"

---

①《毛泽东年谱（1893—1949）》下卷，人民出版社、中央文献出版社，1993 年 12 月第 1 版，第 465 ~466 页。

②1644 年 3 月 19 日，陕西省延安府农民起义领袖李自成经过 16 年的奋战后，率步兵 40 万、骑兵 60 万一举攻入明朝首都北京城，明皇帝朱由检（崇祯）在煤山（景山）自缢身亡。伟大的胜利使起义军将士冲昏了头脑，以为从此天下太平了。几十万起义军住在城内，滋生着和平麻痹思想。宰相牛金星天天身着玉带蓝袍，坐着大轿显威风。将士们亦忙着聚敛财富，过起笙歌燕舞的享乐生活。不少士兵掠夺的财富已成了沉重的包袱，无心打仗。胜利者忽视了在江淮以南还有 50 万官兵没有放下武器；忽视了离京师不远的重镇山海关仍控制在明将吴三桂手里；忽视了关外的满洲贵族对中原大好河山早已虎视眈眈。不久，山海关总兵吴三桂投降满清。李自成率军 20 万出讨吴三桂，在山海关一带，遭到吴三桂和清兵的夹击，大败而回。4 月 26 日，李自成逃回北京城，29 日在武英殿匆匆举行登极大典（称大顺皇帝），30 日就仓皇离开北京了。第二年（1645 年）的 4 月下旬，逃亡的李自成在湖北省通山县九宫山兵败被杀。

第八章主要参考书目

《淮海战役》，冷杰甫，福建人民出版社，1982 年 6 月版。

《第三次国内革命战争概况》（修订本），人民出版社，1983 年 7 月第 2 版。

《毛主席指导的十一个战役》，《军事学术》杂志社，军事历史组编，战士出版社，1983 年 12 月版。

《全国解放战争简史》，廖盖隆，上海人民出版社，1984 年 1 月第 1 版。

《在大决战的日子里——毛泽东生活实录》，阎长林著，文生整理，中国青年出版社，1986 年 10 月第 1 版。

《胜利的华北大决战——试论平津战役》，王绪周，载《天津师大学报》，1982 年第 6 期。

《伟大的战略转移——党中央和毛泽东同志东渡黄河到西柏坡途中的革命业绩》，王居英，载《河北学刊》，1983 年第 2 期。

《中共中央在城南庄》，姜廷玉、管春林，同上。

《解放全中国的最后一个农村指挥所——中共中央在西柏坡的革命实践活动》，林浓，同上。

《淮海战役前夜的华东野战军曲阜会议》，徐金城，载《济宁师专学报》，1983 年第 3 期。

《解放战争概述》，张廷贵，载《党史资料与研究》（福州），1987 年第 4 期。

《伟大的辽沈决战——东北人民解放战争研究》，陈炎、沈兆璜、柳金铭，载《东北地方史研究》（沈阳），1988 年第 3 期。

《动摇蒋介石政权根基之战——纪念济南战役胜利 40 周年》，卢立人、张继国，载《青岛师专学报》（哲社版），1988 年第 4 期。

《淮海战役研究综述》，董连翔、冯治，载《徐州师范学院学报》（哲社版），1988 年第 4 期。

《淮海战役的主要特点及指挥艺术》，军事科学院，姚杰，载《军事历史》，1988 年第 5 期。

《“北平方式”的产生及历史意义》，北京军区黄丕基，载《军事历史》，1988 年第 6 期。

《我军将帅集体智慧的结晶——纪念淮海战役四十周年》，李宗有，载《国防大学学报》，1988 年第 12 期。

《试论战略会战战役的作战效能——纪念淮海战役胜利四十周年》，南京军区司令员、上将向守志，载《国防大学学报》，1988 年第 12 期。

《评淮海战役前国民党军的战略方针》，费春，载《徐州师院学报》（哲社版），1989 年第 1 期。

《淮海战役学术讨论会综述》，宋学文、周苏烽，载《大江南北》（上海），1989 年第 1 期。

《罗荣桓同林彪的斗争》，白刃，载《文汇月刊》，1989 年第 9 期。

《北平解放前的三次重要谈判》，党德信，载《党史博采》，1989 年第 10 期。

《和平解放北平时争取傅作义的内幕》，郑维山，载《中国老年报》，1990 年 1 月 3、10、17、24、31 日。

第九章

·开 国

MAOZEDONG

第九章 开 国

一 双清别墅

1948年12月13日，中共中央任命聂荣臻为平津卫戍司令、薄一波为政治委员，任命彭真为北平市委书记、叶剑英为中国人民解放军北平市军事管制委员会主任兼北平市市长。同时先后组织各方面干部5000名进入北平、天津，开展接管工作。

入城之前，中央机关、解放军总部各单位传达入城初期的8项注意事项：①把党的艰苦朴素优良作风带进城市；②严格执行三大纪律八项注意；③不准进入民间和不准随便进入戏院等公共场所；④绝对保守党中央机关的秘密；⑤出门不许携带武器和机密文件；⑥进城后3个月不准通信、会客、访友和外出游览名胜古迹；⑦不许贪污浪费，不被金钱、美女收买利用，不被阿谀逢迎迷了心；⑧手不许乱动，嘴不许乱说，脚不许乱走。

1949年1月31日，北平和平解放。第二天，两个扫雷专家带领华北军区一个工兵排，作为中共中央机关的先遣队，首批进入北平。任务是排除地雷、炸药、手榴弹，以保证水、电畅通，保证变压器的安全，房屋和桥梁的坚固。

2月3日，人民解放军举行了庄严隆重的入城式，北平人民欢欣鼓舞，成群结队走上街头游行，高呼口号，敲锣打鼓，欢迎解放军。12日，北平市20多万人举行了盛大的庆祝解放大会，叶剑英市长在会上发表讲话，号召全市人民为建设新北平而奋斗。

北平曾经是国民党反动派在华北的政治、军事中心，也是国民党特务活动的重要据点，刚解放的北平潜在着很多不安因素，各类反革命分子蠢蠢欲动，有的夜间打黑枪，刺杀革命干部；有的混入机关团体、工厂内部刺探机密、散布谣言、蛊惑人心；有的蓄意制造事故、破坏生产；有的甚至阴谋组织武装暴动等。因此，彭真、叶剑英及中央社会部负责人李克农等一起，领导警备部门与公安部门，坚决打击和肃清暗藏的敌特与反革命分子的破坏活动。2月，设立北平警备司令部，程子华任司令，负责肃清一切反革命武装及散兵游勇，执行军纪、军法及戒严等。

1949 年 3 月 23 日下午，春光明媚，阳光灿烂。毛泽东、朱德、刘少奇、周恩来、任弼时等中央首长乘坐吉普车，率领中央机关和解放军总部告别了西柏坡，向北平进发。经灵寿县、行唐县、曲阳县，当晚 9 时左右到达唐县的淑闾村，在这里住宿一夜。

3 月 24 日上午，车队离开淑闾村，于中午抵达古城保定。保定是河北省委所在地，省委书记林铁等领导迎接中央首长们到省委大院休息。下午 3 点半，汽车离开保定，继续向北行驶。经徐水、定兴、新城到达涿县，当晚宿在县委院内。

叶剑英和滕代远等由北平到涿县迎接中央首长。

3 月 25 日凌晨 2 时，毛泽东等中央首长从涿县乘火车向北平进发，早晨到达清华园火车站，华北军区司令员兼北平卫戍司令部司令员聂荣臻、北平市委第一书记彭真、中央社会部长李克农等到车站迎接。随后，改乘汽车前往颐和园，暂时在益寿堂用餐休息。

下午 3 时半，中央首长乘汽车从颐和园出发，经海淀镇、白石桥、紫竹院，下午 5 时到达西苑机场，受到北平市党政军机关、各界人民群众代表、各民主党派领导人及民主人士 1000 多人的热烈欢迎。5 时 10 分，在西苑机场举行了隆重的阅兵式，毛泽东等中央领导乘敞篷吉普车检阅了阵容严整的各兵种部队。当晚，新华社向全国播发毛泽东和中共中央到达北平的消息。

阅兵式完毕后，中央首长在叶剑英的陪同下，前往香山，住在一所名为“双清别墅”的幽静别致的院子里。相传元朝忽必烈在北京定都后，到西山捉金鹿，梦中向金鹿射出两箭都射在地上，拔出后冒出两股泉水，故题名为“梦感泉”。清乾隆皇帝游香山时看到梦感泉，喝了几口泉水又清又甜，于是题名为“双清”。1917 年，北洋军阀政府国务总理熊希龄督办直隶水灾时创办慈幼局，在此修了一所别墅，叫双清别墅。自此，中共中央机关和解放军总部分驻在香山一带，对外称“劳动大学”。

当晚，毛泽东、周恩来和中央统战部长李维汉等同志在颐和园益寿堂宴请爱国民主人士代表，沈钧儒、郭沫若、柳亚子、黄炎培、陈叔通、许德珩、李济深、沈雁冰、司徒美堂、彭泽民、马叙伦、邓初民、余心清等 20 多人出席。夜宴后，柳亚子赋诗云：

二十三年三握手，陵夷谷换到今兹。
珠江粤海惊初见，巴县渝州别一时。

延水鏖兵吾有泪，燕都定鼎汝休辞。
推翻历史三千载，自铸雄奇瑰丽词。

傅作义自西柏坡回到北平后，精神焕发，心情欢畅，4 月 1 日向全国发表了通电。全文如下：

中共中央毛主席、全国各民主党派、各人民团体、各民主人士及国民党中的爱国的朋友们：

北平的和平工作，自一月二十二日开始，现已圆满完成。地方未曾遭受破坏，人民的生命财产没有遭受损失，文物、古迹、工商、建筑也都得到保全。北平的和平解决，蒙全国各方所称许，认为是实现全国和平的开端。现正当全国和平商谈之际，在这个时候，我愿把我的认识和意见，向全国各方说明。

两年半的内战，我个人内心和行动，主观和客观，是在极端矛盾中痛苦地斗争着，北平和平的实现，就是由认识到行动，自我痛苦斗争的结果。现在回忆既往，我感觉我最大的错误，就是执行了反动的戡乱政策。我们在实行所谓戡乱的时候，每天说的虽是为人民，而事实上一切问题，却是处处摧残和压迫人民。我们的部队在乡村是给大地主看家，在城市是替特权、豪门、贪官、污吏保镖。我们不仅保护了这些乡村和城市的恶势力，而且还不断地在制造和助长这些恶势力。种种错误的恶因，反映在政治上就是腐烂；反映在经济上就是崩溃；反映在社会上就是劳苦大众的生活一天天地贫困，上层剥削阶级奢侈淫靡的享受一天一天地增高；反映在外交上就是依附美国；反映在军事上就是由优势变成劣势。所有这些都是因为违反了人民的利益，所以得不到人民的支持，最后为人民所抛弃。

中国共产党为什么成功呢？这是因为共产党以工农大众和全国人民的利益为基础，在乡村彻底解决了土地问题，得到广大农民的拥护；对城市工商业实行公私兼顾、劳资两利，铲除官僚资本，保护民族工商业的发展。共产党的民主联合政府的主张，已经得到全国各民主党派和人民的拥护。新民主主义不但科学地解释了革命的三民主义之内容，而且正确地说明中国革命的过去、现在和将来。新时代的民族民主革命已经不属于旧的范畴，而是属于新的范畴，必须有工农阶级和代表工农阶级的共产党领导，才能保证革命政策的彻底执行和革命任务的彻底完成。共产党人既然对于历史有了正确的认识，又有为人民服务的艰苦奋斗的精神，所以一天一天地得到成功。正确的政策是真正和平的前提，也是真正和平的保障。所谓戡乱政策，既然完全错误，共产党的新民主主义既然完全正确，我们就必须公开反对所谓戡乱政策，真诚地实现和平，不应该再犹豫徘徊，违背人民的愿望。

北平的和平就是遵从人民的意志与愿望，勇于负责的认识和行动，符合于正确的政策，符合毛泽东先生所提出的八项和平条件，这种和平是真正的和平。一切有爱国心的国民党军政人员都应该深切检讨，勇于认错，以北平和平为开端，努力促使全国和平迅速实现，然后国家才能开始建设。今天，中国人民民主事业是以中国共产党的领导，工农联盟为基础，团结全国各民主党派、国民党的进步人士和全国各民主阶层共同奋斗。这已经是大势所趋，人心所向。作义本此认识，今后愿拥护中共毛主席的领导，实行新民主主义和平建设新中国。

4月2日，毛泽东复函傅作义："四月一日通电读悉。南京国民党反动政府发动反革命内战的政策，是完全错误的。数年来中国人民由于这种反革命内战所受的浩大灾难，这个政府必须负责。但是执行这个政策的国民党反动政府的文武官员，只要他们认清是非，翻然悔悟，出于真心实意，确有事实表现，因而有利于人民解放事业之推进，有利于用和平方法解决国内问题者，不问何人，我们均表欢迎。北平问题的和平解决，贵将军与有劳绩。贵将军复愿于今后站在人民方面，参加新民主主义的建设事业，我们认为这是很好的，这是应当欢迎的。"①

1949年3月18日，北平市人民法院成立，王斐然任院长兼军管会军法处长。在军管会的统一领导下，仅半年多时间，就破获特务、匪徒的各种阴谋暴动案83起，逮捕首要特务分子560人，惩处了一大批危害人民、

①《毛泽东文集》第五卷，人民出版社，1996年8月第1版，第272页。

严重破坏革命秩序的“活阎王”、“粮老虎”等匪徒恶霸。3.7万名国民党流散官兵前来登记，1900名特务悔过登记。公安局在罗瑞卿局长的指挥下，采取果断措施，封闭妓院224家，收容妓女1200多名，逮捕、集中妓院老板、领家450名等，使社会治安迅速好转。人们赞扬说：“历朝各代，世界各国都解决不了的问题，共产党一来就解决了。”与此同时，在中共北平市委的领导下，抓紧解决全市人民粮、煤、水、电的供应等生活基本问题，通过一系列措施，稳定了市场物价。

安定方能乐业，北平市委领导全市人民以极大的热情努力恢复与发展生产，共同致力于北平的建设，北平市委、市政府遵照中共中央制定的“公私兼顾、劳资两利、城乡互助、内外交流”的“四面八方”政策，既注重发展工业，也重视发展农业生产，积极向工人、群众、民族资本家和工商业者宣传、解释我党的新民主主义政策；多次召开社会各界人士和公私企业的代表座谈会，就如何建设新北平献计献策；还成立了城乡贸易指导委员会，积极沟通城乡贸易，并发展同许多地区的贸易关系。经过半年多的努力，北平的生产就达到和超过了解放前的水平，以事实有力地回击了当时国内外的“共产党不能管好城市”的谰言。

二　谈判

1949年3月25日，国民党行政院决定派张治中、黄绍竑、章士钊、李蒸、刘斐为谈判代表，张治中为首席代表与中共谈判。26日，中共派周恩来、林伯渠、林彪、叶剑英、李维汉、聂荣臻（4月1日加派）为谈判代表，周恩来为首席代表。确定4月1日在北平谈判。

南京代表在赴北平前，张治中曾专程去溪口征询蒋介石的意见。

4月1日下午3时，南京代表团乘机在北平降落。中共和谈代表团秘书长齐燕铭、东北野战军参谋长刘亚楼等到机场迎接。代表团下榻在六国饭店。当晚，中共中央副主席周恩来设宴招待，中共中央代表团成员出席作陪。饭后，周恩来、林伯渠邀张治中、邵力子叙谈。周恩来提出一个严肃问题：“文白先生我不明白，你为何赴平前要去溪口会见蒋介石？你这一行动是不是起了混淆视听的作用，证明蒋介石有力量控制代表团？”张治中急忙辩解说：“周先生容弟解释，蒋虽退位不任总统，但仍是国民党的总裁，还掌握实力，作为国民党员前来谈判，到那里摸摸底也可起到威慑作用。”周恩来生气地说：“不管怎么说，这只能说明蒋介石仍在幕后操纵，如由蒋介石导演和平，我们是不能接受的。”张治中马上猜想到周恩来不去机场迎接他的缘故。

为了敦促和谈成功，国共双方采取了明暗两条线同时并举的策略。明处，双方代表和谈；暗处，互派特使在高级领导层中传递信息，做疏通工作。白崇禧征得李宗仁同意，秘密派特使刘仲华前往北平，把白的“力劝中共，不要过江”的意见转达给毛泽东，并说白崇禧之所以这样是受美国人指使的。不久，刘仲华带着毛泽东提出的条件回到南京。毛泽东说：①我们过江，李宗仁不要动，他还在南京继续作他的总统，我们不难为他；②和谈成功，我们欢迎李宗仁、白崇禧到北平来，也欢迎何应钦来；李宗仁如果亲自来，我们对等，我出席；如果白崇禧来，周恩来出面接待；我们相谈的目的，是为了少牺牲、少损失、少消耗力量；我们国家底子薄，无非是这个目的，并不是我们打不过去；李宗仁是来还是不来，由自己选择；只要谈得成，我当主席，他当第一副主席。白崇禧不同意毛泽东这些意见，仍坚持“划江而治”的原则。

4 月 3 日，中共也派出朱蕴山、李民欣、刘子毅 3 名特使携带李济深的亲笔信，前往南京拜访李宗仁、白崇禧、顾祝同等。7 日晚，李宗仁在傅厚岗官邸宴请了中共特使。12 日，中共特使返回北平，同机返回的还有邵力子的夫人傅学文等。

4 月 12 日前，双方代表没有举行正式会谈，仅限于相互交换意见，疏通思想，毛泽东还分别邀请南京代表团诸代表晤谈，就有关问题进行磋商。毛泽东在与张治中谈话时，首先对张治中在重庆谈判时给予的热情帮助深表谢意。张治中也开诚布公地提出：“望毛先生以宽大为怀，不将‘战犯’问题写入条文。”毛泽东表示可以宽大处理，并说：“在联合政府成立以前，南京国民党政府可以照常行使职权，不要散了。”

4 月 13 日、15 日晚，在中南海勤政殿举行了两次正式谈判。第一次谈判，中共首席代表周恩来首先就会谈草案的起草作了简明扼要的说明。尔后，双方代表进行了充分的讨论。国民党代表对协定草案先后提出 40 余条修改意见，中共接受了 20 余条。双方分歧集中在关于人民解放军渡江和关于改编国民党军队两个问题上。对此，中共表示不能让步，但在其他问题上，可以作些调整。第二次谈判，双方讨论通过修订后的《国内和平协定》。修正案较草案词句缓和了许多，避免了使用带有刺激性的话。同时就战犯、军队改编、联合政府等内容均作了若干修正。

周恩来在发言中反复强调 3 点：①必须立即将国共双方军队改编成名副其实的人民军队；②人民解放军必须接收各地政权；③这次定稿为最后

稿，20 日前如果南京政府同意就签字，否则我军即渡江。并肯定地说："此三条不能再让步，如再让步就失去了八项条件的基本精神，我们今天提出的问题，说一句俗话是硬邦邦的。也许南京代表团的朋友觉得我们太认真了，但是中共朋友都是这样的。"

周恩来发言后，张治中表示原则接受协定，明日即派人去南京请示，待后答复。接着张治中谈了个人感想，谈感想时，他把国共两党之争喻作兄弟之争，当即遭到周恩来的批驳。周恩来说："文白先生，对于兄弟的比喻，如果指我们两个代表团是可以的。但是如拿过去国民党 20 多年来，尤其是最近两年又九个半月的蒋介石朝廷来说，这就不是兄弟之争，而是革命与反革命之争。"张治中自感用词不当，没有辩白。

在国共和谈过程中，双方都没有放弃军事准备这个后盾。国民党加强了江防部署，京沪杭警备司令汤恩伯负责抽调了 25 个军 45 万人、舰艇 82 艘、飞机 58 架，以京沪江岸为主，皖系江岸为次，组成立体防御体系。汤恩伯说："有长江天堑助我，共军休想过江。"

中共坚持渡江南下，早就集中了 3 个野战军约 100 万人的兵力，在以刘伯承、陈毅、邓小平、粟裕、谭震林组成的渡江战役总前委①的领导下，挺进长江北岸，选择敌防线空虚的下游为突破方向，加紧做好了一切战斗准备。并建议中央把渡江时间安排在 4 月 20 日汛期到来之前。

经过两次谈判，双方原则通过了《国内和平协定》（最后修正案）。4 月 16 日，南京代表团推选代表黄绍竑、顾问屈武携带协定回南京请示签字。

李宗仁见到黄、屈带回的《国内和平协定》后，不敢贸然决定，他同意何应钦的建议，速派人将协定送蒋介石过目（对此黄绍竑极为恼火）。蒋介石见到协定后，暴跳如雷，拍桌大骂："文白无能，丧权辱国"，即让来人转告他的主张："一方面速提对案交共匪，一方面拒绝其条件，同时全文宣布，以明是非与战争责任之所在。"

李宗仁、何应钦得知蒋介石的态度后，顺水推舟，于 4 月 19 日下午联合签署一长电，在拒绝协定的同时，要求延期签字，张治中即刻将复电抄送中共，随遭中共拒绝。

---

①1949 年 2 月 11 日中共中央军委指示：原淮海战役的总前委照旧行使领导军事及作战职权，统一领导渡江大军。并指定刘伯承、邓小平、张际春、陈赓 4 同志参加由饶漱石、陈毅等组成的中共中央华东局，为华东局委员。

三　百万雄师过大江

国民党在宜昌到上海1800余公里的长江南岸，共部署了115个师，计70万人，由国民党京沪杭警备总司令汤恩伯指挥的75个师，约45万人，部署于湖口至上海800余公里的地段上；由华中“剿总”司令白崇禧指挥的40个师，约25万人，部署于宜昌至湖口附近1000公里的地段上。另有，江防舰队和第二舰队约130余艘舰艇分别位于长江中下游，300架飞机分置于汉口、南京、上海等地协同陆军防御。国民党政府不断地说：南京是“钟山龙盘，石城虎踞”、“共军要过长江，必遭曹操83万人马下江南的结局”。国际、国内也有一些人主张以长江为界停火，求得南北分治的和平局面。

人民解放军渡江部队，经过两个月左右的整训，于1949年2、3月间先后由徐淮地区和阜阳地区南进规定的地区布防，与国民党江防部队隔江对峙。1949年3月中旬，中共渡江总前委南进到合肥附近的瑶岗。根据中央军委指示，结合敌人江防情况，于3月31日制订了《京沪杭战役实施纲要》。决定以第二、第三野战军全部和第四野战军一部共8个兵团、26个军、80个师，共100余万人发起渡江战役。

决定：以第三野战军组成中、东两个突击集团。由第三野战军代司令员粟裕、参谋长张震率第三野战军的统帅机构，直接指挥第八、十两个兵团的主力及苏北军区部队，共6个军3个旅（共35万人）为东集团，在江苏境内的三江营——张黄港间强行渡江，向长兴、宜兴发展（另以第八兵团的第三十四、三十五两个军于战役发起的同时，以积极佯攻手段吸引和钳制浦口、浦镇之敌）；由第三野战军副政治委员谭震林指挥的第三野战军第七、九两个兵团，共7个军（30万人）为中集团，在安徽裕溪口——枞阳镇段渡江，向宜兴、长兴进发。东、中两集团在消灭江防之敌后，东西对进，于太湖西岸的长兴、宜兴地区封闭合围口，歼灭芜湖、南京、镇江之逃敌主力集团，然后东进。

决定：以第二野战军司令员刘伯承、副政治委员张际春、参谋长李达指挥第二野战军第三、四、五兵团及地方部队，共9个军（35万人）组成西集团，自安徽枞阳——望江间强行渡江后，向南、东南前出浙赣线，多路向闽北、赣中追击。

决定：以刘伯承指挥第四野战军之先遣兵团（第十二兵团的第四十、

四十三两个军及中原军区部队兵20万人）进逼武汉，牵制武汉地区之敌，① 策应第二、三野战军渡江作战，并相应从武汉——九江段渡江。

4月3日，中央军委批准了这一战役实施纲要。

1949年4月21日，中共中央革命军事委员会主席毛泽东、中国人民解放军总司令朱德发布了向全国进军的命令。解放军第二、第三野战军百万雄师在强大炮火掩护下于4月20日夜间（农历三月二十三），在西起江西省九江市东北的湖口县，东至江苏省江阴县长达500余公里的战线上，万船齐发，横渡长江。全体指战员冒着枪林弹雨，经过激战，一举粉碎了国民党苦心经营的长江防线。至22日，国民党吹嘘的“不可超越的长江天险”几乎全线崩溃，30万解放大军已渡过长江。

喜讯传来，毛泽东高兴地说：“只要我军渡过长江，蒋介石的军队就没有办法抵抗我军前进了，你们看吧，很快要打到总统府，打到闻名中外的上海。”随即亲笔写了《新华社长江前线二十二日二时电》的电讯稿：“英勇的人民解放军21日已有大约30万人渡过长江。渡江战争于20日午夜开始，地点在芜湖、安庆之间。国民党反动派经营了3个半月的长江防线，遇着人民解放军好似摧枯拉朽，军无斗志，纷纷溃退。长江风平浪静，我军万船齐放，直取对岸，不到24小时，30万人民解放军即已突破敌阵，占领南岸广大地区，现正向繁昌、铜陵、青阳、荻港、鲁港诸城进击中。人民解放军正以自己的英雄式的战斗，坚决地执行毛主席、朱总司令的命令。”

4月21日午夜，南京来电，催促张治中率代表团返回。代表团大部成员南返。张治中犹豫不决。周恩来得知消息后，即到六国饭店劝阻张治中说：“你们现在不管回上海、广州都有受国民党特务分子加害的可能。西安事变时我们已经对不起一个姓张的朋友，今天再不能对不起你了。”周恩来词恳意切，使张治中深为感动，经过思索决定留下来。李宗仁、何应钦仅收到一封“代表团不归”的电报。

人民解放军继续前进，23日解放了国民党反动统治中心——南京，蒋介石反动统治到此宣布灭亡。毛泽东午休起床后，坐在院里凉亭的藤椅上看《人民日报》。当他看到占领南京的消息后，马上走进办公室给第二野战军刘伯承、邓小平写了贺电。他余兴未消，提笔一气呵成了《七律·人民解放军占领南京》诗一首：

---

①不出所料，白崇禧不顾汤恩伯的集团防线的安危，将主力向武汉、九江收缩，将安庆的第四十六军主力也西调九江等地，出现了防御间隙，为解放军的西集团渡江创造了有利条件。

钟山风雨起苍黄，百万雄师过大江。
虎踞龙盘今胜昔，天翻地覆慨而慷。
宜将剩勇追穷寇，不可沽名学霸王。
天若有情天亦老，人间正道是沧桑。

1949年4月25日，中国人民革命军事委员会主席毛泽东、中国人民解放军总司令朱德颁布《中国人民解放军布告》：

国民党反动派业已拒绝接受和平条件，坚持其反民族、反人民的罪恶的战争立场。全国人民希望人民解放军迅速消灭国民党反动派。我们已命令人民解放军奋勇前进，消灭一切敢于抵抗的国民党反动军队，逮捕一切怙恶不悛的战争罪犯，解放全国人民，保卫中国领土主权的独立和完整，实现全国人民所渴望的真正的统一。人民解放军所到之处，深望各界人民予以协助。兹特宣布约法八章，愿与我全体人民共同遵守之。

（一）保护全体人民的生命财产。各界人民，不分阶级、信仰和职业，均望保持秩序，采取和人民解放军合作的态度。人民解放军则采取和各界人民合作的态度。如有反革命分子或其他破坏分子乘机捣乱、抢劫或破坏者，定予严办。

（二）保护民族工商农牧业。凡属私人经营的工厂、商店、银行、仓库、船舶、码头、农场、牧场等，一律保护，不受侵犯。希望各业员工照常生产，各行商店照常营业。

（三）没收官僚资本。凡属国民党反动政府和大官僚分子所经营的工厂、商店、银行、仓库、船舶、码头、铁路、邮政、电报、电灯、电话、自来水和农场、牧场等，均由人民政府接管。其中，如有民族工商农牧业家私人股份经调查属实者，当承认其所有权。所有在官僚资本企业中供职的人员，在人民政府接管以前，均须照旧供职，并负责保护资财、机器、图表、账册、档案等，听候清点和接管。保护有功者奖，怠工破坏者罚。凡愿继续服务者，在人民政府接管后，准予量才录用，不使流离失所。

（四）保护一切公私学校、医院、文化教育机关、体育场所和其他一切公益事业。凡在这些机关供职的人员，均望照常供职，人民解放军一律保护，不受侵犯。

（五）除怙恶不悛的战争罪犯和罪大恶极的反革命分子外，凡属国民党中央、省、市、县各级政府的大小官员，“国大”代表，立法、监察委员，参议员，警察人员，区镇乡保甲人员，凡不持枪抵抗、不阴谋破坏者，人民解放军和人民政府一律不加俘虏，不加逮捕，不加侮辱。责成上述人员各安职守，服从人民解放军和人民政府的命令，负责保护各机关资财、档案等，听候接收处理。这些人员中，凡有一技之长而无严重的反动行为或严重的劣迹者，人民政府准予分别录用。如有乘机破坏、偷盗、舞弊，携带公款、公物、档案潜逃，或拒不交代者，则须予以惩办。

（六）为了确保城乡治安、安定社会秩序的目的，一切散兵游勇，均应向当地人民解放军或人民政府投诚报到。凡自动投诚报到，并将所有武器交出者，概不追究。如有反抗不报到，或隐藏武器者，即予逮捕查究。窝藏不报者，须受相当的处分。

（七）农村中的封建的土地所有权制度，是不合理的，应当废除。但是废除这种制度，必须是有准备和有步骤的。一般地说来，应当先行减租减息，后行分配土地，并且需要人民解放军到达和工作一个相当长的时期之后，方才谈得到认真地解决土地问题。农民群众应当组织起来，协助人民解放军进行各项初步的改革工作。同时，努力耕种，使现有的农业生产水平不致降低，然后逐步加以提高，借以改善农民生活，并供给城市人民以商品粮食。城市的土地、房屋，不能和农村土地问题一样处理。

（八）保护外国侨民生命财产的安全。希望一切外国侨民各安生业，保持秩序。一切外国侨民，必须遵守人民解放军和人民政府的法令，不得进行间谍活动，不得有反对中国民族独立事业和人民解放事业的行为，不得包庇中国战争罪犯、反革命分子及其他罪犯。否则，当受人民解放军和人民政府的法律制裁。

人民解放军纪律严明，公买公卖，不许妄取民间一针一线。希望我全体人民，一律安居乐业，切勿轻信谣言，自相惊扰。切切此布。①

4 月 26 日，毛泽东致函胡乔木：《中国人民解放军布告》应连播两三日，尔后凡解放一个大城市例如上海、汉口，应重新对该市重播一次。②

27 日，人民解放军东、中两路大军会师，完成了对逃敌的合围。人民解放军第二野战军从西路渡江后，针对国民党军溃逃情况，迅速向浙赣以北地区发展进攻，割断了汤恩伯、白崇禧两集团的联系，使京沪杭的国民党军处于孤立无援的境地。

南京解放后，美国驻华大使司徒雷登遵照新任国务卿艾奇逊（1949 年 1 月 20 日上任）的指示，留下（只由 1 个领事衔的官员带少数随员去广州）设法寻找机会与中共接触，以探求与新中国建立外交关系的可能性。

---

①《毛泽东选集》第四卷，人民出版社，1991 年 6 月版，第 1457～1459 页。

②《毛泽东年谱（1893—1949）》下卷，人民出版社、中央文献出版社，1993 年 12 月第 1 版，第 488 页。

对此，中共中央作了认真考虑。4 月 28 日，毛泽东打电报给总前委及华东野战军负责人，指出，现在美国方面托人请求和我方建立外交关系，英国亦极力想和我们做生意，我们认为如果美国（及英国）能断绝和国民党的关系，我们可以考虑和他们建立外交关系问题。4 月 30 日，中共中央提出了新中国政府与其他国家建立外交关系的原则："中国人民革命军事委员会和人民政府愿意考虑同各外国建立外交关系，这种关系必须建立在平等、互利、尊重主权和领土完整的基础上，首先是不能帮助国民党反动派。……外国政府如果愿意考虑同我们建立外交关系，它就必须断绝同国民党残余力量的关系，并且把它在中国的武装力量撤回去。"

5 月 13 日，中共南京军管会外事处长黄华与司徒雷登首次会晤，向他转达了中共中央的意见，希望美国承认新中国政府，表示新中国需要和外国建立商业关系。6 月 6 日，在黄华和司徒雷登的第二次会晤中，司徒雷登宣称中共应意识到外国大使馆继续留驻南京是一种意味深长的发展。当得知司徒雷登想以到燕京大学过生日为由访问北平（6 月 4 日，司徒雷登的私人顾问傅经波自作主张，向黄华暗示司徒希望去北平过生日，但事前并未通过司徒），谋求与中共最高领导会面时，中共立即作出积极反应。6 月 15 日，中共通过燕京大学校长陆志韦写信给司徒雷登。6 月 28 日，黄华会见司徒雷登，向他转达了中共的邀请，并说他在北平期间一定能见到毛泽东、周恩来等中共领导人。6 月 29 日，司徒雷登向美国国务院请示。7 月 1 日，艾奇逊国务卿向司徒雷登转达了杜鲁门总统的旨意：在任何情况下都不能访问北平。

人民解放军第二、三野战军分路南进。5 月 3 日解放杭州。5 月 6 日，毛泽东为中共中央军委起草致粟裕、张震（转谭启龙、王建安、古洛）并告陈毅、饶漱石、刘伯承、邓小平电："……在占领奉化时，要告诫部队，不要破坏蒋介石的住宅、祠堂及其他建筑物。在占领绍兴、宁波等处时，要注意保护宁波帮大中小资本家的房屋财产……请刘（伯承）、张（际春）、李（达）注意保护南京的孙中山陵墓，对守陵人员给以照顾。"①

1949 年 5 月 22 日，中国人民解放军解放南昌。5 月 27 日攻占上海，守敌汤恩伯率残部由海上逃跑，余众 15 万人被全歼。停泊在长江口外准备为国民党撑腰的美国等帝国主义国家的军舰，听到国民党军队被歼灭的消息，扯起他们的旗帜，悄悄地向茫茫大海溜去。帝国主义在上海、在中国横行霸道的日子一去不复返了。

---

①《毛泽东年谱（1893—1949）》下卷，人民出版社、中央文献出版社，1993 年 12 月第 1 版，第 496～497 页。

国民党凭借美国的海空军力量，在上海集结了装备精良的军队23万人，企图固守这座城市，他们利用上海的近代建筑和工业设备，作了外围阵地、主阵地、核心阵地三种防御部署，筑有钢筋水泥碉堡5000座、半永久性掩体1万多处。蒋介石给汤恩伯下了一道命令："死守6个月到1年，挽救局势，反守为攻"，汤恩伯在上海颁布了10项杀令。

5月上旬，陈毅命令人民解放军第三野战军第九、十兵团和第八兵团一部共8个军，冒着绵绵不断的黄梅雨，从太湖西岸东进，日夜疾驰，抵达上海近郊，从两翼钳击吴淞要塞，封锁吴淞口，切断蒋军的退路。5月25日凌晨，陈毅下令发起总攻。为了使这座城市完好地回到人民手中，陈毅命令部队停止使用一切重武器，要求广大指战员迂回包围，勇猛穿插，快速进攻。

在上海地下党、广大工人群众和各界人民的密切配合下，经过3天3夜的激战，人民解放军于5月27日完全肃清了残敌，上海完整地回到人民手中，不仅水、电未遭破坏，工厂、交通、学校、商店很快恢复正常，就连电话也一直畅通。

解放上海市区之夜，人民解放军露宿街头，① 秋毫无犯，和蔼可亲。上海人民第一次看到这样纪律严明的军队，无不肃然起敬，欢呼共产党伟大、解放军伟大，万人空巷，热烈欢迎人民自己的队伍。

人民解放军同时解放了九江等120余座城市，共歼敌军京沪杭警备司令部指挥的42个整师及其他部队共40万余人。

中国人民解放军华北兵团于4月24日、5月1日、5月6日、5月7日先后肃清了太原、大同、安阳、新乡等敌人残余据点，歼敌太原"绥靖公署"及安阳、新乡守军共21个师等部16.89万余人。

中国人民解放军第一野战军于5月20日，解放了西安及渭河流域广大地区，歼敌五十七军等部2.73万余人。

人民解放军山东部队于6月2日解放青岛。

1949年7月，中国人民解放军已由1946年6月的120万人壮大为400万人，而国民党军队由1946年7月的430万人仅剩下149万人的残余部队，且在整个战场上已没有一条完整的战线，分别向台湾、广州、重庆逃窜。

蒋介石最后的希望寄托于盘踞西北的胡宗南部和退于湘桂一线的白崇禧部。想窃西北、西南地区苟延残喘，以等待"第三次世界大战"的爆发。

---

①解放军战士戏曰："想上海，进上海，进了上海得到两条破麻袋。又有铺，又有盖，晚上睡觉真凉快。"外电报道：解放军"纪律严明，态度和蔼"，"为世界陆军第一"。

四　宜将剩勇追穷寇（一）

1949 年 6 月 15 日，因召开新政治协商会议，毛泽东暂住丰泽园菊香书屋。此后进城均住此处。① 中海开辟于金、元朝之时，南海创建于明初。清朝时期中南海与北海统称为西海子，列为禁苑。园内美丽的湖面和殿阁楼台，错落其间，建筑上具有特殊风格，前人赞美曰：“翡翠层楼浮树杪，芙蓉小殿出波心。”

毛泽东住在丰泽园（前有颐年堂是会议室，后有菊香书屋，里面是毛泽东的办公室、书房、卧室）内。丰泽园的大门和外边的门柱油漆脱落了许多，毛泽东反对刷油漆，他说：“我住的地方不要和公共场所一样花那么多钱，搞那么漂亮。”根据毛泽东的指示，丰泽园的大门和园内所有的房屋都没有刷新，就连颐年堂这个毛泽东经常开会和会客的地方也只是清扫一下，没有花钱修理。

刘少奇、周恩来、朱德亦先后搬到中南海。

6 月 15 日，新的政治协商会议②筹备会议在勤政殿大厅开幕。勤政殿是中南海中一座古老的最高建筑，是皇帝休息和处理朝政的地方。

毛泽东穿上了一身新做的蓝布衣服，先在中国共产党代表团席位上坐下。大会通过主席团人选以后，毛泽东等会议领导人走上主席团入座，会议秘书长林伯渠请毛泽东讲话。

毛泽东说，我们新政治协商会议的任务是：完成各项必要的准备工作，迅速成立民主联合政府，以便领导全国人民以最快的速度肃清国民党反动派的残余力量，统一全中国，有系统和有步骤地在全国范围内进行政治的、经济的、文化的和国防的建设工作，全国人民希望我们这样做，我们就应当这样做。

毛泽东最后说：“中国人民将会看见，中国的命运一经操在人民自己的手里，中国就将如太阳升起在东方那样，以自己的辉煌的光焰普照大地，迅速地涤荡反动政府留下来的污泥浊水，治好战争的创伤，建设起一个崭新的强盛的名副其实的人民民主共和国。”③

---

①《毛泽东年谱（1893—1949）》下卷，人民出版社、中央文献出版社，1993 年 12 月第 1 版，第 516 页。

②1946 年 1 月在重庆召开的为旧政协会议。

③《毛泽东选集》第四卷，人民出版社，1991 年 6 月版，第 1467 页。

参加新政协筹备会的代表来自23个单位，共134人，会议于6月19日闭幕，通过了《新政治协商会议筹备会组织条例》和《关于参加新政治协商会议的单位及其代表名额的规定》，选出了以毛泽东为首的常务委员会。

毛泽东是很敬重宋庆龄的，上海刚解放的时候，他就委托陈毅司令员和其他领导人，前往公馆去慰问她，并派出警卫部队保证她的安全。6月19日，他和周恩来派邓颖超前往上海，携带毛泽东的亲笔信，看望宋庆龄，并邀请她来北平商议国家大事，信中写道：

> 庆龄先生：
>
> 重庆违教，忽近四年。仰望之诚，与日俱积。兹者全国革命胜利在即，建设大计，亟待商筹，特派邓颖超同志趋前致候，专诚欢迎先生北上。敬希命驾莅平，以便就近请教，至祈勿却为盼！专此。敬颂
>
> 大安！
>
> 毛泽东
>
> 一九四九年六月十九日[①]

7月1日，宋庆龄在上海参加了中国共产党诞生28周年庆祝大会，她在会上发表了《向中国共产党致敬》的讲话，她说："欢迎我们的领导者——这诞生在上海、生长在江西的丛山里、在二万五千里长征的艰难困苦中百炼成钢、在农村的泥土里成熟的领导者。向中国共产党致敬！"

消息传来，毛泽东非常赞赏。他说，宋庆龄是一位了不起的杰出人物，是中国妇女的典型代表，在全国、全世界都很闻名。她早年就追随伟大革命先行者孙中山先生。孙中山逝世后，她坚决与背叛孙中山事业的蒋介石反动派决裂，同中国共产党合作，在抗日战争中和解放战争中，给予我们党和军队很大物质上的帮助。

8月28日，宋庆龄自上海到北平，毛泽东等亲往车站迎接。

1949年5月，中共中央决定，以中共中原局为基础组成华中局。中原军区领导机关与第四野战军领导机关合并，改称中国人民解放军第四野战军兼华中军区。林彪任华中局第一书记、华中军区司令员，罗荣桓任华中

①《毛泽东文集》第五卷，人民出版社，1996年8月第1版，第238页。

局第二书记、华中军区政治委员，邓子恢任华中局第三书记、华中军区第二政治委员。1949 年 5 月 14 日，中国人民解放军第四野战军，在武汉以东团风至武穴（广济）间 100 余公里的地段上强渡长江。5 月 15 日，国民党华中军政长官公署副长官、河南省主席、第十九兵团司令官张轸在贺胜桥、金口一带率部 2 万余人起义。5 月 16、17 日，解放华中重镇武昌、汉口和汉阳 3 镇。

7 月 10 日，第四野战军和第二野战军一部在西起宜昌、沙市，东至赣江沿岸数百里的战线上，发起了肃清国民党中南残部的强大攻势，大军分西、东、中 3 路：

西路——自湖北省西部的宜昌、沙市地区渡过长江，迂回至长沙西北，29 日解放湘西重镇常德。

东路——在江西境内向西、向南并进，西进部西渡赣江沿浙赣铁路南昌、萍乡段向西南推进，迂回至长沙东南，23 日攻克萍乡；南进部沿赣江推进，肃清两岸残敌，先后解放吉安、泰和等地。

中路——由湖北南部攻入湖南省北部，沿粤汉铁路正面向长沙进攻，7 月 20 日解放岳阳。

白崇禧所部桂系国民党军，自长沙地区向南撤逃。

7 月底，人民解放军第四野战军第十二、十三两兵团，从东西两面逼近长沙。长沙 50 万人民举行游行示威，要求湖南和平解放。国民党长沙绥靖主任公署主任、湖南省主席程潜①与华北“剿总”副司令、第一兵团司令陈明仁于 8 月 4 日宣布起义。湖南和平解放。

1949 年 3 月，程潜应国民党政府之召赴南京时，中共中央和毛泽东授意跟程潜交往比较深的章士钊从上海赶到南京，同程潜作了较长时间的谈话，着重转达了毛泽东对程潜的殷切期望。针对程潜因被列为战犯所存的顾虑，章士钊转达中共中央和毛泽东的意见说：如果程将军能与共产党合作，走和平道路，不仅既往不咎，还会受到礼遇。

---

①程潜（1882～1968），字颂云，湖南醴陵人。前清秀才，同盟会员。曾任湘军都督府参谋长、非常大总统府陆军总长、广东大本营军政部部长。北伐战争中，任国民革命军第六军军长、九江卫戍司令、江右军总指挥、武汉国民政府委员等职。抗日战争时期，历任国民党第一战区司令长官、河南省政府主席、天水行营主任等职。抗日战争胜利后，任国民党武汉行辕主任等职。1948 年 3 月，参加副总统选举，失败，任国民党长沙绥靖主任兼湖南省政府主席。他与毛泽东交往密切，甚至在国民党极端恐怖统治的情况下，他们还保持着联系。

6月，程潜在白崇禧的巨大压力下，派程星龄①到香港，请刘斐回湘主政，毛泽东和中共中央又授意当时正在香港的章士钊去见程星龄，以程潜的起义为中心议题进行了交谈。

6月中旬，程潜给中共中央和毛泽东写了起义备忘录：决定根据贵方公布和谈8条24款之原则，谋致湖南局部和平；具体办法，极望双方指派军事代表立即成立军事小组，俾能详细商决，并密切配合行动。

6月底，这份备忘录送到毛泽东手中。毛泽东随即电示人民解放军第四野战军陈兵湘鄂边境，同时选派原国民党高级将领、时任中共华北大学总队长李明灏和吉林省政府副主席袁任远前往武汉，以促成长沙起义工作。

李明灏和程潜、陈明仁同属湖南醴陵人。早在北伐前，程潜受孙中山的委托举办陆军大本营讲武学校时，李明灏任教育长，陈明仁就是此时被破格录取选进讲武学校，尔后转入黄埔军校（第一期）进入军界的。李明灏与陈明仁交往较多，陈明仁一家都尊称李明灏为老师。陈明仁在起义前有顾虑，李明灏秘密进入长沙为他解开了疑团。

7月4日，毛泽东复信程潜：先生决心采取反蒋反桂和平解放湖南问题之方针，极为佩慰；所提军事小组联合机构及保存贵部予以编整、教育等项意见，均属可行。

8月3日，程潜的发言人在长沙举行记者招待会，宣读了他8月1日向毛泽东主席、朱德总司令及李宗仁、阎锡山、白崇禧等人的呼吁和平通电。

同日，程潜致电毛泽东、朱德，宣布脱离广州国民党政府。

程潜起义后，毛泽东和朱德致电程潜和陈明仁以及全体将士：诸公率三湘健儿，脱离反动阵营，参加人民革命，义声昭著，全国欢迎，南望湘云，谨致祝贺；尚望团结部属，与人民解放军亲密合作，并准备改编为人民解放军，以革命精神教育部队，改变作风，力求进步，为消灭残匪，解

---

①程星龄（1900～1987），湖南省醴陵人。早年曾在湖南第一师范求学（第15班），与毛泽东是先后同学（比毛泽东晚），后考入北京大学。曾任国民革命第八军第一师政治部宣传科长、重庆党政委员会设计委员、天水行辕参事。曾赴解放区考察。1942年出任国民党福建省政府秘书长，多次向省主席刘建绪介绍解放区见闻，使刘在福建省启用和保护过一些共产党员，程星龄也结交了一些中共党员朋友。1945年7月，程被蒋介石列为“异党分子”，拘禁在重庆、台湾。后经其族兄程潜和刘斐等人设法保释，程星龄出任台湾训练团讲师。1948年8月，他应好友、中共湖南地下党省工委统战组长余志宏的邀请，从台湾到长沙做程潜将军的策动工作。他代程潜起草了给毛泽东的“起义备忘录”，并赴香港带回毛泽东对陈明仁的谈话。

新中国成立后，程星龄历任湖南省军政委员会委员、湖南省人民政府副主席兼省文教委员会主任、副省长兼省体委主任、省政协副主席、省政协主席等职。1987年10月22日病逝于长沙。

放全中国人民而奋斗。

湖南和平解放以后，中国人民解放军在那里成立了军政委员会，程潜担任军政委员会主任，黄克诚任副主任，陈明仁担任副主任兼临时省政府主席，萧劲光担任军区司令兼长沙市军政委员会主任。

9月7日，在毛泽东等人的邀请下，程潜来到北平。毛泽东亲自到火车站迎候。毛泽东说："程潜将军领导全体官兵起义，和平解放湖南，带了一个好头，也给湖南省、长沙市的人民做了一件好事，使湖南人民免遭战争的灾难。你们立了功，向你们祝贺，向你们致敬。"

晚宴时，毛泽东对程潜说："二十多年来，我是有家归不得，也见不着思念的乡亲。蒋介石把我逼成个流浪汉，走南闯北，全靠这一双好脚板，几乎踏遍了半个中国。……我们这个民族真是多灾多难啊！经过八年浴血奋战，打败了日本侵略者，也过不成太平日子。阴险的美帝国主义存心让蒋介石来吃掉我们。我们是被迫打了四年内战，打出一个新中国。这是人心所向啊！"①

程潜说："我过去被辱国辱民的蒋介石拖进了苦难的深渊，走错了路，很惭愧，愿今后在共产党和毛主席的领导下，为新中国的未来奋斗。"

湖南省和平解放以后，毛泽东家乡的亲戚和朋友来信很多。有的来信，是想到北平来看望毛泽东；有的来信是要他给安排工作；有的希望毛泽东帮助他们解决困难；有的是让毛泽东帮助打听一下自己亲人的下落。

有一次，毛泽东的秘书田家英拿着一大叠子从湖南寄给毛泽东的信件，对毛泽东说："这么几天，又来了这么多信。"毛泽东接过信一封封看了来信的地址，说：全国快解放了，人也当官了，亲戚朋友也多了；这么多的信，我如果天天看信、写回信，接待他们来北平，解决他们的问题，别的事情也就不能做了；凡是亲戚、朋友、同乡、同事、同学来信要求来北平，或者要求我解决什么问题的来信，如果你们处理有困难，就交给我处理，一般来信，由你们处理，过一段写个简报交给我看看也就行了；原则是，凡是要求到北平来看我的，现在一律不准来，如果他们不听，来了我也不见，机关也不接待，怎么来的就怎么回去，往返的路费他们自己出；凡是要求我给安排什么工作的，一律谢绝，我这里不介绍、不推荐、不说话、不写信；凡是反映地方政府和干部作风问题的来信，我们只收集材料，作为研究问题时参考，不直接处理，也不向下批转，以免使地方政府和干部为难，不敢大胆工作。

---

①《毛泽东传（1893—1949）》，中央文献出版社，1996年8月第1版，第941～942页。

在1949年8、9月里，毛泽东尽管很忙，他还是抽时间看看家中亲友们的来信，还写回信。一次田家英夜间来取信，毛泽东对他说："我们共产党的章法，绝不能像蒋介石他们一样搞裙带关系，一个人当了官，沾亲带故的人都可以升官发财。如果那样下去，就会脱离群众，就会和蒋介石一样早晚要垮台。"

毛泽东说："我对开慧家里的人和我家中的人一样非常有感情。开慧在家乡搞革命工作，他们都支持。开慧被反动派逮捕以后，他们也冒着极大的风险，千方百计地设法营救。开慧被反动派杀害了，他们冒着风险收殓尸体，还营救岸英他们，把他们送到上海交给地下党组织。他们这样做，我是非常感激的。可是，开慧的哥哥杨开智本来在湖南农场工作很好，现在又来信要我在北平给他安排工作。我如果这么做，不说以后其他亲友也会提出这类要求，就是只解决他一个人的工作问题，我也是强加于组织，强加于群众呀。"

毛泽东亲笔给杨开智写了回信：

杨开智先生：

来函已悉。老夫人健在，甚慰，敬致祝贺。岸英、岸青均在北平，岸青尚在学习。岸英或可回湘工作，他很想看外祖母。展儿[①]于八年前在华北抗日战争中光荣地为国牺牲，她是数百万牺牲者之一，你们不必悲痛。我身体甚好，告老夫人勿念。兄从事农场生产事业甚好，家中衣食能过得去否，有便望告。此复。敬颂大安。

毛泽东

八月十日[②]

9月，毛泽东的一个表弟来到北平看病。临走时，毛泽东对他说，以

①杨展，杨开慧的哥哥杨开智的女儿，1920年10月26日生于长沙。6岁入长沙周南女中附小读书，毕业后升入这所中学。1937年，加入中国共产党。曾担任周南女中第一任党支部书记。在此期间曾与毛泽东直接通信联系。上高中时，中共中央在延安号召青年奔赴前线，拯救民族危亡，毛泽东也来信，鼓励杨展到延安。她通过长沙八路军办事处徐特立来到延安，分配到陕北公学分校学习，一年后，在高级班结业，1939年秋，日军企图强渡黄河，进攻延安。中共中央号召延安青年学生到敌人后方去，决定由陕北公学、鲁迅艺术学院等单位合并为华北联合大学，由罗瑞卿、成仿吾率领向敌后挺进。杨展也坚持要上前线，部队到达晋察冀边区后，她分别做编写教材和在政治部组织科、教育科工作。1941年秋，日寇对晋察冀边区进行大"扫荡"，在一次紧急转移中，杨展失足落崖，身负重伤，因无法抢救，不幸牺牲。

②《毛泽东书信选集》，人民出版社，1983年12月第1版，第330页。

后凡是没有经我的同意，不管是谁，都不要来北平，如果不听我的非要到这里，我是不见的，机关也不接待，怎么来，就怎么回去，往返路费自己负责；我的话，你回去可以给所有亲戚们、乡亲们说，他们有事情，可以往这里写信。

从此以后，毛泽东的亲友很少来北平。毛泽东在回信中，总是严格要求亲友，嘱咐他们积极劳动，努力学习和工作，不要觉得自己高人一等，不要搞特殊，他还嘱咐亲友，政治上要进步，要安分守法，生活上艰苦朴素。

1949 年 9 月，毛岸英和刘思齐决定结婚。他们征求了思齐妈妈的意见，婚期初步定下来以后，就跟毛泽东说了。毛岸英说："爸爸，我跟思齐商量好了，我们准备在星期六下午结婚，不知爸爸同意不?"毛泽东说："我同意，你们准备怎么办婚事?"

毛岸英说："我们商量了，越简单越好。为不给爸爸添麻烦，我们的婚礼在情报部举行，暂时也住在那里，我们都有随身的衣服，也有现成的被褥，不用花钱买东西。"

毛泽东高兴地说："不花钱办喜事，是喜上加喜，你们结婚是一辈子的大事，我请你们吃顿饭，你们想请谁就请谁。你跟思齐妈妈说，现在是供给制，她也不要买东西。她想请谁都可以，来吃顿饭。"

毛岸英和刘思齐经过商量，写了一个参加吃饭的名单，有邓颖超、蔡畅、康克清、谢觉哉等。毛泽东看了名单说："你们只请邓妈妈不行，还应该请恩来；请了蔡妈妈，还应该请富春；请了康妈妈，还应该请总司令；请了谢老，还应该请王定国。还有少奇和光美同志也要请。弼时同志有病住在玉泉山休息，就不要麻烦他了。该请的人由岸英去请，打电话或亲自去都可以。吃什么也由你们跟他们商量，最好是家常便饭，简单一些。你们俩的意思是婚事简办，我完全赞成，就是要改一下旧习嘛。"

婚礼完后，俩人在晚饭前赶到中南海。毛岸英穿的是在外宾场合当翻译的工作服，刘思齐穿的上衣是灯心绒布的，裤子是半新的，新买的方口布鞋。晚上七八点钟，客人们来到菊香书屋的西屋里，还带来了小小的纪念品。大家欢聚在一起，都夸新人是一对好夫妻，向毛泽东祝贺，说他找了一个好媳妇。

毛泽东举杯走到张文秋面前对她说："谢谢你教育了思齐这个好孩子，为孩子们的幸福，为你的健康干杯。"周恩来对张文秋说："你这个做母亲的，也得说几句话呀。"

张文秋说："我说什么呢?"周恩来说："你如果一时想不出新词来，

主席刚才说的话变成你的话不是很好吗?”

张文秋举杯走到毛泽东面前说:“谢谢主席在百忙之中为孩子们的婚事操心,思齐和岸英结婚,这是他们的幸福,也是我的幸福。思齐年幼不大懂事,希望主席多批评指教。”

周恩来笑着说:“这不是讲得很好吗。”大家都笑了起来。

饭后,毛泽东说:“今天是非常高兴的一天,因为这是岸英和思齐结婚的日子,这喜酒和便饭是岸英自己张罗的。他办得还可以,我要表扬他。”然后,毛泽东把自己的礼物拿了出来——一件呢子大衣,这是他去重庆谈判时穿的。毛泽东说:“我没有别的东西送给你们,这件大衣,晚上可以当被子盖,白天岸英穿上也可以防寒。”毛岸英接过大衣和刘思齐一起说:“谢谢爸爸。”

五 国庆

华北方面残留于绥远省西部的傅作义余部、绥远省主席兼华北“剿总”归绥指挥所主任(省保安司令)董其武率4万余人于1949年9月19日宣布起义。至此,华北全境解放。

毛泽东说过:“北平和平解放后,我们手软了,对绥远不好用兵再打了……傅先生交了北平,解放绥远就要有所不同,证明我们的政策正确,还将继续证明。”① 在绥远部队各派系中,董其武是实力最强的一派。董其武,1899年出生于山西省河津县的一个贫农家庭,1924年开始军旅生涯,在北伐战争中,屡立战功,升任中校副团长,但因不是蒋介石的嫡系,竟遭编遣。当其生活陷入困境时,时任天津特别市警备司令的傅作义正在扩军。董其武景仰傅将军,遂变卖衣物作路费奔赴天津。经傅作义考察,委任为额外上尉参谋。他不嫌官职小,军衔低,工作尽职尽责,得到傅作义的赞赏。1938年初,傅作义率部由绥远出师东进抗日,董其武所在的旅担任先头部队,在怀柔一带阻击敌人。董其武团(董时任团长)在作战中,曾一天连续7次粉碎日军的进攻。长城抗战之后,董其武升任少将旅长,随后率部参加了绥远抗战,并获大捷,全国人民欢欣鼓舞。毛泽东称绥远抗战为“全国抗战之先声”,曾派南汉宸携带他的亲笔信和绣有“为国御侮”的锦旗,赴绥远慰问。忻口会战中,董其武被提升为中将师长,后率

①董克敏,《试论绥远方式的提出》,载《内蒙古师大学报》,1988年第2期。

部参加了包头、绥远、五原等战役，重创日军，被升任暂编第四军军长，后调任第三十五军军长。日本投降前夕，他任第十二战区政治部主任兼晋陕绥边区副总司令。

董其武是一位饱经世故，没有完全沾染国民党军队恶习的正直军人。从政以来，比较廉洁，在绥远各界中有较高的威信。他十分景仰傅作义的品格为人，深受傅作义爱国爱民思想的影响，董其武在自己的办公室和卧室里，只挂傅作义的巨幅照片，而不挂蒋介石的画像。董其武对蒋介石排除异己，消极抗日，积极反共的政策早已不满。1940 年他去重庆报告五原大捷的情况，并请求中央政府为傅部更换武器装备，结果只领到 20 挺轻机枪和 300 多支步枪。而和董其武住同一个招待所的胡宗南部第十六军军长董钊却领到了更换全部武器的凭单。董其武对蒋介石这种厚此薄彼的做法非常气愤，他想：这大概是因为我们只打日本，不打共产党吧。抗日战争中期，董其武在重庆陆军大学将官班学习，他目睹国民党的政治腐败、上层人物骄奢淫逸，十分气愤，深感失望。傅作义曾问董其武："我们有多少好朋友有学识、有地位，都向共产党那里跑，这是什么道理?"董其武回答："人家看见国民党政府党派分歧，腐化无能。"傅作义又问："有多少青年学生也向共产党那里跑，这是什么道理?"董其武回答："青年学生是要求进步的。"1947 年秋冬时节，傅作义升任华北"剿总"司令，傅部移驻北平，别人纷纷致电祝贺，惟董其武不但未打贺电，反而内心起了很大的隐忧，深为傅作义集团的前途担忧。

1949 年 1 月 21 日，傅作义宣布北平国民党接受改编，北平实现和平解放。董其武得知这一消息后，第二天即飞抵北平，谒见傅作义，明确表示要追随傅作义走和平道路。傅作义说：绥远问题等我见了毛泽东之后再定。2 月 23 日，毛泽东在西柏坡接见傅作义、邓宝珊两位将军时说：解决绥远问题，双方先划个军事停战线，接通铁路，贸易起来，让董其武将军做好内部工作，待条件成熟时起义。3 月间，中共华北局和傅作义代表正式商谈绥远问题。经过多次协商，于 6 月 8 日双方正式签订了《绥远和平协议》。

7 月 24 日，国民党特务杀害了华北人民政府派驻归绥联络处工作人员王世鑫。事件发生后，中共联络处人员和绥东人民异常愤怒，董其武十分慌恐。中共中央没有责备傅作义和董其武，更没有怀疑他们的和平诚意。毛泽东指出："事情是有曲折的，革命不能没有牺牲，绥远解放用'绥远方式'不变。请董主席多加注意。"8 月下旬，中共中央委托傅作义、邓宝珊携带 10 万银元和大批慰问品赶到绥远，慰劳军士。9 月 19 日，董其武、孙兰峰率部起义。毛泽东指示，绥远不要用军管形式，要成立军政委员会，由傅作义任主席，并指示绥远人民政府和绥远军区，与董其武的绥远政府和保安司令部实行合并、合作。①

从1947年初开始，毛泽东一直想访问苏联，同苏联和联共中央就政治、军事和经济等方面的问题交换意见。由于战事和交通，未能成行。随着南京的解放，国民党政府的统治已经基本解体，建立新中国已迫在眉睫，中共中央决定派刘少奇等人组成的代表团秘密访问苏联。1949年6月，刘少奇为准备访问苏联，就新中国的经济建设方针问题撰写报告提纲。提纲指出："在推翻帝国主义及国民党统治以后，新中国的国民经济主要由以下五种经济成分所构成：(1) 国营经济；(2) 合作社经济；(3) 国家资本主义经济；(4) 私人资本主义经济；(5) 小商品经济和半自然经济。"由这"五种经济成分构成的新民主主义经济的内部，是存在着矛盾和斗争的，这就是社会主义的因素和趋势与资本主义的因素和趋势之间的斗争，就是无产阶级和资产阶级的斗争。这就是在消灭帝国主义势力及封建势力以后，新中国内部的基本矛盾。这种矛盾和斗争，将要决定中国将来的发展前途到底是过渡到社会主义社会，抑或过渡到资本主义社会？我们认为新民主主义经济是一种过渡性质的经济。这种过渡所需要的时间，将比东欧、中欧各人民民主国家长得多"。提纲认为，新中国的经济建设方针，应该是："在目前及战后最初一个时期内，因要急于医治战争创伤，恢复被破坏、被隔离的经济生活，一般说来，前述五种经济成分，除开那些投机操纵的经营及有害于新民主主义的国计民生的经营而外，都应加以鼓励，使其发展。但在这种发展中，必须以发展国营经济为主体。普遍建立合作社经济，并使合作社经济与国营经济密切地结合起来。扶助独立的小生产者并使之逐渐地向合作社方向发展。组织国家资本主义经济，在有利于新民主主义的国计民生的范围以内，容许私人资本主义经济的发展，而对于带有垄断性质的经济，则逐步地收归国家经营，或在国家监督之下采用国家资本主义的方式经营。对于一切投机操纵及有害国计民生的经营，则用法律禁止之。这就是说，在可能的条件下，逐步地增加国民经济中的社会主义成分，加强国民经济的计划性，以便逐步地稳当地过渡到社会主义。这种过渡，是要经过长期的激烈的艰苦的斗争过程的，这就是列宁在苏联新经济政策时期所说的谁战胜谁的问题。"提纲指出："今后中国

①薄一波，《悼念董其武将军》，载《人民日报》，1989年3月16日第6版。

的经济建设必须反对以下两种错误倾向：一种是资本主义的倾向。就是把中国今后经济发展方针，看做是发展普通的资本主义经济，把一切希望寄托于私人资本主义经济的发展，向资本家作无原则的让步，对小资产阶级的弱点表示迁就，自觉或不自觉地要把中国建设成为资本主义共和国，这就必然会是半殖民地半封建的旧统治的复辟。这是在新民主主义经济建设中放弃无产阶级领导地位的资产阶级的或小资产阶级的路线。另一种是冒险主义的倾向。就是在我们的经济计划和措施上超出实际的可能性，过早地、过多地、没有准备地去采取社会主义的步骤，因而使共产党失去农民小生产者的拥护，破坏城市无产阶级与农民的联盟，这就要使无产阶级领导的新民主主义政权走向失败。因此，我们必须在今后的经济建设中，经常地进行两条战线斗争，反对上述两种倾向，以保证正确的经济建设方针的贯彻执行。”①

1949 年 6 月 21 日，刘少奇率中共中央代表团离北平赴苏联访问。代表团成员有高岗、王稼祥。6 月 26 日，他们到达苏联首都莫斯科。6 月 28 日，斯大林、莫洛托夫、马林科夫、米高扬等会见中共中央代表团刘少奇、高岗、王稼祥。7 月 2 日，刘少奇致电中共中央，请示可否以书面报告方式向斯大林通报情况等问题。7 月 3 日，刘少奇接毛泽东复电：同意以书面报告的方式向斯大林通报国内情况、提出问题和征询意见。7 月 4 日，刘少奇以中共中央代表团团长名义致信苏共中央、斯大林。通报：中国革命战争已基本胜利，很快会完全胜利；今后的任务是争取在最短时期内结束战争，肃清蒋介石国民党残余，并尽可能迅速地恢复和发展人民经济，管理与建设国家；决定在今年 8 月召开新的政治协商会议，并成立联合政府，现正积极进行各项准备工作；新中国将实行民族独立、保卫世界和平与民主、平等互惠地与各国通商贸易的外交原则；毛泽东将在中苏建立外交关系后公开访问莫斯科。7 月 6 日，刘少奇致信斯大林，提出中共中央代表团拟在莫斯科学习苏联以下问题：（1）苏联的国家机构；（2）苏联经济的计划与管理；（3）苏联的文化教育；（4）苏共的组织与群众团体的组织。学习的方式是请苏联各方面工作的负责人谈话，包括部长会议、内务部、教育部及文化高级机关、外交部、国家计划局、银行、合作社、商业部、对外贸易部、财政部、党的组织部、工会、青年团以及莫斯科州委、市委、市政府的负责人，以至工厂的厂长、支部书记、工会主任等，并参观一些工厂、农庄和学校。信中还提请苏联政府为培养新中国的建设管理

①《刘少奇选集》上卷，人民出版社，1981 年 12 月第 1 版，第 426 ~ 431 页。

人才做出帮助，在苏联办一所专门学校，派出各方面的教授到中国工作等。7月10日，刘少奇等应邀到斯大林在孔策沃附近的别墅参加宴会。斯大林和苏共中央政治局委员伏罗希洛夫、莫洛托夫、马林科夫、布尔加宁、贝利亚、卡冈诺维奇等出席。7月11日晚10时，中国代表团应邀列席苏共中央政治局会议。就中共中央代表团所提出的问题进行商谈。斯大林在询问了一些具体问题后，就对中共代表团在报告中所提出的问题发表意见。斯大林主要谈了以下几点看法：第一，中国民族资产阶级的问题，斯大林说：你们同民族资产阶级合作并吸收他们参加政府的观点是正确的，中国的民族资产阶级同东欧各国以及德国的资产阶级不一样；那些国家的资产阶级在战争中同希特勒合作，中国的民族资产阶级在对日作战中没有投降日本；日本投降后，其中一部分企图同美国建立关系，但是《中美通商航海条例》对中国的资产阶级是极为不利的，于是中国的资产阶级反对美国和蒋介石。第二，人民民主专政问题，斯大林说：你们实行人民民主专政的政体是对的，你们引述我在1926年所说的“中国未来的革命政权是偏重于反对帝国主义的政权”也是对的。第三，外交问题，斯大林认为中共报告中的外交原则是对的，要利用各资本主义国家的矛盾，发展中国特别是同苏联及东欧国家的通商贸易；你们不要急于要求各帝国主义国家承认你们，你们有很好的法宝，就是帝国主义国家要和你们做买卖，帝国主义国家的危机已经开始了，我想列强很快就会承认你们的，你们可以先和他们做买卖。第四，中苏关系问题，斯大林说：中国政府一成立，苏联立刻承认你们；1945年签订的《中苏条约》是不平等的，那时和国民党打交道，不得不如此，苏联在旅顺驻兵是抵制美蒋武装力量的自由行动；如果中共要求苏联从旅顺撤兵，苏联军队现在就可以撤退，这个条约等毛泽东来莫斯科时解决。斯大林说：新中国政府成立，中苏两国建交，毛泽东就可以来苏联；毛泽东不来，苏联派代表团去中国。① 双方商定组织一个借款条约共同起草委员会，苏共方面米高扬、柯瓦廖夫参加，中共方面刘少奇、高岗、王稼祥参加。7月15~26日，中共中央代表团和苏联国家计划委员会、财政部、商业部、国家银行等负责人交谈，并参观工厂、集体农庄。

7月18日，刘少奇和高岗、王稼祥向中共中央、毛泽东报告参加11日苏共中央政治局会议及与斯大林谈话的情况。7月25日，毛泽东复电刘少奇、高岗、王稼祥：（1）借款协定，你们表示原则上同意，具体文字待

①《刘少奇传》，中央文献出版社，1998年10月第1版，第649~650页。

译好后再谈的态度是对的。我们亦正在研究协定的文字，明天或后天即有电报给你们；（2）同意在莫斯科建立一个中国大学，我们正需要学习苏联在各项工作中的和资产阶级不同的一套学说和制度，设立这样一个大学是很必要的，但经费应讲明由中国担负为适宜；（3）同意在目前就开始派遣各种参观团到苏联去参观和学习各项经验，待代表团回来即可作出具体计划，分期派出；（4）同意派邓力群到新疆建立电台联络；（5）同意苏共组织摄影队随人民解放军行动去拍摄电影，如有必要可组织3～4个摄影队，4个野战军各派去一个队。7月23日，中苏双方就苏联向新中国提供3亿美元的借款达成初步协议。

7月25日，毛泽东来电指示刘少奇同斯大林商量能否"在莫斯科于半年或多或一年内训练1000名空军人员、300名机械人员，并卖给我们100～200架轰炸机作为明年下半年我军进攻台湾之用"。7月26日，中共中央书记处致电刘少奇：为准备在1年左右时间建成中国空军战斗部队，拟向苏联订购飞机、聘请专家，希望代表团同斯大林作初步商谈，如苏方原则同意，再派刘亚楼率小型代表团赴苏具体商谈。

7月27日，斯大林邀请中共代表团到孔策沃别墅赴宴，席间双方代表继续会谈。斯大林举杯庆祝中国革命的胜利，他说：我从来不喜欢奉承人家，别人对我有许多厌烦，我说中国马克思主义者的成就，苏联人及欧洲人要向你们学习，并不是奉承你们，不是说客气话；西欧人由于他们骄傲，在马克思、恩格斯死后，他们就落后了，革命的中心移到了东方，现在又移到了中国和东亚；关于马克思主义，在一般的理论方面，也许我们苏联人比你们知道得多一点，但把马克思主义的一般原则应用到实际中去，则你们有许多经验值得我们学习，在过去我们已经向你们学习了很多。在谈到两党关系时，斯大林说：我们不愿别国共产党强制我们执行他们的意见，也不要求更不愿意强制别的国家的共产党一定要执行我们的意见；我们两党之间经常交换意见是必要的，但是我们的意见并不都是正确的。斯大林带着歉意问中共代表团：我们是不是妨碍了你们呢？刘少奇礼貌地回答说：没有。刘少奇又说：1945年毛泽东可以不去重庆，有周恩来去就够了，但是毛泽东到重庆去的结果是好的，使我们有了政治上的主动权。斯大林又问：你们在美国人参与的和平运动中是否受了损失，妨害了你们没有？刘少奇说：在和平运动中，中共中央的头脑是清醒的，但有个别负责同志对和平有幻想，受了若干不大的损失；但那次和平运动很有必要，结果我们孤立了美蒋，后来我们推翻国民党，打倒蒋介石，没有一个人说我们做得不对。斯大林还向中国代表团介绍了苏联在经济建设中的经验教训。①

7月30日，刘少奇和马林科夫分别代表中国和苏联签订贷款协定。当天下午，刘少奇还同苏联外交部长维辛斯基座谈了3个小时，向苏联学习外交机构的组织和工作原则。同日，高岗回国。7月31日，毛泽东复电刘少奇、王稼祥：刘少奇可先回国，留王稼祥在莫斯科帮助刘亚楼、张学思等接洽创办空军、海军两校事完毕，待8月中旬或下旬回国参加政协会议后再去苏联；同意新华社派代表驻莫斯科，塔斯社派代表驻北平。8月1日，刘亚楼、张学思由北平动身前往苏联。8月4日，毛泽东复电刘少奇、高岗、王稼祥："我们完全同意苏中两方组织共同委员会来把借款和订货等问题具体化；但由于我们全国经济机关方开始成立，地区不断扩大，专家缺乏，材料缺乏，故目前实无法提出全部货单。可否商请联共中央同意将共同委员会设在中国，由柯（指柯瓦廖夫）兄先带主要专家来华与我们共同商定全部或主要部分货单。""如斯大林同意先派人来华组织共同委员会，请柯兄最好先带铁路、电力、钢铁、煤矿、煤油矿、军事等专家同来。"8月6日，中共中央电告刘少奇、王稼祥：近来国民党飞机在长江下游沿岸几个大城市各码头及铁路矿山上空轰炸扫射频繁，造成很大侵扰和损失，甚望苏联360门高射炮能提前订货并早日运来，请与柯瓦廖夫一商。8月7日，毛泽东复电刘少奇、王稼祥：同意6日来电的请示意见。同意"中国大学不设在阿尔马达，而设在北平，由苏联派教授"。8月10日，中共中央致电刘少奇、王稼祥：同意关于苏联专家到中国工作的待遇条件协定全文，望即照此签字。回国经过东北时，同高岗、李富春商定具体执行办法。中共中央致电刘少奇、王稼祥：我们对与东欧各国通商问题，原则上已经同意，望转告匈、波、罗三国党，我们欢迎他们派代表来北平商谈通商及其他一切有关事宜。8月11日，中共中央复电刘少奇、王稼祥：同意关于组织高射炮兵团的方案，对苏联派指导人员来训练我炮手表示非常欢迎。再提出购高射机枪360挺，并配弹药。8月12日，刘少奇与王稼祥听取刘亚楼汇报毛泽东关于建立空军的指示和拟定的初步方案。8月13日，与王稼祥、刘亚楼同苏联华西里列夫斯基元帅会谈。苏方表示原则上同意中共中央关于组建空军的设想方案。

1949年8月14日，刘少奇离开莫斯科回国。刘少奇致信斯大林：根据中共中央的指示，王稼祥留莫斯科，代表中共中央与苏共中央联系，待至8月下旬回国参加政协会议。并征询斯大林关于将在中国召开的亚洲职

---

①《刘少奇传》，中央文献出版社，1998年10月第1版，第651~652页。

工代表会议、亚洲青年代表会议、亚洲妇女代表会议的意见。8 月 25 日，刘少奇等中国代表团一行到达沈阳。8 月 28 日，刘少奇在中共中央东北局干部会议上讲话。指出：世界上分为两大阵营，一个以美帝国主义为首的帝国主义阵营，一个以苏联为首的反帝国主义阵营。这是国际形势的主要矛盾的两个方面。在国内，只要第三次世界大战不爆发，经济建设的任务就不变，二十年甚至于三十年不爆发战争，我们的任务就一直是经济建设，要把中国工业化；建设国家就要有一套知识，苏联专家来，给了我们学习的好条件，但还要靠自己努力学习得快一些，如果没有学好，不管工作职位高低，就要调动、撤职。在讲到城市工作时，刘少奇指出，中央的政策是要与资产阶级合作，今天发展私人资本主义，不仅对国计民生有利，而且会使我们实现社会主义更快一些；要搞工业化就一定要走社会主义道路，工业化后不搞社会主义就要成为帝国主义。关于人民代表大会问题，刘少奇着重讲了要注重实际，不要看重形式……根据现在情况，这些人民代表哪怕是推举的，只要真正能够代表大多数人民的利益就行；建立人民民主专政有它的内容，有它的形式，只有人民代表大会才能充分表现出人民民主专政的内容。刘少奇在讲到人民民主专政问题时指出，中国因为帝国主义的威胁，资产阶级和我们合作，而且我们要在相当长时期内和资产阶级合作，所以不能建立无产阶级专政而只是人民民主专政；不要想东欧搞无产阶级专政，我们就也要搞无产阶级专政，“言必称希腊”那就变成教条主义，我们的问题要根据中国的具体情况决定。

当晚，刘少奇离沈阳回北平。1949 年 9 月 3 日，刘少奇在北平召开的中共高级干部会议上作关于中苏关系的报告，指出全党现在的任务就是集中全力恢复和发展人民经济，这是中国人民的最高利益，需要苏联在这方面的帮助；苏联要派大批专家来，中国的同志要同他们搞好关系；要善于向他们学习，保证用最快的速度、最好的标准学习好。[1]

1949 年 9 月 21 日 19 时，中国人民政治协商会议在中南海怀仁堂举行了隆重的开幕仪式。[2] 主席台正中悬挂着革命领袖孙中山和毛泽东的巨幅画像。中间和两边，挂着中国人民政治协商会议的会徽和中国人民解放军的军旗。开会的代表胸前都戴着红缎子条条，上面印着金色大字——“中

---

①《刘少奇年谱》下卷，中央文献出版社，1996 年 9 月第 1 版，第 217 ~ 222 页。

②会议开幕前夕，毛泽东由香山双清别墅移居中南海丰泽园菊香书屋。随后，中共中央机关和中央军委机关也陆续迁到北平市内。见《毛泽东年谱（1893—1949）》下卷，人民出版社、中央文献出版社，1993 年 12 月第 1 版，第 516 页。

国人民政治协商会议代表”。毛泽东等主席团成员，戴的条上印着“主席团”字样。大会主席团秘书长林伯渠宣布出席会议的单位、代表人数和大会日程，大会主席毛泽东宣布会议开幕。接着，军乐队齐奏中国人民解放军进行曲，场外鸣礼炮54响，全体代表起立，热烈鼓掌长达5分钟。

毛泽东致开幕词，他的讲话不断被热烈的掌声所打断。他庄严宣布：“占人类总数1/4的中国人从此站立起来了！”会场掌声雷动，经久不息。

毛泽东说：100多年以来，我们的先人以不屈不挠的斗争，反对国内外压迫者，从来没有停止过，其中包括中国革命伟大先行者孙中山先生所领导的辛亥革命在内；我们的先人指示我们，叫我们完成他们的遗志，我们现在是这样做了，我们团结起来，以人民解放战争和人民大革命，打倒了国内外压迫者，宣布中华人民共和国成立了。①

毛泽东说：随着经济建设高潮的到来，不可避免地将出现一个文化建设的高潮，中国人被人认为不文明的时代已经过去了，我们将以一个具有高度文化的民族出现在世界的东方。

毛泽东说：“我们的国防将获得巩固，不允许任何帝国主义者再来侵略我们的国土。在英勇的经过了考验的人民解放军的基础上，我们的人民武装力量必须保存和发展起来。我们将不但有一个强大的陆军，而且有一个强大的空军和一个强大的海军。”②

会议期间，中国共产党代表刘少奇（代表全国480万名中共党员）、特邀代表宋庆龄、中国国民党革命委员会代表何香凝、中国民主同盟代表张澜、中国人民解放军代表高岗和陈毅、民主建国会代表黄炎培、中华全国总工会代表李立三、新疆代表赛福鼎、特邀代表张治中和程潜、华侨代表司徒美堂等分别发表演讲。

周恩来代表筹备委员会做了题为《关于〈中国人民政治协商会议共同纲领〉草案的起草经过和特点》的报告。特别指出：为了完成建设一个独立、民主、和平、统一和富强的新中国的伟大任务，在整个新民主主义时

---

①新中国成立以前，中国共产党的领导人和民主人士写文章、讲演，大多都用“中华人民民主共和国”来称谓将要建立的新国家。1948年1月12日，任弼时在西北野战军前线委员会扩大会议上，在谈判党对知识分子的政策和1947年冬的蒋管区学生运动时，曾两次提到“中华人民共和国”这一国名。在1949年6月21日中国人民政治协商会议筹备会第一次会议上，涉及新中国的名称问题时，有人主张用“中华人民民主国”。张奚若先生提出不如用“中华人民共和国”的名称。政协会议正式召开期间，董必武就采用“中华人民共和国”这一国家名称作了如下说明：“共和国说明了我们的国体，‘人民’两字在今天新民主主义的中国是指工、农、小资产阶级和民族资产阶级4个阶级的人，这已经把人民民主专政的意思表达出来，不必再把‘民主’两字重复一次”。

②《毛泽东文集》第五卷，人民出版社，1996年8月第1版，第345页。

期，人民民主统一战线应当继续下去，而且需要在组织上行动起来，以推动它的发展，中国人民政治协商会议，就是它的最后的组织形式。他指出，新民主主义经济政策的基本精神，是照顾四面八方，实行公私兼顾、劳资两利、城乡互助、内外交流的政策，以达到发展生产、繁荣经济的目的。

会议通过了《中国人民政治协商会议共同纲领》、《中央人民政府组织法》和《政协组织法》。

9月23日晚，毛泽东主席和朱德总司令举行盛大宴会招待有关起义人员。在圈定名单时，毛泽东说："这次邀请的虽然都是有功的主要起义将领，但不要忘了我一师的那个小同学——程星龄，他在促进程潜、陈明仁起义中是有重要贡献的啊！"

毛泽东提出要单独约见程星龄。于是，程星龄带着一直保存的1917年10月湖南省立第一师范学校编印的《同学录》（毛泽东是第10页中的最后一个名字，程星龄的名字在第26页）去毛泽东的住地丰泽园的菊香书屋。

走进院内，程星龄见只摆了两盆棕树，两盆无花果；屋内的会客室只有几张沙发和茶几；办公室内一张很大的办公桌上堆放了文件、图表；一个大茶几上摆着几部电话机。

程星龄曾经常出入国民党军政要员家里，也到过蒋介石和宋美龄的办公室和家里，他们布置的均是富丽堂皇。他想不到新中国创始人的会客室和办公室竟如此简单朴素。

聊了一会儿，程星龄说：行严（章士钊）对颂公（程潜）的谈话与信，对促成长沙起义、湖南的和平解放，起了不小的作用。毛泽东说：行严有功，你的功劳也不小啊！行严说我是中国历史上从未有过的杰出领袖，有些言过其实了；没有夺取政权时，行严的赞誉，可以获得人心；现在夺得政权了，说好话，恭维的人多了，就会变成危险的事，要注意李自成的教训。

程星龄还是忍不住对毛泽东说：主席，败不馁，胜不骄，永远保持创业时期艰苦朴素的本色，是使国家民族兴旺发达的根本；但我感到您这办公室里，连幅字画、连盆鲜花都没有，就有些与这一"菊香书屋"之名不符了。

毛泽东笑着说："我刚到这里时，盆花多得很，简直是一个百花争艳的小花园。你说这样行吗？我们共产党人打天下，是为劳苦大众翻身，不是图自己享受，与李自成、国民党不同的也就在此，所以我说，过去我管不着，现在我住在这里，就不要摆这么多的花了，到我这里来的人很多，以后还会有工人、农民代表来，他们来了，要看看我，看看我住的地方。如果我这里摆了那么多漂亮的花，那他们也会上行下效，向我看齐，养成这种风气就不好了。当领导的一定要带好头，不然，上梁不正下梁歪啊！”

程星龄听了不住地点头称是，感受极深。

9 月 27 日，中国人民政治协商会议决定中华人民共和国定都于北平，自即日起，改名为北京；中华人民共和国采用公元纪年，本年为 1949 年；以《义勇军进行曲》① 为国歌；中华人民共和国国旗为红的五星旗，② 象征中国革命人民大团结。

9 月 30 日，大会选举了中华人民共和国中央人民政府委员会成员。选举毛泽东为中央人民政府主席，朱德、刘少奇、宋庆龄、李济深、张澜、高岗为副主席。中央人民政府委员会委员共 56 人。

会议选举了 180 位全国政协委员，通过了政协第一届全体会议宣言，通过了给人民解放军的致敬电，通过了建立“为国牺牲的人民英雄纪念碑”的决定和碑文。

朱德致会议闭幕词。他说：“我们既然能够团结一致开创了中华人民共和国，我们就一定能够团结一致把我们的国家建设好，把我们的国家引导到繁荣昌盛的境地。”③

9 月 30 日下午 6 时，毛泽东和参加会议的全体代表，乘车前往天安门广场，举行人民英雄纪念碑奠基典礼。周恩来致词。全体代表脱帽静默，毛泽东宣读碑文：

> 三年以来，在人民解放战争和人民革命中牺牲的人民英雄们永垂不朽！
>
> 三十年以来，在人民解放战争和人民革命中牺牲的人民英雄们永垂不朽！
>
> 由此上溯到一千八百四十年，从那时起，为了反对内外

---

①《义勇军进行曲》，1935 年戏剧家田汉在被捕前把一首词写在了一张香烟的锡箔纸的衬底上，后辗转传到音乐家聂耳手中，聂耳在因反动派迫害即将离国之前，以巨大的热情为这首词谱了曲，作为电影《风云儿女》的主题歌，它成为中华民族反抗侵略压迫、取得解放的号角。后来，经著名黑人歌唱家罗伯逊演唱并灌制成唱片，而享誉世界。在商讨国歌的会上，以画骏马而名扬天下的徐悲鸿和著名建筑学家梁思成力荐以《义勇军进行曲》暂代国歌，得到毛泽东、周恩来的支持，但有人认为歌词中“中华民族到了最危险的时候”已经过时，主张改词。周恩来等发言，提醒大家要居安思危，警钟长鸣。后经政协会议讨论，议定此曲暂代国歌。

②五星红旗的设计者是上海的普通工人曾联松，这是从 1902 件（2992 个图案）的登报征求来稿中选出的。

③《朱德选集》，人民出版社，1983 年 8 月第 1 版，第 267 页。

> 敌人，争取民族独立和人民自由幸福，在历次斗争中牺牲的人民英雄们永垂不朽！①

宣读完毕，毛泽东率领代表们一一执锹铲土，为人民英雄纪念碑奠基。

当晚，在中南海怀仁堂举行了盛大宴会，庆祝第一届全国人民政治协商会议第一次全体会议胜利闭幕。

1949 年 10 月 1 日。

下午 2 时，在勤政殿召开中央人民政府委员会第一次会议，委员们宣布就职。宣布中央人民政府于本日成立。

会议结束以后，毛泽东、朱德、刘少奇、周恩来等领导人离开勤政殿，到天安门参加开国大典。

离开勤政殿之前，叶子龙对毛泽东说："主席，稍休息一会儿，按时出发正点到天安门就行了"，毛泽东笑着说："事情反正是一个接一个。我们打了几年的疲劳战，打出来一个中华人民共和国。今天又是建国的第一天，又是一个疲劳战。我没有睡几个小时的觉，到天安门上还要连续站几个小时。看来咱们的命运就是打疲劳战吧。"

汽车从勤政殿门口出发，开出中南海的东门，从故宫西华门往南拐弯，在中山公园后面进了故宫阙右门，往南直到天安门城楼的后边。

毛泽东等党和国家领导人下了汽车，从西头上了 100 级台阶，一步步登上了天安门城楼。

下午 3 时，当毛泽东登上最后一级台阶的时候，广播员丁一岚对着麦克风激动地大声说："毛主席来啦！毛主席健步登上天安门城楼！"顿时，天安门广场上欢腾起来，人们热烈鼓掌，高呼口号。

毛泽东登上天安门不大一会儿，林伯渠秘书长就宣布典礼开始。在国歌《义勇军进行曲》的乐曲声中，中央人民政府主席、副主席和委员们就位。然后，毛泽东走到麦克风跟前，庄严地向全世界宣布说："中华人民共和国中央人民政府已于本日正式成立了！"

在 30 万人的热烈掌声中，毛泽东神情庄重，两眼闪射着神圣的光芒，他按动电钮，天安门广场升起了中华人民共和国第一面国旗。当这面国旗在天安门广场上冉冉升起时，54 门礼炮（由 108 门山炮组成，分为两组）

---

①《毛泽东文集》第五卷，人民出版社，1996 年 8 月第 1 版，第 350 页。

齐鸣了28响（代表中国共产党人奋斗28年），如报春惊雷回荡天地间。

当这面长460公分、高338公分的巨大国旗升上了22米高的旗杆顶端时，毛泽东脱口说："升得好！"他鼻翼微微翕动，胸膛起伏不已，泪水在眼窝里打转，终于变成大颗大颗的泪珠，顺着脸颊滚落。①

升旗以后，毛泽东宣读《中华人民共和国公告》：

> 自蒋介石国民党反动政府背叛祖国，勾结帝国主义，发动反革命战争以来，全国人民处于水深火热的情况之中。幸赖我人民解放军在全国人民援助之下，为保卫祖国的领土主权，为保卫人民的生命财产，为解除人民的痛苦和争取人民的权利，奋不顾身，英勇作战，得以消灭反动军队，推翻国民政府的反动统治。现在人民解放战争业已取得基本的胜利，全国大多数人民业已获得解放。在此基础之上，由全国各民主党派、各人民团体、人民解放军、各地区、各民族、国外华侨及其他爱国民主分子的代表们所组成的中国人民政治协商会议第一届全体会议业已集会，代表全国人民的意志，制定了中华人民共和国中央人民政府组织法，选举了毛泽东为中央人民政府主席，朱德、刘少奇、宋庆龄、李济深、张澜、高岗为副主席，陈毅、贺龙、李立三、林伯渠、叶剑英、何香凝、林彪、彭德怀、刘伯承、吴玉章、徐向前、彭真、薄一波、聂荣臻、周恩来、董必武、赛福鼎、饶漱石、陈嘉庚、罗荣桓、邓子恢、乌兰夫、徐特立、蔡畅、刘格平、马寅初、陈云、康生、林枫、马叙伦、郭沫若、张云逸、邓小平、高崇民、沈钧儒、沈雁冰、陈叔通、司徒美堂、李锡九、黄炎培、蔡廷锴、习仲勋、彭泽民、张治中、傅作义、李烛尘、李章达、章伯钧、程潜、张奚若、陈铭枢、谭平山、张难先、柳亚子、张东荪、龙云为委员，组成中央人民政府委员会，宣告中华人民共和国的成立，并决定北京为中华人民共和国的首都。中华人民共和国中央人民政府委员会于本日在首都就职，一致决议：宣告中华人民共和国中央人民政府的成立，接受中国人民政治协商会议共同纲领为本政府的施政方针，选林伯渠为中央人民政府委员会秘

①林玉华，《共和国的华诞》，载《人民日报》，1989年9月24日第6版。

书长，任命周恩来为中央人民政府政务院总理兼外交部部长，毛泽东为中央人民政府人民革命军事委员会主席，朱德为人民解放军总司令，沈钧儒为中央人民政府最高人民法院院长，罗荣桓为中央人民政府最高人民检察署检察长，并责成他们从速组成各项政府机关，推行各项政府工作。同时决议：向各国政府宣布，本政府为代表中华人民共和国全国人民的惟一合法政府。凡愿遵守平等、互利及互相尊重领土、主权等项原则的任何外国政府，本政府均愿与之建立外交关系。特此公告。①

公告宣读完毕，林伯渠秘书长宣布阅兵开始，阅兵司令员朱德走下天安门城楼，乘敞篷汽车通过金水桥。迎候在桥南的阅兵总指挥聂荣臻致军礼并报告。在《三大纪律八项注意》、《保卫胜利果实》等乐曲的连续鸣奏中，朱德总司令由总指挥聂荣臻陪同，检阅了陆海空三军。接着，朱德重登天安门城楼，宣读《中国人民解放军总部命令》：

全体战斗员、指挥员、政治工作人员和后勤工作人员同志们：

中华人民共和国的武装部队，今天和全体人民在一起，共同来庆祝中华人民共和国中央人民政府的成立。

我们中华人民共和国的武装部队，在反对美国帝国主义所援助的蒋介石反动政府的革命战争中，已经取得了伟大的胜利。敌人的大部分已经被歼灭，全国的大部分国土已经解放。这是我们全体战斗员、指挥员、政治工作人员和后勤工作人员一致努力英勇奋斗的结果。我向你们表示热烈的庆祝和感谢。

但是现在我们的战斗任务还没有最后完成。残余的敌人还在继续勾引外国侵略者，进行反抗中华人民共和国的反革命活动。我们必须继续努力，实现人民解放战争的最后目的。

我命令中国人民解放军全体指战员、工作员，坚决执行中央人民政府和伟大的人民领袖毛主席的一切命令，迅速肃

①《毛泽东文集》第六卷，人民出版社，1999年6月第1版，第1～2页。

清国民党反动军队的残余，解放一切尚未解放的国土，同时肃清土匪和其他一切反革命匪徒，镇压他们的一切反抗和捣乱行为。

在人民解放战争中牺牲的人民英雄们永垂不朽！

中国人民大团结万岁！

中华人民共和国万岁！

中央人民政府万岁！

毛主席万岁！①

接着，受阅部队从天安门前由东向西行进：

火红的“八一”军旗在护旗兵掌护下，伴着《人民解放军进行曲》引导着受阅方队；走在前面的是年轻的人民海军方队，水兵们头戴白色无檐帽，脑后飘动着黑色缎带，身着蓝白相间的海魂服；跟着是强大的步兵师，8000名指战员携带着缴获的各种武器，组成12个方阵；接着开来的是炮兵师，野炮、榴弹炮、战防炮、高射炮，排成“一”字队形横列前进；随着隆隆的马达声，各种坦克车、装甲车通过检阅台，战士们昂立在车上，注目城楼，庄严敬礼；在《骑兵进行曲》的节奏中，来自察哈尔草原的骑兵师，分别组成“红马连”、“白马连”，五马并行，以整齐划一的动作跑过天安门前，骑兵们握枪挎刀，英姿赫赫；同时，9架P—51战斗机、2架蚊式战斗机及6架运输机、教练机，呼啸着飞临天安门上空，几分钟后，天空中又有9架P—51战斗机飞过；天上地下浑然一体，形成立体的武装阵容。

阅兵式经过3个小时才结束。

傍晚到来时，长安街上华灯齐放，花炮竞响。在热烈的气氛中，欢呼的群众开始了游行。游行队伍以工人为先导，农民跟进，随后是机关干部、青年学生……

从长辛店、丰台、通县来的铁路工人，从石景山来的电厂、钢厂工人，大清早就到北京站，下车后就直奔会场。在北平解放前夕，各工厂组织了工人纠察队、护厂队，他们保护工厂的机器设备，抵制反动派的破坏和捣乱。石景山发电厂在解放后，只停了1天电。3个月前，石景山钢厂的炼铁、炼焦、铸造、动力、运输全面恢复了生产。朱德总司令亲临工厂祝贺，鼓励职工们开展革命竞赛，为建设新中国出力。参加游行的数万名职工，高举旗帜、火把，高唱着《团结就是力量》。

①《朱德选集》，人民出版社，1983年8月第1版，第269~270页。

郊区的翻身农民五更天就摸黑起来，敲锣打鼓，步行四五十里路赶来会场。

一支近百人组成的大学生军乐队吹奏着《新民主主义进行曲》，引导着4万名学生汇成的大军向广场中心涌来，学生们抬着1.2丈高的用红纱扎的大五角星和8根火炬造型的红灯，30人横成一排，大纵队行进走过主席台前，用清脆的声音高呼着："中国共产党万岁！"、"中华人民共和国万岁！"、"毛主席万岁！"

毛泽东站在天安门城楼上，一只手扶着栏杆，一只手举在空中不停地挥动着。突然，他面对扩音器，吩咐工作人员："把水银灯全打亮！"于是，城楼上下雪亮的水银灯一起打开，把天安门照耀得如同白昼，广场上的群众听到了领袖的声音，潮水般地涌向五座白玉石桥，他们要亲眼看一看开创新中国的一代伟人。"中华人民共和国万岁！"、"毛主席万岁！"的欢呼声像海潮迭起。毛泽东把身子探出栏杆外，一只手举向空中，时而招呼着群众，时而有力地挥动着向群众致意。当"万岁"高潮再次涌起时，毛泽东终于遏制不住自己的激情，他挥动着右臂高声喊道："同志们万岁！"①、"人民万岁！"人民群众和领袖的欢呼声，在天安门广场上空回荡着，经久不息。

毛泽东在天安门城楼上，已经站了好几个小时了。尽管已经很累了，但他一直站在那里，一步也没有离开主席台。有些领导人关心他，经过多次动员，他才进了休息室。他刚坐下点燃一支烟，和程潜说了几句话，没有来得及喝口水，周恩来就走了进来。周恩来对毛泽东说："你预料得很对，你必须在天安门城楼上连续站几个小时。你刚刚离开了主席台，游行的群众看不见你了，他们都停下来不前进了。"

毛泽东高兴地说："好吧，疲劳也得去啊。"说完，他将香烟熄灭，向程潜抱歉地笑了笑，又回到主席台上。游行的队伍看见了毛主席，一边欢呼着，一边又继续前进了。

游行的队伍通过天安门之后，在广场里站着的群众，像潮水一样涌到天安门下的金水桥前，都渴望仔细看看毛主席、其他党和国家领导人。毛泽东和其他领导人，走下主席台的台阶，沿着城楼上的通道先走到城楼的东头，又从东头走到西头。微笑着向城楼下的人们招手。

已是晚上9点多了，天安门城楼下依然是高举红灯和红旗的人群。

10月2日，上海、南京、沈阳、武汉、天津、保定、石家庄、唐山、

---

①林玉华，《共和国的华诞》，载《人民日报》，1989年9月24日第6版。

哈尔滨、锦州、吉林、长春、西安、杭州、旅顺、大连、兰州、西宁、长沙、福州近40个大中城市举行空前的盛大集会和游行，庆祝中华人民共和国成立。

10月1日，朝鲜劳动党、朝鲜民主主义人民共和国内阁总理金日成，波兰统一工人党，澳大利亚共产党分别致电中共中央和毛泽东主席，祝贺中华人民共和国成立。

10月3日，苏联副外长葛罗米柯致电周恩来外长，表示苏联政府决定与广州国民党政府断绝外交关系，同中华人民共和国建立正式外交关系，并互派大使，周恩来外长同日复电同意。

10月4日，保加利亚外长普托莫夫致电周恩来外长，决定同中国建立外交关系，并互派大使，周恩来外长同日复电同意。同日，美国共产党领袖福斯特、总书记丹尼斯，保加利亚共产党中央委员会，荷兰共产党中央委员会分别致电中共中央和毛泽东主席，祝贺中华人民共和国成立。

10月5日，罗马尼亚外长波克致电周恩来外长，决定同中国建交，周恩来外长同日复电同意。

10月6日，朝鲜人民共和国外长朴宪玉致电周恩来外长，决定同中国建立外交关系，周恩来同日复电同意。

匈牙利外长古拉致电周恩来外长，决定同中国建交，周恩来外长同日复电同意。

捷克斯洛伐克副总理、代外长西罗基致电周恩来外长，决定同中国建交，周恩来外长同日复电同意。

蒙古人民共和国总理兼外长却尔巴桑致电周恩来外长，表示愿与中国建立外交关系，周恩来外长16日复电表示同意。

10月7日，波兰外长莱西斯基致电周恩来外长，决定同中国建交，周恩来外长同日复电同意。

1949年10月24日，毛岸英给他的表舅写信，全文如下：

> 三立同志：
>
> 来信收到。你们已参加革命工作，非常高兴。你们离开三福旅馆的前一日，我曾打电话与你们，都不在家，次日再打电话时，旅馆职员说你们已经搬走了。后接到林亭同志一信，没有提到你们的下落。本想复他并询问你们在何处，却把他的地址连同信一齐丢了（误烧了），你们若知道他的详

细地址望告。

来信中提到××“希望在长沙有厅长方面位置”一事，我非常替他惭愧。新的时代，这种一步登高的“做官”思想已是极端落后了，而尤以通过我父亲即能“上任”，更是要不得的想法。新中国之所以不同于旧中国，共产党之所以不同于国民党，毛泽东之所以不同于蒋介石，毛泽东的子、女、妻、舅之所以不同于蒋介石的子、女、妻、舅，除了其他更基本的原因以外，正在于此：皇亲贵戚仗势发财，少数人统治多数人的时代已经一去不复返了。靠自己的劳动和才能吃饭的时代已经来临了。在这一点上，中国人民已经获得根本的胜利。而对于这一层，××恐怕还没有觉悟。望他慢慢觉悟，否则很难在新中国工作下去。翻身是广大群众的翻身，而不是几个特殊人物的翻身。生活问题要整个解决，而不可个别解决。大众的利益应该首先顾及，放在第一位。个人主义是不成的。我准备写信将这些情形坦白告诉××他们。

反动派常骂共产党没有人情、不讲人情，如果他们所指的是这种帮助亲戚朋友、同乡同事做官发财的人情的话，那么我们共产党正是没有这种“人情”。不讲这种“人情”，共产党有的是另一种“人情”，那便是对人民的无限热爱，对劳苦大众的无限热爱，其中也包括自己的父、母、子、女、亲戚在内。当然对于自己的近亲，对自己的父、母、子、女、妻、舅、兄、弟、姨、叔，是有一层特别感情的，一种与血统、家族有关的人的深厚感情的。这种特别感情，共产党不仅不否认，而且加以巩固并努力于倡导它走向正确的与人民利益相符合的有利于人民的途径。但如果这种特别感情超出了私人范围并与人民利益相抵触时，共产党是坚决站在后者方面的，即“大义灭亲”，亦在所不惜。

我爱我的外祖母，我对她有深厚的描写不出的感情，但她也许现在在骂我“不孝”，骂我不照顾杨家，不照顾向家。我得忍受这种骂，我决不能也决不愿违背原则做事，我本人是一部伟大机器的极普通平凡的小螺丝钉，同时也没有“权力”，没有“本钱”，更没有“志向”来做这些扶助亲戚高升的事。至于父亲，他是这种做法最坚决的反对者，因为这种做法是与共产主义思想、毛泽东思想水火不相容的，是与人民大众的利益水火不相容的，是极不公平，极不合理的。

无产阶级的集体主义——群众观点与资产阶级的个人主义——个人观点之间的矛盾正是我们与××他们意见分歧的本质所在。这两种思想即在我们脑子里也还在尖锐斗争着，只不过前者占了优势罢了。而在××的脑子里，在许多其他类似××的人的脑子里，则还是后者占着绝对优势，或者全部占据，虽然他本人的本质可能不一定是坏的。

关于抚恤烈士家属问题，据悉你的信已收到了。事情已经转组织部办理，但你要有精神准备，一下子很快是办不了的。干部少事情多，湖南又才解放，恐怕会拖一下。请你记住我父亲某次对亲戚说的话："生活问题是要整个解决，不可个别解决。"这里所指的生活问题，主要是指经济困难问题，而所谓整个解决是指工业革命、土地改革、统一的烈士家属抚恤办法等，意思是说应与广大的贫苦大众一样地来统一解决生活困难问题，在一定时候应与千百万贫苦大众一样地来容忍一个时期，等待一个时期，不要指望一下子把生活搞好，比别人好。当然，饿死是不至于的。

你父亲写来的要求抚恤的信也收到了。因为此事经你信已处理，故不另复。请转告你父亲一下并代我问候他。

你现在可能已开始工作了罢，望从头干起，从小干起，不一下子就想负个什么责任，先要向别人学习，不讨厌做小事，做技术性的事，我过去不懂这个道理，曾经碰过许多钉子，现在稍许懂事了——即是说不仅懂得应该为人民好好服务，而且开始稍许懂得应该怎样好好为人民服务，应该以怎样的态度为人民服务了。

为人民服务说起来很好听，很容易，做起来却实在不容易，特别对于我们这批有小资产阶级个人英雄主义的没有受过斗争考验的知识分子是这样的。

信口开河，信已写得这么长，不再写了。有不周之处望谅。

祝你健康！

岸英上①

①载《瞭望》，1991年第23期。

六　宜将剩勇追穷寇（二）

1949年10月1日，中国人民解放军朱德总司令命令全军坚决执行中央人民政府和毛泽东主席的一切命令，迅速肃清国民党反动军队的残余，解放一切尚未解放的国土。

中国人民解放军第一野战军继解放西安后，于1949年7月11日在华北人民解放军一部的配合下，[①] 开始了解放西北各省的作战。7月12日，在扶风、眉县地区歼灭胡宗南部4个军，4.3万人，迫使胡部退守秦岭以南。[②] 14日，解放宝鸡。下旬，进入甘肃境内，迅速突破固关、平凉、六盘山3道防线。于7月30日、8月3日相继解放甘肃南部重要城市平凉、天水。8月21日，攻占榆中、临夏等城后进抵兰州外围，毛泽东发来电报："马步芳既然决心守兰州，有利于我军歼灭该敌。为歼灭该敌起见，似须集中3个兵团全力用于攻兰战役。"8月26日，攻克西北枢纽兰州，将国民党西北军政长官马步芳的精锐部队2.7万人消灭。后解放军兵分三路向青海、宁夏和甘肃西部进攻：西路军于9月2日进入青海境内，9月5日，攻占青海省会西宁；东路军于9月23日解放宁夏省会银川，马鸿逵军残部宣布接受和平改编条件，人民解放军分途进驻银川以北贺兰山以西各城镇，宁夏全省宣告解放；中路军与西路军于9月21日会师张掖并长驱直入，一举解放甘肃西部走廊地区顶点安西，甘肃全境获得解放。

驻守新疆的国民党西北军政长官公署副长官兼新疆省警备总司令陶峙岳部，及新疆省主席兼保安司令包尔汉率部7万人于9月25日、26日先后通电脱离国民党反动阵营，宣布接受和平改编条件，新疆即告解放，王震兵团于10月20日进驻省会迪化（乌鲁木齐）。

居住在青海原籍的西藏宗教领袖之一、十世班禅额尔德尼·确吉坚赞（11岁），在青海解放后，于1949年10月1日致电毛泽东主席和朱德总司令，表示拥护中央人民政府。毛泽东、朱德于11月23日复电表示欢迎。

---

①1949年5月，中国人民解放军总部直属的第十八、十九兵团归入第一野战军建制。此时，第一野战军的兵力为12个军、35个师，共34万人。

②在扶眉战役开始前的1949年6月26日，毛泽东致电彭德怀："国民党中央政府正在准备从广州迁往重庆，为使伪政府放心迁往重庆，而不迁往台湾，以及使胡匪不致早日入川起见，你们暂时似不宜去汉中，让汉中留在胡匪手里几个月似较有利。"

1949 年 7 月 16 日，毛泽东向第二、第四两野战军前委指出：和白崇禧部作战方法“不要采取近距离包围迂回方法，而应采取远距离包围迂回方法，方能掌握主动，即完全不理白部的临时部署而远远地超过他，占领他的后方，迫其最后不得不和我作战”。9 月 12 日，毛泽东又指出：“我对白崇禧及西南各敌均采取大迂回动作，插至敌后，先完成包围，然后再回打之方针。”

中国人民解放军第四野战军及第二野战军一部，8 月 14 日攻克赣南重镇赣州，23 日收复瑞金。9、10 月间进行衡（阳）、宝（庆）战役，歼灭了国民党军白崇禧主力后，向广东、广西进军。粤北守敌纷纷南逃，广东北部门户洞开。7 日，解放韶关、翁源，向广州挺进。12 日，毛泽东电示林彪、叶剑英、陈赓：“先以必要力量直出广州、梧州之间，切断西江一段，断敌西逃之路。不使广州敌向广西集中。”自 12 日起，广州国民政府头目们作鸟兽散，美国陈纳德的航空大队，日夜不停地运送这批“高级难民”，代总统李宗仁逃往桂林，行政院长阎锡山①逃往台北，广州绥靖公署余汉谋和薛岳亦乘军舰溜到海南岛。10 月 14 日人民解放军解放广州，② 24 日解放汕头，26 日在阳江附近歼灭了余汉谋部主力，11 月 22 日解放桂林，25 日解放柳州，26 日解放梧州，12 月 4 日解放南宁。至 12 月 11 日，将妄图逃脱的白崇禧部两个兵团围歼于粤桂边境，桂系军除 3 万余人逃入越南外，全被消灭。

中国人民解放军第三野战军主力一部，解放上海后，经过千里行军，8 月初到达闽北，8 月 17 日解放福建省会福州，歼敌近万人。经过短期休整，9 月中旬向厦门进军，10 月 15 日在厦门岛登陆，17 日解放全岛，歼敌汤恩伯部 2.7 万人。1950 年 5 月，解放舟山群岛。至此，华东 6 省（山东、江苏、安徽、浙江、福建、台湾），除台湾省和金门、马祖两岛外，其余获得解放。

1950 年 3 月 5 日～31 日，人民解放军第四野战军 4 批先锋部队强行渡过琼州海峡，与在海南岛地区坚持 20 余年游击战争的琼崖纵队胜利会师。4 月 16 日，第四野战军一部摧毁敌海、陆、空军立体防线，胜利完成敌前登陆。用半个月时间，歼敌 3 万余人，解放全岛。至此，在华南境内共消

①1949 年 3 月 9 日，国民党政府孙科（行政院长）内阁总辞职，何应钦继任行政院长，后阎锡山继任。

②9 月，为解放广东，夺取解放战争的最后胜利，中共中央决定组成新的华南分局，由叶剑英任第一书记，张云逸为第二书记，方方为第三书记。

灭白崇禧集团和余汉谋部共计43万人，华南6省（河南、湖北、湖南、江西、广东、广西）全部解放。

1949年7月16日，中共中央指示，由刘伯承、邓小平、贺龙组成中共西南局，邓小平、刘伯承、贺龙分别担任第一、第二、第三书记，贺龙任西南军区司令员，邓小平任政治委员，刘伯承任西南军政委员会主任。

自1949年10月1日，中国人民解放军第二野战军、第四野战军一部和第一野战军一部开始了向西南各省大进军。第二、四野战军一部从湖南、湖北等省边界地区，一举歼灭宋希濂部主力，乘胜猛追入川；另一部由湖南西部芷江地区进入贵州，11月15日解放贵阳，乘胜追击残敌后，经遵义、毕节县向四川直进。两军会师后，于11月30日，一举解放重庆，向成都推进。

重庆解放前夕，杨虎城等遇难。“西安事变”后，杨虎城将军于1937年6月29日被逼出国，在轮船上知国内发生“七七”事变，7月11日给宋子文打电报：“日寇进迫，国将不国，噩耗传来，五中痛愤。弟一革命军人，何忍此时逍遥国外，拟由旧金山返国抗敌，乞转陈委座”；又致王炳南一电：“上海全国经济委员会译转王炳南，余由旧金山返国抗敌，希转告各友好。”7月14日到达美国旧金山，7月16日向国内蒋介石、宋子文、于右任（行政院长）、邵力子、孙蔚如（陕西省主席）等各拍一电，希望返国抗敌，并请孙蔚如、邓宝珊等电请中央率师北上抗日。7月23日，蒋介石致电杨虎城继续在国外考察。杨于8月9日到达英国，11日到法国，28日到德国，9月7日到捷克，15日到瑞士，17日返法国。接宋子文电：值兹全国抗敌，各方同志均纷纷集合，共赴国难，吾兄虽未奉电召，宜自动返国。同时接王炳南电：请立即返国抗敌。杨虎城于10月29日乘轮船，11月26日到达香港，12月1日，到达武汉。在杨虎城返国途中，蒋介石就指使军统首脑戴笠挑选了便衣警卫20多名及宪兵1个排在南昌布置妥当，负责押解和看守杨虎城。蒋介石假称要在南昌召见他，于是杨虎城12月2日到达南昌，但被软禁在百花洲熊式辉的一所别墅里。1938年1月17日，其夫人谢葆贞和幼子杨拯中来江西陪伴杨虎城。杨虎城被囚禁后，经长沙转到贵州息烽监狱。1946年夏天，军统把息烽的单位合并到重庆，杨虎城又被囚禁在歌乐山下中美特种技术合作所松林坡杨家山的一座平房内，由于长期的折磨，1947年他的夫人谢葆贞带着满腔愤恨与世长辞。

1949年1月，李宗仁上台后，宣布释放政治犯，并特别下令释放张学良、杨虎城两人。但是在幕后的蒋介石没有同意的事，没人接受。李宗仁一看命令不兑现，便要重庆市长杨森释放杨虎城。杨森是蒋介石的忠实走狗，他推说，不知杨虎城关在什么地方。特务把杨虎城秘密转移到贵州囚禁。

1949年3月间，蒋介石从台湾来到重庆时，对特务头子毛人凤说："今天之失败，是由于过去杀人太少，把一些反对我们的人留下来，对我们太不利了！"当毛人凤请示对杨虎城如何处理时，蒋介石说：留他作什么？早就应该杀了。但嘱应把他押回重庆，秘密进行。同时蒋介石对囚禁在中美合作所内的白公馆、渣滓洞两个集中营内的400多名革命人士，指示一起杀掉。

1949年8月底、9月初的一天，国民党特务秘密将杨虎城、他的儿子杨拯中以及秘书宋绮云夫妇、宋绮云的儿子宋振中（小萝卜头）从贵州押回重庆松林坡。把杨虎城父子分置于300多级台阶上的正屋两个房间内，特务们惧怕杨虎城20多岁的儿子杨拯中反抗，决定先解决他，在他刚一踏入卧室时，预伏在门后的特务用利刃插入他的胸膛，他惨痛地惊叫一声"爸"，正要挣扎，被特务连着几刀刺倒在地。杨虎城听到叫声，想转身去看究竟，刚一掉头，刽子手的利刃已刺进他的腹部，壮烈牺牲，时年56岁。接着，特务们握着血淋淋的屠刀，又踏进宋绮云夫妇的房内，杀死了他们一家。副官阎继明、警卫员张醒民同时遇害。事后，特务头子毛人凤向蒋介石作了汇报，蒋介石认为这件事干得干净利落，他很满意。

张学良被胁迫到台湾继续囚禁。

蒋介石一面以宋希濂、罗广文两兵团残部及川鄂"绥靖"公署孙震部在正面抵抗，一面将胡宗南部主力由秦岭山区及甘肃东南调集成都附近，并企图向西康、云南突围逃窜，以保全大陆上的最后一支骨干力量。

12月9日，国民党云南省主席卢汉，西康省主席刘文辉，西南军政长官公署副长官邓锡侯、潘文华宣布起义，云南、西康两省和平解放。

中国人民解放军第一野战军一部从陕西西部及甘肃南部分头南下，连克广元、剑阁、绵阳，迅速到达成都外围广汉及其东西一线。

由陕西、甘肃、重庆等地退集成都周围的40余万国民党军，完全被解放军包围，在企图南逃的李文兵团被歼灭后，其余全部宣布起义。12月27日，成都解放。

至此，中国人民解放军西南地区作战，共消灭蒋、胡残部约90万人（其中俘虏、投降40余万人，起义40余万人）。

胡宗南于成都失败后，逃往西昌，企图收集残部保持西南最后据点，组织和指挥所谓“西南游击战争”，中国人民解放军西南军区主力一部于1950年3月中旬，分南北两路渡过金沙江、大渡河，27日解放西昌。至4月7日，敌余部全部被歼（或投降）。

1949年4月25日，蒋介石父子离开奉化，乘“泰康号”兵舰驶往上海；5月25日，蒋介石父子乘“江静号”军舰离开上海，在舟山群岛及台湾海峡漂泊了一个星期，于6月10日抵达台湾高雄。11月14日又飞抵重庆，11月30日逃离重庆，逃到成都。12月7日，国民党政府迁入台北。1949年12月10日，蒋介石神色黯然地乘机离开了大陆。1975年4月5日，病逝于台湾。

自1946年7月~1950年6月，中国人民解放军共歼灭国民党军队807.1351万人（内俘虏458余万人、毙伤171余万人、投诚63余万人、起义84余万人、接受改编29余万人）。解放国土面积849.55万平方公里、人口4.82532亿、县以上城市2031座。

1950年10月7日，中国人民解放军分路渡过金沙江、怒江、澜沧江，开始了向西藏大进军，19日解放昌都。新任昌都总督阿沛·阿旺晋美与人民解放军进藏部队接触后，表示愿意放下武器，促成西藏和平解放。他给十四世达赖喇嘛（15岁）写了亲笔亲启信，详细报告昌都战役经过和中共和平诚意（1950年5、6月份，中共曾拟定《和平解放十项谈判条件》），列举他本人同广大藏军官兵备受优待的事实，派信使乘快马疾奔拉萨，劝说达赖同中央人民政府和谈。1951年1月2日，西藏摄政大扎辞职，达赖活佛亲政，他派出以阿沛总督为首席代表的西藏地方政府代表赴京谈判。1951年5月23日，中央人民政府与西藏地方政府的谈判代表在北京签订了《关于和平解放西藏办法的协议》（十七条协议）。10月26日，人民解放军进驻拉萨。至此，祖国大陆全部获得解放。

第九章主要参考书目

《刘少奇选集》上卷，人民出版社，1981 年 12 月第 1 版。

《朱德选集》，人民出版社，1983 年 8 月第 1 版。

《毛泽东书信选集》，人民出版社，1983 年 12 月第 1 版。

《毛泽东选集》第四卷，人民出版社，1991 年 6 月版。

《毛泽东年谱（1893—1949）》下卷，人民出版社、中央文献出版社，1993 年 12 月第 1 版。

《毛泽东传（1893—1949）》，中央文献出版社，1996 年 8 月第 1 版。

《毛泽东文集》第五卷，人民出版社，1996 年 8 月第 1 版。

《刘少奇年谱》下卷，中央文献出版社，1996 年 9 月第 1 版。

《刘少奇传》，中央文献出版社，1998 年 10 月第 1 版。

《毛泽东文集》第六卷，人民出版社，1999 年 6 月第 1 版。

《文史资料选辑》，中国文史出版社，第 28、95 辑。

《百万雄师过大江——渡江战役部分遗址访问记》，王传厚，载《革命文物》，1979 年第 3 期。

《毛主席和彭老总的又一杰作》（西北战场的决战），杨得志、李志民，载《时代的报告》，1982 年第 7 期。

《一九四五年— 一九四九年中国共产党对美政策的演变》，何迪，载《历史研究》，1987 年第 3 期。

《试论绥远方式的提出》，董克敏，载《内蒙古师大学报》（哲社版），1988 年第 2 期。

《在分歧中保持国际团结——试论解放战争时期苏联与中国革命的关系》，王廷科，载《文史杂志》（成都），1988 年第 5 期。

《略论总前委在渡江战役中的高超指挥艺术——纪念渡江战役胜利四十周年》，向守志，载《军事史林》，1989 年第 2 期。

《悼念董其武将军》，薄一波，载《人民日报》，1989 年 3 月 19 日第 6 版。

《关于渡江战役发起时间的演变》，刘守仁，载《江海学刊》（南京），1989 年第 4 期。

《米高扬秘密来华及刘少奇的苏联之行》，载《党史博采》，1989 年第 9 期。

《共和国的华诞》，林玉华，载《人民日报》，1989 年 9 月 24 日第 6 版。

《新中国国名的提出与确定》，载《党史博采》，1989 年第 10 期。

《中共中央进驻北平前后》，王聚英、王二尧、邢庆洲，载《党史博采》，1989 年第 12 期、1990 年第 1 期。

《毛岸英给表舅的一封信》，载《瞭望》，1991 年 6 月 10 日第 23 期。

《我国的国名首次由谁提出》，载《金融时报》，1991 年 9 月 3 日第 3 版。

《毛泽东与湖南和平解放》，钟德灿、刘志权。

《毛泽东与程星龄》，钟德灿，载《湖南党史月刊》，1992 年第 2 期。

后　记

MAOZEDONG

后 记

一

我出生时，我们新生的中华人民共和国成立还不到5周年，那是一个美好的时光。我家住在村子南面那条街的东头，守着村口，很开阔，太阳一出地平线就可以看到它。刚记事的时候，对出生的这个世界非常新奇，每天喜欢早早地爬起来看太阳升起。在我朦胧的记忆中，太阳像暖暖的大火球慢慢地跃出，透过大地上蒸腾着的雾霭，给原野披上浅黄色的淡装。庄稼长得绿油油的，又粗又壮，在阳光照耀下的晨风中轻轻地摇曳着，透着勃勃生机。

我很小的时候，养父生了一场大病，花去了家中所有能变卖的东西，家中剩下惟有四壁，后来发大水，连四壁也泡塌了，生活非常困难。但是我少年不知愁滋味，我的童年、少年，包括青年，尽管物质生活很贫乏，但是我深深地感受到生活在新中国的美好和幸福，基本上是无忧无虑的。每天的日程是上学、吃饭、玩耍和下地干些力所能及的庄稼活儿。

尽管家贫，但家里很注重我上学读书。就农村来说，我开始念书的时候很早。父亲当时在本村教小学，我虽送人了，但他生怕耽误了我，他把我带到他的讲台上，在他教完他的学生后的闲暇里，一个字一个字地给我启蒙，“大、小、多、少、上、下、来、去”这些字，就是这样认识的，那时我最多5岁。我真正入学是在1960年的秋天。学校的地址是一个关公庙，雕梁画柱，墙上是壁画，非常生动。因为是复式班，刚入校的坐在前面。第一册我怎么学的，已经记不得了。但我有一个特点，会背书，小学第一册语文我能一气将课文从头背到尾。给我印象最深的是第二学期的开学，时间可能是1961年春节之后，入校后发了新书，记得新书的油墨很好闻，接过新书，先贪婪地嗅闻着书内散发的扑鼻的芳香。语文第一节课是“我们的教室，我们的教室真好啊！毛主席的像挂在正面墙上。我们一进教室，就看见毛主席的像”。文内还有一课（第23课）是，“吃水不忘开井人，瑞金城外有个小村子，叫沙洲坝……”这些内容终身难忘。小的时候，学校活动很多，经常上街去游行，那时的游行不像“文化大革命”那样野蛮，主要是歌颂新社会、歌颂新生活的。如唱歌是：“戴花要戴大红花，骑马要骑千里马，唱歌要唱跃进歌，听话要听党的话”；男女对唱是：“（男）姑娘们，今年的麦子怎么样？（女）小伙子，一个麦穗半尺长！（合）怎么样？怎么样？一个麦穗半尺长”。回想起来，少年赶上新中国的春天是很美好的。

我清楚地记得，12 岁那年，随着“文化大革命”的开始，我高小毕业失学在家，我娘却为我去县城读书准备好了行装。她坚定地相信，我早晚会用得上。果真如此，不到 4 年，我终于背着我娘亲手为我纺织的粗布被褥踏上了县第一中学的求学之路。

我的一生是很幸运的，尽管家里很穷，我却一直读书到了大学毕业，并被分配到了国家机关，党把我培养成了一名高级知识分子。这些全托毛主席的福，托共产党的福，托人民养育的福。我从小学到大学基本上没有交纳过学费，大学里的助学金基本上能满足生活需要。

二

小的时候，我和整个社会一样，以对待神的感情对待毛主席。我和对门儿的老兄从小学一直同学到高中毕业，我们俩曾经很认真地讨论过：毛主席能活 140 岁，那时候我们是否还活着？1976 年 9 月，那个时期我正处在生活的最基层——在公社砖窑场拉土，周围村庄的高音大喇叭每天震耳欲聋。9 月 9 日下午三四点钟，中央人民广播电台播音员的语调格外凝重，播出了一条令人无法相信的消息：毛主席去世了！整个窑场被震动了，大家都互相传告。那天收工稍早了一点，我顾不上疲劳，推着自行车一步一步朝家走，思绪万千，百感交集，十几里路大约走了两个小时。一遍一遍地听着全公社每个村庄的大喇叭播放着的这则讣告。回到家里躺下来，还是一遍一遍地听着，一直到很晚。心想，毛主席怎么这么早就走了？

1976 年 10 月 25 日，中央正式公布逮捕了“四人帮”。也就是这一天，公社书记通知我到公社放电影（1975 年底公社曾派我去县城学习放映技术）。1977 年底参加了刚恢复了的高考，于 1978 年 3 月考入河北大学经济系。考上大学，自己认为一个农民能考入高等学府读书，是终生的幸运。我从内心里非常感谢党和国家能给自己这样一个梦寐以求的机会。大学4年，我废寝忘食，刻苦读书，决心多学知识，报效祖国和人民。

我读大学期间，正值思想理论界特别活跃的时期，自己有过很苦闷的时候。我认为，没有毛主席就没有我们国家的今天，也没有我们个人的今天；老百姓说，吃水不忘挖井人，做人不要忘本；否定毛泽东是一种政治上的短视；不能站在个人恩怨上随意否定一个人，尤其是像毛泽东这样伟大的人绝不能随意否定，否则后果不堪设想。

1981年4月10日，《解放军报》发表了大将黄克诚的文章，读了这篇文章，我精神为之一震。黄克诚说："在大革命失败以后这个最危险的历史转折关头，毛主席为我们党和我国人民建立了不朽的功勋。很明显，没有他的艰苦卓绝和富有远见的奋斗，没有他所领导树立的井冈山这面旗帜，很难设想中国革命将会是什么样子。毛主席在这个时期的历史功绩谁能比得了呢？哪个有这样大的贡献呢？如果有人硬要说任何其他人比毛主席更高明、功劳更大，那就只能是对历史开玩笑！""全国解放初期，搞土改、抗美援朝、实现三大改造、搞社会主义革命和建设等，毛主席领导我们党所作出的决策，都是英明、正确的。""毛主席作为我们党和国家的主要缔造者，多次在危机中挽救了革命，这是我们党内任何其他人都不能比拟的。""大家知道，在毛主席晚年，我也吃了些苦头。但我觉得，对于这样关系重大的问题，绝不能感情用事，意气用事。我们只有从整个党和国家的根本利益、从十亿人民的根本利益出发、从怎样做才有利于我们的子孙后代、有利于社会主义革命事业出发来考虑问题。"黄克诚说："我完全不是一个闭关主义者，我们要学习外国先进的东西，比如科学技术、企业管理的科学方法等，但是在社会科学方面，我们就绝不能搬资本主义的那一套。资产阶级的意识形态是为资本主义私有制服务的，不可能为我们社会主义公有制服务。……西方国家的生活水平是比我们高，但资本主义已经搞了几百年了，而我们国家才搞了三十年的社会主义。如果我们少犯些错误，情况还会好得多。""今天，我们要团结人民、战胜困难、聚精会神、同心同德地搞四化，还要靠毛泽东思想，比如，要纠正党内不正之风，就要靠毛主席长期倡导的理论联系实际、密切联系群众、批评自我批评以及艰苦奋斗等一系列优良传统作风。不能因为我们今天执政，当了'官'，就丢掉这个宝贵的传统，贪图享受，吃喝玩乐……这不是生活小事。这样的歪风邪气不制止，我们就会脱离群众，就会腐败下去。""我们中国共产党人在长期的斗争中树立了自己崇高的理想和信仰，并以此团结教育了广大人民群众，我们不能毁掉自己的信仰。当然，我不是说毛主席的每一句话都正确，他的某些话是讲错了或是过时了，但毛泽东思想的精髓和基本原则却将永远是我们中国共产党人和革命人民的精神武器，指导我们不断将革命推向前进。毛泽东思想作为一个科学体系，有一个不断丰富和发展的过程。我们不应苛求前人，只能通过我们后人的斗争实践弥补前人的不足，不断丰富和发展毛泽东思想，在这面光辉的旗帜上写下新的篇章。”

1959 年黄克诚曾在彭德怀事件中被牵连，与彭德怀、张闻天、周小舟一起受到过错误的批判，粉碎了“四人帮”才予以平反。他出于公心，抛弃个人恩怨，站出来说实话，实事求是地评价毛泽东，站在全局的高度维护毛泽东及毛泽东思想的地位。他真是一位非常了不起的人。

三

1989 年秋天，我开始动手撰写《毛泽东时代的中国》这本书。从资料中看出，毛泽东生前曾有两个愿望没有实现：沿着黄河走一遭；将自己的一生写下来。因忙于国事，毛泽东的愿望没有实现。我下决心把毛泽东的一生用自己的表述写下来，使世世代代的劳动人民记着他，以他的精神、奉献、毅力和决心做事，以他的智慧和英明做事。自小我读过很多古今中外的文学和历史著作，最喜欢司马迁的《史记》，鲁迅称它为“史家之绝唱，无韵之离骚”，全书我没有全读，几个人物传记读下来就已经叹为观止了。我喜欢罗贯中的《三国演义》，这本书我曾经很认真地读过，还摘抄了不少情节，还写过感想，此书不是正史，我崇拜的主要是罗贯中的语言艺术，真是言简意赅、栩栩如生。

在开始动笔之前，我曾反复考虑了 3 个月的时间。我了解写这本书的重要性和艰巨性，我害怕是否能坚持到底？半途而废，不如不做。但是，我不怀疑我的能力。1988 年 3 月中国金融出版社出版了我的专著《晋察冀边区银行》，这本书是我的本职工作，编写这本书我用了 6 年时间，对我的能力和耐力是一个检验，我已经有了成功的经验。这本书出版后，深受有关部门和研究者的欢迎，后来的很多著作和文章都把这本书作为参考书。1988 年 6 月《晋察冀边区银行》一书的姊妹篇《回忆晋察冀边区银行》出版，这本书是上本书没有收进去的资料，有我多次访问健在老同志的访问记录和老同志的来信，总行一名老顾问欣闻要出版此书，特送来了他一篇保存了40年的关于革命根据地货币政策的手稿。后一本书的印刷是在我的紧紧叮嘱下进行的，印刷质量比第一本要好，印了3000册，很快销售一空，曾记得广州市的一家信用社一下买去了30本。1987年我参与了《河北省志·金融志》的资料搜集和编写工作，我为全书起草了篇目，还曾到沈阳、大连、成都、重庆、北京等地搜集资料。编志开始，我曾写过示范初稿。本书中的革命根据地的内容是我写的。这部110多万字的志书于1997年出版，我又为全书做了后期的审定工作。此书获1998年河北省社会科学第六届优秀成果图书类三等奖。1988年底我所在的中国人民银行河北省分行决定编写出版《冀南银行》，领导委派我为此书的编辑。在工作上，我的领导张以临给了我极大的信任，她是1954年北京大学的毕业生，她的工龄等于我的年龄。她使我放开手脚全身心地投入工作，锻炼了我的能力，我非常感谢她。《冀南银行》这本书出版后影响很大，邓小平给题写了书名，薄一波、宋任穷等老革命家为此书题词，河北省人大和政协的领导出席了为本书举行的新闻发布会。

据考证，中国现存各类志书占中国现存各种图书的三分之一，可以说，中国的志书代表着中国文化的一个非常重要的方面。这种写作体例的特点，简而言之就是：有闻必录（一方面说明这种体例容纳的信息量大，只要发生的事情都要记载；另一方面是写作记述要尊重历史事实，只要是发生过的事情，做史者都要凭着高尚的史德如实记载，不能写成曲史，更不能写成歪史，换而言之就是要秉笔直书）、述而不论（只记载，不评论）、惜字如金（字约而事丰，以较少的精练文字蕴涵着丰富的内容信息）。鉴于中国志书的这种特点，中国的志书在海内外特别受推崇 。这种写作体例在新中国成立后的近40年时间里没有得到使用。20世纪80年代中期，中共中央、国务院提倡各地编史修志，复兴中华民族的传统文化，这种写作体例才得到挖掘和开发。我有幸参与了本部门新中国第一次修志的自始至终的全过程，多年实践，四处求学，积累了较多的编史修志经验。

有了以上这些成功的经验，我不怀疑自己运用语言的能力和组织大部头著作结构的能力，搜集资料对我来说也是驾轻就熟。我主要考虑自己的身体是否能够坚持到底？时间是否充足？意志能否顶下来？3个月的时间，我酝酿好了情绪，决定开始干！开弓没有回头箭，从此有相当长的一段时间我每天晚上要写到凌晨4时。我有一个最大的好处，就是能够快速休息，躺倒能够立即睡着。3个小时之后，我便精神抖擞地上班去了。在写作当中，我没有了星期天和节假日。经常跑图书馆和大学、社会科学院去搜集资料。好的参考书也买了不少。为了弄清一个事件，要参考多篇文章和图书，有时要反复修改。机关两个会打字的同事给予了我无私的帮助。这样，一气干到了1993年的春天，基本上用了4年的时间，独自撰写完成了这部书稿。抱着对历史负责、对读者负责的愿望，自1993~2003年，我一直在对书稿不断地做完善工作。全书没有一句议论，采用了中国史家传统的老书体例，这一点在全国还不多见。“文革”结束后的年代，中国的社会科学迎来了中国历史上一个全新的时代，百花齐放，百家争鸣，各方面的研究成果相继问世，包括中共党史、国际共运史、国共关系史、外交史、军事史、经济史等研究领域出现了灿若星辰的专家和学者。我庆幸赶上了这么好的时代，我尽力以做学问的严肃和严谨，认真地汲取各方面的知识营养，将这些大量的材料经过去伪存真、去粗存精，经过了10年思索与积累素材，10年撰稿与完善，历时20年，独自一人完成了这部专著。

初稿刚脱稿，毛泽东的儿媳邵华闻悉曾将书稿要到北京，毛泽东的孙子毛新宇予以审读。他们很赞赏我严谨、扎实的文风，对书稿的内容给予了非常高的评价。毛新宇说：“被书稿深深地吸引了，连读三遍，关于我们家的事完全准确。”

四

我们夫妻两地分居直到1987年初才得到解决，老母亲（养母）也随着我的妻子来到了石家庄。托共产党、毛主席的福，我母亲的身体很硬朗，家务活她做了许多，减少了我不少后顾之忧；我妻子给了我很大的鼓励和帮助，刚来石家庄的那几年，她身体不好，基本上都是她自己到各处看病，我几乎没有陪伴过她；我的两个孩子也没有给我带来麻烦，有时节假日我把她们带到机关，大的照顾小的，甚至给我把饭菜打来；我的领导非常理解我，给予我不少便利；我的同事给了我很多鼓励，并对我的所做给了很高的评价，给了我坚持到底的力量；我的亲属、同学均给予了我极大的关心和帮助，为我这项工作而高兴，为不能及时面世而遗憾。每想到他们，我觉得我只有加倍努力。他们是我走向成功的动力，我向他们表示深深的感谢。

我愿以此书献给我的朋友、老乡、同事、老师、同学、亲戚、家人们。他们是：

我的朋友：
乔荣章　王向成　薛　驹　李　琦　邵　华　毛新宇
邓湘田　王利田　高春秋　韩立成　徐　征　王　静
孟振宗　许文建　张东升　陈忠义　宋援朝　韩金铭
江　山　李永山　张天顺
党史、社科界的朋友有：
王兴国　谢忠厚　李继准　刘洪升　赵胜军　宋学民
丁建同　朱文通　阎书钦
出版界、发行界的朋友：
王振德　韩天羽　李　雷　李声笑　杨燕杰　田树德
周建图　易豪精　胡建华　曹勇进　雒数刚　傅国瑞
李津生　翟建文　王兰进　张社政　杨清怀　李东云
张洪霞　刘英民
我的老乡：
赵子平　邓子平　魏贵安　张明亮　赵富林　赵秋林
陈素芳　李殿华　米建国　沙友林
我的同事：
张以临　粟立恒　郭维洪　任新颖　陈建华　安静东
孔祥华　武　文　辛振海　贾轶峰　于荣庆　杨俊霞
王杰平　武渡江　张　弛　张辰辰　刘德智　董新国
我的老师：
秦信卿　郑承祥　徐金瑜
我的同学：
李保卫　王雅君　杨欢进　武建奇　薛　义　沈晓梅
贾继锁　陈书太　吴亚卿　安晓云　周文夫　任树江
夏镇宫　张廷华　李　岚　杨京英　张书江　陈　俨
李锡知　尚昆峰　王俊祥　李静江　孙洪森　樊　纲
周金山　王晓桦　黄俊宽　江瑞平　侯文增　靳振明
赵国岭　徐树平　郝爱华　康书生　孙健夫　杨秀生
王庆坤　张裕禄　阎春来　张　忻　郭尚俊　沈顺阳
我的亲戚：
孙景尧　王臻　孙爱民　郭建河　李成凯　潘红旗　田建中
我的家人：
贾锡堡　李　巧　贾　澄　段巧凤　贾　瀛　孙爱银　贾　丹

贾　阳　贾东旺　贾存旺　贾继存　贾连旺

感谢原中国人民银行河北省分行，感谢原河北省金融研究所、中国银监会河北监管局

感谢河北省中共党史学会

感谢全国政协办公厅

感谢中国文史出版社

感谢新闻出版总署

感谢中共中央文献研究室

此书还得到河北经贸大学信息技术学院的贾凤翔、河北大学经济学院国际经济与贸易专业的贾丹、河北化工学院质检系的王怀宁、河北工业技术学院的刘宇、河北政法干部管理学院的郭晓慧等同志的无私帮助。

感谢周玉芳、张秀芳、张海芬、庞宝奇、窦婵业、郝春霞 6 位同志无私的帮助。

此书的撰写完成，我参阅了很多前辈人的著作和文章。这些著作和文章在书中的每一章后均有详细记载。对这些作者我谨表示深深的感谢和崇高的敬意！

在我完成这部书稿的时候，偶然从 2003 年 8 月 6 日星期三的《燕赵都市报》A10 版看到这样一个故事：出生于 1920 年的重庆市云阳县云安镇的贫苦农民贺云清，在旧社会家里无田无地，子承父业，靠长途跋涉出卖劳动力为生，1948 年在陕西参加解放军，成为西北解放军十九纵队二十二团机枪连的一名弹药手，在枪林弹雨中立特等功 1 次、一等功 1 次、二等功 1 次。1950 年出席了在北京召开的全国劳模表彰大会，受到毛泽东、朱德等中央领导的亲切接见并合影留念，荣获解放军勋章 1 枚。1951 年他所在的第一野战军召开全军劳模大会，他再获八一勋章 1 枚。1951 年转入西北空军警卫营三连当班长。1951 年 3 月 16 日加入中国共产党。1955 年还乡，隐姓埋名，务农为生。在靠挣工分度日的岁月里，他和普通农民一样耕耘劳作。由于家里先后添了 7 个儿女，工分所得口粮不够糊口。为了让孩子们不饿肚子，他每天一早吃点红薯片就上坡，中午硬撑着不吃饭。后来，为了多挣工分，他又主动申请修石堰。有很长一段时间里家中处于断炊状态，靠一位村民的帮助才逃过了一劫。在这种恶劣的情况下，他坚持没向组织上伸过手。随着儿女们逐渐长大，家庭经济更加窘迫，50 岁时跑到陕

西的深山老林拉大锯，一干就是18年，终于将子女们拉扯大。在动荡的年代里，他因为得罪了乡党委书记，被取消了党员资格，这件事让他伤心了很久。他本想找上级去评理，但最后还是默默地把所有的委屈咽进了肚子，继续过着平凡的生活。如果不是老人在过生日时立遗嘱说漏了嘴，他的子女们也不知道父亲的光荣历史。2002年11月28日是老人82岁的生日，与家人简单吃过午饭，疾病缠身的老人将子女们召集在一起开家庭会议。他庄重地从贴身口袋里摸出一个包裹得很严实的东西，说：有一个秘密，我已经隐藏了很多年，是该告诉你们的时候了。在子女们诧异的眼光中，他向孩子们出示了一个盖有县武装部公章的证明。看着儿孙们一脸的惊讶，老人脸上露出了自豪："我这辈子虽然没有给你们置下很好的家业，但也没有给你们丢脸。记住，你爹这些荣誉都是党和人民给的，希望你们默默做事，踏实做人，要时刻想着国家，要多为国家分忧，千万不要以此为资本到处炫耀，更不能向政府伸手要钱，一切只能自力更生。"儿女们当场泪流满面。记者知道了这件事，果然在县武装部的档案室里查出了老人的资料。采访中，记者很困惑，是什么力量支撑着老人宁愿自己和家人受尽磨难，也不向组织上伸手求援。老人说："当年毛主席亲口叮嘱我们这些劳模，不要吃老本，要为祖国建设再立新功，我一直记着呢！"老人说，每当他想讲出真相，耳边就回响起毛主席的这句叮嘱，自己立刻就会觉得汗颜。这么多年连自己的亲人也隐瞒了，为的就是毛主席这一句教导，我希望子女们能够自力更生，不需要沾老子的光，不要给政府添麻烦。

这个故事看完以后，我的感受就是一句话：毛主席的话真顶事！

记者许泉说，出乎预料。

我与记者同感。

贾 章 旺

2003年8月23日写于石家庄

2007年2月修订于石家庄